推进建筑业环境保护，落实科学发展观，努力构建社会主义和谐社会。

黄卫

二○○五年九月十六日

推进绿色施工，构建和谐社会

2005.7.21

施工现场环境控制规程

中国建筑工程总公司 编著

中国建筑工业出版社

图书在版编目(CIP)数据

施工现场环境控制规程/中国建筑工程总公司编著.
—北京:中国建筑工业出版社,2005
ISBN 7-112-07566-1

Ⅰ.施⋯ Ⅱ.中⋯ Ⅲ.建筑企业—企业管理:环境管理—规程—中国 Ⅳ.①F426.9-65②X322-65

中国版本图书馆 CIP 数据核字(2005)第 092803 号

施工现场环境控制规程
中国建筑工程总公司 编著

*

中国建筑工业出版社出版、发行(北京西郊百万庄)
新 华 书 店 经 销
广东省肇庆市科建印刷有限公司印刷

*

开本:787×1092 毫米 1/16 印张:61⅛ 字数:1488 千字
2005 年 9 月第一版 2006 年 4 月第二次印刷
印数:6001—8000 册 定价:**98.00** 元
ISBN 7-112-07566-1
(13520)

版权所有 翻印必究
如有印装质量问题,可寄本社退换
(邮政编码 100037)
本社网址:http://www.china-abp.com.cn
网上书店:http://www.china-building.com.cn

本规程按照建设工程施工企业的环境管理过程编写，适用于土木工程、建筑工程、线路管道设备安装工程、装饰装修工程的新建、扩建、改建活动的建筑业企业从事施工总承包、专业承包和劳务分包中的施工现场环境管理全过程控制。

本规程可供下列组织及相关人员参考、使用：

——工程建设企业从事建筑工程施工，工程建设企业推行环境管理体系认证指导，工程建设企业实施环境管理体系内部审核。

——环境管理体系咨询、认证机构从事建筑业咨询、认证审核，国家注册环境管理体系建筑专业审核员从事建筑专业认证审核。

——建筑行业、环境保护行业协会、组织、团体从事项目管理、建筑领域环境保护研究。

——建筑类、环境保护类大中专院校从事环境教育理论与运用研究等。

* * *

责任编辑　常　燕

编写委员会

顾　　　　问：徐　波（建设部工程质量安全监督与行业发展司副司长）
编委会主任：孙文杰
副　主　任：刘锦章
编委会委员：杨　龙　李　君　焦润明　刘　杰　王铁成
　　　　　　蒋立红　季万年　焦安亮　刘力群
总　编　辑：刘锦章
执 行 策 划：李　君
主编人员：李　君　聂仁明　吴　益　王振海　冯永强
　　　　　　刘津芝　何成旗　朱先才　鲍延波
参编人员：田　华　赵源畴　秦裕民　傅晓辉　吴峥嵘
　　　　　　康　衡　胡志刚　唐朝晖　张　杰　李　真
　　　　　　张培成　吴耀清　黄延峥　王大讲

序

在党和政府提出以人为本,坚持全面、协调、可持续的科学发展观,努力构建社会主义和谐社会的形势下,倡导绿色施工,加强环境保护,进一步提高施工现场的环境管理水平,实现人与环境的和谐相处,是工程建设企业光荣而神圣的历史使命。

中国建筑工程总公司弘扬科学和独特的环境观、文化观和发展观,以时代意识和全球眼光,以对人民群众、对子孙后代高度负责的精神,从遵守国家环境保护法规及国际公约、履行企业社会责任的高度,在国内外施工现场倡导绿色施工理念,建立科学、合理、有效的文明施工机制,日益规范环境保护行为,企业的环境管理绩效位居我国建筑行业前列。

《施工现场环境控制规程》正是这样一部展示中国建筑业环境管理才智、环境管理水平和环境管理成果的集成之作,是中国建筑工程总公司坚持"环境管理、预防为主"方针,系统调研、总结自身国内外施工项目,国内知名建筑企业,以及北京、上海等我国先进地区的环境管理经验后,组织编写的我国建筑业第一部系统反映施工现场环境管理的规程。它的出版,是中国建筑工程总公司对我国建筑业环境管理工作的有益探索和积极贡献,体现了我国建设工程企业积极投身环境保护,努力履行社会责任的崭新定位和发展趋势,必将对我国建筑行业的环境管理理论和实践产生示范效应和积极影响。

我相信,规程的实施,必将促进更多的工程建设企业将环境管理纳入企业的整体战略,从而不断规范环境管理活动,持续改进环境管理绩效,规避环境管理风险;必将赋予我国传统工程建设企业以崭新的文化底蕴和社会美誉,全面提升工程建设企业积极推进我国环境保护的社会形象,展现工程建设企业对构建社会主义和谐社会的有益贡献。

刘锦章

二〇〇五年七月十八日

前　言

为弘扬我国工程建设企业崭新的环境观、文化观和发展观,适应经济全球化和国内外建筑市场一体化趋势,满足各国政府和国内外投资商对工程建设企业提出的环境管理和服务领域要求,不断提升施工现场的环境管理水平,实现企业发展与社会可持续发展的融合,总结和推广国内外施工项目的环境管理经验,为工程建设企业参与构建社会主义和谐社会做出贡献,特编写本规程。

一、目的和意义

本规程旨在规范工程建设企业施工现场的环境管理行为,确保企业社会责任的有效落实,持续改进企业的环境管理绩效,防范和降低施工企业的环境管理风险,采取各种措施控制工程建设企业施工现场的粉尘、废气、废水、固体废弃物以及噪声、振动等对环境的污染和危害。

实施本规程有助于工程建设企业深化绿色施工理念,规范施工项目的环境管理活动,建立健全科学、合理、有效的文明施工机制,促进项目的质量、安全和文明施工,预防和减少施工现场的环境事故、事件,赋予传统工程建设企业以崭新的文化底蕴和社会美誉,全面推进我国工程建设企业的环境保护步伐,积极参与构建社会主义和谐社会,并做出应有贡献。

二、编写依据

本规程主要依据国家和行业现行施工生产和环境管理的法律法规、规范、规程及相关国际公约,并参考《环境管理体系要求及使用指南》(GB/T 24001:2004)要求编写。

本规程条款与国家现行法律法规冲突时,应执行国家现行法律法规。

三、适用范围

本规程按照建设工程施工企业的环境管理过程编写,适用于土木工程、建筑工程、线路管道设备安装工程、装饰装修工程的新建、扩建、改建活动的建筑业企业从事施工总承包、专业承包和劳务分包中的施工现场环境管理全过程控制。

本规程可供下列机构及相关人员参考、使用:

——工程建设企业从事建筑工程施工,工程建设企业推行环境管理体系认证指导,工程建设企业实施环境管理体系内部审核。

——环境管理体系咨询、认证机构从事建筑业咨询、认证审核,国家注册环境管理体系建筑专业审核员从事建筑专业认证审核。

——建筑行业、环境保护行业协会、组织、团体从事项目管理、建筑领域环境保护研究。

——建筑类、环境保护类大中专院校从事环境教育理论与运用研究等。

四、主要特点

1. 本规程涵盖的建筑工程专业类别具有广泛性。

规程较好涵盖了工程建设企业土木工程、建筑工程、线路管道设备安装工程、装饰装修工程的新建、扩建、改建活动涉及的多项专业或资质范围，突出了工程建设企业的主业特点。

2. 本规程的控制要求及其措施具有操作性。

规程按分项工程提出了作业流程、环境因素、人员要求、材料要求、设备设施要求、过程控制要求和监测要求等7个方面的基本要求，并在施工过程中体现了季节性施工，以及应急和突发事件的控制，有利于工程项目对施工准备到竣工交验全过程的环境保护进行动态管理与控制，为推进施工现场的环境管理提供了详尽、严密、优化的全过程控制措施。

3. 本规程与现行环境保护法规具有紧密结合性。

规程编写过程已运用适用的国家和我国主要城市的现行建筑施工和环境保护法规，以及相关的国际公约，并将其对施工企业的主要要求体现在过程控制措施中，施工项目执行本规程即能满足相关法律法规的基本要求，从而有利于提高工程建设企业遵守建筑施工和环境保护法规的自觉性和主动性，并最终体现出良好的合规性。

4. 本规程对建筑业的环境保护具有前瞻性。

规程通过调研、分析和总结中国建筑工程总公司所属国内外施工项目，部分国内知名建筑企业，以及我国先进地区的环境管理经验而编写，反映了我国重点城市和环境管理先进地区的建筑施工环境管理要求及前瞻趋势，特别是本规程对施工现场关键性环境管理活动第一次做出了系统性的定性或定量规定，给出了相应的计算公式和方法，这对我国建筑业的环境管理无疑具有超前的引领性和示范性。

五、章节说明

本规程结构分为前言、正文和附录三个部分，共31章。

前言介绍编写和实施本规程的目的、意义，编写依据，适用范围，章节说明和编写过程等，便于读者了解本规程的出台背景及相关信息。

正文主要说明工程建设企业施工现场环境管理的总体要求和施工过程的具体控制要求。按建设工程施工企业施工流程及其环境管理过程，分别描述31类分项工程及其环境管理活动的作业流程、环境因素、人员要求、材料要求、设备设施要求、过程控制要求和监测要求，为施工现场的环境因素识别、控制、监测提出相应措施。各分项工程涉及某同一施工过程的环境影响时，请参阅专项工程控制要求。

附录主要收录国家和行业现行施工生产和环境管理的法律法规、规范规程及相关国际公约等，旨在普及环境保护法规知识，并便于施工管理人员查询、参考。

六、编写过程

本规程由中国建筑工程总公司《施工现场环境控制规程》编委会策划并组织编写。

2004年4月，中国建筑工程总公司建立了系统的施工项目质量、环境、安全管理体系协调与研究机制，提出了编制《施工现场环境控制规程》的实施大纲，并于2004年12月进行调研和实施运作。

2005年2~7月，《施工现场环境控制规程》编委会组织中国建筑工程总公司项目管理部、中国建筑第一工程局、中国建筑第二工程局、中国建筑第三工程局、中国建筑第四工程局、中国建筑第五工程局、中国建筑第六工程局、中国建筑第七工程局、中国建筑第八工程局的高级工程师、国家注册建造师、国家注册环境管理体系审核员，以及部分外聘环境管理专家、学者和政府官员，对中国建筑工程总公司所属国内外施工项目，国内知名建筑企业，以及北京、上海等我国先进地区的环境管理经验进行调查研究，分析我国建筑业企业的环境管理现状及发展趋势，反复进行讨论、编写和审定成稿。

由于本规程是我国建筑业第一部系统反映工程建设企业施工现场环境管理的规程，编写难度大，时间仓促，编写人员水平有限且缺乏经验，疏漏和不足在所难免，敬请读者和专家批评指正。

目 录

总 则 ··· 1
  1 编制目的 ·· 1
  2 编制依据 ·· 1
  3 适用范围 ·· 1
  4 术语 ·· 1
  5 规程与环境管理体系、施工组织设计、质量规程、安全规程的关系 ·· 4
  6 实施本规程总要求 ·· 5

第1章 拆除作业 ··· 8
  0 一般规定 ·· 8
  1 作业流程 ·· 8
  2 环境因素 ·· 8
  3 人员要求 ·· 9
  4 材料要求 ·· 9
  5 设备设施要求 ··· 10
  6 过程控制 ··· 10
  7 监测要求 ··· 20

第2章 土方、石方、护坡及降水工程 ··································· 21
  0 一般规定 ··· 21
  1 土方施工 ··· 23
  2 土方开挖施工 ··· 25
  3 取土回填 ··· 29
  4 降排水施工 ··· 32
  5 边坡与护坡 ··· 37

第3章 桩基础工程及地基处理 ·· 54
  0 一般规定 ··· 54
  1 混凝土预制桩施工 ··· 54
  2 混凝土灌注桩 ··· 71
  3 人工挖孔桩 ··· 77
  4 钢管桩 ··· 79
  5 地基处理工程 ··· 82

第4章 模板、脚手架工程 ·· 91
  0 一般规定 ··· 91
  1 木制模板施工 ··· 92

2	大钢模板施工	103
3	小钢模	108
4	钢框胶合板模板	113
5	脚手架工程	116

第5章 钢筋工程 … 125

0	一般规定	125
1	钢筋加工	125
2	钢筋连接	130
3	钢筋植筋施工	137

第6章 混凝土工程 … 139

0	一般规定	139
1	混凝土拌制	139
2	混凝土运输	157
3	混凝土浇筑	171

第7章 木工作业环境控制规程 … 180

0	一般规定	180
1	作业流程	180
2	环境因素	180
3	人员要求	180
4	材料要求	180
5	设备与设施要求	181
6	过程控制	181
7	监测要求	185

第8章 预应力作业 … 187

0	一般规定	187
1	预应力钢筋加工	187
2	先张法预应力施工	191
3	后张法预应力施工	199
4	预应力混凝土构件的堆放、运输和吊装	207

第9章 钢结构工程 … 211

0	一般规定	211
1	钢结构除锈	212
2	钢结构部件制作	215
3	钢结构焊接	220
4	紧固件连接	226
5	钢结构防腐刷油	228
6	钢构件预拼装	231
7	单层钢结构安装	234

	8	多层及高层钢结构安装	238
	9	钢网架结构安装	242
	10	钢结构防火涂装	247

第10章 电焊作业 251
- 0 一般规定 251
- 1 手工电弧焊 251
- 2 钢筋气压焊 255
- 3 闪光对焊 258
- 4 钢筋电渣压力焊 260
- 5 气体保护焊 262
- 6 埋弧自动焊 265
- 7 其他金属材料焊接 267

第11章 起重设备安装 273
- 0 一般规定 273
- 1 曳引式电梯安装 273
- 2 单臂塔架式起重机拆装 278
- 3 结构吊装 282

第12章 建筑防水作业 291
- 0 一般规定 291
- 1 卷材防水施工 291
- 2 涂料防水施工 301
- 3 防水砂浆施工 306
- 4 金属板防水施工 310
- 5 塑料防水板 314
- 6 止水带防水施工 316

第13章 屋面工程 319
- 0 一般规定 319
- 1 屋面找平层施工 320
- 2 屋面保温层施工 329
- 3 屋面柔性防水层施工 334
- 4 屋面保护层施工 344
- 5 刚性防水屋面施工 350
- 6 瓦屋面施工 356
- 7 隔热屋面施工 360
- 8 屋面接缝密封防水施工 363

第14章 建筑地面工程 367
- 0 一般规定 367
- 1 基土 369

2	灰土垫层	371
3	砂垫层和砂石垫层	373
4	碎石垫层和碎砖垫层	374
5	三合土垫层	375
6	炉渣垫层	376
7	水泥混凝土垫层	378
8	找平层	379
9	隔离层	381
10	填充层	382
11	楼面防水层铺设	384
12	混凝土面层	386
13	水泥砂浆面层	388
14	水磨石面层	389
15	水泥钢(铁)屑面层	391
16	防油渗面层	392
17	不发火(防爆的)面层	394
18	砖面层	397
19	大理石面层和花岗石面层	398
20	预制板块面层	400
21	料石面层	401
22	塑料地板面层	403
23	活动地板面层	404
24	地毯面层	406
25	实木地板面层	407
26	实木复合地板面层	409
27	中密度(强化)复合地板面层	411
28	竹地板面层	412

第15章 抹灰砌筑作业 … 415

0	一般规定	415
1	一般抹灰作业	415
2	砖砌体作业	421
3	混凝土小型空心砌块砌体作业	428
4	石砌体作业	434
5	加气混凝土砌块及粉煤灰砌块工程	440

第16章 建筑装饰装修工程 … 446

0	一般规定	446
1	装饰抹灰	450
2	门窗工程	458

3	吊顶工程	471
4	轻质隔墙工程	478
5	裱糊工程	490
6	软包工程	494
7	幕墙工程	498
8	装饰涂料、刷浆施工	507

第 17 章　保温隔热工程 …… 515

0	一般规定	515
1	增强石膏聚苯复合保温板外墙内保温施工	515
2	增强粉刷石膏聚苯复合保温板外墙内保温施工	521
3	GKP 外墙外保温施工	526
4	全现浇混凝土外墙外保温施工	531
5	ZL 聚苯颗粒保温浆料外墙外保温施工	536
6	混凝土砌块外墙夹心保温施工	541
7	保温隔热屋面施工	543
8	聚氨酯直埋供热管道施工	547

第 18 章　危险化学品管理 …… 551

0	一般规定	551
1	作业流程	551
2	环境因素	551
3	材料要求	551
4	人员要求	562
5	设备设施要求	562
6	过程控制	563
7	监测要求	568

第 19 章　电气安装 …… 569

0	一般规定	569
1	电气设备安装	572
2	配线安装控制要求	589
3	电缆敷设控制要求	606

第 20 章　工业自动化仪表工程 …… 616

0	一般规定	616
1	工业自动化仪表工程施工	616
2	设备设施	617
3	过程控制	617
4	监测要求	621
5	应急准备和响应要求	621

第 21 章　智能建筑 …… 623

	0 一般规定	623
	1 通信网络系统工程	628
	2 信息网络系统工程	634
	3 建筑设备监控系统工程	636
	4 火灾自动报警及消防联动系统工程	640
	5 安全防范系统(工程)	644
	6 综合布线系统工程	652
	7 电源、防雷与接地工程	660
	8 住宅(小区)智能化工程	663

第22章 设备安装 668
   0 一般规定 668
   1 通用设备安装 668
   2 专用设备安装 679

第23章 锅炉安装 690
   0 一般规定 690
   1 锅炉安装 690
   2 锅炉附属设备安装 699

第24章 筑炉作业 705
   0 一般规定 705
   1 筑炉施工 705

第25章 管道作业 719
   0 一般规定 719
   1 给排水管道安装 720
   2 采暖管道安装 746
   3 工艺管道安装 765

第26章 金属无损检测 796
   0 一般规定 796
   1 射线探伤 797
   2 超声波探伤 803
   3 涡流探伤 805
   4 磁粉探伤检测 807
   5 渗透探伤检测 809

第27章 通风空调 813
   0 一般规定 813
   1 风管施工 813
   2 通风与空调设备安装 822

第28章 路桥作业 829
   0 一般规定 829

	1 路基施工	829
	2 路面施工	842
	3 桥梁施工	859

第29章 隧道作业 875
 0 一般规定 875
 1 新奥法施工 875
 2 其他施工方法的隧道施工 895

第30章 临建搭拆及使用 897
 0 一般规定 897
 1 现场环境布置要求 898
 2 施工现场的卫生与防疫 909
 3 现场环境美化要求 909
 4 材料的堆放 911
 5 社区服务与环境保护 911
 6 现场防火措施 913
 7 监测要求 914

第31章 节能降耗 915
 0 一般要求 915
 1 施工工艺节能降耗的策划 915
 2 材料管理中的节能降耗要求 916
 3 设备机具管理节能降耗的要求 918
 4 人员能力要求 919
 5 临时设施管理中的节能降耗要求 920
 6 施工过程中的节能降耗要求 926
 7 节能降耗监测要求 930

附录1 环境法规目录 931
附录2 环境保护标准目录 940
附录3 国家环境保护行业标准范围目录 956
后记 957

总 则

1 编制目的

随着社会的进步和发展，人类对环境的依存和影响越来越明显，随之社会对组织的环境要求日渐增高、增强，而建筑施工企业的全部作业活动、提供的产品和服务中对环境方面的实施、控制则没有系统的规定，有的企业虽有规定但其内容零散、不完整、不系统，这样影响了对环境因素的控制效果，对环境的污染日渐加剧。为了适应社会对建筑施工企业环境方面更高的要求，规范施工企业的环境管理行为，避免、减少或控制任何类型的污染物或废弃物的产生、排放或废弃对环境的有害影响，持续改进企业的环境管理绩效，降低企业的环境风险，提高企业核心竞争力，编制本控制规程。

2 编制依据

2.1 GB/T 24001—2004 idt ISO 14001—2004《环境管理体系 要求及使用指南》。

2.2 建筑施工企业的全部作业活动和提供的产品所涉及的适用的现行有效的国家、地方、行业法律法规要求，国际公约。

2.3 适用的非法规性指南、协会要求和对公众的承诺等其他要求。

3 适用范围

适用于建筑施工总包企业、工程分包企业、劳务分包企业施工现场临时设施的建设使用、建筑土建施工活动、设备安装作业活动、提供的建筑产品和服务中所涉及的环境因素的识别、实施、控制、监测、持续改进。

4 术 语

4.1 重要环境岗位人员

从事的工作或活动将对环境产生重大影响的工作岗位的人员，如：清扫工、油漆工、保温工、木工、钢筋工、混凝土工、电工、管工、通风工、筑炉工、起重工、架子工、设备操作工等。

4.2 持续改进

不断对环境管理体系进行强化的过程，目的是根据组织的环境方针，实现对环境绩效的总体改进。

注：该过程不必同时发生于活动的所有方面。

4.3 纠正措施

消除所发现的不符合的原因所采取的措施。

4.4 文件

信息及其承载媒介。

注：媒介可以是纸张、计算机磁盘、光盘或其他电子媒体，照片或标准样品，或它们的组合。

4.5 环境

组织运行活动的外部存在，包括空气、水、土地、自然资源、植物、动物、人，以及它们之间的相互关系。

注：从这一意义上，外部存在从组织内延伸到全球系统。

4.6 环境因素

一个组织的活动、产品和服务中能与环境发生相互作用的要素。

注：重要环境因素是指具有或能够产生重大环境影响的环境因素。

4.7 环境影响

全部或部分地由组织的环境因素给环境造成的任何有害或有益的变化。

4.8 环境管理体系

组织管理体系的一部分，用来制定和实施环境方针，管理环境因素。

注：管理体系是用来建立方针和目标，并进而实现这些目标的一系列相关联的要素的集合。管理体系包括组织结构、策划活动、职责、惯例、程序、过程和资源。

4.9 环境目标

与组织所要实现的环境方针相一致的总体环境目的。

4.10 环境表现（行为）

组织对它的环境因素进行管理所取得的可测量结果。

4.11 环境方针

组织对其环境表现（行为）的总体意图和方向所做的正式阐述。

注：环境方针为采取措施，以及建立环境目标和环境指标提供了一个框架。

4.12 环境指标

直接来自环境目标，或为实现环境目标所需规定并满足的具体的表现（行为）要求，它们可适用于整个组织或其局部。

4.13 相关方

关注组织的环境表现（行为）或受其环境表现影响的个人或团体。

4.14 内部审核

客观地获取审核证据并予以评价，以判定组织对其设定的环境管理体系审核准则满足程度的系统的、独立的、形成文件的过程。

注：在许多情况下，特别是对于小型组织，只要与被审核的活动无关，就可以被视为独立的。

4.15 不符合

未满足要求。

4.16 组织

具有自身职能和行政管理的公司、集团公司、商行、企事业单位、政府机构或社团，或是上述单位的部分或结合体，无论其是否有法人资格，公营或私营。

注：对于拥有一个以上运行单位的组织，可以把一个运行单位视为一个组织。

4.17 预防措施

消除潜在不符合原因所采取的措施。

4.18 污染预防

为了降低有害的环境影响而采用(或综合采用)过程、惯例、技术、材料、产品、服务或能源以避免、减少或控制任何类型的污染物或废物的产生、排放或废弃。

注：污染预防可包括源的减少或消除，过程、产品或服务的更改，资源的有效利用，材料或能源替代、再利用、恢复、再循环、回收和处理。

4.19 程序

为进行某项活动或过程所规定的途径。

注：程序可以形成文件，也可以不形成文件。

4.20 记录

阐明已取得的结果或提供已从事活动的证据的文件。

4.21 环境因素识别时考虑方面

包括：

(1) 向大气的排放；
(2) 向水体的排放；
(3) 向土地的排放；
(4) 原材料和自然资源的使用；
(5) 能源使用；
(6) 能量释放(如热、辐射、振动等)；
(7) 废物和副产品；
(8) 物理属性，如大小、形状、颜色、外观等。

4.22 法律法规要求

包括：

(1) 国家或国际法律法规要求；
(2) 省部级的法律法规要求；
(3) 地方性法律法规要求；
(4) 执法部门发布的规定；
(5) 司法或行政裁决；
(6) 习惯法或不成文法；
(7) 协定、公约和议定书。

4.23 其他要求

包括：

(1) 和政府机构的协定；
(2) 和顾客的协议；
(3) 非法规性指南；
(4) 自愿性原则或业务规范；
(5) 自愿性环境标志或产品维护承诺；
(6) 行业协会的要求；
(7) 与社会团体或非政府组织的协议；

(8) 组织承诺。

4.24 员工

为组织或代表组织工作的人员。

包括:员工、合同方及其他有关方面的人员。

4.25 相关方

组织周边的单位和居民、非政府组织、顾客、合同方、供方、投资方、应急服务机构和执法者等。

4.26 合规性评价方法

包括:

(1) 审核;

(2) 文件和(或)记录评审;

(3) 对设施的检查;

(4) 面谈;

(5) 对项目或工作的评审;

(6) 常规抽样分析或试验结果,验证取样或试验;

(7) 设施巡视和(或)直接观察。

4.27 环境记录

包括:

(1) 相关方抱怨记录;

(2) 培训记录;

(3) 过程监测记录;

(4) 检查、维护和校准记录;

(5) 有关的各方(包括供方与承包方)记录;

(6) 偶发事件报告;

(7) 应急准备试验记录;

(8) 审核结果;

(9) 管理评审结果;

(10) 和外部进行信息交流的决定;

(11) 适用的环境法律法规要求记录;

(12) 重要环境因素记录;

(13) 环境会议记录;

(14) 环境绩效信息;

(15) 对法律法规符合性的记录;

(16) 和相关方的交流。

5 规程与环境管理体系、施工组织设计、质量规程、安全规程的关系

5.1 本规程与环境管理体系的关系

环境管理体系是用来制定和实施环境方针,管理其环境因素,它包括:组织结构、策划活动、职责、管理、程序、过程或资源,而本规程则是企业对施工现场作业活动,提供的产品和服务所涉及的环境因素和环境影响进行预防、控制、监测中所涉及的资源、管理程序、管理技术、监测标准,是一部以技术内容为主线的综合操作性规程。因此,本规程作为环境管理体系的建立、实施、保持的技术和管理支持,没有本规程技术和管理的支持,环境管理体系的建立、实施、保持的内容就不完整,对环境因素控制就很难到位,影响对环境控制效果和管理绩效。

5.2 本规程与施工组织设计的关系

施工组织设计是对工程项目的策划,是指导工程项目施工的纲领性文件,其策划内容侧重于技术、质量、安全方面;本规程是对作业活动、产品和服务中的环境因素进行控制的规程。本规程规定的内容是对施工组织策划内容的补充和完善,通过本规程的实施,将有利于在全部作业活动、产品和服务中所涉及的质量、环境、职业健康安全环节或因素进行有效的控制,实现项目的总体目标。

5.3 本规程与质量规程、安全规程的关系

质量规程、安全规程都是专业作业规程,在质量、安全规程中所涉及的质量、安全活动中直接或间接的都有环境因素或环境影响,环境管理规程是对环境管理方面的控制规程,是对质量、安全规程内容的补充和完善,通过环境管理规程的实施,有利于组织质量、环境、职业健康安全一体化管理体系文件的实施,消除对环境的任何有害影响,提高三个管理体系持续改进的效果或管理绩效。

6 实施本规程总要求

6.1 实施环境方针

项目经理部应组织贯彻实施环境方针,并通过文件、合同、协议、公告栏、张贴等形式将本组织的环境管理方针传达到所有为企业工作或代表企业工作的人员,并将对环境方针实施中的修改意见报企业的主管部门。

6.2 制定环境目标、指标

项目经理部应根据本组织的环境方针、目标指标、顾客要求、适用的法律法规及其他要求等制定本项目可量化的环境目标、指标,并应确保其在项目部相关部门和人员中得到分解;每半年应对目标、指标考核一次,并按考核结果奖罚,以确保环境目标的实现。

6.3 资源配置要求

项目经理部应根据实施本规程的要求配置必需的人力资源、基础设施、应急准备和响应资源、设施等,保证必要的资金投入;明确环境主管部门、主管人员及其他部门、其他人员的环境职责和权限,保证各项工作和活动职责明确,权责利到位。

6.4 项目环境管理策划

项目经理部应在开工前做好工程项目的环境方面的策划,组织识别作业活动、产品和服务中的环境因素,确定项目适用的法律法规要求及其他要求,编制项目专项的环境管理措施或程序和应急准备响应计划,并严格按环境管理措施或程序和应急准备响应计划实施。

6.5 能力、培训和意识要求

6.5.1 项目部根据企业的要求应识别并确认具有实际或潜在的环境影响的岗位工作人员的能力,确保所有为它或代表它从事可能具有重大环境影响的工作的人员,都具备相应的能力。

6.5.2 项目部应识别和评价可能具有重大环境影响的岗位能力需要与实际岗位工作人员能力之间的差距,从而明确环境管理的培训需求,根据需求制定有关的环境管理培训计划,并提供相应的培训或采取其他措施以满足这些需求。

6.5.3 培训应围绕本企业的重大环境因素、环境法律法规及其他要求、重大环境因素的控制方法和措施等。通过培训、教育、交底、宣传等方式使所有为它或代表它从事可能具有重大环境影响的人员,都能够意识到实际工作中的重要环境因素,遵守相关法律法规及其他要求,能控制重要环境因素,预防污染。

6.6 环境交底

每项作业活动操作前,项目部应组织土建施工、设备安装人员针对每项作业活动所涉及的噪声、有害气体、废水排放、热辐射、光污染、振动、扬尘、遗洒、漏油、废物遗弃等重要环境因素的环境控制措施、环境操作基本要求、环境检测的关键特性、防火、爆破、试验、加热、油漆、绝热、设备试车等应急准备响应中的注意事项进行专项环境交底或综合交底包括以上环境方面的内容,避免因作业人员不掌握环境方面的基本要求造成噪声超标,有害气体、废水排放,热辐射、光污染、振动、扬尘、遗洒、漏油、废物遗弃污染大气、土地、地下水。

6.7 过程控制

项目部在全部作业活动、提供产品、服务中,应按企业和法律法规要求,对噪声、有害气体、废水排放,热辐射、光污染、振动、扬尘、遗洒、漏油、废物遗弃,火灾、爆炸、泄漏、跑水等重要环境因素,严格按照本规程和项目编制的专项环境管理措施、组织的管理程序、法律法规和其他要求进行严格控制;对其他相关方(包括分包方、供应方)按合同或协议进行控制或监测;对噪声、扬尘、废水排放向当地环保部门办理相关手序,对火灾、泄漏等环境事故或事件及时上报并按环保部门的意见进行处置;对顾客、监理、社区按程序做好协调和交流;以保证各种环境控制措施和程序能得到有效实施。使产生有害环境影响的所有的因素、环节、过程都处于受控状态,避免、减少或控制任何类型的污染物和废弃物。

6.8 合规性评价

项目部应定期地对其遵循的法律法规要求进行评价;对遵循其他要求(包括企业自身的规定)进行评价。通过项目内部定期的或不定期的检查、检测;外部权威机构的有效检测、守法评价、环评报告、环境方面的验收报告、环境方面的表彰;上级部门组织的法律法规守法评价的专项内审记录、遵守相关法律法规及其他要求评价会议记录、法律法规要求培训记录等方式来证实项目部活动提供的产品和服务符合相应的法律法规要求和其他要求。

6.9 污染预防

为了降低建筑施工企业全部作业活动、提供的产品和服务中有害的环境影响,避免、减少或控制任何类型的污染物(废水、废气、噪声、扬尘、热辐射、光污染等)废物的产生、排放、废弃,应从作业活动前的策划、作业过程实施、作业后的检测和服务中对源的削减和消除;土建和安装工程所涉及的全部作业过程、产品、服务中应采取先进、适宜的作业程序、施工方法,淘汰落后的、对污染无控制的施工工艺和作业方法;应对作业活动、产品和服务中所涉及的水、电、油能源和其他资源进行有效的综合利用,淘汰落后的、能耗高、效率低的、环境不达标的设备、材料;提倡"四新技术"、其他能源、中性水和再生资源的广泛利用,加工余料、废料的再次利用以降低消耗;对废弃物应分类按规定回收和处置。

6.10 持续改进

在全部作业活动、提供产品、服务中,通过项目部的日常和定期的目测、监测、检查、检测,外部进行的监视测量,上级单位组织的监视测量、内部审核,管理评审,项目部组织召开的环境专题分析会对实施本组织或项目的管理程序的实施效果进行专项和综合评价,寻求改进的机会,不断自我发现问题,自我解决问题。对发现的问题或不足,应通过内部学习、培训,调整程序,优化资源,改变施工工艺,更换设备和材料等针对性措施和纠正预防措施,进行日常的渐进改进和专项的重大改进,持续改进管理体系,不断提高环境管理绩效。

第1章 拆除作业

0 一般规定

0.1 拆除作业方法包括爆破拆除与人工拆除。

其中爆破拆除方法有控制爆破、静态爆破、近人爆破。为提高功效,减少爆破的环境影响,在爆破方法的选择上主要按表1-1考虑。

表1-1

爆破方法	适用范围
控制爆破	能在爆破禁区内爆破,用于拆除房屋、构筑物、基础、桥梁
静态爆破	用于混凝土、钢筋混凝土和砖石构筑物、结构物的破碎拆除,不适用于多孔体和高耸结构
近人爆破	适用于一般混凝土基础、柱、梁、板等的拆除,不宜用于不密实结构及存在空隙的结构

0.2 拆除前要进行方案的设计,拆除方案除考虑建筑物、人员安全及拆除中的技术措施外,还必须考虑拆除作业所产生的环境影响,并且制定环境因素控制的措施。拆除方案的选择以经济和安全为原则,合理利用资源,避免浪费。方案设计前要进行周围环境与建筑物的调查,收集充分的原建筑物设计施工资料、地质与地下管道资料、周围建筑物与社区情况等。

0.3 整体拆除、爆破拆除、高耸物的拆除,由于产生粉尘并且容易向高处扩散,拆除物四周应进行封闭。

0.4 使用控制爆破时,爆破的声响、飞石、振动、冲击波减弱到允许程度,雷管、炸药等火工品、施工机具台班数、人工消耗量最少。

1 作业流程

1.1 控制爆破的作业流程为:现场勘察→炮孔布设→装药量计算→药卷制作、装药及堵塞→起爆。

1.2 机械与人工作业流程为:方案设计→防护→拆除→清理。

1.3 静态爆破作业流程为:爆破结构体调查→爆破设计→钻孔→拌制破碎剂→充填灌注→养护与破碎→清理。

2 环境因素

2.1 爆破拆除作业过程中,主要产生爆炸飞石、爆炸空气冲击波、爆炸噪声与振动、毒气、爆炸粉尘、机械设备噪声与漏油、固废、建(构)筑物倒塌及固体废物引起的粉尘,运输遗洒等。

2.2 人工与机械拆除的环境因素主要有机械噪声与漏油、固体废物、拆除作业与固体废物产生的粉尘,运输遗洒等。

2.3 破碎剂、高能燃烧剂遗洒化学污染,破碎剂、高化燃烧剂配制过多废弃,破碎剂及废物遗洒污染土地。

2.4 雷管、炸药库意外失火,引发爆炸污染空气、土地、地下水。

3 人员要求

每项爆破工程应有专门的技术负责人,对参加爆破的人员进行专门的培训,详细的技术交底,施爆前,爆破人员应对爆破物、爆破材料、周围环境情况进行了解。参与爆破的人员应掌握爆破振动、飞石的计算方法,以及产生振动、飞石、噪声、毒气的原理及预防和控制方法。

爆破现场应设置安全区,不允许无关人员进入现场,不允许工作人员吸烟或带入易燃物。人员之间的联络信号统一。现场应有应急准备的人员。

4 材料要求

4.1 控制爆破使用的材料为炸药,常用炸药包括硝铵类炸药、铵油、铵松蜡类炸药、硝化甘油类炸药以及梯恩梯和黑水药等。

4.1.1 硝铵类炸药易溶于水、吸水性强,含水量超过3%时拒爆,含水量要求控制在1.5%以内。硝铵炸药腐蚀铜、铝、铁,爆炸后产生大量有毒气体。因此硝铵类炸药要防潮,避免接触雨水,储存在干燥的环境中,在储存与运输过程中避免与铜、铝、铁接触。

4.1.2 铵油、铵松蜡炸药中1~3号炸药适用于露天爆破,1~2号铵松蜡炸药适用于有水和潮湿的爆破工程。

4.1.3 硝化甘油类炸药有毒,8~10℃冻结,冻结后触动即爆炸,耐冻药在-20℃、-10℃能冻结,冻结后同样危险。因此硝化甘油炸药运输、储存必须在冻结温度以上。

4.1.4 梯恩梯炸药易点燃,摩擦易引起爆炸,且易溶于水,受潮后不能使用。

4.2 为保持炸药的性能,炸药应作防潮处理,卷装或袋装的炸药涂刷防潮剂。采购的炸药按其性能要求进行验收,并且检查卷皮有无破损,防潮剂是否剥落或有无裂痕,封口是否严密等。

检查炸药的湿度,将少量炸药倒入手掌中,将手掌松开时,如炸药成团不散开或结成块状,表明含有大量水分,应进行处理。

4.3 静态破碎拆除使用静态破碎剂,应根据施工条件提出静态破碎剂的初凝与终凝时间要求,在终凝时间前,对调配后的静态破碎剂要有效使用,防止静态破碎的浪费。

静态破碎剂要进行膨胀压的试验,静态破碎剂的水灰比、凝结时间、流动度事先经过试验确定。防止不经配合设计导致的材料浪费,使用过程操作时间不当导致的破碎剂浪费,以及流动度控制不当爆破不均匀产生的新的环境污染。

4.4 近人爆破使用的材料为高能燃烧剂和高能复合燃烧剂,材料储存运输时防止受潮。

4.5 采购炸药与雷管时,应向当地公安部门申请购买许可,并且从有生产许可证的单位购买,所选择的运输单位也必须为公安部门批准的有资质的运输单位。

4.6 炸药储存堆放要求

4.6.1 炸药、雷管分仓库储存,不能混放。

4.6.2 炸药、雷管与建筑物、周围其他设施的距离符合当地公安部门的要求。

4.6.3 仓库电器线路与灯具采用防爆电器。

5 设备设施要求

5.1 对于控制爆破,应对爆破拆除的场所与对象进行封闭与防护,封闭与防护设施包括:安全网、砂袋、草帘、草袋、竹笆、荆笆、废传送胶带、铁皮、铁网、篷布等,预防和减少爆破产生的粉尘、飞石、振动,及有毒气体。

5.2 对于机械与人工拆除,要准备拆除用的机械设备,包括起重机、运输机、切割机等,要求性能良好,并进行严格的检查、维修和试运转,避免设备带病作业和超负荷作业而影响工作效率,以及导致漏油等额外的环境影响。准备拆除的工具,如锤、风镐、风钻、电钻、电锯、火焰切割器以及小型便携式电动工具、钢丝绳、吊钩等,工具保持状态完好,电动工具尽可能节能,噪声低,并且禁止使用国家淘汰的机械设备。

6 过程控制

6.1 爆炸飞石的预防

6.1.1 合理设计、严格施工

(1) 分散爆破点,采用群炮爆破时,采取不同时起爆各药包,减弱振波,消除共振。如果采用迟发雷管起爆,延缓时间在 2s 以上,振动影响就可控制在单个炸药包起爆产生的振动范围内。

(2) 分段爆破,减少一次爆破的炸药量,选择较小的爆破作用指数,必要时采用低猛度炸药和降低装药的集中度来进行爆破,从而降低爆炸噪声与振动。

(3) 把握钻孔质量,孔径经过计算确定,施工过程选择直径适当的钻杆,防止孔径过大与过小导致的飞石、用药、噪声超标。

(4) 合理布置药包或炮位眼孔的位置,一般情况下,爆破振动强度与爆破抛掷方向相反时最大,侧向次之,与抛掷方向一致则振动较小。建筑物高于爆破点,振动较大,反之则较小。

(5) 对地下构筑物的爆破,在一侧或多侧挖防振沟,用来减弱地震波的传播,或采用预裂爆破降低地震影响,预裂孔宜比主炮孔深。为降低塌落振动,可预爆先行切割,或在地面预铺松砂或碎炉渣起缓冲作用。

(6) 控制炮孔深度以降振。炮孔越深,飞石越小,炮孔深度根据爆破部分的厚度和边界条件系数确定。一般情况下,炮孔深度控制在:梁炮孔深为梁宽的 0.6 倍,预裂时孔深为梁宽减炮孔间距;柱的炮孔深为柱厚的 2/3;板的炮孔深为板厚的 2/3。

(7) 爆破之前,要对周围环境进行调查了解,包括影响区内的地上、地下设施及隐蔽工程,如电缆、给水排水化工管道等的分布状况;周围的建筑物及公路、铁路、居民点、输电、通信、燃气、给排水管道等离爆破作业点的距离,以及周围有无易燃易爆的厂房、物资等。对拆除工程结构材料取样,获取拆除工程的各项参数。在此基础上编制拆除工程施工组织设计。

6.1.2 爆破体、保护体和中间防护,通过缓冲以降振。

具体防护方法如下:

(1) 爆破体防护材料有砂袋、草帘、草袋、竹笆、荆笆、废传送胶带、铁皮、铁网、篷布等。

(2) 防护范围是爆区全部,包括布孔的平台区和台阶立面。

(3) 防护工艺一般是在每个炮孔孔口压一个砂袋,砂袋上盖一层竹笆或胶帘,竹笆(或胶帘)上压一层铁皮,铁皮上加一层草帘或篷布。

(4) 地面以上的构筑物或基础爆破时,可在爆破部位上铺盖草垫(干或湿均可)或草袋(内装少量砂、土)作一道防线,再在草垫(或草袋)上铺放胶管帘(用60~100cm的胶管编成)或胶皮垫(用1.5m的输送机废皮带连成)、荆笆,最后再用帆布棚将以上两层整个覆盖包住,胶帘(垫)与帆布应用铁丝或绳索拉住捆紧,以阻挡爆破碎块和保护上层的帆布不被砸坏并降低声响。必要时,窗洞口及保护部位用2cm×2cm网孔铁丝悬挂或覆盖,或遮挡。

(5) 对离建筑物近,或附近有重要建筑物的地下设备基础爆破,为防止大块抛掷,爆破体应采用橡胶防护垫(用废汽车轮胎编成排,面积10~12m^2);用环索连接一起的粗木、铁丝网、铁环网、脚手板、废钢材等护盖在其上进行防护。

(6) 对一般崩落爆破、破碎性爆破,防飞石可用韧性好的铁丝防护网、布垫、帆布、胶垫、旧布垫、塑料、尼龙布、荆笆、草帘、竹帘或草袋等作防护覆盖。

(7) 对平面结构如路面或钢筋混凝土板的爆破,可在路面或板上架设可拆卸的钢管架子,上盖铁丝网,上铺草包,内放少量砂、土,连成一个防护罩作防护。

(8) 覆盖注意事项:保护起爆网路;用金属物覆盖时,电爆网路的接头应做好绝缘;台阶立面防护时将防护材料连成大片,防止滑落,或使用单个面积较大,能搭在立面上的覆盖物。

(9) 保护体防护,一般是用竹笆、木板遮挡门窗和其他的部位。

(10) 中间防护,在爆区和保护物之间搭设排架,排架两侧用拉丝或斜撑固定,排架上挂竹笆、荆笆或篷布。

6.2 钻孔

6.2.1 钻孔要按照设计的孔径选择适当的钻头与钻机进行,钻前进行孔位定位与孔径的划线,防止孔径过大与过小影响钻孔效果,同时防止因孔径的变化导致噪声、飞石、振动超过限定值。

6.2.2 对钻机的噪声进行控制。设置可移动式的隔声屏,隔声屏选用隔声材料制作,高度不低于1.5m。

6.2.3 钻孔后的垃圾予以清扫,清扫出的垃圾按固体废物处理。

6.3 爆破时空气冲击波、气浪和噪声控制

爆破作业中,部分炸药能量传播到空气中,并通过空气向四周传播,其能量的传播方式是在大气中形成空气冲击波、气浪和噪声,对建筑物、设备和人员造成一定的伤害。空气冲击波在传播过程中逐渐减弱为噪声,当爆炸气体突入大气的过程不激烈时,不会形成典型的空气冲击波,而是形成气浪和噪声。

空气冲击波的强度用波头的超压表示(超压在一定程度上也能代表气浪的强弱),噪声强度用声压级强度(dB)来表示。

6.3.1 我国《爆破安全规程》规定,空气冲击波与噪声对人的安全值为120dB。

6.3.2 控制及减弱空气冲击波与噪声的措施

(1) 进行防护,通过缓冲降低冲击波与噪声。

(2) 砌体封墙,或用柔性材料进行缓冲,建议采用胶管帘和篷布覆盖,四周留口,将冲击波与气浪的能流向水平方向,从而四散削弱。

(3) 不用导爆索起爆网路。

(4) 不用裸露爆破。非常情况下用裸露爆破时,应对药包进行严密覆盖,并计算噪声影响的安全允许距离。

(5) 严格控制单位耗药量、单孔药量和一次起爆药量,爆破时的声响控制在 70~90(dB),振动控制在 $v \leqslant 5cm/s$。

包括采用深炮孔和适量的小药量,以控制飞石、声响与振动;对结构复杂的高大钢筋混凝土整体建筑物,尽可能采取切梁断柱、一次爆破解体,对承重的构件,爆破药量取稍大些,使其爆破碎块散离原位;对钢筋混凝土只炸碎混凝土,靠自重坍落将暴露的钢筋拉断;利用最小松动药包,减弱松动药包和加强松动药包作用原理来控制爆破能量。

爆破耗药量按表1-2~表1-5确定。

每1立方米的爆破结构耗药量表　　　　　　　　　　　　表1-2

结构类型	结构情况	炸药消耗量(g)
爆破混凝土结构	材质较差(无孔洞) 材质较好,单排切割式爆破 材质较好,非切割式爆破	110~150 170~180 160~200
爆破钢筋混凝土结构	布筋较密 布筋少或梁柱构件	350~400 270~340
爆破毛石混凝土结构	较密实 有空隙	120~160 170~210

爆破每1立方米基础所需消耗药量表　　　　　　　　　　　表1-3

种　　类	药　　量　(kg)
砖砌基础	0.30~0.45
石砌基础	0.40~0.55
混凝土基础	0.50~0.65
钢筋混凝土基础	0.60~0.70

钢筋混凝土柱体爆破单位每 1 立方米体积炸药消耗量　　表 1-4

含筋率	单位体积炸药消耗量(kg/m³)
0.8	0.43～0.45
1	0.48～0.49
3	0.84
5	1.0～1.13
10	1.74

建筑物爆破单位每 1 立方米硝铵炸药消耗量表　　表 1-5

墙厚(m)	孔深(m)	混凝土墙体(kg)	钢筋混凝土墙体(kg)	水泥砂浆砌体(kg)
0.45	0.30	2.40	2.60	2.20
0.50	0.40	2.16	2.34	1.98
0.60	0.45	1.80	1.95	1.65
0.70	0.50	1.56	1.69	1.43
0.80	0.55	1.20	1.30	1.10
0.90	0.60	1.08	1.17	0.99

(6) 实施毫秒延期多段爆破。计算爆破装药量,将药量分散配置,每孔装药量不宜太多,采用毫秒延期或秒延期电雷管,一次通电,实现迟发分段、分层爆破,缩小倒塌范围,减少振动。

(7) 保证堵塞质量和长度,尤其是避免冲天炮等现象,从而使噪声控制在规定的范围。对于控制爆破,堵塞物一般用黏土与砂按 1:(2～3)的比例加水拌和做成直径 3cm,长 10cm 的泥条填塞密实。对于近人爆破,炮孔堵塞长度应大于 1.2～1.5 的抵抗线长度,同时大于 1～2 倍的孔距,堵塞材料以干硬黄土为佳,堵塞深度的 2/3 用黄泥,1/3 部分用 1:2 的水泥砂浆封闭。

(8) 爆破地点周围有学校、医院、居民点,应与各有关单位协商,确定爆破时间,实施定点、准时爆破,禁止夜间爆破。

6.4 爆破有害气体及粉尘控制

爆破有害气体及粉尘的控制方法主要是浓度控制与安全距离控制。

6.4.1 浓度控制

我国爆破安全规范规定,地下爆破作业点的有毒气体的浓度不得超过表 1-6 的标准。

地下爆破时,爆破作业面有毒气体的含量应每月测定一次,爆破炸药量增加或更换炸药品种时,应在爆破前后进行有毒气体测定。

表1-6

有毒气体名称		CO	NxOx	SO$_2$	H$_2$S	NH$_3$
允许浓度	按体积(%)	0.00240	0.00025	0.00050	0.00066	0.00400
	每立方米毫克	30	5	15	10	30

（1）炸药成分的配比应当合理，尽可能做到平衡。加强炸药的保管和检验，禁止使用过期、变质的炸药。

（2）应保证足够的起爆能量，使炸药迅速达到稳定爆轰和完全反应。

（3）加强炸药的防水和防潮，装药前尽可能将炮孔内的水和其他杂质吹干净，使有毒气体产生减至最小程度。

（4）国家卫生标准规定，工作面的粉尘浓度每立方米不得超过2mg。爆破产生的粉尘虽然与人接触的时间较短，但数量大。影响爆破后产尘强度及粉尘分散度的因素很多，主要有：

1）所爆破的基体的物理性质对产尘强度有很大的影响，基体硬度越大，爆破后进入空气中的粉尘量越大。

2）爆破单位体积的基体所用的炸药量越多，产尘强度越大。

3）炮孔深，产尘强度小；炮孔浅，产尘强度大；二次破碎产尘的强度高于深孔和浅孔产尘的强度。

4）连续火花爆破和多段爆破产尘的强度较高；电气爆破时，产尘强度低，微差爆破时，产尘强度更低。

5）基体表面、周边的潮湿程度和空气温度越小，则工作面的粉尘浓度越高。

（5）采用水封爆破来控制粉尘浓度。即在炮孔中堵塞水炮泥（装水的塑料袋），爆破瞬间，塑料袋中的水成为微细的水滴扑尘和凝集爆破所产生的粉尘。

（6）喷雾洒水。在距工作面15~20m处安装除尘喷雾器，在爆破前2~3min打开喷水装置，爆破后30min左右关闭。喷雾洒水时要做好现场的观察，洒水不得过量而产生过多的污水，洒水时不要污染不相关的物体。

（7）施工现场的粉尘排放应满足GB 16297—1996《大气污染物综合排放标准》中规定的值，以不危害作业人员健康为标准。

6.4.2 安全距离控制

通过有毒气体的扩散，降低浓度后确定的安全距离。其计算方法如下：

$$R_g = K_g Q^{1/3}$$

式中 R_g——爆破毒气的安全距离；

K_g——系数，平均值为160；

Q——爆破装药总量。

对于下风向时，安全距离增加一倍。

6.5 人工与机械拆除

6.5.1 人工与机械拆除噪声控制

主要噪声来源为:起重机、运输机械、切割机械、装载机、推土机、挖掘机、凿岩机等。控制措施包括:

(1) 建立必要的维修保养制度,进行定期技术保养。

(2) 对装载机,在冬期使用低温启动时,由于油的黏度骤增,使压力受损,效率降低,噪声增加,所以在冬期使用前,应采取预热措施。

(3) 定期维修保养液压装置,对油液的使用、管理和滤清按规范要求进行。

(4) 凿岩机必须有良好的防尘装置和消声装置。

(5) 工人在操作凿岩机时必须佩戴个人防护用品。

(6) 在使用凿岩机前,做好管道清洗工作和例行拆除检修,经常注意加润滑油,严禁无油作业。

(7) 经常观察凿岩机的排粉情况。

(8) 在冬期,可能锈蚀的外部裸露部位及可能潮湿的电器设备应做好防腐防潮保护工作。

(9) 减少人为噪声。

(10) 手持电动工具噪声(手持式凿岩机、铁锤、钢钎),应严格控制使用时间,控制使用的频率。

6.5.2 人工与机械拆除粉尘控制

控制措施如下:

(1) 工人作业时需要佩戴个人防护用品。

(2) 拆除过程中用中性水洒水。拆除前,对作业现场进行清扫时要根据地面情况及粉尘情况安排洒水,地面洒水不得过量,以地面润湿为准;拆除过程中,作业面大,粉尘浓度高时,也要安排洒水降尘;工完清理建筑垃圾时,首先必须将较大部分装袋,然后洒水清扫,防止扬尘,清扫人员必须配戴防尘口罩,对于粉灰状的施工垃圾,采用吸尘器先吸,后用水清扫干净。

(3) 拆除过程中,拆除下来的东西不能乱抛乱扔,统一由一个出口转运,防止拆除下来的物件撞击引起粉尘。

(4) 为防粉尘,禁止四级风以上进行拆除作业。

6.6 拆除过程中固体废弃物的控制

6.6.1 固体废弃物分为无毒无害有利用价值、无毒无害无利用价值和有毒有害废弃物。

6.6.2 固体废弃物的收集、存放

(1) 固体废弃物包括拆除前清理现场形成的废弃物,爆破与人工拆除过程形成的废弃物,拆除后清理现场形成的废弃物。

(2) 各施工现场在施工作业前,应设置固体废弃物堆放场地或容器,对有可能因雨水淋湿造成污染的,要搭设防雨设施。

(3) 现场堆放的固体废弃物应标示名称,并按有毒有害废弃物,可回收弃物,不可回收废弃物分类堆放。

(4) 对装饰和防水材料中有毒有害废弃物应采取人工排除,单独堆放和标识。

(5) 固体废弃物的堆放应整齐、合理,与现场文明施工要求相适应。

6.6.3 固体废弃物的处理

(1) 应由管理负责人根据废弃物的存放量及存放场所的情况安排处理,每天清运或集成一个运输单位后清运。

(2) 固体废弃物经与有消纳资格的单位联系后委托其处理。

(3) 对于无毒无害有利用价值的固体废弃物,如在其他工程项目可再次利用的,应由器材、工程部门提出回收意见及回收责任单位,对于不能再次利用的,应向有经营许可证的废品回收站回收。

(4) 对于无毒无害无利用价值的固体废弃物,应委托环卫垃圾清运单位处理。

(5) 有毒有害的固废物如防水材料、胶凝材料等,应交有资格单位处理或按当地规定交指定单位处理。

(6) 固废物堆放时,为避免扬尘,应用密目网覆盖;装车时,应轻扬轻装,不人为地制造粉尘。装车的高度低于槽帮 10~15cm,并且封闭或者覆盖;出场车辆应清扫或者清洗干净,防止遗洒污染路面。

6.7 静态爆破环境控制

静态爆破是将一种含有铝、镁、钙、铁、氧、硅、磷、钛等元素的无机盐粉末状破碎剂,用适量水调成流动状浆体,直接装入炮孔中,经水化后,产生巨大膨胀压力,将混凝土胀裂、破碎。静态爆破无振动、无噪声、无烟尘、无毒气、无飞石。

6.7.1 爆破结构体调查

爆破前对建筑物构造、性质、作业环境、工程量、要求破碎程度、二次破碎方法、工期要求、气候条件、钢筋规格及布筋情况进行详细调查,了解岩石性质、节理、走向和地下水情况。便于进行爆破设计,用药量计算,使振动值、噪声值控制在许可的范围。

6.7.2 爆破设计

静态爆破产生的能量比控制爆破小,所以钻孔要比控制爆破多。为严格控制钻孔,静态爆破要进行爆破设计,所设计的参数包括钻孔的孔径、孔距、抵抗线、孔深及药量参数,避免用药的浪费及产生过多的废弃物。钻孔参数按表1-7。

钻孔参数表　　　　　　　　表1-7

被破碎物体		钻孔参数				SCA用量 (kg/m³)
		孔径(mm)	孔距(cm)	抵抗线(cm)	孔深(cm)	
软质岩破碎		40~50	40~60	30~50	H	8~10
中、硬质岩破碎		40~65	40~60	30~50	$1.05H$	10~15
软、硬质岩石切割		35~40	20~40	100~200	H	5~15
无筋混凝土		35~50	40~60	30~40	$0.8H$	8~10
钢筋混凝土	基础、柱、梁、墙板	35~50	15~40	20~30	$0.9H$	15~25
		35~50	10~30	20~30	$0.9H$	15~26

炮孔应尽量选用垂直炮孔,少用水平炮孔,避免填塞操作困难,对难于钻垂直炮孔的

部位,可钻斜孔或水平孔与垂直孔相结合。

6.7.3 药量

破碎剂总用药量按公司 $Q = V \times q$（V 代表破碎体体积,q 代表单位体积耗破碎剂量）。单位炮孔装药量参考表1－8。

单位炮孔装药量参考表　　　　　　　　　　表1－8

破碎体类型	单位体积用药量(kg/m³)	破碎体类型	单位体积用药量(kg/m³)
软质岩石	8～10	无筋素混凝土	8～15
中硬质岩石	10～15	钢筋混凝土(布筋少)	15～20
硬质岩石	12～20	钢筋混凝土(布筋多)	20～30
岩石切割	5～15	孤石	5～10

6.7.4 钻孔

使用电钻钻孔,钻孔所产生的噪声以及形成的固废按前款要求处理。

6.7.5 拌制破碎剂

拌制破碎剂选择合适的场所,场所的地面应硬化,防止破碎剂散落渗入污染地面。拌制时,先将定量破碎剂倒入塑料容器内,然后缓缓加入定量水,用手提式搅拌机或人工拌成具有流动性的浆体备用。搅拌时应注意:

(1) 破碎剂存放于干燥、通风良好的场所,防止受潮变质,并且注意保存期限。

(2) 搅拌人员戴橡胶手套操作。

(3) 人工搅拌时不得操作过猛,不使液体溅出;为防止液体溅出,一次拌制时液体不得超过容器的2/3。

(4) 使用手提式搅拌机时,搅拌机下部要设置接漏装置;搅拌时间不超过3min。

(5) 装运破碎剂的容器,应避免雨水侵入,以防发生喷出或炸裂。

(6) 破碎剂要随配随用,一次不宜拌制过多,搅拌好的浆体,要在10min内用完,以免降低流动度和破碎效果。

6.7.6 充填灌注

(1) 装填炮孔须清洗干净,装药前应检查炮孔干湿程度,对吸水性强的干燥炮孔,应先以净水湿润孔壁,然后装填,以免孔壁大量吸收浆体中的水分,影响水化作用和降低破碎效果。

(2) 对于垂直孔,直接倾倒入孔,倾倒时要对准孔口,倾倒后用炮棍捣实;对于水平孔,将浆体挤压入孔内,并且用快凝砂浆迅速堵口。充填时要防止散落孔外,尽量减少浪费与污染。

(3) 快凝砂浆的拌制运输和使用按砂浆有关规定实施控制、预防和减少污染。

6.7.7 养护与破碎

破碎剂膨胀产生裂缝后,为加速裂缝的产生,可用水浇缝,浇水时防止水的遗洒;冬天作业时,可以考虑通过电热丝插入孔内,通过加热加速水化反应。

6.7.8 清理

裂缝产生后,即可用铲子清除。破碎剂的反应物剔除并单独堆放,并且联系外部有资格的垃圾清理站处理。其余固废用于回填等再利用。

6.8 近人爆破环境控制

近人爆破是将金属氧化物(二氧化锰、氧化铜)和金属还原剂(铝粉),或再掺加少量硝铵炸药,按一定比例掺合加工成药卷装入炮孔内,用电阻丝通电引燃,使发生氧化还原和分解反应将混凝土破碎。

6.8.1 爆破前进行布孔设计与药量计算,做好近人爆破的设计。药量计算按表1-9。

表1-9

爆破体材料	每平方米用药量(g)		条 件
	切割	破碎	
混凝土	800~200	120~150	2~3个临空面
钢筋混凝土	120~1800	210~300	
岩 石	—	60~600	孤石至1个临空面

6.8.2 燃烧剂材料原料应分别储放在不靠近火源的干燥通风处,药粉尽量随用随配。在通风条件下,近10m范围内无易燃物品,在专用容器内配制,轻拿轻倒,防止药粉遗漏污染土地。配制好的燃烧剂用铁桶密封,不与汽油、氧气、电石及油类等燃烧品混放。

6.8.3 炮孔尽量打垂直孔,以利装药,装填时避免使用散装药粉,炮孔要清理并保持干燥。

6.8.4 爆破前,应清理上部覆盖层,提高爆破效率。爆破中产生的飞石、粉尘、有毒气体等按控制爆破的有关要求控制。

6.9 应急准备与响应

爆破主要的环境应急对象包括材料运输、堆场与仓库,爆破所产生的有毒气体的影响。要做好防止材料堆场爆炸,以及有毒气体扩散产生的新的环境影响。

6.9.1 应急准备

(1) 现场建立应急小组,制定爆炸、火灾、有毒气体应急预案,开展应急演练。

(2) 在堆放爆炸物的仓库按当地公安部门要求配置适宜的手推车式灭火器。

(3) 通往仓库的道路硬化畅通。

6.9.2 应急措施

6.9.2.1 材料堆场与仓库

(1) 爆破材料储存仓库应干燥、通风良好,相对湿度不大于65%,库内温度保持在18~30℃之间。库内炸药与雷管分开储存,不得将批号混乱,不同性质的炸药不能共库存放,特别是硝化甘油类炸药必须单独储存。

(2) 爆破材料储存仓库与住宅、工厂、车站等建筑物及铁路、公路干线的安全距离不得小于表1-10距离。

表 1–10

项 目	单位	炸药库容量 (t)				
		0.25	0.5	2.0	8.0	16.0
距有爆炸性的工厂	m	200	250	300	400	500
距民房、工厂、集镇、火车站	m	200	250	300	400	450
距铁路线	m	50	100	150	200	250
距公路干线	m	40	60	80	100	120

库房内堆放成箱炸药，应放在指定地点并整齐、牢固地摆放在木垫板上，炸药堆垛高度不得超过 2.0m（成箱的硝化甘油炸药只许堆放二层），火具不超过 1.5m，宽度不超过 2m。堆与堆之间应有不小于 1.3m 宽的通道，药堆与墙壁间的距离不小于 0.3m。

（3）炸药与雷管分开储存，两库房的安全距离不得小于殉爆安全距离，一般不小于表 1–11 规定的距离。

表 1–11

仓库内雷管数量(个)	到炸药库距离(m)	仓库内雷管数量(个)	到炸药库距离(m)
1000	2.0	75000	16.5
5000	4.5	100000	19.0
10000	6.0	150000	24.0
15000	7.5	200000	27.0
20000	8.5	300000	33.0
30000	10.0	400000	38.0
50000	13.5	500000	43.0

（4）爆破材料箱盒堆放必须平放，不得倒放，不准抛掷、拖拉、推送、敲打、碰撞，亦不得在仓库内开药箱。

（5）仓库应有醒目的禁火标识，库区内严禁使用易燃易爆品，严禁动火、吸烟，库内只准使用安全照明设施，雷管库内只准使用绝缘外壳的手电筒。库房应设有避雷装置，接地电阻不大于 10Ω。

（6）施工现场临时仓库内爆破材料的储存数量规定：炸药不得超过 3t，雷管不得超过 10000 个和相应数量的导火索。雷管应放在专用的木箱内，箱子放在距离炸药不少于 2m 的地方。

（7）库房内设置消防设施，配备消防器材。

（8）现场组建应急小组，开展应急演练，制定与评审应急预案。

6.9.2.2 爆破材料的运输

（1）爆破材料的装卸轻拿轻放，不得有摩擦、振动、撞击、抛掷、转倒、坠落发生。堆放时要摆放平稳，不得散装、改装或倒放。炸药与雷管、传爆线、导爆管，硝铵炸药与黑火药等不同敏感度的炸药不得在同一车辆、车厢、船舱内装运，并不得与化学易燃品接触。押运由熟悉爆破材料性能的专门人员进行。

(2) 爆破材料使用专车或专船运输,不得使用自卸汽车、拖车等不合要求的车辆运输;如用柴油车运输时,应有防火星措施。用汽车运输时,车厢内不得放钢铁工具,装载不得超过容许载重的2/3,装载高度不超过车厢,并用绳子捆紧,走行速度不超过20km/h。人力运输时,每人不超过25kg。

(3) 运输爆破材料,每种车辆、人力相隔最小距离不小于表1-12规定。

表1-12

运输方法	单位	汽车	马车	驮运	人力
在平坦道路上	m	50	20	10	5
上、下山坡时	m	300	100	50	6

(4) 运输爆破材料的车辆必须按当地规定的时间、运输路线运输,禁止接近烟火、火焰、蒸汽及其他高温场所、电源、磁场以及易燃危险品。如遇中途停车,必须离开大型建筑物、民房、桥梁、铁路200m以上,并禁止在衣袋中携带爆破材料。

7 监测要求

拆除过程中,应对产生的环境影响进行监测,具体包括:

7.1 扬尘监测:每天应由现场环境管理员采用目测的办法监测一次扬尘,一级风扬尘控制在0.3~0.4m,二级风扬尘控制在0.5~0.6m,三级风扬尘控制在1m以下,四级风要停止作业。

7.2 噪声的检测:使用控制爆破时,对现场爆破的噪声值、飞石、振动进行监测,爆破噪声控制在70~90dB,振动控制在5cm/s以内。使用机械与人工拆除时,现场噪声控制在建筑施工现场允许噪声值范围内。当爆破噪声值过大时,应调整炮孔深度与炮孔数。

7.3 毒气监测。监测的有毒气体为爆破瞬间产生的炮烟,主要监测爆破毒气的安全距离、风向及炮烟扬起的高度。现场爆破前,进行人员的疏散,确定现场的安全距离并设置警戒。当有毒气体烟尘在警戒区扬尘超过1.8m时,一方面通过洒水使溶于水的有毒气体液化,另一方面通过鼓风机反风向加速气体的扩散。

7.4 应急检查。检查爆破材料仓库堆放是否分类,雷管与炸药是否分离,堆放地离周围建筑物等是否符合当地规定的安全距离。检查现场应急材料的准备是否到位有效。

第2章 土方、石方、护坡及降水工程

0 一般规定

0.1 一般要求

土石方施工包括场地平整、降排水、土方开挖、护坡、石方爆破、取土回填等过程。

0.1.1 本着节约的原则对挖出的土方进行回填或重复利用。

0.1.2 对挖土方案进行设计与优化，尽量减少挖方量及挖方过程的资源投入。

0.1.3 石方爆破注意控制噪声，同时对爆破方案进行设计，对用药量进行准确的计算。爆破后产生的粉尘及时处理。从事爆破作业的人员必须取得相应的上岗资格证。

0.1.4 从事地表水位以下的挖土作业时，应进行降排水的设计，降水与排水经沉淀后重复利用。

0.1.5 基坑开挖采取分段连续快速作业，挖好后，立即施工基础，及时回填夯实，避免基槽泡水或暴晒后对基槽底的重复加工。

0.1.6 针对不同的土质，应对地基作不同处理，处理过程中应考虑不同地基处理方法所产生的环境影响。

0.2 设备控制要求

0.2.1 设方噪声和尾气排放控制

（1）土石方施工阶段，推土机、挖掘机、装载机噪声排放控制在 75~55dB；夜间禁止施工。根据建筑施工场界噪声标准日夜施工要求的不同，应合理协调安排分项施工的作业时间，施工应安排在 6~22 点时间进行。

（2）在高考期间和高考前半个月内，应按当地规定，在敏感区域停止有噪声排放的作业项目。

（3）减少夜间作业时间，由于工期紧必须夜间施工时，施工前必须按规定申请夜间施工许可证，要会同建设单位一起向工程所在地区、县建设行政主管部门提出申请，经批准后方可进行夜间施工。建设单位应当会同施工单位做好周边居民工作，并公布施工期限。

（4）对施工机械进行定期保养，减少磨损，降低噪声。

（5）禁止乱鸣喇叭等高噪声设备。

（6）施工机械的尾气排放控制。在选择施工机械时，必须选择尾气排放达标的施工机械。

0.2.2 提高施工机械的工效，降低能耗

0.2.2.1 推土机

（1）为了提高推土机的生产率，增大铲刀前土的体积，减少推土过程中土散失，缩短工作循环时间，可采取下坡推土、并列推土、槽形推土、分批集中和一次推送、铲刀置侧板几种方法。

(2) 下坡推土。推土机顺下坡方向切土及堆运,借助机械自身的重力作用以增加推土能力,但坡度不宜超过 15°,以免后退时爬坡困难。

(3) 并列推土。工作时采用 2~3 台推土机并列作业,铲刀相距 15~30cm。一般采用两机并列推土,能提高生产率 15%~30%。平均运距不宜超过 50~75m,亦不宜小于 20m。一般用于大面积场地平整。

(4) 槽形推土。在挖土层较厚、推土运距较远时,采用槽形推土,能减少土壤散失,可增加 10%~30%推土量。槽的深度约 1m 左右为宜,两槽间的土埂宽度约 50cm。

(5) 分批集中、一次推送。当推土运距较远而土质比较坚硬时,因推土机的切土深度不大,可采用多次铲土,分批集中、一次推送,以便在铲刀前保持满载,有效地利用推土机的功率,缩短运输时间。

(6) 铲刀加置侧板。当推运疏松土壤而运距较远时,在铲刀两边装上侧板,以增加铲刀前的土体,减少土壤向两侧漏失。

0.2.2.2 铲运机

(1) 影响铲运机作业效率的因素有运土坡度、填筑高度及运行路线距离等。一般上坡运土坡度在 5%~15%时,增加的台班系数为 1.05~1.14,填筑路基填土高度 5m 以上时,降低台班产量系数为 0.95,铲运机运行路线距离越长则生产率越低。

(2) 铲运机开行路线设计

铲运机的开行路线应根据场地挖、填方区域的具体情况合理选择,这对提高铲运机的生产效率有很大关系。铲运机的开行路线,一般有以下几种。

1) 环形路线。对于地形起伏不大,施工地段在 100m 以内和填土高度 1.5 以内的路堤、基坑及场地平整施工常采用环形开行线路。当填、挖交替,且相互之间距离较短时,则可采用大环形路线。每一个笔直环能完成多次铲土和卸土,减少铲运机的转弯次数,提高工作效率。

2) "8"字形路线。施工地段较长或地形起伏较大时,多采用"8"字形开行路线,这种开行路线下,铲运机在上下坡时斜向开行,每一循环完成两次作业,比环形路线运行时间短,减少了转弯和空驶距离。同时,一个循环两次转弯方向不同,机械磨损较为均匀。

3) 锯齿形路线。适合工作地段很长如堤坝、路基填筑,采用这种开行路线最为有效。

0.2.2.3 铲运机提高生产效率的工作方法

(1) 下坡铲土。利用机械策略作用所产生的附加牵引力加大切土深度,坡度一般为 3°~9°,最大不得超过 20°,铲土厚度以 20cm 左右为宜,其效率可提高 25% 左右。当在平坦地形铲土时,可将取土地段的一端先铲低,并保持一定坡度向后延伸,逐步创造一个下坡铲的地形。

(2) 跨铲法。在较坚硬土层铲土时,采用预留土埂间隔铲土法,可使铲运机在挖土埂时增加两个自由面,阻力减小,铲土快,易于充满铲斗,约提高效率 10%。

(3) 交错铲土法。在铲较坚硬土层时,为了减少铲土阻力,可采用此法,由于铲土阻力的大小与铲土宽度成正比,交错铲土法就是随铲土阻力的增加而适当减小铲土宽度。

(4) 助铲法。在坚硬土层中,采用另配推土机助铲,以缩短铲土时间。一般每台推土机配 3~4 台铲运机。

0.2.2.4 挖土机

(1) 在挖土机开挖基坑时,必须对挖土机作业时的开行路线和工作面进行设计,确定出开行次序和次数,形成开行通道。当基坑开挖深度较小时,可布置一层开行通道。当基坑宽度稍大于正工作面的宽度时,为了减少挖土机的开行次数,可采用加宽工作面的办法,挖土机按"之"字形路线开行。当基坑的深度较大时,则开行通道可布置成多层。

(2) 根据挖土机位置不同,分为两种工作方式:正向挖土、侧向卸土和正向挖土、后方卸土。其中侧向卸土,动臂回转角度小,运输工具行驶方便,生产率高,采用较广。当沟槽、基坑宽度较小,而深度较大时,才采用后方卸土方式。

1 土方施工

1.1 场地平整施工作业流程

场地清理→场地平整方案设计→挖土与填土→地面夯实→地面硬化。

1.2 环境因素

1.2.1 对场地废弃物清运处理,产生扬尘。

1.2.2 作业中设备噪声排放、扬尘、遗洒、设备漏油。

1.3 人员要求

作业前,工程技术人员应对作业人员进行交底,通过交底,挖土人员了解机械操作的方法,作业区挖、填土方的高度与方量,按照设计的作业路线操作。运土人员按规定装土与覆盖,对出场车辆进行清洗。

1.4 材料要求

需要从外部取土时,应联系好取土单位与取土地点,取土应不破坏植被,不破坏绿化树。对土质进行试验,确定取土的类别及含水率,使用类别适当的土用于回填,以避免回填土产生新的环境影响,尽量避免使用盐渍土与冻胀土回填。

1.5 设备设施要求

1.5.1 测量设施。根据给定的国家永久性控制坐标和水准点,按建筑物总平面要求,引测到现场,在工程施工区域设置测量控制网,包括控制基线、轴线和水平基准点;做好轴线控制的测量和校核。场地平整应设 10m×10m 或 20m×20m 方格网,在各方格点上做控制桩,并测出各标桩处的自然地形、标高,作为计算挖、填土方量和施工控制的依据。测量定位放线后,设置龙门板、放出基坑(槽)挖土灰线、上部边线和底部边线和水准标志。根据测量控制网进行挖方与填方的计算,尽量做到挖方最少与填方最少,降低挖填土方量,减少运输量,减少资源浪费。

1.5.2 施工设备。包括挖土、运输、夯实机械及其他辅助设备,现场做好设备调配,对设备进行维修检查、试运转。所选择的设备尽量为低能耗的环保型设备;挖土、推土、运输机械使用柴油机时,一方面要维护好机械性能,使柴油充分燃烧减少尾气排放,另一方面应安置吸烟罩,使尾气不直接排放。车辆易漏油部分设置接油装置。

1.6 过程控制要求

1.6.1 场地平整的前期清理工作

(1) 房屋周围 4m 以内平整到不妨碍后续工程施工的建筑地平线的高度,清除瓦砾、木屑等,露出好土,并修整出排水通畅的坡度;房屋周围 4m 以外,清除瓦砾、木屑等,清扫、清理恢复到开工时的状态。清理出的垃圾分类清运到指定的垃圾堆场。

(2) 场地清扫时,为防止扬尘,要先洒水,然后清扫。洒水以地面润湿为准,不得多洒导致污水流淌。

(3) 清理出的垃圾不能及时运走时,要用密目网予以覆盖,密目网之间予以搭接并用铁丝扎紧。

1.6.2　优化场地平整方案以节约资源

1.6.2.1　规划施工场地的平整工作,应根据设计总平面图、勘测地形图、场地平整施工方案等技术文件进行,应尽量做到填挖方量趋于平衡、总运输量最小、便于机械化施工和充分利用建筑物挖方填土,并防止利用地表土、软弱土层、草皮、建筑垃圾等做填方。

1.6.2.2　计算填挖方量严格控制

一般采用方格法,通过测设方格网→测设各方格点的标高→计算场地平均标高→计算场地设计标高→计算填挖数、填挖边界及填挖土方量→测设填挖边界线,计算完成后,才开始进行土方填挖平整施工。边坡土方则按照图算法计算。防止没有严格计算,随意填挖造成资源的浪费。

1.6.2.3　进行土方的平衡与调配

(1) 在计算出土方的施工标高、挖填区面积、挖填区土方量,并考虑各种变更因素进行调整后,对土方进行综合平衡与调配。

(2) 土方平衡时考虑挖方与填方基本达到平衡,减少重复倒运;挖方量与运距乘积之和最小;近期施工与后期利用相结合,当工程分批分期施工时,先期工程的土方余额应结合后期工程的需要而考虑其利用数量和堆放位置,以便就近调配。

(3) 堆放位置应为后期工程创造条件,力求避免重复挖运,先期工程有土方欠额的,也可由后期工程地点挖取;调配时将分区与全场结合起来考虑,分区土方的余额或欠额的调配,必须配合全场性的土方调配。

(4) 好土应用在回填密实度要求较高的地区;取土或弃土尽量不占农田或少占农田,弃土尽可能用于造田。

(5) 选择恰当的调配方向、运输路线、施工顺序,避免土方运输出现对流和乱流现象,同时便于机具调配、机械化施工。

(6) 调配方法为:划分调配区→计算调配区间的平均运距→画出土方调配图→列出土方量平衡表。

1.6.3　场地平整、填、挖、运输的粉尘控制

(1) 对于场地土干燥和主要通道,采用洒水覆盖表面浮土或浮灰,防止因风吹、车带扬尘,造成环境污染。四级风以上停止土方作业。

(2) 土方外运时,外运车辆装载量应低于槽帮 10~15cm,用塑料布封闭或用封闭运输工具。车辆出场时清洗,清洗用储水池中的水。

(3) 下雨时,一般停止土方外运,如果必须外运,外运车辆应遮雨,大雨时停止挖土作业。雨天后,场界内硬化的道路要进行冲洗。

1.6.4　建筑物所在地为垃圾场时,对垃圾场的垃圾要实施转运,包括与当地环保部门联系堆场,清运垃圾等。清运垃圾时,为控制粉尘与遗洒,要求运输的垃圾使用塑料布封闭,车辆中垃圾堆放低于槽帮 10～15cm,车辆出场时予以清扫或清洗干净。

1.6.5 挖、运土机械噪声控制。一是设置围墙,围墙高度不低于1.8m。当工地靠近居民区时,为进一步降低噪声,可使用隔声布,隔声布的高度根据噪声源及传播方向确定。二是场内运输与作业路线尽量远离居民住宅。三是选择机械时尽量考虑低噪声的设备。四是作业时斗车轻放轻倒。

1.6.6 机械尾气控制。选择尾气排放达标车辆作业,挖土机械使用柴油机械时,由于柴油机尾气排放大,应设置尾气吸收罩。

1.6.7 取土、填土与夯实另有规定。

1.7 监测要求

1.7.1 机械噪声监测。对土方机械作业时产生的噪声进行监测,作业前检测一次,施工期间每月检测一次,过程中通过监测,感觉噪声过高时使用仪器检测。检测方法按GB 12524《建筑施工场界噪声测量方法》,现场噪声控制在《建筑施工场界噪声限值》要求之内,否则应通过改进机械性能,合理安排机械台班与数量,设备隔声屏等方法降低噪声值。

1.7.2 粉尘监测。现场粉尘每天通过目测进行初步衡量,一级风扬尘控制在 0.3～0.4m,二级风扬尘控制在 0.5～0.6m,三级风扬尘控制在 1m 以下,四级风要停止作业。必要时聘请当地环保部门对悬浮颗粒物通过重量法进行检测。粉尘对场界外有扩散时,应通过密闭、覆盖、喷淋等方法降低粉尘。

1.7.3 尾气监测。每天对场内车辆及外运车辆尾气排放情况进行观察,场内尾气排放严重的车辆有吸气装置。尾气排放严重的外运车辆禁止上路。

2 土方开挖施工

2.1 作业流程
挖土→土方堆放→土方清运。

2.2 环境因素
2.2.1 挖土设备噪声排放,漏油污染;车轮清洗废水排放。

2.2.2 挖土、堆土、弃土过程扬尘遗洒、植被破坏、文物损坏。

2.2.3 土方开挖中地下管线泄漏、跑水、跑气、坍塌破坏设施、浪费资源。

2.3 人员要求
作业前,工程技术人员对作业人员进行交底,通过交底,掌握挖土深度与方量,了解场地布置,挖土线路,弃土堆放点等;掌握堆土覆盖的方法。掌握土方清运时扬尘土控制方法。

2.4 材料要求
材料需要准备用于控制扬尘的散布,木料,模板,用于浇水用相关的材料。

2.5 设备设施及人员要求
2.5.1 配备性能合格的挖土机械与运输机械,减少机械噪声与漏油产生的环境影响。

2.5.2 配备人工挖土的工具,对边角及适于人工开挖的地方进行人工开挖。

2.5.3 配备遮盖堆土的覆盖物,如密目网等。

2.5.4 配备用于降粉尘用的洒水设施,工地进出场处设储水池,扫把。

2.5.5 配备经鉴定有效的噪声检测仪。

2.6 过程控制

2.6.1 一般要求

(1) 编制基坑开挖方案。绘制施工总平面布置图和基坑土方开挖图,确定开挖路线、顺序、范围、底板标高、边坡坡度、排水沟、集水井位置,以及挖土堆放地点。

(2) 进行护坡设计与计算,在保证护坡安全的前提下,尽量减少挖土量。

(3) 土方开挖前,要熟悉土层地质、水文勘察资料,会审图纸,搞清地下构筑物、基础平面与周围地下设施管线的关系。防止破坏管网产生不必要的环境影响。

(4) 基础底标高原土层承载地基时,用挖掘机开挖时注意不得超挖。

(5) 预计基坑可能出水时,挖掘前要制定排水方案,并注意基坑底面不要因地下涌水而受扰动。

(6) 弃土场内解决时,确认弃土堆放场所;弃土场外解决时,确认弃土堆置处所和外运路径。

(7) 对机械的出入路径、道路状况、交通高峰时间段进行调查;对机动车辆要有防止道路污损措施,包括设置储水池对出场车辆清洗,配备扫把清扫轮胎等。

(8) 基坑开挖前应确认排水方案,如排水沟、排水井点和排水设备的安排。道路两侧、食堂、基坑底沿边四周、基坑上部靠近基坑边沿不小于1m处应设排水沟。

(9) 排水沟长度不超过20m处,设置集水井,集水井井深1~2.5m,孔洞1~2m^2左右,集水井中的水通过抽水泵抽出储存,或者沉淀后排放。

(10) 为便于水的再利用,现场设置1至多处储水池,储水池靠近搅拌站与现场出入口附近,储水池储水量不低于5m^3,砖砌筑,防渗水泥砂浆内抹面,底部设置直径6~10cm小孔,池底根据沉淀情况进行清理,储水池用木板盖面,防止废渣与粉尘进入。

2.6.2 土方开挖施工过程对含水率和冻土的控制。土方开挖前,应对含水量进行检测,土的含水量 $w = m_w/m_s \times 100$,m_w 代表土中水的质量,m_s 代表土的固体颗粒的质量。含水量低于30%时,应有开挖过程的粉尘控制方法,控制方法按下款相关要求实施。当挖土区含有冻土时,先对冻土区浮土进行清理,然后用塑料布对冻土覆盖保温,需要加快进度时对冻土通过蒸汽等方法加温,再开挖冻土,以降低噪声。

2.6.3 土方开挖施工过程中多余土方的处理。土方开挖施工过程中多余土方的处理方法一般有两种,一种是在挖土的同时有其他需要土方回填地方也在施工,可以直接用于回填;另一种是没有找到需要土方回填的地方,这种情况下,土方必须堆放在指定地点,并用密目网覆盖,搭接两网处用铁丝扎紧。在土方回填工程完成后,多余土运到城市规定的弃土场处理。

2.6.4 土方开挖施工过程中粉尘的控制。控制方法采取定时洒水覆盖地面浮尘的办法。洒水时,采用喷雾的办法,并尽量利用沉淀池中的水,以节约水资源。

2.6.5 土方开挖施工过程中外运土方对城市道路的污染控制。一般包括两个方面,一方面是自卸车运载土方堆载超过车厢拦板上沿,运输途中泥土洒落路面造成污染,必须采取覆盖措施,防止泥土洒落;另一方面是自卸车车轮沾带泥浆,运输途中污染路面,必须在场地出口设置洗车槽,在车辆上路之前将车轮车身冲洗干净。

2.6.6 对施工区域的所有障碍物,包括高压电线、电杆、塔架、地上和地下管道、电缆、坟墓、树木、沟渠以及旧有房屋、基础进行拆除或者搬迁、改建、改线、加固。

(1) 在文物保护区域内进行土方作业时,应采用人工挖土,避免机械作业时损坏文物;在人工挖土作业过程中,发现有文物时,立即停止土方作业,在现场设置警戒线,安排专人值班对文物进行保护,同时上报当地文物主管部门,并配合文物主管部门处理,处理完毕后才能继续施工,放置的文物应避免丢失和损坏。

(2) 施工区域内,有树木时,应按当地园林部门要求,移植到指定地点,对国家保护树种,不宜移植时,应建议设计部门修改设计,避开树木施工,防止对树木的损坏。

(3) 施工区域内有地下管线或电缆时,在离管线、电缆顶上 30cm 时,禁止用机械挖土,应采用人工挖土,并按施工方案对地下管线、电缆采取保护或加固措施,预防地下管线和电缆在土方作业时遭到破坏,造成泄漏、跑水、中毒、火灾、爆炸、停电、中断通讯等恶性事故致使资源浪费并对环境造成严重污染。

(4) 旧房屋、基础拆除时,按拆除专业施工所涉及的环境控制措施施工,预防或减少噪声排放、扬尘、遗洒、废弃物对环境的污染。

(5) 施工区域内有电线杆、铁塔,进行土方作业时,在离电线杆、铁塔 10m 范围内,禁止机械作业,应采用人工挖土,防止机械作业时碰坏电杆、铁塔,造成停电、火灾事故,浪费资源,严重污染环境。在高压线下进行土方作业时,如采用机械作业时,挖土机械的臂的最高点距离高压线的距离不应小于 3m,避免距离过近造成触电、伤人、损坏设备、污染环境。

(6) 发现有墓穴、土洞、地道(地窖)、废井时,先要进行有毒有害气体的检测,经确认无毒或进行相关处理后再行施工。

2.6.7 排至低洼处或水泵抽出的水先要经过沉淀,不得直接排入排污管道。

2.6.8 塌方、管涌、流砂的应急措施

2.6.8.1 应急准备

(1) 物资准备。现场预备麻袋、装土袋或砂袋、抽水泵,检查排水系统。现场运输工具随时待用,通讯联络保持良好。

(2) 人员准备。成立应急小组与抢险队。

(3) 现场布设好排水沟网,排水井,排水沟网与排水井保持畅通。

2.6.8.2 应急措施

(1) 塌方、管涌、流砂等不仅有着安全危害,而且破坏土壤、产生污水、损坏施工面等。从预防的角度出发,应当做好以下措施:

1) 进行详细的地质勘察与分析,工程和线路尽量选在边坡稳定的地段。

2) 设计基坑及上部的泄洪系统,在滑坡范围外设置多道环形截水沟,以拦截附近的地表水,在滑坡区域内,修设或疏通排水系统,疏导地表水、地下水,阻止渗入滑体内。

3) 处理好滑坡区域附近的生活及生产用水,防止浸入滑坡地段。

如因地下水活动有可能形成山坡浅层滑坡时,可设置支撑盲沟、渗水沟,排除地下水。盲沟应布置在平等于滑坡滑动方向有地下水露头处。做好植被工程。

4)地表下有土洞时要从上部挖开,清除软土,分层回填并夯实,同时做好地表水的截流,将径流引到附近排水沟中。

5)保持边坡有足够的坡度,避免随意切割坡脚。土体尽量削成较平缓的坡度,或做成台阶形。坡脚处有弃土时,将土石方填至坡脚,使其起反压作用。

6)尽量避免在坡脚处取土,在坡肩上设置弃土或建筑物。在斜坡地段挖方时,应遵守由上而下分层的开挖程序。在斜坡上填方时,应遵守由下往上分层填压的施工程序,避免在斜坡上集中弃土,同时避免对滑坡体的各种振动作用。

7)根据所在地防汛指挥部的通知,做好汛期准备,包括麻袋、取土源、运输工具、人员等,现场设置警戒区域与警戒标识。暴雨与汛期24h人员值班监测险情,排查险情。

(2)已经发生塌方时,应当从减少损失、降低污染、废物利用的角度做好以下措施:

1)对可能出现的浅层滑坡,如滑坡土方量不大时,将滑坡体全部挖除;如土方量较大,不能全部挖除,且表层破碎含有滑坡夹层时,对滑坡体深翻、推压、打乱滑坡夹层、表面压实,减少滑坡因素。挖出的土方堆放至指定地点,用于回填时再利用。

2)滑坡面土质松散或具有大量裂缝时,应进行填平、夯填,防止地表水下渗;在滑坡面进行保护。

3)倾斜表层下有裂隙滑动面的,在基础下设置混凝土锚桩。

4)对已滑坡工程,稳定后采取设置混凝土锚固排桩、挡土墙、抗滑明洞、抗滑锚杆或混凝土墩与挡土墙相结合的方法加固坡肚子,并在下段作截水沟、排水沟,陡坝部分采取去土减重,保持适当坡度。滑坡后清理的土方堆放在指定地点,并考虑填土利用。

(3)流砂破坏施工条件,同时也因地下土颗粒冒出使土壤破坏,地基下沉。为减少相应的环境影响,主要的处理措施是保持地下水压的平衡,以及改变地下水的渗流路线。

1)减小或平衡动水压力:采取水下挖土,使坑内水压与坑外地下水压相平衡或缩小水压差。

2)改变渗流路线:采用井点降水,使动水压力的方向朝下;沿基坑外围打板桩;采用化学压力注浆或高压水泥注浆,固结基坑周围粉砂层形成防渗帷幕;往坑底抛大石块,增加土的压重和减小动水压力。

3)已经产生了流砂的,除进行以上防渗处理外,还应将坑底的流砂进行沉淀,沉淀出的土方与水回收利用。

(4)监测数据若有异常,应及时果断地采取调整开挖顺序、增设临时支撑、反压坡脚乃至土体压密注浆等措施,迅速控制事态发展,并对引起异常的原因进行分析、确认采取的措施有效的条件下方可继续进行开挖。

(5)若发现地下有渗水、流砂的情况,要及时封堵。特别是流砂流土,有可能引起基坑外地面塌陷,要及时用棉纱或干海带嵌缝堵塞,快速控制事态发展,流砂流土被控制后,用防水材料嵌缝或灌缝。

2.7 监测要求

2.7.1 对土方机械作业时产生的噪声进行监测,作业前检测一次,施工期间每月检测一次,过程中通过监测,感觉噪声过高时使用仪器检测。现场噪声控制在《建筑施工场界噪声限值》要求之内,否则应通过改进机械性能,合理安排机械台班与数量等方法降低噪声值。

2.7.2 粉尘监测。每天应由现场环境管理员采用目测的办法监测一次扬尘,一级风扬尘控制在 0.3~0.4m,二级风扬尘控制在 0.5~0.6m,三级风扬尘控制在 1m 以下,四级风要停止作业。

2.7.3 沉淀池在使用期间要定期(每天不少于一次)对沉淀池进行观测,观察沉淀池容量情况,当沉淀物超过容量的 1/3 时应及时进行清掏;并对沉淀池内的污水进行检测,作为回收利用或排放的依据。

2.7.4 当施工时间有限制时,要提前 2h 监测进度情况,确保在限制时间中止施工。

2.7.5 每班下班前由施工班/组长监测作业面"工完场清"情况,包括垃圾清理、材料回收、火源的管制情况、水源的关闭情况等,满足环境要求后才能离人。

2.7.6 每月应由专人对周围社区或环境进行走访,收集周围相关方的意见,作为持续改进环境管理的依据。

2.7.7 应急检查。平常每周一次检查应急物资的准备情况,现场排水沟网。汛期与暴雨期前检查一次,汛期、暴雨期间按当地防汛指挥部要求检查,无要求时,每天检查至少一次。

3 取土回填

3.1 作业流程
取土→回填→夯实。

3.2 环境影响

3.2.1 取土对植被与土壤的影响。

3.2.2 回填作业中的扬尘。

3.2.3 回填与夯实作业中机械噪声排放,油遗洒。

3.3 人员要求

3.3.1 操作人员应穿软底鞋,长衣、长裤,裤脚、袖口应扎紧,并应配戴手套及护脚;在高温施工时外露皮肤应涂擦防护膏。并按规定使用其他劳动防护用品。

3.3.2 施工前应对作业人员进行环境交底,使作业人员了解土方运输、回填等活动的重要环境因素及其控制措施,熟练掌握环境检测的关键参数、应急响应中的注意事项和环境因素及其控制要求,避免操作不当造成噪声、扬尘、废弃物、废水的排放或出现意外安全、环境事故。

3.3.3 挖土机等机械操作工等特种作业人员应经过培训并持证上岗,掌握相应机械设备的操作要领后方可进行作业,避免因人的误操作或不按操作规程操作、保养造成机械设备漏油、设备部件报废、机械设备事故、浪费资源、噪声超标、污染土地、地下水,加大对环境的污染。

3.4 材料要求
取土应经过环保部门批准,取土尽量避免使用冻土、膨胀土、盐渍土。

3.5 设备设施要求

3.5.1 应根据施工组织设计或专项施工方案的要求,合理选择满足施工需要、噪声低、能耗低的挖土机、碾压机、打夯机、运输车等设备或器具,避免设备使用时噪声超标,漏油污染土地、地下水,加大水、电、油和资源消耗。

3.5.2 施工设备在每个作业班后应按规定进行日常的检测、保养和维修,保证设备经常处于完好状态,避免设备使用时意外漏油、加大噪声或油耗,加快设备磨损。

3.5.3 当发现设备有异常时,应安排专人检查、维修或送维修单位立即抢修,防止设备带病作业加大能源消耗、产生漏油、噪声等污染源,并防止设备事故。

3.5.4 一般器具要妥善保管,工具报废后不得随意抛弃,收集后归类统一处理。

3.5.5 现场排水沟、集水井和沉淀池要满足排水和污水沉淀排放要求。

3.6 过程控制要求

3.6.1 回填土方的取土地的确定,必须经过当地政府部门的审批,同意后才能取土。取土前应进行土质测定与取土量的计算。土的总质量包括土的固体颗粒的质量、土中水的质量、土中气体的质量;土的总体积包括土中固体颗粒的体积、土中水的所占的体积、土中空气所占的体积。避免回填土方不合格导致返工,加大能源的损耗,产生额外的废弃物污染环境。

3.6.2 取土与填土

3.6.2.1 选择符合填土要求的土料。

(1) 含水量符合压实要求的黏性土,可选作各层填料;碎石类土、砂土和爆破石渣(粒径不大于每层铺厚的 2/3),可用作表层下的填料;碎块草皮和有机质含量大于 8% 的土,只能用作无压实要求的填料;淤泥和淤泥质土,一般不能作用填料,但在填方的次要部位,可用经过处理的含水量符合压实要求的淤泥质土作填料。

(2) 填土应尽量采用同类土填筑,并宜控制土的含水率在最优含水量范围内。当采用不同的土填筑时,应按土类有规则地分层铺填,将透水性大的土层置于透水性较小的土层之下,提高土壤的保水性能。

3.6.2.2 根据地质情况,尽量避免用盐渍土作为回填土,之前对土壤的含盐量进行测量,土中含盐量大于 0.5% 时,对土的物理力学性能有一定影响,含盐量大于 3% 时,土的物理性能主要取决于盐分和含盐的种类,土本身的颗粒组成将居于次要地位。填土中禁止含有盐晶、盐块、含盐植物根茎。

由于冻土解冻对土壤有破坏,禁止直接将冻土用于回填,必须先经过解冻处理,然后回填。

3.6.2.3 取土完成后,必须恢复取土地的植被,防止水土流失,破坏自然资源。

3.6.2.4 对于有密实度要求的填方,施工前应按所选用的土料、压实方法做试验,确定土料含水量控制范围、每层铺土厚度、压(夯)实遍数、机械夯实行驶速度或人工夯实的操作要求。

3.6.2.5 基底处理。回填土前应先清除基底积水和杂物;基底为松土时应分层夯实;基底为含水量很大的松软土,应采取排水疏干或换土等措施。

3.6.2.6 人工填土从场地最低处开始,由一端向另端自下而上分层铺填。每层虚铺厚度,用人工木夯夯实时:砂质土不大于30cm,黏性土为20cm;用打夯机械夯实时不大于30cm。手推车送土时,堆土不宜太高,以防遗洒及扬尘。用铁锹、耙、锄等工具回填时,避免碰撞而发出噪声。打夯机夯实前,先检查打夯机性能,不得使用有漏油的打夯机械工作。

3.6.2.7　机械填土应由下而上分层铺填。

(1) 推土机填土每层虚铺厚度不宜大于30cm。铲运机填每层虚铺厚度不大于30~50cm。汽车填土每层虚铺厚度不大于30~50cm。

(2) 机械填土宜避免大风天气,推土机械匀速运行,土方推至填方部位时,应提一次铲刀,成堆卸土,并向前行驶0.5~1.0m,利用推土机后退时将土刮平。

(3) 回填达一定程度后及时用推土机来回行驶碾压,减少填土过程产生的扬尘。卸土推平与压实工作宜采取分段交叉进行。

3.6.2.8　回填土时应严格控制土的含水量,应使施工土料含水量接近最优含水量。黏性土料施工含水量与最优含水量之差控制在-4%~±2%。回填管沟时,为不破坏管道,应用人工先在管子周围填土夯实,并应在管道两边同时进行,直至管顶0.5m以上。在不损坏管道的情况下,方可采用机械填土回填夯实。

3.6.2.9　人工打夯应按一定方向进行,实行交叉打夯,分层夯打。夜间打夯时,为降低噪声,可在打夯面上覆盖薄层的草袋或编织物,同时减少打夯分层的厚度。

3.6.2.10　在碾压机械碾压之前,宜先用轻型推土机、拖拉机推平,低速预压4~5遍,使表面平实;采用振动平碾碎石类土,应先静压后振压。碾压机械压实填方时,应控制行驶速度,"薄填、慢驶、多次"的方法,减少扬尘。平碾碾压一层完后,应用人工或推土机将表面拉平,土层表面太干时,应洒水湿润后继续回填。

作业时,优先选用压路碾及静作用压路机。用于石渣、碎石、杂填土、粉土碾压而不得不使用振动压路机时,应选用噪声较小的机械,进行噪声监测,并有防噪措施。

3.6.2.11　填土层如有地下水或滞水时,应在四周设置排水沟和集水井,将水位降低。已填好的土如遭水浸,应把稀泥铲除后,方能进行下一道工序施工。填土区应保持一定横坡,或中间稍高两边稍低,以利排水。

3.6.2.12　对有密实度要求的填方,在压实或夯实后,对每层回填土的质量进行密实度检验。

3.6.2.13　回填土预先检测,冻土、膨胀土、盐渍土原则上不用于回填。回填土后,及时进行洒水,并且用稻草等进行覆盖,以防扬尘。

3.6.3　弃土处置

(1) 向场外处置时,确认土的运量、运出日期、弃土堆放场等;弃土装运时,装运量与出场按挖土作业粉尘控制的相关要求实施。

(2) 场内处置时,回填剩下的弃土注意场内排水等情况下均匀铺在场地上。

3.7　监测要求

3.7.1　对土方机械作业时产生的噪声进行监测,作业前检测一次,施工期间每月检测一次,过程中通过监测,感觉噪声过高时使用仪器检测。现场噪声控制在《建筑施工场界噪声限值》要求之内,否则应通过改进机械性能,合理安排机械台班与数量等方法降低噪声值。

3.7.2 粉尘监测。每天应由现场环境管理员采用目测的办法监测一次扬尘,一级风扬尘控制在0.3~0.4m,二级风扬尘控制在0.5~0.6m,三级风扬尘控制在1m以下,四级风要停止作业。

3.7.3 沉淀池在使用期间要定期(每天不少于一次)对沉淀池进行观测,观察沉淀池容量情况,当沉淀物超过容量的1/3时应及时进行清掏;并对沉淀池内的污水状况进行检测,作为回收利用或排放的依据。

3.7.4 当施工时间有限制时,要提前2h监测进度情况,确保在限制时间中止施工。

3.7.5 每班下班前由施工班/组长监测作业面"工完场清"情况,包括垃圾清理、材料回收、火源的管制情况、水源的关闭情况等,满足环境要求后才能离人。

3.7.6 每月应由专人对周围社区或环境进行走访,收集周围相关方的意见,作为持续改进环境管理的依据。

4 降排水施工

4.1 作业流程

4.1.1 地面排水作业流程包括:设置排水沟→排水。

4.1.2 地下降排水作业流程包括:井点设计→铺设总管→冲孔→安装井点管→井点管与总管相联→安装抽水设备→安装集水箱与排水管→降水与排水。

4.2 环境因素

施工场地的污水排放以及对土壤的污染;排水、降水作业中同时产生固废、噪声、机械漏油等其他环境影响。

4.3 人员要求

4.3.1 操作人员应穿软底鞋,长衣、长裤,裤脚、袖口应扎紧,并应配戴手套及护脚;在高温施工时外露皮肤应涂擦防护膏。并按规定使用其他劳动防护用品。

4.3.2 施工前应对作业人员进行环境交底,使作业人员了解现场排水沟网的布设,掌握基坑排水、井点降水的排放等活动的重要环境因素及其控制措施,熟练掌握环境检测的关键参数、应急响应中的注意事项和环境因素及其控制要求,避免操作不当造成噪声、扬尘、废弃物、废水的排放或出现意外安全、环境事故。

4.4 材料要求

4.4.1 机械用油及润滑油为检验合格的油料,指标符合环保要求。

4.4.2 砌筑排水沟、沉淀池用的灰浆通过现场拌制,拌制时设置灰池,灰池防止外渗,拌制时要减少损失。

4.5 设备设施要求

4.5.1 应根据施工组织设计或专项施工方案的要求,合理选择满足施工需要、噪声低、能耗低的水泵、成孔设备等设备或器具,避免设备使用时噪声超标,漏油污染土地、地下水,加大水、电、油和资源消耗。

4.5.2 施工设备在每个作业班后应按规定进行日常的检测、保养和维修,保证设备经常处于完好状态,避免设备使用时意外漏油、加大噪声或油耗,加快设备磨损。

4.5.3 当发现设备有异常时,应安排专人检查、维修或送维修单位立即抢修,防止设备带病作业加大能源消耗、产生漏油、噪声等污染源,并防止设备事故。

4.5.4 一般器具要妥善保管,工具报废后不得随意抛弃,收集后归类统一处理。

4.5.5 现场排水沟、集水井和沉淀池要满足排水和污水沉淀排放要求,污水要经两级沉淀后才能排入城市排污管网。

4.6 过程控制要求

4.6.1 场地的排水、截水、疏水、排洪

4.6.1.1 在现场周围地段修设临时或永久性排水沟、防洪沟、挡水堤。

(1) 排水沟以人工挖土的方式进行,挖土中碰有石块等坚硬物体时严禁敲打。挖出的土堆放距排水沟缘20cm处,然后集中清运。排水沟分段开挖,分段砌筑,以防挖土堆放时间过长被地表水冲入管沟。排水沟设计时要考虑现场道路两侧、地表流水的上游一侧。排水沟沟底坡度一般为2%~8%,保持场地排水畅通。在现场排水管网的低洼地段设置集水井、排水设施,集中将水排走。

(2) 现场贮水构筑物、灰池、防洪沟、排水沟等应有防漏措施,避免或减少对土壤的侵蚀与污染。

(3) 永久性排水管应用盖板封闭,防止废渣直接进入管沟。

(4) 排水沟砌筑时,灰池设置在中间地带,减少砌筑用灰的运输距离,灰浆运输应避免遗洒和污染路面。现场灰池严禁使用简易的、四周敞开式的灰池,防止拌灰时污水横流。拌灰量根据砌筑工程量与用灰量,减少灰浆的浪费。砌筑后勾缝产生的废渣禁止直接弃入排水沟中,而宜集中清理堆放。

(5) 排水沟使用中定期清理浮渣与沉渣,并且将清理出的废渣按生活垃圾、工程垃圾、可回收利用的垃圾分类堆放。

(6) 严禁将废生活用油、废机油、废油漆等有毒有害的废物直接倒入排水沟中。

(7) 现场材料设备、施工垃圾的堆放不得阻碍雨水排泄。

4.6.1.2 现场搅拌站的排水

(1) 为防止现场搅拌站集水、泥浆破坏施工条件、污染土壤,应设置导水沟。由于现场搅拌沉渣太多,搅拌站导水沟端部设置集水井,而后与现场排水管网相联通。

(2) 为方便搅拌设备的清洗,现场搅拌站设置储水池。

(3) 导水沟集水井中的水集中后将清水排入储水池中再利用,导水沟与储水池中沉渣定期清理,废弃物清运处置。

(4) 现场搅拌站必须有防漏油设施,不得使机械漏油直接排入导水沟中。

4.6.1.3 材料堆场的排水

(1) 材料堆场设散水坡,防止堆场积水腐蚀材料,从而进一步造成土壤污染。现场堆放材料应有防锈措施,禁止材料直接浸泡水中。

(2) 材料堆场喷漆、涂油等防锈用的有毒有害废料专门收集交有资质单位处理,防止直接排入排水沟。

(3) 材料堆场设排水沟,排水沟与现场排水管网相连。

4.6.1.4 现场加工场排水

(1) 钢筋、木料加工车间应设置有遮雨设施。混凝土预制品场通过散水排水。加工场排水均与排水沟相通。

(2) 钢筋加工车间的焊渣、木制品加工车间的废木料统一收集,尽量二次利用,不能利用的废料交废品回收单位处理,防止污染水体或者阻塞水流。

(3) 混凝土预制品场使用外加剂时,外加剂的储存与使用要防渗漏,防止直接排放于排水沟。

(4) 预制品养护水通过排水沟中的集水井收集后重复利用。浇筑后渗漏的水泥浆、养护后冲刷的固废应沉淀后,定期清掏,并废弃物清运处理。

4.6.1.5 建筑物上部施工用水的排水

(1) 建筑物上部用水包括浇筑用水、养护水、洒水作业用水、渗漏水、冷却水等。这些水从楼上流下时含砂、含泥量比较高,为便于上部水流下后疏通,建筑物周围应保持水流通畅,便于进入场地的排水沟,并且进行沉淀。

(2) 灌水试验用水、卫生间等闭水试验用水,这些水通过地漏、管道等排放后,经排水沟、沉淀池沉淀后回收利用。

4.6.1.6 基坑槽排水

基坑槽排水一般包括排水沟排水和井点系统降低水位。

(1) 基坑排水沟排水

1) 基坑排水沟通过人工开挖,深度控制在比挖土面低 0.4~0.5m,水沟边坡为 1:1~1.5,沟底设有 0.2%~0.5% 的纵坡,排水沟要设置在地下水的上游,并且保持通畅。排水沟的挖土统一清理与堆放。

2) 每隔一段间距设一集水井,排水沟中的水流统一汇集于集水井中排放。集水井最少比排水沟低 0.5~1.0m,或深于抽水泵进水阀的高度以上。为防止周围泥砂、泥土坍入井中,井壁用木方、木板支撑加固,井的基底填以 20cm 厚碎石或卵石。集水井中的集水用抽水泵抽排,为了防止泥砂进入水泵,水泵抽水龙头应包以滤网。抽排的水不得直接排入基坑周围的地表上,而应通过地表排水沟排入现场沉淀池中。

3) 抽水泵发动机部位噪声较大时,为控制或减少噪声的排放,发动机应固定牢靠,并且将发动机封闭。发动机加油、润滑、运作时应防止漏油,措施包括在机底部位设置接油盘。

(2) 井点降水

从提高工效、减少挖土的角度,应优先考虑井点降水方法。

1) 井点设计

根据水文地质、井点设备等多种因素计算井点管数量、井点管埋入深度,保持井点管连续工作,且地下水排出适当,应尽量避免过度抽水对地质、周围建筑物的影响。井点设计包括涌水量计算,确定井点管数量与间距,进行水位降低数值校核,确定抽水设备。

2) 铺设总管

总管连接处使用法兰盘,以防漏气;总管要铺设牢固,防止变形漏气;总管铺设时,所使用的工具如扳手等避免直接敲击总管,以免产生噪声污染;总管应进行防锈处理,防止锈蚀后污染地面。

3）冲孔

冲孔是通过高压水泵，使水冲击土层形成圆孔。

由于冲孔是水压作用产生的，因而泥浆较多，为了对污水进行引流，现场周围应布置排水沟网将泥浆水引入沉淀池。冲孔过程中，为保持孔径的均匀，避免孔径过大产生过多泥浆，冲水管应控制好下沉速度。并且冲水管下沉过程中保持垂直，固定冲水管的钢支架应牢固。

冲孔前要事先挖好小坑，冲管插入小坑内，禁止直接冲孔产生不必要的环境影响。

井孔深度在对地下水位充分了解后事先设计，冲孔中掌握好冲孔的深度，在达到设计深度后即拔出冲管，不宜超过设计深度。

冲管与空气管连接要牢，避免水的渗漏和漏气污染环境。

高压水泵的动力部分噪声较高，宜用隔声材料予以封闭。

推荐采用打井法施工，用泥浆护壁，成孔后用水冲洗干净后才准使用；打井带出泥浆通过沟渠流入泥浆池重复使用；冲洗水引入沉淀池经过滤后用于降尘，减少水资源的消耗。

4）安装井点管

井点管的埋设根据测定的水位深度。为减少土壤中泥砂的抽出量，管下端配备滤网，滤网最好设两层，内层为细滤网，外层为粗滤网，并且在孔基底填砂砾等滤料。井点管安装后，管与孔壁间用粗砂灌实，并且在距地面 0.5~1.0m 处用黏土填实。粗砂与黏土填实中禁止工具与井点管的碰击，以免产生噪声。黏土填埋要密实，防止漏气而影响功效。

5）井点管与总管相联

井点管与总管要连接密实，防止漏气。连接过程中，井点管要轻拿轻放。

6）安装抽水设备

现场设置机房，抽水设备放置专门的机房内，机房应有隔声降噪功能。为防止机房内的机械漏油污染路面，机械设置接油盘。

7）安装集水箱和排水管

现场设置集水箱，井点降水排出的水先经过集水箱沉淀与过滤，然后排出。降水排出的水一方面通过排水管连接集水箱，另一方面集水箱通过排水管与排水沟与城市雨水系统连接。

（3）施工机械的工效

通过机械工效的提高，从而降低机械能耗。

1）离心泵

离心泵的选择，主要根据流量和扬程。离心泵的流量应大于基坑的涌水量。离心泵扬程在满足总扬程的前提下，主要是使吸水扬程满足降水深度变化的要求。离心泵安装时，要注意吸水管接头漏气及吸水口至少沉入水面以下 50cm，以免吸入空气，影响水泵的正常运行。使用时，先将泵体及吸水管内灌满水，排出空气，然后开泵抽水。

2）潜水泵

在使用潜水泵时，不得脱水运转，或降入泥中，也不得排灌含泥量较高的水质或泥浆水，以免泵的叶轮被杂物堵塞。

3）抽水设备

要注意管道密封，井点系统分成长度大致相等的段，分段位置宜在基坑拐弯处，各套井点管之间应装阀门隔开。为了观察水位降落情况，一般在基础中心、总管末端、局部挖深处，没置观测井，观测井由井点管做成，但不与总管相连。

每根井点管沉没后应检验渗透水性能。井点管与孔壁之间填砂滤料时，管口应有泥浆水冒出，或向管内灌水时，能很快下渗，方为合格。

井点管沉没完毕，即可接通总管和抽水设备，然后进行试抽。避免井点出现死井而导致浪费，为此要全面检查管路接头的质量、井点出水状况和抽水机械运动情况等，如发现漏气，要及时处理，检查合格后，井点孔口到地面下 0.5~1m 的浓度范围内应用黏土填塞，以防漏气。

井点使用时，一般应连续抽水，时抽时停滤网会堵塞，也易出泥砂或出水混浊。

4.6.1.7 降排水施工过程中污水的处理。降排水的水源主要来源于地下水和雨水，施工场地内的水的污染主要是泥砂，场地内水的含泥砂量一般都超过普通雨水的含量，不能直接排放到城市雨水排放系统，必须经过沉砂处理才能排放到城市雨水系统。沉砂处理方法一般在场地排水总沟末端设置沉淀池，整个场地的排出水通过沉淀池沉淀后再排入城市雨水系统。

4.6.1.8 降排水施工过程中地下管道、地下文物的保护。

(1) 降排水施工过程中地下文物的保护。施工过程中如果发现地下文物，应该立即停止施工，并做好保护，立即报告当地相关部门，交由相关部门处理。

(2) 降排水施工过程中地下管道的保护。

1) 受基坑挖土等施工的影响，基坑周围的地层会发生不同程度的变形。如工程位于中心城区，基坑周围密布有建筑物、各种地下管线以及公共道路等市政设施，尤其是工程处在软弱复杂地层时，因基坑的开挖而引起地层变形，会对周围环境产生不利影响。因此，必须对周围地下管线的沉降和位移进行监测。

2) 城市地下市政管线主要有：煤气管、上水管、电力电缆、电话电缆、雨水管和污水管等。地下管根据其材性和接头构造可分为刚性管道和柔性管道。其中煤气管和上水管是刚性压力管道，是监测的重点，但电力电缆和重要的通讯电缆也不可忽视。

3) 根据监测结果，如发现有变化时，应按施工技术方案加固或委托专业公司加固，预防变形损坏、污染环境、浪费资源。

4.6.2 应急控制要求

4.6.2.1 项目部应有专人收听天气预报，有大风大雨的预报，必须及时通知应急领导和现场作业班/组长，按应急方案处理。

4.6.2.2 在夏季室外高温作业时，要注意防止中暑，如是轻症中暑，应使患者迅速离开高温作业环境；如是重症中暑，由现场作业班/组长指挥人员进行紧急抢救，并第一时间电话通知应急领导，首先采取措施降温，迅速送医院进行抢救。

4.7 监测要求

4.7.1 噪声监测：作业前检测一次，施工期间每月检测一次，过程中通过监测，感觉噪声过高时使用仪器检测。现场噪声控制在《建筑施工场界噪声限值》要求之内。

4.7.2 粉尘监测。每天应由现场环境管理员采用目测的办法监测一次扬尘,一级风扬尘控制在 0.3~0.4m,二级风扬尘控制在 0.5~0.6m,三级风扬尘控制在 1m 以下,四级风要停止作业。

4.7.3 沉淀池在使用期间要定期(每天不少于一次)对沉淀池进行观测,观察沉淀池容量情况,当沉淀物超过容量的 1/3 时应及时进行清掏;并对沉淀池内的污水进行检测,作为回收利用或排放的依据。

4.7.4 当施工时间有限制时,要提前 2h 监测进度情况,确保在限制时间中止施工。

4.7.5 应急检查。平常每周一次检查应急物资的准备情况,现场排水沟网。汛期与暴雨期前检查一次,期间按当地防汛指挥部要求检查,如无要求时,每天至少检查一次。

5 边坡与护坡

5.1 一般规定

5.1.1 施工过程中方案的选择和优化,资源节约的控制

深基坑支护体系方案的选择和优化,要根据建筑物设计规划、建设地的地质情况、基坑周围环境情况等要素来选择支护体系的结构类型、维护墙的形式、支撑形式等,保证在满足建设要求的条件下,进行方案优化,尽量降低资源的消耗。

5.1.2 边坡挖放

5.1.2.1 控制边坡坡度,减少放坡损失

对永久性挖方的边坡坡度,应按设计要求放坡,一般在 1:1~1:1.5 之间。对使用时间较长的临时性挖方边坡,土质较好时,边坡可放宽一些。开挖基坑(槽)和管沟,土质条件好,地下水位低于其底面标高时,挖方深度 5m 以内不加支撑的边坡坡度在 1:0.33~1:1.5。施工期较长,挖方深度大于 2m 以上时,应做成直立壁加支撑。

在挖方下侧弃土时,应将弃土堆表面整平低于挖方场地标高并向外倾斜,或在弃土堆与挖方场地之间设置排水沟,防止雨水排入挖方场地。

5.1.2.2 做好地面排水措施,避免积水。当有地下水时,应及时采取降排水措施。

5.1.2.3 土方开挖应自上而下分段分层、依次进行,随时做成一定的坡势,以利泄水。边坡下部设有护脚及排水沟时,在边坡修完后,应立即处理台阶的反向排水坡,砌筑排水沟。

5.1.2.4 集水坑。对软土或土层中含有细砂、粉砂或淤泥层时,不宜设置集水坑,以免发生流砂与塌方。集水坑底要铺设碎石滤水层,以免在抽水时将泥砂抽出,以及坑底土被搅动,导致现场污染严重。

5.1.3 支护施工方案

(1)支护方案兼顾安全与经济,在安全的前提下,尽量选用投入少,可回收利用的支护结构或者成为地下结构一个组成部分的支撑。可回收利用的支护结构包括钢板桩、型钢支柱木挡板、工具式支撑等,成为地下结构组成部分的支撑包括地下连续墙等。

(2)基坑开挖之前应调查护坡做法、施工方案等(如强度计算书、护坡设计文件);为防止对周围管线的破坏,宜请当地供电、供水、煤气、环境、交通等部门提供详细资料,甚至在审查支护结构设计时,请上述有关人员出席。

(3) 注意基坑深度、大小、基坑底面平整、超挖量、坡度、回填土堆积场所等符合施工规范要求,预防坍塌、损坏设施,污染环境。

(4) 护坡施工时,要常备应急器材,如装土用的草袋、麻袋、千斤顶、应急用楞木等。

(5) 确认紧急情况下的联络系统。

(6) 充分认识护坡崩裂所引起的情形,在应急准备响应预案中明确具体处理方法,并保证方法可靠有效。

(7) 大雨和台风袭来时,设监视员专职巡视,另安排现场工人待命,应急器材准备就绪等;出现险情时,按应急准备响应预案处理,防止事态恶化造成污染。

5.2 钢板桩

5.2.1 作业流程

钢板桩除锈→钢板桩准备→沉桩。

5.2.2 环境因素

环境因素包括钢板桩除锈产生的粉尘与废渣,钢板桩加工焊接产生有害气体排放,电焊活动产生废焊条、焊条头、焊渣废弃污染环境。沉桩过程产生的噪声与废气污染等。

5.2.3 人员要求

作业前,工程技术人员应对作业人员进行交底,通过交底使除锈人员掌握除锈方法,及除锈后废渣处理方法;焊接人员的要求按焊接过程;打桩人员掌握沉桩方法,了解沉桩过程的环境影响及防治方法。

5.2.4 材料要求

对钢板桩进行验收,防止使用不合格的钢板桩而产生断桩等现象。

5.2.5 设备设施要求

5.2.5.1 配备除锈、切割、焊接、矫正设备,用于钢板桩的清洁、切断、连接、矫正。设备性能经试运转或维修保持良好,设备配有接油盘,切割设备用的氧气与乙炔按规定存放与使用。

5.2.5.2 使用能耗小、污染小的打桩设备,打桩设备使用时保持地基平稳,能够稳定地发挥设备性能。

5.2.6 过程控制

5.2.6.1 为防止钢板桩锈蚀对土壤的影响,钢板桩打入前先作防锈处理。当钢板桩表面有缺陷时,应下垫油盘后再清洗表面锈蚀与油污。桩端部变形采用氧乙炔切割处理时,切割按切割线进行,并且保证切割线与轴线垂直,热切割中应控制氧气、乙炔的泄露。钢板桩的除锈与加工在地面硬化的加工车间进行。

5.2.6.2 桩体变形时,优先采用千斤顶并冷弯矫正,其次考虑氧乙炔热烘法与大锤敲击方法,以减少噪声与空气污染。

5.2.6.3 钢板需要加长时,加长采用焊接方式,焊接过程的环境污染防治按焊接过程的要求实施。

5.2.6.4 当钢板桩被利用作为箱基底板或桩基承台的侧模时,则必须衬以纤维板或油毡等隔离材料,以利钢板桩拔出重复使用。

5.2.6.5 钢板桩用后拔出,拔出过程为减少对土壤的扰动,宜匀速拔出。拔出后带的土及时处理,所形成的土层孔隙有可能引起土层的移动,为减少这种影响,宜采用跳拔的方式,或边拔除边灌砂。

5.2.6.6 沉桩设备包括落锤、汽锤、柴油锤、振动锤,前三种为冲击打入,从沉桩设备的选择上,优先选择振动锤,以减少冲击产生的噪声污染及柴油锤产生的空气污染。打设钢板桩时,每插入一块板桩,要轻轻锤击。

5.2.7 监测要求

(1) 对钢板桩除锈车间的粉尘、废渣每天进行目测1次,粉尘过大时车间应进行封闭,除锈后的废渣要进行清扫、收集与处理。

(2) 打桩过程中,每天进行噪声监测,噪声监测方法按 GB 12524《建筑施工场界噪声测量方法》,昼间噪声控制在85dB以内,夜间禁止施工。

5.3 深层搅拌水泥土桩与旋喷桩

5.3.1 作业流程

深层搅拌桩作业过程为:深层搅拌机定位→预搅下沉→制配水泥浆(或砂浆)→喷浆搅拌、提升→重复搅拌下沉→重复搅拌提升至孔口→关闭搅拌机、清洗。

旋喷桩作业过程为:钻机就位钻孔→钻孔至设计标高→旋喷→边旋喷边提升→成桩。

5.3.2 环境因素

环境因素有:打桩机噪声排放与漏油;搅拌机作业过程扬尘,运输遗洒,洗搅拌机的污水排放等;减水剂遗洒,废弃污染土地。

5.3.3 人员要求

作业前,工程技术人员应对作业人员进行交底,通过交底使操作人员要掌握搅拌桩操作方法,做好现场泥浆与污水的排放。

5.3.4 材料要求

(1) 水泥喷浆经过试制与调配,其性能符合环保要求。

(2) 使用外加剂时,性能经检测合格,并且外加剂的储存、使用时防止泄漏。

5.3.5 设备设施要求

5.3.5.1 机具设备包括深层搅拌机或钻机、起重机、泥浆泵或高压泥浆泵、灰浆搅拌机、导向设备及提升速度量测设备、旋喷管、冷却泵、空压机等。

5.3.5.2 钻孔与旋喷设备进场时进行验收。打桩前,应整平场地,清除桩基范围内的高空、地面、地下障碍物,架空高压线距打桩架不得小于10m;修设桩机进出、行走道路,做好排水措施。道路可采用铺垫碎石或卵石,待打桩结束后,回收重复利用。

5.3.5.3 应选用与打桩施工方法相适应的打桩机械,钻机孔径与桩规格应适应。

5.3.5.4 喷浆使用高压管与钻杆连接,利用钻杆端部的旋转喷嘴喷出水泥固化剂。

5.3.5.5 现场设贮水池,贮水池一方面提供搅拌、喷浆用水,另一方面用于冷却泵用水。

5.3.5.6 打桩现场设置排水沟网,用于现场污水的疏导。

5.3.6 过程控制

5.3.6.1 进行挡土墙深度、厚度设计,水泥的掺入量适当,既保证挡土墙一定的重力,又使消耗适量。

5.3.6.2 场地先整平,清除桩位处地上、地下一切障碍物,场地低洼处用黏性土料回填夯实,利于桩机就位。场地做好排水沟网的设置。

5.3.6.3 施工前对灰浆泵输送量、灰浆输送管到达搅拌机喷浆口的时间和起吊设备提升速度等施工工艺参数进行设计,并且根据参数确定灰浆的配合比。

(1) 配合设计考虑灰浆通过输送泵传输的流动性、灰浆的初凝时间与灰浆的强度性能。防止灰浆堵塞输送泵影响输送性能,产生浪费,以及灰浆在土壤中的水化反应不充分达不到预期的效果。

(2) 为增加灰浆的流动性,可考虑掺入水泥重量的 0.2%~0.25% 的木质素磺酸钙减水剂,以及用于早强的 1% 水泥用量的硫酸钠与 2% 水泥用量的石膏。

(3) 灰浆泵的拌制场所的污水处理参照混凝土搅拌站的污水处理方法。灰浆泵阻塞、灰浆泵停止施工前要进行清洗,清洗前泵中的剩余料及贴壁料先清理,清洗后的污水排入排水沟流水沉淀池,清理形成的固废按无毒无害物资处理。

(4) 拌制成的灰浆要在初凝前使用完。

5.3.6.4 为使灰浆与泥浆充分融合,提高水化效果,搅拌设备应先匀速下沉,再匀速上提,下沉及上提速度通过速度监测仪监测。搅拌机的操作连续均匀,以控制注浆量。

5.3.6.5 喷射压力与喷射量,以及旋喷机械的提升速度在试桩时设计好,维护挡土墙质量均匀、桩孔均匀,也减少对土壤的扰动。

5.3.6.6 灰浆输送使用空压机时,如空压机噪声过大,应对空压机进行封闭。

5.3.6.7 灰浆搅拌在选定的场所进行,为控制水泥与外加剂用量,保证灰浆按配合比搅拌,现场配备计量台秤。

(1) 灰浆搅拌站附近设置储水池,提供拌浆用水,水池防渗漏,并定期对沉渣进行清理。

(2) 现场搅拌与旋喷中形成的污水经排水沟疏流,并统一沉淀后排放。

5.3.6.8 当水泥浆中使用外加剂时,应防止外加剂泄漏。水泥浆在输送过程中要防止泄漏遗洒。

5.3.7 监测要求

5.3.7.1 对水泥固化剂的性能进行检测,其酸碱度与土壤相适应,且无污染。

5.3.7.2 噪声监测:对起重设备、灰浆搅拌机、空压机与泥浆泵的机械噪声,作业前检测一次,施工期间每月检测一次,过程中通过监测,感觉噪声过高时使用仪器检测。噪声值控制在白天 85dB 以内。

5.3.7.3 粉尘监测。每天由环境管理人员对扬尘情况目测 1 次,一级风扬尘控制在 0.3~0.4m,二级风扬尘控制在 0.5~0.6m,三级风扬尘控制在 1m 以下,四级风停止作业。

5.3.7.4 沉淀池在使用期间要定期(每天不少于一次)对沉淀池进行观测,观察沉淀池容量情况,当沉淀物超过容量的 1/3 时应及时进行清掏;并对沉淀池内的污水进行检测,作为回收利用或排放的依据。

5.3.7.5 当施工时间有限制时,要提前 2h 监测进度情况,确保在限制时间中止施工。

5.3.7.6 每月应由专人对周围社区或环境进行走访,收集周围相关方的意见,作为持续改进环境管理的依据。

5.3.7.7 应急检查。平常每周一次检查应急物资的准备情况,现场排水沟网。汛期与暴雨期前检查一次,期间按当地防汛指挥部要求检查,如无规定时,每天检查至少一次。

5.4 地下连续墙

5.4.1 作业流程

泥浆制作→成槽施工→钢筋笼吊放→灌浆。

5.4.2 环境因素

成槽与泥浆制作过程产生的泥浆固废与污水,钢筋笼加工产生的锈渣与钢筋焊接的环境影响,以及机械作业过程的噪声与漏油。

5.4.3 人员要求

作业前,现场工程技术人员应对作业人员进行交底,通过交底使作业人员掌握泥浆制作方法、成槽工艺与施工方法,经现场污水导流,泥浆泵送的方法,防治污染的措施。

5.4.4 材料要求

5.4.4.1 制作钢筋笼。钢筋笼在现场制作,制作用的钢筋经检验合格,制作时按设计的直径与长度。防止制作尺寸不符合要求的钢筋笼而产生浪费。钢筋笼需要除锈时,使用喷砂工艺,除锈后的废渣用塑料袋统一收集清理。

5.4.4.2 灌浆用的混凝土现场制作或者使用商品混凝土,混凝土经过配合比设计,混凝土水下浇筑时通过导管进行。现场制作混凝土时,按照搅拌站的有关环境控制要求进行控制。

5.4.5 设备设施要求

5.4.5.1 设计挖土机械的走向与走线,以最优的路线布设挖土机械轨道。

5.4.5.2 挖槽、清底产生的泥浆与泥渣应沉淀,沉淀通过现场沉淀池进行。沉淀池中产生的泥渣通过振动筛与旋流器一方面分离出砂、石、土,作为建筑垃圾处理,另一方面制备泥浆用于筑导墙时的泥浆护壁循环使用。

5.4.5.3 泥浆系统配备泥浆拌制设备、送浆及回浆设备外,还需配废浆处理设备防渗漏的泥浆池和与泥浆池连接的排浆沟,减少泥浆污染。

5.4.6 过程控制

5.4.6.1 泥浆制作

(1) 泥浆制作应根据地质情况,尽量设计与选用土壤酸碱度一致的泥浆,以不污染土壤。制作前,应对地下6~8m范围内土层进行以鉴别土壤类别为主的简易勘探,加密钻探孔以查清其现状。

(2) 泥浆通过机械拌制而成,拌制时防止泥浆遗洒。施工现场设置足够施工使用的泥浆配制、循环和净化系统的场地。

(3) 泥浆池应加设防雨棚,施工场地应设集水井和排水沟,防止雨水和地表水污染泥浆,同时也防止泥浆污染场地。

5.4.6.2 成槽施工

施工时,为严防槽壁塌方,应定期检查泥浆质量,防止泥浆流失,并维持稳定槽段所必须的泥浆液位,一般高于地下水位500mm以上,并不低于导墙顶300mm。在泥浆可能流失的地层中成槽时,必须有堵漏措施,储备足够的泥浆。挖槽后取土堆放在指定地点,堆放处远离基坑2m以上,堆土用密目网覆盖。

5.4.6.3 钢筋笼制作与吊放

钢筋笼制作与焊接在专门的加工点与制作平台上进行,相应的钢筋废料要统一回收,焊渣清扫回收,归类到有毒有害物品,防止污染。钢筋焊接按钢筋作业过程的环境控制要求。

5.4.6.4 灌浆

导管先下沉至底,灌浆过程中匀速上提,浇筑过程中防止堵管、混凝土浇筑不连续产生断桩,从而导致浪费。

采用底部抽吸、顶部补浆的方法进行置换和清淤,置换的淤泥应抽吸至泥浆沉淀池沉淀。

5.4.7 监测要求

5.4.7.1 污水监测。每天应监测施工过程现场污水及时排放,每班应不少于一次。

5.4.7.2 噪声监测:对空压机、泥浆拌制机械、成槽机械等机械噪声,作业前检测一次,施工期间每月检测一次,过程中通过监测,感觉噪声过高时使用仪器检测。噪声值控制在白天85dB以内。

5.4.7.3 粉尘监测。每天由环境管理人员对扬尘情况目测1次,一级风扬尘控制在0.3~0.4m,二级风扬尘控制在0.5~0.6m,三级风扬尘控制在1m以下,四级风停止作业。

5.4.7.4 沉淀池在使用期间要定期(每天不少于一次)对沉淀池进行观测,观察沉淀池容量情况,当沉淀物超过容量的1/3时应及时进行清掏;并对沉淀池内的污水进行检测,作为回收利用或排放的依据。

5.4.7.5 当施工时间有限制时,要提前2h监测进度情况,确保在限制时间中止施工。

5.4.7.6 每月应由专人对周围社区或环境进行走访,收集周围相关方的意见,作为持续改进环境管理的依据。

5.4.7.7 每天对泥浆池和泥浆排放情况检测1次。

5.4.7.8 应急检查。平常每周一次检查应急物资的准备情况,现场排水沟网。汛期与暴雨期前检查一次,期间按当地防汛指挥部要求检查,如无规定时,每天检查至少一次。

5.5 锚杆支护

5.5.1 作业流程

土方开挖→测量、放线定位→钻机就位→接钻杆→校正孔位→钻孔→插钢筋→压力灌浆→养护。

5.5.2 环境因素

土方开挖过程的环境影响见土方开挖部分。钻机施工产生的噪声、粉尘;灌浆产生的污水与噪声;水泥浆控制过程噪声排放,扬尘,遗洒,早强剂废弃等。

5.5.3 人员要求

作业前,工程技术人员应对作业人员进行交底,通过交底使人员掌握钻机操作方法与粉尘防护方法,掌握污水导流的方法。

5.5.4 材料要求

5.5.4.1 锚杆使用高强钢材(钢筋、钢管)或者钢绞线。方案设计之前,对地质情况进行检测,在土层含有化学腐蚀物或者土层松散、软弱时,不适于应用锚杆。锚杆要求强度与外观质量合格,不弯曲变形,使用前除锈,以保证钻孔与锚固功效。

5.5.4.2 如使用钢绞线,并且钢绞线涂有油脂时,先要对锚固段油脂加以清除。清除工作在加工车间进行,清除后的废水不可直接排入排水沟,需进行隔油处理或者收集后统一交有资格的消纳单位处置。

5.5.4.3 灌浆材料使用水泥浆,为保证足够的强度,水泥采用32.5级以上普通水泥。为加快凝固,可在水泥浆中加入早强剂。水泥浆按设计强度进行配合比设计,早强剂也经试验后确定掺入量。材料使用过程中进行量的控制,防止过度消耗。

5.5.5 设备设施要求

5.5.5.1 成孔机具。成孔机具为钻孔机,具体机械的型号根据地质与地形选择。成孔有水作业法与干作业法。水作业法现场积水多,干作业法易坍孔,并且需用空气压缩机冲洗孔穴,现场粉尘较大,因此也应根据现场条件和对环境的影响选择适当的作业方法。

5.5.5.2 灌浆设施。通过压浆泵与钢管进行灌浆,所灌水泥浆现场搅拌机械搅拌。压浆泵与搅拌机噪声与漏油通过性能维护、隔声、接油等手段减少与控制。

5.5.6 过程控制

5.5.6.1 锚杆支护工艺过程包括钻孔、插筋、灌浆,使用预应力锚杆时要在灌浆达到一定强度后进行预应力张拉。过程中的环境影响包括钻孔粉尘、泥浆、孔径过大产生的废弃物多及灌浆量多、插筋量消耗、灌浆对土壤的影响,以及施工中所使用的机械产生的噪声、漏油等。

5.5.6.2 施工准备

(1) 支护前,编制施工组织设计,根据工程结构、地质、水文情况及施工机具、场地、技术条件制定施工方案,进行施工布置、平面布置,划分区段;选定并准备钻孔机具、配套设备和材料加工设备;委托安排锚杆及零件制作;进行技术培训;提出环境控制与节约的技术措施。

(2) 在施工区域内设置临时设施,修建施工便道及排水沟,安装临时水电线路,搭设钻机平台,将施工机具设备运进现场并安装维修试运转,检查机械、钻具、工具等是否完好齐全。

(3) 进行技术交底,搞清锚杆排数、孔位高低、孔距、孔深、锚杆及锚固件形式,钻孔深度。清点锚杆及锚固件数量。通过技术交底,使操作人员明了钻孔深度与测量方法,防止超钻;钻孔数量及插入锚杆数量,防止多钻及锚杆放置过多产生浪费。进行施工放线,定出挡土墙、桩基线和各个锚杆孔的孔位,锚杆的倾斜角。

(4) 做好钻杆用钢筋、水泥、砂子等的备料工作,钻杆堆放在硬化的堆场,防止锈蚀污染地面,水泥、砂子分类堆放,水泥禁止用散装水泥,砂子堆放时要覆盖;锚焊采用对焊或帮条焊接,焊接过程的环境控制按焊接部分要求实施。

5.5.6.3 钻孔

(1) 钻孔包括干作业与此同时湿法作业。冬期作业与黏土层时,适于干法作业,干法作业由于用空气压缩机风管冲洗孔穴,因此应在孔口进行粉尘控制,孔口上壁设置防护罩,参与施工的人员配戴防尘口罩。湿法作业时适用于各种土层,由于湿法作业需要用水冲刷,施工现场积水多,必须做好现场的积水排放与沉淀。

(2) 钻孔前,应对地基土的土层构成、土的性质、地下水情况进行详细勘察,不允许将锚固层设置在有机土层或液性指数 $I_L<0.9$ 或液限 $W_L>50\%$ 的黏土地基,或相对密度 $D<0.3$ 的松期地层内。锚杆要避开邻近的地下构筑物和管道,以及其他障碍物。

(3) 基坑进行钻孔作业时,要进行周围的噪声监测,为防止钻孔作业产生的噪声污染,基坑周围用隔声材料封闭。

(4) 钻机润滑保养时,要防止润滑油滴洒。

(5) 钻机钻孔中遇到坚硬物体如岩石时,先弄清地质情况,调整钻孔方案,通过避开坚硬岩石、降低钻机工作强度、控制钻速等方法防止钻机产生尖锐噪声,并且降低对钻机的损伤。

5.5.6.4 锚杆布设

锚杆按其结构构造,由专人制作,要求顺直。锚杆可以委托加工,也可以现场加工,委托加工时,一定要委托给有资格的单位。锚杆现场焊接时按焊接工序的要求进行环境因素控制。

5.5.6.5 灌浆

(1) 对灌浆量与灌浆方法进行控制。进行灌浆的配合比设计,浆液满足强度要求,同时也减少水泥用量的投入。浆液性能指标控制在塑性流动时间在于 22s 以下,可用时间为 30~60min。

(2) 为加快凝固,提高早期强度,可掺速凝剂,但使用时要拌均匀,整个浇筑过程须在 4min 内结束。

(3) 灌浆方法分为一次灌浆法和二次灌浆法。两种方法均应减少灌浆的浪费。

(4) 一次灌浆法灌注压力一般为 0.4~0.6MPa。随着水泥浆或砂浆的灌入,应逐步将灌浆管向外拔出直至孔口,在拔管过程中应保证管口始终埋在砂浆内。压力不宜过大,以免吹散浆液或砂浆。待浆液或砂浆回流到孔口时,用水泥袋纸等捣入孔内,再用湿黏土封堵孔口,并严密捣实,再以 0.4~0.6MPa 的压力进行补灌,稳压数分钟即告完成。

(5) 二次灌浆法对于靠近地表面的土层锚杆,灌浆压力不可过大,以免引起地表面膨胀隆起,或影响附近原有的地下构筑物和管道的使用,因此,一般每 1m 覆土厚度的灌浆压力可按 0.22MPa 考虑。对垂直孔或倾斜度大的孔,亦可采用人工填塞捣实的方法。

5.5.7 监测要求

5.5.7.1 污水监测
对来自于现场水泥浆搅拌机、水作业钻孔处的污水进行检查,现场设置有排水沟,污水排放通畅,排水沟中无油污,沉渣经过清理,污水经沉淀后向城市管网排放,每班不少于一次。

5.5.7.2 噪声监测
每月对来自于搅拌机、钻孔机、空气压缩机处的噪声进行一次测量,噪声控制在规定范围之内。日常应每天进行监测,异常情况应加密检测次数。

5.5.7.3 粉尘监测
使用干作业法时,对孔洞处的粉尘进行目测,扬尘高度控制在 1.0m 以内,并且通过防护减少粉尘的排放。

5.5.7.4 机械漏油监测。检查机械作业现场,漏油经过了处理。

5.5.7.5 锚杆加工、除锈、除油现场检查。现场钢筋头或钢管头、锈渣统一收集归堆,废油收集并标识交有资质单位处理。

5.6 深基坑支撑

5.6.1 作业流程

支护设计→钢柱或混凝土柱→钢梁或混凝土梁。分层支护时,采用逆作法,边挖边支撑。

5.6.2 环境因素

电焊光污染、焊渣的排放、有毒有害气体的排放;混凝土搅拌、运输、浇筑当中的遗洒、噪声排放、污水排放。

5.6.3 人员要求

作业前,工程技术人员应对作业人员进行技术交底,通过交底使作业人员掌握深基坑支撑工艺,防治污染的各项措施。

5.6.4 材料要求

5.6.4.1 采用钢结构支撑时,支撑材料使用钢管或型钢。根据荷载的不同选择不同壁厚的钢管或者不同截面积的型钢。

5.6.4.2 采用钢筋混凝土支撑时,材料要求见相应的钢筋工程与混凝土工程部分。钢筋混凝土支撑根据荷载计算柱与梁的截面与配筋图。

5.6.5 设备设施要求

钢结构与钢筋混凝土柱和梁施工所需的设备设施按相应钢结构部分与钢筋混凝土施工部分。支撑用的柱基础尽量选在基坑内原桩基上。

5.6.6 过程控制

5.6.6.1 深基坑内支撑尽量采用钢结构支撑,因为钢结构支撑拼装和拆除方便、迅速,为工具式支撑,可多次重复使用。

支撑用的钢管或型钢通过扣件或螺栓连接,钢管、型钢、扣件、螺栓要轻拿轻放,并且禁止用铁锤、扳手重重敲打,以免发出尖锐噪声。如对撑时,提倡加设琵琶撑,以提高支撑的间距,减少钢材的用量。

5.6.6.2 钢筋混凝土支撑根据其为现浇的特点,随基坑形状及受力状况进行支撑设计,其支撑形式包括对撑、角撑、桁架式支撑、圆形支撑、拱形支撑、椭圆形支撑等。支撑交叉点下的立柱尽量利用基坑内的灌注桩作为其基础。

5.6.6.3 地下结构施工完毕后,用控制爆破方法或人工方法拆除,拆除后的钢筋回收,拆除后的混凝土尽量利用作为回填。爆破拆除和人工拆除中产生的环境影响按拆除作业的相关要求控制。

混凝土支撑结构支模、扎筋、浇筑、养护中产生的环境影响按混凝土施工中有关要求控制。

5.6.7 监测要求

5.6.7.1 噪声监测:作业前检测一次,施工期间每月检测一次,过程中通过监听,感觉噪声过高时使用仪器检测、噪声控制在《建筑施工场界噪声限值》要求内。

5.6.7.2 粉尘监测。每天应由现场环境管理员采用目测的办法监测一次扬尘,土方开挖时一级风扬尘控制在 0.3~0.4m,二级风扬尘控制在 0.5~0.6m,三级风扬尘控制在 1m 以下,四级风要停止作业。一般作业时扬尘高度控制在 0.5m 以内。

5.6.7.3 沉淀池在使用期间要定期(每天不少于一次)对沉淀池进行观测,观察沉淀池容量情况,当沉淀物超过容量的 1/3 时应及时进行清掏;并对沉淀池内的污水进行检测,作为回收利用或排放的依据。

5.6.7.4 当施工时间有限制时,要提前 2h 监测进度情况,确保在限制时间中止施工。

5.6.7.5 每班下班前由施工班/组长监测作业面"工完场清"情况,包括垃圾清理、材料回收、火源的管制情况、水源的关闭情况等,满足环境要求后才能离人。

5.6.7.6 每月应由专人对周围社区或环境进行走访,收集周围相关方的意见,作为持续改进环境管理的依据。

5.6.7.7 应急检查。平常每周一次检查应急物资的准备情况,现场排水沟网状况。汛期与暴雨期前检查一次,期间按当地防汛指挥部要求检查,无规定时每天检查至少一次。

5.7 浅基坑支撑

5.7.1 作业流程

浅基坑支撑主要是指基坑、槽、管沟的支撑,作业过程挖土与支护。支护方式有挡土板、木支撑、锚杆支撑、型钢支撑、钢筋混凝土支撑、混凝土支撑、砖砌支护等。

支撑设计→支撑施工→现场清理。

5.7.2 环境因素

打桩时设备噪声、漏油;管沟内作业时固体废物,基坑污水排放等。

5.7.3 人员要求

作业前,工程技术人员应对作业人员进行交底,通过交底,使作业人员掌握浅基坑支撑工艺、防治污染的措施。

5.7.4 材料要求

支撑用的松木或杉木质地坚实、无枯节、透节、穿心裂折。

使用锚杆时,锚杆材料见锚杆支护。

5.7.5 设备设施要求

采用锚杆材料支撑时按锚杆要求选用适宜的设备,采用沉桩施工时按桩要求选用适宜的打按设备。

5.7.6 过程控制

5.7.6.1 短桩打入时,选用的短桩尽量用木桩,减少打入时的噪声。使用型钢作挡土桩时,控制型钢打入时的噪声,型钢桩与挡土板间的楔子不宜用铁锤敲打。

5.7.6.2 支撑用的木材宜选用质地坚实的松木或杉木,不宜选用杂木。

5.7.6.3 使用拉锚时,埋设拉锚通过挖沟进行,不得将土方全部挖开,避免土体固结状态遭受破坏。

5.7.6.4 下部有含水土层或者雨水条件下作业时,基坑下部要设排水沟,防止雨水对土坡的直接侵蚀。

5.7.6.5 土坡需用水泥浆护壁时,壁上插适当锚筋相连,防止水泥浆脱落。

5.7.7 监测要求

5.7.7.1 噪声监测：作业前检测一次,施工期间每月检测一次,过程中通过监听,感觉噪声过高时使用仪器检测；噪声控制在《建筑施工场界噪声限值》要求内。

5.7.7.2 粉尘监测。每天应由现场环境管理员采用目测的办法监测一次扬尘,土方开挖时,一级风扬尘控制在0.3~0.4m,二级风扬尘控制在0.5~0.6m,三级风扬尘控制在1m以下,四级风要停止作业。一般作业时扬尘高度控制在0.5m以内。

5.7.7.3 沉淀池在使用期间要定期(每天不少于一次)对沉淀池进行观测,观察沉淀池容量情况,当沉淀物超过容量的1/3时应及时进行清掏；并对沉淀池内的污水进行检测,作为回收利用或排放的依据。

5.7.7.4 当施工时间有限制时,要提前2h监测进度情况,确保在限制时间中止施工。

5.7.7.5 每班下班前由施工班/组长监测作业面"工完场清"情况,包括垃圾清理、材料回收、火源的管制情况、水源的关闭情况等,满足环境要求后才能离人。

5.7.7.6 每月应由专人对周围社区或环境进行走访,收集周围相关方的意见,作为持续改进环境管理的依据。

5.7.7.7 应急检查。平常每周一次检查应急物资的准备情况,现场排水沟网。汛期与暴雨期前检查一次,期间按当地防汛指挥部要求检查,无规定时每天检查至少一次。

5.8 边坡保护

5.8.1 作业流程

主要的边坡保护方法有四种：薄膜覆盖或砂浆覆盖、挂网或挂网抹面法、喷射混凝土护面法、土袋或砌石压坡法。

边坡保护设计→边坡保护实施→边坡保护拆除清理。

5.8.2 环境因素

边坡排水沟污水；混凝土搅拌站污水、噪声、漏油、扬尘、遗洒；现场废浆、废石等固体废物。

5.8.3 人员要求

作业前,工程技术人员应进行技术交底,通过交底使人员掌握污水排放方法,漏油处理方法,现场固废堆放、清运等环境控制方法。

5.8.4 材料要求

5.8.4.1 采购具有环保性能,可再生利用的薄膜作为覆盖物。

5.8.4.2 砂浆覆盖时,抹浆厚度要控制在2~2.5cm,防止超厚抹灰导致浪费。砂浆为现场搅拌,设计强度为M5水泥砂浆,灰池就近设置,但离边坡不得近于50cm,灰桶移动与砂浆使用时要减少遗洒。

5.8.4.3 使用铁丝网挂面时,铁丝网要在边坡上固定牢靠,防止滑动影响效果。铁丝网通过采购获得,也可现场加工,现场加工时,铁丝要先调直,余料要收集归堆处理。

5.8.4.4 喷射混凝土所需混凝土现场搅拌制作。搅拌过程的环境影响按现场搅拌控制的相应要求。

5.8.4.5 土袋护坡时,所用装土工具为编织袋,用土使用基坑挖出的土。

5.8.5 设备设施与人员要求

5.8.5.1 配备低能耗的混凝土搅拌机,供应喷射用混凝土。

5.8.5.2 配备低噪声、低能耗的混凝土喷射机,向挂有铁丝网的边坡喷射混凝土。

5.8.6 过程控制要求

边坡 2m 范围内不得堆放物资。为防止基坑边坡因气温变化,或失水过多而风化或松散,也为了防止坡面受雨水冲刷而产生溜坡现象,应根据土质情况采取护面措施。

5.8.6.1 薄膜覆盖或砂浆覆盖

(1) 对施工期短的临时性基坑边坡,采取在边坡上铺塑料薄膜,在坡顶及坡脚用草袋或编织袋装土压住或用砖压住,或在边坡上抹水泥砂浆,防止边坡失水风化。

(2) 塑料薄膜与草袋等在回填之前应回收,循环使用在后期的混凝土养护中,工程完工后,塑料薄膜不得焚烧,应统一回收后交专门的垃圾站处理。

5.8.6.2 喷射混凝土或混凝土护面

表面喷射应均匀,为使混凝土粘贴牢靠,应按规定间距铺铁丝网,遗洒的混凝土统一收集处理。

5.8.6.3 土袋或砌石压坡

用于压坡的土袋不得破口,以免土或砂遗洒或产生扬尘,坡顶设挡水土堤或排水沟,防止冲刷坡面,在底部作排水沟,防止直接冲刷土袋。

5.8.6.4 挂网或挂网面法

土质较差时,使用挂网抹面护坡,挂网要牢,水泥砂浆抹涂均匀,与基层粘贴牢靠,防止砂浆脱落。

5.8.7 监测要求

5.8.7.1 噪声监测:作业前检测一次,施工期间每月检测一次,过程中通过监听,感觉噪声过高时使用仪器检测,噪声控制在《建筑施工场界噪声限值》要求以内。

5.8.7.2 粉尘监测。每天应由现场环境管理员采用目测的办法监测一次扬尘,土方开挖时一级风扬尘控制在 0.3~0.4m,二级风扬尘控制在 0.5~0.6m,三级风扬尘控制在 1m 以下,四级风要停止作业。一般作业扬尘控制高度为 0.5m 以下。

5.8.7.3 沉淀池在使用期间要定期(每天不少于一次)对沉淀池进行观测,观察沉淀池容量情况,当沉淀物超过容量的 1/3 时应及时进行清掏;并对沉淀池内的污水进行检测,作为回收利用或排放的依据。

5.8.7.4 当施工时间有限制时,要提前 2h 监测进度情况,确保在限制时间中止施工。

5.8.7.5 每班下班前由施工班/组长监测作业面"工完场清"情况,包括垃圾清理、材料回收、火源的管制情况、水源的关闭情况等,满足环境要求后才能离人。

5.8.7.6 每月应由专人对周围社区或环境进行走访,收集周围相关方的意见,作为持续改进环境管理的依据。

5.8.7.7 应急检查。平常每周一次检查应急物资的准备情况,现场排水沟网。汛期与暴雨期前检查一次，期间按当地防汛指挥部要求检查，无规定时每天检查至少一次。

5.9 石方爆破施工

5.9.1 作业流程

清理爆破现场→钻孔→装药→爆破。

5.9.2 环境因素

钻孔产生的粉尘、噪声；药卷配制遗洒的固废，爆破粉尘、振动噪声等；意外火灾，爆炸污染环境。

5.9.3 人员要求

作业前，工程技术人员应对作业人员进行交底，通过交底使人员掌握钻机操作方法，正确操作钻机以减少噪声。药卷配制时要稳妥，防遗洒。掌握雷管与火药的性能，妥善储存与使用雷管与火药。

5.9.4 爆破材料

5.9.4.1 炸药要作防潮处理，方法是对卷装或袋装的炸药涂刷防潮剂。涂刷防潮剂时，炸药与地面要隔离，防止防潮剂渗入地面。

5.9.4.2 防潮剂用松香、松节油、沥青、石蜡、焦油、豆油中的几种组合加热配制，火堆加热时，应远离易燃易爆品，在通风良好条件下进行，选择低硫优良煤，尽量减少烟尘，操作人员戴防尘口罩保护。

5.9.4.3 配制防潮剂与涂刷防潮剂分开进行，两者距离不小于25m，以免引起火药爆炸产生不必要的环境影响。涂刷时，防潮剂温度不超过60℃，涂刷后，置于细砂或木架上冷却。

5.9.4.4 火雷管应储存在干燥、通风良好的库房内，以防受潮降低爆炸力或产生拒爆。火雷管壁口上如有粉末或管内有杂物时，只许放在指甲上轻轻敲击，不得重倒或重扣，严禁用口吹或用其他物品去掏。粉末物质数量较少时，用水稀释处理；数量较多时，通过收集后交专门的部门处理。

5.9.5 设备设施要求

5.9.5.1 钻孔使用低能耗、低噪声的钻机。

5.9.5.2 提供药卷配制的场所，配制点地面予以硬化，远离居民区。

5.9.5.3 提供洒水设施。

5.9.6 过程控制

5.9.6.1 爆破设计

本着用药少，爆破效果好的原则进行爆破设计。药包量的大小根据岩土的软硬、缝隙情况、临空面的多少、预计爆破的石方体积、炸药性能以及现场施工经验等来确定。

爆破设计之前，要充分了解各种数据与信息。包括：

(1) 地形条件。从而确定临空面个数、药包重系数、爆破体积之间的关系。

(2) 地质条件。包括岩土的坚硬、松软程度以及地质构造、岩层层理、节理、裂隙、断裂等，这些都会影响单位体积耗药量、爆破的范围大小、形状以及爆破后石块体积的大小等。对坚硬、强度高、地质构造完整的岩石，需用炸药量多，反之，则可少用。节理、裂隙多和有断裂的岩石，会引起漏气，降低爆破威力；有层理的岩石会沿薄层层理面破坏，也会影响爆破效果。

(3) 炸药性能及药包量大小。影响爆破作用范围的主要是爆力和猛度。药包量的大小对爆破有密切关系，炸药用量少，会达不到预期效果，炸药用量多，会造成浪费。

(4) 施工条件。炸药泡水、受潮会降低爆破效果，甚至拒爆。

5.9.6.2 成孔

成孔方法包括人工打孔与机械钻孔。

(1) 人工打孔

1) 人工成孔的方法有冲击法和锤击法，当岩石松软时，优先考虑冲击法，以减少现场噪声。

2) 操作场地的障碍物及冰雪应清除干净，清除出的杂物分类堆放，清扫过程中可以考虑洒水作业避免扬尘。

3) 当冲孔或锤击到一定程度后，现场易产生粉尘，为降低或减少粉尘影响，每打一段时间，应用掏勺掏出石粉石渣，或者打湿孔，经常加水润湿。

4) 开始打锤及中途换钢钎，应先轻打一二十锤，使钢钎温度稍升高后再重打，避免钎头脆裂。

5) 必须按炮孔布置位置、方向及深度进行打孔，打到要求深度后，要将孔内石粉杂质掏挖干净，用稻草或塞子将孔口塞好，避免泥块等掺入，严禁在已爆破后的残孔中继续钻孔。

(2) 机械钻孔

1) 机械钻孔主要的环境污染包括凿岩机钻钎高速冲击岩石产生的噪声，钻钎中心孔道中的压缩空气和压力水冲洗炮孔产生的粉尘、含水石渣等。

2) 作业区周围有人群居住时，为减少对居民噪声的影响，应在受影响的噪声传播方向通过隔声布将现场封闭。隔声布的高度按照噪声传播的特点设定。

3) 从事钻孔作业的工人及现场其他作业人员必须配戴防噪耳塞。

4) 在四级风力情况下，钻孔作业应停止进行，否则现场应予以封闭作业。为减少粉尘的产生，尽量采用湿作业。操作中，如发生堵孔现象，可先考虑向下灌水浸泡，直至凿岩机能自由上下运行为止。钻时先小开风门，待钻入岩石，方开大风门。气量和风压应符合凿岩机的要求。如遇入参软岩石或穿过土夹层时，为防止钻眼孔壁收缩变形，粉尘增多，在钻到一定深度后，应将钻杆提上一段高度使其空转。为减少对作业人员的影响，要求作业人员必须佩戴好防尘口罩。

5) 当现场作业密集，污水较多时，应对污水进行引流和沉淀。

6) 钻孔前，应准确标定炮孔位置，并仔细检查风钻的风管及管路是否连接牢固，钻机的风眼、水眼是否畅通；钻杆有无不直、带伤以及钎孔有无堵塞现象等。

7) 钻机润滑时，应防止润滑油遗洒，钻机的修理在指定的修理地点或车间进行。

8) 为保证机械钻眼的效率，风动凿岩机使用的风压应在 0.5MPa 以上。钻孔时机具要扶稳扶直，以防钻杆歪曲、折断。

9) 钻孔达到要求深度后，应将炮孔内的石粉细渣冲净、吹干，并将孔口封盖，以便装药，避免孔内水分与杂质影响爆炸效果。

10) 钻孔现场统一清理,清理出的石渣统一堆放,以备再利用,现场粉尘清扫干净,以利下一步的作业。

5.9.6.3 起爆

起爆方法包括火花起爆、电力起爆、导爆索起爆、导爆管起爆。

(1) 火花起爆

1) 作业过程包括火雷管制作,起爆药卷制作。

2) 加工雷管应在专设的工房内,或者不受阳光直晒的干燥地点进行。打折、过粗、过细或有损伤的导火索部分应切去。切去的部分统一收集处理。

3) 加工起爆药卷时,先解开药卷的一端,捏松,用直径 5mm,长 100~120mm 圆木棍轻轻插入药卷中央,尔后抽出,再将火雷管或电雷管插入孔内,装入药卷的 1/3~1/2 深,不得将雷管猛力插入。对起爆间隔时间不同的起爆药卷,应以记号分别标志,以免在装药时混淆不清。

4) 起爆药卷应在爆破地点或装药前制作,预先检查雷管内有无尘土杂物,导火索是否有漏药、过粗、过细或其他外部缺陷。装药时,应避免火药遗洒。制作好的起爆药卷应小心妥善保管,不得受振动、碰撞,或将火线电管拔出。

(2) 电力起爆

1) 通过电雷管中的电力点火装置先使雷管中的起爆药爆炸,然后使药包爆炸。现场必须配备电线网路、电源、仪表。电线网路布设时,去除的电线胶皮统一收集处理,多余的电线回收以便再利用。电线连接及电线与仪器的连接处不得裸露。电压根据电线网路及电雷管准爆电流计算确定。

2) 在选择电爆网路形式时,除考虑导线的规格外,还应考虑电源的电压及电容量是否够用,以免影响起爆效果。

3) 电力起爆前,应将每个电雷管的脚线连成短路,使用时方可解开,并严禁与电池放在一起或与电源线路相碰。区域线与闸刀主线的连接工作,必须在所有爆破眼孔均已装药、堵塞完毕,现场其他作业人员退至安全地区后方准进行。

4) 遇有暴风雨或闪电打雷时,禁止装药、安装电雷管和连接电线等操作,同时应迅速将雷管的脚线、电源线的两端分别绝缘。

(3) 导爆索起爆和导爆管起爆

连接严格按使用说明书。导爆索和导爆管表面不得有缺陷,导爆索存放在干燥地点,布设后避免太阳直晒,温度高于 30℃时,需用纸或土遮盖。

5.9.6.4 爆破

(1) 爆破方法的选择

为提高爆破的功效,选择爆破方法时参照表 2-1。

(2) 爆破噪声与粉尘控制

1) 爆破周围有居民时,爆破时间应选择在白天。爆破地点处于居民密集区时,除保证居民安全外,还应对爆破现场进行封闭,封闭物选择具有隔声效果的材料,同时也用于防止粉尘的扩散。

2) 减少爆破对周围建筑物与管线的影响。为此爆破前进行再次测算,并且对周围管线分布进行核对,防止爆破产生新的环境影响。

表 2-1

爆破方法	适用范围	注意事项
裸露爆破法	适用于地面上大的孤石、大块石的二次破碎,及水下岩石与某些改建工程的爆破	药包部位及周围表面的砂石和杂物清除干净;药包上用草皮、黏土及不易燃烧的软体覆盖,厚度不少于药包直径;为加强效果,可在药包底部做集中爆力穴
炮孔爆破法	适用于各种地形或场地狭窄的工作面上作业。如岩层厚度不大的一般场地平整、开挖管沟、基坑(槽)、渠道、平整边坡、梯段爆破、开采石料、松动冻土,大块石的二次爆破以及改建工程拆除的控制爆破	按阶梯形爆破,使炮孔方向尽量与临空面平行或成30°~45°角;炮孔避免选择在岩层裂隙处或石层变化的分界线上;爆破的最不抵抗线长度,不宜超过炮眼的深度;炮孔深度超过沟、坑、槽的0.5倍时采用分层爆破;平缓坡地采用多排炮孔爆破时,排距之间炮孔夜梅花形交错
药壶爆破法	适用于露天爆破阶梯高3~8m的软质岩和中等硬度岩层	药壶扩底使用药量,视岩石软硬、节理发育情况等通过试验确定,以免药量过少,不能形成药壶,或药量过多将炮孔炸塌;药壶爆破法堵塞长度通常为炮孔深度的0.5~0.9倍;每次装药扩底后,将壶内残留石渣清除干净
深孔爆破法	适用于料场、深基坑的松爆,场地整平以及高梯段中型爆破各种岩石	炮孔的位置、方向、深度、药包距离、药包重和装药方法、堵塞长度符合设计要求;装药前,将石粉粉碎渣清除干净;堵塞时,紧靠炸药的一段,应用预制炮泥,其余部可用砂和细石渣混合物填塞
小洞室爆破法	适用于六类土以上的较大量的坚硬石方爆破;横洞适于阶梯高度不超过6m的软质岩石或有夹层时的岩石松爆;竖井适于厚度为3~6m的坚硬岩石、土方场地整平松爆	导洞周围做好排水;堵塞时,堵塞物与药室内的炸药之间要有明显界限
边线控制爆破法	适用于为获得一定要求的平整边或断面形状,避免超、欠挖以及对构筑物的拆除、洞室改建工程等的控制爆破	施工前准确标出设计边线和边孔的钻孔位置,预裂炮孔的角度与设计边坡度一致;炮孔间距适宜,随岩石坚固系数值的增大,炮孔的间距相应减小;炮孔直径控制在正常炮孔装药量的1/4~1/3左右
定向控制爆破	适用于堆石成坝,或抛向一侧低洼处回填,或开成一定截面的基坑、地沟、渠道	设置定向坑,进行定向爆破装药量计算
微差控爆破	适用于开挖岩石地基、挖掘沟渠、建筑物及基础的控制爆破拆除以及用于工程量与爆破面积较大,对截面形状、规格、减振、飞石、边坡后冲有严格要求的爆破工程	选择合理的起爆间隔延时,相邻两炮孔爆破时间间隔控制在20~50min;防止一炮响后出现飞石、空气冲击、岩体移动等情况,对网路造成破坏;每孔至少一根导爆索

3）爆破后废弃物的处理。爆破后的废弃物分类收集堆放,优先考虑现场地平整、回填等再利用,不能回收利用的运输到指定的垃圾堆放地点处理。

5.9.7 监测要求

5.9.7.1 材料监测。材料保存在干燥的环境,仓库配备有应急设施(爆破应急措施见拆除工程部分);药卷无遗洒。

5.9.7.2 现场监测。成孔深度经测量满足要求,无超钻现象。钻孔保持干燥清洁。

5.9.7.3 噪声监测。在试爆时对噪声进行测量,在噪声超过90dB时,对爆炸方案进行调整,通过减少单次装药量、分段爆炸等方式降低噪声值。爆炸时按施工现场噪声监测要求进行监测。

5.9.7.4 粉尘监测。现场爆破后扬尘超过1.5m高度时,实施洒水降尘。

第3章 桩基础工程及地基处理

0 一般规定

0.1 本节桩基础工程操作规程,主要按照对环境影响的差异划分为:混凝土预制桩、混凝土灌注桩、人工扩挖孔桩、钢桩等,同时包括特殊成桩方法。其余类型桩施工中环境控制,可参照上述类型桩操作。

本节中地基处理工程,主要按照工艺特点及环境影响的差异,划分为:换垫法施工、强夯法施工、挤密桩法施工及灌浆地基等,具体施工方法可按照分类参照执行。

0.2 施工单位在编制工程施工组织设计及专项施工方案时,应有施工环境保护、能源消耗节约、材料与资源合理利用和施工人员安全与健康防护的有效措施。

0.3 工程开工前,应根据国家和地方法律、法规的规定,及工程的实际特点,编制详尽的施工技术交底或作业指导书。并对作业人员进行环境相关的法律、法规和防护措施等知识的培训。

0.4 打桩施工严格按照《建筑施工场界噪声限值》执行,白天噪声排放不超过85dB,夜间禁止打桩施工。

0.5 项目部在施工过程中,要制定节能措施,建立能源消耗台帐。

1 混凝土预制桩施工

1.1 混凝土预制桩制作

1.1.1 作业流程

现场制作场地压实、整平→支模→绑扎钢筋骨架、安设吊环→浇筑混凝土→养护至30%强度拆模→支间隔端头模板、刷隔离剂、绑钢筋→浇筑间隔桩混凝土→同法间隔重叠制作第二层桩→养护至70%强度起吊→达100%强度后运输、堆放。

1.1.2 环境因素

1.1.2.1 水泥、砂石等物料运输车辆噪声及尾气的排放,物料在运输储存过程中,由于搬运及大风天气产生的扬尘;冲洗运输车辆产生的污水等。

1.1.2.2 预制桩混凝土拌制过程中产生的噪声、粉尘及污水。搅拌机械水、电能源的消耗。冲洗搅拌机械产生的污水。

1.1.2.3 混凝土浇筑及振捣过程中产生的噪声,混凝土养护水的排放等。

1.1.2.4 冲洗混凝土运输车辆产生的污水。

1.1.3 人员要求

1.1.3.1 项目经理部应安排工程技术人员对操作人员进行方案设计交底,对预制桩加工的技术标准,包括长度、规格尺寸、配筋及混凝土强度要求等,对工人进行详细交底。每班操作前,还应对操作工人进行简单的技术及安全、环境交底。

1.1.3.2 操作工人应熟练掌握预制桩制作过程中,所涉及到的钢筋、模板、混凝土等相关专业环境控制措施。包括混凝土拌制及浇筑振捣过程中噪声及粉尘等控制措施。

1.1.3.3 混凝土预制桩制作人员应了解在桩制作过程中,降低粉尘、污水及固体废弃物排放的控制措施。了解能源及材料节约的相关要求。

1.1.4 材料要求

预制桩所用水泥、砂、石应经复验合格,才准使用。

1.1.5 设备设施要求

1.1.5.1 混凝土预制桩制作场地应平整,场地应有良好的排水设施,桩制作场地至沉淀池间应开挖明渠,制作过程中产生的污水可顺畅的排入沉淀池中。

1.1.5.2 预制桩制作用钢筋可采用厂家加工或现场加工,当采用现场钢筋加工时,对钢筋加工机械如:切断机、弯曲机等应进行良好的维护,定期(不超过每月一次)对设备进行检查,如发现有松动、磨损,应及时紧固或更换,以降低产生的噪声,同时保证操作过程中处于良好的运行状态。钢筋加工机械底部应放置接油盘,设备检修及使用中产生的油污,集中汇入接油盘中,避免直接渗入土壤。接油盘定期安排人员清理,清理时,油污液面不得超过接油盘高度1/2,防止油污溢出。

1.1.6 过程控制

1.1.6.1 混凝土预制桩可在工厂或施工现场预制。混凝土预制桩现场制作时,现场拌制混凝土应满足混凝土工程章节的有关要求。

1.1.6.2 现场预制多采用工具式木模板或钢模板,支在坚实平整的地坪上。用间隔重叠法生产,桩头部分使用钢模堵头板,并与两侧模板相互垂直,桩与桩间用塑料薄膜、油毡或刷隔离剂隔开,邻桩与上层桩的混凝土须待邻桩或下层桩的混凝土达到设计强度的30%以后进行,重叠层数一般不宜超过四层。混凝土桩制作完成后,作为隔离桩使用的塑料薄膜、油毡等,应收集集中至不可回收废弃物处置,不得随意丢弃,污染土壤及周围环境。

1.1.6.3 现场制作预制桩用水泥、砂、石等物料存放应满足混凝土工程中的材料储存要求。水泥应入库存放,砂、石应成垛码放,表面覆盖,减少扬尘。

1.1.6.4 长桩可分节制作,单节长度应满足桩架的有效高度、制作场地条件、运输与装卸能力等方面的要求。

1.1.6.5 桩中的钢筋应严格保证位置的正确,桩尖应对准纵轴线,钢筋骨架主筋连接宜采用对焊或电弧焊,主筋接头配置在同一截面内的数量不得超过50%,桩顶1m范围内不应有接头。

1.1.6.6 桩顶钢筋网的位置要准确,纵向钢筋顶部保护层不应过厚,钢筋网格的距离应正确,以防锤击时打碎桩头,同时桩顶面和接头端面应平整,桩顶平面与桩纵轴线倾斜不应大于3mm。

1.1.6.7 混凝土强度等级应不低于C30,粗骨料宜用5～40mm碎石或卵石,用机械拌制混凝土,混凝土浇筑应由桩顶向桩尖方向连续浇筑,不得中断,并用振捣器仔细捣实。

1.1.6.8 浇筑完毕应覆盖洒水养护不少于7d,如用蒸汽养护,在蒸养后,尚应适当自然养护30d方可使用。养护水尽量使用循环用水,同时,养护水也应有组织的排入沉淀池中,沉淀后重复利用。

1.1.6.9 桩运输时的强度应达到设计强度标准值的100%。长桩运输可采用平板拖车、平台挂车或汽车后挂小车运输;短桩运输亦可采用载重汽车,现场运距较近,亦可采用轻轨平板车运输。行车应平稳,并掌握好行驶速度,防止任何碰撞和冲击。严禁在现场以直接拖拉桩体方式代替装车运输。防止预制桩在运输过程中造成损坏。

1.1.6.10 预制桩制作其他要求可参照混凝土工程施工要求。

1.1.7 监测要求

混凝土预制桩制作过程中,每班现场操作人员应对施工中产生的各项环境因素进行监测,包括:

1.1.7.1 对施工现场的扬尘进行检测:现场应安排专人进行洒水降尘,现场操作人员目测检查,当发现现场扬尘高度超过0.5m时,应增加洒水次数;并检查砂、石料场是否进行有效覆盖,水泥、砂、石运输过程中是否产生遗洒,造成扬尘;并检查料场四周,对洒落的垃圾进行清理。

1.1.7.2 施工期间定期(每周不少于一次)日间进行噪声的检测,混凝土桩制作期间,噪声允许限值应按照混凝土结构施工噪声排放限值进行控制,不得超过75dB。

1.1.7.3 在预制桩养护期间,定期(每周不少于一次)检查施工现场排水情况,检查养护水或其他污水是否有组织的排入沉淀池,同时检查沉淀池、水渠是否可满足现场施工需要,当发现污水溢出,或污水流入四周土壤时,应采取调整水渠坡度、深度,调整沉淀池尺寸或数量等方法解决。

1.1.7.4 施工期间,每班对沉淀池进行检查,目测沉淀池中污水容量,当污水中沉积物超过容量的1/3时,应进行清掏。且沉淀池中污水目测无悬浮物后,方可排入市政污水管道或进行绿化降尘等循环利用。

1.2 锤击打(沉)桩施工

1.2.1 作业流程

现场准备→施工准备→打桩机就位→混凝土桩就位→打桩→场地清理。

1.2.2 环境因素

1.2.2.1 预制桩运输过程中,车辆尾气的排放,冲洗运输车辆产生的污水等。

1.2.2.2 打桩过程中产生的噪声及振动。对周围社区及建筑物产生影响。

1.2.2.3 打桩机能源的消耗。

1.2.3 人员要求

1.2.3.1 打桩操作人员应熟练掌握打桩机械的使用,掌握在打桩过程中,控制和降低噪声排放的方法。

1.2.3.2 项目经理部编制详细的施工方案及技术交底,对打桩顺序、打桩技术标准、贯入度等进行规定,并对工人进行详细交底。每班操作前,还应对操作工人进行简单的技术及安全、环境交底。

1.2.4 材料要求

预制桩必须100%达到设计强度,才准运输和施打。

1.2.5 设备设施要求

1.2.5.1 打桩前,应平整场地,清除桩基范围内的高空、地面、地下障碍物,架空高压线距打桩架不得小于10m;修建桩机进出、行走道路,做好排水措施。道路可采用铺垫碎石或卵石,待打桩结束后,回收重复利用。

1.2.5.2 应选用与打桩施工方法相适应的打桩机械,打桩机锤重应适当。打桩机应工作正常,应选用能源消耗小,燃料燃烧充分,对环境污染小的机械。

1.2.6 过程控制

1.2.6.1 打桩准备

(1) 按图纸布置进行测量放线,定出桩基轴线,并将桩的准确位置测设到地面,每一个桩位打一个小木桩,并测出每个桩位的实际标高,场地外设2~3个水准点,以便随时检查之用。

(2) 检查桩的质量,不合格的桩不能运至打桩现场。

(3) 检查打桩机设备及起重工具,铺设水电管网。进行设备架立组装和试打桩。在桩架上设置标尺或在桩的侧面画上标尺,以便能观测桩身入土深度。

(4) 对于密集群桩,自中间向两个方向或向四周对称施打,当一侧毗邻建筑物时,由毗邻建筑物处向另一方向施打。当基坑较大时,应将基坑分为数段,而后在各段范围内分别进行,但打桩应避免自外向内,或从周边向中间进行,以避免中间土体被挤密,桩难以打入,或虽勉强打入,但使邻桩侧移或上冒。

(5) 对基础标高不一的桩,宜先深后浅,对不同规格的桩,宜先大后小,先长后短,可使土层挤密均匀,以防止位移或偏斜,在粉质黏土及黏土地区,应避免按着一个方向进行,使土体一边挤压,造成入土深度不一,土体挤密程度不均,导致不均匀沉降。若桩距大于或等于4倍桩直径,则与打桩顺序无关。

1.2.6.2 采用锤击法打桩时,应采用"重锤轻击法",降低噪声的产生,开始沉桩应起锤轻压并轻击数锤,观察桩身、桩架、桩锤等垂直一致。将桩锤提升到指定高度,自由落下,将预制桩贯入土中。桩锤提升高度不宜过高,避免造成较大的冲击,对桩结构造成破坏,造成资源浪费,同时产生较大的噪声。

1.2.6.3 打桩时,应用导板夹具,或桩箍将桩嵌固在桩架两导柱中,桩锤、桩帽与桩身中心线要一致,桩顶不平,应用环氧树脂砂浆补抹平整。防止由于桩受力不均匀,对桩结构造成破坏,造成资源浪费。

1.2.6.4 打桩时,在桩头上应加垫适合桩头尺寸的弹性垫层,以缓和打桩的冲击,降低噪声的排放。弹性垫层可采用尼龙件浇筑,既经济又耐用,一个尼龙桩垫可打600根桩而不损坏。

1.2.6.5 当采用振动沉桩法施工时,振动沉桩与锤击沉桩法基本相同,是用振动箱代替桩锤,将桩头套入振动箱连固的桩帽上或用液压夹桩器夹紧,便可按照锤击法启动振动箱进行沉桩至设计要求的深度。采用振动沉桩法施工时,应注意振动箱的振动频率,防止产生较大的噪声,同时避免对桩身造成破坏,浪费资源。

1.2.6.6 当桩顶标高较低,须送桩入土时,应用钢制送桩放于桩头上,锤击送桩将桩送入土中。振动沉桩与锤击沉桩法基本相同。

1.2.6.7 接桩形式和方法

(1) 混凝土预制长桩,受运输条件和打(沉)桩架高度限制,一般分成数节制作,分节打入,在现场接桩。常用接头方式有焊接、法兰接及硫磺胶泥锚接等几种。前两种可用于各类土层,硫磺胶泥锚接适用于软土层。

(2) 焊接接桩,钢板宜用低碳钢,焊条宜用 E43,焊接时应先将四角点焊固定,然后对称焊接,并确保焊缝质量和设计尺寸。

(3) 法兰接桩,钢板和螺栓宜用低碳钢并紧固牢靠。

(4) 硫磺胶泥锚接桩,使用的硫磺胶泥配合比应通过试验确定。硫磺胶泥锚接方法是将熔化的硫磺胶泥注满锚筋孔内并溢出桩面,然后迅速将上段桩对准落下,胶泥冷硬后,即可继续施打,比前几种接头形式接桩简便快速。锚接时应注意以下几点:

1) 锚筋应刷清并调直。

2) 锚筋孔内应有完好螺纹、无积水、杂物和油污。

3) 接桩时接点的平面和锚筋孔内应灌满胶泥;灌筑时间不得超过 2min。

4) 胶泥试块每班不得少于一组,提桩时下垫塑料布,防止胶泥遗洒。

1.2.6.8 打(沉)桩时,应加强对沉桩的质量控制,避免出现桩打入后质量达不到要求,重新施工,增加对环境的影响,且造成资源浪费。

(1) 桩端(指桩的全截面)位于一般土层时,以控制桩端设计标高为主,贯入度可作参考。

(2) 桩端达到坚硬、硬塑的黏性土,中密以上粉土、砂土、碎石类土、风化岩时,以贯入度控制为主,桩端标高可作参考。

(3) 当贯入度已达到,而桩端标高未达到时,应继续锤击3阵,按每阵10击的贯入度不大于设计规定的数值加以确认。

(4) 振动法沉桩是以振动箱代替桩锤,其质量控制是以最后 3 次振动(加压),每次10min 或 5min,测出每分钟的平均贯入度,以不大于设计规定的数值为合格,而摩擦桩则以沉到设计要求的深度为合格。

1.2.6.9 打(沉)桩由于巨大体积的桩体在冲击作用下于短时间内沉入土中,会对周围环境带来下述危害,在打桩前应编制详细的方案,同时应咨询设计单位的意见,减轻对环境的影响:

(1) 挤土,由于桩体入土后挤压周围土层造成的。

(2) 振动打桩过程中在桩锤冲击下,桩体产生振动,使振动波向四周传播,会给周围的设施造成危害,造成较大的影响。

(3) 超静水压力土壤中含的水分在桩体挤压下产生很高的压力,高压力的水向四周渗透时亦会给周围设施带来危害。

1.2.6.10 桩锤对桩体冲击产生的噪声,达到一定分贝时,亦会对周围人民的生活和工作带来不利影响。

为避免和减轻上述打桩产生的危害,可采取下述措施:

(1) 限速即控制单位时间(如 1d)打桩的数量,可避免产生严重的挤土和超静水压力,减少对周围环境的影响。

(2) 正确确定打桩顺序一般在打桩的推进方向挤土较严重,为此,宜背向保护对象向前推进打桩。

(3) 挖应力释放沟(或防振沟)在打桩区与被保护对象之间挖沟(深2m左右),此沟可隔断浅层内的振动波。如在沟底再钻孔排土,则可减轻挤土影响和超静水压力。

(4) 埋设塑料排水板或袋装砂井可人为造成竖向排水通道,易于排除高压力的地下水,使土中水压力降低。

(5) 钻孔,在浅层土中钻孔(桩长的1/3左右),可大大减轻浅层挤土影响。

1.2.6.11 打桩施工期间,噪声排放严格按照《建筑施工场界噪声限值》执行,白天噪声排放不得超过85dB,夜间禁止打桩施工。

1.2.6.12 打桩期间,应加强对场区扬尘的控制,安排专人洒水降尘。

1.2.7 监测要求

混凝土预制桩制打桩程中,每班现场操作人员应对施工中产生的各项环境因素进行监测,包括:

1.2.7.1 施工期间每天日间进行噪声的监听,噪声排放不得超过85dB,当监听发现噪声排放可能超标时,应采取仪器检测,确认超标时及时调整打桩顺序,并控制单位时间打桩数量,使噪声排放达标。

1.2.7.2 对施工现场的扬尘进行检测:现场应安排专人进行洒水降尘,现场操作人员目测检查,当发现现场扬尘高度超过0.5m时,应增加洒水次数。

1.2.7.3 打桩施工期间,应安排专人随时对邻近的建筑物进行检测,当发现由于打桩振动,对周围建筑物造成影响时,应立即停止打桩作业,与设计单位一同重新制定打桩方案,对打桩方法,打桩顺序,作业时间及减振措施等当进行调整。消除隐患。

1.2.7.4 安排专人定期(每周不少于一次)对防振沟的工作情况进行监测,当发现防振沟不能满足要求时,应与设计单位一同重新设计,加深或加宽防振沟。

1.2.7.5 施工期间,每班对打桩机械进行检查,发现打桩机械烟尘排放超标时,应及时请专业维修人员检修,减少机械烟尘的排放。

1.3 混凝土预制桩射水法沉桩(又称水冲法沉桩)

1.3.1 作业流程

现场准备→施工准备→打桩机就位→混凝土桩就位→冲水装置安装调试→射水沉桩→取出射水管→场地清理。

1.3.2 环境因素

1.3.2.1 预制桩运输过程中,车辆尾气的排放,冲洗运输车辆产生的污水等。

1.3.2.2 射水沉桩过程中对水资源的消耗,及产生的泥浆污染。

1.3.3 人员要求

1.3.3.1 打桩操作人员应熟练掌握打桩机械的使用及射水装置的使用,掌握在沉桩过程中,控制水量和沉桩速度的方法。

1.3.3.2 项目经理部编制详细的施工方案及技术交底,对打桩顺序、打桩技术标准,贯入度等进行规定,并对工人进行详细交底。每班操作前,还应对操作工人进行简单的技术及安全、环境交底。

1.3.4 材料要求

混凝土预制桩射水法沉桩,对混凝土预制桩的材料要求同打桩法施工。

1.3.5 设备设施要求

1.3.5.1 打桩前,应平整场地,清除桩基范围内的高空、地面、地下障碍物,架空高压线距打桩架不得小于10m;修建桩机进出、行走道路,做好排水措施。道路可采用铺垫碎石或卵石,待打桩结束后,回收重复利用。

1.3.5.2 应选用与打桩施工方法相适应的打桩机械,打桩机锤重应适当。射水装置水压力及水量应与预制桩规格及土质条件相适应,应选用能源消耗小,对环境污染小的机械。

1.3.5.3 射水法沉桩设备包括:射水嘴、射水管、连接软管、高压水泵等。射水喷嘴有圆形、梅花形、扁形等形式,它的作用是将水泵送来的高压水流经过缩小直径以增加流速和压力,可起到强力冲刷的效果。射水嘴尖端直径为20~25mm,最大38mm,侧孔与管壁成30°~45°角。圆形射水嘴的大小约为射水管面积的1/4,射水管内径38~63mm,每节长4.5~6.0m,用丝扣连接。

1.3.5.4 桩外射水时,可在桩两侧或四侧各安一根射水管,使彼此对称,当下沉空心管桩时,射水管则设在桩的中间,可使桩下沉得更准确。射水管主端用橡皮软管连接在高压(耐压2.0MPa以上)水泵上,管子用滑车组吊起可顺着桩身上下自由升降,能在任何高度上冲刷土体。高压水泵用电动离心式,水压0.5~2.0MPa,出水量0.2~2.0m³/min。

1.3.5.5 水冲法所需用射水管的数目、直径、水压及消耗水量等数值,一般根据桩的断面、土的种类及入土深度等数据而定。

1.3.5.6 采用射水法沉桩工艺时,应为射水装置配备供水管道,并布置排水渠,并应在适当位置布置积水坑,使射水产生的多余水,可有组织的排入积水坑中。

1.3.6 过程控制

1.3.6.1 射水法沉桩是将射水管附在桩身上,用高压水流束将桩尖附近的土体冲松液化,以减少土对桩端的正面阻力,同时水流及土的颗粒沿桩身表面涌出地面,减少了土与桩身的摩擦力,使桩借自重(或稍加外力)沉入土中。

1.3.6.2 射水法沉桩的特点是:当在坚实的砂土中沉桩,桩难以打下或久打不下时,使用射水法可防止将桩打断,或桩头打坏;比锤击法可提高工效2~4倍,节省时间,加快工程进度;但需一套冲水装置。与锤击打桩法相比,减少了噪声的排放及对土壤的振动,有利于环境控制。

本法最适用于坚实砂土或砂砾石土层上的支承桩,在黏性土中亦可使用。

1.3.6.3 打桩准备

(1)按图纸布置进行测量放线,定出桩基轴线,并将桩的准确位置测设到地面,每一个桩位打一个小木桩,并测出每个桩位的实际标高,场地外设2~3个水准点,以便随时检查之用。

(2)检查桩的质量,不合格的桩不能运至打桩现场。

1.3.6.4 水冲法沉桩大多与锤击或振动相辅使用,视土质情况可采取先用射水管冲桩孔,然后将桩身随之插入(锤可置于桩顶,以增加下沉的重量);或一面射水,一面锤击(或振动);或射水锤击交替进行或以锤击或振动为主,射水为辅等方式。一般多采取射水与锤击联合使用的方式,以加速下沉;亦可采取用射水管冲孔至离桩设计深度约1m左右,再将桩吊入孔内,用锤击打入到设计深度。

1.3.6.5 沉桩时,先将射水管装好使喷射管嘴离地面约0.5m,当桩插正立稳后,压上桩帽、桩锤,开启水泵阀门送水,射水管便冲开桩尖下的土体,慢慢沉入土中,射水管一面下沉,一面不断的上下抽动,以使土体松动,水流畅通,此时桩即依靠其自重及配合桩锤冲击沉入土中。最初可使用较小水压,以后逐步加大水压,不使下沉过猛,下沉渐趋缓慢时,可开锤轻击,下沉转快时停止锤击。

1.3.6.6 下沉时应使射水管末端经常处于桩尖以下约0.3~0.4m处。射水进行中,放水阀不可骤然大开,以免水压、水量突然降低,涌入泥砂堵塞射水嘴;射水时,射水管和桩必须垂直,并要求射水均匀,水冲压力一般为0.5~1.6MPa。

1.3.6.7 当沉至距设计标高0.5~2m时应停止射水,拔出射水管,用锤击或振动打至设计标高,以免将桩尖处土体冲坏,降低桩的承载力。桩的间距应大于0.9m,以免冲松邻近已打好的桩。

1.3.6.8 射水施工时,供水管与射水装置间应连接紧密,供水管供水量应满足射水装置的需要,供水管在线路上应完好,施工中不出现渗水、漏水现象,减少水资源浪费。

1.3.6.9 射水施工时,应安排专人观察射水深度及沉桩深度,当深度达到要求时,及时停止射水作业,防止过量,浪费水资源。

1.3.6.10 射水作业时,产生的多余水量及泥浆,应有组织的排入积水坑中,当沉淀后,可作降尘用水使用,尽量节约水资源,并减少污水排放。

1.3.6.11 打桩施工期间,噪声排放严格按照《建筑施工场界噪声限值》执行,白天噪声排放不得超过85dB,夜间禁止打桩施工。

1.3.6.12 打桩期间,应加强对场区扬尘的控制,安排专人洒水降尘。

1.3.6.13 其他环境控制要求可参照锤击法沉桩施工。

1.3.7 监测要求

混凝土预制桩在打桩过程中,现场操作人员应对施工中产生的各项环境因素进行监测,包括:

1.3.7.1 施工期间每天日间进行噪声的监听,噪声排放不得超过85dB,当监听发现可能噪声排放超标时,应采用仪器检测确认后及时调整打桩顺序,并控制单位时间打桩数量,使噪声排放达标。

1.3.7.2 对施工现场的扬尘进行检测:现场应安排专人进行洒水降尘,现场操作人员目测检查,当发现现场扬尘高度超过0.5m时,应增加洒水次数。

1.3.7.3 施工期间,应安排专人对污水排放情况进行监测,对积水坑及时进行清掏处理,防止积水坑中污水溢出。

1.3.7.4 施工期间,每班对射水设备进行检查,发现漏水或水压不正常时,应及时请专业维修人员检修,减少水资源浪费。

1.4 植桩法沉桩

1.4.1 作业流程

现场准备→施工准备→放线定桩位→桩机就位→稳定钻杆、校正垂直度→钻孔、排出土外运→至要求植桩深度、清理桩孔→植入钢筋混凝土预制桩→型钢接桩焊接、校正→用锤击法沉桩至设计深度→拔送桩管(有送桩时)→回填送桩孔→场地清理。

1.4.2 环境因素

1.4.2.1 预制桩运输过程中,车辆尾气的排放,冲洗运输车辆产生的污水等。

1.4.2.2 钻机钻孔时产生的多余土体的排放。钻机能源的消耗。

1.4.2.3 打桩过程中产生的噪声及振动。对周围社区及建筑物产生影响。打桩机能源的消耗。

1.4.2.4 钻机钻孔及打桩过程中产生的扬尘。产生的多余土体外运过程中的遗洒等。

1.4.3 人员要求

1.4.3.1 打桩操作人员应熟练掌握钻机及打桩机械的使用,掌握在钻孔过程中,挖出的土体的排放要求。掌握在打桩过程中,控制和降低噪声排放的方法。

1.4.3.2 项目经理部编制详细的施工方案及技术交底,对打桩顺序、打桩技术标准,贯入度等进行规定,并对工人进行详细交底。每班操作前,还应对操作工人进行简单的技术及安全、环境交底。

1.4.4 材料要求

混凝土预制桩植桩法沉桩,对混凝土预制桩的材料要求同锤击打桩法施工。

1.4.5 设备设施要求

1.4.5.1 打桩前,应平整场地,清除桩基范围内的高空、地面、地下障碍物,架空高压线距打桩架不得小于10m;修建桩机进出、行走道路,做好排水措施。道路可采用铺垫碎石或卵石,待打桩结束后,回收重复利用。

1.4.5.2 应选用与打桩施工方法相适应的打桩机械,钻机孔径与桩规格应适应,打桩机锤重应适当。

1.4.5.3 钻孔设备:可采用回转钻机,可钻孔径为400~500mm,深8~20mm。

1.4.5.4 打桩设备:同锤击法沉桩施工的打桩机械。

1.4.5.5 排泥设备:可采用泥浆泵。

1.4.5.6 现场应设置处置挖出泥土区域,便于临时存放挖出泥土,存放泥土应覆盖,防止扬尘,待桩施工完成后回填使用。

1.4.5.7 现场应设置沉淀池和洗车池,将冲洗钻机和运土车辆的污水汇入沉淀池中。

1.4.6 过程控制

1.4.6.1 植桩法沉桩又称钻孔植桩法,它是为防止在软土地区打长桩对邻近建筑物和地下管线造成隆起和位移等危害的一种有效方法,已在工程上广泛地采用。

1.4.6.2 工艺方法及特点:植桩法沉桩是在沉桩部位,设计要求时,先用钻机钻孔,后将桩打入设计持力层标高,即先钻孔,后植桩。一般钻孔深度为桩总长的1/3左右,使保持一定的锚固长度和击入深度,确保单桩承载力。钻出的土体采用湿法或干法排出地面外运,在孔内再插入预制钢筋混凝土桩,然后采用锤击或振动打入法,将桩沉入设计深度。

1.4.6.3 植桩法沉桩的特点是:把高排挤土桩改良为低排挤土桩,大大减少了土的排挤量,有效的防止土体隆起和位移,以及超孔隙水压力的上升,可保证邻近建(构)筑物、地下管线、道路交通的安全,节省防护或加固费用;同时可减少锤击噪声、振动等危害,减小锤击沉桩阻力,现场施工文明;但需两套沉桩机具设备,增加一道工序。

1.4.6.4 植桩法沉桩适用以下范围

(1) 在软土地区,城市闹市密集建筑群、邻近马路、邻近地下管线交叉繁多的部位。用锤击法或振动锤沉桩,会使土体产生大量的隆起和水平位移而严重影响建筑物、地面交通道路和地下管线的安全时,可采用植桩法。

(2) 软土地区采用长桩沉桩时,如遇较厚的硬土层,采用锤击或振动锤打入法难于施工时,宜采用植桩法。

(3) 要求减低对城市的噪声、振动时。

(4) 用锤击或振动锤击打桩,会使相邻桩相互挤压导致桩倾斜、偏位,而影响工程质量时,宜用植桩法。

(5) 当桩较长,截面尺寸较大,深部土层较坚硬,且缺乏大能量桩锤时,可采用植桩法。

1.4.6.5 打桩准备

同锤击法沉桩施工的要求。

1.4.6.6 植桩法打桩施工顺序为:先打长桩,后打短桩;先打外围桩,后打中间桩,以防止土体位移对四周建筑物及各种设施造成的影响。一般宜采用钻孔→植打→钻孔流水施工方法,尽量保持钻孔和打桩机同步。对超软土宜间隔钻孔施打。

1.4.6.7 钻机就位后,应先将钻机转至桩架正前方对准桩位,进行垂直度校正,稳定钻机,然后开动钻机徐徐钻进,同时经由出土斗排土外运;钻时要注意保持钻杆不停地旋转,以防卡钻,钻至预定深度后,可清孔提钻,清理地面附近积存余土,即可移至下一桩位钻孔,钻孔后应在1h内植桩施打,以避免塌孔,重新钻孔,造成资源及经济损失。

1.4.6.8 植打预制桩,桩机要保持垂直平稳,在孔内插入钢筋混凝土预制桩,应用经纬仪进行垂直度双向校正后,再锤击打桩,直至设计标高。在施打三段接长桩最后一段时,桩顶应加衬垫,以防击坏桩头。打桩机与钻孔机应保持一定距离,以避免互相干扰和击桩挤压使钻孔变形。造成返工,浪费资源。

1.4.6.9 沉桩时应随时检查钻孔质量、桩身垂直度、沉桩速度、最后贯入度以及超孔隙水压力上升、土体隆起等对周围的影响等情况,发现异常现象,应及时采取相应解决处理的技术措施。

1.4.6.10 钻孔产生的土方的运输车辆,应采用专用土方翻斗车,顶部应加顶盖,防止在土方运输途中产生遗洒和扬尘,对环境造成污染。

1.4.6.11 现场堆放钻孔产生的土方时,应将土方堆积成规则的方形,土方堆放高度不宜过高,应控制在2m高度左右;土方表面应用密目网或草帘被覆盖严密,防止产生扬尘。

1.4.6.12 土方外运弃土时,运土车辆装载土方量应低于车辆槽帮10~15cm或用封闭运输工具,防止在运输途中造成遗洒,污染环境。在车辆离开施工现场前,应将车辆槽帮和车轮清洗干净,不得带泥上路。

1.4.6.13 冲洗车辆产生的污水应有组织的汇入沉淀池中,沉淀后进行降尘或其他作业,污水不得四处流淌,污染周围土壤及地下水源。

1.4.6.14 打桩期间,应加强对场区扬尘的控制,安排专人洒水降尘。

1.4.6.15 其他环境控制要求可参照锤击法沉桩施工。

1.4.7 监测要求

在植桩法湿桩过程中,现场操作人员应对施工中产生的各项环境因素进行监测,包括:

1.4.7.1 施工期间每天日间进行噪声的监听,噪声排放不得超过85dB,当监听发现噪声排放可能超标时,应采用仪器检测确认后,及时调整打桩顺序,并控制单位时间打桩数量,使噪声排放达标。

1.4.7.2 对施工现场的扬尘进行检测:现场应安排专人进行洒水降尘,现场操作人员目测检查,当发现现场扬尘高度超过0.5m时,应增加洒水次数。

1.4.7.3 施工期间,应安排专人对污水排放情况进行监测,对积水坑及时进行清掏处理,防止积水坑中污水溢出。

1.5 机械静压桩施工

1.5.1 作业流程

现场准备→施工准备→放线定桩位→压桩机就位→吊桩、插桩→桩身对中调直→静压沉桩→接桩→再静压沉桩→送桩→终止压桩→切割桩头→场地清理。

静压预制桩施工前的准备工作、桩的制作、起吊、运输、堆放、施工流水、测量放线、定位等均同锤击法打(沉)预制桩。

1.5.2 环境因素

1.5.2.1 预制桩运输过程中,车辆尾气的排放,冲洗运输车辆产生的污水等。

1.5.2.2 压桩机作业时能源的消耗。

1.5.2.3 打桩过程中产生的振动,对周围社区及建筑物产生影响。

1.5.3 人员要求

1.5.3.1 打桩操作人员应熟练掌握静力压桩机的使用,掌握施工中施加压力及沉桩速度的控制要求等。

1.5.3.2 项目经理部编制详细的施工方案及技术交底,对打桩顺序、打桩技术标准,贯入度等进行规定,并对工人进行详细交底。每班操作前,还应对操作工人进行简单的技术及安全、环境交底。

1.5.4 材料要求

混凝土预制桩静压法沉桩,对混凝土预制桩的材料要求同锤击打桩法施工。

1.5.5 设备设施要求

1.5.5.1 打桩前,应平整场地,清除桩基范围内的高空、地面、地下障碍物,架空高压线距打桩架不得小于10m;修建桩机进出、行走道路,做好排水措施。道路可采用铺垫碎石或卵石,待打桩结束后,回收重复利用。

1.5.5.2 静力压桩机分机械式和液压式两种。前者系用桩架、卷扬机、加压钢丝绳、滑轮组和活动压梁等部件组成,施压部分在桩顶端面,施加静压力约为600~2000kN,这种桩机设备高大笨重,行走移动不便,压桩速度较慢,但装配费用较低,应用极少。

1.5.5.3 后者由压拔装置、行走机构及起吊装置等组成,采用液压操作,自动化程度高,结构紧凑,行走方便快速,施压部分不在桩顶面,而在桩身侧面。普遍采用。

1.5.6 过程控制

1.5.6.1 静压法沉桩是通过静力压桩机的压桩机构,以压桩机自重和桩机上的配重作反力而将预制钢筋混凝土桩分节压入地基土层中成桩。

1.5.6.2 静压预制桩主要应用于软土,一般黏性土地基。在桩压入过程中,系以桩机本身的重量(包括配重)作为反作用力,以克服压桩过程中的桩侧摩阻力和桩端阻力。当预制桩在竖向静压力作用下沉入土中时,桩周土体发生急速而激烈的挤压,土中孔隙水压力急剧上升,土的抗剪强度大大降低,从而使桩身很快下沉。

1.5.6.3 静压法沉桩施工特点

(1)桩机全部采用液压装置驱动,压力大,自动化程度高,纵横移动方便,运转灵活。

(2)桩定位精确,不易产生偏心,可提高桩基施工质量;施工无噪声、无振动、无污染,对环境影响小。

(3)沉桩采用全液压夹持桩身向下施加压力,可避免锤击应力打碎桩头,桩截面可以减小,混凝土强度等级可降低1~2级,配筋比锤击法可省40%;效率高,施工速度快,压桩速度每分钟可达2m,正常情况下每台班可完15根,比锤击法可缩短工期1/3。

(4)压桩力能自动记录,可预估和验证单桩承载力,施工安全可靠,便于拆装维修、运输等。

(5)但存在压桩设备较笨重,要求边桩中心到已有建筑物间距较大,压桩力受一定限制,挤土效应仍然存在等问题。

(6)静压法沉桩施工适用于软土、填土及一般黏性土,特别适合于居民稠密及危房附近环境保护要求严格的地区沉桩;但不宜用于地下有较多孤石、障碍物或有4m以上硬隔离层的情况。

1.5.6.4 打桩准备

同锤击法沉桩施工的要求。

1.5.6.5 静压预制桩的施工,一般都采取分段压入,逐段接长的方法。

1.5.6.6 静压预制桩每节长度一般在12m以内,插桩时先用起重机吊运或用汽车运至桩机附近,再利用桩机上自身设置的工作吊机将预制混凝土桩吊入夹持器中,夹持油缸将桩从侧面夹紧,即可开动压桩油缸,先将桩压入土中1m左右后停止,调正桩在两个方向的垂直度后,压桩油缸继续伸程把桩压入土中,伸长完后,夹持油缸回程松夹,压桩油缸回程,重复上述动作可实现连续压桩操作,直至把桩压入预定深度土层中。

1.5.6.7 在压桩过程中要认真记录桩入土深度和压力表读数的关系,以判断桩的质量及承载力。当压力表读数突然上升或下降时,要停机对照地质资料进行分析,判断是否遇到障碍物或产生断桩现象等。

1.5.6.8 压桩应连续进行,如需接桩,可压至桩顶离地面0.8~1.0m用硫磺砂浆锚接,一般在下部桩留锚孔,上部桩顶伸出锚筋,长15~20d,硫磺砂浆接桩材料和锚接方法同锤击法,但接桩时避免桩端停在砂土层上,以免再压桩时阻力增大压入困难。再用硫磺胶泥接桩间歇不宜过长(正常气温下为 10～18min);接桩面应保持干净,浇筑时间不超过 2mim。上下桩中心线应对齐。

1.5.6.9 当压力表读数达到预先规定值,便可停止压桩。如果桩顶接近地面,而压桩力尚未达到规定值,可以送桩。静力压桩情况下,只需用一节长度超过要求送桩深度的桩,放在被送的桩顶上便可以送桩,不必采用专用的钢送桩。如果桩顶高出地面一段距离,而压桩力已达到规定值时则要截桩,以便压桩机移位。

1.5.6.10 压桩应控制好终止条件,防止对预制桩造成破坏,浪费资源,一般可按以下进行控制:

(1) 对于摩擦桩,按照设计桩长进行控制,但在施工前应先按设计桩长试压几根桩,待停置 24h 后,用与桩的设计极限承载力相等的终压力进行复压,如果桩在复压时几乎不动,即可以此进行控制。

(2) 对于端承摩擦桩,按终压力值进行控制:

1) 对于桩长大于 21m 的端承摩擦桩,终压力值一般取桩的设计极限承载力。当桩周土为黏性土且灵敏度较高时,终压力可按设计极限承载力的 0.8～0.9 倍取值。

2) 当桩长小于 21m,而大于 14m 时,终压力按设计极限承载力的 1.1～1.4 倍取值。

3) 当桩长小于 14m 时,终压力按设计极限承载力的 1.4～1.6 倍取值;或设计极限承载力取终压力值 0.6～0.7 倍,其中对于小于 8m 的超短桩,按 0.6 倍取值。

1.5.6.11 超载压桩时,一般不宜采用满载连续复压法,但在必要时可以进行复压,复压的次数不宜超过 2 次,且每次稳压时间不宜超过 10s。

1.5.7 监测要求

静压桩沉桩过程中,现场操作人员应对施工中产生的各项环境因素进行监测,包括:

1.5.7.1 施工期间每天日间进行噪声的检测,噪声排放不得超过 85dB。

1.5.7.2 对施工现场的扬尘进行检测:现场应安排专人进行洒水降尘,现场操作人员目测检查,当发现现场扬尘高度超过 0.5m 时,应增加洒水次数。

1.5.7.3 施工期间,应安排专人静压机压力读数进行监测,当达到设计压力时,及时停止压桩,防止造成混凝土桩过压损坏,浪费资源。同时,当发现异常情况,及时与技术人员联系,采取措施解决。

1.6 锚杆静压桩施工

1.6.1 作业流程

现场准备→施工准备→清理基础顶面覆土→凿压桩孔和锚杆孔→埋设锚杆螺栓→安装反力架→吊桩段就位、进行压桩施工→接桩→压到设计深度和要求压桩力→封桩、将桩与基础连接→拆除压桩设备→场地清理。

1.6.2 环境因素

1.6.2.1 预制桩运输过程中,车辆尾气的排放,冲洗运输车辆产生的污水等。

1.6.2.2 压桩机作业时能源的消耗。

1.6.2.3 开凿压桩孔产生的粉尘、噪声及固体废弃物。

1.6.3 人员要求

1.6.3.1 打桩操作人员应熟练掌握液压压桩机的使用,掌握施工中施加压力及沉桩速度的控制要求等。

1.6.3.2 操作人员应掌握在开凿压桩孔时,噪声排放。

1.6.3.3 项目经理部编制详细的施工方案及技术交底,对打桩顺序、打桩技术标准、贯入度等进行规定,并对工人进行详细交底。每班操作前,还应对操作工人进行简单的技术及安全、环境交底。

1.6.4 材料要求

混凝土预制桩锚杆静压桩,对混凝土预制桩的材料要求同锤击打桩法施工。

1.6.5 设备设施要求

1.6.5.1 液压压桩机:由反力架、活动开凿压桩孔横梁、油压千斤顶、高压油泵、电动葫芦等部件组成,应满足施工和环境要求。

1.6.5.2 配套机具:包括电焊机、切割机、空气压缩机、钻机等,应满足施工和环境要求。

1.6.5.3 锚杆的形式,新浇基础一般采用预埋锚杆螺栓;在旧有基础上,采用先凿孔,后埋设带粗头的直杆螺栓;后埋式锚杆与混凝土基础的粘结一般采用环氧树脂或硫磺胶泥砂浆,经固化或冷却后,能承受压桩时很大的抗拔力,锚杆埋深为 $8\sim10d$(d—锚杆直径),端部墩粗或加焊钢筋箍,亦可采用螺栓锚杆。

1.6.5.4 钻机应选用噪声小的设备。

1.6.6 过程控制

1.6.6.1 锚杆静压法沉桩,系利用建(构)筑物的自重作为压载,先在基础上开凿出压桩孔和锚杆孔,然后埋设锚杆或在新建(构)筑物基础上预留压桩孔预埋钢锚杆,借锚杆反力,通过反力架,用液压压桩机将钢筋混凝土预制短桩逐段压入基础中开凿或预留的桩孔内,当压桩力满足设计桩长时,便可认为满足设计要求,再将桩与基础连接在一起,卸去液压压桩机后,该桩便能立即承受上部荷载,从而可减少地基土的压力,及时阻止建(构)筑物继续产生不均匀沉降。

1.6.6.2 锚杆静压桩的特点是:对于加固已沉裂、倾斜的建(构)筑物,可以迅速得到稳定,可在不停产、不搬迁的情况下进行基础加固;加固过程中无振动、无噪声、无环境污染,侧向挤压小;在压桩过程中可直接测得压桩力和桩的入土深度,可保证桩基质量;锚杆静压法沉桩受力明确、简便,单桩承载力高,加固效果显著;不用大型机具,施工快速(新建工程每台班可压桩 60~80 延长米),节省加固费用,做到现场文明施工。

1.6.6.3 锚杆静压桩适用于加固黏性土、淤泥质土、人工填土、黄土等地基,特别适用于建筑物加层,已沉裂、倾斜建(构)筑物的纠偏加固;老厂房技术改造柱基及设备基础的托换加固;新建工程先建房后压桩的工程。

1.6.6.4 打桩准备

同锤击法沉桩施工的要求。

1.6.6.5 开凿压桩孔可采用钻机成孔,压桩孔应凿成上小下大截头锥形体,以利于基础承受冲剪;凿锚杆孔可采用风钻或钻机成孔,深度为 10~12 倍锚杆直径,并清理干净。钻孔时,应控制钻机产生的扬尘,当产生灰尘较大时,目测扬尘超过 1m 时,应采取洒水降尘或其他降尘的方法进行降尘。

钻孔时产生的混凝土碎块或其他垃圾,应在每天工作完成后,及时收集清扫干净,装袋,集中至指定地点处置。

1.6.6.6 埋设锚杆应与基础配筋扎在一起,可采用环氧胶泥(砂浆)粘结,环氧胶泥(砂浆)可加热(40℃左右)或冷作业,硫磺砂浆要求热作业,填灌密实,使混凝土与混凝土粘结在一起,采取自然养护16h以上。

1.6.6.7 反力架安装应牢固,不能松动,并保持垂直;桩吊入压桩孔后,亦要保持垂直。压桩时,要使千斤顶与桩段轴线保持垂直,并在一条直线上,不得偏压。

1.6.6.8 每沉完一节桩,吊装上一段桩,桩间用硫磺胶泥连接。接桩前应检查插筋长度和插筋孔深度,接桩时应围好套箍,填塞缝隙,倒入硫磺胶泥,再将上节桩慢慢放下,接缝处要求浆液饱满,待硫磺胶泥冷却结硬后才可开始压桩。

1.6.6.9 压桩施工应对称进行,防止基础受力不平衡而导致倾斜;几台压桩机同时作业时,总压桩力不得大于该节点基础上的建筑物自重,防止基础被抬起。造成破坏。

1.6.6.10 压桩应连续进行,不得中途停顿,以防因间歇时间过长使压桩力骤增,造成桩压不下去或把桩头压碎等质量事故。造成资源浪费。

1.6.6.11 封桩必须认真进行,应砍去外露桩头,清除桩孔内的泥水杂物,清洗孔壁,焊好交叉钢筋,湿润混凝土连接面,浇筑C30微膨胀早强混凝土并加以捣实,使桩与桩基承台结合成整体,湿养护7d以上。静压预制桩的施工,一般都采用分段压入,逐段接长的方法。

1.6.6.12 打桩施工期间,噪声排放严格按照《建筑施工场界噪声限值》执行,白天噪声排放不得超过85dB,夜间禁止打桩施工。

1.6.6.13 打桩期间,应加强对场区扬尘的控制,安排专人洒水降尘。

1.6.7 监测要求

锚杆静压桩沉桩过程中,现场操作人员应对施工中产生的各项环境因素进行监测,包括:

1.6.7.1 施工期间每天日间进行噪声的检测,噪声排放不得超过85dB。

1.6.7.2 对施工现场的扬尘进行检测:现场应安排专人进行洒水降尘,现场操作人员目测检查,当发现现场扬尘高度超过0.5m时,应增加洒水次数。

1.6.7.3 施工期间,应安排专人对压力读数进行监测,当达到设计压力时,及时停止压桩,防止造成混凝土桩过压损坏,浪费资源。同时,当发现异常情况,及时与技术人员联系,采取措施解决。

1.7 先张预应力管桩施工

1.7.1 作业流程

现场准备→施工准备→测量定位→桩机就位→底桩就位、对中和调直→锤击沉桩→接桩→再锤击→再接桩→打至持力层→收锤→场地清理。

1.7.2 环境因素

1.7.2.1 预制桩运输过程中,车辆尾气的排放,冲洗运输车辆产生的污水等。

1.7.2.2 打桩过程中产生的噪声及振动。对周围社区及建筑物产生影响。

1.7.2.3 打桩机能源的消耗。

1.7.3 人员要求

1.7.3.1 打桩操作人员应熟练掌握打桩机械的使用,掌握在打桩过程中,控制和降低噪声排放的方法。

1.7.3.2 项目经理部编制详细的施工方案及技术交底,对打桩顺序、打桩技术标准、贯入度等进行规定,并对工人进行详细交底。每班操作前,还应对操作工人进行简单的技术及安全、环境交底。

1.7.4 材料要求

1.7.4.1 管桩按桩身混凝土强度等级分为预应力混凝土管桩(代号 PC 桩)和预应力高强混凝土管桩(代号 PHC 桩),前者强度等级不低于 C60,后者不低于 C80。PC 桩一般采用常压蒸汽养护,脱模后移入水池再泡水养护。一般要经 28d 才能使用。PHC 桩,一般在成型脱模后,送入高压釜经 10 个大气压、180℃左右高温高压蒸汽养护,从成型到使用的最短时间为 3~4d。

1.7.4.2 管桩规格按外径分为 300mm、400mm、500mm、550mm、600mm、800mm 和 1000mm 等,壁厚由 60~130mm。每节长一般不超过 15m,常用节长 8~12m。

1.7.5 设备设施要求

1.7.5.1 打桩前,应平整场地,清除桩基范围内的高空、地面、地下障碍物,架空高压线距打桩架不得小于 10m;修建桩机进出、行走道路,做好排水措施。道路可采用铺垫碎石或卵石,待打桩结束后,回收重复利用。

1.7.5.2 应选用与打桩施工方法相适应的打桩机械,打桩机锤重应适当。打桩机应工作正常,应选用能源消耗小,燃料燃烧充分,对环境污染小的机械。

1.7.5.3 管桩施打应合理选择桩锤,桩锤选用一般应满足以下要求:

(1) 能保证桩的承载力满足设计要求。

(2) 能顺利或基本顺利地将桩下沉到设计深度。

(3) 打桩的破碎率能控制在 1% 左右。

(4) 满足设计要求的最后贯入度,最好为 20~40mm/10 击,每根桩的总锤击数宜在 1500 击以内,最多不超过 2000~2500 击。

1.7.6 过程控制

1.7.6.1 先张预应力管桩,简称管桩,系采用先张法预应力工艺和离心成型法,制成的一种空心圆柱体细长混凝土预制构件。主要由圆筒形桩身、端头板和钢套箍等组成。

1.7.6.2 预应力管桩具有单桩承载力高,设计选用范围广,单桩载承载力可从 600kN 到 4500kN,既适用于多层建筑,也可用于 50 层以下的高层建筑。桩运输吊装方便,接桩快速。桩长度不受施工机械的限制,可任意接长,桩身耐打,穿透力强,抗裂性好。造价低廉,其单位承载力价格仅为钢桩的 1/3~2/3,并节省钢材。但也存在施工机械设备投资大,打桩时振动、噪声和挤土量大等问题。

1.7.6.3 适用于各类工程地质条件为黏性土、粉土、砂土、碎石类土层以及持力层为强风化岩层、密实的砂层(或卵石层)等土层应用,但不适用于石灰岩、含孤石和障碍物多、有坚硬夹层的岩土层中应用。

1.7.6.4 预应力管桩沉桩方法较多,目前国内主要采用锤击法施工,静压预应力管桩施工工艺,预钻孔后植桩的施工工艺等。各种工艺施工环境控制要求,可参照相应工艺。

1.7.6.5 施工准备

(1) 按图纸布置进行测量放线,定出桩基轴线,并将桩的准确位置测设到地面,每一个桩位打一个小木桩,并测出每个桩位的实际标高,场地外设2~3个水准点,以便随时检查之用。

(2) 检查桩的质量,不合格的桩不能运至打桩现场。

(3) 检查打桩机设备及起重工具,铺设水电管网。进行设备架立组装和试打桩。在桩架上设置标尺或在桩的侧面画上标尺,以便能观测桩身入土深度。

1.7.6.6 管桩施工应根据桩的密集程度与周围建(构)筑物的关系,合理确定打桩顺序。防止在打桩过程中,桩之间互相影响,造成桩体破坏,浪费资源。

(1) 一般当桩较密集且距周围建(构)筑物较远,施工场地较开阔时,宜从中间向四周对称施打;若桩较密集、场地狭长、两端距建(构)筑物较远时,宜从中间向两端对称施打;若桩较密集且一侧靠近建(构)筑物时,宜从毗邻建(构)筑物的一侧开始向另一方向施打。若建(构)筑物外围设有支护桩,宜先打设工程桩,再后打设外围支护桩。

(2) 根据桩的入土深度,宜先打设深桩,后打设浅桩;根据管桩的规格,宜先大后小,先长后短;根据高层建筑塔楼(高层)与裙房(低层)的关系,宜先高后低。可使土层挤密均匀,以防止位移或偏斜,在粉质黏土及黏土地区,应避免按着一个方向进行,使土体一边挤压,造成入土深度不一,土体挤密程度不均,导致不均匀沉降。

1.7.6.7 底桩就位前,应在桩身上划出单位长度标记,以便观察桩的入土深度及记录每米沉桩击数。吊桩就位一般用单点吊将管桩吊直,使桩尖插在白灰圈内,桩头部插入锤下面的桩帽套内就位,并对中和调直,使桩身、桩帽和桩锤三者的中心线重合,保持桩身垂直,其垂直度偏差不得大于0.5%。桩垂直度观测包括打桩架导杆的垂直度,可用两台经纬仪在离打桩架15m以外成正交方向进行观测,也可在正交方向上设置两根吊舵垂线进行观测校正。

1.7.6.8 采用锤击法打桩时,应采用"重锤轻击法",以有效降低锤击应力,降低噪声的产生,开始沉桩应起锤轻压并轻击数锤,观察桩身、桩架、桩锤等垂直一致。防止桩受到偏心锤打,以免桩受弯受扭。将桩锤提升到指定高度,自由落下,将预制桩贯入土中。桩锤提升高度不宜过高,避免造成较大的冲击,对桩结构造成破坏,造成资源浪费,同时产生较大的噪声。

1.7.6.9 桩的接头一般在桩端头埋设端头极,四周用一圈坡口进行电焊连接。当底桩桩头(顶)露出地面0.5~1.0m时,即应暂停锤击,进行管桩接长。

1.7.6.10 在较厚的黏土、粉质黏土层中施打多节管桩,每根桩宜连续施打,一次完成,以避免间歇时间过长,造成再次打入困难,而需增加许多锤击数,甚至打不下而先将桩头打坏。造成资源浪费。

1.7.6.11 打(沉)桩时,应加强对沉桩的质量控制,避免出现桩打入后质量达不到要求,重新施工,增加对环境的影响,且造成资源浪费。

(1) 桩端(指桩的全截面)位于一般土层时,以控制桩端设计标高为主,贯入度可作参考。

(2) 桩端达到坚硬、硬塑的黏性土,中密以上粉土、砂土、碎石类土、风化岩时,以贯入度控制为主,桩端标高可作参考。

(3) 当贯入度已达到,而桩端标高未达到时,应继续锤击3阵,按每阵10击的贯入度不大于设计规定的数值加以确认。

(4) 振动法沉桩是以振动箱代替桩锤,其质量控制是以最后3次振动(加压),每次10min或5min,测出每分钟的平均贯入度,以不大于设计规定的数值为合格,而摩擦桩则以沉到设计要求的深度为合格。

1.7.6.12 打(沉)桩由于桩体在冲击作用下于短时间内沉入土中,会对周围环境带来危害,在打桩前应编制详细的方案,同时应咨询设计单位的意见,减轻对环境的影响,具体控制措施可参照锤击法打预制混凝土桩施工工艺。

1.7.6.13 打桩施工期间,噪声排放严格按照《建筑施工场界噪声限值》执行,白天噪声排放不得超过85dB,夜间禁止打桩施工。

1.7.6.14 打桩期间,应加强对场区扬尘的控制,安排专人洒水降尘。

1.7.7 监测要求

先张预应力管桩制作、打桩过程中,每班现场操作人员应对施工中产生的各项环境因素进行监测,包括:

1.7.7.1 施工期间每天日间进行噪声的监听,噪声排放不得超过85dB,当监测发现噪声排放可能超标时,应采用仪器检测确认后及时调整打桩顺序,并控制单位时间打桩数量,使噪声排放达标。

1.7.7.2 对施工现场的扬尘进行检测:现场应安排专人进行洒水降尘,现场操作人员目测检查,当发现现场扬尘高度超过0.5m时,应增加洒水次数。

1.7.7.3 打桩施工期间,应安排专人随时对邻近的建筑物进行检测,当发现由于打桩振动,对周围建筑物造成影响时,应立即停止打桩作业,与设计单位一同重新制定打桩方案,对打桩方法,打桩顺序,作业时间及减振措施等当进行调整。消除隐患。

1.7.7.4 安排专人定期(不少于每周一次)对防振沟的工作情况进行监测,当发现防振沟不能满足要求时,应与设计单位一同重新设计,加深或加宽防振沟。

1.7.7.5 施工期间,每班对打桩机械进行检查,发现打桩机械烟尘排放超标时,应及时请专业维修人员检修,减少机械烟尘的排放。

2 混凝土灌注桩

2.1 钻成孔灌注桩

2.1.1 作业流程

场地平整→施工准备→桩位放线→开挖浆池、浆沟→护筒埋设→钻机就位、孔位校正→冲击造孔、泥浆循环、清除废浆、泥渣→清孔换浆→终孔验收→下钢筋笼和钢导管→灌注水下混凝土→场地清理→成桩养护。

2.1.2 环境因素

2.1.2.1 钻机钻孔时产生的泥浆及污水,钻孔时钻机水资源及能源的消耗,钻孔时产生的噪声等。

2.1.2.2 钻孔及清孔时产生泥浆在排放过程中对周围环境的污染。

2.1.2.3 浇筑混凝土桩时产生的噪声及能源的消耗,物料运输过程中产生的扬尘等。

2.1.3 人员要求

2.1.3.1 操作人员应熟练掌握钻孔机械的使用,掌握在打桩过程中,控制和降低噪声排放的方法。掌握钻孔时,钻进速度控制等。

2.1.3.2 操作人员应掌握水下浇筑混凝土施工工艺,掌握混凝土施工相关环境因素控制方法及要求。

2.1.3.3 项目经理部编制详细的施工方案及技术交底,每班操作前,还应对操作工人进行简单的技术及安全、环境交底。使操作工人掌握清孔时泥浆排放处置的要求及方法。

2.1.4 材料要求

混凝土灌注桩所用水泥、砂、石子须经复验合格才准使用。

2.1.5 设备设施要求

2.1.5.1 打桩前,应平整场地,清除桩基范围内的高空、地面、地下障碍物,架空高压线距打桩架不得小于10m;修设桩机进出、行走道路,做好排水措施。道路可采用铺垫碎石或卵石,待打桩结束后,回收重复利用。

2.1.5.2 施工现场应设置专门泥浆池,以存储沉淀施工中产生的泥浆,泥浆池应采用砌块砌筑,内壁应采用水泥砂浆抹平,防止污水渗入土壤,污染土壤和地下水源。泥浆池尺寸容量,应根据施工工程量确定,并及时清掏。

2.1.5.3 主要设备有:冲击钻孔机,亦可用简易的冲击钻机。它由简易钻架、冲锤、转向装置、护筒、掏渣筒以及3~5t双筒卷扬机(带离合器)等组成。所用钻具按形状分,常用有十字钻头和三翼钻头两种;前者专用于砾石层和岩层,后者适用于土层。

2.1.5.4 钻头和钻机用钢丝绳连接,钻头直径60~150cm。

2.1.5.5 冲击钻成孔冲击钻头的重量,一般按其冲孔直径每100mm取100~140kg为宜,一般正常悬距可取0.5~0.8m;冲击行程一般为0.78~1.5m,冲击频率为40~48次/min为宜。

2.1.5.6 掏渣筒用于掏取泥浆及孔底沉渣,一般用钢板制成。

2.1.6 过程控制

2.1.6.1 冲击成孔灌注桩系用冲击式钻机或卷扬机悬吊冲击钻头(又称冲锤)上下往复冲击,将硬质土或岩层破碎成孔,部分碎渣和泥浆挤入孔壁中,大部分成为泥渣,用掏渣筒掏出成孔,然后再灌注混凝土成桩。

2.1.6.2 其特点是:设备构造简单,适用范围广,操作方便,所成孔壁较坚实、稳定,不受施工场地限制,无噪声和振动影响等,因此被广泛地采用。但存在掏泥渣较费工费时,泥渣污染环境。

2.1.6.3 冲击成孔灌注桩适用于黄土、黏性土或粉质黏土和人工杂填土层中应用,特别适于有孤石的砂砾石层、漂石层、坚硬土层、岩层中使用,对流砂层亦可克服,但对淤泥及淤泥质土,则要十分慎重。对地下水大的土层,会使桩端承载力和摩阻力大幅度降低,不宜使用。

2.1.6.4 打桩准备

(1) 按图纸布置进行测量放线,定出桩基轴线,并将桩的准确位置测设到地面,场地外设2~3个水准点,以便随时检查之用。

(2) 检查钻孔设备,铺设水电管网。

(3) 检查桩边排水设施。

2.1.6.5 成孔时,应先在孔口设圆形6~8mm钢板护筒或砌砖护圈,它的作用是保护孔口、定位导向,维护泥浆面,防止塌方。

(1) 护筒(圈)内径应比钻头直径大200mm,深一般为1.2~1.5m,如上部松土较厚,宜穿过松土层,以保护孔口和防止塌孔。然后使冲孔机就位,冲击钻应对准护筒中心,要求偏差不大于±20mm,开始低锤(小冲程)密击,锤高0.4~0.6m,并及时加块石与黏土泥浆护壁,使孔壁挤压密实,直至孔深达护筒下3~4m后,才加快速度,加大冲程,将锤提高至1.5~2.0m以上,转入正常连续冲击。

(2) 在造孔时要及时将孔内残渣排出孔外,以免孔内残渣太多,出现埋钻现象。

(3) 清出的残渣应及时装车,运送到泥浆池中暂存。

2.1.6.6 冲孔时应随时测定和控制泥浆密度。如遇较好的黏土层,亦可采取自成泥浆护壁,方法在孔内注满清水,通过上下冲击使成泥浆护壁。每冲击1~2m应排渣一次,并定时补浆,直至设计深度。

(1) 排渣方法有泥浆循环法和抽渣筒法两种。

(2) 前者是将输浆管插入孔底,泥浆在孔内向上流动,将残渣带出孔外,本法造孔工效高,护壁效果好,泥浆较易处理,但对孔深时,循环泥浆的压力和流量要求高,较难实施,故只适于在浅孔应用。

(3) 抽渣筒法,是用一个下部带活门的钢筒,将其放到孔底,作上下来回活动,提升高度在2m左右,当抽筒向下活动时,活门打开,残渣进入筒内;向上运动时,活门关闭,可将孔内残渣抽出孔外。排渣时,必须及时向孔内补充泥浆,以防亏浆造成孔内坍塌。

2.1.6.7 在钻进过程中每1~2m要检查一次成孔的垂直度情况。如发现偏斜应立即停止钻进,采取措施进行纠偏。对于变层处和易于发生偏斜的部位,应采用低锤轻击、间断冲击的办法穿过,以保持孔形良好。

2.1.6.8 在冲击钻进阶段应注意始终保持孔内水位高过护筒底口0.5m以上,以免水位升降波动造成对护筒底口处的冲刷,同时孔内水位高度应大于地下水位1m以上。

2.1.6.9 成孔后,应用测绳下挂重锤测量检查孔深,核对无误后,进行清孔,可使用底部带活门的钢抽渣筒,反复掏渣,将孔底淤泥、沉渣清除干净。密度大的泥浆借水泵用清水置换,使密度控制在1.15~1.25之间。

清孔后产生的泥浆,应及时装车排放至泥浆池内。

2.1.6.10 清孔后应立即放入钢筋笼,并固定在孔口钢护筒上,使其在浇筑混凝土过程中不向上浮起,也不下沉。钢筋笼下完并检查无误后应立即浇筑混凝土,间隔时间不应超过 4h,以防泥浆沉淀和塌孔。混凝土浇筑一般采用导管法在水中浇筑。

水下浇筑混凝土应控制混凝土配和比,确保混凝土有较好的流动性,并能够密实。

2.1.6.11 施工期间,应加强对场区扬尘的控制,安排专人洒水降尘。

2.1.6.12 冲洗车辆产生的污水应有组织的汇入泥浆池中,沉淀后进行降尘或其他作业,污水不得四处流淌,污染周围土壤及地下水源。

2.1.6.13 施工期间,应观察泥浆池容量情况,当沉积的泥浆厚度超过容量的 1/3 时,应进行清掏,清掏泥浆应安排有资质的厂家进行。同时,应控制泥浆池中污水高度应低于池壁高度 15cm 以上,防止污水溢出,污染周围土壤及地下水源。

2.1.6.14 施工期间,噪声排放严格按照《建筑施工场界噪声限值》执行,白天噪声排放不得超过 85dB,夜间禁止打桩施工。

2.1.7 监测要求

冲击成孔灌注桩施工过程中,每班现场操作人员应对施工中产生的各项环境因素进行监测,包括:

2.1.7.1 施工期间每天日间进行噪声的检测,噪声排放不得超过 85dB。

2.1.7.2 施工期间,每班应观察泥浆池容量情况,防止污水溢出,污染周围土壤及地下水源。清掏泥浆应安排有资质的厂家进行。

2.1.7.3 施工期间,每班对打桩机械进行检查,发现打桩机械烟尘排放超标时,应及时请专业维修人员检修,减少机械烟尘的排放。

2.2 沉管灌注桩

2.2.1 作业流程

场地平整→施工准备→桩机就位→沉管→上料、灌注混凝土→拔管→场地清理→成桩养护。

2.2.2 环境因素

2.2.2.1 沉管打桩过程中产生的噪声及振动。对周围社区及建筑物产生影响。打桩机能源的消耗。

2.2.2.2 浇筑混凝土桩时产生的噪声及能源的消耗,物料运输过程中产生的扬尘等。

2.2.3 人员要求

2.2.3.1 操作人员应熟练掌握沉管机械的使用,掌握在沉管过程中,控制和降低噪声排放的方法。

2.2.3.2 操作人员应掌握浇筑混凝土施工工艺,掌握混凝土施工相关环境因素控制方法及要求。

2.2.3.3 项目经理部编制详细的施工方案及技术交底,每班操作前,还应对操作工人进行简单的技术及安全、环境交底。

2.2.4 材料要求

混凝土材料:混凝土强度等级不低于 C15。

水泥用强度等级 32.5 或 42.5 普通水泥;碎石或卵石粒径不大于 40mm,含泥量小于 3%;砂用中、粗砂,含泥量小于 5%,混凝土坍落度为 8~10cm。

2.2.5 设备设施要求

2.2.5.1 振动沉管灌注桩：主要机具设备包括：振动锤、桩架、卷扬机、加压装置、桩管、桩尖或钢筋混凝土预制桩靴等。配套机具设备有：下料斗、机动翻斗车等。应满足施工和环境要求。

2.2.5.2 锤击沉管灌注桩：主要设备包括：锤击打桩机桩架、桩锤、卷扬机、桩管等组成。配套机具设备有：下料斗、机动翻斗车等，应满足施工和环境要求。

2.2.6 过程控制

2.2.6.1 沉管灌注桩系用沉桩机将带有活瓣式桩尖或钢筋混凝土桩预制桩靴的桩管（上部开有加料口），利用振动锤或锤击打桩机，对桩管进行加压，使桩管沉入土中，然后边向桩管内灌注混凝土，边振边拔出桩管，使混凝土留在土中而成桩。

2.2.6.2 其工艺特点是：能适应复杂地层；能用小桩管打出大截面桩（一般单打法的桩截面比桩管扩大 30%；复打法可扩大 80%；反插法可扩大 50%左右），使有较高的承载力；对砂土，可减轻或消除地层的地震液化性能，有套管护壁，可防止明孔、缩孔、断桩，桩质量可靠。对附近建筑物的振动影响以及噪声对环境的干扰都比常规打桩机小。

2.2.6.3 适用于在一般黏性土、淤泥、淤泥质土、粉土、湿陷性黄土，稍密及松散的砂土及填土中使用，但在坚硬砂土、碎石土及有硬夹层的土层中，因易损坏桩尖，不宜采用。

2.2.6.4 振动沉管灌注桩：振动锤（激振器）本身是一个大振动器，产生垂直方向的高频率往复振动，土体受到桩管传来的强迫振动后，内摩擦力减弱，强度降低；当强迫振动频率与土体的自振频率相同时，土体结构局部便因共振而引起破坏，在桩管自重和卷扬机加压作用下，使桩管缓慢沉入土中，并挤压、振密桩周一定范围内的土层；同时在拔管时，因机械振动作用，又振密灌注在桩孔内的混凝土，使其与钢筋笼、桩端及桩周土紧密接触，以保证足够的成桩直径和成桩质量。

2.2.6.5 锤击沉管灌注桩：系用锤击打桩机，将带活瓣桩尖或设置钢筋混凝土预制桩尖（靴）的钢管锤击沉入土中，然后边浇筑混凝土边用卷扬机拔桩管成桩。

2.2.6.6 打桩准备

(1) 按图纸布置进行测量放线，定出桩基轴线，并将桩的准确位置测设到地面，场地外设 2~3 个水准点，以便随时检查之用。

(2) 检查钻孔设备，铺设水电管网。

(3) 检查桩边排水设施。

2.1.6.7 沉管灌注桩施工工艺

(1) 桩机就位：将桩管对准桩位中心，桩尖活瓣合拢，放松卷扬机钢绳，利用振动机及桩管自重，把桩尖压入土中。

(2) 沉管：开动振动箱或采用锤击，将桩管沉入土中。沉管过程中，应经常探测管内有无水或泥浆，如发现水或泥浆较多，应拔出桩管，用砂回填桩孔后重新沉管；如发现地下水和泥浆进入套管，一般在沉入前先灌入 1m 高左右的混凝土或砂浆，封住活瓣桩尖缝隙，然后再继续沉入。

(3) 上料：桩管沉到设计标高后，停止振动或锤击，用上料斗将混凝土灌入桩管内，混凝土一般应灌满桩管或略高于地面。

(4) 拔管:拔管速度应均匀,对一般土可控制在不大于1m/min,淤泥和淤泥质软土不大于0.8m/min。用活瓣桩尖时宜慢,用预制桩尖时可适当加快。并确定桩尖活瓣确已张开,混凝土已从桩管中流出以后,方可继续抽拔桩管,边振边拔,桩管内的混凝土被振实而留在土中成桩,拔管速度应控制在1.2~1.5m/min。

2.1.6.8 锤击沉管成桩宜按桩基施工顺序依次退打,桩中心距在4倍桩管外径以内或小于2m时均应跳打,中间空出的桩,须待邻桩混凝土达到设计强度的50%以后,方可施打。采用锤击法打桩时,应采用"重锤轻击法",降低噪声的产生。

2.1.6.9 拔管方法根据承载力的不同要求,可分别采用以下方法:

(1) 单打法,即一次拔管。拔管时,先振动5~10s,再开始拔桩管,应边振边拔,每提升0.5m停拔,振5~10s后再拔管0.5m,再振5~10s,如此反复进行直至地面。

(2) 复打法。在同一桩孔内进行两次单打,或根据需要进行局部复打。

2.1.6.10 在拔管过程中,桩管内的混凝土应至少保持2m高或不低于地面,以防混凝土中断形成缩颈。每根桩的混凝土灌注量,应保证达到制成后桩的平均截面积与桩管端部截面积的比值不小于1.10。

2.1.6.11 当桩管内混凝土浇至钢筋笼底部时,应从桩管内插入钢筋笼或短筋,继续浇筑混凝土。当混凝土灌至桩顶,混凝土在桩管内的高度应大于桩孔深度。当桩尖距地面60~80cm时,将桩管拔出。同时混凝土浇筑高度应超过桩顶设计标高0.5m,适时修整桩顶,凿去浮浆后,应确保桩顶设计标高及混凝土质量。

2.1.6.12 遇有地下水,在桩管尚未沉入地下水位时,即应在桩管内灌入1.5m高的封底混凝土,然后桩管再沉至要求的深度。

2.1.6.13 对于某些密实度大,低压缩性,且土质较硬的黏土,可用螺旋钻配合,先用螺旋钻钻去部分较硬的土层,以减少桩管的端头阻力,然后再用振动沉管的施工工艺,将桩管沉入设计标高。这样形成"半钻半打"工艺。可有效减少挤土和对邻近建构筑物的振动影响。

2.1.6.14 打桩施工期间,噪声排放严格按照《建筑施工场界噪声限值》执行,白天噪声排放不得超过85dB,夜间禁止打桩施工。

2.1.6.15 打桩期间,应加强对场区扬尘的控制,安排专人洒水降尘。

2.1.7 监测要求

沉管灌注桩施工过程中,每班现场操作人员应对施工中产生的各项环境因素进行监测,包括:

2.1.7.1 施工期间每天日间进行噪声的监听,噪声排放不得超过85dB。当监听发现噪声排放可能超标时,应采用仪器检测确认后,及时调整打桩顺序,并控制单位时间打桩数量,使噪声排放达标。

2.1.7.2 施工期间,每班对施工现场的扬尘进行检测:现场应安排专人进行洒水降尘,现场操作人员目测检查,当发现现场扬尘高度超过0.5m时,应增加洒水次数。

2.1.7.3 施工期间,每班对打桩机械进行检查,发现打桩机械烟尘排放超标时,应及时请专业维修人员检修,减少机械烟尘的排放。

3 人工挖孔桩

3.1 作业流程

场地平整→放线、定桩位→挖第一节桩孔土方→支模浇筑第一节混凝土护壁→在护壁上二次投测标高及桩位十字轴线→安装垂直运输设施等→第二节桩身挖土→清理桩孔→浇筑第二节混凝土护壁→重复第二节工序,循环作业直至设计深度→清理虚土、排除积水、检查尺寸和持力层→吊放钢筋笼就位→浇筑桩身混凝土→场地清理→成桩养护。

3.2 环境因素

3.2.1 人工挖孔时产生的泥土的排放。

3.2.2 浇筑混凝土桩时产生的噪声及能源的消耗,物料运输过程中产生的扬尘等。

3.2.3 混凝土养护过程中,水资源的消耗,养护水的排放。

3.3 人员要求

3.3.1 项目经理部编制详细的施工方案及技术交底,每班操作前,还应对操作工人进行简单的技术及安全、环境交底。

3.3.2 操作工人应掌握挖孔时产生的泥土的处置方法和要求。

3.3.3 操作人员应掌握人工挖孔时安全及技术要求,掌握遇紧急情况下处理措施。

3.3.4 操作人员应掌握浇筑混凝土施工工艺,掌握混凝土施工相关环境因素控制方法及要求。

3.4 材料要求

人工挖孔桩所使用水泥、砂、石子应复验合格,才准使用,混凝土应达到规定的设计强度。

3.5 设备设施要求

3.5.1 提升机具包括:卷扬机或单轨电动葫芦(链条式)配提升金属架与轨道,活底吊桶。

3.5.2 挖孔工具包括:短柄铁锹、铁锤、铁钎等。

3.5.3 水平运输工具包括:手推车或机动翻斗车。

3.5.4 其他机具设备包括:钢筋加工机具、支护模板、支撑、电焊机、井内外照明设施、鼓风机、输风管等。

3.5.5 现场应设置处置挖出泥土区域,便于临时存放挖出泥土,待桩施工完成后回填使用。

3.5.6 现场应设置沉淀池和洗车池,将冲洗钻机和运土车辆的污水汇入沉淀池中。

3.6 过程控制

3.6.1 人工挖孔灌注桩系用人工挖土成孔,浇筑混凝土成桩。这类桩由于其受力性能可靠,不需大型机具设备,施工操作工艺简单。

3.6.2 人工挖孔灌注桩的特点是:单桩承载力高,结构传力明确,沉降量小;可直接检查桩直径、垂直度和持力土层情况;桩质量可靠,施工机具设备较简单;施工无振动、无噪声、无环境污染,对周围建筑物无影响。

3.6.3 但桩成孔工艺存在劳动强度较大,安全性较差等问题。

3.6.4 人工挖孔灌注桩适用于桩直径800mm以上，无地下水或地下水较少的黏土、粉质黏土，含少量的砂、砂卵石的黏土层采用，特别适于黄土层使用，深度一般20m左右。对有流砂、地下水位较高、涌水量大的淤泥质土层不宜采用。

3.6.5 施工准备

施工前应编制详细的施工方案，项目技术人员应会同设计人员及地质勘察人员对挖孔桩位置地质情况及地下水情况进行勘察检测。

(1) 按图纸布置进行测量放线，定出桩基轴线，并将桩的准确位置测设到地面，场地外设2~3个水准点，以便随时检查之用。

(2) 检查排水设施。

3.6.6 为防止塌孔和保证操作安全，直径1.2m以上桩孔多设混凝土支护，每节高0.9~1.0m，厚8~15cm，或加配适量直径6~9mm光圆钢筋，混凝土用C20或C25。直径1.2m以下桩孔，井口用1/4砖或1/2砖护圈，高1.2m。

护壁施工采取组合式钢模板拼装而成，拆上节支下节，循环周转使用，模板用U形卡连接，上下设两半圆组成的钢圈顶紧，不另设支撑。混凝土用吊桶运输人工浇筑。

3.6.7 挖孔由人工从自上而下逐层用铁锹进行，挖土次序为先挖中间部分后挖周边，允许尺寸误差+5cm。弃土装入活底吊桶或箩筐内。垂直运输，在孔上口安支架、工字轨道、电葫芦，用慢速卷扬机提升，吊至地面上后，用机动翻斗车或手推车运出。

挖孔挖出的土方，应及时运至现场堆土处处置，不得长时间在桩边堆放，防止扬尘。

3.6.8 灌注桩用混凝土坍落度控制在4~8cm，用机械拌制。混凝土用翻斗汽车、机动车或手推车向桩孔内浇筑。混凝土下料采用串桶，深桩孔用混凝土溜管；如地下水大（孔中水位上升速度大于6mm/min），应采用混凝土导管水中浇筑混凝土工艺，混凝土要垂直灌入桩孔内，并应连续分层浇筑，每层厚不超过1.5m。并用振捣器振捣密实。

3.6.9 桩混凝土的养护：当桩顶标高比自然场地标高低时，在混凝土浇筑12h后进行湿水养护，当桩顶标高比场地标高高时，混凝土浇筑12h后应覆盖草袋，并湿水养护，养护时间不少于7d。

3.6.10 钻孔产生的土方的运输车辆，应采用专用土方翻斗车，顶部应加顶盖，防止在土方运输途中产生遗洒和扬尘，对环境造成污染。

3.6.11 现场堆放钻孔产生的土方时，应将土方堆积成规则的方形，土方堆放高度不宜过高，应控制在2m高度左右；土方表面应用密目网或草帘被覆盖严密，防止产生扬尘。

3.6.12 土方外运弃土时，运土车辆装载土方高度应低于车辆槽帮10~15cm或用封闭运输工具，防止在运输途中造成遗洒，污染环境。在车辆离开施工现场前，应将车辆槽帮和车轮清洗干净，不得带泥上路。

3.6.13 冲洗车辆产生的污水应有组织的汇入沉淀池中，沉淀后进行降尘或其他作业，污水不得四处流淌，污染周围土壤及地下水源。

3.6.14 人工挖孔期间，应加强对场区扬尘的控制，安排专人洒水降尘。

3.7 监测要求

人工挖孔桩施工过程中，现场操作人员应对施工中产生的各项环境因素进行监测，包括：

对施工现场的扬尘进行检测:现场应安排专人进行洒水降尘,现场操作人员目测检查,当发现现场扬尘高度超过0.5m时,应增加洒水次数。

4 钢管桩

4.1 作业流程
现场准备→施工准备→桩机安装→桩机移动就位→吊桩→插桩→锤击下沉→接桩→锤击至设计深度→内切钢管桩→场地清理。

4.2 环境因素
4.2.1 预制桩运输过程中,车辆尾气的排放,冲洗运输车辆产生的污水等。

4.2.2 打桩过程中产生的噪声及振动。对周围社区及建筑物产生影响。打桩机能源的消耗。

4.2.3 钢管桩接长施工中,焊接产生的焊渣、电弧光污染,有害气体的排放。钢管桩切割施工中,烟尘的排放,废弃材料的处置等。

4.3 人员要求
4.3.1 打桩操作人员应熟练掌握打桩机械的使用,掌握在打桩过程中,控制和降低噪声排放的方法。

4.3.2 钢管桩施工人员应掌握桩接长及切割施工工艺要求,掌握在焊接及切割施工过程中,环境控制的要求和方法。

4.3.3 项目经理部编制详细的施工方案及技术交底,对打桩顺序、打桩技术标准,贯入度等进行规定,并对工人进行详细交底。每班操作前,还应对操作工人进行简单的技术及安全、环境交底。

4.4 材料要求
钢管桩的管材,一般用普通碳素钢,抗拉强度为402MPa,屈服强度为235.2MPa。

4.5 设备设施要求
4.5.1 打桩前,应平整场地,清除桩基范围内的高空、地面、地下障碍物,架空高压线距打桩架不得小于10m;修建桩机进出、行走道路,做好排水措施。道路可采用铺垫碎石或卵石,待打桩结束后,回收重复利用。

4.5.2 应选用与打桩施工方法相适应的打桩机械。

4.5.3 主要设备选用:桩锤打桩机,多用三点支撑履带行走式柴油打桩机,打桩机锤重应适当。打桩机应工作正常,应选用能源消耗小,燃料燃烧充分,对环境污染小的机械。

4.5.4 电焊机:可采用一般手工电焊机;应保证焊接质量,并节约能源。

4.5.5 桩的起吊、运送设备:可采用8~12t轮胎式起重机。

4.6 具体过程控制
4.6.1 在我国沿海及内陆冲积平原地区,土质常为很厚的软土层,持力层很深,采用一般桩基,沉桩时须采用冲击力很大的桩锤,用常规钢筋混凝土和预应力混凝土桩,将很难以适应,为此多选用钢管桩加固地基。

4.6.2 钢管桩的特点是:重量轻、刚性好,装卸、运输、堆放方便,不易损坏;承载力高。桩长易于调节。可根据需要采用接长或切割的办法调节桩长。排土量小,对邻近建筑物影响小。对环境影响相对较小。随着桩打入,泥土挤入桩管内与实桩相比挤土量大为减少,对周围地基的扰动也较小。接头连接简单。

4.6.3 但钢管桩也存在钢材用量大,工程造价较高;打桩机具设备较复杂,振动和噪声较大;桩材保护不善、易腐蚀等限制。

4.6.4 打桩准备

4.6.4.1 按图纸布置进行测量放线,定出桩基轴线,并将桩的准确位置测设到地面,每一个桩位打一个小木桩,并测出每个桩位的实际标高,场地外设2~3个水准点,以便随时检查之用。

4.6.4.2 检查桩的质量,不合格的桩不能运至打桩现场。

4.6.4.3 检查打桩机设备及起重工具,铺设水电管网。进行设备架立组装和试打桩。在桩架上设置标尺或在桩的侧面画上标尺,以便能观测桩身入土深度。

4.6.5 钢管桩可由平板拖车运至现场,用吊车卸于桩机一侧,按打桩先后顺序及桩的配套要求堆放,并注意方向。场地宽时宜用单层排列。吊钢管桩多采用一点绑扎起吊,待吊到桩位进行插桩,将钢管桩对准事先用石灰划出的样桩位置,做到桩位正、桩身直。

钢管桩运输过程中,应注意控制运输车辆在场内行驶的速度不宜过快,控制在15km/h以内,防止产生扬尘。

4.6.6 钢管桩的施工顺序是:为防止打桩对邻桩和相邻建(构)筑物造成较大位移和变位并使施工方便,一般采取先打中间后打外围(或先打大直径桩,后打小直径桩的程序进行)。如有钢管桩及混凝土桩两种类型桩,则先打钢管桩,后打混凝土桩,这样有利于减少挤土。

4.6.7 为防止桩头在锤击时损坏,打桩前,要在桩头顶部放置特制的桩帽。其上直接经受锤击应力的部位,放置硬木制减振木垫。同时可减小锤击过程中产生的噪声。

4.6.7.1 打桩时,先用经纬仪校正桩架导向杆及桩的垂直度,并保持锤、桩帽与桩在同一纵轴线上,然后空打1~2m,再次校正垂直度后正式打桩。当沉至某一深度并经复核沉桩质量良好时,再行连续打击,至桩顶高出地面60~80cm时,停止锤击,进行接桩,再用同样步骤直至达到设计深度为止。若开始阶段发现桩位不正或倾斜,应调正或将钢管桩拔出重新插打。防止造成桩体损坏,浪费资源。

4.6.7.2 采用锤击法打桩时,应采用"重锤轻击法",降低噪声的产生,将桩锤提升到指定高度,自由落下,将桩贯入土中。桩锤提升高度不宜过高,避免造成较大的冲击,对桩结构造成破坏,造成资源浪费,同时产生较大的噪声。

4.6.8 接桩形式和方法

4.6.8.1 钢管桩每节长约15m,沉桩时需边打入边焊接接长。

4.6.8.2 焊接前,应将下节桩管顶部变形损坏部分修整,上节桩管端部泥砂、水或油污清除;并打焊接剖口。将内衬箍放置在下节桩内侧的挡块上,紧贴桩管内壁并分段点焊,然后吊接上节桩,其坡口搁在焊道上,使上下节桩对口的间隙为2~4mm,再用经纬仪校正垂直度,在下节桩顶端外周安装好铜夹箍,再行电焊。施焊应对称进行,管壁厚小于9mm的焊两层,大于9mm的焊3层。

4.6.8.3 焊接时注意:焊完每层焊缝后,及时清除焊渣;每层焊缝的接头应错开。焊渣应随清理随装袋,待焊接完成后,及时将收集的焊渣至指定地点处置。

4.6.9 打(沉)桩时,应加强对沉桩的质量控制,避免出现桩打入后质量达不到要求,重新施工,增加对环境的影响,且造成资源浪费。

贯入深度一般按以下标准控制:

4.6.9.1 持力层较薄时,打到持力层厚度的 1/3～1/2;当持力层厚时,以最后十次锤击每击的贯入量小于 2mm 为限。

4.6.9.2 锤击桩顶时对桩产生的锤击应力应不超过钢管桩材料的允许应力(一般按 80%考虑),一般限制最后 10m 的锤击数在 1500 击以下(总锤击数不超过 3000 击)。

4.6.9.3 以桩锤的容许负荷限制,避免桩锤的活塞受到过量冲击而损坏,一般限制每次冲击的最小贯入量不大于 0.5～1.0mm 作为控制。

4.6.9.4 打桩时要做好原始记录,记录桩号、打桩日期、桩锤型号、桩规格、打入深度、焊接质量情况、锤击次数、落锤高度、最后贯入度、回弹量、平面位移,以及打桩过程中出现的问题及处理措施等等。

4.6.10 钢管桩切割

4.6.10.1 钢管桩打入地下,为便于基坑机械化挖土,基底以上的钢管桩要切割。由于周围被地下水和土层包围,只能在钢管桩的管内地下切割。切割设备有等离子体切桩机、手把式氧乙炔切桩机等。工作时可吊挂送入钢管桩内的任意深度,靠风动顶针装置固定在钢管桩内壁,割嘴按预先调整好的间隙进行回转切割。

4.6.10.2 钢管桩切割下来的部分,应至专门位置存放,并尽可能再利用,不得随意废弃,浪费资源。

4.6.11 打桩施工期间,噪声排放严格按照《建筑施工场界噪声限值》执行,白天噪声排放不得超过 85dB,夜间禁止打桩施工。

4.6.12 打桩期间,应加强对场区扬尘的控制,安排专人洒水降尘。

4.7 监测要求

钢管桩制打桩程中,每班现场操作人员应对施工中产生的各项环境因素进行监测,包括:

4.7.1 施工期间每天日间进行噪声的监听,噪声排放不得超过 85dB,当监听发现噪声排放可能超标时,应采用仪器检测确认后,及时调整打桩顺序,并控制单位时间打桩数量,使噪声排放达标。

4.7.2 对施工现场的扬尘进行检测:现场应安排专人进行洒水降尘,现场操作人员目测检查,当发现现场扬尘高度超过 0.5m 时,应增加洒水次数。

4.7.3 打桩施工期间,应安排专人随时对邻近的建筑物进行检测,当发现由于打桩振动,对周围建筑物造成影响时,应立即停止打桩作业,与设计单位一同重新制定打桩方案,对打桩方法,打桩顺序,作业时间及减振措施等当进行调整。消除隐患。

4.7.4 安排专人定期(每周不少于一次)对防振沟的工作情况进行监测,当发现防振沟不能满足要求时,应与设计单位一同重新设计,加深或加宽防振沟。

4.7.5 施工期间,每班对打桩机械进行检查,发现打桩机械烟尘排放超标时,应及时请专业维修人员检修,减少机械烟尘的排放。

5 地基处理工程

地基处理工程一般称为地基加固工程,它主要是通过对基底下软弱土质进行处理,来满足基底的设计承载能力,保证建筑物的安全。一般有换垫法、夯实法、挤密桩法和高压喷射注浆法等施工方法。

5.1 换垫法施工

5.1.1 作业流程

基土清理→施工准备→换垫材料准备→分层摊铺→夯压密实→验收→现场清理。

5.1.2 环境因素

5.1.2.1 换除原基底软弱层施工时,清除软弱层产生的噪声,运输产生的渣土,造成的遗洒及扬尘,以及产生的淤泥杂物等固体废弃物。

5.1.2.2 置换材料拌和时,产生的扬尘及遗洒。

5.1.2.3 回填夯实时产生的扬尘及夯实机械产生的噪声。

5.1.3 人员要求

5.1.3.1 项目经理部编制详细的施工方案及技术交底,每班操作前,还应对操作工人进行简单的技术及安全、环境交底。

5.1.3.2 操作工人应掌握换垫法产生的渣土的处置方法和要求。

5.1.3.3 操作人员应掌握换垫法施工的施工工艺,掌握混凝土施工相关环境因素控制方法及要求。包括:回填时噪声排放控制、扬尘控制等。

5.1.4 材料要求

5.1.4.1 需根据不同软弱层土质特点来决定采用何种回填材料。特别是几种材料混合回填时的级配、粒径的大小以及是否性能稳定、无侵蚀性等。

5.1.4.2 当采用砂石回填时的砂石材料要求:

(1) 砂:宜采用中砂或粗砂,要求颗粒级配良好、质地坚硬;含泥量应小于5%,兼作排水垫层时,含泥量不得超过3%。

(2) 石:宜采用天然级配的砂砾石(或卵石、碎石)混合物,最大粒径不宜大于50mm,不得含有植物残体、垃圾等杂物,含泥量不大于5%。

5.1.4.3 当采用灰土回填时的材料要求:

(1) 宜采用就地挖出的黏性土料或塑性指数大于4的粉土,土内不得含有有机杂物,地表耕植土不宜采用,减少资源浪费。土料使用前应过筛,其粒径不得大于15mm。土施工时的含水量应控制在最优含水量的±2%范围内。冬期施工不得采用冻土或夹有冻土块的土料。

(2) 熟化石灰:熟化石灰应采用生石灰块(块灰的含量不少于70%),在使用前3～4d用清水予以熟化,充分消解后成粉末状,并加以过筛。其最大粒径不得大于5mm,并不得夹有未熟化的生石灰块及其他杂质。熟化石炭按装饰过程相关规定控制。

5.1.5 设备设施要求

采用换垫法施工用主要机具:

5.1.5.1 压实机械:包括压路机、蛙式打夯机、平板式振捣器、插入式振捣器等。应选用噪声小,能源消耗小的设备。

5.1.5.2 运输机械:机动翻斗车,应采用专用土方翻斗车,顶部应加顶盖,防止在土方运输途中产生遗洒和扬尘,对环境造成污染。

5.1.5.3 降尘设备:可现场自制小水车,采用水推车改装。

5.1.5.4 其他配套设施如:推土机、铁锹、铁耙等。

5.1.6 过程控制

换垫法是先将基础底面下一定范围内的软弱土层挖去,然后分层回填素土、灰土、砂石、矿渣和粉煤灰等的一种工艺。该种方法主要适用于处理软弱土、湿陷性黄土和杂填土地基,由于承载力较低,一般仅用于上部建筑荷载不大和相对沉降差要求不高的浅层地基加固。

5.1.6.1 施工前,应根据工程特点、填料种类、设计要求的压实系数、施工条件,进行必要的压实试验,确定填料含水量控制范围、铺土厚度、夯实或碾压遍数等参数。并确定土方或砂石的含水率,使在回填施工时,减少扬尘的产生。

5.1.6.2 换垫法施工前,应先将原基坑中淤泥、渣土等清除干净,软弱层清除作业及外运处置中的环境要求,详见土方施工作业。换垫材料运输,详见土方回填作业。

5.1.6.3 换垫材料准备

(1)当采用灰土回填时,应对灰土提前进行拌和,多采用人工翻拌。拌和时采取土料、石灰边掺合边用铁锹翻拌。灰土拌合料应拌和均匀,颜色一致,并保持一定的湿度,最优含水量为14%~18%。现场以手握成团,两指轻捏即碎为宜。如土料水分过大或不足时,应晾干或洒水湿润,防止拌和过程中产生较多的扬尘。当拌和过程中,发现产生较大的粉尘时,应人工洒水降尘处理。

(2)当采用砂石回填时,砂石应经过过筛,并冲洗干净,冲洗砂石应采用循环水,减少水资源的浪费。砂石应保持一定的湿润,以手握能成团为宜,避免在过筛和混合过程中产生较大的扬尘,如砂石料较干燥时,应先洒水润湿。

(3)换垫材料在现场储存时,应将换垫材料码方,并覆盖草帘被等,防止大风天产生扬尘。

5.1.6.4 分层摊铺与夯实

(1)灰土每层(一步)摊铺厚度可按照不同的施工方法,进行控制。每层灰土的夯打遍数,应根据设计要求的干密度由现场夯(压)试验确定。一般人力及蛙式打夯机等轻型机械虚铺厚度控制在200~250mm,压路机等机械压实时,可控制在300~350mm。以保证回填的密实度,防止回填质量达不到要求,返工造成资源浪费。同时,避免厚度过厚,产生较大的扬尘。

(2)人工打夯应按一定方向进行,一夯压半夯,夯夯相接,行行相连,两遍纵横交叉,分层夯打。打夯路线应由四边开始,然后再夯中间。打夯时应控制速度不宜过快,防止在夯实过程中,产生扬尘。

(3)在碾压机械碾压之前,宜先用轻型推土机、拖拉机推平,低速预压4~5遍,使表面平实,碾压机械压实填方时,应控制行驶速度,"薄填、慢驶、多次"的方法,减少扬尘。压路机的选择上,优先考虑静作用压路机的选用。减少噪声的排放。

(4) 灰土应随铺填随夯压密实,铺填完的灰土不得隔日夯压;夯实后的灰土,3d 内不得受水浸泡,回填施工应安排在白天进行,不得在夜间进行。

5.1.7 环境监测要求

每班现场操作人员应对施工中产生的各项环境因素进行监测,包括:

5.1.7.1 施工期间每天日间进行噪声的检测,噪声排放不得超过 85dB。

5.1.7.2 每天应由现场环境管理员采用目测的办法监测一次扬尘,一级风扬尘控制在 0.3~0.4m,二级风扬尘控制在 0.5~0.6m,三级风扬尘控制在 1m 以下,四级风要停止作业。

5.2 强夯地基

5.2.1 作业流程

清理、平整场地→起重机就位→将夯锤吊到预定高度脱钩自由下落进行夯击→用推土机将夯坑填平→将场地表层松土夯实→场地清理。

5.2.2 环境因素

夯实过程中,强夯产生的振动及噪声。

5.2.3 人员要求

5.2.3.1 项目经理部编制详细的施工方案及技术交底,每班操作前,还应对操作工人进行简单的技术及安全、环境交底。

5.2.3.2 操作工人应掌握强夯施工的机械操作要求,了解夯锤起升高度及夯点布置等。

5.2.3.3 操作人员应掌握强夯法施工的施工工艺,掌握施工相关环境因素控制方法及要求。包括:强夯作业时噪声排放控制、扬尘控制等。

5.2.4 设备设施要求

5.2.4.1 夯锤:用钢板作外壳,内部焊接钢筋骨架后浇筑 C30 混凝土,或用钢板作成装配式夯锤。夯锤底面有圆形和方形两种,圆形不易旋转,定位方便,稳定性好,采用较多。夯锤中宜设 1~4 个直径 250~300mm 上下贯通的排气孔,以利空气迅速排出,减小起锤时锤底与土面间形成真空产生的强吸附力和夯锤下落时的空气阻力,以保证夯击能的有效作用。

5.2.4.2 起重设备:大多采用履带式起重机,亦可采用专用起重架或龙门架作起重设备。应满足起重量和提升高度的要求。起重设备应尽量能耗低,节约能源。

5.2.4.3 脱钩装置:主要通过动滑轮组用脱钩装置来起落夯锤。脱钩装置要求有足够的强度,使用灵活,脱钩快速安全。

5.2.4.4 强夯前需平整场地,周围做好排水沟。并可根据需要在场地四周,挖设防振沟,防振沟设置要求详见锤击法预制桩施工中要求。

5.2.5 过程控制

5.2.5.1 夯实法主要是利用起重机械将夯锤提升到一定高度,然后自然落下,重复夯击基土表面,使地基表面形成一层比较密实的硬壳层,从而使地基得到加固。且强夯法因具有强大的冲击力冲击土层中的孔隙水和气体逸出,使土粒重新排列,达到地基处理效果。

(1) 强夯法加固特点是：使用工地常备简单设备；施工工艺、操作简单；适用土质范围广，加固效果好等。一般情况可提高地基承载力 2～5 倍。

(2) 但由于强夯法产生较大的噪声及振动，在市区施工时，不宜采用，并应制定方案，使在强夯施工时，对环境的影响尽量减少。

5.2.5.2 施工前需进行试夯，确定有关技术参数，如夯锤重量、底面直径及落距、下沉量及相应的夯击遍数和总下沉量。在达到夯实效果的前提下，尽量减少夯实次数，减少对环境的影响。

(1) 单位夯击能：锤重 M 与落距 h 的乘积称为夯击能（$E = M \times h$）。强夯的单位夯击能（指单位面积上所施加的总夯击能），应根据地基土类别、结构类型、载荷大小和要求处理的深度等综合考虑，并通过现场试夯确定。

(2) 在一般情况下，对粗颗粒土可取每平方米 1000～3000kN·m；细颗粒土可取每平方米 1500～4000kN·m。夯击能过小，加固效果差；夯击能过大，不仅浪费能源，相应也增加对环境的影响，而且，对饱和黏性土还会破坏土体，形成橡皮土，降低强度。一般单击夯击能以不超过 3000kN·m 较为经济。

5.2.5.3 强夯应分段进行，顺序从边缘夯向中央，先深后浅。

(1) 落锤应保持平稳，夯位应准确，夯击坑内积水应及时排除。强夯后，基坑应及时修整，浇筑混凝土垫层。

(2) 夯击点间距取决于基础布置、加固土层厚度和土质条件。通常夯击点间距取夯锤直径的 3 倍，一般夯击点间距为 5～9m，以便夯击能向深部传递。对处理深度较深或单击夯击能较大的工程，第一遍夯击点间距宜适当加大。

(3) 加固土层厚、土质差、透水性弱、含水量高的黏性土，夯点间距宜大；加固土层薄、透水性强、含水量低的砂质土，间距宜减小。夯击点布置应经过合理设计，并进行试验，以使充分利用夯击能，充分利用能源。

5.2.5.4 夯击遍数应根据地基土的性质确定。

(1) 一般情况下，可采用 2～3 遍，最后再以低能量（为前几遍能量的 1/4～1/5，锤击数为 2～4 击）满夯一遍，以加固前几遍之间的松土和被振松的表土层。

(2) 为达到减少夯击遍数的目的，应根据地基土的性质适当加大每遍的夯击能，亦即增加每夯点的夯击次数或适当缩小夯点间距，以便在减少夯击遍数的情况下获得相同的夯击效果。减少环境影响。

5.2.5.5 两遍间隔时间：两遍夯击之间应有一定的时间间隔，以利于土中超静孔隙水压力的消散，待地基土稳定后再夯下一遍，一般两遍之间间隔 1～4 周。对渗透性较差的黏性土不少于 3～4 周；若无地下水或地下水在 -5m 以下，或为含水量较低的碎石类土，或透水性强的砂性土，可采取只隔 1～2d，或在前一遍夯完后，将土推平，接着随即进行连续夯击，而不需要间歇。

5.2.5.6 强夯后，基坑应及时修整，浇筑混凝土垫层封闭，防止雨水浸泡强夯后的地基。降低夯击效果，浪费资源。

5.2.5.7 强夯施工应安排在日间进行，夜间禁止施工。

5.2.5.8 夯击后，场地平整要求详见土方施工要求。

5.2.6 监测要求

每班现场操作人员应对施工中产生的各项环境因素进行监测,包括:

5.2.6.1 施工期间每天日间进行噪声的检测,噪声排放不得超过85dB。

5.2.6.2 每天应由现场环境管理员采用目测的办法监测一次扬尘,一级风扬尘控制在0.3~0.4m,二级风扬尘控制在0.5~0.6m,三级风扬尘控制在1m以下,四级风要停止作业。

5.3 注浆地基

5.3.1 作业流程

施工准备→钻孔→下注浆管、套管→填砂→拔套管→封口→边注浆边拔注浆管→封孔→场地清理。

5.3.2 环境因素

5.3.2.1 注浆施工作业,浆液拌制过程中遗洒对土壤的污染。

5.3.2.2 注浆施工中,注浆泵及导管渗漏对土壤的污染。

5.3.2.3 浆液对地下水源的污染。

5.3.2.4 注浆施工能源的消耗。

5.3.3 人员要求

5.3.3.1 项目经理部编制详细的施工方案及技术交底,每班操作前,还应对操作工人进行简单的技术及安全、环境交底。

5.3.3.2 操作工人应掌握灌浆施工的机械操作要求。

5.3.3.3 操作人员应掌握灌浆法施工的施工工艺,掌握施工相关环境因素控制方法及要求。包括:灌浆作业时污水泥浆排放控制、扬尘控制等。

5.3.4 材料要求

5.3.4.1 水泥注浆地基材料:水泥、水、氯化钙、细砂、粉煤灰、黏土浆等。

5.3.4.2 硅化注浆地基材料:水玻璃、氯化钙溶液、铝酸钠溶液、二氧化碳、水泥、水、细砂等。

5.3.4.3 水泥:用强度等级32.5或42.5的普通硅酸盐水泥;在特殊条件下亦可使用矿渣水泥、火山灰质水泥或抗硫酸盐水泥,要求新鲜无结块。

5.3.4.4 水:用一般饮用淡水,但不应采用含硫酸盐大于0.1%、氯化钠大于0.5%以及含过量糖、悬浮物质、碱类的水。

5.3.4.5 水玻璃,模数宜为2.5~3.3,不溶于水的杂质含量不得超过2%,颜色为透明或稍带混浊。

5.3.4.6 氯化钙溶液:pH值不得小于5.5~6.0,每1L溶液中杂质不得超过60g,悬浮颗粒不得超过1%。

5.3.4.7 铝酸钠:含铝量为180g/L,苛化系数2.4~2.5。

水泥及其他各种材料的储存要求,详见混凝土工程。

5.3.5 设备设施要求

5.3.5.1 水泥注浆机具

(1)压浆泵:泥浆泵或砂浆泵。常用的有BW-250/50型、TBW-200/40型、TBW-

250/40型、NSB-100/30型泥浆泵或100/15(C-232)型砂浆泵等。配套机具有搅拌机、灌浆管、阀门、压力表等。

(2)开挖储浆池及排浆沟(槽),储浆池及排浆沟(槽)应采用混凝土浇筑或砌块砌筑,内侧抹灰,砌筑尺寸应与施工规模相适应,防止浆液渗出污染周边土壤及地下水源。

5.3.5.2 硅化注浆机具

振动打拔管机、注浆花管、压力胶管、齿轮泵或手摇泵、浆液搅拌机、贮液罐等。

5.3.6 过程控制

注浆施工前,应对地下地质情况进行细致的考察,尤其对地下水源情况,施工单位应会同设计单位,编制详细的施工方案,制定防止污染水源的措施。

5.3.6.1 注浆地基是将水泥浆、黏土浆或化学浆液,通过压浆泵、注浆管均匀地注入土体中,以填充、渗透和挤密等方式,驱走岩石裂隙中或土颗粒间的水分和气体,并填充其位置,硬化后将岩土胶结成整体,形成强度大、压缩性低、抗渗性高和稳定性良好的新的岩土体,从而使地基得到加固,可防止或减少渗透和不均匀沉降。常用的有水泥注浆地基和硅化注浆地基。

5.3.6.2 灌浆液配置要求:灌浆一般用净水泥浆,水灰比变化范围为0.6~2.0,常用水灰比从8:1到1:1;在裂隙或孔隙较大、可灌性好的地层,可在浆液中掺入适量细砂或粉煤灰,比例为1:0.5~1:3,以节约水泥,更好的充填空隙,并可减少收缩。

(1)浆液拌制应在浆液搅拌机中进行,在搅拌过程中应控制容量,不要超过设备的设计允许容量,避免在搅拌过程中,浆液溢出污染周围土壤。

(2)搅拌机在布置时应尽量靠近灌浆孔,并紧临灌浆泵,避免浆液在运输过程中,遗洒,对土壤造成污染。

5.3.6.3 渣浆施工

(1)灌浆施工方法是先在加固地基中按规定位置用钻机或手钻钻孔到要求的深度,然后在孔内插入直径38~50mm的注浆射管。

(2)用压浆泵将水泥浆压入射管而透入土层孔隙中,水泥浆应连续一次压入,不得中断。灌浆先从稀浆开始,逐渐加浓。灌浆次序一般把射管一次沉入整个深度后,自下而上分段连续进行,分段拔管直至孔口为止。

(3)在灌浆过程中,应随时注意压浆泵的压力读数,使压力控制在设计的范围之内,不得超压,避免对设备造成损害,浪费资源。压浆泵与注浆管间各部件应密封严密,防止在注浆过程中产生渗漏,对四周的土壤造成污染。

5.3.6.4 灌浆完成后,拔出灌浆管,留下的孔用1:2水泥砂浆或细砂砾石填塞密实;亦可用原浆压浆堵孔。

5.3.6.5 灌浆管的设置,用打入法或钻孔法沉入土中,保持垂直和距离正确,管子四周孔隙用土填塞夯实。电极可用打入法或先钻孔2~3m再打入。

灌浆管设置时,现场操作人员应控制钻孔时噪声排放及挖孔产生的弃土的处置的控制要求,可参照桩基础工程的环境控制方法。

5.3.6.6 土的硅化完毕,用桩架或三角架借倒链将管子和电极拔出,遗留孔洞用1:5水泥砂浆或黏土填实。

灌浆完成后,应及时对设备四周遗洒的垃圾及浆液进行清理收集,将收集的垃圾集中,至指定地点处置。

5.3.7 监测要求

每次作业时,应对浆液搅制过程遗洒,废弃物处置检查1次。

5.4 挤密桩复合地基

5.4.1 作业流程

挖基(槽)坑→桩位放线→检查验收→成孔设备就位→成孔→成孔设备移至下一桩位→夯实机就位→填料拌合→分层下填料→分层夯实→清理。

5.4.2 环境因素

5.4.2.1 灰土、石灰、砂石和粉煤灰等成桩材料现场堆放及运输中产生的遗洒、扬尘等。

5.4.2.2 锤击沉管作业时,锤击产生的噪声及振动;钻孔沉管作业时,钻机产生的噪声及弃土,弃土外运时产生的扬尘及遗洒。

5.4.2.3 灰土、石灰、砂石和粉煤灰等成桩材料填孔夯实作业时产生的噪声及粉尘。

5.4.3 人员要求

5.4.3.1 项目经理部编制详细的施工方案及技术交底,每班操作前,还应对操作工人进行简单的技术及安全、环境交底。

5.4.3.2 操作工人应掌握施工的机械操作要求,了解夯锤起升高度及桩点布置等。

5.4.3.3 操作人员应掌握挤密桩法施工的施工工艺,掌握施工相关环境因素控制方法及要求。包括:沉管作业时噪声排放控制、弃土运输控制,灰土、石灰、砂石等回填夯实作业时,扬尘控制,噪声控制等。

5.4.4 材料要求

5.4.4.1 灰土、砂石材料要求详见换垫法施工中相关要求。

5.4.4.2 粉煤灰:用符合Ⅲ级及以上标准的粉煤灰。

5.4.4.3 水泥:用强度等级32.5的普通硅酸盐水泥,新鲜无结块。

5.4.5 设备设施要求

5.4.5.1 成孔设备:一般采用0.6t或1.2t柴油打桩机或自制锤击式打桩机,亦可采用冲击钻机或洛阳铲成孔。

5.4.5.2 夯实机具:常用夯实机具有偏心轮夹杆式夯实机或卷扬机提升式夯实机。夯锤用铸钢制成,重量一般选用100～300kg,其竖向投影面积的静压力不小于20kPa。夯锤最大部分的直径应较桩孔直径小50～100mm,以便土料顺利通过夯锤四周。夯锤形状下端应为抛物线形锥体或尖锥形锥体,上段成弧形。

5.4.6 过程控制

挤密桩法分为灰土桩、石灰桩、砂石桩和水泥粉煤灰碎石桩(CFG桩)等四类,以上仅是材质的不同而分成四类,但原理基本相似。均是利用锤击将钢管打入土中侧向挤密成孔,将管拔出后,桩孔中分层回填,桩间土共同组成复合地基以承受上部荷载。

5.4.6.1 采用挤密桩法进行地基处理前,项目技术部门应会同设计部门对建筑物场地工程地质报告和必要的水文资料进行详细勘察,详细了解当地的地质水文条件,制定详细的方案,选择适宜的挤密桩材料和施工方法,并对桩直径、深度、间距等进行策划,使施工中成桩顺利,并确保桩的承载力能够达到设计要求,避免由于承载力不足,返工造成资源浪费。并在施工中尽量减少对环境的影响。

(1)桩直径的确定。一般根据土质类别、成孔机具设备条件和工程情况而定。一般为30~60cm。

(2)桩的长度的确定。当地基中的松散土层厚度不大时,可穿透整个松散土层;当厚度较大时,应根据建筑物地基的允许变形值和不小于最危险滑动面的深度来确定。

(3)桩的布置和桩距。桩的平面布置宜采用等边三角形或正方形。桩距取决于桩径和要求达到的挤密程度且需通过现场试验确定,但不宜大于桩直径的4倍。

5.4.6.2 桩的成孔方法可根据现场和机具条件选用沉管(振动、锤击)法、冲钻法或洛阳铲成孔法等。沉管法是用打桩机将与桩孔同直径的钢管打入土中,使土向孔周围挤密,然后缓缓拔管成孔。成孔后应及时拔出桩管,以免拔管困难。

(1)锤击或振动法沉管时,施工中环境控制要求可参照混凝土预制桩施工过程控制要求。

(2)为便于成孔,并使在成孔过程中,减少扬尘的产生,在成孔施工时,地基土宜接近最优含水量,当含水量较低时,宜加水增湿至最优含水量。

(3)冲钻法是用螺旋钻机钻孔,钻杆提升时,将孔内的泥土带出成孔。施工中钻机环境控制要求及弃土的环境控制要求,可参照混凝土灌注桩施工环境控制要求。

(4)洛阳铲成孔法是人工采用洛阳铲挖孔,只适用于桩直径较小,且深度较浅的工程。采用洛阳铲成孔法施工时,应注意挖出的弃土的处置。挖出的泥土可在现场临时集中堆放,表面覆盖草帘被或浇水润湿,避免在风天扬尘。挖出的泥土应尽量现场回填使用,减少外运造成的固体废弃物数量,并减少在外运过程中产生的遗洒及扬尘。当确定现场弃土外运时,应避免弃土在现场长时间存放,当满足一个运输单位时,即应安排有资质的渣土运输单位外运。

5.4.6.3 桩的施工顺序是先外排后里排,同排内应间隔1~2孔跳打;对大型工程可采取分段施工,以免因振动挤压造成相邻孔缩孔或塌孔。造成返工,浪费资源。成孔后应清底夯实、夯平,夯实次数不少于8击,并立即分层下填料分层夯实。

5.4.6.4 填孔材料准备

(1)当采用灰土回填时,应对灰土提前进行拌和,多采用人工翻拌。拌和时采取土料、石灰边掺和边用铁锹翻拌。灰土拌和料应拌和均匀,颜色一致,并保持一定的湿度,最优含水量为14%~18%。现场以手握成团,两指轻捏即碎为宜。如土料水分过大或不足时,应晾干或洒水湿润,防止拌合过程中产生较多的扬尘。

(2)当拌和过程中,发现产生较大的粉尘时,应人工洒水降尘处理。熟化石灰和石灰过筛、灰土拌和,操作人员应戴口罩、风镜、手套、套袖等劳动保护用品。

(3)当采用砂石回填时,砂石应经过过筛,并冲洗干净,冲洗砂石应采用循环水,减少水资源的浪费。砂石应保持一定的湿润,以手握能成团为宜,避免在过筛和混合过程中产生较大的扬尘,如砂石料较干燥时,应先洒水润湿。

(4)填料应按照设计的级配拌和均匀。

5.4.6.5 每层填料厚度为250~400mm,以量斗计量下料,用夯实机夯实时一般落锤高度不小于2m,每层夯实不少于10锤。当工程量不大时,亦可采用人工夯实。人工夯实采用重25kg带长柄的混凝土锤,填料厚度适当减小。

5.4.6.6 每一桩位的填孔施工完成后,应将桩四周洒落的灰土砂石等收集清扫干净,并尽量回收利用,减少扬尘的产生及对四周土壤的污染,并尽量节约资源。

5.4.6.7 雨期施工时,应加强对填孔材料的覆盖,可采用塑料布等覆盖严密,并应在材料堆场四周设置排水沟和积水坑,排水沟应有足够的坡度,能够有效的将地表水排入积水坑中,避免雨淋水浸,产生污水污染周围的土壤及地下水。一般排水沟深度不宜小于20cm,宽度不宜小于35cm,雨水较多的地区应适当加深,防止水流较大时溢出。

5.4.7 监测要求

5.4.7.1 机械设备操作人员(或驾驶员)必须经过专业培训,熟悉机械操作性能,经专业管理部门考核取得操作证或驾驶证后上机(车)操作。定期对操作人员的技能进行检查,发现操作人员能力不能满足施工要求时,及时进行培训或更换。

5.4.7.2 定期(每月不少于一次)对机械设施进行检查,机械设备发生故障后及时检修,避免机械漏油或排放超标。造成不正常的环境影响。

5.4.7.3 每班对材料的堆放区进行检查,当发现材料遮盖物破损或湿度不适宜时。应及时采取更换遮盖物或洒水润湿,避免扬尘的产生。

5.4.7.4 定期对排水沟及积水坑进行观测,特别是在大雨过后,如发现排水不畅或积水坑中积水过多时,应及时进行疏通清掏。施工废水、生活污水不直接排入农田、耕地、灌溉渠和水库,不排入饮用水源。

5.4.7.5 施工期间每天日间进行噪声监测,噪声排放不得超过85dB。

5.4.7.6 每天应由环境管理员采用目测的办法监测一次扬尘,一级风扬尘控制在0.3~0.4m,二级风扬尘控制在0.5~0.6m,三级风扬尘控制在1m以下,四级风禁止作用。

5.4.7.7 施工期间,每班应观察泥浆池容量情况,防止污水谥出,污染土壤及地下水。清掏泥浆应安排有资质单位处理。

第4章 模板、脚手架工程

0 一般规定

0.1 本节模板工程操作规程,适用于房屋建筑工程基础、主体结构及装修工程模板施工,市政桥梁工程模板施工等,同时涉及模板储存、加工、安装等各工序。

本章对施工中常见模板的环境影响因素的控制进行说明。

0.2 施工单位在编制工程施工组织设计及模板工程、脚手架工程专项施工方案时,应有施工环境保护、能源消耗节约、材料与资源合理利用和施工人员安全与健康防护的有效措施。

0.3 在混凝土浇筑过程中可能出现的支架沉降、侧移、变形和模板的鼓胀、弯曲等,都会影响其成型尺寸和外观质量,严重时需要返工,造成资源的浪费。在支模方案设计和安装施工中,都要全面考虑,从加强构造和严格施工上给以确保。

0.4 工程开工前,应根据国家和地方法律、法规的规定,及工程的实际特点,编制详尽的施工技术交底或作业指导书。并对作业人员进行环境相关的法律、法规和防护措施等知识的培训。

0.5 现场木工加工场应进行有效封闭,使噪声对外界排放达标。

模板加工操作人员应进行有效的个人防护,尽量减少粉尘及有害气体对人体的伤害,防止职业病的产生。

0.6 应安排专人定期对木工加工机械及手动工具进行维修和保养,确保机械处于良好的运行状态,一旦发现机械出现噪声过大、漏油、漏电等异常情况,应立即停止使用进行维修,防止对环境造成持续破坏。

0.7 施工中应注意减少能源的消耗,材料的节约。

0.8 对模板使用的脱模剂,剩余材料及包装桶应由厂家进行回收处理,禁止与普通垃圾混放,对环境造成破坏。

0.9 在结构施工期间,应在厂界内四周合理设置噪声监控点,检测方法执行《建筑施工场界噪声测量方法》,噪声值不应超过国家或地方噪声排放标准。施工噪声一旦超标,要及时采取措施加以控制。

0.10 为加强模板工程的管理控制,节约资源和能源,在模板工程施工中,应做到:

0.10.1 模板结构构造合理,强度、刚度满足要求,牢固稳定,拼缝严密,规格尺寸准确,便于组装和支拆。

0.10.2 新模板使用前,应检查验收和试组装,并按其规格、类型编号和注明标识。

0.10.3 模板设计规格类型和制作数量,应兼顾其后续工程的适用性和通用性,宜多标准型、少异型、多通用、多周转,不断改进和创新。

0.11 模板选型设计要求

0.11.1 模板及其支架应根据工程结构形式、荷载大小、地基土类别、施工设备和材料供应、对周围社区的环境影响等条件进行设计。模板及其支架应具有足够的承载能力、刚度和稳定性.能可靠地承受浇筑混凝土的重量、侧压力以及施工荷载。

0.11.2 模板设计应结构构造合理,选材适当,符合基本规定要求。模板材料,宜选用钢材、胶合板、竹胶板、塑料等,结合工程特点及质量要求。同时,模板选型应考虑尽量节约资源,减少对环境的影响。

0.11.3 模板选型必须经过对模板的设计验算,确保在工程施工过程中,不致出现位移、倾覆、变形等质量和安全事故,造成人员与财产损失,造成巨大的资源浪费及废弃物,加剧对环境的影响。

0.11.4 模板设计中必须要有模板体系的计算,计算内容应包括以下几项,避免出现模板强度或刚度不够,在混凝土施工中造成跑模及尺寸偏差,返工浪费资源。

(1) 混凝土侧压力及荷载计算。
(2) 板面强度及刚度验算。
(3) 次龙骨强度及刚度验算。
(4) 主龙骨强度及刚度的验算。
(5) 穿墙螺栓强度的验算(对板模要有支撑体系的验算)。
(6) 大模板自稳角的验算。

0.11.5 模板及其支架设计
应考虑的荷载有:
(1) 模板及其支架自重。
(2) 新浇筑混凝土自重。
(3) 钢筋自重。
(4) 施工人员及施工设备荷载。
(5) 振捣混凝土时产生的荷载。
(6) 新浇混凝土对模板侧面的压力。
(7) 倾倒混凝土时产生的荷载。

1 木制模板施工

1.1 木制模板加工及储存

1.1.1 作业流程

模板加工场地准备→木工房搭设→加工机械准备→木模板加工→木模板组装、编号→集中储存→木工房清理。

1.1.2 环境因素

模板加工环节环境因素有:

1.1.2.1 原材料储存过程中,由于雨水等浸泡,胶合板中粘结材料遇水产生甲醛等有害气体;木制模板遇水变形,造成资源浪费。

1.1.2.2 模板运输过程中,运输车辆产生的噪声,车辆尾气的排放等。车辆进出场地,车轮上携带的泥土块对路面的遗洒等。模板材料装卸过程中产生的噪声。

1.1.2.3 模板加工过程中,加工机械噪声的排放,模板加工粉尘的排放,资源消耗等,模板加工产生的固体废弃物等,加工机械使用及维修过程中油料的遗洒。

1.1.2.4 木工房发生火灾爆炸等紧急情况时,产生的烟尘、有毒气体的排放等。

1.1.3 人员要求

1.1.3.1 项目经理部应安排有关人员对模板加工操作人员进行方案设计交底,对模板加工标准、数量、规格进行详细说明,并对操作工人技术进行考核,考核合格的工人方可进行模板加工操作。每班操作前,应对操作工人进行简单的技术及安全、环境交底。

1.1.3.2 模板加工工人应熟练掌握模板加工机械的使用及维修保养,按照要求合理使用加工机械。使机械能够正常运转,避免因人为因素,导致噪声及粉尘超量排放。同时在加工操作期间,教育工人随时注意加工机械是否运转正常,发现异常情况及时报告,找专人维修保养。

1.1.3.3 应对操作工人进行模板加工环境控制培训,使工人对模板加工中涉及到的重要环境因素如:模板加工中噪声及粉尘的排放、模板加工产生的锯末等废弃物的处置等控制措施有所了解,同时了解模板加工个人防护要求。

1.1.4 材料要求

木模板体系按照组成部分及功能划分,可分为:面板、背楞、支撑、连接件等部分。

1.1.4.1 面板

(1) 木制模板面板按照材质分,常用的有多层板面板、竹胶板面板等。根据在工程中使用部位、质量标准、周转次数及强度要求的不同,项目管理部门应选择适宜的模板面板。同时,应尽量选用竹胶合板,降低对树木资源的损耗。

(2) 木胶合板

1) 模板用木胶合板,其胶粘剂为酚醛树脂胶,通常由 5 层或 7 层单板经热压固化而胶合成型。相邻层纹理方向相互垂直,通常最外层表板的纹理方向和胶合板板面的长向平行,因此整张胶合板的长向为强方向,短向为弱方向,使用时必须加以注意。

2) 木胶合板的厚度为 12、15、18 和 21mm。胶粘剂中甲醛含量应不超过 60mg,以减少在模板使用过程中,对大气有害气体的排放。

3) 模板主要用柳安、桦木、马尾松、落叶松、云南松等树种加工而成。在选择模板供应厂家时,应注意对厂家所选用胶粘剂及木材来源进行考察,将项目的有关环境保护相关要求传达到厂家,应要求厂家选用环保型胶粘剂及尽量采用回收利用木材及再生木材。

4) 在材料进场前,模板供应厂家应提供材料合格证明及环保检测合格证明材料。

(3) 竹胶合板

1) 是以竹片互相垂直编织成单板,并以多层放置经胶粘热压而成的芯板,表面再覆以木单板而成。具有较高的强度和刚度、耐磨、耐腐蚀性能。

2) 其厚度一般有 9、12 和 15mm 几种。选用竹胶合板由于其强度高、周转次数多、对资源的消耗少等,在项目模板选型时,应尽量采用。

(4) 竹胶板、木胶板技术性能必须符合《混凝土模板用胶合板》(ZBB 70006—88)要求。

(5) 竹胶板、木胶板外观质量应满足以下检查标准,避免由于进场不合格材料,造成返工,浪费资源。甚至在工程施工中使用不合格材料,对混凝土等后续工序施工带来影响。

　　1) 任意部位不得有腐朽、霉斑、鼓泡。
　　2) 公称幅面内不得有板边缺损。
　　3) 每平方米单板脱胶≤0.001m^2。
　　4) 每平方米污染面积≤0.005m^2。
　　5) 每400mm^2最大凹陷深度≤1mm,且≤1个。
　　6) 四周封边涂料涂刷必须均匀、牢固、无漏涂。
　　7) 在设计选用木模板时,应对厂家所提供的材料进行判别和筛选,模板及木材应符合国家或地方环保标准,其中有害气体的排放如甲醛、二甲苯等应达到标准,同时,严禁使用沥青类防腐、防潮处理剂。严禁使用对人体产生危害、对环境产生污染的产品。

1.1.4.2　木制竖向背楞

(1) 木制模板竖向背楞多采用5cm×10cm木方制作。材质为松木或其他杂木。在进行模板体系设计时,应进行核算,控制模板背楞的间距,尽量减少资源的消耗。同时,进行木材材料选择时,尽量选用再生林木。

(2) 水平背楞:木制模板水平背楞可选用脚手架钢管组装。在混凝土浇筑完成后,可拆除重复利用。

1.1.5　设备设施要求

1.1.5.1
施工单位在现场平面布置时,应考虑按照国家标准《建筑施工场界噪声限值》(GB 12523—90)的要求,将噪声大的机具合理布局,合理安排设备作业时间,将木工机具、空压机等噪声大的机械,尽可能安排在远离周围居民一侧,从空间布置上减少噪声对周围居民影响。

1.1.5.2
由于在模板加工时,产生的噪声较大,同时伴随有大量的粉尘产生,因此,木工房应密闭,降噪效果应达到标准。

(1) 木工房围护结构宜选用砌块砌筑,墙体厚度不少于180mm,砌块间应用水泥砂浆勾缝严密,木工房高度必须在2.5m以上,木工房砌筑不得采用实心黏土砖,并不宜选用降噪效果不佳的瓦楞铁或多层板进行围护。

(2) 顶部可采用水泥板,木工房门选用木制门板,门板外设置隔声布。木工房建好后,在正常使用时,应对木工房的降噪效果进行检测,噪声降低值应不少于30dB,如降噪效果达不到要求,可在墙体外侧增加抹灰层,进一步降低噪声排放。

(3) 木工房内应有良好的通风设施,确保在使用过程中室内的粉尘浓度符合标准。当工程木模板加工量超过2万m^2,木工房内应安装除尘设备,安装除尘罩或电除尘设备。

1.1.5.3　加工机械

(1) 木模板加工机械主要有:圆盘锯、平刨、压刨等。施工现场应选用能耗低、性能好、技术含量高、噪声小的电动工具。

(2) 对模板加工机械如:圆盘锯、平刨、压刨等应进行良好的维护,定期(不超过每月一次)对设备进行检查,如发现有松动、磨损,应及时紧固或更换,以降低产生的噪声,同时保证操作过程中处于良好的运行状态。

(3) 加工机械底部应安置接油盘,使机械在使用或维修中渗漏的机油汇入接油盘中,预防对地面的污染。

1.1.6 过程控制

1.1.6.1 材料运输

(1) 模板、架料运输车辆、设备的尾气排放,应符合国家或地方规定的车辆尾气排气排放标准。模板架料运输应安排在白天进行,避免夜间装卸扰民。

(2) 木制模板运输时,车辆应采用苫布遮盖,避免在运输途中雨淋水浸。

(3) 模板架料等应根据工程需要随进随用,尽量避免长时间积压物资,减少材料的损耗。模板、架料进场后,必须严格按型号、规格分别堆放。并挂牌详细标识,定型模板背面应写明编号,标明所使用的部位。

(4) 模板面板及背楞装卸时,应轻拿轻放,减少噪声的排放,并降低原材料的损耗。

1.1.6.2 材料储存

(1) 木制模板储存时,模板堆放场地应平整硬化。硬化可采用10cm厚C15素混凝土浇筑,也可采用移动钢板铺垫。模板堆放场地四周排水应通畅,场地不得出现积水浸泡模板现象。模板在水中长时间浸泡,不但会损坏材料,造成资源浪费,而且会产生甲醛及苯类有毒气体,对地下水体和大气造成污染。

(2) 木模板应成垛码放整齐,码放高度不超过1.5m,下部用木方架空堆放,架空高度不得少于10cm,垫木应沿模板短方向布置,间距不超过60cm,同时模板两端悬空长度不得超过10cm,避免模板变形损坏,造成资源浪费。

(3) 如模板进场后立即投入使用时,项目经理部可根据气候情况,无雨、雪天气时,可露天存放;出现雨雪天气立即采用塑料布等临时遮挡。当根据施工进度模板进场存放时间超过15d时,应入库存放,库房应密闭,通风良好。

(4) 模板背楞木方堆放场地要求同木模板,木方堆放应分层交错码放,避免木方失稳倾倒。木方临时堆放应采取防雨防潮措施,可采用彩条布或塑料布覆盖,避免木材受水浸泡变形,造成材料浪费。

1.1.6.3
木制模板加工前应编制详细的施工方案,项目设计人员应对模板尺寸、强度进行验算,保证结构安全。同时在设计时,结合模板的标准尺寸,合理使用,应尽量采用整张模板拼接,减少模板的裁剪,减少模板废料的产生。同时,模板在配置加工时,应结合施工周期及结构特点,全面考虑施工周期及劳动力资源的配置,合理安排施工流水,增强模板的通用性,使设计的模板合理周转使用,确保模板配置数量最优,最大限度的减少资源的损耗。

1.1.6.4
模板加工时,应对模板的使用进行细致的策划,充分利用板材,边角模板严禁用整板切割。尽量减少废料的产生。按要求进行裁剪的模板,在模板边口应采用酚醛树脂胶进行封边处理,避免模板在使用过程中,由于遇水而导致模板边口涨开、破损,增加模板的周转次数,减少资源的消耗。

1.1.6.5 模板加工机械的使用

应注意以下几方面:

(1) 带锯机

1) 作业前,检查锯条,如锯条齿侧的裂纹长度超过10mm,以及连续缺齿两个和接头超过三个的锯条均不得使用。裂纹在以上规定内必须在裂纹终程范围内。

2) 原木进锯前,应调好尺寸,进锯后不得调整。进锯速度应均匀,不能过猛。木材的尾端超过锯条0.5m后,方可进行倒车。倒车速度不宜过快,要注意木楂、节疤碰卡锯条。减少噪声的排放。

3) 带锯机应装设有吸尘罩,并防止木屑堵塞吸尘管口,减少扬尘。

(2) 圆盘踞

1) 锯片上方必须安装保险挡板和滴水装置,在锯片后面,离齿10~15mm处,必须安装弧形楔刀。锯片的安装,应保持与轴同心。锯片必须锯齿尖锐,不得连续缺齿两个,裂纹长度不得超过20mm,裂缝末段应冲止裂孔。

2) 启动后,待转速正常后方可进行锯料。送料时不得将木料左右晃动或高抬,遇木节要缓缓送料。锯料长度应不小于500mm。降低噪声的排放。

3) 如锯线走偏,应逐渐纠正,不得猛扳,以免损坏锯片。

(3) 平面刨

1) 被刨木料的厚度小于30mm,长度小于400mm时,应用压板或压棍推进。厚度在15mm,长度在250mm以下的木料,不得在平刨上加工。

2) 被刨木料如有破裂或硬节等缺陷时,必须处理后再施刨。刨旧料前,必须将料上的钉子、杂物清理干净。遇木楂节疤要缓慢送料。降低噪声的排放。

3) 刀片和刀片螺丝的厚度、重量必须一致,刀架夹板必须平整贴紧,合金刀片焊缝的高度不得超出刀头,刀片紧固螺丝应嵌入刀片槽内,槽端离刀背不得小于10mm。紧固刀片螺丝时,用力应均匀一致,不得过松或过紧。

(4) 压刨床

1) 刨刀与刨床台面的水平间隙应在10~30mm之间,刨刀螺丝必须重量相等,紧固时用力应均匀一致,不得过紧或过松,严禁使用带开口槽的刨刀。

2) 每次进刀量应为2~5mm,如遇硬木或节疤,应减小进刀量,降低送料速度。刨料长度不得短于前后压滚的中心距离,厚度小于10mm的薄板,必须垫托板。降低噪声的排放。

3) 压刨必须装有回弹灵敏的逆止爪装置,进料齿棍及拖料光棍应调整水平和上下距离一致,齿轮应低于工件表面1~2mm,光棍应高出台面0.3~0.8mm,工作台面不得歪斜和高低不平。降低噪声的排放。

4) 安装刀片的注意事项:刀片和刀片螺丝的厚度、重量必须一致,刀架夹板必须平整贴紧,合金刀片焊缝的高度不得超出刀头,刀片紧固螺丝应嵌入刀片槽内,槽端离刀背不得小于10mm。紧固刀片螺丝时,用力应均匀一致,不得过松或过紧。降低噪声的排放。

1.1.6.6 木模板板面及背楞加工过程中,应注意对木工房内产生粉尘的控制。

(1) 在加工中,产生木屑的同时,会产生大量的可吸入粉尘,操作人员长期处于粉尘浓度过大的场所,会对身体健康产生严重的影响,并可能导致职业病的发生。在模板加工时,应加强对粉尘浓度的控制,操作人员应配戴口罩、鼻塞、护目镜等个人防护用品,防护用品选用指定有资质厂家的产品,质量应达到国家标准的要求。

(2) 在模板加工期间,应同时开启除尘设备。并随时监测木工房中的粉尘浓度,当发现粉尘浓度超标,或目测可见空气中有粉尘颗粒时,应暂停加工作业,或增加采用人工喷水降尘或采用人工喷雾器喷水降尘,在房间内粉尘基本清除的情况下,再继续进行作业。

1.1.6.7 在模板加工过程中,还应同时加强对噪声的控制。

(1) 操作人员应配戴耳塞等个人防护用品。同时,操作人员应加强对加工机械的维修保养,使木工加工机械处于良好的工作状态,降低噪声的产生。

(2) 项目经理部应安排专人负责对加工机械的维修保养,定期对机械进行检查,更换磨损严重的部件,及时对各部件添加润滑油。

(3) 在维修及添加机油的过程中,应注意避免油料的遗洒,预防对地面的污染。

1.1.6.8 每班加工作业完成后,应对地面上洒落的木屑及其他固体废弃物进行清扫,集中收集,并储存于可回收利用废弃物处,以备利用。不得随意与其他不可利用废弃物混同处置。尽量节约资源。

1.1.6.9 模板板面及背楞加工完成后,如地面预拼装时,在拼装过程中,操作工人应避免用铁锤大力敲击,减少噪声的排放强度,并避免对模板等材料造成损坏。

1.1.6.10 拼装好的大模板应在现场模板堆放场地集中堆放,堆放场地应平整坚实,并有良好的排水措施,避免在储存过程中被雨水或地表水浸泡。模板平面堆放时堆放高度不超过六层;大模板储存时,上面应采用彩条布等进行苫盖,避免雨淋,造成模板变形,浪费资源。

1.1.6.11 应急准备和响应

(1) 在木制模板加工过程中,由于在机械作业时,会产生大量的粉尘及木屑,现场应加强对发生火灾等紧急情况的应急准备,避免火灾引发爆炸事故,加大对环境的污染。

(2) 现场技术人员应根据施工规模,编制详细的应急预案,并按《建筑物灭火器配备设计规范》确定作业场地的危险等级、火灾种类,配备足够数量有效灭火器,模板加工量较小时,可配备手提式灭火器;模板加工量较大时,应配备专用消火栓。

(3) 木工房内外应张挂禁火标识,严禁烟火。木工房四周 10m 内不得堆放其他易燃易爆物品;每班加工作业完成后,应对地面上洒落的木屑及刨花进行清扫,集中收集,并储存于安全地点,防止发生火情。

(4) 现场应组织义务消防队,消防队的人员应固定,并明确人员的职责。同时,应规定在发生紧急情况下的报告程序。对消防队员应进行培训,使每个成员能够熟练掌握消防器材的使用要求。消防队应定期进行演练(工程开工前进行一次,在结构施工期间,每季度进行一次)。

(5) 对用于应急准备的消防器材,在每月进行的安全检查中,应检查器材的完好程度,包括灭火器的工作压力,消火栓的开启灵活性,消防水压等,一旦发现异常情况及时更换或找专业人员进行维修。

(6) 当发现火情处于初始阶段时,组织义务消防队和有关人员及时灭火,控制火情,防止事态进一步恶化污染环境。

1.1.7 监测要求

1.1.7.1 在正常木工加工操作期间,每班应对木工房内设备产生的噪声进行检测。在室内,噪声不得超过 85dB 的最大限值。如发现噪声排放超标,应对设备进行检修,或更换部分噪声超标设备。或调整工序安排,将噪声大的机械设备的工作时间错开,减少同时间的噪声排放。同时,在不同的施工阶段,项目应各安排一次外部检测,以验证内部监测的结果。

1.1.7.2 在模板加工期间,每班应对木工房内的粉尘浓度进行监测,当目测可见木工房内粉尘颗粒时,应增加人工降尘。

1.1.7.3 操作人员应定期对加工机械的完好情况进行监测(每周不少于一次),对磨损件进行更换,并添加机油。

1.1.7.4 每班对产生的地面木屑等废弃物进行处置,将木屑集中存放于可回收利用废弃物分类箱内。

1.1.7.5 每月应针对木工房的禁火标识,木工房与四周其他易燃物品的安全距离,灭火器材的数量、存放位置、有效性等进行检查。

1.2 木制模板安装

1.2.1 作业流程

测量放线→模板表面清理→脱模剂涂刷→模板吊装就位→一侧模板就位→钢筋绑扎→合模→模板内清理→混凝土浇筑→拆模→清理维修。

1.2.2 环境因素

1.2.2.1 模板安装过程中,木制模板表面脱模剂涂刷时,脱模剂的遗洒,涂刷脱模剂用抹布等的废弃,脱模剂包装的处置,对土壤造成污染。

1.2.2.2 模板吊运过程中,信号联系产生的噪声排放;吊装机械产生的噪声排放。

1.2.2.3 模板安装过程中,拼装模板产生噪声排放,混凝土浇筑前清理模板产生的扬尘及固体废弃物,对大气造成污染。

1.2.2.4 模板拆除过程中产生的噪声及粉尘,对大气造成污染。

1.2.2.5 模板维修过程中噪声及固体废弃物排放,废弃模板的处置。模板清理产生的废弃物,对大气及社区造成污染。

1.2.3 人员要求

1.2.3.1 项目经理部应安排有关人员对模板拼装操作人员进行方案设计交底,使操作工人了解模板安装的部位,模板安装工艺要求及质量要求,模板支撑方法等。每班操作前,应对操作工人进行简单的技术及安全、环境交底。

1.2.3.2 项目经理部应对模板安装操作工人进行相应环境控制要求和方法的培训,使操作工人对木制模板拼装工序涉及到的重要环境因素如:模板拼装噪声排放,现场模板加工噪声及粉尘排放,模板表面涂刷脱模剂遗洒及固体废弃物排放等,能够了解现场环境管理要求及控制措施。维护施工现场的环境。

1.2.3.3 操作工人应了解冬、雨期等季节性施工时,环境控制方法及措施。

1.2.4 材料要求

1.2.4.1 影响混凝土外观质量的模板不准使用。

1.2.4.2 模板在使用中应每次使用完毕后安排人员及时维护、保养,以提高模板的周转次数,降低消耗。

1.2.5 设备设施要求

1.2.5.1 所有模板架料堆放场地应硬化、平整,场地无积水,模板临时存放时,堆放场地应有有效的防雨、雪措施,可用编织布临时遮盖,避免雨、雪水浸泡模板腐蚀,对土壤造成破坏。

1.2.5.2 模板、架料工程所使用的脱模剂、油漆、稀释料等应放置在仓库中储存,保存地点应隔离上锁,空气流通通畅,同时存放区远离人群、生活区,安排专人看护。同时应隔离存放,存放外有明显标志。库房附近设置足够的消防器材。库房内严禁吸烟和使用明火。

1.2.5.3 在城市市区进行建筑施工时,如工程附近存在住宅小区,当在施工程建筑物与住宅楼直线距离小于30m时,在进行模板安装作业前,除在操作面采用必要的绿网围挡防护外,在施工现场的操作面朝向住宅一侧,应增设隔声屏,降低施工噪声向外界排放。

1.2.5.4 隔声屏采用专用隔声布制作,应具有良好的吸声降噪效果。隔声屏高度应不低于1.8m,宽度应不短于在施工程边长。隔声屏可采用脚手架钢管进行张挂固定,并应能够随工程进展移动。

1.2.6 过程控制

1.2.6.1 立模前的准备工作

(1) 在安装上层梁、板底模及其支架时,下层楼板应具有足够的强度,能承受上层荷载。上层支架立柱应与下层支架立柱对准同一中心线,并辅设垫板。层间高度大于5m时,宜采用多层支架或桁架支模,并应保持横垫板平整,上下层支柱垂直在同一中心线上,拉杆、支撑牢固稳定。避免在安装过程中,由于增加荷载,对结构产生破坏,造成严重的资源重复浪费,并产生大量的额外废弃物。

(2) 安装放线:模板安装前先测放控制轴线网和模板控制线。确保模板安装位置准确,避免返工造成资源浪费。根据平面控制轴线网,在防水保护层或楼板上放出墙、柱边线和检查控制线,待竖向钢筋绑扎完成后,在每层竖向主筋上部标出标高控制点。

(3) 模板安装前首先检查模板的杂物清理情况、浮浆清理情况、板面修整情况、脱模剂涂刷情况等。在梁端部、柱根角部,剪力墙转角处留置清扫口。顶板浇筑前将模板、钢筋上的杂物用吸尘器清理干净,避免扬尘的产生。模板安装前,施工缝处已硬化混凝土表面层的水泥薄膜、松散混凝土及其软弱层,应剔凿、冲洗清理干净,受污染的外露钢筋应清刷干净。剔凿清理产生的垃圾等,应在进行下区域清理前,清扫收集装袋,避免地面垃圾过多,产生扬尘或对地面等造成污染。

(4) 模板安装应拼缝严密、平整,不漏浆,不错台,不涨模,不跑模,不变形。浇筑混凝土前防止模板漏浆、烂根、错位等设施设置完毕。堵缝所用胶条、泡沫塑料不得突出板模表面,严防浸入混凝土。剩余的胶条、泡沫塑料等材料应回收至库房中,以备下次使用。胶条、泡沫塑料的包装袋等废弃物,应在使用完后随时装入随身携带的带中,每班结束后集中处置。不得随意在现场丢弃,产生废弃物。

(5) 上道工序(钢筋、水电安装、预留洞口等)验收完毕,签字齐全。

(6) 按要求安装好门、窗洞口模板。

1.2.6.2 模板安装前,应在地面模板堆场处完成脱模剂的涂刷工作,禁止在模板安装完成后,再涂刷脱模剂。

(1) 木制模板应选用中性水性脱模剂,禁止选用废机油作为脱模剂。采用废机油作脱模剂,不但影响最终混凝土的质量,而且涂刷及清理机油产生的废弃物及油污,对土壤及水体均造成破坏。

(2) 在进行模板脱模剂涂刷时,模板堆放场地应铺垫彩条布塑料布等材料,避免在脱模剂涂刷过程中,脱模剂流淌或遗洒,对土壤造成影响。脱模剂采用刷子或抹布均匀涂刷在模板表面。涂刷完成后,涂刷用工具应放置在工具箱中或放在专用工具架上,便于下次使用。使用废弃的工具,应统一集中,按照不可回收废弃物处置。

1.2.6.3 模板和支撑的检查

(1) 当采用泵送混凝土浇筑时,由于混凝土泵送施工浇筑速度快,混凝土拌合物对模板的侧压力大,为此,模板和支撑应有足够的强度、刚度和稳定性。现场应进行混凝土对模板侧压力的验算,确保模板在混凝土浇筑过程中,保证稳定。一旦出现模板支撑强度不足,在混凝土浇筑过程中,会造成涨模、位移倾覆等事故,不仅可能造成模板损坏,而且会导致浇筑的混凝土质量达不到要求,造成极大的资源浪费和资源损失,甚至发生安全事故。

(2) 验算模板用的新浇筑混凝土侧压力,按下列二式计算,取二式中的较小值:

$$F = \gamma_c H$$

$$F = 0.22 \gamma_c t_0 \beta_1 \beta_2 V^{1/2}$$

式中 F——新浇筑混凝土对模板的最大侧压力(kN/m^2);

γ_c——混凝土重力密度(kN/m^3);

t_0——新浇筑混凝土的初凝时间(h),可按实测确定。

当缺乏试验资料时,可采用 $t_0 = \dfrac{200}{T+15}$(T 为混凝土的温度,℃);

β_1——外加剂影响修正系数,不掺外加剂时取 1.0;掺具有缓凝作用的外加剂时取 1.2;

β_2——混凝土坍落度修正系数,当坍落度小于 100mm 时,取 1.10;不小于 100mm 时,取 1.15;

V——混凝土的浇筑速度(m^3/h);

H——混凝土侧压力计算位置处至新浇混凝土顶面的总高度(m)。

1.2.6.4 模板安装施工应尽量安排在白天进行,当由于工程需要,必须进行夜间施工时,应向当地建设管理部门申请,办理夜间施工许可证。

1.2.6.5 夜间进行模板施工,现场所设置照明灯灯具,照明范围应集中在施工区域,大型照明灯具安装要有俯射角度,要设置挡光板控制照明光的照射范围,禁止灯具照射周围住宅,避免对居民造成光污染。

1.2.6.6 模板安装前首先检查模板的杂物清理情况、浮浆清理情况、板面修整情况、脱模剂涂刷情况等。在梁端部、柱根角部,剪力墙转角处留置清扫口。

(1) 顶板浇筑前将模板、钢筋上的杂物用吸尘器清理干净。模板安装前,施工缝处已硬化混凝土表面层的水泥薄膜、松散混凝土及其软弱层,应剔凿、冲洗清理干净,受污染的外露钢筋应清刷干净。

（2）清理混凝土及钢筋表面污物时，应采用人工用錾子轻轻敲下，并及时清扫。不得使用砂轮机打磨，减少施工噪声及粉尘排放。清理产生的垃圾，在每班施工结束后，应及时清扫装袋，送至指定垃圾堆放点处置。

（3）清理模板内已绑扎好的钢筋中残留的灰尘和垃圾时，要尽量使用吸尘器，不得使用吹风机等易产生扬尘的设备。

1.2.6.7 装拆预拼大片模板

（1）为防止在吊运过程中，由于模板自重，造成模板变形损坏，浪费资源，模板吊运应采用4个吊点吊运。在预拼大片模板顶部加设100×100木方，并与模板背面竖向背楞连接成整体。

（2）吊点可采用$\phi 10$钢筋弯制，并用螺栓与木方牢固连接。吊点设置应对称，并长度一致。

（3）安装时，应边就位、边校正和安设连接件。连接牢固后方可脱钩。大模板起吊前，应将吊装机械位置调整适当，稳起稳落，就位准确，严禁大幅度摆动。防止在起吊后，受力不均，造成模板变形损坏。

（4）模板安装支架、拉杆、斜撑符合基本规定，牢固稳定。模板竖向支架的支承部位，当安装在土层地基时，基土必须坚实，且有排水措施，支架支柱与基土接触面加设垫板。要有雨期施工防基土沉陷和冬期施工防基土冻胀措施。

1.2.6.8 后浇带和结构各部位的施工缝，应按规范或设计规定的位置、形式留置，模板固定牢固，确保留茬截面整齐和钢筋位置准确。

1.2.6.9 在安装上层梁、板底模及其支架时，下层楼板应具有足够的强度，能承受上层荷载。上层支架立柱应与下层支架立柱对准同一中心线，并辅设垫板。层间高度大于5m时，宜采用多层支架或桁架支模，并应保持横垫板平整，上下层支柱垂直在同一中心线上，拉杆、支撑牢固稳定。

1.2.6.10 模板安装施工中应对人为产生的噪声制定降噪措施：

（1）墙体模板安装前应进行预拼装，确保拼装过程顺利完成，当对穿螺栓不能顺利穿过时，应进行微调，严禁采用大锤大力敲击打钢筋和模板，对模板造成损害，同时增加噪声污染。安装时严禁敲，拼装时不得使用锤子用力敲打。

（2）模板运输应安排专人指挥，二人抬运模板、架料时要互相配合，协同工作。传送模板、工具应用运输工具或用绳子系牢后升降，不得乱扔。减少人为噪声污染。

（3）进行楼板模板拼装施工时，应尽量减少对整块模板的切割，边角部位模板应尽量采用加工产生的小板进行拼装，减少模板的消耗。

（4）楼板模板拼装，采用小型切割机对模板局部调整时，应合理安排施工顺序，均衡施工，避免同时操作，集中产生噪声，增加噪声排放量。

（5）冬期进行模板施工时，模板背面安装的保温材料应与模板牢固连接，且保温材料外应覆盖塑料薄膜进行包裹，防止保温材料破碎，四处飞扬。

1.2.6.11 在模板工程施工中，为控制模板下口与楼面之间的缝隙，防止由于封堵不严密，造成漏浆。通常采用抹水泥砂浆或粘贴海绵条的方法加以控制，具体要求如下：

(1) 水泥砂浆

1) 是在已经调整好的模板下口外侧,用干硬性砂浆压实抹平,待砂浆凝固具有强度后即可起到封堵缝隙的作用。

2) 现场进行水泥砂浆封堵模板下口时,应安排专人负责,根据工程量,现场配置干硬性砂浆,同时,严格控制水泥砂石等材料存放在操作面的数量,现场操作面不得存放过多的水泥砂石等,避免产生扬尘,污染大气,或在搬运及施工过程中,四处洒落。

3) 混凝土浇筑完成,模板拆除后,现场操作人员应及时剔除模板下的干硬性砂浆,可用扁铲轻轻铲下,并集中装袋后,运至指定位置处置。不得模板拆除后对砂浆不进行清理或将砂浆碎块在操作面随意扫落。

(2) 粘贴海面条

1) 在模板下口,楼板混凝土表面上粘贴海面条,然后将模板压在海面条上面,起到防止混凝土漏浆的目的。

2) 海面条分为多种密度,密度过小的海面条变形过大起不到封堵水泥浆的效果。

3) 模板下口,粘贴海面条,防止混凝土漏浆。

4) 混凝土浇筑完成,模板拆除后,现场操作人员应及时将残留在楼面上的海绵条清除干净,并及时将洒落在四周的海绵条收集装袋,集中处置。并注意,在模板维修过程中,将模板下口的海绵条进行清理,可重复使用的部分应尽量保留,减少资源的损耗,需更换的部分应集中装袋存放,交有资质的单位处理。

1.2.6.12 木制模板施工中,模板保护,增加周转次数控制方法。

(1) 对于木制多层板模板,多层板的边角比较容易破损,破损后不容易修补,会增加接缝数量,更换整张多层板成本较高,且造成资源的浪费。可采用加边条的办法延长模板的周转次数。

(2) 模板的上下边都增加一条单独固定的板条,在模板的下口模板与下一层墙体接触的部位容易磨损,模板周转使用过程中频繁落地也会增加多层板边缘的磨损。模板上口很容易被钢筋划伤,振捣棒接触板面会破损模板。模板的上下四个阳角更容易在模板的入模调整安装校正过程中受力变形破损等。这些因素在施工现场的管理过程中是控制模板能够达到多次使用的重要条件。应该是管理的重点。增加防撞边条应该与大面的模板多层板厚度一致,接触严密,并且位置在一层墙体的层间分隔槽之外,不与墙体浇筑的混凝土接触,减少墙面的水平缝隙数量。

1.2.6.13 模板拆除

(1) 模板拆除时,结构混凝土强度应符合设计要求或规范规定。

1) 侧模板拆除,以混凝土强度能保证其表面及棱角不因拆模而受损坏时,即可拆除。

2) 底模板拆除,当设计无要求时,可按表4-1所列混凝土强度拆除底模板。避免模板拆除过早,造成结构裂缝,增加修整费用。

现浇结构拆模时所需混凝土强度按表4-1控制。

3) 对后张法预应力混凝土结构构件,侧模宜在预应力张拉前拆除;底模支架的拆除应按施工技术方案执行,当无具体要求时,不应在结构构件建立预应力前拆除。

(2) 结构拆除底模板后,其结构上部应严格控制堆放料具施工荷载。必要时应经过核算或加设临时支撑。悬挑结构,均应加临时支撑。模板拆除,混凝土强度和临时支承符合要求,拆模对结构面层,棱角无损伤。结构上层堆放物料施工集中荷载不超重。

现浇结构拆模时所需混凝土强度　　　　表4-1

结构类型	结构跨度(m)	按设计时的混凝土强度标准的百分率(%)
板	≤2	≥50
	>2,≤8	≥75
	>8	≥100
梁、拱、壳	≤8	≥75
	>8	≥100
悬臂构件	—	≥100

(3)拆除的模板,应及时维修保养,清理干净刷油或脱模剂,并分类整齐堆放。

(4)拆除模板应安排在白天进行,禁止夜间进行拆除工作。

(5)拆除模板应经施工技术人员同意。操作时应按顺序分段进行,严禁猛撬、硬砸、高处向下乱抛或大面积撬落和拉倒,停工前不得留下松动和悬挂的模板,预防噪声污染。拆模前,周围应设围栏或警戒标志,重要通道应设专人看管,禁人入内。

(6)拆下的模板应及时运到指定的地点集中堆放或清理归垛。不得长时间在施工区堆放,严禁拆除的木制模板在水中长时间浸泡,产生苯类有毒气体。

(7)模板拆除后应及时进行维修,延长模板的周转次数,减少模板的损耗。

(8)结构施工完成后,剩余的模板应集中码放整齐,并采取有效的防雨、雪措施。可二次使用的模板与废料应分开存放。剩余模板可在装修施工中,作为二次结构的模板使用。

1.2.7　监测要求

1.2.7.1　作业前应对作业环境的湿度进行检测,当湿度小于60%时,应采取洒水措施,当风力超过4级时应停止室外模板加工作业,避免扬尘。

1.2.7.2　每个作业班结束时,应对地面的洒落的混凝土渣、木屑等垃圾进行清理,避免扬尘及对土壤造成污染。

1.2.7.3　进行模板加工及安装施工时,每月对噪声监测一次,当超标时,分析原因,可调整施工作业部署,将噪声大的作业时间上错开,避免噪声集中排放。或增加隔声材料厚度或更换其他隔声材料,减少噪声对环境的污染。

1.2.7.4　每作业班完成时,应将模板加工剩余材料,特别是小块模板,收集起来,以备在次要部位使用,节约资源。

2　大钢模板施工

2.1　作业流程

模板加工及进厂检验→表面清理→涂刷脱模剂→钢筋绑扎→支模→模板固定→混凝

土浇筑→拆模→维修及清理。

2.2 主要环境因素

2.2.1 模板运输过程中,运输车辆产生的噪声,车辆尾气的排放等。

2.2.2 模板储存期间,由于雨水等浸泡,使钢制模板产生锈迹,锈水渗入土壤,对土壤及地下水源造成污染。

2.2.3 模板安装过程中,钢制模板表面脱模剂涂刷时,脱模剂遗洒,涂刷脱模剂用抹布的废弃,脱模剂包装的处置,对土壤造成污染。

2.2.4 模板吊运过程中,噪声排放;模板安装过程中,噪声排放,混凝土浇筑前清理模板产生扬尘,对大气造成污染。

2.2.5 模板拆除过程中产生噪声及粉尘,对大气造成污染。

2.2.6 大钢模板维修过程中,打磨敲击模板边角产生噪声,清理模板表面混凝土残渣等产生的固体废弃物。维修用砂轮机等能源的消耗。

2.3 人员要求

2.3.1 项目经理部应安排有关人员对模板加工操作人员进行方案设计交底,每班操作前,应对操作工人进行简单的技术及安全、环境交底。使钢制模板安装及维修人员了解钢制模板安装工艺要求及质量要求,模板支撑方法等,同时掌握相应环境控制的要求和方法。

2.3.2 项目经理部有关人员应对操作工人进行模板加工环境控制培训,使操作工人加强环境保护,降低环境影响的意识,在操作过程中,有意识减少噪声、废弃物等对外界的排放。同时了解模板施工中个人防护要求。

2.3.3 操作工人应了解冬、雨期等季节性施工时,在大钢模板安、拆及维修中,环境控制方法及措施。

2.4 材料要求

2.4.1 钢制模板一般不采用现场制作,采用专业模板厂家定制及租赁的方法获得。现场负责钢制模板的维修工作。适用于标准层较多,特别是楼层开间一致或楼层对称布局时采用比较理想,能充分发挥其整装整拆、快捷、方便等特点,其接缝较少,浇筑混凝土的效果较好。

2.4.2 钢制模板一般应用于工程竖向混凝土结构施工,水平结构混凝土施工一般采用工具式模板或木模板拼装。

2.4.3 一般用 4~6mm(以 6mm 为宜)钢板拼焊而成。这种面板具有良好的强度和刚度,能承受较大的混凝土侧压力及其他施工荷载,重复利用率高。另外,由于钢板面平整光洁,耐磨性好,易于清理。缺点是耗钢量大,重量大,易生锈,不保温。

2.4.4 大钢模板材料控制要求

2.4.4.1 钢材技术性能必须符合《碳素结构钢》(GB 700—88)的要求。

2.4.4.2 厚度检测方法:用钢卷尺在距板边 20mm 处,长短边分别测 3 点、1 点,取 8 点平均值;各测点与平均值差为偏差。

2.4.4.3 长、宽检测方法:用钢卷尺在距板边 100mm 处分别测量每张板长、宽各 2 点,取平均值。

2.4.4.4 对角线差检测方法:用钢卷尺测量两对角线之差。
2.4.4.5 翘曲度检测方法:用钢直尺量对角线长度,并用楔形塞尺(或钢卷尺)量钢直尺与板面间最大弦高,后者与前者的比值为翘曲度。

2.5 设备设施要求

2.5.1 所有模板架料堆放场地应硬化、平整,有良好的排水设施,场地无积水。

2.5.2 定型大钢模板堆放维修场地处,应设置专用工具箱或工具架,模板清理及涂刷脱模剂工具应放置在工具箱中,不得随意搁置,对环境造成影响。

2.5.3 模板、架料工程所使用的脱模剂、油漆、稀释料等应放置在仓库中储存,保存地点应隔离上锁,空气流通通畅,同时存放区远离人群、生活区,安排专人看护。同时应隔离存放,存放外有明显标志。库房附近设置足够的消防器材。库房内严禁吸烟和使用明火。

2.5.4 在城市市区进行建筑施工时,如工程附近存在住宅小区,当在施工程建筑物与住宅楼直线距离小于30m时,在进行模板安装作业前,除在操作面采用必要的绿网围挡防护外,在施工现场的操作面朝向住宅一侧,应增设隔声屏,降低施工噪声向外界排放。隔声屏采用专用隔声布制作,应具有良好的吸声降噪效果。隔声屏高度应不低于1.8m,宽度应不短于在施工程边长。隔声屏可采用脚手架钢管进行张挂固定,并应能够随工程进展移动。

2.6 具体控制措施

2.6.1 模板、架料运输车辆、设备的尾气排放,应符合国家或地方规定的车辆排气污染物的排放标准。模板架料运输应安排在白天进行,避免夜间装卸扰民。

2.6.2 模板、架料进场后,必须严格分批,按型号、规格分别堆放。并挂牌详细标识,定型模板背面应写明编号,标明所使用的部位。

(1) 大模板的存放应满足自稳角的要求,并采取面对面存放。定型大钢模板存放时,模板板面应与地面成75°角,下部用木方架空堆放,架空高度5~10cm。模板应有可靠支撑,有支腿的定型大钢模板,应将支腿与模板衔接牢固,支腿可靠支撑,没有支腿的定型大钢模板,要存放在专用的插放架上,不得靠在其他物体上,防止滑移倾倒。造成模板损坏,浪费资源。

(2) 长期存放模板,应将模板连成整体。没有支架或自稳角不足的大模板,要存放在专用的插放架上或平卧堆放,防止滑移倾倒。造成模板损坏,浪费资源。

2.6.3 装拆预拼大片模板

(1) 为防止在吊运过程中,由于模板自重,造成模板变形损坏,浪费资源,垂直吊运应采用两个吊点,水平吊运应采用4个吊点吊运。吊点可采用ϕ10钢筋弯制,并用模板背面的角钢背楞牢固连接。吊点设置应对称,并长度一致,防止在起吊后,受力不均。

(2) 安装时,应边就位、边校正和安设连接件。连接牢固后方可脱钩。大模板起吊前,应将吊装机械位置调整适当,稳起稳落,就位准确,严禁大幅度摆动。防止造成模板变形损坏,浪费资源。

2.6.4 大模板安装

(1) 就位后,应及时用穿墙螺栓、花篮螺栓将全部模板连接成整体,防止倾倒。造成模板损坏,浪费资源。

(2) 全现浇大模板工程在安装外墙外侧模板时,必须确保三角挂架、平台或爬模提升架安装牢固。外侧模板安装后,应立即穿好销杆,紧固螺栓。防止模板滑落,造成模板损坏,浪费资源。甚至产生严重的安全事故。

(3) 模板安装就位后,要采取防止触电保护措施,将大模板串联起来,并同避雷网接通,防止漏电伤人。

2.6.5 模板安装前刷脱模剂

(1) 应在地面模板堆场处完成脱模剂的涂刷工作,禁止在模板安装完成后,再涂刷脱模剂。

(2) 钢制模板应选用优质清机油作为脱模剂,禁止选用废机油作为脱模剂。

(3) 在模板脱模剂涂刷时,模板堆放场地应铺垫彩条布塑料布等材料,避免在脱模剂涂刷过程中,脱模剂遗洒,对土壤造成影响。

(4) 脱模剂采用刷子或抹布均匀涂刷在模板表面。涂刷完成后,涂刷用工具应放置在工具箱中或放在专用工具架上,便于下次使用。使用废弃的工具,应统一集中,按照不可回收废弃物处置。

(5) 在进行模板脱模剂涂刷时,为防止脱模剂不慎粘在操作人员皮肤上,或脱模剂产生的有害气体对操作人员的伤害,项目上应加强对操作人员的劳动防护,操作人员应佩戴合格的口罩、手套、护目镜、工作服等个人劳动防护用品。

2.6.6 模板安装施工应尽量安排在白天进行,当由于工程需要,必须进行夜间施工时,应向当地建设管理部门申请,办理夜间施工许可证。

夜间进行模板施工,现场所设置照明灯灯具,照明范围应集中在施工区域,大型照明灯具安装要有俯射角度,要设置挡光板控制照明光的照射范围,禁止灯具照射周围住宅,避免对居民造成光污染。

2.6.7 顶板浇筑前将模板、钢筋上的杂物用吸尘器清理干净。模板安装前,施工缝处已硬化混凝土表面层的水泥薄膜、松散混凝土及其软弱层,应剔凿、冲洗清理干净,受污染的外露钢筋应清刷干净。清理混凝土及钢筋表面污物时,应采用人工用錾子轻轻敲下,并及时清扫。不得使用砂轮机打磨,减少施工噪声及粉尘排放。清理产生的垃圾,在每班施工结束后,应及时清扫装袋,运至指定垃圾堆放点处置。

2.6.8 为防止在模板安装过程中,造成模板意外损坏,浪费资源,或由于模板安装质量问题,返工造成资源浪费,在安装时应注意:

2.6.8.1 墙、柱模板的底面应找平,下端应设置定位基准,靠紧垫平。向上继续安装模板时,模板应有可靠的支承点,其平直度应进行校正。

2.6.8.2 墙模的对拉螺栓孔应平直,穿对拉螺栓时,不得斜拉硬顶。柱模组装就位后,应立即安装柱箍,校正垂直度。对于高度较大的独立柱模,应用钢丝绳在四角进行拉结固定。

2.6.8.3 模板的安装,必须经过检查验收后,方可进行下一道工序施工。

2.6.8.4 模板安装过程中除应按国家现行标准《混凝土结构工程施工质量验收规范》(GB 50204—2002)的有关规定进行质量检查外,还应检查下列内容:

(1) 立柱、支架、水平撑、剪刀撑、钢楞、对拉螺栓的规格、间距以及零配件紧固情况。
(2) 立柱、斜撑基底的支撑面积、坚实情况和排水措施。
(3) 预埋件和预留孔洞的固定情况。
(4) 模板拼缝的严密程度,拼缝缝隙不得大于2mm。
(5) 浇筑混凝土时,应设专人看护模板,如发现模板倾斜、位移、局部鼓胀时,应及时采取紧固措施,方可继续施工。

2.6.9 清理模板内已绑扎好的钢筋中残留的灰尘和垃圾时,要尽量使用吸尘器,不得使用吹风机等易产生扬尘的设备。

2.6.10 模板安装施工中应对人为产生的噪声制定降噪措施:

2.6.10.1 在定型大钢模板施工时,应安排专门的信号工指挥塔吊等垂直运输工具运送模板,夜间进行钢制模板施工时,信号员应采用信号灯或对讲机作为联络工具,禁止使用哨子联络,减少噪声的污染。

2.6.10.2 钢制模板安装时,严禁采用大锤大力敲击打钢筋和模板。

2.6.11 当北方地区进行冬期混凝土施工时,需对钢制模板采取保温措施时,应将聚苯板或其他保温材料用塑料薄膜进行包裹,并与模板牢固连接,防止在施工操作过程中保温材料破碎,四处飞扬,对环境造成污染。

2.6.12 模板的拆除

2.6.12.1 模板拆除时,结构混凝土强度应符合设计要求或规范规定。大钢模板拆除时,混凝土结构的强度要求,详见木制模板相关要求。

2.6.12.2 结构拆除底模板后,其结构上部应严格控制堆放料具施工荷载。必要时应经过核算或加设临时支撑。悬挑结构,均应加临时支撑。模板拆除,混凝土强度和临时支承符合要求,拆模对结构面层、棱角无损伤。结构上层堆放物料施工集中荷载不超重。

2.6.12.3 拆除模板按标识吊运到模板堆放场地,由模板保养人员及时对模板进行清理、修正、刷脱模剂,标识不清的模板应重新标识;作到精心保养,以延长使用期限。模板拆除扣件不得乱丢,边拆边装袋。

2.6.12.4 拆除模板应安排在白天进行,禁止夜间进行拆除工作。

2.6.12.5 拆除模板应经施工技术人员同意。操作时应按顺序分段进行,严禁猛撬、硬砸、高处向下乱抛或大面积撬落和拉倒,停工前不得留下松动和悬挂的模板,预防噪声污染。拆模前,周围应设围栏或警戒标志,除操作人员外,下面不得站人,重要通道应设专人看管,禁人入内。

2.6.12.6 拆下的模板应及时运到指定的地点集中堆放或清理归垛。不得长时间在施工区堆放。

2.6.12.7 模板拆除后应及时进行维修,清理干净刷油或脱模剂,并分类整齐堆放。延长模板的周转次数,减少模板的损耗。

2.6.12.8 结构施工完成后,剩余的模板应集中码放整齐,并采取有效的防雨、雪措施。

2.6.12.9 模板、架料工程所使用的脱模剂、油漆、稀释料等应放置在仓库中储存,保存地点应隔离上锁,空气流通通畅,同时存放区远离人群、生活区,安排专人看护。同时应隔离存放,存放外有明显标志。库房附近设置足够的消防器材。库房内严禁吸烟和使用明火。

2.6.13 维修和保管

2.6.13.1 钢模板和配件拆除后,应及时清除粘结的灰浆,对变形和损坏的模板和配件,宜采用机械或人工进行维修。维修时,操作工人应注意采用小锤在局部细心修理,禁止采用大铁锤大力敲击,避免产生较大的噪声。防锈漆脱落时,清理后应补刷防锈漆。

2.6.13.2 对暂不使用的钢模板,板面应涂刷脱模剂或防锈油。背面油漆脱落处,应补刷防锈漆,焊缝开裂时应补焊,并按规格分类堆放。

2.6.13.3 入库的配件,小件要装箱入袋,大件要按规格分类整数成垛堆放。

2.6.13.4 模板的连接件及配件,应经常进行清理检查,对损坏、断裂的部件要及时挑出,螺纹部位要整修后涂油。

2.6.13.5 拆下来的模板,如发现翘曲、变形、开焊,应及时安排厂家或专业维修人员进行修理。增加模板的周转次数,减少资源的消耗。

2.7 监测要求

2.7.1 每个作业班结束时,应对地面的洒落的混凝土渣、木屑等垃圾进行清理,避免扬尘及对土壤造成污染。

2.7.2 进行模板加工及安装施工时,每班对噪声监测一次,当超标时,分析原因,可调整施工作业部署,将噪声大的作业时间上错开,避免噪声集中排放。增加隔声材料厚度或更换其他隔声材料,避免噪声对环境的污染。

3 小钢模

小钢模具有经济、周转灵活、适应性强等特点。小钢模,可有效的控制成本,节约资源。采用小钢模应加强对拼缝处漏浆和阴阳角处拼缝的处理。

3.1 作业流程

模板加工及进厂检验→表面清理→模板拼装设计→模板预拼装→涂刷脱模剂→模板吊装就位→钢筋绑扎→支模→模板支撑→混凝土浇筑→拆模→维修及清理。

3.2 环境因素

3.2.1 模板运输过程中,运输车辆产生的噪声,车辆尾气的排放等。

3.2.2 模板储存期间,由于雨水等浸泡,使钢制模板产生锈迹,锈水渗入土壤,对土壤及地下水源造成污染。

3.2.3 模板预拼装过程中产生噪声。

3.2.4 模板安装过程中,钢制模板表面脱模剂涂刷时,脱模剂遗洒,涂刷脱模剂用抹布的废弃,脱模剂包装的处置,对土壤造成污染。

3.2.5 模板吊运过程中,噪声排放;模板安装过程中,噪声排放,混凝土浇筑前清理模板产生扬尘,对大气造成污染。

3.2.6 模板拆除过程中产生噪声及粉尘,对大气造成污染。

3.2.7 小钢模维修过程中,打磨敲击模板边角产生噪声,清理模板表面混凝土残渣等产生固体废弃物。维修用砂轮机等能源的消耗。

3.3 人员要求

3.3.1 项目经理部应安排有关人员对模板拼装操作人员进行方案设计交底,每班操作前,应对操作工人进行简单的技术及安全、环境交底。使钢制模板安装及维修人员了解小钢模的拼装顺序,模板连接固定要求,钢制模板安装工艺要求及质量要求,模板支撑方法等,同时掌握相应环境控制的要求和方法。

3.3.2 项目经理部有关人员应对操作工人进行模板加工环境控制培训,使操作工人加强环境保护,降低环境影响的意识,在拼装及拆除操作过程中,有意识减少噪声、废弃物等对外界的排放。同时了解模板施工中个人防护要求。

3.3.3 操作工人应了解冬、雨期等季节性施工时,在小钢模安、拆及维修中,环境控制方法及措施。

3.4 材料要求

3.4.1 组合钢模的部件主要由钢模板、连接件和支撑件三部分组成,钢模板采用Q235钢材制成,采用钢板2.5~3mm厚度钢板拼焊而成。

3.4.2 连接件包括:U形卡、L形插销、螺栓、扣件等。

3.4.3 支撑件包括:钢背楞、柱箍、钢支柱、梁托架、斜撑、钢管脚手架等。

3.5 设备设施要求

3.5.1 所有模板架料堆放场地应硬化、平整,有良好的排水设施,场地无积水。

3.5.2 小钢模板堆放维修场地处,应设置专用工具箱或工具架,模板清理及涂刷脱模剂工具应放置在工具箱中,不得随意搁置,对环境造成影响。

3.5.3 模板、架料工程所使用的脱模剂、油漆、稀释料等应放置在仓库中储存,保存地点应隔离上锁,空气流通通畅,同时存放区远离人群、生活区,安排专人看护。同时应隔离存放,存放外有明显标志。库房附近设置足够的消防器材。库房内严禁吸烟和使用明火。

3.6 过程控制措施

3.6.1 小钢模施工前应根据施工图及现场条件,编制模板施工方案。在方案设计时应考虑以下几点:

3.6.1.1 配置的模板应优先选用通用、大块的模板,使其种类和块数最少,木模镶拼量少,设置对拉螺栓的模板,为减少钢模板的钻孔损耗,可在螺栓部位用55mm×100mm刨光方木代替或应使钻孔的模板能多次周转使用。减少模板的损耗,减少资源浪费。

3.6.1.2 根据施工组织设计对施工区段的划分、施工工期和流水段的安排,首先明确需要配置模板的层数数量。模板配置数量在保证工程进度条件下,应尽量节约。

3.6.1.3 根据工程情况和现场施工条件,决定模板的组装方法。

模板的支设方法有两种,即单块就为组装(散装)和预组装,采用预组装可加快速度,提高工效和模板安装质量,同时,可有效控制现场模板施工时噪声的排放,但须有吊装设备配合。

3.6.1.4 根据已确定的配模层数数量,根据图纸设计,进行模板组配设计。

3.6.1.5 明确支撑系统的布置及固定方法。

3.6.1.6 计算钢模板连接件及支撑件的数量,列出统计表,以便备料。

3.6.2 材料运输及储存

3.6.2.1 模板、架料运输车辆、设备的尾气排放,应符合国家或地方规定的车辆排气污染物的排放标准。

3.6.2.2 模板架料运输应安排在白天进行,避免夜间装卸扰民。

3.6.2.3 模板、架料进场后,必须严格分批按型号、规格分别堆放。并挂牌详细标识,定型模板背面应写明编号,标明所使用的部位。

经检查合格的模板,应按照安装程序进行堆放或装车运输,重叠平放时,每层之间加垫木,模板与垫木间应上下对齐,底层模板应垫离地面不小于10cm。模板堆放高度不得超过1.5m,防止滑移倾倒。造成模板损坏,浪费资源。

3.6.3 小钢模拼装

3.6.3.1 小钢模在地面预拼装大模板时,应注意模板长向拼接应错开布置,以增加模板的整体刚度。减少在混凝土浇筑过程中,由于混凝土浇筑压力荷载对模板产生的变形,增加模板的周转次数,减少资源的浪费。

3.6.3.2 在模板预拼装过程中,应注意不得生扳硬撬,螺栓不能顺利钻销连接时,应进行调整,不得用铁锤大力敲击,增加噪声排放。

3.6.3.3 在模板预拼装作业时,为保证模板拼装质量,防止对混凝土浇筑产生不利影响,造成资源浪费,在预拼装过程中,应注意:

3.6.3.4 应按配板设计顺序拼装,保证模板系统的整体稳定。

3.6.3.5 配建必须装插牢固,支柱和斜撑下的支撑面应平整坚实。要有足够的受压面积,支撑件应着力于外钢楞。

3.6.3.6 预埋件与预留孔洞位置准确,安装牢固。

3.6.3.7 基础模板必须支撑牢固,防止变形。

3.6.3.8 同一拼缝上的U形卡,不应向同一方向卡紧。相邻模板边肋用U形卡连接的间距,不得大于300mm。

3.6.3.9 对拉螺栓应平直相对,穿插螺栓不得斜拉硬顶,钻孔应采用机具,严禁采用电气焊灼孔。

3.6.3.10 模板上口必须在同一水平面上。

3.6.3.11 预组装的模板,为防止模板块窜角,连接件应交叉对称由外向内安装。经检查合格后的预组装模板,应按安装顺序堆放,其堆放层数不宜超过6层,各层间用木方支垫,上下对齐。

3.6.4 模板吊装

3.6.4.1 装拆预拼大片模板时,为防止在吊运过程中,由于模板自重,造成模板变形损坏,浪费资源,吊运应采用4个吊点吊运。吊点与模板背面的背楞牢固连接。

3.6.4.2 吊点设置应对称,并长度一致,防止在起吊后,受力不均。如拼装的模板面积较大时,可在模板背面增加固定钢管横撑,增加模板的整体刚度。

3.6.4.3 安装时,应边就位、边校正和安设连接件。连接牢固后方可脱钩。预拼装模板起吊前,应将吊装机械位置调整适当,稳起稳落,就位准确,严禁大幅度摆动。防止造成模板变形损坏,浪费资源。

3.6.5 模板安装前涂刷脱模剂

(1) 应在地面模板堆场处完成脱模剂的涂刷工作,禁止在模板安装完成后,再涂刷脱模剂。钢制模板应选用优质清机油作为脱模剂,禁止选用废机油作为脱模剂。

(2) 在进行模板脱模剂涂刷时,模板堆放场地应铺垫彩条布塑料布等材料,避免在脱模剂涂刷过程中,脱模剂遗洒,对土壤造成影响。脱模剂采用刷子或抹布均匀涂刷在模板表面。涂刷完成后,涂刷用工具应放置在工具箱中或放在专用工具架上,便于下次使用。使用废弃的工具,应统一集中,按照不可回收废弃物处置。

3.6.6 模板安装

3.6.6.1 模板安装

(1) 施工应尽量安排在白天进行,当由于工程需要,必须进行夜间施工时,应向当地建设管理部门申请,办理夜间施工许可证。

(2) 夜间进行模板施工,现场所设置照明灯灯具,照明范围应集中在施工区域,大型照明灯具安装要有俯射角度,要设置挡光板控制照明光的照射范围,禁止灯具照射周围住宅,避免对居民造成光污染。

(3) 夜间进行小钢模施工,不得采用单块散拼的方式施工,必须采用在地面预拼装施工,且夜间不得进行小钢模预拼装作业,减少噪声对周围的影响。

3.6.6.2 为防止在模板安装过程中,造成模板意外损坏,浪费资源,或由于模板安装质量问题,返工造成资源浪费,在安装时应注意:

(1) 墙、柱模板的底面应找平,下端应设置定位基准,靠紧垫平。向上继续安装模板时,模板应有可靠的支承点,其平直度应进行校正。

(2) 墙模的对拉螺栓孔应平直,穿对拉螺栓时,不得斜拉硬顶。柱模组装就位后,应立即安装柱箍,校正垂直度。对于高度较大的独立柱模,应用钢丝绳在四角进行拉结固定。

(3) 楼板模板支模时,应先完成一个结构的水平支撑和斜撑安装,再逐渐向外扩展,保证支撑系统的稳定性。

(4) 模板的安装,必须经过检查验收后,方可进行下一道工序施工。

(5) 模板安装过程中除应按国家现行标准《混凝土结构工程施工质量验收规范》(GB 50204—2002)的有关规定进行质量检查外,还应检查下列内容:

1) 立柱、支架、水平撑、剪刀撑、钢楞、对拉螺栓的规格、间距以及零配件紧固情况。

2) 立柱、斜撑基底的支承面积、坚实情况和排水措施。

3) 预埋件和预留孔洞的固定情况。

4) 模板拼缝的严密程度,拼缝缝隙不得大于2mm。

5) 浇筑混凝土时,应设专人看护模板,如发现模板倾斜、位移、局部膨胀时,应及时采取紧固措施,方可继续施工。

3.6.6.3 顶板浇筑前将模板、钢筋上的杂物用吸尘器清理干净

(1) 模板安装前,施工缝处已硬化混凝土表面层的水泥薄膜、松散混凝土及其软弱层,应剔凿、冲洗清理干净,受污染的外露钢筋应清刷干净。

(2) 清理混凝土及钢筋表面污物时,应采用人工用錾子轻轻敲下,并及时清扫。不得

使用砂轮机打磨,减少施工噪声及粉尘排放。清理产生的垃圾,在每班施工结束后,应及时清扫装袋,运至指定垃圾堆放点处置。

(3) 清理模板内已绑扎好的钢筋中残留的灰尘和垃圾时,要尽量使用吸尘器,不得使用吹风机等易产生扬尘的设备。

3.6.6.4 模板安装施工中应对人为产生的噪声制定降噪措施:

(1) 在预拼装钢模板施工时,应安排专门的信号工指挥塔吊等垂直运输工具运送模板,夜间进行模板施工时,信号员应采用信号灯或对讲机作为联络工具,禁止使用哨子联络,减少噪声的污染。

(2) 模板安装时,严禁采用大锤大力敲击打钢筋和模板。

(3) 小型钢模板安装时,禁止抛扔模板及连接件,减少人为噪声。

3.6.7 模板的拆除

3.6.7.1 模板拆除时,结构混凝土强度应符合设计要求或规范规定。

具体要求详见木制模板相关要求。

(1) 结构拆除底模板后,其结构上部应严格控制堆放料具施工荷载。必要时应经过核算或加设临时支撑。

(2) 悬挑结构,均应加临时支撑。

(3) 模板拆除,混凝土强度和临时支承符合要求,拆模对结构面层,棱角无损伤。结构上层堆放物料施工集中荷载不超重。

3.6.7.2 拆除模板按标识吊运到模板堆放场地,由模板保养人员及时对模板进行清理、修正、刷脱模剂,标识不清的模板应重新标识;做到精心保养,以延长使用期限。模板拆除扣件不得乱丢,边拆边装袋。

拆下的模板应及时运到指定的地点集中堆放或清理归垛。不得长时间在施工区堆放。

3.6.7.3 拆除模板应安排在白天进行,禁止夜间进行拆除工作。

3.6.7.4 拆除模板应经施工技术人员同意。操作时应按顺序分段进行,严禁猛撬、硬砸、高处向下乱抛或大面积撬落和拉倒,停工前不得留下松动和悬挂的模板,预防噪声污染。拆模前,周围应设围栏或警戒标志,除操作人员外,下面不得站人,重要通道应设专人看管,禁人入内。

3.6.7.5 维修和保管

(1) 模板拆除后应及时进行维修,清理干净刷油或脱模剂,并分类整齐堆放。延长模板的周转次数,减少模板的损耗。

(2) 结构施工完成后,剩余的模板应集中码放整齐,并采取有效的防雨、雪措施。

(3) 模板、架料工程所使用的脱模剂、油漆、稀释料等应放置在仓库中储存,保存地点应隔离上锁,空气流通通畅,同时存放区远离人群、生活区,安排专人看护。同时应隔离存放,存放外有明显标志。库房附近设置足够的消防器材。库房内严禁吸烟和使用明火。

(4) 钢模板和配件拆除后,应及时清除粘结的灰浆,对变形和损坏的模板和配件,宜采用机械或人工进行维修。不准敲砸,防锈漆脱落时,清理后应补刷防锈漆。模板清理产生的废弃物应分类进行处理,如模板表面的混凝土残渣应清扫集中至不可回收废弃物中处置;涂刷防锈漆产生的含油废抹布、油漆桶等,应集中回收,积成一个运输单位后交由厂家或有资质的单位处置。

(5) 对暂不使用的钢模板,板面应涂刷脱模剂或防锈油。背面油漆脱落处,应补刷防锈漆,涂刷漆时,应下垫塑料布,预防漆遗洒污染土壤。焊缝开裂时应补焊,并按规格分类堆放。

(6) 入库的配件,小件要装箱入袋,大件要按规格分类整数成垛堆放。

(7) 模板的连接件及配件,应经常进行清理检查,对损坏、断裂的部件要及时挑出,螺纹部位要整修后涂油。

(8) 拆下来的模板,如发现翘曲、变形、开焊,应及时进行修理。增加模板的周转次数,节约资源。

(9) 装卸模板和配件应轻装轻卸,严禁抛掷,并应防止碰撞损坏。严禁用钢模板作其他非模板用途。避免模板在装卸过程中,受力变形。

(10) 每个作业班结束时,应对地面的洒落的混凝土渣、木屑等垃圾进行清理,避免扬尘及对土壤造成污染。

3.7 监测要求

进行模板加工及安装施工时,每班对噪声监测一次,当超标时,分析原因,可调整施工作业部署,将噪声大的作业时间上错开,避免噪声集中排放。或增加隔声材料厚度或更换其他隔声材料,减少噪声对环境的污染。

4 钢框胶合板模板

钢框木(竹)胶合板模板,是以热轧异型钢为钢框架,以覆面胶合板作板面,并以若干钢肋承托面板的一种组合式模板。这种模板可与组合钢模板通用。

4.1 作业流程

模板加工及进厂检验→表面清理→模板拼装设计→模板预拼装→涂刷脱模剂→模板吊装就位→钢筋绑扎→支模→模板支撑→混凝土浇筑→拆模→维修及清理。

4.2 环境因素

4.2.1 模板运输过程中,运输车辆产生噪声,车辆尾气排放等。

4.2.2 模板储存期间,由于雨水等浸泡,使模板面板开胶,造成模板损坏浪费资源,同时释放出甲醛等有害气体,污染大气环境。同时可能使模板钢肋产生锈迹,锈水渗入土壤,对土壤及地下水源造成污染。

4.2.3 模板预拼装过程中产生噪声。

4.2.4 模板安装过程中,模板表面脱模剂涂刷时,脱模剂遗洒,涂刷脱模剂用抹布的废弃,脱模剂包装的处置,对土壤造成污染。

4.2.5 模板吊运过程中,噪声排放;模板安装过程中,噪声排放,混凝土浇筑前清理模板产生的扬尘,对大气造成污染。

4.2.6 模板拆除过程中产生噪声及粉尘,对大气造成污染。

4.2.7 清理模板表面混凝土残渣等产生固体废弃物。

4.3 人员要求

4.3.1 项目经理部应安排有关人员对模板拼装操作人员进行方案设计交底,每班操作前,应对操作工人进行简单的技术及安全、环境交底。使模板安装及维修人员了解模板的拼装顺序,模板连接固定要求,模板安装工艺要求及质量要求,模板支撑方法等,同时掌握相应环境控制的要求和方法。

4.3.2 项目经理部有关人员应对操作工人进行模板加工环境控制培训,使操作工人加强环境保护,降低环境影响的意识,在拼装及拆除操作过程中,有意识减少噪声、废弃物等对外界的排放。同时了解模板施工中个人防护要求。

4.3.3 操作工人钢框胶合板模板储存、维修过程中,防止模板损坏,板面修补的要求和方法,减少资源浪费。应注意相关的化学废料、污水排放的有效控制。

4.4 材料要求

4.4.1 钢框木(竹)胶合板模板一般由钢边框、加强肋和防水胶合板模板组成。边框采用带有面板承托肋的异型钢,四周设连接孔,模板加强肋采用扁钢。在模板四角及中间一定距离位置设斜铁,用沉头螺栓同面板连接。面板采用防水胶合板。

4.4.2 钢框胶合板模板面板材料要求同木模板面板材料要求。

4.5 设备设施要求

4.5.1 所有模板架料堆放场地应硬化、平整,有良好的排水设施,场地无积水。模板堆放场地应搭设防护棚,可采用彩条布等进行遮挡,防止雨、雪淋浸。

4.5.2 模板堆放维修场地处,应设置专用工具箱或工具架,模板清理及涂刷脱模剂工具应放置在工具箱中,不得随意搁置,对环境造成影响。

4.5.3 模板、架料工程所使用的脱模剂、油漆、稀释料等应放置在仓库中储存,特别是维修中使用的模板封边剂,应在库中密封储存。保存地点应隔离上锁,空气流通通畅,同时存放区远离人群、生活区,安排专人看护。同时应隔离存放,存放外有明显标志。库房附近设置足够的消防器材。库房内严禁吸烟和使用明火。

4.6 过程控制要求

4.6.1 钢框胶合板模板的运输和储存

4.6.1.1 模板运输时,运输车辆应用苫布遮挡,运输时应避免雨淋水浸,造成模板板面损坏,浪费资源。

4.6.1.2 模板、架料进场后,必须严格分批按型号、规格分别堆放。并挂牌详细标识,模板背面应写明编号,标明所使用的部位。

(1) 经检查合格的模板,应按照安装程序进行堆放或装车运输,重叠平放时,每层之间加垫木,模板与垫木间应上下对齐,底层模板应垫离地面不小于 10cm。模板堆放高度不得超过 1.5m,防止滑移倾倒。造成模板损坏,浪费资源。

(2) 如模板进场后立即投入使用时,项目经理部可根据气候情况,无雨、雪天气时,可露天存放;出现雨雪天气立即采用塑料布等临时遮挡。当根据施工进度模板进场存放时间超过 15d 时,应入库存放,库房应密闭,通风良好。

4.6.1.3 非平面模板的运输、储存应采取措施,防止面板损伤和钢框变形,浪费模板。

4.6.1.4 装卸模板及零配件时应轻装轻卸,严禁抛掷,并应采取措施防止碰撞,以免损坏模板,噪声污染。

4.6.1.5 模板架料运输应安排在白天进行,避免夜间装卸扰民。

4.6.2 模板方案设计

在模板安装方案设计时应考虑以下几点:

4.6.2.1 配置的模板应优先选用通用、大块的模板,其规格尺寸应可与小钢模通用,使其种类和块数最少,增强模板的通用性和利用效率,木模镶拼量少,设置对拉螺栓的模板,为减少模板的钻孔损耗,可在螺栓部位用 55mm×100mm 刨光方木代替或应使钻孔的模板能多次周转使用。减少模板的损耗,减少资源浪费。

4.6.2.2 根据施工组织设计对施工区段的划分、施工工期和流水段的安排,首先明确需要配置模板的层数数量。模板配置数量在保证工程进度条件下,应尽量节约。

4.6.2.3 根据工程情况和现场施工条件,决定模板的组装方法。

4.6.2.4 根据已确定的配模层数数量,根据图纸设计,进行模板组配设计。

4.6.2.5 明确支撑系统的布置及固定方法。

4.6.2.6 计算模板连接件及支撑件的数量,列出统计表,以便备料。

4.6.3 模板预拼装

4.6.3.1 在模板预拼装过程中,应注意不得生扳硬撬,螺栓不能顺利钻销连接时,应进行调整,不得用铁锤大力敲击,增加噪声排放。

预组装模板运输时,应分隔垫实,支捆牢固,防止松动变形,浪费模板。

4.6.3.2 在模板预拼装作业时,为保证模板拼装质量,防止对混凝土浇筑产生不利影响,造成资源浪费,在预拼装过程中,应注意:

(1) 应按配板设计顺序拼装,保证模板系统的整体稳定。

(2) 预组装的模板,为防止模板块窜角,连接件应交叉对称由外向内安装。经检查合格后的预组装模板,应按安装顺序堆放,其堆放层数不宜超过6层,各层间用木方支垫,上下对齐。

(3) 同一拼缝上的 U 形卡,不应向同一方向卡紧。相邻模板边肋用 U 形卡连接的间距,不得大于300mm。

(4) 对拉螺栓应平直相对,穿插螺栓不得斜拉硬顶,钻孔应采用机具,严禁采用电气焊灼孔。

(5) 模板上口必须在同一水平面上。

4.6.4 装拆预拼大片模板时,为防止在吊运过程中,由于模板自重,造成模板变形损坏,浪费资源,吊运应采用4个吊点吊运。吊点与模板背面的背楞牢固连接。吊点设置应对称,并长度一致,防止在起吊后,受力不均。如拼装的模板面积较大时,可在模板背面增加固定钢管横撑,增加模板的整体刚度。

4.6.5 其他模板安装环境控制要求可参照小钢模要求执行。

4.6.6 模板的拆除

4.6.6.1 模板拆除时,结构混凝土强度应符合设计要求或规范规定。

具体要求详见木制模板相关要求。

4.6.6.2 拆除模板按标识吊运到模板堆放场地,由模板保养人员及时对模板进行清理、修正、刷脱模剂,标识不清的模板应重新标识;做到精心保养,以延长使用期限。模板拆除扣件不得乱丢,边拆边装袋。

4.6.6.3 拆除模板应安排在白天进行,禁止夜间进行拆除工作。

4.6.6.4 拆除模板应经施工技术人员同意。操作时应按顺序分段进行,严禁猛撬、硬砸、高处向下乱抛或大面积撬落和拉倒,停工前不得留下松动和悬挂的模板,预防噪声污染。拆模前,周围应设围栏或警戒标志,除操作人员外,下面不得站人,重要通道应设专人看管,禁人入内。

4.6.7 模板的维修和保管

4.6.7.1 拆下的模板应及时清除灰浆,难以清除时,可采用模板除垢剂清除,不准敲砸。

4.6.7.2 对变形和损坏的模板和配件,宜采用机械或人工进行维修。不准敲砸;模板板面破损时,应及时进行修补,防止破损范围进一步扩大。钢肋防锈漆脱落时,清理后应补刷防锈漆。刷漆时应下垫塑料布,预防油漆遗洒污染土壤。应注意在清洗活动中对相关污水排放的控制。

4.6.7.3 清除好的模板及时涂刷脱模剂,开孔部位涂封边剂、防锈漆。

4.6.7.4 入库的配件,小件要装箱入袋,大件要按规格分类整数成垛堆放。

4.6.7.5 模板的连接件及配件,应经常进行清理检查,对损坏、断裂的部件要及时挑出,螺纹部位要整修后涂油。

4.6.7.6 其他模板拆除及维修保养的环境控制要求可参照小钢模要求执行。

4.7 监测要求

4.7.1 每个作业班结束时,应对地面的洒落的混凝土渣、木屑等垃圾进行清理,避免扬尘及对土壤造成污染。

4.7.2 进行模板加工及安装施工时,每班对噪声监测一次,当超标时,分析原因,可调整施工作业部署,将噪声大的作业时间上错开,避免噪声集中排放。增加隔声材料厚度或更换其他隔声材料,避免噪声对环境的污染。

4.7.3 每次模板拆除后,应对模板的破损情况进行检查,及时进行维修。

5 脚手架工程

脚手架工程是建筑施工中一项重要的组成部分,贯穿于建筑施工结构施工与装修施工全过程,应用时间长,应用范围大。目前国内脚手架材料主要有钢脚手架和竹木脚手架两种。一般大型工业与民用建筑多采用钢管脚手架。由于竹木脚手架存在对资源消耗大、结构稳定性差、安全性差等缺点,在建筑施工中应尽量避免使用,并逐步被钢管脚手架取代。本文重点介绍钢脚手架的环境控制要求及措施。

5.1 作业流程

5.1.1 脚手架工程施工作业流程

钢管及扣件材料进场检验→脚手架涂刷防锈漆及油漆→脚手架搭设→脚手架使用→脚手架维修。

5.1.2 脚手架搭设作业流程

铺垫木→立杆→扫地杆→第一步纵向水平大横杆→第一步横向水平杆→搭设临时支撑→第二步纵向水平杆→第二步横向水平杆→与结构拉接固定→铺脚手板→绑扎护栏→绑扎挡脚板→挂网防护。

5.2 环境因素

5.2.1 脚手架运输过程中,运输车辆产生噪声,车辆尾气排放等。脚手架装卸过程中产生噪声等。

5.2.2 脚手架储存期间,由于雨水等浸泡,使脚手架钢管产生锈迹,锈水渗入土壤,对土壤及地下水源造成污染。

5.2.3 脚手架吊运过程中,噪声排放;脚手架安装过程中,噪声排放。脚手架清理产生扬尘。

5.2.4 脚手架拆除过程中产生噪声及粉尘。

5.2.5 脚手架维修过程中,敲击脚手架产生噪声,清理脚手架表面混凝土残渣等产生固体废弃物。

5.3 人员要求

5.3.1 脚手架搭拆操作人员必须经过专业培训,并考核合格,取得特种作业许可证。无证人员严禁进行脚手架的施工作业。

5.3.2 在进行脚手架搭设前,项目管理人员必须对操作人员进行方案设计交底,对脚手架搭设的技术要求、安全要求及环境控制要求及措施进行培训。每班操作前,应再次对操作工人进行简单的技术及安全、环境交底。

5.3.3 架子工应掌握脚手架施工中主要环境因素的控制措施及要求,包括:脚手架搭拆及运输过程中噪声排放,脚手架上脚手板及卸料平台清理时扬尘,脚手架维修时噪声的排放,涂刷防锈漆及油漆时防锈漆及油漆的遗洒等控制要求和措施。

5.4 材料要求

5.4.1 钢管

5.4.1.1 采用外径48mm,壁厚3.5mm经过防锈处理的焊接钢管(Q235),其材质必须符合《碳素结构钢》(GB 700—88)的相应规定,同时不得有明显变形、裂纹、压扁和锈蚀。使用普通焊管时,应内外涂刷防锈层并定期复涂以保持其完好。

5.4.1.2 用于立杆、大横杆和斜杆的钢管长度为4~6m(这样的长度一般重25kg以内,适合人工操作)。用于小横杆的钢管长度为1.0~2.0m,以适应脚手架宽的需要。

5.4.2 扣件

采用机械性能不低于KT-33-8的可锻铸铁扣件,其材质必须符合《可锻铸铁分类及技术条件》(GB 978—67)的规定。扣件的附件材料必须符合《碳素结构钢》(GB 700—88)中Q235钢的规定,螺纹符合《普通螺纹》(GB 196—81)的规定,垫片符合GB 96—76《垫圈》的规定。扣件夹紧钢管时,开口处的最小距离>5mm。扣件不得有加工不合格、无出厂合格证、表面裂纹变形、锈蚀等质量问题。

5.4.3 脚手板

5.4.3.1 可采用钢脚手板及木脚手板两种,钢脚手板厚度50mm、宽度250mm、长度

3000mm。板面应钻有防滑孔。

5.4.3.2 木制脚手板采用 50mm 厚木板制作。宽度为 200～250mm,长 3～4m,自重不超过 $0.4kN/m^2$。

5.4.4 安全网

5.4.4.1 必须是经国家指定监督检验部门监定许可生产的厂家产品,同时具备监督部门批量验证和工厂检验合格证;同时符合《安全网》GB 5725—85 规定。

5.4.4.2 安全网分平网和立网两种,平网采用锦纶材料制成,网眼 50mm。立网采用密目安全网(绿色、蓝色 2000 目),安全网出厂前,必须有国家指定的监督检测部门批量验证和检验员检验合格证。安全网在贮运中,必须通风、遮光、隔热,同时要避免化学物品的侵蚀,搬运时禁止使用钩子,已使用过的安全网必须经过检查和试验合格后方可使用,超过使用期限的安全网严禁使用。

5.5 设备设施要求

5.5.1 钢管架料存放应用钢管架空搁置,架空高度 30cm 为宜;连接扣件存放可砌砖池,采用环保小型陶粒砌块砌筑,砌筑高度不超过 1.5m,池子内壁及底部,应采用水泥砂浆抹平,并设有排水孔,防止池中存水渗入土壤。架料及扣件上方应采用编织布进行遮盖。

5.5.2 脚手架工程所使用的油漆、稀释料等应放置在仓库中储存,保存地点应隔离上锁,空气流通通畅,同时存放区远离人群、生活区,安排专人看护。同时应隔离存放,存放外有明显标志。库房附近设置足够的消防器材。库房内严禁吸烟和使用明火。

5.6 过程控制措施

脚手架工程按照使用部位及功能的不同,可分为外防护脚手架、支撑脚手架和卸料平台三部分。

5.6.1 外防护脚手架

5.6.1.1 脚手架工程材料运输及储存

(1)架料运输车辆、设备的尾气排放,应符合国家或地方规定的车辆排气污染物排放标准。

(2)架料运输应安排在白天进行,避免夜间装卸扰民。钢管扣件装卸应由两人传送,轻拿轻放,严禁抛扔,增加噪声排放,并可能导致架管变形,浪费资源。

(3)脚手架钢管及扣件等材料进场时,必须经过项目质量及安全管理人员检验。钢管及扣件的壁厚材质等必须符合国家要求。同时钢管表面应清洁无锈迹,锈蚀严重的钢管严禁进场使用。

(4)架料进场后,必须严格分批按长度、规格分别堆放。并挂牌详细标识。

5.6.1.2 脚手架施工准备

(1)钢管架料使用前应除锈,并涂刷防锈漆及油漆标志。钢管除锈及刷漆应在地面固定场所集中进行,钢管下应垫塑料薄膜或彩条布等,避免除下的锈迹和遗漏的油漆污染土壤。

(2)脚手架搭设前应编制详细的施工技术方案,合理配置架管,做到长短搭配,并按照设计计算各种规格钢管的用量。短管不得使用长钢管随意裁截,造成资源浪费。

5.6.1.3 脚手架搭设

(1) 钢管脚手架的杆件连接必须使用合格的码钢扣件,不得使用铅丝和其他材料绑扎。脚手杆件不得钢木混搭。

(2) 脚手架拼装应轻拿轻放,严禁随意摔打和敲击。增加噪声排放。

(3) 脚手架搭设前,依据建筑物形状放线,并按间距排好立杆,立杆下必须垫50mm厚通长木板。外脚手架外侧应设置排水沟,使雨水可沿外架顺畅排入排水沟,汇集至沉淀池内。脚手架不得直接埋入土中,防止钢管锈蚀,锈水污染土壤。

(4) 脚手架搭设应安排在白天进行,夜间禁止脚手架施工。防止产生噪声扰民。

5.6.1.4 外脚手架搭设,应满足以下要求,避免出现脚手架搭设不符合质量、安全规定的要求,造成返工,浪费资源。甚至出现承载力不足,发生质量安全事故,造成极大的损失。

(1) 立杆搭设要求

1) 立杆横向间距为1m,纵向间距为1.5m,里侧立杆距结构表面控制在450mm左右。

2) 脚手架的底脚必须牢固,立杆底座下应铺设垫板,支撑在楼面上的脚手架,当架体高度超过8m时,应对楼面进行加固或对架体进行卸载。

3) 立杆上的对接扣件应交错布置,两个相邻立柱接头,不应设在同步同跨内,两相邻立柱接头在高度方向错开的距离不应小于500mm;各接头中心距主接节点距离不应大于步距的1/3。架体倾斜应不大于全高的1/200。

4) 开始搭设立柱时,应每隔6跨设置一根抛撑,直至连墙件安装稳定后,方可根据情况拆除。

(2) 纵、横向水平杆的搭设要求

1) 纵向水平杆步距不大于1800mm,横向水平杆间距1m。

2) 对接接头应交错布置,不应设在同步同跨内,相邻接头水平距离不应小于500mm,并应避免设在纵向水平杆的跨中。

3) 纵向水平杆的长度一般不宜小于3跨,并不小于6m。

4) 封闭型脚手架的同一步纵向水平杆必须四周交圈,用直角扣件与内、外角柱固定。

5) 双排脚手架的横向水平杆靠墙一端距结构施工面的距离不应大于400mm。

6) 木脚手板采用纵向铺设时,其下支承杆的间距不得大于1m。

(3) 连墙件、剪刀撑、横向支撑等搭设要求

1) 连墙件应均匀布置,以建筑物连结做法可做成柔性连结或刚性连结。连墙件宜靠近主要节点设置,偏离主节点的距离不应大于300mm。

2) 连墙件必须从底部第一根纵向水平杆处开始设置,当脚手架操作层高出连墙件二步时,应采取临时稳定措施,直到连墙件搭设完后方可拆除。水平方向每个框架柱部位,垂直方向每二步设一拉撑点。在搭设连墙件时应注意轻敲轻打,尽量减少噪声的排放。

3) 撑连杆的拉力与压力强度不得低于7kN,经试验合格后方可使用。

4) 沿建筑物周围搭设的脚手架,一般应采取闭合形式,如遇脚手架必须断开时,在非闭合形式的脚手架尽端处,该部位的拉撑连杆应增加设置,而且在断开及尽端截面上,上下步里外排立杆三面应设侧向斜撑。

5) 脚手架处于顶层连墙点之上的自由高度不得大于 6m,当作业层高出其下连墙件二步或 4m 以上,且其上尚无连墙杆时,应采取适当的临时拉撑措施。

6) 脚手架的最上部分,因承受较大风力,拉撑连杆应加密设置,加密至立杆三根设一处拉结点。

7) 剪刀撑、横向支撑应随立杆、纵横向水平杆同步搭设,沿脚手架纵向两端和转角处起,在脚手架处侧面用斜杆搭成剪刀撑,自下而上循序连续设置,斜杆用钢管与地面成 45°夹角,最下面的斜杆与立杆的连接点离地面不大于 50mm,剪刀撑的斜杆除两端用旋转扣件与脚手架的立杆或大横杆扣紧外,在其中间应增加 2~4 个扣结点。剪刀撑钢管的搭接接头,不宜采用插口式或对接扣件,应采用搭接方法,搭接长度不小于 600mm,并应等距离设置三个旋转扣件固定,端部扣件盖板边缘至杆端的距离不应小于 100mm。剪刀撑间距不大于 6m,并在转角处加设。

(4) 脚手板铺设要求

1) 脚手板应满铺、铺稳,靠墙一侧离墙面距离不应大于 150mm,脚手架的探头应采用 10 号镀锌铁丝固定在支承杆上。

2) 脚手板采用对接平铺时,在对接处,与其下两侧支承横杆的距离应控制在 100~200mm 之间。脚手板采用搭设铺放时,其搭接长度不得小于 200mm,且在搭接段的中部应设有支承横杆。铺板严禁出现端头超出支承横杆 250mm 以上未作固定的探头板。

3) 长脚手板采用纵向铺设时,其下支承横杆的间距不得大于:木脚手板为 1.0m。纵铺脚手板应按以下规定部位与其下支承横杆绑扎固定:脚手架的两端和拐角处;沿板长方向每隔 15~20m;坡道的两端;其他可能发生滑动和翘起的部位。

(5) 安全网搭设要求

1) 外架四周满挂阻燃密目式安全网,操作层下挂大眼锦纶安全网,以减小在结构施工阶段由于在一些工序施工过程中粉尘飞扬的现象,降低粉尘向大气中的排放。

2) 必须按照要求搭设防护栏及防护网,脚手板操作面的端头处设不小于 1.2m 高防护栏杆两道,建筑物顶部脚手架要高出屋面女儿墙顶 1.0m,高出部分要绑两道护身栏,并立挂安全网且防护高度不得低于 1.5m。

(6) 栏杆、挡脚板搭设要求

1) 栏杆和挡脚板应搭设在施工层的外排立杆的内侧,栏杆上皮高度为 1.2m,挡脚板高度不应小于 180mm。

2) 工人在架上进行搭设作业时,作业面上宜铺设 2~3 块脚手板,并予临时固定,不得单人进行装设较重杆配件和其他易发生失衡、脱手、碰撞、滑跌等不安全作业。

3) 在搭设中不得随意改变构架设计,减少杆配件设置和对立杆纵距作 ≥100mm 的构架尺寸放大。确有实际情况,需要对构架作调整和改变时,应由技术主管人员解决。

(7) 脚手架必须随结构施工进度搭设,搭设时避开立体交叉作业,严格按方案及相应安全规范、标准进行施工,控制好立杆的垂直度、横杆水平度并确保节点符合要求。

5.6.1.5 冬雨期施工要求

(1) 在雨期施工期间,要及时对脚手架进行清扫,并要采取防滑和防雷措施,防雷接地电阻不大于 10Ω。脚手架地基要有可靠的排水措施,防止积水浸泡地基。大风大雨前后应对脚手架子仔细检查,发现有立杆下沉悬空、接头松动、架子歪斜等现象应及时处理加固。

(2) 在冬期施工期间,霜雪天后要及时对脚手架进行清扫,并要采取防滑措施。

5.6.1.6 脚手架使用要求

(1) 在每步架的作业完成之后,必须将架上剩余物品移至室内;每班工作结束后,工人应将洒落在脚手板和安全网内上的垃圾及灰尘清扫装袋运下,不得直接从高处直接扫落,产生扬尘。

(2) 严禁在架面上堆放材料,杂物必须及时清除,不得把脚手架作为模板的支撑。

(3) 严禁上架操作人员在架面上奔跑、嬉闹,避免发生碰撞、闪失、失衡、脱手、滑跌和落物等不安全作业。并减少扬尘的产生。

(4) 严禁自架上向架下抛掷材料、物品和倾倒垃圾,预防扬尘。

5.6.1.7 脚手架拆除

(1) 拆除外脚手架应安排在白天进行,禁止夜间进行拆除工作。

(2) 拆除架子时,地面要有专人指挥、清料,随拆随运,脚手架拆除应采用塔吊或其他运输设备送下,禁止往下乱扔脚手架料具。产生人为噪声,并可能损坏钢管扣件,造成资源浪费。

(3) 拆除前,工长要向拆除工人进行书面交底或作业指导书。并检查脚手架的扣件连接、连墙杆支撑是否牢固、安全以及清除脚手架上杂物及地面障碍物。

1) 拆除顺序按先搭后拆、后搭先拆、一步一清的原则依次进行,严禁上下同时进行拆除作业。所有连墙杆随脚手架逐层拆除,严禁先将连墙杆整层或数层拆除后再拆脚手架。分段拆除高低差<2步。当脚手架拆至下部最后一根长钢管的高度时,应先在适当位置搭临时抛撑加固,后拆连墙杆。

2) 拆除作业时至少2人(或3人)一组配合,如拆除大横杆时先拆除中间扣件,后二人站在两端头手握杆端同时拆除端头扣件拆下大横杆,一人为主,将大横杆顺至建筑物室内地面,室内设专人接杆。

(4) 拆除作业区设置地面危险区域,危险区域设置围挡及明显标志,并有专人看护。五级及以上大风和雾、雨、雪天停止脚手架上作业,雨、雪后上架操作应注意防滑,并扫除积雪。

(5) 拆下的钢管及扣件等应及时运到指定的地点集中堆放或清理归垛。不得长时间在施工区堆放。脚手架钢管拆除后应及时进行维修,清理干净,并分类整齐堆放。减少钢管的损耗。

5.6.1.8 维修和保管

(1) 脚手架和配件拆除后,应及时清除粘结的灰浆,对变形和损坏的脚手架,宜采用人工进行维修调直。油漆脱落时,清理后应补刷防锈漆及油漆。刷油漆时下垫塑料布,预防油漆遗洒污染土壤。严重变形的钢管应合理利用,将严重变形的部分切除,作短管使用,不得随意报废,浪费资源。

(2) 对暂不使用的钢管,并按长度分类堆放。

5.6.2 内支撑脚手架

5.6.2.1 材料运输及储存

(1) 内脚手架运输应采用外用电梯或塔吊调运,扣件应装笼运输,吊运应有专人指挥,并尽可能采用对讲机通讯,减少噪声排放。

(2) 架料运输应安排在白天进行,避免夜间装卸扰民。钢管扣件装卸应由两人传送,轻拿轻放,严禁抛扔,增加噪声排放。

5.6.2.2 脚手架施工准备

(1) 钢管架料使用前应除锈,并涂刷防锈漆及油漆标志。钢管除锈及刷漆应在地面固定场所集中进行,钢管下应垫塑料薄膜或彩条布等,避免除下的锈迹和遗漏的油漆污染土壤。

(2) 内脚手架搭设前应编制详细的施工技术方案,合理配置架管,并按照设计计算各种规格钢管的用量。短管不得使用长钢管随意裁截,造成资源浪费。

5.6.2.3 脚手架搭设

(1) 钢管脚手架的杆件连接必须使用合格的码钢扣件,不得使用铅丝和其他材料绑扎。脚手杆件不得钢木混搭。

(2) 脚手架拼装应轻拿轻放,严禁随意摔打和敲击。增加噪声排放。

(3) 内脚手架搭设应安排在白天进行,夜间禁止脚手架施工。防止产生噪声扰民。

5.6.2.4 内脚手架搭设,应满足以下要求,避免出现脚手架搭设不符合质量、安全规定的要求,造成返工,浪费资源。甚至出现承载力不足,发生质量安全事故。

(1) 立杆搭设要求

1) 立杆间距应按照施工荷载进行计算设计。

2) 脚手架的底脚必须牢固,立杆底座下应铺设木方或垫板,上下层脚手架钢管应对齐。保证楼板及脚手架受力合理。

(2) 水平杆的搭设要求

水平杆步距不大于1800mm,并根据脚手架搭设高度进行调整。距地面30cm高度,应设第一道水平杆。

(3) 脚手板铺设要求

脚手板应根据需要,在行走道路上满铺、铺稳,脚手架的探头应采用10号镀锌铁丝固定在支承杆上。铺板严禁出现端头超出支承横杆250mm以上未作固定的探头板。

(4) 安全网搭设要求

操作层下挂大眼锦纶安全网。

5.6.2.5 脚手架使用要求

(1) 每班工作结束后,工人应将洒落在脚手板和安全网内上的垃圾及灰尘清扫装袋运下。

(2) 严禁上架操作人员在架面上奔跑、嬉闹,避免发生碰撞、闪失、失衡、脱手、滑跌和落物等不安全作业。并减少扬尘的产生。

(3) 在冬期施工期间,霜雪天后要及时对脚手架进行清扫,并要采取防滑措施。

5.6.2.6 脚手架拆除及维修保养

(1) 拆除内脚手架应安排在白天进行,禁止夜间进行拆除工作。

1) 内脚手架拆除后,应在施工面临时码放整齐,应采用塔吊或施工电梯送下,禁止往下乱扔脚手架料具。产生人为噪声,并可能损坏钢管扣件,造成资源浪费。

2) 六级及以上大风和雾、雨、雪天停止脚手架上作业,雨、雪后上架操作应注意防滑,并扫除积雪。

(2) 拆下的钢管及扣件等应及时运到指定的地点集中堆放或清理归垛。不得长时间在施工区堆放。

(3) 脚手架钢管拆除后应及时进行维修,清理干净,并分类整齐堆放。减少钢管的损耗。

5.6.2.7 其余环境控制要求详见外脚手架。

5.6.3 卸料平台施工

5.6.3.1 主要材料选用

(1) 卸料平台及周圈防护可采用 $\phi 48 \times 3.5$ 钢管搭设,钢管端部切口应平齐,严禁使用有裂纹、变形和严重锈蚀的钢管。

(2) 铺板采用 50mm 厚松木板,板面不得有裂纹、破裂、疤痕,用 12 号铁丝将木板端部绑扎固定。

5.6.3.2 卸料平台施工

(1) 卸料平台搭设前应编制详细的施工技术方案,计算承载能力,合理配置架管,并按照设计计算各种规格钢管的用量。施工中,严格控制在卸料平台上物料的堆放量,严禁超载。

(2) 卸料平台搭设应安排在白天进行,夜间禁止卸料平台施工。防止产生噪声扰民。每班工作结束后,工人应将卸料平台上的垃圾及灰尘清扫装袋运下。减少扬尘的产生。

(3) 卸料平台施工标准要求

1) 脚手板铺设:脚手板与次梁之间采用 12 号铁丝绑扎固定。为防止渣土等落物污染环境,周圈设 200mm 高挡脚板。

2) 安全网:防护栏杆内侧挂大眼安全网和密目网各一道。

3) 护身栏杆安装:卸料平台两面做防护,水平防护栏杆两道(距平台 300mm 和 1200mm 各一道),与立管扣件连接。

5.6.3.3 卸料平台拆除及维修保养

(1) 拆除卸料平台应安排在白天进行,禁止夜间进行拆除工作。

1) 卸料平台拆除应严格按照方案进行,严格按照顺序进行。

2) 卸料平台拆除后,应在施工面临时码放整齐,应采用塔吊或施工电梯送下,禁止往下乱扔脚手架料具。产生人为噪声,并可能损坏钢管扣件,造成资源浪费。

(2) 拆下的钢管及扣件等应及时运到指定的地点集中堆放或清理归垛。不得长时间在施工区堆放。

(3) 脚手架钢管拆除后应及时进行维修,清理干净,并分类整齐堆放。减少钢管的损耗。

5.6.3.4 其余环境控制要求详见外脚手架。

5.7 监测要求

5.7.1 每个作业班结束时,应对脚手架上洒落的混凝土渣、灰尘等垃圾进行清理,避免扬尘及对土壤造成污染。

5.7.2 噪声监测。每月对噪声进行一次测量,噪声控制在规定范围之内。日常应每天进行监听,异常情况应加密检测次数。

第5章 钢筋工程

0 一般规定

0.1 本节钢筋工程操作规程,适用于房屋建筑工程基础及主体结构钢筋施工,市政桥梁道路工程钢筋施工等,同时涉及钢筋运输、储存、加工、绑扎等各阶段。

0.2 施工单位在编制工程施工组织设计和钢筋工程专项施工方案时,应有施工环境保护、能源消耗节约、材料与资源合理利用和施工人员安全与健康防护的有效措施。

0.3 工程开工前,应根据国家和地方法律、法规的规定,及工程的实际特点,编制详尽的施工技术交底或作业指导书。并对作业人员进行相关的法律、法规和防护措施等知识的培训。

0.4 应安排专人定期对钢筋加工机械进行维修和保养,确保机械处于良好的运行状态,一旦发现机械出现噪声过大、漏油、漏电等异常情况,应立即停止使用进行维修,防止对环境造成持续破坏。

0.5 施工中应注意减少能源的消耗,材料的节约。

0.6 钢筋的级别、种类和直径应按设计要求采用。当钢筋的品种、级别或规格需作变更时,应办理设计变更文件。

0.7 钢材(含钢筋、钢丝、预应力筋、型钢及焊条、焊剂等)应符合国家规范、标准和有关规定,应具备产品出厂证明、进场复试报告。

0.8 钢筋加工的形状、尺寸必须符合设计要求。钢筋的表面应洁净、无损伤,油渍、漆污和铁锈等应在使用前清除干净。

0.9 钢筋半成品加工、连接接头和绑扎质量,必须坚持自检、互检和专业检查验收,隐蔽工程验收。

0.10 现场钢材和钢筋半成品堆放保管工作规范,标识清晰。钢材管理应有入库、出库台账。钢材应按批,分钢种、品种、直径、外型妥善堆放,每垛钢材应有标识牌,写明钢材产地、规格、品种、数量、复试报告单编号,注明合格或不合格。

0.11 对现场钢筋应妥善的储存,要做到防雨和架空放置,避免与土壤接触。

0.12 现场钢筋加工场应封闭,减少噪声对外界排放。

0.13 钢筋半成品加工工艺设备和操作方法符合规程要求,专业工种人员均经过技术培训,特殊工种均持岗位资格证书上岗。

1 钢筋加工

1.1 作业流程

钢筋原材料进厂及检验→钢筋调直机械准备→钢筋调直→钢筋弯曲加工→现场清理。

1.2 环境因素

1.2.1 钢筋运输过程中,车辆尾气的排放,噪声的排放,扬尘的产生。

1.2.2 钢筋现场存储时,钢材的锈蚀,对周边土壤的污染。

1.2.3 钢筋加工过程中,加工机械噪声的排放,钢筋机械使用时能源的消耗,钢筋加工机械漏油对地面的污染,钢筋加工固体废料的处置,废油、废油手套、废油桶遗弃。钢筋套丝产生的铁屑的排放。

1.3 人员要求

1.3.1 项目部应按规定对项目相关部门及分包进行方案、措施交底(包括书面和口头);在进行钢筋工程各道施工工序时,项目管理人员应对操作班组下达作业指导书,并应对工序操作中应注意的环境因素及控制措施进行说明,并要求分包单位定期由分包管理层向其钢筋操作层进行方案、措施交底(包括书面和口头),并由项目质量、安全和环境相关管理人员参加。

1.3.2 钢筋加工操作人员应了解钢筋加工的技术要求和相关环境要求。钢筋加工作业前应由项目技术部门编制详细的钢筋下料单,并对钢筋加工操作人员进行详细的交底。使钢筋加工操作人员能了解各种规格钢筋加工的数量、尺寸,确保加工成型钢筋在工程上的适用,避免出现规格、数量错误,带来资源浪费。

1.3.3 在对钢筋工程操作工人交底及技术培训时,应使工人着重掌握以下内容:

1.3.3.1 钢筋加工机械的使用及保养,保证机械设备处于良好的工作状态,同时能够正确使用,使噪声排放及能源消耗处于正常状态,同时不出现漏油及漏电等环境安全隐患。

1.3.3.2 钢筋加工规格及数量,确保加工钢筋符合现场施工的要求,不产生不合格品,避免造成资源浪费,同时对于加工剩余的短料回收处理。

1.3.3.3 对绑扎完成的钢筋的成品保护。

1.3.3.4 钢筋工程环境影响监测的要求。

1.3.3.5 季节性施工及特殊工艺的环境影响。

1.4 材料要求

1.4.1 项目施工管理人员应对原材料质量加以控制,确保采购的产品符合要求,避免由于不合格返工造成的资源浪费。进场热轧光圆钢筋必须符合《普通低碳钢热轧圆盘条》(GB 701—92)和《钢筋混凝土用热轧光圆钢筋》(GB 13013—91)的规定;进场热轧带肋钢筋必须符合《钢筋混凝土用热轧带肋钢筋》(GB 1499—91)的规定。每次进场钢筋必须具有原材质量证明书及材料出厂合格证。原材料供应商选择必须选用大型钢铁加工企业产品,确认生产厂家的环境管理是否满足环境管理体系的要求,严禁使用无资质的小型钢铁厂产品。

1.4.2 原材复试符合有关规范要求。原材复试报告单的分批必须正确,同炉号、同牌号、同规格、同交货状态、同冶炼方法的钢筋≤60t可作为一批;同炉号、同规格、同冶炼方法而不同炉号组成混合批的钢筋≤30t可作为一批,但每批应≤6个炉号、每炉号含碳量之差应≤0.02%、含锰量之差应≤0.15%。钢筋原材应在复试合格后,方准投入使用。施工单位不得以工期、气候、人员等原因为理由例外放行,防止由于材料不合格返工造成资源的浪费。

1.4.3 原材料复试试件的选取部位应由项目技术部策划后确定,避免造成原材取样后长度不能满足要求,造成资源浪费。

1.4.4 对有抗震设防要求的框架结构,其纵向受力钢筋的强度应满足设计要求;当设计无具体要求时,对一、二级抗震等级,检验所得的强度实测值应符合下列规定:
(1) 钢筋的抗拉强度实测值与屈服强度实测值的比值不应小于1.25;
(2) 钢筋的屈服强度实测值与强度标准值的比值不应大于1.3。

1.4.5 当发现钢筋脆断、焊接性能不良或力学性能显著不正常等现象时,应对该批钢筋进行化学成分检验或其他专项检验。

1.4.6 进场钢筋表面必须平直、清洁无损伤,不得带有颗粒状或片状铁锈、裂纹、结疤、折叠、油渍和漆污等。防止钢筋锈渍对土壤和地下水源造成污染。

1.4.7 如采用氧气－乙炔进行钢筋切割,氧气、乙炔气体应符合以下标准的要求:

1.4.7.1 氧气应符合 GB 3863—83《工业用气态氧》中规定的Ⅰ类或Ⅱ类一级氧气标准,氧含量99.5%,工作压力0.6~0.7MPa。

1.4.7.2 溶解乙炔应符合 GB 6819—86《溶解乙炔》的规定,纯度不低于98%。工作压力0.05~0.07MPa。为有利于供气流量的稳定,一般应两瓶乙炔气并联使用。

1.4.7.3 氧气、乙炔表必须经过国家法定检测部门进行检测合格,具有检定证书,在现场使用时必须贴有合格标识。氧气－乙炔气体在使用时,要随时注意气体压力及燃烧情况,确保气体燃烧充分,不会产生有毒有害气体。一旦发现异常应立即停止作业。

1.4.7.4 氧气乙炔储存及使用应符合易燃易爆及化学危险品章节的相关要求,使用完的氧气乙炔瓶处置应按照易燃易爆及化学危险品章节的相关要求,禁止在现场内排空氧气乙炔瓶,对大气造成污染。

1.5 设备设施要求

1.5.1 钢筋加工机械包括有:钢筋调直设备、钢筋切断设备、钢筋弯曲设备、钢筋连接设备等。对钢筋加工机械如:切断机、弯曲机、套丝机等应进行良好的维护,定期(不超过每月一次)对设备进行检查,如发现有松动、磨损,应及时紧固或更换,以降低产生的噪声,同时保证操作过程中处于良好的运行状态。

1.5.2 钢筋加工机械底部应放置接油盘,设备检修及使用中产生的油污,集中汇入接油盘中,避免直接渗入土壤。接油盘定期安排人员清理,清理时,油污液面不得超过接油盘高度1/2,防止油污溢出。

1.6 过程控制要求

1.6.1 材料运输

1.6.1.1 现场项目管理人员应对钢筋供应厂家就钢筋运输加以要求和控制,对分供方的环境管理加以影响。对供应商钢筋运输车辆、设备的尾气排放,应要求符合国家或地方规定的车辆排气污染物排放标准。并定期维护,保持良好运作状态。

1.6.1.2 现场钢筋运输应进行合理安排,如必须夜间运输钢筋材料时,应安排专人做好车辆的指挥工作,车辆传递信号禁止鸣笛或鸣哨,减少夜间噪声排放扰民。

1.6.1.3 钢筋进场要严把材料质量关,除对钢筋材质、数量等进行检查外,应对钢筋材料的锈蚀程度及受污染程度进行判断。

1.6.2 钢筋材料储存

1.6.2.1 钢筋进场后,必须严格分批按型号、等级、牌号、长度分别堆放。并挂牌详细标识,标识上注明构件名称、部位、钢筋型号、尺寸、直径、根数等。

1.6.2.2 项目部制定技术节约措施,并严格按用料计划定货、发放,使材料不积压,并减少退货。

1.6.2.3 所有钢筋用混凝土承台或木方架空堆放,钢筋堆放场地应硬化、平整,场地无积水,最下层钢筋距离地面的架空高度不得少于10cm,同时,钢筋堆放场地应远离水源,以保证钢筋不会产生污染、锈蚀,对土壤造成污染。

1.6.2.4 钢筋堆放场地应有有效的防雨、雪措施,钢筋四周可采用钢管进行支撑,上方采用石棉瓦或多层板等材料进行遮挡,保证钢筋不会受到雨雪的锈蚀。避免由于钢筋锈蚀产生的锈水渗入地下污染土壤及地下水源。

1.6.2.5 钢筋堆放场地四周应设有排水沟,确保附近地表水能够顺畅的通过排水沟排入沉淀池,避免受污染的地表水污染土壤。

1.6.2.6 钢材管理应有入库、出库台账。钢材应按批,分钢种、品种、直径、外型妥善堆放,每垛钢材应有标识牌,写明钢材产地、规格、品种、数量、复试报告单编号,注明合格或不合格。

1.6.3 钢筋加工

(1) 应严格控制钢筋半成品加工质量,钢筋平直、切断、弯曲、焊接、连接质量,必须符合规范、规程、标准和抗震等要求。应分规格堆放,并有标识牌,标明半成品编号、直径、规格尺寸和使用部位。避免由于质量原因返工,造成资源浪费。

(2) 钢筋的表面应洁净,油渍、污渍、铁锈等在使用前应清除干净。钢筋除锈一般通过以下两种方法:一是在钢筋冷拔或调直过程中除锈,适用于大量钢筋的除锈。二是采用机械方法除锈,如采用电动除锈机除锈,适用于钢筋的局部除锈。在除锈过程中,为减少灰尘飞扬,应装设排尘罩和排尘管道。除锈场地应覆盖塑料布或彩条布,并在每天工作完成后,将洒落地面的铁锈清扫收集,放在指定的垃圾分类处理处,避免对土壤造成污染。

(3) 为保证钢筋加工形状、尺寸准确,可制作钢筋加工的定型卡具控制钢筋尺寸。如梯子筋是控制钢筋间距和钢筋保护层的一种有效工具,为保证梯子筋加工质量,可现场制作梯子筋的加工模具。

(4) 梯子筋加工模具,可采用角钢焊接制作,通过梯子筋的加工平台定位梯子筋的横撑长度、横撑两端的长度和横撑的间距,并且在梯子筋一批加工完毕后,进行预检,保证梯子筋符合标准要求。最大程度的避免返工造成资源浪费。

1.6.4 受力钢筋的弯钩和弯折

钢筋末端的弯钩和弯折,应满足以下规定,避免钢筋弯曲半径偏小,导致再次弯钩,浪费人力资源。或弯钩过长,造成资源不必要的浪费。

1.6.4.1 HPB235级钢筋末端应作180°弯钩,其弯弧内直径不应小于钢筋直径的2.5倍,弯钩的弯后平直部分长度不应小于钢筋直径的3倍。

1.6.4.2 当设计要求钢筋末端需作135°弯钩时,HRB335级、HRB400级钢筋的弯弧内直径不应小于钢筋直径的4倍,弯钩的弯后平直部分长度应符合设计要求。

1.6.4.3 钢筋做不大于90°的弯折时,弯折处的弯弧内直径不应小于钢筋直径的5倍。

1.6.4.4 除焊接封闭环式箍筋外,箍筋的末端应作弯钩,弯钩形式应符合设计要求;当设计无具体要求时,应满足以下要求:

(1) 箍筋弯钩的弯弧内直径除应满足受力钢筋的弯钩和弯折的要求外,尚应不小于受力钢筋直径。

(2) 箍筋弯钩的弯折角度:对一般结构,不应小于90°;对有抗振等要求的结构,应为135°。

(3) 箍筋弯后平直部分长度:对一般结构,不宜小于箍筋直径的5倍;对有抗振等要求的结构,不应小于箍筋直径的10倍。

1.6.5 钢筋调直

(1) 采用机械方法,也可采用冷拉方法。当采用冷拉方法调直钢筋时,HPB235级钢筋的冷拉率不宜大于4%,HRB335级、HRB400级和RRB400级钢筋的冷拉率不宜大于1%。施工中应严格控制钢筋的冷拉率,避免由于超拉,造成钢筋截面减小、强度降低,甚至造成拉断,浪费资源。

(2) 对钢筋冷拉率控制,可采用拉力计测量方法或在钢筋张拉台上标注张拉位置刻度的方法控制,后者由于操作简单,易于控制,在工程中较多采用。但由于不同批次钢筋在材质上存在差异,当不同批次钢筋进场张拉时,应重新复核张拉长度。

(3) 钢筋调直作业区域内地面应硬化,防止钢筋的浮锈、油污在钢筋调直时脱落,污染土地,钢筋调直机械应放置在接油盘内,避免钢筋调直时,调直机漏油污染土地、污染地下水。

(4) 每班钢筋调直施工完成后,应对地面进行清理,将洒落地面的铁锈收集清理干净,集中至指定地点处置。

1.6.6 钢筋下料

(1) 下料前应由项目技术部门编制钢筋配料单,根据配料单所标示的钢筋下料尺寸下料。钢筋下料尺寸准确,误差控制在3mm内;箍筋加工保证平直长度10d,误差控制在+3mm内;135°弯钩到位。加强对钢筋加工尺寸的控制,可以有效的提高钢筋原材的利用率,减少废料的产生。

(2) 钢材切断时,应将同规格钢筋根据不同长度长短搭配,统筹排料;根据不同工程施工图设计,确定采用的钢筋长度规格(9m×12m或其他规定的规格),做到钢材资源充分利用,减少短头及废料的产生。一般应先断长料,后断短料,减少短头,减少损耗,同时钢材加工应做到长料不短用,优材不劣用。现场材料随用随清理,不留底料,剩余材料堆放整齐。

(3) 为确保钢筋在加工中下料准确,避免由于加工误差,使钢筋的加工长度不准确,造成资源浪费。断料时应避免用短尺量长料,防止在量料中产生累计误差,为此,宜在工作台上标出尺寸刻度线并设置控制断料尺寸用的挡板。

(4) 加工过程中产生的短材料,应及时回收,集中存放,以便于再次利用,禁止将短钢筋随意丢弃。

1.6.7 严格控制钢筋半成品加工质量,钢筋平直、切断、弯曲、焊接、连接质量,必须符合规范、规程、标准和抗振等要求。根据钢筋下料单加工好的成品钢筋要严格按分上下、分部位、分先后、分流水段、分构件名称分类挂牌堆放。同时标明半成品编号、直径、规格尺寸和使用部位。保证在使用过程中不会产生错用误用现象,造成返工并产生废料,浪费资源。

1.6.8 钢筋加工过程中,为减少浪费,充分利用短钢筋,钢筋的接长可采用闪光对焊,但接头位置必须符合规范要求。

1.6.9 钢筋加工区域每天应做到工完场清,每天安排专人进行清扫,将清扫出的垃圾按照垃圾分类消纳。

1.7 监测要求

1.7.1 钢筋加工作业时,每月对施工中噪声排放进行监测,日常应每天进行监听,异常情况应加密检测次数。

1.7.2 每班施工结束后,应对施工操作现场进行检查清理,将剩余的材料集中回收入库,减少材料浪费。

1.7.3 每班结束后,将现场洒落的垃圾分类集中处置。确保操作面干净、整齐、无浮尘。避免在后续施工中产生扬尘及其他污染物,对环境造成污染。

1.7.4 对接油盘每班作业前目测一次,当接油盘存油达到距槽帮 10mm 时或项目完成除锈活动时应进行清理,防止盘内存油溢出污染土地、污染地下水。

1.7.5 对钢筋原材、钢筋加工机械氧气、乙炔等物品储存条件、安全距离、防火、防潮条件等每周检查一次,发现钢筋淋雨锈蚀或其他异常情况时,采取针对措施纠正。

2 钢筋连接

2.1 作业流程

2.1.1 钢筋绑扎连接作业流程

2.1.1.1 基础钢筋绑扎作业流程

施工准备→吊运钢筋就位→绑扎底板钢筋→检查→清理。

2.1.1.2 墙体钢筋绑扎作业流程

放线→清理下层墙顶面混凝土软弱层或浮浆→清理钢筋上的浮浆→绑扎墙钢筋→检查→清理。

2.1.1.3 柱钢筋绑扎作业流程

放线→清理下层柱头混凝土软弱层或浮浆→清理钢筋上浮浆→柱钢筋连接→绑扎柱钢筋→检查→清理。

2.1.2 钢筋焊接作业流程

在工程结构施工,钢筋焊接连接工艺通常包括:钢筋闪光对焊、电弧焊、电渣压力焊或气压焊等。

钢筋材料准备→焊接设备调试→钢筋焊接→焊接接头处理→焊接检查→清理。

2.1.3 钢筋机械连接作业流程

2.1.3.1 钢筋直螺纹连接、钢筋锥螺纹连接作业流程

钢筋材料准备→设备准备→钢筋端头处理→钢筋端头套丝→钢筋连接→检查→清理。

2.1.3.2 钢筋套筒冷挤压连接作业流程

钢筋材料→设备准备→挤压作业→检查→清理。

2.2 环境因素

2.2.1 钢筋焊接时有害气体排放,弧光污染、废电焊条、电焊条头、焊渣遗弃。

2.2.2 钢筋搬运连接时噪声污染,废连接件、铁屑、绑扎丝遗弃,扬尘,设备漏油。

2.2.3 意外发生火灾污染环境。

2.3 钢筋连接人员要求

2.3.1 当采用钢筋焊接连接时,操作人员必须经过焊接培训,并取得焊工证。严禁无证人员进行焊接操作。

(1) 进行焊接操作前,项目有关人员应根据焊接工艺和设备的不同,对工人进行有针对性的技术、安全和环境控制交底。并对工人的操作水平进行考核评价。工人在进行正式焊接作业前,应先进行班前焊,检查工人的焊接质量是否满足要求,避免在正式焊接施工中,由于质量问题造成大量的资源浪费。班前焊中焊接质量不合格的工人,不得进行正式焊接作业。

(2) 焊接操作人员应掌握焊接操作中环境因素的控制方法,如焊接后焊药的清理方法,焊接中焊烟、焊渣排放控制,焊接中个人防护要求等。

2.3.2 进行钢筋绑扎前,应对操作工人进行详细的技术及环境交底。使操作工人对作业的图纸要求及环境控制要求有所了解。使操作工人掌握钢筋绑扎的间距、搭接长度等技术要求,同时掌握绑扎的工艺要求,避免由于质量问题返工,造成资源浪费。

2.3.3 钢筋工在进行钢筋绑扎操作中,还应了解绑扎操作中环境因素的控制方法,重点针对以下方面:钢筋搬运过程中的噪声排放,墙、柱顶端软弱层剔除时噪声及粉尘的排放、钢筋清理的粉尘排放,固体废弃物的处置、钢筋的成品保护、钢筋绑扎垫块及绑扎丝的现场材料管理等。

2.3.4 现场进行钢筋机械连接作业时,项目有关人员应针对不同的接头连接方式,对操作人员进行交底。使操作工人掌握相应接头连接方式的技术要求和相关环境要求,避免因人的操作技能不符合操作规程造成机械设备事故,同时加工的质量能够满足施工的要求,减少不合格品的资源损耗。同时操作人员应掌握相关的环境控制方法,了解噪声排放、固体废弃物等控制方法。

2.3.5 现场采用钢筋螺纹连接时,操作工人应了解钢筋端头加工操作中,加工机械的使用要求,掌握端头加工中噪声排放、铁屑等废弃物排放、加工机械油污排放等环境因素的控制要求。

2.3.6 现场采用钢筋套筒冷挤压连接时,操作工人应了解冷挤压机械的正确使用,掌握冷挤压机械清理过程中环境控制要求。

2.4 材料要求

2.4.1 钢筋焊接所用电焊条应外观检查合格,合格证齐全有效,并堆放在室内货架

上,防止受潮失效。

2.4.2 钢筋连接所用各种套筒应按规范要求检查实物质量和资料合格、标准使用,并存放室内防止生锈。

2.5 设备设施要求

2.5.1 钢筋绑扎连接

2.5.1.1 在城市市区进行建筑施工时,如工程附近存在住宅小区,当在施工程建筑物与住宅楼直线距离小于30m时,在进行钢筋绑扎作业时,除在操作面采用必要的绿网围挡防护外,在施工现场的操作面朝向住宅一侧,应增设隔声屏,降低施工噪声向外界的排放。

2.5.1.2 隔声屏采用专用隔声布制作,应具有良好的吸声降噪效果。隔声屏高度应不低于1.8m,宽度应不短于在施工程边长。隔声屏可采用脚手架钢管进行张挂固定,并应能够随工程进展移动。

2.5.2 钢筋焊接连接

钢筋焊接连接施工设备设施要求详见焊接相关章节的要求。

2.5.3 钢筋机械连接

2.5.3.1 钢筋螺纹连接

(1) 钢筋螺纹加工的设备主要有:钢筋预压机或镦粗机、钢筋套丝机、扭力扳手等。

(2) 钢筋加工场地应硬化,表面平整。

(3) 设备要经常保养,保证设备经常处于完好状态,设备底部应设置接油盘,避免作业时设备意外漏油污染土地。

2.5.3.2 钢筋冷挤压连接

(1) 带肋钢筋套筒挤压连接是将两根待接钢筋插入钢套筒,用挤压连接设备沿径向挤压钢套筒,使之产生塑性变形,依靠变形后的钢套筒与被连接钢筋的纵、横肋产生的机械咬合成为整体的钢筋连接方式。

(2) 钢筋挤压设备由压接钳、超高压泵站及超高压胶管等组成。对冷挤压设备,要注意按设备要求进行设备维护。在进行冷挤压作业及对设备进行维修过程中,设备下方应设置接油盘,避免作业时设备意外漏油污染土地。

2.6 过程控制要求

2.6.1.1 钢筋绑扎前要核对成品钢筋的钢号、直径、形状、尺寸和数量是否与料单料牌相符;如有错漏,应纠正增补。钢筋安装绑扎质量,钢筋的钢种、直径、外形、形状、尺寸、位置、排距、间距、根数、节点构造、锚固长度、搭接接头、接头错位和绑扎牢固以及保护层控制措施等,必须符合规范、规程、标准,防止由于质量问题返工,造成资源浪费。

2.6.1.2 钢筋的绑扎应符合下列规定,确保钢筋绑扎符合质量规范的要求,避免由于质量问题返工,造成资源浪费:

(1) 钢筋的交叉点应扎牢。

(2) 板和墙的钢筋网,除靠近外围两行钢筋的相交点全部扎牢外,中间部分交叉点可间隔交错扎牢,但必须保证受力钢筋不产生位置偏移;双向受力的钢筋,必须全部扎牢。

(3) 梁和柱的箍筋,除设计有特殊要求外,应与受力钢筋垂直设置;箍筋弯钩叠合处,应沿受力钢筋方向错开设置。

(4) 同一构件中相邻纵向受力钢筋的扎接接头宜相互错开。绑扎搭接接头中钢筋的横向净距不应小于钢筋直径,且不应小于25mm。

(5) 钢筋绑扎搭接接头连接区段的长度为1.3L(L为搭接长度)。凡搭接接头中点位于该连接区段长度内的搭接接头均属于同一连接区段。同一连接区段内,纵向钢筋搭接接头面积百分率为该区段内有搭接接头的纵向受力钢筋截面面积与全部纵向受力钢筋截面面积的比值。

(6) 同一连接区段内,纵向受拉钢筋搭接接头面积百分率应符合设计要求;当设计无具体要求时,应符合下列规定:

1) 对梁类、板类及墙类构件,不宜大于25%。
2) 对柱类构件,不宜大于50%。
3) 当工程中确有必要增大接头面积百分率时,对梁类构件,不应大于50%;对其他构件,可根据实际情况放宽。
4) 纵向受力钢筋绑扎搭接接头的最小搭接长度应符合表5-1的规定。

纵向受拉钢筋的最小搭接长度　　表5-1

钢筋类型		混凝土强度等级			
		C15	C20~C25	C30~C35	≥C40
光圆钢筋	HPB235级	45d	35d	30d	25d
带肋钢筋	HRB335级	55d	45d	35d	30d
	HRB400级、RRB400级	—	55d	40d	35d

注:两根直径不同钢筋的搭接长度,以较细钢筋的直径计算。

2.6.1.3 在墙柱钢筋绑扎前,需对下层墙或柱顶端的混凝土软弱层或浮浆进行剔除,进行剔凿作业前,首先要将需要剔除的部位标示清楚,在保证质量要求的同时,尽量减少剔凿量,减少固体废弃物的产生。剔凿前,要将需要剔凿的部位用水充分湿润,但也不宜过多,以表面不产生明水为宜,减少水资源消耗,同时减少污水的排放。剔凿时宜采用小型切割机等配合,减少噪声及粉尘的排放。剔凿产生的洒落地面的泥浆及混凝土碎块时要及时进行清理,每天完工后将地面的垃圾清扫装袋,运至指定垃圾处理处处置。

2.6.1.4 柱钢筋浇筑混凝土前用内径30、35cm,长度不短于60cm的PVC套管(周转使用)保护,以防浇筑混凝土污染钢筋。混凝土凝结前取下套管,用抹布在小桶里沾水把钢筋上的混凝土擦干净。清理用抹布应放置在专用工具桶中重复使用,不得将使用后的工具随意丢弃,增加垃圾的产生。

2.6.1.5 每段绑扎完毕后,清理干净,多余钢筋,绑丝垫块回收放置在仓库中,不准随地乱放。人为产生固体废弃物且造成资源浪费。现场操作中严禁私自割断钢筋。注意材料节约使用。

2.6.1.6 水泥水化的高碱度(pH>12.5),使钢筋表面形成纯化膜,是混凝土能保护钢筋的主要依据与基本条件。任何削弱或丧失这个条件的因素,都将促使钢筋锈蚀,影响混凝土的耐久性。

2.6.1.7 混凝土的密实性与钢筋表面混凝土保护层的厚度,对保护钢筋起着关键作用。钢筋保护层尺寸控制是否准确及钢筋位置是否满足设计要求,是保护钢筋,防止钢筋被锈蚀的一项重要保证手段。也是存在问题较多和不易控制的问题。在钢筋保护层控制及定位措施上,可采取塑料垫块控制保护层厚度。塑料垫块分为板、墙两种,根据不同钢筋直径采用工厂化生产,可以保证尺寸完全统一且控制在保护层允许的偏差范围之内。

2.6.2 钢筋焊接作业

2.6.2.1 采用钢筋气压焊时,其施工技术条件和质量要求应符合规定。避免由于质量问题返工,造成资源浪费。钢筋气压焊时,工人应控制焊接时烧炙时间,并控制时间不得过长,防止钢筋接头过烧,产生流坠或其他质量问题,造成资源浪费。

2.6.2.2 当受力钢筋采用焊接接头时,设置在同一构件内的接头宜相互错开。钢筋连接接头应满足以下规定,以防钢筋接头过分集中,造成结构成品局部性能降低,在使用中或遇地震等紧急情况下,结构局部破坏,造成极大的经济损失,甚至造成人身伤害。

(1) 纵向受力钢筋焊接接头连接区段的长度为 $35d$(d 为纵向受力钢筋的较大直径)且不小于 500mm,凡接头中点位于该连接区段长度内的接头均属于同一连接区段。同一连接区段内,纵向受力钢筋焊接的接头面积百分率为该区段内有接头的纵向受力钢筋截面面积与全部纵向受力钢筋截面面积的比值。

(2) 同一连接区段内,纵向受力钢筋的接头面积百分率应符合设计要求;当设计无具体要求时,应符合下列规定:

1) 在受拉区不宜大于 50%。

2) 接头不宜设置在有抗震设防要求的框架梁端、柱端的箍筋加密区;当无法避开时,采用对等强度高质量机械连接接头,不应大于 50%。

3) 直接承受动力荷载的结构构件中,不宜采用焊接接头;当采用机械连接接头时,不应大于 50%。

2.6.3 钢筋机械连接接头性能等级的选定

2.6.3.1 混凝土结构中要求充分发挥钢筋强度或对接头延性要求较高的部位,应采用 A 级接头。

2.6.3.2 混凝土结构中钢筋受力小或对接头延性要求不高的部位,可采用 B 级接头。

2.6.3.3 非抗震设防和不承受动力荷载的混凝土结构中钢筋只承受压力的部位,可采用 C 级接头。

2.6.4 钢筋螺纹连接作业

2.6.4.1 连接套材料采用 45 号碳素钢,连接套的屈服承载力和抗拉承载力不小于被连接钢筋屈服承载力和抗拉承载力标准值的 1.10 倍。连接套进厂时应有产品合格证,厂方负责提供有效的型式检验报告,进厂后应进行工艺检验合格后方可使用。连接套不能有严重锈蚀、油脂等产生环境影响的缺陷或杂物。

(1) 经检验合格的连接套,应有明显的规格标记,一端孔应用密封盖扣紧。

(2) 钢筋调直、除锈、断料、成型、直螺纹套丝等均在现场指定区域内加工。

2.6.4.2 钢筋套丝加工时,在套丝机两侧应设置挡板,挡板高度应超过套丝机高度20cm为宜,宽度超过套丝机两侧各20cm为宜。挡板可采用1cm多层板或1mm厚铁板制作。防止在钢筋加工过程中切削下来的铁屑四处飞溅,污染土壤。

2.6.4.3 每个工作班结束后,应对洒落地面的铁屑进行清理回收。集中收集后运至垃圾存放处处置。

2.6.4.4 在滚轧钢筋直螺纹使用水溶性切削润滑液时,润滑液应采用专用容器储存。引流的导管应密封良好,一旦发现渗漏、老化现象,应及时更换,避免润滑液滴漏污染土壤。流下的润滑液应汇集流入套丝机下的接油盘内,可回收再次利用。润滑液不得无组织的四处溢流,对四周的土壤造成污染。

2.6.4.5 钢筋断头加工完成后,应立即用干抹布将端头表面的润滑剂擦拭干净,未擦拭的钢筋不得与成品钢筋混放,避免残留的润滑液污染其他成品钢筋及土壤。使用的抹布应在工具箱中存放,禁止随意丢弃。废弃的抹布应放置于不可回收废弃物中处置。

2.6.5 钢筋套筒冷挤压作业

2.6.5.1 钢筋挤压设备由压接钳、超高压泵站及超高压胶管等组成。对冷挤压设备,要注意按要求进行设备维护,防止对环境产生影响,具体要求如下:

(1) 超高压泵站对油的清洁度要求较高。在使用过程中,一般需要两个月对油过滤一次,同时对设备进行清洗。在环境温度较高或使用较为频繁的情况下,每5~6个月要更换一次液压油,并对设备进行一次大修,保证设备使用的可靠性。密封圈在高温环境下易老化和损坏,因此在清洗和检修时要及时更换。

(2) 现场施工中,特别是设备使用前后的拆装过程中,超高压油管两端的接头及压接钳、换向阀的进出油接头,一定要保持清洁,及时用专用防尘帽封好。超高压油管的弯曲半径不得小于250mm,扣压接头不得扭转,更不得死弯。

(3) 对油泵的清理应在施工现场外进行,操作时地面应铺垫塑料布,清理废弃的油污应集中收集在桶中,集中交由有资质的单位回收。

2.6.5.2 当钢筋连接采用冷挤压工艺时,在使用过程中要注意以下几点:

(1) 冷挤压机下面铺木板,以防机器漏油污染钢筋及地面。

(2) 开机前一定要检查高压油管接头是否拧紧,且严禁在未接高压油管的情况下开机,防止液压油从换向阀油嘴处喷出。

(3) 更换油管时,拿油管注意不要使管接头朝下,防止油管里的油洒到钢筋或地面上。

(4) 移动挤压机泵站时,不要倾斜着抬或吊移,防止液压油从注油孔处流出。

(5) 使用过程中发现高压油管出现起鼓、管接头处渗漏油等情况,应即时更换油管。

(6) 拆卸油管时最好先换换向阀处的油管,不允许把压接器上的油管拆下后把油管甩到地上,防止发生虹吸现象,把油箱里的液压油通过油管吸到外面污染土壤。

(7) 发现设备漏油,应即时处理或找维修人员修理。钢筋套丝加工时,在套丝机两侧应设置挡板,挡板高度应超过套丝机高度20cm为宜,宽度超过套丝机两侧各20cm为宜。挡板可采用1cm多层板或1mm厚铁板制作。防止在钢筋加工过程中切削下来的铁屑四处飞溅,污染土壤。

2.6.6 钢筋连接接头

2.6.6.1 钢筋连接件的混凝土保护层厚度宜满足国家现行标准《混凝土结构设计规范》中受力钢筋混凝土保护层最小厚度的要求,且不得小于15mm,连接件之间的横向净距不宜小于25mm。

2.6.6.2 受力钢筋机械连接接头的位置应相互错开。在任一接头中心至长度为钢筋直径35倍的区段范围内,有接头的受力钢筋截面面积占受力钢筋总截面面积的百分率应满足下列要求:

(1) 受拉区的受力钢筋接头百分率不宜超过50%。

(2) 接头宜避开有抗震设防要求的框架的梁端和柱端的箍筋加密区。当无法避开时,接头应采用A级,且接头百分率不应超过50%。

2.6.6.3 当对具有钢筋接头的构件进行试验并取得可靠数据时,接头的应用范围可根据工程实际情况进行适当调整。

2.6.7 夜间进行钢筋施工,现场所设置照明灯灯具,照明范围应集中在施工区域,大型照明灯具安装要有俯射角度,要设置挡光板控制照明光的照射范围,禁止灯具照射周围住宅,避免对居民造成光污染。

2.6.8 钢筋绑扎所使用的绑扎丝以及塑料垫块、混凝土垫块等,应做到材料随用随领,每天施工完成后将剩余材料回收,以再次利用,禁止将剩余材料随意丢弃,浪费资源,产生污染。

2.6.9 应急响应措施

2.6.9.1 在钢筋焊接作业中,现场管理人员应针对焊渣引燃外防护网等紧急情况,或钢筋采用氧气—乙炔切割时发生火灾事故的紧急情况,配备适宜的应急设施,制定应急预案,避免火灾引发爆炸事故,加大对环境的污染。

2.6.9.2 现场技术人员应根据施工规模,编制详细的应急预案,并按《建筑物灭火器配备设计规范》的要求确定作业场地的危险等级、火灾种类,配备足够数量有效灭火器设备。原则上,每200m² 配备不少于一个手提式灭火器。有条件的项目可根据施工进度,配置消防管及消火栓。

2.6.9.3 在现场进行焊接或钢筋切割作业前,操作班组向项目副经理申请,开具动火证。施工时,应安排专人进行火灾险情看护,并在动火部位四周采用铁板进行防护,防护面积和范围应能够有效遮挡焊渣的飞溅。

2.6.9.4 现场应组织义务消防队,消防队的人员应固定,并明确人员的职责。同时,应规定在发生紧急情况下的报告程序。对消防队员应进行培训,使每个成员能够熟练掌握消防器材的使用要求。消防队应定期进行演练(工程开工前进行一次,在结构施工期间,每季度进行一次)。

2.6.9.5 对于用于应急准备的消防器材,在每月进行的安全检查中,应检查器材的完好程度,包括灭火器的工作压力,消火栓的开启灵活性,消防水压等,一旦发现异常情况及时更换或找专业人员进行维修。

2.6.9.6 当发现火情处于初始阶段时,组织义务消防队和有关人员及时灭火,控制火情,防止事态恶化污染环境。

2.7 监测要求

2.7.1 钢筋绑扎连接

2.7.1.1 主体结构施工时,每月对施工中噪声排放监测一次,日常应每天进行监听,异常情况应加密检测次数。监测应使用鉴定合格的声级计,监测标准按照《建筑施工场界噪声限值》的相关规定执行。如连续3天噪声排放超过国家标准规定,应进行系统检查分析,检修设备或增加隔声屏高度及厚度。

2.7.1.2 每班施工结束后,应对施工操作现场进行检查清理,将剩余的材料集中回收入库,减少材料浪费。

2.7.1.3 每班结束后,将现场洒落的垃圾分类集中处置。确保操作面干净、整齐、无浮尘。避免在后续施工中产生扬尘及其他污染物,对环境造成污染。

2.7.2 钢筋焊接连接

2.7.2.1 进行钢筋焊接作业时,每完成一个混凝土构件(梁、柱)的钢筋焊接作业,应及时将钢筋接头表面的焊渣和焊药进行清理,将洒落的焊渣和焊药及时收集装袋;每班施工结束后,应对地面洒落的焊渣和焊药进行清理,将残余的垃圾集中收集处理。

2.7.2.2 在每班施工过程中,对焊光、焊烟的排放情况进行监测,当发现排放超标时,应调整防护设施。

2.7.2.3 每班结束后,将现场洒落的垃圾分类集中处置。确保操作面干净、整齐、无浮尘。避免在后续施工中产生扬尘及其他污染物,对环境造成污染。

2.7.3 钢筋机械连接

2.7.3.1 钢筋螺纹连接

(1) 在进行钢筋镦粗及钢筋套丝作业时,每月对施工中噪声排放进行监测一次,每天监听,发现异常情况应加密检测次数。当超标时,对机械进行检查,保证机械工作状态。增加隔声材料厚度或更换其他隔声材料,避免噪声对环境的污染。

(2) 对接油盘每班作业前目测一次,当接油盘存油达到距槽帮10mm时或当日工作完成时进行清理,防止盘内存油溢出污染土地。

2.7.3.2 钢筋套筒冷挤压连接

在进行钢筋套筒冷挤压作业时,每班对油泵及胶管的工作情况进行监测一次,目测是否有渗漏现象,当发现设备漏油时,及时对设备进行检修。

3 钢筋植筋施工

3.1 作业流程

设备准备→钻孔→清孔→填胶粘剂→植筋→凝胶→检查→清理。

3.2 环境因素

3.2.1 植筋钻孔作业中,钻机产生的噪声排放,扬尘排放,废水排放,电的消耗等。

3.2.2 植筋过程中,结构胶的滴漏,结构胶包装袋的处置等。

3.3 人员要求

3.3.1 由于钢筋植筋施工中,涉及到的环境因素较多,操作人员必须经过相关专业知识的培训,熟悉操作中的技术要求和相关环境要求,持证上岗。

3.3.2 操作人员应掌握相关的环境控制方法,了解钻孔操作中噪声及粉尘排放控制措施、有毒废弃物处置要求等控制方法。

3.4 材料要求

钢筋植筋施工所用的胶粘剂应按规范要求检验合格,才准使用,验收后应存于库内,防止变质,过期浪费。

3.5 设备设施要求

3.5.1 钢筋植筋的设备主要有:冲击钻(成孔用)、吸尘器等。

3.5.2 钢筋植筋钻孔时,操作面四周应采用隔声屏进行隔声围挡,降低噪声的排放。

3.5.3 钢筋植筋施工操作面上应采用彩条布或塑料布等进行覆盖,避免钻孔时产生的粉尘及污水污染土壤。

3.5.4 植筋操作工人必须佩戴口罩、耳塞、手套等个人劳动防护用品。

3.6 过程控制

3.6.1 在对混凝土植筋钻孔前,应对需钻孔的混凝土表面进行充分湿润,减少在钻孔时产生的粉尘。

3.6.2 在钻孔过程中,如目测扬尘高度在1m以上,应采取降尘措施,可采用手动喷雾器喷雾,至目测无扬尘停止。也可采用除尘罩或其他方式降尘。

3.6.3 在钻孔施工中,应在冲击钻上作出标记,以控制成孔深度,在保证质量的同时,减少粉尘及废弃物的排放。

3.6.4 在钻孔操作中,应严格控制每班的操作时间,严禁操作工人长时间进行钻孔作业。应以每班2h轮换操作,避免工人长期处于噪声及粉尘环境,导致职业病的产生。

3.6.5 在进行清孔作业时,宜采用工业吸尘器吸取孔中的残渣,不宜采用空压机等吹孔。吸尘器清孔后,可再用清孔刷清孔,以保证质量。

3.6.6 使用植筋注射器从孔底向外均匀地把适量胶粘剂填注孔内,用胶量应进行严格计算控制。按顺时针方向把钢筋平行于孔洞走向轻轻植入孔中,直至插入孔底,胶粘剂溢出。溢出的胶粘剂应立即采用湿抹布擦拭干净。

3.6.7 植筋施工结束后,胶粘剂的包装袋及擦拭用废抹布应临时集中回收,统一交由厂家回收处理,处理应符合有毒有害废弃物的处理要求,不得与其他建筑垃圾混放。

3.7 监测要求

3.7.1 在进行钢筋植筋作业时,每月对施工中噪声排放进行监测一次,每天监听,发现异常情况应加密检测次数。当超标时,应增加隔声材料厚度或更换其他隔声材料,避免噪声对环境造成影响。

3.7.2 对地面浮尘进行目测监视,当扬尘高度超过0.5m时,应进行处理。每班结束或交接班时,对地面浮尘及其他废弃物集中清理一次。

第6章 混凝土工程

0 一般规定

0.1 本节混凝土工程施工主要包括房屋建筑工程基础、主体结构混凝土工程施工，市政桥梁工程混凝土施工等，同时涉及混凝土拌制、运输、浇筑、养护等各工序。

0.2 混凝土工程施工用水尽量使用循环用水，减少水资源的消耗。

0.3 规划市区内的施工现场用混凝土应选用预拌商品混凝土，城区内混凝土施工，当混凝土使用方量超过 $100m^3$，应当使用预拌商品混凝土。

0.4 施工单位在编制专项施工方案时，应有施工环境保护、能源消耗节约、资源合理利用和施工人员安全与健康防护的有效措施。工程开工前，应编制详尽的施工技术交底或作业指导书。

0.5 现场混凝土搅拌机、混凝土输送泵应进行有效封闭，使噪声对外界排放达标。

0.6 混凝土振捣应选用低噪声振捣棒，从声源上降低噪声的产生。

0.7 混凝土拌制前应对原材料及配合比进行设计，所使用外加剂应符合国家有关环保要求。

0.8 现场搅拌混凝土及砂浆用水泥应在专用水泥库房存放。现场砂石料应覆盖存放，防止大风扬尘。

0.9 现场混凝土及砂浆搅拌应有喷淋降尘措施。

0.10 项目部在施工过程中，要制定节能措施。

1 混凝土拌制

1.1 作业流程

混凝土配合比设计→砂、石、水泥等原材料输送→原材料计量→原材料混合→搅拌→出料→清理。

1.2 环境因素

1.2.1 水泥、砂石等物料运输过程中产生的扬尘，运输车辆尾气的排放及噪声的排放，运输车辆在道路上遗洒等。

水泥、砂石等物料在储存过程中，遇大风天气，产生的扬尘。

砂、石等材料在现场进行过筛作业，产生的扬尘及固体废弃物；砂石等清洗作业产生的污水。

1.2.2 混凝土搅拌过程中，搅拌机械噪声的排放，物料运输过程中产生的遗洒及扬尘，下料及搅拌过程中粉尘的排放。

混凝土搅拌作业完成后，冲洗搅拌机械产生的污水，搅拌过程中，水电资源的消耗等。

1.2.3 冬期施工使用尿素、硝铵使用时，有害气体排放污染环境。

1.2.4 突然停电停水,造成混合料失效,浪费材料。

1.3 原材料控制要求

1.3.1 水泥

1.3.1.1 水泥进场时应对其品种、级别、包装或散装仓号、出厂日期等进行检查,并应对其强度、安定性及其他必要的性能指标进行复验,其质量必须符合现行国家标准《硅酸盐水泥、普通硅酸盐水泥》GB 175等的规定。

水泥应按照作业进度及计划,随进随用,减少库存。水泥储存时间不应超过三个月。当在使用中对水泥质量有怀疑或水泥出厂超过三个月(快硬硅酸盐水泥超过一个月)时,应进行复验,并按复验结果使用。

预应力混凝土结构中,严禁使用含氯化物的水泥。

混凝土拌制用水泥,应采用有资质厂家供应,水泥材质应符合国家标准。

拌制混凝土常用的水泥有五种:硅酸盐水泥、普通硅酸盐水泥、矿渣硅酸盐水泥、火山灰硅酸盐水泥和粉煤灰硅酸盐水泥等。

在拌制混凝土时,应考虑选用适用的水泥品种。在保证施工质量的同时,节约资源,减少对环境的影响。

1.3.1.2 现场用水泥应放入库内保存,水泥库应防雨、防潮,入库的水泥应按照品种、强度等级、出厂日期分别堆放,并做标志。做到先到先用,并防止混掺混用。

为防止水泥受潮变质,造成资源浪费,同时产生额外固体废弃物对土壤及水源造成污染。水泥在库中存放时,应离地面30cm架空存放,离墙亦应在30cm以上。堆放高度一般不应超过10包。临时露天暂存的水泥也应用防雨棚布盖严,底板要垫高,并采取防潮措施,一般可用油纸或油布铺垫。

对于受潮水泥经鉴定后应在保证质量的情况下降级使用,尽量减少资源的浪费。

1.3.1.3 混凝土搅拌站用散装水泥,应采用散装水泥专用车辆运输,水泥采购应按照计划随进随用,减少库存。

施工现场应采用袋装水泥,水泥运输车辆应苫盖密闭,以防扬尘遗洒,水泥装卸时,工人应轻拿轻放,减少扬尘,同时装卸工人应佩戴防尘口罩及其他劳动防护用具。

1.3.2 砂、石

1.3.2.1 砂

普通混凝土所用的细骨料的质量应符合国家现行标准《普通混凝土用砂质量标准及检验方法》JGJ 52的规定。检查进场复验报告。

混凝土拌制用砂,应采用中砂,严禁使用细砂和粉砂,砂石采集应按照国家和地方有关规定,禁止随意采集对河道和环境造成破坏。

混凝土拌制用砂含泥量应符合国家有关标准。砂中含泥量限值见表6-1。

砂中有害物质包括云母、轻物质、有机物、硫化物及硫酸盐等,其含量符合表6-2规定。

对重要工程混凝土使用的砂,应进行骨料的碱活性检验。经检验判断有潜在危险时,可采用掺入能抑制碱-骨料反应的掺合料。

砂、石等材料现场堆放应拍实,表面覆盖草帘被或苫布,禁止敞开堆放。

砂中含泥量限值　　　　　　　　　　　表6-1

混凝土强度等级	大于或等与C30	小于C30
含泥量（按重量计%）	≤3.0	≤5.0（有抗冻、抗渗要求的混凝土，不大于3.0）

注：对于抗冻、抗渗或其他特殊要求的混凝土用砂，含泥量应不大于3%。砂中含泥量超标会对混凝土质量造成影响。同时清洗搅拌用砂造成大量水资源浪费，同时产生的含泥污水会对土壤及地下水源造成污染。

砂中有害物质限值　　　　　　　　　　表6-2

项　目	质量指标
云母含量（按重量计%）	≤2.0（有抗冻、抗渗要求的混凝，不大于1%）
轻物质含量（按重量计%）	≤1.0
硫化物及硫酸盐含量（按重量计%）	≤1.0
有机物含量（用比色法试验）	颜色不应深于标准色

1.3.2.2 石

普通混凝土所用的粗骨料的质量应符合国家现行标准《普通混凝土用碎石或卵石质量标准及检验方法》JGJ 53的规定。检查进场复验报告。

注：1. 混凝土用的粗骨料，其最大颗粒粒径不得超过构件截面最小尺寸的1/4，且不得超过钢筋最小净间距的3/4。
　　2. 对混凝土实心板，骨料的最大粒径不宜超过板厚的1/3，且不得超过40mm。

混凝土拌制用石含泥量应符合国家有关标准，见表6-3。

砂中含泥量限值　　　　　　　　　　　表6-3

混凝土强度等级	大于或等与C30	小于C30
含泥量（按重量计%）	≤1.0	≤2.0（有抗冻、抗渗要求的混凝土，不大于1.0）

混凝土拌制用石中含泥量超标同样会对混凝土质量造成影响。同时在石子干燥状态下运输，会增加粉尘的排放。清洗搅拌用石会造成大量水资源浪费，产生的含泥污水会对土壤及地下水源造成污染。

碎石或卵石中有害物质有硫化物和硫酸盐，有害物质含量应符合表6-4规定。

碎石或卵石中有害物质限值　　　　　　表6-4

项　目	质量指标
硫化物及硫酸盐含量（按重量计%）	≤1.0
有机物含量（用比色法试验）	颜色不应深于标准色

混凝土工程中使用的碎石或卵石应进行碱活性检验，经检验判断有潜在危险时，可采用掺入能抑制碱-骨料反应的掺合料。

石子运输及储存要求,参照砂的要求进行控制。

1.3.3 水

1.3.3.1 一般符合国家标准的生活饮用水,可直接应用于拌制各种混凝土,地表水和地下水在首次使用前,应按照有关标准进行检验后方可使用。水质应符合国家现行标准《混凝土拌合用水标准》JGJ 63 的规定。

海水可用于拌制素混凝土,位于海边并取水方便的工程可部分利用海水搅拌非重要部位的素混凝土,但不得用于拌制钢筋混凝土、预应力混凝土以及有饰面要求的混凝土。但采用海水时,应注意产生的污水回收利用以及排放,污水应经过两级沉淀池沉淀后并监测,达到规定标准后二次利用或排入市政管道。严禁直接将混凝土施工中产生的污水直接排入海水中,造成对近海污染。

如在取水源或风景名胜区施工时,污水排放必须达到国家一级或二级排放标准,并经当地环卫部门检测,确认达标后,才允许排放;不能达标时,应用专门容器将废水拉到附近污水处理厂排放。

1.3.3.2 混凝土生产厂及商品混凝土厂设备的洗刷水,可作为拌和混凝土的部分用水。但要注意洗刷水所含水泥和外加剂品种对所拌和混凝土的影响。并且最终拌合水中氯化物、硫酸盐及硫化物的含量应满足规定。

现场混凝土搅拌用水宜尽量选用经外部检测的循环回收用水,尽量节约水资源。

1.3.3.3 混凝土搅拌用水质量要求应符合表 6-5 的要求,氯、硫等各种离子的含量应符合规定,离子数量超标会造成在混凝土长期硬化过程中,与水泥及钢筋产生长期的化学作用,降低混凝土的强度及耐久性,同时长期的化学作用可能产生有害气体,对环境造成影响。

混凝土搅拌用水质量要求　　　　表 6-5

项 目	预应力混凝土	钢筋混凝土	素混凝土
pH 值	>4	>4	>4
不溶物(mg/L)	<2000	<2000	<5000
可溶物(mg/L)	<2000	<5000	<10000
氯化物(mg/L)	<500	<1200	<3500
硫酸盐(以 SO_3^- 计)(mg/L)	<600	<2700	<2700
硫化物(以 S^{2-} 计)(mg/L)	<100	—	—

1.3.3.4 混凝土拌和用水的技术要求:

为保证混凝土质量,避免资源的浪费,所用于拌和混凝土的拌和用水所含物质对混凝土、钢筋混凝土和预应力混凝土不应产生以下有害作用:

影响混凝土的和易性和凝结;有损于混凝土的强度发展;降低混凝土的耐久性,加快钢筋腐蚀及导致预应力钢筋脆断;污染混凝土表面。

1.3.4 矿物质混合料及粉煤灰

矿物掺合料,指以氧化硅、氧化铝为主要成分,在混凝土中可以代替部分水泥、改善混凝土性能,且掺量不小于5%的具有火山灰活性的粉体材料。

矿物掺合料是混凝土的主要组成材料,它起着根本改变传统混凝土性能的作用。在高性能混凝土中加入较大量的磨细矿物掺合料,可以起到降低温升,改善工作性,增进后期强度,改善混凝土内部结构,提高耐久性,节约资源等作用。其中某些矿物细掺合料还能起到抑制碱–骨料反应的作用。

不同的矿物掺合料对改善混凝土的物理、力学性能与耐久性具有不同的效果,应根据混凝土的设计要求与结构的工作环境加以选择。

1.3.4.1 粉煤灰

在进行混凝土配合比设计时,应尽量设计掺入粉煤灰替代部分水泥。这样,既可以有效利用粉煤灰等工业废料,同时可节约水泥等资源。建设部将此项技术作为十项新技术进行推广。

(1) 粉煤灰品质指标

粉煤灰按其品质分为Ⅰ、Ⅱ、Ⅲ三个等级。其品质指标应满足表6–6的规定。这些指标用于一般工业与民用建筑结构和构筑物中掺粉煤灰的混凝土和砂浆。

粉煤灰品质指标　　　　　　　　　　表6–6

序号	指　　　标	粉　煤　灰　级　别		
		Ⅰ	Ⅱ	Ⅲ
1	细度(0.045mm方孔筛的筛余)不大于	12	20	45
2	烧失量(%)不大于	5	8	15
3	需水量比(%)不大于	95	105	115
4	三氧化硫(%)不大于	3	3	3
5	含水率(%)不大于	1	1	不规定

(2) 粉煤灰验收

混凝土中掺用矿物掺合料的质量应符合现行国家标准《用于水泥和混凝土中的粉煤灰》GB 1596等的规定。矿物掺合料的掺量应通过试验确定。需检查出厂合格证和进场复验报告。

为保证混凝土搅拌中掺入粉煤灰的质量,避免由于粉煤灰质量不合格,导致拌和后的混凝土达不到规定的质量要求,造成资源浪费。粉煤灰的供货方应按规定对粉煤灰进行批量检验,并签发出厂合格证,其内容包括:

厂名和批号;合格证编号及日期;粉煤灰的级别及数量;检验结果。

检验批以一昼夜连续供应200t相同等级的粉煤灰为一批,不足200t者按一批计。

每批粉煤灰必须按有关试验方法的要求,检验细度和烧失量,有条件时,可加测需水量比,其他指标每季度至少检验一次。

检验后,若粉煤灰符合有关要求的为合格品;若其中任一项不符合要求时,则应重新从同一批中加倍取样,进行复检。复检仍不合格时,则该批粉煤灰应降级处理。

(3) 运输和储存

粉煤灰散装运输时,粉煤灰运输车辆应采用密闭式,防止运输过程中遗洒,污染环境。干粉煤灰宜储存在有顶盖的料仓中。料仓底部应采用水泥抹平压光,并应防水防潮。

1.3.4.2 其他矿物质填料

混凝土拌制中掺入的其他矿物质填料包括:粒化高炉矿渣粉、沸石粉、复合及其他矿物掺合料。

其他矿物质填料的环境管理要求与粉煤灰要求相同。

1.3.4.3 水泥矿物掺合料对外加剂适应性的影响

在水泥中同时掺入矿物质填料和外加剂时,会对外加剂的作用产生一定的影响,在使用时应加以注意,并选择合适优质的矿物质填料,增强与外加剂的适应性,避免出现混凝土最终质量问题,造成资源浪费。

使用粉煤灰作为掺合料时,必须严格控制粉煤灰的质量,特别是粉煤灰中的含碳量,因碳素对外加剂的吸附作用大。含碳量过大,吸附外加剂过多,影响外加剂的使用效果。所以水泥与外加剂的适应性与粉煤灰质量即含碳量有关。一级粉煤灰含碳量最低,对适应性没有影响,二级粉煤灰一般对适应性影响不大,但二级粉煤灰中颜色较深,含碳量较高,接近三级粉煤灰的指标时,将对外加剂的使用带来不利影响。三级粉煤灰在商品混凝土中一般不能使用。

1.3.5 外加剂

1.3.5.1 外加剂的选择

在混凝土配合比设计中,外加剂是混凝土中十分重要的一项组成成分,掺入不同的外加剂能够改变混凝土的性能。选择外加剂的品种,应根据使用外加剂的主要目的,通过技术经济比较确定。外加剂的掺量,应按其品种并根据使用要求、施工条件、混凝土原材料等因素通过试验确定。

(1) 外加剂按照使用功能分为:减水剂、引气剂、缓凝剂、早强剂、防冻剂、泵送剂、膨胀剂、速凝剂、阻锈剂、着色剂、养护剂、脱模剂等。应用十分广泛。

(2) 在外加剂选用时,应注意对外加剂的一些要求。

外加剂的品种应根据工程设计和施工要求选择,通过试验及技术经济比较确定。

外加剂掺入混凝土中,在混凝土长期硬化反应的过程中,尽量不会对人体产生危害,不会对环境产生污染。

不同品种外加剂复合使用,应注意其相容性及对混凝土性能的影响,使用前应进行试验,满足要求方可使用。

含尿素、氨类等有刺激性气味成分的外加剂,不得用于房屋建筑工程中。

混凝土外加剂中含有的游离甲醛、游离萘等有害身体健康的成分含量应符合国家有关标准的规定;用于饮水工程及与食品相接触的部位时;混凝土外加剂应进行毒性检测;混凝土外加剂掺入后,不应对周围环境及大气产生污染,应符合环保要求。

混凝土外加剂的包装除符合《混凝土外加剂》GB 8076 中有关要求外,还应标明其在使用中的注意事项以及必要的安全措施,即是否含有苛性碱、毒性或腐蚀性。

在住宅工程混凝土外加剂选用时,特别是在冬期施工,混凝土拌制中加入防冻剂时,应注意选用有机化合物类防冻剂,禁止选用含有硝胺、尿素等有害成分的防冻剂,此类防冻剂能够长时间产生氨气及其他刺激性气体,对环境造成持续污染。同时禁止使用含有六价铬盐、亚硝酸盐等有害成分的防冻剂,此类防冻剂能够产生有毒物质,溶于水后对土壤及水源造成污染。

(3) 在选择外加剂时,为避免产生外加剂在混凝土硬化过程中,发生化学反应,增加额外的环境因素,外加剂应遵守以下的特别规定:

1) 碱含量的限制规定:

为了有效预防混凝土碱骨料反应发生所造成的危害,对于掺入混凝土的外加剂的碱总量($Na_2O + 0.658K_2O$)加以规定,由化学外加剂带入混凝土工程中的碱总量防水类应小于等于 0.7kg,非防水类应小于等于 1.0kg。

化学外加剂带入混凝土的碱总量计算方法:首先按照每立方米混凝土 400kg 水泥计算化学外加剂的用量 M(kg),如外加剂碱含量为 $R\%$,则带入每立方米混凝土的碱总量即为 $M \times R\% \times 100$。

按照中国工程建设标准化协会颁布的《混凝土碱含量限值标准》规定,矿物外掺料带入混凝土的碱总量以有效含碱量计算。

2) 由于含氯外加剂掺入混凝土中会对混凝土中钢筋锈蚀产生不良影响,所以对外加剂的氯离子含量应加以严格控制,针对混凝土种类,其所选用的外加剂氯离子含量为预应力混凝土限制在 $0.02kg/m^3$ 以下,钢筋混凝土限制在 $0.02 \sim 0.2kg/m^3$,无筋混凝土限制在 $0.2 \sim 0.6kg/m^3$。

1.3.5.2 混凝土外加剂的材料要求

为保证混凝土外加剂的质量,确保在使用中,达到预期的效果,避免产生有害气体及其他环境影响,或对混凝土质量造成影响,浪费资源,在外加剂控制上,应满足以下规定:

选用的外加剂应有供货单位提供:产品说明书,出厂检验报告及合格证,掺外加剂混凝土性能检验报告。

外加剂运到工地(或混凝土搅拌站)必须立即取代表性样品进行检验,进货与工程试配时一致方可使用。若发现不一致时,应停止使用。外加剂应按不同供货单位、不同品种、不同牌号分别存放,标识应清楚。外加剂配料控制系统标识应清楚。计量应准确。计量误差为 ±2%。粉状外加剂应防止受潮结块,如有结块,经性能检验合格后,应粉碎至全部通过 0.63mm 筛后方可作用。液体外加剂应放置阴凉干燥处,防止日晒、受冻、污染、进水或蒸发,如有沉淀等现象,经性能检验合格后方可使用。

混凝土中掺用外加剂的质量及应用技术应符合现行国家标准《混凝土外加剂》GB 8076、《混凝土外加剂应用技术规范》GB 50119 等和有关环境保护的规定。

预应力混凝土结构中,严禁使用含氯化物的外加剂。钢筋混凝土结构中,当使用含氯化物的外加剂时,混凝土中氯化物的总含量应符合现行国家标准《混凝土质量控制标准》GB 50164 的规定。

混凝土中氯化物和碱的总含量应符合现行国家标准《混凝土结构设计规范》GB 50010 和设计的要求。应检查原材料试验报告和氯化物、碱的总含量计算书。

1.4 人员要求

1.4.1 混凝土搅拌操作人员应熟悉机械操作流程,持证上岗。

1.4.2 项目经理部应安排责任人员对混凝土拌制操作人员进行交底,使操作工人对混凝土搅拌中的技术要求熟练掌握。包括:混凝土搅拌时间控制,各种物料配合比等。现场混凝土配合比应挂牌注明。每班操作前,应对操作工人进行简单的技术及安全、环境交底。混凝土拌制应严格按照设计的配合比进行,对各种原材料精确计量,在保证质量的同时,注意资源节约。

1.4.3 操作人员应了解混凝土搅拌中环境因素的控制措施,如:搅拌过程中,搅拌机械噪声排放控制,粉尘的排放控制等。

1.4.4 操作人员应对设备的运转情况进行监测,发现异常情况及时进行检修,避免由于设备故障造成粉尘及噪声超标。同时在加工操作期间,教育工人随时注意加工机械是否运转正常,发现异常情况及时报告,找专人维修保养。

1.5 设备设施要求

1.5.1 常用混凝土搅拌机

搅拌机分类:常用的混凝土搅拌机按其搅拌原理主要分为自落式搅拌机和强制式搅拌机两类。由于自落式搅拌机能源消耗大、效率低、噪声大、对环境影响大,已逐渐被淘汰,强制式搅拌机相对自落式搅拌机,具有能源消耗小,效率高,噪声小、搅拌质量好等优点。因此,项目经理部在选用混凝土搅拌设备时,应尽量选用强制式混凝土搅拌机。

1.5.1.1 自落式搅拌机

这种搅拌机的搅拌鼓筒是垂直放置的。在搅拌过程中依靠拌合料自身的自重混合搅拌。能源消耗大、效率低、噪声大、对环境影响大,已逐渐被淘汰,仅适合搅拌少量零星混凝土。

1.5.1.2 强制式搅拌机

强制式搅拌机的鼓筒内有若干组叶片,搅拌时叶片绕竖轴或卧轴旋转,将材料强行搅拌,直至搅拌均匀。这种搅拌机的搅拌作用强烈,适宜于进行现场混凝土搅拌。具有搅拌质量好、搅拌速度快、生产效率高、操作简便及安全等优点。

1.5.2 现场可移动式混凝土搅拌站

在城市市区进行混凝土工程施工,不宜设置现场混凝土搅拌站,宜采用商品混凝土。现场设置混凝土搅拌站适用于场地宽阔,周围无社区、学校等受噪声干扰大的场所。现场搅拌站必须考虑工程任务大小、施工现场条件、机具设备等情况,因地制宜设置。同时,混凝土搅拌站一般宜采用流动性组合方式,使所有机械设备采取装配连接结构,做到拆装、搬运方便,有利于建筑工地转移,周转利用,有效的利用资源。搅拌站的设计应有相应的环境保护措施,物料提升输送全过程应进行封闭。

现场混凝土搅拌机应安装降噪设施,应采用隔声屏进行围挡,围挡应采用四面,围挡高度不低于1.8m。隔声屏材质应有效降低噪声向外部排放,降噪效果不低于30dB。

现场搅拌站一般由搅拌机、砂、石储料斗、光电控制磅秤、电器操纵箱、物料提升设备等组成。适用于工程分散、工期短、混凝土量不大的施工现场。

设置混凝土搅拌站的场地应采用混凝土硬化,厚度不少于10cm,表面应抹光,场地硬化面积应涵盖物料堆场及运输通道,减少在物料运输及混凝土运输过程中遗洒对环境造成的影响。

1.5.3 现场搅拌机安装

在市区进行零星混凝土搅拌,不搭设混凝土搅拌站时,可搭设临时搅拌房。待结构施工完成后拆除。现场搅拌设备应安装在防风雨的搅拌房内,搅拌房应兼起到隔声和降噪的作用。搅拌房可采用陶粒砌块砌筑,厚度不少于240mm,室内并应用水泥砂浆抹平,进一步降低噪声排放。

搅拌机工艺设备合格,上料系统合理有效运行,计量系统先进准确,并经计量检定合格,应采用能耗低、噪声低的搅拌设备。采用地磅或吊磅者,要安装平稳。必须采取保证计量准确,坚持昼夜班每车过磅和防止发生计量失控的有效控制措施。商品混凝土按有关规定执行。

现场混凝土搅拌机同时应安装降尘设施。当混凝土搅拌量较小时,可现场自行制作安装简易喷雾降尘设施,当混凝土搅拌量较大时,应安装电除尘设备。确保在混凝土搅拌过程中,粉尘的浓度达到标准。

现场安装简易喷雾降尘设施时,应在搅拌机进水口处,单独安装一根供水管,供水管可采用 DN20 镀锌钢管或塑料管制作。沿搅拌机搭设的搅拌房,布置在屋顶位置。在供水管顶端安装喷雾阀门。根据搅拌机防护棚尺寸大小,安装 1~2 个喷雾喷头,一般控制 5~10m^2 安装 1 个,10m^2 以上安装两个。喷雾喷头宜安装在搅拌机进料口前 40~60cm 处。高度距搅拌机进料口垂直高度 1m 左右。

喷雾阀门应控制喷雾水量的大小,喷雾水量应适中。以不形成明显水滴,并目视可见为宜。有条件的工程可安装粉尘监视设备,当混凝土搅拌过程中,粉尘浓度超过标准时,自动开启降尘设备,可同时达到除尘和节约能源的效果。

1.5.4 现场搅拌机的排污设施

在现场设置新搅拌站或搅拌机时,应同时考虑冲洗搅拌机产生污水的排放,在搅拌站(机)设置的邻近适宜位置设置沉淀池,从搅拌站(机)至沉淀池,设置排水沟,使冲洗搅拌机的污水可顺畅的排入沉淀池内。排水沟规格应满足设备的污水排放要求,确保在排水过程中不会溢出。一般深度不小于25cm,宽度不小于30cm,可用砌块砌筑,表面抹灰,也可采用混凝土浇筑。排水沟表面可加盖铁箅子,便于车辆通行,同时防止砖块、混凝土块等进入排水沟。

沉淀池设置的位置与搅拌机不宜过远,过远可能导致污水不能迅速排入沉淀池,一般以 5m 以内为宜,沉淀池的尺寸规格可按照下式进行估算:

$$V = L \times \sigma \qquad (m^3)$$

式中 V——沉淀池的容积单位(m^3);

L——搅拌机的出料容量,当采用两台或两台以上的搅拌机时,取搅拌机出料容量之和;

σ——系数,取 3~4,当沉淀池有其他用途,汇入其他污水时,取大值。

沉淀池可采用砌块,表面抹灰,也可采用混凝土浇筑。一般上口与地面齐平或稍低于地面。表面应加盖,防止固体杂物进入沉淀池,影响沉淀池的使用。沉淀池应安排有资质的厂家每周进行清掏,或当发现池底的沉淀的污物超过容量的1/3时,应通知厂家增加清掏,保证沉淀池的正常使用。

经沉淀池中沉淀后的污水,应尽量予以回收利用,可用于混凝土搅拌的部分用水或经外部检测后作为场区绿化、降尘用水。或经现场pH值检测,并目测无悬浮物后,经环保部门许可后排入市政管网。

1.6 过程控制要求

1.6.1 水泥、砂、石等物料运输

1.6.1.1 施工现场应采用袋装水泥,水泥运输车辆应苫盖密闭,以防扬尘遗洒,水泥装卸时,工人应轻拿轻放,减少扬尘,同时装卸工人应佩戴防尘口罩及其他劳动防护用具。

1.6.1.2 砂石运输车辆应覆盖,同时砂石填装高度不得超过车辆槽帮,防止在运输途中遗洒。

1.6.1.3 水泥、砂、石运输车辆出场要清扫或冲洗车轮和槽帮,以防带泥上路。清扫或冲洗应在专设的场地内进行,并确保洗车产生的污水能够顺畅的排入沉淀池中。

1.6.1.4 现场应安排人员进行天气情况的监测,遇大风、降雨等天气变化时,应及时采取措施,加强对物料堆场的覆盖。避免由于大风产生扬尘。同时,当风力大于四级时,停止水泥、砂、石等运输、装卸、过筛作业,避免产生扬尘。

1.6.2 混凝土配合比设计

混凝土配合比是保证混凝土质量的基础,配制混凝土拌合物的配合比必须准确,以保证设计要求的混凝土的强度等级和耐久性以及施工时和易性的要求。同时满足环保方面的要求。混凝土配合比设计,应对水泥、砂、石、外加剂、填料等主要成分进行合理搭配,通过试配确定最优配合比,达到水泥主要材料消耗量小,混凝土各项性能满足设计要求,混凝土有高耐久性,掺入外加剂不会释放出有害、有刺激性气味气体等。

1.6.2.1 混凝土配制强度设计应符合以下规定:

(1) 混凝土施工配合比,应根据设计的混凝土强度等级和质量检验以及混凝土施工和易性的要求确定,并应符合合理使用材料和经济的原则,尽量采用粉煤灰及矿物质填料替代水泥,减少对资源的消耗,对有抗冻、抗渗等要求的混凝土,尚应符合有关的专门规定。

(2) 普通混凝土和轻骨料混凝土的配合比,应分别按国家现行标准《普通混凝土配合比设计技术规程》和《轻骨料混凝土技术规程》进行计算,并通过试配确定。

(3) 混凝土的施工配制强度可按下式确定:

$$f_{cu,0} \geqslant f_{cu,k} + 1.645\sigma$$

式中 $f_{cu,0}$——混凝土的施工配制强度(MPa);

$f_{cu,k}$——设计的混凝土强度标准值(MPa);

σ——施工单位的混凝土强度标准差(MPa)。

(4) 混凝土的最大水灰比和最小水泥用量,应符合表6-7的规定。

1.6.2.2 泵送混凝土配合比,应符合下列规定:

骨料最大粒径与输送管内之比,碎石不宜大于1:3,卵石不宜大于1:2.5。通过0.315mm的筛孔的砂不应少于15%。砂率宜控制在40%~50%;

最小水泥用量宜为 300～550kg/m³；

混凝土的坍落度宜为 80～180mm；

混凝土内宜掺加适量的外加剂。

混凝土的最大水灰比和最小水泥用量　　　　表6－7

混凝土强度等级	最大水灰比	最小水泥用量(kg/m³)			
		普通混凝土		轻骨料混凝土	
		配筋	无筋	配筋	无筋
受雨雪影响的混凝土	不作规定	250	—	250	225
1.受雨雪影响的露天混凝土 2.位于水中或水位升降范围内的混凝土 3.在潮湿环境中的混凝土	0.70	250	225	275	250
1.寒冷地区水位升降范围的混凝土 2.受水压作用的混凝土	0.65	275	250	300	275
严寒地区水位升降范围内的混凝土	0.60	300	275	325	300

注：1. 本表中的水灰比，对普通混凝土系指水与水泥(包括外掺混合材料)用量的比值，对轻骨料混凝土系指净用水量(不包括轻骨料 1h 吸水量)与水泥(不包括外掺混合材料)用量的比值；

2. 本表中的最小水泥用量，对普通混凝土包括外掺混合材料，对轻骨料混凝土不包括外掺混合材料，当采用人工捣实混凝土时，水泥用量应增加 25kg/m³，当掺用外加剂且能有效地改善混凝土的和易性时，水泥用量可减少 25kg/m³；

3. 当混凝土强度等级低于 C10 时，可不受本表的限制；

4. 寒冷地区系指最冷月份平均气温在 －5～15℃ 之间，严寒地区系指最冷月份平均气温低于 －15℃；

5. 防水混凝土应符合现行国家标准《地下防水工程质量验收规范》GB 50208—2002 的有关规定；

6. 混凝土的最大水泥用量不宜大于 550kg/m³。

1.6.2.3 冬期混凝土施工外加剂的选用

冬期施工中，一般从结构类型、性质、施工部位以及外加剂使用的目的来选择外加剂。选择中应考虑：改善混凝土或砂浆的和易性，减少用水量，提高拌合物的品质，提高混凝土的早期强度；降低拌合物的冻结冰点，促使水泥在低温或负温下加速水化；促进早中期强度的增长，减少干缩性，提高抗冻融性；在保证质量的情况下，提高模板的周转速度，缩短工期，缩短或取消加热养护，降低成本；选择外加剂时要注意其对混凝土后期强度的影响、对钢筋的锈蚀作用及对环境的影响，如含氨的混凝土外加剂；冬期施工尽量不使用水化热较小的矿渣水泥等。

冬期施工所有的外加剂，其技术指标必须符合相应的质量标准，应有产品合格证。对已进场外加剂性能有疑问时，须补做试验，确认合格后方可使用。外加剂成分的检验内容包括：成分、含量、纯度、浓度等。常用外加剂的掺加量在一般情况下，可按有关规定使用。遇特殊情况时要根据结构类型、使用要求、气温情况、养护方法，通过试验确定外加剂的掺加量。

冬期施工搅拌混凝土和砂浆所使用的外加剂配置和掺加应设专人负责，认真做好记录。外加剂溶液应事先配成标准浓度溶液,再根据使用要求配成混合溶液。各种外加剂要分置于标识明显的容器内,不得混淆。每配置一批溶液,最少满足一天的使用量。外加剂使用时要经常测定浓度,注意加强搅拌,保持浓度均匀。

（1）在钢筋混凝土中掺用氯盐类防冻剂时,氯盐掺量按无水状态计算不得超过水泥重量的1%。掺用氯盐的混凝土必须振捣密实。

在下列钢筋混凝土结构中不得掺用氯盐:
1）在高湿度空气环境中使用的结构;
2）处于水位升降部位的结构;
3）露天结构或经常受水淋的结构;
4）与含有酸、碱或硫酸盐等侵蚀性介质相接触的结构;
5）使用冷拉钢筋或冷拔低碳钢丝的结构;
6）直接靠近直流电源的结构;
7）直接靠近高压电源(发电站、变电所)的结构;
8）预应力混凝土结构。

当采用素混凝土时,氯盐掺量不得大于水泥重量的3%。

（2）混凝土所用骨料必须清洁,不得含有冰、雪等冻结物及易冻裂的矿物质。在掺用含有钾、钠离子防冻剂的混凝土中,不得混有活性骨料。

防冻剂溶液的配制及防冻剂的掺量应符合有关规定:
严格控制混凝土水灰比,由骨料带入的水分及防冻剂溶液中的水分均应从拌合水中扣除;搅拌前,应用热水或蒸汽冲洗搅拌机,搅拌时间应取常温搅拌时间的1.5倍;混凝土拌合物的出机温度不宜低于10℃,入模温度不得低于5℃。

（3）掺用防冻剂混凝土的养护应符合下列规定:
1）在负温条件下养护,严禁浇水且外露表面必须覆盖;
2）混凝土的初期养护温度,不得低于防冻剂的规定温度,达不到规定温度时,应立即采取保温措施;
3）掺用防冻剂的混凝土,当温度降低到防冻剂的规定温度以下时,其强度不应小于3.5MPa;
4）当拆模后混凝土的表面温度与环境温度差大于15℃时,应对混凝土采用保温材料覆盖养护。

1.6.3 现场混凝土拌制基本要求

混凝土配制应严格按照法定检测单位提供的配合比进行,并应严格控制水灰比和混凝土的和易性及坍落度。拌制混凝土的强度等级必须符合设计的强度等级,并应符合《混凝土强度检验评定标准》JGJ 107和《混凝土质量控制标准》GB 50164的规定。确保拌制好的混凝土强度及其他性能指标能够满足工程需要,避免由于质量问题造成资源浪费。

为了满足设计要求的混凝土的强度等级,以及抗渗性、耐蚀性和耐久性等性能,同时也为了满足施工操作要求混凝土拌合物的和易性,必须执行混凝土的设计配合比。因为组成混凝土的各种成分的多少,直接影响混凝土的质量。所以要对水泥、砂、石等组成混凝土级配的原料应进行控制。

1.6.4 物料计量

砂、石、水泥料斗应分别都装有计量控制设备。当三种材料全达到规定重量后,搅拌机料斗下落碰撞三个计量斗门上的斜杆,砂、石、水泥同时流入上料斗内。料斗提升时,计量斗门立即全部自行关闭。当计量斗门关闭接触行程开关,电磁开关重新打开储料斗门,砂、石、水泥又进入计量斗内,如此反复循环作业。

在物料混合过程中,应对各种物料准确计量,这样才能确保最终拌制好的混凝土性能与设计要求相一致,并避免对资源的浪费。

配制混凝土组成的原材料允许偏差,不得超过表6-8中允许偏差值的规定。

混凝土原材料重量的允许偏差　　　　　　　表6-8

材 料 名 称	允 许 偏 差（%）
水泥、混合材料	±2
粗细骨料	±3
水、外加剂	±2

现场混凝土搅拌,对物料计量的光电控制磅秤或其他各种衡器应定期校验,使设备在有效的检定周期之内,确保计量设备准确有效;同时现场应对计量设备进行必要的防护遮盖,使设备处于相对良好的工作环境,保证设备的正常使用。

骨料含水率应经常测定,雨天施工应增加测定次数。

1.6.5 现场混凝土搅拌站控制

1.6.5.1 现场混凝土搅拌站物料料斗

料斗容积一般在3.6m³左右,储料斗应做成三面带斜坡的漏斗式,其斜度金属制不小于50°,料斗转角处应适当做成圆弧形,以利砂、石尽快自由落入计量斗。小型工地亦可将散装水泥倒入设置在地面下的金属储料柜或储放在简易砖砌水泥箱内,用链斗式或螺旋式提升器提升到计量斗。袋装水泥仍用人工装运堆放。

砂石储料斗:宜分别架立。斗门采用合页开闭装置。砂储料斗宜考虑加装小型振动设备,以解决由于砂含水量大而经常可能发生的下料困难。料斗顶部应安装顶盖,在下料及搅拌过程中,顶盖应关闭,防止在此过程中产生扬尘。

水泥储罐:宜架设在搅拌机的上部,有利于垂直下料至水泥计量斗,否则应在水泥储罐出口设置水平螺旋输送管,并通过行程开关控制。水泥储罐采用倒圆锥形大罐,容量一般宜为20~30t,锥形斗部分应做成60°夹角。为使水泥能不断松动并通畅落入螺旋管孔道内,宜在锥斗侧部安装搅动设备。搅拌机的规格和数量,可根据混凝土计划产量和进度要求,并结合设备条件的可能来确定。

各储料斗及提升搅拌设备应密封严密,不得在下料及搅拌过程中产生遗洒及扬尘。

1.6.5.2 现场混凝土搅拌站工作程序

混凝土搅拌站,在混凝土搅拌过程中,液压斗式铲车轮流向砂、石储料斗供料,储料斗门下设有计量斗,安装在光电控制的磅秤上,当计量斗进入规定数量的砂、石材料时,由光电控制自动切断储料斗门磁铁开关,使斗门关闭。当搅拌机料斗下滑时带动砂石计量斗的钢丝绳,砂石就自动倾入料斗。料斗提升,砂石计量斗即恢复原状,重新开始进料、过磅、下料,由此往复实现自动化作业。

同时可装置水泥储存箱和螺旋输送器,散装和包装水泥均可使用。其不足之处是砂、石堆放还需要辅以推土机送料。砂石材料由拉铲拉至储料斗内,散装水泥从储料仓通过螺旋输送器和简易斗式提升机运送到上储料斗内。由储料斗到计量斗到搅拌机的过程和设施同前。

1.6.5.3 混凝土搅拌站各设备应固定牢固,在混凝土搅拌过程中,各设备应稳定不产生晃动,减少振动产生噪声。在料斗等的振动设备处,应加设橡胶垫等,作为减振设备。尽量减少对外界噪声的排放。

1.6.5.4 混凝土搅拌站附近应专门设置沉淀池供搅拌站使用。每班混凝土搅拌完成后,清洗搅拌设备的洗刷水应排入沉淀池中,经两沉淀池沉淀后,供二次利用或沉淀后排入市政管道。

沉淀池要求详见设备设施部分相关内容。

1.6.5.5 由于混凝土搅拌用水量较大,混凝土搅拌站搅拌用水应专门设置供水线路,供水管线应采用镀锌铁管暗埋敷设,不得采用塑料管明设。同时,在供水管敷设时,埋地须冻土层以下且深度应不少于30cm,防止冻坏管道,并在越道路及重车经过的线路时,应采用砌块砌筑通道防护,避免管道被重车压坏导致渗漏。供水管在搅拌站的进入端应设置专门的水表进行计量,并安装阀门,控制用水量,避免水资源的浪费。供水管线路上衔接处要拧紧,绑牢,不得出现跑、冒、滴、漏的现象。

1.6.6 现场混凝土搅拌

1.6.6.1 拌制混凝土时,水泥中掺入粉煤灰或其他矿物质材料,可降低水泥用量,改善混凝土的技术特性。

水泥中掺入粉煤灰等替代材料,可节约大量资源,应用中可节约约15%~20%的水泥,降低混凝土工程对环境的影响,建设部已将混凝土拌制水泥中掺入粉煤灰的,作为十项推广新技术大力推广,在混凝土配合比设计时应尽量采用。

1.6.6.2 搅拌混凝土前,应加水空转数分钟,将积水倒净,排入沉淀池中。使拌筒充分润湿。润湿搅拌机产生的污水,不得随意倾倒在四周场地上,避免对地面的污染。

搅拌好的混凝土要做到基本卸尽。在全部混凝土卸出之前不得再投入拌合料,更不得采取边出料边进料的方法。严格控制水灰比和坍落度,未经试验人员同意不得随意加减用水量。

1.6.6.3 严格掌握混凝土材料配合比。在搅拌机旁挂牌公布,便于检查。原材料计量应建立岗位责任制,计量方法力求简便易行、可靠,特别是水的计量,应制作标准计量量具。

各种衡器应定时校验,并经常保持准确。骨料含水率应经常测定。雨天施工时,应增加测定次数。

1.6.6.4 在每次用搅拌机拌合第一罐混凝土前,应先开动搅拌机空车运转,运转正常后,再加料搅拌。

在每次用搅拌机开拌之始,应注意监视与检测开拌初始的前二、三罐混凝土拌合物的和易性。如不符合要求时,应立即分析情况并处理,直至拌合物的和易性符合要求,方可持续生产。一旦发生失误时,可及时调整,避免出现大量混凝土搅拌完成,而质量达不到设计要求,造成大量的资源浪费。

当开始按新的配合比进行拌制或原材料有变化时,亦应注意开盘鉴定与检测工作。

1.6.6.5 搅拌时间

从原料全部投入搅拌机筒时起,至混凝土拌合料开始卸出时止,所经历的时间称作搅拌时间。通过充分搅拌,应使混凝土的各种组成材料混合均匀,颜色一致;高强度等级混凝土、干硬性混凝土更应严格执行。搅拌时间随搅拌机的类型及混凝土拌合料和易性的不同而异。在生产中,应根据混凝土拌合料要求的均匀性、混凝土强度增长的效果及生产效率几种因素,规定合适的搅拌时间。既保证质量,又可节约电能。

在拌和掺有掺合料(如粉煤灰等)的混凝土时,宜先以部分水、水泥及掺合料在机内拌和后,再加入砂、石及剩余水,并适当延长拌和时间。

混凝土拌制时间应根据季节、温度及混凝土品种的不同,在施工前经试验确定,搅拌时间应控制在适宜的范围之内,过短可能造成混凝土搅拌不充分,过长,会增加电力资源的消耗,并可能造成混凝土离析。混凝土搅拌的最短时间见表6-9。

混凝土搅拌的最短时间   表6-9

混凝土坍落度 (mm)	搅拌机型	搅拌机出料量(L)		
		<250	250~500	>500
≤30	强制式	60	90	120
	自落式	90	120	150
>30	强制式	30	60	90
	自落式	90	90	120

注:1. 混凝土搅拌的最短时间系指自全部材料装入搅拌筒中起到开始卸料为止的时间;
2. 当掺有外加剂时,搅拌时间应适当延长;
3. 当采用其他形式的搅拌设备时,搅拌的最短时间应按设备说明书的规定或经试验确定。

1.6.6.6 使用外加剂时,应注意检查核对外加剂品名、生产厂名、牌号等。使用时一般宜先将外加剂制成外加剂溶液,并预加入拌合水中,当采用粉状外加剂时,也可采用定量小包装外加剂另加载体的掺用方式。当用外加剂溶液时,应经常检查外加剂溶液的浓度,并应经常搅拌外加剂溶液,使溶液浓度均匀一致,防止沉淀。溶液中的水量,应包括在拌合用水量内。

外加剂的使用一定要按照设计的品种及掺量掺入,不得随意采用其他品种替代,尤其不得采用含有氯类物质的外加剂,防止对混凝土质量产生影响,并可能产生额外的环境影响。

1.6.6.7 雨期施工期间每班测粗细骨料的含水量,随时调整用水量和粗细骨料的用量。夏季施工时砂石材料尽可能加以遮盖,至少在使用前不受烈日暴晒,必要时可采用冷水淋洒,使其蒸发散热。冬期施工要防止砂石材料表面冻结,并应清除冰块。

1.6.6.8　应在拌制点和浇筑点定时分别检查混凝土的坍落度。

当拌制混凝土受到外界因素的影响时,应及时调整和修正配合比,使拌制的混凝土达到设计的要求。

混凝土拌合物质地必须均匀,且色泽一致。发现异常情况时,应及时通报,避免造成大量混凝土返工,浪费资源。

1.6.7　预拌商品混凝土

1.6.7.1　总要求

在混凝土结构施工中,宜优先采用预拌商品混凝土,尤其当工程处于市区中时,应采用预拌商品混凝土,不宜采用现场设置混凝土搅拌站。以降低混凝土搅拌过程中噪声及扬尘对环境的影响。

现场采用预拌商品混凝土时,应对商品混凝土的质量加以控制,防止施工中使用存在质量问题的混凝土,造成返工,浪费资源。

1.6.7.2　预拌商品混凝应满足以下要求

(1) 混凝土坍落度测试

当采用预拌混凝土时,混凝土坍落度必须做到每车必测。试验员负责对当天施工的混凝土坍落度实行抽测,混凝土责任工程师组织人员对每车坍落度测试,负责检查每车的坍落度是否符合商品混凝土开盘申请的技术要求,并做好坍落度测试记录。如遇不符合要求的,必须退回搅拌站,严禁使用。具体坍落度的控制指标由项目技术部制订,对墙体和楼板等不同构件要有不同的控制范围,以满足不同构件混凝土凝结时间的不同要求。

实测混凝土坍落度与要求坍落度的允许偏差同现场搅拌混凝土的要求。

(2) 混凝土强度等级检测

应符合《普通混凝土力学性能试验方法》(GBJ 81)的有关规定。

预拌混凝土试件的制作要求同现场搅拌混凝土。

(3) 当采用预拌混凝土时,预拌混凝土厂家应提供下列资料:

水泥品种、强度等级及每立方米混凝土中的水泥用量;

骨料的种类和最大粒径;

外加剂、掺合料的品种及掺量;对环境无影响的证明材料;

混凝土强度等级和坍落度;

混凝土配合比和标准试件强度;

对轻骨料混凝土尚应提供其密度等级。

1.6.8　在混凝土搅拌过程中,主要环境要素的控制,可采取以下的控制措施:

1.6.8.1　物料提升应尽量采用提升设备,不宜采用人工铲运,以减少扬尘。

采用袋装水泥进行混凝土搅拌时,应安排工人人工搬运,并不得抛扔,减少扬尘的产生。

1.6.8.2　各种物料在使用前应按照《混凝土结构工程施工质量验收规范》的要求,取样进行检测鉴定,确保生产出的混凝土质量满足要求,避免由于材料问题,导致材料资源浪费。

混凝土搅拌应严格按照设计的配合比进行,为保证在混凝土配料中不致造成材料浪费,使混凝土的配比最优。在混凝土搅拌站明显位置,应挂牌标识混凝土的配合比,以及混凝土每盘用量。在标识混凝土各项材料用量时,应折算成体积比进行计量,便于工人在操作过程中易于掌握。混凝土搅拌过程中,各种物料的计量应准确,对生产出的混凝土性能要及时进行鉴定。

1.6.8.3 混凝土搅拌机出料口处应设置混凝土溜槽及挡板,使搅拌好的混凝土顺利地装入运输车辆中,不会产生遗洒污染土壤。

每班混凝土拌制施工完成后,应及时对搅拌设备进行清洗,清洗水应有组织排入沉淀池内。

1.6.8.4 水泥使用完后剩余水泥袋应加以回收利用,将水泥袋保存好,用来装扣件、锯末或其他建筑垃圾等。

1.6.9 职业病的预防

混凝土搅拌工等经常在发生粉尘和噪声的条件下工作的人员,作业时需配戴耳塞、防尘口罩、护目镜等劳保用品,劳动防护用品应采用指定的有资质的厂家产品,不得随意采购廉价不合格产品,确保防护效果能够达到要求,防止尘肺和其他职业性耳病的发生。

项目经理部应定期组织员工进行职业健康检查,每年不少于一次,并建立职业健康监护档案。

1.6.10 冬期施工混凝土搅拌

冬期施工时,骨料进入搅拌机前应设加热装置,对砂进行加热,加热面积应经计算确定,确保砂里无大于5cm的冻块,防止大块冻砂进入搅拌机,影响搅拌质量,造成材料浪费。加热时,宜采用电加热,尽量减少锅炉加热,以减少烟尘的排放。用锅炉加热时,应设滤烟装置、除尘装置,宜选用低硫、无烟煤以减少有害气体的排放或粉尘排放。炉灰应定期进行清理,放于指定地点,集中一定数量后交经协商确定的单位处理,防止乱扔影响环境卫生和扬尘。用电加热时,应对电路和设施的安全性进行验算,确保用电安全,避免发生电气设施或线路设计不当,发生事故,造成环境事故。

搅拌前,先用热水冲洗搅拌机10min,并对水、砂石等物料进行预热。搅拌时间为常温搅拌时间的1.5倍。对物料的加热温度及加热方式,项目应预先予以策划,在保证混凝土质量的同时,尽量减少能源资源的消耗。

生产期间,派专人负责骨料仓的下料,以清除砂石冻块。从拌合水中应扣除由骨料及防冻剂溶液中带入的水分,严格控制粉煤灰最大取代量。

搅拌站要与气象单位保持密切联系,对预报气温仔细分析取保险值,分别按 $-5℃$、$-10℃$ 和 $-15℃$ 对防冻剂试验,严格控制其掺量。

1.6.11 现场混凝土检验

工程项目现场必须配置与现场试验相适应的简易试验室和相应试验设备及标准养护室(标养箱)。现场试验人员(含制作试块),必须经过专业培训考核,具备相应的试验工作资格。

1.6.11.1 混凝土坍落度测试

试验员负责对当天搅拌的混凝土坍落度实行检测,每次混凝土开盘时,前三盘混凝土应进行坍落度检测。正常搅拌作业中进行抽检。具体坍落度的控制指标由项目技术部制订,对墙体和楼板等不同构件要有不同的控制范围,以满足不同构件混凝土凝结时间的不同要求。当现场实测混凝土坍落度与设计要求坍落度指标相差较多时,应及时向项目技术人员汇报,及时进行调整。避免出现搅拌的混凝土质量不合格,返工,造成资源浪费。

实测混凝土坍落度与要求坍落度的允许偏差应符合表6-10的规定。

混凝土坍落度与要求坍落度的允许偏差　　　　表6-10

要求坍落度	允许偏差
<50	±10
50~90	±20
>90	±30

1.6.11.2 混凝土强度等级检测

应符合《普通混凝土力学性能试验方法》(GBJ 81)的有关规定。

混凝土物理力学性能试验一般以3个试件为1组。每组试件所用的拌合物应从同盘混凝土取出。用以检验现浇混凝土工程或预制构件质量的试件分组及取样原则,应按现行《混凝土结构工程施工质量验收规范》(GB 50204—2002)及其他有关规定执行。

每天试验工作结束后,应先浇水湿润对废弃的混凝土试块进行清扫,将试验报废的混凝土试块应堆放到指定地点,集成一个运输单位后,交环卫部门处理,避免乱扔影响环境卫生,运输时,采用封闭运输工具,装车高度低于槽帮10~15cm,出场前,应对车轮清扫干净,防止遗洒污染路面。

1.6.11.3 混凝土试块的制作

所有试件应在取样后立好制作。在确定混凝土设计特征值、强度等级或进行材料性能研究时,试件的成型方法应视混凝土设备条件、现场施工方法和混凝土稠度而定,可采用振动台、振动棒或人工插捣。检验工程和构件质量的混凝土试件成型方法应尽可能与实际施工采用的方法相同。

试块制作前应检查试模,拧紧螺栓并清刷干净,在其内层涂刷一层矿物油脂。

采用振动台时,应将混凝土拌合物一次装入试模,装料时应用抹刀沿试模内壁插捣并应使拌合物稍有富余。振动时要防止试模在振动台上自由跳动,并振动到表面呈现水泥浆为止,刮除多余混凝土用抹刀抹平。振动台应安置在现场试验室内,减少在操作过程中对外噪声的排放。

用插入式振捣棒时,混凝土拌合物应一次装入试模并稍有富余。振动时将振捣棒从试模中心插入,振动至表面呈现水泥浆为止,试件面凹坑应及时填补抹平。

人工振捣时,混凝土拌合物分二层装入试模,每层厚度应大致相等。振捣应按螺旋方向从边缘向中心均匀进行。插捣底层时,捣棒应达到试模底面,插捣上层时,应深入层深度约2~3mm。捣棒应垂直插捣,并用抹刀沿试模内壁插入数次,防止产生麻面。最后刮除多余混凝土,沿模口初步抹平。

试件成型后,在混凝土初凝前 1~2h 内须进行抹面,沿模口抹平。

无标准养护室时,试件可在水温为 20±3℃ 不流动的水中养护。

1.6.11.4 在搅拌工序中,拌制的混凝土拌合物的均匀性应按要求进行检查。在检查混凝土均匀性时,应在搅拌机卸料过程中,从卸料流出的 1/4~3/4 之间部位采取试样。检测结果应符合下列规定:

混凝土中砂浆密度,两次测值的相对误差不应大于 0.8%。

单位体积混凝土中粗骨料含量,两次测值的相对误差不应大于 5%。

混凝土骨料最大粒径应不大于试件最小边长的 1/3。

1.6.12 应急准备和响应

1.6.12.1 搅拌站应设备用的发电机或考虑双回路电源,以保证临时停电搅拌机能正常的运转,预防突然停电无准备,造成倒入搅拌机内的骨料废弃。

1.6.12.2 冬期施工电加热或锅炉加热地点附近 10m 范围内无易燃物品,严禁烟火,并配备适用相应火种和灭火等级的灭火器材,以预防出现险情时,能在初始阶段消除险情。

1.6.12.3 发生险情不能控制时,应及时向 119 报警,并配合消防队员灭火,疏散人员、转移财产,以减少火灾造成的不利环境影响,对火灾产生的废弃物,应分类交有资质的运输单位或环卫部门处理。防止乱扔污染环境。

1.7 监测要求

1.7.1 混凝土搅拌施工每班工作结束后,应对储料斗及物料提升设备进行检查,确保机械运转状态良好,并无漏洒现象。一旦发现异常情况,应及时报告,并安排专业维修人员进行维修。

1.7.2 每班结束后,操作工人应检查搅拌站四周,对搅拌站四周洒落的水泥、砂、石等材料,应及时清理回收,可利用的应重复利用,减少材料的浪费。不可使用的应集中运至指定地点处置,避免对土壤造成污染。

1.7.3 混凝土搅拌过程中,操作人员应随时观察搅拌房中粉尘浓度,当目测扬尘超过 0.5m 时,应及时开启水雾降尘装置,进行降尘。

1.7.4 结构施工期间,按国家噪声检测标准,每天监听一次,每月检测一次,确保噪声排放的白天不超过 75dB、夜间不超过 55dB 的限值。若噪声排放超标时,应在搅拌房外增加隔声布或隔声墙。

1.7.5 结构施工期间,每周清掏沉淀池一次,施工高峰期每天观察沉淀池污水的流速和沉淀量,发生溢流应停止排放,立即对沉淀池进行清掏。

2 混凝土运输

2.1 环境因素

2.1.1 混凝土运输过程中,混凝土的遗洒,对地面的污染及产生的固体废弃物。

2.1.2 混凝土泵送过程中,混凝土输送泵电力或燃料能源的消耗,混凝土输送泵产生的噪声和振动,废气的排放;输送泵意外漏油。

2.1.3 冲洗混凝土运输车辆、混凝土泵等产生的污水、固体废弃物等。

2.2 人员要求

混凝土泵及信号指挥操作人员应熟悉机械操作流程,持证上岗。

项目经理部应安排责任人员对混凝土运输操作人员进行交底,对混凝土运输路线、车辆、输送设备方式等进行详细策划,并对每个环节安排专人负责,使各工序操作工人了解工作流程,使混凝土运输过程能顺利进行,降低对环境的影响。

操作人员应了解混凝土运输中环境因素的控制措施,如:对混凝土输送泵噪声排放的控制,对混凝土运输过程中防止遗洒的措施等。

操作人员应对设备的运转情况进行监测,发现异常情况及时进行检修,避免由于设备故障造成混凝土运输中断,造成混凝土的浪费。同时在操作期间,教育工人随时注意机械是否运转正常,发现异常情况及时报告,找专人维修保养。

2.3 设备设施要求

2.3.1 混凝土搅拌输送车

混凝土搅拌输送车是一种用于长距离输送混凝土的高效能机械,它是将运送混凝土的搅拌筒安装在汽车底盘上,而以混凝土搅拌站生产的混凝土拌合物灌装入搅拌筒内,直接运至施工现场,供浇筑作业需要。在运输途中,混凝土搅拌筒始终在不停地慢速转动,从而使筒内的混凝土拌合物可连续得到搅动,以保证混凝土通过长途运输后,仍不致产生离析现象。在运输距离很长时,也可将混凝土干料装入筒内,在运输途中加水搅拌,这样能减少由于长途运输而引起的混凝土坍落度损失。

2.3.2 手推车和机动翻斗车

手推车是施工工地上普遍使用的水平运输工具,适于在施工现场场地内近距离运输,手推车具有小巧、轻便等特点,但工效较低。

应选用尾气排放达标、耗油少的翻斗车,以减少尾气超标排放对环境的污染。

2.3.3 垂直运输设备

2.3.3.1 井架

根据施工组织的设计选用适用于完好现场施工的井架,避免井架选择高度不适宜,影响使用效率。避免设备漏油造成环境污染。

2.3.3.2 混凝土提升机

混凝土提升机是供快速输送大量混凝土的垂直提升设备。它是由钢井架、混凝土提升斗、高速卷扬机等组成,其提升速度可达到100m/min。当混凝土提升到施工楼层后,卸入楼面受料斗,再采用其他楼面水平运输工具(如手推车等)运送到施工部位浇筑。一般每台容量为 $0.5m^3 \times 2$ 的双斗提升机,混凝土输送能力可达 $20m^3/h$ 。因此对于混凝土浇筑量较大的工程,特别是高层建筑,是很经济适用的混凝土垂直运输机具。

2.3.3.3 施工电梯

按施工电梯的驱动形式,可分为钢索牵引、齿轮齿条曳引和星轮滚道曳引三种形式。其中钢索曳引的是早期产品,已很少使用。目前国内外大部分采用的是齿轮齿条曳引的形式,星轮滚道是最新发展起来的,传动形式先进,但目前其载重能力较小。按施工电梯的动力装置又可分为电动和电动－液压两种。电力驱动的施工电梯,工作速度约40m/min,而电动－液压驱动的施工电梯其工作速度可达96m/min。施工电梯的主要部件有基础、立柱导轨井架、带有底笼的平面主框架、梯笼和附墙支撑组成。

其主要特点是用途广泛、适应性强,安全可靠,运输速度高,提升高度最高可达150～200m以上。

2.3.4 混凝土汽车泵或移动泵车

混凝土汽车泵或移动泵车是将液压活塞式混凝土泵固定安装在汽车底盘上,使用时开至需要施工的地点,进行混凝土泵送作业。一般情况下,此种泵车都附带装有全回转三段折叠臂架式的布料杆。整个泵车主要由混凝土推送机构、分配闸阀机构、料斗搅拌装置、悬臂布料装置、操作系统、清洗系统、传动系统、汽车底盘等部分组成,固定式混凝土泵使用时,需用汽车将它拖带至施工地点,然后进行混凝土输送。

2.3.5 混凝土泵

混凝土泵是高层结构施工中,最常用的混凝土输送设备,在项目施工中广泛采用,混凝土输送泵的环境因素控制是混凝土工程环境控制中一项重要内容,现场施工中必须加以重视。

2.3.5.1 混凝土泵构造原理

混凝土泵有活塞泵、气压泵和挤压泵等几种不同的构造和输送形式,目前应用较多的是活塞泵。活塞泵按其构造原理的不同,又可以分为机械式和液压式两种。

(1) 机械式混凝土泵的工作原理

进入料斗的混凝土,经拌合器搅拌可避免分层。料器可帮助混凝土拌合料由料斗迅速通过吸入阀进入工作室。吸入时,活塞左移,吸入阀开,压出阀闭,混凝土吸入工作室;压出时,活塞右移,吸入阀闭,压出阀开,工作室内的混凝土拌合料受活塞挤出,进入导管。

(2) 液压活塞泵的工作原理

是一种较为先进的混凝土泵。当混凝土泵工作时,搅拌好的混凝土拌合料装入料斗,吸入端片阀移开,排出端片阀关闭,活塞在液压作用下,带动活塞左移,混凝土拌合料在自重及真空吸力作用下,进入混凝土缸内。然后,液压系统中压力油的进出方向相反,活塞右移,同时吸入端片阀关闭,压出端片阀移开,混凝土被压入管道,输送到浇筑地点。

2.3.5.2 设备要求

(1) 混凝土输送泵应设置在平整、坚实的场地,道路畅通,供料方便,距浇筑地点近,便于配管,接近排水设施和供水、供电方便;

(2) 在现场混凝土输送泵附近,应设置车辆冲洗池和沉淀池,车辆离场前应冲洗干净,严禁车辆带泥上路。

车辆冲洗池主要冲洗混凝土运输车辆车轮及槽帮上携带的泥土等,防止在行走过程中,对路面造成污染。洗车池应设置在混凝土运输车辆行走道路上,长宽尺寸应各超过混凝土运输车50cm以上,深度不少于15cm。洗车池应采用混凝土浇筑,防止污水渗入土壤中。洗车池应与排水渠连通,当池中水溢出时,可沿排水渠排入沉淀池中。

沉淀池主要汇集冲洗混凝土泵及冲洗混凝土运输车上混凝土筒的污水,将残余混凝土清洗干净。沉淀池的尺寸容量设计,一般应根据单次最大浇筑方量进行设计,一般可按照以下要求进行简单估算:

$$V = Q_{\max} \times \sigma \qquad (m^3)$$

式中　　V——沉淀池的容积单位(m^3),且不小于$1.5m^3$。当采用多台混凝土泵时,应分别建沉淀池,并根据每台浇筑量的不同,分配计算沉淀池的容量;

Q_{max}——单次最大连续混凝土浇筑方量,当进行地板混凝土浇筑时,为避免方量过大,可将底板分段施工,减小混凝土连续浇筑方量,或在浇筑过程中,对沉淀池进行清掏,则混凝土浇筑方量按照清掏次数间隔,分段计算;

σ——系数,取$0.005\sim 0.01$,当正常结构施工时,混凝土浇筑方量较大时,取大值。一般在$2\sim 5m^3$为宜。

沉淀池表面应加盖,防止混凝土运输车及输送泵中的剩余混凝土进入沉淀池内,影响沉淀池的正常使用。

沉淀池及洗车池的制作要求详见临建设施部分。沉淀池内壁应抹灰刮平,防止污水渗入土壤中。

(3) 为减少混凝土输送泵噪声排放,为混凝土输送泵应搭设防护棚。防护棚可采用隔声屏制作,尺寸以便于现场操作为宜,并尽量减少外露空间。隔声屏降噪效果应不低于30dB。

2.4　过程控制要求

2.4.1　商品混凝土场外运输

2.4.1.1　商品混凝土场外运输主要采用混凝土搅拌运输车。现在大量使用的是搅拌筒$6m^3$和$9m^3$的混凝土搅拌运输车。在混凝土搅拌站(楼)集中生产的预拌混凝土,由于采用先进的生产工艺和设备,称量准确,搅拌均匀,使预拌混凝的质量较高。

混凝土搅拌运输车应确保混凝土在运输过程中的质量,避免在运输过程中,造成混凝土质量缺陷,浪费资源。在用搅拌运输车运输途中,搅拌筒应以$3\sim 6r/min$的缓慢速度转动,不断搅拌混凝土拌合物,以防止混凝土在运输过程中产生离析。

2.4.1.2　商品混凝土场外运输主要采用混凝土搅拌运输车。现在大量使用的是搅拌筒$6m$搅拌运输车还应具有搅拌机的功能,当施工现场距离混凝土搅拌站(楼)较远时,可在混凝土搅拌站将经过称量过的砂、石、水泥等干料装入搅拌筒,待搅拌运输车行驶到临近施工现场时,由搅拌运输车所带的水箱供水搅拌,待到达施工现场搅拌结束,随即进行浇筑。但采用这种方式时,允许装入的干量容量不超过搅拌筒几何容量的2/3,同时严格控制在搅拌过程中水的掺量。避免由于计量不准确,造成拌制好的混凝土质量达不到设计及施工要求,浪费资源。

2.4.1.3　使用混凝土搅拌输送车必须注意的事项:

混凝土必须在最短的时间内均匀无离析地排出,出料干净、方便,能满足施工的要求,如与混凝土泵联合输送时,其排料速度应能相匹配。

混凝土运输车在出料口处,应设置混凝土溜槽,使混凝土能够顺畅的排入混凝土泵中,在混凝土出料过程中,不会产生大量的遗洒,污染环境。

从搅拌输送车运卸的混凝土中,分别取1/4和3/4处试样进行坍落度试验。检验混凝土质量。发现异常情况及时通报,防止大量混凝土运抵现场后,检验不合格,造成较大的经济损失。

2.4.2　现场搅拌混凝土短途运输

现场采用手推车进行混凝土平面短途运输时,手推车槽帮与底部应焊接严密,端部出料一侧宜采用抽插安装,并接缝严密。手推车容量不宜过大,每次运输的混凝土应控制在 $0.2 \sim 0.3 m^3$,每次运送混凝土不得超过小车最大容量的 3/4,避免在运输途中遗洒,污染环境。

现场混凝土垂直运输可采用井架、塔吊等设备配合。垂直运输设备的操作及环境控制要求详见起重运输设备章节相关内容。

当采用塔吊进行混凝土垂直运输时,应采用专用混凝土料斗装运混凝土,料斗容量一般在 $0.5m^3$ 左右,下部应有控制活门,活门应密封严密。同时,装运混凝土时,填量应不超过料斗的允许容量,防止在混凝土运输过程中产生遗洒,对地面造成污染。

当采用井架等进行混凝土运输时,应将混凝土装载在手推小车中,并能够稳固的停靠在井架上,确保在运输过程中,小车不会剧烈摇晃,导致混凝土遗洒,甚至小车倾倒。

2.4.3 混凝土输送泵

现场采用混凝土输送泵进行混凝土运输时,应注意以下方面的环境控制:

(1) 混凝土输送泵应设置在平整、坚实的场地,道路畅通,供料方便,距浇筑地点近,便于配管,接近排水设施和供水、供电方便;采用柴油输送泵时,应在易漏油部位下垫接油盘,输送泵加油时,应用专用工具,防止遗洒污染土壤。加完后,油桶盖要及时盖严,防止油料挥发浪费油料。

(2) 在现场混凝土输送泵前,应设置车辆冲洗池和沉淀池,车辆离场前应冲洗干净,严禁车辆带泥上路。

洗车池应设置在混凝土运输车辆行走道路上,长宽尺寸应各超过混凝土运输车 50cm 以上,深度不少于 15cm。洗车池应采用混凝土浇筑,防止污水渗入土壤中。洗车池应与排水渠连通,当池中水溢出时,可沿排水渠排入沉淀池中。冲洗车辆的污水应经两级沉淀池沉淀后,方可排入市政污水管道。

沉淀池的设置要求见设备设施要求部分的相关内容。

(3) 为减少混凝土输送泵噪声排放,为混凝土输送泵应搭设防护棚。防护棚可采用隔声屏制作,尺寸以便于现场操作为宜,并尽量减少外露空间,减少噪声的污染。

(4) 为减少混凝土泵在工作过程中,由于振动产生的噪声,混凝土泵底部应设置混凝土基础,将混凝土泵支腿牢固的卡嵌在基础上。

(5) 混凝土输送泵布置应尽可能靠近浇筑地点,尽量缩短管线长度,减少泵送的压力损失,减少输送能的消耗,也可有效降低混凝土泵送过程中产生的振动、噪声;少用弯管和软管。管线布置要横平竖直,同一管线中采用相同管径的混凝土输送管。

混凝土输送管水平管每隔 1500mm 用架管马凳固定,不得直接将泵管放置在楼板钢筋上,在接触的部位用橡胶或软布垫起,以减少输送管振动。混凝土泵设置处,应场地平整、坚实,具备重车行走条件。

(6) 在使用布料杆工作时,应使浇筑部位尽可能地在布料杆的工作范围内,尽量少移动泵车即能完成浇筑。

多台混凝土泵或泵车同时浇筑时,选定的位置要使其各自承担的浇筑最接近,最好能同时浇筑完毕,避免留置施工缝。

混凝土泵或泵车布置停放的地点要有足够的场地,以保证混凝土搅拌输送车的供料、调车的方便。

(7) 为便于混凝土泵或泵车,以及搅拌输送车的清洗,其停放位置应接近排水设施并且供水、供电方便。

在混凝土泵的作业范围内,不得有阻碍物、高压电线,同时要有防范高空坠物的措施。

(8) 当在施工高层建筑或高耸构筑物采用接力泵泵送混凝土时,接力泵的设置位置应使上、下泵的输送能力匹配。设置接力泵的楼面或其他结构部位,应验算其结构所能承受的荷载,必要时应采取加固措施。

2.4.4 混凝土运输方案设计

在进行混凝土浇筑前,应对混凝土输送设备进行设计,全面考虑设备、人员、混凝土性质等因素,确保混凝土浇筑过程顺利进行,不出现如冷缝、混凝土未振捣前凝结等质量缺陷,造成返工,导致资源浪费。

2.4.4.1 混凝土泵设计

混凝土泵的选型,是根据工程特点、要求的最大输送距离、最大输出量(排量)和混凝土浇筑计划来确定。

(1) 混凝土泵的最大输出量

在混凝土泵或泵车的产品技术性能表中,一般都列有最大输出量的数据。但这些数据是指在标准条件(即混凝土的坍落度为 21cm,水泥用量为 $300kg/m^3$)情况下所能达到的,而且最大输出量和最大输送距离又是不可能同时达到的。

混凝土泵或泵车的输出量与输送距离有关,输送距离增大,实际的输出量就要降低。另外,还与施工组织与管理的情况有关,如组织管理情况良好,作业效率高,则实际输出量提高,否则亦会降低。因此,混凝土泵或泵车的实际平均输出量数据才是我们实际组织泵送施工需要的数据。

(2) 混凝土泵的最大水平输送距离

混凝土泵和泵车的最大水平输送距离,取决于泵的类型、泵送压力、输送管径和混凝土性质。最大水平输送距离可按下列方法之一确定:

根据混凝土泵的最大出口压力、配管情况、混凝土性能和输出量,按下述公式进行计算:

$$L_{max} = P_{max}/\Delta P_H$$

式中 L_{max}——混凝土泵的最大水平输送距离(m);

P_{max}——混凝土泵的最大出口压力(Pa);

ΔP_H——混凝土在水平输送管内流动每米产生的压力损失(Pa/m)。

在泵送混凝土施工,输送管的布置除水平管外,还可能有向上垂直管和弯管、锥形管、软管等,与直管相比,弯管、锥形管、软管的流动阻力大,引起的压力损失也大。向上垂直管除去存在与水平直管相同的摩阻力外,还需加上管内混凝土拌合物的重量,因而引起的压力损失比水平直管大得多。在进行混凝土泵选型、验算其输送距离时,可把向上垂直管、弯管、锥形管、软管等按表 6-11 换算成水平长度。

根据一台混凝土泵的实际平均输出量、混凝土浇筑数量和施工作业时间,按下式即可计算出需要的混凝土泵台数：

$$N_2 = \frac{Q}{T_0 \cdot Q_1}$$

式中　N_2——混凝土泵数量(台)；

　　　Q——混凝土浇筑数量(m^3)；

　　　Q_1——每台混凝土泵的实际平均输出量(m^3/h)；

　　　T_0——混凝土泵送施工作业时间(h)。

混凝土输送管的水平换算长度　　　　　　　　　　　　　表6-11

类　别	单　位	规　程	水平换算长度(m)
向上垂直管	每米	100mm 125mm 150mm	3 4 5
锥形管	每根	175→150mm 150→125mm 125→100mm	4 8 16
弯　管	每根	90° R=0.5m 90° R=1.0m	12 9
软　管		每5~8m长的1根	20

注：1. R—曲率半径；
　　2. 弯管的弯曲角度小于90°时，需将表列数值乘以该角度与90°角的比值；
　　3. 向下垂直管，其水平换算长度等于其自身长度；
　　4. 斜向配管时，根据其水平及垂直投影长度，分别按水平、垂直配管计算。

混凝土泵送的换算压力损失　　　　　　　　　　　　　表6-12

管件名称	换算量	换算压力损失(MPa)
水平管	每20m	0.10
垂直管	每5m	0.10
45°弯管	每只	0.05
90°弯管	每只	0.10
管道接环(管卡)	每只	0.10
截止阀	每个	0.80
3.5m橡皮软管	每根	0.20

注：附属于泵体的换算压力损失：Y形管175→125mm，0.05MPa；每个分配阀0.80MPa；每台混凝土泵起动内耗，2.80MPa。

对于重要工程或整体性要求较高的工程，混凝土的所需台数，除根据计算确定外，尚宜有一定的备用台数。

2.4.4.2 输送管和配管设计

(1) 输送管和配件

混凝土输送管有直管、弯管、锥形管和软管。除软管外,目前建筑工程施工中应用的混凝土输送管多为壁厚2mm的电焊钢管,使用寿命约为15000~20000m³(输送混凝土量);以及少量壁厚4.5、5.0mm的高压无缝钢管,常用的规格如表6–13所示。

常用混凝土输送管规格　　　　表6–13

种类		管径 (mm)		
		100	125	150
有缝直管	外径	109.0	135.0	159.2
	内径	105.0	131.0	155.2
	壁厚	2.0	2.0	2.0
高压直管	外径	114.3	139.8	165.2
	内径	105.3	130.8	155.2
	壁厚	4.5	4.5	5.0

直管常用的规格管径为100、125和150mm,相应的英制管径则为4B、5B和6B。长度系列有0.5、1.0、2.0、3.0、4.0m几种,常用的是3.0m和4.0m两种。弯管多用拉拔钢管制成,常用规格管径亦为100、125和150mm,弯曲角度有90°、45°及15°,常用曲率半径为1.0m和0.5m。

锥形管亦多用拉拔钢管制成。混凝土泵的出口多为175mm,而常用的混凝土输送管管径为125mm和100mm,在混凝土输送管路中必须要有锥形管来过渡。锥形管的截面由大变小,混凝土拌合物的流动阻力增大,所以锥形管处亦是容易管路堵塞之处。

软管多为橡胶软管,是用螺旋状钢丝加固,外包橡胶用高温压制而成,具有柔软、质轻的特性。多是设置在混凝土输送管路末端,利用其柔性好的特点作为一种混凝土拌合物浇筑工具,用其将混凝土拌合物直接浇筑入模。常用的软管管径为100mm和125mm;长度一般为5m,使用寿命一般为混凝土浇筑量3000~5000m³。

输送管管段之间的连接环,要求装拆迅速、有足够强度和密封不漏浆。有各种形式的快速装拆连接环可供选用。

在泵送过程中(尤其是向上泵送时),泵送一旦中断,混凝土拌合物会倒流产生背压,由于存在背压,在重新启动混凝土泵时,阀的换向会发生困难;由于产生倒流,泵的吸入效率会降低;还会使混凝土拌合物的质量发生变化,易产生堵塞。为避免产生倒流和背压,在输送管的根部近混凝土泵出口处要增设一个截止阀。

(2) 输送管的选择

输送管直径的选择,取决于:粗骨料的最大粒径;要求的混凝土输送量和输送距离;泵送的难易程度；混凝土泵的型号。

大直径的输送管，可用较大粒径的骨料，泵送时压力损失小。但其笨重而且昂贵（表6－14）。

混凝土输送管管径与粗骨料最大粒径的关系　　　表6－14

粗骨料最大粒径		输送管最小管径(mm)
卵 石	碎 石	
20	20	100
25	25	100
40	40	125

在满足使用要求的前提下，选用小管径的输送管有以下优点：
1) 末端用软管进行布料时，小直径管重量轻，使用方便；
2) 混凝土拌合物产生泌水时，在小直径管中产生离析的可能性小；
3) 泵送前，润滑管壁所用的材料节省；同时产生的污水及固体废弃物也相应减少，对环境的影响相对较小；
4) 购置费用低。

目前，国内常用的输送管，多数直径为100、125和150mm三种，其中尤以125mm者应用最多。

(3) 配管设计

混凝土输送管应根据工程特点、施工现场情况和制订的混凝土浇筑方案进行配管。配管设计的原则是满足工程要求，便于混凝土浇筑和管段装拆，尽量缩短管线长度，少用弯管和软管。

为避免在混凝土输送过程中，尤其是进行大体积混凝土浇筑或长距离混凝土浇筑时，由于长时间作业或泵送压力较大，对泵管造成破坏，造成混凝土浇筑非正常中断，影响混凝土的浇筑质量，产生较大的经济损失。在安装泵管前，应选用没有裂纹、弯折和凹陷等缺陷且有出厂证明的输送管。在同一条管线中，应采用相同管径的混凝土输送管；同时采用新、旧管段时，应将新管段布置在近混凝土出口泵送压力较大处；管线尽可能布置成横平竖直。

配管设计应绘制布管简图，列出各种管件、管连接环和弯管、软管的规格和数量，提出备件清单。

垂直向上配管时，混凝土泵的泵送压力不仅要克服混凝土拌合物在管中流动时的黏着力和摩阻力，同时还要克服混凝土拌合物在输送高度范围内的重力。在泵送过程中，在混凝土泵的分配阀换向吸入混凝土时或停泵时，混凝土拌合物的重力将对混凝土泵产生一个逆流压力，该逆流压力的大小与垂直向上配管的高度成正比，配管高度愈高，逆流压力愈大。该逆流压力会降低混凝土泵的容积效率，为此，一般需在垂直向上配管下端与混凝土泵之间配置一定长度的水平管，利用水平管中混凝土拌合物与管壁之间的摩阻力来平衡混凝土拌合物的逆流压力或减少逆流压力的影响。为此,《混凝土泵送施工技术规程》JGJ/T 10—95 规定:垂直向上配管时,地面水平管长度不宜小于垂直管长度的 1/4,且不宜小于 15m;或遵守产品说明书中的规定。如因场地条件限制无法满足上述要求时,可采取设置弯管等办法解决。

当垂直向上配管的高度很高时,单靠设置水平管的办法不足以平衡逆流压力,则应在混凝土泵 Y 形管出料口 3~6m 处的输送管根部设置截止阀,以防混凝土拌合物反流。影响泵送混凝土的正常施工。

在垂直向上配管时,对垂直管要采取措施固定在墙、柱或楼板预留孔处,以减少振动,每节管不得少于 1 个固定点,在管子和固定物之间宜安放缓冲物(木垫块等)。垂直管下端的弯管,不应作为上部管道的支撑点,宜设钢支撑承受垂直管的重量。如果将垂直管固定在脚手架上时,根据需要可对脚手架进行加固。

向下倾斜配管,在浇筑地下构筑物、基础底板或桩基承台、大型设备基础等工程中经常遇到。向下倾斜配管在泵送过程中,混凝土拌合物会由于自重而自由下落,使输送管中形成空段,或因自流过程中产生离析而使输送管堵塞。所以在进行向下倾斜配管设计和泵送过程中,都要保证输送管内始终充满混凝土拌合物,防止混凝土拌合物因自重产生自流现象。

在向下倾斜的管段内,混凝土拌合物因自重下流现象的产生,与输送管倾斜的角度、混凝土的坍落度、输送管管径等有关。一般情况下,当配管的倾斜角度大于 4°~7° 时,对大坍落度的混凝土拌合物就有可能在倾斜管段内产生因自重向下滑流。此时,应在倾斜管的上端设排气阀,当下倾斜管段内有空气段时,先将排气阀打开,压送排气,在下倾斜管段内充满混凝土拌合物,从排气阀排出砂浆时,再关闭排气阀进行正常压送。当高差 h 大于 20m 时,还应在倾斜管下端设 $l = 5h$ 长度的水平管,依靠水平管段的混凝土摩阻力来抵抗混凝土拌合物的自重下滑力,防止在倾斜管段内因自重产生自流。如因条件限制无法满足上述要求时,可利用增设弯管或环形管等办法来满足 $5h$ 长度的要求。

同时,在泵送施工地下结构物时,地上水平管段轴线应与 Y 形管出料口轴线垂直。

2.4.4.3 混凝土运输车辆设计

泵送混凝土的运送延续时间有一定的限制,要在混凝土初凝之前能顺利浇筑,为此对未掺外加剂的混凝土及掺加外加木质素磺酸钙时,宜不超过表 6-15 中规定的时间;掺加其他外加剂时,可按实际采用的配合比和运输时的气温条件测定混凝土的初凝时间,此时泵送混凝土的运输延续时间,以不超过所测得的混凝土初凝时间的 1/2 为宜。

掺加木质素磺酸钙时泵送混凝土运输延续时间(min) 表 6-15

混凝土强度等级	气 温 (℃)	
	≤25	>25
≤C30	120	90
>C30	90	60

混凝土运输车辆应与混凝土的浇筑方量、混凝土泵的输送能力、搅拌站到现场浇筑地点的路途远近以及道路交通情况相适应,混凝土运输车辆过多或过少均会增加对环境的影响。混凝土运输车辆过多,会造成车辆在现场滞留过多,增加现场指挥的难度,同时也增加了车辆在现场的噪声排放,增加车辆的等候时间,不利于保证混凝土的质量;运输车辆过少,会造成混凝土泵能力不能完全发挥,遇突发事件时,可能造成混凝土浇筑不能连续进行,严重时可能造成浇筑的混凝土出现冷缝,混凝土泵管堵塞等事故,带来极大的经济损失。一般混凝土输送时,应保证有 1~2 辆年运输车辆等候为宜。

混凝土泵最好连续作业,这不但能提高其泵送量,而且能防止输送管堵塞。要保证混凝土泵连续作业,则泵送混凝土的供应量要能满足要求,此时每台混凝土泵所需配备的混凝土搅拌运输车的台数,可按下式计算:

$$N_1 = \frac{Q_1}{60V_1}\left(\frac{60L_1}{S_0} + T_1\right)$$

式中　N_1——混凝土搅拌运输车台数(台);

Q_1——每台混凝土泵的实际平均输出量(m^3/h),按下式计算;

$$Q_1 = Q_{max}\alpha_1 \cdot \eta$$

Q_{max}——每台混凝土泵的最大输出量(m^3/h);

α_1——配管条件系数,取 0.8~0.9;

η——作业效率,根据混凝土搅拌运输车向混凝土泵供料的间断时间、拆装混凝土输送管和供料停歇等情况,可取 0.5~0.7;

V_1——每台混凝土搅拌运输车的容量(m^3);

L_1——混凝土搅拌运输车的往返距离(km);

S_0——混凝土搅拌运输车平均行车速度(km/h);

T_1——每台混凝土搅拌运输车的总计停歇时间(min)。

2.4.5　混凝土运输

2.4.5.1　混凝土泵布置时,要考虑混凝土的输送压力,以及便于装拆维修、排除故障和清洗,混凝土泵管在室外地坪以下用搭设灯笼架架设,在室外地坪以上沿建筑物预留洞向上延伸,到浇筑平面与混凝土布料机连接或接橡皮软管。从地泵上引出的泵管在通往浇筑地点时,应保持垂直,并有可靠固定。

如:基础底板混凝土浇筑布料管架设示意如图 6-1 所示。

在进行高层混凝土施工时,为防止在混凝土浇筑过程中,由于泵管的振动产生噪声,并可能对四周的结构造成损害,浪费资源,在泵管通过楼板时,应用木塞塞紧,减少泵管的振动。

预留洞中混凝土泵管架设固定示意图如图 6-2 所示。

2.4.5.2　施工现场内主要混凝土运输干道要硬化,由于混凝土运输车辆重量较重,混凝土道路硬化应满足重车通过的要求。混凝土搅拌运输车自重约 12t,载重 15t(6m^3 混凝土),总重约 27t。道路硬化可采用 100 厚 C15 混凝土浇筑,或在混凝土运输通道上铺垫 1cm 厚钢板。铺垫钢板可随运输路线的变化而移动,并可回收再利用,虽一次投入较大,但综合效益较好。为尽量避免交会车,宜设置循环行车道。

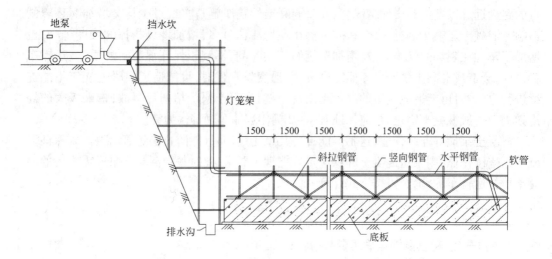

图6-1 基础底板混凝土浇筑布料管架设示意图

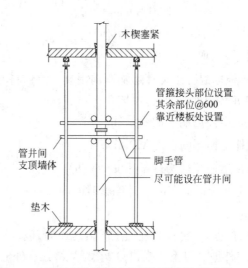

图6-2 预留洞中混凝土泵管架设固定示意图

2.4.5.3 项目部选择混凝土供应,对商品混凝土搅拌站应进行细致的考察,在选择时应考虑:

商品混凝土的供应能力。

商品混凝土的运输路线。

对运输途中社区及环境的影响。

2.4.5.4 用混凝土搅拌运输车进行运输,在装料前必须将搅拌筒内积水倒净,否则会改变混凝土的设计配合比,使混凝土质量得不到保障。出于同样的原因,混凝土搅拌运输车在行驶过程中、给混凝土泵喂料前和喂料过程中都不得随意往搅拌筒内加水。防止到场混凝土质量达不到要求,浪费资源。

混凝土泵与输送管连通后,按规定进行全面检查,混凝土泵启动后,先泵送适量的清水,以湿润混凝土的料斗、活塞及输送管内壁,采用与要浇筑混凝土同成分水泥砂浆润滑管道。开始泵送时应缓慢匀速,泵送速度由慢到快,逐步加速。同时观察混凝土泵的压力和各系统的工作情况,如系统运转顺利,按正常速度进行泵送。

混凝土搅拌运输车在向混凝土泵喂料前,宜以中、高速旋转搅拌筒,以确保混凝土拌合物均匀。在进行喂料时,搅拌筒反转卸料应配合泵送均匀进行,且应使混凝土拌合物保持在集料斗内高度标志线以上。如果搅拌筒中断喂料,应以低转速搅拌混凝土拌合物。喂料完毕,应及时清洗搅拌筒并排尽积水。严禁将质量不符合泵送要求的混凝土拌合物入泵。防止混凝土质量达不到要求,浪费资源。

为筛除粒径过大的骨料或异物,防止其入混凝土泵产生堵塞,在混凝土泵进料斗上应设置网筛,并设专人监视喂料。

水平输送管宜每隔一定距离,用支架、台垫、吊具等加以固定,以便于排除堵管、装拆和清洗管道。不得直接支承在钢筋、模板及预埋件上。防止在混凝土输送过程中,由于振动,对钢筋、模板等造成损害,浪费资源。

为了不使管路支设在新浇筑的混凝土上面,进行管路布置时,要使混凝土浇筑移动方向与泵送方向相反。在混凝土浇筑过程中,只需拆除管段,而不需增设管段。

当混凝土输送高度超过混凝土泵的最大输送高度时,可用接力泵(后继泵)进行泵送。接力泵出料的水平管长度亦不宜小于其上垂直管长度的 1/4,且不宜小于 15m,而且应设置一个容量约 1m³、带搅拌装置的储料斗。

在浇筑平面尺寸大的结构物(如楼板等)时,要结合配管设计考虑布料问题,必要时要设布料设备,使其能覆盖整个结构平面,能均匀、迅速地进行布料。

2.4.5.5 对于输送管,在炎热季节宜用湿罩布、湿草袋等加以遮盖,避免阳光照射;在严寒季节宜用保温材料包裹,防止管内混凝土拌合物受冻,并保证混凝土拌合物的入模温度。保证混凝土质量。

2.4.5.6 当输送管被堵塞时,应采取下列方法排除:

反复进行正泵和反泵,逐步吸出混凝土至料斗内中,重新搅拌后泵送。

用木槌敲击等方法,查明堵塞部位,将混凝土击松后,重新进行正泵和反泵,排除堵塞。

当上述方法无效时,应在混凝土卸压后,拆除堵塞部位的输送管,排除混凝土堵塞物后,方可接管。拆管时,应下垫灰槽,让接口处于灰槽中间,防止管内混凝土遗洒浪费、污染。重新泵送前,应先排除管内空气后,方可拧紧接头。

2.4.5.7 对预拌混凝土的运输要加强防遗洒的管理,所有运输车辆卸料溜槽处必须安装防止遗洒的活动挡板。混凝土浇筑完成后,必须在现场清洗干净后,车辆方可离场。

混凝土浇筑时,现场管理人员应与搅拌站保持及时联络,以根据浇筑速度控制混凝土的出罐速度。同时安排专人疏导车辆,保证罐车顺利出入,减少运输车辆的滞留。罐车在等候进场时必须熄火,以减少噪声扰民。

车辆离场前应冲洗干净,严禁车辆带泥上路。冲洗机械车辆要注意节约用水,有条件的要使用节水枪,不准用胶管等接自来水直接冲洗机械车辆,要将冲洗用水回收沉淀。

2.4.5.8 混凝土从搅拌机中卸出到浇筑完毕的延续时间不宜超过表6-16的要求。

混凝土从搅拌机中卸出到浇筑完毕的延续时间　　　表6-16

混凝土强度等级	气温	
	不高于25℃	高于25℃
不高于C30	120	90
高于C30	90	60

2.4.6 冬期施工混凝土运输

保证混凝土在运输中,不得有表层冻结、混凝土离析、水泥砂浆流失、坍落度损失等现象。保证运输中混凝土降温速度不得超过5℃/h,并保证混凝土的入模温度不得低于5℃。严禁使用有冻结现象的混凝土。罐车必须装上保温套,接料前用热水湿润后倒净余水,以减少混凝土的热损失。

2.4.7 应急准备和响应

作业现场应根据选用的输送泵,准备适当数量的易损易坏件,当设备出现故障时,能及时进行更换。并应准备排除堵管的相应人员和相应工具,一旦发生堵管时,能在短时间内确定堵管位置,及时排除,防止混凝土凝结堵管。

在城区内混凝土运输时,应考虑备用线路,并安排人员在必经线路或备用线路上值班,用手机联络,以防止堵车,造成混凝土不能连续施工,形成人为的施工缝。

2.5 监测要求

2.5.1 应定期检查混凝土输送设备及管道,特别是弯管等部位的磨损情况,确保机械运转状态良好,以防爆管。一旦发现异常情况,应及时报告,并安排专业维修人员进行维修。

2.5.2 结构施工期间,每周清掏沉淀池一次,施工高峰期每天观察沉淀池污水的流速和沉淀量,发生溢流应停止排放,立即对沉淀池进行清掏。经过沉淀的生产污水进行二次利用,可用于降尘或其他环保事宜。

2.5.3 结构施工期间,按国家噪声检测标准,每天监听一次,每月检测一次,确保噪声排放的白天不超过75dB、夜间不超过55dB的限值。若噪声排放超标时,应在混凝土泵防护棚外增加隔声布或重新设计浇筑顺序。

2.5.4 班前班后,应对输送泵进行检查,确保机械运转状态良好,并无漏洒现象。一旦发现异常情况,应及时报告,并安排专业维修人员进行维修。

2.5.5 每班结束后,操作工人应检查输送泵四周,对输送泵四周洒落的混凝土及时清理回收,可利用的应重复利用于要求不高的场合,减少材料的浪费。不可使用的应集中运至指定地点处置,避免对土壤造成污染。

2.5.6 混凝土输送前,应对输送泵的易损易坏件、排除堵管的人员和工具、运输线路值班人员和联络方式进行检查,发现不足,立即纠正,以防止混凝土堵管、堵车造成人为的施工缝。

3 混凝土浇筑

3.1 环境因素

3.1.1 混凝土浇筑过程中,振捣混凝土产生的噪声;混凝土漏浆;振捣棒产生的振动,混凝土余料的凝结浪费。

混凝土养护过程中,水资源的消耗,以及产生的养护水等污水。

3.1.2 冬期施工混凝土时,混凝土蓄热、保温电力、煤等能源的消耗,以及产生的气体的排放。

3.2 人员要求

混凝土浇筑振捣操作人员应熟悉机械操作流程,持证上岗。

项目经理部应安排责任人员对混凝土振捣操作人员进行交底,使操作工人对混凝土振捣中的技术要求熟练掌握。包括:混凝土振捣时间控制,混凝土分层厚度,混凝土下落高度,浇筑顺序等。每班操作前,应对操作工人进行简单的技术及安全、环境交底。

操作人员应了解混凝土振捣中环境因素的控制措施,如:振捣过程中,振捣棒噪声排放控制等。

3.3 设备设施要求

施工单位在现场平面布置时,应考虑按照国家标准《建筑施工场界噪声限值》(GB 12523—90)的要求,将混凝土搅拌机、混凝土输送泵等噪声大的机械,尽可能安排在远离周围居民一侧,从空间布置上减少噪声对周围居民等影响。

混凝土输送泵要符合环保要求,应选用能耗低、噪声小的设备,并进行良好的维护保养。当选用以柴油或汽油为燃料的泵车时,气体排放应符合国家或地方规定的车辆排气污染物的排放标准。

为减少噪声的排放,在混凝土工程施工中,混凝土振捣器应选用环保型低噪声振捣棒。在本结构施工楼层四周设置降噪围挡。降噪围挡可同时兼顾钢筋、模板工程施工,制作要求见钢筋工程。

3.4 过程控制要求

3.4.1 混凝土浇筑前准备

为保证混凝土浇筑的顺利进行,降低在混凝土浇筑过程中噪声、污水、固体废弃物等环境影响。在混凝土浇筑前,应做好准备工作,保证混凝土浇筑的连续进行,避免出现当混凝土至现场后,不能立即浇筑,导致混凝土浪费。

3.4.1.1 编制混凝土浇筑施工技术方案,并做好施工组织设计和技术交底。这是两项很重要的工作。其中包括施工前的准备、材料试验、配合比设计、计量器具、施工方法(如需留置施工缝时,应按指定位置及采取适当节点构造,并应符合设计要求和施工规范规定、质量标准等)。

3.4.1.2 检查施工准备条件。模板制作、钢筋加工、配合比的设计、预埋件及垫块的安装与设置等。

模板的强度、刚度是否符合规定,标高、位置与结构截面尺寸是否符合设计要求,预留拱度是否正确;

支撑系统是否稳定,支架与模板的结合处必须稳定可靠,出现变形时应及时调正;

钢筋与埋件规格、数量、安装的几何尺寸与位置,以及钢筋接头等是否与设计要求相符,对于已变形和位移的钢筋应及时校正。检查和安放保护层垫块、铁马凳,钢筋骨架上应铺设马道跳板,严防踩压钢筋骨架;

模板预留的三孔(即观察孔、振捣孔、清扫孔)是否符合施工要求;

木模应浇水润湿,并将缝隙塞严,金属模板预留孔洞应堵塞严密,以防漏水。并防止浇水过多造成水资源的浪费和污染。脱模剂涂刷应均匀、到位,不得出现漏刷现象,防止在混凝土浇筑后,产生粘模现象,需要二次修补,造成资源浪费。

3.4.1.3 物资准备工作:对所需的搅拌机、运输车辆、料斗、振捣器等机具,要保证机具的完好率,使生产机具处于完好状态。

混凝土泵、泵管铺设、承台或塔吊、吊斗已经准备(或调试)好。机具(包括振动棒、电箱等)、冬雨等季节性施工的保温覆盖材料、水、电(需要调试的必须预先调试好)等已经安排就位。

3.4.1.4 组织方面的准备

混凝土泵送施工现场,应规定统一指挥和调度的办法,以保证顺利进行泵送。

对混凝土泵、混凝土搅拌运输车、混凝土搅拌站和泵送混凝土浇筑地点之间,应规定联络信号并配备通讯设备(无线通讯设备),以便及时联络,统一调配。

对混凝土泵的操作人员,检查其有无经过专门培训并有上岗证书,否则不能上岗操作。

检查运输道路是否畅通;水、电供应是否有保证;备用的混凝土泵或泵车是否到位;指挥人员、管理人员和操作工人是否齐全并经过技术交底等。

3.4.1.5 浇筑混凝土前,应清除模板内的垃圾、木片、刨花、锯屑、泥土等杂物,确保模板内干净,钢筋上的污染物应清除干净;模板及钢筋清理的要求详见模板工程章节相关内容。

3.4.1.6 施工缝处混凝土表面处理前,应用喷水壶对剔凿的部位湿润,防止剔凿时扬尘。清除的浮浆、剔凿露出石子、软弱混凝土层应在班后进行清扫装袋,放于指定地点,集成一定数量后,交于指定单位处理,防止乱扔,影响环境卫生。

3.4.2 混凝土浇筑环境控制要求

3.4.2.1 混凝土浇筑间歇时间的控制

浇筑混凝土应连续进行。当必须间歇时,其间歇时间宜缩短,并应在前层混凝土凝结之前,即将次层混凝土浇筑完毕。否则会出现混凝土冷缝现象,影响混凝土成品的质量,严重的造成返工,浪费资源。

混凝土运输、浇筑及间歇的全部时间不得超过表 6-17 的规定,当超过时应留置施工缝。

3.4.2.2 混凝土泵送工艺

(1)混凝土泵或泵车启动后,应先泵送适量的水以湿润混凝土泵的料斗、混凝土缸及输送管内壁等直接与混凝土拌合物接触部位。

润滑泵管产生的污水应集中排放到排水沟中,或排放至吊斗中,吊下。不得排放到结构面上,防止污水四处流淌,污染环境。

混凝土运输、浇筑和间歇的允许时间　　　　表 6-17

混凝土强度等级	气 温	
	不高于 25℃	高于 25℃
不高于 C30	210	180
高于 C30	180	150

注:当混凝土中掺有促凝或缓凝型外加剂时,其允许时间应根据试验结果确定。

(2) 开始泵送时,混凝土泵应处于慢速、匀速并随时可反泵的状态。待各方面情况都正常后再转入正常泵送。

正常泵送时,泵送要连续进行,尽量不能停顿,遇有运转不正常的情况,可放慢泵送速度。当混凝土供应不及时时,宁可降低泵送速度,也要保持连续泵送,但慢速泵送的时间,不能超过从搅拌到浇筑的允许延续时间。不得已停泵时,料斗中应保留足够的混凝土,作为间隔推动管路内混凝土之用。

(3) 向下泵送时,为防止管路中产生真空,混凝土泵启动时,宜将设置在管路中的气门打开,待下游管路中的混凝土有足够阻力对抗泵送压力时,方可关闭气门。有时这种阻力需借助于将软管向上弯起才能建立。开始时,还可将海绵或经充分湿润的水泥袋纸团塞入输送管,以增加阻力。启动后,应将海绵或纸团从输送管中捡出,防止进入混凝土,造成混凝土缺陷。用过的海绵或纸团应放于垃圾堆放场,防止乱扔污染土地。

(4) 在泵送过程中,要定时检查活塞的冲程,不使其超过允许的最大冲程。泵的活塞冲程虽可任意改变,为了防止油缸不均匀磨损和阀门磨损,宜采用最大的冲程进行运转。

在泵送过程中,还应注意料斗内的混凝土量,应保持混凝土面不低于上口 20cm。否则不但吸入效率低,而且易吸入空气形成阻塞。如吸入空气,逆流增多时,宜进行反泵将混凝土反吸到料斗内,排除空气后再进行正常泵送。

(5) 当混凝土泵出现压力升高且不稳定、油温升高、输送管明显振动等现象而泵送困难时,不得强制泵送,应立即查明原因,采取措施排除。可先用木槌敲击输送管弯管、锥形管等易堵塞部位,并进行慢速泵送或反泵,防止堵塞。

(6) 混凝土泵送即将结束前,应正确计算尚需用的混凝土数量,并应及时利用通讯设备告知混凝土制备处。在计算尚需用的混凝土数量时,亦应计入输送管内的混凝土数量(表 6-18)。

输送管长度与混凝土量的关系　　　　表 6-18

输送管径	每 100m 输送管内的混凝土量(m³)	每立方米混凝土量的输送管长度(m)
100A	1.0	100
125A	1.5	75
150A	2.0	50

3.4.2.3 混凝土浇筑

(1) 当进行墙、柱、梁及底板混凝土振捣时,应采用振捣棒插入振捣。混凝土振捣器应选用环保型低噪声振捣棒,振捣作业由专人操作,使用前检查各部位连接是否牢固,旋转是否正确。

操作方式有两种,一种是垂直振捣,即使振动棒与混凝土表面垂直;一种是斜面振捣,即使振捣棒与混凝土表面成一角度,约40°~50°。采用振动棒振捣时要"快插慢拔",快插是为了防止先将表面混凝土振实而与下部混凝土产生分层离析。慢拔是为了使混凝土能填满振动器抽出时所造成的空洞。同时减少振捣棒空转的时间,减小噪声的排放。

浇筑混凝土时要分层浇筑,每层混凝土厚度不得超过振动棒长的1.25倍;上层混凝土的振捣要在下层混凝土初凝之前进行;振捣时要插入下层5mm左右。每一插点要掌握好振动时间,对塑性混凝土一般为20~30s。插点要均匀排列,可以排成"行列式"或"交错式"的次序移动,不应混用,以免造成混乱。插点距离应不大于振动棒作用半径的1.5倍。一般振动棒的作用半径为300~400mm,在振动30~60min后,必须停30min;混凝土振捣不得直接振捣在模板和钢筋上,禁止空转。振动完毕后应将表面清洗干净。

(2) 当进行楼板等平面结构混凝土施工时,可采用平板振动器。平板振动器在混凝土表面成行列依次移动振捣,在每一振捣位置上应连续振动25~40s,每一振捣位置包括行与行之间的位置应搭接30~40mm。平板振动器的有效作用深度,在无筋及单筋平板中约200mm;在双筋平板中约120mm。平板振动器使用完毕后要清洗干净。

(3) 现场混凝土振捣,严禁采用在外部振捣模板的方式进行。这样既产生较大的噪声,对周围的社区造成较大的影响,同时可能对振捣设备及模板等造成较大损害,造成较大的资源浪费。

为了确保小截面及钢筋密集部位的混凝土质量,可采用与母体相同强度等级的细石混凝土浇筑,采取人工捣固工具来配合机械振捣。对小截面及钢筋密集的结构部位,采用的人工捣固工具有:捣固锤、捣固钎、有孔捣固铲和无孔捣固铲;捣固锤是用来捣实混凝土的,捣固钎是用来排放混凝土内空气的。捣固铲是用来插模的。所以,用人工捣固混凝土时应综合使用人工捣固工具。人工捣固操作要精心,使节点混凝土密实,整体性好。

(4) 采用振捣器捣实时,每一振点的振捣延续时间,应使混凝土表面呈现浮浆和不再沉落。

施工中要严防漏振或过振。并应随时检查钢筋保护层和预留孔洞、预埋件及外露钢筋位置,确保预埋件和预应力筋承压板底部混凝土密实,外露面层平整。施工缝符合要求。

(5) 混凝土施工合理安排作业时间,混凝土浇筑应避免在夜间施工,如进行大体积混凝土连续浇筑,必须在夜间进行时,应得到有关部门批准,并合理安排施工工序,尽量压缩夜间混凝土浇筑的时间(22:00~6:00)。

夜间进行混凝土施工,现场所设置照明灯具的照明范围应集中在施工区域,要设置挡光板控制照明光的照射范围,禁止灯具照射周围住宅,避免对居民造成光污染。

(6) 浇筑接近尾声前,现场应由有经验的人员实际观察估算所需的混凝土量(包括泵管内的混凝土),按量进行搅拌运输,防止混凝土多余浪费;泵送过程中废弃的和泵送终止时多余的混凝土拌合物,混凝土浇筑完成后,应按预先确定的场所和处理方法及时进行妥善处理。剩余的少量混凝土可进行现场临时道路的浇筑,不得将混凝土随意倾倒,对环境造成污染。

混凝土泵送结束时,应及时清洗混凝土泵和输送管。清洗方法有水洗和气(压缩空气)洗两种。实际施工中,混凝土输送管的清洗多用水洗,因为水洗操作比较简便,与气洗相比危险性也较小。

水洗时,从进料口塞入海绵球,使海绵球与混凝土拌合物之间不要有孔隙,以免压力水越过海绵球混入混凝土拌合物中。然后混凝土泵以大行程、低转速运转,泵水产生压力将混凝土拌合物推出。清洗用水应直接排入沉淀池中,不得排入已浇筑的混凝土内。水洗完成后,海绵球应回收再利用。

气洗时,混凝土泵以大行程、高转速运转,空气的压力约1.0MPa,比水洗的危险性大,在操作上要严格按操作手册的规定操作,在输送管出口处设防止喷跳工具,施工人员要远离出口方向,防止粒料或海绵球飞出伤人。

混凝土浇筑完成后,冲洗泵管和泵车的污水,应集中排放至沉淀池,以进行二次利用,或沉淀检测后排入市政污水管道。

3.4.3 混凝土养护

混凝土浇筑后,应及时采取有效养护措施,严防脱水和收缩裂缝。采用养护剂宜选用保水性好,且表面涂层薄膜可自行脱落的产品,不宜选用在结构表面残留粉状物的产品;采用塑料薄膜养护,应封闭严密,防止风吹掀起或脱落;浇水养护应设专人喷水,保持混凝土湿润不脱水。

对已浇筑完毕的混凝土,应在12h后加以覆盖和浇水。对采用硅酸盐水泥、普通硅酸盐水泥或矿渣硅酸盐水泥拌制的混凝土,不得少于7h,对掺用缓凝型外加剂或有抗渗性要求的混凝土,不得少于14h;浇水次数应能保持混凝土处于湿润状态;对立面可以采取涂刷养护剂的办法进行养护,对楼板夏季高温时增加浇水次数并要保证表面湿润,用塑料布覆盖严密,并保持塑料布内有凝结水,严防混凝土裂纹的出现。

混凝土养护用水应优先选用经沉淀池回收的循环水,减少水资源的消耗。

进行混凝土养护时如使用水管直接浇时,水管上应设节水阀门,应采用节水的喷雾装置喷水,不宜使用胶皮管直接浇水,禁止将胶皮管直接打弯关水,避免漏水浪费水资源;养护应按气候情况,安排专人对混凝土表面进行观察,避免浇水过多或养护不到位造成水浪费或混凝土收缩裂缝,造成浪费。

混凝土养护水应定向排放,导引到污水沟,最终至沉淀池,保证现场和周围环境整洁文明,禁止养护水四处流淌。

3.4.4 大体积混凝土的浇筑

3.4.4.1 进行大体积混凝土浇筑前,项目部应进行详细的组织策划,对混凝土输送泵的布置,混凝土运输车辆的行走路线及数量,混凝土浇筑时间控制,外加剂的选用等均要进行明确,确保施工能够顺利进行。在进行大体积混凝土浇筑前,还应与周围的社区及交通部门加强沟通,对施工中可能造成的环境影响达成一致。

3.4.4.2 进行大体积混凝土浇筑时,对大体积混凝土的浇筑应合理分段分层进行,使其混凝土沿高度均匀上升,浇筑应在室外气温较低时进行,混凝土浇筑温度不宜超过28℃。保证混凝土浇筑质量,并避免混凝土在硬化的过程中产生裂缝,大体积混凝土和冬期施工时,应按规范要求进行测温,根据测温情况,采取养护保温措施,防止混凝土开裂或冻坏。

3.4.4.3 在进行大体积混凝土浇筑前,项目应制定有针对性的应急预案,对可能出现的情况如:交通堵塞、混凝土输送泵出现故障、沉淀池容量不足等,事先进行策划,确保施工的顺利进行,保证混凝土的连续浇筑。

3.4.4.4 大体积混凝土应一次性连续浇筑,以保证混凝土结构的整体性,且保证上下层混凝土在初凝之前结合好,防止形成施工缝隙。

当进行夜间混凝土施工时,应提前向主管部门进行申请;同时可调整作业方式,相对白天降低浇筑速度,减少单位时间混凝土浇筑量,降低噪声的排放。同时,夜间施工时,应安排专人负责对进入现场的混凝土运输车辆进行指挥,采用信号灯或信号旗等,不得吹哨联络,运输车辆进入现场禁止鸣笛,并熄火,减少噪声向周围社区的排放。

3.4.4.5 混凝土浇筑时,必须防止混凝土产生离析现象。浇筑时应控制混凝土的自由下落的高度,如高度超过2m,应采用串筒、溜槽、溜管等卸落。串筒设置位置应适应浇筑面积、浇筑速度和摊平混凝土堆的能力,间距不得大于3m,设置位置应成交错式或行列式,保证混凝土不会离析。避免造成资源浪费。

3.4.4.6 浇筑大体积混凝土时,由于凝结过程中水泥会散发大量的水化热,因而产生内外温度差,容易导致混凝土产生裂缝。因此,应采取以下技术措施:

(1) 选用水化热较低的水泥(矿渣水泥、火山灰质或粉煤灰水泥),掺加缓凝剂或缓凝型减水剂;

(2) 严格控制砂石级配,尽量减少水泥用量,降低水化热;

(3) 混凝土拌和时,严格控制水灰比,尽量减少单位体积混凝土的用水量;

(4) 在混凝土内部预埋冷却水管,利用循环水来降低混凝土温度;

(5) 当混凝土拌合物泌水性较大时,浇筑完毕后,应及时排除泌水,必要时应进行二次振捣;

(6) 大体积混凝土中可掺填适量的石块,且应符合以下规定:

对较厚大体积无筋或稀疏配筋结构的块体结构,为节约混凝土用量,掺填适量石块。块石的粒径应大于150mm,但最大尺寸不宜超过300mm,抗压强度应大于30MPa。石块应为坚硬的岩石,填充前,应用水冲洗干净,严禁使用有裂缝、夹层、条形片状石块和卵石。填充的石块应大面向下,均匀分布,其间距一般不小于100mm。石块与模板的距离不应小于150mm,亦不得与钢筋接触。填充第一层石块前,应先浇筑100~150mm厚的混凝土。在最顶层石块的表面上,必须有100mm以上厚度的混凝土保护层。

3.4.4.7 在进行大体积混凝土施工时,混凝土运输车辆离开现场前,必须在洗车池处将车轮及槽帮冲洗干净,有条件的项目,可采用专用节水型洗车设备,严禁车辆带泥上路,对路面造成污染。

3.4.4.8 在进行大体积混凝土浇筑时,应随时观察沉淀池内污水的存量情况,当沉淀池内污水容量超过最大容量的2/3时,应安排专业厂家进行清掏。避免沉淀池中污水溢出,对四周地面造成污染。

3.4.5 冬雨期混凝土施工

3.4.5.1 冬期施工禁止浇水养护,应用草帘、塑料膜、涂膜进行保温防冻。遇下雪天气绑扎钢筋,绑好钢筋的部分加盖塑料布,减少积雪清理难度。浇筑混凝土前及时将模板上的冰、雪清理干净。做好准备工作,提高混凝土的浇筑速度。在混凝土泵体料斗、塔吊吊斗、混凝土泵管上包裹阻燃草帘被。草帘被应捆扎牢固,并避免草帘被破碎四处洒落,对地面造成污染。保温的草帘被完好的可以重复利用,废弃的应统一回收,集成一个运输单位后,交有资质单位处理,防止乱扔污染土地。

3.4.5.2 入模温度的控制:塔吊浇筑时每车首吊、末吊、中间吊各测一次;地泵浇筑时每车测一次。用小桶在吊斗下、泵管端部接混凝土测温。测定数据填入冬期混凝土入模温度统计表,要与车号对上。

养护措施十分关键,正确的养护能避免混凝土产生不必要的温度收缩裂缝和受冻。在冬施条件下必须采取冬施测温,监测混凝土表面和内部温差不超过25℃,测温的具体方法参见《建筑工程冬期施工规程》。

3.4.5.3 混凝土养护可以采取多种措施,如蓄热法养护和综合蓄热法养护等方法。可采用塑料薄膜加盖保温草帘养护,防止受冻并控制混凝土表面和内部温差。

综合蓄热法即采用少量防冻剂与蓄热保温相结合,以下为供参考的综合蓄热法具体实施的办法。

墙体混凝土养护:在模板背楞间用50mm厚聚苯板填塞,模板支设完成后用铁丝将阻燃草帘被固定在外侧,转角地方必须保证有搭接。

柱混凝土养护:钢柱模板混凝土养护同墙体,视测温情况加挂草帘被。

顶板、梁混凝土养护:顶板、梁混凝土下部保温为在下层紧贴建筑物周圈(整层高度)通过在脚手架上附加横杆满挂彩条布,楼梯口满铺跳板上绑草帘被。在新浇筑的混凝土表面先覆盖塑料布,再覆盖二层草帘被。对于边角等薄弱部位或迎风面,应加盖草帘被并做好搭接。

如仅采用草帘被覆盖不能满足混凝土防冻要求,必须采用加热蓄热的方法时,项目应根据现场的情况,提前策划好加热的方式、部位等。项目部应尽量避免采用燃烧煤、燃油等燃料进行加热的方式,这样极易造成燃料燃烧不充分,产生有毒气体,对大气造成污染,并可能造成操作人员中毒,带来严重安全事故。

现场对混凝土结构进行加热宜采用电加热的方式,在加热前,应将需加热的混凝土部位用草帘被等保温材料进行封闭,减少热量损失,节约资源。加热时,应按照设计的加热部位安置加热点,各电器部件接头连线应完好无破损。

在加热过程中,应根据混凝土的测温情况进行调整,当蓄热超过设计要求时,可适当减少加热点,减少资源的损耗;当混凝土结构的强度超过临界强度后,应申请停止加热,尽量节约资源。

3.4.5.4 雨期施工措施

雨期施工期间,应根据天气预报,避开下雨天,安排混凝土施工;如不可避免时,应准备塑料薄膜,在开始下雨时,对未凝结的混凝土用塑料布覆盖,同时停止混凝土搅拌,防止被雨淋离析而造成材料浪费。

3.4.6 混凝土成品保护

混凝土成品保护是混凝土施工中的一项重要环节,施工中往往由于混凝土保护工作不到位,造成混凝土成品被损坏,影响观感质量,并修补造成资源浪费。

对混凝土成品保护应注意:

已浇筑的楼板、楼梯踏步的上表面混凝土要加以保护,必须在混凝土强度达到1.2MPa后方可上人,为防止现浇板受集中荷载过早而产生变形裂纹,钢筋焊接用电焊机、钢筋不得直接放于现浇板上,外墙外挂架在墙体混凝土达到7.5MPa后方可提升。

冬期施工阶段,混凝土表面覆盖时,要站在脚手板上操作,尽量不踏出脚印。

混凝土浇筑振捣及完工时,要保持钢筋的正确位置,保护好洞口、预埋件及水电管线等。

混凝土施工过程中,对沾污墙面、楼面的水泥浆和遗洒在地面的混凝土要及时清理干净,不得损坏棱角。

楼梯踏板可采用废旧的竹胶板或木模板保护,楼梯角处用$\phi 10$的圆钢防止破损;门窗洞口、预留洞口、墙体及柱阳角在表面养护剂干后采用废旧的竹胶板或木模板做护角保护。

3.4.7 应急响应措施

3.4.7.1 如现场混凝土输送设备采用电力能源时,在混凝土输送泵临电设计上,应采用双路供电,准备备用回路,一旦发生故障时,可及时进行调换,避免混凝土浇筑中断。同时,在进行较大方量混凝土浇筑时,应准备一台备用混凝土输送泵,以便一旦出现泵车故障时,可及时利用备用泵车。

3.4.7.2 在进行大方量混凝土浇筑时,作业前,项目应对沉淀池进行清掏,保证沉淀池有足够的容量,以满足大体积混凝土施工清洗车辆的需要;如现有沉淀池不能满足需要时,应简单清洗后到附近洗车场进行清洗;以防止沉淀池容量不足,造成洗车水溢流污染地下水。

3.4.7.3 现场浇筑混凝土时,应配置发电机或考虑双回路电源,以保证临时停电混凝土浇筑能正常的进行,预防突然停电无准备,造成混凝土初凝,浪费材料。

3.5 监测要求

3.5.1 应定期检查混凝土振捣设备,确保机械运转状态良好,噪声排放符合标准。发现异常情况,应及进行维修或更换。

3.5.2 结构施工期间,每周清掏沉淀池一次(大体积混凝土施工前清掏一次),施工高峰期每天观察沉淀池污水的流速和沉淀量,发生溢流应停止排放,立即对沉淀池进行清掏。经过沉淀的生产污水进行二次利用,可用于降尘或其他环保事宜。

3.5.3 在施工高峰期定期(不少于每月一次)利用声级器进行环境监控(噪声标准符合《建筑施工场界噪声限值》:昼—75dB;夜—55dB)的要求。噪声排放超标时,应更换振捣设备或重新设计浇筑顺序。

3.5.4 混凝土养护过程中,混凝土养护人员应随时监测混凝土表面养护水情况,当养护水过多或过少时,应及时采取措施。

3.5.5 每班结束后,操作工人应检查模板下方,对洒落的混凝土或漏出的浆,及时清理回收,可利用的应重复利用于要求不高的场合,减少材料的浪费。不可使用的应集中运至指定地点处置,避免对土壤造成污染。

3.5.6 混凝土振捣前,应配备足够应急的几台输送振动棒、发电机,并及时监测其运作状态,以防止振动棒突然损坏或停电,造成混凝土初凝失效。

3.5.7 对冬雨期施工所需的设施在施工前检查一次,是否按冬雨期施工方案准备到位。发现不足,立即纠正,以保证冬雨期施工能按预定方案顺利实施。

第7章 木工作业环境控制规程

0 一般规定

现场木工作业在木工房进行,作业的过程包括配料、刨料、划线、制作、涂刷与粘结。主要的环境影响为木工房噪声、粉尘、木工机械漏油、涂料等有毒物质影响、木工资源的消耗等。

1 作业流程

配料→刨料、划线→制作→涂刷。

2 环境因素

主要的环境影响为木工房加工机械噪声、加工过程的粉尘、木工机械漏油、涂料等有毒物质影响、木工资源的消耗、木屑等固废的处理,以及火灾情况下的环境影响等。

3 人员要求

木工作业人员经历过培训,具有熟练操作的水准。作业人员能识图,按图配料与截料;能够熟练地使用木工机具,掌握机具性能、安全操作要求。

木工作业前,工长应根据现场环保要求编制相应的作业指导书,对操作人员进行环境控制的技术交底。

4 材料要求

4.1 原材料要满足 GB 142—84、LY 104—61 等标准要求,木材验收时一要区分材种,二是弄清木材的尺寸,从而确定不同的加工方式、加工程度及用途,以提高木材的使用功效,减少木材的浪费。

4.2 木材在使用前,应进行干燥处理,从而防止木材的弯曲、变形和裂缝,提高木材的强度与使用效能,并且便于防腐处理与涂漆加工。干燥的程度是木材含水率降低到与周围空气湿度相接近的平衡状态。木材干燥法有两种:天然干燥法与人工干燥法。

(1) 天然干燥。将木材按树种、规格和干湿情况分类堆垛。为保证干燥效果,堆积场地选择在通风良好、干燥平坦、无杂草、无积水之处。堆积场地与建筑物有适当距离,堆积场地内有防火设施。堆垛时,在底部设置500mm砖墩,木材采用分层纵横交叉堆积,垛顶用板皮或板条铺盖,设有20%的坡度,以防雨水浸淋。

(2) 人工干燥法。木材在干燥室内通过火炕或蒸汽加热器提升温度加快木材的干燥。使用火炕时,温度控制在 75~80℃,使用蒸汽加热时,温度控制在 60~70℃。人工干燥时优先选用无烟、低硫的煤作为燃料,如若选用的燃料产生废气时,应使用吸烟装置吸烟。

4.3 木材储存。为保持木材性能,木材储存堆放时交叉成垛,经常检查是否有裂纹、翘曲发生,是否有腐朽、虫害。如有翘曲,应改进堆放方法,如腐朽,则对木材进一步干燥。

木材应堆放在棚舍下,堆场内保持清洁,易燃物质清除干净,场内设有灭火器与贮水池。

5 设备与设施要求

5.1 量具。钢卷尺保持清洁,防止生锈。木折尺经常校验,保持精度。水平尺测量时以中部水准管气泡居中表示水平,以端部水准管内气泡居中表示垂直。线锤用来测量物体的垂直度情况。

5.2 墨斗。墨斗用于弹线明确加工线路。墨斗内保持墨汁充足,向墨斗内加墨时要避免遗洒。

5.3 砍削工具。用斧砍削木料时,以墨线为准,注意留出刨削的厚度。在地面上砍劈时,木料底下要垫上木块,以免操作斧刃。砍料的斧子必须锋利,以提高工作效率。

5.4 手锯。小木料加工时,通过手锯进行。锯割过程中,如感到进度慢又费力,则是锯齿不利,需要锉伐;如平直推拉感觉夹锯,是锯子受磨擦发热退缩所致,需要冷却;如向一方偏弯,则需拨料。需要使用电锯时,按过程控制中的相关要求。

5.5 刨。刨削木材时,根据刨削量调刃口,刃口露出量适当,既能提高工效,又不可超刨导致浪费。刨身要保持平稳,退回时,避免刃口在木料上拖磨,使刃口迟钝。为了防止刨刃或刨身受损,在刨削之前要检查和清除木料上的杂质,尤其是铁钉,必须拔掉。对硬质或节疤较多的木料,调刃要小些。

5.6 凿。打凿时,手要紧握凿柄,凿子每打一下,则前后摇动一下,并剔去木屑。透榫眼时应先从出榫面一侧加工,吃线凿孔,待出榫面有一半孔深再加工进榫面一侧,直到打透,从而避免孔口撕裂。

5.7 钻。钻前要划出孔的中心,防止钻错孔眼导致浪费,钻时要保持钻梗与木料面垂直。

5.8 刨床、电锯、钻床等机械的使用按过程控制的要求。

5.9 按防火要求,配备不少于工具的灭火器。

6 过程控制

6.1 配料

配料要考虑毛料的选择,毛料比净料尺寸要大,同时要减少加工的损耗。具体要求为:

(1) 考虑到用料在制作时刨削、拼装等损耗,各部件的毛料尺寸要比净料尺寸加大些。断面尺寸方面,单面刨光加大 1~1.5mm,双面刨光加大 2~3mm。如为机械加工,在此基础上再加大 1.5~2mm。长度方面,要适当考虑锚固、埋入长度。各部件的断面毛料尺寸应尽可能符合规格料的尺寸,以免造成浪费。

（2）配料时要根据所需的毛料尺寸和数量，对原材料进行计算，长短搭配，先配长料，后配短料。并且注意材料的缺陷、腐朽、斜裂的木材不予采用。

（3）根据毛料尺寸在木材上划出截线或锯开线，要考虑锯解的损耗量（一般 2～3mm），锯开时要注意木料的平直，截断时木料端头要平直。

6.2 木工电锯作业

操作前要先校正锯片，保持垂直，拧紧螺母，固定好防护罩，清理台面的杂物。

调整电锯防护罩高度，内壁控制在离锯齿 100～150mm 范围。

电锯使用前做好保养，包括挫锯齿，调紧皮带、锯片面，台面揩油，轴承和锯轴线三周加黄油一次，加油时要避免遗洒。

木工电锯作业在木工房进行，木工房的设置见后。电锯作业后的锯末按后所述固质废物处理。

6.3 刨料、划线

6.3.1 刨料、划线作业在保证质量的同时，主要控制或减少木屑的产生。

刨料前，应检查木料的弯曲和木纹倒顺等情况，选择最佳的刨削方向。

刨料时，注意木纹方向顺纹蚀削，先刨下面，后刨侧面，再刨背面和另一侧面。刨完后，按同类型、同规格分别堆放，上下对齐，堆垛下面垫实平整。

6.3.2 划线前，先确定榫头、打眼的部位与尺寸，从而减少返工。具体榫头要求如下：

（1）单榫结合。全榫超过木料厚度的 1/3；宽度不大于 60mm；半榫厚度与全榫相同，长为 20mm。

（2）双夹榫结合。榫厚度不超过木料厚度的 1/5，宽度不大于 60mm。

（3）双榫结合。榫厚度不超过木料厚度的 1/3；宽度不大于一木料高度的 1/4；半榫长度为全榫长度的 1/3～1/2；下半榫长度为 20mm。

（4）割角榫结合。中间榫厚度不超过木料厚度的 1/4，割角榫厚度不小于 10mm 并不大于木料厚度的 1/5，割角为 45°。

6.3.3 为提高工效，打眼要选用等于眼宽的凿，先打全眼，后打半眼，打成的眼要方正，眼内要清，不留木渣。

6.3.4 刨床机作业一方面要提高其功效，另一方面要控制机械漏油。

（1）操作前，应按照加工件所要求的尺寸和机床的标尺刻度，仔细加以调整，毛料厚度过大的工件，应根据吃刀深浅分几次刨削。刨刀在刀轴上安装好后，用木条来检验，将平直的木条纵向放在后台面伸出刨口，木条端头与刀轴的垂直中心线相交，然后转动刀轴，沿刨刀全长取两头及中间作三点检验，看其伸出量是否一致。

（2）刨料前对所刨的木料仔细检查，清除料面上砂灰和钉子，对有严重缺陷的木料挑出。刨刀安装要用栓拧紧固定。刨削前试车 1～3min，检查机构各部分运转情况，正常后才能开始刨料。

（3）厚度小于 10mm，长度小于 20mm 的木料不在平刨床上刨削；厚度小于 8mm，长度小于 250mm 的木料不在单面床上刨削，必须刨削时，要应用夹具。

（4）刨床机械下部设置隔油盘，用于专门接收机械漏油。所接收的漏油收集后用于扣件等金属物的清洗。废弃的漏油交专门的垃圾处理单位处理。

6.3.5 刨床机作业也应在封闭的木工房进行。

6.4 钻床

钻床操作前,根据钻孔形状和尺寸,调整台面,选择和装置钻头,调对操作速度,然后扳动夹持器将木料紧贴导板夹紧固定,并进行试钻,试钻正常后才能进行工作。工作中,要经常对钻头加机油润滑。钻床漏油使用接油盘接油。

在加工作业中,一律不准戴手套操作。要戴好防护帽、扎好袖口、戴好护胸等防护用具。

6.5 木工机械的性能维护

操作人员必须经过培训,掌握其机械结构性能和操作保养技术,考试持有特殊作业人员操作证后,才能操作机械。

机械应保持清洁,各部连接紧固,工作台上不得放置杂物。

皮带轮、包轮、锯片等高速转动部件在安装时做好平衡试验。各种刀具不得有裂纹破损。

装设有离心力除尘装置的木工机械,作业前应先启动排尘风机,经常保持排尘管道不变形、不漏风。

锯片上方必须安装保险挡板和滴水装置,在锯片后面,离齿 10～15,必须安装弧形楔刀。

锯片必须齿尖锐,不得连续缺齿两个。

作业后,切断电源,锁好闸箱,进行擦拭、润滑、清除木屑、刨花,并将相应的易燃易爆物品进行封闭管理。

6.6 木工房

6.6.1 木工房设计及防噪

木工房大小按现场平面设计,木工房高必须在 2.5m 以上。

木工房围护结构选用多孔材料,一般考虑加气混凝土砌块,并按表 7-1 标准进行减噪设计。

表 7-1

墙 厚	120mm	180mm	240mm
减噪值	45dB	53dB	58dB

设计木工房前应先对木工机具噪声进行试测。

木工房顶使用隔声毡,隔声同时须具有防水功能。如采用石膏板,石膏板上须做防水层。

木工房门选用 23～30mm 厚硬木质门,木工房窗选用双层玻璃。

夜间 10:00 至凌晨 6:00 禁止木工电锯、机床作业。

6.6.2 木工房防火

木工房每 100m² 配备 2 个 10L 的种类合适的灭火器,灭火器放门边显目位置。工作场所严禁烟火,吸烟应到指定的吸烟室,吸烟室设置远离仓库等易燃点。个人工具箱内不准存放易燃品。木料、成品、半成品均要距离电源控制箱3m以上。

6.6.3 木工房粉尘

高峰作业时应进行木工房粉尘浓度测试,粉尘浓度控制在0.5m以下,木工房锯末统一收集,并在工地作业中再利用。电锯与电床必须装设有气力除尘装置的木工机械,作业前应先启动排尘风机。

木工房粉尘浓度高于作业面0.5m时,应进行洒水作业,降低空气中粉尘浓度。

木工作业人员必须配戴防尘口罩、括耳机,并正确使用。

6.6.4 废旧木料的再利用

废旧木料分类堆放,以方便其再利用。分类标准及用途如下:

一类:长度在1m以上,用于再加工使用;

二类:长度在300～1000mm间,用于模板拼缝处理及修补模板等;

三类:小于300mm的木块,用于脚手架垫块等;

四类:锯末,用于现场生产生活燃料。

6.7 木材防腐剂配制与木材防腐处理的环境控制

6.7.1 木材防腐剂配制

防腐剂为弱酸材料、油性、低毒物质,为防止对环境的污染,配制应在专门的加工场所进行。防腐剂根据种类,其配制按以下配方进行。

防腐剂在塑料桶中按比例人工拌制,拌制人员戴防护手套,拌制过程中要防止防腐剂遗洒。配制防腐剂的原料使用前密封防挥发,配制后的防腐剂防挥发,用完后马上盖盖。

防腐药剂处理方法包括加压浸渍、热冷槽或常温常压浸渍、喷或涂三种方式。药剂处理在专门的车间,车间地面硬化,防止药剂直接渗入地面。残留车间地面的药剂清理后集中堆放,按有毒有害物质进行处理。

防腐剂要在初凝时间前用完,防止浪费。

涂刷防腐剂过后所剩下的手套、刷子、废塑料桶、废防腐剂作为有毒有害物质收集交有资质的消纳单位处理。

6.7.2 木材粘结中的环境控制

木材粘结中的主要环境影响为胶粘剂的使用产生的环境污染。

胶粘材料主要有间苯二酚甲醛胶粘剂、酚醛树脂胶粘剂、聚醋酸乙烯胶粘剂、脲醛树脂胶粘剂、酪素胶粘剂、三聚氰胺脲醛树脂胶粘剂。这几种物质配方组成如表7-2。

表7-2

胶 粘 剂	配 方 组 成
间苯二酚甲醛胶粘剂	间苯二酚、三聚甲醛、氢氧化钠
酚醛树脂胶粘剂	苯酚、甲醛、氢氧化钠、乙醇
聚醋酸乙烯胶粘剂	
脲醛树脂胶粘剂	脲醛树脂、氯化铵

续表

胶　粘　剂	配　方　组　成
酪素胶粘剂	酪素、氢氧化钙、苛性钠或硅酸钠
三聚氰胺脲醛树脂胶粘剂	

胶粘剂具有弱碱或弱酸性,对地面土壤有环境影响。

胶粘剂要密封,并且储存在现场仓库。胶粘剂用专用刷进行涂刷,操作人员戴防护手套,涂刷用的车间地面通过硬化或用硬纸板与土壤隔开,粘结后的木材用木垫块或木板作支垫,在指定的地点堆放。胶粘剂的防挥发、防浪费,以及使用后的有毒有害物资的处理参照防腐剂的环境控制方法。

6.8　木加工固废处理

木加工固废包括配料、电锯、刨料产生的锯末、木屑、木块等,这些固废易产生粉尘、易燃烧,因此加工过程中要定期清理,每天班后必须清理一次,清理后的固废统一收集,堆放在远离现场仓库的设置有防雨棚的堆场。固废用作现场燃料加工再利用。

6.9　应急准备与响应

6.9.1　应急准备

(1) 标识。木加工与木堆放、防腐剂与胶粘剂等易燃物资的堆放场所,在其现场设置禁火标识。

(2) 易燃物清理。对木加工与堆放现场的易燃品进行清理,并且现场不允许带入导火工具与导火物。

(3) 灭火器。按每 $100m^2$ 配 2 个 10 升灭火器的要求配备相应数量的灭火器。

(4) 其他灭火设施,包括消火栓等。当木工现场周围存在居民区,火势易蔓延时,应在现场设置消火栓,并且保持消防通道畅通。

6.9.2　应急措施

6.9.2.1　现场组织进行应急演练。演练内容包括灭火方法、自救方法,并且对应急人员与现场作业人员进行应急培训。

6.9.2.2　现场火势应能控制在 1～3min 内扑灭,否则及时向 119 报警。

6.9.2.3　每天对现场通讯设施与通讯情况进行检查,保持现场联络畅通。

6.9.2.4　当现场发生火灾时,除救火之外,现场应组织进行人员疏散,受伤人员的抢救。清理和隔离火灾周围物质,防止火势进一步蔓延。

6.9.2.5　对火灾后的现场进行清理与清扫。清理后的物质按可回收利用与不可回收利用进行分类。

7　监测要求

7.1　粉尘监测。木工房内作业人员配备口罩。作业区地面定时通过清扫保持清洁。作业房内使用通风机械通风,使粉尘加速扩散。电锯、刨床机上设置防护罩,防止细碎物抛洒增加粉尘。当扬尘超过 1.5m 且目测飘浮物较明显时,应停止作业 5min 左右,待飘浮物沉淀后再行作业。

7.2 噪声监测。检查木工机械性能,带病机械停止作业。机械放置保持平稳与稳定,防止机械摆动产生额外噪声。作业期间每天对施工现场噪声值进行测量。

7.3 固废监测。刨花与木屑等固废物作为易燃物质收集并堆放在指定地点,并且作为燃烧物加以利用;铁丝、铁钉等铁质物进一步清理,可以再利用的加以分离利用,其余作为废旧铁质物堆放在硬化的垃圾堆放点安排处理;遗洒的防腐剂等化学废弃物统一收集后堆放在化学废品堆放地点安排处理。

7.4 应急监测。检查要加工场所易燃固废清理情况,木材与易燃化学品堆放情况,以及上述场所应急物资准备情况。现场安全员每天检查,项目部每周检查一次。

第8章 预应力作业

0 一般规定

0.1 预应力混凝土是在外荷载作用前,预先建立有预压应力的混凝土。混凝土的预应力一般是通过张拉预应力筋实现的。与普通混凝土相比,具有构件截面小、自重轻、刚度大、抗裂度高、耐久性好、材料省等优点,采用预应力结构,可减少材料用量,扩大使用功能,综合效益好,节省对资源的消耗。

0.2 预应力混凝土按施工不同方式可分为:预制预应力混凝土、现浇预应力和叠合预应力混凝土等。按预加应力的方法不同可分为:先张法预应力混凝土和后张法预应力混凝土。先张法是在混凝土浇筑前张拉钢筋,预应力是靠钢筋与混凝土之间粘结力传递给混凝土。后张法是在混凝土达到一定强度后张拉钢筋,预应力靠锚具传递给混凝土。在后张法中,按预应力筋粘结状态又可分为:有粘结预应力混凝土和无粘结预应力混凝土。前者在张拉后通过孔道灌浆使预应力与混凝土相互粘结,后者由于预应力筋涂有油脂,预应力只能永久地靠锚具传递给混凝土。

0.3 预应力钢丝是用优质高碳钢盘条经索氏体化处理、酸洗、镀铜或磷化后冷拔而成,预应力筋不论何种材料,均应从环境达标的专业厂家进货,当必须在现场加工时,加工场地、生产工艺应经过环境污染评估。

1 预应力钢筋加工

1.1 作业流程
钢筋下料→钢筋加工(冷拉、冷拔)→镦头→安装铺设。

1.2 环境因素
预应力钢筋加工的环境因素有:钢筋调直时的噪声排放、冷拔模的热辐射、冷却水的排放,冷墩时噪声排放、隔离剂排放、设备漏油、钢筋头的废弃等污染。

1.3 人员要求
应对预应力钢筋下料、加工、镦头、安装铺设的人员进行培训,内容包括:钢筋下料、加工、镦头、安装铺设过程中的环境影响及其防治措施,噪声的防护方法,防止预应力筋加工设备泄漏的措施,钢筋的下料技能、设备维护的知识,垃圾分类回收等基本知识。

1.4 材料要求

1.4.1 预应力钢筋加工前,应对原材进行力学性能试验,防止张拉过程中发生脆断而造成材料的损失。

1.4.2 预应力钢筋的锚固剂、灌浆材料的外加剂均应有环境监测报告,不得使用放射性超标、挥发性强的材料。

1.5 设备设施要求

1.5.1 设备要求

1.5.1.1 张拉设备应优先选用噪声低、能源利用率较高、工效高的设备。

1.5.1.2 在有转动的预应力张拉设备下方设置面积不小于设备投影面积的接油盘，防止设备漏油污染土壤。发现有流淌油状物时，必须进行清理，油箱清洗的油要装入专门的废油收集桶内，待预应力活动结束或者收集满一个运输单位后交由有资质的单位回收处理。

1.5.1.3 油泵和千斤顶所用的工作油的灌入应用专用的油瓶进行，并且防止油遗洒；过滤完的油渣应放入指定的容器内，待预应力活动结束或者满后，交有资质单位回收处理；操作必须在硬化的场地上进行，油泵下设置接油盘。外接油管与油泵的接头应采用自封式快装接头，以免拆下的接头漏油造成污染。

1.5.1.4 千斤顶、油泵、锚具的日常维护需在专用硬化场地进行，禁止在未做任何防污染的场地进行维护。

1.5.1.5 拔丝模下方应设置拔丝剂的回收盘，对可利用的拔丝润滑剂进行回收利用，不可利用的拔丝剂应放于指定地点，待收集到一定数量后交由有资质的单位回收处理。

1.5.2 设施要求

1.5.2.1 张拉机、拔丝模应先进行维护保养和调试，校准各种机械的监视仪表，防止张拉过程钢筋应力过大损坏钢筋。

1.5.2.2 预应力筋加工现场应设置垃圾回收桶，对废弃钢筋头、废油、拔丝剂进行分类回收。

1.5.2.3 预应力筋冷拉或冷拔的场地一般应进行硬化，防止铁锈直接与土壤接触，污染土壤。

1.5.2.4 预应力筋拔丝场地应设置排水沟，通过排水沟排放至沉淀池，经沉淀后排入市政管道；场地如没有排水沟时，应放置冷却水收集桶，待冷却到室外温度时，冷却水也可倒至备用水池，以便水资源的再利用。禁止冷却水乱排污染土地，污染地下水。镦头场地应有排水沟，冷却水随沟排至沉淀池，经沉淀冷却后再进行排放。

1.6 过程控制要求

1.6.1 施工前准备

1.6.1.1 预应力钢筋下料

施工前，应严格按照设计图纸和施工规范确定下料长度，钢筋下料尺寸应准确符合规范、规程、标准和抗振等要求，避免用错材质，造成返工，或下料错误造成返工，或长料短下浪费资源，或增加钢筋接头加大对环境的污染。

1.6.1.2 预应力钢筋断料

（1）对长线台座法，冷拔钢丝下料时，成盘放线铺设后宜用钢丝钳切割，可以避免砂轮机切割产生噪声。

（2）对机给流水法，在钢筋调直机上等长自动下料。

1.6.1.3 废弃物的处理

废弃的钢筋头应置于专门的垃圾回收站中,也可利用废弃钢筋头做成马凳或做钢筋护栏,提高钢材的利用率。不能再利用的,放于指定地点,收集一个运输单位后交由废品回收单位。

1.6.2 预应力筋冷拉、冷拔和调直

1.6.2.1 预应力筋的冷拔和调直在居民住宅区或学校、幼儿园附近施工时,钢筋冷拔、调直设备布置应远离人群集中的区域。场地小不能避开时,在靠人群集中区域应采用隔声习或隔声布进行封闭,封闭高度不小于1.8m,做成移动时,减少作业时噪声污染。

1.6.2.2 作业开始前,在试运转期间对设备噪声排放检测1次,如超标应增加隔声材料厚度或高度或更换隔声效果好的材料。

1.6.2.3 冷拔和调直预应力筋时应禁止夜间作业,预防或减少噪声污染。

1.6.2.4 钢筋冷拔冷拉和调直场所地面应硬化或铺预制混凝土块或垫旧帆布,以防止作业过程中铁锈下清污染土壤。

钢筋的冷拉、冷拔和调直过程结束时,应设专人每班进行清扫,将铁锈放于储存桶,待收集到一定数量时,交有资质的单位进行回收处理。

1.6.2.5 四级风天气时,停止钢筋的冷拉、冷拔和调直作业,预防和减少扬尘。

1.6.3 预应力镦头

1.6.3.1 钢筋端头除锈

镦头时,钢筋端头应进行除锈,除锈应在硬化的场地上进行,除锈人员应配戴口罩,在密闭的场所内进行,避免在除锈过程在产生扬尘,污染环境,使用完的钢丝刷应进行回收,不得随意排放。

1.6.3.2 钢筋端头磨平

(1) 预应力筋端头磨平时,应在前面设置围挡,前方5m处不得有易燃物品,避免火星四溅引发火灾。

(2) 磨平必须避开周围居民的休息时间,并应在有消声或减噪的场所内进行,磨平过程中操作人员应配戴口罩、护目镜和防热辐射防护服,并且在周围有围挡,防止造成光污染。操作场所必须设专人每天进行清扫,垃圾应进行收集,按可利用的废弃物进行处理。

1.6.3.3 镦头

镦头分为热镦和冷镦,在可行的情况下应采用冷镦的形式,以减少热镦时的能源消耗、热辐射和水资源的消耗。

(1) 冷镦

1) 预应力钢丝的冷冲镦头加工,一般使用移动式冷镦机,操作时,开动电动机,冷镦机即进入工作状态。

2) 待夹具张开时,将钢丝插入,冷镦即自动完成夹紧、镦头作用。夹具张开时,取出已镦头的钢丝。

3) 当冷镦不同直径的钢丝时,应调整镦头模与夹具间的距离。镦头前,应先对需要镦头的钢丝进行编排,然后再进行镦头,以防止镦头机空转浪费电能,镦头结束时,应及时关闭电源,避免能源浪费。

4) 镦头机下面必须安装不小于镦头机水平投影面积的接油盘,油面离槽口10mm时,应进行清理,以防止漏油污染土壤。

(2) 热镦

1) 采用热镦时,应选择合适的工艺参数节约能源。冷却水可以采用循环水的方法,节约水资源,或者在下方放置收集回收盆,进行重复利用。

2) 热镦后Ⅳ级钢筋需回火处理,避免由于脆性而造成不合格品,浪费材料和资源的消耗。

3) 将镦粗的钢筋冷却后重新放入模具中顶紧紫铜棒端面,进行脉冲式通电,至钢筋呈现暗红色为止。

1.6.3.4 端头镦粗

(1) 操作时应通过加压根据软化程度缓慢均匀地进行,不能等钢筋全部软化后过猛加压而造成端头成型不良而报废,浪费材料和能源。

(2) 为防止钢筋过软成型不良,要严格控制温度,Ⅳ钢筋应控制在700℃。镦粗后,Ⅳ级钢必须回火处理,避免由于快速冷却变脆造成废品,造成材料的浪费和资源的消耗。

(3) 镦粗过程中,应注意防风、防雨、防潮,防突然冷却而变成冷脆。

1.6.3.5 季节性施工措施

(1) 冬期及阴雨天,应在室内操作,室内气温以保持在10℃以上为宜。

(2) 刚镦好的镦粗头不能遇水突然冷却,以防脆断而造成成品的报废,减少材料的消耗。

(3) 寒冷季节镦粗头应在室内逐渐冷却后方可运出。

(4) 为防止产生废品,浪费资源,镦粗过程应严格遵守操作规程和质量标准。

1.6.4 预应力筋安装铺设

1.6.4.1 安装铺设前准备

(1) 防隔离剂遗洒措施

1) 预应力筋铺设前,应在长线台座(或胎模)涂刷隔离剂。台座周围易被污染的地方,应铺设彩条布,防止隔离剂的遗洒污染土壤。

2) 涂刷隔离剂时应采用软质刷子进行涂刷,严禁采用泼洒的方式进行施工,避免隔离剂滴漏到土壤中,且不应沾污钢丝,以免影响钢丝与混凝土的粘结。

3) 如果预应力筋遭受污染,应使用适当的溶剂加以清洗干净,清洗完后形成的废液要用集油盘进行收集,统一进行回收,按有毒有害废弃物进行处理。

(2) 防雨措施

在生产过程中,应防止雨水冲刷台面上的隔离剂,必要时,可用石棉瓦或者彩条布进行覆盖。

1.6.4.2 预应力筋安装

(1) 防遗洒措施

1) 采用锚固剂进行锚固时,在锚固部位应设收集盘,收集遗洒的锚固剂,进行重复利用,不可再利用废料应进行专门处理,不得和其他废弃物混合处理。加工产生的余料、废料需分类进行处理。

2) 施工使用张拉剂时,应采取在施工部位下垫彩条布等隔离物措施,防止张拉剂污染土壤。

3）预应力施工所产生的固体废弃物，如废油、隔离剂、润滑剂等应作为有害废弃物处理，与其他余料、废料分类交有资质单位处理。

（2）降噪措施

1）预应力筋调直、张拉、孔道灌浆时，需对机械进行润滑，或在机械下垫废旧橡胶轮胎、塑料垫等弹性隔离物，以减少机械的噪声和振动。

2）预应力筋的张拉、锚固、连接、混凝土的浇筑，均应在施工前对机械进行维护，减少噪声，可行时，加工场地用隔声材料封闭。

1.7 监测要求

1.7.1 在钢筋调直和端头磨平前，必须进行场界噪声的监测，如有超标情况，应对场所进行封闭，可用隔声板，对调直机单独进行封闭。增设隔声屏或者在场所内壁加设软质吸声材料。

1.7.2 施工前应进行试加工，先在场所外进行噪声检测，如发现排放超标的情况，应在墙面增加隔声布，或在入口处加隔声帘，以减少噪声的污染。

1.7.3 对调直时的冷却水在排放前进行监测，严禁超标排放，在施工过程中当目测冷却水有可见的悬浮物或者明显的混浊时，要委托有资质的单位进行外部监测。

1.7.4 预应力筋除锈时，应每班对扬尘情况进行监测，扬尘高度过到0.5m时，应停止作业，将浮锈清理干净后，再作业。

1.7.5 在每班结束后，应由专人检查废弃物的分类回收情况，禁止有毒有害废弃物与其他可降解的废弃物混放。

2 先张法预应力施工

2.1 作业流程

预应力筋张拉→混凝土浇筑→拆除模板→预应力筋放张。

2.2 环境因素

噪声排放（预应力钢筋张拉、调直、混凝土的搅拌）、废弃物排放（废弃钢筋头、混凝土的废料排放）、热量排放（冷却水的热量、调直过程中的热量排放、张拉过程的热量排放等）、污水排放（钢筋加工的冷却水、混凝土养护废水排放）。

2.3 人员要求

2.3.1 机械操作人员应经过培训，掌握相应机械设备的操作要求、机械设备的养护知识、机械设备的环保要求、紧急状态下的应急响应知识后方可进行机械操作。避免因人的操作技能不符合操作规程造成机械设备事故：漏油、设备部件报废、浪费资源污染环境。

2.3.2 其他人员操作前应进行环境交底，掌握操作要领和环境控制要求，避免因人的不掌握环境控制措施造成噪声超标排放、扬尘、废弃物、废水、废液、电辐射的超量排放。

2.4 材料要求

见预应力钢筋加工和混凝土章节。

2.5 设备设施要求

先张法预应力施工的承力设备有台座，承力托架和承力模板等三种。

2.5.1 台座

2.5.1.1 混凝土台座张拉前应进行锚固测试，避免张拉中混凝土台座被破坏而引起构件的损坏。

2.5.1.2 张拉机、千斤顶等工具在使用前应进行维护保养，防止张拉过程中出现停机的情况，造成能源的浪费。

2.5.1.3 台座的设计原则

（1）为了避免不必要的浪费，施工时，既不能做得太大，浪费材料和能源，又不能过小，承受不了张拉应力，造成破坏，既浪费材料，又污染环境。所以应严格按照计算要求和设计图纸、长度、预应力筋品种、张拉力大小、合力位置等具体情况，通过比较实际场地情况，采用重墩式、三角架式、拉压杆式、锚桩式等形式。

（2）台座的端头梁和承力柱（墩）的具体尺寸，应根据预应力筋的布置和张拉力的大小经计算确定，保证它们具有足够的刚度，以免承力变形过大，引起预应力损失而造成构件的报废，造成固体废弃物的排放。

2.5.1.4 台座长宽的选择

（1）根据长度的大小，台座分为长线台座和短台座两种。前者一般指长度大于60m的台座，在其上张拉一组预应力筋就能浇筑多个构件，适合于成批生产钢筋混凝土制品；后者一般是指长度在60m以内的台座，在其上张拉一组预应力筋只能生产一个至几个构件，适合于生产以大直径钢筋做预应力的构件。长线台座由于长度大，采用柱式用料太多，造成了资源浪费，建议建成墩式，而短台座则一般采用柱式，张拉力小时，也采用墩式。

（2）台座的尺寸根据预应力筋的种类、构件的外形尺寸和其他施工条件而定，在确定台座长度的时候，要考虑张拉设备的行程是否够用。考虑一般电动或手动张拉机具都有较大的行程，采用它们时，台座长度可不受限制。如采用普通千斤顶时，由于普通千斤顶的行程有限，一般都不大于150mm，个别也只达250mm，所以设计采用千斤顶时，台座不宜太长，以免预应力伸长值超过有效行程，给张拉工作带来麻烦或是由于应力过大或过小引起构件的报废，造成固体废弃物的排放，污染环境。

（3）当在预制厂长期加工同型号构件时，采用普通千斤顶则可，不必采用过长的台座，减少资源浪费和对环境的污染；在施工现场加工不同型号的构件时，考虑有较多的适应性，一般采用电动张拉工具或手工张拉工具。此外，还要考虑钢筋的加工和搬运有无困难。大直径钢筋太长时，冷拉、搬运都比较困难，除中间采用连接器外，不宜太长，以30～40m为宜。

（4）台座的宽度的计算，对于柱式台座，等于承力柱之间的净距离；对于墩式台座，则等于承力墩上悬臂之间的净距离。在决定柱式台座的宽度时，既要考虑构件的外形尺寸，又要注意便于操作，减少来回的搬运，节约资源，一般宜在1.2～3m之间。

（5）墩式台座的宽度与构件外形尺寸的关系不大，在满足预应力筋布置的前提下，尽量减少台座的宽度，并要便于张拉操作；至于构件成型而要的宽度，则与构件的外形和成型方式有关，当平卧成型时，往往要大于台座的宽度，布置台座时加以注意。

（6）台座的标高（即它与地面的相互关系）必须定得便于操作，采用蒸汽加热养护构件时，还要便于覆盖养护。所以宜将柱式台座设于地面下或养护池中，利用挡土墙或养护池壁经过加固处理作为承力柱,这样既可以节约资源,还能达到质量要求。在确定入地深度时,除便于操作外,还要考虑地下水位和排水条件,地下水位不应超过池底,当超过池底时,应在池四周设置集水沟进行排水,以免造成地下水污染和被水浸泡无法利用,造成资源的浪费。

2.5.1.5 台座的类型选择

(1) 根据用途,台座有专用和通用两种。专用台座只为张拉一种构件的预应力筋而设,而通用台座则能在不同的时间张拉多种构件的预应力筋。专用台座适合于预制厂大批量同型号构件的加工,通用台座适合于施工现场,加工不同型号的预制构件使用。实际施工中,按所加工同型号构件的数量选择台座的形式。

(2) 根据承力柱、墩的建造方式,台座分为整体式和装配式两种,整体式台座适用于预制厂,长期加工同种型号的预制构件,施工现场推荐使用装配式台座,以便于拆迁,重复利用,避免不能重复使用而造成资源的浪费和废弃物的污染。

2.5.1.6 台座制作的材料

预应力台座制作应因地制宜,就地取材,利用各种可利用的废旧材料或现场构件,以节省建造材料,减少资源浪费。在施工现场或预制厂(场),可利用未安装的构件(柱、梁、基础梁等),拼接起来并根据张拉力大小做适当加固处理,作为台座的承力柱;也可利用厂房混凝土地坪,端部做适当的加固处理,还可利用混凝土砌块拼接起来做台座的承力柱,待构件生产完毕时,将它们拆除,用于正式工程。避免了拆除造成的资源浪费和废弃物污染。

2.5.2 承力托架和承力模板

2.5.2.1 采用机组流水法或机组流联动法生产预应力混凝土构件时,预应力筋直接在承力托架或承力模板上张拉并锚固。施工现场一般是生产较少的非标准构件,宜采用机组流水法,预制厂一般为生产较多的标准构件,宜采用机组联动法。托架下方应有与土壤的隔离层,一般采用水泥地面或混凝土地面的方法,避免污水的渗透,污染地下水。

2.5.2.2 承力托架可做成定型和专用两种。定型承力托架的尺寸,根据常见构件尺寸综合考虑确定,一般长度采用 6.2、9.2、12.2m 等三种,宽度可为 1.5m 和 1.8m 两种。有这 6 种规格的承力托架,基本上能够适应各种构件的生产需要。当构件长度与托架相差太大时,可将纵梁接长或横梁内移,一般不推荐专为某一构件生产而制造专用承力托架,以免由于构件不同而加工不同的承力托架,造成不必要的材料浪费。

2.5.2.3 承力模板由底架、底模和侧模组成,是托架、台座和模板三合一设备。底模焊固于底架上,侧模根据模面是否垂直于底模等具体情况做成半开启式或固定式,不宜做成全开启式,以免影响操作安全。当采用开启式侧模时,为了使接缝严密、避免漏浆造成材料浪费和环境污染,宜设置柔性接合件,即在底架上端与侧模接合处,竖起设置通长橡皮带,用钢板和螺栓固定于底架上,上边缘比底模高 2~3mm。

2.5.2.4 橡皮带具有柔韧性,上边缘不会妨碍侧模合上,而当侧模合上时,又能够紧贴侧模,使接缝严密。橡皮带可用旧废料,螺栓处钻椭圆孔,以便于在磨损后随时调整,使用完的废橡胶带不得混入普通垃圾中,应放于专门的不可降解的回收站中,交于有资质的单位进行处理。

2.5.3 装卸式台座
2.5.3.1 构造

(1) 为了适应生产多品种、大中型构件的需要,当受吊装能力限制不能采用承力托架时,宜在养护池中设置装卸式台座,可以减少构件运输次数,避免资源消耗和材料的浪费。

(2) 装卸式台座由两榀纵向钢桁架和四根端头横梁(每端上、下各一根)组成,并配有采用普通千斤顶成批张拉多根钢筋的活动横梁和丝杠,也可另一端用拉杆式千斤顶张拉。

(3) 由于每端上、下都有端头梁,所以既有张拉受拉区的预应力筋,又能够张拉受压区的预应力筋(如配于吊车梁上部的预应力筋)。台座长16m、宽4.8m、高1.87m,能够生产长度不大于12m、高度不大于1.6m的构件,适应性非常强,尤其是适合于生产各种梁。

(4) 生产吊车梁时,能并排生产两行,一次生产6m吊车梁4根或12m吊车梁2根。

(5) 在施工现场加工构件,由于构件的型号不可能相同,宜采用这种装卸式台座,减少由于整体台座的适应性不强而造成不必要的材料和资源的浪费。

2.5.3.2 材料要求

设于养护池中的台座,构件养护时,台座也同时加热,不存在温差,可采用一阶升温法,以缩短养护时间,有利于台座和模板的周转,减少材料的浪费。停产不用时,可拆除吊出池外,可以充分利用养护池,养护池壁应做防水处理,避免废水渗入到地下,污染地下水。养护池在养护时的水面高度应与池壁差应大于10cm,以免溢出而污染环境。

2.6 控制要求
2.6.1 预应力筋的张拉
2.6.1.1 一般规则

(1) 为避免预应力加工时造成材料报废和浪费资源,张拉机具和承载力设备的布置,必须保证张拉力的作用线与预应力筋的中心线或重心线重合,在加工过程中应加强检查,避免以下情况的发生:

1) 预应力筋偏离设计位置,造成钢筋受力不均匀,应力集中而造成构件损坏。

2) 预应力筋或连接杆与横梁孔壁摩擦,轻则损失应力,重则折断,造成资源浪费。

3) 为节省工时,减少对能源的消耗,预应力筋宜整批张拉,当预应力筋密集布置,且张拉设备的能力又能胜任,宜整批张拉;当张拉设备能力不足时,或当预应力筋分散布置时,可单根双根分别张拉。

(2) 为避免在预应力筋张拉时,应力达不到规定要求,重复张拉而造成资源浪费,或者过度张拉而造成钢筋断裂,造成材料浪费和固体废物的排放,在张拉过程中应注意以下事项:

1) 两根以上预应力筋同时张拉时,必须根据预应力筋的种类,夹持方法,采取合适的措施,使各根应力均匀,以防止由于受力不均匀而造成成品的报废,污染环境。

2) 预应力钢丝采用波形夹具整批张拉时,应采用阻力机,使钢丝在相同的应力状态下夹紧,以保证夹具之间的长度相等。钢筋表面的压波纹应符合质量要求,既要锚固性能良好,又不致使钢丝在张拉过程中折断。

3) 预应力钢丝采用电动或手动张拉设备成对张拉时,一般都在张拉端设置滑轮,绕过滑轮的钢丝绳两端各挂一个夹具,张拉时通过滑轮和钢丝绳调整张拉力,使两根钢丝应力相等。当采用千斤顶张拉并用拧紧螺母法锚固时,钢丝对弯处直接挂在滑轮上。

4) 大直径预应力钢筋整批张拉时,无论采用什么形式的夹具,都不能让它们弯曲,以保证夹具间长度相等。在铺筋时,要每隔一定距离设置临时支垫。临时支垫可采用报废的钢筋头或者余料混凝土制作,当有多排预应力钢筋时,各排都要设置支垫。否则,上面各排的弯曲将更大而造成张拉失效,浪费资源。

5) 预应力筋的张拉程序,如果设计上没有规定,可结合施工的实际情况确定,但需保证装设预埋件、其他配筋及模板时的安全。预应力筋按确定的程序张拉。在张拉过程中,如发现伸长不足或过多时,应找出原因,纠正并制定纠正措施后再进行张拉,成批张拉预应力钢丝时,可能发生个别断裂现象,如断裂数不超过同一区(受拉区或受压区)钢丝总数的5%时可不必更换,超过时则必须更换,更换掉的作废钢丝应统一收集,按可利用废弃物进行处理。

6) 预应力筋分多次张拉时,应在钢筋端头做出标识,可用挂标识牌、端头做油漆记号等方法进行标识,防止重复张拉,浪费资源和损坏钢筋。

7) 张拉时,张拉应力不得超过规定应力的5%,避免过度张拉造成钢筋损坏和能源的浪费。

2.6.1.2 千斤顶的选择

(1) 选用普通千斤顶时,在台座的张拉端,除原来固定横梁外,还要增设一个或两个活动横梁,在千斤顶的端部设置铁皮,避免千斤顶的漏油而污染地面。采用一个活动横梁时,应配置一台或两台规格相同的千斤顶于端头横梁和活动横梁之间,每根预应力钢筋一端固定于横梁上,另一端通过连接器与工具丝杠连接。工具丝杠穿过端头横梁和活动横梁,并在它们外侧各配置一个螺母。张拉时,先拧紧端头横梁外侧的螺母,调整钢筋应力,再将中间的螺母拧紧,然后徐徐回油,禁止回油过猛,造成输油管的超负荷使用,减少输油管的使用寿命。回油后张拉工作便告完成。

(2) 采用双活动横梁时,也应配置一台或两台规格相同的千斤顶于端头横梁与外活动梁之间。预应力钢筋一端用夹具固定于端头横梁上,另一端则用夹具固定于内活动横梁上。内外活动横梁通过两根大丝杠联系。张拉时,先将大丝杠的螺母先拧紧贴端头横梁、并调整各根钢筋的初应力,使其均匀,然后拨正外活动横梁,并将大丝杠螺母拧紧贴靠它,接着就可以向千斤顶供油进行张拉。按确定程序张拉到要求应力时,再次拧紧端头横梁外侧的螺母,然后回油,张拉工作便告结束。

(3) 为了使活动横梁在预应力钢筋张拉时能沿着一定方向移动,并减少移动时的摩擦,应将它放置于简易轨道上,简易轨道和活动横梁之间应装设滚轴,并在张拉时上维护油,减少噪声排放,应当注意油不能洒漏到土壤中。

(4) 当预应力钢筋直径较小,张拉力不大,拉杆式千斤顶能够承担时,宜采用成批张拉,避免不必要的资源和人力浪费。布筋时,预应力钢筋一端穿过端头横梁并用夹具固定,另一端利用夹具固定于工具丝杠的连接器上,工具丝杠则穿过端梁并用螺母固定,端部另配工具式带耳螺母与千斤顶的抓具连接,千斤顶通过带耳螺母张拉预应力筋,使它获得应力,按确定的张拉程序张拉到要求应力时,即可将工具丝杠上的螺母拧紧,千斤顶回油,张拉工作即告完毕。

2.6.1.3 预应力钢筋张拉

(1) 一般都采用合适吨位的穿心式千斤顶或拉杆式千斤顶。预应力钢筋两端都穿过端头横梁,用夹具固定于其上,张拉端的夹具应采用能与千斤顶张拉头连接的形式。千斤顶通过张拉头逐根张拉预应力筋,逐根锚固,锚固时,应注意动作应轻,避免重击引起预应力的损坏。

(2) 千斤顶通过张拉头与工具式丝杠连接,按确定程序张拉到规定应力时,拧紧工具式丝扛上的螺母,使它靠住横梁,锚固预应力钢丝。然后使千斤顶回油,千斤顶回油时动作应缓慢,避免突然放松而引起预应力筋的损坏和锚具的损坏,造成材料的损失。

(3) 多根预应力钢丝密集布置但只有一排时,可采用特制的梳丝板工具和拉杆式穿心式千斤顶成批张拉,等长的钢丝两端镦头,挂于梳丝板上。千斤顶通过张拉钩带动张拉端梳丝板进行张拉,然后把梳丝板锚固在端头梁上。可以避免张拉应力的集中,而引起预应力筋的损失,浪费材料。但这种方法一般用于在承力托架或承力模板上张拉板类构件和预应力钢丝。

2.6.2 混凝土浇筑

2.6.2.1 混凝土浇筑前木模应浇水润湿,并将缝隙塞严,金属模板预留孔洞应堵塞严密,以防漏浆。脱模剂涂刷应均匀、到位,不得出现漏刷现象,防止在混凝土浇筑后,产生粘模现象,需要二次修补,造成资源浪费。

2.6.2.2 当进行混凝土振捣时,应采用振捣棒插入振捣。混凝土振捣器应选用环保型低噪声振捣棒,振捣作业由专人操作,使用前检查各部位连接是否牢固,旋转是否正确。

2.6.2.3 操作方式有两种,一种是垂直振捣,即使振动棒与混凝土表面垂直;一种是斜面振捣,即使振捣棒与混凝土表面成一角度,约 40°~50°。采用振动棒振捣时要"快插慢拔",快插是为了防止将表面混凝土振实而与下部混凝土产生分层离析。慢拔是为了使混凝土能填满振动器抽出时所造成的空洞。同时减少振捣棒空转的时间,减小噪声的排放。

2.6.2.4 浇筑混凝土时要分层浇筑,每层混凝土厚度不得超过振动棒长的 1.25 倍;上层混凝土的振捣要在下层混凝土初凝之前进行;振捣时要插入下层 5mm 左右。每一插点要掌握好振动时间,对塑性混凝土一般为 20~30s。插点要均匀排列,可以排成"行列式"或"交错式"的次序移动,不应混用,以免造成混乱。插点距离应不大于振动棒作用半径的 1.5 倍。一般振动棒的作用半径为 300~400mm,在振动 30~60min 后,必须停 30min;混凝土振捣不得直接振捣在模板和钢筋上,禁止空转,禁止在预应力钢筋上振捣,以防止预应力钢筋受损,或者钢筋处混凝土不密实,造成预应力筋放张后出现抽筋的现象,造成构件的报废。振动完毕后应将振动棒表面清洗干净。

2.6.2.5 当进行楼板等平面结构混凝土施工时,可采用平板振动器。平板振动器在混凝土表面成行列依次移动振捣,在每一振捣位置上应连续振动 25~40s,每一振捣位置包括行与行之间的位置应搭接 30~40mm。平板振动器的有效作用深度,在无筋及单筋平板中约 200mm;在双筋平板中约 120mm。平板振动器使用完毕后要清洗干净。

2.6.2.6 浇筑后的混凝土应采取相应措施进行养护,此过程的环境影响及其措施按混凝土章节相关内容实施。

2.6.3 预应力筋放张

预应力筋在放张时,应注意应缓慢进行放张,防止突然放张引起传力区段的混凝土损坏,造成材料浪费和固体废弃物的污染。

2.6.3.1 传力区的长度叫做传递长度,这与预应力筋的直径、应力、表面状况及混凝土的强度有关。在相同的应力条件下,单根预应力筋的回缩力与截面积成正比;在相同强度等级的情况下,混凝土对预应力筋的粘结力与其周长成正比。但截面积与直径的平方成正比;而周长却只与直径成正比。当预应力筋直径增大时,混凝土对它的粘结力虽然也增加,但增加的粘结力比回缩力小。所以,在应力、表面状况和混凝土强度等级相同时,预应力筋直径越大,需要的传递长度也越大。在直径、表面状况和混凝土强度相同时,预应力筋应力越大,传递长度也就越大,反之则小。其他条件相同时,混凝土强度等级高时,传递长度就短,反之则长。同理,其他条件相同时,预应力筋表面粗糙,传递长度就短,反之则长。一般来说,传力区段越小,则造成混凝土损坏的可能就越小,所以应尽量采用传力区段小的工艺或材料,避免造成材料和资源的浪费。

2.6.3.2 放张方法的选择

预应力筋放张方法,常用的有以下几种,对环境的影响各有不同,应结合现场实际选择适宜的方法和对环境影响的防治措施:

(1) 千斤顶放张法

凡采用千斤顶成批张拉的预应力筋,仍然可采用千斤顶整批放张。与张拉时的布置一样,将预应力筋张拉到接近控制应力时拧松工具丝杠上的螺母,并留出放张后回缩的距离,然后徐徐回缩,拧松螺母时应检查千斤顶与预应力筋的连接是否牢固,避免由于连接断开而造成废品,浪费材料。

(2) 楔形马蹄垫放张法

张拉时,在张拉端设楔形马蹄垫,待混凝土达到强度时,从下往上打掉楔形马蹄垫,往右打开套筒,预应力筋就从夹具中松开而回缩,需注意的是混凝土强度必须达到设计的强度时才可以打掉马蹄垫,且在钢丝周围的混凝土密实度是足够的,否则由于预应力的突然回缩会造成构件混凝土损坏而报废的情况,浪费资源。

(3) 烘烤放张法

非整批张拉但要整批放张的大直径预应力钢筋,可采用氧乙炔焰轮流烘烤,随着温度的不断提高,强度就逐渐降低,烘烤部位产生缩颈而徐徐断裂,起到徐徐放张的效果,使用此种方法时,需要注意尽量远离混凝土,更不能让火焰直接烧到混凝土,现场应加强通风,减少热辐射对环境的影响,并且还应避免火焰造成对混凝土的影响,引起强度的减弱而造成构件报废,此种方法还会引起能源的消耗,所以一般不宜采用此种方法。

(4) 直接切断法

预应力钢丝一般都采用电弧或断线钳逐根切断的方法,采用电弧切断时,就会产生弧光和焊接烟尘,对环境造成污染,而断线钳逐根切断时,会产生噪声影响,并且不需要消耗能源,所以应优先选取采用断线钳逐根切断的方法,减少对环境的影响。

2.6.4 混凝土模板拆除

2.6.4.1 模板拆除应至少在混凝土强度达到50%以上时才允许拆除非承力模板的

端模、侧模，以防止在拆模的过程混凝土构件受损，造成材料浪费。

2.6.4.2 为了减少预应力放张施工中的废品率，降低对环境的污染，预应力筋放张前，应检查混凝土振捣质量，尤其是传力区段，如有蜂窝、孔洞等较严重的缺陷，应进行补强并养护达到规定强度，才可放松预应力筋，以免发生抽筋等严重事故而造成不必要的资源浪费和废弃物的污染。模板的拆除见模板相关的章节。

2.6.5 预应力筋放张

2.6.5.1 混凝土强度达到90%以上时，才允许放张预应力筋，以避免放张引起混凝土构件的破坏，形成材料的浪费。

2.6.5.2 预应力筋放张的顺序，对于中心预压构件，最好全部预应力筋同时放张，对于偏心预压构件，如不能同时放张时，必须先放松受预压力较小区的预应力筋，然后再放松受预压力较大区的预应力筋。各受力区预应力筋放张时，如受设备限制不能同时放松全部预应力筋时，则应对称、相互交错，分批分阶段地放张，以免构件发生不应有的裂纹、弯曲，预应力筋发生断裂现象，而造成成品构件的报废，污染环境。

2.6.6 防止构件夹模的措施

（1）预应力筋放张时，构件由于混凝土弹性压缩和预应力筋回弹，从放张处向预应力筋的固定端移动。这种压缩和移动，对于等截面构件，一般不会产生什么有害的后果；而对于变截面构件，如果截面变化急剧，而且既不事先脱模，又没有其他措施时，就能将模板夹住，脱不下来，或者发生局部损坏，造成模板破坏或构件的破坏，形成废弃物污染环境。

（2）带有横向肋的肋形板，端部加大的T型和工字型梁等构件，必须在结构和工艺设计时采取措施，以保证预应力筋放张时，它们与模板之间不发生有害的应力，能相对于模板自由地缩短和移动。对于此类对环境影响较大的通病，可采取以下预防措施加以避免：

1）采用变截面变化缓和的造型

使构件在预应力筋放张时，如果模板固定不动，它能自动从模板中脱出，如果模板可动，则模板能自动脱开。构件截面从一种尺寸向另一种尺寸过渡的平面叫做过渡面，它与纵向轴线的夹角叫做过渡角，一般来说，过渡角不大于45°时，截面变化是缓和的，构件在预应力筋放张时能自动脱模，大大减少人为脱模造成的构件和模板破坏的可能性；临界值在45°~60°之间，并与模板的表面状况和抗粘剂的质量有关。当模面光滑，且抗粘剂质量良好时，临界值靠近上限；反之，则靠近下限。

2）采用组合式芯模

在模板构造方面，凡是能够妨碍构件和移动的部分，如肋部朝下生产的肋形芯模，宜做成组合形式。由两部分组成：一部分是基本部分，另一部分是附加部分。附加部分和基本部分接合面的倾斜方向宜与预应力筋放张时构件移动方向成不大于45°的角，以利于移动。构件成型时，附加部分的模板采用临时措施固定，混凝土浇捣完后，将临时措施拆除。预应力筋放张时，随着构件的缩短，模板的附加部分便相对于基本部件移动，模板也能自动脱落，减少人为拆除造成的构件和模板破坏的可能性。构件起吊后，将它取下重新装设。采用这种芯模时，放松预应力筋必须按规定方向进行。

3）涂易熔性或粘贴可塑性隔离层

当采用机组流水法生产构件并用整体芯模时，为了不在预应力筋放张时发生夹模或构件损坏等现象,可在芯模某些部位涂一层易熔性材料,或粘贴一层可塑性材料。易熔性材料在构件加热养护时流淌,形成空隙;可塑性材料在受力时易被压缩,都能使构件在压缩变形时不受或少受阻碍,避免发生夹模现象,应该注意的是该种材料热熔后不得含有毒有害的排放物,并且需要在流淌部位设置专用器皿进行收集,禁止随意排放污染环境。

4) 预先脱模

制作端部加厚的 T 形或 I 形构件时,如按工作状态成型,则在预应力筋放张前,宜先将侧模移开,以免发生夹模现象。但如果上翼很宽,预先脱模有困难时,应将侧模做成组合的形式。用长线法生产带横肋的构件并用整体芯模时,可在放张前,先用千斤顶和横担将构件顶起来,使其与模板脱离、肋与芯模之间形成空隙,并在四角垫好,然后再放张就不会发生夹模现象。制作电杆等带有空格的构件时,空格芯模一般都应在成型后拔出,以免放松预应力筋时被夹住。

2.7 监测要求

2.7.1 预应力混凝土的养护用水不得随意排放,可以使用预应力加工时收集的冷却水,每班应进行检查,防止用洁净水进行养护和张拉机具的跑冒滴漏情况。

2.7.2 构件拆模时,应有专人进行检查,防止扬尘,目测扬尘高度大于 0.5m 时,应采取洒水措施降尘。

2.7.3 预应力筋张拉和模板拆除时,监听噪声排放,如发现异常用噪声仪监测,确认超标时,应采取改变作业时间或隔声材料厚度、高度、宽度等措施确保不超标排放。

2.7.4 施工时,由环保员每天进行巡视,防止废混凝土垃圾混入可回收降解的垃圾。

2.7.5 烘烤放张时,对易燃易爆品的安全距离,灭火设施等情况进行检查,发现异常立即纠正。

3 后张法预应力施工

后张法预加应力是在混凝土硬化并达到一定强度时进行,其特点是:预应力筋和混凝土的预应力同时发生。预应力筋一般配置于混凝土体内的预留孔道中,张拉伸长时,能相对于孔道壁移动,张拉完毕后在孔道中灌以灰浆。

3.1 作业流程

混凝土浇筑(孔道、灌浆孔、通气孔留置)→穿预应力筋→张拉→锚固→放张。

3.2 环境因素

混凝土浇筑过程的环境因素见相关混凝土章节。

噪声排放(混凝土修补的噪声排放、预应力筋张拉、混凝土的施工)、废弃物排放(混凝土废料的排放、预应力筋的断头料)、热量排放(预应力筋张拉、加工时热量排放)、废液排放(混凝土养护废水排放、锚具润滑用液、孔道灌浆的遗洒)。

3.3 人员要求

3.3.1 机械操作人员应经过培训,掌握相应机械设备的操作要求、机械设备的养护知识、机械设备的环保要求、紧急状态下的应急响应知识后方可进行机械操作。避免因人的操作技能不符合操作规程造成机械设备事故、漏油、设备部件报废、浪费资源污染环境。

3.3.2 其他人员操作前应进行环境交底,掌握操作要领,在混凝土浇筑、穿预应力筋、预应力张拉、预应力锚固过程中减少环境影响的措施。

3.4 材料要求

见预应力钢筋加工和混凝土章节。

3.5 设备设施要求

混凝土台座张拉前应进行锚固的测试,避免张拉中混凝土台座被破坏而引起构件的损坏。

张拉机、千斤顶等工具在使用前应进行维护保养,防止张拉过程中出现停机的情况,造成能源的浪费。

3.6 控制要求

3.6.1 孔道留置

3.6.1.1 后张法预应力构件的孔道留置在整个施工过程中是比较关键的环节,在混凝土浇捣时留置,其直径根据预应力筋的外径和所用锚具的种类而定,一般应比预应力筋的外径或穿过孔道的锚具外径大 10~15mm,便于它们顺利通过,并易于保证灌浆密实。曲线孔道的转向角和曲率半径均按预应力筋的相应值采用。孔道之间的间距以及孔道壁与构件表面的净距,既要便于浇筑混凝土,又要便于预加应力,所以根据所采用的锚具和张拉设备而定,以免预加应力时造成困难,会造成应力损失,耗费资源。

3.6.1.2 留置孔道时,宜优先采用抽芯法,抽芯法使用材料浪费较少,芯可重复利用,对环境的影响较小。只有当采用抽芯法有困难时,才埋设铁皮管。常用的抽芯法有钢管抽芯法和橡皮管抽芯法,有时也采用钢丝束抽芯法。

3.6.1.3 混凝土振捣不得直接振捣在模板和钢筋上,禁止空转,禁止在预留的孔洞处振捣,以防止孔道变形,造成穿筋困难,或者构件报废等情况,引起材料损失和资源的浪费。振动完毕后应将振动棒表面清洗干净。

3.6.1.4 钢管抽芯法

(1) 材料要求

1) 用作芯管的焊接钢管或无缝钢管,外径应符合要求,表面光滑,长度比孔道长 1m,一端设置一个 2cm 的对穿孔,以便于钢管转动和抽拔。

2) 如钢管需焊接时,焊缝接头处用砂轮打平,再用砂纸磨光,以避免抽管困难,或抽管时破坏混凝土。打磨时应在周围加设隔声屏,减少噪声排放,打磨的碎屑应有专人回收放入容器内,连同废砂纸一起作为有害废弃物处理。

3) 当孔道较长大于 15m 时,不宜采用通长芯管,而宜采用对接芯管,从孔道两端抽拔,减少抽拔的阻力,节约能源。对接时两段芯管用短衬连接,其外径与芯管内径相适应,长度大于 200mm,一半插入一段芯管中并焊固,要防止废弃的焊条落入芯管中,造成抽拔困难,废焊条应由焊工收集至指定的回收桶。另一半在装设时插入另一段芯管中,接头处用两层水泥袋纸包裹,并用 22 号铁丝绑扎数道,以免灰浆进入接头处,造成预应力筋无法穿过的情况,损坏预应力筋或者构件的混凝土。

(2) 芯管固定

1) 在构件的钢筋骨架安装完毕,侧模支好后,芯管从模板的一端或两端穿入,安装在规定的位置上,每隔 2~3m 设置定位架,以免下挠和侧弯。施工中,一般都采用焊接钢筋网做定位架。截面不大的预应力构件(如桁架的下弦),通常在侧模钻孔,间距2m,横穿钢棒托住芯管,以固定其上下位置;同时从上向下插入钢梳,以固定芯管的左右位置,它们都在混凝土浇捣完后抽出。采用这种方法固定芯管位置,质量可靠,操作方便,节省材料,材料可反复利用,减少对资源的消耗。

2)芯管在浇筑混凝土时,除了能侧向移动变形外,还会发生纵向移动,严重时,芯管的一端会脱离端模掉入模型中,对接的芯管则往往从接头处脱开,造成成品的报废,浪费资源,污染环境。为了避免发生这种情况,除横向固定外,芯管端部也必须用支柱顶住,不让它有纵向移动的可能,尤其是对接的芯管更有必要。

3)周转使用的模板,支承芯管的端模推荐采用钢模,如果采用木模,则必须在穿孔部位镶以钢板,以耐磨损,增加其利用次数,减少环境影响,并可避免多次使用后由于过分磨损而影响孔洞位置的准确性。

(3)芯管的再利用

1)混凝土浇捣后,根据气温情况,每隔10~20min将芯管转动一次。曲线芯管不能转动,可在端部用锤轻轻敲击或者采用垫软质材料的方法,减少噪声的产生,使芯管在混凝土内移动,以免被混凝土粘住。

2)根据气温高低、混凝土稠度大小和所用水泥的性质,经过1~3h混凝土初凝后终凝前表面无水时,就可将芯管抽出。气温较低时,为了提前抽出芯管,可在芯管中通蒸汽加热混凝土,一般情况不推荐使用,因为加热蒸汽时会耗费能源,并会对环境造成热辐射,造成新的环境影响。

3)抽拔芯管时,应按先上后下先曲后直顺序进行,可采用吊车、卷扬机等起重设备通过滑轮抽拔,也可用手工抽拔。抽拔力作用的方向应与孔道轴线方向一致。同时还必须用导架将芯管托住,以免抽出部分下垂。由于下垂,芯管端部会翘起顶坏混凝土,使孔道上表面产生裂缝,甚至混凝土塌陷而造成成品报废,污染环境。在不用导架时,则应将抽拔端抬高些。即使芯管的抽出部分中间下垂、靠近孔道处仍然能与孔道中未抽出部分成一直线。避免管端翘起来顶坏孔道壁。抽拔时,直线孔道芯管应边抽拔边转动,曲线孔道芯管,理应不转动,但实际很难避免,所以尽量控制转动幅度,以免混凝土表面发生裂缝。

3.6.1.5 橡皮管抽芯法

橡皮管抽芯法既适用于直线孔道,也适用于任何形状的曲线孔道,比钢管抽芯法适应性大,可行时应在施工现场采用此种方法,减少现场构件型号多,需多种芯管的问题,节约材料。

(1)材料选择

1)目前,有三种利用橡皮管做芯管的方法:一种是在橡皮管中充空气,一种是在橡皮管中充压力水,还有一种既不充气也不充水,而根据管壁的厚薄情况在其中穿入一根外径合适的小橡皮管或适量的钢丝束,避免在浇捣混凝土时被压扁。橡皮管充空气或压力水后直径会增大,抽拔时,把空气或水放掉,直径会缩小,容易抽拔。但水在负温下能冻结,所以寒冷地区冬期施工时宜充热空气。如采用压力水时,放掉的水不得乱排,应用专用的回收桶进行收集,废水可用于混凝土的养护,减少对水资源的消耗。不充气、不充水的橡皮管,与充气、充水的橡皮管比较,抽拔困难,一般只能在较短的孔道中采用。

2) 一般采用五层帆布的输水橡皮管作芯管,其外径应与孔道直径相适应,当管内充气或充水时,应考虑充气或充水后直径胀大的影响,以免孔径过大,减少孔壁厚度。外径为53mm的橡皮管充气或充水后,当管内压力为5~6MPa时,外径增加约3mm,实际选用时应进行实地试验,并需要检查孔道壁是否光滑,有刺时应予以剔除后再布管。

(2) 管道的封闭

1) 充气或充水橡皮管的端头必须封闭。被动端因在抽芯时要通过混凝土孔道,所以封闭后直径不应大于原来的直径。为避免抽芯时橡皮管被动端直径变大而造成磨损,减少橡皮管的使用寿命。可将橡皮管端部10cm范围内的外胶层剥掉,打入有倒齿的钢楔子,外面再用18号铁丝绑紧。楔子外径应比橡皮管内径大1~2mm,太大打不进去,太小则不易缠紧。主动端因在抽拔时不通过混凝土孔道,所以对封闭后的外径没有要求,但应设有进气或进水的装置。为此目的,充水橡皮管的主动端可插入带有阀门的管段,外用铁丝缠紧;充气橡皮管的主动端可插入中心充有空气、端部焊有汽车轮胎气嘴的钢塞子,外用铁丝缠紧或用卡箍箍紧。

2) 橡皮管应比孔道长1.5~2m,当孔道较长一根橡皮管长度不够时,可采用两根橡皮管接起来,从孔道两端抽拔。接头处用铁皮管连接,套管长50cm,端部缝隙抹废肥皂堵严,以免水泥砂浆进入套筒而使孔道施工不合格,造成预应力钢筋无法穿过而引起混凝土材料和能源的浪费。

3) 在钢骨架安装后,橡皮管从模型一端或两端穿入。为保证位置准确,应每隔300~500mm来设一支定位梁,以固定位置。定位梁采用电焊焊接固定于钢筋骨架上,孔道的弯曲处,定位架应适当加密。橡皮管就位后,便可充气、充水或在管内填充适量的冷拔钢丝。橡皮管充气可用空气压缩机,气压一般以0.8~1MPa($8~10kg \cdot f/cm^2$)为宜。可用手动水泵向橡皮管内充水,压力为8~1.0MPa,可高达1.3MPa。橡皮管充气或充水时外径增大,长度缩短,当一个孔道用两根橡皮管接起来从两端穿入时,应边充边将橡皮管段往模内送,以免橡皮管缩短从套筒中脱出。

(3) 管道抽拔

橡皮管抽拔最好以混凝土初凝后终凝前表面无水时为宜。可以减少抽拔的阻力,节约能源,可以避免混凝土与管道粘结造成抽拔失败,引起材料的损失。抽拔前,先将空气或压力水放掉或将穿入管中的钢丝束抽出,然后可用机械或手工将管拔出。压力水应排放至特定的容器进行收集,可用作养护用水。

3.6.1.6 钢丝束抽拔法

(1) 钢丝束芯的构造,大致有两种:一种是空心的,一种是实心的。空心钢丝束芯是由许多纵向钢丝紧密排列于螺旋钢丝圈用布条密缠而成。螺旋钢丝圈用直径4mm或5mm冷拔低碳钢丝绕成,螺距5~8cm。纵向钢丝采用直径4~5mm冷拔低碳钢丝。布条宽为8~10cm,缠扎顺序要一致。抽拔时,先抽出螺旋圈,再逐根抽出纵向钢丝,最后将布条拉出。抽出的螺旋圈必须重新绕制方可使用,布条洗净后可继续使用。

(2) 实心钢丝束芯构造简单,是将成捆的直径4mm冷拔低碳钢丝密缠布条而成。抽芯时,先用钳子逐根抽出少量钢丝,然后用手工陆续将钢丝全部抽出,最后拉出布条。布条洗净后可重新使用,实心钢丝束芯较重,操作起来较费能源,所以一般不推荐使用。

3.6.1.7 埋设铁皮管

(1) 构造要求

1) 埋设铁皮管适用于直线孔道,也适用于曲线孔道。铁皮管应在接头处缠以防水布,以防灰浆进入孔道,引起穿筋困难,造成构件报废。

2) 管段用 0.4mm 厚铁皮卷成,接缝采用咬口形式;一端比另一端稍大 1~1.5mm,以便于承插。管段长度,对于直线孔道,可等于铁皮长度,对于曲线孔道,宜等于铁皮宽度,以利于搭接后形成要求的曲线。

3) 铁皮管闭口时,也必须每隔 500mm 左右设置定位架,使其形成要求的形状。避免在混凝土浇筑时振动棒碰撞造成孔道变形,影响预应力筋的穿过,造成预应力筋的损坏和不必要的能源浪费。

(2) 使用范围

采用埋设铁皮管的方法留置孔道,与采用抽芯法比较,除每米孔道要耗用 0.7kg 铁皮外,主要缺点是:灰浆中的多余水分不易散发,一旦遭冻,还会胀裂孔道壁。此外,由于浇筑混凝土时的压力作用或振动时振动棒的偶然碰撞,都可能压扁或撞坏铁皮管,造成穿筋困难,或增加张拉时的摩擦阻力,所以通常只在采用某些形式的锚具(如杯形锚具)时或在曲线孔道急剧转弯部位采用。

3.6.1.8 灌浆孔的留置

为避免灌浆孔留置的不合理,造成灌浆困难,引起不必要的能源浪费和损坏混凝土,孔道灌浆用的灌浆孔必须在留置孔道的时候同时留置。灌浆孔的直径应与输浆管管嘴外径相适应,间距 3~6m,布置时应注意下列几点:

(1) 各孔道的灌浆孔不应集中于构件的同一截面,以免截面积过分减少。

(2) 灌浆孔的方向应能使灌浆时灰浆自上向下垂直或倾斜向下注入孔道,或自侧向水平注入孔道,以便于操作。

(3) 曲线孔道灌浆时的最低点应设置灌浆孔,以利用排除空气,保证灌浆密实。

(4) 留置灌浆孔也有两种方法,一种是抽芯法,一种是埋设法。当采用抽芯法留置孔道时,一般也都采用抽芯法留置灌浆孔;而当采用埋设法留置孔道时,才采用埋设法留置灌浆孔。

1) 采用抽芯法留置灌浆孔时,一般用直径合适的圆钢棒做芯子。芯子与孔道芯子同时装设,并垂直或倾斜顶住孔道芯子。浇筑混凝土后,应转动灌浆孔芯子并检查是否仍然顶住孔道芯子,如果离开时,应在混凝土还没有结硬时使其顶住孔道芯子。为了避免抽芯时的困难,减少能源消耗,在抽拔时,先将灌浆孔芯子略为外抽 1~2mm,等孔道芯子全部抽出后,再将灌浆孔芯子抽出。抽拔时,先让芯子插进孔道 2~3mm,然后再往外抽,既可以疏通孔道又有利于芯的抽出。

2) 采用埋设法留置灌浆孔时,必须设置三通管。其中的一通就是灌浆孔,内径应符合要求;对穿的两通套在孔道的铁皮管外面,内径应比铁皮管外径略大 2~3mm,以便于套入。接头处用绝缘布包扎,防止浇筑混凝土时灰浆流进孔道而造成孔道的报废,浪费混凝土材料。作为灌浆孔的一通也必须用纸团等堵塞,避免灌进灰浆。

3.6.1.9 排气孔的设置

(1) 孔道的端部应有排气孔槽,以便灌浆时排除空气,使灰浆填满孔道。排气孔应用纱布进行覆盖,可避免灰浆的泄漏,造成环境污染。有些锚具在锚固后仍然有孔洞或空隙,孔道中的空气可以通过这些孔洞、空隙排除,在这种情况下,孔道端部就不必专设排气孔槽。但有些锚具(如带有螺丝端杆的锚具)在锚固预应力盘后就将孔道端部封闭,在这种情况下,孔道端部就必须设置排气孔槽。设置方法:在端模上设置高 4~6mm 长 200mm 的突起物,通往预留孔道,就能使构件端面形成要求的孔槽。当端面有预埋钢板时,可将孔槽设在后加垫板上。

(2) 为防止孔道的堵塞,通孔时造成混凝土材料损坏和能源浪费,在施工前应编制预防措施,一般来说孔道堵塞的原因主要有两个:一个是抽芯太早,孔壁坍塌,坍落的灰浆和混凝土把孔道堵塞;另一个是抽芯时钢筋骨架回弹,使孔壁坍塌,堵塞孔道,或者钢筋本身进入孔道截面,把孔道堵塞,这种情况一般都在钢筋较密的节点发生。为了避免孔道堵塞,操作时应注意掌握抽芯时间,穿芯子时,遇到个别钢筋进到孔道截面妨碍芯子通过时,应把它弯到孔道截面外固定好,防止抽芯时回弹。

(3) 检查孔道是否堵塞,可用外径比孔道直径小 4mm、长为 150mm、两端系有 8 号铁线的弹头梭子通过孔道,如通不过,可再用直径小些的弹头梭子检查孔道的堵塞程度,以便根据实际情况进行处理。轻微堵塞只增加穿筋困难,可不处理。严重堵塞以致穿不进预应力筋的必须根据造成堵塞的原因进行处理。如果是由于孔壁坍塌造成的堵塞,那么就应将孔壁凿开,露出孔道,凿掉坍落的灰浆或混凝土,然后套上铁皮短管,按补强堆积将凿开的孔壁修补好,混凝土剔凿的废弃物,应作为不可回收利用废弃物进行处理。如是由回弹的钢筋进入孔道截面而造成的堵塞,当钢筋是构造配置时,可以用钢筋钳切掉,可以减少电焊切割造成资源消耗和光电污染。

(4) 灌浆孔堵塞的原因主要是芯子没有贴靠孔道芯子。操作时稍加注意就可避免。但灌浆孔堵塞后,影响灌浆工作的正常进行,所以除操作注意外,还必须在脱模后逐孔检查,堵塞的孔应凿通。

3.6.2 预应力筋张拉

3.6.2.1 预应力筋的运输和穿入孔道

(1) 预应力筋的运输

1) 预应力筋从加工场所运往预加应力现场所采用的方法,应根据预应力筋的种类选择。卷成盘状的预应力筋可直接采用汽车或吊车运输,不能盘卷的粗钢筋和钢筋束,可采用串列板车运输或采用其他有效方法。预应力加工场地靠近居民区时,应合理安排计划,避免在夜间进行运输,进入现场的车辆不允许鸣笛,车辆的尾气排放必须达到当地排放的要求,出场时应冲洗干净。

2) 运到现场的预应力筋,应放置在适当的地方,避免车辆碾压而发生硬弯或损伤;螺丝杆等应加以保护,以免丝扣损坏,成品报废,浪费资源和污染环境。

3) 将预应力筋穿入孔道前,应再一次进行外观检查,合格者方可使用。

(2) 穿筋

1) 穿筋方法有手工推进和机械牵引两种。预应力粗钢筋和钢筋束一般都可用手工推进的方法穿入直线孔道和曲率不大的曲线孔道;曲率较大的孔道,则应采用机械牵引,既节约能源,效率又高。钢丝束,不论配置于直线孔道或曲线孔道,都宜采用机械牵引。

2)采用手工推进穿筋时,穿入端的螺丝杆套以套帽,以免丝扣磨损,而不能重复利用,丝扣的规格与端杆相适应。散头钢丝束的端部应用铁丝捆扎,以免穿入孔道时散开,影响穿筋的正常进行,浪费能源。

3)采用机械牵引穿筋时,在装置下方应设置接油盘,油盘大小不得小于装置的水平投影面积。防止机械漏油污染土壤。

4)块体拼装式构件的曲线孔道,在拼缝处急剧转弯,待块体组立(装)好后再穿筋就费劲,甚至穿不过去,所以宜与块体组立(装)配合进行,如果除曲线筋外还有直线筋,则待块体组立(装)好后再穿直线筋。

3.6.2.2 预应力筋的张拉

(1) 张拉前准备

1)后张法预应力,混凝土和它同时发生预应力,所以强度必须达到设计规定的数值,以免由于混凝土强度不足而发生破碎的情况,造成废品,污染环境。如设计无规定时,应不低于设计强度等级的70%。对于块拼装式构件,除混凝土强度外,拼缝灰浆的强度也必须达到一定的数值,一般不得低于15MPa。

2)预应力筋张拉前,必须检查混凝土的振捣质量,如发现预压区有蜂窝、孔洞等严重缺陷,先剔凿掉松散的混凝土,剔凿时必须避开周围居民的休息时间,然后再用加入微膨胀剂的混凝土进行浇筑,待补强的混凝土达到要求强度时,才可张拉预应力筋。对于块体拼装式构件,除混凝土振捣质量外,还要着重检查拼缝灰浆浇筑的质量,如有不密实处,也必须根据实际情况,或者全部凿掉或者局部凿掉重新浇筑,并养护达到要求强度时方可张拉预应力筋。张拉前,块体拼装式梁和桁架的上翼缘和上弦的连接板必须焊好;构件支撑必须牢固,测量构件反拱和侧弯的装置也应设置好并做好标志。

(2) 张拉锚具装设

装设张拉设备和锚具时,应使它们的中心线对准孔道中心线,以保证预应力位置正确并避免在张拉过程中预应力筋与锚具或孔道发生额外的摩擦而损失应力,造成张拉困难,浪费能源,或者损坏构件,造成废品产生。

(3) 张拉时应注意的环境影响

预应力筋都应对称地进行,以免构件发生不应有的侧弯,而造成成品不能使用报废的情况。预应力筋较多需要分批张拉时,张拉顺序应符合设计的规定。

1)为了避免引起不必要的能源消耗,减少预应力损失,曲线预应力筋必须两端张拉,并先锚固一端,另一端补足应力后再锚固。至于直线预应力筋,如孔道是采用抽芯法形成时,一般只可在一端张拉。

2)平卧重叠生产的构件,宜先上后下进行张拉,全部预应力筋张拉完毕后,再先上后下张拉一遍补足预应力值。但有些锚具在锚固后不便于一次张拉。此时,可通过试验,确定摩擦力对各层构件预应力的影响程度,把损失值分别加到各该层的张拉控制应力中去,一次自下而上张拉锚固。根据实测,对于叠层生产的桁架,每叠生产四层时,自上而下损失的应力可按以下数值采用:第二层为张拉控制应力的2%~3%,第三层为4%~6%,第四层为6%~9%。

预应力筋按确定的程序张拉,并测量伸长值进行核对,如发现伸长不足或过多时,应进行研究,排除原因制定纠正措施后再进行张拉,防止造成新的能源浪费。

(4) 张拉预应力筋

采用拧紧螺母方法锚固的带有螺丝端杆的预应力筋以及采用插入垫板方法锚固的预应力筋,都可以用拉杆式千斤顶张拉,因此,拉杆式千斤顶的应用范围比较广泛,以拉杆式千斤顶为例对张拉时的环境影响及其预防措施进行说明。采用此类千斤顶时,为了避免造成不必要的钢材的浪费,张拉过程需注意以下几点:

1) 工具式带耳螺母的孔径和螺纹的规格应与螺丝杆相适应,拧进螺杆长度应不小于螺杆直径的 1~1.2 倍,它与张拉头的连接应牢固,防止张拉过程中出现脱落的情况,造成预应力筋和混凝土构件的破坏,浪费材料。

2) 张拉长度较大的预应力钢筋时,有时会发生张拉力还没有达到要求值而螺杆的螺纹尽头已露出来的现象。如继续张拉,螺母就无法拧靠垫板,预应力达不到相应的数值,会造成构件的报废。在这种情况下,应卸荷在非张拉端调整,也可增设附加垫板。

采用锥形螺杆锚具锚固的预应力钢丝束,一端在编束时装配并顶紧,另一端则在穿束后装配并顶紧,然后按相同步骤张拉并锚固。钢丝束较长且一端张拉时,可能发生锚具的套筒贴靠垫板,妨碍钢丝束继续伸长的现象,即张拉力增加而钢丝实际应力不增加,引起不必要的能源浪费。遇到这种情况时,应立即回油放松预应力筋,在另一端调整。如果另一端也无法调整时,则应在原有垫板内侧增设附加垫板,附加垫板孔洞直径应与孔道直径相等并与它对正,厚度应满足钢丝束继续伸长、套筒相应外移的要求。

采用拉杆式千斤顶张拉镦头锚具钢丝束时,钢丝束的一端在编束时装配并镦头,另一端在穿过孔道后装配并镦头(镦头时的环境影响见一般要求内容),接着装设工具式拉杆,安装千斤顶,应注意:

1) 工具式拉杆与锚杯连接的丝扣必须有 10 牙以上,与千斤顶工具式带耳螺母的连接长度也要足够,避免张拉中丝扣不足,而达不到规定的张拉应力,造成不合格品,浪费材料和能源。

2) 千斤顶中心线与端部孔道(扩孔)同心,撑脚对正,垫稳。

两端张拉的钢丝束,正式张拉前要定位,其办法是通过数次往返串动钢丝束,使两端锚杯离构件端面的距离相等。

3.6.3 孔道灌浆中的环境影响及其防治措施

3.6.3.1 孔道灌浆的作用

(1) 孔道灌浆的第一个作用是保护预应力筋免遭锈蚀,保证结构物的耐久性,增加构件的使用寿命。由于预应力筋在应力状态下容易锈蚀,尤其是钢丝组成的钢丝束、钢绞线等,如不及时采取防锈措施,就会很快被锈蚀断裂,造成构件报废,浪费材料。孔道灌浆,用水泥浆或砂浆包裹预应力筋是最简单最有效的防锈措施。

(2) 孔道灌浆的第二个作用是使预应力通过灰浆与周围混凝土结成整体,增加锚固的可靠性,提高构件的抗裂性和承载能力,大大减少材料的使用。灌入孔道的水泥浆或砂浆,既包覆预应力筋,又接触孔道壁,硬化后象粘合剂一样,把预应力筋和孔道壁混凝土粘结起来,共同工作。

3.6.3.2 灰浆的性质和配制

(1) 孔道灌浆用的灰浆有水泥浆和水泥砂浆两种。水泥浆较易灌注,工效高,但干缩率大;水泥砂浆较难灌注,但干缩率比水泥浆小,工效也较低。所以当孔道中配置单根粗钢筋、钢筋束、钢绞线束和单环钢丝束时,都宜采用水泥砂浆。只当孔道间隙较小时,才采用水泥浆,此时,为了减少干缩,宜加入适当的加气剂,需要注意的是,不论采用什么外加剂,外加剂必须有环境影响的检测报告。

(2) 不论水泥浆和水泥砂浆,都必须有足够的流动性,以便于灌注,增加能源的利用效率;泌水率要小,以免泌出的水积于孔道上部,蒸发后形成间隙,造成预应力生锈而降低其使用寿命。

3.6.3.3 灌浆操作要点

(1) 孔道灌浆宜先下层、后上层顺序进行。灌浆前,宜用压力水将孔道冲洗干净,并使其润湿,以利于保持灌入灰浆的流动性,减少灌浆的能源消耗,也利于灰浆与孔道壁的结合。

(2) 每一孔道灌浆时,直线孔道一般从孔道一端的第一灌浆孔开始灌注;曲线孔道则应从最低处的灌浆孔进行灌注。其余灌浆孔依次在喷出浆时用木塞堵住,排气孔槽必须在稀浆流尽并流出足量(30～50mL)的浓浆时堵塞,流出的泥浆必须使用容器接住,不能随意排放污染土壤。接着继续灌注到5～6个大气压维持20～30s后,将灌浆孔用木塞堵住。然后逐个向灌浆孔依次补充灌注。灌注过程的作用在于使孔道中的气泡外挤,封闭部分缝隙,填实不易填满的边角,并使部分水泥浆渗入孔壁,增加它与混凝土的粘结。

(3) 当采用电动灰浆泵灌浆时,为了做到徐缓均匀地进行,可采用间断供电的方法使灰浆泵在灌浆进行中暂停工作。这样既可以节约能源又能使灰浆密实。一般都在灰浆灌满孔道、封闭排气孔后压力达到5～6个大气压时暂停灰浆泵的工作,进行灌注。等到灰浆继续进入孔道、压力降低时再开动灰浆泵继续灌注至原来气压,维持20～30s,如果压力不再降低,就证明已经灌注密实。

(4) 孔道灌浆进行中,有时会发生局部堵塞现象。这时候,如果在堵塞段后面还有灌浆孔时,可在最靠近堵塞处的灌浆孔继续灌注;如果没有灌浆孔时,应将孔道壁凿洞,进行灌注。

3.7 监测要求

3.7.1 预应力混凝土的养护用水不得随意排放,可以使用预应力加工时收集的冷却水,每班应进行检查,防止用洁净水进行养护和张拉机具的跑冒滴漏情况。

3.7.2 构件拆模时,应有专人进行检查,防止扬尘,如发现5m内目测有扬尘时,应采取洒水措施降尘。

3.7.3 模板拆除时,应每天监听,确保不超标排放。

3.7.4 施工时,由环保员每天进行巡视,防止废混凝土垃圾混入可回收降解的垃圾。

4 预应力混凝土构件的堆放、运输和吊装

4.1 工艺流程

设计并制作运输架→确定运输路线→进入指定堆放场地→构件绑扎→起吊。

4.2 环境因素

预应力构件运输中的环境因素主要有：车辆运输时的噪声排放、车辆对路面的污染、运输车辆跑冒滴漏造成环境污染、搬运过程中噪声排放、运输过程构件损坏造成的固废排放等。

4.3 人员要求

4.3.1 操作人员均应持有与其作业相符的上岗证，汽车驾驶人员有相应驾驶证。

4.3.2 操作前，应对作业内容进行环境要求的交底。

4.4 设备设施要求

构件的运输车辆，应按构件的重量来选择合理的车辆，避免选用过大或过小吨位的车辆，过大吨位的车辆排量大，能源消耗大，过小又不能满足运输要求。

常用的运输车辆为汽车和拖车。一般小型构件以采用汽车运输为宜，也可以根据具体情况用各类板车运输；中型构件以采用拖车运输为宜，当有长车体汽车时，也可以根据实际情况采用；而大型构件一般应采用特制的钢拖架运输。当构件堆放场地和施工现场都有铁路时，宜采用火车运输。当采用汽车运输时，汽车的尾气排放必须达到规定标准，汽车出场前车胎应进行冲洗。

4.5 过程控制要求

4.5.1 预应力构件堆放

预应力混凝土构件，除了预制和拼装者外，凡在预制厂生产的，在吊装前一般都要经过三次堆放：第一次在成品场，第二次在运输车辆上，第三次在吊装现场。其中，在成品场堆放时间一般比较长，而在运输车辆上和在吊装现场的堆放，相对来说时间较短。但是，不论在哪里堆放，也不论堆放时间长短，都必须保证构件不发生裂缝或其他不应有的损伤，保持完好无损，减少材料的浪费。要满足这个要求，必须遵守按构件的工作状态进行堆放的原则。但有些构件，如柱、桩、支架等，很难按工作状态堆放；还有一些构件，如托架、折线型或鱼腹式吊车梁等，由于造型复杂，按工作状态放置也确实比较费事。对于这类构件，可以根据它们的厚实程度，按照块体堆放的原则，确定堆放形式。

为避免因构件存放而引起预应力筋的生锈，缩短其使用寿命，堆放构件的场地，应平整夯实，并有 1%～2% 的坡度，以利于地表水的排除，避免积水，周围设排水沟，把地表水导流至沉淀池中，可再作利用。

构件堆放时应放置在垫木上，吊环向上，标志应向外。多层叠放时，每层均应设置垫木。层间垫木的高度应比吊环高 3cm，而且应在一条垂直线上。减少构件悬臂受力而使构件损坏的可能性，对于宽度比较大的构件，如大型屋面板等，层间可采用短垫木，但底层必须用通长垫木。构件堆垛高度应按构件强度，地面耐压力，垫木强度及堆垛的稳定性而定。为了充分利用场地，减少对环境的影响，一般在成品场上堆放时，变截面梁，如折线形吊车梁等，平卧堆放时，每垛 2～3 层，立式堆放时，每垛 1～2 层；等截面梁立式堆放时，每垛可为 3～4 层；各种梁式板，每垛可为 6～8 层。

工作时主要承受水平荷载的构件，如平墙板等，应设置靠放架，稍倾斜堆放。

4.5.2 构件运输

4.5.2.1 运输方法的选择

预应力构件的运输是预应力施工中的比较关键的环节,如果运输方式不合理,会在运输过程中造成构件断裂报废的情况,既浪费资源,又污染环境。运输包括装车、运输和卸车三个工序,其中以运输为主要环节。同一种构件,可以采用不同的运输方法。施工时应根据施工现场条件、设备来源、运距和道路情况恰当选择。运输方法包括运输车辆的种类、吨位和构件在其上的堆放方法等两方面内容。

构件在运输车辆上的堆放方式和支承方法,不应引起混凝土的超应力和发生不应有的损伤,以免造成构件的报废。因此,对于有些构件,如平墙板、折板等,必须采用一些必要的辅助机具,如运输架等。

4.5.2.2 常用构件的运输

(1) 大型屋面板

大量的大型屋面板长度都不大于6m,从运输角度来看,都属于小型构件,可以用合适吨位的载重汽车运输。构件宽度小于车体宽时,可采用垫块的方法,当构件宽度超过车体时,底层必须采用通长垫木,用8号铁线牢固地固定在车体上,两端设置挡板,防止在运输途中左右移动造成构件受损。

(2) 吊车梁

吊车梁属于厚实类构件,为尽可能利用汽车运输,减少对能源浪费,可根据长度和形状选择不同的运输方法:

长度不大于6m的吊车梁,不论截面大小,都可用合适吨位的汽车运输,既可立放,也可侧卧放置,沿长度方向,放两个支垫即可,支垫位置离梁端1m左右,这是吊车梁的最佳支撑点。

长度大于6m但不大于12m的吊车梁,一般均采用拖车运输,等截面吊车梁立式并排放置,而折线形或鱼腹式等变截面吊车梁则侧卧放置。

长度为18m的吊车梁有梁式和桁架式两种,均宜侧卧放置用拖车运输。当拖车车体长度不够时,可直接在车体后面用大型工字钢接长。

(3) 托架

托架大多长12m,属于较厚实类构件,一般也都平卧放置用拖车运输,沿长度方向设2~3个支垫,运输时上弦可能出现裂缝,应加以注意。

(4) 屋面梁

预应力混凝土屋面梁,长度一般在12m以上,因此,以采用拖车运输为宜,梁在车上并排立式放置,当数量较少时,应有防翻倒措施,避免构件的破坏。

(5) 桁架

桁架有厂房屋面用和通廊用两种,一般在现场拼装或就地预制,不必运输,但工期较长。有条件的地方最好在预制厂或现场附近拼装或预制,然后运到吊装现场安装。

屋面桁架长且高,侧向刚度差,运输时必须立式放置。当数量较少时,应有防翻倒措施,避免构件的破坏。

(6) 槽形折板

槽形折板长度大于6m,属于中型构件,一般宜采用拖车叠层放置运输,也可采用合适长度的长车体汽车运输。

槽形折板是薄壳构件,容易在装、运、卸过程中发生裂缝或损坏,因此,除了在运输时车速适当放慢外,装车和卸车时都必须采用撑杆,以免吊钩附近混凝土起皮,开裂或掉渣,损坏构件,造成构件报废的情况。

(7) 平墙板和V形折板

平墙板和V形折板都属于薄壳构件,运输时应直立但稍倾斜放置,因此必须在运输车辆上装设运输架。

4.6 监测要求

运输车辆进入现场,应有专人进行指挥,防止在运输的过程发生碰撞而造成构件损坏。运输车辆出现场时,应检查轮胎带泥的情况,防止车辆污染路面。

第9章 钢结构工程

0 一般规定

0.1 钢结构工程施工主要内容包括钢结构除锈、钢结构部件制作、钢结构焊接、紧固件连接、钢构件防腐刷油、钢构件预拼装、单层钢结构安装、多层及高层钢结构安装、钢网架结构安装、钢结构防火涂装。

0.2 钢结构工程安装中策划要求

0.2.1 项目部必须根据设计图纸、标准规范编制钢结构工程施工的专项施工质量、环境、安全措施,并严格按措施实施过程控制,避免因施工过程控制方法不当或控制措施不到位导致损坏设备、返工、返修、浪费资源,扩大对环境的污染。

0.2.2 施工前应根据工艺流程、施工顺序,合理下料和安装焊接,充分利用余料,避免长料短下,防止施工顺序颠倒造成费时费力或返工,加大能源消耗,增加对环境的污染。

0.3 钢结构工程安装中作业人员控制要求

0.3.1 作业人员必须经过上岗培训,具备钢结构工程施工能力,特殊工种(如:起重工、焊工、电工等)必须有有效施工证件,防止操作人员因自身能力原因导致施工质量不符合要求,造成机具设施损坏、浪费材料、水源及电能,加大对环境的污染。

0.3.2 施工前项目部应组织针对各项作业活动所涉及的扬尘排放、废弃物排放、噪声排放、有毒有害物质排放、射线排放等重要环境因素的控制措施、基本操作要求、检测的关键参数及发生火灾、气瓶爆炸、触电、物体打击、中毒、中暑等事故的应急响应中的注意事项对操作人员进行专项环境交底或综合交底,了解和掌握环境控制措施的要求,避免因作业人员的不掌握环境方面的基本要求造成噪声排放、扬尘、废弃物、电辐射或加大对环境的污染。

0.3.3 机械操作人员使用机具前应进行安全技术培训交底,严格按安全技术操作规程进行施工,并及时进行设备维护保养,防止因不正确操作造成机械设备漏油、设备部件报废、机械设备事故、浪费资源、噪声超标、污染土地、地下水,加大对环境的污染。

0.4 钢结构工程安装中材料控制要求

0.4.1 材料进场时应严格按施工规范要求进行材料验收。防止材料质量不合格退场或返工造成能源损耗。

0.4.2 进场材料应分类存放,并按材料存放所涉及的环境控制措施实施,防止发生火灾、爆炸、中毒等事故,造成材料损失,污染环境。

0.4.3 材料存放,地面应做硬化处理,防止掉落的铁屑等废弃物污染环境。如长时间暂时不用,应先除锈并刷好防锈漆,防止材料长时间不用锈蚀严重,造成材料损耗;并影响材料的使用质量,造成资源浪费。

0.5 钢结构工程安装中施工机具控制要求

0.5.1 对施工机具进行维护保养,每天使用的工具下班时应及时收集并清扫擦洗干净,上班前机具应进行仔细检查,损坏的工具不得随意遗弃,造成环境污染,应按"可回收废弃物"、"不可回收废弃物"分类处理。

0.5.2 电动机具应保持完好状态,并有安全接地装置,防止增加设备的耗电量,发生火灾、人员伤亡事件,造成设备部件报废、浪费资源并加大对环境的污染。

0.5.3 对于带油机具设备的使用,还应根据其体积尺寸设置接油盆,防止使用时发生漏油事件,造成环境污染。

1 钢结构除锈

1.1 作业流程

施工准备→构件除锈。

1.2 环境因素

1.2.1 人工除锈:砂布、钢丝刷摩擦钢结构表面产生的噪声排放、扬尘排放;废弃砂布、钢丝刷、手套以及铁锈等固体废弃物排放。

1.2.2 机械除锈:砂轮除锈机、喷砂机、抛丸机除锈时产生的噪声排放、扬尘排放;砂轮除锈机、喷砂机、抛丸机漏油产生的油遗洒;废弃砂轮片、铁砂及除掉的铁锈等固体废弃物排放;电能消耗。

1.2.3 酸洗除锈:酸洗液挥发产生的异味排放;废弃酸洗液排放、铁锈排放、水资源的消耗。

1.2.4 紧急情况的环境:酸液泄露、电火灾等。

1.3 人员要求

1.3.1 施工前项目部应组织对各项作业活动所涉及的重要环境因素、环境控制措施、环境操作基本要求、环境检测的关键参数、应急响应中的注意事项进行专项环境交底或综合交底,了解和掌握环境控制措施的要求,避免因作业人员不掌握环境方面的基本要求造成噪声排放、扬尘、废弃物、电能浪费或加大对环境的污染。

1.3.2 作业人员施工前应专门接受"有害废弃物的排放"及防锈知识的环境培训,防止操作不当使环境影响恶化。

1.3.3 作业人员使用机具前应进行安全技术培训交底,严格按安全技术操作规程进行施工,防止因不正确操作造成机械设备漏油、设备部件报废、机械设备事故、浪费资源、噪声超标、污染土地、地下水,加大对环境的污染。

1.4 材料要求

1.4.1 材料进场时应认真检查其质量证明文件,材料代用须经过设计单位、建设单位的批准,防止材料质量不合格,造成成品构件的报废,增加环境污染。

1.4.2 材料进场时应仔细检查其外观质量,防止使用锈蚀严重的次品材料,避免造成不必要的返工,浪费材料和能源。

1.4.3 材料人工搬运时,应注意轻拿轻放、严禁抛扔,车辆搬运,材料不应超出车厢体外,防止材料碰撞导致材料损坏,造成对环境的污染。

1.4.4 材料应在防雨、防潮的库房或工棚内分类存放,且地面应做硬化处理,防止掉落的铁屑等废弃物污染环境。如长时间暂时不用,应先除锈并刷好防锈漆,防止材料长时间不用锈蚀严重,扩大对环境的污染;并影响材料的使用质量,造成资源浪费。

1.5 设备设施要求

1.5.1 主要工具:钢丝刷、小锤、大锤、榔头、磨光机等。

1.5.2 每天使用的工具应清扫擦洗干净,上班前机具应进行仔细检查,下班及时收集,损坏的工具不得随意废弃,应按"可回收废弃物"、"不可回收废弃物"分类处理。

1.5.3 电动机具应保持完好状态,并有安全接地装置,防止增加设备的耗电量,发生火灾、人员伤亡事件,造成设备部件报废、机械设备事故,浪费资源并加大对环境的污染。

1.5.4 设施要求

1.5.4.1 人工除锈场地应硬化(普通混凝土或灰土),硬化部分应大于操作场地各操作边 0.5m 或铺设相应宽度的塑料布,避免铁锈污染土地。

1.5.4.2 除锈场地应砌 240mm 砖墙,房顶封闭,墙面四周设置吸声材料,操作地面全部硬化(普通混凝土或灰土),避免工作时噪声超标,扬尘污染。

1.5.4.3 设备接油盘宜采用厚度 0.5~1mm 铁皮,油盘大小不宜小于机械设备的水平投影面积,防止设备意外漏油污染土地、污染地下水。

1.6 过程控制要求

1.6.1 施工准备

1.6.1.1 进入施工现场前对各自使用的机具和防护用品进行认真检查,认真做好班前技术和环境交底。

1.6.1.2 除锈作业前,必须检查环境条件,四级风及以上大风天气时,停止室外除锈作业,避免产生扬尘扩大对环境的污染。应在设有挡风设施及硬化的地面上进行施工作业,避免铁锈等固体废弃物污染空气、土地、水源等。

1.6.1.3 雨期施工,对于室外的设备设施要及时转移或安装好防雨装置,材料及施工现场应移至室内,防止排放的粉尘、固体废弃物等随雨水流失,扩大对环境的污染。

1.6.2 构件除锈

基面清理除锈质量的好坏,直接关系到涂层质量的好坏。因此涂装工艺的基面除锈质量分为一级和二级,见表 9-1 规定。

钢结构除锈质量等级　　　　　　表 9-1

等级	质量标准	除锈方法
1	钢材表面露出金属色泽	喷砂、抛丸、酸洗
2	钢材表面允许存留干净的轧制表皮	一般工具(钢丝刷、砂布等)清除

为保证涂装质量,应根据不同需要分别选用喷砂除锈、酸洗除锈、人工除锈等除锈工艺。

1.6.2.1 喷砂除锈

利用压缩空气的压力,连续不断地用石英砂或铁砂冲击钢构件的表面,把钢材表面的铁锈、油污等杂物清理干净,露出金属钢材本色的一种除锈方法。这种方法效率高,除锈彻底,是比较先进的除锈工艺。

1.6.2.2 酸洗除锈

把需涂装的钢构件浸放在酸池内,用酸除去构件表面的油污和铁锈。采用酸洗工艺效率也高,除锈比较彻底,但是酸洗以后必须用热水或清水冲洗构件,清洗污水必须经过中和后才可排入污水管道,如果有残酸存在,构件的锈蚀会更加厉害,增加材料的损耗。

1.6.2.3 人工除锈

由人工用一些比较简单的工具,如刮刀、砂轮、砂布、钢丝刷等工具,清除钢构件上的铁锈。这种方法工作效率低,劳动条件差,除锈也不彻底。

1.6.2.4 除锈施工应满足以下要求:

(1) 除锈的过程应在规定的场所内进行,根据施工量安排除锈量,做到均衡施工,避免集中突击除锈造成噪声排放污染环境,除锈时地面应先适当洒水避免除锈时产生扬尘,污染环境。

(2) 作业人员应戴好防护眼镜、防护口罩,避免吸入铁屑和扬尘,影响身体健康。

(3) 每个工作班结束后应清扫回收锈渣等废弃物放入指定的储存桶内,报废的钢丝刷、砂轮片、除锈设备,应分类集中运至现场建筑垃圾存放点,交由有资质的单位处理,避免乱扔污染土地、污染地下水,做到工完场地清。

(4) 喷砂除锈时,空压机置于封闭的房间(长、宽尺寸比空压机尺寸大1.5m)内或加隔声罩(玻璃纤维制作),避免除锈时噪声对环境的影响;停机时砂子应及时回收,交指定地点存放,避免或减少石英砂的消耗;空压机放置在接油盘上,避免喷砂时设备漏油,污染土地、污染地下水;接油盘中的油应定期清理,交由有资质的单位处理,用勺清理接油盘时应用托盘防止遗洒污染地面。

(5) 零星除锈,宜使用名砂轮打磨机除锈,除锈时尽量避免施工高峰,加大噪声对环境的污染。

1.6.3 成品保护

钢构件除锈完成后,应马上使用,如暂时不用,应按设计要求先刷好防锈漆,并放置于避雨、防潮的库房内,以免钢结构再度被锈蚀,轻拿轻放,避免破坏防锈层,引起返工现象,造成资源浪费。

1.6.4 应急和突发事件控制规定

项目部于开工前编制应急计划、设置义务消防队和医疗救护队,在施工现场如出现火灾等情况应立即进行救护,严重时还应及时送医院抢救。

1.6.4.1 防火应急准备情况控制规定

(1) 作业点按《建筑物灭火器配备设计规范》确定危险等级、火灾种类,配备足够数量有效的手推车式或手提式灭火器和消火栓。

(2) 组织义务消防队或其他兼职人员,每年演练一次;当发生火灾事件,火情处于初始阶段(1~3min)时,组织义务消防队和有关人员及时灭火,控制火情,防止火蔓延发生火灾,污染环境。

1.6.4.2 酸洗作业中应急准备情况控制规定

在酸洗作业中从事有毒、刺激性或腐蚀性液体或粉尘的工作时,工作场地应通风良好,配备适宜的送风设施,避免或减少对环境的污染;作业人员必须戴口罩、护目镜或防毒面具等防护用品,防止人员中毒或伤害。

1.7 监测要求

1.7.1 环境监视

1.7.1.1 现场环境管理员每天检查施工作业面的废弃物清理、回收和外运情况,做到工完场清、道路无遗洒、废弃物分类存放,单独或专门处理。

1.7.1.2 现场环境管理员每天检查施工作业面的粉尘污染,是否正确采取了通风、洒水等有效措施来控制扬尘,以避免或减少对环境的污染,并督促操作工人正确使用防尘口罩、面罩和防护手套等。

1.7.1.3 除锈作业应尽量安排在白天进行,如遇赶工确要加班,居民区晚上施工不应超过十点钟,以免影响居民的休息,并检查督促围挡和消声设施,预防或减少噪声传播。

1.7.2 环境检测

1.7.2.1 现场环境管理员对机械除锈产生的噪声,应坚持每天耳听一次,每月用分贝仪依据《建筑施工场界噪声限值》及《建筑施工场界噪声测量方法》检测一次,并做好记录,要求昼间不大于75dB、夜间不大于55dB。

1.7.2.2 现场环境管理员每天对作业区的地面的浮锈厚度和扬尘进行检测或目测一次,当除锈量较大时,检测次数相应增加,要求地面的浮锈厚度≤5mm,扬尘高度控制在0.5m以内。

1.7.2.3 如发现不适应或超标,应停止除锈作业,对浮锈进行清理或更换设备或增加隔声厚度或更换隔声材料,采取措施进行纠正,避免或减少扬尘、噪声排放、废物遗弃对环境的污染。

2 钢结构部件制作

2.1 作业流程

钢结构一般有门式轻钢结构,桁架式钢结构,钢网架结构等,这里主要以门式轻钢结构为代表:

选材→验收材料→放样→下料→平台制作→胎具制作→制孔→对接组装→焊接→检验校正→刷油编号→构件验收。

2.2 环境因素

2.2.1 构件放样:弹线产生的粉尘排放、墨汁排放;废弃工具遗弃;制作样板和样杆时,产生的铁皮、塑料、扁铁废弃物;剪板机、折弯机漏油形成的油污染。

2.2.2 构件下料:氧割形成的熔渣、废弃余料、有毒有害气体排放;带锯机切割型钢、圆钢、方钢时产生的钢屑排放、噪声排放、废弃余料排放、设备泄漏的油排放、电能消耗;砂轮锯切割薄壁型钢产生的钢屑排放、噪声排放、废弃余料排放、设备泄漏的油排放、电能消耗;无齿锯切割产生的钢屑排放、噪声排放、熔渣排放、废弃余料排放、设备泄漏的油排放、电能消耗;滚剪和冲剪机下料产生的钢屑排放、噪声排放、废弃余料排放、设备泄漏的油排放、电能消耗。

2.2.3 焊接:产生的电弧光排放、焊渣排放、废弃焊条、焊条头排放、噪声排放、电能消耗。

2.2.4 制孔机制孔:产生的噪声排放、设备泄漏的油排放、铁屑排放、电能消耗。

2.2.5 钢结构矫正:矫正机械设备泄漏的油排放、噪声排放、电能消耗。

2.2.6 紧急情况的环境因素:气割回火、气瓶爆炸、电火灾。

2.3 人员要求

2.3.1 钢结构加工涉及的人员较多,专业也多,作业人员施工前应接受环境培训交底,熟练掌握专业操作技术,了解和掌握环境控制的要求,避免操作不当造成环境污染,树立环境保护意识,文明施工,保护环境。

2.3.2 作业人员施工前应接受"有毒有害气体的排放、有毒有害废弃物的排放、射线排放"环境培训以及防火灾、爆炸事件发生的应急措施培训,防止操作不当造成环境污染的扩大。

2.3.3 作业人员使用机具前应进行安全技术培训交底,严格按安全技术操作规程进行施工,防止因不正确操作引起机具设备的损坏和人员伤亡事故的发生,造成材料损失和能源浪费。

2.4 材料要求

2.4.1 钢材

2.4.1.1 材料进场时应认真检查其质量证明文件,材料代用须经过设计单位、建设单位的批准,防止材料质量不合格,退场或返工而增加能源消耗。

2.4.1.2 材料应防雨、防潮存放,防止生锈,以避免或减少铁屑对环境的污染。

2.4.2 电焊条

2.4.2.1 电焊条其型号、规格按设计要求选用,必须有质量证明书,严禁使用药皮脱落、焊芯生锈的焊条,预防或减少废电焊条造成对环境的污染。

2.4.2.2 一般地说,酸性焊条比碱性焊条使用所排放的粉尘较少,无规定时,可以多使用酸性焊条。废电焊条的数量及焊条使用产生的烟雾和粉尘与焊条是否受潮亦有关,按说明书的要求烘焙后,放入保温桶内,随用随取,由保温桶取出到施焊的时间不宜超过2h(酸性焊条不宜超过4h),焊条烘干次数不宜超过2次,且酸性焊条与碱性焊条不准混杂使用。

2.4.3 氧气、乙炔等

2.4.3.1 检查钢瓶所带阀门、开关是否完好,有无泄漏,控制能源损耗和气体排放造成对空气的污染。

2.4.3.2 钢瓶存放应防火、防爆,远离火源分开放置,且氧气瓶与乙炔瓶要相隔10m以上,预防火灾或爆炸事件的发生,造成物质损耗和人员的伤亡。

2.5 设备设施要求

2.5.1 主要工具:划针、冲子、粉线、手锤、钢卷尺、角尺、直尺、小型剪板机、折弯机、气体保护焊机、多嘴头直条切割机、门式自动埋弧焊机、油压冲床、摇臂钻、冲孔机床、空压机、超声波探伤仪、H钢组立校正机、剪板机、氩弧焊机、手动葫芦、千斤顶、半自动埋弧焊机、交流弧焊机、叉车、砂轮切割机、高速钢切割机、氧气表、乙炔表、台钻、数控自动切割机、车间行车、面罩等。

2.5.2 每天使用的工具应清扫擦洗干净。上班前机具应进行仔细检查,下班及时收集,损坏的设备工具不得随意废弃,应按"可回收废弃物"、"不可回收废弃物"分类处理。

2.5.3 电动机具应保持完好状态,为防止使用时意外漏油污染环境,应摆放好接油盘进行回收,对于废弃油污,则交专门单位回收处理,防止乱扔污染环境;机具应有安全接地装置,防止火灾、人员伤亡事件发生。

2.5.4 设施要求

2.5.4.1 制作场地应硬化(普通混凝土),硬化部分应大于操作场地各操作边0.5m或在已硬化的场地铺设相应宽度的塑料布,避免铁屑、焊渣等污染土地。

2.5.4.2 操作场地应砌240mm砖墙,房顶封闭,墙面四周设置吸声材料,操作地面全部硬化(普通混凝土),避免工作时噪声超标,扬尘污染。

2.5.4.3 设备接油盘宜采用厚度0.5~1mm铁皮,油盘大小不宜小于机械设备的水平投影面积,防止设备意外漏油污染土地、污染地下水。

2.6 过程控制要求

2.6.1 施工准备

2.6.1.1 技术人员根据设计图纸认真计算好材料用量,再根据不同的品种、规格汇总成材料需用量计划表,材料采购人员根据材料需用量计划及施工计划编制好材料采购计划,以此作为材料采购依据,防止材料采购时发生失误,造成能源损耗。

2.6.1.2 进入施工现场前对各自使用的机具和防护用品进行认真检查,认真做好班前技术和环境交底。

2.6.1.3 雨期施工,对于室外的设备设施要及时转移或安装好防雨罩,材料及施工现场应移至室内,防止排放的油、粉尘、固体废弃物等随雨水流失,扩大对环境的污染。

2.6.2 验收材料

材料进场时,专业技术人员、材料采购人员等要及时组织材料验收,对其名称、规格、型号进行复查,材料质量、外观做初步检查认定,防止因材料质量问题造成产品不合格而导致返工,造成能源损耗。同时还应注意:

2.6.2.1 材料进场时应仔细检查其外观质量,防止使用锈蚀严重的次品材料,避免或减少铁屑对环境的污染。

2.6.2.2 材料人工搬运时,应注意轻拿轻放;车辆搬运,材料不应超出车厢体外,防止材料碰撞导致铁屑沿路滴洒,造成对环境的污染。

2.6.2.3 材料应在防雨、防潮的库房或工棚内分类存放,且地面应做硬化处理,防止掉落的铁屑等废弃物污染环境。如长时间暂时不用,应先除锈并刷好防锈漆,防止材料长时间不用锈蚀严重,扩大对环境的污染,并影响材料的使用质量,造成资源浪费。

2.6.3 构件放样

放样是钢结构制作工艺中的第一道工序,只有放样尺寸精确,方可避免以后各加工工序的累积误差,保证整个工程的质量,根本杜绝不合格品的产生,预防大量的人力、物力资源浪费。因此对放样工作,必须注意如下几个问题:

2.6.3.1 放样前必须熟悉、复核施工图纸。

2.6.3.2 样板制出后,必须在上面注上图号、零件名称、件数、位置、材料名称、规格及加工符号等内容,以便使下料工作不致发生混乱,同时必须妥善保管样板,防止折叠和锈蚀,以便进行校核。

2.6.3.3 为了保证产品质量,防止由于下料不当造成废品,样板应注意适当预放增加余量:

(1) 自动气割切断加工余量为3mm。
(2) 人工气割切断的加工余量为4mm。
(3) 气割后需铣端或刨边的加工余量为4~5mm。
(4) 剪切后无需铣端或刨边的加工余量为零。
(5) 样板要按图施工,从画线制样板应做到尺寸精确,减少误差,放样允许偏差见表9-2。

表9-2

项次	尺寸部位	允许偏差(mm)
1	样板尺寸	-1.0
2	两孔中心距	+1.0
3	上下最外面孔中心距	±0.5
4	相邻孔中心距	±0.5
5	对角线距离	1.0(2m之内)、2~4(>2m)

2.6.4 构件下料

下料则是根据样板或计算出的下料尺寸,直接在板料或型钢表面上画出零、构件相关的加工界线,采用机切、冲模落料、锯切和气割等工作的过程。施工过程中应注意:

2.6.4.1 检查机具的使用状态,在剪切、冲裁、锯切等利用油润滑或油压动作的设备下面安放接油盆,防止机具油泄漏造成环境污染。

2.6.4.2 使用气割工具时,除防止乙炔、液化石油气、氧气等泄漏外,还应安装防回火装置,以免发生回火、爆炸,造成火灾,污染空气和能源损耗。采用砂轮片切割或等离子切割或氧乙炔火焰切割时,切割后的熔渣、氧化物、铁屑、废锯条、砂轮片应统一回收,收集一定数量后交有资质单位处理,防止乱扔污染土地、污染地下水。

2.6.4.3 施工作业应在工棚或室内进行,并设有遮挡设施,防止铁渣、粉尘等固体废弃物随风乱飘,污染空气和周围地面环境,减少施工噪声对周围环境的影响。

2.6.4.4 操作人员应戴好防护眼镜和防尘口罩,以免粉尘影响人的身体健康。

2.6.4.5 发现钢材有弯曲不平时,应先矫直,以防影响尺寸的误差,造成返工、返修,浪费资源。

2.6.4.6 用最佳排料方案绘制拼板下料图,循环接板套料等措施,提高材料利用率,降低损耗,节约能源。

2.6.5 平台、胎具制作

钢构件加工,有时需要事先制作一些平台或胎具,作为工作面和构件定形用,施工场地应硬化,周边用玻璃钢纤维制作封闭围挡。其材料下料、焊接等分别按钢构件下料作业和钢构件焊接作业所涉及的环境控制措施实施,预防或减少电弧光、粉尘、固体废弃物、有毒有害气体、噪声等对周围环境的污染。

2.6.6 制孔

2.6.6.1 钻孔机钻孔时,设备进出油口处应放置接油盘,以免设备漏油污染土地、污染地下水。

2.6.6.2 钻孔作业时,应在加工车间内进行,确保门窗封闭,以减少噪声对环境的污染。

2.6.6.3 废弃的铁屑、油污等应统一回收,交有资质的单位处理,防止乱丢乱扔污染环境。

2.6.7 对接组装、焊接

组装前应根据结构形式,制作必需的工作平台,平台表面平度公差±2mm以内,立体形台架应相当坚固、平稳,保证拼装质量;组装的零件必须经过矫正其连接表面及沿焊缝边缘处,各边的铁锈、毛刺、油污等脏物必须清除干净。

2.6.7.1 组装件被清除的铁锈、毛刺、油污等固体、液体废弃物应收集进编织袋或垃圾桶内,运至指定废弃物堆放点,由环卫部门处理,不得随意乱丢乱扔污染环境。

2.6.7.2 制作平台、组装焊接作业应按制作和焊接作业涉及的环境控制措施实施,防止环境污染。

2.6.8 检验矫正

钢材切割或焊接成型后,均应按实际情况进行平直矫正;焊好的零件在加热矫正时,加热温度应根据材料性能选定,不得超过900℃;主构件在加热矫正后应缓慢冷却,不能用水冷却;矫正的钢材表面,不应有明显的裂缝或损伤,避免质量不合格,造成资源浪费。

2.6.8.1 矫正变形时,锤子、榔头等工具不应直接撞击钢构件表面,可隔以木块,减少噪声。

2.6.8.2 矫正方法应正确,防止出现不合格品导致返工重做,浪费资源。

2.6.9 刷油编号

钢结构制作完成后,应立即进行防腐刷油处理,并做好编号标识工作。刷油按刷油作业所涉及的环境控制措施实施,预防或减少有毒有害气体、液体废弃物、易燃易爆物质等对环境的污染。

2.6.10 成品保护

钢结构制作件编号后要求分类堆放,不得混放,不得在构件上践踏,不得在构件上放置材料或杂物。预防或减少成品因为人为因素导致返修、返工,造成资源浪费。

2.6.11 应急和突发事件控制

项目部于开工前编制应急计划、设置义务消防队和医疗救护队,在施工现场如出现火灾等情况应立即进行救护,严重时还应及时送医院抢救。

2.6.11.1 防火应急准备情况控制规定

（1）作业点按《建筑物灭火器配备设计规范》确定危险等级、火灾种类，配备足够数量有效的手推车式或手提式灭火器和消火栓。

（2）组织义务消防队，每年演练一次；当发生火灾事件，火情处于初始阶段(1~3min)时，组织义务消防队和有关人员及时灭火，控制火情，防止火蔓延发生火灾，污染环境。

2.6.11.2 气割作业中应急准备情况控制规定

在气割作业中，因液化石油气在空气中爆炸范围远小于乙炔，燃点又高于乙炔，所以使用液化石油气操作不易回火和爆炸，比乙炔安全。回火装置经常检查，保持良好使用状态，防止回火引起爆炸，损坏设备，造成资源浪费、污染环境。

2.7 监测要求

2.7.1 环境监视

2.7.1.1 现场环境管理员每天检查施工作业面的废弃物清理和外运情况，做到工完场清、道路无遗洒、废弃物分类存放，单独或专门处理。

2.7.1.2 现场环境管理员每天检查施工作业面的粉尘污染，是否正确采取了通风、洒水等有效措施来控制扬尘，以避免或减少对环境的污染，并督促操作工人正确使用防尘口罩、面罩和防护手套等。

2.7.1.3 居民区晚上施工作业一般不超过十点钟，以免影响居民的休息，如遇赶工确要加班，要检查督促围挡和消声设施，遮住电弧光的对外辐射和防止或减少噪声传播。

2.7.1.4 严格控制人为噪声，施工现场不准高声喊叫、乱吹哨、限制高音喇叭的使用。

2.7.2 环境检测

2.7.2.1 现场环境管理员对施工现场产生的噪声，应坚持每天耳听一次，每月用分贝仪依据《建筑施工场界噪声限值》及《建筑施工场界噪声测量方法》检测一次，并做好记录，要求昼间不大于75dB、夜间不大于55dB。

2.7.2.2 现场环境管理员每天对作业区的地面的浮锈厚度和扬尘进行检测或目测一次，要求地面的浮锈厚度≤5mm，扬尘高度控制在0.5m以内。

2.7.2.3 如发现不适应或超标，应停止作业，对施工现场的废弃物进行清理转运，更换设备、增加隔声厚度或更换隔声材料，采取措施进行纠正，避免或减少扬尘、噪声排放、废物遗弃对环境的污染。

3 钢结构焊接

3.1 作业流程

施工准备→构件清理→构件变形矫正→构件对接→构件焊接→焊渣清理→焊缝检验→构件矫正。

3.2 环境因素

3.2.1 钢结构焊接引起的环境因素主要有：电弧光排放、有毒有害气体排放、固体废弃物排放、噪声排放、粉尘排放、射线排放、电能消耗。

3.2.2 矫正机使用产生的噪声排放、设备泄漏的油排放。

3.2.3 紧急情况的环境因素：火灾。

3.3 人员要求

3.3.1 作业人员施工前项目部应组织对作业人员针对作业活动所涉及的重要环境因素、环境控制措施、环境操作基本要求、环境检测的关键参数、应急响应中的注意事项进行专项环境交底或综合交底,熟练掌握操作技术,了解和掌握环境控制的要求,避免因作业人员的不掌握环境方面的基本要求造成噪声排放、扬尘、废弃物、废水、废液、电辐射或加大对环境的污染。

3.3.2 焊工必须取得相应级别的岗位操作证,按考核合格后的项目、权限和相应的国家与地方规范、操作规程,从事与所持证书规定范围内工作,避免因人员素质能力不能满足要求而发生焊接质量问题,浪费资源。

3.3.3 作业人员施工前应接受"有毒有害气体的排放、有毒有害废弃物的排放、射线排放"的环境培训,防止操作不当影响身体健康,加大对环境的污染。

3.3.4 机械操作人员应经过培训,掌握相应机械设备的操作要领后方可进行施工作业。避免因人的误操作或不按操作规程操作、保养造成机械设备漏油、设备部件报废、机械设备事故、浪费资源、噪声超标、污染施工作业场所的周边环境。

3.4 材料要求

3.4.1 钢材

3.4.1.1 材料进场时应认真检查其质量证明文件,对其品种、规格、外观、质量环境验收文件等进行检查验收;材料代用须经过设计单位、建设单位的批准,防止使用不合格材料导致安装返工,浪费资源污染环境。

3.4.1.2 材料应防雨、防潮存放,并采取有效措施防止生锈,以避免或减少铁屑对环境的污染。

3.4.2 电焊条

3.4.2.1 电焊条其型号、规格按设计要求选用,必须有质量证明书,严禁使用药皮脱落、焊芯生锈的焊条,预防或减少废电焊条造成对环境的污染。

3.4.2.2 一般地说,酸性焊条比碱性焊条使用所排放的粉尘较少,无规定时,可以多使用酸性焊条。废电焊条的数量及焊条使用产生的烟雾和粉尘与焊条是非受潮亦有关,按说明书的要求烘焙后,放入保温桶内,随用随取,由保温桶取出到施焊的时间不宜超过2h(酸性焊条不宜超过4h),焊条烘干次数不宜超过2次,且酸性焊条与碱性焊条不准混杂使用。

3.5 设备设施要求

3.5.1 主要工具:电焊机(交、直流)、焊把线、焊钳、面罩、小锤、焊条烘箱、焊条保温桶、钢丝刷、石棉条、翼缘矫正机、焊缝检验尺、磁粉探伤仪、超声波探伤仪、游标卡尺、钢卷尺、数字温度仪等。

3.5.2 每天使用的工具应清扫擦洗干净。上班前机具应进行仔细检查,下班及时收集,损坏的设备工具不得随意废弃,应按"可回收废弃物"、"不可回收废弃物"分类处理。

3.5.3 当发现设备有异常或存在问题时,应安排专人检查排除或送维修单位立即抢修,防止设备带病作业,加大能源消耗、浪费资源,设备漏油污染土地、污染地下水。

3.5.4 设备接油盘宜采用厚度0.5~1mm铁皮,油盘大小不宜小于机械设备的水平投影面积,防止漏油污染土地、污染地下水。

3.5.5 电动机具应保持完好状态,并有安全接地装置,防止火灾、人员伤亡事件发生,造成设备部件报废、机械设备事故,浪费资源并加大对环境的污染;并摆放好接油盘进行回收,如未被污染,可再次利用,节约能源;对于废弃油污,则交专门单位回收处理,防止乱扔污染环境。

3.6 过程控制要求

3.6.1 施工准备

3.6.1.1 进入施工现场前对各自使用的机具和防护用品进行认真检查,认真作好班前技术和环境交底。

3.6.1.2 雨期施工,对于室外的设备设施要及时转移或安装好防雨罩,材料及施工现场应移至室内,防止排放的油、粉尘、固体废弃物等随雨水流失,扩大对环境的污染。

3.6.1.3 焊接场所应按《建筑灭火器配置设计规范》确定其危险等级、可能发生的火灾种类,配置相适应的足够数量的有效的手提式灭火器或推车式灭火器;一个计算单元不少于2具、不宜多于5具,在出现火灾险情时,能在初始阶段扑灭,避免火灾蔓延,加大对环境的污染。

3.6.2 构件清理、变形矫正

构件对接前,应检查其是否变形,待变形矫正后,对构件进行清理工作,尤其是构件接口待焊处,必须仔细清除其泥砂、生锈铁屑等杂物。施工中应注意:

3.6.2.1 操作人员应佩戴防尘口罩、风镜,防止清理构件时粉尘污染影响身体健康。

3.6.2.2 剔除的泥砂、生锈铁屑等杂物应装入编织袋或其他适当容器运至现场建筑垃圾存放点,做到工完场清。

3.6.2.3 矫正变形时,锤子、榔头等工具不应直接撞击钢构件表面,可隔以木块,减少噪声。

3.6.3 构件对接

3.6.3.1 各种构件对接时必须进行校正工作,校正好后所用垫铁和卡具不得随意移动,以防造成焊接后构件尺寸发生偏差,造成返工现象,导致资源浪费。

3.6.3.2 有对接焊缝时,组对应注意翼腹板焊缝错开200mm以上,避免焊接后质量不符合要求,造成返工、返修处理,浪费资源。

3.6.3.3 组对时应确保腹板对翼板的中心线垂直度偏差为$b/100$且不大于2mm,中心线偏移不大于1mm。翼腹板间隙应不大于0.8mm,以满足埋弧焊的需要,增加工效和能源的使用效率。

3.6.3.4 施工余料统一回收,分类处理,可利用的送仓库保管防止损坏,废弃物交有资质单位处理,防止乱扔污染土地污染地下水。

3.6.4 构件焊接

构件焊接基本操作工艺过程一般为:焊口清理、选择焊接电流、引弧、焊接速度、焊接电弧长度、焊接角度、收弧、清渣;焊接操作方式一般有:平焊、立焊、横焊和仰焊等。

3.6.4.1 平焊

(1)引弧:角焊缝起落弧点应在焊缝端部,宜大于10mm,不应随便打弧,打火引弧后应立即将焊条从焊缝区拉开,使焊条与构件间保持 2~4mm 间隙产生电弧。对接焊缝及角接组合焊缝,在焊缝两端设引弧板和引出板,必须在引弧板上引弧后再焊到焊缝区,中途接头则应在焊缝接头前方 15~20mm 处打火引弧,将焊件预热后再将焊条退回到焊缝起始处,把熔池填满到要求的厚度后,方可向前施焊。施工中应注意操作方法正确,防止焊接质量不符合要求,导致返工,造成施工资源浪费,加大对环境的污染。

(2) 焊接速度:要求等速焊接,保证焊缝厚度、宽度均匀一致,从面罩内看熔池中铁水与熔渣保持等距离(2~3mm)为宜。施工中应注意操作方法正确,提高能源的利用效率。

(3) 焊接电弧长度:根据焊条型号不同而确定,一般要求电弧长度稳定不变,酸性焊条一般为 3~4mm,碱性焊条一般为 2~3mm 为宜。尽量避免长电弧操作,减少能源的过度使用。

(4) 焊接角度:根据两焊件的厚度确定,焊接角度有两个方面,一是焊条与焊接前进方向的夹角为 60°~75°;二是焊条与焊接左右夹角有两种情况,当焊件厚度相等时,焊条与焊件夹角均为 45°;当焊件厚度不等时,焊条与较厚焊件一侧夹角应大于焊条与较薄焊件一侧夹角。

3.6.4.2 立焊:基本操作工艺过程与平焊相同,但应注意下述问题,防止施工中操作方法不正确,引起质量不符合要求,导致返工,造成资源浪费,加大对环境的污染。

(1) 在相同条件下,焊接电流比平焊电流小 10%~15%。

(2) 采用短弧焊接,弧长一般为 2~3mm。

(3) 焊条角度根据焊件厚度确定。两焊件厚度相等,焊条与焊条左右方向夹角均为 45°;两焊件厚度不等时,焊条与较厚焊件一侧的夹角应大于较薄一侧的夹角。焊条应与垂直面形成 60°~80°角,使角弧略向上,吹向熔池中心。

(4) 收弧:当焊到末尾,采用排弧法将弧坑填满,把电弧移至熔池中央停弧。严禁使弧坑甩在一边。为了防止咬肉,应压低电弧变换焊条角度,使焊条与焊件垂直或由弧稍向下吹。

3.6.4.3 横焊:基本与平焊相同,焊接电流比同条件平焊的电流小 10%~15%,电弧长 2~4mm。焊条的角度,横焊时焊条应向下倾斜,其角度为 70°~80°,防止铁水下坠。根据两焊件的厚度不同,可适当调整焊条角度,焊条与焊接前进方向为 70°~90°。施工中应注意操作方法正确,提高工作效率。

3.6.4.4 仰焊:基本与立焊、横焊相同,其焊条与焊件的夹角和焊件厚度有关,焊条与焊接方向应成 70°~80°角,宜用小电流、短弧焊接。提高能源利用率。

3.6.4.5 施工中应注意按上述方法正确进行操作,同时还应注意:

(1) 选择合格的焊接工艺,焊条直径,焊接电流不要过大,并设置围挡设施,避开施工高峰,以减少电弧光污染。

(2) 清理焊口:焊前检查坡口、组装间隙是否符合要求,定位焊是否牢固,焊缝周围不得有油污、锈蚀、尘土和其他污物,以免影响焊接质量,导致产品不符合要求而返工,造成施工资源浪费。

(3) 烘焙焊条应符合规定的温度与时间,从烘箱中取出的焊条,放在焊条保温桶内,开关烘箱时动作应迅速,避免热量流失,浪费能源。

(4) 焊接作业时,为防止焊渣飞溅伤人或发生火灾,应采取遮挡措施,以免造成环境污染;废电焊条、焊条头应随手放入身旁备用小铁桶,不得乱扔污染环境。

(5) 雨期室外施焊作业应采取预防措施,电气设备应安装漏电保护器,作业人员要求戴好绝缘防护手套及绝缘工作鞋,防止发生漏电伤人,损坏设备。

(6) 冬期低温焊接,在环境温度低于0℃条件下进行电弧焊时,除遵守常温焊接的有关规定外,应调整焊接工艺参数,使焊缝和热影响区缓慢冷却,风力超过4级,应采取挡风措施,焊后未冷却的接头,应避免碰到冰雪,以免发生事故,造成不合格产品导致返工处理,造成资源浪费。

(7) 当焊区环境温度低于-20℃时,焊口应预热,焊前预热的加热范围,应以焊口中心为基准每侧不少于壁厚的3倍,有淬硬倾向或延迟裂纹的管道每侧应不小于100mm;加热温度符合GB 50236—98《现场设备工业管道焊接工程施工及验收规范》,避免因预热控制不当,影响焊接质量造成返工重焊,浪费资源,加大对环境的污染;要注意选择适当的工艺和设备,避免或减少热辐射污染。

3.6.5 焊渣清理

操作人员每焊完一条焊缝,应采用气割切除弧板,并修磨平整,不许用锤击落;整条焊缝焊完后清除熔渣,经焊工自检(包括外观及焊缝尺寸等)确无问题后,方可转移地点继续焊接。

3.6.5.1 敲打、剔除焊渣时,不得面向焊缝,同时加以遮挡措施,防止敲掉的焊渣四处飞散,扩大环境污染,并飞溅伤人。

3.6.5.2 工序完成后,对所清除的焊渣等固体废弃物进行清扫收集,放在废弃物堆放点,等待下班时运至环卫部门所设定的固体废弃物清运处,交于环卫部门处理,做到工完场地清。

3.6.6 焊缝检验

当焊缝有特殊要求时,需要做超声波、射线等探伤工作,为了免除作业时对人体身体健康造成损害,施工中应注意:

3.6.6.1 进行探伤作业前,必须先将工作场所划分为控制区和监督区。

3.6.6.2 控制区边界必须悬挂清晰可见的"禁止进入放射性工作场所"警示标识。未经许可人员不得进入该范围,可采用绳索、链条和类似的方法或安排监督人员实施人工管理。

3.6.6.3 探伤作业前,必须做好一切准备工作。透照期间作业者应远离辐射源,在操纵间内操作。透照射时,当辐射源未复位到主防护壳内时,作业人员不得接近辐射源。当自动控制失灵需用手制动时,应尽量采用移动防护屏障进行防护。

3.6.6.4 操作现场必须配备适当的应急防护设备,如:足够屏蔽厚度的防护掩体、隧道式屏蔽块、柄长不短于1.5m的夹钳、适当长度的金属线、水池、砂袋等。

3.6.6.5 每次探伤作业结束后,操作人员应用可靠的辐射仪器核查放射源是否回到安全位置。源容器出入源库时应进行监测并有详细记录。

3.6.7 检验矫正

钢构件焊接成型后,均应按实际情况进行平直矫正;焊好的零件在加热矫正时,加热温度应根据材料性能选定,不得超过 900℃;主构件在加热矫正后应缓慢冷却,不能用水冷却;矫正的钢材表面,不应有明显的裂缝或损伤。因此,施工中应注意:

3.6.7.1 矫正方法应正确,防止出现不合格品导致返工重做,浪费资源。

3.6.7.2 矫正变形时,锤子、榔头等工具不应直接撞击钢构件表面,可隔以木块,减少噪声。

3.6.8 成品保护

为了预防或减少成品因为质量不合格等现象而导致返修、返工,造成资源浪费。施工中应注意:

3.6.8.1 构件焊接完成后不准撞砸接头,不准往刚焊完的钢材上浇水。

3.6.8.2 低温下应采取缓冷、保温措施。

3.6.8.3 不准随意在焊缝外母材上引弧,以免造成材料损伤。

3.6.8.4 低温焊接不准立即清渣,应等焊缝降温后进行。

3.6.8.5 焊接产生的弯曲、扭曲等变形,在规范允许范围之内,可以不矫正,超过允许范围,必须进行矫正后才能出厂。

3.6.9 应急和突发事件控制

项目部于开工前编制应急计划、设置义务消防队和医疗救护队,在施工现场如出现火灾等情况应立即进行救护,严重时还应及时送医院抢救。

3.6.9.1 防火应急准备情况控制规定

(1)焊接作业点应按《建筑物灭火器配备设计规范》确定危险等级、火灾种类,配备足够数量有效的手推车式或手提式灭火器和消火栓。

(2)组织义务消防队,每年演练一次;当发生火灾事件,火情处于初始阶段(1～3min)时,组织义务消防队和有关人员及时灭火,控制火情,防止火蔓延发生火灾,污染环境。

3.7 监测要求

3.7.1 环境监视

3.7.1.1 现场环境管理员每天检查施工作业面的废弃物清理和外运情况,做到工完场清、道路无遗洒、废弃物分类存放,单独或专门处理。

3.7.1.2 现场环境管理员每天检查施工作业面的粉尘污染,是否正确采取了通风、洒水等有效措施来控制扬尘,以避免或减少对环境的污染,并督促操作工人正确使用防尘口罩、面罩和防护手套等。

3.7.1.3 居民区晚上施工作业一般不超过十点钟,以免影响居民的休息,如遇赶工确要加班,要检查督促围挡和消声设施,遮住电弧光的对外辐射和防止或减少噪声传播。

3.7.1.4 严格控制人为噪声,施工现场不准高声喊叫、吹哨、限制高音喇叭的使用。

3.7.2 环境检测

3.7.2.1 现场环境管理员对施工现场产生的噪声,应坚持每天耳听一次,每月用分贝仪依据《建筑施工场界噪声限值》及《建筑施工场界噪声测量方法》检测一次,并做好记录,要求昼间不大于 75dB、夜间不大于 55dB。

3.7.2.2 现场环境管理员每天对作业区的地面的铁屑厚度和扬尘进行检测或目测一次,要求地面的铁屑厚度≤5mm,扬尘高度控制在 0.5m 以内。

3.7.2.3 如发现不适应或超标,应停止作业,更换设备、增加隔声厚度或更换隔声材料,对现场粉尘、废弃物进行清理转运,避免或减少扬尘、噪声排放、废物遗弃对环境的污染。

4 紧固件连接

4.1 作业流程
施工准备→构件清理→构件拼装。

4.2 环境因素
4.2.1 紧固件连接时,现场产生对环境有影响的因素为:固体废弃物、粉尘、噪声。
4.2.2 紧急情况的环境因素:火灾。

4.3 人员要求
4.3.1 作业人员施工前应接受环境培训交底,熟练掌握专业操作技术,了解和掌握环境控制的要求,避免操作不当造成环境污染及人身伤害,树立环境保护意识,文明施工。
4.3.2 作业人员施工前应接受安全技术培训交底,严格按安全技术操作规程进行施工,正确使用施工机具,防止因不正确操作引起机具损坏和人员伤亡事故的发生,造成设备损耗。

4.4 材料要求
4.4.1 材料进场时应认真检查其质量证明文件,材料代用须经过设计单位、建设单位的批准,防止材料质量不合格退场或返工而造成能源消耗。
4.4.2 材料应防雨、防潮存放,防止生锈,以免降低其使用质量,造成资源浪费,并避免因生锈形成的铁屑对环境的污染。

4.5 设备设施要求
4.5.1 主要工具:套筒扳手、手动扭矩扳手、电动扭矩扳手、开口扳手、梅花扳手、螺丝刀、电动螺丝刀、小锤、钢丝刷、钢卷尺、砂轮机、拉铆枪、射钉枪、手电钻等。
4.5.2 每天使用的工具应清扫擦洗干净。上班前机具应进行仔细检查,下班及时收集,损坏的设备工具不得随意废弃,应按"可回收废弃物"、"不可回收废弃物"分类处理。
4.5.3 电动机具应保持完好状态,必要时应有安全接地装置,防止火灾、人员触电伤亡事件发生。

4.6 过程控制要求
4.6.1 施工准备
4.6.1.1 进入施工现场前对各自使用的机具和防护用品进行认真检查,认真作好班前技术和环境交底。
4.6.1.2 高空作业除必备安全防护用品外,施工用具用绳系牢,防止使用时意外脱手,准备随身携带的编织袋,防止固体废弃物以及螺栓等乱丢乱扔,造成环境污染和意外事故的发生。
4.6.2 构件清理
构件拼装前,应检查其是否变形,待变形矫正后,对构件应进行清理工作,尤其是构件连接处,必须仔细清除其泥砂、生锈铁屑等杂物,有突出不光滑处,还须进行打磨。施工中应注意：

4.6.2.1 操作人员应佩戴防尘口罩、风镜，防止用机械打磨构件时粉尘污染影响身体健康。

4.6.2.2 清除的泥砂、生锈铁屑等杂物应装入编织袋或其他适当容器运至现场建筑垃圾存放点，做到工完场清。

4.6.2.3 矫正变形时，锤子、榔头等工具不应直接撞击钢构件表面，可隔以木块，减少噪声。

4.6.3 构件拼装

紧固件连接时，根据不同的连接件选用不同的工具，普通螺栓选用开口扳手和套筒扳手，高强度螺栓选用开口扳手、套筒扳手和扭矩扳手，自攻螺钉选用电动螺丝刀，铆钉选用手电钻和拉铆枪，射钉选用射钉枪。

4.6.3.1 地面作业时，紧固件连接的工作场地应平整，干净，不得随意践踏工作面，以免影响工作效率，并造成资源浪费。

4.6.3.2 屋架梁、柱、行车梁、挑梁等承重大的部位使用高强度螺栓连接，安装前应对高强度螺栓接头摩擦面进行清理，摩擦面应干燥，并应用钢丝刷沿受力垂直方向刷去浮锈，其毛刺、铁屑、油污等废弃物应装入编织袋或其他适当容器运至现场建筑垃圾存放点，不得随手乱丢，造成环境污染。

4.6.3.3 紧固件连接时，所产生的紧固件自身上的固体废弃物应及时清扫，如扭剪型高强度螺栓终拧用专用扳手拧掉的尾部梅花卡头等，运至现场建筑垃圾存放点分类放置，由环卫部门专门处理。

4.6.3.4 吊装拼装过程中，损坏的螺栓等废弃物应放在随身携带的编制袋内，不得随意乱丢，造成环境污染；连接用工具应系好绳带，防止操作时滑手掉落，砸伤人或设备、设施，造成资源浪费。严格按吊装方案施工，防止构件碰撞产生噪声及返工引起的资源浪费。

4.6.4 成品保护

高强度螺栓连接副从出厂至安装前严禁随意开箱，在运输过程中应轻装、轻卸，防止损坏，防雨、防潮；当出现包装破损、螺栓有污染等异常现象时，应及时用煤油清洗，并按高强度螺栓验收规程进行复验，经复验扭矩系数或轴力合格后，方能使用。施工中应注意：

4.6.4.1 工地储存高强度螺栓，应放在干燥、通风、防雨、防潮的仓库内，并不得损伤丝扣和沾染脏物；安装时，要按设计要求领取相应的规格、数量，当天没有用完的高强度螺栓，必须装在干燥和洁净的容器内，不得乱放、乱扔，以免污染环境，造成资源浪费。

4.6.4.2 施工完成后的成品应保持干燥和干净，不得受潮、雨淋和污染，特别是油污和其他化学物品不得泼洒到摩擦面内，一般在钢结构高强度螺栓拧紧检查验收合格后，连接处用防水或耐腐蚀的腻子封闭，防止成品受损而导致返工，造成资源浪费。

4.6.4.3 安装完成的成品，不得被其他构件碰撞，防止构件油漆脱落，造成环境污染。

4.6.5 应急和突发事件控制

项目部于开工前编制应急计划、设置义务医疗救护队，每年演练一次；在施工现场如出现火灾、泄漏等情况应立即进行救护,严重时还应及时送医院抢救。

4.7 监测要求

4.7.1 环境监视

4.7.1.1 现场环境管理员每天检查施工作业面的废弃物清理和外运情况,对于装螺栓及其他连接件的木箱、纸箱及其他固体废弃物,要求用专门的垃圾桶盛放,可回收的垃圾要清理出来,用于回收再利用,做到工完场清、道路无遗洒、废弃物分类存放,单独或专门处理。

4.7.1.2 现场环境管理员每天检查施工作业面的粉尘污染,注意环境卫生,并督促操作工人正确使用防尘口罩、面罩和防护手套等。

4.7.1.3 居民区晚上施工作业一般不超过十点钟,以免影响居民的休息,如遇赶工确要加班,要检查督促围挡和消声设施,防止或减少噪声传播。

4.7.1.4 严格控制人为噪声,施工现场不准高声喊叫、乱吹哨、限制高音喇叭的使用。

4.7.2 环境检测

4.7.2.1 现场环境管理员对施工现场产生的噪声,应坚持每天耳听一次,每月用分贝仪依据《建筑施工场界噪声限值》及《建筑施工场界噪声测量方法》检测一次,并做好记录,要求昼间不大于75dB、夜间不大于55dB。

4.7.2.2 每天目测扬尘一次,要求扬尘高度控制在0.5m以内。

5 钢结构防腐刷油

5.1 作业流程

施工准备→构件清理→构件防腐、刷油。

5.2 环境因素

5.2.1 钢结构防腐刷油作业中引起的主要环境因素有:有毒有害物质排放、液体废弃物排放、异味排放、易燃易爆物质排放、粉尘排放、固体废弃物排放等。

5.2.2 紧急情况的环境因素:火灾、油料泄漏。

5.3 人员要求

5.3.1 作业人员施工前项目部应组织对各项作业活动所涉及的重要环境因素、环境控制措施、环境操作基本要求、环境检测的关键参数、应急响应中的注意事项进行专项环境交底或综合交底,了解和掌握环境控制措施的要求,避免因作业人员的不正确操作造成粉尘、废弃物、有毒有害物质等排放或加大对环境的污染。

5.3.2 作业人员施工前应专门接受"有害废弃物的排放"的环境培训,防止操作不当使环境影响恶化。

5.3.3 机械设备操作人员使用机具前应进行安全技术培训交底,严格按安全技术操作规程进行施工,防止因不正确操作造成设备部件报废、机械设备事故、浪费资源、污染土地、地下水等,加大对环境的污染。

5.4 材料要求

5.4.1 涂料、稀释剂和固化剂等品种、型号和质量,应符合设计要求和国家现行有关标准的规定；材料进场时必须对其品种、规格、外观及质量环境验收文件等进行检查验收；材料代用须经过设计单位、建设单位的批准，避免使用不合格材料导致安装返工，浪费资源污染环境。

5.4.2 油漆等易燃易爆品应分隔单独存放，库房应保持干燥、通风，远离火源以及高温物质，确定油漆危险等级、可能发生的火灾种类配置相适应的足够数量的、有效的手提式灭火器或推车式灭火器；一个计算单元不少于2具、不宜多于5具，在出现火灾险情时，能在初始阶段扑灭，避免火灾蔓延，加大对环境的污染；堆放位置不宜太高，防止倾倒，造成资源损失和污染环境。

5.4.3 当天未使用完的油漆，应密封放置好，油漆刷应置于清水中，防止油漆挥发，刷子风干变硬，造成资源浪费。

5.5 设备设施要求

5.5.1 主要工具：钢丝刷、磨光机、油漆刷、喷枪等。

5.5.2 每天使用的工具应清扫擦洗干净，上班前机具应进行仔细检查，下班及时收集，损坏的工具不得随意废弃，应按"可回收废弃物"、"不可回收废弃物"分类处理。

5.5.3 电动机具应保持完好状态，并有安全接地装置，防止火灾、人员伤亡事件发生，造成设备部件报废、机械设备事故，浪费资源并加大对环境的污染。

5.5.4 设施要求

钢结构防腐刷油场地应硬化（普通混凝土），硬化部分应大于操作场地各操作边0.5m或铺设相应宽度的塑料布，避免油漆等废弃物污染土地、地下水。

5.6 过程控制

5.6.1 施工准备

5.6.1.1 进入施工现场前对各自使用的机具和防护用品进行认真检查，认真作好班前技术和环境交底。

5.6.1.2 施工作业前，必须检查环境条件，当环境温度低于-15℃或相对湿度>85%时，宜在室内或采取升温或除湿措施后进行涂漆，未采取措施不得施工；下雨、雾、雪或5级以上大风禁止室外露天涂漆作业；避免漆面与构件表面接触不良，加速钢构件腐蚀，缩短使用年限，浪费资源，废防腐材料遗弃污染环境。

5.6.1.3 雨期施工，对于室外的设备设施要及时转移或安装好防雨装置，材料及施工现场应移至室内，防止排放的粉尘、固体废弃物等随雨水流失，扩大对环境的污染。

5.6.2 构件清理

构件防腐刷油前，应对构件应进行清理工作，仔细清除其泥砂、生锈铁屑等杂物。钢材表面除锈应符合设计要求和国家现行有关标准的规定：经化学除锈的钢材表面应露出金属色泽。处理后的钢材表面应无焊渣、焊疤、灰尘、油污、水和毛刺等。施工中应注意：

5.6.2.1 操作人员应佩戴防尘口罩、风镜，防止清理构件时粉尘污染影响身体健康。

5.6.2.2 除掉的泥砂、生锈铁屑等杂物应装入编织袋或其他适当容器运至现场建筑垃圾存放点，交环卫部门处置，做到工完场地清。

5.6.2.3 雨期施工，材料及施工现场应移至室内，防止排放的粉尘、固体废弃物等随雨水流失，扩大对环境的污染。

5.6.3 构件防腐刷油

5.6.3.1 底漆涂装一般要求

(1) 调合红丹防锈漆,控制油漆的黏度、稠度、稀度,兑制时应充分的搅拌,使油漆色泽、黏度均匀一致。

(2) 刷第一层底漆时涂刷方向应该一致,接槎整齐。

(3) 刷漆时应采用勤沾、短刷的原则,防止刷子带漆太多而流坠。

(4) 待第一遍刷完后,应保持一定的时间间隙,防止第一遍未干就上第二遍,这样会使漆液流坠发皱,造成材料损失。

(5) 待第一遍干燥后,再刷第二遍,第二遍涂刷方向应与第一遍涂刷方向垂直,这样会使漆膜厚度均匀一致。

(6) 底漆涂装后起码需 4~8h 后才能达到表干、表干前不应涂装面漆。

5.6.3.2 面漆涂装

(1) 建筑钢结构涂装底漆与面漆一般中间间隙时间较长。钢构件涂装防锈漆后送到工地去组装,组装结束后才统一涂装面漆。这样在涂装面漆前需对钢结构表面进行清理,清除安装焊缝焊药,对烧去或碰去漆的构件,还应事先补漆。

(2) 面漆的调制应选择颜色完全一致的面漆,兑制的稀料应合适,面漆使用前应充分搅拌,保持色泽均匀。其工作黏度、稠度应保证涂装时不流坠,不显刷纹。

(3) 面漆在使用过程中应不断搅和,涂刷的方法和方向与上述工艺相同。

(4) 涂装工艺采和喷涂施工时,应调整好喷嘴口径、喷涂压力,喷枪胶管能自由拉伸到作业区域,空气压缩机气压应在 0.4~0.7MPa。

(5) 喷涂时应保持好喷嘴与涂层的距离,一般喷枪与作业面距离应在 100mm 左右,喷枪与钢结构基面角度应该保持垂直或喷嘴略为上倾为宜。

(6) 喷涂时喷嘴应该平行移动,移动时应平稳,速度一致,保持涂层均匀。但是采用喷涂时,一般涂层厚度较薄,故应多喷几遍,每层喷涂时应待上层漆膜已经干燥时进行。

5.6.3.3 操作人员作业时应按上述方法正确操作,防止涂刷质量不合格导致返工处理,浪费资源。同时,还应作好以下环境保护措施:

(1) 操作人员作业时,应戴好防护口罩、防护手套,以免吸入有毒有害气体、皮肤接触有毒物质,影响身体健康。

(2) 操作人员作业时,应在作业点周围设备、地面、水源等处作好遮挡防护措施,动作幅度不应过大,以免油漆四处飞溅,污染周边环境。

(3) 当天未使用完的油漆,应密封放置好,油漆刷应置于清水中,防止油漆挥发,刷子风干变硬,造成资源浪费。

(4) 操作人员作业时,应按设计要求进行涂刷,底漆和面漆一般不超过两遍,用触点式漆膜测厚仪测定漆膜厚度,一般测定 3 点厚度,取其平均值,防止油漆涂刷过厚,造成材料浪费;未使用完的材料应存放好,对产生的废弃物不得随意乱丢乱放,应及时收集,运至现场废弃物堆放点分类放置,做到工完场地清,防止环境污染。

(5) 构件涂漆应附着良好、外观质量合格,避免涂刷过程控制不当造成脱皮、起泡、流淌和漏刷缺陷返工,浪费资源污染环境;手工涂漆时,油刷沾漆不宜过多,避免油漆遗洒污染土地、污染地下水;涂漆应分层涂刷,每层应往复进行,纵横交错,保持涂层均匀,避免涂漆方法不当造成涂漆返工,浪费资源,加大对环境的污染;报废的油漆、油漆桶、油漆刷,废手套应统一回收交有资质单位处理或送供应商处理,防止乱扔污染土地污染地下水。

5.6.4 成品保护

钢构件作好防腐、刷油工作后,应对涂装过的工件进行保护,放置于避雨、防潮的库房内,以免钢结构再度被锈蚀;防止飞扬尘土和其他杂物。同时,搬运时应轻拿轻放,防止碰撞破坏涂刷层,引起返工现象,造成资源浪费。

5.6.5 应急和突发事件控制

项目部于开工前编制应急计划、设置义务消防队和医疗救护队,在施工现场如出现化学品泄露、火灾等情况应立即进行救护,严重时还应及时送医院抢救。

5.6.5.1 防火应急准备情况控制规定

(1)作业点按《建筑物灭火器配备设计规范》确定危险等级、火灾种类,配备足够数量有效的手推车式或手提式灭火器和消火栓。

(2)组织义务消防队,每年演练一次;当发生火灾事件,火情处于初始阶段(1~3min)时,组织义务消防队和有关人员及时灭火,控制火情,防止火蔓延发生火灾,污染环境。

5.6.5.2 防中毒应急准备情况控制规定

在防腐作业中从事有毒、刺激性或腐蚀性液体工作时,工作场地应通风良好,配备适宜的送风设施,避免或减少对环境的污染;作业人员必须戴口罩、护目镜或防毒面具等防护用品,防止人员中毒或伤害。

5.7 监测要求

5.7.1 环境监视

5.7.1.1 现场环境管理员每天检查施工作业面的废弃物清理、回收和外运情况,做到工完场清、道路无遗洒、废弃物分类存放,单独或专门处理。

5.7.1.2 现场环境管理员每天检查施工作业面的粉尘污染,作业区通风是否良好,并督促操作工人正确使用防尘口罩、面罩和防护手套等。

5.7.2 环境检测

5.7.2.1 现场环境管理员每天对作业区扬尘进行检测或目测一次,要求扬尘高度控制在0.5m以内。

5.7.2.2 材料进场时,对质量、环境要求检测1次,不合格不准进场、不准使用,避免材料使用不当造成材料损耗和对环境的污染。

5.7.2.3 燃易爆品储存条件、安全距离、堆放高度、堆放情况,防火、防潮条件,禁火标识等每月检查一次,发现异常情况时,采取针对措施纠正,避免发生火灾爆炸对环境的污染。

5.7.2.4 对油漆、防腐施工作业人员的防护用品,每次作业前检测1次,发现不足应采取措施纠正,避免保护用品不到位,伤害人员造成对环境的污染。

6 钢构件预拼装

6.1 作业流程

施工准备→构件清理→构件预拼装。

6.2 环境因素

6.2.1 钢构件预拼装产生的主要环境因素为:电弧光排放、有毒有害气体排放、射线排放、固体废弃物排放、粉尘排放、噪声排放。

6.2.2 紧急情况下的环境因素:电火灾。

6.3 人员要求

6.3.1 作业人员施工前应接受环境培训交底,熟练掌握专业操作技术,了解和掌握环境控制的要求,避免操作不当造成环境污染及人身伤害,树立环境保护意识,文明施工。

6.3.2 作业人员施工前应接受"有毒有害气体的排放、有毒有害废弃物的排放、射线排放"的环境培训,防止操作不当影响身体健康。

6.4 材料要求

6.4.1 钢构件

6.4.1.1 钢构件堆放场地要坚硬,构件堆放支垫点要合理,以防构件变形;堆放应整齐牢固,其他易损材料、成品不得靠其附近放置,防止构件倒塌破坏成品材料,造成资源浪费。

6.4.1.2 钢构件应防雨、防潮存放,防止生锈,以避免或减少铁屑对环境的污染。

6.4.2 连接件

连接用的螺栓等按连接件操作所涉及的环境控制措施实施,预防或减少固体废弃物、粉尘、噪声对环境的污染。

6.4.3 电焊条

6.4.3.1 电焊条其型号、规格按设计要求选用,必须有质量证明书,严禁使用药皮脱落、焊芯生锈的焊条,预防或减少废电焊条造成对环境的污染。

6.4.3.2 一般地说,酸性焊条比碱性焊条使用所排放的粉尘较少,无规定时,可以多使用酸性焊条。废电焊条的数量及焊条使用产生的烟雾和粉尘与焊条是否受潮亦有关,按说明书的要求烘焙后,放入保温桶内,随用随取,由保温桶取出到施焊的时间不宜超过2h(酸性焊条不宜超过4h),焊条烘干次数不宜超过2次,且酸性焊条与碱性焊条不准混杂使用。

6.5 设备设施要求

6.5.1 主要工具:套筒扳手、手动扭矩扳手、电动扭矩扳手、开口扳手、梅花扳手、螺丝刀、电动螺丝刀、小锤、钢丝刷、钢卷尺、砂轮机、手电钻、电焊机等。

6.5.2 每天使用的工具应清扫擦洗干净。上班前机具应进行仔细检查,下班及时收集,损坏的设备工具不得随意废弃,应按"可回收废弃物"、"不可回收废弃物"分类处理。

6.5.3 电动机具应保持完好状态,应有安全接地装置,防止火灾、人员触电伤亡事件发生。

6.5.4 设施要求

6.5.4.1 作业场地应硬化(普通混凝土或灰土),硬化部分应大于操作场地各操作边0.5m或铺设相应宽度的塑料布,避免铁锈、粉尘污染土地。

6.5.4.2 场地应砌240mm砖墙,房顶封闭,墙面四周设置吸声材料,操作地面全部硬化(普通混凝土或灰土),避免工作时噪声超标,扬尘污染。

6.5.4.3 设备接油盘宜采用厚度 0.5~1mm 铁皮,油盘大小不宜小于机械设备的水平投影面积,防止设备意外漏油污染环境。

6.6 过程控制要求

6.6.1 施工准备

6.6.1.1 进入施工现场前对各自使用的机具和防护用品进行认真检查,认真作好班前技术和环境交底。

6.6.1.2 准备随身携带的编织袋或废品桶,防止固体废弃物以及螺栓等乱丢乱扔,造成环境污染和意外事故的发生。

6.6.2 构件清理

构件拼装前,应检查其是否变形,待变形矫正后,对构件应进行清理工作,尤其是构件连接处,必须仔细清除其泥砂、生锈铁屑等杂物,有突出不光滑处,还须进行打磨。施工中应注意:

6.6.2.1 操作人员应佩戴防尘口罩、风镜,防止用机械打磨构件时粉尘污染影响身体健康。

6.6.2.2 清除的泥砂、生锈铁屑等杂物应装入编织袋或其他适当容器运至现场建筑垃圾存放点,做到工完场清。

6.6.2.3 矫正变形时,锤子、榔头等工具不应直接撞击钢构件表面,可隔以木块,减少噪声。

6.6.3 构件拼装

紧固件连接时,根据不同的连接件选用不同的工具,普通螺栓选用开口扳手和套筒扳手,高强度螺栓选用开口扳手、套筒扳手和扭矩扳手,自攻螺钉选用电动螺丝刀,铆钉选用手电钻和拉铆枪,射钉选用射钉枪。

6.6.3.1 构件预拼装的工作场地应平整、干净,不得随意践踏工作面,以免影响工作效力,并造成资源浪费。

6.6.3.2 屋架梁、柱、行车梁、挑梁等承重大的部位使用高强度螺栓连接,安装前应对高强度螺栓接头摩擦面进行清理,摩擦面应干燥,并应用钢丝刷沿受力垂直方向刷去浮锈,其毛刺,铁屑,油污等废弃物应装入编织袋或其他适当容器运至现场建筑垃圾存放点,不得随手乱丢,造成环境污染。

6.6.3.3 紧固件连接时,所产生的紧固件自身上的固体废弃物应及时清扫,如扭剪型高强度螺栓终拧用专用扳手拧掉的尾部梅花卡头等,运至现场建筑垃圾存放点分类放置,由环卫部门专门处理。

6.6.3.4 焊接连接时,按焊接作业所涉及的环境控制措施实施,预防或减少弧光污染、有害气体排放、废电焊条、焊条头、焊渣对环境的污染。

6.6.3.5 砂轮机打磨时,应在室内或工棚作业,并不得靠近易燃物品或面向人群,防止铁屑飞溅物伤人或被风吹散,造成环境污染;操作人员应戴好防护眼镜和口罩,以免吸入飞尘、铁屑伤眼,影响人身健康。

6.6.4 成品保护

6.6.4.1 工地储存高强度螺栓,应放在干燥、通风、防雨、防潮的仓库内,并不得损伤丝扣和沾染脏物;安装时,要按设计要求领取相应的规格、数量,当天没有用完的高强度螺栓,必须装在干燥和洁净的容器内,不得乱放、乱扔,以免污染环境,造成资源浪费。

6.6.4.2 施工完成后的成品应保持干燥和干净,不得受潮、雨淋和污染,特别是油污和其他化学物品不得泼洒到摩擦面内,一般在钢结构高强度螺栓拧紧检查验收合格后,连接处用防水或耐腐蚀的腻子封闭,防止成品受损而导致返工,造成资源浪费。

6.6.4.3 安装完成的成品,不得被其他构件碰撞。

6.6.5 应急和突发事件控制

6.6.5.1 防火应急准备情况控制规定

(1) 作业点按《建筑物灭火器配备设计规范》确定危险等级、火灾种类,配备足够数量有效的手推车式或手提式灭火器和消火栓。

(2) 组织义务消防队,每年演练一次;当发生电火灾事件,火情处于初始阶段(1~3min)时,组织义务消防队和有关人员及时灭火,控制火情,防止火蔓延发生火灾,污染环境。

6.7 监测要求

6.7.1 环境监视

6.7.1.1 现场环境管理员每天检查施工作业面的废弃物清理和外运情况,对于装螺栓及其他连接件的木箱、纸箱及其他固体废弃物,要求用专门的垃圾桶盛放,可回收的垃圾要清理出来,用于回收再利用,做到工完场清、道路无遗洒、废弃物分类存放,单独或专门处理。

6.7.1.2 现场环境管理员每天检查施工作业面的粉尘污染,注意环境卫生,并督促操作工人正确使用防尘口罩、面罩和防护手套等。

6.7.1.3 居民区晚上施工作业一般不超过十点钟,以免影响居民的休息,如遇赶工确要加班,要检查督促围挡和消声设施,防止或减少弧光辐射及噪声传播。

6.7.2 环境检测

6.7.2.1 现场环境管理员对施工现场产生的噪声,应坚持每天耳听一次,每月用分贝仪依据《建筑施工场界噪声限值》及《建筑施工场界噪声测量方法》检测一次,并做好记录,要求昼间不大于75dB、夜间不大于55dB。

6.7.2.2 现场环境管理员每天对作业区的地面的浮锈厚度和扬尘进行检测或目测一次,要求地面的浮锈厚度≤5mm,扬尘高度控制在0.5m以内。

6.7.2.3 如发现不适应或超标,应停止作业,对铁屑等废弃物进行清理或更换设备或增加隔声厚度或更换隔声材料,采取措施进行纠正,避免或减少扬尘、噪声排放、废物遗弃对环境的污染。

6.7.2.4 材料进场时,对其质量、环境要求检测1次,不合格不准进场、不准使用,避免材料使用不当造成材料对环境的污染。

7 单层钢结构安装

7.1 作业流程

钢构件清理→钢构件主体吊装就位→钢结构校正→钢结构固定→附件安装。

7.2 环境因素

7.2.1 产生主要环境因素为：电弧光排放、有毒有害气体排放、固体废弃物排放、液体废弃物排放、粉尘排放、噪声排放。

7.2.2 紧急情况的环境因素：火灾、化学品泄漏。

7.3 人员要求

7.3.1 作业人员施工前项目部应组织对作业人员针对作业活动所涉及的重要环境因素、环境控制措施、环境操作基本要求、环境检测的关键参数、应急响应中的注意事项进行专项环境交底或综合交底，熟练掌握操作技术，了解和掌握环境控制的要求，避免因作业人员的不掌握环境方面的基本要求造成噪声排放、扬尘、废弃物、废水、废液、电辐射或加大对环境的污染，树立环境保护意识，文明施工。

7.3.2 焊工、起重工等必须取得相应级别的岗位操作证，按考核合格后的项目、权限和相应的国家与地方规范、操作规程，从事与所持证书规定范围内工作，避免因人员素质能力不能满足要求而发生焊接质量问题，浪费资源。

7.3.3 作业人员施工前应接受"有毒有害气体的排放、有毒有害废弃物的排放、射线排放"的环境培训，防止操作不当影响身体健康，加大对环境的污染。

7.3.4 机械操作人员应经过培训，掌握相应机械设备的操作要领后方可进行施工作业。避免因人的误操作或不按操作规程操作、保养造成机械设备漏油、设备部件报废、机械设备事故、浪费资源、噪声超标、污染土地、地下水，加大对环境的污染。

7.4 材料要求

7.4.1 钢构件

7.4.1.1 材料进场时应认真检查其质量证明文件，材料代用须经过设计单位、建设单位的批准，防止材料质量不合格而影响能源消耗。

7.4.1.2 材料应防雨、防潮存放，防止生锈，以避免或减少铁屑对环境的污染。

7.4.2 连接件

连接用的螺栓等按连接件操作所涉及的环境控制措施实施，预防或减少固体废弃物、粉尘、噪声对环境的污染。

7.4.3 电焊条

7.4.3.1 电焊条其型号、规格按设计要求选用，必须有质量证明书，严禁使用药皮脱落、焊芯生锈的焊条，预防或减少废电焊条造成对环境的污染。

7.4.3.2 一般地说，酸性焊条比碱性焊条使用所排放的粉尘较少，无规定时，可以多使用酸性焊条。废电焊条的数量及焊条使用产生的烟雾和粉尘与焊条是非受潮亦有关，按说明书的要求烘焙后，放入保温桶内，随用随取，由保温桶取出到施焊的时间不宜超过2h(酸性焊条不宜超过4h)，焊条烘干次数不宜超过2次，且酸性焊条与碱性焊条不准混杂使用。

7.5 设备设施要求

7.5.1 主要工具：起重机械、千斤顶、交流弧焊机、直流弧焊机、小气泵、砂轮机、全站仪、经纬仪、水平仪、钢尺、拉力计、气割工具、倒链、滑车、钻床、运输汽车、紧线钳、钢丝绳、高强度螺栓扳手。

7.5.2 每天使用的工具应清扫擦洗干净。上班前机具应进行仔细检查,下班及时收集,损坏的设备工具不得随意废弃,应按"可回收废弃物"、"不可回收废弃物"分类处理。

7.5.3 电动机具应保持完好状态,并有安全接地装置,防止火灾、人员伤亡事件发生,造成设备部件报废、机械设备事故,浪费资源并加大对环境的污染;并摆放好接油盘进行回收,如未被污染,可再次利用,节约能源;对于废弃油污,则交专门单位回收处理,防止乱扔污染环境。

7.5.4 当发现设备有异常或存在问题时,应安排专人检查排除或送维修单位立即抢修,防止设备带病作业,加大能源消耗、浪费资源,设备漏油污染土地、污染地下水。

7.5.5 设备接油盘宜采用厚度 0.5～1mm 铁皮,油盘大小不宜小于机械设备的水平投影面积,防止漏油污染土地、污染地下水。

7.6 过程控制要求

7.6.1 施工准备

7.6.1.1 进入施工现场前对各自使用的机具和防护用品进行认真检查,认真作好班前技术和环境交底。

7.6.1.2 高空作业除必备安全防护用品外,施工用具用绳系牢,防止使用时意外脱手,造成工具损坏,准备随身携带的编织袋,防止固体废弃物以及螺栓等乱丢乱扔,造成环境污染和意外事故的发生。

7.6.1.3 雨期施工,对于室外的设备设施要及时转移或安装好防雨罩,材料及施工现场应移至室内,防止排放的油、粉尘、固体废弃物等随雨水流失,扩大对环境的污染。

7.6.2 钢构件清理

构件吊装前,应检查其是否变形,待变形矫正后,对构件应进行清理工作,尤其是构件接口处,必须仔细清除其泥砂、生锈铁屑等杂物。

7.6.2.1 操作人员应佩戴防尘口罩、风镜,防止清理构件时粉尘污染影响身体健康。

7.6.2.2 剔除的泥砂、生锈铁屑等杂物应装入编织袋或其他适当容器运至现场建筑垃圾存放点,做到工完场清。

7.6.2.3 矫正变形时,锤子、榔头等工具不应直接撞击钢构件表面,可隔以木块,减少噪声。

7.6.2.4 构件运输到施工现场后,按图纸要求编号、堆放。堆放时不得影响其他构件的清理,不得将构件混放,并不得影响其他单位的施工,也不得放在容易被污染的地方,防止构件被污染和工程返工造成资源浪费。

7.6.3 钢构件主体吊装就位

7.6.3.1 钢构件主体吊装必须垂直起吊离地,尽量做到回转扶直,根部不拖,防止构件刮伤地面,损坏构件。

7.6.3.2 起吊回转过程中应注意吊索应有一定的有效高度,避免同其他已吊好的构件相碰撞,以免损坏其他构件造成返修或返工,浪费资源。

7.6.4 钢结构校正

按钢结构校正操作所涉及的环境控制措施实施,当工作面在高空时还应注意:钢构件变形大,则应把该件放回地面进行变形校正,防止操作不便造成安全事故,同时,粉尘、铁锈等固体废弃物掉落面广,扩大对周围环境的污染。

7.6.5 钢结构固定

钢结构安装时,固定连接方法一般也有两种,一种是焊接,另一种是螺栓连接。钢梁的拼装应在拼装平台上进行,如因现场条件限制,可采用枕木搭设简易平台拼装,搭设简易平台要牢固,其作业面要平整,以保证钢梁拼装质量,严格按图纸施工,预防或减少尺寸误差,防止返工造成资源浪费;钢柱安装,一般钢柱弹性和刚性都很好,吊装时为了便于校正一般采用一点吊装法,常用的钢柱吊装法有旋转法、递送法和滑行法;对于重型钢柱可采用双机抬吊。

7.6.5.1 使用起重机械、千斤顶、倒链时,因此类设备以油润滑,为防止设备漏油对环境造成污染,应在设备油口处放置接油盆。

7.6.5.2 螺栓连接时,作业人员应随身携带编织袋,工具要系好绳带,防止脱手伤人和设备,废弃螺栓等不得随意乱抛乱扔,应随手放入编织袋,再交废品公司处理,以免污染环境。

7.6.5.3 焊接按焊接作业所涉及的环境控制措施实施,预防或减少弧光污染、有害气体排放、废电焊条、焊条头、焊渣对环境的污染。

7.6.6 附件安装

附件安装固定连接方法一般也是两种,一种是焊接,另一种是螺栓连接。施工中按钢结构固定作业所涉及的环境控制措施实施,预防或减少弧光污染、有害气体排放、液体废弃物及废电焊条、焊条头、焊渣等固体废弃物对环境的污染。

7.6.7 成品保护

7.6.7.1 工地储存高强度螺栓,应放在干燥、通风、防雨、防潮的仓库内,并不得损伤丝扣和沾染脏物;安装时,要按设计要求领取相应的规格、数量,当天没有用完的高强度螺栓,必须装在干燥和洁净的容器内,不得乱放、乱扔,以免污染环境,造成资源浪费。

7.6.7.2 构件焊接完成后不准撞砸接头,不准往刚焊完的钢材上浇水;低温下应采取缓冷、保温措施;不准随意在焊缝外母材上引弧;低温焊接不准立即清渣,应等焊缝降温后进行;焊接产生的弯曲、扭曲等变形,在规范允许范围之内,可以不校正,超过允许范围,必须进行校正后才能出厂。防止成品受损而导致返工,造成施工资源浪费。

7.6.7.3 钢构件堆放场地要坚硬,构件堆放支垫点要合理,以防构件变形;堆放应整齐牢固,其他易损材料、成品不得靠其附近放置,防止构件倒塌破坏成品材料,造成资源浪费。

7.6.8 应急和突发事件控制

项目部于开工前编制应急计划、设置义务消防队和医疗救护队,在施工现场如出现碰撞、被打击、设备伤害等情况应立即进行救护,严重时还应及时送医院抢救。

防火应急准备情况控制规定

(1)作业点按《建筑物灭火器配备设计规范》确定危险等级、火灾种类,配备足够数量有效的手推车式或手提式灭火器和消火栓。

(2)组织义务消防队,每年演练一次;当发生电火灾事件,火情处于初始阶段(1~3min)时,组织义务消防队和有关人员及时灭火,控制火情,防止火蔓延发生火灾,污染环境。

7.7 监测要求

7.7.1 环境监视

7.7.1.1 现场环境管理员每天检查施工作业面的废弃物清理和外运情况,对于装螺栓及其他连接件的木箱、纸箱及其他固体废弃物,要求用专门的垃圾桶盛放,可回收的垃圾要清理出来,用于回收再利用,做到工完场清、道路无遗洒、废弃物分类存放,单独或专门处理。

7.7.1.2 现场环境管理员每天检查施工作业面的粉尘污染,并督促操作工人正确使用防尘口罩、面罩和防护手套,注意环境卫生。

7.7.1.3 居民区晚上施工作业一般不超过十点钟,以免影响居民的休息,如遇赶工确要加班,要检查督促设置围挡和消声设施,防止或减少弧光辐射和噪声传播。

7.7.2 环境检测

7.7.2.1 现场环境管理员对施工现场产生的噪声,应坚持每天耳听一次,每月用分贝仪依据《建筑施工场界噪声限值》及《建筑施工场界噪声测量方法》检测一次,并做好记录,要求昼间不大于75dB、夜间不大于55dB。

7.7.2.2 现场环境管理员每天对作业区的地面的浮锈厚度和扬尘进行检测或目测一次,要求地面的浮锈厚度≤5mm,扬尘高度控制在0.5m以内。

7.7.2.3 如发现不适应或超标,应停止作业,对铁屑等废弃物进行清理或更换设备或增加隔声厚度或更换隔声材料,采取措施进行纠正,避免或减少扬尘、噪声排放、废物遗弃对环境的污染。

7.7.2.4 材料进场时,对其质量、环境要求检测1次,不合格不准进场、不准使用,避免材料使用不当造成材料对环境的污染。

8 多层及高层钢结构安装

8.1 作业流程

多层及高层钢结构安装与单层钢结构安装原理基本相同。但因为施工面垂直跨度增加,多层及高层钢结构安装,其钢结构吊装一般需划分吊装作业区域,钢结构吊装按划分的区域,平行顺序同时进行。当一片区吊装完毕后,即进行测量、校正、高强度螺栓初拧等工序,待几个片区安装完毕后,再进行测量、校正、高强度螺栓终拧、焊接。焊后复测完,接着进行下一节钢柱的吊装。并根据现场实际情况进行本层压型钢板吊放和部分铺设工作等。其安装工艺流程如下:

钢构件清理→钢构件主体吊装就位→钢结构校正→钢结构固定→附件安装。

8.2 环境因素

8.2.1 安装产生的主要环境因素为电弧光排放、有毒有害气体排放、固体废弃物排放、液体废弃物排放、粉尘排放、噪声排放。

8.2.2 紧急情况的环境因素:化学品泄露、火灾。

8.3 人员要求

8.3.1 作业人员施工前项目部应组织对作业人员针对作业活动所涉及的重要环境因素、环境控制措施、环境操作基本要求、环境检测的关键参数、应急响应中的注意事项进行专项环境交底或综合交底,熟练掌握操作技术,了解和掌握环境控制的要求,避免因作业人员的不掌握环境方面的基本要求造成噪声排放、扬尘、废弃物、废水、废液、电辐射或加大对环境的污染,树立环境保护意识,文明施工。

8.3.2 焊工、起重工等必须取得相应级别的岗位操作证,按考核合格后的项目、权限和相应的国家与地方规范、操作规程,从事与所持证书规定范围内工作,避免因人员素质能力不能满足要求而发生焊接质量问题,浪费资源。

8.3.3 作业人员施工前应接受"有毒有害气体的排放、有毒有害废弃物的排放、射线排放"的环境培训,防止操作不当影响身体健康,加大对环境的污染。

8.3.4 机械操作人员应经过培训,掌握相应机械设备的操作要领后方可进行施工作业。避免因人的误操作或不按操作规程操作、保养造成机械设备漏油、设备部件报废、机械设备事故、浪费资源、噪声超标、污染土地、污染地下水,加大对环境的污染。

8.4 材料要求

8.4.1 钢构件

多层与高层建筑钢结构的钢材,主要采用 Q235 的碳素结构钢和 Q345 的低合金高强度结构钢。安装时应注意:

8.4.1.1 材料进场时应认真检查其质量证明文件,材料代用须经过设计单位、建设单位的批准,防止材料质量不合格退场或返工而造成能源消耗。

8.4.1.2 材料应防雨、防潮存放,防止生锈,以避免或减少铁屑对环境的污染。

8.4.2 连接件

连接用的螺栓等按连接件操作所涉及的环境控制措施实施,预防或减少固体废弃物、粉尘、噪声对环境的污染。

8.4.3 电焊条

8.4.3.1 电焊条其型号、规格按设计要求选用,必须有质量证明书,严禁使用药皮脱落、焊芯生锈的焊条,预防或减少废电焊条造成对环境的污染。

8.4.3.2 一般地说,酸性焊条比碱性焊条使用所排放的粉尘较少,无规定时,可以多使用酸性焊条。废电焊条的数量及焊条使用产生的烟雾和粉尘与焊条是非受潮亦有关,按说明书的要求烘焙后,放入保温桶内,随用随取,由保温桶取出到施焊的时间不宜超过 2h(酸性焊条不宜超过 4h),焊条烘干次数不宜超过 2 次,且酸性焊条与碱性焊条不准混杂使用。

8.5 设备设施要求

8.5.1 主要工具:塔式起重机、汽车式起重机、履带式起重机、交直流电焊机、CO_2 气体保护焊机、空压机、碳弧气刨、砂轮机、超声波探伤仪、磁粉探伤、着色探伤、焊缝检查量规、大六角头和扭剪型高强度螺栓扳手、高强度螺栓初控电动扳手、栓钉机、千斤顶、葫芦、卷扬机、滑车及滑车组、钢丝绳、索具、经纬仪、水准仪、全站仪等。

8.5.2 每天使用的工具应清扫擦洗干净。上班前机具应进行仔细检查,下班及时收集,损坏的设备工具不得随意废弃,应按"可回收废弃物"、"不可回收废弃物"分类处理。

8.5.3 电动机具应保持完好状态,并有安全接地装置,防止火灾、人员伤亡事件发生,造成设备部件报废、机械设备事故,浪费资源并加大对环境的污染;并摆放好接油盘进行回收,如未被污染,可再次利用,节约能源;对于废弃油污,则交专门单位回收处理,防止乱扔污染环境。

8.5.4 当发现设备有异常或存在问题时,应安排专人检查排除或送维修单位立即抢修,防止设备带病作业,加大能源消耗、浪费资源,设备漏油污染土地、污染地下水。

8.5.5 设备接油盘宜采用厚度 0.5~1mm 铁皮,油盘大小不宜小于机械设备的水平投影面积,防止漏油污染土地、污染地下水。

8.6 过程控制要求

8.6.1 施工准备

8.6.1.1 进入施工现场前对各自使用的机具和防护用品进行认真检查,认真作好班前技术和环境交底。

8.6.1.2 高空作业除必备安全防护用品外,施工用具用绳系牢,防止使用时意外脱手,准备随身携带的编织袋,防止固体废弃物以及螺栓等乱丢乱扔,造成环境污染和意外事故的发生。

8.6.1.3 雨期施工,对于室外的设备设施要及时转移或安装好防雨罩(尺寸比设备周边尺寸大 400mm,高度大于设备高度 100mm),材料及施工现场应移至室内,防止排放的油、粉尘、固体废弃物等随雨水流失,扩大对环境的污染。

8.6.2 钢构件清理

构件吊装前,应检查其是否变形,待变形矫正后,对构件应进行清理工作,尤其是构件接口处,必须仔细清除其泥砂、生锈铁屑等杂物。

8.6.2.1 操作人员应佩戴防尘口罩、风镜,防止清理构件时粉尘污染影响身体健康。

8.6.2.2 剔除的泥砂、生锈铁屑等杂物应装入编织袋或其他适当容器运至现场建筑垃圾存放点,做到工完场清。

8.6.2.3 矫正变形时,锤子、榔头等工具不应直接撞击钢构件表面,可隔以木块,减少噪声。

8.6.2.4 构件运输到施工现场后,按图纸要求编号、堆放。堆放时不得影响其他构件的清理,不得将构件混放,并不得影响其他单位的施工,也不得放在容易被污染的地方,防止构件被污染和工程返工造成资源浪费。

8.6.3 钢构件主体吊装就位

多层与高层钢结构工程中,钢柱一般采用单机起吊,对于特殊或超重的构件,也可采取双机抬吊;钢梁一般采用两点起吊。

8.6.3.1 尽量选用同类型起重机,根据起重机能力,对起吊点进行荷载分配,各起重机的荷载不宜超过其相应起重能力的 80%,在操作过程中,要互相配合,动作协调,如采用铁扁担起吊,尽量使铁扁担保持平衡,倾斜角度小,以防一台起重机失重而使另一台起重机超载,信号指挥,分指挥必须听从总指挥,以免发生安全事故,造成资源浪费。

8.6.3.2 钢构件主体吊装必须垂直起吊离地,尽量做到回转扶直,根部不拖,防止构件刮伤地面,损坏环境。

8.6.3.3 起吊回转过程中应注意吊索应有一定的有效高度,避免同其他已吊好的构件相碰撞,以免损坏其他构件造成返修或返工,浪费资源。

8.6.4 钢结构校正

按钢结构校正操作所涉及的环境控制措施实施,当工作面在高空时还应注意钢构件变形大,则应把该件放回地面进行变形校正,防止操作不便造成安全事故,同时,粉尘、铁锈等固体废弃物掉落面广,扩大对周围环境的污染。

8.6.5 钢结构固定

钢结构安装时,固定连接方法一般也有两种,一种是焊接,另一种是螺栓连接。钢梁的拼装应在拼装平台上进行,如因现场条件限制,可采用枕木搭设简易平台拼装;钢柱安装,一般钢柱弹性和刚性都很好,吊装时为了便于校正一般采用一点吊装法,常用的钢柱吊装法有旋转法、递送法和滑行法;对于重型钢柱可采用双机抬吊。

8.6.5.1 使用起重机械、千斤顶、倒链、卷扬机时,因此类设备以油润滑,为防止设备漏油对环境造成污染,应在设备油口处放置接油盘。

8.6.5.2 螺栓连接时,作业人员应随身携带编织袋,工具要系好绳带,防止脱手伤人和设备,废弃螺栓等不得随意乱抛乱扔,应随手放入编织袋,再交废品公司处理,以免污染环境。

8.6.5.3 焊接按焊接作业所涉及的环境控制措施实施,预防或减少弧光污染、有害气体排放、废电焊条、焊条头、焊渣对环境的污染。

8.6.6 附件安装

附件安装固定连接方法一般也是两种,一种是焊接,另一种是螺栓连接。施工中按钢结构固定作业所涉及的环境控制措施实施,预防或减少弧光污染、有害气体排放、液体废弃物及废电焊条、焊条头、焊渣等固体废弃物对环境的污染。

8.6.7 成品保护

8.6.7.1 工地储存高强度螺栓,应放在干燥、通风、防雨、防潮的仓库内,并不得损伤丝扣和沾染脏物;安装时,要按设计要求领取相应的规格、数量,当天没有用完的高强度螺栓,必须装在干燥和洁净的容器内,各种连接件不得乱放、乱扔,以免污染环境,造成资源浪费。

8.6.7.2 构件焊接完成后不准撞砸接头,不准往刚焊完的钢材上浇水;低温下应采取缓冷、保温措施;不准随意在焊缝外母材上引弧;低温焊接不准立即清渣,应等焊缝降温后进行;焊接产生的弯曲、扭曲等变形,在规范允许范围之内,可以不校正,超过允许范围,必须进行校正后才能出厂。防止成品受损而导致返工,造成资源浪费。

8.6.7.3 钢构件堆放场地要坚硬,构件堆放支垫点要合理,以防构件变形;堆放应整齐牢固,其他易损材料、成品不得靠其附近放置,防止构件倒塌破坏成品材料,造成资源浪费。

8.6.8 应急和突发事件控制

项目部于开工前编制应急计划、设置义务消防队和医疗救护队,在施工现场如出现火灾、化学品泄漏等情况应立即进行救护,严重时还应及时送医院抢救。

防火应急准备情况控制规定

(1) 作业点按《建筑物灭火器配备设计规范》确定危险等级、火灾种类,配备足够数量有效的手推车式或手提式灭火器和消火栓。

(2) 组织义务消防队,每年演练一次;当发生电火灾事件,火情处于初始阶段(1~3min)时,组织义务消防队和有关人员及时灭火,控制火情,防止火蔓延发生火灾,污染环境。

8.7 监测要求

8.7.1 环境监视

8.7.1.1 现场环境管理员每天检查施工作业面的废弃物清理和外运情况,对于装螺栓及其他连接件的木箱、纸箱及其他固体废弃物,要求用专门的垃圾桶盛放,可回收的垃圾要清理出来,用于回收再利用,做到工完场清、道路无遗洒、废弃物分类存放,单独或专门处理。

8.7.1.2 现场环境管理员每天检查施工作业面的粉尘污染,并督促操作工人正确使用防尘口罩、面罩和防护手套,注意环境卫生。

8.7.1.3 居民区晚上施工作业一般不超过十点钟,以免影响居民的休息,如遇赶工确要加班,要检查督促设置围挡和消声设施,防止或减少弧光辐射和噪声传播。

8.7.1.4 及时对应急准备情况进行监测,并对响应措施进行监测。

8.7.2 环境检测

8.7.2.1 现场环境管理员对施工现场产生的噪声,应坚持每天耳听一次,每月用分贝仪依据《建筑施工场界噪声限值》及《建筑施工场界噪声测量方法》检测一次,并做好记录,要求昼间不大于75dB、夜间小大于55dB。

8.7.2.2 现场环境管理员每天对作业区的地面的浮锈厚度和扬尘进行检测或目测一次,要求地面的浮锈厚度≤5mm,扬尘高度控制在0.5m以内。

8.7.2.3 如发现不适应或超标,应停止作业,对铁屑等废弃物进行清理或更换设备或增加隔声厚度或更换隔声材料,采取措施进行纠正,避免或减少扬尘、噪声排放、废物遗弃对环境的污染。

8.7.2.4 材料进场时,对其质量、环境要求检测1次,不合格不准进场、不准使用,避免材料使用不当造成材料对环境的污染。

9 钢网架结构安装

9.1 作业流程

9.1.1 高空散装法作业流程

放线、验线→安装下弦平面网格→安装上弦倒三角网格→安装下弦正三角网格→调整、紧固→安装屋面帽头→支座焊接→验收。

9.1.2 高空合拢法作业流程

放线、验线→安装平面网格→安装立体网格→安装上弦网格→网架整体提升→网架高空合拢→网架验收。

9.2 环境因素

9.2.1 安装产生的主要环境因素为电弧光排放、有毒有害气体排放、固体废弃物排放、液体废弃物排放、粉尘排放、噪声排放。

9.2.2 应急情况的环境因素:火灾。

9.3 人员要求

9.3.1 作业人员施工前项目部应组织对作业人员针对作业活动所涉及的重要环境因素、环境控制措施、环境操作基本要求、环境检测的关键参数、应急响应中的注意事项进行专项环境交底或综合交底,熟练掌握操作技术,了解和掌握环境控制的要求,避免因作业人员的不掌握环境方面的基本要求造成噪声排放、扬尘、废弃物、废水、废液、电辐射或加大对环境的污染,树立环境保护意识,文明施工。

9.3.2 焊工、起重工等必须取得相应级别的岗位操作证,按考核合格后的项目、权限和相应的国家与地方规范、操作规程,从事与所持证书规定范围内工作,避免因人员素质能力不能满足要求而发生焊接质量问题,浪费资源。

9.3.3 作业人员施工前应接受"有毒有害气体的排放、有毒有害废弃物的排放"的环境培训,防止操作不当影响身体健康,加大对环境的污染。

9.3.4 机械操作人员应经过培训,掌握相应机械设备的操作要领后方可进行施工作业。避免因人的误操作或不按操作规程操作、保养造成机械设备漏油、设备部件报废、机械设备事故、浪费资源、噪声超标、污染土地、地下水,加大对环境的污染。

9.4 材料要求

9.4.1 钢材

9.4.1.1 材料进场时应认真检查其质量证明文件,材料代用须经过设计单位、建设单位的批准,防止材料质量不合格而影响能源消耗。

9.4.1.2 材料应防雨、防潮存放,防止生锈,以避免或减少铁屑对环境的污染。

9.4.1.3 钢构件半成品堆放场地要坚硬,构件堆放支垫点要合理,以防构件变形;堆放应整齐牢固,其他易损材料、成品不得靠其附近放置,防止构件倒塌破坏成品材料,造成资源浪费。

9.4.2 连接件

连接用的螺栓等按连接件操作所涉及的环境控制措施实施,预防或减少固体废弃物、粉尘、噪声对环境的污染。

9.4.3 电焊条

9.4.3.1 电焊条其型号、规格按设计要求选用,必须有质量证明书,严禁使用药皮脱落、焊芯生锈的焊条,预防或减少废电焊条造成对环境的污染。

9.4.3.2 一般地说,酸性焊条比碱性焊条使用所排放的粉尘较少,无规定时,可以多使用酸性焊条。废电焊条的数量及焊条使用产生的烟雾和粉尘与焊条是否受潮亦有关,按说明书的要求烘焙后,放入保温桶内,随用随取,由保温桶取出到施焊的时间不宜超过2h(酸性焊条不宜超过4h),焊条烘干次数不宜超过2次,且酸性焊条与碱性焊条不准混杂使用。

9.5 设备设施要求

9.5.1 主要工具:电焊机、氧-乙炔切割设备、砂轮锯、杆件切割车床、杆件切割动力头、钢卷尺、钢板尺、卡尺、水准仪、经纬仪、超声波探伤仪、磁力探伤仪、提升设备、起重设备、铁锤、钢丝刷、液压千斤顶、倒链等。

9.5.2 每天使用的工具应清扫擦洗干净。上班前机具应进行仔细检查,下班及时收集,损坏的设备工具不得随意废弃,应按"可回收废弃物"、"不可回收废弃物"分类处理。

9.5.3 电动机具应保持完好状态,并有安全接地装置,防止火灾、人员伤亡事件发生,造成设备部件报废,机械设备事故,浪费资源并加大对环境的污染;并摆放好接油盘进行回收;对于废弃油污,则交专门单位回收处理,防止乱扔污染环境。

9.5.4 当发现设备有异常或存在问题时,应安排专人检查排除或送维修单位立即抢修,防止设备带病作业,加大能源消耗,浪费资源,设备漏油污染土地、污染地下水。

9.5.5 设备接油盘宜采用厚度 0.5~1mm 铁皮,油盘大小不宜小于机械设备的水平投影面积,防止漏油污染土地、污染地下水。

9.6 过程控制要求

9.6.1 施工准备

9.6.1.1 进入施工现场前对各自使用的机具和防护用品进行认真检查,认真作好班前技术和环境交底。

9.6.1.2 准备随身携带的编织袋或废品桶,防止固体废弃物以及螺栓等乱丢乱扔,造成环境污染和意外事故的发生。

9.6.1.3 准备接油盘,防止设备使用时漏油,污染现场环境。

9.6.1.4 准备棉纱、布片等,对施工过程中出现的油污、油漆等液体废弃物及时擦干净,防止环境污染的扩大。

9.6.1.5 准备随身携带的防护眼镜和防护口罩,防止粉尘和固体飞溅物影响身体健康。

9.6.2 放线、验线与基础检查

放线、验线与基础检查时发现基础不平整处,须对其进行处理,清除上面的砂石、废铁等物,施工中应注意:

清除的泥砂、废铁等杂物应装入编织袋或其他适当容器,废水用桶盛好,运至现场建筑垃圾存放点,不得随意乱丢乱放,运输时不得沿路遗洒,造成环境污染。

9.6.3 高空散装法安装下弦平面网格、上弦倒三角网格、下弦正三角网格。高空合拢法安装平面网格、立体网格、上弦网格。网格安装前,须对半成品钢构件进行清理,如有变形,应进行校正,施工中应注意:

9.6.3.1 钢构件清理,用钢丝除去浮锈、毛刺、铁屑、油污等,废弃物应装入编织袋或其他适当容器运至现场建筑垃圾存放点,不得随手乱丢,造成环境污染。

9.6.3.2 矫正变形按钢结构校正作业所涉及的环境控制措施实施,预防或减少噪声污染。

9.6.3.3 紧固件连接时,废弃的螺栓等固体废弃物应放入随身携带的编织袋或废品桶,运至现场建筑垃圾存放点分类放置,由环卫部门专门处理,不得乱丢乱扔,造成环境污

染。

9.6.3.4 焊接连接时,按焊接作业所涉及的环境控制措施实施,预防或减少弧光污染、有害气体排放、废电焊条、焊条头、焊渣对环境的污染。

9.6.3.5 电动机具使用时,要预先放置好接油盘,防止油泄漏污染环境。

9.6.4 高空散装法的调整、紧固

9.6.4.1 紧固件连接时,废弃的螺栓等固体废弃物应放入随身携带的编织袋或废品桶,运至现场建筑垃圾存放点分类放置,由环卫部门专门处理,不得乱丢乱扔,造成环境污染。

9.6.4.2 焊接连接时,按焊接作业所涉及的环境控制措施实施,预防或减少弧光污染、有害气体排放、废电焊条、焊条头、焊渣对环境的污染。

9.6.5 安装屋面帽头

屋面帽头安装一般为螺栓连接件作业和焊接作业,按紧固件连接作业和焊接作业所涉及的环境控制措施实施,预防或减少弧光污染、有害气体排放、固体废弃物排放对环境的污染。

9.6.6 支座焊接

各部尺寸合格后,进行支座焊接。网架支座有弹簧型、滑移型、橡胶垫型。支座焊接应保护支座的使用性能。有的应保护防止焊接飞溅的侵入;橡胶垫型在焊接时,应防止焊接火焰烤伤胶垫。故焊接时应用水随时冷却支座,防止烤伤胶垫。

9.6.6.1 支座焊接,要采取遮挡、水冷却等措施保护支座的使用性能不受损伤,防止返修、返工现象发生,以免资源浪费;水冷却时,事先用容器盛好水,然后再把支座焊接处入水冷却,不得直接倒水,以免产生的废水四处流淌,造成环境污染。

9.6.6.2 支座焊接,还要按焊接作业所涉及的环境控制措施实施,预防或减少弧光污染、有害气体排放、废电焊条、焊条头、焊渣对环境的污染。

9.6.7 高空合拢法网架整体提升吊装

钢网架整体吊装前应选择好吊点,吊绳应系在下弦节点上,不准吊在上弦球节点上。如果网架吊装过程中刚度不够,还应采用办法对被吊网架进行加固。一般加固措施是加几道脚手架钢管临时加固,但应考虑这样会增加吊装重量,增加荷载。

9.6.7.1 试吊时,如发现网架刚度不够或起吊设备存在隐患,须立即停止吊装,进行网架加固工作并采取有效措施消除隐患,防止安全事故发生,导致产品、设备损坏及人员伤亡,造成资源浪费。

9.6.7.2 吊装必须垂直起吊离地,根部不拖,防止构件刮伤地面,损坏构件。

9.6.7.3 钢网架整体吊装必须当天完成,风大、有雾、下雨天对人的视觉、听觉及空中网架的稳定性都有影响,不应进行网架吊装作业,以免出现安全事故,造成资源浪费。

9.6.8 网架高空合拢

网架高空合拢就位安装一般用数个导链收拢接近空中支座再进行螺栓连接件作业和焊接作业,按紧固件连接作业和焊接作业所涉及的环境控制措施实施,预防或减少弧光污染、有害气体排放、固体废弃物排放对环境的污染。

9.6.9 成品保护

9.6.9.1 工地储存高强度螺栓,应放在干燥、通风、防雨、防潮的仓库内,并不得损伤丝扣和沾染脏物;安装时,要按设计要求领取相应的规格、数量,当天没有用完的高强度螺栓,必须装在干燥和洁净的容器内,不得乱放、乱扔,以免污染环境,造成资源浪费。

9.6.9.2 施工完成后的成品应保持干燥和干净,不得受潮、雨淋和污染,特别是油污和其他化学物品不得泼洒到摩擦面内,一般在钢结构高强度螺栓拧紧检查验收合格后,连接处用防水或耐腐蚀的腻子封闭,防止成品受损而导致返工,造成资源浪费。

9.6.9.3 钢网架安装后,在拆卸架子时应注意同步,逐步的拆卸,防止应力集中,使网架产生局部变形或使局部网格变形;螺栓球网架安装后,应检查螺栓球上的孔洞是否封闭,应用腻子将孔洞和筒套的间隙填平后刷漆,防止水分渗入,使球、杆的丝扣锈蚀;钢网架安装完毕后,不应在网架上方集中堆放物件,严禁撞击网架使网架变形。以免影响成品质量,导致返修、返工处理,造成资源浪费。

9.6.10 应急和突发事件控制

项目部于开工前编制应急计划、设置义务消防队和医疗救护队,在施工现场如出现碰撞、被打击、设备伤害等情况应立即进行救护,严重时还应及时送医院抢救。

9.6.10.1 防火应急准备情况控制规定

(1)作业点按《建筑物灭火器配备设计规范》确定危险等级、火灾种类,配备足够数量有效的手推车式或手提式灭火器和消火栓。

(2)组织义务消防队,每年演练一次;当发生火灾事件,火情处于初始阶段(1~3min)时,组织义务消防队和有关人员及时灭火,控制火情,防止火蔓延发生火灾,污染环境。

9.6.10.2 防物体打击、机械伤害应急准备情况控制规定

作业人员严格按《建筑施工安全操作规程》进行施工,施工机具要保持状态良好,当发生物体打击、机械伤害事故,义务医疗救护队应立即进行现场救治,严重时应立即送医院抢救。

9.7 监测要求

9.7.1 环境监视

9.7.1.1 现场环境管理员每天检查施工作业面的废弃物清理和外运情况,对于装螺栓及其他连接件的木箱、纸箱及其他固体废弃物,要求用专门的垃圾桶盛放,可回收的垃圾要清理出来,用于回收再利用,做到工完场清、道路无遗洒、废弃物分类存放,单独或专门处理。

9.7.1.2 现场环境管理员每天检查施工作业面的粉尘污染,并督促操作工人正确使用防尘口罩、面罩和防护手套,注意环境卫生。

9.7.1.3 居民区晚上施工作业一般不超过十点钟,以免影响居民的休息,如遇赶工确要加班,要检查督促设置围挡和消声设施,防止或减少弧光辐射和噪声传播。

9.7.2 环境检测

9.7.2.1 现场环境管理员对施工现场产生的噪声,应坚持每天耳听一次,每月用分贝仪依据《建筑施工场界噪声限值》及《建筑施工场界噪声测量方法》检测一次,并做好记录,要求昼间不大于75dB、夜间不大于55dB。

9.7.2.2 现场环境管理员每天对作业区的地面的浮锈厚度和扬尘进行检测或目测

一次,要求地面的浮锈厚度≤5mm,扬尘高度控制在 0.5m 以内。

9.7.2.3 如发现不适应或超标,应停止作业,对铁屑等废弃物进行清理或更换设备或增加隔声厚度或更换隔声材料,采取措施进行纠正,避免或减少扬尘、噪声排放、废物遗弃对环境的污染。

9.7.2.4 材料进场时,对其质量、环境要求检测 1 次,不合格不准进场、不准使用,避免材料使用不当造成材料对环境的污染。

10 钢结构防火涂装

10.1 作业流程
施工准备→构件清理→调配涂料→涂装施工→检查验收。

10.2 环境因素
10.2.1 防火涂装产生的环境因素为粉尘排放、有毒有害气体排放、固体废弃物排放、液体废弃物排放、噪声排放等。

10.2.2 应急情况的环境因素:火灾、毒气超标导致中毒。

10.3 人员要求
10.3.1 作业人员施工前应接受环境培训交底,熟练掌握专业操作技术,了解和掌握环境控制的要求,避免操作不当造成环境污染及人身伤害,树立环境保护意识,文明施工。

10.3.2 作业人员施工前应接受安全技术培训交底,严格按安全技术操作规程进行施工,正确使用施工机具,防止因不正确操作引起机具损坏和人员伤亡事故的发生,造成资源损耗。

10.3.3 作业人员施工前应接受"有毒有害气体的排放、有毒有害废弃物的排放"的环境培训,防止操作不当影响身体健康。

10.4 材料要求
防火涂料按照涂层厚度可划分为两类:B 类,薄涂型钢结构防火涂料,涂层厚度一般为 2~7mm,又称钢结构膨胀防火涂料;H 类,厚涂型钢结构防火涂料,涂层厚度一般为 8~50mm,又称钢结构防火隔热材料。

10.4.1 材料进场时应认真检查其质量证明文件,产品出厂合格证,要求符合国家有关技术指标的规定和设计要求。防止材料质量不合格造成能源消耗。

10.4.2 材料应单独存放,防止钢构件等压损,墙上有禁火标识,库内严禁烟火;按《建筑物灭火器配备设计规范》确定库房的危险等级、火灾种类,配备足够数量有效的手推车式或手提式灭火器和消火栓,以避免或减少材料质量被损造成能源消耗。

10.5 设备设施要求
10.5.1 主要工具:便携式搅拌机、压送式喷涂机、重力式喷枪、空气压缩机、抹灰刀、砂布等。

10.5.2 每天使用的工具应清扫擦洗干净。上班前机具应进行仔细检查,下班及时收集,损坏的设备工具不得随意废弃,应按"可回收废弃物"、"不可回收废弃物"分类处理。

10.5.3 电动机具应保持完好状态,防止使用时意外漏油污染环境,并摆放好接油盘进行回收;对于废弃油污,则交专门单位回收处理,防止乱扔污染环境;并有安全接地装置,防止火灾、人员伤亡事件发生,造成资源浪费。

10.5.4 设施要求

10.5.4.1 防火涂装场地及材料储存仓库地面应硬化(普通混凝土),硬化部分应大于操作场地各操作边0.5m或铺设相应宽度的塑料布,避免有毒物质污染土地、地下水。

10.5.4.2 防火涂装场地及材料储存仓库通风条件应良好或设置适当的送风设备,作业人员正确使用防护口罩、面罩和防护手套,以防人员中毒。

10.6 过程控制要求

10.6.1 施工准备

10.6.1.1 进入施工现场前对各自使用的机具和防护用品进行认真检查,认真作好班前技术和环境交底。

10.6.1.2 在涂装施工中从事有毒、刺激性或腐蚀性气体、液体或粉尘的工作时,工作场地应通风良好,配备适宜的送风设施,采取洒水或覆盖或固化措施,避免或减少对环境的污染;作业人员必须戴口罩、护目镜或防毒面具等防护用品,防止人员中毒或伤害。

10.6.1.3 准备接油盘,防止设备使用时漏油,污染环境。

10.6.2 构件清理

防火涂装前,应检查构件除锈和防锈底漆,彻底清除钢结构表面的灰尘、油污等杂物。按构件清理作业所涉及的环境防护措施实施,防止废弃物、粉尘、噪声等污染环境。

10.6.3 调配涂料

10.6.3.1 防火涂料配制搅拌,应边配边用,当天配置的涂料必须在说明书规定时间内使用完,以免造成资源浪费。

10.6.3.2 涂料配制搅拌,应使之均匀一致,且稠度适宜,即能在输送管道中流动畅通,而喷涂后又不会产生流淌和下坠现象,以免施工质量不合格导致返工,造成资源浪费。

10.6.4 涂装施工

10.6.4.1 涂装施工时,应检查环境条件,环境温度宜保持在5~38℃,相度湿度不宜大于90%,空气应流通,露天作业,大风、下雨、严寒等均不应作业;环氧煤沥青涂料宜采用常温固化型的涂料,环境温度低于5℃时,不宜采用环氧煤沥青涂料施工,防止环氧煤沥青涂料难以固化,影响涂刷质量,浪费材料。

10.6.4.2 施工前,对不需要进行防火保护的墙面、门窗、地面、机械设备和其他构件等应采用塑料布遮挡保护,防止造成环境污染。

10.6.4.3 施工后检查,对于明显凹凸不平处,应采用抹灰刀等工具进行剔除和补涂处理,保证涂层表面均匀。对于被剔除和脱落的废弃物以及报废的材料应及时清扫收集,运至施工现场垃圾堆放点分类放置,不得随意乱丢乱放,以免污染环境。

10.6.4.4 涂刷时,底漆应在表面除锈后的8h内涂刷,涂刷应均匀、不得漏刷;面漆涂刷和包扎玻璃丝布,应在底漆表干后进行,底漆与第一道面漆涂刷的间隔时间不得超过24h;避免环氧煤沥青涂料涂刷方法、构造、厚度不合格造成返工,浪费资源,污染土地污染地下水。

10.6.4.5 机具喷涂:风力大于三级、酷暑、雾天雨天均不宜室外喷涂,保温层喷涂时,应按正式喷涂工艺及条件在试板上试喷,喷涂时由下而上分层进行,避免喷涂返工,浪费资源,加大对环境的污染。露天作业,对周边水源、设施、成品及半成品等要作好遮挡防护措施,以免操作时污染环境;防火涂料喷涂时,作业点应配备灭火器材,当气温超过35℃时应停止作业,以免发生火灾,加大对环境的污染。

10.6.5 成品保护

钢结构涂装后,应加以临时围护隔离,防止碰撞、踏踩和损伤涂层导致返工;涂装后在24h以内如遇大风或下雨,应加以覆盖,防止灰尘和水汽污染产品,影响涂层的附着力,导致返修造成材料浪费。

10.6.6 应急和突发事件控制

项目部于开工前编制应急计划、设置义务消防队和医疗救护队,在施工现场如出现碰撞、被打击、设备伤害等情况应立即进行救护,严重时还应及时送医院抢救。

10.6.6.1 防火应急准备情况控制规定

(1) 作业点按《建筑物灭火器配备设计规范》确定危险等级、火灾种类,配备足够数量有效的手推车式或手提式灭火器和消火栓。

(2) 组织义务消防队,每年演练一次;当发生火灾事件,火情处于初始阶段(1~3min)时,组织义务消防队和有关人员及时灭火,控制火情,防止火蔓延发生火灾,污染环境。

10.6.6.2 防中毒应急准备情况控制规定

在涂装作业中从事有毒、刺激性或腐蚀性物质或粉尘的工作时,工作场地应通风良好,配备适宜的送风设施,避免或减少对环境的污染;作业人员必须戴口罩、护目镜或防毒面具等防护用品,防止人员中毒或伤害。

10.7 监测要求

10.7.1 环境监视

10.7.1.1 现场环境管理员每天检查施工作业面的废弃物清理和外运情况,对于施工产生的废弃物,要求用专门的垃圾桶盛放,可回收的垃圾要清理出来,用于回收再利用,做到工完场清、道路无遗洒、废弃物分类存放,单独或专门处理。

10.7.1.2 每天检查督促操作工人正确使用防尘口罩、面罩和防护手套等,注意环境卫生。

10.7.1.3 居民区晚上施工作业一般不超过十点钟,以免影响居民的休息,如遇赶工确要加班,要检查督促围挡和消声设施,防止或减少噪声传播。

10.7.1.4 材料进场时,对其质量、环境要求检测1次,不合格不准进场、不准使用,避免材料使用不当造成材料对环境的污染。

10.7.1.5 对易燃易爆品储存条件、安全距离、堆放高度、堆放情况,防火、防潮条件,禁火标识等每月检查一次,发现异常情况时,采取针对措施纠正,避免发生火灾爆炸对环境的污染。同时及时对响应措施进行监测。

10.7.2 环境检测

10.7.2.1 现场环境管理员对施工现场产生的噪声,应坚持每天耳听一次,每月用分贝仪依据《建筑施工场界噪声限值》及《建筑施工场界噪声测量方法》检测一次,并做好记录,要求昼间不大于75dB,夜间不大于55dB。

10.7.2.2 现场环境管理员每天对作业区扬尘进行检测或目测一次,扬尘高度控制在0.5m以内。

10.7.2.3 如发现不适应或超标,应停止作业,对废弃有毒物质进行清理转运、设置送风设备输送新鲜空气或更换设备或增加隔声厚度或更换隔声材料,采取措施进行纠正,避免或减少扬尘、噪声排放、废物遗弃对环境和作业人员的污染。

10.7.2.4 材料进场时,对其质量、环境要求检测1次,不合格不准进场、不准使用,避免材料使用不当造成材料对环境的污染。

第10章 电焊作业

0 一般规定

焊工在施焊前,由项目部组织进行环境保护教育和详细的技术交底,并配备相应的环境保护设施和个人防护设施,另外焊工必须持有上岗证。

在焊接前应除掉老锈和油污,预埋件的钢材不得有裂缝、锈蚀、斑痕、变形,以免引起焊缝出现夹渣等缺陷,造成焊件不合格。除锈及油污所需注意的事项见钢筋加工的环境保护措施。

焊条受潮湿度的影响较大,因此在使用前,必须根据焊条说明书的要求烘干后才能使用,应确保烘干箱的保温性能良好,避免引起热辐射和能源的损失。焊条的药皮应无裂缝、气孔、凹凸不平等缺陷,并不得有肉眼看得出的偏心度,避免由于焊条的不合格而引起焊缝缺陷,造成材料浪费和能源消耗。

焊接过程中,电弧应燃烧稳定,药皮熔化均匀,无成块脱落现象,如存在此类现象,说明焊条药皮已以失效或者受潮,应立即停止使用,避免造成不必要的能源消耗。

1 手工电弧焊

1.1 作业流程
焊接材料选择→焊接工艺参数选择→施焊→焊件冷却。

1.2 环境因素
手工电弧焊过程中的环境因素有:焊件预热时的热辐射、焊接过程中的弧光、烟尘、焊件冷却时的热辐射、焊渣的废弃、冷却水的排放(如存在时)、焊接噪声的排放、电能的消耗。

1.3 材料要求
手工电弧焊的原材钢筋和焊条应有出厂证明书及复试报告单,避免由于原材料的不合格,焊件的报废造成材料浪费和能源消耗。进口钢筋还应有化学复试单,其化学成分应满足焊接要求,并应有可焊性试验报告,避免由于焊接材料的不合格而造成焊接部件的报废而引起固体废弃物的排放。

在每批钢筋正式焊接前,应焊接3个模拟试件做拉力试验,经试验合格后,方可按确定的焊接参数成批生产,避免同时大量生产而造成的成批报废。

不管采用哪种焊条,工作完成后必须及时清理焊渣,禁止与其他建筑垃圾混放,属于有害废弃物,应交有资质单位进行处理。

1.4 人员要求
1.4.1 操作人员应持证上岗。
1.4.2 操作人员应经过必要的环境控制的培训,并由项目对其进行所从事作业的环境控制要求交底。

1.5 设备设施要求

使用前，电焊机的监视仪表应进行校准。

检查电源、焊机及工具，对它们进行必要的检修和维护，焊接地线应与焊件接触良好，防止因起弧而烧伤钢筋而造成材料损坏。

1.6 过程控制要求

手工电弧焊焊接材料焊条，它是涂有药皮供手工电弧焊用的熔化电极。对环境的影响主要是以焊接材料在焊接过程散发的烟尘排放对环境的影响为主，下面介绍主要几种焊接材料的主要性能，供实际施工时候按照情况进行选择。

1.6.1 焊接材料选择

焊条药皮的组成由各种矿物质、铁合金和金属物、有机物、化工产品(水玻璃)等原料组成。按熔渣酸碱度分为酸性和碱性焊条。酸性焊条对铁锈不敏感，焊缝很少产生由氢引起的气孔。但其脱氧不完全，同时酸性氧化物不能有效脱硫，因此焊缝金属的机械性能较低，一般用于焊接不重要的钢结构。碱性焊条脱氧性能好，合金元素烧损少，焊缝金属合金化效果好。由于电弧中含氧量低，去氢效果差，容易产生气孔，因此焊前除铁锈、油、水分要求严格。碱性熔渣脱氧较完全，又能有效消除硫，合金元素烧损少，焊缝含氢量低，所以焊缝金属的机械性能和抗裂性较好，适用于重要的碳钢结构和合金钢的焊接。所以一般没有特别的焊缝要求的情况选用碱性焊条，减少前期焊接加工除锈去油的环境影响。

1.6.2 焊接工艺的选择

焊接工艺参数是指焊接过程中影响焊接过程正常进行和焊接质量的诸要素。焊接工艺参数直接影响焊缝的形状、尺寸、焊接质量和生产率。如果选择不合适可能会造成能源不必要浪费、材料损耗和环境的污染。因此，在焊接前应进行策划，科学地选用合适的工艺参数。

手工电弧焊的参数主要有：焊条直径、焊接电流、焊接电压、焊接速度、焊接层数、电源种类及极性等，以下常见的几种参数的选择同时考虑了环境与质量控制的要求，供施工时选择。

1.6.2.1 焊条直径的选择。为了提高生产率和能源利用率，应尽可能选用较大直径的焊条，但是用直径过大的焊条焊接，会造成未焊透或焊缝成形不良导致焊件报废的情况，所以应综合考虑下列因素，选择合适的焊条。

焊件厚度。焊条直径大，通电电流就大，焊穿焊件的可能性就增加，所以应按照焊件的厚度选用合适厚度的焊条，避免造成材料的损失和焊条的浪费。

焊缝位置。为避免焊条熔化过快造成铁水流淌，造成不必要的材料损失，相同板厚的焊件平焊直径比其他位置大。仰焊、横焊时最大直径不超过4mm，立焊最大直径不超过5mm。

焊接层数。多层焊接第一层焊缝的直径较小，打底焊道常选 $\phi3.2mm$ 直径焊条，选用直径大，会造成根部焊不透、熔合不良等缺陷引起焊件报废，造成废弃物的排放。其他各层根据板厚选用较大直径焊条。

接头形式。对于搭接接头和要求不焊透的T形接头、角接接头，可选用较大直径的焊条,因为不会产生烧穿和熔合不良等现象,造成焊件报废,而引起环境污染和能源浪费。

1.6.2.2 焊接电流的选择。焊接电流的大小直接影响焊接生产率和焊接质量。增大焊接电流能提高生产率,但电流过大易造成焊缝咬边、烧穿等缺陷,而造成废弃物的排放,同时飞溅加大,焊条药皮发红脱落,焊接烟尘排放增多,导致焊接过程难以进行;电流过小易引起夹渣、未焊透等缺陷,同样造成环境的污染。在实际施工中,焊工先选择大概的电流值,然后通过试焊来判断电流是否合适,可以通过以下几种方法来进行试验:

根据飞溅大小判断。电流过大时,电弧吹力大,飞溅大,电弧发出爆裂声;电流过小时,电弧吹力小,熔渣和铁水不易分清。电弧发出声响柔软,熔池形状易保持,熔渣与铁水分离清楚,则电流合适。

根据焊条熔化状况判断。电流过大时,焊条药皮部位发红;电流过小时,电弧燃烧不稳定,易断弧,焊条容易粘在焊件上造成焊条与焊件的损失。

根据焊缝成形判断。电流过大时,熔深大、焊缝余高低、易产生咬边;电流过小时,焊缝窄、熔深浅,两侧熔合不良;电流合适时,焊缝两侧熔合良好,呈圆滑过渡。

1.6.2.3 电弧电压的选择

手工电弧焊的电弧电压主要由电弧长度来决定,电弧长则电弧电压高,电弧短则电弧电压低。焊接时电弧不宜过长,否则燃烧不稳定,对熔池的保护效果差,同时还易产生咬边、未焊透、外观成形不良等缺陷,造成废弃物的排放和环境的污染。

在焊接时应尽量采用短弧焊接。碱性焊条应比酸性焊条弧长更短一些,防止气孔产生,并能减少对电力资源的消耗。

1.6.2.4 焊接速度的选择。过快时焊不透,过慢时易过热、烧穿。焊接过程中,焊接速度应适当,既要保证焊透、熔合良好,又要保证不烧穿。盖面层要保证焊缝宽度和高度符合要求。

焊接速度决定生产率,在保证焊缝质量的情况下,应加快焊接速度,减少对资源的消耗,增加工效。实际施工中根据具体情况确定合适的焊接速度。

1.6.2.5 焊接层数的选择。厚度较大的焊件,需采用多层焊。多层焊焊层厚度过大将影响接头的塑性、韧性,特别是一些要求高的钢材焊接,如低合金高强钢、低温钢等。根据经验,一般每层厚度等于焊条直径的 0.8~1.2 倍,最大不超过 5mm,这样既能保证质量,同时资源利用率和生产率也较高。

1.6.2.6 电源极性选择。焊件与焊机输出端正负极的接法有正接和反接两种。正接法就是焊件接正极,电极接负极的接线法,而反接法则与正接线法相反。对于交流焊机,由于电极性是交变的,所以不存在正接和反接。

选用极性时,主要根据焊条类型和焊件所需的热量来决定。用酸性焊条焊接时,由于药皮中含大量的稳弧剂,电弧稳定性强,可采用交流电源。碱性焊条的电弧稳定性差,只能采用直流电源。酸性焊条采用直流电源当然也可以,但直流电源的资源利用率要比交流电源要低,在可能的情况应选用交流焊机,提高能源的利用率。

由于手工电弧焊阳极区温度大于阴极区温度,使用酸性焊条时,如焊接厚板时,可采用正流正接法,以获得较大的熔深;而焊接薄板时,采用直流反接法,可防止烧穿,造成不合格品,形成对材料的浪费和废弃物的排放。酸性焊条采用交流电焊机时,其熔深介于直流正极性和反极性之间。

对于碱性低氢钠型焊条,任何情况都应采用直流反接法,这样可以减少飞溅现象和产生气孔倾向,使电弧稳定燃烧。

手弧焊的主要焊接规范是指焊条直径和焊接电流大小,而电弧电压和焊接速度,在手工电弧焊中不作数值上的具体规定,由焊工根据具体情况灵活掌握。

检查帮条尺寸、坡口角度、焊件端头间隙、焊件轴线偏移,以及焊件表面质量情况,不符合要求时不得焊接,以免引起成品报废。

1.6.3 焊接工艺过程中的环境影响及其防治措施

引弧:带有垫板或帮条的接头,引弧应在钢板或帮条上进行,不得在焊件上进行,避免引弧引起焊件损伤。无钢筋垫板或无帮条的接头,引弧应在形成焊缝的部位,防止烧伤焊件而造成材料的损耗和资源的浪费。

搭接线应与钢筋接触良好,不得随意乱搭,防止打弧引起能源的浪费和材料的损失。

带有钢板或帮条的接头,引弧应在钢板或帮条上进行。无钢板或无帮条的接头,引弧应在形成焊缝部位,不得随意引弧,防止烧伤主筋而造成材料的浪费。

定位:焊接时应先焊定位点焊,再施焊,避免在焊接过程中发生移位,发生坠落伤人或者焊件的尺寸偏差。

运条:运条时的直线前进、横向摆动和送进焊条三个动作要协调平稳,避免出现焊瘤等缺陷造成返工,浪费能源和损失材料。

收弧:收弧时,应将熔池填满,拉灭电弧时,应将熔池填满,不要在工作表面造成电弧擦伤,损坏焊件。

多层焊:如钢筋直径较大,需要进行多层施焊时,应分层间断施焊,每焊一层后,应清渣再焊接下一层,防止焊渣夹在焊件中而造成焊件成型不良等缺陷,形成不合格品。

熔合:焊接过程中应有足够的熔深。主焊缝与定位焊缝应结合良好,避免气孔、夹渣和烧伤缺陷,造成固弃排放。并防止产生裂缝。

在装配式框架结构的安装中,焊接应符合下列要求:

两焊件轴线偏移较大时,宜采用冷弯矫正,但不得用锤敲击,敲击会造成焊件的疲劳破坏,影响焊接性能,增大焊件报废的可能性。如冷弯矫正有困难,可采用氧乙炔焰加热后矫正,加热温度不得超过850℃,避免烧伤焊件而造成钢筋变脆而报废。

焊接时,应选择合理的焊接顺序,对于柱间节点,可对称焊接,以减少结构的变形,造成钢筋的拉伤造成材料的损失。

1.6.4 低温焊接

在环境温度低于-5℃的条件下进行焊接时,为钢筋低温焊接。低温焊接时,除遵守常温焊接的有关规定外,应调整焊接工艺参数,使焊缝和热影响区缓慢冷却。风力超过4级时,应在焊接点前面设不低于1m的挡风板,防止焊接快速冷却而造成焊件变脆。焊后未冷却的接头应避免碰到冰雪,防止焊接接头的突然产生冷脆的现象,发生脆断而造成废弃物的产生。

钢筋低温电弧焊时,焊接工艺应符合下列要求:

进行帮条平焊或搭接平焊时,第一层焊缝,先从中间引弧,再向两端运弧;立焊时,先从中间向上方运弧,再从下端向中间运弧,以使接头端部的钢筋达到一定的预热效果,不需要专门进行焊件的预热,减少对能源的消耗。在以后各层焊缝的焊接时,采取分层控温施焊。层间温度控制在150～350℃之间,以起到缓冷的作用。

Ⅱ、Ⅲ级钢筋电弧焊接头进行多层施焊时,采用"回火焊道施焊法",即最后回火焊道的长度比前层焊道在两端各缩短4～6mm,以消除或减少前层焊道及过热区的淬硬组织,改善接头的性能。

注意对已绑扎好的钢筋骨架的保护,不乱踩乱拆,不粘油污,避免钢筋受到污染而需要专门清洗造成人力浪费或者报废引起钢筋的浪费,在施工中拆乱的骨架要认真修复,保证钢筋骨架中各种钢筋位置正确。

1.6.5 应急准备和响应措施

焊接作业场地距易燃物品必须保持有10m以上的距离,否则必要设置高出焊接面2m,比焊接面宽出2m的隔离防火板,避免飞溅的焊渣引起火灾事故,造成材料的损失和废弃物的排放。

焊接场地每100m^{2}应配备10L二氧化碳灭火器一台,焊接引起的火灾不得使用水,防止由于焊把线带电而引起人员伤亡。

在密闭空间内进行焊接和每100m^{2}超过10个焊点同时作业时,必须设置通风设施,避免焊接烟尘的积累造成人体损伤和烟尘的超标排放。

当气温低于-20℃时,钢筋的可焊性降低,此时应进行预热,焊接完成后缓慢进行冷却,防止焊接变脆而破坏,造成固废的排放和能源的浪费。

当在夜间进行焊接施工时,应设置挡光设施,可用轻质防火板制做成盒状进行挡光,以免造成光污染。

废弃的焊条必须由专门的容器进行收集,严禁与其他垃圾混放,收集到一定数量时,交由相应有专门资质的处理厂进行处理。

1.7 监测要求

电焊机的仪器仪表在使用前应经过校准。

焊接时由环保员每天进行巡视,发现有废弃焊条与钢筋混放、夜间施工未设挡光板等违反环境保护规程的,应及时制止,防止环境污染的扩大。

在封闭的场所焊接时,应有专人在门口进行观望,防止出现误关门的情况,造成焊接烟尘的累积而造成人体伤害和烟尘的超标排放。

2 钢筋气压焊

钢筋气压焊适用于工业与民用建筑现浇钢筋混凝土结构中直径14～40mm的Ⅰ～Ⅲ级钢筋在垂直位置、水平位置或倾斜位置的对接连接。当两钢筋直径不同时,也可用气压焊连接,但其两直径之差不得大于7mm。

2.1 作业流程

钢筋端头制备→安装夹具→焊接→回火(必要时)→拆除夹具。

2.2 环境因素

钢筋气压焊施工过程中的环境因素有:钢筋预热中的热辐射、光污染等,焊头打磨过程中的废渣排放、噪声排放、粉尘排放。焊接过程中的热辐射、光污染;夹具安装及拆除过程中的噪声排放。

2.3 人员要求

2.3.1 施焊前,由项目部组织对焊工进行详细的技术交底和环境保护教育,操作人员应掌握钢筋气压焊过程中预防或减少环境影响的措施。

2.3.2 按照国家规定焊工必须持有有效的焊工考试合格证。

2.4 材料要求

2.4.1 钢筋:钢筋应有出厂证明书及复试报告单。进口钢筋还应有化学复试单,其化学成分应满足焊接要求,并应有可焊性试验报告。

2.4.2 氧气(O_2):气压焊采用氧气纯度应在99.5%以上,质量符合GB 3863中Ⅰ类或Ⅱ类一级的技术要求。

2.4.3 乙炔气(C_2H_2):最好用瓶装溶解乙炔,质量应符合GB 6819的要求。其纯度必须在98%以上,磷化氢含量不得大于0.06%,硫化氢含量不得大于0.1%,水分含量不得大于$1L/m^3$,丙酮含量应不大于$45g/m^3$。如使用乙炔发生器直接生产乙炔时,使用的电石质量要符合有关标准规定的优级品或一级品的要求。由于乙炔发生器的危险性较大,一般情况下不宜用乙炔发生器。

2.5 设备设施要求

供气装置:应包括氧气瓶、溶解乙炔气瓶(或中压乙炔发生器)、干式回火防止器、减压器及胶管等。氧气瓶和溶解乙炔气瓶的使用应遵照国家有关规定执行。溶解乙炔气瓶的供气能力必须满足现场最大直径钢筋焊接时供气量的要求,若不敷使用时,可多瓶并联使用。

多嘴环管加热器:氧-乙炔混合室的供气量应满足加热圈气体消耗量的需要,多嘴环管加热器应配备多种规格的加热圈,以满足不同直径钢筋焊接的需要,多束火焰应燃烧均匀,调整火焰方便。

加压器:加压能力应达到现场最大直径钢筋焊接时所需要的轴向压力。

焊接夹具:应确保夹紧钢筋,并且当钢筋承受最大轴向压力时,钢筋与夹头之间不产生相对滑移,防止焊接过程中焊件移动造成焊件报废;应便于钢筋的安装定位,并在施焊过程中保持足够的刚度;动夹头应与定夹头同心,并且当不同直径钢筋焊接时,仍应保持同心。

检查设备、气源、确保处于正常状态。

2.6 过程控制要求

2.6.1 焊前准备

2.6.1.1 钢筋端头制备

钢筋端面应切平,并宜与钢筋轴线相垂直;在钢筋端部两倍直径长度范围内,若有水泥等附着物,应予以清除。钢筋边角毛刺及端面上铁锈、油污和氧化膜应清除干净,并经打磨,使其露出金属光泽,不得有氧化现象,钢筋的端头加工见钢筋加工环境保护措施的相关章节。

2.6.1.2 安装焊接夹具和钢筋

安装焊接夹具和钢筋时,应将两钢筋分别夹紧,并使两钢筋的轴线在同一直线上。钢筋安装后应加压顶紧,两钢筋之间的局部缝隙不得大于 3mm。

2.6.1.3 试焊、作试件

工程开工正式焊接之前,要进行现场条件下钢筋气压焊工艺性能的试验。以确认气压焊工的操作技能,确认现场钢筋的可焊性,并选择最佳的焊接工艺。试验的钢筋从进场钢筋中截取。每批钢筋焊接 6 根接头,经外观检验合格后,其中 3 根做拉伸试验,3 根做弯曲试验。试验合格后,按确定的工艺进行气压焊,避免由于材料的焊接性能的不良而造成大批的焊件报废。

2.6.1.4 焊接环境要求

在现场进行钢筋气压焊时,当风速超过 5.4m/s,应设置挡风板,防止在气压焊时,由于冷却过快而造成使用能源增加,造成能源的浪费。在负温下施工时,对气源设备应采取适当的保温防冻措施;当气温低于 -15℃,应对接头采取预热和保温缓冷措施,防止钢材冷脆引起的焊接成品报废。

作业场地应有安全防护措施,制定和执行安全技术措施,加强焊工的劳动保护,防止发生烧伤、火灾、爆炸以及损坏备等事故,现场至少得配备一台 10L 的干粉灭火器。

气压焊可在负温条件下进行,但当环境温度低于 -20℃时。则不宜进行施焊,因为由于钢材的冷脆而造成焊接的不合格,形成材料的浪费。

雨天、雪天不宜进行施焊,必须施焊时,应采取有效地遮蔽措施。焊后未冷却的接头,应避免碰到冰雪。

在加热过程中,如果在钢筋端面缝隙完全密合之前发生灭火中断现象,应将钢筋取下重新打磨、安装,然后点燃火焰进行焊接。如果发生在钢筋端面缝隙完全密合之后,可继续加热加压,完成焊接作业。

2.6.2 施焊

钢筋气压焊时,应根据钢筋直径和焊接设备等具体条件选用等压法、二次加压法或三次加压法焊接工艺。在两钢筋缝隙密合和镦粗过程中,对钢筋施加的轴向压力,按钢筋横截面积计,应为 30~40MPa。为保证对钢筋施加的轴向压力值,应根据加压器的型号,按钢筋直径大小事先换算成油压表读数,并写好标牌,以便准确控制。

钢筋气压焊的开始宜采用碳化焰,对准两钢筋接缝处集中加热,并使其内焰包住缝隙,防止钢筋端面产生氧化而造成焊缝成形不良,而造成材料和人力资源的浪费。

在确认两钢筋缝隙完全密合后,应改用中性焰,以压焊面为中心,在两侧各一倍钢筋直径长度范围内往复宽幅加热,防止钢筋温度梯度过大而造成焊接性能不良而造成焊接报废。

钢筋端面的合适加热温度应为 1150~1250℃;过高会造成能源消耗增加,钢筋熔化流淌,损坏焊件;过低则无法对接的现象。钢筋镦粗区表面的加热温度应稍高于该温度,并随钢筋直径大小而产生的温度梯差而定。

钢筋气压焊中,通过最终的加热加压,应使接头的镦粗区形成规定的合适形状;然后停止加热,略为延时,待焊接头完全熔合后,卸除压力,避免先行拆掉夹具造成焊缝变形,造成焊件报废。

防止焊接问题的再次施焊而造成能源和材料的浪费,在焊接生产中焊工应随时进行纠偏,若发现偏心、弯折、镦粗直径及长度不够、压焊面偏移、环向裂纹、钢筋表面严重烧伤、接头金属过烧、未焊合等缺陷,应切除接头重焊,并制定相应的纠正和预防措施。

2.6.3 夹具拆除

接头焊毕,应稍停歇后才能卸下夹具,以免接头弯折变形造成报废。

在钢筋气压焊生产中,应重视焊接全过程中的任何一个环节。钢筋端面要切平,且垂直于轴线;打磨见光泽,无氧化现象,防止进行焊接部位生锈而造成焊件夹渣等问题而造成焊件的报废;切断应优先选用剪断的方法,可以减少砂轮机切割的噪声排放,如切断和打磨都采用砂轮机时,应在砂轮机前方设置挡板,并且前方10m内不得堆放易燃物品。

钢筋安装时上下同心,夹具紧固,严防晃动;加热要适度,加压要适当。若出现异常现象,应查找原因,及时消除以免出现不合格品。

2.7 监测要求

电焊机的仪器仪表在使用前应经过校准。

焊接时由环保员每天进行巡视,发现有气瓶间距不够、乙炔瓶放倒使用、气瓶与焊点间距过小等可能造成严重环境事故的隐患时,应及时制止,防止环境污染事故的发生。

焊件在完全冷却前,应在焊件上做出标识或者有人看护,以免余热引发火灾或者操作人员烫伤,造成环境事故或者人力的损失。

3 闪光对焊

3.1 作业流程

钢筋下料加工→选择焊接参数→安装夹具→钢筋焊接→拆除夹具。

3.2 环境因素

闪光对焊中的环境因素有:闪光对焊的闪光排放的光污染、对焊时焊渣飞溅的固体废弃物污染、焊件冷却时的热辐射污染、冷却水的排放废液污染等。

3.3 人员要求

3.3.1 焊工必须持有有效的考试合格证,并有上岗操作证。

3.3.2 操作人员要具有必要的环境管理知识,项目部已对操作人员进行了环境要求的交底。

3.4 材料要求

钢筋:钢筋的级别、直径必须符合设计要求,有出厂证明书及复试报告单。进口钢筋还应有化学复试单,其化学成分应满足焊接要求,并应有可焊性试验,避免由于材料的不合格而造成不必要的材料浪费。

钢筋端头如起弯或成"马蹄"形则不得焊接,必须煨直或切除。

钢筋端头120mm范围内的铁锈、油污,必须清除干净,清除时的环境保护措施见钢筋加工的相关章节。

焊接过程中,粘附在电极上的氧化铁要随时清除干净,清除的废渣应及时进行清理,废渣不得直接排放在土壤中,应放于指定的可降解废弃物回收站中。

3.5 设备设施要求

主要机具：对焊机及配套的对焊平台、防护深色眼镜、电焊手套、绝缘鞋、钢筋切断机、空压机、水源、除锈机或钢丝刷、冷拉调直作业线。

电源应符合要求，当电源电压下降大于5%，小于8%时，应采取适当提高焊接变压器级数的措施；大于8%时，不得进行焊接。

作业场地应有安全防护设施，防火和必要的通风措施，防止发生火灾等事故造成废弃物的排放和空气的污染。

检查电源、对焊机及对焊平台、地下铺放的绝缘橡胶垫、冷却水、压缩空气等，一切必须处于安全可靠的状态。

3.6 过程控制要求

3.6.1 钢筋下料加工

对焊前应先熟悉料单，弄清接头位置，做好技术交底，减少由于技术的失误引起材料的浪费和废弃物的污染。

3.6.2 焊接工艺参数选择

焊接工艺方法选择：当钢筋直径较小，钢筋级别较低，可采用连续闪光焊。采用连续闪光焊所能焊接的最大钢筋直径应符合相关的规定。当钢筋直径较大，端面较平整，宜采用预热闪光焊；当端面不够平整，则应采用闪光－预热闪光焊。

Ⅳ级钢筋焊接时，无论直径大小，均应采取预热闪光焊或闪光－预热闪光焊工艺。

为减少在焊接中的能源的浪费，在焊接前应选择好焊接参数：闪光对焊时，应合理选择调伸长度、烧化留量、顶锻留量以及变压器级数等焊。

3.6.3 试焊、做班前试件

在每班正式焊接前，应按选择的焊接参数焊接6个试件，其中3个做拉力试验，3个做冷弯试验。经试验合格后，方可按确定的焊接参数成批生产，避免由于焊接参数的失误而造成焊接接头的成批报废。

3.6.4 施焊

通电后，应借助操作杆使两钢筋端面轻微接触，使其产生电阻热，并使钢筋端面的凸出部分互相熔化，并将熔化的金属微粒向外喷射形成火光闪光，再徐徐不断地移动钢筋形成连续闪光，待预定的烧化留量消失后，以适当压力迅速进行顶锻，即完成整个连续闪光焊接。

闪光焊会产生较强的光线，因此应搭设操作棚，避免造成光污染，或者应在焊点周围设挡板，挡板高度和宽度应以不影响周围居民场所为宜。

3.6.5 保证焊接接头位置和操作要求

焊接前和施焊过程中，应检查和调整电极位置，拧紧夹具丝杆。钢筋在电极内必须夹紧、电极钳口变形应立即调换和修理。

焊接完成后，不得马上松开夹具，应等焊接头冷却焊缝达到一定强度后再松，以免由于焊缝强度不足而造成焊件报废，既浪费材料又污染环境。

接近焊接接头区段应有适当均匀的镦粗塑性变形，端面不应氧化。

焊接后稍冷却才能松开电极钳口，取出钢筋时必须平稳，以免接头弯折。

3.7 监测要求

电焊过程的相关仪器仪表在使用前应经过校准。

焊接时由环保员每天进行巡视,发现有电缆损坏、电焊机跑冒滴漏的可能造成环境事故的隐患时,应及时采取纠正措施,防止环境污染事故的发生。

焊件在完全冷却前,应在焊件上做出标识或者有人看护,以免余热引发火灾或者操作人员烫伤,造成环境事故或者人力的损失。

4 钢筋电渣压力焊

一般来讲,钢筋电渣压力焊适用于工业与民用建筑现浇钢筋混凝土结构中直径 14～40mm 的Ⅰ～Ⅱ级竖向或斜向(倾斜度 4:1 范围内)钢筋的连接。注意接头位置,注意同一区段内有接头钢筋截面面积的百分比,不符合《混凝土结构工程施工及验收规范》有关条款的规定时,要调整接头位置后才能施焊。

4.1 作业流程

钢筋端头制备→选择焊接参数→安装夹具→施焊→拆除夹具。

4.2 环境因素

电渣压力焊的环境因素有:焊渣的废弃物、噪声的排放、焊接过程烟尘的排放、焊件的热辐射等。

4.3 人员要求

焊工必须持有有效的焊工考试合格证,上岗前经过相关的环境保护的培训和应急响应方面的培训。

4.4 材料要求

钢筋:钢筋的级别、直径必须符合设计要求,有出厂证明书及复试报告单。进口钢筋还应有化学复试单,其化学成分应满足焊接要求,并应有可焊性试验,避免由于材料的不合格造成焊件的成批报废。

焊剂应存放在干燥的库房内,防止受潮。如受潮,使用前须经 250～300℃烘焙 2h,烘焙时应严格控制温度,防止温度过高造成焊剂的损坏。

使用中回收的焊剂,应除去熔渣和杂物,并应与新焊剂混合均匀后使用。

4.5 设备设施要求

手工电渣压力焊设备包括:焊接电源、控制箱、焊接夹具、焊剂罐等。

自动电渣压力焊设备(应优先采用)包括:焊接电源、控制箱、操作箱、焊接机头等。

焊接电源。钢筋电渣压力焊宜采用次级空载电压较高(22V 以上)的交流或直流焊接电源(一般 32mm 直径及以下的钢筋焊接时,可采用容量为 600A 的焊接电源;32mm 直径及以上的钢筋焊接时,应采用容量为 1000A 的焊接电源)。当焊机容量较小时,也可以采用较小容量的同型号、同性能的两台焊机并联使用。

设备应符合要求。焊接夹具应有足够的刚度,在最大允许荷载下应移动灵活,操作方便。焊剂罐的直径与所焊钢筋直径相适应,不致在焊接过程中烧坏,而引起焊剂的遗洒而造成环境污染,电压表、时间显示器应配备齐全,以便操作者准确掌握各项焊接参数,减少重复焊接的次数,提高资源的利用率。

电源应符合要求。当电源电压下降大于5%,则不宜进行焊接。

检查设备、电源,确保随时处于正常状态,严禁超负荷工作。

4.6 过程控制要求

4.6.1 钢筋端头制备

钢筋安装之前,焊接部位和电极钳口接触的(150mm区段内)钢筋表面上的锈斑、油污、杂物等,应清除干净,加工过程的环境影响及其防治措施见钢筋章节。钢筋端部若有弯折、扭曲,应予以矫直或切除,但不得用锤击矫直。

4.6.2 选择焊接参数

钢筋电渣压力焊的焊接参数主要包括:焊接电流、焊接电压和焊接通电时间。不同直径钢筋焊接时,按较小直径钢筋选择参数,焊接通电时间延长约10%。

4.6.3 安装焊接夹具和钢筋

4.6.3.1 夹具的下钳口应夹紧于下钢筋端部的适当位置,一般为1/2焊剂罐高度偏下5~10mm,以确保焊接处的焊剂有足够的淹埋深度,确保焊接部位不受外界空气的影响造成焊头氧化变环脆而成不合格品,既浪费资源又有固体废弃物排放。

4.6.3.2 上钢筋放入夹具钳口后,调准动夹头的起始点,使上下钢筋的焊接部位位于同轴状态,保证钢筋焊接的准确性,避免钢筋局部受力造成焊缝破坏。

4.6.3.3 钢筋一经夹紧,严防晃动,以免上下钢筋错位和夹具变形,引起钢筋或夹具的损坏而造成材料损失。

安放引弧用的铁丝球(也可省去)。安放焊剂罐、填装焊剂。

试焊、作试件、确定焊接参数:在正式进行钢筋电渣压力焊之前,必须按照选择的焊接参数进行试焊并作试件送试,以便确定合理的焊接参数。合格后,方可正式生产。当采用半自动、自动控制焊接设备时,应按照确定的参数设定好设备的各项控制数据,以确保焊接接头质量可靠,减少返工造成材料浪费的可能性。

4.6.4 施焊操作要点

4.6.4.1 闭合回路、引弧:通过操纵杆或操纵盒上的开关,先后接通焊机的焊接电流回路和电源的输入回路,在钢筋端面之间引燃电弧,开始焊接。

4.6.4.2 电弧过程:引燃电弧后,应控制电压值。借助操纵杆使上下钢筋端面之间保持一定的间距,进行电弧过程的延时,使焊剂不断熔化而形成必要深度的渣池,电弧过程会熔化焊渣,产生焊接烟尘,污染环境,所以焊接的场所应有通风设施。

4.6.4.3 电渣过程:随后逐渐下送钢筋,使上钢筋端都插入渣池,电弧熄灭,进入电渣过程的延时,使钢筋全断面加速熔化。

4.6.4.4 挤压断电:电渣过程结束,迅速下送上钢筋,使其端面与下钢筋端面相互接触,趁热排除熔渣和熔化金属。同时切断焊接电源。

4.6.5 夹具拆除

接头焊毕,应停歇20~30s后(在寒冷地区施焊时,停歇时间应适当延长),才可回收焊剂和卸下焊接夹具,防止立即卸下夹具造成焊件变形破坏焊件的情况。

4.6.6 施焊过程中须注意的问题

在钢筋电渣压力焊生产中,应重视焊接全过程中的任何一个环节。接头部位应**清理**

干净;钢筋安装应上下同心;夹具紧固,严防晃动;引弧过程,力求可靠;电弧过程,延时充分,电渣过程,短而稳定;挤压过程,压力适当。减少返工造成材料浪费的可能性。

4.6.7 季节性焊接措施

电渣压力焊可在负温条件下进行,但当环境温度低于-20℃时,则不宜进行施焊。雨天、雪天不宜进行施焊,必须施焊时,应采取有效的遮蔽措施。焊后未冷却的接头,应避免碰到冰雪,避免钢筋急剧的冷确造成脆断而引起材料的损失和能源的浪费。

4.6.8 作业环境要求

作业场地应有安全防护措施,制定和执行安全和环境保护技术措施,加强焊工的劳动保护,焊接后,钢筋未冷却时应进行标识,防止操作人员烫伤。

在施焊的部位下应布置面积不小于 $0.5m^2$ 的焊渣回收盘,进行回收利用。对不可再利用的焊渣由操作人员收集后,放于指定的不可回收、降解的回收站中。

4.7 监测要求

电焊机的仪器仪表在使用前应经过校准。

焊接时由环保员每天进行巡视,发现有电缆损坏、电焊机仪表失效等的可能造成环境事故的隐患时,应及时采取纠正措施,防止环境污染事故的发生。

焊件在完全冷却前,应在焊件上做出标识或者有人看护,以免余热引发火灾或者操作人员烫伤,造成环境事故或者人力的损失。

5 气体保护焊

气体保护电弧焊和手工电弧焊、埋弧自动焊一样,都是属于以电弧为热源的熔化焊接方法。手工电弧焊是采用渣气联合保护的形式,以有效地保护焊接区,防止空气中有害气体的侵入,从而保证焊接接头的质量,避免接头的碳化引起钢筋变脆而造成材料的报废。

气体保护焊是采用气体保护的,即在电弧和熔化金属周围造成局部的气体保护层,防止空气中的有害气体侵入电弧和熔池,以达到焊接过程的稳定,并得到高质量的焊缝。气体保护焊有许多优点,例如采用明弧焊,操作方便,适宜全位置焊接,不受空间位置的限制,有利于焊接过程的机械化和自动化;熔池和热影响区小,焊接变形与裂纹倾向不大;尤其是适宜焊接化学性质活泼的金属和合金。缺点是不宜在有风的地方焊接,受作业环境的影响较大,焊接设备复杂,一般在施工现场使用较少。

根据保护气体的化学性质和物理特性,不同气体的应用范围也有所不同,氩气、氦气是惰性气体,适宜于化学性质活泼的金属,如铝、镁、钛等金属及其合金的焊接;氮气是还原性气体,对多数的金属如钢、铝等是有害气体,但对于铜,是惰性的,不溶于铜,所以可作为铜及其合金焊接的保护气体,生产中氮气常和其他气体混合使用;二氧化碳是氧化性气体,主要用于碳钢和低合金钢的焊接。

一般使用的气体保护焊接主要以二氧化碳和氩弧焊为主。

5.1 作业流程

焊件的清理加工→焊接参数选择→安装夹具→焊接→拆除夹具。

5.2 环境因素

气体保护焊中的环境因素有:焊件清洗废液对环境的污染、采用机械清理时噪声的排放、焊件冷却时的热辐射、保护气体对空气的污染等。

5.3 人员要求

5.3.1 操作人员应持证上岗。

5.3.2 焊接操作人员必须经过环境保护培训,内容应包括焊接参数对焊接速度及能源消耗的影响、焊接过程中使用气体注意事项、防火的应急响应措施等。

5.4 材料要求

钢筋的级别、直径必须符合设计要求,有出厂证明书及复试报告单。进口钢筋还应有化学复试单,其化学成分应满足焊接要求,并应有可焊性试验。

5.5 设备设施要求

使用前应对供气系统进行检查,防止突然断气而造成焊件被氧化而造成焊件报废的情况。

5.6 过程控制要求

5.6.1 钨极氩弧焊

5.6.1.1 焊件的清洗加工

钨极氩弧焊时,必须对被焊材料的焊缝附近及焊丝进行焊前清理,除掉金属表面的油污、氧化膜等杂质。清洗油污可用有机溶剂汽油、丙酮清洗,清洗材料的保管见危险品章节。洗完的废液严禁直接倒入排水管道,应做为有害废弃物进行处理。去除氧化膜可以用钢丝刷、不锈钢丝刷清除,也可以用化学清洗法进行清除,如焊铝、镁等材料时,它们的化学性质很强,在空气中能生成一层厚厚的氧化膜,若焊前不清理,将严重影响焊接质量。一般铝、镁等材料用酸洗或碱洗去除氧化膜,清洗完的废液同样应单独进行处理。当焊接不锈钢时,用机械法清理。用机械法清理时,应注意不得让锈渣直接排入土壤,应工作面下方垫铁皮或者其他物体,当粉尘很细小时,还应注意配带个人防护用品,防止粉尘吸入体内。

5.6.1.2 焊接参数选择

在焊接过程中,氩气的保护效果会受到多种工艺因素的影响,如喷嘴结构、气体流量、电弧功率、焊接速度和接头形式等因素都影响氩气的保护效果。

(1) 喷嘴到工件距离,喷嘴到工件的距离增加,空气混入程度增加,保护效果就恶化,造成成品的报废、浪费材料并且污染环境。距离太近又会影响焊工观察熔池。一般来说,喷嘴距工件的距离为10mm为宜。

(2) 气体流量和喷嘴直径。气体流量主要是根据喷嘴直径来选择,对于一定孔径的喷嘴,选用的氩气流量要适当,如流量过大,则气体流速增大,难以保持稳定的层流,对焊接保护区不利,同时带走电弧区的热量多,影响电弧稳定燃烧;而流量过小也不好,容易受到外界气流的干扰,以致降低气体保护效果。喷嘴直径也应合适,过小,保护范围窄,起不到应有的保护作用,效果差;过大影响焊工观察熔池。一般喷嘴直径5~20mm,氩气流量在每分钟3~20L左右。

(3) 焊接速度。在一定的钨极直径和氩气流量条件下,焊速过快,保护气流层由于受到空气的阻力而偏向一方,特别是高速氩弧焊时,这种现象明显,焊速过快时,就会使电极和熔池失去保护。因此焊接速度增加时,要适当增加氩气的流量,以增加保护气流的刚度,加强保护作用。

(4) 焊接接头形式。不同接头形式的氩气工件表面的覆盖作用也不同,当工件是对接和填角焊缝时,气流可以很好地覆盖工件表面,保护效果好。如是搭接焊缝和角接焊缝时,由于空气容易沿工作面从保护气流下面侵入焊接熔池,保护效果不好,这时可以采用增加挡板的方法,可以提高气体保护的效果。对于要求较高的工件焊接时,在焊缝背面也采用氩气保护。

(5) 焊接过程气体保护效果的好坏,可用观察焊缝表面的色泽来评定。对于不锈钢材料,若表面呈银白、金黄色时,则气体保护效果良好,而出现灰色、黑色时,说明气体保护效果不好。铝及铝合金呈银白色最好,灰色、黑色最差。

5.6.2 二氧化碳气体保护焊

二氧化碳气体保护焊的特点,它除了有气体保护焊的所有优外,还有:由于采用了高锰高硅型焊丝,所以具有较强的还原和抗锈能力,焊缝不易产生气孔,含氢量低,抗裂性能好;成本低,其成本为自动埋弧焊的约 40%。为手工电弧焊的 37%~42%。二氧化碳气体保护焊电流密度大,焊丝熔敷速度较高,焊后不用清渣,所以生产率高。由于二氧化碳气体相对密度大,在受电弧加热后体积膨胀也较大,所以在隔离空气、保护焊接熔池和电弧方面,效果相当好。但是在电弧气氛中具有较强的氧化性,使合金元素烧损,引起气孔以及焊接过程中产生飞溅等。这是二氧化碳气体保护焊需注意的主要问题。

在一般情况下,飞溅的金属损失约占焊丝熔化量的 5%~10%,严重时约占 20%~30%。金属的大量飞溅,不仅增加了材料的消耗、污染环境,并使焊件表面被金属熔滴溅污,影响外观质量。同时飞溅物容易造成喷嘴堵塞,使气体保护效果变差,导致焊缝易产生气孔。因此,应尽量减少飞溅,才能保证焊接的质量。

5.6.2.1 焊接参数的选择

二氧化碳气体保护焊的规范参数主要有:焊丝直径、焊丝伸出长度、气体流量、焊接电流、电弧电压、焊接速度、电源特性和焊接回路电感等,可以通过参数的选择来确定最低的资源消耗和最大的工效。

(1) 焊丝直径。焊丝直径应根据焊件厚度、接头形式、焊接位置及生产率来选择。为避免不必要的焊丝材料的浪费,当焊接薄板或中厚板的平、立、仰、横焊时,采用直径 1.6mm 以下的焊丝;中厚板的平焊位置焊接时,可以采用直径 1.6mm 以上的焊丝。

(2) 焊丝的伸出长度。焊丝伸出长度大,焊丝容易过热而成段熔断,飞溅增加,气体保护效果差。工效降低,焊丝损失增加。焊丝伸出长度小,喷嘴到焊件距离小,喷嘴极易被堵塞。一般焊丝伸出长度为焊丝直径的 10 倍左右,约为 5~15mm。

(3) 气体流量。二氧化碳气体流量应根据焊接电流、焊接速度、焊丝伸出长度、喷嘴直径来选择,过大或过小的气体流量都会影响气体保护效果,会造成气体的浪费或者焊缝保护不好而报废。细小的电流短路过渡焊接时,气体流量为 5~15L/min,粗丝大电流射流过渡焊接时为 10~25L/min。

(4) 焊接电流。焊接电流应根据焊件厚度、焊丝直径、焊接位置及熔滴过渡形式来确定,随着焊接电流增加,熔深和余高增加,能源消耗量也增加。

(5) 电弧电压。电弧电压必须与焊接电流相匹配,它的大小直接影响到焊缝的成型、飞溅、气孔及焊接过程的稳定性,是对环境影响较大的一个参数。

(6)焊接速度。在一定的条件下,焊速增加,焊缝的熔宽和熔深减少,焊速过快,会引起焊缝的咬边、气孔、未焊透等缺陷,造成材料的浪费。焊带过慢,会引起过热。焊接变形增大,一般焊速控制在15~30m/h。

(7)电源特性。电源极性一般采用直流反极性,这样飞溅小,电弧稳定,材料浪费少,能源利用率较高。

(8)焊接回路电感。焊接回路的电感值应根据焊丝直径和电弧电压来选择。不同直径焊丝的合适电感值一般通过试焊的方法来确定,若焊接过程稳定,飞溅很少,则此电感值是合适的。

5.6.2.2 施焊

半自动的二氧化碳焊接,用操作焊枪完成电弧热的移动,而送丝、送气等同自动二氧化碳焊完全一样,由机械装置完成。半自动二氧化碳焊机动性不大,适用不规则、各种位置的焊缝的焊接。在工程结构焊接中,半自动应用较多。

减少飞溅的措施要针对其产生原因而制定。对于冶金反应中CO气体膨胀引起的飞溅,可采用含有锰、硅脱元素的焊丝,并降低焊丝中的含碳量,这种飞溅可大大减少;当使用正极性焊接时,正离子飞向焊丝端部的熔滴,机械冲力大,形成大颗粒的飞溅。因此二氧化碳气体保护焊应选用直流反接,这样,飞向焊丝端部的电子撞击力小,致使极点压力大大减小,飞溅也较少;短路过渡焊接时,如焊接电源的动特性不好,则飞溅较严重,当短路电流上升速度过快而短路峰值电流过大,使液体金属小桥突然爆断而产生小颗粒飞溅,而当短路电流上升速度过慢,短路电流峰值过小,使熔滴体积增大,焊丝成段软化而断落,引起大颗粒飞溅,材料极大地浪费。减少这种飞溅的方法,主要调节焊接回路中的电感值;当焊接工艺参数选择不匹配时,也会引起飞溅。因此正常焊接前,应通过试焊选择合适的焊接电流、电弧电压和回路电感等工艺参数。

5.7 监测要求

电焊机的仪器仪表在使用前应经过校准。

焊接时由环保员每天进行巡视,发现有电焊机跑冒滴漏、气瓶距焊点间距不足等的可能造成严重环境事故的隐患时,应及时采取纠正措施,防止环境污染事故的发生。

焊件在完全冷却前,应在焊件上做出标识或者有人看护,以免余热引发火灾或者操作人员烫伤,造成环境事故或者人力的损失。

6 埋弧自动焊

埋弧焊在造船、化工容器、桥梁、起重机械及冶金机械制造,主要用于焊接碳素结构钢、低合金结构钢、耐热钢及不锈钢等钢板结构;也可用于堆焊耐磨蚀合金或用于镍基合金、铜合金的的焊接。

6.1 作业流程

除锈或清洁→熔化→顶压。

6.2 环境因素

埋弧自动焊的环境因素主要有:焊渣和废焊丝的废弃物排放、焊件冷却时的热辐射、焊渣飞溅污染环境、焊接烟尘的排放等。

6.3 人员要求

6.3.1 操作人员应持证上岗,并具备相应的能力。

6.3.2 应对操作人员进行环境保护的培训,内容包括焊接参数的选择、焊渣回收的要求等。

6.4 材料要求

焊接的母材、焊丝应有出厂合格证和复试报告,焊接前应经过试焊,确认焊接的参数合理,能最大程度的利用能源。

6.5 设备设施要求

施焊前,应对焊接的设备进行维护,确保施焊的顺利进行,避免中途中断而引起焊缝被氧化而造成焊件不合格。

6.6 过程控制要求

埋弧焊的工艺参数有:焊接电流、电弧电压、焊接速度、焊丝直径和其他工艺因素等。

6.6.1 焊接电流。当其他参数不变。焊接电流增大时电弧吹力增强,使熔深增大,对焊缝宽度影响不大,另外,电流增大,焊丝熔化量增大,焊缝余高增加。焊接电流对焊缝形状影响很大。电流过大,熔深显著增加,开成窄而深的焊缝,易产生气孔、夹渣、结晶裂纹等缺陷,还会引起烧穿现象,造成材料的损失和能源的浪费。电流过小,电弧燃烧不稳定,焊缝成型不良并易产生未熔合缺陷。

6.6.2 电弧电压。当其他工艺参数不变,电弧电压增加,焊缝宽度明显增加,而熔深和余高有所下降。电弧电压对焊缝形状的影响较大。电弧电压降低,焊缝宽度减少,焊缝变得高而窄。过高或过低的电弧电压,都会产生不利影响,引起焊缝成形不良等缺陷,造成焊件不合格,既浪费能源又有固废污染环境。

6.6.3 焊接速度。当其他工艺不变,焊接速度增大,电弧对母材的加热能量减少,焊缝宽度明显减小,能源利用率提高,而此时由于电弧后拖向后倾斜,对熔池底部液态金属排出作用加强,熔池深度略有增加。当速度增加到一定值后,当焊速在 40m/h 以内时,熔深和熔宽随焊速增大而略有增加,焊速超过 40m/h 以后,熔深和熔宽都随之减小。焊接速度过大,则焊件与填充金属容易产生未熔合的缺陷,产生不合格焊缝而造成焊件报废的环境影响风险增大。所以焊速应与先定的电弧电压和焊接电流相匹配,才能获得优质的焊缝。

6.6.4 焊丝直径。当焊接电流不变,焊丝直径增大,使电流截面增大,电流密度减小,电弧吹力减弱,电弧摆动作用加强,焊缝的熔宽增加而熔深减小;焊丝直径减小时电流密度增大,电弧吹力加强,焊缝熔深增加,耗费能源也相应增加。焊丝直径根据焊件厚度、坡口形式和设备条件来选择。

6.6.5 焊丝倾斜和焊件倾斜。焊丝向焊接方向倾斜称为后倾,反焊接方向倾斜则为前倾。焊丝后倾时,电弧吹力对熔池液态金属的作用加强,有利于电弧的深入,熔深和余高增大,而熔宽减小。焊丝前倾时,电弧对熔池前面焊件预热作用加强,熔宽增大,而熔深变小。当焊件倾斜向上坡焊时与焊丝后倾情况相似,焊缝熔深和余高增加,熔宽减小,易形成窄而高的焊缝,当上坡焊角度大于 6°时,焊缝成型不良,产生咬边,会造成焊缝不合格而浪费材料。

6.6.6 焊丝伸出长度。当焊丝伸出长度增加时,则焊丝产生的电阻热作用增大,使焊丝熔化速度增快,熔深减小,余高略有增加。焊丝伸出长度太短,电弧易烧损导电嘴,损失设备。

因埋弧自动焊接时不能观察熔池,因此选定合理工艺参数很重要,否则将导致大量返工,甚至工件报废而造成材料的浪费和废弃物的排放。选择工艺参数应考虑焊接成型和熔合比的影响,确保电弧稳定燃烧,焊缝形状尺寸良好,焊缝无缺陷,接头性能优良等,通常焊前通过试验或经验数据确定工艺参数,也可查阅有关资料选定。

7 其他金属材料焊接

其他金属材料的焊接是指低碳钢、中碳钢、低合金钢、铬钼耐热钢、不锈钢等,在建筑施工时比较少见的焊接。

7.1 作业流程(略)

7.2 环境因素

焊接材料预热产生的热辐射、焊接时产生的弧光、焊接件冷却水的排放、焊接件清洗时废液的排放、机械清理时产生噪声、焊渣的排放、焊接烟尘的排放等。

7.3 人员要求

特殊焊接的操作人员必须要经过材料性能、各种通病的预防措施、焊接时紧急情况处理等知识的培训后方可上网。

7.4 材料要求

焊接前应对母材的化学成分和机械性能进行测试,有助于选择各项焊接参数,最大程度的利用能源,减少焊件废品率。

7.5 设备设施要求

焊接使用的设备在使用前应进行维护保养,确保各种仪器仪表的有效性,便于对各种焊接参数的监视,有利于提高焊接质量,减少环境污染的风险。

7.6 过程控制要求

7.6.1 低碳合金钢

优质低碳钢主要用于制造重要的机器零件和焊接结构,如锅炉、压力容器用板材和管材,承受较大载荷的锻件、机加工件。

由于含碳及其他合金元素少,低碳钢塑性好,淬硬倾向小,是焊接性最好的金属,对施工环境适用性比较强。

一般情况下,在焊接过程中不需要采取预热和焊后热处理工艺措施,可以节省预热的能源消耗,只有当工件厚度较大或气温过高时,才适当预热。

所有焊接方法都适宜,而且适应各种位置的施焊,对焊接工艺和操作技术要求比较简单。

焊缝产生冷裂缝、气孔的倾向小,只有当母材或焊接材料含磷、硫杂质较多时,才有可能产生热裂纹。电弧保护不良时,焊缝金属可能受到氧化或氮化而造成材料的报废,造成环境污染。

不需要选用特殊和复杂的设备,对焊接电源没有特殊要求,一般交、直流弧焊机都可焊接。所以宜优先选用交流焊机,以减少电源自身的能源损耗。

手工电弧焊时,焊条的选择是根据低碳钢的强度等级选用相应强度等级的结构焊条,并考虑结构的工作条件先用酸性或碱性焊条。当焊接重要的或裂纹敏感性较大的结构时,常常采用低氢型焊条,焊缝金属的抗裂性和低温冲击韧性较好,材料受损造成报废的环境影响可能性较小。

7.6.2 中碳钢

由于中碳钢的含碳量比低碳钢高,焊接性能较差,淬硬倾向增大,焊接性变差。可焊性远不如低碳钢。在焊接过程中主要问题有容易在焊缝中产生气孔和热裂纹;容易在热影响区产生冷裂纹这两个问题,因此在焊接时就注意以下几方面的措施,以免造成焊缝强度不足而造成报废,污染环境消耗能源。

7.6.2.1 尽量选用碱性焊条。由于碱性焊条抗冷裂和抗热裂性能较好,焊接时焊缝抗裂性能提高。可以减少采取措施造成的能源的浪费。当焊缝不要求与母材同强度时,可用强度较低的低氢型碱性焊条,可提高焊缝的塑性和韧性,减小焊缝的淬硬倾向,增加焊件的环境适应度。

7.6.2.2 预热措施。预热是中碳钢焊接的一项重要工艺措施,预热能减缓焊接接头中冷却速度,减少淬硬倾向和焊接应力,有利于焊接过程中氢的逸出,防止冷裂产生,有效提高焊缝的质量,减少焊接材料的消耗。

7.6.2.3 焊接操作工艺要点。焊接第一层焊缝时,尽量采用小电流焊接,采用多层多道焊,以减少母材金属熔入量;对于刚性大的结构,焊接顺序和方向应使尽可能具有最大的自由收缩,降低焊接应力;采用锤击焊缝的方法,以减少焊接应力,细化晶粒,锤击时应在锤面加设橡皮垫,减少噪声的产生;操作时,保持慢速焊,保证焊透,避免夹渣、未熔合等缺陷造成材料的损耗和废弃物的排放;焊后尽可能缓冷,放在石灰中或炉内缓冷,避免产生淬硬组织,造成对焊件的破坏;对含碳量高、厚度大、刚性大的焊件,焊后作 600 ~ 650℃的消应力回火处理,有利于焊缝的强度的发展,有效减少再次焊接对能源的消耗。

7.6.3 普通低合金钢结构钢

普通低合金钢由于加入了合金元素,增加了材料的淬硬倾向,随着强度等级的提高,其淬硬倾向相应增大,产生废品的环境风险也相应增大,强度等级较低的如 300 ~ 400MPa 级普低钢的焊接性能接近于普通低碳钢,而对强度等级大于 500MPa 以上的普低钢,可焊性差,焊接时必须采用一定的措施,才能保证焊缝的质量,降低环境污染的风险。

一般常见的问题主要有:热影响区具有较大的淬硬倾向。强度较低,含碳量较小的普低钢淬硬倾向不太明显,随着强度等级的提高,其淬硬倾向相应变大。焊后焊件冷却速度越快,其淬硬倾向越大,而冷却速度又与焊件的厚度、尺寸、焊接方法、接头形式、焊接工艺参数、预热温度等有关。因此,应选择合理的焊接工艺方法,避免热影响区产生淬硬组织,从而防止冷裂纹的产生,减少产生废品带来的环境污染风险。焊接普低钢时,常在焊缝金属和热影响区产生冷裂纹,尤其在高强厚板结构中,最易产生冷裂纹;另外发生的问题还有焊接接头再热裂纹、热裂纹和液化裂纹等问题。所以在进行普低钢焊接时应选用相对应焊条和焊接工艺,尽量避免可能出现的冷裂和淬硬组织,减少对环境的污染和材料的浪费。

为了减少由于焊条的选择不合适,造成焊缝成型不良,形成废品,既浪费能源又污染环境,焊接前,应根据母材化学成分、板厚、接头形式等,合理选择线能量,先用低氢性焊接材料,确定预热温度。对厚度较大的焊件还必须采取后热或焊后处理措施等,以降低热影响硬度,提高塑性和韧性,消除氢和应力的影响。焊接材料的选择可按等级强度或低强原则来选择,只要求机械性能一致,不要求化学成分完全一致。一般来说,对于强度等级为300MPa级的强度钢,可选强度相同的酸性焊条;对于强度等级为350～400MPa级的钢,应根据技术要求和刚性等条件,选用酸性或碱性焊条;强度等级更高的钢,应选用碱性焊条。对刚性大、板较厚的结构件应尽量选用碱性焊条。因为碱性焊条具有良好的抗热裂、冷裂的性能。

7.6.4 铬钼耐热钢

铬钼耐热钢是指以铬、钼为基本合金元素的低合金钢,比普通钢的热强性要好,但淬透性,在近缝区存在淬硬脆化和延迟裂纹的倾向,尤其是含钒钢在焊后热处理或高长期工作中还会产生再热裂纹。为了避免其在焊接性能方面的缺陷,减少对环境污染的风险,通常需要是操作中加以防范,一般通过以下几种措施来进行:

焊条的选择。应根据钢材牌号及介质的工作温度选择焊条编号,选择耐热钢焊条主要是根据化学成分,而不能根据机械性能。为了确保焊接接头的高温性能不低于基体金属,焊条的合金含量应与焊件相当或者略高一些。

预热。为了尽量避免淬硬和冷裂纹,减少焊件报废造成环境污染的风险,焊前应预热150～300℃,并在焊接过程保持这上层温。当在低温环境下施焊时,预热度应适当提高。另外焊接较厚焊件时,也要适当提高预热温度。对于薄壁小直径管,由于接头刚性小,一般可不预热。

保温焊和连续焊。保温焊是指整个焊接过程中,应使坡口周围始终保持在预热温度上,这样有利于提高可焊性和氢的逸出,有效的减少焊件的废品率,节约材料和能源。连续焊是指焊接过程不要间断,最好一次焊完。由于如必须中断时,应采取保温缓冷措施。再焊时仍应加热到预热温度。对薄壁小直径管,应控制层间温度小于300℃,防止焊口发红过热。

焊后缓冷和焊后热处理。铬钼耐热钢焊后原则上应进行焊后缓冷处理,一般是焊后立即用石棉布履盖焊缝及近缝区。焊缝在缓冷过程中,可减少淬硬倾向,利于氢的逸出,以免降温过快,造成风淬而产生裂纹而造成材料损耗和资源的浪费。

对于要求焊后处理的焊件,采取缓冷措施冷却后,应立即进行热处理,目的是消除焊缝内应力,改善接头金属的组织,延迟裂纹产生。

不得强制对口。由于耐热钢冷裂倾向大,焊接时焊缝拘束不能过大,尽量在自由状态下焊接,尤其厚板焊接时,妨碍焊缝自由的夹具、卡具应尽量避免使用,避免造成材料的断裂引起材料损失。

7.6.5 不锈钢的焊接

不锈钢实际上是耐酸钢、耐热钢和不锈钢的总称,它广泛用于石油化工、医疗器械、食品机械、航空及航天以及日常生活中。其中以奥氏体不锈钢应用最为广泛,这里就以奥氏体不锈钢为例说明在不锈钢焊接过程中的环境影响及其防治措施。

奥氏体不锈钢焊接的主要问题有晶间腐蚀、刃状腐蚀、热裂纹和接头脆化,为了防止这些问题对焊接的影响,避免造成不必要的材料损失和环境污染,在奥氏不锈钢焊接中应当注意:

选用含碳量低的母材和焊材。如超低碳不锈钢不会产生晶间腐蚀。

添加稳定化学元素。在焊件金属和焊接材料中加入 Ti、Nb 等与碳亲和力比铬强的元素,避免碳与铬结合。

采用双相组织。在焊缝中加入 Cr、Si、Mo、V 等铁素体形成元素,以获得一定的铁素体相,可有效防止晶间腐蚀发生,减少材料的损失。

采取固熔处理或稳定化处理。就是接焊后的接头加热到 1050~1100℃,此时碳重新熔入奥氏体中,然后迅速冷却,稳定奥氏体组织。稳定化处理是指焊后将接头加热到 850~900℃保温 2h 的热处理,使晶粒内铬扩散到晶界,从而防止晶界贫铬。

采取小线能快速冷却的方法。采取小电流、快速、短弧、多道焊等措施,焊件上加铜板或直接浇水冷却,缩短接头在危险温度区间停留时间。多层焊时,与介质接触的一面焊道最后施焊,避免重复进行敏化温度区间的加热,浪费能源,应先焊焊道完全冷却后再焊下一道。

防止热裂纹措施。选用硫、磷含量低的母材和焊材;采用双相组织,小量铁素体可细化晶粒,打乱树枝状方向,防止杂质偏析;采用碱性焊条、小电流、快速焊、收弧要慢、填满弧坑等方法,可能有效的降低产生废品的风险,在焊接时按实际情况采取相应的措施。

防止接头脆化措施。加大冷却速度,控制层间温度,小线能量焊接。

7.6.6 铝及铝合金的焊接

在铝及铝合金焊接件中,较常见的是变形铝合金和工业纯铝,下面就绍它们的焊接特点以及在焊接过程需注意的环境影响。

铝和氧有很强的亲和力,在常温和高温下与氧生成一层致密的氧化膜,焊接时氧化铝会阻碍金属之间良好结合,容易引起熔合不良与夹渣、气孔等缺陷。所以在焊接前必须严格清理坡口及焊丝表面的氧化膜,在焊接过程加强保护,随时清除新产生的氧化膜。清理时如用化学药剂时,应注意废液不得直倒入市政排污管道,必须先进行中和处理后才能排入管道;如用机械清理时,废渣及时进行收集,放于指定的可回收降解的垃圾站中。

易产生气孔。焊接时产生的气孔主要是氢气孔。防止氢气孔形成的主要措施是减少氢的来源,促使气泡上浮。如焊前必须清理焊件和焊丝上的氧化膜、油污、潮气等,提高保护气体纯度,采用合理的工艺规范等减少由于杂质引起的焊件报废的风险。

热裂纹。纯铝和大部分非热处理强化铝合金的焊接裂缝倾向很小,只有在结构刚性很大或杂质含量多的时候才会形成。防止热裂纹应从减少焊接应力、调节熔池金属成分、改善熔池结晶条件、改进接头设计、选择合理的焊接工艺参数和适应母材特点的焊接材料等几个方面来考虑,按焊接的实际情况选用相应的措施,降低焊件报废而造成环境污染风险。

7.6.7 铜及铜合金的焊接

难熔合。铜及其合金的导热系数约为钢的 8 倍,焊接时大量的热被传导出去,需要耗费大量的能源,且母材熔焊温度不易保持,难以局部熔化,因此必须采用大功率、热量集中的热源,厚大工件还需采取预热措施。

易变形。铜及其合金的热胀冷缩性大,线膨胀系数比低碳钢约大50%以上,由液态转变为固态时收缩性也大,因此工件在焊后易产生变形,对于刚性大的焊件常因内应力增高而产生裂纹。

气孔。铜及其合金液态金属能溶解大量的氢,而冷冻凝固过程中,熔解度大为降低,如过剩的氢在焊接条件下来不及逸出,便形成气孔,并导致裂纹。因此焊前应去除焊件和焊接材料吸附的水分、油污等;焊接过程加强保护效果;选择合适工艺参数,降低冷却速度,以利氢气的排出,减少焊件的废品率。

氧化。铜在液态时,容易被氧化为氧化亚铜,焊缝金属结晶时,氧化亚铜和铜形成低熔点的共晶物,分布在铜的晶界上,大大降低了接头的机械性能,产生热裂纹。防止氧化的措施一般是在焊前清理焊件及焊接材料表面的氧化物及水分和选用含有脱氧元素的焊接材料。清理时如用化学药剂时,应注意废液不得直倒入市政排污管道,必须先进行中和处理后才能排入管道;如用机械清理时,废渣及时进行收集,放于指定的可回收降解的垃圾站中。

热裂纹。由于晶间存在氧、铅、铋、磷等杂质形成的低熔点共晶物和较大的焊接应力所引起。为了防止热裂纹,必须严格限制母材和焊接材料的有害元素含量,采取减少焊接应力的工艺措施,如焊前预热、选择合理的焊接顺序,焊后缓冷等。

7.6.8 钛及钛合金焊接

钛及钛合金有密度小、比强度高;耐高温性能好;抗腐蚀性能强等优点,目前在航空、航天、石油、化工等许多领域应用越来越广泛。

在焊接过程中,由于钛及钛合金的化学性质活泼,很容易受到氧气的影响而报废,因此不能用手工电弧焊、气焊、二氧化碳保护焊等焊接方法,实际焊接中常采用钨极氩弧焊、等离子弧焊及真空电子束焊等。

焊前必须严格对焊件进行清理,可先用酒精、四氯化碳等有机物溶剂去除工件及焊丝表面的油污等杂质,然后进行酸洗,工件若无法酸洗,可用硬质合金刮刀刮削焊口边缘宽10~20mm表面,彻底去除氧化膜。应注意废液不得直倒入市政排污管道,必须先进行中和处理后才能排入管道;如用机械清理时,废渣及时进行收集,放于指定的可回收降解的垃圾站中。

焊接过程中气保护要求很严格,不仅要保护焊缝及电弧区,而且对加热温度400℃以上的热影响区及焊缝背面也要加以保护,以防止空气中气体杂质侵入。

为减少焊件报废造成环境污染和能源浪费的风险,在焊接时应注意对以下问题,并采取预防措施:

接头脆化。钛是化学性非常活泼的金属,常温下虽然钛与氧生成致密的氧化膜而保持很高的稳定性和耐蚀性,但在高温状态下,极易吸收氧、氮、氢等气体,以脆性相析出,造成接头脆化,严重的会引起裂纹,造成焊件的报废。

冷裂纹。钛及钛合金焊接时很少产生热裂纹,而焊后焊缝热影响区在较低温度下会出现冷裂纹。在热影响区,有时也会出现延迟裂纹,这种现象是由于氢的扩散与聚集引起的。

气孔。气孔是钛焊接时常见的缺陷。尤其在焊缝熔合线附近形成气孔,有时以单个形式出现,有时以连续的或密集的形式出现。在熔合处易出现气孔的主要原因是由于氢在钛中熔解度随温度下降而升高。

7.6.9 铸铁焊接

绝大部分的焊件报废是由两大问题引起的,第一个是补焊区容易产生白口组织,第二个是焊接时容易在热影响区和焊缝金属中产生热应力裂纹和热裂纹。所以为了有效地降低焊件的废品率,必须制定相应的预防措施。

白口产生的原因和防止方法。由于铸铁件传热速度较型砂快得多,焊接熔池又很小,焊接时冷却速度较铸铁自身快许多倍,加上填充材料石墨化元素不足,因此铸铁补焊时易产生白口组织。特别是熔合区,成分与母材相近冷却速度更快,更会产生白口组织。

采用石墨化元素含量多的铸铁焊条,配合适当的工艺措施,可避免白口组织产生,减少产生废品和环境污染的风险。一种焊条是灰铸铁作焊条芯,外涂石墨型药皮,如铸248焊条。另一种是焊条芯为低碳钢,药皮中加入适量的强石墨化元素,如铸208焊条。

采用非铸铁焊接材料也可避免焊缝金属产生白口组织。但由于熔合区成分比较接近母材,焊后冷却速度又很快,电弧冷焊时熔合区可产生白口组织,解决方法之一是采取预热,减慢冷却速度。而对于不允许预热或预热困难的铸件,可采用小电流、小直径或从背面水冷的方法,这样一来,焊接规模小,熔池小,冷却速度快,从而减少了熔深,使熔合区的石墨来不及溶解就已凝固,白口组织基本上不产生,有效地提高材料和能源的利用率。

采用钎焊方法进行焊补铸铁,由于钎焊过程铸件本身不熔化,可以完全避免白口组织,从焊接材料上防止了废品的产生。

热应力裂纹产生的原因为当焊接残余拉尖力超过铸铁的强度时,就会形成裂纹。另外当熔合区有白口组织存在时,在焊接应力作用下,也会产生裂纹,甚至产生焊缝和母材剥离现象,防止热裂纹的方法有热焊法、加热减应区法和电弧冷焊法等。热裂纹大多发生在非铸铁材质焊缝金属上,当采用结构钢焊条、镍基焊条、臬铜合金焊条时,由于铸铁母材含碳量很高,往往含有较多的硫、磷等杂质,使非铸铁组织的焊缝金属中碳、硫、磷及硅等元素含量增高,因而焊缝金属热裂倾向明显增大。在窄而深的熔池和带有凹坑的弧坑易产生热裂纹,引起焊件的报废。

为了防止产生热裂纹而造成焊件的报废,既浪费能源又污染环境,焊接时应采取以下措施:采用宽而浅的焊缝,坡口底部为圆弧形,从而减少熔合比;采用小电流、快速不摆动焊,减小熔深,缩短焊缝金属高温停留时间;收弧时填满弧坑,防止弧坑裂纹产生。

7.7 监测要求

7.7.1 焊机的所有监视仪表在使用前应经过校准。

7.7.2 使用化学药剂清洗焊件时,废液在排放至市政管道前,必须经过有资质单位的化验,达标后方可排放。

7.7.3 夜间施工时,应检查光污染对周围环境的影响。

第11章 起重设备安装

0 一般规定

起重设备是一种比较复杂的机电综合设备,它具有分散、与安装电梯的建筑物紧密相关等特点。起重设备的安装工作实质是电梯的总装配,而且这种总装配工作大多在远离制造厂的使用现场进行,一旦出现工序不合格或者部件报废的情况,需要花费大量的时间来等待从制造厂重新调运,造成极大的人力和能源的浪费,这就使起重设备安装工作比一般机电设备的安装工作更重要、更复杂。

1 曳引式电梯安装

1.1 作业流程

施工准备→导轨安装→对重安装→轿厢安装→层门安装→机房机械设备安装→钢丝绳安装→电气设备安装→试运行。

1.2 环境因素

预埋孔洞的修理噪声排放、清洗废油和棉纱的排放、钢丝绳切割时噪声排放、焊接作业时的光污染、井道内焊接烟尘的排放、废弃的混凝土渣的排放。

1.3 人员要求

电梯的安装队伍必须具有相应的资质,人员进场时,进行专项的环境保护教育,应包括场地清洁的要求、工艺与能源消耗的关系等内容。

在开始操作前,必须对操作人员进行必要的操作技能培训,严格进行技术交底,关键的操作岗位必须做到持证上岗。机械的接油盘的油必须定期进行清理,作为不可利用废弃物进行处理。

参与吊装的施工人员必须熟悉本工种的技术操作规程和环境保护规程,防止因操作不当造成人为伤害和机械损坏,造成不必要的资源浪费。

1.4 材料要求

进场设备在验收时应对随行文件进行确认,包括土建布置图、产品出厂合格证、门锁装置、限速器、安全钳及缓冲器的型式试验证书、设备装箱单、安装使用说明书、电路原理图等,从进货上防止在施工过程中出现的与建筑物不符或零件的不合格,而耽误工期,造成人力和资源的浪费。

1.5 设备设施要求

对在施工中需使用的机械设备进行检查、维护和保养,减少可能产生的噪声,对适用的监测设备进行校准,以防止由于监测设备不准确而造成污染排放超标的情况发生。

1.6 过程控制要求

1.6.1 施工前准备阶段需注意事项

施工前应编制电梯安装的方案,与土建密切配合,尽量避免土建的预留预埋尺寸的不准确而造成的返工。施工前,应对电梯所需的预埋件进行检查,对不准确的预埋件进行校正或者返工,返工时应避开居民的休息时间,尽量使用拆下的预埋件,减少预埋件材料的浪费。

1.6.2 施工阶段的环境影响及其防治措施

由于电梯是在封闭的井道内施工,因此必须做到活完料尽场清,脚手架上不得存放杂物,在井道内禁止吸烟,使用汽油喷灯浇铸巴氏合金时,应保持周围10m内无易燃物,并且打气要合适,使用时不能面对人,以防引燃防护网,而造成烟尘和废弃的排放而污染环境。

卷扬机、倒链葫芦等使用时应进行检查,避免钢丝和铁链打滑而损害机械设备,造成不必要的材料浪费。

施工中需要的脚手架搭设应遵守脚手架章节的环境污染防护措施。

电梯施工中一般需要对各种预留孔洞进行修正,修正时,操作人员必须配戴个人防护用品,为了防止扬尘的产生,应在修正前对基层进行湿润或者配备自动喷洒装置,防止扬尘的污染。当在已经装修过的地面进行作业时,应铺设铁皮或其他防地面损伤的材料。当修正预留孔、预埋件时,如果数量较大,应避开周围居民的休息时间,避免扰民。

修正坑底标时,应在周边设置隔声帘,减少噪声的排放,所产生的混凝土块等垃圾应及时清运到指定地点,按不可回收废弃物进行处理。

1.6.2.1 导轨安装过程中的环境影响及其污染防治措施

施工中,需要用煤油对导轨进行擦洗,擦洗时,导轨下方要设置容器,既可以充分利用煤油,又可防止油类对地面的污染,使用后的棉纱可用作机械设备的擦洗,废弃时应放置至指定的存放场所,禁止随意乱丢弃,使用完后,应按有毒有害废弃进行收集,交与专门机构进行处理。

当导轨与预埋铁件进行焊接时,必须先清除预埋铁件表面的混凝土,清除时,可使用铁锤敲击使之脱落,需保证下方无人时才可以进行,脱落的混凝土废渣要及时进行清理,运至指定地点。焊工必须配带个人防护用品才可以进行施焊,具体环境保护注意事项,见相关焊接章节。

采用膨胀螺栓固定导轨支架时,应优先采用厂家提供膨胀螺栓,减少由于螺栓的型号不同而造成返工。使用冲击钻钻眼时,操作人员必须配带个人防护用品,钻完时,应及时用喷壶进行洒水降尘,噪声的防护应采取避开敏感的时间段的方法来进行施工。

安装导轨时,在顶层需要截断导轨时,应在井道外的场地上进行,严禁在电梯井道内进行切割,防止高温的铁渣在井道内引燃易燃物或者发生烧伤事故,在切割的前方10m处不得有易燃的物质或材料,以免引起火灾。

导轨及其他附件在露天放置时,设备的下面应垫起,以防受潮生锈,表面应用原包装物或者彩条布履盖,避免造成材料的浪费和资源的消耗。运输导轨时,要注意不得碰撞地面,导轨可用草袋或木板等物保护,并要将导轨抬起运输,不可拖动或用滚械滚动运输。导轨如在梯井内运输不便时,为了找出合适的运输方法,必要时可先用和导轨相似的木方代替进行试验。当剔层灯盒、导轨支架孔,剔出主钢筋或预埋件时,不能私自处理,防止处理时破坏结构,影响建筑物的使用寿命。在立轨过程中对已安装好的导轨支架进行保护,不可激烈碰撞,避免导轨受到破坏。

在施工过程应注意当混凝土浇筑的导轨支架有松动时,要剔除松动的混凝土,拆除支架,按要求重新浇筑,不得在原有的基础上修补,以防止粘结不良而破坏,造成不必要的资源浪费。

电梯的导轨不得焊接,也不允许用气焊切割,以免引起材料的脆化而造成报废的情况。与电梯安装相关的预埋铁、金属构架及其焊口,均应做好除焊渣、除锈防腐工作,不得遗漏,增加焊件的使用寿命。去除的焊渣必须及时进行清理,禁止留于井道底部,防止由于与其他物质发生化学反应生成有毒气体,造成对环境的污染。做除锈和防腐工作时,应在井道内进行强制排风,防止由于有害气体的积累造成对人身的伤害。防腐的原料不应选择强挥发的高毒的材料,操作人员应配戴个人防护用品(防毒口罩等),并且在防腐的施工过程中,应派专人进行检查,施工现场严禁明火,与金属切割、焊接、预埋件的修正、孔洞的修正等工序相互错开,防止由于以上工序产生的火花而引起井道内的可燃气体爆炸。

1.6.2.2 对重安装过程中的环境影响及其防治措施

施工前应确保对重框架规格应符合设计要求,完整、坚固、无扭曲及损伤现象。清理井道内的垃圾时,应用袋装好,防止铲运过程中的扬尘,在施工人员进行坑底前应对坑底进行一次不少于 10min 的强制通风,以防止由于井底垃圾反应生成的有毒气体对突然释放造成超标的排放。井底的垃圾应清理至指定的地点,禁止随意乱扔。

施工中如有滑轮固定在对重装置上时,应设置防护罩以避免伤害作业人员、悬挂绳松弛脱离绳槽、绳与绳槽之间落入杂物。造成对绳的磨损,浪费材料。这些装置的结构应不妨碍对滑轮的检查和维护。

在对重导靴安装后,应用旧布等物品绑好,以免尘渣进入靴衬中,影响其使用寿命,造成不必要的资源浪费。

对重框架的运输、吊装和安装对重块的过程中,应在框架、对重块的角部包扎软布料或者是橡胶皮,防止对地面和墙面的碰撞。不得碰坏已装修好的地面、墙面及导轨其他设施,条件许可时,可在地面上铺设纸板、地毯等防损坏地面的物品。

吊装时使用的倒链必须带防脱钩装置,防止吊装时脱钩造成对重块的损坏,在搬运潮湿的对重块前应先用棉纱或干布擦干净。搬运时应有 2 个人同时作业,作业人员应抓紧,防止松动滑落,以免对重块断裂而报废,浪费资源和对环境造成污染。

导靴安装完成后,对所有螺栓要紧固一遍;若发现个别螺栓孔位置不符合要求,要及时解决,严禁漏装。当使用橡胶滚轮导靴时,严禁用汽油或柴油直接擦拭滚轮表面,也尽量避免用汽油或柴油清洗导轨。当使用滚轮导靴时,严禁用润滑油润滑导轨,否则会使滚轮导靴打滑,影响其运行的质量。造成不必要的人力和资源的消耗。

1.6.2.3 轿厢安装过程中的环境影响及其防治措施

首先应按照制造厂的轿厢装配图,了解轿厢各部件的名称、功能安装部位及尺寸要求。复核轿厢底梁的宽度与导轨距是否相配,如不配,则需按图检查,做出调整。以免在安装过程中出现与导轨不相配的情况,造成人力和资源的浪费。

轿厢安装时需在顶层门口对面的混凝土进道壁进行钻眼,安装托架;并且需剔出 2 个木方的支撑洞,在进行剔凿施工时,操作人员必须配戴个人防护用品(防尘口罩、防护眼镜),剔凿过程中应注意及时用喷壶洒水降尘,剔凿完的垃圾应及时进行清理,以防止对轿厢的磕碰。

轿顶轮的防跳挡绳装置,应设防护罩,以避免伤害作业人员,又可预防钢丝绳松弛脱离绳槽、绳与槽之间落入杂物。这些装置的结构应不妨碍对滑轮的检查维护。采用链条的情况下,亦要有类似的装置。

轿厢应存放在建筑内,或者用原包装物、彩条布进行履盖,避免对轿厢的锈蚀,造成材料浪费。轿厢出厂时,在轿门和轿壁的保护膜在交工前不要撕下,必要时再加纸板、胶合板保护层等,以防止对轿厢壁的损坏。交工后撕下保护膜应放于指定地点,竣工后交由有资质的单位进行处理,禁止对保护膜进行燃烧处理,会产生有毒气体,造成大气的污染。

1.6.2.4 层门安装过程需注意的环境影响

施工前应先对层门部件(地坎、门导轨、层门扇)进行检查,发现有变形、损坏的情况时,及时进行修理。对转动部分进行检查,必要时要进行清洗加油,清洗油不得随意排放至施工场地,应设专用的容器接油,用完的棉纱要进行专门的处理。

当地坎牛腿为混凝土结构时,要注意对成品混凝土的防护,浇筑完后的8h内禁止任何人踩踏,在周围区域设置明显的标志,避免对沿未凝结混凝土的破坏而造成报废,浪费材料和人力。

安装层门扇时,首先应清除门套焊接部分的焊渣(用锉刀)和层门口两侧井道壁上的水泥块、砖块(用榔头)等物。清理地坎槽内的杂物。清除的垃圾及时进行清扫,下班后统一进行收集,运送到指定地点。

在施工过程中对层门的组件要采取绑布条、保留防护模等措施加以保护,不可将其碰坏,保证外观平整光滑,无划伤、撞伤痕迹。组件有保护膜的要在交工后才能把保护膜去掉,去掉的保护膜放于指定地点,竣工后交由有资质的单位进行处理。必要时要装保护层,保护层的材料可选择现场可利用的材料,如组件的包装箱、胶合板等材料,保护膜去掉后,作为有毒有害废弃物进行处理,不得进行燃烧处理。并且在施工要防止杂物向井道内坠落,以免砸伤已安装好的电梯部件。避免不必要的人力浪费。

混凝土结构牛腿灌注混凝土稳装地坎后,需等砂浆阴干72h,方可进行下道工序,以免由于砂浆强度不足而造成上道工序报废的情况,形成固体废弃物污染环境。

与电梯安装相关的预埋铁、金属构架及其焊口,均应做好清除焊渣、除锈防腐工作,不得遗漏,以延长构件的使用寿命,减少对资源的消耗。

1.6.2.5 机房机械设备安装过程中的环境影响及其防治措施

首先应确定机房的机械设备的规格、型号、数量必须符合图纸要求,制造质量合格,且完好无损。限速器应有型式试验报告结论副本。机房安装施工所需的电焊条、螺栓、膨胀螺栓、防锈漆、水泥等规格、强度等级要符合设计要求。否则会由于小构件不合格,造成重大设备、部件的受损事故,既浪费资源又产生垃圾污染环境。

钢梁就预先进行开孔,开孔不允许用气割、电焊切割,应用磁力电钻钻孔,否则会由于在动载的作用下,开孔部位由于受热变脆,引起应力集中而破坏,影响钢梁的使用寿命。

承重钢梁安装找平后,梁端用型钢管进行焊接封固,并用电焊将承重钢梁和垫铁焊牢,焊接时,由于机房空间较小,应进行开窗通风,避免焊接烟尘积累而使操作人员中毒。焊接时应配戴个人防护用品。焊接后焊口应进行除渣,防锈处理,除渣油漆的环境影响见相关章节。

机房的设备在运输、保管和安装过程中,严禁受潮、碰撞,避免引起设备或构件的变形而损坏设备或构件。

施工用气割、气焊时,必须按要求开具"动火证",并配备好看火人及消防用品,焊接的部位至少配备一只 10L 的二氧化碳灭火器。

1.6.2.6 钢丝绳安装过程中的环境因素及其防治措施

钢丝绳在安装前应进行外观检查,不得有死弯、松股、断丝现象,麻芯润滑油脂无干枯现象,并应保持清洁,以免在安装过程中发现,造成返工,耽误工期,也造成了人力浪费和能源消耗。

安装前确认对重框架及轿厢框架已经组装完成,绳头板已安装到位;做绳头的地方应保持清洁,熔化巴氏合金的地方应有防火措施;展开钢丝绳场地应洁净、宽敞,保证钢丝绳表面不受脏污。

断绳时用钢凿、砂轮切割机、钢丝绳剪刀断绳,由于砂轮机和钢凿切割会产生噪声的排放,一般宜用钢丝剪刀断绳,减少噪声的排放。切割的余料应进行专门收集,严禁与其他垃圾混放。作为可利用废弃物进行处理。展开绳后如发现绳上油污、渣土较多,可用棉丝浸上煤油,拧干后对钢丝绳进行擦拭,禁止对钢丝绳直接进行清洗,防止润滑油脂被洗掉或造成对煤油的严重浪费。用完的棉丝先不废弃,留在编花时对绳股进行清洗,用完的棉纱做为有害废弃物进行处理。

钨金浇灌时,液化后清除表面的杂质,放入指定的容器中,不得随意丢弃。

应注意的是,断绳时不可使用电气焊,以防引起绳头的脆断,造成材料的损失和浪费,去麻芯时,应用锯条或刀割,不得用火烧的方法,避免引起火灾和对钢丝绳造成损坏。

1.6.2.7 电气装置安装过程中的环境影响及其防治措施

由于电气装置的附件构架、电线管、电线槽等非常带电金属部分均应涂刷防腐漆或镀锌,因此在安装前应对这些构件进行加工,避免在电梯井道中进行刷漆等工作,防止井道内可燃气体的积聚,引起火灾。

1.6.3 自动扶梯、自动人行道安装

1.6.3.1 安装准备阶段

应编制有针对性的施工方案,确定吊装程序,一般施工中采用半机械化的吊装方案,如果全部采用吊车吊装,虽然方便快捷,但投入较大,而且所需要的活动空间较大,大部分现场难以满足全部使用吊车的要求,所以应根据现场实际情况制定切合实际的方案,避免不必要的能源消耗。

拆除包装箱时,包装物应及时清理,作为可利用废弃物进行处理,禁止在现场进行燃烧处理,污染环境,易燃易碎的物品,必须严格单独进行保管,防止物品被损坏。

1.6.3.2 安装阶段

吊具在使用前应进行检查和润滑维护,检查钢丝绳有无断股、断丝及死弯现象,机械设备无漏油,运转正常,使用汽车吊时,尾气的排放应符合当地环境保护要求。

在使用电气焊时,工作现场必须配备有灭火器材,有具体的防火措施,要配专人看管,班后要检查现场,确认无火灾隐患,方可离开。用气焊切割材料时,场地要铺设防火板或铁板,防止割下的焊渣引燃易燃物或者破坏装修好的地面。乙炔瓶与氧气瓶之间及它们与明火距离必须符合安全规定,避免发生火灾污染环境,冬期施工时要预防乙炔瓶受冻,受冻时严禁用火烤解冻,防止发生爆炸事故。乙炔瓶只得立用,不得放倒,也不得垫在绝缘物上,不得敲击、碰撞,并且严禁银汞等物品与乙炔接触。

扶梯安装在最底层时,必须设置混凝土基坑,基坑做有防水,不能渗水,以免地下水渗入,造成电梯锈蚀而引起电梯寿命的减少。

电梯的支撑桁架的油漆剥落时,应在安装前予以补好,避免安装后再补造成油漆遗洒的情况,污染地面。

散装的导轨及其他附件在露天存放时下面应垫起,上面履盖彩条布或者石棉瓦,以防受潮,减少设备的使用寿命。

1.6.4 施工用室外电梯安装

施工电梯具有使用方便、拆装灵活,适应各种建筑高度、占地面积小、无特殊用电要求、操纵简单、安全耐用等适合于工地的使用条件,是目前高层建筑的施工中,使用很广。

井字架是电梯的主承重结构并兼作轿厢和对重的导轨。井字架一般是由工厂加工的,运输到施工现场进行组装。井字架通过预埋件与建筑物相连。

施工电梯在进场后应进行一次保养,补齐油漆掉落的部位,补漆时应避免遗洒,污染地面。避免在室外的风吹雨淋使电梯受到腐蚀,减少其使用寿命。

电梯在日常的运行中,应经常进行检查,对运转部位进行维护,防止由于润滑油的挥发,而造成摩擦加剧,损坏机械设备,减少其使用的寿命。

禁止进场的车辆鸣哨;起重机械的指挥信号声应避开敏感时段或者采用无线通话器指挥;配套的土建应避开周围居民的休息时间;施工前应对机械设备进行检修,减少噪声的排放;机械设备应在底部装设面积不小于设备投影面积接油盘;

1.7 监测要求

施工中必须遵守有关环境保护的法律法规。施工中应加强噪声、废水等的长期监测,指定专人负责实施,如有几个施工阶段同时进行时,以高噪声段的限值为准,施工时间安排在避开居民休息的时间段内进行,当由于施工工艺要求或其他必须连续施工的原因外,要向当地行政主管部门申报,并公示给周围居民。

在安装过程,需加强对现场的噪声监测,如发现超标,应采用隔声措施,减少噪声的排放。

施工中的废弃物必须进行分类收集,严禁垃圾混放,垃圾应进行密闭存放,并放至指定的场地,及时进行清理。

2 单臂塔架式起重机拆装

2.1 作业流程

技术交底→施工准备→结构矫正、拼装→吊装→定位连接→结构总装(拆除)→机电设备拆装→转运→试运行→整理入库。

2.2 环境因素

设备维护保养用的油的排放、指挥哨声的排放、运输时汽车噪声的排放、构件搬运噪声的排放。

2.3 人员要求

参加施工的有关技术人员、管理人员、操作人员,包括民技工必须接受入场前职位环境保护教育,经考试合格后方可上岗。

进入现场的施工人员必须按规定劳保着装,并佩戴好必要的安全防护用品。

特种作业人员必须持证上岗,非特种作业人员不得从事特种作业。

施工作业前应做好环境保护技术交底工作,并按要求做好记录。

施工中对各岗位的环境因素及其控制方法进行交底,并按要求做好记录。

现场施工人员应严格遵守操作规程和相关安全管理规定,正确使用工器具,现场统一的环境要求。

2.4 设备设施要求

电气设备均应小心轻放,切勿碰伤、砸坏,并做好防潮、防晒,确保设备使用性能,延长设备使用寿命。

构件应摆放整齐,平稳、支垫牢固,其叠放的高度不宜超过二层,以防滑倒伤人,也损坏构件。

施工设备、工器具等应经常检查,维护和保养,减少运行中的噪声产生。

起重、运输设备操作人员作业前应对设备的安全性能进行检查,确保设备安全运行。

转运及起重作业前应对起重或捆绑用具及设施进行检查,正确选择和使用,并严格执行"十不吊"规定,确保其安全性符合要求,避免发生安全事故而形成垃圾的排放。

大件吊装必须严格执行吊装方案,统一指挥,宜采用无线信号方式进行指挥,减少指挥的哨声,避免扰民。

电气系统通电调试时,必须有两人同时作业,其中一人监护。

2.5 过程控制要求

2.5.1 技术交底

进行技术交底,使参与安装(拆除)项目有关技术人员、管理人员、操作人员了解本起重机的特点、结构、施工质量、施工安全、环境保护要求和工期进度计划要求,并对起吊手段、施工方法、施工程序、应急响应要求和措施等做到心中有数,防止因施工人员不熟悉施工工艺而造成各类伤害和不必要的环境污染或资源浪费。

在安装(拆除)过程中可以组织多次技术活动,但无论何种形式的技术交底都必须做好"施工技术交底记录"并在生产过程中检查落实,避免施工人员技术上工艺上的失误,造成不必要的人力和材料的消耗。

工程技术人员应制定出可靠的环境保护措施,并在施工中督促落实,确保措施到位。

工程技术人员应当履行本岗位环境保护职责,深入现场检查,对有毒有害废物的排放、强噪声的排放、机械设备的严重漏油等直接引起严重环境污染的技术问题及时组织处理。

2.5.2 施工准备

疏通现场施工通道,条件允许时应进行硬化,防止因道路狭窄不平引起碰撞,倾翻,造成材料损失和设备损坏事故,形成废弃物污染环境。

工作场地清理时,各种钢结构件应摆放整齐、垫稳、垫实、防止倒塌、滑落,造成构件的报废或缩短构件的寿命,并形成废弃物的排放。

转运构件车辆的驾驶员必须在进场前了解行车路线、地形情况,严格执行驾驶员操作规程,车辆的废气排放必须达到当地规定的标准。

构件在装车运输时应摆放整齐,运输前应仔细检查构件是否绑扎牢固,并对运输线路进行认真勘查,超长、超宽、超高件运输时还需做好明显标识,必要时还需要专车引导,避免在运输过程中发生碰撞引起构件的变形,缩短其使用寿命,造成不必要的浪费。

2.5.3 结构矫正、拼装

人工转运小构件时须选用合理的抬放方式,轻拿轻放或者设专人观察,当构件接近墙面时,可以用哨声提醒。应防止相互的挤压和碰撞,避免由于抬放方式的不合理而造成构件的变形,损坏构件。

使用机械矫正须由专人操作,统一指挥,其设备的防护装置必须齐全。

采用火焰矫正,必须清理周边环境,并采取可靠措施防止火花引燃引爆其他物品,引发严重的环境污染。

热矫正后的构件应妥善放置,周围设置警戒线,并作出标识或指派专人看管,防止高温伤人,待温度降至室温后,方可撤离,防止其余热引起火灾,造成环境污染,并且可能烫伤相关人员。

使用的氧气和乙炔气必须按规定分开放置,气瓶附近10m内不得有明火,以免发生爆炸造成重大环境事故。

拼装使用的工器具必须放置牢固,高处作业时工器具应可靠拴挂或采用其他安全防护措施,防止其坠落伤人和引起工具的变形报废。

使用角磨机打磨时操作人员必须戴防护眼镜和耳塞,打磨时,应在场界进行噪声的量测,如发现超标时,应对场所进行封闭或者是转移至密闭场所进行打磨。

已拼装好的部件必须摆放整齐且支垫牢固可靠,防止滑落造成构件的变形,影响其使用寿命。

2.5.4 吊装

作业前必须检查起重工器具技术性能和环保附件(接油盘、降噪设施),确保完好可靠并正确选用吊具。

合理捆绑被吊件,对有吊点的用吊点起吊,无吊点的要通过试吊确定构件重心,避免吊装过程发生构件断裂报废,造成固体废弃物的排放,棱角锋利边角与吊绳接触处要加橡皮垫衬垫,避免构件与吊绳摩擦损坏。

被吊物下方严禁人员作业、停留,其起吊速度应严格控制,防止坠物伤人或引起被吊物的报废,造成不必要的环境污染。

吊装过程宜采用无线通讯方式,可以减少哨声扰民。

2.5.5 定位及连接

晚间使用焊接设备、机具及照明灯具等时,应设置遮光罩,防止造成光污染。

构件定位连接前应将杂物清理干净,清理完的垃圾送到指定地点,与施工无关的工器具和构件远离吊装区,防止损坏。

定位连接时严格控制起吊设备的操作,其操作必须按照指定组装人员的要求进行动作。

作业过程中还需防止电弧灼伤,气割烫伤和火灾,以免造成环境污染。

2.5.6 结构总装(结构拆除)

构件总装(拆除)作业前应将杂物清理干净,将垃圾送至指定地点。防止坠物伤人伤设备。

大构件翻身、抬吊时应指派专人监视,过程要缓慢,防止过快而引起构件变形。

拆、装长件、重件须系好缆风绳,并由专人指挥缆风绳的控制。

拆装过程中应专人指挥,信号统一,且应捆绑牢固,避免掉落损坏。

作业过程中应严格控制起吊设备的操作(吊车、卷扬机、葫芦),其操作必须按照指定拆装人员的要求进行动作,避免动作不一致造成构件变形或者设施损坏。

起吊设备(吊车、卷扬机、葫芦),其操作人员应经常对设备的性能进行检查,确保设备安全运行。

在总装(拆除)过程中作转运构件运输的车辆进入施工区域后应注意观察周边环境,狭小地方须指派专人指挥。

总装(拆除)中使用气割、电焊等加热作业后应设置警戒线,挂设高温标志,禁止人员靠近,防止发生火灾;作业产生火花应注意隔离。

2.5.7 机电设备的拆、装

机电设备拆装必须按设计图纸、说明书施工,未经有关设计制造部门同意,不得任意修改。

起重、变幅、回转、行走机电设备的安装,机座必须稳固,安全装置(如制动机构、限位器、安全阀、负荷指示器等)必须齐全、灵敏、可靠。

露天使用的电气设备均应采取覆盖防雨布、搭设操作棚等防水措施,防止设备受潮、漏电、损坏等,减少环境污染的风险。

在有易燃易爆气体场所,电气设备及线路均应满足防火、防爆要求。

热元件和熔断器的容量应满足被保护设备的要求,熔丝应有保护罩,熔丝不得削小使用,严禁用金属线代替熔丝,避免引起设备的损坏、浪费资源。

所有拆除电气设备外壳上,电气设备的引线电缆均应按图纸进行编号,编号标记应清晰,固定牢靠,以防遗失。

电气设备拆除后要及时装箱,并附有装箱清单,以防被水淋湿、丢失等,造成设备损失或缩短其使用寿命。

2.5.8 转运

运输车辆进入施工区域后应注意观察周边环境,狭窄路段须指派专人指挥。

运输前应仔细检查构件是否摆放好,是否绑扎牢固,并对运输线路做好现场勘查;"三超"件运输还需要作好明显标识,必要时应指派专人、专车引导。

运输车辆的使用必须执行交通规则,不准带病或超载运行,司机严禁无证驾驶或酒后开车。

2.5.9 试运行

试运行要求风速在规定的范围内。

完成一般技术检查如检查调试好各部位限位器,检查调正各机构同心度,检查四个行走电机方向的一致性,检查调试变幅指示器,检查各部照明等。

完成空负荷试验、静负荷试验、动负荷试验,作出试验结果评定。

2.5.10 整理入库

所拆除的构件、机电设备,必须按图纸编号进行清点验收入库,以防遗漏、丢失,引起不必要的材料损失。

2.5.11 安装作业环境及应急响应准备

开工前项目负责人应组织施工、技术人员对现场情况进行检查,策划行车的路线,选择最合理的路线,减少对能源的消耗。

安装(拆除)部位应设置安全作业警戒线,并派设安全警戒人员,禁止无关人员进入,以防止人员受伤或者设备受损。

安装(拆除)作业中,遇有五级以上大风和雷、雨、雪、大雾时应停止作业。

作业区域严禁烟火,并设置安全防护线和安全醒目标识,防止引起火灾或爆炸,造成严重的环境事故。

电气设备的吊装和转运要小心轻放,以免碰伤、碰坏、砸坏。

凡不符合技术标准要求的绝缘安全用具、携带式电压和电流指示器、以及检修中的临时接地线等均不得使用,由于电路和测量仪器的不合格而造成机械设备的损坏。

非电气工作人员不得从事电气拆装工作,防止操作失误而造成机械设备的中损坏。

2.6 监测要求

施工现场应悬挂必要的垃圾分类指示牌,便于垃圾的分类处理。环境管理人员应坚持现场巡视,发现违规必须及时制止和处理。

起重作业应设专人指挥并佩戴袖标,并且指挥明确,信号清楚统一,参加施工的人员必须服从管理,统一行动。

结构时拼装前应检查各种机具、电动工具的转动部分,并用噪声仪进行测量,确认其噪声值在允许的范围内。

携带式电压和电流指示器、起重机的力学仪表使用前必须经过校准。

3 结构吊装

一般单层厂房结构安装工程在施工前应做详细的施工方案,内容包括:结构吊装方法、起重机的选择、起重机的行走路线及构件的平面布置等内容,合理的资源利用和线路选择会大大缩短吊装的时间,减少对资源的消耗。确定施工方案时应根据厂房的结构形式、跨度、构件的重量及安装高度、吊装工程量及工期要求,并考虑现有起重设备条件等因素综合确定。下面介绍两种吊装方法,供实际施工时进行选择,尽量最大程度地利用施工场地,选择最有利于节约能源的吊装方法。

分件吊装法。起重机每开行一次,仅吊装一种或几种构件。一般厂房分三次开行吊装完全部构件。第一次开行,吊装柱,应逐一进行校正及最后固定;第二次开行,吊装吊车梁、连系梁及柱间支撑等;第三次开行,以节间为单位吊装屋架、天窗架和屋面板等构件。

分件吊装法起重机每开行一次基本上吊装一种或一类构件,起重机可根据构件的重量及安装高度来选择,不同构件选用不同型号起重机,能够充分发挥起重机的工作性能。在吊装过程中,吊具不需要经常更换,操作易于熟练,吊装速度快。采用这种吊装方法,还能给构件临时固定、校正及最后固定等工序提供充裕的时间。构件的供应及平面布置比较简单。目前,一般单层厂房结构吊装多采用此法。但分件吊装法由于起重机开行路线长,能源消耗较多,形成结构空间的时间长,在安装阶段稳定性较差,易造成构件的倾倒,损坏构件,造成环境污染。

综合吊装法。起重机一次开行,以节间为单位安装所有的结构构件。具体做法是:先吊装4~6根柱,随即进行校正和最后固定。然后吊装该节间的吊车梁、连系梁、屋架、天窗架、屋面板等构件。这种吊装方法具有起重机开行路线短,停机次数少,能及早交出工作面,为下一工序创造施工条件等优点。但由于同时吊装各类型的构件,起重机的能力不能充分发挥;索具更换频繁,操作多变,影响生产效率的提高;校正及固定工作时间紧张;构件供应复杂,平面布置拥挤;造成人力资源的浪费和能源的消耗,以及造成不少废气的排放,污染环境。所以在一般情况下,不宜采用这种吊装方法。只有使用移动困难的桅杆式起重机吊装时才采用此法。

3.1 作业流程

3.1.1 单层厂房结构吊装流程

起重机选择→柱吊装→屋架安装→屋盖系统安装→天窗板和屋面板安装。

3.1.2 框架结构构件吊装流程

柱吊装→样板吊装。

3.2 环境因素

设备维护保养用的油的排放、指挥哨声的排放、运输时汽车噪声的排放、构件搬运噪声的排放、构件连接时弧光的排放、预埋件校正时的噪声排放。

3.3 人员要求

起重操作人员应持证上岗,经过环境保护知识的培训,内容应包括:施工工艺与能源消耗的关系、各种废弃物处理的规定、车辆行使路线等。

3.4 材料要求

起吊前,应对吊点附近的混凝土进行检查,如发现吊点有松动的现象,应凿掉松动的混凝土,重新浇筑,以免在起掉过程中吊点松脱而掉落伤人和破坏构件。

3.5 设备设施要求

施工设备、工器具等应经常检查、维护和保养,减少运行中的噪声产生。

起重、运输设备操作人员作业前应对设备的安全性能进行检查,确保设备安全运行。

转运及起重作业前应对起重或捆绑用具及设施进行检查,正确选择和使用,并严格执行"十不吊"规定,确保其安全性符合要求,避免发生安全事故而形成垃圾的排放。

大件吊装必须严格执行吊装方案,统一指挥,宜采用无线通信方式进行指挥,减少指挥的哨声,避免扰民。

电气系统通电调试时,必须有两人同时作业,其中一人监护。
3.6 过程控制要求
3.6.1 单层厂房结构吊装方法
3.6.1.1 起重机型号、臂长的选择

起重机的开行路线及停机点的布置对能耗的影响较大,合理的停机点会减少相互避让的时间,减少起重机的开机路线,降低能耗。所以对起重机的型号、臂长应进行合理的选择。

(1) 起重半径 R 无要求时

根据起重量 Q 及起重高度 H,查阅起重机性能曲线或性能表来选择起重机型号和起重机臂长 L,并可查得在选择的起重量和起重高度下相应的起重半径,即为起吊该构件时的最大起重半径,在可能的情况下尽量选择能耗较低的起重机械,同时可确定吊装该构件时起重机开行路线及停机点的依据。

(2) 起重半径 R 有要求时

根据起重量 Q、起重高度 H 及起重半径 R 三个参数查阅起重机性能曲线或性能表,来选择起重机型号和起重机臂长 L。并确定吊装该构件时的起重半径,作为确定吊装该构件时起重机开行路线及停机点的依据。

(3) 最小臂长 L_{min} 有要求时

根据起重量 Q 及起重高度 H 初步选定起重机型号,并根据由数解法或图解法所求得的最小起重臂长的理论值 L_{min},查起重机性能曲线或性能表,从规定的几种臂长中选择一种臂长 $L > L_{min}$,即为吊装构件时所选的起重臂长度,尽量避免选用过大的起重机,因为功率大会增加能源的消耗。

根据实际选用的起重臂长 L 及相应的 α 值,可求出起重半径。

然后按 R 和 L 查起重机性能曲线或性能表,复核起重量 Q 及起重高度 H,如能满足要求,即可按 R 值确定起重机吊装构件时的停机位置。

吊装屋面板时,一般是按上述方法首先确定吊装跨中屋面板所需臂长及起重半径。然后复核最边缘一块屋面板是否满足要求。

3.6.1.2 屋盖系统吊装起重机开行路线及构件平面布置

屋架预制位置与屋架扶直就位起重机开行路线

屋架一般在跨内平卧叠浇预制,每叠 3~4 榀。布置方式有正面斜向、正反斜向、正反纵向布置三种,其放置部位必须科学合理,不得妨碍起重机的行走路线,并尽量减少起重机的负重行程,减少能源的消耗和对环境的污染,预制过程中的环境影响及其防治措施见预应力章节。

屋架吊装前应先扶直并排放到吊装前就位位置准备吊装,对于薄壁的屋架,在吊装过程中应对其进行防护,防止在运输的过程发生碰撞而破坏,堆放时避免堆压过多,损坏构件,既浪费材料又会造成环境污染。屋架扶直就位时,起重机跨内开行,必要时需负重行走。

3.6.1.3 屋架就位位置与屋盖系统吊装起重机开行路线

屋架吊装前先扶直就位再吊装,可以提高起重机的吊装效率,减少起重机的能源消耗,提高人力资源利用效率,并适应吊装工艺的要求。

吊装屋架及屋盖结构中其他构件时,起重机均跨中开行。

屋架的斜向排放方式,用于重量较大的屋架,起重机定点吊装。

一般来讲,合理的屋架布置方式可以大大减少起重机的开行路线,减少能耗,降低构件运输过程中发生损坏的可能性。所以屋架的布置方式应采用计算的方式进行确定,一般来说屋架的具体布置方式可用如下方法来确定:

(1) 确定起重机开行路线及停机点

起重机跨中开行,在开行路线上定出吊装每榀屋架的停机点,即以屋架轴线中点 M 为圆心,以 $R(mm,A$ 为起重机机尾长,B 为柱宽)为半径画弧与开行路线交于 O 点,即为停机点。

(2) 确定屋架排放范围

先定出 $P-P$ 线,该线距柱边缘不小于 200mm;再定 $Q-Q$ 线,该线距开行路线不小于 $A+0.5$m;在 $P-P$ 线与 $Q-Q$ 线之间定出中线 $H-H$ 线;屋架在 $P-P$、$Q-Q$ 线之间排放,其中点均应在 $H-H$ 线上。

(3) 确定屋架排放位置

屋架的纵向排放方式用于重量较轻的屋架,允许起重机吊装时负荷行驶。纵向排放一般以 4 榀为一组,靠柱边顺轴线排放,屋架之间的净距离不大于 200mm,相互之间用铁丝及支撑拉紧撑牢。每组屋架之间预留约 3m 间距作为横向通道。为防止在吊装过程与已安装屋架相碰损坏构件,每组屋架的跨中要安排在该组屋架倒数第二榀安装轴线之后约 2m 处。

(4) 屋面板就位堆放位置

屋面板的就位位置,跨内跨外均可。根据起重机吊装屋面板时的起重半径确定。一般情况下,当布置在跨内时,大约后退 3~4 个节间;当布置在跨外时,应后退 1~2 个节间开始堆放。

3.6.1.4 柱子的吊装

(1) 测量准备。在结构吊装过程中,准确的测量是吊装成功的一个关键环节,在很大程度上能避免造成人力浪费、物资消耗和环境的污染。因此是吊装前应对基础,轴线进行测量的技术复核。

1) 弹线

为避免安装的尺寸不准而返工,造成能源消耗和构件的损坏,柱应在柱身的三个面弹出安装中心线、基础顶面线、地坪标高线。矩形截面柱安装中心线按几何中心线;工字形截面柱除在矩形部分弹出中心线外,为便于观测和避免视差,还应在翼缘部位弹一条与中心线平行的线。此外,在柱顶和牛腿顶面还要弹出屋架及吊车梁的安装中心线,以保证安装位置的准确性。

基础杯口顶面弹线要根据厂房的定位轴线测出,并应与柱的安装中心线相对应,以作为柱安装、对位和校正时的依据。

2) 杯底抄平

杯底抄平是对杯底标高进行的一次检查和调整,以保证柱吊装后牛腿顶面标高的准确,避免返工造成的构件损坏和能源浪费。调整方法是:首先,测出杯底的实际标高 h_1,量出柱底至牛腿顶面的实际长度 h_2;然后,根据牛腿顶面的设计标高 h 与杯底实际标高 h_1 之差,可得柱底至牛腿顶面应有的长度 $h_3(h_3 = h - h_1)$;其次,将其(h_3)与量得的实际长度(h_2)相比,得到施工误差即杯底标高应有的调整值 $\Delta h(\Delta h = h_3 - h_2 = h - h_1 - h_2)$,并在杯口内标出;最后,施工时,用1:2水泥砂浆或细石混凝土将杯底抹平至标志处。为使杯底标高调整值(Δh)为正值,柱基施工时,杯底标高控制值一般均要低于设计值50mm。

3) 柱的绑扎

柱一般均在现场就地预制,用砖或土作底模平卧生产,侧模可用木模或组合钢模,制作过程中的环境影响见相应的预应力章节。在制作底模和浇筑混凝土之前,就要确定绑扎方法、绑扎点数目和位置,并在绑扎点预埋吊环或预留孔洞,以便在绑扎时穿钢丝绳。柱的绑扎方法、绑扎点数目和位置,要根据柱的形状、断面、长度、配筋以及起重机的起重性能确定,应经过计算得出,禁止随意设起吊点,避免在吊装过程中引起构件的损坏,造成环境污染和材料的浪费。

柱的绑扎点数目与位置应按起吊时由自重产生的正负弯矩绝对值基本相等且不超过柱允许值的原则确定,以保证柱在吊装过程中不折断、不产生过大的变形。中、小型柱大多可绑扎一点,对于有牛腿的柱,吊点一般在牛腿下200mm处。重型柱或配筋少而细长的柱(如抗风柱),为防止起吊过程中柱身断裂或损坏,造成环境污染,需绑扎两点,且吊索的合力点应偏向柱重心上部。必要时,需验算吊装应力和裂缝宽度后确定绑扎点数目与位置。工字形截面柱和双肢柱的绑扎点应选在实心处,否则应在绑扎位置用方木垫平。

4) 绑扎方法

斜吊绑扎法。柱子在平卧状态下绑扎,不需翻身直接从底模上起吊;起吊后,柱呈倾斜状态,吊索在柱子宽面一侧,起重钩可低于柱顶,起重高度可较小;但对位不方便,柱子吊起要受较大的弯矩,损坏的可能性较大,因此要求宽面要有足够的抗弯能力。

5) 直吊绑扎法。吊装前需先将柱子翻身再绑扎起吊;起吊后,柱呈直立状态,起重机吊钩要超过柱顶,吊索分别在柱两侧,故需要铁扁担,需要的起重高度比斜吊法大;柱翻身后刚度较大,抗弯能力增强,吊装时柱与杯口垂直,对位容易。

(2) 柱的吊升

根据柱在吊升过程中运动的特点,吊升方法可分为旋转法和滑行法两种。重型柱子有时还可用两台起重机抬吊。

1) 单机旋转法

柱吊升时,起重机边升钩边回转,使柱身绕柱脚(柱脚不动)旋转直到竖直,起重机将柱子吊离地面后稍微旋转起重臂使柱子处于基础正上方,然后将其插入基础杯口。为了操作方便和起重臂不变幅,柱在预制或排放时,应使柱基中心、柱脚中心和柱绑扎点均位于起重机的同一起重半径的圆弧上,该圆弧的圆心为起重机的回转中心,半径为圆心到绑扎点的距离,并应使柱脚尽量靠近基础。这种布置方法称为"三点共弧"。若施工现场条件限制,不可能将柱的绑扎点、柱脚和柱基三者同时布置在起重机的同一起重半径的圆弧上时,可采用柱脚与基础中心两点共弧布置,但这种布置时,柱在吊升过程中起重机要变幅,影响工效,减少资源的利用效率。

旋转法吊升柱受振动小,生产效率较高,能有效地减少能源的消耗,但对平面布置要求高,对起重机的机动性要求高。当采用自行杆式起重机时,宜采用此法。

2) 单机滑行法

柱吊升时,起重机只升钩不转臂,使柱脚沿地面滑行柱子逐渐直立,起重机将柱子吊离地面后稍微旋转起重臂使柱子处于基础正上方,然后将其插入基础杯口。采用滑行法布置柱的预制或排放位置时,应使绑扎点靠近基础,绑扎点与杯口中心均位于起重机的同一起重半径的圆弧上。

滑行法吊升柱受振动大,但对平面布置要求低,对起重机的机动性要求低。滑行法一般用于:柱较重、较长而起重机在安全荷载下回转半径不够时、现场狭窄无法按旋转法排放布置时以及采用桅杆式起重机吊装柱时等情况。为了减小柱脚与地面的摩阻力,宜在柱脚处设置托木、滚筒等,减少滑行的能源消耗。

如果用双机抬吊重型柱,仍可采用旋转法(两点抬吊)和滑行法(一点抬吊)。滑行法中,为了使柱身不受振动,又要避免在柱脚加设防护措施的繁琐,可在柱下端增设一台起重机,将柱脚递送到杯口上方,成为三机抬吊递送法。

3.6.1.5 屋架的吊装

屋盖结构一般是以节间为单位进行综合吊装,即每安装好一榀屋架,随即将这一节间的其他构件全部安装上去,再进行下一节间的安装。屋架吊装的施工顺序是:绑扎、扶直就位、吊升、对位、临时固定、校正和最后固定。

(1) 屋架的绑扎

屋架在扶直就位和吊升两个施工过程中,绑扎点均应选在上弦节点处,左右对称。绑扎吊索内力的合力作用点(绑扎中心)应高于屋架重心,这样屋架起吊后不宜转动或倾翻。绑扎吊索与构件水平面所成夹角,扶直时不宜小于60°,吊升时不宜小于45°,具体的绑扎点数目及位置与屋架的跨度及形式有关,其选择方式应符合设计要求。一般钢筋混凝土屋架跨度小于或等于18m时,两点绑扎;屋架跨度大于18m时,用两根吊索,四点绑扎;屋架的跨度大于或等于30m时,为了减少屋架的起吊高度,应采用横吊梁(减少吊索高度),也减少来回晃动带来的碰撞可能性。

(2) 屋架的扶直与就位

钢筋混凝土屋架或预应力混凝土屋架一般均在施工现场平卧叠浇,预制过程中的环境影响及其防治措施见预应力章节表述。屋架在吊装前要扶直就位,即将平卧制作的屋架扶成竖立状态,然后吊放在预先设计好的地面位置上,准备起吊。

扶直时先将吊钩对准屋架平面中心,收紧吊钩后,起重臂稍抬起使屋架脱模。若叠浇的屋架间有严重粘结时,应先用撬杠撬或钢钎凿等方法,使其上下分开,不能硬拉,以免造成屋架损坏,因为屋架的侧向刚度很差。另外,为防止屋架在扶直过程中突然下滑而损坏,造成环境污染和材料损失,需在屋架两端搭井字架或枕木垛,以便在屋架由平卧转为竖立后将屋架搁置其上。

按照起重机与屋架预制时相对位置的不同,屋架扶直有两种方式:起重机位于屋架下弦一边时为正向扶直。

屋架的吊升、对位与临时固定：

屋架的吊升方法有单机吊装和双机抬吊，双机抬吊仅在屋架重量较大，一台起重机的吊装能力不能满足吊装要求的情况下采用。

单机吊装屋架时，先将屋架吊离地面500mm，然后将屋架吊至吊装位置的下方，升钩将屋架吊至超过柱顶300mm，然后将屋架缓降至柱顶，进行对位。屋架对位应以建筑物的定位轴线为准，对位前应事先将建筑物轴线用经纬仪投放在柱顶面上。对位以后，立即临时固定，然后起重机脱钩。防止构件滑落损坏构件，造成能源浪费和构件报废。

应十分重视屋架的临时固定，因为屋架对位后是单片结构，侧向刚度较差，容易发生侧向的断裂，造成材料浪费和环境污染。第一榀屋架的临时固定，可用四根缆风绳从两边拉牢。若先吊装抗风柱时可将屋架与抗风柱连接。第二榀屋架以及其后各榀屋架可用屋架校正器(工具式支撑)临时固定在前一榀屋架上。每榀屋架至少用两个屋架校正器。

(3) 屋架的校正与最后固定

屋架位置如不准确会引起个别檩条的集中受力，容易造成构件破坏的情况，增加环境污染的风险，所以校正是很关键的工作，屋架的校正内容是检查并校正其垂直度，用经纬仪或垂球检查，用屋架校正器或缆风绳校正。

用经纬仪检查屋架垂直度时，在屋架上弦安装三个卡尺(一个安装在屋架中央，两个安装在屋架两端)，自屋架上弦几何中心线量出500mm，在卡尺上作出标志。然后，在距屋架中线500mm处的地面上，设一台经纬仪，用其检查三个卡尺上的标志是否在同一垂直面上。

用垂球检查屋架垂直度时，卡尺标志的设置与经纬仪检查方法相同，标志距屋架几何中心线的距离取300mm。在两端卡尺标志之间连一通线，从中央卡尺的标志处向下挂垂球，检查三个卡尺的标志是否在同一垂直面上。

屋架校正完毕，立即用电焊固定，电焊时应在焊接部位正文划定的警戒区域不能在操作面下方堆放易燃物，落地的焊渣及时进行清理，存置于指定的地点，按有害废弃物进行处理，焊缝除渣后应进行防腐、防锈处理，在涂刷漆时，应在操作面下方设置接油盘，防止油漆流淌造成墙面、地面的污染。

3.6.1.6 天窗架和屋面板的吊装

屋面板一般有预埋吊环，用带钩的吊索钩住吊环即可吊装。大型屋面板有四个吊环，起吊时，应使四根吊索拉力相等，屋面板保持水平。为充分利用起重机的起重能力，提高工效和能源的利用率，也可采用一次吊升若干块屋面板的方法。

板的安装顺序，应自两边檐口左右对称地逐块铺向屋脊，避免屋架受荷不均匀而引起构件损坏。屋面板对位后，应立即电焊固定，防止板滑落造成人员伤亡和构件的损坏。电焊时的环境影响及其防治措施见前节屋架安装相关内容。

屋架的吊装应在天窗架两侧的屋面板吊装后进行。其吊装方法与屋架基本相同。

3.6.2 框架结构构件吊装

3.6.2.1 柱的吊装

为了便于预制和吊装，各层柱截面应尽量保持不变，而以改变配筋或混凝土强度等级来适应荷载的变化。柱长度一般1~2层楼高为一节，也可3~4层为一节，视起重机性能而定。当采用塔身起重机进行吊装时,以 1~2 层楼高为宜;对 4~5 层框架结构,采用履带式起重机进行吊装时,柱长可采用一节到顶的方案。柱与柱的接头宜设在弯矩较小位置或梁柱节点位置,同时要照顾到施工方便。每层楼的柱接头宜布置在同一高度,便于统一构件规格,减少构件型号,操作人员容易熟悉,减少由于操作不同而带来构件受损的环境风险。

多层框架柱,由于长细比较大,吊装时必须合理选择吊点位置和吊装方法,应对吊点进行吊装应力和抗裂度验算。一般情况下,当柱长在 12m 以内时可采用一点绑扎,旋转法起吊;对 14~20m 的长柱则应采用两点绑扎起吊。应尽量避免采用多点绑扎,以防止在吊装过程中构件受力不均而产生裂缝或断裂。

框架底柱与基础杯口的联结与单层厂房相同。上下两节柱的连接是多层框架结构安装的关键。其临时固定可用管式支撑。柱的校正需要进行 2~3 次。首先在脱钩后电焊前进行初校;在电焊后进行二校,观测钢筋因电焊受热收缩不均而引起的偏差;在梁和楼板吊装后再校正一次,消除梁柱接头电焊产生的偏差。

在柱校正过程中,当垂直度和水平位移均有偏差时,如垂直度偏差较大,则应先校正垂直度,然后校正水平位移,以减少柱倾覆的可能性,降低构件受损的环境风险。柱的垂直度偏差允许值为 $H/1000$(H 为柱高),且不大于 15mm。水平位移允许偏差值应控制在 ±5mm 以内。

多层框架长柱,由于阳光照射的温差对垂直度有影响,使柱产生弯曲变形,会造成柱弯曲受力而破坏,造成构件损坏和环境污染。因此,在校正中须采取适当措施。例如:① 可在无强烈阳光(阴天、早晨、晚间)进行校正;② 同一轴线上的柱可选择第一根柱在无温差影响下校正,其余柱均以此柱为标准;③ 柱校正时预留偏差。

校正过程应注意防止吊件撞到相关建筑物或设备上,以避免噪声的产生。

3.6.2.2 墙板结构构件吊装

装配式墙板结构是将墙壁、楼板、楼梯等房屋构件,在现场或预制厂预制,然后在现场装配成整体的一种建筑。目前在住宅建筑中,一般墙板的宽度与开间或进深相当,高度与层高相当,墙壁厚度和所采用的材料、当地气候以及构造要求有关。

墙板的安装方法主要有储存安装法和直接安装法(即随运随吊)两种。储存安装法系将构件从生产场地或构件厂运至吊装机械工作半径范围内储存,储存量一般为 1~2 层构件,再多就可能造成构件破坏,形成固体废弃物污染环境,一般不宜采用储存安装法。

墙板安装前应复核墙板轴线、水平控制线,正确定出各楼层标高、轴线、墙板两侧边线、墙板节点线、门窗洞口位置线、墙板编号及预埋件位置。

墙板安装顺序一般采用逐间封闭法。当房屋较长时,墙板安装宜由房屋中间开始,先安装两间,构成中间框架,称标准间;然后再分别向房屋两端安装。当房屋长度较小时,可由房屋一端的第二开间开始安装,并使其闭合后形成一个稳定结构,作为其他开间安装时的依靠。

墙板安装时,应先安内墙,后安外墙,逐间封闭,随即焊接。这样可减少误差累计,施工结构整体性好,临时固定简单方便,能减少大量的人力和能源的消耗。

墙板安装的临时固定设备有操作平台、工具式斜撑、水平拉杆、转角固定器等。在安装标准间时,用操作平台或工具式斜撑固定墙板和调整墙的垂直度。其他开间则可用水平拉杆和转角器进行临时固定,用木靠尺检查墙板垂直度和相邻两块墙板板面的接缝。

3.7 监测要求

吊装过程中,每周应对噪声进行监测,遇大面积施工时,应选高峰时进行监测,如发现有超标排放,则应采取相应措施,如停止操作点的数量、对设备进行维护等。

携带式电压和电流指示器、起重机的力学仪表使用前必须经过校准。

第12章 建筑防水作业

0 一般规定

0.1 本章适用于房屋建筑工程地下防水施工的环境因素的控制。

0.2 屋面工程防水层应由经资质审查合格的防水专业队伍进行施工,作业人员应持有当地建设行政主管部门颁发的上岗证,避免因企业及施工人员的素质、能力不符合要求而导致质量、安全和环境事故。

0.3 施工单位应根据设计和环境保护的要求选择产生废弃物、污水、扬尘和噪声较少的施工方法。

0.4 地下防水施工前应进行图纸会审,掌握施工图中的细部构造及有关要求,使施工单位切实掌握屋面防水设计的要求,避免施工差错引起漏水而浪费材料和污染环境。

0.5 施工单位必须根据设计图纸、标准规范编制专项施工方案时,应有施工环境保护、能源消耗节约、资源合理利用和施工人员安全与健康防护的有效措施。工程开工前,应编制详尽的施工技术交底或作业指导书,并严格按措施实施过程控制,避免因施工过程控制方法不当或控制措施不到位而造成对环境的污染。

0.6 防水施工前施工单位应组织对操作人员进行针对该项作业活动所涉及的重要环境因素、环境控制措施、环境操作基本要求、环境检测的关键参数、应急响应中的注意事项的专项环境交底或综合交底,避免因操作人员的不掌握环境方面的基本要求造成噪声排放、扬尘、废弃物、废水、废液、电辐射对环境的污染。

0.7 每一工序完成后应清理施工废弃物,并对有毒、有害废弃物进行分类放置,集中后交有资质的单位进行处理,清理过程应先洒水后清理,避免产生扬尘;有毒、有害废弃物存放场所应采取防渗漏措施,废弃物不得作回填土进行回填,不得随意抛弃。

0.8 优先选用国家推广应用的新材料新技术,禁止使用国家明令禁止使用的材料。

1 卷材防水施工

1.1 作业流程

1.1.1 冷粘法

基层清理→喷(涂)基层处理剂→特殊部位加强处理→基层弹分条铺贴线→涂刷基层和卷材表面胶粘剂→底层防水卷材铺贴→卷材上弹上层分条铺贴线→涂刷卷材表面胶粘剂→卷材铺贴→卷材接缝密封→保护层施工。

1.1.2 自粘法

基层清理→涂刷基层处理剂→加强层处理→定位弹线→大面积铺贴卷材→卷材搭缝处理→卷材收头固定→保护层施工。

1.1.3 热熔法

基层清理→涂刷基层处理剂→铺贴附加层卷材→热熔铺贴大面积卷材→封边处理→铺贴盖封条(单层施工)→验收→保护层施工。

1.1.4 焊接法

基层清理→细部处理→裁剪卷材→卷材铺贴→卷材焊接→收头处理→验收→保护层施工。

1.1.5 机械固定法

基层处理→铺贴卷材→机械固定→卷材接缝焊接。

1.2 环境因素

1.2.1 基层清理的环境因素

基层表面残留砂浆硬块及突出部分清理产生的噪声、扬尘和废弃物,吸(吹)尘器吸(吹)基层棱角处尘土产生的噪声和扬尘,报废的扫帚、墩布、砂纸、钢丝刷、修补作业砂浆的遗弃,修补作业砂浆的遗洒。

1.2.2 基层处理环境因素

基层处理剂配制时的遗洒,涂刷基层处理剂时遗洒,报废毛刷、报废基层处理剂、基层处理剂包装物的废弃,基层处理剂的挥发;沥青熬制时有毒气体(CO、CO_2)的排放,沥青熬制时产生的热辐射,沥青遗洒。

1.2.3 冷粘法施工过程的环境因素

胶粘剂的挥发、废弃、遗洒;防水材料的边角余料、胶粘剂包装物、报废毛刷、废手套、隔离纸、密封膏、密封膏包装物、墨汁包装瓶的废弃;清洗施工工具和容器产生的废水或溶剂的排放;胶粘剂搅拌时的遗洒,墨汁的遗洒;卷材焊接、热熔时产生有毒气体的排放。

1.2.4 自粘法施工环境因素

防水材料边角余料、隔离纸、废手套、聚乙烯泡沫保护层胶粘剂包装物、聚乙烯泡沫边角余料、卷材包装纸的废弃;喷灯加热卷材时产生的有毒气体排放,喷灯加热产生的热辐射,汽油的泄漏、挥发,酒精的泄漏、挥发,液化气的泄漏,汽油、酒精、液化气使用不慎造成的火灾,聚乙烯泡沫保护层胶粘剂的遗洒,聚乙烯泡沫保护层胶粘剂的挥发。

1.2.5 热熔法施工环境因素

防水材料边角余料、废手套的废弃;烘烤卷材操作不当造成卷材的损坏报废产生的废弃物,喷灯加热卷材时产生的有毒气体排放,喷灯加热产生的热辐射;汽油的泄漏、挥发,酒精的泄漏、挥发,液化气的泄漏;汽油、酒精、液化气使用不慎造成的火灾。

1.2.6 焊接法施工环境因素

防水材料边角余料、焊条头、报废射钉、卷材包装纸的废弃;砂轮机打毛卷材焊接部位、射钉枪工作、冲击钻打孔时产生的噪声,砂轮机打毛卷材焊接部位时产生的扬尘,砂轮机打毛卷材焊接部位、焊接产生、油膏熬制时的有毒气体排放,冲击钻打孔产生的扬尘,防水油膏运输的遗洒。

1.2.7 机械固定法施工环境因素

冲击钻打孔、射钉枪、固定胀塞、热风枪工作产生噪声;冲击钻打孔产生的扬尘;防水材料边角余料、报废射钉、胀塞、垫圈、螺钉、PVC胶、密封材料包装物、PVC胶、密封材料的废弃;焊接产生的有毒气体的排放,热风枪产生的热辐射,PVC胶的挥发。

1.2.8 细石混凝土保护层施工环境因素

混凝土运输、施工,混凝土养护剂遗洒,运输尾气、混凝土养护剂气体、车辆尾气、混凝土泵送设备废气的排放;运输车辆、混凝土振捣设备、搅拌机、混凝土泵送设备的噪声排放;现场路面粉尘、砂堆扬尘、水泥搬运粉尘、搅拌作业的排放;清洗混凝土罐车污水、混凝土泵冲洗废水、搅拌站污水的排放;废渣的排放,废弃覆盖物(阻燃草帘、岩棉被、塑料等化工材料)的排放,混凝土抗冻剂(含氨)的使用,混凝土泵送设备漏油,混凝土泵送设备油料的超用。

1.2.9 砂浆保护层施工环境因素

原料现场运输、砂浆外加剂的遗洒,砂浆外加剂包装物、废砂浆余料的废弃,砂堆扬尘、水泥搬运粉尘、搅拌作业粉尘的排放,砂浆搅拌机噪声的排放,搅拌站污水的排放。

1.2.10 砌体保护层施工环境因素

落地灰、碎砖、混凝土块、砌筑砂浆的废弃。

1.2.11 聚乙烯泡沫保护层施工环境因素

聚乙烯泡沫保护层胶粘剂、氯丁橡胶改性沥青胶粘剂的遗洒,聚乙烯泡沫保护层胶粘剂包装物、聚乙烯泡沫边角余料、卷材包装纸、氯丁橡胶改性沥青胶粘剂、涂刷氯丁橡胶改性沥青胶粘剂毛刷、氯丁橡胶改性沥青胶粘剂包装物的废弃,聚乙烯泡沫保护层胶粘剂的挥发。

1.2.12 紧急情况下的环境因素

沥青熬制时意外发生火灾破坏设施产生大量废气、废弃物,热沥青运输途中意外发生热沥青倾倒,使用汽油喷枪或火焰喷枪不慎造成的火灾,汽油或液化气的泄漏,卷材和聚乙烯泡沫存放不慎引起的火灾。

大雨或暴雨引起防水层报废;低温引起卷材脆裂报废或低温引起涂料报废的废弃物污染环境。

水泥储存超过三个月可能造成报废,露天存放雨天覆盖不及时造成报废产生固体废弃物。

突遇大雨或暴雨造成砂浆、混凝土报废产生废弃物。突发的停电造成的砂浆、混凝土的报废产生废弃物。

1.3 人员要求

1.3.1 施工单位应具有相应资质,主要施工人员应持有建设行政主管部门或其指定单位颁发的执业资格证书,施工管理人员应具备环境保护知识。

1.3.2 操作人员必须持有防水专业上岗证书并使用防护用品;操作人员了解施工生产中的环境因素及其控制措施,应掌握施工操作规程和环境操作规程。

1.3.3 卷材防水施工前项目部应组织对操作人员、保管人员进行针对该项作业活动所涉及的重要环境因素、环境控制措施、环境操作基本要求、环境检测的关键参数、应急响应中的注意事项的专项环境交底或综合交底,避免因操作人员、保管人员因不掌握环境方面的基本要求造成噪声排放、扬尘、废弃物、废水、废液、电辐射对环境的污染。

1.3.4 患有皮肤病、眼病、刺激过敏者,不应参与屋面工程中的卷材、涂膜、胶粘剂等有一定毒性的项目的施工。

1.3.5 操作人员应穿软底鞋,长衣、长裤,裤脚、袖口应扎紧,并应配戴手套及护脚。外露皮肤应涂擦防护膏。涂刷有害身体的基层处理剂和胶粘剂时,须戴防毒口罩和防护用品,并按规定使用其他劳动防护用品。

1.3.6 防水卷材的储存保管人员应熟悉防水卷材的基本性能及储存要求的规定,具备紧急情况下的采取应急措施的能力。

1.4 材料要求

1.4.1 优先选用新型防水材料,防水材料应优先选用无毒无味、对环境、人体污染小的材料,不得使用国家禁止使用的材料。选用现时国家要求推广的新型防水卷材,即高聚物改性沥青类防水卷材和合成高分子类防水卷材。避免材料选用不当导致加大对环境污染。

1.4.2 卷材防水所用原材料必须具有质量合格证明文件,规格、型号及性能应符合国家技术标准或设计文件规定,进场时应对品种、规格、外观、质量环境验收文件等进行检查验收,避免使用不合格材料导致的返工,造成材料浪费和废弃物的产生。

1.4.3 卷材防水施工所用的基层处理剂、胶粘剂、密封材料等配套材料均应与铺贴的卷材的材料性能相容,避免由于材料性能的不相容造成材料浪费及返工产生的废弃物。

1.4.4 材料的保管:

1.4.4.1 胶粘剂、基层处理剂应用密封桶包装,防止挥发、遗洒。

1.4.4.2 卷材、防水涂料和胎体增强材料应(宜)储存在阴凉通风的室内,地面应硬化,避免雨淋、日晒和受潮变质。

1.4.4.3 禁止20m范围内有火源和热源,避免与化学介质及有机溶剂等有害物质接触。

1.4.4.4 沥青卷材储存环境温度不得高于45℃,卷材宜直立堆放,高度不得超过2层,不得倾斜或横放,短途运输平放不得超过4层,以免造成材料的损坏和浪费。

1.4.4.5 自粘型卷材储存均应注意防潮、防热,堆放场地应干燥、通风,环境温度不超过+35℃,卷材叠放层数不得超过5层,避免存储不当造成材料浪费,产生废弃物。

1.4.4.6 存放场所设专人进行管理,存放场所严禁烟火并挂有醒目的警告标志并配备灭火器,不得在存放场所10m以内进行电焊、气焊等明火作业,避免火灾。

1.4.4.7 汽油、液化气应储存在阴凉通风的室内,但不得存放同一储存场所,并设专人管理,避免火灾引起环境问题。

1.4.4.8 根据每天施工需用量领料,当日没有使用完的材料应回收入库,防止材料浪费。

1.5 设备设施要求

1.5.1 编制施工组织设计和施工方案时应根据施工需要和环境保护要求选择低噪声、低能耗、性能良好的施工机具,避免设备使用时噪声超标,漏油污染土地、污染地下水,加大水、电、油和资源消耗,浪费资源。

1.5.2 作业班组工作后应进行设备的日常维护保养,保证设备经常处于完好状态,避免设备使用时意外漏油污染土地、污染地下水。

1.5.3 当发现设备有异常或存在问题时,应安排专人检查排除或送维修单位立即抢修,防止设备带病作业,加大能源消耗、浪费资源,设备漏油污染土地、污染地下水。

1.5.4 基层处理剂、胶粘剂配置盘使用 0.5～1mm 厚 20mm×100mm×1500mm 的铁皮制作,无锈蚀、无裂缝,防止基层处理剂、胶粘剂污染土地、污染地下水。

1.5.5 作业场所、防水材料储存场所应配备消防灭火器材,一般按一个计算单元不少于2具、不多于5具的适宜的灭火器等。

1.6 过程控制要求

1.6.1 卷材防水施工控制一般要求

1.6.1.1 卷材防水层严禁在雨天、雪天以及五级风以上的条件下施工,避免因环境影响产生不合格品,浪费资源产生废弃物。

1.6.1.2 卷材防水层的正常施工温度的范围为 5～35℃;冷粘法施工的温度不宜低于 +5℃;热熔法施工温度不宜低于 -10℃,避免因环境影响产生不合格品,浪费资源产生废弃物。

1.6.1.3 基础防水施工期间必须采取有效措施,使基坑内地下水位稳定降低在底板垫层以下不少于 500mm 处,直至施工完毕,以防止地下水影响防水效果,造成防水工程质量不合格,浪费资源,产生废弃物。

1.6.1.4 基层应干燥,含水率小于 9%,以保证施工质量,避免因基层不干燥影响防水效果造成的返工产生的废弃物和材料的浪费。

1.6.2 基层清理控制要求

1.6.2.1 防水基层表面应平整、光滑、洁净、均匀一致,达到设计强度,阴阳角做成圆弧形,不得有凸出尖锐物,不得有空鼓、开裂、起砂、脱皮等缺陷,避免因基层质量问题卷材防水效果达不到设计要求造成的材料浪费,产生废弃物。

1.6.2.2 剔凿除作业层应密封围挡,减少扬尘噪声对环境的影响,尽量使用手工作业进行剔凿,使用手动工具应对操作人员进行交底或培训,夜间禁止作业,不宜集中施工,以免噪声超标。凿除基层表面凸出物应在白天进行,夜间不宜采取吸(吹)尘器吸(吹)棱角处尘土。

1.6.2.3 收集基层清理废弃物时,应先用喷雾器洒水湿润,以节约用水,减少扬尘,同时避免地面因洒水不当产生泥泞污染地面。

1.6.2.4 基层清理产生废弃物应及时清理,清理的废弃物应使用容器装载,废弃物应低于容器上口,采用塔吊或人货电梯或物料提升机运至指定场所存放,封闭式专用垃圾道或封闭式容器吊运,不得凌空抛洒,若采取不密闭的容器运输时,四级风以上的情况下不得运输,集中收集到指定场所,统一处理,防止污染环境。

1.6.2.5 若基层高低不平或凹坑较大时,应用水泥砂浆抹平。

(1)砂浆拌制时,四级风以上天气禁止作业,预防扬尘污染环境。

(2)向料斗内倒水泥等粉状料时,应将粉状料袋子放在料斗内时,再开袋,并轻抖袋子,将粉状料抖落干净后再移开,袋子严禁随意抛洒,应集中收回,以防扬尘和水泥遗洒污染地面。

1.6.2.6 报废的基层清理工具应放置在施工现场规定的场所,不得随意丢弃。

1.6.2.7 清理工具产生的废渣应及时收集,堆放在规定场所,清洗工具产生的废水不得直接排入市政管网,应排入混凝土沉淀池,经两级沉淀后排放。

1.6.3 沥青、冷底子油作业控制要求

1.6.3.1 熬制沥青应采用封闭式的专用沥青锅,严禁使用敞口锅熬制沥青,凡进行沥青作业现场必须使用消烟除尘沥青锅熬制沥青。

1.6.3.2 沥青熬制及调制冷底子油时应采用电炉或液化气加热的方式进行,禁止在现场使用柴火,减少烟尘有害物对环境的污染;沥青熬油炉灶应距建筑物10m以上并在其下风方向,上方不得有电线,地下5m内不得有电缆,严禁在室内进行沥青熬制及调制冷底子油,附近10m内严禁放置易燃、易爆物品,配备锅盖或铁板、灭火器、砂袋等消防器材。

1.6.3.3 熬制沥青必须由有经验的人员看守并控制沥青温度,加入锅内的沥青不得超过锅容量的2/3,下料应缓慢溜放,严禁大块投放。下班时应熄火,关闭炉门并盖好锅盖。

1.6.3.4 调制时热沥青温度不得高于110℃,溶剂应慢慢加入热沥青中,边加热边搅拌,如出现大量蓝烟,应停止加入。加热敖制碎块小沥青时,料位不得超过容器的2/3,并经常搅拌,防止沥青崩沸污染土地和伤人;调制沥青胶料应分批少量进行,应将溶剂缓慢倒入盛有热沥青的料捅中,当加入慢挥发性溶剂时沥青温度不得超对140℃,当加入快挥发性溶剂时沥青温度不得超对110℃,避免控制不当,返工重配或挥发浪费。

1.6.3.5 配制冷底子油时,下料应分批、少量、缓慢且不停地搅拌。下料量不得超过锅容量的2/3,温度不得超过80℃并严禁烟火。

1.6.3.6 操作人员的脸和手应涂以专用软膏或凡士林,戴好防护眼镜,穿专用工作服并配备有关防护用品。

1.6.3.7 进行沥青冷底子油作业时通风必须良好。作业时和施工完结后的24h内,其作业区周围10m内严禁明火。室内施工时,照明必须符合防爆要求,不得在工作地点存放沥青和溶剂。

1.6.3.8 锅内沥青着火时,应立即用铁锅盖盖住,熄火,并用干砂、湿麻袋或灭火器扑灭,严禁往燃烧的沥青锅中浇水。

1.6.3.9 热沥青运送、装运油的桶壶应用铁皮咬口制成并设桶壶盖,装运沥青的勺、桶、壶等工具不得用锡焊,盛沥青量不得超过锅容器的3/4,肩挑或用手推车时,道路应平坦,索具应牢固,垂直吊运时下方严禁有人。

1.6.3.10 盛有热沥青的壶、桶不得放在斜坡等不平稳的地方,防止倾倒,污染土壤,也不能直接放在已铺设沥青玛琋脂的表面上,破坏已完工的部位。

1.6.3.11 报废棉纱、破布及油纸等易燃废物,应收集存放在有盖的金属容器内并及时处理。运送沥青的桶壶以及工具报废后应统一回收,交有资格的单位进行处理。

1.6.3.12 冷底子油(沥青熬制与无铅汽油混合)、沥青玛琋脂(沥青与高岭土重量比3∶1或沥青与橡胶粉重量比95∶5搅拌混合)按比例进行配置,避免冷底子油、沥青玛琋脂熬制配合比不当导致管子非正常腐蚀造成返工,浪费资源污染环境。

1.6.3.13 现场严禁焚烧沥青、油毡等有害物资,报废的沥青玛琋脂、冷底子油应回收统一保管,积成一定数量后交有资质单位处置,防止乱扔污染土地、污染地下水。

1.6.4 基层处理控制要求

1.6.4.1 基层处理剂宜选用成品,减少现场配置再造成的污染和浪费,若需要现场配置时,应根据配合比和每班工作量配置,避免材料浪费。

1.6.4.2 基层处理剂配料桶应放置在配置盘中央或作业面上,配料桶和配置盘应摆放平稳,加料不超过容器的2/3,操作人员使用手持电动搅拌器或木棍搅拌均匀,防止基层处理剂溅出容器。

1.6.4.3 基层处理剂运送前应将配料桶擦抹干净,配料桶外不得有流淌的处理剂,搬运人员在搬运过程时要小心注意,防止搬运不慎处理剂的遗洒或倾倒,污染土壤。

1.6.4.4 基层处理剂包装物及报废的毛刷和容器应及时回收,放置在专门的存放场所,集中后交有资格的单位进行处理,存放场所设在室内并有防渗措施,以防止对土壤的污染。

1.6.4.5 清洗配料桶的废水不得随意倾倒,应经两级沉淀后排入市政管网。

1.6.5 冷粘法防水卷材施工控制要求

1.6.5.1 盛胶粘剂的铁桶应在配料盘或作业面上打开,操作人员使用手持电动搅拌器或木棍搅拌均匀,防止胶粘剂溅出铁桶,胶粘剂搬运时搬运人员小心注意,防止搬运不慎胶粘剂的遗洒或倾倒,污染土壤。

1.6.5.2 胶粘剂应随用随密封,以免胶液中溶剂稀释挥发,造成胶粘剂的变质浪费,污染大气。

1.6.5.3 胶粘剂使用完后,应将包装桶回收,回收的包装桶应存放在室内,集中交有资格的单位进行处理,不得随意丢弃。

1.6.5.4 卷材防水施工产生的卷材边角余料、隔离纸、报废的施工工具、劳动保护用品应指定专人应统一回收,集中存放在指定场所,交有资格的单位进行处理,不得随意丢弃污染环境。

1.6.5.5 施工现场严禁吸烟,施工现场30m内不得有明火作业,施工现场应悬挂严禁烟火的警告标志,施工现场应配备干粉灭火器和砂袋,消防道路畅通,防止因火灾产生烟尘、毒气污染环境。

1.6.5.6 原材料应由专人管理,根据每天施工需用量领料,当日没有使用完的材料应回收入库,防止材料浪费。

1.6.5.7 胶粘剂涂刷应刷涂均匀,并且根据性能和施工要求,在刷涂后立即粘贴或待溶剂挥发后粘贴,若施工现场通风条件不好时应采用排风扇进行通风。

1.6.5.8 涂刷用工具应集中清洗,清洗的污水要排入沉淀池,经沉淀后排入城市市政管网,不得随意倾倒污染土壤,若使用有机溶剂进行清洗,清洗的废液应及时收集,交有资格的单位进行处理。

1.6.5.9 卷材搭接缝及收头废弃的接缝胶粘剂及密封膏包装物不得随意丢弃,应及时回收,存放在规定的场所,交有资格的单位进行处理。

1.6.6 自粘法防水卷材施工控制要求

1.6.6.1 卷材防水施工产生的卷材边角余料、隔离纸、报废的施工工具、劳动保护用品应指定专人应统一回收,集中存放在指定场所,交有资格的单位进行处理,不得随意丢弃污染环境。

1.6.6.2 在立面或大坡面上,卷材容易产生下滑现象,宜用手持式汽油喷枪将卷材底面的胶粘剂适当加热后再进行粘贴、排气和辊压,要控制加热温度,避免烧坏卷材浪费材料,污染环境;排气要彻底,粘结要牢固,避免空鼓,造成返工或修补浪费资源,污染环境。

1.6.6.3 搭接缝粘贴时应将相邻卷材待搭接部位上表面的防粘层先熔化掉,使搭接缝能粘结牢固,操作时,用手持汽油喷枪沿搭接缝粉线进行。粘结搭接缝时,应掀开搭接部位卷材,用扁头热风枪加热卷材底面胶粘剂,加热后随即粘贴、排气、辊压,溢出的自粘胶随即刮平封口,搭接缝粘贴密实后,所有接缝口均用密封材料封严,宽度不应小于10mm,避免搭接缝不严引起渗、漏水返工浪费资源,污染环境。

1.6.7 热熔法防水卷材施工控制要求

1.6.7.1 热熔法设备:汽油喷灯、单头或多头火焰喷枪、汽油、液化气。

1.6.7.2 应选用燃烧热效率高的加热设备,施工时注意火焰加热器的喷嘴与卷材距离适中,并保持合适的移动速度,喷枪头与卷材保持50~100mm距离,与基层呈30°~45°角,先将喷枪喷嘴全部打开,然后调节喷枪开关,将温度降至800~1000℃,防止发生火灾和烧穿卷材,5级以上风应停止作业,以免影响粘贴质量而造成浪费。

1.6.7.3 燃气应充分燃烧,作业场所通风良好,防止产生有毒有害气体污染大气环境。

1.6.7.4 避免在易燃易爆物周围使用明火,不能避免的应采取有效的防范措施,防止火灾产生。

1.6.7.5 加热时作业范围10m内不得有易燃易爆物质,作业区域应配砂袋、干粉灭火器等消防设施,作业区域内严禁吸烟。

1.6.7.6 喷灯、喷枪以及易燃品使用完后,必须放入有专人管理的指定仓库。

1.6.7.7 机具清理产生的废弃物及时回收,堆放在规定场所,交有资格的单位进行处理。

1.6.7.8 卷材防水施工产生的卷材边角余料、隔离纸、报废的施工工具、劳动保护用品应指定专人应统一回收,集中存放在指定场所,交有资格的单位进行处理,不得随意丢弃污染环境。

1.6.8 焊接法施工控制要求

1.6.8.1 正式焊接卷材前必须进行试焊,并进行剥离试验,确定焊接的气候条件、焊接参数、焊接设备和焊接人员的操作水平,确保焊接质量,避免材料的浪费。

1.6.8.2 避免在0℃以下的气温下施工,雨、雪、大风天气均不得进行施工。

1.6.8.3 应根据铺设面的形状进行实际丈量准确尺寸,在按卷材的幅宽和长度以及铺设方案计算卷材剪裁尺寸,避免剪裁不当造成的材料浪费。

1.6.8.4 卷材焊接场所应通风良好,若通风不畅时,应适用排风扇进行排风,以便于焊接产生有毒气体的排放。

1.6.8.5 焊接焊条使用完后的焊条头不得随意丢弃,应在焊接现场设置铁箱,将焊条头放置在铁箱内,交专人集中送有资格的单位进行处理。

1.6.8.6 卷材焊口必须用手持砂轮打毛机进行打毛,打毛作业应在室内封闭的条件下进行,打毛作业产生的废弃物应及时收集,放到规定存放的场所,四级以上风不宜进行打毛作业,防止扬尘污染空气,操作人员应佩戴口罩和耳塞。

1.6.8.7 应用真空泵进行严密性检查应在白天进行,真空泵应用隔声屏进行密封,放置噪声的超标。

1.6.8.8 卷材防水施工产生的卷材边角余料、隔离纸、报废的施工工具、劳动保护用品应指定专人应统一回收,集中存放在指定场所,交有资格的单位进行处理,不得随意丢弃污染环境。

1.6.9 机械固定法防水卷材施工控制要求

1.6.9.1 使用冲击钻钻孔时必须在白天进行,夜间不得进行钻孔作业,钻孔不宜在四级风以上的天气进行,防止扬尘污染空气,钻孔作业完成后要及时清理收集的粉末。

1.6.9.2 卷材防水施工产生的卷材边角余料、隔离纸、报废的施工工具、劳动保护用品应指定专人应统一回收,集中存放在指定场所,交有资格的单位进行处理,不得随意丢弃污染环境。

1.6.10 砂浆、细石混凝土保护层施工控制要求

1.6.10.1 水泥砂浆保护层用的水泥砂浆配合比一般为水泥:砂 = 1:2.5~3(体积比),细石混凝土保护层强度等级一般不低于C20,配制时要严格控制配合比,避免强度不合要求,引起保护层过早破坏或起砂,造成返修时产生废弃物污染环境,并且浪费材料,加大能源的损耗。

1.6.10.2 为了保证立面水泥砂浆保护层粘结牢固,在立面防水层施工时,预先在防水层表面粘上砂粒或小豆石,避免立面保护层空鼓、碎裂,引起修补浪费材料。

1.6.10.3 水泥砂浆、细石混凝土保护层施工时要在初凝前用抹子提浆抹平、压光,禁止在表面掺加水泥砂浆或干灰,防止表层砂浆产生裂缝与剥落,浪费材料。

1.6.11 砌体保护层施工控制要求

1.6.11.1 砌块装料运输时要轻拿轻放,严禁直接往料斗中抛掷装料,运到砌筑地点也要禁止直接倾倒在地面上,避免扬尘污染大气,砌体损坏产生废弃物污染环境。

1.6.11.2 需要砍砖的地方宜采用锯的办法,不宜用砌刀砍,避免过多损坏砌块,多产生废弃物污染环境。

1.6.11.3 落地的水泥砂浆要及时回收利用,不可回收的垃圾每班下班时均应归堆装入垃圾袋及时运到垃圾堆场,集足一定数量后由环卫部门清运,清运时要加盖,防止遗洒。

1.6.12 聚乙烯泡沫保护层控制要求

1.6.12.1 聚乙烯泡沫边角余料、报废的涂刷胶粘剂毛刷、胶粘剂包装物及报废的胶粘剂不得随意丢弃,应及时回收,集中存放在指定场所,交有资格的单位进行处理。

1.6.12.2 胶粘剂应随用随密封,防止胶粘剂的挥发。

1.6.12.3 清洗毛刷的废液不得随意倾倒,应及时收集交有资格的单位进行处理。

1.6.13 应急和突发事件控制要求

1.6.13.1 熬油的操作人员,应严守工作岗位,时刻注意沥青的温度变化,脱水时应

慢火升温,当白烟转为冒浓红黄烟时,应立即停火。如着火,应立即用锅盖或铁板覆盖,如沥青在地面着火,应用灭火器、干砂扑灭,严禁浇水。

1.6.13.2 配制冷底子油时,要严格掌握沥青温度,严禁用铁棒搅拌,如发现沥青冒蓝烟时,立即停止加入稀释剂。

1.6.13.3 雨期施工时,要密切关注天气变化情况,禁止在雨天施工防水层;防水材料应从库房随取随用,禁止在作业面上露天堆放防水材料;根据天气预报情况确定一次施工的面积,尽量要在下雨前做好其上的保护层;避免大雨损坏防水材料或浸泡防水材料,污染雨水。

1.6.13.4 雨期施工时,要准备好防雨材料,如突遇大雨,已施工还没有做保护层防水层要用彩条布盖好,并应有畅通的排水措施,防止大雨浸泡防水层,损坏防水层造成材料浪费,污染环境;作业面上防水材料和施工用具等要及时收入仓库,垃圾及各种遗洒的材料都应及时清理干净,避免雨水冲走垃圾等堵塞下水管,污染环境。

1.6.13.5 项目部应成立义务救火队和抢险队,由项目部环境管理员根据应急方案对火灾或其他紧急情况进行详细说明,并予以演练。火灾发生时,作业班/组长指挥工人在初始阶段灭火,同时电话通知应急领导,当火灾超过 3min 还不能熄灭时并有蔓延趋势时,作业班/组长可以直接打 119 电话报警。作业现场醒目位置必须要有应急处理流程图,并有内部联系电话号码,原则上应急领导和现场作业人员应分别有 2 个以上可以进行有效联系的号码,应急的作业班/组长原则上不能离开作业现场,如确要离开应现场安排第二责任人,并与应急领导通报。

1.6.13.6 项目部应有专人收听天气预报,有大风大雨的预报,必须及时通知应急领导和现场作业班/组长,按应急方案处理。

1.6.13.7 在夏季室外高温作业时,要注意防止中暑,如系轻症中暑,应使患者迅速离开高温作业环境;如是重症中暑,由现场作业班/组长指挥人员进行紧急抢救,并第一时间电话通知应急领导,首先采取措施降温,迅速送医院进行抢救。

1.6.13.8 如急性甲苯或二甲苯中毒,应迅速离开现场,移入空气新鲜处,立即脱去被污染的衣服,清洁皮肤,视情况移送医院进行处理。

1.7 监测要求

1.7.1 冬期施工时,每天早、晚应监测环境温度一次,当温度不宜施工时,应停止施工或采取必要的措施,避免温度过低施工发生质量问题而引起材料浪费,产生废弃物污染环境。

1.7.2 每次沥青熬制前应对沥青熬制设备的状态进行检查,确保设备性能满足质量、环境要求。

1.7.3 每班作业前应检查盛沥青、冷底子油、涂料、胶粘剂的容器是否有裂缝,是否满足盛装要求及环境保护的要求。

1.7.4 对材料的储存场所储存条件、安全距离、堆放高度、堆放情况,防火、防潮条件,禁火标识等每月检查一次,发现异常情况时,采取针对措施纠正,避免发生火灾对环境的污染。

1.7.5 每次作业时应对作业方式、操作程序、涂料、胶粘剂以及废弃物的处置进行 1

次检查。

1.7.6 沥青熬制作业时应对排放的烟尘黑度进行1次检测,如超标应采取措施减少烟气造成的污染。

1.7.7 在封闭或通风不良的环境施工时,上班前应进行有效送风10min以上,然后检测空气合格后才能进入,否则禁止进入施工,避免发生安全事故;检测空气质量的办法可以采用鸽子等动物进行。

1.7.8 对于清洗工具产生的废水废液进行检查是否符合排放标准。

1.7.9 屋面清扫时,要监测扬尘情况:要求扬尘高度控制在0.5m以内。

1.7.10 每班下班前由施工班/组长监测作业面"工完场清"情况,包括垃圾清理、材料回收、挥发性物资加盖情况、火源的管制情况、水源的关闭情况等,满足环境要求后才能离人。

1.7.11 运输车辆进出场时由门卫监测车身洁净情况,不干净时要进行清扫或清洁,避免污染道路。

1.7.12 每月应由专人对周围社区或环境进行走访,收集周围相关方的意见,作为持续改进环境管理的依据。

2 涂料防水施工

2.1 作业流程

2.1.1 聚氨酯涂膜防水、水乳型氯丁橡胶沥青防水涂料、硅橡胶涂膜防水、刚性涂膜防水的工艺流程

基层清理→喷涂基层处理剂→特殊部位加强处理→配置防水涂料→刷涂(抹压、填塞)防水涂料(铺贴胎体加强材料)→涂刷防水涂料至规定厚度→清理检查修整→保护层施工→验收。

2.1.2 渗透结晶水泥基涂膜防水

基层检查→基层清理→基层润湿→制浆→涂刷(或喷涂、干洒)涂料→检验→养护→验收

2.2 环境因素

2.2.1 基层清理环境因素:基层表面残留砂浆硬块及凸出部分清理产生的噪声、扬尘和废弃物,吸(吹)尘器吸(吹)基层棱角处尘土产生的噪声和扬尘,报废的扫帚、墩布、砂纸、钢丝刷修补作业砂浆废料的遗弃,修补作业砂浆的遗洒。

2.2.2 基层处理施工环境因素:基层处理剂配置、运输、涂刷时遗洒;报废毛刷、废基层处理剂、基层处理剂包装物的废弃;基层处理剂组分、基层处理剂的挥发。

2.2.3 双组分或多组分涂料配置的环境因素:涂料配置、运输时组分的遗洒,组分包装物、废手套的废弃,组分的挥发,搅拌时产生的噪声,组分保管不慎造成的火灾,清洗搅拌器和搅拌桶产生废液的排放。

2.2.4 涂膜施工的环境因素:涂刷时遗洒,有机溶剂工具清洗产生的废液,施工产生的固体废弃物,报废的刷子的废弃,配置好未使用完聚氨酯防水涂料的报废,聚酯纤维无纺布、玻璃纤维布等增强材料边角余料的废弃,报废劳保用品的废弃。

2.2.5 刚性涂膜防水抹压、填塞施工环境因素：抹压和填塞落地涂料的遗洒,粉料塑料包装物的废弃,粉料在添加时产生的扬尘,养护产生的废水的排放,渗水的排放,裂缝处理产生的噪声和废渣的排放,木塞加工产生的木屑、噪声的排放。

2.2.6 泡沫保护层施工环境因素：聚乙烯泡沫保护层胶粘剂的遗洒、挥发,聚乙烯泡沫保护层胶粘剂包装物、聚乙烯泡沫边角余料、卷材包装纸、氯丁橡胶改性沥青胶粘剂、涂刷氯丁橡胶改性沥青胶粘剂毛刷、氯丁橡胶改性沥青胶粘剂包装物的废弃,氯丁橡胶改性沥青胶粘剂的遗洒。

2.2.7 渗透结晶水泥基涂膜防水环境因素：基层润湿产生的废水,涂料配置的遗洒,粉料下料、回填时产生的扬尘,涂刷作业涂料、废尼龙刷、报废和没使用完涂料的废弃,养护产生废水的排放,回填产生的噪声。

2.2.8 紧急情况环境因素：聚氨酯防水涂料和聚酯纤维无纺布、玻璃纤维布等增强材料保管使用不慎造成的火灾,聚氨酯涂料及组分保管使用不慎造成的火灾。

2.3 人员要求

2.3.1 施工单位应具有相应资质,主要施工人员应持有建设行政主管部门或其指定单位颁发的执业资格证书,施工管理人员应具备环境保护知识。

2.3.2 操作人员必须持有防水专业上岗证书并使用防护用品;操作人员了解施工生产中的环境因素及其控制措施,应掌握施工操作规程和环境操作规程。

2.3.3 储存保管人员应熟悉涂料的基本性能及储存要求的规定,具备紧急情况下的采取应急措施的能力。

2.4 材料要求

2.4.1 涂料应储存在干燥、通风、阴凉的室内仓库,运输中严防日晒雨淋,禁止接近火源,不同规格、品种的防水涂料应分开存放,水乳型涂料的储存和保管温度 0~60℃,溶剂型涂料的储存和保管温度 -10~40℃,涂料的原料存放处应与地面隔离,防止受潮变质。

2.4.2 溶剂型涂料施工储存场所必需严禁烟火。

2.4.3 增强材料的选用应与涂料的性能相搭配,pH 值小于 7 的酸性涂料应选用低碱增强材料,pH 值大于 7 的碱性涂料应选用抗碱性增强材料,以避免因腐蚀而消减胎体抗拉强度,失去增强作用,造成材料的浪费。

2.4.4 水乳型涂料不得用于地下室防水。

2.4.5 储存食物或饮用水等公共建(构)筑物应选用那些再长期使用过程中不会出产生有毒、有害物质渗入水中或侵入食品的涂料。

2.4.6 优先选用国家推广使用的聚氨酯防水涂料和聚合物水泥防水涂料,不得使用国家禁止使用的涂料。

2.5 设备设施要求

2.5.1 应根据施工组织设计或专项施工方案的要求,合理选择满足施工需要、噪声低、能耗低的电动搅拌机、吸(吹)尘器、熬油锅、液化气罐以及合适的温度计、沥青桶、油壶、运胶车、滚筒等用具。避免设备使用时噪声超标,加大水、电、油和资源消耗。

2.5.2 施工设备在每个作业班后应按规定进行日常的检测、保养和维修,保证设备经常处于完好状态,避免设备出现意外,加大噪声或油耗,加快设备磨损。当发现设备有异常时,应安排专人检查、排除或送维修单位立即抢修,防止设备带病作业加大能源消耗、产生漏油、噪声等污染源,并防止设备事故。

2.5.3 一般器具要妥善保管,防止他人挪用造成污染,涂刷处理剂和胶粘剂的工具报废后不得随意抛弃,收集后归类统一处理。

2.5.4 材料储存仓库要有防火标志,操作人员应严禁吸烟;一个计算单位应配备不少于2具、不多于5具的手提式干粉灭火装置,保证在火灾的初始阶段扑灭。

2.6 过程控制要求

2.6.1 基层清理控制要求

2.6.1.1 防水基层表面应平整、光滑、洁净、均匀一致,达到设计强度,阴阳角做成圆弧形,不得有凸出尖锐物,不得有空鼓、开裂、起砂、脱皮等缺陷,避免因基层质量问题卷材防水效果达不到设计要求造成的材料浪费。

2.6.1.2 基层应坚实,具有一定的强度,表面平整光滑,清洁干净,无浮土、砂粒等污物,无松动,对于残留的砂浆或其他凸出物应用铲刀铲平,不允许有凹凸不平及起砂现象,如存在上述现象应用水泥砂浆找平,基层应干燥,含水率以小于9%为宜。

2.6.1.3 为减少噪声,剔凿除基层表面凸出物应在白天进行,夜间不宜采取吸(吹)尘器吸(吹)棱角处尘土。

2.6.1.4 收集基层清理废弃物时应洒水湿润,减少扬尘产生。

2.6.1.5 基层清理产生废弃物应及时清理,清理的废弃物应使用容器装载,采用塔吊或人工运至指定场所存放,若采取不密闭的容器运输时,四级风以上的情况时不得运输,集中收集到指定场所,统一处理,防止污染环境。

2.6.1.6 若基层高低不平或凹坑较大时,应用水泥砂浆抹平。

2.6.1.7 报废的基层清理工具应放置在项目部指定的场所,不得随意丢弃。

2.6.2 基层处理控制要求

2.6.2.1 基层处理剂应根据配合比和每班工作量配置,避免浪费。

2.6.2.2 基层处理剂配料桶应放置在配置盘中央或作业面上,配料桶和配置盘应摆放平稳,基层处理剂装料量应不超过容器的2/3,操作人员使用手持电动搅拌器或木棍搅拌均匀,防止基层处理剂溅出容器。

2.6.2.3 基层处理剂运送前应将配料桶擦抹干净,配料桶外不得有流淌的处理剂,配料桶不得有裂缝,搬运人员在搬运过程时要小心注意,轻拿轻放,防止搬运不慎处理剂的遗洒或倾倒,污染土壤。

2.6.2.4 基层处理剂包装物及报废的毛刷和容器应及时回收,放置在专门的存放场所,集中后交有资格的单位进行处理,存放场所设在室内并有防渗措施(地面应用混凝土进行硬化,以防止对土壤的污染。

2.6.2.5 清洗配料桶的废水不得随意倾倒,应经沉淀后排入市政管网。

2.6.3 涂料配置过程控制要求

2.6.3.1 双组分聚氨酯涂膜施工,应根据材料生产厂家提供的配合比进行配置,严禁任意改变配合比,涂料应根据进度随用随配,配好后的混合料应在2h内用完,避免产生浪费。

2.6.3.2 混合料的配置应在配料盘上进行,混合料装量不超过容器的2/3,适用手持电动搅拌器强力搅拌均匀,搅拌时应防止混合料溅出配料盘,浇板配置场所应平整坚实,要防止搅拌摆放不当造成的倾倒污染土壤和水体。

2.6.3.3 单组分聚氨酯防水涂料使用前应在配料盘上进行搅拌均匀,没有用完的涂料应加盖严密,防止挥发。

2.6.4 涂刷过程控制要求

2.6.4.1 水乳型涂料的成膜温度不能低于5℃,水化反应型的一般施工温度不能低于5℃。雨、雪、霜、露天气不宜进行涂膜施工,5级以上风不宜进行涂膜施工。

2.6.4.2 施工人员在涂刷时不得将涂料洒到非涂膜区域。

2.6.4.3 涂刷完后应将涂刷工具使用有机溶剂进行清洗,清洗产生的废液应加外加剂进行沉淀处理。

2.6.4.4 报废的工具、增强材料的余料以及包装物应统一回收,室内存放,存放区域应配备消防灭火器,集中交由资格的单位进行处理。

2.6.5 刚性涂膜防水施工控制要求

2.6.5.1 涂料的配置应根据作业量进行,涂料应在搅拌桶内按配合比进行配置,投料量应不超过容器容量的2/3,搅拌桶应放置在配料盘中央,适用电动搅拌器强力搅拌10min,使其成为均匀的糊状物,然后静置30min,使其充分起化合作用,搅拌时应放置涂料溅出配料盘。

2.6.5.2 材料在场内运输时盛涂料量不得超过容器的3/4,肩挑或用手推车时,道路应平坦,索具应牢固,垂直吊运时下方严禁有人。

2.6.5.3 抹压或涂刷施工时,操作人员要及时收集落地涂料,回收利用,第一遍刮压或涂刷后,手指轻压没有痕印时,应立即采用喷雾器进行湿润养护6~8h,第二遍施工完后喷雾养护24h,以保证防水质量,防止不合格造成材料浪费。

施工完后,应及时用清水清洗施工工具,清理工具产生的废弃物要放在指定堆放场所,集中交由资格的单位处理,清洗工具产生的废水,排入沉淀池进行沉淀后排放到城市市政管网。

2.6.5.4 操作人员施用的劳动防护用品报废后,要进行回收,存放在室内指定场所,集中交由资质单位进行处理,存放易燃废弃物的场所不得有火源和热源,应配置消防灭火器。

2.6.6 渗透结晶水泥基涂膜防水施工控制要求

2.6.6.1 基层应粗糙、干净,用水浸透,但不得有明水,最好在混凝土浇筑24~72h内使用该类涂料,以确保防水效果,并减少水的使用。

2.6.6.2 涂料配置:涂料应按配合比要求以及30min的用量进行配置,以保证涂料的质量,防止材料的浪费。

2.6.6.3 涂料配置应在搅拌桶内进行,搅拌桶应放置在配料盘中央,搅拌桶配料盘应摆放平稳,地面应坚实平整,混合物装料量不得超过容器的2/3,使用电动搅拌器充分搅拌3~5min,达到浆料混合均匀,搅拌时操作人员要防止涂料溅出搅拌桶。

2.6.6.4 涂料运送时应2人进行,若肩挑或用手推车时,道路应平坦,索具应牢固,防止应搬运不慎造成倾倒,污染土壤,垂直吊运时下方严禁有人。

2.6.6.5 涂刷作业时应按操作规程进行,热天露天施工时宜安排在早、晚或夜间进行,以保证施工质量,避免产生不合格导致资源浪费,涂刷作业及时收集落地涂料,完工后及时清理作业面的废弃物,收集后堆放到指定场所,集中处理,不得随意倾倒污染土壤。

2.6.6.6 涂刷作业完成后必须在初凝后使用喷雾器喷水养护,一般每天3~5次,连续2~3d,在热天或干燥天气要多喷几次,防止涂层过早干燥,影响防水效果,浪费资源。露天施工使用湿草袋进行覆盖养护,养护结束后要及时将草袋回收,存放在指定场所,集中处理。

2.6.6.7 施工完后要及时使用清水清洗施工工具,清理工具产生的废弃物要放在指定堆放场所,集中交有资格的单位处理,清洗工具产生的废水,排入沉淀池经过两级沉淀后排放到城市市政管网。

2.6.6.8 操作人员施用的劳动防护用品报废后,要进行回收,存放在室内指定场所,集中交有资格的单位进行处理,存放易燃废弃物的场所不得有火源和热源,应配置消防灭火器。

2.6.7 应急和突发事件控制要求

2.6.7.1 雨期施工时,要密切关注天气变化情况,禁止在雨天施工防水层;根据天气预报情况确定一次施工的面积,尽量要在下雨前做好其上的保护层;避免大雨损坏防水材料或浸泡防水材料,污染雨水。

2.6.7.2 雨期施工时,要准备好防雨材料,如突遇大雨,已施工还没有做保护层防水层要用彩条布盖好,并应有畅通的排水措施,防止大雨浸泡防水层,损坏防水层造成材料浪费,污染环境;作业面上防水材料和施工用具等要及时收入仓库,垃圾应及时清理干净,避免雨水冲走污染环境。

2.6.7.3 材料仓库要按防火要求配备灭火装置,一般要求一个计算单元要配不少于2具、不多于5种合适灭火装置。仓库应有防火标志,作业场所禁止吸烟。

2.6.7.4 项目部应成立义务救火队和抢险队,由项目部环境管理员根据应急方案对火灾或其他紧急情况进行详细说明,并予以演练。火灾发生时,由作业班/组长指挥工人在初始阶段灭火,同时电话通知应急领导,当火灾超过3min还不能熄灭时并有蔓延趋势时,作业班/组长可以直接打119电话报警。作业现场醒目位置必须要有应急处理流程图,并有内部联系电话号码,原则上应急领导和现场作业人员应分别有2个以上可以进行有效联系的号码,应急的作业班/组长原则上不能离开作业现场,如确要离开应现场安排第二责任人,并与应急领导通报。

2.6.7.5 项目部应有专人收听天气预报,有大风大雨的预报,必须及时通知应急领导和现场作业班/组长,按应急方案处理。

2.6.7.6 在夏季室外高温作业时,要注意防止中暑,如系轻症中暑,应使患者迅速离开高温作业环境;如是重症中暑,由现场作业班/组长指挥人员进行紧急抢救,并第一时间电话通知应急领导,首先采取措施降温,迅速送医院进行抢救。

2.6.7.7 如急性甲苯或二甲苯中毒,应迅速离开现场,移入空气新鲜处,立即脱去被污染的衣服,清洁皮肤,视情况移送医院进行处理。

2.7 监测要求

2.7.1 材料进场时要检查是否有国家禁止使用的产品。

2.7.2 作业前检查各项环境保护设施是否到位完好。

2.7.3 冬期施工时,每天早、晚应监测环境温度一次,当温度低于5℃时,应采取措施,当温度低于-10℃,应停止施工。

2.7.4 每逢大雨或台风前应检查仓库的完好情况,大雨或台风后要检查仓库中材料是否有损坏或淋湿等情况,如有要及时处理,避免浪费材料。

2.7.5 基层清扫时,要监测扬尘情况:要求扬尘高度控制在0.5m以内。

2.7.6 在封闭环境施工时,上班前应进行有效送风10min以上,然后检测里面空气合格后才能进入,否则禁止入内施工;检测空气质量的办法可以采用鸽子等动物进行。

2.7.7 每班下班前由施工班/组长监测作业面"工完场清"情况,包括垃圾清理、材料回收、挥发性物资加盖情况、火源的管制情况、水源的关闭情况等,满足环境要求后才能离人。

2.7.8 运输车辆进出场时由门卫监测车身洁净情况,不干净时要进行清扫或清洁,避免污染道路。

2.7.9 每月应由专人对周围社区或环境进行走访,收集周围相关方的意见,作为持续改进环境管理的依据。

3 防水砂浆施工

3.1 工艺流程

基层处理→冲洗湿润→刷素水泥浆→抹底层砂浆→素水泥浆→抹面层砂浆→抹水泥砂浆→养护,砂浆拌制→砂浆抹面。

3.2 环境因素

3.2.1 水泥装卸、运输、上料产生的扬尘,拌制及清洗产生的废水,搅拌机拌制产生的噪声,外加剂包装物及水泥袋的废弃,外加剂、砂浆运输的遗洒,搅拌机的漏油,施工过程产生废弃物运输产生的扬尘,水泥存放不慎造成水泥的报废,初凝砂浆的报废,基层处理产生的噪声、扬尘、废渣、废水;清洗工具、养护产生的废水。

3.2.2 突然停水停电造成砂浆废弃;突刮大风产生扬尘;大雨冲刷墙面砂浆流淌造成污染。

3.3 人员要求

3.3.1 机械操作人员、材料员、计量员、试验员必须持证上岗。

3.3.2 机械操作人员应经过培训,掌握相应机械设备的操作要求后方可进行机械操作。避免因人的操作技能不符合操作规程造成机械设备事故:漏油、设备部件报废、浪费资源污染环境。

3.3.3 操作人员应熟悉施工操作规程和环境操作规程,了解环境因素的控制方法。

3.4 材料要求

3.4.1 水泥采用普通硅酸盐水泥、矿渣硅酸盐水泥和火山灰质硅酸盐水泥,水泥强度等级应不低于32.5MPa;避免材料不合格引起废弃物的产生。

3.4.2 砂选用颗粒坚硬、粗糙洁净的粗砂,平均粒径不小于0.5mm,最大粒径不大于3mm,不得含垃圾、草根等有机杂质,含泥量不得大于1%,硫化物和硫酸盐含量不大于1%;避免材料不合格引起防水层质量问题,返工或返修造成资源浪费,产生废弃物污染环境。

3.4.3 外加剂可采用防水剂和膨胀剂,性能符合国家或行业一等品级以上的质量要求,防水剂采用氯化物金属盐防水剂、金属皂类防水剂、氯化铁防水剂、水玻璃矾类防水促凝剂和无机铝盐防水剂。避免外加剂不合格引起砂浆报废,产生废弃物污染环境。

3.4.4 袋装水泥应在库内存放。库内地面应为硬化地面,并在堆水泥位置上,架空20cm满铺木跳板,跳板上铺设苫布,同时库房屋面应不渗漏,以防材料受潮、受雨淋结块不能使用或降级使用造成浪费;散装水泥必须在密封的水泥罐内存放,以防大风吹起扬尘污染环境。

3.4.5 防水砂浆外加剂应储存保管室内干燥阴凉通风处,密封塑料桶包装的防水剂不得长期暴露存放,使用完后要及时密封,防止变质失效。

3.4.6 砂应堆放在三面砌240mm厚、500mm高,外抹1:3水泥砂浆的围护池中。

3.4.7 三级风以上天气,禁止进行筛砂作业,以免扬尘;二级风以上筛砂应有围挡,避免扬尘污染大气;遇大风天及干燥天气,应经常用喷雾器向砂子表面喷水湿润,增大表面砂子的含水率,以控制扬尘。

3.5 设备设施要求

3.5.1 应根据施工组织设计或专项施工方案的要求,合理选择满足施工需要、噪声低、能耗低的砂浆搅拌机、运输车、振捣设备或器具,避免设备使用时噪声超标,漏油污染土地、地下水,加大水、电、油和资源消耗。

3.5.2 搅拌机应性能良好,无漏油现象。

3.5.3 设置砂浆搅拌机的场地应采用混凝土硬化,厚度不少于10cm,表面应抹光,场地硬化面积应涵盖物料堆场及运输通道,减少在物料运输及混凝土运输过程中遗洒对环境造成的影响。

3.5.4 在搅拌机设置的邻近适宜位置设置沉淀池,从搅拌机至沉淀池,设置排水沟,使冲洗搅拌机的污水可顺畅的排入沉淀池内。排水沟规格应满足设备的污水排放要求,确保在排水过程中不会溢出。一般深度不小于25cm,宽度不小于30cm,可用砌块砌筑,表面抹灰,也可采用混凝土浇筑。排水沟表面可加盖铁箅子,便于车辆通行,同时防止砖块、混凝土块等进入排水沟。

沉淀池设置的位置与搅拌机不宜过远,过远可能导致污水不能迅速排入沉淀池,一般以5m以内为宜,沉淀池的尺寸规格可按照下式进行估算:

$$V = L \times \sigma \quad (m^3)$$

式中 V——沉淀池的容积单位(m^3);

L——搅拌机的出料容量,当采用两台或两台以上的搅拌机时,取搅拌机出料容量之和;

σ——系数,取3~4,当沉淀池有其他用途,汇入其他污水时,取大值。

沉淀池可采用砌块,表面抹灰,也可采用混凝土浇筑。一般上口与地面齐平或稍低于地面。表面应加盖,防止固体杂物进入沉淀池,影响沉淀池的使用。当发现池底的沉淀的污物超过容量的1/3时,应进行清掏,保证沉淀池的正常使用。

经沉淀池中沉淀后的污水,应尽量予以回收利用,可用于砂浆搅拌的部分用水或经外部检测后作为养护、降尘用水。或经现场pH值检测,并目测无悬浮物后,经环保部门许可后排入市政管网。

3.6 砂浆施工过程控制要求

3.6.1 基层处理

3.6.1.1 基层处理质量应满足规范要求,避免因此造成砂浆防水效果达不到设计要求返工产生废弃物。

3.6.1.2 基层产生废弃物应集中收集,统一处理,防止污染环境。

3.6.1.3 收集基层清理废弃物时,应先用喷雾器洒水湿润,以节约用水,减少扬尘,同时避免地面因洒水不当产生泥泞污染地面。

3.6.1.4 基层清理剔凿除作业层应密封围挡,减少扬尘噪声对环境的影响,尽量使用手工作业进行剔凿,使用手动工具应对操作人员进行交底或培训,夜间禁止作业,不宜集中施工,以免噪声超标。凿除基层表面凸出物应在白天进行。

3.6.1.5 基层清理产生废弃物应及时清理,清理的废弃物应使用容器装载,废弃物应低于容器上口,采用塔吊或人货电梯或物料提升机运至指定场所存放,封闭式专用垃圾道或封闭式容器吊运,不得凌空抛洒,若采取不密闭的容器运输时,五级风以上的情况下不得运输,集中收集到指定场所,统一处理,防止污染环境。

3.6.2 水泥砂浆的拌制控制要求

3.6.2.1 拌制要严格按照设计配比要求施工,防止产生不合格品造成材料浪费。

3.6.2.2 拌制量应根据施工进度的要求进行,拌制好后及时使用,防止砂浆初凝或硬化造成材料的浪费。

3.6.2.3 添加外加剂时要使用铁桶盛好后再加入搅拌机,外加剂装量不应超过容器容量的3/4。

3.6.2.4 外加剂包装物应回收,不得随意丢弃,集中交有资格的单位处理。

3.6.2.5 水泥、砂及外加剂等材料加入搅拌设备中应防止遗洒,尽量减少扬尘。

3.6.2.6 搅拌场所应设置隔声屏,搅拌作业应在白天进行,且12:00~14:00不宜进行搅拌作业,搅拌机应使用隔声屏进行密封。

3.6.2.7 防水剂采购、运输、保管过程中应密封,并要求根据当天生产量领取相应数量防水剂,当天没有用完部分应回收。抹灰施工、砂浆在运输过程中,应注意防止砂浆洒落或遗洒。

3.6.3 水泥砂浆的运输控制要求

3.6.3.1 砂浆运输过程中应采用灰桶或斗车运输,盛砂浆的灰桶或斗车应保持完好无泄漏,不得损坏,砂浆应低于容器上口5~10cm;砂浆用斗车运输时,速度不宜太快,肩挑或用手推车时,道路应平坦,索具应牢固,垂直吊运时下方严禁有人,以防止砂浆的遗洒。

3.6.3.2 砂浆运到指定位置后倒入指定的铁板内(2000mm×2000mm),防止砂浆污染地面和砂浆失水及砂浆被污染。

3.6.3.3 对于洒落的砂浆或其他的面层灰应要及时清理回收利用。

3.6.4 砂浆施工控制要求

3.6.4.1 砂浆抹面操作应符合规范和工艺要求,水泥砂浆防水层不宜在雨天及5级以上风中施工,冬期施工气温不应低于5℃,且基层表面温度保持0℃以上,夏季施工不应在35℃以上或烈日照射下施工。当工程在地下水位以下施工时,施工前应将水位降到末抹面层以下,地表积水应排除。

3.6.4.2 墙和顶面砂浆防水层抹面时应及时收集地面洒落的砂浆,重新利用。

3.6.4.3 工具和运送砂浆的容器使用完后应及时清理,清理产生的废弃物应及时收集存放在指定场所,清洗容器产生的废水应排放到沉淀池经两级沉淀后排放。

3.6.4.4 采用喷雾器喷水保持砂浆表面湿润或采用养护液,防止产生废水。

3.6.4.5 清洗设备的污水应排入现场沉淀池经过两级沉淀后,经目测无悬浮物和pH值检测在6~8,才可排入周边环境或市政下水管中。

3.6.5 冬期施工要求

冬期施工时,禁止在环境温度低于-10℃时施工,当环境温度低于5℃时,应采取如下措施,以免砂浆冻坏报废污染环境:

3.6.5.1 砂浆或混凝土中掺加抗冻剂,抗冻剂要检查合格、掺量准确、搅拌均匀,避免砂浆报废。

3.6.5.2 要保证入模温度不低于5℃(也不能高于35℃),可以采取加热水或对骨料加温的办法,加热采取电或液化气等清洁能源,禁止使用柴火加热,避免烟尘污染环境。

3.6.5.3 加热时,如是42.5级以上强度等级的水泥,则水温不能超过60℃、骨料不能超过40℃;如果是42.5级以下强度等级的水泥,则水温不能超过80℃、骨料不能超过60℃;避免因温度过高而使砂浆报废。

3.6.5.4 养护时不能浇水,而应用塑料薄膜覆盖,上盖草席或麻袋等保温;养护完成后要注意薄膜、草席或麻袋的回收利用,报废后应统一由环卫部门处理,避免污染环境。

3.6.5.5 运输时,采用有盖能保温的容器进行,避免运输过程中热量的消耗。

3.6.6 应急和突发事件控制要求

3.6.6.1 雨期施工时,要密切关注天气变化情况,禁止在雨天进行砂浆防水层的施工。避免材料报废,产生废弃物污染环境。

3.6.6.2 雨期施工时,要准备好防雨材料,如突遇下雨,已施工的防水层要用彩条布盖好,并应有畅通的排水措施,防止下雨破坏防水层或冲走砂浆,造成材料浪费,污染环境;作业面上的材料、施工用具等应及时回收入库,作业面上的垃圾应及时清理干净,避免雨水冲走堵塞下水管,污染环境。

3.6.6.3 冬期施工时,应准备覆盖材料,密切关注环境温度的变化,当环境温度有可能降到5℃以下时,应及时进行覆盖保温,避免冻坏砂浆或混凝土产生废弃物污染环境。

3.6.6.4 现场突遇停电且短时间内无法恢复供电时,应采取以下措施:

(1)搅拌机内搅拌时间不够的材料,应清理出来人工搅拌至合格,人工运输至作业面使用,避免浪费。

(2) 商品砂浆或混凝土系塔吊运输的,改成人工运输;如无法进行人工运输,则材料应及时通知厂家尽量调到其他项目使用;如无法调配,则尽量做硬化现场地面用。避免材料的浪费。

(3) 砂浆防水层临近完工状态所缺材料不多时,可以采用人工搅拌砂浆或混凝土的方法完成;否则应留好施工缝,避免恢复施工时,对接缝处处理时产生过多的垃圾,污染环境。

(4) 人工搅拌砂浆,要在硬化地面上进行,干拌时动作要轻,避免扬尘污染环境;搅拌量要经过计算,避免搅拌过多用不完造成材料浪费。

3.6.6.5 项目部应有专人收听天气预报,有大风大雨的预报,必须及时通知应急领导和现场作业班/组长,按应急方案处理。

3.6.6.6 在夏季室外高温作业时,要注意防止中暑,如系轻症中暑,应使患者迅速离开高温作业环境;如是重症中暑,由现场作业班/组长指挥人员进行紧急抢救,并第一时间电话通知应急领导,首先采取措施降温,迅速送医院进行抢救。

3.7 监测要求

3.7.1 检查现场主要道路是否硬化,主要道路硬化率宜达到100%。

3.7.2 检查机械设备是否完好,禁止带病作业。

3.7.3 检查搅拌站是否设有沉淀池,沉淀池设溢流水管。

3.7.4 检查冬雨期施工时是否制定了防冻、防雨措施,是否准备了防冻防雨材料。

3.7.5 基层剔凿时,应随时检查是否洒水湿润,目测无扬尘为合格。

3.7.6 检查施工道路是否洒水湿润,扬尘高度控制在0.5m以内。

3.7.7 每天应至少二次巡视检查机械设备维修保养情况。

3.7.8 搅拌机沉淀池污水是否清水排放,污浊水严禁排放。对于饮用水源处、风景区施工地区污水排放中COD、SS、pH等必测项目应由环保部门进行检测,检测合格后,方可排出。

3.7.9 定期(不少于每周一次)进行噪声检测,噪声排放的超过75dB的限值时。应在搅拌房外或输送泵围挡外增加隔声布或其他降噪措施以满足要求。

3.7.10 检查机械设备是否清理干净,是否按期进行维修保养。

3.7.11 检查水泥、砂子、外加剂等是否按规定要求保管,目测施工操作现场是否做到工完场清。

3.7.12 废弃物是否分类堆放,是否交当地环保部门清运处理。

4 金属板防水施工

4.1 作业流程

金属板除锈→金属板切割→金属板拼接→与锚固钢筋焊接→校正几何尺寸→支撑加固→防锈处理。

4.2 环境因素

4.2.1 金属板除锈环境因素

金属板搬运、除锈产生的噪声排放,除锈产生的扬尘排放,除锈产生的锈渣排放,除锈用砂纸、钢丝刷报废后的遗弃,废手套的遗弃。

4.2.2 金属加工环境因素

金属切割、打磨噪声排放,金属板切割产生的钢渣、边角余料的废弃,金属板打磨产生的扬尘、打磨产生的废渣的排放,钻孔产生的废屑的排放,金属切割产生废气的排放,废切割机锯片的遗弃。

4.2.3 金属板拼装焊接环境因素

金属板拼装时校正产生噪声的排放,焊接弧光污染,有害气体排放,废电焊条头、焊渣、废料遗弃,敲落焊渣产生的噪声。

4.2.4 金属板几何尺寸校正的环境因素

敲打金属板产生的噪声排放。

4.2.5 支撑加固环境因素

钢管加固产生的噪声,使用架料产生的废弃物。

4.2.6 防锈环境因素

除锈产生的噪声,除锈产生的扬尘的排放,除锈产生的锈渣排放,除锈用砂纸、钢丝刷报废后的遗弃,废手套的遗弃,钢板表面涂刷防锈漆油漆的遗洒,涂刷防锈漆工具的报废,防锈漆包装桶的废弃,电的消耗,防锈漆使用不慎造成火灾,煤油存放使用不慎造成火灾。

4.2.7 现装法施工焊缝检验环境因素

施工箱套焊缝的严密性检查煤油的渗漏。

4.2.8 紧急情况环境因素

钢板切割产生火花造成的火灾,焊渣飞溅造成的火灾,放射性物资的遗失,放射性物资的泄漏,超声波的泄漏,防锈作业不慎造成的火灾,煤油保管使用不慎造成的火灾。

4.3 人员要求

4.3.1 焊接人员应经过培训,并有相应有效的焊工执业资格证书,避免因人的原因而造成裂纹、夹渣、咬边、烧穿等质量缺陷以及脱皮、反锈等现象。

4.3.2 焊接人员操作前应进行环境交底,掌握操作要领和环境控制要求,避免因人未掌握环境控制措施而造成噪声排放、废弃物、电辐射。

4.3.3 无损探伤检测人员应经培训,并有相应有效的执业资格证书。

4.3.4 操作人员应熟悉操作规程、环境操作规程以及环境因素的控制方法和紧急情况下的应急要求。

4.3.5 保管人员了解材料的基本性能和保管要求以及经济情况下的应急措施要求。

4.4 材料要求

4.4.1 金属防水层应按设计规定选用材料,一般为 Q235 或 16Mn 钢板,厚度 3～8mm。钢材应有出厂合格证、质量检验报告和现场抽样试验报告。避免材料不合格产生质量问题引起环境污染。

4.4.2 金属板材和焊条的规格、材质必须按设计要求选择,钢材的性能应符合国际《碳素结构钢》GB 700 和《低合金高强度结构钢》GB/T 1591 的要求,所有材料应存放在库房内,避免雨淋受潮报废。

4.4.3 金属板防水层的连接材料焊条、焊剂应选用与钢板性能相适用的焊接材料，焊接材料应在室内存放并与地面隔离，存放场所应干燥通风。

4.4.4 防锈漆、煤油应在通风阴凉的室内保管，周围10m内无火源、热源，存放场所应消防灭火器。

4.5 设备设施要求

4.5.1 应根据施工组织设计或专项施工方案的要求，合理选择满足施工需要、噪声低、能耗低的型材切割机、电剪刀、电焊机、手电钻、拉铆枪、射钉枪、角向钻磨机等设备和用具。避免设备使用时噪声超标，加大水、电、油和资源消耗。

4.5.2 机具要经常保养，保证它经常处于完好状态，所有机具都应搬运到库房保存，不能搬运的要采取防雨措施，防止起锈污染环境。

4.5.3 无损检测设备应设专人专门的仓库进行保管，保管场所应有防火防盗措施，配备灭火器，防止保管不善造成遗失。

4.6 金属板焊接过程控制要求

4.6.1 金属板除锈过程控制要求

4.6.1.1 搬运金属板时要小心拿放，禁止乱扔，防止因损坏金属板表面而导致使用过程中产生渗漏等污染环境。

4.6.1.2 人工除锈场地应硬化，硬化部分应大于操作场地，各操作边0.5m或铺设相应宽度的塑料布，防止铁锈污染土地。

4.6.1.3 除锈所用的钢丝刷、锉刀、刮刀和砂纸报废后应统一回收，交由有资质的单位回收。

4.6.1.4 除锈的过程应在规定的场所内进行，根据施工量安排除锈量，做到均衡施工，避免集中突击除锈造成噪声排放超标污染环境，除锈时地面应先适当洒水避免除锈时产生扬尘污染环境。

4.6.1.5 每个工作班应清扫回收锈渣放入指定的储存桶内，待集中一定数量后交有关单位处理。

4.6.2 金属板切割过程控制要求

4.6.2.1 金属板切割加工场地应硬化，硬化部分应大于操作场地，防止铁锈污染土地。

4.6.2.2 金属的切割、钻孔和打磨应在白天进行且12：00～14：00不得进行切割作业，避免噪声扰民，切割、钻孔和打磨的废渣及残余金属板作业完后应及时清理，放在规定的场所，统一交由有资质的单位回收。

4.6.2.3 切割加工区域不得有易燃易爆物质，切割加工区域应配置消防灭火器材，切割火花飞溅的方向应用金属板遮挡，防止火花引起的火灾。

4.6.2.4 金属板切割加工区域应使用隔声屏进行封闭，以减少噪声的排放。

4.6.2.5 报废的钻头、锯片和劳动防护用品应进行回收，集中存放，统一交有资格的单位进行处理，不得随意丢弃污染土地。

4.6.3 金属板拼装焊接过程控制要求

4.6.3.1 焊接区域10m内不得有易燃易爆物资，并配备有消防灭火设施。

4.6.3.2 及时将使用后的废焊条头、焊渣清理,现场废弃焊条头应放置在铁箱内,做到工完场清,以免造成环境污染。

4.6.3.3 现场焊接时,应在焊接下方设防火斗,防火斗使用1mm的钢板制作,面积400mm×400mm,以防火灾事故发生,造成材料损失及污染空气。

4.6.3.4 雨天、雪天或湿度大于20%时不能作业气候情况下不得进行焊接作业,以免造成焊接质量不符合要求,造成的材料浪费。

4.6.3.5 施工过程中,施焊人员应佩戴防辐射工具,避免造成辐射伤害。

4.6.4 几何尺寸校正过程控制要求

4.6.4.1 几何尺寸校正要在白天进行,夜间和12:00~14:00不得进行校正作业,以免噪声扰民。

4.6.4.2 应将校正场所使用隔声屏进行封闭。

4.6.5 支撑加固过程的控制

4.6.5.1 支撑加固是架料要轻拿轻放,减少敲击以减少噪声的排放。

4.6.5.2 架料加工产生的废弃物应及时清理收集,统一回收交由资格的单位进行处理。

4.6.6 防锈过程控制要求

4.6.6.1 涂刷防锈漆的区域下应铺设塑料布,铺设范围应大于操作人员作业范围。

4.6.6.2 涂刷不得将防锈漆遗洒在地面或土壤。

4.6.6.3 涂刷作业10m内不得有热源、火源,作业现场配备消防灭火设施。

4.6.6.4 防锈作业的工具报废后应集中存放,存放场所应由防渗措施,防锈漆包装桶应回收交有资格的单位进行处理。

4.6.6.5 防锈作业工具清理产生的废弃物要集中放置在规定的场所。

4.6.6.6 清洗油漆刷产生的废液不得随意倾倒到市政管网和土壤,应回收统一交由资格的单位处理。

4.6.7 先装法检测过程控制要求

先装法施工箱套焊缝严密性无损检测不得将放射性物资随意存放保管,采用气泡法、煤油渗漏法或真空法检测时,检测场地应由防渗措施,煤油渗漏法检测时还应配置消防设施,检测完后要及时将没有进行回收。

4.6.8 应急和突发事件控制要求

4.6.8.1 项目部应有专人收听天气预报,有大风大雨的预报,必须及时通知应急领导和现场作业班/组长,按应急方案处理。

4.6.8.2 在夏季室外高温作业时,要注意防止中暑,如系轻症中暑,应使患者迅速离开高温作业环境;如是重症中暑,由现场作业班/组长指挥人员进行紧急抢救,并第一时间电话通知应急领导,首先采取措施降温,迅速送医院进行抢救。

4.7 监测要求

4.7.1 切割、打磨作业要检查噪声的排放值,定期(不少于每周一次)进行噪声检测,噪声排放的超过75dB的限值时。应在围挡外增加隔声布或其他降噪措施以满足要求。

4.7.2 当施工时间有限制时,要提前2h监测进度情况,确保在限制时间中止施工。

4.7.3 每班下班前由施工班/组长监测作业面"工完场清"情况，包括垃圾清理、材料回收、挥发性物资加盖情况、火源的管制情况、水源的关闭情况等，满足环境要求后才能离人。

4.7.4 检查废弃物的处理是否交由资格的单位。

5 塑料防水板

5.1 工艺流程
基层清理→铺设缓冲层→固定缓冲层→铺设塑料防水板→焊接塑料防水板。

5.2 环境因素
基层清理产生的噪声、废渣、扬尘,热风焊枪使用时噪声的排放、塑料板边角余料的废弃、电的消耗、焊接不慎造成的火灾,焊接时产生废气的排放,热塑性和金属垫圈、射钉的废弃。

5.3 人员要求
5.3.1 焊接人员应经过培训,并有相应有效的焊工执业资格证书,避免因人的原因而造成焊焦、焊穿等质量缺陷以及由此造成的材料浪费和环境污染。

5.3.2 焊接人员操作前应进行环境交底,掌握操作要领和环境控制要求,避免因人未掌握环境控制措施而造成噪声排放、废弃物、电辐射。

5.4 材料要求
5.4.1 防水层所用塑料板及配套材料必须符合设计要求,塑料板的搭接缝必须采用热风焊接,不得有渗漏。

5.4.2 塑料板板材的规格、材质必须按设计要求选择,金属垫圈的性能应符合塑料板防水技术规范的要求。

5.4.3 塑料板有乙烯-醋酸乙烯共聚物、乙烯共聚物沥青、聚氯乙烯、高密度聚氯乙烯、低密度聚氯乙烯等种类。

5.4.4 塑料板应有产品合格证书。所有材料应存放于库房内,避免雨淋受潮报废。室内阴凉通风干燥的环境存放,周围不得有热源、火源和有机溶剂,配备消防灭火器。

5.4.5 防水板的幅宽以2~4m为宜,不能过宽,以免防水板重量变大,造成铺设困难,导致渗漏现象而产生环境污染。

5.4.6 防水板以1.0~2.0mm较为合适,过厚则板重对铺设不利,影响防水效果,过薄则无足够的耐刺穿性,容易发生渗漏现象而造成环境污染。

5.5 设备设施要求
5.5.1 按施工组织设计或专项施工方案选用噪声低、能耗低的热风焊枪、剪刀、射钉枪等切割、磨削、钻孔、焊接和固定机具,避免设备使用时噪声超标,加大能源消耗。

5.5.2 机具要经常保养,保证它经常处于完好状态,则所有机具都应搬运到库房保存,不能搬运的要采取防雨措施,防止锈蚀污染环境。

5.6 过程控制要求
5.6.1 塑料板焊接过程控制要求

5.6.1.1 防水层基面应坚实、平整、圆顺,无漏水现象,在施工前,对基层表面进行目测,表面应平整,以免在以后使用过程中产生渗漏现象,从而造成材料浪费和环境污染。

5.6.1.2 雨天、雪天或湿度大于20％时不能作业,以免因焊缝质量不合格,而造成材料浪费。

5.6.1.3 清理基层表面钢筋头等尖锐物,避免防水板被刺穿而导致防水效果降低,产生环境污染。

5.6.1.4 基层清理产生的废渣要及时收集,防止到规定的场所集中处理。

5.6.1.5 搬运塑料板时要轻拿轻放,防止噪声排放、损坏塑料板表面而导致使用过程中产生渗漏等污染环境。

5.6.1.6 切割后的残余塑料板,金属垫圈等应统一回收,交由有资质的单位回收。

5.6.1.7 铺设好缓冲层,并用暗钉圈固定在基层上,以此来增强渗排水功能。

5.6.1.8 防水板应用暗钉圈固定,并采用双焊接缝确保焊接效果,作业场所应通风,如果通风条件不好,应使用排风扇进行通风,周围10m范围内不得有易燃易爆物资,同时避免发生渗漏现象,不会造成环境污染。

5.6.1.9 防水板铺设和内衬混凝土施工应保持适当距离,这样既避免了过近造成相互干扰,过远防水板会因自重而脱落造成材料浪费。

5.6.1.10 内衬混凝土施工时不能直接接触防水板,以防防水板遭受破坏而导致渗漏现象污染环境。

5.6.1.11 局部设置防水板时,两侧应封闭好,防止渗水现象污染环境。

5.6.2 应急和突发事件控制要求

5.6.2.1 项目部应有专人收听天气预报,有大风大雨的预报,必须及时通知应急领导和现场作业班/组长,按应急方案处理。

5.6.2.2 在夏季室外高温作业时,要注意防止中暑,如系轻症中暑,应使患者迅速离开高温作业环境;如是重症中暑,由现场作业班/组长指挥人员进行紧急抢救,并第一时间电话通知应急领导,首先采取措施降温,迅速送医院进行抢救。

5.7 监测要求

5.7.1 每逢大雨前应检查材料仓库的完好情况,大雨后要检查材料仓库中是否有淋湿或损坏现象,如有要及时处理,避免浪费材料。

5.7.2 运输车辆进出场时由门卫监测车身洁净情况,不干净时要进行清扫或清洁,避免污染道路。

5.7.3 每班下班前由施工班/组长监测作业面"工完场清"情况,包括垃圾清理、材料回收、挥发性物资加盖情况、火源的管制情况、水源的关闭情况等,满足环境要求后才能离人。

5.7.4 当施工时间有限制时,要提前2h监测进度情况,确保在限制时间中止施工。

5.7.5 每月应由专人对周围社区或环境进行走访,收集周围相关方的意见,作为持续改进环境管理的依据。

6 止水带防水施工

6.1 作业流程
适用于施工缝、变形缝、诱导缝和后浇带等止水带施工的环境因素控制。
钢板止水带安装施工工艺:钢板除锈→钢板加工制作→拼装焊接。
塑料、橡胶止水带安装施工工艺:安放→固定→热风焊接→填缝。
橡胶膨胀止水带安装工艺:清理基层→粘贴。

6.2 环境因素

6.2.1 刚性止水带环境因素
金属材料切割、止水带安装、敲落焊渣产生噪声的排放,切割产生的扬尘,金属材料切割产生余料的废弃,材料切割产生的金属屑的废弃,手套遗弃,废油漆处置,焊接弧光污染,有害气体排放,废电焊条头、焊渣、废料遗弃。

6.2.2 塑料、橡胶止水带安装环境因素
塑料、橡胶止水带余料的废弃,止水带包装物和隔离纸的废弃,热风焊接时有毒气体的排放,热辐射,填缝材料余料的废弃,填缝材料包装物的废弃。

6.2.3 橡胶膨胀止水带安装环境因素
基层表面残留混凝土硬块及凸出部分清理产生的噪声、扬尘和废弃物,报废的扫帚、墩布、钢丝刷的遗弃,止水带余料的废弃,止水带包装物和隔离纸的废弃。

6.3 人员要求

6.3.1 焊接人员应持证上岗并使用防护用品;操作人员了解施工生产中的环境因素及其控制措施,应掌握施工操作规程和环境操作规程。

6.3.2 储存保管人员应熟悉材料的基本性能及储存要求的规定,具备紧急情况下的采取应急措施的能力。

6.4 材料要求

6.4.1 止水带应符合国家标准 GB 18173.2—2000《高分子防水材料 止水带》的要求,橡胶止水带的外观质量、尺寸偏差、物理性能应符合 HG 2288—92 的规定。避免使用不合格的材料导致材料报废等环境问题。

6.4.2 产品应避免阳光直射,勿与热源、油类及有害溶剂接触,避免材料报废产生废弃物。

6.4.3 成品应平放,勿加重压。存放场所最好保持 -10～+30℃,相对湿度在40%～80%,避免保管不当引起材料报废损坏。

6.4.4 橡胶、树脂、沥青类等易燃材料在保养、运输、施工中应远离火源、热源,防止因火引起有毒挥发性气体对人体及环境造成伤害。

6.4.5 密封料可选用有足够的变形能力,并与混凝土具有良好粘结的柔性材料,在环境介质中不老化、不变质,如:聚硅橡胶、硅胶、粘贴式橡胶片等弹性密封材料,避免使用不合格的密封料引起质量问题造成返工,浪费材料,增加废弃物污染环境。

6.4.6 原材料应由专人管理,进场材料首先进入库房,再根据每天施工需用量领料,当日没有使用完的材料应重新入库,防止材料浪费。

6.5 设备设施要求

6.5.1 按施工组织设计或专项施工方案选用噪声低、能耗低的热风焊枪、电焊机、氧割设备、氧气瓶、乙炔瓶、剪刀、射钉枪等机械设备和机具,避免设备使用时噪声超标,加大能源消耗。

6.5.2 机具要经常保养,保证它经常处于完好状态,则所有机具都应搬运到库房保存,不能搬运的要采取防雨措施,防止锈蚀污染环境。

6.5.3 防止机械设备日晒雨淋,避免设备锈蚀,防止二次污染,降低噪声。

6.6 过程控制要求

6.6.1 刚性止水带施工过程控制要求

6.6.1.1 钢板搬运时应轻拿轻放,减少噪声和扬尘。

6.6.1.2 钢板切割加工时场地应硬化,使用氧割时 10m 范围内无易燃易爆物资,氧割场所配备消防灭火设施,若发生火灾应立即关闭氧气瓶、乙炔瓶,并转移到安全位置。

6.6.1.3 安装刚性止水带时,采用硬木柏板、硬化木、木锤、螺钉、旋具、避免采用铁锤等,以减少噪声污染;焊接区域 10m 内不得有易燃易爆物资,并配备有消防灭火设施。

6.6.1.4 及时将使用后的废焊条头、焊渣清理,现场废弃焊条头应放置在铁箱内,做到工完场清,以免造成环境污染。

6.6.1.5 现场焊接时,应在焊接下方设防火斗,防火斗使用 1mm 的钢板制作,面积 400mm×400mm,以防火灾事故发生,造成材料损失及污染空气。

6.6.1.6 雨天、雪天或湿度大于 20% 时不能作业气候情况下不得进行焊接作业,以免造成焊接质量不符合要求,造成的材料浪费。

6.6.1.7 施工过程中,施焊人员应佩戴防辐射工具,避免辐射伤害。

6.6.1.8 钢板加工产生的边角余料和废渣应回收,交有资格的单位处理。

6.6.2 塑料、橡胶止水带安装施工过程控制要求

6.6.2.1 塑料、橡胶止水带的边角余料应回收,集中存放,统一交有资格的单位处理,不得随意丢弃。

6.6.2.2 采用热压焊时应注意通风条件,通风条件差时,应采取排风扇进行通风。

6.6.2.3 塑料、橡胶止水带包装物应回收并交有资格的单位处理。

6.6.3 膨胀止水带施工过程控制要求

6.6.3.1 基层清理过程中,避免产生噪声,清扫时应避免产生扬尘。

6.6.3.2 基层产生的废弃物应集中收集,统一处理,防止污染环境。

6.6.3.3 应使用自粘型膨胀止水带,不宜在潮湿的基面上进行作业。

6.6.3.4 膨胀橡胶止水带一般不宜在雨雪天气环境下作业,施工时宜选择 5℃ 以上,35℃ 以下季节进行施工,避免因环境影响产生废品。

6.6.3.5 膨胀止水带边角余料、包装物、隔离纸应回收,统一交有资格的单位处理不能就地填埋或焚烧,以免污染环境。

6.6.4 填缝过程控制要求

6.6.4.1 密封料的熬制应在单独的场地进行,加入熬制灶的量不得超过锅容量的 3/4。其废液统一回收处置,以免对水环境,土地环境造成污染。

6.6.4.2 填缝材料的运送应采用铁皮桶并设桶壶盖,严禁用锡焊桶壶。填缝后,洒落在缝边或漏滴在地面上的废料应及时清理,统一回收利用或处置。

6.6.5 应急和突发事件控制要求

6.6.5.1 项目部应急领导小组应有专人收听天气预报,有大风大雨的预报,必须及时通知应急领导小组负责人和现场作业班/组长,按应急方案处理。

6.6.5.2 熬油的操作人员,应严守工作岗位,时刻注意温度变化。如着火,应立即用锅盖或铁板覆盖,如在地面着火,应用灭火器、干砂扑灭,严禁浇水。

6.6.5.3 配制冷底子油时,要严格掌握沥青温度,严禁用铁棒搅拌,如发现沥青冒蓝烟时,立即停止加入稀释剂。

6.6.5.4 火灾发生时,由作业班/组长指挥工人在初始阶段灭火,同时电话通知应急领导,当火灾超过3min还不能熄灭时并有蔓延趋势时,作业班/组长可以直接打119电话报警。作业现场醒目位置必须要有应急处理流程图,并有内部联系电话号码,原则上应急领导和现场作业人员应分别有2个以上可以进行有效联系的号码,应急的作业班/组长原则上不能离开作业现场,如确要离开应现场安排第二责任人,并与应急领导通报。

6.6.5.5 在夏季室外高温作业时,要注意防止中暑,如系轻症中暑,应使患者迅速离开高温作业环境;如是重症中暑,由现场作业班/组长指挥人员进行紧急抢救,并第一时间电话通知应急领导,首先采取措施降温,迅速送医院进行抢救。

6.6.5.6 如急性甲苯或二甲苯中毒,应迅速离开现场,移入空气新鲜处,立即脱去被污染的衣服,清洁皮肤,视情况移送医院进行处理。

6.7 监测要求

6.7.1 每班前要检查各种应急设施设备是否有效。

6.7.2 运输车辆进出场时由门卫监测车身洁净情况,不干净时要进行清扫或清洁,避免污染道路。

6.7.3 每班下班前由施工班/组长监测作业面"工完场清"情况,包括垃圾清理、材料回收、挥发性物资加盖情况、火源的管制情况、水源的关闭情况等,满足环境要求后才能离人。

6.7.4 当施工时间有限制时,要提前2h监测进度情况,确保在限制时间中止施工。

6.7.5 每月应由专人对周围社区或环境进行走访,收集周围相关方的意见,作为持续改进环境管理的依据。

第13章 屋面工程

0 一般规定

0.1 本章适用于屋面工程的找平层、防水层、保温隔热层、保护层和使用面层等的环境控制要求。屋面工程总的作业流程如下：

0.1.1 正置式屋面：施工准备→找坡找平层→隔气层→保温层→找平层→防水层→保护层或使用面层。

0.1.2 倒置式屋面：施工准备→找坡找平层→防水层→保温层→水泥砂浆找平层→保护层或使用面层。

0.2 屋面工程防水设计，必须要有防水设计经验的人员承担；设计人员在进行屋面工程设计时，首先要根据建筑物的性质、重要程度、使用功能要求，确定建筑物的屋面防水等级和屋面做法，然后按照不同地区的自然条件、防水材料情况、经济技术水平和其他特殊要求等综合考虑选定适合的防水材料，按设防要求的规定进行屋面工程构造设计，并应绘出屋面工程的设计图；对檐口、泛水等重要部位，还应由设计人员绘出大样图；对保温层理论厚度应通过计算后确定。避免防水等级不合理、防水材料选用不当、保温效果不佳、细部处理不到位等原因引起建筑防水层漏水或过早失效而过早翻修或返工，导致材料浪费、能源消耗，产生各种废弃物污染环境。

0.3 屋面工程防水层应由经资质审查合格的防水专业队伍进行施工，作业人员应持有当地建设行政主管部门颁发的上岗证，避免因企业及施工人员的素质、能力不符合要求而导致质量、安全和环境事故。

0.4 屋面工程施工前应进行图纸会审，掌握施工图中的细部构造及有关要求，使施工单位切实掌握屋面防水设计的要求，避免施工差错引起漏水而浪费材料和污染环境。

0.5 项目部应制定防水施工组织设计或专项施工方案，除了确保质量的技术措施外，还应有详细的保证环境的技术措施和方案，方案应报有关各方审批后才能实施，避免因环境保证措施不到位而造成环境污染。

0.6 禁止使用不合格材料，屋面工程所采用的防水、保温隔热材料应有产品合格证书和性能检测报告，材料的品种、规格、性能等应符合现行国家产品标准和设计要求；进场时应对品种、规格、外观、质量、安全和环境验收文件等进行检查验收。

0.7 伸出屋面的管道、设备或预埋件等应在防水层施工前安设完毕，防水层施工完工后，不得在其上凿孔打洞或重物冲击，避免破坏防水层引起返工费料或形成噪声、扬尘等。

0.8 屋面的保温层和防水层严禁在雨天、雪天和五级风及其以上施工。

为避免雨天施工使保温层、找平层中的含水率增大，导致防水层起鼓破坏造成费料或返工过程的污染，避免气温过低铺贴卷材使卷材开卷时发硬、脆裂，或低温涂刷涂料使涂层易受冻且不易成膜,从而造成严重的质量问题而返工返修,引发安全和环境事故等,严禁五级风以上进行屋面防水层施工操作。施工环境气温宜符合表13-1要求。

屋面保温层和防水层施工环境温度　　　　　表13-1

项　目	施 工 环 境 气 温
粘结层施工	热沥青不低于-10℃;水泥砂浆不低于5℃
沥青防水卷材	不低于5℃
高聚物改性沥青防水卷材	冷粘法不低于5℃;热熔法不低于-10℃
合成高分子防水卷材	冷粘法不低于5℃;热风焊接法不低于-10℃
高聚物改性沥青防水涂料	熔剂型不低于-5℃;水溶型不低于5℃
合成高分子防水涂料	熔剂型不低于-5℃;水溶型不低于5℃
刚性防水层	不低于5℃

0.9　严格进行完工检测,避免本道工序不合格即被下道工序所隐蔽引起屋面渗、漏水,造成返工引发材料浪费、扬尘、噪声和污水排放等环境影响。屋面工程的找坡层、保温层、找平层、防水层及保护层应在完工后进行抽样检测,每100m² 抽一处,每处抽查面积10m² 且不得少于3处;接缝密封防水每50m应抽查一处,每处5m不少于3处;细部构造必须全部检查,按规定检查合格后方能进入下道工序施工。

1　屋面找平层施工

1.1　作业流程
施工准备→放线→找平层施工→养护→检查验收。

1.2　环境因素
1.2.1　基层表面清理产生的噪声、扬尘和废弃物,吸(吹)尘器吸(吹)基层棱角处尘土产生的噪声和扬尘,报废的扫帚、墩布、砂纸、钢丝刷、修补作业砂浆的遗弃,修补作业砂浆的遗洒。

1.2.2　水泥、砂石料、沥青运输产生遗洒。

1.2.3　水泥砂浆、沥青砂浆、细石混凝土拌制、运输、浇筑过程中的噪声排放、扬尘、遗洒。

1.2.4　找平层养护时覆盖物的废弃。

1.2.5　砂、石过筛时产生的余料。

1.2.6　清洗搅拌机、混凝土输送泵等设备、工具废水排放;清洗砂、石料等废水的排放。

1.2.7　失效砂浆、混凝土的遗弃。

1.2.8　砂浆、混凝土养护水资源的消耗和废水的排放。

1.2.9　沥青砂浆搅拌、运输、浇注时产生的有毒、有害气体污染大气。

1.2.10 水泥储存超过三个月可能造成报废,露天存放雨天覆盖不及时造成报废产生固体废弃物。

1.2.11 混凝土抗冻剂(含氨)的使用,混凝土泵送设备漏油,混凝土泵送设备油料的超用。

1.2.12 突遇大雨或暴雨造成砂浆、混凝土报废产生废弃物。

1.2.13 突发的停电造成的砂浆、混凝土的报废产生废弃物。

1.2.14 火灾产生有毒、有害气体污染大气,产生废弃物污染环境。

1.3 人员要求

1.3.1 项目经理部应配备环境管理人员,在制订项目岗位责任制时,应按"管生产必须管环境、环境管理人人有责"的原则分配环境管理职责,避免环境管理职责分配不合理造成管理的遗漏。

1.3.2 操作人员应穿软底鞋、长衣、长裤,裤脚、袖口应扎紧,并应配戴手套及护脚;在高温施工时外露皮肤应涂擦防护膏;沥青砂浆找平层施工时,须戴防毒口罩和防护用品。并按规定使用其他劳动防护用品。

1.3.3 施工前应对作业人员进行作业流程环境交底,如原材料的运输、保管中遗洒、损坏;砂浆、混凝土搅拌、运输、浇筑过程中产生的噪声排放、遗洒、扬尘等污染环境;砂浆、混凝土在搅拌、养护过程中水资源的消耗和废水的排放等重要环境因素及其控制措施,使其熟练掌握环境检测的关键参数、应急响应中的注意事项和环境因素及其控制要求,避免操作不当造成噪声、扬尘、废弃物、废水、有毒有害气体的排放或出现意外安全、环境事故。

1.3.4 搅拌机、混凝土输送泵等机械操作工等特种作业人员应经过培训并持证上岗,掌握相应机械设备的操作要领后方可进行作业,避免因人的误操作或不按操作规程操作、保养造成机械设备漏油、设备部件报废、机械设备事故、浪费资源、噪声超标、污染土地、污染地下水,加大对环境的污染。

1.3.5 操作人员应对设备的运转情况进行监测,发现异常情况及时进行检修,避免由于设备故障造成砂浆、混凝土运输搅拌、运输等长时间的中断,造成砂浆、混凝土的浪费。同时在操作期间,教育工人随时注意机械是否运转正常,发现异常情况及时报告,找专人维修保养。

1.4 材料要求

1.4.1 水泥的控制要求

1.4.1.1 水泥进场时应对其品种、级别、包装或散装仓号、出厂日期等进行检查,并应对其强度、安定性及其他必要的性能指标进行复验,其质量必须符合现行国家标准《硅酸盐水泥、普通硅酸盐水泥》GB 175 等的规定。避免水泥不合格导致砂浆或混凝土报废产生废弃物。

1.4.1.2 水泥应按照作业进度及计划,随进随用,减少库存;水泥储存时间不应超过三个月,当在使用中对水泥质量有怀疑或水泥出厂超过三个月(快硬硅酸盐水泥超过一个月)时,应进行复验,并按复验结果使用。避免水泥不合格造成砂浆、混凝土报废,浪费材料。

1.4.1.3 为防止水泥受潮变质,造成资源浪费,同时产生额外固体废弃物对土壤及水源造成污染。水泥在库中存放时,应离地面30cm架空存放,离墙亦应在30cm以上。堆放高度一般不应超过10包。临时露天暂存的水泥也应用防雨棚布盖严,底板要垫高,并采取防潮措施,一般可用油纸或油布铺垫。对于受潮水泥经鉴定后应在保证质量的情况下降级使用,尽量减少资源的浪费。

1.4.1.4 采用袋装水泥时,运输车辆应苫盖密闭,以防扬尘遗洒,水泥装卸时,工人应轻拿轻放,减少扬尘,同时装卸工人应佩带防尘口罩及其他劳动防护用具。

1.4.1.5 如采用散装水泥,则现场水泥罐顶部应有除尘设备,以节约水泥,避免扬尘污染环境。

1.4.1.6 水泥运输车出场时要清理干净,避免污染道路和扬尘污染大气。

1.4.2 砂、石料控制要求

1.4.2.1 找平层用砂应采用中砂,砂石采集应按照国家和地方有关规定,禁止随意采集对河道和环境造成破坏。

1.4.2.2 砂中含泥量(按重量计%)不应超过3%,避免含泥量过多导致砂浆不合格报废浪费材料,产生废弃物污染环境;或砂要冲洗浪费水资源,同时废水排放污染环境。

1.4.2.3 细石混凝土所用石子最大粒径不超过20mm,含泥量(按重量计%)不超过1.0%。避免石子粒径过大引起找平层或保护层施工困难或破坏防水层,引起返工造成材料浪费,产生废弃物污染环境。也避免石子含泥量大清洗时造成大量水资源浪费,产生的含泥污水对土壤及地下水源造成污染。

1.4.2.4 砂石运输时要覆盖,同时砂石填装高度不得超过车辆槽帮,防止遗洒污染地面、扬尘污染大气;进场时倒在指定的堆场内,倒完后,散落的砂、石要人工进行归堆,避免扬尘污染大气。

1.4.2.5 为了不造成材料浪费,砂、石堆场地面要先行硬化,可以用不低于C20的混凝土厚不小于10cm硬化,也可以用石粉加10%左右的水泥洒水碾压后进行硬化。

1.4.2.6 运输车辆砂、石要倒干净,出场时轮胎要打扫干净,粘有污泥时还要用水冲洗干净,避免污染道路。冲洗车辆应在专设的洗车槽内进行,使用沉淀池中的水冲洗,并确保洗车产生的污水能够顺畅的排入沉淀池中。

1.4.2.7 现场应安排人员进行天气情况的监测,遇大风、降雨等天气变化时,应及时采取措施,加强对物料堆场的覆盖。避免由于大风产生扬尘。同时,当风力大于四级时,停止水泥、砂、石等运输、装卸、过筛作业,避免产生扬尘。

1.4.3 水

一般符合国家标准的生活饮用水,可直接应用于拌制各种混凝土,地表水和地下水在首次使用前,应按照有关标准进行检验后方可使用。

为了节约水资源,混凝土生产厂及商品混凝土厂设备的洗刷水,可作为拌和砂浆和混凝土的部分用水;但要注意洗刷水所含水泥和外加剂品种对所拌和混凝土的影响。

现场混凝土搅拌用水宜尽量选用经外部检测的循环回收用水,尽量节约水资源。

1.4.4 商品砂浆或商品混凝土的控制要求

1.4.4.1 使用商品砂浆或商品混凝土前,每次均要把使用商品砂浆或混凝土的技术参数(如强度等级、初凝时间、稠度、坍落度等)使用数量、时间等与生产厂家交待清楚,避免产品不合格、超量生产或超时而导致砂浆或混凝土报废,产生废弃物污染环境。

1.4.4.2 施工现场要做好施工准备,做到根据计划随到随用,避免砂浆或混凝土进场后不能浇筑超过初凝时间而报废,产生废弃物。

1.4.4.3 运输车辆要倾倒干净,出场时轮胎要打扫干净,粘有污泥时还要用水冲洗干净,避免污染道路。冲洗车辆应在专设的洗车槽内进行,使用沉淀池中的水冲洗,并确保洗车产生的污水能够顺畅的排入沉淀池中。

1.4.4.4 砂浆或混凝土到了现场突遇停电的情况,短时间内无法恢复施工,则要用人工运输的方法及时运到作业面使用或采用其他办法处理,避免材料报废。

1.5 设备设施要求

1.5.1 应根据施工组织设计或专项施工方案的要求,合理选择满足施工需要、噪声低、能耗低的砂浆搅拌机、混凝土搅拌机、运输车、输送泵、振捣设备或器具,避免设备使用时噪声超标,漏油污染土地、地下水,加大水、电、油和资源消耗。

1.5.2 施工设备在每个作业班后应按规定进行日常的检测、保养和维修,保证设备经常处于完好状态,避免设备使用时意外漏油、加大噪声或油耗,加快设备磨损。当发现设备有异常时,应安排专人检查、排除或送维修单位立即抢修,防止设备带病作业加大能源消耗、产生漏油、噪声等污染源,并防止设备事故。

1.5.3 一般器具要妥善保管,施工沥青砂浆的器具要防止他人挪用造成污染,工具报废后不得随意抛弃,收集后归类统一处理。

1.5.4 沥青仓库要有防火标志,操作时要严禁吸烟,一个计算单元要配备不少于2具、不多于5具的手提式灭火器,避免发生火灾造成污染并危及人身安全。

1.5.5 当采用现场搅拌时,应事先做好沉淀池,沉淀池做法如下:

1.5.5.1 沉淀池的尺寸规格可按照下式进行估算:

$$V = L \times \sigma \quad (m^3)$$

式中 V——沉淀池的容积单位(m^3);

L——搅拌机的出料容量,当采用两台或两台以上的搅拌机时,取搅拌机出料容量之和;

σ——系数,取3~4,当沉淀池有其他用途,汇入其他污水时,取大值。

1.5.5.2 沉淀池设置的位置与搅拌机不宜过远,过远可能导致污水不能迅速排入沉淀池,一般以5m以内为宜。

1.5.5.3 沉淀池一般采用在地下挖坑,用12砖墙砌筑,然后抹水泥砂浆,一般上口与地面齐平或稍低于地面。表面应加盖,防止固体杂物进入沉淀池,影响沉淀池的使用。

1.5.5.4 当发现池底的沉淀的污物超过容量的1/3时,应进行清理,清理的垃圾要统一堆放,集足一个运输单位后,交由环卫部门清运,清运时车要加盖,避免遗洒。

1.5.5.5 从搅拌站(机)至沉淀池,设置排水沟,使冲洗搅拌机的污水可顺畅的排入沉淀池内。排水沟规格应满足设备的污水排放要求,确保在排水过程中不会溢出。一般深度不小于25cm,宽度不小于30cm,可用砌块砌筑,表面抹灰,也可采用混凝土浇筑。排水沟表面可加盖铁算子,便于车辆通行,同时防止砖块、混凝土块等进入排水沟。

1.5.5.6 如果当地生产的砂、石料含泥量偏高或雨期施工时砂、石料含泥量偏高需在现场冲洗时,还应考虑沉淀池作为冲洗砂、石料的沉淀池使用,要用排水沟与砂、石料场相连。

1.5.6 现场搅拌设备应有防风雨的措施,搅拌房可采用陶粒砌块砌筑,厚度不少于240mm,室内并应用水泥砂浆抹平,进一步降低噪声排放。

1.5.7 现场搅拌设备如要求隔声和降噪,则应安装在陶粒砌块砌筑的搅拌房内,室内应用水泥砂浆抹平,进一步降低噪声排放;如界内噪声达到了排放要求,则可以用钢管搭设防护棚,顶上用铁皮遮盖。

1.5.8 如现场采用散装水泥罐,则罐顶应有除尘设施,以减少散装水泥的扬尘。

1.5.9 现场混凝土搅拌机同时应安装降尘设施。当混凝土搅拌量较小时,可现场自行制作安装简易喷雾降尘设施,当混凝土搅拌量较大时,应安装电除尘设备。确保在混凝土搅拌过程中,粉尘的浓度达到标准。

1.5.10 现场安装简易喷雾降尘设施时,应在搅拌机进水口处,单独安装一根供水管,供水管可采用4英寸镀锌钢管或塑料管制作。沿搅拌机搭设的搅拌房,布置在屋顶位置。在供水管顶端安装喷雾阀门。根据搅拌机防护棚尺寸大小,安装1~2个喷雾喷头,一般控制 5~10m^2 安装 1 个,10m^2 以上安装两个。喷雾喷头宜安装在搅拌机进料口前 40~60cm 处。高度距搅拌机进料口垂直高度1m左右。

喷雾阀门应控制喷雾水量的大小,喷雾水量应适中。以不形成明显水滴,并目视可见为宜。有条件的工程可安装粉尘监视设备,当混凝土搅拌过程中,粉尘浓度超过标准时,自动开启降尘设备,可同时达到除尘和节约能源的效果。

1.5.11 为减少混凝土输送泵噪声排放,为混凝土输送泵应搭设防护棚。防护棚可采用隔声屏制作,尺寸以便于现场操作为宜,并尽量减少外露空间。隔声屏降噪效果应不低于 30dB。

1.6 过程控制要求

1.6.1 砂浆、混凝土拌制控制要求

1.6.1.1 细石混凝土、水泥砂浆和沥青砂浆配合比要称量准确,搅拌均匀,避免强度不合格而报废;找平层的水泥砂浆或细石混凝土中宜掺加减水剂和微膨胀剂或抗裂纤维,尤其在不吸水保温层上(包括用塑料膜作隔离层)做找平层时,砂浆的稠度和细石混凝土的坍落度要低,避免引起找平层的严重裂缝而增加修补工作量,浪费材料,增加废弃物。底层为塑料薄膜隔离层、防水层或不吸水保温层,宜在砂浆中加减水剂并严格控制稠度,避免泌水过多;细石混凝土、水泥砂浆和沥青砂浆一次拌制不宜过多,避免初凝未使用造成浪费。

1.6.1.2 人工上料搅拌混凝土时,砂、石料应用手推车运输,装车时石子采用平车或稍低于车帮,砂要高出车帮时应四周拍紧,防止砂、石料遗洒;上料时应先加石子,再加水泥,最后加砂,尽量控制扬尘污染大气;加水泥时要轻放,包装解开后要轻提轻放,防止扬尘污染大气。

1.6.1.3 搅拌过程中,要随时清理洒落在周边的砂石料和洒落在混凝土搅拌机的料斗坑的砂石料,加以利用,以节约材料,保持环境的清洁。

1.6.1.4 沥青砂浆在搅拌时,要保证其搅拌温度,一般来说当室外温度在+5℃以上

时,应保证在140~170℃;在室外温度-10~+5℃应保证在160~180℃。避免温度过低造成搅拌不均匀或运输到现场时摊铺困难,引起返工浪费能源。沥青砂浆在搅拌时,操作人员应戴好口罩、戴好手套等防护用品。

1.6.1.5 沥青砂浆搅拌时,现场要有防火标志,要严禁吸烟,现场10m范围内不能有易燃易爆的物资,并配备不少于2具和不多于5具的手提式灭火装置,避免引起火灾或发生火灾时不能在初始阶段灭火,造成材料浪费,污染大气和环境。

1.6.1.6 搅拌完成后,应对搅拌机进行清洗,清洗时应采用沉淀池中的水,以节约水资源;砂、石料要归堆;没用完的水泥最好入库,如要继续用,应覆盖好;水泥包装袋要清理归堆存放;搅拌机旁边废弃物等要清扫干净,垃圾归堆存放。

1.6.1.7 如遇停电,一时无法恢复施工时,应把搅拌机内的砂浆或混凝土清理出来,用人工搅拌至合格使用。

1.6.1.8 在雨期施工时,要密切关注天气变化情况,如遇大雨来临,要及时把砂、石料归堆,水泥入库;如遇小雨不影响施工时,水泥要从水泥库中随取随用;还要注意砂、石的含水率的变化,避免砂浆或混凝土稠度或坍落度过大影响使用,增加废弃物和浪费材料。

1.6.2 运输控制要求

1.6.2.1 当采用商品砂浆或商品混凝土时,应根据施工进度情况随到随用,避免使用不及时使砂浆或混凝土失效报废,浪费资源,产生废弃物污染环境;每车砂浆或混凝土均要进行目测检查或进行稠度或坍落度的检查,防止使用不合格的材料导致返工,增加废弃物,增大对环境的污染;运输车出现场时应检查轮胎的洁净情况,如不干净时要清扫或冲洗,避免污染道路。

1.6.2.2 细石混凝土、水泥砂浆的运输可以采用塔吊或手推车进行,当采用塔吊运输时,料斗应完好、严密,防止漏浆污染环境,装料时应低于料斗帮5~10cm,塔吊起动和旋转时要平缓,防止砂浆遗洒;当采用手推车运输时,道路应畅通,手推车应完好,防止漏浆污染环境,装车高度应低于车帮5~10cm,防止运输时遗洒。

1.6.2.3 细石混凝土如量比较大时,也可以采用输送泵进行,开始输送时,应先用水湿润管壁,再用同混凝土配合比但不加石子的砂浆润滑管壁,防止输送泵堵管清理时造成材料浪费;湿润泵管的水有条件时采用沉淀池中的水,泵上作业面后用水槽等容器接住利用,以节约水资源;润滑泵管的砂浆要回收,加入石子搅拌后利用,以节约材料,避免形成废弃物污染环境。

1.6.2.4 输送泵输送到最后时,应用塑料球通管,以利用最后管中的混凝土;如通球有困难时,在拆洗泵管时,每节泵管连接处应用模板或彩条布等接住管中的混凝土加以回收利用,以节约材料;清洁泵管时要尽量使用沉淀池中的循环水,以节约水资源。严禁随地用水冲洗,造成浪费水资源并废水横流,污染环境,污染地下水。

1.6.2.5 当遇停电并不能很快恢复生产时,采用输送泵或塔吊运输的,应采用人工的方法把搅拌机、输送车或塔吊料斗中的材料运输至浇筑地点使用,避免浪费材料,增加废弃物污染环境。

1.6.2.6 当在高温天气采用输送泵运输混凝土且运输距离比较远时,应采用草袋或麻袋覆盖泵管并浇水，保持覆盖物的湿润，降低泵管的温度，避免堵管造成部分材料报废，增加废弃物污染环境。

1.6.2.7 沥青砂浆运输时装车高度应低于车帮 15~20cm，防止运输时遗洒，污染环境并伤人。

1.6.2.8 沥青砂浆运输时要注意保温，以满足运输摊铺现场的温度，一般来说当室外温度在 +5℃以上时，应保证运到现场在 140~170℃左右；在室外温度 -10~+5℃时应保证在 160~180℃以上。避免运输到现场温度过低造成摊铺困难，引起返工浪费能源。当满足不了上述条件时，应采用有盖且有保温效果的手推车或其他运输工具运输。沥青砂浆在运输中，操作人员应戴好口罩、戴好手套等防护用品。

1.6.2.9 落地的细石混凝土、水泥砂浆和沥青砂浆应及时回收利用，以节约材料；落地报废或失效的细石混凝土、水泥砂浆和沥青砂浆应分类回收，储存在废弃物堆放场，集足一个运输单位后，交当地环卫部门清运处理，清运时应使用密封车，防止遗洒。

1.6.3 找平层施工控制要求

1.6.3.1 铺水泥砂浆或细石混凝土前清扫基层表面应适量洒水（目测不流淌）小心轻扫，防止扬尘，并湿润基层（有保温层时，不得洒水）；废弃物装入垃圾袋，当天清理后送到指定地点分类处理。

1.6.3.2 在铺砂浆或细石混凝土前应放好线并冲筋，控制找平层的坡度，避免倒坡或厚度、坡度不足造成返工浪费材料，一般要满足以下要求：平屋面结构找坡≥3%，材料找坡≥2%，天沟、檐沟≥1%，沟底水落差≤200，雨水口周边 ϕ500 范围≥5%。

1.6.3.3 找平层的分隔缝，应采用木条，不宜用聚乙烯泡沫，预防聚乙烯泡沫废弃对土地和水体的污染；木条应在木工车间加工，避免或减少在现场的加工噪声排放。如果分隔缝采用后砌的办法，则应选用噪声低、能耗低的切割机具，减少噪声和能耗；切割时应加水，以避免扬尘对环境的污染；加水时可以利用沉淀池沉淀后的水，减少对水资源的消耗，加水时不宜过多（以不流淌为原则），以减少废水对环境的污染；切割的废弃物应及时清理，储存在废弃物堆放场，集足一个运输单位后，交当地环卫部门清运处理，清运时应使用密封车或进行有效覆盖，防止遗洒。

1.6.3.4 为避免应力集中部位的卷材粘贴质量差，引起渗、漏水返工浪费资源，找平层在屋面平面与立面交角处的阴阳角，应根据不同防水材料的要求做成圆弧：沥青防水卷材要求圆弧半径 100~150mm；高聚物改性沥青防水卷材要求圆弧半径 50；合成高分子防水卷材要求圆弧半径 20。

1.6.3.5 为克服起砂和表面松动增加废弃物污染环境或影响防水层质量引起返工浪费现象，细石混凝土和水泥砂浆找平层要进行二次压光，稍收水后，用抹子抹平压实压光，以减少找平层的裂缝，避免找平层开裂而拉裂防水层引起漏水。

1.6.3.6 多雨或低温无法进行混凝土和砂浆施工和养护时，宜采用沥青砂浆，避免使用混凝土或砂浆种类的错误造成混凝土或砂浆报废。

1.6.3.7 为避免污染后再清理产生人工、材料浪费和废弃物，沥青砂浆找平层施工时，基层必须干燥，然后满涂冷底子油 1~2 道，涂刷要薄而均匀，不得有气泡和空白，涂刷后表面保持清洁。

1.6.3.8 铺设和滚压沥青砂浆时,要严格控制温度,避免因温度过低而导致铺设难度大、滚压质量差而引起返工费料,增加废弃物;一般来说当室外温度在+5℃以上时,应保证铺设在90~120℃,滚压完毕的温度保证在60℃;在室外温度-10~+5℃时应保证在铺设在100~130℃,滚压完毕的温度保证在40℃。

1.6.3.9 因沥青砂浆有一定毒性且高温施工,操作人员要戴好防护用品,以免中毒、窒息和烫伤;为防止其有害气体扩散增大污染范围,宜选用无风天气施工。

1.6.3.10 拌制、铺设和滚压沥青砂浆前,应在10m范围内清除易燃、易爆物或其他可能产生混合反应的材料,现场禁止吸烟,防止引发火灾污染大气。

1.6.4 冬期施工要求

冬期施工时,禁止在环境温度低于-10℃时施工,当环境温度低于5℃时,应采取如下措施,以免砂浆或混凝土冻坏报废污染环境:

1.6.4.1 砂浆或混凝土中掺加抗冻剂,抗冻剂要检查合格、掺量准确、搅拌均匀,避免砂浆或混凝土报废。

1.6.4.2 要保证入模温度不低于5℃(也不能高于35℃),可以采取加热水或对骨料加温的办法,加热采取电或液化气等清洁能源,禁止使用柴火加热,避免烟尘污染环境。

1.6.4.3 加热时,如是42.5级以上强度等级的水泥,则水温不能超过60℃、骨料不能超过40℃;如果是42.5级以下强度等级的水泥,则水温不能超过80℃、骨料不能超过60℃;避免因温度过高而使砂浆或混凝土报废。

1.6.4.4 养护时不能浇水,而应用塑料薄膜覆盖,上盖草席或麻袋等保温;养护完成后要注意薄膜、草席或麻袋的回收利用,报废后应统一由环卫部门处理,避免污染环境。

1.6.4.5 运输时,采用有盖能保温的容器进行,避免运输过程中热量的消耗。

1.6.5 找平层养护控制要求:找平层施工养护可根据实际选用下列方法之一

1.6.5.1 在自然气温高于5℃时,可以用麻袋、草席等覆盖并浇水养护,但应控制浇水量并使用沉淀池的废水,以保证覆盖物足够湿润即可,避免浪费水资源;养护水应排入沉淀池经两级沉淀后才能排出。养护完成后要注意对覆盖物的收集,尽量循环使用,不能使用的要统一收集,统一堆放,集足一个运输单位后,交当地环卫部门清运处理。

1.6.5.2 当环境温度低于5℃,不能浇水养护,可以用不透水、气的薄膜布严密地覆盖养护。养护完后应对薄膜布进行收集并循环使用,不能使用的要统一收集,交由有资质单位处理,严禁随意丢弃,污染土地。

1.6.5.3 在自然气温高于5℃时也可以直接浇水养护,但要注意浇水的时机并使用沉淀池的废水,既要经常保持找平层湿润,又要控制每一次的浇水量,避免浪费水资源。养护水应排入沉淀池经两级沉淀后才能排出。

1.6.5.4 在养护开始前应对给水管道和软管等进行检查,避免管道或软管等漏水或破损造成水资源浪费。

1.6.6 应急和突发事件控制要求

1.6.6.1 雨期施工时,要密切关注天气变化情况,禁止在大雨或暴雨时进行找平层的施工。避免材料报废,产生废弃物污染环境。

1.6.6.2 当小雨不影响施工质量时,水泥应从库房随取随用,露天临时堆放水泥应采用彩条布等遮盖,禁止在作业面上露天堆放水泥。

1.6.6.3 雨期施工时,要准备好防雨材料,如突遇大雨,已施工的找平层要用彩条布盖好,并应有畅通的排水措施,防止大雨破坏找平层或冲走砂浆,造成材料浪费,污染环境;作业面上的材料、施工用具等应及时回收入库,作业面上的垃圾及各种遗洒的材料都应及时清理干净,避免雨水冲走堵塞下水管,污染环境。

1.6.6.4 冬期施工时,应准备覆盖材料,密切关注环境温度的变化,当环境温度有可能降到5℃以下时,应及时进行覆盖保温,避免冻坏砂浆或混凝土产生废弃物污染环境。

1.6.6.5 禁止在5级以上大风时施工,避免造成扬尘污染环境;现场在有风的情况下搅拌混凝土或砂浆,搅拌机周围应有围挡防风,避免扬尘污染大气。

1.6.6.6 现场突遇停电且短时间内无法恢复供电时,应采取以下措施:

(1) 搅拌机内搅拌时间不够的材料,应清理出来人工搅拌至合格,人工运输至作业面使用,避免浪费。

(2) 商品砂浆或混凝土系塔吊运输的,改成人工运输;如无法进行人工运输的,则材料应及时通知厂家尽量调到其他项目使用;如无法调配,则尽量做硬化现场地面用。避免材料的浪费。

(3) 砂浆或混凝土找平层临近完工状态所缺材料不多时,可以采用人工搅拌砂浆或混凝土的方法完成;否则应留好施工缝,避免恢复施工时,对接缝处处理时产生过多的垃圾,污染环境。

(4) 人工搅拌砂浆或混凝土时,要在硬化地面上进行,干拌时动作要轻,避免扬尘污染环境;搅拌量要经过计算,避免搅拌过多用不完造成材料浪费。

(5) 输送泵要及时拆洗,管中混凝土要收集使用,避免浪费材料。

1.6.6.7 由项目部环境员在交底时对火灾时或其他紧急情况进行详细说明,并予以演练。火灾发生时,由作业班/组长指挥工人在初始阶段灭火,同时电话通知应急领导,当火灾超过3min还不能熄灭时并有蔓延趋势时,作业班/组长可以直接打119电话报警。作业现场醒目位置必须要有应急处理流程图,并有内部联系电话号码,原则上应急领导和现场作业人员应分别有2个以上可以进行有效联系的号码,应急的作业班/组长原则上不能离开作业现场,如确要离开应现场安排第二责任人,并与应急领导通报。

1.6.6.8 项目部应有专人收听天气预报,有大风大雨的预报,必须及时通知应急领导和现场作业班/组长,按应急方案处理。

1.6.6.9 在夏季室外高温作业时,要注意防止中暑,如系轻症中暑,应使患者迅速离开高温作业环境;如是重症中暑,由现场作业班/组长指挥人员进行紧急抢救,并第一时间电话通知应急领导,首先采取措施降温,迅速送医院进行抢救。

1.6.6.10 施工过程中,如操作人员发生恶心、头晕、过敏等情况时,要立即停止工作,撤离现场休息,由专人看护,如有异常应马上送医院进行处理。

如急性甲苯或二甲苯中毒,应迅速离开现场,移入空气新鲜处,立即脱去被污染的衣服,清洁皮肤,视情况移送医院进行处理。

1.7 监测要求

1.7.1 混凝土搅拌施工每班工作结束后,应对储料斗及物料提升设备进行检查,确保机械运转状态良好,并无漏洒现象。一旦发现异常情况,应及时报告,并安排专业维修人员进行维修。

1.7.2 每班结束后,操作工人应检查搅拌站四周,对搅拌站四周洒落的水泥、砂、石等材料,应及时清理回收,可利用的应重复利用,减少资源的浪费。不可使用的应集中运至指定地点处置,避免对土壤造成污染。

1.7.3 现场散装水泥卸料时,每次均要目测水泥罐顶排气口扬尘情况,当目测有水泥扬尘时,应检查除尘装置的有效性,符合要求后再继续卸料。

1.7.4 每逢大雨前应检查水泥仓库的完好情况,大雨后要检查水泥仓库中是否有淋湿现象,如有要及时处理,避免浪费材料。

1.7.5 冬期施工时,每天早、晚应监测环境温度一次,当温度低于5℃时,应采取措施,当低于-10℃,应停止施工。

1.7.6 低于5℃时施工,相同的施工工艺时,每班应砂浆或混凝土测量入模温度一次,测量加热后水或骨料的温度一次。

1.7.7 现场搅拌砂浆或混凝土,四周无围挡的搅拌站每班均要至少一次目测检查扬尘情况,在搅拌料斗以上1m高度范围内有扬尘,则应采取措施降尘,合格后才能继续施工;在搅拌房中的搅拌站,则操作人员应随时观察搅拌房中粉尘浓度,当目测可见粉尘颗粒时,应及时开启水雾降尘装置,进行降尘。

1.7.8 定期(不少于每周一次)进行噪声检测,噪声排放的超过75dB的限值时。应在搅拌房外或输送泵围挡外增加隔声布或其他降噪措施以满足要求。

1.7.9 沉淀池在使用期间要定期(每天不少于一次)对沉淀池进行观测,观察沉淀池容量情况,及时进行清掏;并对沉淀池内的污水进行检测,作为回收利用或排放的依据。

1.7.10 当施工时间有限制时,要提前2h监测进度情况,确保在限制时间中止施工。

1.7.11 每班下班前由施工班/组长监测作业面"工完场清"情况,包括垃圾清理、材料回收、挥发性物资加盖情况、火源的管制情况、水源的关闭情况等,满足环境要求后才能离人。

1.7.12 每月应由专人对周围社区或环境进行走访,收集周围相关方的意见,作为持续改进环境管理的依据。

1.7.13 找平层施工前,要检测施工环境条件,五级风及其以上时不得施工,气温低于5℃时不宜施工,如必须在负温下施工时,应采取相应措施,避免施工环境条件不符合要求造成质量不合格返工,浪费材料,增加废弃物污染环境。

2 屋面保温层施工

2.1 作业流程

施工准备→基层清理→管根堵孔、固定→弹线找坡度→铺设隔气层→保温层铺设→检查验收。

2.2 环境因素

2.2.1 水泥、松散保温材料运输的遗洒、块体保温材料等损坏报废产生的废弃物。

2.2.2 砂过筛时产生的余料。

2.2.3 松散保温材料、块体保温材料保管不当损坏产生废弃物。
2.2.4 水泥储存超过三个月可能造成报废,露天存放雨天覆盖不及时造成报废。
2.2.5 水泥存储不当受潮报废产生废弃物。
2.2.6 屋面清理时产生的扬尘及固体废弃物。
2.2.7 隔气层施工时油毡有毒、有害气体排放及边角余料等废弃物。
2.2.8 大雨造成松散保温层含水率过高返工浪费材料,或冲走松散保温材料污染环境。
2.2.9 油毡、火灾产生有毒、有害气体污染大气,产生废弃物污染环境。

2.3 人员要求

2.3.1 项目经理部应配备环境管理人员,在制订项目岗位责任制时,应按"管生产必须管环境、环境管理人人有责"的原则分配环境管理职责。避免环境管理职责分配不合理造成管理职责的遗漏。

2.3.2 操作人员应穿软底鞋、长衣、长裤,裤脚、袖口应扎紧,并应配戴手套及护脚。外露皮肤应涂擦防护膏。

2.3.3 每项施工作业操作前项目部必须对操作人员及有关人员进行交底,针对该项作业活动所涉及的重要环境因素、环境控制措施、环境操作基本要求、环境检测的关键参数、应急响应中的注意事项进行专项环境交底或综合交底包括以上环境方面的内容,避免因作业人员不掌握环境方面的基本要求造成噪声排放、扬尘、废弃物、废水、有毒有害气体挥发、泄漏等。

2.3.4 机械操作工等特种作业人员应经过培训并持证上岗,掌握相应机械设备的操作要领后方可进行作业,避免因人的误操作或不按操作规程操作、保养造成机械设备漏油、设备部件报废、机械设备事故、浪费资源、噪声超标、污染土地、污染地下水,加大对环境的污染。

2.4 材料要求

2.4.1 保温材料

屋面保温材料应具有吸水率低、表观密度和导热系数较小的特点,并要求具有一定的强度,以保证材料性能符合设计和施工要求,避免因材料性能引发返工、返修,造成新的污染源或加大能耗量。

2.4.1.1 松散保温材料

为确保工程质量,避免因质量问题引发材料报废、返工等而产生新的污染行为,膨胀蛭石要求粒径宜为 3~15mm,堆积密度应小于 300kg/m³,导热系数应小于 0.14W/m·K;膨胀珍珠岩粒径宜大于 0.15mm,粒径小于 0.15mm 的含量不应大于 8%,堆积密度应小于 120kg/m³,导热系数应小于 0.7W/m·K;矿渣和水渣粒径一般为 5~40mm,其中不应含有有机杂物、土块、石块、重矿渣块和未燃尽煤块。

2.4.1.2 板状保温隔热材料

进场时要先进行外观检查质量,要求板的外形整齐,厚度允许偏差为 ±5%,且不大于 4mm。外观不合格的材料不能用于工程中,避免因材料性能引发返工、返修,造成新的污染源或加大能耗量。

2.4.2 保温材料的运输控制要求

2.4.2.1 松散保温隔热材料:为防止在运输过程中遗洒,膨胀珍珠岩或膨胀蛭石运输一般宜采用编织袋或麻袋包装,如有特殊要求时也可采用其他包装形式。在运输要注意防雨、防潮、防火和防止混杂,不同规格的产品应分别储运,还应避免人踏、物压,避免运输不当使材料损坏、失效和报废,或引起火灾造成安全和环境事故。

2.4.2.2 板状保温隔热材料在运输时,应轻搬轻放,防止损伤断裂、缺棱断角,以保证板材的外形完整和防水材料损坏,避免产生废弃物。泡沫塑料产品运输外包装应符合交通运输要求,苯板产品厚度在 250mm 以下用编织袋或草袋等包装,在捆扎角必须衬垫硬质材料;在运输时应平整堆放,防止烟火,防止日晒雨淋,不可重压或与其他物体相互碰撞;避免运输不当使材料损坏、失效和报废,或引起火灾造成安全和环境事故。

2.4.3 保温材料的储存保管控制要求

2.4.3.1 松散保温材料:松散保温隔热材料在保管时要注意防雨、防潮、防火和防止混杂,不同规格的产品应分别存储,堆放时还应避免人踏、物压,避免储存不当使材料损坏、失效和报废,或引起火灾造成安全和环境事故。膨胀蛭石(或膨胀珍珠岩)堆垛高度不宜超过 1m,一般最好在料架上存放,上面不宜放重物,以避免压坏。

2.4.3.2 板状保温隔热材料:膨胀珍珠岩制品在储存时,不同品种、规格应分别堆放并有明显标志,避免错用材料引起膨胀珍珠岩制品浪费。

为避免通风不良造成内部堆芯自燃引发材料损失和大气污染等,沥青膨胀珍珠岩制品应分行堆放,每行两块,堆高 1.5~2m,中间留人行通道,便于通风降温,切不可成方形堆放。泡沫塑料产品保管时应平整堆放,防止烟火,防止日晒雨淋,不可重压或与其他物体相互碰撞;储存应限定在干燥、通风的库房内,10m 内远离火源,并不得和化学药品接触,避免保管储存当造成材料报废。

2.4.3.3 水泥进场应对其强度等级进行复试,合格后方能使用,其运输、存储等参照第一节有关规定进行环境因素的控制,避免污染环境。

2.5 设备设施要求

2.5.1 应根据施工组织设计或专项施工方案的要求,合理选择满足施工需要的铁锹(平锹)手推车、木拍子等器具。

2.5.2 施工器具要妥善保管,工具报废后不得随意抛弃,收集后归类统一处理。

2.5.3 材料仓库要有防火标志,操作时要严禁吸烟,一个计算单元要配备不少于 2 具、不多于 5 具的手提式灭火器,避免发生火灾造成污染并危及人身安全。

2.6 过程控制要求

2.6.1 施工准备

2.6.1.1 穿过屋面和墙面等结构层的管根部位,应用细石混凝土堵塞密实,将管根固定,严禁事后凿打,以避免影响保温效果增大能耗,或事后凿打产生噪声、扬尘或废弃物。

2.6.1.2 为避免保温层失效或保温材料报废造成损失,严禁在雨天、雪天进行保温层施工。

2.6.2 基层清理

2.6.2.1 应将基层表面的尘土、杂物等清理干净。施工时清理尘土应适当洒水,动作轻缓,以免产生粉尘;洒水宜用喷射法进行,并以适度而不流淌为宜,从而节约用水并不产生废水。清理的尘土、杂物应使用编织袋存放,扎紧袋口,运送至工地建筑垃圾点,集足一定数量后交由环卫部门进行统一处理,清运时要加盖,避免遗洒。

2.6.2.2 如冲洗屋面基层已形成废水,则应设置导管排放,并在排放口设置密目纱网,以防未经处理的废水排入市政管网。

2.6.3 铺设隔气层控制要求

废油毡边角余料等为有毒有害废品,施工中不得随手丢弃,应捆扎包装后集中堆放并做好标识,交由环卫部门统一处理;运输时要捆扎牢固,避免遗洒。施工时,操作人员应戴好口罩,以避免吸入有害气体。

2.6.4 松散材料保温层施工控制要求

2.6.4.1 松散材料保温层应分层铺设,并适当压实,每层虚铺厚度不宜大于150mm,压实的程度与厚度应经试验确定,为了准确控制铺设的厚度,可在屋面上每隔1m摆放保温层厚度的木条作为厚度标准,避免厚度不够影响保温效果,引起能耗的增大;压实后不得直接在保温层上行车或堆放重物,避免损坏保温材料引起材料浪费和增加能耗。

2.6.4.2 保温层施工完成后,应及时进行抹找平层和防水层施工。为避免保温层吸收砂浆中的水分而降低保温性能而加大能耗,在雨期施工时应采取遮盖措施,防止雨淋;铺抹找平层时,可在松散保温层上铺一层塑料薄膜等隔水物。

2.6.5 板状保温材料施工控制要求

2.6.5.1 干铺板状保温材料应紧靠基层表面,铺平、垫稳,分层铺设时,上下接缝应互相错开,接缝处应用同类材料碎屑填嵌饱满,避免保温层整体性不够引起产生"冷桥"现象,而影响保温效果引起能耗加大。

2.6.5.2 为避免因质量问题造成返工而浪费材料,粘贴的板状保温材料应铺砌平整、严实,分层铺设的接缝应错开,胶粘剂应视保温材料的材性选用如热沥青胶结料、冷沥青胶结料、有机材料或水泥砂浆等,板缝间或缺角处应用碎屑加胶料拌匀填补严密。

2.6.6 排气屋面施工控制要求

当屋面保温层、找平层因施工时含水率过大或遇雨水浸泡不能及时干燥,而又要立即铺设柔性防水层时,必须将屋面做成排气屋面,以避免因防水层下部水分汽化造成防水层起鼓破坏,或因保温层含水率过高造成保温性能降低加大能源损耗,或引起渗、漏水而返修产生废弃物污染环境。

2.6.6.1 排气道应纵横贯通,间距宜为6m纵横设置,屋面面积每36m^2宜设置1个排气孔,不得堵塞,并应与大气连通的排气孔相连,在保温层中预留槽做排气道时,其宽度一般为20~40mm,在保温层中埋置打孔细管(塑料管或镀锌钢管)做排气道时,管径25mm,排气道应与找平层分格缝相重合,避免排气孔数量不够或排气不畅引起防水层起鼓破坏,造成返工产生废弃物;与大气连通的排气孔要有防雨措施,避免下雨时雨水进入保温层而引起防水层起鼓破坏,造成返工浪费材料,污染环境。

2.6.6.2 排气屋面防水层施工前,应检查排气道是否被堵塞,并加以清扫。然后宜在排气道上粘贴一层隔离纸或塑料薄膜,宽约200mm,在排气道上对中贴好,完成后才可铺贴防水卷材(或涂刷防水涂料)。防水层施工时不得刺破隔离纸,以免胶粘剂(或涂料)流入排气道,造成堵塞或排气不畅,引起防水层起鼓破坏,造成修补增加材料投入,产生废弃物。

2.6.7 应急与响应控制要求

2.6.7.1 雨期施工时,要密切关注天气变化情况,禁止在暴雨时施工松散保温材料;保温材料应从库房随取随用,禁止在作业面上露天堆放松散保温材料;根据天气预报情况确定一次施工的面积,尽量要在下雨前做好其上的保护层或防水层;避免大雨损坏保温材料或冲走松散保温材料等造成材料浪费。

2.6.7.2 雨期施工时,要准备好防雨材料,如突遇大雨,已施工还没有做保护层或防水层的松散保温材料要用彩条布盖好,并应有畅通的排水措施,防止大雨破坏保温层并冲走保温材料,造成材料浪费;作业面上还没有使用的保温材料和施工用具要及时收入仓库,垃圾应及时清理干净,避免雨水冲走保温材料、垃圾等堵塞下水管,污染环境。

2.6.7.3 禁止在5级以上大风时施工屋面保温材料,避免松散保温材料被吹走,造成扬尘污染环境;要尽量在无风天气施工松散保温层,2级以上风力拌制松散保温材料时应有防风措施,一是可以在出屋面的结构中,四面围挡;二是可以在屋面背风处用钢管搭架子,然后在四周用彩条布挡,避免扬尘污染大气。

2.6.7.4 项目部应成立义务救火队和抢险队,由项目部环境管理员根据应急方案对火灾或其他紧急情况进行详细说明,并予以演练。火灾发生时,由作业班/组长指挥工人在初始阶段灭火,同时电话通知应急领导,当火灾超过3min还不能熄灭时并有蔓延趋势时,作业班/组长可以直接打119电话报警。作业现场醒目位置必须要有应急处理流程图,并有内部联系电话号码,原则上应急领导和现场作业人员应分别有2个以上可以进行有效联系的号码,应急的作业班/组长原则上不能离开作业现场,如确要离开应现场安排第二责任人,并与应急领导通报。

2.6.7.5 项目部应有专人收听天气预报,有大风大雨的预报,必须及时通知应急领导和现场作业班/组长,按应急方案处理。

2.6.7.6 在夏季室外高温作业时,要注意防止中暑,如系轻症中暑,应使患者迅速离开高温作业环境;如是重症中暑,由现场作业班/组长指挥人员进行紧急抢救,并第一时间电话通知应急领导,首先采取措施降温,迅速送医院进行抢救。

2.7 监测要求

2.7.1 每逢大雨前应检查水泥仓库的完好情况,大雨后要检查水泥仓库中是否有淋湿现象,如有要及时处理,避免浪费材料。

2.7.2 当施工时间有限制时,要提前2h监测进度情况,确保在限制时间中止施工。

2.7.3 每周检查一次仓库的防火情况,特别注意灭火器是否有效,避免火灾时灭火器失效造成损失的加大,增加对环境的污染。

2.7.4 每次材料进场必须检查材料包装情况和工人卸料情况,要确保包装完好,如有损坏要包装好后才能卸料;运输车辆出工地门时要检查轮胎洁净情况,不干净时要进行清扫或清洁,避免污染道路。

2.7.5 每班应目测一次现场扬尘情况,扬尘高度控制在0.5m以内。

2.7.6 每班下班前由施工班/组长监测作业面"工完场清"情况，包括垃圾清理、材料回收、挥发性物资加盖情况、火源的管制情况、水源的关闭情况等，满足环境要求后才能离人。

2.7.7 每月应由专人对周围社区或环境进行走访，收集周围相关方的意见，作为持续改进环境管理的依据。

3 屋面柔性防水层施工

3.1 作业流程

屋面的柔性防水层包括卷材防水层和涂膜防水层两种，其施工作业流程如下：
施工准备→基层处理→防水层施工→试水检验→验收。

3.2 环境因素

3.2.1 熬制沥青制品、油膏熬制、喷灯加热卷材、卷材焊接和热熔时产生的有毒气体排放污染大气；溶剂型防水材料中溶剂的挥发，污染大气。

3.2.2 热沥青熬制、喷灯加热产生的热辐射。

3.2.3 基层表面残留砂浆硬块及突出部分清理产生的噪声、扬尘和废弃物，吸(吹)尘器吸(吹)基层棱角处尘土产生的噪声和扬尘，报废的扫帚、墩布、砂纸、钢丝刷、修补作业砂浆的遗弃，修补作业砂浆的遗洒。

3.2.4 基层处理剂、冷底子油、防水涂料等运输时的遗洒，污染环境。

3.2.5 失效报废的防水材料、胶粘剂和冷底子油、防水材料下料时的边角余料、废弃的容器等废弃物污染环境。

3.2.6 砂轮机打毛卷材焊接部位、射钉枪工作、冲击钻打孔时产生的噪声、扬尘。

3.2.7 清洗用具的废液排放污染地下水。

3.2.8 报废的用具、手套、抹布等建筑垃圾污染占用土地、污染地下水等。

3.2.9 防水层试水时水资源的消耗和废水的排放。

3.2.10 防水涂料、防水卷材发生火灾产生有毒、有害气体污染大气，产生废弃物污染环境。沥青熬制时意外发生火灾破坏设施产生废气、废弃物，热沥青运输途中意外发生热沥青倾倒，使用汽油喷枪或火焰喷枪不慎造成的火灾，汽油或液化气的泄漏。

3.2.11 大雨或暴雨引起防水层报废，低温引起卷材脆裂报废或低温引起涂料报废。

3.3 人员要求

3.3.1 项目经理部应配备环境管理人员，在制订项目岗位责任制时，应按"管生产必须管环境、环境管理人人有责"的原则分配环境管理职责。避免环境管理职责分配不合理造成环境的污染。

3.3.2 患有皮肤病、眼病、刺激过敏者，不应参与屋面工程中的卷材、涂膜、胶粘剂等有一定毒性的项目的施工。

3.3.3 操作人员应穿软底鞋、长衣、长裤，裤脚、袖口应扎紧，并应配戴手套及护脚。外露皮肤应涂擦防护膏。涂刷有害身体的基层处理剂和胶粘剂时，须戴防毒口罩和防护用品，并按规定使用其他劳动防护用品。

3.3.4 每项施工作业操作前项目部必须对操作人员及有关人员进行交底，针对该项作业活动如防水材料的运输、保管、配制及涂刷和铺贴过程中所涉及的重要环境因素、环境控制措施、环境操作基本要求、环境检测的关键参数、应急响应中的注意事项进行专项环境交底,避免因作业人员不掌握环境方面的基本要求造成噪声排放、扬尘、废弃物、废水、有毒有害气体挥发、泄漏等。

3.3.5 防水材料的储存保管人员应熟悉防水材料的基本性能及储存要求的规定,具备紧急情况下的采取应急措施的能力。

3.4 材料要求

3.4.1 基层处理剂控制要求

(1) 冷底子油采用10号或30号石油沥青溶解于柴油、汽油、二甲苯或甲苯等溶剂中而制成,配制时要严格控制配合比和配制量,防止过多费料或过少影响进度;配制完成的冷底子油应在规定的时间内使用,以防挥发或凝结。冷底子油溶液应稀稠适当,便于涂刷,溶剂挥发后的沥青应具有一定软化点,避免冷底子油配制不当报废或保证不了施工质量而浪费材料。搬运和使用时应加盖并轻拿轻放,以防遗洒。

(2) 汽油、二甲苯或甲苯等溶剂易于挥发,具有毒性容易引起火灾,配制时要严禁吸烟;配制作业现场10m以内不应有易燃易爆物资,并且要严禁明火作业,需明火作业时要有动火审批并有专人监视;操作人员要戴好口罩、手套等防护用品,避免因火灾造成人员受害、中毒和环境污染。

(3) 应注意基层处理剂与卷材或涂料的相容性,以免与卷材或涂料发生腐蚀或粘结不良而浪费材料。

(4) 冷底子油、卷材基层处理剂余料及所沾染的工具等,应分类清理,存放在有毒、有害废弃物专用场地由符合处理要求的单位统一处置,不得随意丢弃,以防污染地下水、大气。

3.4.2 胶粘剂和胎体增强材料控制要求

3.4.2.1 沥青胶结材料(玛琋脂)

(1) 在城市施工或不允许现场熬制沥青胶结材料(玛琋脂)时,应由厂家配套供应;禁止在人员密集的地方或不允许熬制的专场进行沥青胶结材料(玛琋脂)的熬制,避免有毒有害气体 CO、SO_2 等污染环境。

(2) 当允许在现场时熬制沥青胶结材料(玛琋脂)时,应选择在现场的下风处远离人群的地方,沥青熬油炉灶应距建筑物10m以上,上方不得有电线,地下5m内不得有电缆,周围10m范围内不应有易燃易爆的物资;熬制应采用电炉或液化气,禁止使用木柴,避免烟尘污染大气、灰烬等废弃物污染土地和地下水。严禁在室内进行沥青熬制并应配备锅盖或铁板、灭火器、砂袋等消防器材。

(3) 要正确按配合比选择材料和数量,防止过多费料或过少影响进度;熬制完成后应在规定的时间内使用,以防挥发或凝结。要保证沥青与填充料混合均熬匀,不得有未搅开的填料粉团,同时在规定温度下易于涂刷,避免配制不合格而报废或影响胶粘效果,造成材料浪费。

3.4.2.2 合成高分子卷材胶粘剂

合成高分子卷材胶粘剂要求粘结剥离强度不应小于15N/10mm,浸水后粘结剥离强度保持率不应小于70%,由厂家配套提供,材料进场应复检合格后才能使用,确保使用合格材料使工程一次成优,防止返工返修过程产生新的环境问题。

3.4.2.3 胎体增强材料

胎体增强材料进场后应按规定取样进行检验,合格后方能使用,避免使用不合格的材料而引起返工,浪费材料。

3.4.3 防水材料控制要求

防水材料分卷材和涂料,防水卷材有沥青卷材(油毡)高聚物改性沥青卷材、合成高分子卷材、金属防水卷材(PSS合金防水卷材);防水涂料有高聚物改性沥青防水涂料合成高分子防水涂料。防水卷材进场时要先进行外观质量检查,合格后再按规定的现场抽样数量进行物理性能检验,合格后才能使用;防水涂料进场时应按规定取样进行检验,合格后方能使用。避免使用不合格的材料而造成渗、漏水返工,产生废弃物污染环境。

沥青卷材(油毡)使用石油沥青制造,我国部分地区已将其列为淘汰产品,应尽量不采用。

金属防水卷材(PSS合金防水卷材)外观质量要求边缘整齐、表面光滑、色泽均匀、外形规则,不得有扭翘、脱膜、锈蚀,外观质量不合格的卷材不宜用于工程中,避免使用不合格的材料产生新的环境污染源。

3.4.4 材料的运输控制要求

3.4.4.1 胶粘剂、基层处理剂、密封胶带应用密封桶包装运输;胶粘剂、基层处理剂在现场使用运输时,装料时不要超过容器的3/4,提在手上走动时不要晃荡,避免遗洒污染地面,浪费材料;使用时要注意及时加盖,减少挥发性气体,避免材料报废。

3.4.4.2 防水卷材短途运输平放不得超过4层,要防止雨淋、暴晒、挤压、碰撞,以免运输不当造成卷材浪费。防水卷材在现场搬运时,要轻拿轻放,禁止直接抛在地上损坏卷材。

3.4.4.3 防水涂料运输时应防冻,防止雨淋、暴晒、挤压、碰撞,远离火源,避免运输不当而引起材料报废。

3.4.4.4 防水涂料在现场运输时,使用完好的容器,搅拌好的涂料轻轻倒入容器中,装料时不超过容器的3/4,提在手上走动时不要晃荡防止涂料的遗洒,浪费材料。

3.4.5 材料的储存保管控制要求

3.4.5.1 不同规格、品种和等级的防水材料应分别存放,应有明显标志,内容包括:生产厂名、厂址、产品名称、标记、净重、商标、生产日期或生产批号、有效日期、运输和储存条件,避免错用造成材料浪费,增加废弃物污染环境。

3.4.5.2 防水材料应存放在阴凉通风的室内,避免雨淋、日晒,20m以内不得有火源和热源,避免与化学介质及有机溶剂等有害物质接触,避免储存不当而导致材料报废,防止产生火灾、挥发等污染大气。

3.4.5.3 储存卷材宜直立堆放,其高度不宜超过两层,并不得倾斜或横压。

3.4.5.4 防水涂料应储存于清洁、密封的塑料桶或内衬塑料桶的铁桶中,水乳型涂料储存和保管环境温度不低于0℃,溶剂型涂料储存和保管环境温度不宜低于-10℃,避免温度过低引起材料报废。

3.5 设备设施要求

3.5.1 应根据施工组织设计或专项施工方案的要求,合理选择满足施工需要、噪声低、能耗低的电动搅拌机、电动吹尘机、熬油锅、液化气火焰喷枪、液化气罐、汽油喷灯、热风焊枪、手持热风焊枪以及合适的温度计、沥青桶、油壶、运胶车、烫板、隔热板、滚筒等用具。避免设备使用时噪声超标,加大水、电、油和资源消耗。

3.5.2 施工设备在每个作业班后应按规定进行日常的检测、保养和维修,保证设备经常处于完好状态,避免设备发生意外加大噪声或油耗,加快设备磨损。当发现设备有异常时,应安排专人检查、排除或送维修单位立即抢修,防止设备带病作业加大能源消耗、产生漏油、噪声等污染源,并防止设备事故。

3.5.3 一般器具要妥善保管,防止他人挪用造成污染,涂刷处理剂和胶粘剂的工具报废后不得随意抛弃,收集后归类统一处理。

3.5.4 材料储存仓库要有防火标志,操作人员应严禁吸烟;一个计算单位应配备不少于2具、不多于5具的手提式干粉灭火装置,保证在火灾的初始阶段扑灭。

3.6 过程控制要求

3.6.1 一般控制要求

3.6.1.1 防水层施工前,要把找平层表面石子、砂粒、灰尘及其他杂物清扫干净,有污染的地方应用水清洗干净,表面如有凸出物应用小铲铲平,清扫时要避免扬尘,污染大气。清除的垃圾要归类装入垃圾袋中集中堆放,集足一个运输单位后,交当地环卫部门清运处理,避免污染环境。

3.6.1.2 基层必须干燥,含水率应采用相当于当地湿度的平衡含水率,一般为8%~15%,可采用以下的简易方法测定:将$1m^2$塑料膜(或卷材)在太阳(白天)下铺放于找平层上,3~4h后,掀起塑料膜(卷材)检查无水印,即可进行防水层的施工,避免含水率过大防水层发生鼓泡,造成修补浪费材料,增加废弃物。

部分水乳型涂料允许在潮湿基层上施工,但基层必须无明水,基层的具体干燥程度要求,可根据材料生产厂家的要求而定,避免影响防水涂膜的质量,引起返工,产生废弃物。

3.6.1.3 厚度要求:要严格按设计要求保证防水层的厚度,避免防水层太薄起不到防水作用或达不到合理使用年限的要求,造成屋面渗漏水,返工浪费材料,污染环境。

3.6.1.4 在涂膜防水屋面上如使用两种或两种以上不同防水材料时,应考虑不同材料之间的相容性(即亲合性大小、是否会发生侵蚀),如相容则可使用,避免相互结合困难或互相侵蚀引起材料报废。

3.6.1.5 胎体增强材料的边角余料要尽量利用在阴阳角、水落口等细部处理部位,不能利用的要收集起来绑在一起,卷成团装入垃圾袋由环卫部门处理,禁止随意丢弃污染环境。

3.6.1.6 所有报废的容器、用具等均要集中堆放;沾染涂料的棉丝、破布、油纸等废物应收集放入有盖的容器内,集中堆放。集足一定数量后,交由环卫部门统一处理,严禁随意丢弃;雨天报废的容器要有防雨措施,避免污染雨水后进而污染地下水。

3.6.1.7 所有设备和用具的清洗废液要收集统一存放,到一定数量后交由有资质的单位统一处理,严禁随意倾倒,污染水体和环境。

3.6.1.8　现场严禁焚烧沥青、油毡等有害物资,报废的沥青玛𤩹脂、冷底子油应回收统一保管,积成一定数量后交有资质单位处置,防止乱扔污染土地、污染地下水。

3.6.2　涂膜防水层控制要求

3.6.2.1　涂膜防水层施工一般控制要求

涂膜防水层的施工应按"先高后低,先远后近"的原则进行,遇高低跨屋面时,一般先涂布高跨屋面,后涂布低跨屋面;相同高度屋面,要合理安排施工段,先涂布距上料远点的部位,后涂布近处;同一屋面上,先涂布排水集中的水落口、天沟、檐沟、檐口等节点部位,再进行大面积涂布。避免施工顺序不当污染防水涂膜,引起局部返修,浪费材料。

3.6.2.2　涂料冷涂刷施工

(1) 采用双组分涂料时,每个组分涂料在配料前必须先搅拌均匀,配料应根据生产厂家提供的配合比现场配制,严禁任意改变配合比,配料时要求计量准确(过秤),主剂和固化剂的混合偏差不得大于±5%,避免配合比不准确引起材料报废。

(2) 涂料混合时,应先将主剂放入搅拌容器或电动搅拌器内,然后放入固化剂,并立即开始搅拌,搅拌桶应选用圆的铁桶或塑料桶,以便搅拌均匀,采用人工搅拌时,应注意将材料上下、前后、左右及各个角落都充分搅匀,搅拌时间一般在3~5min,搅拌的混合料以颜色均匀一致为标准,避免搅拌不均匀影响混合料的充分反应造成防水涂膜不合格或引起拌合物报废。

(3) 混合料的配置应在配料盘上进行,装料量不宜超过容器的3/4或应低于配料桶口20cm,适用手持电动搅拌器强力搅拌均匀,搅拌时应防止混合料溅出配料盘,浇板配置场所应平整坚实,要防止搅拌摆放不当造成的倾倒污染环境。

(4) 如涂料稠度太大涂布困难时,可根据厂家提供的品种和数量掺加稀释剂,切忌任意使用稀释剂稀释,避免影响涂料性能造成材料报废或防水涂膜返工增加废弃物;没用完的稀释剂要及时加盖,避免挥发污染大气。

(5) 双组分涂料每次配制数量应根据每次涂刷面积计算确定,在固化前用完,避免多余的涂料报废;已固化的涂料不能和未固化的涂料混合使用,防止降低防水涂膜的质量,引起返工浪费材料。

(6) 单组分涂料一般用铁桶或塑料桶密闭包装,打开桶盖后即可施工。但由于桶装量大,且防水涂料中均含有填充料,容易沉淀而产生不均匀现象,故使用前还应进行搅拌均匀才能使用,避免搅拌不匀造成膜质量降低,返工浪费材料;没有用完的涂料,应加盖封严,避免材料报废;桶内如有少量结膜现象,应清除或过滤后使用,清除的结膜要统一收集,统一处理,不可随意丢弃造成环境污染。

(7) 不论是厚质涂料还是薄质涂料均不得一次成膜,避免涂膜太厚、固化不充分,无法形成具有一定强度和防水能力的防水涂层而引起返工,浪费材料。

(8) 涂刷时,滚筒或油漆刷每次不能沾得太多,防止遗洒,浪费材料。

(9) 多遍涂刷时,每遍涂刷应均匀,不得有堆积现象,避免浪费材料;多遍涂刷时,应待涂层干燥成膜后,方可涂刷后一遍涂料,且两涂层施工间隔时间不宜过长,避免覆盖过早,下一层涂膜还没有充分固化或相隔时间太久引起分层现象,降低防水层质量引起渗漏水,返工浪费资源。

(10) 涂料涂布应分条或按顺序进行,分条进行时,每条宽度应与胎体增强材料宽度相一致,避免操作人员踩踏刚涂好的涂层,造成材料浪费。

(11) 立面部位涂层应在平面涂布前进行,涂布次数应根据涂料的流平性好坏确定,流平性好的涂料应薄而多次进行,以不产生流坠现象为度,以免涂层因流坠使上部涂层变薄,下部徐层变厚,影响防水性能,浪费材料。

3.6.2.3 涂料冷喷涂施工

(1) 施工时操作工人要熟练掌握喷涂机械的操作,通过调整喷嘴的大小和喷料喷出的速度,使涂料成雾状均匀喷涂于基层上,避免操作工人不熟练引起材料浪费。

(2) 由于喷涂施工速度快,应合理的安排好涂料的配料、搅拌和运输工作,使喷涂能连续进行,避免喷涂不能连续进行而引起设备的清洗和防水层的质量问题,浪费材料,产生清洗废液和返修垃圾等污染环境。

(3) 涂料喷涂结束时应根据涂料种类,采用合适的溶剂或水及时将喷嘴、输送管、容器等清理干净,防止余料凝固堵塞管道和枪头,造成设备故障,浪费资源;清洗的废液要统一收集,集足一定数量后由有资质的单位统一处理,禁止随便倾倒污染土壤和地下水。

(4) 操作人员要戴好口罩、手套和护目镜,防止吸入涂料或涂料进入眼睛,引起人员中毒。

3.6.3 防水卷材施工控制要求

3.6.3.1 基层处理

(1) 配制冷底子油的溶剂使用后要及时加盖,以免挥发污染空气和浪费;冷底子油涂刷或喷涂要薄而均匀,不得有空白、麻点、气泡,如果基层表面过于粗糙,宜先刷一遍慢挥发性冷底子油,待其表干后,再刷一遍快挥发性冷底子油,避免浪费材料。

(2) 基层处理剂的品种要视卷材而定,不可错用,避免用错而浪费材料;配制时要按一次喷、涂的面积来配制,需要多少就配制多少,避免材料报废;分桶包装的各组分使用后要及时盖好,以免挥发污染空气,材料报废。

(3) 当喷、涂两遍基层处理剂时,第二遍喷、涂应在第一遍干燥后进行,基层处理剂涂刷后宜在当天铺完防水层,避免间隔时间过长引起基层处理剂面层污染而浪费材料。

3.6.3.2 卷材铺贴的一般要求

(1) 基层处理剂涂刷好后,根据卷材的铺贴方向、搭接方法、宽度要求以及施工顺序弹好线,统一对卷材以最省的方式下料,以节约卷材,避免浪费;对裁剪下来的边角料要尽量利用在阴阳角、天沟、落水口等细部处理的地方,不能利用的边角余料要统一回收,统一由有资质的单位进行处理,严禁随意丢弃污染环境。

(2) 屋面周边800mm内卷材与基层应粘满,保证防水层四周与基层粘结牢固,避免四周进水引起防水层失效,返工浪费卷材,产生返修垃圾污染环境。

3.6.3.3 热沥青胶结料(热玛琋脂)粘贴油毡施工

(1) 配制热沥青胶结料的配合比应视使用条件、坡度和当地历年极端最高气温,并根据所用的材料经试验确定,施工中应按确定的配合比准确称量所需材料,每工作班应检查软化点和柔韧性,加热温度不应高于240℃。避免热沥青胶结料配制不合格而报废。

(2) 现场配制热沥青胶结料时,应选现场的下风处,并事先申请动火许可证,10m内不能有易燃易爆的物资,有专人监视,现场严禁吸烟,以免发生火灾和环境事故。要采用电炉或液化气炉来配制,禁止采用烧火,避免烟尘对大气的污染。

(3) 热沥青运送、装运油的桶壶应用铁皮咬口制成并设桶壶盖,装运沥青的勺、桶、壶等工具不得用锡焊,盛沥青量不得超过锅容器的 3/4,肩挑或用手推车时,道路应平坦,索具应牢固,垂直吊运时下方严禁有人。

(4) 盛有热沥青的壶、桶不得放在斜坡等不平稳的地方,防止倾倒,污染环境,也不能直接放在已铺设沥青玛琋脂的表面上,破坏已完工的部位。

(5) 浇涂玛琋脂应均匀,不得过厚或堆积,粘结层厚度宜为 1~1.5mm,面层厚度宜为 2~3mm,避免浪费材料;浇涂过程中还应注意玛琋脂的保温,使用温度不应低于 190℃,并有专人进行搅拌,以防在油桶、油壶内发生胶凝、沉淀,增加废弃物污染环境。

(6) 油毡铺贴时毡边挤出的玛琋脂及时刮去,刮去玛琋脂要统一收集,再加工后利用,避免浪费材料。

3.6.3.4 冷沥青胶结料(冷玛琋脂)粘贴油毡施工

冷玛琋脂粘贴油毡施工方法和要求与热玛琋脂油毡施工基本相同,不同之处在于:冷玛琋脂使用时应搅拌均匀。当稠度过大时可加入少量溶剂稀释并拌匀,涂布冷玛琋脂时,每层玛琋脂厚度宜控制在 0.5~1mm,面层玛琋脂厚度宜为 1~1.5mm,避免浪费材料。

3.6.3.5 高聚物改性沥青卷材热熔法施工

(1) 热熔法施工前要事先申请动火许可证,10m 内不能有易燃易爆的物资,有专人监视,现场严禁吸烟,以免发生火灾,引起安全和环境事故。

(2) 铺贴卷材时喷枪头与卷材保持 50~100mm 距离,与基层呈 30°~45°角,将火焰对准卷材与基层交接处,同时加热卷材底面热熔胶面和基层,至热熔胶层出现黑色光泽、发亮至稍有微泡出现即可,要避免熔化不够,影响卷材接缝的粘结强度和密封性能导致返工,浪费材料;或加温过高,使改性沥青老化变焦且把卷材烧穿,浪费材料。

(3) 卷材表面热熔后,应立即滚铺卷材,然后进行排气辊压使卷材与基层粘结牢固,卷材下面的空气应排尽,避免空鼓修补,加大材料的投入量,产生边角余料等废弃物污染环境。

(4) 厚度小于 3mm 的高聚物改性沥青防水卷材,严禁采用热熔法施工,避免热熔法施工把胎体增强材料烧坏,使卷材报废。

(5) 搭接缝施工时,由持枪人手持烫板(隔火板)柄,将烫板沿搭接粉线后退,喷枪火焰随烫板移动,喷枪应离开卷材 50~100mm,贴靠烫板,移动速度要控制合适,以刚好熔去隔离纸为宜,避免烧坏卷材,造成材料浪费。

(6) 喷枪烘烤卷材时,会排出有害气体,在操作中,操作人员应戴好口罩、手套,持枪人还应戴好防护眼镜,避免烫伤和吸入有害气体,现场要保持良好通风。

(7) 使用液化气喷枪和汽油喷灯,点火时火嘴不准对人,避免造成人员烧伤;汽油喷灯加油不得超过容量的 3/4,打气不能超过规定气压的 1.2 倍,避免爆裂引起火灾伤人和产生废弃物污染环境。

(8) 汽油桶要盖紧防止挥发污染大气。

3.6.3.6 合成高分子卷材冷粘贴施工

(1) 单组分胶粘剂要搅拌均匀,双组分胶粘剂必须严格配合比配制方法进行计算、掺合、搅拌均匀,避免搅拌不匀或配合比不对而浪费胶粘剂,增加废弃物污染环境;基层胶粘剂和卷材接缝胶粘剂不得混用,粘胶带应与卷材匹配,避免粘胶带和卷材报废造成浪费;没有使用完的胶粘剂要及时盖严,避免胶粘剂失效而浪费材料。

(2) 胶粘剂涂刷应均匀,不露底,不堆积,避免造成材料浪费;搭接部位不得涂刷胶粘剂,避免浪费胶粘剂。

(3) 卷材铺贴时一般要求基层及卷材上涂刷的胶粘剂达到表干程度,其间隔时间通常为10~30min,施工时可凭经验确定,用指触不粘手时即可开始粘贴卷材,每铺完一幅卷材,立即用干净而松软的长柄压辊从卷材一端顺卷材横向顺序滚压一遍,彻底排除卷材粘结层间的空气,排除空气后,平面部位卷材可用外包橡胶的大压辊从中间向两侧边移动滚压(一般宜30~40kg),做到排气彻底,平面立面交接处,用手持压辊从上往下进行滚压密实,防止空鼓粘贴不牢返工修补,加大材料的投入,同时产生边角余料等废弃物污染环境。

(4) 卷材铺好与基层压粘后,搭接部位要用棉纱沾少量汽油擦洗干净,棉纱沾汽油时,不能遗洒,棉纱擦洗完后,要存放在固定位置,尽量循环利用,报废的棉纱要统一收入垃圾袋中,统一处理;汽油要随取随用,及时加盖,不用时要马上入库,禁止在作业面上存放汽油。避免火灾造成损失,污染大气和环境。

3.6.3.7 自粘贴卷材施工

(1) 采用滚铺法时,要彻底排除卷材下面的空气,避免空鼓修补时造成材料的浪费,产生额外的废弃物污染环境;剥离的隔离纸要卷到已用过的芯筒上,统一回收处理,不能随便丢弃污染环境。

(2) 在较复杂的铺贴部位或隔离纸不易掀剥的场合可以采用抬铺法,首先根据基层形状裁剪卷材,裁剪下来的卷材要尽量利用在细部处理部位,不能利用的余料要统一收集,装入垃圾袋中,统一存放;然后将剪好的卷材认真仔细地剥除隔离纸,用力要适度,如出现小片隔离纸粘连在卷材上时可用小刀仔细挑出,注意不能刺破卷材,隔离纸要及时收集,统一装入垃圾袋中,统一存放,禁止随手抛洒、随风飘荡,污染环境;最后将卷材抬到待铺位置,使搭接边对准粉线,从短边搭接缝开始沿长向铺放好搭接缝侧的半幅卷材,然后再铺放另半幅,在铺放过程中,各操作人员要默契配合,铺贴的松紧度与滚铺法相同,铺放完毕后再进行排气、辊压,使卷材粘结牢固,避免空鼓,造成返工或修补浪费资源,污染环境。

(3) 在立面或大坡面上,卷材容易产生下滑现象,宜用手持式汽油喷枪将卷材底面的胶粘剂适当加热后再进行粘贴、排气和辊压,要控制加热温度,避免烧坏卷材产生废弃物,浪费材料。

(4) 搭接缝粘贴时应用手持汽油喷枪沿搭接缝粉线将相邻卷材待搭接部位上表面的防粘层先熔化掉;粘结搭接缝时,应掀开搭接部位卷材,用扁头热风枪加热卷材底面胶粘剂。要控制加热温度,避免烧坏卷材产生废弃物,浪费材料。

(5) 喷枪烘烤卷材时,会排出有害气体,在操作中,操作人员应戴好口罩、手套,持枪人还应戴好防护眼镜,避免烫伤和吸入有害气体,现场要保持良好通风;点火时火嘴不准对人,汽油喷灯加油不得超过容量的3/4,打气不能超过规定气压的1.2倍,避免爆裂引起火灾伤人和产生废弃物污染环境避免造成人员烧伤。

(6) 汽油桶要盖紧,防止挥发污染环境。

3.6.3.8 合成高分子卷材焊接施工

(1) 接缝焊接是该工艺的关键,在正式焊接卷材前,必须进行试焊,并进行剥离试验,以此来检查当时气候条件下焊接工具和焊接参数及工人操作水平,确保焊接质量,避免施工条件不符或工人操作水平不足引起返工,浪费材料,产生垃圾污染环境。

(2) 焊接时应先焊长边搭接缝,再焊短边搭接缝,焊接时注意气温和湿度的变化,随时调整加热温度和焊接速度,不得有漏焊、跳焊或焊接不牢(加温过低),也不得损害非焊接部位卷材,避免材料浪费,产生额处废弃物加大对环境的污染。

(3) 在低温下(0℃以下)焊接时要注意卷材有否结冰和潮湿现象,如出现上述现象必须使之干净、干燥,禁止在气温低于－5℃以下时施工,避免保证不了施工质量而返工,加大材料的投入和产生废弃物。

3.6.3.9 金属卷材焊接铺贴施工

(1) 对施焊缝处应用钢丝刷擦除氧化层,应统一在背风地点进行氧化层的擦除,擦下来的废弃物及时清理装入垃圾袋,避免扬尘污染大气;报废的钢丝刷要统一回收处理,禁止随手抛弃。涂饱和酒精松香焊剂时,要防止遗洒;焊接时要控制好温度,使焊锡熔化并流进两层卷材搭接缝之间,然后用焊锡在两接缝处堆积一定厚度,焊缝表面要求平整光滑,不得有气孔、裂纹、漏焊、夹焊,避免接缝处渗、漏水返工浪费材料。

(2) 焊接完工后,卷材表面应保持清洁,并清扫杂物或施工时带入的砂粒,垃圾装入垃圾袋中统一处理,避免污染环境。

3.6.4 细部处理的控制要求

天沟、檐沟、檐口、女儿墙泛水、水落口等细部处理时,卷材等附加层要尽量利用边角余料,一般情况下,禁止使用整张卷材裁剪,避免浪费材料;不能利用了的余料要及时收入垃圾袋中统一处理。

3.6.5 试水检查控制要求

防水层施工完后,要经过雨后、持续淋水 2h 或按规定蓄水 24h,观察防水层是否有渗漏后,才能进行下道工序的施工,确保防水层不渗漏水,避免返工浪费资源,污染环境。

3.6.5.1 有条件时,最好是在大雨后进行观察,以节约水资源。

3.6.5.2 如进行淋水检验,则要采用沉淀池中的废水,并循环利用,以节约水资源;试水完毕后,如废水达不到排放要求,应有组织的排入沉淀池中,达到排放标准后再排放,避免污染地下水。

3.6.5.3 当采用蓄水检验时,要堵好落水口等部位,控制好蓄水深度,避免漏水和浪费水资源。

3.6.6 应急和突发事件控制要求

3.6.6.1 熬油的操作人员,应严守工作岗位,时刻注意沥青的温度变化,脱水时应慢火升温,当白烟转为冒浓红黄烟时,应立即停火。如着火,应立即用锅盖或铁板覆盖,如沥青在地面着火,应用灭火器、干砂扑灭,严禁浇水。

3.6.6.2 配制冷底子油时,要严格掌握沥青温度,严禁用铁棒搅拌,如发现沥青冒蓝烟时,立即停止加入稀释剂。

3.6.6.3 雨期施工时,要密切关注天气变化情况,禁止在雨天施工防水层;防水材料应从库房随取随用,禁止在作业面上露天堆放防水材料;根据天气预报情况确定一次施工的面积,尽量要在下雨前做好其上的保护层;避免大雨损坏防水材料或浸泡防水材料,污染雨水。

3.6.6.4 雨期施工时,要准备好防雨材料,如突遇大雨,已施工还没有做保护层防水层要用彩条布盖好,并应有畅通的排水措施,防止大雨浸泡防水层,损坏防水层造成材料浪费,污染环境;作业面上防水材料和施工用具等要及时收入仓库,垃圾及各种遗洒的材料都应及时清理干净,避免雨水冲走垃圾等堵塞下水管,污染环境。

3.6.6.5 材料仓库要按防火要求配备灭火装置,一般要求一个计算单元要配不少于2具、不多于5具的与火灾性质相适应的灭火装置。仓库应有防火标志,作业场所禁止吸烟。

3.6.6.6 项目部应成立义务救火队和抢险队,由项目部环境管理员根据应急方案对火灾或其他紧急情况进行详细说明,并予以演练。火灾发生时,作业班/组长指挥工人在初始阶段灭火,同时电话通知应急领导,当火灾超过3min还不能熄灭时并有蔓延趋势时,作业班/组长可以直接打119电话报警。作业现场醒目位置必须要有应急处理流程图,并有内部联系电话号码,原则上应急领导和现场作业人员应分别有2个以上可以进行有效联系的号码,应急的作业班/组长原则上不能离开作业现场,如确要离开应现场安排第二责任人,并与应急领导通报。

3.6.6.7 项目部应有专人收听天气预报,有大风大雨的预报,必须及时通知应急领导和现场作业班/组长,按应急方案处理。

3.6.6.8 在夏季室外高温作业时,要注意防止中暑,如系轻症中暑,应使患者迅速离开高温作业环境;如是重症中暑,由现场作业班/组长指挥人员进行紧急抢救,并第一时间电话通知应急领导,首先采取措施降温,迅速送医院进行抢救。

3.6.6.9 如急性甲苯或二甲苯中毒,应迅速离开现场,移入空气新鲜处,立即脱去被污染的衣服,清洁皮肤,视情况移送医院进行处理。

3.7 监测要求

3.7.1 冬期施工时,每天早、晚应监测环境温度一次,当温度低于5℃时,应采取措施,当低于－10℃,应停止施工。

3.7.2 对材料的储存场储存条件、安全距离、堆放高度、堆放情况,防火、防潮条件,禁火标识等每月检查一次,发现异常情况时,采取针对措施纠正,避免发生火灾对环境的污染。

3.7.3 屋面清扫时,要监测扬尘情况:扬尘高度控制在0.5m以内。

3.7.4 在屋面水池等封闭或通风不良的环境施工时,上班前应进行有效送风10min以上,然后检测里面空气合格后才能进入,否则禁止进入施工,避免发生安全事故;检测空气质量的办法可以采用鸽子等动物进行。

3.7.5 每班下班前由施工班/组长监测作业面"工完场清"情况,包括垃圾清理、材料回收、挥发性物资加盖情况、火源的管制情况、水源的关闭情况等,满足规定要求后才能离人。

3.7.6 每次作业时应对作业方式、操作程序、涂料、胶粘剂以及废弃物的处置进行1次检查。

3.7.7 运输车辆进出场时由门卫监测车身洁净情况,不干净时要进行清扫或清洁,避免污染道路。

3.7.8 对于清洗工具产生的废水废液进行检查是否符合排放标准。

3.7.9 每月应由专人对周围社区或环境进行走访,收集周围相关方的意见,作为持续改进环境管理的依据。

4 屋面保护层施工

4.1 作业流程
施工准备→放线→冲筋→保护层或使用面层→检查验收。

4.2 环境因素
4.2.1 屋面清扫时扬尘污染大气,建筑垃圾等废弃物污染环境。

4.2.2 水泥、砂、石料、云母、蛭石等材料运输产生遗洒。

4.2.3 水泥砂浆、细石混凝土拌制、运输、浇筑过程中的噪声排放、扬尘、水电消耗、遗洒。

4.2.4 清洗搅拌机、混凝土输送泵等设备、工具废水排放。

4.2.5 失效砂浆、混凝土的遗弃。

4.2.6 砂浆、混凝土养护水资源的消耗和废水的排放。

4.2.7 砂、石料过筛产生余料等固体废弃排放。

4.2.8 砂、石、绿豆砂清洗时水资源的消耗和废水的排放。

4.2.9 块体保护层运输中、保管和施工中损坏产生废弃物。

4.2.10 浅色、反射涂料运输、配制和施工中的遗洒。

4.2.11 水泥储存超过三个月可能造成报废,露天存放雨天覆盖不及时造成报废产生固体废弃物。

4.2.12 大雨或暴雨造成砂浆、混凝土报废产生废弃物,大雨冲走没有固定的绿豆砂或膨胀蛭石等材料,造成环境污染。

4.2.13 突发的停电造成的砂浆、混凝土的报废产生废弃物。

4.2.14 火灾产生有毒、有害气体污染大气,产生废弃物污染环境。

4.3 人员要求
4.3.1 项目经理部应配备环境管理人员,在制订项目岗位责任制时,应按"管生产必须管环境、环境管理人人有责"的原则分配环境管理职责。避免环境管理职责分配不合理造成环境管理职责的遗漏。

4.3.2 操作人员应穿软底鞋、长衣、长裤,裤脚、袖口应扎紧,并应配戴手套及护脚;在高温施工时外露皮肤应涂擦防护膏;并按规定使用其他劳动防护用品。

4.3.3 每项施工作业操作前项目部必须对操作人员及有关人员进行交底,针对作业活动如砂、石料运输、保管,砂浆、混凝土的搅拌、运输、浇筑等过程中所涉及的重要环境因素、环境控制措施、环境操作基本要求、环境检测的关键参数、应急响应中的注意事项进行专项环境交底,避免因作业人员不掌握环境方面的基本要求造成噪声排放、扬尘、废弃物、废水、有毒有害气体挥发、泄漏等。

4.3.4 搅拌机、混凝土泵等机械的操作工等特种作业人员应经过培训并持证上岗,掌握相应机械设备的操作要领后方可进行作业,避免因人的误操作或不按操作规程操作、保养造成机械设备漏油、设备部件报废、机械设备事故、浪费资源、噪声超标、污染土地、污染地下水,加大对环境的污染。

4.4 材料要求

4.4.1 水泥、水泥砂浆和细石混凝土保护层用砂和石料的控制要求参照找平层施工中有关材料的要求进行控制。

4.4.2 浅色、反射涂料:浅色、反射涂料目前常用的有铝基沥青悬浊液、丙烯酸浅色涂料中掺入铝料的反射涂料,反射涂料可在现场就地配置。

4.4.3 绿豆砂:绿豆砂粒径宜为3～5m(在降雨量较大的地区宜采用粒径为6～10mm的小豆石,效果较好)绿豆砂应事先经过筛选,筛出的废料要归堆堆放,集足一个运输单位后,交当地环卫部门清运处理,清运时应使用密封车或进行有效覆盖,防止遗洒;筛选出来的绿豆砂颗粒应均匀,并用水冲洗干净,冲洗时做好沉淀池,沉淀池中的水要循环利用,避免浪费水资源,废水排放到市政管道时要达到排放标准,防止污染环境。

其余要求参照找平层施工中有关要求进行。

4.4.4 细砂、云母及蛭石保护层:为防止在运输过程中遗洒,云母或膨胀蛭石运输一般宜采用编织袋或麻袋包装,如有特殊要求时也可采用其他包装形式。在运输要注意防雨、防潮、防火和防止混杂,不同规格的产品应分别储运,还应避免人踏、物压,避免运输不当使材料损坏、失效和报废或引起火灾造成安全和环境事故。

4.4.5 预制板块:预制板块进场时,要进行外观检查,其中强度、尺寸、规格要满足要求,防止不合格的板块用于工程。

在运输和施工时,应轻搬轻放,防止损伤断裂、缺棱断角,以保证板材的外形完整和防水材料损坏,产生废弃物,在运输时应平整堆放,防止烟火,防止日晒雨淋,不可重压或与其他物体相互碰撞;避免运输不当使材料损坏、失效和报废。

4.5 设备设施要求

4.5.1 应根据施工组织设计或专项施工方案的要求,合理选择满足施工需要、噪声低、能耗低的砂浆搅拌机、混凝土搅拌机、运输车、输送泵、振捣设备或器具,避免设备使用时噪声超标、漏油污染土地、污染地下水,加大水、电、油和资源消耗。

4.5.2 施工设备在每个作业班后应按规定进行日常的检测、保养和维修,保证设备经常处于完好状态,避免设备使用时意外漏油、加大噪声或油耗,加快设备磨损。当发现设备有异常时,应安排专人检查、排除或送维修单位立即抢修,防止设备带病作业加大能源消耗、产生漏油、噪声等污染源,并防止设备事故。

4.5.3 一般器具要妥善保管,工具报废后不得随意抛弃,收集后归类统一处理。

4.5.4 有条件时,应尽量采用商品混凝土或砂浆以减少现场的扬尘、废弃物等环境污染;当确需进行现场搅拌时,搅拌系统有关沉淀池、防护棚、降噪等措施参照第一节找平层施工中有关内容进行控制。

4.6 过程控制要求

4.6.1 浅色、反射涂料保护层控制要求

4.6.1.1 浅色、反射涂料在现场就地配置,应搅拌均匀,一次装入量不超过容器的3/4,避免搅拌时遗洒;涂料在场内运输时,应采用完好的容器,装料量不超过容器的3/4,行走时平缓,避免涂料遗洒,污染地面和浪费材料。

4.6.1.2 涂刷浅色反射涂料应等防水层养护完毕后进行一般卷材防水层应养护2d以上,避免过早上人破坏防水层引起返修浪费材料;涂刷前,应用柔软、干净的棉布、扫帚擦扫干净防水层表面的浮灰,避免影响保护层的粘结效果,引起防水层过早老化破坏,返工浪费材料;擦扫防水层表面的浮灰时棉布、扫帚应在塑料水桶中清洗,禁止直接在水龙头下进行冲洗,以节约水资源;桶中废水应经沉淀后才排放入市政管道中,避免污染环境。

4.6.1.3 材料用量应根据材料说明书的规定使用,涂刷应均匀,避免漏涂,涂料配制量要根据使用量配制,避免浪费材料。

4.6.1.4 由于浅色、反射涂料具有良好的阳光反射性,施工人员在阳光下操作时,应配戴墨镜,以免强烈的反射光线刺伤眼睛。

4.6.2 绿豆砂保护层控制要求

4.6.2.1 洒铺前绿豆砂应在铁板上预先加热干燥(温度130~150℃),禁止在现场用柴火加热铁板,应采用电炉或液化气加热铁板,操作时,周围10m以内不应有易燃易爆的物资存在,且要有动火许可证,有专人监护,避免引起火灾造成材料损失、环境污染。

4.6.2.2 加热后的绿豆砂应用铁桶装运,装料时应低于桶帮10~15cm,重量每桶以一个人能比较轻松提走为宜,原则上不超过30kg,防止遗洒并伤人。

4.6.2.3 铺绿豆砂时,应在防水层表面涂刷最后1道沥青玛蹄脂时,趁热洒铺1层,洒时要均匀,扫时要铺平,不能有重叠堆积现象,避免浪费材料;扫过后马上用软辊轻轻滚1遍,使砂粒一半嵌入玛蹄脂内,滚压时不得用力过猛,避免刺破油毡,引起漏水返工浪费资源,污染环境;未粘结的绿豆砂颗粒应清扫干净,归堆收集,统一回收再利用,避免浪费材料或下雨时冲走污染现场。

4.6.2.4 操作人员应戴好手套、穿好鞋子,不要有外露的皮肤,避免加热后的石子烫伤。

4.6.3 细砂、云母及蛭石保护层控制要求

4.6.3.1 当涂刷最后1道涂料时,应边涂刷边洒布细砂(或云母、蛭石),同时用软质的胶辊在保护层上反复轻轻滚压,务必使保护层牢固地粘结在涂层上,避免粘结不佳而浪费材料;涂层干燥后,应扫除未粘结材料并堆集起来再用,避免浪费材料,不能再用的要统一收集,归堆存放,集足一个运输单位后,交当地环卫部门清运处理,清运时应使用密封车或进行有效覆盖,防止遗洒。

4.6.3.2 细砂、云母及蛭石在使用前应先筛去粉料,过筛时应控制扬尘;筛余料要统一收集,集足一个运输单位后,交当地环卫部门清运处理,清运时应使用密封车或进行有效覆盖,防止遗洒。

4.6.3.3 操作人员应戴好口罩,以防吸入粉尘。洒布云母时衣服等要扎紧,防止云母沾上皮肤,引起不适。

4.6.4 预制板块保护层

4.6.4.1 板块铺砌前应根据排水坡度要求挂线,以满足排水要求,避免保护层积水,引起防水层破坏,浪费资源,污染环境。

4.6.4.2 在砂结合层上铺砌块体时控制要求:

(1) 砂结合层应洒水压实,要掌握洒水量,以湿润后能用手捏成团为宜,避免浪费水资源。

(2) 块体应对接铺砌,缝隙宽度一般为10mm左右,块体铺砌完成后,应适当洒水并轻轻拍平压实,以免产生翘角现象。洒水时,宜用塑料桶接水,用勺子舀水进行,不宜直接用水管洒水,避免浪费水资源。

(3) 保护层四周500mm范围内应用低强度等级水泥砂浆做结合层,避免砂流失,浪费材料。

4.6.4.3 采用水泥砂浆做结合层的控制要求:

(1) 预制块体应先浸水湿润阴干,浸水时应采用容器或水池把块体材料浸入其中,禁止直接在块体上淋水的办法,以节约水资源。

(2) 每块预制块体摆铺完后应立即挤压密实、平整,使块体与结合层之间不留空隙,避免屋面使用过程中块体受压后易碎裂,浪费资源,污染环境;铺砌工作应在水泥砂浆凝结前完成,块体间预留10mm的缝隙,铺砌1~2d后用1:2水泥砂浆勾成凹缝,避免保护层积水,引起防水层破坏返工,产生建筑垃圾污染环境。

4.6.4.4 板缝采用1:2水泥砂浆勾成凹缝,勾缝的水泥砂浆量少,应用人工在垫板上搅拌,加水前干拌时动作要轻,避免扬尘;加水时应用塑料桶按计算的量加入,避免浪费水资源;砂子要随拌随用,用多少就拌多少,避免砂浆失效浪费。

4.6.4.5 块体保护层每100m^2以内应留设分格缝,缝宽20mm,缝内嵌填密封弹性材料,防止因热胀冷缩而造成板块拱起或板缝开裂过大,造成保护层破坏,产生废弃物污染环境。

4.6.4.6 上人屋面的预制块体保护层,块体材料应按照楼地面工程质量要求选用,避免材料不合格,产生废弃物。

4.6.4.7 预制块体保护层与女儿墙、山墙之间应预留宽度为30mm的缝隙,并用密封材料嵌填严密,防止高温季节保护层热胀顶推女儿墙,将女儿墙推裂造成渗漏返工,产生垃圾加大对环境的污染。

4.6.5 水泥砂浆、细石混凝土保护层控制要求

4.6.5.1 水泥砂浆、细石混凝土搅拌、运输过程中的环境因素可以参照第一节找平层水泥砂浆、细石混凝土搅拌、运输中的环境因素的控制方法进行。

4.6.5.2 水泥砂浆保护层用的水泥砂浆配合比一般为水泥:砂=1:2.5~3(体积比),细石混凝土保护层强度等级一般不低于C20,配制时要严格控制配合比,避免强度不符合要求,引起保护层过早破坏或起砂,造成返修时产生废弃物污染环境,并且浪费材料,加大能源的损耗。

4.6.5.3 水泥砂浆保护层施工前,应根据结构情况每隔4~6m用木板条设置纵横分格缝,铺设水泥砂浆时,应随铺随拍实,并用刮尺找平,随即用直径为 8~10mm 的钢筋或麻绳压出表面分格缝,间距不大于 1m,避免水泥砂浆自身干缩或温度变化影响产生严重龟裂,以致造成保护层碎裂、脱落,形成废弃物污染环境。

4.6.5.4 为了保证立面水泥砂浆保护层粘结牢固,在立面防水层施工时,预先在防水层表面粘上砂粒或小豆石,避免立面保护层空鼓、碎裂,引起修补浪费材料。

4.6.5.5 细石混凝土整浇保护层施工前,按设计要求支设好分格缝木条,设计无要求时,每格面积不大于 36m²,分格缝宽度为 10~20mm,避免保护层开裂,造成材料浪费;振捣宜采用铁辊滚压或人工拍实,不宜采用机械振捣,以免破坏防水层,引起返工浪费材料。

4.6.5.6 水泥砂浆、细石混凝土保护层施工时要在初凝前用抹子提浆抹平、压光,禁止在表面掺加水泥砂浆或干灰,防止表层砂浆产生裂缝与剥落,浪费材料。

4.6.5.7 分格缝中要有弹性密封材料嵌填密实,密封材料要做到低温不脆裂、高温不流淌,避免分格缝作用失效,引起保护层开裂,返工产生废弃的嵌填材料和其他建筑垃圾,污染环境。

4.6.5.8 若采用配筋细石混凝土保护层时,钢筋网片的位置设置在保护层中间偏上部位,钢筋网片在分格缝处要断开,以保证分格缝的作用,避免分格缝作用失效,引起保护层开裂,返工产生建筑垃圾。

4.6.5.9 水泥砂浆、细石混凝土保护层要进行养护,按水泥砂浆、细石混凝土找平层有关环境控制要求进行,避免水资源的浪费,加大对环境的污染。

4.6.6 冬期施工控制要求

冬期施工时,禁止在环境温度低于 -10℃时施工,当环境温度低于 5℃时,应采取如下措施,以免砂浆或混凝土中冻坏报废污染环境:

4.6.6.1 砂浆或混凝土中掺加抗冻剂,抗冻剂要检查合格、掺量准确、搅拌均匀,避免砂浆或混凝土报废。

4.6.6.2 要保证入模温度不低于 5℃(也不能高于 35℃),可以采取加热水或对骨料加温的办法,加热采取电或液化气等清洁能源,禁止使用柴火加热,避免烟尘污染环境。

4.6.6.3 加热时,如是 42.5 级以上的水泥,则水温不能超过 60℃、骨料不能超过 40℃;如果是 42.5 级以下的水泥,则水温不能超过 80℃、骨料不能超过 60℃;避免因温度过高而使砂浆或混凝土报废。

4.6.6.4 养护时不能浇水,而应用塑料薄膜覆盖,上盖草席或麻袋等保温;养护完成后要注意薄膜、草席或麻袋的回收利用,报废后应统一由环卫部门处理,避免污染环境。

4.6.6.5 运输时,采用有盖能保温的容器进行,避免运输过程中热量的消耗。

4.6.7 应急响应控制要求

4.6.7.1 雨期施工时,要密切关注天气变化情况,禁止在大雨或暴雨时进行保护层的施工。避免材料报废,产生废弃物污染环境。

4.6.7.2 当小雨不影响施工质量时,水泥应从库房随取随用,露天临时堆放水泥应采用彩条布等遮盖,禁止在作业面上露天堆放水泥。

4.6.7.3 雨期施工时,要准备好防雨材料,如突遇大雨,已施工的保护层要用彩条布盖好,并应有畅通的排水措施,防止大雨破坏保护层或冲走砂浆、云母、蛭石或涂料等,造成材料浪费;作业面上的材料、施工用具等应及时回收入库,作业面上的垃圾应及时清理干净,避免雨水冲走堵塞下水管,污染环境。

4.6.7.4 冬期施工时,应准备覆盖材料,密切关注环境温度的变化,当环境温度有可能降到5℃以下时,应及时进行覆盖保温,避免冻坏砂浆或混凝土产生废弃物污染环境。

4.6.7.5 现场突遇停电且短时间内无法恢复供电时,应采取以下措施:

(1)搅拌机内搅拌时间不够的材料,应清理出来人工搅拌至合格,人工运输至作业面使用,避免浪费。

(2)商品砂浆或混凝土系塔吊运输的,改成人工运输;如无法进行人工运输的,则材料应及时通知厂家尽量调到其他项目使用;如无法调配,则尽量做硬化现场地面用。避免材料的浪费。

(3)砂浆或混凝土保护层临近完工状态所缺材料不多时,可以采用人工搅拌砂浆或混凝土的方法完成;否则应留好施工缝,避免恢复施工时,对接缝处理时产生过多的垃圾,污染环境。

(4)人工搅拌砂浆或混凝土时,要在硬化地面上进行,干拌时动作要轻,避免扬尘污染环境;搅拌量要经过计算,避免搅拌过多用不完造成材料浪费。

(5)输送泵及时拆洗,管中混凝土要收集使用,避免浪费材料。

4.6.7.6 项目部应成立义务救火队和抢险队,由项目部环境管理员根据应急方案对火灾或其他紧急情况进行详细说明,并予以演练。火灾发生时,作业班/组长指挥工人在初始阶段灭火,同时电话通知应急领导,当火灾超过3min还不能熄灭时并有蔓延趋势时,作业班/组长可以直接打119电话报警。作业现场醒目位置必须要有应急处理流程图,并有内部联系电话号码,原则上应急领导和现场作业人员应分别有2个以上可以进行有效联系的号码,应急的作业班/组长原则上不能离开作业现场,如确要离开应现场安排第二责任人,并与应急领导小组负责人通报。

4.6.7.7 项目部应有专人收听天气预报,有大风大雨的预报,必须及时通知应急领导和现场作业班/组长,按应急方案处理。

4.6.7.8 在夏季室外高温作业时,要注意防止中暑,如系轻症中暑,应使患者迅速离开高温作业环境;如是重症中暑,由现场作业班/组长指挥人员进行紧急抢救,并第一时间电话通知应急领导,首先采取措施降温,迅速送医院进行抢救。

4.7 监测要求

4.7.1 混凝土搅拌施工每班工作结束后,应对储料斗及物料提升设备进行检查,确保机械运转状态良好,并无漏洒现象。一旦发现异常情况,应及时报告,并安排专业维修人员进行维修。

4.7.2 每班结束后,操作工人应检查搅拌站四周,对搅拌站四周洒落的水泥、砂、石等材料,应及时清理回收,可利用的应重复利用,减少资源的浪费。不可使用的应集中运至指定地点处置,避免对土壤造成污染。

4.7.3 现场散装水泥卸料时,每次均要目测水泥罐顶排气口扬尘情况,当目测有水泥扬尘时,应检查除尘装置的有效性,符合要求后再继续卸料。

4.7.4 每逢大雨前应检查水泥仓库的完好情况,大雨后要检查水泥仓库中是否有淋湿现象,如有要及时处理,避免浪费材料。

4.7.5 冬期施工时,每天早、晚应监测环境温度一次,当温度低于5℃时,应采取措施,当低于-10℃,应停止施工。

4.7.6 低于5℃时施工,相同的施工工艺时,每班应测量入模温度一次,测量热水或骨料加热后的温度一次。

4.7.7 现场搅拌砂浆或混凝土,四周无围挡的搅拌站每班均要至少一次目测检查扬尘情况,在搅拌料斗以上1m高度范围内有扬尘,则应采取措施降尘,合格后才能继续施工;在搅拌房中的搅拌站,则操作人员应随时观察搅拌房中粉尘浓度,当目测可见粉尘颗粒时,应及时开启水雾降尘装置,进行降尘。

4.7.8 定期(不少于每周一次)进行噪声检测,噪声排放的超过75dB的限值时。应在搅拌房外或输送泵围挡外增加隔声布或其他降噪措施以满足要求。

4.7.9 沉淀池在使用期间要定期(每天不少于一次)对沉淀池进行观测,观察沉淀池容量情况,及时进行清掏;并对沉淀池内的污水进行检测,作为回收利用或排放的依据。

4.7.10 当施工时间有限制时,要提前2h监测进度情况,确保限制时间中止施工。

4.7.11 每班下班前由施工班/组长监测作业面"工完场清"情况,包括垃圾清理、材料回收、挥发性物资加盖情况、火源的管制情况、水源的关闭情况等,满足环境要求后才能离人。

4.7.12 运输车辆进出场时由门卫监测车身洁净情况,不干净时要进行清扫或清洁,避免污染道路。

4.7.13 每月应由专人对周围社区或环境进行走访,收集周围相关方的意见,作为持续改进环境管理的依据。

5 刚性防水屋面施工

5.1 作业流程
刚性防水层包括水泥砂浆防水层和细石混凝土防水层等,其作业流程如下:
结构层→隔离层→刚性防水层→试水检验→验收。

5.2 环境因素

5.2.1 屋面清扫时扬尘污染大气。

5.2.2 水泥、砂石料运输产生遗洒。

5.2.3 水泥砂浆、细石混凝土拌制、运输、浇筑中的噪声排放、扬尘、水电消耗、遗洒、洗搅拌机废水排放;水泥砂浆、细石混凝土的遗弃;水泥砂浆、混凝土养护水资源的消耗和废水的排放。

5.2.4 石灰膏、砂、黏土运输遗洒,多余石灰膏、砂、黏土的遗弃,配制石灰膏水资源的消耗和废水的排放,污染环境。

5.2.5 钢筋锈蚀,废钢筋对环境的污染和资源的消耗。

5.2.6 外加剂、抗裂纤维等遗洒对环境的污染。

5.2.7 废弃的容器、报废的用具、手套、抹布等建筑垃圾,污染环境。熬制密封材料有毒、有害气体的排放;密封材料中溶剂的挥发,污染大气。

5.2.8 水泥储存超过三个月可能造成报废,露天存放雨天覆盖不及时造成报废产生固体废弃物。

5.2.9 大雨造成砂浆、混凝土报废产生废弃物。

5.2.10 突发的停电造成的砂浆、混凝土的报废产生废弃物。

5.2.11 火灾产生有毒、有害气体污染大气,产生废弃物污染环境。

5.2.12 资源、能源的消耗。

5.3 人员要求

5.3.1 项目经理部应配备环境管理人员,在制订项目岗位责任制时,应按"管生产必须管环境、环境管理人人有责"的原则分配环境管理职责。避免环境管理职责分配不合理造成环境的污染。

5.3.2 操作人员应穿软底鞋、长衣、长裤,裤脚、袖口应扎紧,并应配戴手套,并根据实际情况使用其他劳动防护用品。

5.3.3 每项施工作业操作前项目部必须对操作人员及有关人员进行交底,针对该项作业活动所涉及的重要环境因素、环境控制措施、环境操作基本要求、环境检测的关键参数、应急响应中的注意事项进行专项环境交底,避免因作业人员不掌握环境方面的基本要求造成噪声排放、扬尘、废弃物、废水、有毒有害气体挥发、泄漏等。

5.3.4 搅拌机、混凝土输送泵等机械操作工等特种作业人员应经过培训并持证上岗,掌握相应机械设备的操作要领后方可进行作业,避免因人的误操作或不按操作规程操作、保养造成机械设备漏油、设备部件报废、机械设备事故、浪费资源、噪声超标、污染土地、污染地下水,加大对环境的污染。

5.3.5 操作人员应对设备的运转情况进行监测,发现异常情况及时进行检修,避免由于设备故障造成砂浆、混凝土运输搅拌、运输等长时间的中断,造成砂浆、混凝土的浪费。同时在操作期间,教育工人随时注意机械是否运转正常,发现异常情况及时报告,找专人维修保养。

5.4 材料要求

5.4.1 水泥、砂(细骨料)、石(粗骨料)、水

宜采用普通硅酸盐水泥或硅酸盐水泥,水泥的强度等级不低于32.5级;当采用矿渣硅酸盐水泥时应采取减少泌水性的措施,避免矿渣硅酸盐水泥泌水性大、抗渗性能差而导致防水层开裂,返工浪费资源,污染环境;不得使用火山灰质硅酸盐水泥,避免火山灰质水泥干缩率大、易开裂,使屋面漏水,浪费资源,污染环境;水泥进场要按规定进行复检,合格后方能使用,避免安定性不合格或强度等级不合格的水泥用于工程上,导致配制的细石混凝土报废。

其余应参照第一节找平层施工有关控制要求进行。

5.4.2 外加剂

混凝土中加入的膨胀剂、减水剂、防水剂等外加剂,其掺量是关键的工艺参数,应按所选用的外加剂使用说明或通过试验确定掺量,并决定采用先掺法还是后掺法或同掺法,按配合比做到准确计量,避免因外加剂原因导致混凝土报废或达不到防水要求,引起返工浪

费材料,增加废弃物环境污染。

5.4.3 钢筋网片

配置直径为 4~6mm、间距为 100~200mm 的双向钢筋网片,可采用乙级冷拔低碳钢丝,性能符合标准要求;钢筋网片应在分格缝处断开,其保护层厚度不小于 10mm,按钢筋工程所涉及的环境措施实施,避免或减少废弃物对环境的污染。

5.4.4 抗裂纤维

聚丙烯抗裂纤维为短切聚丙烯纤维,纤维直径 $0.48\mu m$,长度 10~19mm,抗拉强度 276MPa,掺入细石混凝土中,抵抗混凝土的收缩应力,减少细石混凝土的开裂,掺量一般为每立方米细石混凝土中掺入 0.7~1.2kg,避免材料不合格或掺量错误而浪费材料。

抗裂纤维运输时要包装好,避免包装不当而遗洒。

5.4.5 配合比

混凝土水灰比不应大于 0.55,每立方米混凝土水泥最小用量不得小于 330kg,含砂率宜为 35%~40%,灰砂比应为 1:2~1:2.5,混凝土强度等级不应低于 C20,并宜掺入外加剂,普通细石混凝土、补偿收缩混凝土的自由膨胀率应为 0.05%~0.1%,避免混凝土配合比不合格导致报废。

5.5 设备设施要求

5.5.1 应根据施工组织设计或专项施工方案的要求,合理选择满足施工需要、噪声低、能耗低的砂浆搅拌机、混凝土搅拌机、运输车、输送泵、振捣设备或器具,避免设备使用时噪声超标,漏油污染土地、地下水,加大水、电、油和资源消耗。

5.5.2 施工设备在每个作业班后应按规定进行日常的检测、保养和维修,保证设备经常处于完好状态,避免设备使用时意外漏油、加大噪声或油耗,加快设备磨损,当发现设备有异常时,应安排专人检查、排除或送维修单位立即抢修,防止设备带病作业加大能源消耗、产生漏油、噪声等污染源,并防止设备事故。

5.5.3 一般器具要妥善保管,工具报废后不得随意抛弃,收集后归类统一处理。

5.5.4 有条件时,应尽量采用商品混凝土或砂浆以减少现场的扬尘、废弃物等环境污染;当确需进行现场搅拌时,搅拌系统有关沉淀池、防护棚、降噪等措施参照第一节找平层施工中有关内容进行控制。

5.6 过程控制要求

5.6.1 适用条件

刚性防水层主要有普通细石混凝土防水屋面、补偿收缩混凝土防水屋面、纤维混凝土防水屋面等,对于屋面防水等级为Ⅱ级及其以上的重要建筑,只有在刚性与柔性防水材料结合做两道防水设防时方可使用,不得在松散材料保温层上做细石混凝土防水层,至于受较大振动或冲击的屋面,易使混凝土产生疲劳裂缝,当屋面坡度大于 15% 时,不能采用细石混凝土防水层。要根据工程的重要程度、所处环境等正确使用刚性防水屋面,避免设计错误造成返工造成浪费资源,产生额外的废弃物污染环境。

5.6.2 一般控制要求

5.6.2.1 刚性防水层严禁在大雨天施工,防止水灰比增加或表面的水泥浆被雨水冲走污染市政管网,造成防水层疏松、麻面、起砂等现象,影响防水效果,引起返工浪费资源,污染环境。

5.6.2.2 施工环境温度宜在 5～35℃,不得在负温和烈日暴晒下施工,也不宜在大风天气施工,以避免混凝土、砂浆受冻或失水报废。

5.6.2.3 刚性防水层砂浆或混凝土配制、运输过程中的环境因素参照第一节找平层中有关要求进行控制,避免对环境的污染。

5.6.3 隔离层施工控制要求

5.6.3.1 铺干细砂滑动层时,干细砂的运输装料要低于料斗上口 5cm,避免遗洒;铺洒要均匀,避免浪费材料。

5.6.3.2 在干细砂滑动层上铺一层卷材时,卷材的废料和搭接缝用热沥青玛琋脂废料均要统一收集,由有资质的单位处理,禁止随意丢弃污染环境。

5.6.3.3 因为隔离层材料强度低,在隔离层上面继续施工时,要注意对隔离层加强保护,混凝土运输不能直接在隔离层表面进行,应采取垫板或马道等措施,绑扎钢筋时不得扎破表面,浇捣混凝土时更不能振酥隔离层,避免损坏隔离层引起返工,浪费材料。

5.6.4 分格缝留置控制要求

5.6.4.1 分格缝部位应按设计要求设置,如设计无明确规定时,一般来说分格缝留置在结构层屋面板的支承端、屋面转折处(如屋脊)防水层与突出屋面结构的交接处,并应与板缝对齐,纵横分格缝间距一般不大于 6m,或"一间一分格",分格面积不超过 36m^2 为宜,避免或减少因温差、混凝土干缩、徐变、荷载和振动、地基沉陷等变形造成刚性防水层开裂返工或修补,增加材料的投入并产生废弃物污染环境。

5.6.4.2 分格缝应采用木条,不宜用聚乙烯泡沫,预防聚乙烯泡沫废弃对土地和水体的污染;木条应在木工车间加工,避免或减少在现场的加工噪声排放。

5.6.4.3 如果分格缝采用后砌的办法,则应选用噪声低、能耗低的切割机具,减少噪声和能耗;切割时应加水,以避免扬尘对环境的污染;加水时可以利用沉淀池沉淀后的水,减少对水资源的消耗,加水时不宜过多(以不流淌为原则),以减少废水对环境的污染;切割的废弃物应及时清理,储存在废弃物堆放场,集足一个运输单位后,交当地环卫部门清运处理,清运时应使用密封车或进行有效覆盖,防止遗洒。

5.6.5 细石混凝土防水层施工控制要求

5.6.5.1 浇捣混凝土前,应将隔离层表面浮渣、杂物清除干净,垃圾要统一堆放,集足一定数量后交由有资质的单位清运,清运时,车要加盖,防止遗洒;检查隔离层质量及平整度、排水坡度和完整性,支好分格缝模板,标出混凝土浇捣厚度,厚度不宜小于 40mm,防止倒坡或超厚,返工浪费材料。

5.6.5.2 混凝土搅拌应采用机械搅拌,搅拌时间不少于 2min,混凝土运输过程中应防止漏浆和离析,避免搅拌时间不足或运输不当造成混凝土不合格报废。

5.6.5.3 采用掺加抗裂纤维的细石混凝土时,应先加入纤维干拌均匀后再加水,干拌时间不少于 2min,防止抗裂纤维搅拌不均匀失效,浪费材料。

5.6.5.4 混凝土的浇捣过程中出现的泌水,要集中收集沉淀后再排放,禁止从落水管中排放,避免污染管道和环境。

5.6.5.5 混凝土收水初凝后,第二次压实抹光待混凝土终凝前进行第三次压实抹光,不得洒干水泥或干水泥砂浆,避免表面起砂、起皮产生废弃物污染环境。

5.6.5.6 待混凝土终凝后,必须立即进行养护,可以按以下几种方法进行:

(1) 在自然气温高于5℃时,可以用麻袋、草席等覆盖并浇水养护,但应控制浇水量并使用沉淀池的废水,以保证覆盖物足够湿润即可,避免浪费水资源;养护水应排入沉淀池经两级沉淀后才能排出。养护完成后要注意对覆盖物的收集,尽量循环使用,不能使用的要统一收集,统一堆放,集足一个运输单位后,交当地环卫部门清运处理。

(2) 在自然气温低于5℃时用不透水、气的薄膜布严密地覆盖养护完后,应对薄膜布进行收集并循环使用,不能使用的要统一收集,交由有资质单位处理,严禁随意丢弃,污染土地。

(3) 直接浇水养护,但要注意浇水的时机并使用沉淀池的废水,既要经常保持找平层湿润,又要控制每一次的浇水量,避免浪费水资源。养护水应排入沉淀池经两级沉淀后才能排出。

(4) 在养护开始前应对给水管道和软管等进行检查,避免管道或软管等漏水或破损造成水资源浪费,污染环境。

(5) 养护期间禁止闲人上屋面踩踏或在上继续施工,避免破坏防水层导致返工浪费资源,加大对环境的污染。

5.6.6 小块体细石混凝土防水层施工

小块体细石混凝土防水层是在混凝土中掺入密实剂(膨胀剂、抗裂纤维),混凝土中不配置钢筋,将大块体划分为不大于1.5m×1.5m分格的小块体的一种防水层,设计和施工要求与普通细石混凝土要求完全相同,应按普通细石混凝土要求进行环境控制,避免对环境的污染。

不同点只在15～30范围内留置一条较宽的完全分格缝,宽度宜为20～30mm,1.5m的分隔缝,缝宽宜为7～10mm,分格缝中应填嵌高分子密封材料,避免分格缝处理不正确造成渗漏水,返工浪费资源,污染环境。

5.6.7 冬期施工控制要求

冬期施工时,禁止在环境温度低于-10℃时施工,当环境温度低于5℃时,应采取措施,以免砂浆或混凝土中冻坏报废,参照第一节找平层中有关措施进行环境因素的控制。

5.6.8 试水检验控制要求

5.6.8.1 有条件时,最好是在大雨后进行观察,以节约水资源。

5.6.8.2 如进行淋水检验,则要采用沉淀池中的废水,并循环利用,以节约水资源;试水完毕后,如废水达不到排放要求,应有组织的排入沉淀池中,达到排放标准后再排放,避免污染地下水。

5.6.8.3 当采用蓄水检验时,要堵好落水口等部位,控制好蓄水深度,避免漏水和浪费水资源。

5.6.9 应急和突发事件控制要求

5.6.9.1 雨期施工时,要密切关注天气变化情况,禁止在雨天进行刚性防水层的施工。避免材料报废,产生废弃物污染环境。

5.6.9.2 雨期施工时,要准备好防雨材料,如突遇下雨,已施工的刚性防水层要用彩条布盖好,并应有畅通的排水措施,防止下雨破坏刚性防水层或冲走砂浆,造成材料浪费,污染环境;作业面上的材料、施工用具等应及时回收入库,作业面上的垃圾应及时清理干净,避免雨水冲走堵塞下水管,污染环境。

5.6.9.3 冬期施工时,应准备覆盖材料,密切关注环境温度的变化,当环境温度有可能降到5℃以下时,应及时进行覆盖保温,避免冻坏砂浆或混凝土产生废弃物污染环境。

5.6.9.4 现场突遇停电且短时间内无法恢复供电时,应采取以下措施:

(1) 搅拌机内搅拌时间不够的材料,应清理出来人工搅拌至合格,人工运输至作业面使用,避免浪费。

(2) 商品砂浆或混凝土系塔吊运输的,改成人工运输;如无法进行人工运输的,则材料应及时通知厂家尽量调到其他项目使用;如无法调配,则尽量做硬化现场地面用。避免材料的浪费。

(3) 砂浆或混凝土刚性防水层临近完工状态所缺材料不多时,可以采用人工搅拌砂浆或混凝土的方法完成;否则应留好施工缝,避免恢复施工时,对接缝处处理时产生过多的垃圾,污染环境。

(4) 人工搅拌砂浆或混凝土时,要在硬化地面上进行,干拌时动作要轻,避免扬尘污染环境;搅拌量要经过计算,避免搅拌过多用不完造成材料浪费。

(5) 输送泵要及时拆洗,管中混凝土要收集使用,避免浪费材料。

5.6.9.5 项目部应有专人收听天气预报,有大风大雨的预报,必须及时通知应急领导和现场作业班/组长,按应急方案处理。

5.6.9.6 在夏季室外高温作业时,要注意防止中暑,如系轻症中暑,应使患者迅速离开高温作业环境;如是重症中暑,由现场作业班/组长指挥人员进行紧急抢救,并第一时间电话通知应急领导,首先采取措施降温,迅速送医院进行抢救。

5.6.9.7 施工过程中,如操作人员发生恶心、头晕、过敏等情况时,要立即停止工作,撤离现场休息,由专人看护,如有异常应马上送医院进行处理。

5.7 监测要求

5.7.1 混凝土搅拌施工每班工作结束后,应对储料斗及物料提升设备进行检查,确保机械运转状态良好,并无漏洒现象。一旦发现异常情况,应及时报告,并安排专业维修人员进行维修。

5.7.2 每班结束后,操作工人应检查搅拌站四周,对搅拌站四周洒落的水泥、砂、石等材料,应及时清理回收,可利用的应重复利用,减少资源的浪费。不可使用的应集中运至指定地点处置,避免对土壤造成污染。

5.7.3 现场散装水泥卸料时,每次均要目测水泥罐顶排气口扬尘情况,当目测有水泥扬尘时,应检查除尘装置的有效性,符合要求后再继续卸料

5.7.4 每逢大雨前应检查水泥仓库的完好情况,大雨后要检查水泥仓库中是否有淋湿现象,如有要及时处理,避免浪费材料。

5.7.5 冬期施工时,每天早、晚应监测环境温度一次,当温度低于5℃时,应采取措施,当低于-10℃时,应停止施工。

5.7.6 低于5℃时施工,相同的施工工艺时,每班应测量入模温度一次,测量热水或

骨料加热后的温度一次。

5.7.7 现场搅拌砂浆或混凝土,四周无围挡的搅拌站每班均要至少一次目测检查扬尘情况,在搅拌料斗以上1m高度范围内有扬尘,则应采取措施降尘,合格后才能继续施工;在搅拌房中的搅拌站,则操作人员应随时观察搅拌房中粉尘浓度,当目测可见粉尘颗粒时,应及时开启水雾降尘装置,进行降尘。

5.7.8 现场有噪声排放时,应进行监测,满足场界内噪声值昼间不大于75dB、夜间不大于55dB。每有新的噪声排放源时,要进行监测以满足噪声排放要求。

5.7.9 沉淀池在使用期间要定期(每天不少于一次)对沉淀池进行观测,观察沉淀池容量情况,及时进行清掏;并对沉淀池内的污水进行检测,作为回收利用或排放的依据。

5.7.10 每班下班前由施工班/组长监测作业面"工完场清"情况,包括垃圾清理、材料回收、挥发性物资加盖情况、火源的管制情况、水源的关闭情况等,满足环境要求后才能离人。

5.7.11 当施工时间有限制时,要提前2h监测进度情况,确保在限制时间中止施工。

5.7.12 每月应由专人对周围社区或环境进行走访,收集周围相关方的意见,作为持续改进环境管理的依据。

6 瓦屋面施工

6.1 作业流程

6.1.1 平瓦屋面的施工工艺

清理基层→防水层施工→钉顺水条→钉挂瓦条→铺瓦→检查验收→淋水试验。

6.1.2 油毡瓦施工工艺

基层处理→防水层施工→铺钉垫毡→铺钉油毡瓦→检查验收→淋水试验。

6.1.3 金属板材施工工艺流程

金属板材屋面的施工工艺:基层清理→配板→铺钉金属板材→检查验收→淋水试验。

6.2 环境因素

6.2.1 基层清扫产生扬尘。

6.2.2 瓦材切割产生噪声。

6.2.3 瓦材边角余料、报废工具、废旧防护用具等固体废弃物丢弃。

6.2.4 防水油毡边角余料丢弃对土地的污染。

6.2.5 瓦材、油毡、水、电、水泥、砂石等资源能源、原材料的消耗。

6.3 人员要求

6.3.1 操作人员应按规定使用劳动防护用品。

6.3.2 每项施工作业操作前项目部必须对操作人员及有关人员进行交底,包括该项作业活动所涉及的重要环境因素、环境控制措施、环境操作基本要求、环境检测的关键参数、应急响应中的注意事项的内容,避免因作业人员的不掌握环境方面的基本要求造成噪声排放、扬尘、废弃物、废水、有毒有害气体或加大对环境的污染。

6.3.3 机械操作人员应经过培训,掌握相应机械设备的操作要领后方可进行作业。避免因人的误操作或不按操作规程操作、保养造成机械设备漏油、设备部件报废、机械设备事故、浪费资源、噪声超标等,加大对环境的污染。

6.4 材料要求

6.4.1 平瓦

(1) 平瓦屋面是采用黏土、水泥等材料制成的平瓦铺设在钢筋混凝土或木基层上进行防水,它适用于防水等级为Ⅱ级、Ⅲ级、Ⅳ级以及坡度不小于20%的屋面,在大风或地震地区,平瓦屋面应采取措施使瓦与屋面基层固定牢固,避免用在不适合的屋面或固定措施不到位引起损坏,浪费材料。

(2) 瓦材为易碎材料,在包装、搬运和存放时应注意瓦材的完整性,每块瓦均应用草绳花缠出厂;运输车厢用柔软材料垫稳,搬运轻拿轻放,不得碰撞、抛扔;堆放应整齐,堆放高度不超过5层,脊瓦呈人字形堆放,避免运输和保管不当引起损坏浪费。

(3) 场内运输时,可以用塔吊和人工运输,用塔吊运输时,装料不能超过5层,也不能高过料斗上口,起动和放下时要稳,不能急提急放,避免损坏材料,造成浪费;用人工运输时,应采用手推车,装料不能高过车帮,避免运输中损坏材料,产生废弃物。

6.4.2 油毡瓦

(1) 10~45℃环境温度应易于打开,不得产生脆裂和粘连;波纤毡必须完全用沥青浸透和涂盖;油毡瓦不应有孔洞和边缘切割不齐全、裂缝、断裂等缺陷;矿物料应均匀、覆盖紧密;自粘节点距末端切槽的一端不大于190mm,并与油毡瓦的防粘纸对齐。材料进场后应先按以上要求进行外观检查,然后再抽样进行物理性能指标检验合格后才能使用,防止不合格的材料用于工程上引起渗漏返工造成材料浪费,污染环境。

(2) 不同面布颜色、不同等级要分别堆放,保管环境温度不应高于45℃,储存运输时应平放,高度不得超过15捆,并应避免雨淋、日晒、受潮,注意通风和避免接近火源,防止运输保管不当引起材料损坏。

6.4.3 金属板材

(1) 目前使用较多的是金属压型夹心板,金属板材应边缘整齐、表面光滑、外形规则,不得有扭翘、锈蚀等缺陷,避免不合格的材料用于工程中,引起返工浪费材料,污染环境。

(2) 金属板材的堆放场地应平坦、坚实,且便于排除地面水,堆放时应分层,并每隔3~5m处加放垫木,避免保管时损坏板材,引起不必要的资源浪费。

(3) 人工搬运时不得扳单层钢板处,机械运输时应有专用吊具包装,防止运输时损坏板材,引起材料损坏,产生废弃物。

6.5 设备与设备要求

6.5.1 应根据施工组织设计或专项施工方案的要求,合理选择满足施工需要、噪声低、能耗低的电动砂轮、切割机、手电钻、射钉枪、钨钢电动圆盘锯等设备,避免设备使用时噪声超标,漏油污染环境,加大水、电、油和资源消耗,浪费资源。

6.5.2 施工设备在每个作业班后应按规定进行日常的检测、保养和维修,保证设备经常处于完好状态,避免设备使用时意外漏油污染环境,当发现设备有异常或存在问题时,应安排专人检查排除或送维修单位立即抢修,防止设备带病作业,加大能源消耗、浪费资源,设备漏油污染环境。

6.5.3 一般器具要妥善保管,工具报废后不得随意抛弃,收集后归类统一处理,以免污染环境。

6.5.4 砂轮、切割机、钨钢电动圆盘锯需降噪的设备,应封闭的围挡内,可以用陶粒砌块砌筑,墙的厚度不少于240mm,室内应用水泥砂浆抹平,进一步降低噪声排放。

6.6 过程控制要求

6.6.1 平瓦屋面控制要求

6.6.1.1 平瓦铺挂前的准备工作控制要求

堆瓦:平瓦运输堆放应避免多次倒运。要求平瓦长边侧立堆放,最好一顺一倒合拢靠紧,堆放成长条形,高度以5~6层为宜,堆放、运瓦时,要稳拿轻放,避免平瓦在运输和堆放时损坏,产生额外的废弃物。

选瓦:半边瓦和掉角、缺边的平瓦要尽量利用在山檐边、斜沟或斜脊处等处,其使用部分的表面不得有缺损或裂缝,以节约材料,不能利用的部分或经锯下的无用的边角余料要统一回收,集足一个运输单位后交由环卫部门处理,清运时要加盖,避免遗洒。

上瓦:待基层检验合格后,方可上瓦,上瓦时应特别注意安全,避免操作人员受伤;如在屋架承重的屋面上,上瓦必须前后两坡同时同一方向进行,以免屋架不均匀受力而变形,引起基层损坏返工浪费资源。

摆瓦:一般有"条摆"和"堆摆"两种。"条摆"要求隔3根挂瓦条摆一条瓦,每米约22块;"堆摆"要求一堆9块瓦,间距为:左右隔2块瓦宽,上下隔2根挂瓦条,均匀错开,摆置稳妥,防止损坏平瓦引起材料浪费。

在钢筋混凝土挂瓦板上,最好随运随铺,如需先摆瓦时,要求均匀分散平摆在板上,不得在一块板上堆放过多,更不准在板的中间部位堆放过多,以免荷载集中而使板断裂,造成平瓦碎裂浪费材料。

6.6.1.2 平瓦屋面的施工控制要求

(1) 屋面、檐口瓦:挂瓦次序从檐口由下到上、自左向右方向进行;檐口瓦要挑出50~70mm;瓦后爪均应挂在挂瓦条上,与左边、下边两块瓦落槽密合,不符合质量要求的瓦不能铺挂;檐口瓦用镀锌铁丝拴牢在檐口挂瓦条上;当屋面坡度大于50%或在大风、地震地区,每片瓦均需用镀锌铁丝固定于挂瓦条上;瓦的搭接应顺主导风向,防止挂瓦落槽不密合、固定不牢固或搭接没有顺主导风向等缺陷引起屋面渗漏水,返工维修加大对环境的污染和材料的浪费。

(2) 斜脊、斜沟瓦:先将整瓦(或选择可用的缺边瓦)挂上,沟边要求搭盖泛水宽度不小于150mm,脊瓦搭接平瓦每边不小于40mm,避免搭接宽度不够引起渗漏水,返工导致材料浪费;将多余的瓦面砍去或用钢锯锯掉时,要把砍掉的余料集中堆放,集足一个运输单位后交由环卫部门处理,运输时车要加盖密封,防止遗洒,污染环境。

(3) 脊瓦:扣脊瓦用1:2.5石灰砂浆铺座平实,脊瓦接口和脊瓦与平瓦间的缝隙处,要用掺抗裂纤维的灰浆嵌严刮平,脊瓦与平瓦的搭接每边不少于40mm;平脊的接头口要顺主导风向;斜脊的接头口向下(即由下向上铺设),平脊与斜脊的交接处要用麻刀灰封严。石灰砂浆、抗裂纤维的灰浆使用量少,要随拌随用,避免失效浪费材料,其他拌制、运输等应参照刚性防水层施工的控制要求进行环境因素的控制,避免污染环境。

6.6.1.3 平瓦屋面材料应参考表13-2备料,避免备料过多,引起材料不必要的浪费,加大对环境的污染。

平瓦屋面主要材料用量参考表　　　　表13-2

材料	平瓦(100m²)	脊瓦(100m²)	掺抗裂纤维灰浆(100m²)	水泥砂浆(100m²)
数量	1530块	240块	0.4m³	0.03m³

6.6.2 油毡瓦屋面控制要求

6.6.2.1 油毡瓦屋面坡度宜为20%~85%,避免坡度不正确引起屋面渗漏水、返工或维修造成油毡瓦损坏,浪费材料。

6.6.2.2 屋面基层应清除杂物、灰尘,清扫时如风太大,可以洒水湿润,避免扬尘,污染大气,清扫的垃圾要集中堆放,集足一个运输单位后交由环卫部门处理,运输时要加盖,防止遗洒污染环境。

6.6.2.3 细部节点处理和防水层施工:根据设计要求,对屋面与凸出屋面结构的交接处、女儿墙泛水、檐沟等部位,用涂料或卷材进行防水处理,在卷材或涂膜施工时,可参照柔性防水层施工有关控制要求对环境因素进行控制,避免对环境的污染。

6.6.2.4 油毡瓦屋面材料应参考表13-3备料,避免备料过多,引起材料浪费,加大对环境的污染。

油毡瓦屋面材料参考用量　　　　表13-3

屋面工程	面积用量	重　　量
每平方米屋面	2.33m²	2.5kg

6.6.3 金属板材屋面控制要求

6.6.3.1 铺板前应先检查檩条坡度是否准确,安装是否牢固,屋面坡度不应小于1/20,亦不应大于1/6;在腐蚀环境中屋面坡度不应小于1/12。避免坡度不足引起屋面渗漏水返工,产生废弃物污染环境。

6.6.3.2 采用切边铺法时应事先根据板的排列切割板块搭接处金属板,并将清除干净;屋角板、包角板、泛水板均应事先切割好。切割时,要采取措施减少噪声的排放,切割下来的边角余料要集中堆放,集足一个运输单位后交由环卫部门清运处理,特别是夹心泡沫要装入垃圾袋中,不可随风扬洒,污染环境。

6.6.3.3 自攻螺栓钻孔时应有降噪措施;密封条、橡胶密封垫圈和不锈钢压盖等小型材料要分类装在容器中,随取随用,禁止随手乱抛,避免浪费材料。

6.6.3.4 两板的搭接口及铆钉应用丙烯酸或硅酮密封膏封严,打密封膏时要适量,避免浪费材料,失效密封膏及废密封膏筒均应统一回收,集中存放,集足一定数量后交由有资质的单位处理,禁止随意丢弃,污染环境。

6.6.4 应急和突发事件控制要求

6.6.4.1 项目部应有专人收听天气预报,有大风大雨的预报,必须及时通知应急领导和现场作业班/组长,按应急方案处理。

6.6.4.2 在夏季室外高温作业时,要注意防止中暑,如系轻症中暑,应使患者迅速离开高温作业环境;如是重症中暑,由现场作业班/组长指挥人员进行紧急抢救,并第一时间电话通知应急领导,首先采取措施降温,迅速送医院进行抢救。

6.7 监测要求

6.7.1 每逢大雨前应检查材料仓库的完好情况,大雨后要检查材料仓库中是否有淋湿现象,如有要及时处理,避免浪费材料。

6.7.2 定期(不少于每周一次)进行噪声检测,噪声排放的超过75dB的限值时,应在圆盘锯围挡外增加隔声布或其他降噪措施以满足要求。

6.7.3 运输车辆进出场时由门卫监测车身洁净情况,不干净时要进行清扫或清洁,避免污染道路。每天目测扬尘一次,要求扬尘高度控制在0.5m以内。

6.7.4 每班下班前由施工班/组长监测作业面"工完场清"情况,包括垃圾清理、材料回收、挥发性物资加盖情况、火源的管制情况、水源的关闭情况等,满足环境要求后才能离人。

6.7.5 当施工时间有限制时,要提前2h监测进度情况,确保在限制时间中止施工。

6.7.6 每月应由专人对周围社区或环境进行走访,收集周围相关方的意见,作为持续改进环境管理的依据。

7 隔热屋面施工

7.1 工艺流程

施工准备→架空隔热层→检查验收。

7.2 环境因素

7.2.1 隔热屋面黏土砖制作消耗资源,施工时产生建筑垃圾污染环境;混凝土制品消耗资源、噪声排放、砂、石料运输遗洒,施工时损坏产生垃圾污染环境。

7.2.2 蓄水屋面消耗水资源。

7.2.3 种植屋面覆土或松散材料运输时的遗洒;大雨水冲走种植介质污染环境;植物根系穿刺防水层引起防水层破坏,维修时污染环境,浪费资源。

7.3 人员要求

7.3.1 每项施工作业操作前项目部必须对操作人员及有关人员进行交底,要针对该项作业活动所涉及的重要环境因素、环境控制措施、环境操作基本要求、环境检测的关键参数、应急响应中的注意事项进行专项环境交底,避免因作业人员的不掌握环境方面的基本要求造成噪声排放、扬尘、废弃物、废水、有毒有害气体或加大对环境的污染。

7.3.2 机械操作人员应经过培训,掌握相应机械设备的操作要领后方可进行作业。避免因人的误操作或不按操作规程操作、保养造成机械设备漏油、设备部件报废、机械设备事故、浪费资源、噪声超标、污染土地、污染地下水,加大对环境的污染。

7.4 材料要求

7.4.1 架空材料:非上人屋面的黏土砖强度等级不应低于MU7.5;上人屋面的黏土砖强度等级不应低于MU10;混凝土板的混凝土强度等级不应低于C20,板内宜加放钢筋网片。材料进场后要进行检查,防止外观不合格或强度不合格的材料用于工程。

7.4.2 蓄水屋面中含水屋面的多孔轻质材料应符合保水性好、水分蒸发慢的要求,防止补水不及时造成屋面损坏。

7.4.3 屋面块体隔热材料在运输和装卸时要轻拿轻放,避免损坏产生废弃物,污染环境。

7.5 设备要求

要按施工组织设计或专项施工方案等正确选择用具。

7.6 过程控制要求

7.6.1 架空隔热板施工控制要求

7.6.1.1 架空隔热层的高度应根据屋面宽度和坡度大小由设计来确定(宜为100～300mm),屋面较宽时,宜采用较高的架空层,屋面坡度较小时,宜采用较高的架空层;反之,可采用较低的架空层。避免架空高度选择不适当,太低了隔热效果不好,消耗能源;太高了通风效果并不能提高多少且稳定性不好,造成材料浪费,消耗资源。当屋面宽度大于10m,要设置通风屋脊,避免隔热效果差,造成能源的消耗。

7.6.1.2 铺设架空板前,应清扫屋面上的落灰、杂物,避免架空层中堵塞,影响隔热效果而浪费能源;清扫落灰、杂物时要洒水,防止扬尘;清扫的垃圾要集中堆放,集足一个运输单位后,交由环卫部门进行处理,运输时,要防止遗洒,污染环境。

7.6.1.3 架空板支座底面的柔性防水层上应采取增设卷材或柔软材料内加强措施,避免损坏已完工的防水层,造成返工浪费资源,污染环境。

7.6.1.4 架空板的铺设应平整、稳固,缝隙宜采用水泥砂浆或水泥混合砂浆嵌填,勾缝应密实,嵌缝用的水泥砂浆或水泥混合砂浆使用量少,应采用人工搅拌,并要求随拌随用,避免失效浪费材料,产生废弃物。

7.6.1.5 架空隔热板距女儿墙不小于250mm,以利于通风,避免顶裂山墙,造成渗漏水返工,浪费资源,污染环境。

7.6.2 蓄水屋面施工

7.6.2.1 蓄水屋面预埋管道及孔洞应在浇筑混凝土前预埋牢固和预留孔洞,不得事后打孔凿洞,避免破坏防水层,引起渗漏返工,浪费材料,并产生额外的废弃物。

7.6.2.2 蓄水屋面应划分为若干蓄水区,每区的边长不宜大于10m,在变形缝的两侧就应分成互不相连的蓄水区,长度超过40m的蓄水屋面应做横向伸缩缝一道,避免变形过大导致防水层拉裂,引起屋面渗漏,浪费资源,污染环境。

7.6.2.3 防水混凝土必须机械搅拌、机械振捣,随捣随抹,每分格区内的混凝土应一次浇完,不得留设施工缝,抹压时不得洒水、洒水泥或加水泥浆,混凝土收水后应进行二次压光,避免防水混凝土渗漏返工,浪费资源,污染环境;及时养护,如放水养护可以结合蓄水,以节约水资源。

7.6.2.4 蓄水屋面的每块盖板间距应留20～30mm间缝,以便下雨时蓄水,以节约水资源。

7.6.2.5 蓄水屋面应安装自动补水装置,蓄水后就不得干涸,水面植萍时,应有专人管理,避免使用不当造成屋面渗漏返工浪费材料,产生废弃物。

7.6.3 种植屋面

7.6.3.1 种植屋面应有1%～3%的排水坡度,在大雨时多余雨水及时排走。屋面种植部位四周要砌矮墙,一定距离留置泄水孔,泄水孔应有砂石或铺聚酯无纺布过滤层,避免种植介质流失,污染环境。

7.6.3.2 种植覆盖层的施工应保护好防水层,覆盖材料的厚度、质(重)应符合设计要求,避免损坏防水层或过量超载损坏防水层,导致返工时产生大量的废弃物。

7.6.3.3 分格缝宜采用整体浇筑的细石混凝土,硬化后用切割机锯缝,切缝时应加水,避免扬尘,加水以不流淌为宜,以节约水资源。

7.6.3.4 分格缝内填密封材料后,加聚合物水泥砂浆嵌缝,避免植物根系穿刺防水层而引起渗漏水浪费资源,污染环境。

7.6.3.5 屋面防水层完工后应及时养护,及时覆土或覆盖多孔松散种植介质;种植屋面应有专人管理,及时清除枯草藤蔓,翻松植土,并及时洒水;定期清理泄水孔和粗细骨料,检查排水是否通畅顺利,避免使用不当或维修不及时造成渗漏,返工浪费资源,污染环境。

7.6.4 应急和突发事件控制

7.6.4.1 雨期施工时,要密切关注天气变化情况,禁止在大雨或暴雨时施工。避免材料报废,产生废弃物污染环境。

7.6.4.2 项目部应有专人收听天气预报,有大风大雨的预报,必须及时通知应急领导和现场作业班/组长,按应急方案处理。

7.6.4.3 在夏季室外高温作业时,要注意防止中暑,如系轻症中暑,应使患者迅速离开高温作业环境;如是重症中暑,由现场作业班/组长指挥人员进行紧急抢救,并第一时间电话通知应急领导,首先采取措施降温,迅速送医院进行抢救。

7.6.4.4 施工过程中,如操作人员发生恶心、头晕、过敏等情况时,要立即停止工作,撤离现场休息,由专人看护,如有异常应马上送医院进行处理。

7.7 监测要求

7.7.1 每逢大雨前应检查水泥仓库的完好情况,大雨后要检查水泥仓库中是否有淋湿现象,如有要及时处理,避免浪费材料。

7.7.2 沉淀池在使用期间要定期(每天不少于一次)对沉淀池进行观测,观察沉淀池容量情况,及时进行清掏;并对沉淀池内的污水进行检测,作为回收利用或排放的依据。

7.7.3 运输车辆进出场时由门卫监测车身洁净情况,不干净时要进行清扫或清洁,避免污染道路。

7.7.4 每班下班前由施工班/组长监测作业面"工完场清"情况,包括垃圾清理、材料回收、挥发性物资加盖情况、火源的管制情况、水源的关闭情况等,满足环境要求后才能离人。

7.7.5 当施工时间有限制时,要提前2h监测进度情况,确保在限制时间中止施工。

7.7.6 每月应由专人对周围社区或环境进行走访,收集周围相关方的意见,作为持续改进环境管理的依据。

8 屋面接缝密封防水施工

8.1 工艺流程
基层检查与修补→填塞背衬材料→涂刷基层处理剂→嵌填密封材料→抹平、压光、修整→固化、养护→检查→保护层施工。

8.2 环境因素
8.2.1 外加剂、嵌缝油膏等防水材料的遗洒。
8.2.2 手套、纱布、刮板、钢丝刷等废旧工具的丢弃。
8.2.3 搅拌密封材料噪声的排放。
8.2.4 加热密封材料有毒有害气体的排放。
8.2.5 清扫基层以及材料余料等废弃物。
8.2.6 水、电、防水材料等资源、能源的消耗。

8.3 人员要求
8.3.1 患有皮肤病、眼病、刺激过敏者,不应参与操作工作。
8.3.2 操作人员应穿软底鞋、长衣、长裤,裤脚、袖口应扎紧,并应配戴手套及护脚。外露皮肤应涂擦防护膏。涂刷有害身体的基层处理剂和胶粘剂时,须戴防毒口罩和防护用品,并规定使用其他劳动防护用品。
8.3.3 每项施工作业操作前项目部必须对操作人员及有关人员进行交底,要针对该项作业活动所涉及的重要环境因素、环境控制措施、环境操作基本要求、环境检测的关键参数、应急响应中的注意事项进行专项环境交底或综合交底包括以上环境方面的内容,避免因作业人员的不掌握环境方面的基本要求造成噪声排放、扬尘、废弃物、废水、有毒有害气体或加大对环境的污染。

8.4 材料要求
8.4.1 密封材料
禁止使用改性焦油沥青密封材料,避免施工熬制时会产生较多的有害气体,污染环境并对人体有害。合成高分子密封材料和改性石油沥青密封材料进场后,要按规定抽样进行复检,达到要求后方能使用,避免使用不合格的材料引起返工,浪费材料。

8.4.2 基层处理剂与背衬材料
基层处理剂要符合以下要求:有易于操作的黏度(流动性);对被粘结体有良好的浸润性和渗透性;不含能溶化被粘结体表面的溶剂,与密封材料在化学结构上相近,不造成侵蚀,有良好的粘结性;干燥时间短,调整幅度大;基层处理剂一般采用密封材料生产厂家配套提供的或推荐的产品,如果采取自配或其他生产厂家时,应做粘结试验。避免材料不合格造成返工浪费资源,污染环境。

背衬材料的要求是:与密封材料不粘结或粘结力弱,具有较大变形能力。常用的背衬材料有各种泡沫塑料棒、油毡条等。

8.4.3 储运保管与进场检验
密封材料的储运、保管应避开火源、热源,避免日晒、雨淋,防止碰撞,保持包装完好无损。应分类储放在通风、阴凉的室内,环境温度不应高于70℃,避免材料运输和保管不当造成材料报废,浪费资源,污染环境。

应按规定配备足够的消防设备或用具,避免火灾时不能及时扑灭造成资源浪费,加大对环境的污染或造成人员的伤害。

8.5 设备设施要求

8.5.1 应根据施工组织设计或专项施工方案的要求,合理选择满足施工需要、噪声低、能耗低的搅拌器等设备或器具,避免设备使用时噪声超标。

8.5.2 施工设备在每个作业班后应按规定进行日常的检测、保养和维修,保证设备经常处于完好状态;当发现设备有异常或存在问题时,应安排专人检查排除或送维修单位立即抢修,防止设备带病作业,加大能源消耗。

8.5.3 一般器具要妥善保管,防止他人挪用造成污染,工具报废后不得随意抛弃,收集后归类统一处理,以免污染环境。

8.6 过程控制要求

8.6.1 施工准备控制要求

8.6.1.1 接缝基层要求

对基层上粘附的灰尘、砂粒、油污等均应作清扫、擦拭;接缝处浮浆可用钢丝刷刷除,然后宜采用小型电吹风器吹净。擦洗基层的废水要统一处理,不可随便倾倒,污染环境;采用小型电吹风器吹净杂物时,要尽量先清扫干净后再吹,避免扬尘,污染环境;清扫的杂物要放入垃圾袋中统一处理,避免污染环境。

嵌填密封材料前,基层应整、密实、干净、干燥(尤其是溶剂型或反应固化型密封材料,基层必须干燥),避免降低粘结强度,引起接缝渗漏水返工造成材料浪费;一般水泥砂浆找平层完工 10d 后接缝才可嵌填密封材料,并且施工前应晾晒干燥,避免降低粘结强度,引起接缝渗漏水返工造成材料浪费。

在砖墙处嵌填密封材料,砖墙宜用水泥砂浆抹平压光,避免降低粘结能力,成为渗水通道,返工维修造成材料浪费,加大对环境的污染。

接缝尺寸应符合设计要求,宽度和深度沿缝应均匀一致,避免太窄达不到变形的要求引起裂缝,返工浪费资源,污染环境;或太宽造成接缝材料的浪费。

8.6.1.2 密封材料严禁在雨天或雪天施工;五级风及以上时不得施工;施工环境气温,改性沥青密封材料宜为 0~37℃,溶剂型合成高分子密封材料宜为 0~37℃,水乳型合成高分子密封材料宜为 7~37℃。避免在不适宜的环境温度中施工而造成材料的失效,浪费材料,污染环境。

8.6.1.3 配料与搅拌

配料时,甲、乙组分应按重量比分别准确称量,然后倒入容器内进行搅拌,避免配量不准确引起材料报废;人工搅拌时用搅拌棒充分混合均匀,混合量不应太多,以免搅拌困难,机械搅拌时,应选用功率大、旋转速度慢的机械,机械搅拌的搅拌时间为 2~3min,搅拌过程中,应防止空气混入,避免材料中有气泡,造成接缝不密实渗漏水,返工浪费。

8.6.2 接缝密封防水施工控制要求

8.6.2.1 填塞背衬材料

硬泡聚氨酯在现场喷涂发泡时应根据发泡比例确定喷涂的用量,避免材料不必要的浪费。

背衬材料的填塞应在涂刷基层处理剂前进行,避免损坏基层处理剂,导致材料的浪费,填塞的高度以保证设计要求的最小接缝深度为准,避免材料的浪费。

多余报废的填塞材料应集中收集,放入垃圾袋中堆放,集足一定量后交环卫部门统一处理,避免随意丢弃,污染环境。

8.6.2.2 涂刷基层处理剂

配制双组分基层处理剂时,要按产品说明书的规定严格执行,避免配料不当引起材料报废,污染环境;配制量要在有效时间内的用完,不得多配,避免浪费材料。

涂刷时要用大小合适的刷子,使用后用溶剂洗净,废液要统一处理,不可随意倾倒,污染环境。

基层处理剂容器要密封,用后即加盖密封,以防溶剂挥发污染空气;不得使用过期、凝聚的基层处理剂,报废的基层处理剂要用容器存放,统一交由环卫部门进行处理,不可与一般建筑垃圾混在一起,避免污染环境。

8.6.2.3 嵌填密封材料

嵌填密封材料应待基层处理剂表干后立即进行,防止过早基层处理剂中溶剂尚未挥发或未完全挥发影响密封材料与基层处理剂的粘结性能,降低基层处理剂的使用效果,或间隔太长基层表面被污染,也降低密封材料与基层的粘结力,引起返工浪费材料。

(1) 热灌法:将密封材料装入锅中,装锅容量以 3/4 为宜,用温火缓慢加热,使其溶化,并随时用棍棒进行搅拌,使锅内材料加热均匀,避免锅底材料温度过高而老化变质报废;加热到规定温度后,应立即运至现场进行浇筑,灌缝时温度应能保证密封材料具有很好的流动性,若运输距离过长应采用保温桶运输,避免温度过低不能使用,再次加热消耗能源。

灌缝漫出两侧的多余材料,可切除回收利用,与容器内清理出来的密封材料一起,投入加热炉中加热后重新使用,但一次加入量不得超过新材料的 10%。

灌缝完毕后应立即检查密封材料与缝两侧面的粘结是否良好,是否有气泡,若发现有脱开现象和气泡存在,应用喷灯或电烙铁烘烤后压实,避免接缝渗漏水引起返工,浪费资源,加大对环境的污染。

(2) 冷嵌法:用腻子刀嵌填时为了避免密封材料粘结在刀片上,嵌填前可先将刀片在煤油中蘸一下,蘸煤油时,注意不要遗洒,污染环境。

采用挤出枪施工时,应根据接缝的宽度选用合适的枪嘴,避免枪嘴不合适引起嵌缝不合格返工,造成材料浪费,污染环境;若采用筒装密封材料,可把包装筒的塑料嘴斜切开作为枪嘴,嵌填时,把枪嘴贴近接缝底部,并朝移动方向倾斜一定角度,边挤边以缓慢均匀的速度使密封材料从底部充满整个接缝,筒装材料要尽量一次性用完,避免材料浪费;报废的包装筒及切下来的塑料嘴要统一收集,集足一定数量后交由环卫部门处理,严禁乱丢乱扔,污染环境。

为了保证密封材料的嵌填质量,应在嵌填完的密封材料表干前,用刮刀压平与修整,压平应稍用力朝与嵌填时枪嘴移动相反的方向进行,不要来回揉压,压平一结束,即用刮刀朝压平的反方向缓慢刮压一遍,使密封材料表面平滑,修整下来的余料应收集起来利用,不可随便丢弃,污染环境。

8.6.2.4 固化、养护控制要求

已嵌填施工完成的密封材料,一般应养护 2～3d,接缝密封防水处理通常为隐蔽工程,下一道工序施工时,必须对接缝部位的密封材料采取临时性或永久性的保护措施,进行施工现场清扫,或进行找平层、保温隔热层施工时,对已嵌填的密封材料宜用卷材或木板条保护,以防污染或碰损,避免在隐蔽前破坏或损坏已经完成的密封材料,造成材料浪费。

嵌填的密封材料固化前不得踩踏,避免踩踏后发生塑性变形,从而导致其构造尺寸不符合设计要求,引起返工或返修造成材料浪费,加大对环境的污染。

8.6.3 应急和突发事件控制

8.6.3.1 发生头痛、头昏、无力,感觉眼睛、皮肤、呼吸有不适时应立即停止作业,加强通风;情况严重时要到医院就诊。

8.6.3.2 密封材料发生着火,在刚着火时火势较小,应尽量使用砂进行覆盖灭火,减少污染。

8.6.3.3 熬制密封材料的火源应离现场有 10m 以上;熬制油膏时,不能让明火接触密封材料;桶内熬制油膏时发生着火应尽快用金属盖板盖上灭火。

8.7 监测要求

8.7.1 在实际施工前要做一次粘结性能试验,以检查密封材料及基层处理剂是否满足要求避免密封材料及基层处理剂粘结性能不合格,造成材料浪费和环境的污染。

8.7.2 每次密封材料搅拌至少要检验一次混合是否均匀:可用腻子刀刮薄后检查,如色泽均匀一致,没有不同颜色的斑点、条纹,则为混合均匀,可以使用,避免密封材料不合格引起环境问题。

8.7.3 每班下班前由施工班/组长监测作业面"工完场清"情况,包括垃圾清理、材料回收、挥发性物资加盖情况、火源的管制情况、水源的关闭情况等,满足环境要求后才能离人。

8.7.4 每月应由专人对周围社区或环境进行走访,收集周围相关方的意见,作为持续改进环境管理的依据。

第14章 建筑地面工程

0 一般规定

0.1 建筑地面施工应体现我国的经济技术政策,在符合设计要求和满足使用功能条件下,应充分采用地方材料,合理利用、推广工业废料,优先选用国产材料,尽量节约资源性原材料,做到技术先进、经济合理、控制污染、卫生环保、确保质量、安全适用。

0.2 建筑施工企业应有较完善的环境管理体系、施工技术标准(或工法),其中必须涵盖环境管理方法或相应环境管理措施。

0.3 建筑地面工程施工在执行现行国家标准《建筑地面工程施工质量验收规范》(GB 50209—2002)的同时,尚应符合相关的现行国家标准的规定,主要是《地下防水工程质量验收规范》(GB 50207—2002)、《建筑防腐蚀工程施工及验收规范》(GB 50212—91)、《民用建筑工程室内环境污染控制规范》(GB 50325—2001)的规定等。

0.4 建筑地面各构造层所采用的原材料、半成品的品种、规格、性能等,应按设计要求选用,除应符合施工规范外,尚应符合现行国家、行业和有关产品材料标准和相关环境管理的规定。

0.5 进场材料应有中文质量合格证书、产品性能检测报告、相应的环境保护参数,对重要材料应有复验报告,并经监理部门检查确认合格后方可使用,以控制材料质量和环境因素。

0.6 铺设板块面层、木竹面层所采用的胶粘剂、沥青胶结料和涂料等建材产品应按设计要求选用,并应符合现行国家标准《民用建筑工程室内环境污染控制规范》(GB 50325—2001)的规定,以控制对人体直接的危害。

0.7 建筑地面各构造层所采用拌合料的配合比或强度等级,应按施工规范规定和设计要求通过试验确定,由试验人员填写配合比通知单,施工过程中要严格计量,避免发生质量事故,造成返工而浪费原材料及人力资源。

0.8 检验混凝土和水泥砂浆试块的组数,当改变配合比时,也相应的按规定制作试块组数,以保证质量。检验测试过而未粉碎的试块,应作充分的利用,未被利用的,集中堆放到废物存放处,存放量够一车时,交有资质的单位处置。

0.9 建筑地面施工所用材料的运输,散体材料装车时应低于车帮 5~10cm,湿润的砂运输时,可以高出车帮,但四周要拍紧,防止遗洒;石灰、土方及其他松散材料必须苫盖,不得遗洒污染道路、产生扬尘污染空气。

0.10 采用沥青胶结料(无特别注明时,均为石油沥青胶结料,以下同)作为结合层和填缝料铺设板块面层、实木地板面层时,其环境温度不应低于5℃。固体沥青需要熬制时,宜选用无烟煤做燃料,操作人员应站在上风方向。利用电热器加热时,临时电源应符合《施工现场临时用电安全技术规范》,并将火灾应急器材和人员烫伤应急器材准备齐全,防止发生火灾或人员烫伤,剩余沥青冷却后回收入库,将现场清理干净。

0.11 采用胶粘剂(无特别注明时,均为水性胶粘剂,以下同)粘贴塑料板面层、拼花木板面层时,其环境温度不应低于10℃,Ⅰ类民用建筑工程室内装修粘贴塑料地板时不应选用溶剂型胶粘剂,尽量减少有毒有害气体对大气的污染,低于10℃时应采取临时供暖措施。

0.12 采用掺有石灰的拌合料铺设垫层时,其环境温度不应低于5℃,严格控制石灰扬尘,施工人员在加掺石灰时应注意风向,袋装石灰倾倒时离地面不高于20cm,散装石灰应用翻斗车,卸车时适当喷水降尘,待用的石灰及时苫盖,剩余的石灰收回存放,做好苫盖防潮工作,5级以上的大风天气停止灰土作业。

雨期施工时,灰土作业区应准备足够的防雨应急物资,并在作业区四周挖好排水沟,排出的水要经沉淀后符合排放标准后才能排入蓄水池或下水管道。

0.13 混凝土散水和明沟应按施工规范规定设置伸缩缝,缝内填嵌柔性密封材料,柔性密封材料一般为化学型复合材料,具有一定的毒性,施工时应配戴相应的防护用具,剩余材料回收入库,残料回收集中,由有资质单位进行处置。

0.14 民用建筑工程内装修中所使用的木地板、龙骨及其他木质材料,严禁采用沥青类防腐、防潮处理剂,减少化学品材料对大气及土地的污染。

0.15 民用建筑工程室内装修中所采用的水性涂料、水性胶粘剂、水性处理剂必须有总挥发性有机化合物(TVOC)和游离甲醛含量检测报告;溶剂型涂料、溶剂型胶粘剂必须有总挥发性有机化合物(TVOC)、苯、游离甲苯二异氰酸酯(TDI)(聚氨酯类)含量检测报告,并应符合要求。材料采购时,尽量选用环保型材料,严禁选用国家明令淘汰和有害物质超标的产品。

0.16 施工现场的各类沉淀池要按时清掏,以免造成溢流污染环境,清掏废弃物集中堆放在现场的垃圾存放点,具体做法见《临建设施搭拆使用》中详细规定。

0.17 建筑地面工程施工时,其安全技术、劳动保护和防火措施等必须符合国家现行颁发的有关专门规定。

0.18 建筑地面构造层次定义涵义

0.18.1 基土——基土是底层地面的结构层,它是地面垫层下的地基土层,包括软弱土质的利用和处理,以及按设计要求进行的基土表面加强层。

0.18.2 楼板——楼板是楼层地面的结构层,它承受楼面(含各构造层)上的荷载,如现浇钢筋混凝土楼板或预制整块钢筋混凝土板和钢筋混凝土空心板。

0.18.3 垫层——垫层是承受并传递地面荷载于基土上的构造层,分为刚性和柔性两类垫层。

0.18.4 结合层——结合层是面层与下一层相连接的中间层,有时亦作为面层的弹性基层。主要指整体面层和板块面层铺设在垫层、找平层上时,用胶凝材料予以连接牢固,以保证建筑地面工程的整体质量,防止面层起壳、空鼓等施工质量造成的缺陷。

0.18.5 找平层——找平层是在垫层上、钢筋混凝土板(含空心板)上或填充层(轻质或松散材料)上起整平、找坡或加强作用的构造层。

0.18.6 填充层——填充层是当面层、垫层和基土(或结构层)尚不能满足使用要求或因构造上需要,而增设的构造层。主要在建筑地面上起隔声、保温、找坡或敷设管线等作用的构造层。

0.18.7 隔离层——隔离层是防止建筑地面面层上各种液体(主要指水、油、非腐蚀性和腐蚀性液体)侵蚀作用以及防止地下水和潮气渗透地面而增设的构造层。仅防止地下潮气透过地面时,可作为防潮层。

0.18.8 面层——面层是直接承受各种物理和化学作用的建筑地面的表面层。

以上述说仅从建筑地面工程的概念角度赋予其涵义的。涵义不一定是术语的定义,但已说明了构成各层所含的重要意义。

0.19 建筑地面子分部工程的划分
0.19.1 建筑地面整体面层;
0.19.2 建筑地面板块面层;
0.19.3 建筑地面木竹面层。

1 基 土

1.1 作业流程
基层清理→测量→填土、夯实→找平验收。

1.2 环境因素
1.2.1 基层清理:原有垃圾;土方垃圾处置。
1.2.2 填土:土方施工机械噪声排放;尾气排放;散体材料遗洒、扬尘排放;运输车辆车轮带泥污染道路。
1.2.3 压实:机械噪声排放;尾气排放。
1.2.4 突发火灾等造成的环境污染。

1.3 材料要求
1.3.1 原状土:按设计标高开挖后的原状土层,如为碎石类土、砂土或黏性土中的老黏土和一般黏性土等,均可作为基土层,如含有其他杂质时,应换填或清除杂质,清出的杂质按固废物处置。
1.3.2 软弱土质:对于淤泥、淤泥质土和杂填土、冲填土以及其他高压缩性土层均属软弱地基,根据不同情况可采取换土、机械夯实或加固等措施。应选择噪声低、性能好的设备施工,土方运输车辆应苫盖,换土或机械夯实要认真做好土方扬尘、道路遗洒、噪声排放的控制工作。
1.3.3 填土:填土的质量应符合现行国家标准《建筑地基基础工程施工质量验收规范》(GB 50202—2002)的有关规定,对淤泥、腐殖土、冻土、耕植土、膨胀土和有机物含量大于80%的土,均不得用作地面下的填土土料,严禁使用有毒有害垃圾、废料作为填土土料,应选用砂土、粉土、黏性土及其他有效填料作为填土。土料中的土块粒径不应大于50mm,并应清除土中的草皮杂物等,清除出的杂物堆放到现场的垃圾存放地点,集中处置。

1.4 人员要求
机械操作人员必须有操作证,车辆驾驶人员必须有相应的驾驶证,施工人员有控制扬尘和噪声基本的环境保护知识。

1.5 设备设施要求

1.5.1 设备要求：蛙式打夯机、手扶式振动压路机、机动翻斗车等应选用噪声低，符合使用要求的机械设备。

1.5.2 机械设备应定期维修、保养，避免因维修、保养或使用不当造成漏油等污染土地和环境。

1.6 过程控制要求

1.6.1 基土层必须是均匀密实的土层，当基土土层结构开挖时被扰动时，应压实至规定要求为止；如为软弱土层需进行更换或加固时，应做到分层夯实，换土或机械夯实要认真做好土方扬尘、道路遗洒、噪声排放的控制工作。

1.6.2 填土土质宜控制在最优含水量的状况下施工，施工前宜取土样应用击实试验确定填土土料含水量的控制范围。小于填土含水率规定的土方，回填前应洒水湿润，保证填土质量同时防止扬尘污染。

1.6.3 人工夯实时，夯锤重量必须在40kg以上，夯锤所产生的噪声主要来源于施工人员的施工号子，视情况进行控制。

机械压实时，宜先压外圈后压中间，行走路线不重复，也不得漏压，后压路线紧跟先压路线，并应多次压实。振动碾的噪声排放和尾气排放应符合规定。施工机械检修时应有接油盘，防止漏油污染土地。

1.6.4 经处理后的软弱土层，在夯实后尚应按具体情况采用碎石、卵石、砾石、碎砖、矿渣或砂等一类的材料铺成一层并夯入土层中，以进行基土表面加强、加固处理。其铺设厚度不宜小于60mm，夯入土层深度不小于40mm，铺设材料的粒径宜为40~60mm，铺设时应尽量的降低扬尘污染，必要时要洒水降尘。

1.6.5 Ⅰ类民用建筑工程地点土壤中氡浓度，高于周围非地质构造断裂区域5倍及以上时，应进行工程地点土壤中的镭-226、钍-232、钾-40的比活度测定，当内照射指数（I_{Ra}）大于1.0或外照射指数（I_y）大于1.3时，工程地点土壤不得作为工程回填土。

1.6.6 挖出的土方中氡浓度高于规定时，应与环境管理部门对该批量土方进行封闭型处置，处置土方的场地应做专项的处理，使环境污染减小到最小。

1.6.7 如基土下为非湿陷性土层时，回填砂土可浇水至饱和后加以夯实或振实，每层虚铺厚度不应大下20cm。应有专人负责浇水工作，防止无组织的浇水浪费水资源。

1.6.8 回填房心和管沟土时，如遇有上下水或其他管道处，应先用人工将管道周围填土夯实，当填至管顶以上50mm时，在不损坏管道的情况下，方可采用蛙式打夯机夯实，填夯时应注意保护管道，以防将管道夯裂发生有毒气体或其他事故。对厂房、仓库和冷库等地面工程，如属于季节性冰冻地区非采暖房屋或室内温度长期处于0℃以下，且在冻结范围内的冻胀性或强冻胀性土层上铺设地面时，应采取防止冻胀的措施，更换冻稳定性好的建筑材料，如砂、炉渣、碎石、矿渣及灰土等，这些散体材料均有扬尘、运输遗洒的环境因素，需进行苫盖运输，且装车时应低于车帮5~10cm。

1.6.9 对于上述情况的地面工程，如设计虽为采暖房屋，但应事先考虑在已完成地面工程而尚未验收交工前，又需越冬而无条件采暖时，也应做好防冻胀处理或采取有效措施,以免因可能发生冻胀造成不应有的质量事故而返工,既拖延工期,又耗费人力、财力资源,防冻措施需要的热源应计算并做好需用计划,充分了解当地的气温,尽量节约电能和热能。

1.6.10 不得在冻土上进行填土施工。

1.7 检测要求

1.7.1 每天应由现场环境管理员采用目测的方法监测一次扬尘:扬尘高度一级风控制在0.3~0.4m,二级风控制在0.5~0.6m,三级风控制在1m以下。四级以上风级要停止作业。

1.7.2 城市建筑施工期间,施工场地土石方机械施工时产生的噪声排放值:昼间不大于75dB,夜间不大于55dB施工时每两台班检测一次。

1.7.3 用水量不超过计划值。

1.7.4 现场车辆轮胎不得带泥上路。

2 灰土垫层

2.1 作业流程

灰土拌和→基土清理→弹线、设标志→分层铺灰→夯实→找平验收。

2.2 环境因素

2.2.1 灰土拌和:灰土施工机械噪声排放;尾气排放;石灰扬尘排放;装载、运输车辆带泥污染道路、遗洒扬尘。

2.2.2 灰土压实:压实机械噪声排放;尾气排放;振动排放。

2.2.3 水电能源消耗;灰土垃圾处置。

2.2.4 火灾等突发事故造成的环境因素。

2.3 材料要求

2.3.1 熟化石灰

熟化石灰一般采用一至三等生石灰,其中块灰的比重不应少于70%,在使用前3~4d应用清水予以熟化,充分消解后成粉末状,并加以过筛,其最大粒径不得大于5mm,并不得夹有未熟化的生石灰块,如采用石灰类工业废料时,有效氧化钙含量不宜低于40%,熟化石灰池应做防水处理,以防外渗污染土地。

熟化石灰可采用磨细生石灰,但在使用前应按体积比预先与黏土拌和洒水堆放8h后方可铺设。

2.3.2 熟化石灰也可采用粉煤灰、电石渣等材料代用,其粒径均不得大于5mm,拌合料的配合比按设计要求通过试验确定。

2.3.3 黏土应采用就地开挖的黏性土料,但不得含有机杂物,地表面耕植土不宜采用,土料使用前应过筛,其粒径不得大于15mm,冬期施工不得采用冻土或夹有冻土块的土料。

2.3.4 灰土拌合料的体积比为3:7或2:8(熟化石灰:黏土),亦有采用1:9。

2.4 人员要求

2.4.1 机械操作人员必须有操作证,车辆驾驶人员必须有相应的驾驶证。

2.4.2 拌和灰土以及填铺灰土的施工人员应经环境管理的培训,掌握相应的防止扬尘,预防石灰污染土地以及施工时的噪声控制环境保护管理知识。

2.5 设备设施要求

2.5.1 设备要求:蛙式打夯机、手扶式振动压路机、机动翻斗车应选用噪声低、能耗低的环保型设备,禁止使用不合格的施工设备。

2.5.2 设备要及时维修、保养。使其处于完好状态,避免由于设备原因加大能源的消耗和噪声加大污染环境。

2.6 过程控制要求

2.6.1 选择适当的灰土拌和场地,场地应作基本的硬化,防止石灰污染土地,灰土量大又有条件的宜采用机械拌制,拌和设备噪声应符合有关要求,拌和时应控制加水量,保持一定的湿度,加水量一般为灰土总重量的16%较适宜。施工人员在加掺石灰时应注意风向,袋装石灰倾倒时离地面不高于20cm,散装石灰应用翻斗车,卸车时适当喷水降尘,必要时要设置移动式临时防尘和防噪声围挡。

2.6.2 待用的石灰及时苫盖,剩余的石灰收回存放,做好苫盖防潮工作,4级以上的大风天气停止灰土作业,灰土拌和场地用完后应恢复其原样。

2.6.3 雨期施工时,灰土作业区应准备足够的防雨应急物资,并在作业区四周挖好排水沟,排出的水要经沉淀符合排放要求后才能排入蓄水池或下水管道。

2.6.4 灰土拌合料宜随拌随用,也可湿润后隔天使用,搅拌场地应清洁,灰土运输过程中不得遗洒或车轮带泥。

2.6.5 基层应清理干净,不得有积水现象,基层清出的固废存放到现场的垃圾存放点。

2.6.7 灰土拌合料用水应由专人管理,应采取喷洒形式,严禁随意放水,浪费水资源和造成质量事故,应分层铺平夯实,不得隔日夯实、也不得受雨淋。

2.6.8 灰土垫层分段施工时,不得在墙角、柱墩处留槎,上下两层灰土的接缝距离不应小于500mm。施工间歇后继续铺设前,在接缝处应清扫干净,并须湿润后方可铺摊灰土拌合料,清扫时应注意控制扬尘的发生,适当洒水降尘。

2.6.9 夯实后的灰土表面,洒水湿润养护后,经适当晾干,方可进行下道工序的施工。

2.7 监测要求

2.7.1 每天应由现场环境管理员采用目视的办法监测一次扬尘,扬尘高度一级风控制在0.3~0.4m,二级风控制在0.5~0.6m,三级风控制在1m以下,四级风要停止露天拌和作业。

2.7.2 拌和机械在施工场地施工时产生的噪声排放值:昼间不大于75dB,夜间不大于55dB,每两台班至少检测一次。

2.7.3 袋装熟化石灰装卸时轻拿轻放,防止或减少粉状扬尘的排放。

2.7.4 散装石灰装卸时应及时喷水降尘,落地后苫盖。

2.7.5 石灰熟化用水有专人管理,严禁灰水外溢造成土地的污染。

2.7.6 灰土作业期间,连续超过5个作业日以上的工程量,应有环境监测部门的监测报告。

3 砂垫层和砂石垫层

3.1 作业流程

级配砂石→基土清理→铺设级配砂石或砂子→夯实→找平验收。

3.2 环境因素

3.2.1 材料运输:尾气排放;散体材料扬尘排放、遗洒;装载、运输车辆车轮带泥污染道路、产生扬尘。

3.2.2 垫层压实:压实施工机械噪声、尾气、振动排放;水电能源消耗;砂石垃圾处置。

3.2.3 火灾等突发事故造成的环境因素。

3.3 材料要求

3.3.1 砂和天然砂石中均不得含有草根、垃圾等有机杂质,含泥量不应超过5%。冬期施工时,材料中不得含有冰冻块。

3.3.2 砂

砂宜采用颗粒级配良好、质地坚硬的中砂或中粗砂和砾砂,在缺少中粗砂和砾砂地区,也可采用细砂,但宜掺入一定数量碎石或卵石,其掺量不应大于50%或按设计要求。

3.3.3 砂石

砂石宜采用级配良好的天然砂石材料,石子最大粒径不得大于垫层厚度的2/3,也可采用砂与碎(卵)石、石屑或其他工业废料按设计要求的比例拌制。

3.4 人员要求

机械操作人员必须有操作证,车辆驾驶人员必须有相应的驾驶证。拌和砂石以及填铺砂石的施工人员应经环境管理的培训,掌握扬尘、噪声的环境保护管理知识。

3.5 设备设施要求

3.5.1 设备要求:蛙式打夯机、手扶式振动压路机、机动翻斗车等应选用噪声低、能耗低的环保型设备,禁止使用不合格的施工设备。

3.5.2 施工设备应定期保养,保持良好工作状态。使用柴油的设备,应能保证柴油充分燃烧,以避免不充分燃烧的尾气污染大气。设备维修时,应有接油盘,防止废油污染土地和地下水。

3.6 过程控制

3.6.1 垫层铺设前,应将基层清理干净并进行平整、根据基本情况作适当的碾压或夯实,清理出的垃圾应集中堆放,集中一定数量后交由环保部门处理。

3.6.2 人工级配的砂石材料,应按一定比例拌和均匀后使用。施工时不得扬洒造成粉尘的排放,拌和期间易产生扬尘污染,应采用洒水降尘措施。

3.6.3 垫层应分层摊铺,摊铺的厚度一般控制为压实厚度乘以1.15~1.25的系数,避免摊铺过厚造成不必要的浪费。

3.6.4 砂垫层铺平后,应适当洒水湿润,并应采用机具振实。采用平振法、插振法捣实的机具噪声排放应符合相关要求,选用环保型振捣器。

3.6.5 采用水撼法振实时,每层虚铺厚度宜为250mm。施工时注水高度略超过铺设表面层。此法适用于基土下为非湿陷性黄土或膨胀土层,注水时应由专人进行管理,避免浪费水资源。

3.6.6 采用碾压法捣实时,每层虚铺厚度宜为250~300mm,最佳含水量为8%~12%,施工时用6~10t压路机往复碾压,碾压遍数以达到要求的密实度为准,但不少于三遍。此方法适用于大面积砂或砂石垫层,但不宜用于地下水位高的砂垫层,同时不宜冬期施工。选用低噪声碾压机械且尾气排放应符合要求。

3.6.7 碾压设备噪声较大时,应采取加设临时移动或隔声墙或对设备进行改良等措施。

3.7 监测要求

3.7.1 砂石垫层施工时尽量减少扬尘,每天由现场环境管理员目测一次扬尘:扬尘高度一级风控制在0.3~0.4m,二级风控制在0.5~0.6m,三级风控制在1m以下。避开4级以上大风天气施工。

3.7.2 振捣机械在施工场地施工时产生的噪声排放值:昼间不大于75dB,夜间不大于55dB,每月应进行一次测量,日常应每天进行监听,异常情况应加密检测次数。

3.7.3 砂子或砂石混合材料要及时苫盖。

3.7.4 水撼法振实时注水用水要有专人管理

4 碎石垫层和碎砖垫层

4.1 作业流程

基土清理→铺设碎石、碎砖→夯实→找平验收。

4.2 环境因素

砖头破碎敲打噪声排放;施工机械尾气排放;施工设备噪声排放;材料运输遗洒;资源、能源的消耗;材料装卸、铺摊、夯实时扬尘的排放;火灾及其他紧急情况发生的环境因素。

4.3 材料要求

4.3.1 碎石:应选用质地坚硬、强度均匀、级配适当和未风化的石料,粒径宜为5~40mm。石料最大粒径不应大于垫层厚度的2/3,软硬不同的石料不宜掺用。

4.3.2 碎砖:一般采用粒径为20~60mm的碎砖,其中不得夹有已风化、酥松、瓦片及有机杂物。如利用工地断砖,须事先敲碎,过筛备用。

4.4 人员要求

机械操作人员必须有操作证,车辆驾驶人员必须有相应的驾驶证。填铺碎石碎砖的施工人员应经环境管理的培训,掌握相应的环境保护管理知识。

4.5 设备设施要求

4.5.1 设备要求:自卸汽车、推土机、压路机、蛙式打夯机、手扶式振动压路机、机动翻斗车等应选用噪声低、能耗低的环保型机械,禁止使用不合格的机械设备。

4.5.2 施工设备应定期维修、保养,使其保持良好工作状态;尾气排放、噪声排放不达标的设备应经过改良;设备维修时应用接油盘,防止废油污染土地和污染地下水。

4.6 过程控制要求

4.6.1 铺设前,应对基土层表面进行清理、平整,并根据基土情况作适当的碾压或夯实。清理出的垃圾杂物集中堆放,集足一定数量后再交环卫部门统一处理。

4.6.2 碎石垫层摊铺的虚厚度应按设计厚度乘以1.3~1.4系数。按分层摊平的碎石,大小颗粒要均匀分布,厚度一致。压实前应适当洒水使其表面保持湿润,防止扬尘污染大气;采用机械碾压噪声和尾气排放应符合要求。

4.6.3 碎砖垫层应将碎砖料摊铺均匀,厚度超过150mm时,应分层铺设,每层虚铺厚度:第一层最大宜为220mm,其上各层一般不超过200mm。表面适当洒水湿润后,采用机具夯(压)实,压实后的厚度均应为150mm,约为虚铺厚度的3/4,并应达到表面平整、密实。

在已铺好的碎砖垫层上,不得用锤击的方法进行碎砖加工或重新敲打。

4.6.4 工程量不大,也可采用人工夯实,当用蛙式打夯机,必须充分夯实,处处夯到,如发现表面有局部松散过干等现象,应浇水后再打实。打夯机不用时应当即关闭电源。

4.6.5 碾压、打夯设备噪声较大时应采取加设临时移动式隔声墙或改良设备等措施。

4.7 监测要求

4.7.1 施工车辆噪声在夜间排放55dB以内,昼间排放75dB以内,每月监测一次,日常应每天进行监听,异常情况应加密检测次数。

4.7.2 施工机械尾气的排放应符合相关要求。

5 三合土垫层

5.1 作业流程

灰土拌和→基土清理→弹线、设标志→分层铺灰→夯实→找平验收。

5.2 环境因素

5.2.1 灰土拌和石灰、炉灰扬尘排放;运输车辆遗洒、尾气排放。

5.2.2 灰土压实水电资源消耗;施工机械噪声、尾气排放。

5.2.3 火灾等紧急情况发生的环境因素。

5.3 材料要求

5.3.1 石灰:石灰应为熟化石灰。

5.3.2 砂:砂应为中、粗砂,砂也可采用细炉渣代替。但应按规定的颗粒粒径不大于5mm的要求过筛。

5.3.3 碎砖:使用前要浇水湿透。

5.4 人员要求

机械操作人员必须有操作证,车辆驾驶人员必须有相应的驾驶证,拌和灰土以及填铺灰土的施工人员应经环境管理的培训,掌握相应的扬尘控制、噪声控制以及污水排放环境保护管理要求。

5.5 设备设施要求

5.5.1 应根据施工组织设计或专项施工方案的要求,合理选择满足施工需要、噪声低、能耗低的铲土机、自卸汽车、推土机、蛙式打夯机、手扶式振动压路机、机动翻斗车等各种设备或器具,避免设备使用时噪声超标,漏油污染土地、地下水,加大水、电、油和资源消耗。

5.5.2 施工设备在每个作业班后应按规定进行日常的检测、保养和维修,保证设备经常处于完好状态,避免设备使用时意外漏油、加大噪声或油耗,加快设备磨损。当发现设备有异常时,应安排专人检查、排除或送维修单位立即抢修,防止设备带病作业加大能源消耗、产生漏油、噪声等污染源,并防止设备事故。

5.6 过程控制要求

5.6.1 选择适当的三合土拌和场地,场地应作基本的硬化,防止石灰污染土地,灰土量大又有条件的宜采用机械拌制,拌和设备噪声应符合有关要求。施工人员在加掺石灰时应注意风向,袋装石灰倾倒时离地面不高于20cm,散装石灰应用翻斗车,卸车时适当喷水降尘,必要时要设置移动式临时防尘和防噪声围挡。

5.6.2 三合土垫层采取先拌和后铺设的施工方法时,其拌合料的体积比一般为1:3:6(熟化石灰:砂:碎砖)或按设计要求配料。三合土拌和时采用边干拌边加水,均匀拌和后铺设;亦可先将石灰和砂调配成石灰砂浆,再加入碎砖充分拌和均匀后铺设,但石灰砂浆的稠度要适当,以防止浆水分离。这种做法可减少扬尘污染,也可保证拌和质量。

5.6.3 三合土垫层采取先铺设后灌浆的施工方法时,应先将碎砖料分层摊铺均匀,每层虚铺厚度不大于120mm,经铺平、洒水、拍实,即满灌体积比为1:2~1:4的石灰砂浆后再继续夯实。

5.6.4 夯实方法可采用人工夯实或机械夯实。但均应充分夯实至表面平整及表面不松动为止。夯实时,应注意噪声的排放控制,噪声敏感区施工噪声的排放不超过55dB,必要时加设临时隔声墙。

5.6.5 雨期施工时,灰土作业区应准备足够的防雨应急物资,并在作业区四周挖好排水沟,排出的水要经沉淀符合排放标准后才能排入蓄水池或下水管道。

5.7 监测要求

5.7.1 每天应由现场环境管理员目测一次扬尘:扬尘高度一级风控制在0.3~0.4m,二级风控制在0.5~0.6m,三级风控制在1m以下。四级风以上应停止产生扬尘的作业。

5.7.2 碾压及夯实机械在夜间排放55dB以内,昼间排放70dB以内,每月不少于一次检测,日常应每天进行监听,异常情况应加密检测次数。

5.7.3 用水量不超过计划值。

5.7.4 现场车辆轮胎不得带泥上路。

6 炉渣垫层

6.1 作业流程

基层清理→铺设炉渣→夯实→找平验收。

6.2 环境因素

炉渣、石灰、水泥扬尘排放污染大气;材料运输时车辆遗洒;水电资源消耗;施工机械噪声排放;火灾等紧急情况下发生的环境因素。

6.3 材料要求

6.3.1 炉渣:炉渣宜采用软质烟煤炉渣,其表面密度为800kg/m³,炉渣内不应含有未燃尽的煤屑或煤块,一般炉渣内含煤量不超过10%还是可以使用的;炉渣内的有机杂质亦应尽量清除,炉渣颗粒应粗细兼有,但其粒径不应大于40mm,且不得大于垫层厚度的1/2,粒径在5mm和5mm以下的不得超过总体积的40%,采用钢渣或高炉重矿渣时,应在露天堆放60d以上至不再分解后方可使用。

6.3.2 水泥:水泥采用强度等级不小于32.5级的普通硅酸盐水泥或矿渣硅酸盐水泥,也可用火山灰质硅酸盐水泥和粉煤灰硅酸盐水泥。

6.3.3 石灰:石灰应为熟化石灰。

6.3.4 炉渣垫层按其材料组成有三种做法:

6.3.4.1 用纯炉渣铺设为炉渣垫层;

6.3.4.2 用石灰与炉渣拌和铺设为石灰炉渣垫层;

6.3.4.3 用水泥、石灰与炉渣拌和铺设为水泥石灰炉渣垫层,以上统称为沪渣垫层,炉渣垫层的厚度不应小于80mm。

6.4 人员要求

机械操作人员必须有操作证,车辆驾驶人员必须有相应的驾驶证,拌和炉渣以及填铺炉渣的施工人员应经环境管理的培训,掌握相应的环境保护管理知识,尽量减少环境污染。

6.5 设备设施要求

6.5.1 设备要求:搅拌机、平板振动器选用低噪声、低能耗的环保型设备,禁止使用不合格的机械设备。

6.5.2 机械设备要定期维修和保养,使设备给终处于良好运行状态。

6.6 过程控制要求

6.6.1 与楼面和地面工程炉渣垫层内有关的电气管线、设备管线及埋件等均应事先安装完毕。

6.6.2 材料运输车辆应苫盖,装车时应低于车帮板5~10cm,避免运输当中的遗洒、扬尘。

6.6.3 车辆驶出施工现场要将轮胎上泥土冲洗干净,避免污染道路。

6.6.4 炉渣、石灰卸车后立即苫盖,避免扬尘污染大气。

6.6.5 材料拌和时,易产生扬尘污染,应采用洒水降尘措施,用水有专人管理,避免水资源的浪费。

6.6.6 不论是采用机械或人工搅拌,均先将按体积比计量的材料干拌后,再加水湿拌,石灰、水泥、炉渣均为易扬尘松散材料,4级以上大风天气原则上停止施工。

6.6.7 基层处理:垫层铺设前,基层表面应清扫干净,并洒水湿润。

6.6.8 垫层施工应做到随拌和、随铺设、随压实,全过程宜在2h内完成。

6.7 监测要求

6.7.1 每天应由现场环境管理员目测一次扬尘:扬尘高度一级风控制在0.3~0.4m,二级风控制在0.5~0.6m,三级风控制在1m以下。四级风以上应停止产生扬尘的作业。

6.7.2 炉渣垫层的施工机械噪声排放在昼间 70dB 以内、昼间排放 55dB 以内,每月不少于一次检测,日常应每天进行监听,异常情况应加密检测次数。

6.7.3 水电能源消耗不超过计划值。

6.7.4 炉渣垫层剩余材料应及时处置。

7 水泥混凝土垫层

7.1 作业流程
基层清理→找平夯实→混凝土铺设→振捣密实→初抹找平→养护。

7.2 环境因素
7.2.1 混凝土拌和振捣:水泥粉尘的排放;运输车辆的噪声、尾气排放;水泥包装袋丢弃;搅拌机械的噪声排放;振捣器噪声、振动排放。

7.2.2 垫层中预埋木砖:防腐油有毒气体排放;防腐油洒漏污染土地。

7.2.3 混凝土养护:养护材料现场散落。

7.2.4 废弃混凝土污染土地。

7.2.5 紧急情况下发生的火灾事故造成相关的环境污染。

7.3 材料要求
7.3.1 水泥:水泥采用普通硅酸盐水泥或矿渣硅酸盐水泥,其强度等级不应小于 32.5 级。

7.3.2 砂:砂采用中砂或粗砂,含泥量不大于 3%,其质量应符合国家现行行业标准《普通混凝土用砂质量标准及检验方法》(JGJ 52)的规定。

7.3.3 石子:石子宜选用 0.5～32mm 粒径的碎石或卵石,其最大粒径不应超过 50mm,并不得大于垫层厚度的 2/3,含泥量不大于 2%。其质量应符合国家现行行业标准《普通混凝土用碎石或卵石质量标准及检验方法》(JGJ 53)的规定。

7.3.4 水:水宜用饮用水。

7.4 人员要求
机械操作人员必须有机械相应的操作证,车辆驾驶人员必须有相应的驾驶证。拌和混凝土以及其他的施工人员应经环境管理的培训,掌握扬尘、噪声、污水排放等环境保护管理要求。

7.5 设备设施要求
7.5.1 设备要求:选用噪声较低、能耗低的混凝土搅拌机、翻斗车、平板振捣器等设备。

7.5.2 机械设备要及时保养和维修,维修时应使用接油盘,避免废油污染水体和土体。

7.5.3 设施要求:封闭式搅拌机棚、废水沉淀池。

7.6 过程控制要求
7.6.1 混凝土垫层铺设应按相关规定设置伸缩缝。

7.6.2 混凝土垫层施工用车辆驶出施工现场时要冲洗轮胎泥土,混凝土罐车冲洗要有专门的场所,不能在施工现场随意排放污水。

7.6.3 运输松散材料的车辆要苫盖,袋装水泥要入库存放。

7.6.4 现场搅拌混凝土时,搅拌机械应符合噪声排放要求。

7.6.5 混凝土垫层振捣器具噪声排放较大,视施工现场情况安排施工时间,尽量避开夜间和高考期。

7.6.6 浇筑混凝土垫层前,应按设计要求和施工需要预留孔洞,以备安装固定连接件所用的锚栓或木砖等。木砖埋设前需进行防腐处理,施工现场加工防腐木砖时,要防止防腐油洒漏污染土地,工地必须设有合适的木砖浸泡容器。

7.6.7 混凝土浇筑完毕后要重视养护工作,宜在12h内用草帘等加以覆盖并浇水,浇水次数应能使混凝土表面保持湿润状态,节约用水。常温条件下养护5~7d,冬期施工要覆盖保温防冻的材料,养护结束后覆盖材料回收整理入库再利用。

7.6.8 混凝土施工期间,施工现场应设置自备电源,防止突然停电和电力不足,造成混凝土等报废,浪费材料、污染环境。

7.6.9 剩余的混凝土不得随意处置防止污染土地。

7.7 监测要求

7.7.1 混凝土采用的粗骨料,除符合质量标准外,尚应满足施工现场环保要求,现场堆放的砂石材料应苫盖或洒水降尘,现场扬尘高度控制在1m以内,每班不少于目视检测一次,四级风以上应停止产生扬尘的作业。

7.7.2 噪声监测:每月不少于一次检测,噪声应控制在规定范围之内,日常应每天进行监听,异常情况应加密检测次数。

7.7.3 施工车辆驶出施工现场时,应冲洗轮胎上的泥土。

8 找平层

8.1 作业流程

基层清理→砂浆铺设→初抹找平→养护。

8.2 环境因素

8.2.1 砂浆拌和:水泥粉尘的排放;砂石材料扬尘;运输车辆的噪声、尾气排放;水泥包装袋丢弃;搅拌机械的噪声排放;施工用水的污水排放;沉淀池沉积物清掏遗洒。

8.2.2 砂浆铺设:基层处理剂有害气体的排放;混凝土养护材料现场散落。

8.2.3 资源能源的消耗及紧急情况下产生的环境因素。

8.3 材料要求

8.3.1 水泥:水泥采用硅酸盐水泥或普通硅酸盐水泥,其强度等级不应小于32.5级。

8.3.2 砂:砂采用中粗砂,含泥量不大于3%,其质量应符合国家现行行业标准《普通混凝土用砂质量标准及检验方法》(JGJ 52)的规定。

8.3.3 石子:石子的质量应符合国家现行行业标准《普通混凝土用碎石或卵石质量标准及检验方法》(JGJ 53)的规定,其最大粒径不应大于找平层厚度的2/3,含泥量不大于2%。

8.3.4 水:水宜用饮用水。

8.4 人员要求

机械操作人员必须有同机械相应的操作证,车辆驾驶人员必须有相应的驾驶证。拌和砂浆以及铺设砂浆的施工人员应经环境管理的培训,掌握相应的环境保护管理要求,抹平压光人员技术级别为4级以上。

8.5 设备设施要求

8.5.1 应根据施工组织设计或专项施工方案的要求,合理选择满足施工需要、噪声低、能耗低的混凝土搅拌机、砂浆搅拌机等各种设备或器具,避免设备使用时噪声超标,漏油污染土地、污染地下水,加大水、电、油和资源消耗。

8.5.2 施工设备在每个作业班后应按规定进行日常的检测、保养和维修,保证设备经常处于完好状态,避免设备使用时意外漏油、加大噪声或油耗,加快设备磨损,当发现设备有异常时,应安排专人检查、排除或送维修单位立即抢修,防止设备带病作业加大能源消耗、产生漏油、噪声等污染源,并防止设备事故。

8.5.3 设施要求:封闭式搅拌机棚、废水沉淀池。

8.6 过程控制要求

8.6.1 在铺设找平层前,应对基层(即下一基层表面)进行处理,需要剔凿修整或凿毛时,应控制噪声排放时间,大面积的清扫工作会引起粉尘排放,采取洒水或门窗关闭等措施。当找平层下有松散填充料时,应予以铺平振实。

8.6.2 水泥砂浆、混凝土拌合料的拌制、铺设、捣实、抹平、压光等均应按同类面层的要求进行环境因素的控制。

8.6.3 在预制钢筋混凝土板(或空心板)上铺设水泥类找平层前,必须认真做好两块板缝间的灌缝填嵌这道重要工序,以保证灌缝的施工质量,防止可能造成水泥类面层出现纵向裂缝的质量通病造成返工浪费资源。

8.6.4 在预制钢筋混凝土板(或空心板)上铺设找平层时,对楼层两间以上大开间房,在其支座搁置处(承重墙或钢筋混凝土)尚应采取构造措施,如设置分格条,亦可配置构造钢筋或按设计要求配制,以防止该处沿预制板(或空心板)搁置端方向可能出现的裂缝。

8.6.5 剔凿、灌缝填嵌清理出的施工垃圾应集中堆放,集足一定数量后交由环卫部门统一处置。

8.6.6 对有防水要求的楼面工程,如厕所、厨房、卫生间、浴洗室等,在铺设找平层前,对室内立管、套管和地漏等管道穿过楼板节点间的周围,采用水泥砂浆或细石混凝土对其管壁四周堵严并进行密封处理。施工时节点处应清洗干净予以湿润,吊模后振捣密实。沿管的周边尚应划出深8~10mm沟槽,采用防水类卷材、涂料或油膏裹住立管、套管和地漏的沟槽内,以防止楼面的水有可能顺管道接缝处出现渗漏现象。

8.6.7 在水泥砂浆或混凝土找平层上铺设(铺涂)防水类卷材或防水类涂料隔离层时,应涂刷基层处理剂,以增强防水材料与找平层之间的粘结,基层处理剂按选用的隔离层材料采用与防水卷材性能配套的材料,或采用同类防水涂料的底子油进行配制和施工。

8.7 监测要求

8.7.1 剔凿修整、凿毛时噪声排放时间不得安排在夜间或高考期;噪声排放不超过

55dB。

8.7.2 室外施工时应避开4级以上大风天气施工,现场扬尘高度控制在1m以内,每班不少于目视检测一次。

8.7.3 基层处理剂用工具、包装袋等应回收入库。

8.7.4 材料运输的车辆应苫盖,防止扬尘、遗洒。

8.7.5 噪声监测:施工机械噪声排放在昼间70dB以内、夜间排放55dB以内,每月不少于一次检测,噪声应控制在规定范围之内,日常应每天进行监听,异常情况应加密检测次数。

9 隔离层

9.1 作业流程
基层清理→修补找平→涂刷防水涂料或铺贴防水卷材→修补残缺→检测验收。

9.2 环境因素
沥青熬制烟雾排放;热辐射;沥青及改性沥青有毒气体的排放;基层处理剂有害气体的排放;施工用水的污水排放;固废物丢弃;沥青及防腐油洒漏污染土地,紧急情况下产生的火灾等环境影响。

9.3 材料要求

9.3.1 隔离层应采用防水类卷材、防水类涂料等铺设而成。防潮要求较低时、亦可采用沥青胶结料铺设成隔离层,但不得在Ⅰ类民用建筑工程中使用。

9.3.2 沥青:沥青应采用石油沥青,其质量应符合现行的国家标准《建筑石油沥青》(GB 494)或现行的行业标准《道路石油沥青》(SY 1661)的规定,软化点按"环球法"试验时宜为50～60℃,不得大于70℃。

9.3.3 防水类卷材:采用沥青防水卷材应符合现行的国家标准《石油沥青纸胎油毡、油纸》(GB 326)的规定;采用高聚物改性沥青防水卷材和合成高分子防水卷材应符合现行的产品标准的要求,其质量应按现行国家标准《屋面工程质量验收规范》(GB 50207—2002)中材料要求的规定执行。

9.3.4 防水类涂料:防水类涂料应符合现行的产品标准的规定,并应经国家法定的检测单位检测认可。采用沥青防水涂料、高聚物改性沥青防水涂料和合成高分子防水涂料,其质量应按现行国家标准《屋面工程质量验收规范》(GB 50207—2002)中材料要求的规定执行。

9.3.5 隔离层也适用于地下水和潮气渗透底层地面下铺设的构造层,有空气洁净要求的地段或对湿度有控制要求时,底层地面亦应铺设防潮隔离层,而仅为防止地下潮气透过底层地面时,可铺设防潮层。

9.3.6 隔离层所采用材料及其铺设层数(或厚度)应符合设计要求。

9.4 人员要求
机械操作人员必须有同机械相应的操作证,施工人员应经环境管理的培训,掌握相应的环境保护管理要求,并有相应的火灾应急消防知识。铺贴卷材和涂刷防水涂料人员应为专业性人员,并掌握化工材料的基本特性和有害气体的预防知识,技术级别为4级以上。

9.5 设备要求

9.5.1 应根据施工组织设计或专项施工方案的要求选用满足施工需要的设备和器具。

9.5.2 设施要求:有专门熬制沥青的场所,并配置防火器具和防烫伤应急物资。

9.6 过程控制要求

9.6.1 在铺设隔离层前,对基层表面应进行处理,其表面要求平整、洁净和干燥,并不得有空鼓、裂缝和起砂等现象,清理出来的垃圾应集中堆放,统一处理。

9.6.2 铺涂防水类材料,应先做好节点、阴阳角、管道周边等部位的附加层的处理,后再进行大面积的铺涂,以防止出现渗漏现象。

9.6.3 隔离层采用的沥青胶结料(沥青或沥青玛琋脂)时,其标号的选用及技术性能,应符合现行国家标准《屋面工程质量验收规范》(GB 50207—2002)的有关规定,并应符合设计要求。

9.6.4 沥青玛琋脂采用同类沥青与纤维、粉状或纤维和粉状混合的填充料配制,以增强沥青的抗老化性能,并改善其耐热度、柔韧性和粘结力。配制操作时,所用的纤维或粉状材料易造成粉尘的排放,宜在室内进行。

9.6.5 沥青熬制优先选用无烟煤作燃料,兑制沥青冷底子油的场所应远离火源。

9.6.6 施工现场内应工完场清,每日收工前必须将零散材料进行清理回收。

9.6.7 有防水要求的建筑地面的隔离层铺设完毕后,应做蓄水检验,蓄水深度宜为20~30mm,在24h内无渗漏为合格,要有专人对水资源进行管理,避免浪费水资源。

9.7 监测要求

9.7.1 隔离层材质必须符合设计要求和国家产品标准的规定,入库存放。

9.7.2 严禁使用有毒有害和被淘汰的防水隔离层材料,选用环保型材料。

9.7.3 扬尘监测:现场扬尘高度控制在1m以内,每班不少于目视检测一次。四级以上风时应停止产生扬尘的作业。

9.7.4 噪声监测:每月不少于一次检测,噪声应控制在规定范围之内,日常应每天进行监听,异常情况应加密检测次数。

9.7.5 防水隔离层施工下脚料回收后应由专门的有资质单位处置。

10 填充层

10.1 作业流程

基层修补→松散材料拌和→铺设填充材料→拍实→验收。

10.2 环境因素

10.2.1 拌和拍实:膨胀珍珠岩、膨胀蛭石、炉灰渣等松散轻质材料遗洒、扬尘;矿棉扬尘;泡沫混凝土、加气混凝土外加剂污染土地;水电资源的耗用。

10.2.2 运输车辆噪声、尾气排放。

10.2.3 紧急情况下(如火灾)产生的环境因素。

10.3 材料要求

10.3.1 填充层是在隔离层(或找平层)上增设的构造层,为满足建筑地面上有暗敷管线、排水找坡等使用要求而铺设的,并起保温、隔声等作用。

10.3.2 填充层应采用松散、板块、整体保温材料和隔声材料等铺设,其材料的密度和导热系数、强度等级或配合比等均应符合设计要求。

10.3.3 填充层材料自重不应大于 $9kN/m^3$,其厚度应按设计要求。

10.3.4 松散材料可采用膨胀蛭石、膨胀珍珠岩、炉渣等铺设,膨胀蛭石粒径一般为 3~15mm;膨胀珍珠岩粒径小于 0.15mm 的含量不大于 8%;炉渣应经筛选,其中不应含有有机杂物、石块、土块、重矿渣块和未燃尽的煤块。

10.3.5 板块材料可采用泡沫料板、膨胀珍珠岩板、膨胀蛭石板、加气混凝土板、泡沫混凝土板、矿棉板等铺设,其质量要求应符合国家现行的产品标准的规定。

10.3.6 整体材料可采用沥青膨胀蛭石、沥青膨胀珍珠岩、水泥膨胀蛭石、水泥膨胀珍珠岩和轻骨料混凝土等拌合料铺设,沥青性能应符合有关沥青标准的规定;水泥的强度等级不应低于 32.5 级;膨胀珍珠岩和膨胀蛭石的粒径应符合松散材料中的规定;轻骨料应符合现行国家标准《粉煤灰陶粒和陶砂》(GB 2838)、《黏土陶粒和陶砂》(GB 2839)、《页岩陶粒和陶砂》(GB 2840)和《天然轻骨料》(GB 2841)的规定。

10.4 人员要求

机械操作人员必须有同机械相应的操作证,车辆驾驶人员应由相应的驾驶证,施工人员应经环境管理的培训,掌握控制扬尘的环境保护管理要求,并有相应的操作技术,减少松散轻质材料的扬尘污染。

10.5 设备设施要求

10.5.1 设备要求:应按施工组织设计或专项施工方案的要求选用满足施工需要的设备和器具,并注意维修、保养和保管。

10.5.2 设施要求:有专门熬制沥青的场所,并配置防火器具和防烫伤应急物资。

10.6 过程控制要求

10.6.1 铺设填充层的基层应平整、洁净、干燥,清扫时应防止扬尘,应采取洒水或其他降尘措施。清理出的垃圾应集中堆放、统一处理。

10.6.2 铺设松散材料填充层应分层铺平拍实、每层虚铺厚度不宜大于 150mm。压实程度与厚度须经试验确定,水泥膨胀蛭石、水泥膨胀珍珠岩填充层的拌和宜采用人工拌制,并应拌和均匀,随拌随铺,拌和时应选择室内或有围挡的场所进行,防止轻质材料扬尘造成污染。

10.6.3 铺设板状材料填充层应分层上下板块错缝铺贴,每层应采用同一厚度的板块,板缝隙间应用同类材抖嵌填密实。

10.6.4 用沥青胶结料粘贴板状材料时,应边刷、边贴、边压实,务必使板状材料相互之间及与基层之间满涂沥青胶结料,以便互相粘牢,防止板块翘曲。

10.6.5 沥青膨胀蛭石、沥青膨胀珍殊岩填充层中,沥青加热温度不应高于 240℃,使用温度不宜低于 190℃;膨胀蛭石或膨胀珍珠岩的加热温度为 100~120℃。拌合料宜采用机械搅拌,投料时应控制膨胀蛭石、膨胀珍珠岩的飞扬,搅拌场所应设围挡。

10.6.6 保温和隔声材料一般均为轻质、疏松、多孔纤维的材料,而且强度较低,因此在储运和保管中应防止吸水、受潮、受雨、受冻,应分类堆放,不得混杂,要较搬轻放,以保证外形完整,以防止材料损坏,浪费资源。

10.7 监测要求

10.7.1 填充层的材料质量必须符合设计要求和国家环保产品标准的规定。

10.7.2 噪声监测:每月不少于一次检测,噪声应控制在规定范围之内,白天不高于75dB,夜间不高于55dB。日常应每天进行监听,异常情况应加密检测次数。

10.7.3 沥青熬制不得选用烟煤或其他烟气较多的燃料。

10.7.4 松散材料车辆运输要苫盖,现场扬尘高度控制在1m以内,每班不少于目视检测一次。四级风以上应停止产生扬尘的作业。

10.7.5 拌和场地清洁,污水应回收沉淀二次利用。

11 楼面防水层铺设

11.1 作业流程

基层修补→冷底子油喷刷→卷材铺贴或涂刷防水涂料→缺陷修补→闭水试验→验收。

11.2 环境因素

聚氨酯涂膜、氯丁胶乳沥青涂料、中碱涂复玻璃纤维布、SBS弹性沥青涂料、UEA膨胀剂、仓储和使用时发生火灾;苯挥发;包装物丢弃;有害物挥发;喷灯废气排放;边角料遗弃;涂料遗洒;基层清扫扬尘;施工噪声排放;施工烟气排放;车辆尾气排放;车辆运输噪声排放,紧急情况下(如火灾)产生的环境因素。

11.3 材料要求

11.3.1 聚氨酯涂膜材料是双组分化学反应固化型的高弹性防水涂料,多以甲、乙双组分形式使用。

聚氨酯的甲、乙组分按1:1.5的比例配合搅拌,经反应固化形成防水膜,摊铺成厚度为1.5~2.0mm的防水涂膜层。

11.3.2 无机铝盐防水剂:为淡黄色透明油状液体,相对密度为1.31~1.35,是找平层水泥砂浆的添加剂,以降低找平层透水性,使基层含水率较快的达到施工要求。

11.3.3 氯丁胶乳沥青涂料

氯丁胶乳沥青防水涂料是由氯丁橡胶乳液与乳化沥青混合而成,该产品具有橡胶和石油沥青材料双重的优点,该涂料与溶剂型同类涂料相比,基本无毒、不易燃、不污染环境,亦适合冷施工,成膜性好,涂膜的抗裂性较强。

11.3.4 中碱涂复玻璃纤维布:玻璃纤维布幅宽90cm,14目。如果采用50~60g/m²的聚酯纤维无纺布代替玻璃纤维布作增强材,效果更佳。

11.3.5 硅橡胶防水涂料

硅橡胶防水涂料是以硅橡胶乳液及其他乳液的复合物为主要基料,掺入无机填料及各种助剂配制而成的乳液型防水涂料。具有良好的防水性、成膜性、弹性、粘结性和耐高低温性。

硅橡胶防水涂料分为1号及2号,均为单组分,1号用于底层和表层,2号用于中间层作加强层。

11.3.6 SBS改性沥青涂料

SBS改性沥青防水涂料是以石油沥青、橡胶为主料,并以SBS橡胶乳液为改性材料,再加以表面活性剂、分散剂等助剂经加工配制而成。

11.3.7 UEA刚性防水材料

UEA刚性砂浆配制:水泥采用普通硅酸盐水泥或矿渣硅酸盐水泥,其强度等级应为32.5级或42.5级。

11.3.8 UEA膨胀剂:UEA膨胀剂应符合国家现行行业标准《混凝土膨胀剂》(JG 476—92)的规定。

11.3.9 砂:砂采用中砂,含泥量小于1%,其质量应符合国家现行行业标准《普通混凝土用砂质量标准及检验方法》(JGJ 52)的规定。

11.3.10 水:一般用饮用水。

11.4 人员要求

11.4.1 机械操作人员必须有与所操作机械相应的操作证,车辆驾驶必须有相应的驾驶证。

11.4.2 施工人员应经环境管理的培训,掌握相应的环境保护管理知识,沥青熬制或冷底子油勾兑人员应具有相应的消防知识。

11.4.3 铺贴卷材和涂刷防水涂料人员应为专业性人员,技术级别为4级以上。

11.4.4 仓库保管人员应经环境管理仓库管理培训,掌握相应的环境保护管理和消防管理知识。

11.5 设备设施要求

11.5.1 设备要求:应按施工组织设计或专项施工方案的要求选用满足施工需要、噪声低和能耗低的设备和器具。

11.5.2 设施要求:有专门熬制沥青的场所,并配置防火器具和防烫伤应急物资。

11.6 过程控制要求

11.6.1 防水层应设置在面层及其基层的下面,这样就避免了渗漏现象,改善了卫生条件,保持正常的使用功能。

防水层不应设置在结构层上,否则发生渗漏易使面层及其基层下面积聚污水,使厕浴间、厨房等产生异味甚至臭味,不仅环境卫生差,而且影响了正常的使用功能。

11.6.2 尽量选用环保型或环境污染小的防水材料,严禁采用国家明令淘汰的防水材料及附加材料。

11.6.3 基层处理清扫、剔凿应控制扬尘和噪声的排放,噪声敏感区不得在夜间施工。清理出的建筑垃圾应集中堆放、统一处理。

11.6.4 聚氨酯涂膜甲乙组分搅拌时,应有适当的容器,防止漏洒污染土地。

11.6.5 搅拌场地应清洁,UEA膨胀剂使用应适当存放和保管。

11.6.6 应有组织的排放施工用水,搅拌场地废水应回收利用。

11.6.7 管根部位防水层下面四周用10mm×15mm建筑密封膏封严,剩余材料回收。

11.6.8 面层采用 20mm 厚 1:2.5 水泥砂浆抹面压光,也可以根据设计人员的要求采用其他面层材料。

11.6.9 管根四周 50mm 处,最少高出地面 5mm,避免漏水返工,造成资源浪费。

11.6.10 聚氨酯涂膜防水涂料将聚氨酯甲、乙组分和二甲苯按 1:1.5:0.3 的比例配合,用电动搅拌器强力搅拌均匀备用,防水涂料应随用随配,配制好的混合料最好在 2h 内用完,用小滚刷或油漆刷蘸满配制好的聚氨酯涂膜防水混合材料,均匀涂布在基层表面上。

拌和场所应有足够的容器盛放涂料,配料中二甲苯气体挥发有毒有害,操作人员应佩戴相应的防护用具。

11.6.11 氯丁胶乳沥青涂料防水施工

在自然光线较差及通风不良的房间施工时,应有足够的照明和通风设施。

氯丁胶乳沥青涂料,应在 0℃ 以上的条件下储存,并在 5℃ 以上的环境温度中进行防水层施工,以免受冻影响质量。引起返工造成材料浪费。

11.6.12 硅橡胶防水涂料施工时环境温度宜在 5℃ 以上;由于渗透性防水材料具有憎水性,因此抹水泥砂浆保护层时,其稠度应小于一般水泥砂浆,并注意压实、抹光,以保证水泥砂浆与防水材料粘结良好。

11.6.13 SBS 改性沥青涂料防水施工的房间,应有足够的自然光线和良好的通风条件,防止施工人员中毒。

防水涂料每次用后应注意密封,并存放在阴凉处,禁止日晒和在负温条件下储存。

防水层完工后要进行蓄水试验,蓄水高度不超过 200mm,蓄水时间为 24～48h,蓄水与排水要有专人负责,尽量回收废水二次利用,以节约水资源。

11.6.14 采用 UEA 刚性砂浆作防水层可以获得好的技术经济效果,UEA 砂浆的微膨胀可以使垫层和防水层不裂不渗,对面积较小的厨厕间更具其独特的优异性。而采用 UEA 砂浆填充在管件与楼板等节点空隙,将缝隙封堵严密,与防水层紧密连接形成整体防水结构。

采用人工或机械拌制砂浆,均应先将水泥、UEA 膨胀剂和砂干拌均匀,使之色泽一致后,再加水搅拌,UEA 膨胀剂与水泥均属粉状材料容易扬尘,应妥善保管,包装物及时回收。

11.7 监测要求

11.7.1 所用材料的品种、性能以及配合比必须符合设计要求及有关规定,应选购环保型材料。

11.7.2 防水层的施工工艺应符合规定要求,柔性防水材料包装物、加强层边角料及时回收。

11.7.3 施工用水电消耗不超过计划量。

11.7.4 搅拌场地清洁,每日进行清理。

12 混凝土面层

12.1 作业流程

基层清理→基层表面湿润→铺设混凝土→振实→抹平压光→养护→成品保护。

12.2 环境因素

12.2.1 材料运输：搬用水泥、砂石扬尘排放；材料车辆运输扬尘排放、噪声排放。

12.2.2 搅拌混凝土：混凝土搅拌上料扬尘排放；水电能源消耗；施工机械清洗污水排放。

12.2.3 混凝土振捣噪声、振动排放；混凝土运输遗洒。

12.2.4 紧急情况下产生的其他环境因素。

12.3 材料要求

12.3.1 水泥：水泥采用硅酸盐水泥、普通硅酸盐水泥、矿渣硅酸盐水泥等，其强度等级不应小于32.5级。

12.3.2 粗骨料(石料)：石料采用碎石或卵石，级配应适当，其最大粒径不应大于面层厚度的2/3；当采用细石混凝土面层时，石子粒径不应大于15mm，含泥量不应大于2%。

12.3.3 细骨料(砂子)：砂应采用粗砂或中粗砂，含泥量不应大于3%。

12.3.4 水：一般采用饮用水。

12.4 人员要求

机械操作人员必须有所操作机械相应的操作证，车辆驾驶人员应有相应的驾驶证。施工人员应经环境管理的培训，掌握相应的扬尘、噪声控制和减小振动污染的技能，并有相应的操作技术，混凝土振实抹平技术等级4级以上。

12.5 设备设施要求

12.5.1 设备要求：应按施工组织设计或专项施工方案的要求选用满足施工需要的、噪声和能耗低的设备。

12.5.2 设施要求：封闭式搅拌机棚、废水沉淀池。

12.6 过程控制要求

12.6.1 水泥、砂、石运输时苫盖，防止遗洒和扬尘。

12.6.2 施工车辆尾气排放要符合有关要求，驶出施工现场前冲洗轮胎上的泥土，防止污染道路和大气。

12.6.3 混凝土的搅拌、运输、浇筑、振捣、施工噪声和扬尘均控制在允许范围内。

12.6.4 施工过程中产生的施工垃圾及时清理，集中堆放，集足一定数量后交由环卫部门进行统一处理。

12.6.5 混凝土拌制应采用机械搅拌，按混凝土配合比投料，顺序是：先石料、再水泥、后砂子，各种材料计量要正确，严格控制加水量和混凝土坍落度，搅拌必须均匀，时间一般不得少于1min，散体材料控制到最低限度扬尘排放。

12.6.6 搅拌场所和施工场地要清洁无积水，推行清洁生产。

12.6.7 混凝土面层浇筑完成后，应在24h内加以覆盖并浇水养护，养护后的覆盖材料随时清理，存放在指定地点，尽量再利用，不能利用的要集中堆放，由环卫部门统一处理。

12.6.8 混凝土面层覆盖浇水养护期间，应有专人负责该项工作，节约用水。

12.7 监测要求

12.7.1 扬尘监测：散体材料搬运时要尽量减少扬尘的排放，扬尘高度一级风控制在

0.3~0.4m,二级风控制在0.5~0.6m,三级风控制在1m以下。四级以上风要停止产生扬尘的作业。

12.7.2 噪声监测:施工噪声排放昼间不大于75dB,夜间不大于55dB;每月不少于一次检测,噪声应控制在规定范围之内,日常应每天进行监听,异常情况应加密检测次数。

12.7.3 用水量消耗不超过计划值。

12.7.4 现场车辆轮胎不得带泥上路。

13 水泥砂浆面层

13.1 作业流程

刷水泥素浆→找标高→弹线→贴灰饼或冲筋→铺设砂浆→搓平→压光→养护→检查验收。

13.2 环境因素

13.2.1 砂浆拌和:水泥粉尘的排放;砂子、石屑材料遗洒、扬尘;运输车辆的噪声、尾气排放;水泥包装袋丢弃;搅拌机械的噪声排放;施工用水的污水排放;沉淀池沉积物清掏遗洒、水电能源消耗。

13.2.2 砂浆铺设:混凝土养护材料现场散落。

13.3 材料要求

13.3.1 水泥:水泥宜采用硅酸盐水泥、普通硅酸盐水泥,其强度等级不应低于32.5级,严禁混用不同品种、不同强度等级的水泥和过期水泥。

13.3.2 砂:砂应采用中砂或粗砂,含泥量不应大于3%。

13.3.3 石屑:石屑粒径宜为3~5mm,其含粉量(含泥量)不应大于3%。

13.4 人员要求

13.4.1 机械操作人员必须有与所操作机械相应的操作证,车辆驾驶必须有相应的驾驶证。

13.4.2 掌握相应的扬尘控制、噪声控制和减小振动污染的技能,并有相应的操作技术,抹平压光技术等级4级以上。

13.4.3 施工人员应经环境管理的培训,搅拌砂浆及铺设砂浆的人员掌握相应的环境保护管理知识。

13.4.4 仓库保管人员应经环境管理培训,掌握相应的环境保护管理和仓库管理要求。

13.5 设备设施要求

13.5.1 设备要求:按施工组织设计或专项施工方案的要求选用满足施工要求、噪声和能耗低的搅拌机等设备。

13.5.2 设施要求:封闭式搅拌机棚、废水沉淀池。

13.6 过程控制要求

13.6.1 水泥、砂、石屑运输时苫盖,防止遗洒和扬尘。

13.6.2 施工车辆尾气排放要符合有关要求,驶出施工现场前冲洗轮胎上的泥土,避免污染大气和道路。

13.6.3 水泥砂浆的搅拌、运输、施工噪声和扬尘均控制在允许范围内。

13.6.4 施工过程中产生的施工垃圾应及时清理,集中堆放,统一处理。

13.6.5 砂浆拌制应采用机械搅拌,各种材料计量要正确,严格控制水灰比,若发生质量事故造成返工将会浪费资源,散体材料控制到最低限度扬尘排放。

13.6.6 搅拌场所和施工场地要清洁无积水,推行清洁生产。

13.6.7 砂浆面层覆盖洒水养护期间,应有专人负责该项工作,节约用水,覆盖物用后尽量回收利用,不能利用的要集中存放,统一处理。

13.6.8 当采用地面抹光机压光时,掌握压光时间,当施工噪声较大时,可关闭门窗。

13.6.9 不宜在冬期室外大面积施工砂浆面层,雨期施工应配备足够的塑料布等防雨物资。

13.6.10 冬期养护时,如采用生煤火保温则应注意室内不能完全封闭,宜有通风措施,应做到空气流通,能使局部一氧化碳气体可以逸出,以免影响水泥水化作用的正常进行和面层的结硬、造成水泥砂浆面层松散、不结硬而引起起砂和起灰的质量通病,导致返工浪费材料、污染环境。

13.7 监测要求

13.7.1 扬尘监测:现场扬尘高度控制在 1m 以内,每班不少于目视检测一次。四级风以上应停止产生扬尘的施工作业。

13.7.2 噪声监测:施工噪声排放昼间不大于 75dB,夜间不大于 55dB,每月不少于一次检测,噪声应控制在规定范围之内,日常应每天进行监听,异常情况应加密检测次数。

13.7.3 用水量消耗不超过计划值。

13.7.4 现场车辆轮胎不得带泥上路。

14 水磨石面层

14.1 作业流程

基层处理→找标高→弹线→贴灰饼或冲筋→刷水泥素浆结合层→铺设砂浆找平层→养护→分格条镶嵌→养护→铺设石子浆面层→磨光→刷草酸出光→打蜡抛光→检查验收。

14.2 环境因素

水磨石施工用水、用电资源消耗;磨石机噪声排放;水磨石地面磨平污水排放;上光蜡有害气体排放;上光蜡包装物丢弃;紧急情况下产生的其他环境因素。

14.3 材料要求

14.3.1 水泥:本色或深色水磨石面层宜采用强度等级不低于 32.5 级的硅酸盐水泥、普通硅酸盐水泥或矿渣硅酸盐水泥,不得使用粉煤灰硅酸盐水泥;白色或浅色水磨石面层应采用白水泥,水泥必须有出厂证明或试验资料,同一颜色的水磨石面层应使用同一批水泥。

14.3.2 石粒:石粒应用坚硬可磨的岩石(如白云石、大理石等)加工而成,石粒应有棱角、洁净、无杂物,其粒径除特殊要求外,宜为 4~14mm,根据设计要求确定配合比,列出石粒的种类、规格和数量,石粒应分批按不同品种、规格、色彩堆放在干净(如席子等)地面上保管,使用前冲洗干净,晾干待用。

14.3.3 颜料:颜料应先采用耐光、耐碱的矿物颜料,不得使用酸性颜料。掺入量宜为水泥重量的3%~6%,或由试验确定,超量将会降低面层的强度,同一彩色面层应使用同厂同批的颜料。

14.3.4 分格条:分格条应采用铜条或玻璃条,亦可选用彩色塑料条,铜条必须平直。

14.4 设备设施要求

14.4.1 应按施工组织设计或专项施工方案的要求选择低噪声、低能耗的环保型机械磨石机或手提磨石机等机械设备。

14.4.2 设备要定期保养和维修,使设备始终处于良好运行状态。设备维修时,应使用接油盘,防止废油污染土地和污染地下水。

14.5 过程控制要求

14.5.1 水磨石面层的施工磨平阶段,用板条包橡皮或用砂浆围成不低于5cm的排水沟,使污水有序排放,禁止自由散流,污染地面,污染环境。引出的污水经两级沉淀后才准排放。

14.5.2 水磨石面层的配台比和各种彩色,应先经试配做出样板,经认可后即作为施工及验收的依据,并按此进行备料,拌和场所收工前应认真的清理场地。

14.5.3 基层处理,按统一标高线为准确定面层标高,需剔凿时,不得在夜间进行,要控制噪声的排放时间。

14.5.4 在同一面层上采用几种颜色图案时,应先做深色,后做浅色;先做大面,后做镶边;待前一种水泥石粒拌合料凝结后,再铺后一种水泥石粒拌合料;也不能几种颜色同时铺设,以防窜色,剩余拌合料及时清理处置。

14.5.5 水磨石面层应使用磨石机分次磨光,先试磨,后随磨随洒水,并及时清理磨石浆。

14.5.6 水磨石面层上蜡工作,应在不影响面层质量的其他工序全部完成后进行。自行熬制地板蜡时,其煤油、川蜡均为易燃品,选择适当的场所并应清洁生产,不得污染土地。

14.5.7 水磨石面层完工后,应做好成品保护,防止碰撞面层。打蜡用棉纱、擦布及时回收集中存放,统一处理。

14.6 监测要求

14.6.1 水磨石面层磨平、磨光污水排放经沉淀后在排入下水。

14.6.2 噪声监测:水磨石机运转时的噪声排放昼间不大于75dB,夜间不大于55dB,每月不少于一次检测,噪声应控制在规定范围之内,日常应每天进行监听,异常情况应加密检测次数。

14.6.3 用水量消耗不超过计划值。

14.6.4 现场车辆轮胎不得带泥上路;现场扬尘高度控制在1m以内,每班不少于目视检测一次。四级以上大风要停止产生扬尘的作业。

15 水泥钢(铁)屑面层

15.1 作业流程

基层处理→找标高→弹线→洒水湿润→贴灰饼或冲筋→搅拌水泥钢(铁)屑面层浆→刷水泥素浆结合层→铺水泥钢(铁)屑面层浆→木抹子搓平→铁抹子压光第一遍→第二遍、第三遍→养护→检查验收。

15.2 环境因素

15.2.1 砂浆拌和:水泥粉尘的排放;砂石材料扬尘;运输车辆的噪声、尾气排放;水泥包装袋丢弃;搅拌机械的噪声排放;施工用水的污水排放;沉淀池沉积物清掏遗洒。

15.2.2 砂浆铺设:基层处理剔凿清理噪声排放;混凝土养护材料现场散落。

15.2.3 资源、能源的消耗和紧急情况下产生的其他环境因素。

15.3 材料要求

15.3.1 水泥:水泥应采用硅酸盐水泥或普通硅酸盐水泥,其强度等级不应小于32.5级。

15.3.2 钢(铁)屑:钢屑应为磨碎的宽度在6mm以下的卷状钢刨屑或铸铁刨屑与磨碎的钢刨屑混合使用,其粒径应为1～5mm,过大的颗粒和卷状螺旋应予破碎,小于1mm颗粒应予筛去,钢(铁)屑中不得含油和不应有其他杂物,使用前必须清除钢(铁)屑上的油脂,并用稀酸溶液除锈,再以清水冲洗后烘干待用。

15.3.3 砂:砂采用普通砂或石英砂,普通砂应符合现行的行业标准《普通混凝土用砂质量标准及检验方法》(JGJ 52)的规定。

15.3.4 水泥钢(铁)屑面层的拌合料强度等级不应小于M40。

15.3.5 当设计有要求时,亦可采用水泥、钢(铁)屑、砂和水的拌合料做成耐磨钢(铁)砂浆面层,亦属于普通型耐磨面层。

15.4 人员要求

15.4.1 机械操作人员必须有与所操作机械相应的操作证,车辆驾驶必须有相应的驾驶证。

15.4.2 施工人员应经环境管理的培训,搅拌砂浆及铺设砂浆的人员掌握相应的扬尘控制、噪声控制和减小振动污染的技能,并有相应的操作技术,抹平压光的操作人员为4级以上。

15.4.3 仓库保管人员应经环境管理培训,掌握相应的环境保护管理和仓库管理要求。

15.5 设备设施要求

15.5.1 设备要求:应按施工组织设计或专项施工方案的要求选用满足施工要求的低噪声、低能耗的搅拌机等设备。

15.5.2 设施要求:封闭式搅拌机棚、废水沉淀池。

15.6 过程控制要求

15.6.1 水泥、砂、钢(铁)屑运输时苫盖,防止遗洒和扬尘。

15.6.2 施工车辆尾气排放要符合有关要求,驶出施工现场前冲洗轮胎上的泥土,防止污染大气和道路。

15.6.3 水泥钢(铁)屑砂浆的搅拌、运输、施工噪声和扬尘均控制在允许范围内。

15.6.4 施工过程中产生的施工垃圾要及时清理,集中堆放,集足一定数量后交由环卫部门统一处理。

15.6.5 水泥钢(铁)屑面层砂浆拌制应采用机械搅拌,各种材料计量要正确,严格控制水灰比,搅拌必须均匀,时间一般不得少于1min。

15.6.6 搅拌场所和施工场地要清洁无积水,推行清洁生产。

15.6.7 当在水泥钢(铁)屑面层进行表面处理时,可采用环氧树脂胶泥喷涂或涂刷。环氧树脂稀胶泥采用环氧树脂及固化剂和稀释剂配制而成,其配方是环氧树脂100:乙二胺80:丙酮30。

15.6.8 待砂浆面层铺设完成后,应在24h内加以覆盖并洒水养护,在常温下连续养护不少于7d,使其在湿润的条件下硬化。

15.6.9 砂浆面层覆盖洒水养护期间,应有专人负责该项工作,以节约水资源,覆盖物用后即时回收尽量循环利用,不能利用的要集中存放、统一由环卫部门处理。

15.6.10 当采用地面抹光机压光时,掌握压光时间,当施工噪声较大时,可关闭门窗,施工人员应戴耳塞。

15.6.11 冬期养护时,如采用生煤火保温,则应注意室内不能完全封闭,宜有通风措施,应做到空气流通,能使局部一氧化碳气体可以逸出,以免影响水泥水化作用的正常进行和面层的结硬,造成水泥砂浆面层松散、不结硬而引起返工,浪费资源、污染环境。

15.6.12 当水泥钢(铁)屑面层大面积室外施工时,夏季可能会遇到暴雨袭击,应有相应的应急物资准备在施工现场。

15.7 监测要求

15.7.1 扬尘监测:现场扬尘高度控制在1m以内,每班不少于目视检测一次;四级风以上时,应停止产生扬尘的作业。

15.7.2 噪声监测:施工噪声排放昼间不大于75dB,夜间不大于55dB;每月不少于一次检测,日常应每天进行监听,异常情况应加密检测次数。

15.7.3 用水量消耗不超过计划值。

15.7.4 现场车辆轮胎不得带泥上路。

16 防油渗面层

16.1 作业流程

16.1.1 基层处理→刷水泥素浆→找标高→防油渗混凝土搅拌→铺设防油渗混凝土→搓平→压光→养护→检查验收。

16.1.2 基层处理→刷水泥素浆→防油渗涂料涂刷→检查验收。

16.2 环境因素

16.2.1 拌和:搬用水泥、砂、石材料扬尘排放;搅拌混凝土、砂、石上料扬尘排放;水电能源消耗;施工机械清洗污水排放。

16.2.2 材料车辆运输扬尘排放、噪声排放、遗洒。

16.2.3 剔凿清理噪声排放。

16.2.4 化工材料应用:氯乙烯－偏氯乙烯混合乳液洒漏污染土地;磷酸三钠水溶液洒漏污染土地;防油渗涂料洒漏污染土地;混凝土外加剂洒漏污染土地;二甲苯和环己酮的混合溶剂有害气体挥发污染大气。

16.2.5 火灾等紧急情况下产生的其他环境因素。

16.3 材料要求

16.3.1 防油渗混凝土

16.3.1.1 水泥:水泥应选用泌水性小的水泥品种,宜采用安定性好的硅酸盐水泥或普通硅酸盐水泥,其强度等级为32.5级或42.5级,严禁使用过期水泥,对受潮、结块的水泥亦不得使用,水泥质量应符合GB 175—1999和GB 1344—1999的规定。

16.3.1.2 石料:碎石应选用花岗石或石英石等岩质,严禁采用松散多孔和吸水率较大的石灰石、砂石等,其粒径宜为5~15mm或5~20mm,最大粒径不应大于25mm,含泥量不应大于1%,空隙率小于42%为宜。其技术要求应符合国家现行行业标准《普通混凝土用碎石和卵石质量标准及检验方法》(JGJ 53)的规定。

16.3.1.3 砂:砂应为中砂,其细度模数应控制在$M_x = 2.3 \sim 2.6$之间,并通过0.5cm筛子筛除泥块杂质,含泥量不应大于1%,洁净无杂物。其技术要求应符合国家现行行业标准《普通混凝土用砂质量标准及检验方法》(JGJ 52)的规定。

16.3.1.4 水:一般应为饮用水。

16.3.2 外加剂:外加剂一般可选用减水剂、加气剂、塑化剂、密实剂或防油渗剂。外加剂进场后要经过复验,合格后方能使用。

16.3.3 防油渗混凝土是在普通混凝土中掺入外加剂或防油渗剂,以提高抗油渗透性能。防油渗混凝土的强度等级不应低于C30,其厚度宜为60~70mm。面层内配置$\phi 4@150 \sim 200mm$。双向钢筋网,并置于上部,保护层厚度为20mm,应在分区段处断开,钢筋头集中回收可作为再生资源。

16.3.4 防油渗混凝土的抗渗性能应符合设计要求,参照现行国家标准《普通混凝土长期性能和耐久性能试验方法》(GBJ 82)的规定进行检测,用10号机油为介质,以试块不出现渗油现象的最大不透油压力为1.5MPa。

16.4 人员要求

16.4.1 机械操作人员必须有与所操作机械相应的操作证,车辆驾驶必须有相应的驾驶证。

16.4.2 施工人员应经环境管理的培训,掌握相应的环境保护管理知识。

16.4.3 防油渗混凝土操作人员均在4级以上。

16.4.4 仓库保管人员应经环境管理培训,掌握相应的环境保护管理和消防管理知识。

16.5 设备设施要求

16.5.1 设备要求:应根据施工组织设计或专项施工方案的要求选用低噪声、低能耗的环保型设备。

16.5.2 在现场搅拌时,应有专用搅拌棚,沉淀池。

16.6 过程控制要求

16.6.1 水泥、砂、石运输时苫盖,以避免扬尘和遗洒。

16.6.2 施工车辆尾气排放要符合有关要求,驶出施工现场前冲洗轮胎泥土。

16.6.3 混凝土的搅拌、运输、浇筑、振捣的施工噪声和扬尘均控制在允许范围内。

16.6.4 施工过程中产生的施工垃圾及时清理,集中存放,存足一定数量后交有资质的单位统一处理。

16.6.5 防油渗混凝土拌合料的配合比应正确,以避免计量不准引起混凝土报废,浪费资源、污染环境。

外加剂按要求规定的以水泥用量掺入量掺加,混凝土外加剂如为粉状,施工时应有专人负责掺加,减少扬尘。

16.6.6 搅拌场所和施工场地要清洁无积水,推行清洁生产。

16.6.7 混凝土面层浇筑完成后,应在24h内加以覆盖并浇水养护,在常温下连续养护不少于7d,使其在湿润的条件下硬化。养护亦可采用分间(分块)蓄水养护。

16.6.8 混凝土面层覆盖浇水养护期间,应有专人负责该项工作,以节约水资源,覆盖物用后即时回收,尽量循环利用,不能利用的集中堆放,统一处理。

16.6.9 防油渗水泥浆的配制,应将氯乙烯-偏氯乙烯混合乳液和水,按1:1配合比搅拌均匀后,边拌和边加入水泥,并按要求的加水量加入后,充分拌和使用,加入水泥时,低位操作减少扬尘。

16.6.10 防油渗混凝土浇筑时振捣应密实,选用低噪声振捣器,尽量减少噪声排放。

16.6.11 防油渗隔离层的设置,除按设计要求外,施工时防油渗隔离层宜采用一布二胶防油渗胶泥玻璃纤维布,其厚度为4mm,玻璃纤维布应采用无碱网格布,采用的防油渗胶泥,亦可采用弹性多功能聚氨酯类涂膜材料,其厚度为1.5~2.0mm,防油渗胶泥的配制按产品使用说明。

应将已熬制好的防油渗胶泥自然冷却至85~90℃,边搅拌边缓慢加入按配合比要求的二甲苯和环己酮的混合溶剂(切勿近水),搅拌至胶泥全部溶解即成底子油,操作时要穿戴防护服。如暂时存放时,应置于有盖的容器中,防止有害气体挥发污染大气。

16.7 监测要求

16.7.1 扬尘监测:现场扬尘高度控制在1m以内,每班不少于目视检测一次。四级以上风时应停止产生扬尘的作业。

16.7.2 噪声监测:施工噪声排放昼间不大于75dB,夜间不大于55dB;每月不少于一次检测,噪声应控制在规定范围之内,日常应每天进行监听,异常情况应加密检测次数。

16.7.3 用水量、用电量消耗不超过计划值。

16.7.4 车辆轮胎不得带泥驶出现场。

17 不发火(防爆的)面层

17.1 作业流程

17.1.1 基层处理→刷水泥素浆→水泥类或沥青类拌合料铺设→抹平压光→养护→验收。

17.1.2 基层处理→块材地板龙骨安装→地板面层安装(塑料板、橡胶板、铅板和铁钉不外露的空铺木板、实铺木板、拼花木板面层)→检查验收。

17.2 环境因素

搬用水泥、砂、石料扬尘排放；搅拌混凝土、砂浆上料扬尘排放；材料车辆运输扬尘排放、噪声排放；水电能源消耗；施工机械噪声排放；沥青混凝土、沥青砂浆搅拌烟尘及有害气体排放污染大气；施工机械清洗污水排放，紧急情况下产生的环境因素。

17.3 材料要求

17.3.1 不发火(防爆的)面层是用水泥类或沥青类拌合料铺设在建筑地面工程的基层上而成,宜采用细石混凝土、水泥石屑、水磨石等面层。

也有采用菱苦土、木砖、塑料板、橡胶板、铅板和铁钉不外露的空铺木板、实铺木板、拼花木板面层作为不发火(防爆的)建筑地面。

17.3.2 水泥：水泥应采用普通硅酸盐水泥,强度等级不应小于32.5级。

17.3.3 石料：石料应选用大理石、白云石或其他石料加工而成,并以金属或石料撞击时不发生火花为合格。

17.3.4 砂：应具有不发火性,其质地坚硬、多棱角、表面粗糙并有颗粒级配,粒径宜为0.15~5mm,含泥量不应大于3%,有机物含量不应大于0.5%。

17.3.5 分格嵌条：不发火(防爆的)面层分格的嵌条,应选用具有不发火性的材料制成。

17.4 人员要求

17.4.1 机械操作人员必须有与所操作机械相应的操作证,车辆驾驶人员必须有相应的驾驶证。

17.4.2 施工人员应经环境管理的培训,掌握相应的环境保护管理知识,沥青熬制或冷底子油勾兑人员具有相应的消防知识。

17.4.3 不发火(防爆)地面种类较多,应为专业性人员施工,木工、混凝土工、抹灰工、防水工技术级别均不得低于4级。

17.4.4 仓库保管人员应经环境管理培训,掌握相应的环境保护管理和消防管理知识。

17.5 设备设施要求

17.5.1 机械设备：应根据施工组织设计或专项施工方案的要求选用噪声低、能耗低的混凝土搅拌机、机动翻斗车等设备。

17.5.2 设备要定期维修和保养,使其经常处于完好状态。

17.6 过程控制要求

17.6.1 水泥、砂、石运输时要苫盖,以避免遗洒和扬尘。

17.6.2 施工车辆尾气排放要符合有关要求,驶出施工现场前轮胎上的泥土要冲洗干净,避免污染道路。

17.6.3 混凝土的搅拌、运输、振捣施工噪声和扬尘均控制在允许范围内。

17.6.4 施工过程中产生的施工垃圾及时清理,集中堆放,统一处置。

17.6.5 不发火(防爆的)面层材料拌制应采用机械搅拌,各种材料计量要正确,严格控制水灰比,搅拌必须均匀。

17.6.6 搅拌场所和施工场地要清洁无积水,推行清洁生产。

17.6.7 不发火(防爆的)面层浇筑、铺设完成后,应在24h内加以覆盖并洒水养护,在常温下连续养护不少于7d,使其在湿润的条件下硬化。

17.6.8 混凝土、砂浆面层覆盖洒水养护期间,应有专人负责,以节约水资源。覆盖物用后尽量回收利用,不能利用的要集中堆放,统一由环卫部门处置。

17.6.9 当采用地面抹光机压光时,掌握压光时间,当施工噪声较大时,检修机械,也可关闭门窗,减少对外界的噪声排放,操作人员需佩戴合适的防护用具。

17.6.10 冬期养护时,如采用生煤火保温则应注意室内不能完全封闭,宜有通风措施,应做到空气流通,使局部一氧化碳气体可以逸出,以免影响水泥水化作用的正常进行和面层的结硬,造成混凝土、水泥砂浆面层松散、不结硬而引起返工,浪费材料。

17.7 监测要求

17.7.1 扬尘监测:现场扬尘高度控制在1m以内,每班不少于目视检测一次。四级风以上应停止产生扬尘的作业。

17.7.2 噪声监测:施工噪声排放昼间不大于75dB,夜间不大于55dB;每月不少于一次检测,日常应每天进行监听,异常情况应加密检测次数。

17.8 附录:不发生火花(防爆的)建筑地面材及其制品不发火性的试验方法

17.8.1 不发火性的定义

当所有材料与金属或石块等坚硬物体发生摩擦、冲击或冲擦等机械作用时,不发生火花(或火星),致使易燃物引起发火或爆炸的危险,即为具有不发火性。

17.8.2 试验方法

17.8.2.1 试验前的准备:材料不发火的鉴定,可采用砂轮来进行,试验的房间应完全黑暗,以便在试验时易于看见火花。

试验用的砂轮直径为150mm,试验时其转速应为600~1000r/min,并在暗室内检查其分离火花的能力,检查砂轮是否合格,可在砂轮旋转时用工具钢、石英岩或含有石英岩的混凝土等能发生火花的试件进行摩擦,摩擦时应加10~20N的压力,如果发生清晰的火花,则该砂轮即认为合格。

17.8.2.2 粗骨料的试验:从不少于50个试件中选出做不发生火花试验的试件10个,被选出的试件,应是不同表面、不同颜色、不同结晶体、不同硬度的。

每个试件重50~250g,准确度应达到1g,试验时也应在完全黑暗的房间内进行,每个试件在砂轮上摩擦时,应加以10~20N的压力,将试件任意部分接触砂轮后,仔细观察试件与砂轮摩擦的地方,有无火花发生。

必须在每个试件上磨掉不少于20g后,才能结束试验。

在试验中如没有发现任何瞬时的火花,该材料即为合格。

17.8.2.3 粉状骨料的试验:粉状骨料除着重试验其制造的原料外,并应将这些细粒材料用胶结料(水泥或沥青)制成块状材料来进行试验,以便于以后发现制品不符合不发火的要求时,能检查原因,同时,也可以减少制品不符合要求的可能性。

17.8.2.4 不发火水泥砂浆、水磨石和混凝土的试验:主要试验方法同本节。

18 砖面层

18.1 作业流程

基层处理→找面层标高→弹线→抹找平层砂浆→弹铺砖控制线→铺砖→勾缝、擦缝→养护→踢脚板。

18.2 环境因素

18.2.1 基层处理:清扫剔凿扬尘、噪声排放。

18.2.2 面层铺贴:水电能源消耗;砖切割噪声排放;砖切割粉尘排放。

18.2.3 材料运输搅拌:搬用水泥、砂扬尘排放;砂浆上料扬尘排放;材料车辆运输扬尘排放、噪声排放;施工机械噪声排放;施工机械清洗污水排放;紧急情况下产生的其他环境因素。

18.3 材料要求

18.3.1 陶瓷锦砖、缸砖、陶瓷地砖、水泥花砖等应按设计要求选用,并应符合有关材料标准。

18.3.2 水泥:水泥应采用硅酸盐水泥、普通硅酸盐水泥或矿渣硅酸盐水泥,水泥强度等级不应低于32.5级。

18.3.3 砂:砂应采用洁净无有机杂质的中砂或粗砂,含泥量不大于3%,不得使用有冻块的砂。

18.3.4 水泥砂浆:铺设黏土砖、缸砖、陶瓷地砖、陶瓷锦砖面层时,水泥砂浆采用体积比为1:2,其稠度为25~35mm;铺设水泥花砖面砖时,水泥砂浆采用体积比为1:3,其稠度为30~35mm。

18.3.5 沥青胶结料:沥青胶结料宜用石油沥青与纤维、粉状或纤维和粉状混合的填充料配制。

18.3.6 胶粘剂:胶粘剂应为防水、防菌,其选用应根据基层所铺材料和面层的使用要求,通过试验确定,并应符合现行国家标准《民用建筑工程室内环境污染控制规范》(GB 50325—2001)的规定。胶粘剂应存放在阴凉通风、干燥的室内。胶的稠度应均匀,颜色一致,无其他杂质,超过生产期三个月或保质期产品要取样检验,合格后方可使用。

18.4 人员要求

18.4.1 机械操作人员必须有与所操作机械相适应的操作证,车辆驾驶人员必须有相应的驾驶证。

18.4.2 施工人员应经环境管理的培训,搅拌砂浆及铺设砂浆的人员掌握相应的环境保护管理知识,铺贴面砖的操作人员为4级以上。

18.4.3 仓库保管人员应经环境管理培训,掌握相应的环境保护管理和仓库管理知识。

18.5 设备要求

18.5.1 应根据施工组织设计或专项施工方案的要求选用满足施工需要的、噪声低、能耗低的搅拌机、电锯等机械设备。

18.5.2 机械设备要定期维修和保养,使其处于良好状态。维修时要使用接油盘、防止废油污染土地和地下水。

18.5.3 设施要求：封闭式搅拌机棚、废水沉淀池。

18.6 过程控制要求

18.6.1 有防腐蚀要求的砖面层采用的耐酸瓷砖、浸渍沥青砖、缸砖的材料质量和铺设方法以及施工质量验收，应按现行国家标准《建筑防腐蚀工程施工及验收规范》(GB 50212)的规定执行。浸渍沥青时应选择适当的场所避免沥青油污染土地。

18.6.2 铺设砖面层(含结合层)前基层清理剔凿应选择噪声的排放时间，避开夜间清理剔凿。剔凿出来的垃圾要集中堆放，到一定数量时交由环卫部门统一处理。

18.6.3 在拌和水泥砂浆时，水泥倾倒时动作要轻，尽量减少扬尘的排放。

18.6.4 瓷砖切割时，在施工现场选择适当场所进行，减少因切割而产生的噪声和扬尘排放，必要时宜设置隔声墙。操作人员要佩戴合适的防护用具。切割下来的边角余料要尽量利用，不能利用的要集中堆放、统一处理。

18.6.5 缸砖要干净，铺贴时应在摊铺热沥青胶结料后即进行，并应在沥青胶结料凝结前完成，热沥青胶结料加热不得选用烟煤或烟气大的燃料，热沥青熬制应选择专门的场所，并有防火应急器材和防烫伤应急救护措施。

18.6.6 在胶粘剂结合层上铺贴砖面层时，其胶粘剂应为环保型材料。

18.7 监测要求

18.7.1 砖面层所用的板块的品种、质量必须符合设计及环保要求。

18.7.2 砖面层与下一层的结合(粘结)应牢固，沥青或胶结料不得随意丢弃，包装物全部回收统一处置。

18.7.3 噪声监测：瓷砖切割噪声排放昼间不大于75dB，夜间不大于55dB，每月不少于一次检测，日常应每天进行监听，异常情况应加密检测次数。

18.7.4 扬尘监测：现场扬尘高度应控制在1m以下，四级风以上应停止产生扬尘的作业。

19 大理石面层和花岗石面层

19.1 作业流程

准备工作→试拼→弹线→试排→基层处理→铺砂浆→铺大理石或花岗石→灌缝、擦缝→养护→打蜡。

19.2 环境因素

19.2.1 材料运输拌和：搬用水泥、砂扬尘排放、遗洒；砂浆上料扬尘排放；材料车辆运输遗洒、扬尘排放、噪声排放；水电能源消耗；施工机械噪声排放；施工机械清洗污水排放。

19.2.2 面层铺贴：大理石、花岗石切割噪声排放与粉尘排放；大理石、花岗石微量放射性元素辐射；切割边角余料产生垃圾。

19.2.3 化工材料应用：苯二甲酸二丁酯、乙二胺洒漏污染土地、有害气体排放污染大气。

19.2.4 紧急情况下(如火灾)产生的其他环境因素。

19.3 材料要求

19.3.1 大理石:天然大理石建筑板材是以大理石原料经锯、切、磨等工序加工而成的板块产品,应重视包装、储存、装卸和运输中的各个环节,浅色大理石不宜用草绳、草帘等捆绑,以防污染;板材宜放在室内储存,如在室外储存必须遮盖,以保证产品质量;直立码放宜光面相对,其倾斜度不应大于75°角;搬运时应轻拿轻放。避免由于运输、保管不当而造成损坏,浪费材料。

19.3.2 花岗石:花岗石建筑板材是以花岗石原料经加工制成的粗磨或磨光板材产品。粗磨和磨光板材应存放在库内,室外存放必须遮盖,入库时按品种、规格、等级或工程部位分别储存。避免因运输、存储不当而损坏,造成材料浪费。

19.3.3 水泥:水泥一般采用普通硅酸盐水泥,其强度等级不得小于32.5级,受潮结块的水泥禁止使用,并按固废垃圾处置。

19.3.4 砂:砂宜用中砂或粗砂,使用前必须过筛,颗粒要均匀,不得含有杂物,粒径一般不大于5mm。

19.3.5 水:一般采用饮用水。

19.3.6 大理石板材不适宜用于室外地面工程。

19.4 人员要求

19.4.1 机械操作人员必须有与所操作机械相应的操作证,车辆驾驶必须有相应的驾驶证。

19.4.2 施工人员应经环境管理的培训,搅拌砂浆及铺设砂浆的人员掌握相应的扬尘控制、噪声控制和减小振动污染的技能,并有相应的操作技术,铺贴大理石、花岗石面层的操作人员为4级以上。

19.4.3 仓库保管人员应经环境管理培训,掌握相应的环境保护管理和仓库管理知识。

19.5 设备设施要求

19.5.1 设备要求:手动式电动石材切割机或台式石材切割机、干湿切割片、手把式磨石机、手电钻。

19.5.2 其他器具:修整用平台、木楔、灰簸箕、水平尺、2m靠尺、方尺、橡皮锤或木锤、小线、手推车、铁锹、浆壶、水桶、铁抹子、木抹子、墨斗、钢卷尺、尼龙线、扫帚、钢丝刷。

19.5.3 设施要求:封闭式搅拌机棚、废水沉淀池。

19.6 过程控制要求

19.6.1 大理石和花岗石采购时对原材要进行放射性元素的测试,严禁采购放射性元素超标的产品。其放射性指标限量如下:A类材料内照射指数(I_{Ra})≤1.0;B类≤1.3;A类材料外照射指数(I_y)≤1.3;B类≤1.9。

19.6.2 大理石和花岗石面层的施工,一般应在顶棚、立墙抹灰后进行,先铺面层后安装踢脚板。

19.6.3 大理石和花岗石板材在铺砌前,应做好切割和磨平的处理、按设计要求或实际的尺寸在施工现场进行切割,切割和磨平用水应排到沉淀池沉淀后再利用。

19.6.4 切割锯片用钝后应及时更换,以免发生事故和增加噪声的排放。

19.6.5 面层铺砌 1~2d 内进行灌浆擦缝,用棉丝团蘸原水泥浆擦缝,与板面擦平,同时将板面上水泥浆擦净,棉丝团当即回收统一处置。

19.6.6 面层铺砌完后,其表面应进行养护并加以保护,待结合层(含灌缝)的水泥砂浆强度达到要求后,方可进行打蜡,以达到光滑洁亮,蜡制品的包装当即回收统一处置。

19.6.7 大理石和花岗石板材如有破裂时,可采用环氧树脂或 502 胶粘剂修补,采用环氧树脂胶其配合比宜为:6101 环氧树脂:苯二甲酸二丁酯:乙二胺:同面层颜料 = 100 (kg):10~20(L):10(L):适量颜料,容器封装严密。

19.6.8 碎拼大理石面层是采用碎块天然大理石板材在水泥砂浆结合层上铺设而成,碎块间缝填嵌水泥砂浆或水泥石粒浆,这不仅可利用工厂生产过程中或施工现场中产生的边角料、残次品等,而且观赏和使用效果均较好。

19.7 监测要求

19.7.1 大理石、花岗石面层所用板块的品种、质量应符合设计要求,按批量进行检测试验,放射性元素是否符合相关标准。

19.7.2 噪声监测:大理石和花岗石面层所用板块切割磨平上光打蜡等工序的施工噪声排放昼间不大于 75dB,夜间不大于 55dB,每月不少于一次检测,噪声应控制在规定范围之内,日常应每天进行监听,异常情况应加密检测次数。

19.7.3 施工用污水排放要经沉淀池沉淀后排入下水管道或二次利用。

19.7.4 大理石和花岗石面层施工后的边角料及时清理统一处置。

19.7.5 包装物及时回收。

20 预制板块面层

20.1 作业流程

垫层→找标高→栽路牙子→排预制块→铺砌预制块→灌缝→清理→成品保护验收。

20.2 环境因素

20.2.1 材料运输拌和:搬用水泥、砂、石料扬尘排放;砂浆上料扬尘排放;材料车辆运输扬尘排放、噪声排放;水电能源消耗;施工机械噪声排放;施工机械清洗污水排放。

20.2.2 混凝土板块和水磨石板块切割时噪声排放与粉尘排放;板块切割污水排放。

20.3 材料要求

20.3.1 混凝土板块:混凝土板块边长 250~500mm;板块厚度等于或大于 60mm,混凝土强度等级不应小于 C20。

20.3.2 水磨石板块:水磨石板块的质量应符合国家现行建材行业标准《建筑水磨石制品》(JC 507—92)的规定。

20.3.3 水泥:采用硅酸盐水泥、普通硅酸盐水泥或矿渣硅酸盐水泥,其强度等级不应小于 32.5 级。

20.3.4 砂:采用中砂或粗砂,含泥量不大于 3%,过筛除去有机杂质,填缝用砂需过孔径 3mm 筛。

20.3.5 砂结合层的厚度应为 20~30mm,当采用砂垫层兼做结合层时,其厚度不宜小于 60mm。

20.3.6 水泥砂浆结合层的厚度应为 10~15mm。

20.4 人员要求

20.4.1 机械操作人员必须有同机械相应的操作证,车辆驾驶必须有相应的驾驶证。

20.4.2 施工人员应经环境管理的培训,搅拌砂浆及铺设砂浆的人员掌握相应的扬尘控制、噪声控制和减小振动污染的技能,并有相应的操作技术,抹平压光的操作人员为4级以上。

20.4.3 仓库保管人员应经环境管理培训,掌握相应的环境保护管理和仓库管理知识。

20.5 设备设施要求

20.5.1 设备要求:要按施工组织设计和专项施工方案的要求选择满足施工需要的、噪声低、能耗低的切割机、搅拌机等设备。

20.5.2 所有的机械设备和用具应及时维修和保养,使其始终处于完好状态。

20.5.3 设施要求:封闭式搅拌机棚、废水沉淀池。

20.6 过程控制要求

20.6.1 在砂结合层(或垫层兼做结合层)上铺设预制板块面层时,砂结合层应洒水压实,并用刮尺找平,而后拉线逐块铺砌,砂浆运输车装载不要太满,低于车帮 5~10cm,不得洒漏,同时在容易产生扬尘的地方洒水降尘。

20.6.2 混凝土板块和水磨石板块加工预制施工现场施工设污水沉淀池,经二次沉淀后,再次利用或排入下水管道。

20.6.3 施工车辆搬运水泥、砂、石应覆盖防止扬尘和遗洒。

20.6.4 施工现场施工机械应保持运转完好状态,噪声排放不超标,设备检修油污不污染土地,油脂棉纱及时回收处置。

20.6.5 预制板块的包装物及时的清理回收。

20.7 监测要求

20.7.1 面层所用板块的品种、质量应符合设计要求。

20.7.2 噪声监测:板块切割磨平上光打蜡等工序的施工噪声排放昼间不大于75dB,夜间不大于55dB,每月不少于一次检测,噪声应控制在规定范围之内,日常应每天进行监听,异常情况应加密检测次数。

20.7.3 施工用污水排放要经沉淀池二次沉淀后排入下水管道或再次利用。目测应为清水。

20.7.4 面层施工后的边角料及时清理处置,现场扬尘高度控制在 0.5m 以内,每班不少于目视检测一次。

21 料石面层

21.1 作业流程

准备→放线→试排→铺结合层或砂垫层→铺料石→填缝压实→检查验收。

21.2 环境因素

搬用水泥、砂、石料扬尘排放;砂浆上料扬尘排放;材料车辆运输扬尘排放、噪声排放;

水电能源消耗;施工机械噪声排放;施工机械清洗污水排放;石块切割时噪声排放与粉尘排放;紧急情况下产生的其他环境因素。

21.3 材料要求

21.3.1 条石:条石应采用质量均匀、强度等级不小于MU60的岩石加工而成,其形状应接近矩形六面体,厚度宜为80～120mm。

21.3.2 块石:块石应采用强度等级不小于MU30的岩石加工而成,其形状接近直棱柱体、有规则的四边形或多边形,其底面截锥体、顶面粗琢平整,底面积不应小于顶面积的60%,厚度宜为100～150mm。

21.3.3 水泥:水泥应采用硅酸盐水泥、普通硅酸盐水泥或矿渣硅酸盐水泥,其强度等级不应小于32.5级。

21.3.4 砂:砂应采用中砂或粗砂,含泥量不大于3%,过筛除去有机杂质。

21.3.5 沥青胶结料:沥青胶结料应采用同类沥青与纤维、粉状或纤维和粉状混合的填充料配制。

21.4 人员要求

21.4.1 机械操作人员必须有同机械相应的操作证,车辆驾驶必须有相应的驾驶证。

21.4.2 施工人员应经环境管理的培训,搅拌砂浆及铺设砂浆的人员掌握相应的环境保护管理知识,铺砌料石的操作人员为3级以上。

21.5 设备设施要求

应按施工组织设计和专项施工方案的要求选择满足施工需要的、噪声低和能耗低的砂浆搅拌机、碾压机及其他电动工具。

21.6 过程控制要求

21.6.1 在砂结合层(或垫层兼做结合层)上铺设料石面层时,砂结合层应洒水压实,并用刮尺找平,而后拉线逐块铺砌,同时在容易产生扬尘的地方洒水降尘。

21.6.2 料石加工预制施工现场施工机械种类较多,噪声排放应重点控制,按城市环境噪声标准中相应类型进行控制。

21.6.3 人工加工料石的剔凿噪声不得大于75dB。

21.6.4 采集石料需要爆破时,应与当地环境管理部门联系,确定有关事宜。

21.6.5 施工现场施工机械应保持运转完好状态,设备检修油污不污染土地,油箱检修时应先将油放尽,再放上接油盘进行操作,油脂棉纱及时回收统一处置。

21.6.6 施工现场料石的包装物及时的清理回收。

21.7 监测要求

21.7.1 面层材质应符合设计要求;条石的强度等级应大于MU60,块石的强度等级应大于MU30。

21.7.2 噪声监测:建筑施工现场噪声排放昼间不大于75dB,夜间不大于55dB,每月不少于一次检测,噪声应控制在规定范围之内,日常应每天进行监听,异常情况应加密检测次数。

21.7.3 采石加工施工现场如不在城市区域,噪声排放可适当放宽,但不得超过85dB。

21.7.4 采石加工施工现场扬尘重点控制,采取洒水降尘或其他措施,现场扬尘高度控制在0.5m以内,每班不少于目视检测一次。

21.7.5 车辆驶出施工现场时,轮胎需冲洗干净,不能带泥上路。

22 塑料地板面层

22.1 作业流程

22.1.1 胶粘铺贴法

基层处理→弹线→试铺→刷底子胶→铺贴塑料地板→铺贴塑料踢脚→擦光上蜡→成品保护→验收。

22.1.2 焊接铺贴法

基层处理→弹线→试铺→刷底子胶→铺贴塑料地板→作焊缝坡口→施焊→焊缝切割、修整→擦光上蜡→成品保护→验收。

22.2 环境因素

22.2.1 原材料:塑料板块材、胶粘剂苯、甲醛释放污染大气;易燃材料存储火灾大气污染。

22.2.2 材料运输和施工:运输车辆的尾气排放污染大气;噪声排放;塑料板卷材边角料丢弃污染土地;胶粘剂包装物丢弃污染土地。

22.2.3 紧急情况下产生的其他环境因素。

22.3 材料要求

22.3.1 塑料板块材、塑料板卷材可采用聚氯乙烯树脂、聚氯乙烯—聚乙烯共聚物、聚乙烯树脂、聚丙烯树脂和石棉塑料地板等。现场浇注整体塑料地板面层可采用环氧树脂涂布面层、不饱和聚酯涂布面层和聚醋酸乙烯塑料面层等。

22.3.2 胶粘剂主要有:乙烯类(聚醋酸乙烯乳液)、氯丁橡胶型、聚氨脂、环氧树脂、合成橡胶溶剂型、沥青类等,应存放在阴凉通风、干燥的室内。

22.3.3 焊条

焊条选用等边三角形或圆形截面,表面应平整光洁、无孔眼、节瘤、皱纹、颜色均匀一致,焊条成分和性能应与被焊的板相同。

22.4 人员要求

22.4.1 机械操作人员必须有与所操作机械相应的操作证,车辆驾驶必须有相应的驾驶证。

22.4.2 施工人员应经环境管理的培训,铺贴塑料板块材、塑料板卷材的人员必须掌握相应的有害气体预防知识,操作人员为4级以上。

22.4.3 热空气焊接人员必须经过专业培训。

22.4.4 仓库保管人员应经环境管理培训,掌握相应的环境保护管理、仓库管理和消防以及应急响应知识。

22.5 设备设施要求

应按施工组织设计或专项施工方案的要求选用满足施工需要的、噪声低和能耗低的机械设备。

22.6 过程控制要求

22.6.1 塑料地板面层施工时,施工单位管理人员对施工操作人员进行环境保护要求交底。重点对胶粘剂、塑料地板防火及有害气体的挥发作出防范及应急措施。

22.6.2 不得在施工现场吸烟或有其他火种,胶粘剂和塑料地板施工时远离明火,尤其用丙酮:汽油(1:8)混合溶液进行脱脂除蜡,更要预防火灾,同时作业班组根据作业面配备手提式灭火器,每作业面不少于2只。

22.6.3 大面积的塑料板块材、塑料板卷材在存放期间的仓库应设置可靠的火灾应急器具,并指定出专项的管理措施。铺贴前,应有专人管理胶粘剂和塑料地板的使用,及时回收胶粘剂包装物。

22.6.4 软质塑料板在基层上粘贴后,缝隙如须焊接,一般须经48h后方可施焊,并用热空气焊,空气压力应控制在 0.08~0.1MPa,温度控制在 180~250℃。

22.6.5 民用建筑工程室内装修粘贴塑料地板时,不应采用溶剂型胶粘剂,应选用水性胶粘剂,总挥发性有机化合物(TVOC)和游离甲醛的含量,其限量如下:TVOC(g/L)≤50;游离甲醛(g/kg)≤1。

22.6.6 焊接所需机具,应符合相关标准。

22.6.7 施工单位要进行专项的环境管理交底和专项施工作业指导书。

22.7 监测要求

22.7.1 塑料板面层所用的塑料板块和卷材的品种、规格、颜色、等级应符合环保要求和现行国家标准的规定。

22.7.2 胶粘剂进场前进行检验,有害物质含量符合国家有关环保标准。

22.7.3 施工及仓储易燃物不发生火灾,每日对仓库和应急器材巡视至少一次。

22.7.4 胶粘剂不洒漏污染土地。

22.7.5 用水、电量不超过计划量。

23 活动地板面层

23.1 作业流程

基层清理→弹支柱(架)定位线→测水平→固定支柱(架)底座→安装搁栅→调平→铺设活动地板→检查验收。

23.2 环境因素

23.2.1 原材料:胶粘剂苯、甲醛释放大气污染;防尘漆甲醛释放大气污染;易燃材料存储火灾发生大气污染。

23.2.2 材料运输和施工:运输车辆的尾气排放污染大气;噪声排放;燃油耗用;活动地板板块边角料丢弃污染土地;包装物丢弃污染土地。

23.3 材料要求

23.3.1 活动地板板块:活动地板板块共有三层;中间一层是25mm左右厚的刨花板。亦有用铝合金压型板、高致密刨花板、木质多层胶合板等;面层采用柔光高压三聚氰胺装饰板1.5mm厚粘贴;底层贴一层1mm厚镀锌钢板,四周侧边用塑料板封闭或用镀锌钢板包裹并以胶条封边;板块总厚度有 20、24、25、28、30、36、40mm 不等,活动地板板块包括标准地板板块和异形地板板块。

23.3.2 支撑部分：由标准钢支柱和框架组成，钢支柱采用管材制作，框架采用轻型槽钢制成，支撑结构有高架（1000mm）和低架（200、300、350mm）两种，作为活动地板面层配件应包括支架组件和横梁组件。

23.3.3 板面平整、坚实、光滑、装饰性好以及耐磨、耐污染、耐老化、防潮、阻燃、导静电性能、板块间密封性好。

23.3.4 活动地板面层是以特制的平压刨花板为基材，表面饰以聚氰胺或氮化聚乙烯材料装饰板和底层用镀锌钢板经粘结胶合组成的活动地板块，配以横梁、橡胶垫条和可供调节高度的金属支架组装的架空活动地板面层在水泥类基层（面层）上铺设而成。

23.3.5 成批交付活动地板时，在每批中抽取3%（不少于20块）进行尺度和外观检验，经加倍检验合格率仍低于95%时，则逐块检验。

23.4 人员要求

23.4.1 机械操作人员必须有与所操作机械相应的操作证，车辆驾驶必须有相应的驾驶证。

23.4.2 施工人员应经环境管理的培训，掌握相应的环境保护管理知识，板材安装、调平人员具有相应的技术能力，尽量减少切割噪声、粉尘排放。

23.4.3 板材安装、调平人员应为专业性人员，技术级别为4级以上。

23.4.4 板材检测应由有资质的检测单位进行。

23.4.5 仓库保管人员应经环境管理培训，掌握相应的环境保护管理和消防管理知识。

23.5 设备设施要求

按施工组织设计和专项施工方案的要求选用满足施工需要的各种机械设备。

23.6 过程控制要求

23.6.1 活动地板面层施工时，应待室内各项工程完工和超过地板块承载力的设备进入房间预定位置以及相邻房间内部也全部完工后，方可进行活动地板的安装。不得交叉施工，亦不可在室内加工活动地板板块和活动地板的附件，避免锯末木屑对室内产生污染，影响使用。

23.6.2 活动地板面层的采购品种、规格、颜色、等级应符合环保要求和现行国家标准的规定。应采用穿孔法测定游离甲醛含量，其分类限量如下：E1类甲配醛含量≤1.5mg/100g；大于E2类的甲醛含量为：1.5mg/100g＜甲醛含量≤5.0 mg/100g。

23.6.3 活动地板面层为易燃品，从仓库搬运到施工现场时应远离明火。

23.6.4 基层表面应平整、光洁、干燥、不起灰，安装前清扫干净，尽量减少粉尘的排放，并根据需要，在其表面涂刷1~2遍清漆或防尘漆，涂刷后不允许有脱皮现象，油漆中总挥发性有机化合物和苯限量如下：总挥发性有机化合物（TVOC）（g/L）≤550；苯（g/kg）≤5。

23.6.5 安装前，应做好活动地板的数量计算的准备工作，现场剩余的地板和包装物及时回收。

23.6.6 当铺设的活动地板不符合模数时，其不足部分可根据实际尺寸将板面切割后镶嵌,切割边处理后方可安装,以防止板块吸水、吸潮,造成局部膨胀变形。

23.7 监测要求

23.7.1 活动地板面层材质必须符合设计和环保要求,且应具有耐磨、防潮、阻燃、耐污染、耐老化和导静电等特点。

23.7.2 活动地板面层应无裂纹、掉角和缺楞等缺陷,行走无声响、无摆动,刨花板或多层胶合板的有害气体排放不超过《室内空气质量标准》的规定。

23.7.3 活动地板面层储存时应码放整齐,配备足够的消防器具。

23.7.4 活动地板面层切割时噪声排放昼间不得超过65dB。

24 地毯面层

24.1 作业流程

清理基层→弹线→套方→分格定位→地毯剪裁→定卡条→铺衬垫→铺地毯→细部处理→修剪→清理→检查验收。

24.2 环境因素

24.2.1 原材料:胶粘剂苯、甲醛释放大气污染;易燃材料存储火灾发生大气污染。

24.2.2 材料运输和施工:地毯运输车辆的尾气排放污染大气;噪声排放;燃油耗用;地毯边角料丢弃污染土地;包装物丢弃污染土地;地毯绒飘浮污染大气;其他紧急情况产生的环境因素。

24.3 材料要求

24.3.1 地毯:地毯按现行国家标准的标准附录的"地毯产品分类体系表"分为手工地毯和机制地毯两大类;按现行国家标准的附录的"地毯产品一般分类"中,地毯产品根据构成毯面的原材料名称的不同分为羊毛地毯、真丝地毯、化纤地毯、纯麻地毯、纯棉地毯、羊毛混纺地毯和天然色羊毛地毯等主要品种。

24.3.2 海绵衬垫。

24.3.3 金属卡条(倒刺板)、金属压条、专用双面胶带、钢钉等铺用材料。

24.3.4 胶粘剂:乙烯类(聚醋酸乙烯乳液)、氯丁橡胶型、聚氨酯、环氧树脂、合成橡胶溶剂型。

24.4 人员要求

24.4.1 机械操作人员必须有与所操作机械相应的操作证,车辆驾驶必须有相应的驾驶证。

24.4.2 施工人员应经环境管理的培训,掌握相应的环境保护管理知识,胶粘剂使用人员具有相应的消防知识和安全使用化学用品相关知识。

24.4.3 铺贴卷材、地毯和涂刷胶粘剂人员,技术级别应为4级以上。

24.4.4 地毯铺设操作人员均在4级以上。

24.4.5 仓库保管人员应经环境管理培训,掌握相应的环境保护管理和消防管理知识。

24.5 设备设施要求

24.5.1 应按施工组织设计或专项施工方案的要求选用满足施工需要的噪声和能耗

低的环保型设备和用具。

24.5.2 张紧器(地毯撑子)：有脚蹬子和手拉两种，使用脚蹬张紧器的目的是将地毯向纵、横向伸展一下，使地毯在使用过程中遇到较大的推力时也不致隆起，保持平整服贴，使用张紧器时的张紧方向由地毯中心线向外拉开张紧固定。手拉张紧器一般与脚蹬张紧器配合使用，较多是用于纵向敷设地毯时，尤其是较长地毯的纵向张紧。

24.6 过程控制要求

24.6.1 地毯面层铺设分为满铺和局部铺设两种，其铺设方式有固定式和不固定式，而固定式亦可采用粘贴固定式铺设，粘贴用胶粘剂选择有毒气体释放小的种类，民用建筑工程室内装修时，所使用的地毯、地毯衬垫，其挥发性有机化合物及甲醛释放量均应符合相应材料的有害物质限量的国家标准规定。

24.6.2 铺设地毯面层的下一层，应做好基层的处理和清理工作，还应平整、无麻面、无凹坑、无裂缝、清洁、干燥。

24.6.3 铺设前，应做好裁剪地毯的准备工作，大面积地毯铺设应用裁边机裁割，小面积地毯铺设宜用手握裁刀或手推裁刀从地毯背面裁切，地毯裁割易扬发毯绒，在空气中漂浮污染空气，操作人员应戴口罩。

24.6.4 基层处理后，应将海绵衬垫(或垫衬)满铺，并要求平整，地毯、衬垫边角料应及时回收。

24.6.5 固定式地毯铺设用胶粘剂应注意防火，地毯也属于易燃物品，不得在施工现场吸烟或使用其他明火作业。

24.6.6 地毯全部铺好后，应用吸尘器吸去灰尘，清扫干净。

24.6.7 地毯是建筑地面工程中面层装饰的一种高级装饰品，应能满足使用中的特殊要求，如防霉、防蛀、防静电等各种功能。储存仓库必须有可靠的消防器具和防盗装置，并制定相应的应急措施。

24.7 监测要求

24.7.1 地毯的品种、规格、颜色、花色、胶料和辅材及其材质必须符合设计及环保要求和国家现行地毯产品标准的规定。

24.7.2 储存地毯的仓库管理人员每天至少巡视一次物资及消防器材和防盗装置。

24.7.3 地毯、衬垫边角料胶粘剂包装物及时回收。

25 实木地板面层

25.1 作业流程

基层清理→测量弹线→铺设木搁栅→铺设毛地板→铺设面层地板→镶边→地面磨光→油漆打蜡→检查验收。

25.2 环境因素

25.2.1 原材料：木材的资源消耗；胶粘剂、沥青有毒气体排放污染大气；油漆苯、甲醛释放污染大气；木材火灾。

25.2.2 运输和施工：材料车辆运输扬尘排放、噪声排放；水电能源消耗；木材烘干烟气排放污染大气；电锯、电刨噪声排放；锯末屑丢弃污染土地。

25.3 材料要求

25.3.1 实木地板面层采用条材和块材实木地板或采用拼花实木地板,以空铺或实铺方式在基层(楼层结构层)上铺设而成。

25.3.2 实木地板面层可采用单层木地板面层或双层木地板面层铺设,这种面层具有弹性好、导热系数小、干燥、易清洁和不起尘等性能,是一种较理想的建筑地面材料。

25.3.3 单层木板面层是在木搁栅上直接钉企口木板;双层木板面层是在木搁栅上先钉一层毛地板,再钉一层企口木板。

25.3.4 拼花木板层是用加工好的拼花木板铺钉于毛地板上或以沥青胶结料(或以胶粘剂)粘贴于毛地板、水泥类基层上铺设而成。

25.3.5 企口木板应采用不易腐朽、不易变形开裂的木材制成,顶面刨平、侧面带有企口的企口木板,其宽度不应大于120mm。厚度应符合设计要求。

25.3.6 拼花木板。拼花木板多采用质地优良、不易腐朽的硬杂木材制成,由于多用短狭条相拼,故不易变形、开裂,一般选用水曲柳、核桃木、柞木等树种。拼花木板的常用尺寸为:长250~300mm、宽30~50mm、厚18~23mm。其接缝可采用企口接缝、截口接缝或平头接缝形式。

25.3.7 毛地板。毛地板材质同企口板,但可采用钝棱料,其宽度不宜大于120mm。

25.3.8 毛地板、木搁栅、垫木等用材树种和规格以及防腐处理,均应符合设计要求。

25.4 人员要求

25.4.1 机械操作人员必须有与所操作机械相应的操作证,车辆驾驶必须有相应的驾驶证。

25.4.2 施工人员应经环境管理的培训,掌握相应的环境保护管理知识,木工车间地板制作人员具有相应的消防知识,锯末木屑随时清理回收。

25.4.3 地板铺设人员应为专业性人员,技术级别为4级以上。

25.4.4 油漆打蜡操作人员均在4级以上。

25.4.5 仓库保管人员应经环境管理培训,掌握相应的环境保护管理和消防管理知识。

25.5 设备设施要求

25.5.1 电动工具应选择低耗能低噪声产品,如:冲击钻;手枪钻 $\phi 6$;手提电圆锯;小电刨、平刨、压刨、台钻、地板磨光机、砂袋机。

25.5.2 电动工具要及时维修、保养,避免使用运作状态不好的设备而加大能耗和噪声污染。

25.6 过程控制要求

25.6.1 控制木板含水率是确保实木地板面层施工质量的一个关键性的技术措施,木材须经烘干,含水率应符合当地平衡含水率值,含水率超过规定值会发生施工质量事故,造成返工,浪费木材资源和电力能源。木材烘干车间尽量减少烟尘的排放,如采用电能烘干,应采取节电措施。

25.6.2 木工机械一般噪声较大,应通过检修保持在良好的运行状态中,尽量减小噪声的排放。

25.6.3 木地板加工后的锯末、木屑随时回收统一处置。

25.6.4 拼花木板所用的胶粘剂应有防水和防菌功能,并符合环保要求。

25.6.5 铺设前应预先在墙面上弹好+500mm的水平标高控制线,民用建筑工程室内装修中所使用的木地板及其他木质材料,严禁采用沥青防腐、防潮处理剂。

25.6.6 木搁栅应做防腐处理,施工现场应设置防腐油浸泡槽,浸泡槽基底于四壁做防渗处理,以免污染土地。

25.6.7 用沥青玛琋脂铺贴拼花木板或用胶粘剂铺贴薄型拼花木板面层时均应妥善保管和使用胶结材料,重点进行火灾的预防,准备灭火器材,作业班组至少不少于2只灭火器。

25.6.8 刨花及下脚料及时地清理回收。

25.6.9 涂油和上蜡工序应待室内装饰工程完工后进行,其包装物及时回收。

25.7 监测要求

25.7.1 实木地板面层所采用的木材出材率不低于相关规定,以保证木材资源的充分利用。

25.7.2 噪声监测:木工机械噪声排放昼间不大于75bB,夜间不大于55bB,每月不少于一次检测,噪声应控制在规定范围之内,日常应每天进行监听,异常情况应加密检测次数。

25.7.3 木搁栅防腐不污染土地。

26 实木复合地板面层

26.1 作业流程

26.1.1 粘贴式作业流程

基层清理→弹线找平→铺地垫→铺设实木复合地板→检查验收。

26.1.2 单层条式作业流程

基层清理→弹线找平→安装木龙骨→填充轻质材料→铺设实木复合地板→安装踢脚板→检查验收。

26.1.3 双层条式作业流程

基层清理→弹线找平→安装木龙骨→铺毛地板→铺防潮垫→铺设实木复合地板→安装踢脚板→检查验收。

26.1.4 架空式作业流程

基层清理→弹线找平→砌龙骨墙→铺垫木→安装木龙骨→设置剪刀成撑→铺毛地板→铺设实木复合地板→安装踢脚板→检查验收。

26.2 环境因素

26.2.1 原材料:木材的资源消耗;胶粘剂、沥青有毒气体排放污染大气;油漆苯、甲醛释放污染大气。

26.2.2 材料运输和施工:材料车辆运输扬尘排放、噪声排放;水电能源消耗;电锯、电刨噪声排放;锯末木屑丢弃污染土地。

26.2.3 火灾等紧急情况下产生的其他环境因素。

26.3 材料要求

26.3.1 实木复合地板应是以面层采用优质木材配以符合国家标准的绿色环保产品的芯板板材为原料,经运用技术配方科学的结构层加工而成。

26.3.2 实木复合地板面层的条材和块材应采用具有商品检验合格的产品,其技术等级及质量要求,应符合国家现行的标准和企业标准的规定。

26.3.3 实木复合地板块的面层应采用不易腐朽、不易变形开裂的天然木材制成,结合各类地板的膨胀率、黏合度等重要指标数据之最优值,使其收缩膨胀率相对实木地板低得多,其宽度不宜大于120mm,厚度应符合设计要求。

26.3.4 木搁栅(木龙骨、垫方)和垫木等用材树种和规格以及防腐处理等均应符合设计要求。

26.3.5 实木复合地板宜选用研制高科技产品,以能克服各类实木地板收缩膨胀率高的缺点,具有防水防潮的特点。

26.4 人员要求

26.4.1 机械操作人员必须有与所操作机械相应的操作证,车辆驾驶必须有相应的驾驶证。

26.4.2 施工人员应经环境管理的培训,掌握相应的环境保护管理知识,胶粘剂使用人员具有相应的消防知识,化学包装物随时清理回收。

26.4.3 地板铺设人员应为专业性人员,技术级别为4级以上。

26.4.4 修理缺陷、打蜡操作人员技术级别不得低于5级。

26.4.5 仓库保管人员应经环境管理培训,掌握相应的环境保护管理和消防管理知识。

26.5 设备设施要求

26.5.1 电动工具应选择低耗能低噪声产品,如:冲击钻;手枪钻 $\phi 6$;手提电圆锯;手提电刨、平刨、压刨、台钻。

26.5.2 设备应定期维修、保养,使其处于完好状态,避免设备不合要求而加大能耗和噪声污染。

26.6 过程控制要求

26.6.1 实木复合地板所用的胶粘剂应有防水和防菌功能,并符合环保要求。

26.6.2 铺设前,应预先在墙面上弹好+500mm的水平标高控制线,人工合成板材应采用穿孔法测定游离甲醛含量,其分类限量如下:E1类的甲醛含量(mg/L)≤9.0;大于E2类(mg/L)的甲醛含量为:9.0mg/100g<甲醛含呈≤30 mg/100g。

26.6.3 木搁栅应做防腐处理,施工现场需设置防腐油浸泡槽,浸泡槽基底于四壁做防渗处理,以免渗漏污染土地。

26.6.4 实木复合地板面层可采用整贴法和点贴法直接在水泥类基层(面层)上施工,粘贴材料应采用具有耐老化、防水和防菌、无毒等性能的材料,民用建筑工程室内装修中所使用的木地板及其他木质材料,严禁采用沥青防腐、防潮处理剂。

如设计要求沥青玛琋脂或用胶粘剂铺贴实木复合地板面层时均应妥善保管和使用胶结材料,存储场所重点进行火灾的预防,配备足够的消防器具。

26.6.5　刨花及下脚料及时地清理回收。

26.6.6　涂油和上蜡工序应待室内装饰工程完工后进行,其包装物及时回收。

26.7　监测要求

26.7.1　实木复合地板面层所采用的条材和块材,其技术等级及质量要求应符合设计要求,木搁栅、垫木和毛地板等必须做防腐、防蛀处理。

26.7.2　实木复合地板面层产品游离甲醛释放量应符合现行国家标准《民用建筑工程室内环境污染控制规范》(GB 50325—2001)的规定。

26.7.3　噪声监测:每月不少于一次检测,噪声应控制在规定范围之内,日常应每天进行监听,异常情况应加密检测次数。

26.7.4　现场扬尘高度控制在 0.5m 以内,每班不少于目视检测一次。

27　中密度(强化)复合地板面层

27.1　作业流程

基层清理→弹线找平→砌龙骨墙→铺垫木→安装木龙骨→设置剪刀撑→铺毛地板→铺设实木复合地板→安装踢脚板→检查验收。

27.2　环境因素

27.2.1　原材料:木材的资源消耗;胶粘剂、沥青有毒气体排放污染大气;油漆苯、甲醛释放污染大气;中密度(强化)复合地板苯、甲醛释放污染大气。

27.2.2　材料车辆运输扬尘排放、噪声排放;水电能源消耗;电锯、电刨噪声排放;锯末木屑丢弃污染土地。

27.2.3　火灾、中毒、窒息等紧急情况下产生的其他环境因素。

27.3　材料要求

27.3.1　中密度(强化)复合地板是以一层或多层专用纸浸渍热固性氨基树脂,铺装在中密度纤维板的人造板基材表面,背面加平衡层,正面加耐磨层经热压而成的木质地板材,其适用范围同实木地板面层。

27.3.2　中密度(强化)复合地板面层的条材和块材应采用具有商品检验合格的产品,其技术要求、检验和检验方法和标志、包装、运输、储存等应符合现行国家标准《浸渍纸层压木质地板》(GB/T 18102—2000)的规定,用于公共场所的浸渍纸层压木质地板其耐磨转数≥9000 转;用于家居住宅的浸渍纸层压木质地板其耐磨转数≥6000 转。

27.3.3　中密度(强化)复合地板条(块)材应采用伸缩率低、吸水率低、抗拉强度高的树种做密度板的基材,并使复合地板各复层之间对称平衡,可自行调节消除环境温度,湿度变化,干燥或潮湿引起的内应力以达到耐磨层、装饰层、高密度板层及防水平衡层的自身膨胀系数很接近,避免了实木地板经常出现的弹性变形、振动脱胶及抗承重能力低的缺点。

27.3.4　木搁栅(木龙骨、垫方)、木工板等用材和规格以及防腐处理等应符合设计要求。

·27.3.5　为达到最佳防潮隔声效果,中密度(强化)复合地板应铺设在聚乙烯膜地垫上,而不适合直接铺在水泥类地面上。

27.3.6　胶水应采用防水胶水,杜绝甲醛释放量的危害。

27.4　人员要求

27.4.1　机械操作人员必须有同机械相应的操作证,车辆驾驶必须有相应的驾驶证。

27.4.2　施工人员应经环境管理的培训,掌握相应的环境保护管理知识,胶粘剂使用人员具有相应的消防知识,化学包装物随时清理回收。

27.4.3　地板铺设人员应为专业性人员,技术级别为4级以上。

27.4.4　修理缺陷、打蜡操作人员技术级别不得低于5级。

27.4.5　仓库保管人员应经环境管理培训,掌握相应的环境保护管理和消防管理知识。

27.5　设备设施要求

27.5.1　设备要求:选用噪声低的电刨、手提钻、电锯等。

27.5.2　其他器具:刮刀(铲刀)、橡皮(木)锤、锤子、螺丝刀、量具等。

27.6　过程控制要求

27.6.1　中密度(强化)复合地板所用的胶粘剂应有防水和防菌功能,并符合环保要求。

27.6.2　铺设前,应预先在墙面上弹好+500mm的水平标高控制线,人工合成板板材应采用穿孔法测定游离甲醛含量。

27.6.3　木搁栅应做防腐处理,施工现场应设置防腐油浸泡槽,浸泡槽基底于四壁做防渗处理,以免污染土地。

27.6.4　中密度(强化)复合地板面层可直接铺设在水泥砂浆面层(应满铺地垫)或防腐的木搁栅、木工板上,中密度(强化)复合地板面层切割后剩余边角料即时回收。

27.6.5　将胶水均匀连续地涂在两边的凹企口内,以确保每块地板之间紧密贴结。

27.6.6　中密度(强化)复合地板面层完工后,应保持房间通风,夏季24h,冬季48h后方可正式使用。

27.7　监测要求

27.7.1　中密度(强化)复合地板面层所采用的材料,其技术等级及质量要求应符合设计要求,木搁栅、垫木和毛地板等应做防腐、防蛀处理。

27.7.2　其产品游离甲醛释放量应符合现行国家标准《民用建筑工程室内环境污染控制规范》(GB 50325—2001)的规定。

27.7.3　E1类浸渍纸层压木质地板,甲醛释放量≤9mg/100g。

27.7.4　E2类浸渍纸层压木质地板,甲醛释放量≤30mg/100g。

27.7.5　噪声监测:每月不少于一次检测,噪声应控制在规定范围之内,日常应每天进行监听,异常情况应加密检测次数。

27.7.6　现场扬尘高度控制在0.5m以内,每班不少于目视检测一次。

28　竹地板面层

28.1　作业流程

基层清理→测量弹线→铺设木搁栅→铺设毛地板→铺设面层地板→镶边→地面清理

→检查验收。

28.2 环境因素

28.2.1 原材料：原材的资源消耗；固化剂有毒气体排放污染大气；油漆苯、甲醛释放污染大气。

28.2.2 材料运输和施工：材料车辆运输扬尘排放、噪声排放；水电能源消耗；机械加工噪声排放；锯末木屑丢弃污染土地。

28.2.3 火灾、中毒、窒息等紧急情况下产生的其他环境因素。

28.3 材料要求

28.3.1 竹地板块的面层应选用不腐朽、不开裂的天然竹材，经加工制成侧、端面带有凸凹榫（槽）的竹板块材。

28.3.2 木搁栅（木龙骨、垫方）和垫木等用材树种和规格以及防腐处理等均应符合设计要求。

28.3.3 竹地板面层的竹条材和竹块材应是具有商品检验合格的产品，其技术等级、质量要求及环保的要求。

28.4 人员要求

28.4.1 机械操作人员必须有同机械相应的操作证，车辆驾驶必须有相应的驾驶证。

28.4.2 施工人员应经环境管理的培训，掌握相应的环境保护管理知识，木工车间地板制作人员具有相应的消防知识，锯末木屑随时清理回收。

28.4.3 地板铺设人员应为专业性人员，技术级别为4级以上。

28.4.4 油漆打蜡操作人员均在5级以上。

28.4.5 仓库保管人员应经环境管理培训，掌握相应的环境保护管理和消防管理知识。

28.5 设备设施要求

28.5.1 设备要求：选用噪声低的电刨、手提钻、电锯等。

28.5.2 施工机具要定期保养、维修，使其始终处于完好状态，避免使用不符合要求的机具导致能耗加大，噪声排放加大。

28.6 过程控制要求

28.6.1 认真做好楼、地面的清扫工作，减少粉尘的排放。

28.6.2 铺设前，应预先在室内墙面上弹好+500mm的水平标高控制线，以保证面层的平整度。

28.6.3 竹地板面层空铺或实铺方式的木搁栅、毛地板（木工板、多层板、中纤板等）应进行防腐处理。

28.6.4 在水泥类基层（面层）上铺设竹地板面层时，每块竹地板宜横跨5根木龙骨，采用双层铺设，即在木龙骨上满铺木工板、多层板、中纤板等，后铺钉竹地板。

28.6.5 铺设竹地板面层前，应在木龙骨间撒布生花椒粒等防虫配料，每平方米撒放量控制在0.5kg。

28.6.6 铺设前，应在竹条材侧面用手电钻钻眼；铺设时，先在木龙骨与竹地板铺设处涂少量地板胶，后用1.5寸的螺旋钉钉在木龙骨位置实施拼装，地板胶应符合环保要求。

28.7 监测要求

28.7.1 竹地板面层所采用的材料,其技术等级和质量要求应符合设计要求,木搁栅、毛地板和垫木等应做防腐、防蛀处理。

28.7.2 竹地板面层必须符合国家现行行业标准(竹地版)(LY/T 1573)的规定。其产品游离甲醛释放量应符合现行国家标准《民用建筑工程室内环境污染控制规范》(GB 50325—2001)的规定。

28.7.3 噪声监测:每月不少于一次检测,噪声应控制在规定范围之内,日常应每天进行监听,异常情况应加密检测次数。

28.7.4 现场扬尘高度控制在0.5m以内,每班不少于目视检测一次。

28.7.5 及时回收边角料和包装物,施工现场清洁。

第15章 抹灰砌筑作业

0 一般规定

0.1 施工单位应遵守有关环境保护的法律法规要求及其他要求,并采取有效措施控制施工现场的各种粉尘、废弃物、噪声、水污染、光污染、振动等对周围环境造成的污染和危害。

0.2 环境目标、文明施工和减少环境因素的影响满足环境规定要求、具体环境管理指标。

0.2.1 噪声控制

装修施工:白天<65dB,夜间<50dB;

砌筑施工:白天<75dB,夜间<55dB(夜间指晚22:00~早6:00)。

0.2.2 现场粉尘排放控制

施工现场排放达到目测无尘的要求,现场主要运输道路硬化率达到100%。

0.2.3 运输遗洒控制

确保运输无遗洒,上城市道路车辆无带泥现象发生。

0.2.4 生产污水的排放

生产污水的排放必须设置沉淀池,保证清水排入下水道中。

0.2.5 施工现场夜间无光污染

施工现场夜间无光污染,施工现场夜间照明不影响周围社区,夜间施工照明灯罩的使用率达到100%。

0.2.6 固体废弃物处置

施工现场做到工完场清,建筑垃圾分类由装袋运至指定地点,集一个运输单位后,交当地环卫部门清运,运输车要封闭,车子出场时车轮不得带泥。在出场的大门处设汽车清洗池,清洗干净后再出场。

0.3 施工现场的环境要求还应符合当地环保及文明施工要求中的各项规定。

1 一般抹灰作业

1.1 工艺流程

基层清理→浇水湿润→贴饼冲筋→抹底灰→抹中层灰→抹罩面灰。

1.2 环境因素(表15-1)

表15-1

序号	环境因素	环境因素产生的原因
1	扬尘	袋装水泥堆放、散装水泥装罐、散装水泥装小车运输、散装水泥上料、袋装水泥上料、装卸石灰、淋石灰、装卸石膏粉、装卸粉煤灰、剔凿墙面、清理现场建筑垃圾、砂子堆放、筛砂作业、施工道路未硬化

续表

序号	环境因素	环境因素产生的原因
2	噪声	搅拌机、搅拌机带病作业、架子搭设、大声喧哗、凿墙面、敲打搅拌机料斗、施工人员大声喧哗
3	水污染	淋白灰、搅拌机清洗污水
4	固体废弃物污染	淋石灰产生的灰渣、水泥块、石膏块、废弃砂浆、剔凿的建筑垃圾、胶粘剂包装盒、砂浆报废
5	油品泄漏	机械漏油
6	光污染	夜间施工照明
7	有害气体	油棉纱焚烧、火灾
8	遗洒	石灰车运输、粉煤灰运输、小推车及机动翻斗车运砂浆、石灰膏运输、水泥运输
9	紧急情况产生的环境因素	突然停水停电造成砂浆废弃；突刮大风产生扬尘；大雨冲刷墙面砂浆流淌造成污染

1.3 材料要求

1.3.1 水泥

1.3.1.1 袋装水泥进场时,应全部放入水泥库中,不得任意的堆放在露天平台,若有堆放在露天平台上的,要采用雨布覆盖,防止大风吹起扬尘污染环境。

1.3.1.2 水泥进场应入库,库房应浇筑混凝土地面,在混凝土地面上架空20cm满铺木跳板,再铺一层塑料布。顶棚禁止漏雨,水泥现场存放时,也应按上述措施,搭设防潮地面,且水泥应采用雨布覆盖以防雨淋。

1.3.1.3 散装水泥:罐车进入工地卸入贮存罐时,要有防扬尘措施。散装水泥进行搅拌时,后台人员应严格的按规程操作。

1.3.1.4 水泥运输车出场时,车厢内要清理干净,防止出场后扬尘。

1.3.1.5 水泥运输车出场时,车轮禁止带泥上路,造成粉尘排放。

1.3.1.6 大风天,水泥要覆盖严密并加强压固,防止大风把雨布刮起。

1.3.2 石灰

1.3.2.1 施工现场在淋石灰膏时,应注意现场的环境保护,石灰在现场装卸后,应用雨布进行覆盖,防止大风掀起扬尘。

1.3.2.2 淋石灰水不应排入污水管道,应用罐车拉入指定地点排放。

1.3.2.3 淋石灰产生的灰渣,不得随意丢弃,更不得任意排放。淋灰池要求不渗漏,防止污染土地。

1.3.2.4 四级风以上的天气,应严格禁止淋灰作业,防止扬尘。

1.3.2.5 施工现场中所使用的石灰膏及石灰粉最好选用成品,一般不在施工现场进行生石灰熟化作业,保证现场环境。

1.3.2.6 成品石灰膏运输车必须用密闭的箱斗,防止沿途洒漏。

1.3.2.7 成品石灰膏运输车出现场时,必须把灰膏清净,石灰膏残留不带到路上。

1.3.2.8 大风天,石灰膏要覆盖严密并加强压固,防止大风把雨布刮起。

1.3.3 石膏

石膏进场应入库,并应采取防潮、防雨措施。以免吸潮结块,浪费资源。防潮防雨措施为库房应浇筑混凝土地面,在混凝土地面上架空20cm满铺木跳板,再铺一层塑料布,顶棚禁止漏雨。

1.3.4 粉煤灰

粉煤灰在现场装卸后,应用雨布进行覆盖,防止大风掀起扬尘。

1.3.5 粉刷石膏

粉刷石膏进场应入库,并应采取防潮、防雨措施,以免吸潮结块,浪费资源。

1.3.6 砂子

1.3.6.1 施工中砂的材料采用粒径在0.35～0.5mm的中砂,控制扬尘。

1.3.6.2 砂子进入现场后应堆放在有三面240mm砖墙抹1:3砂浆(高50cm)围护的池中,并应覆盖双层密目网,上下层接口处相互错开不少于500mm,网与网之间搭接不少于20cm,确保覆盖严密控制扬尘。

1.3.6.3 四级风以上的天气,应严格禁止筛砂作业,以免扬尘。

1.3.6.4 大风天,砂料要加强覆盖,并应在砂子表面洒水,增加砂的含水率减少扬尘。

1.3.7 麻刀、纸筋、玻璃纤维

1.3.7.1 麻刀

麻刀进入现场后应进行装袋,不得散乱堆放,弹制麻刀时应在围挡内进行。

1.3.7.2 纸筋

纸筋进入现场后应进行装袋,不得散乱堆放,浸泡纸筋时,不许扬洒,及时浇水。

1.3.7.3 玻璃纤维

玻璃纤维进入现场后应入库,不得散乱堆放,玻璃纤维对人皮肤有刺激作用,并污染土地,严禁玻璃纤维飞扬。

1.3.8 水

施工现场严禁长流水,提倡使用节能水龙头,防止跑、冒、滴、漏;搅拌站应设置沉淀池,沉淀池采用水泥砂浆抹面,防止污染地下水,经沉淀处理的水可以用作养护水。

1.3.9 外加剂

采用的外加剂必须符合环保要求,包装物不得随意丢弃,由物资管理部门统一回收。施工砂浆采用外加剂时,外加剂中碱含量应符合要求。

1.4 人员要求

1.4.1 机械员、材料员、计量员、试验员必须持证上岗。

1.4.2 施工前,必须由项目技术人员对施工人员进行环境交底,以掌握施工中对环境因素的控制方法及要求。

1.4.3 抹灰工人中,中、高级工人不少于70%,并应具有同类工程的施工经验。

1.4.4 机械操作人员应经过培训,掌握相应机械设备的操作要求后方可进行机械操作,避免因人的操作技能不符合操作规程造成机械设备事故:漏油、设备部件报废、浪费资源,污染环境。

1.4.5 其他施工人员操作前应进行环境交底,掌握操作要领和环境控制要求,避免因人的不掌握环境控制措施造成噪声排放、扬尘、废弃物、废水而污染环境。

1.5 设备设施要求

1.5.1 砂浆搅拌机必须符合《建筑机械使用安全技术规程》JGJ 33 的要求,施工中应定期进行检查,保证搅拌机的运行,噪声控制在当地有关部门规定的范围内。

1.5.2 纤维-石灰混合磨碎机及粉碎淋灰机下及灰池必须硬化并设围沿,地面浇 5cm 厚的 C15 混凝土,随打随抹光,围沿高 10cm,宽 8cm,地面四周应宽出机械 40cm,灰池底面比机下地面低 10cm,沿上表面一平,灰池长×宽为 1m×1m。

1.5.3 抹灰施工过程所用的上述机械设备要保证完好,能够正常运行,在机械运行过程中注意噪声的控制,噪声排放符合 GB 12523—1990《建设施工场界噪声限制》的要求。

1.5.4 搅拌机上料斗上料要做到下料通畅,不要用锤敲打搅拌机斗下料,以防产生人为噪声。

1.6 过程控制要求

1.6.1 抹灰工程的分类和组成

一般抹灰分为:石灰砂浆、水泥砂浆、水泥混合砂浆、聚合物水泥砂浆、麻刀灰、纸筋灰、粉刷石膏等。

1.6.2 现场要求

1.6.2.1 施工现场使用或维修机械时,应设置接油盘,接油盘高 5cm,长宽应超出漏油部位四周 10cm,严禁将机油滴漏于地表,维修机械时,废弃的棉丝(布)等应集中回收处理,严禁现场随意丢弃或燃烧处理。

1.6.2.2 高处作业,清理现场施工垃圾时,严禁将垃圾杂物从窗口、洞口、阳台等处抛洒,以免造成固废粉尘污染。

1.6.2.3 使用现场搅拌站时,应设置施工污水处理设施,施工污水未经处理不得随意排放。建筑抹灰、水泥石灰及罩面纸筋灰、麻刀灰的搅拌应在设有密封围挡的设施中进行搅拌,防止大风将搅拌用的纸筋、麻刀、玻璃纤维吹散污染环境。

1.6.2.4 施工垃圾要分类堆放,严禁将垃圾随意堆放或抛洒。施工垃圾应由具有消纳资格的单位组织消纳,严禁随意消纳。

1.6.2.5 抹灰施工、砂浆在运输过程中,对于洒落的砂浆或其他的面层灰应有专人清理,不得在运输过程中洒落满地,无人管理。

1.6.2.6 施工现场夜间照明不影响周围社区,夜间施工照明使用灯罩。夜间施工除现场照明外,做到人走灯灭,节约用电。

1.6.2.7 机械操作人员应经过培训,掌握相应机械设备的操作要求后方可进行机械操作。避免因人的操作技能不符合操作规程造成机械设备事故:漏油、设备部件报废、浪费资源污染环境。

1.6.2.8 其他施工人员操作前应进行环境交底,掌握操作要领和环境控制要求,避免因人的不掌握环境控制措施造成噪声排放、扬尘、废弃物、废水而污染环境。

1.6.2.9 施工现场严禁大声喧哗,以控制人为噪声。

1.6.3 施工准备

1.6.3.1 材料准备

根据施工图纸计算抹灰所需材料数量,提出材料进场的日期,按照供料计划分期分批组织进场。做到不窝工,材料均衡进场,少占用堆料资源。

1.6.3.2 机具准备

施工机具进场必须进行检查,严禁带病作业,以免产生噪声及漏油等污染环境的因素。施工机具退场时,要把机具清理干净,以免运输途中洒漏污染地面。

1.6.3.3 技术准备

(1) 完成材料的试验和试配工作后,再施工,以免造成配比、材料不合格返工浪费资源。
(2) 组织结构工程验收以免程序不合格返工浪费资源。
(3) 抹灰工程施工应在主体结构工程验收合格后进行以免程序不合格返工。
(4) 抹灰前应检查水、电管线、配电箱是否安装完毕,是否漏项。
(5) 对安装好的门框,宜采用铁皮或板条进行保护。

1.6.4 过程控制要求

1.6.4.1 基层清理

清理抹灰基层时应用装喷头的水管提前洒水,在剔凿墙面多余的杂物时应注意扬尘。

基层清理剔凿时注意噪声的控制,根据施工现场所处的区域,在噪声敏感区禁止夜间施工。

清理下来的建筑垃圾,一是回收二次再利用,二是最后的建筑垃圾应按环卫部门指定地点堆放,不可随意丢弃。

混凝土基体处理加适量胶粘剂或界面剂时,胶粘剂或界面剂的性能应该无毒、无污染符合环保要求。

抹灰基层表面的灰尘、污垢和油渍等清理干净,以免粘结不牢、空鼓脱落造成返工产生扬尘、噪声、固体废弃物。

1.6.4.2 浇水湿润

浇水湿润时,管道连接要严密,浇水软管禁止弯压关水,应在软管前关闭阀门。

提倡用喷头浇水,不宜用胶管直接浇水。既节约用水,又减少水对地面、楼面积水。

1.6.4.3 贴饼冲筋

贴饼冲筋要综合考虑,减少剔凿量,找平、方正、垂直,使平均厚度最优,节约资源。

施工时应先做好接灰物的铺设及时回收利用。

1.6.4.4 抹底、中层灰

抹墙面灰前,应清理好墙下,铺设接灰物,落灰回收再用。

砂浆搅拌而产生的污水应设置沉淀池,必须经过两级沉淀的水才可排放到指定的地点,也可利用回收水洒水降尘。废弃的水泥袋或沉淀池清掏的废物应回收,储存在废弃物堆放场,集中一个运输单位后,交当地环卫部门清运处理,清运时,应使用密封车,防止垃圾遗洒污染土地。

砂浆运输车装砂浆时,应低于车帮 10~15cm,避免砂浆运输时遗洒污染地面,工地的砂浆必须放在灰槽或容器内,严禁倒在预制板、现浇板上、土地上。以免污染环境。

砂浆在拌制过程中,应随拌随用,保证计量准确,避免配合比不正确造成返工,浪费水电和其他资源,或拌制过多,砂浆初凝未使用,造成砂浆废弃。

砂浆拌制时,四级风以上天气禁止作业,预防扬尘污染环境,拌砂浆倒水泥时,水泥袋应放在集料斗内打开水泥袋,并轻轻抖水泥袋,将水泥抖进后再移开,防止扬尘和水泥遗洒污染土地。

散热器背后的墙体抹灰应在散热器安装前进行,避免因工序不合理造成污染。

管道背后应及时清理干净,做到活完底清。避免因施工质量返工,浪费资源。

外墙抹灰作业时,应铺设好接灰物,以便落地灰及时回收再利用。

抹完灰后,注意喷水养护,防止空鼓裂缝,造成返工。

抹顶棚底灰时,在顶板混凝土湿润的情况下,先刷108胶素水泥浆一道,随刷随打底,防止空鼓脱落,返工重做。

1.6.4.5 抹罩面灰

粉刷石膏面时,现用现拌制,避免石膏硬化而未使用完,造成浪费。不得将剩余的材料随意丢弃造成污染。

做好成品保护,避免交叉污染,避免维修清铲对环境的污染。

抹灰过程中,应及时修整预留洞口、电气槽盒及管道周边,一次成活,不留破活,避免维修清凿对环境的污染。

施工完闭后,应将施工工具及时清洗干净,保持工具完好再用,节约再次投入资源,废弃的工具及时回收,不可随意丢弃,污染环境。

1.6.5 季节施工

1.6.5.1 冬期抹灰应采取保温措施,抹灰时,砂浆的温度不宜低于5℃,气温低于0℃,不宜进行冬期抹灰,以免受冻返工浪费资源。

1.6.5.2 气温低于5℃时,室外不宜抹灰,做油漆或涂料墙面的抹灰层,不得掺入食盐和氯化钙。造成油漆或涂料墙面花脸而返工。

1.6.5.3 石灰膏要采取保温措施,以免受冻不能使用,造成资源浪费。

1.6.5.4 冬期施工最好采用暖气采暖,不用烧煤炉采暖。

1.6.5.5 现场要编制火灾应急预案,配备好消防器材,做好应急准备。

1.6.5.6 采用冷作业法时,防冻剂应该符合环保要求,禁止使用国家明令禁止的原材料做外加剂。

1.6.5.7 外加剂应专人配制和使用,对掺外加剂的操作人员应组织专门的环保和安全等技术培训,学习本工作范围内的有关知识,明确职责,经考试合格后,方准上岗工作,避免因操作不当造成环境污染。

1.6.5.8 采用亚硝酸钠做外加剂的,要严加保管标识清楚,防止发生误食中毒。

1.6.5.9 冬期施工为防止灰层早期受冻造成返工浪费资源,砂浆内不掺石灰膏,可用粉煤灰代替。

1.6.5.10 室外墙面抹灰时,应事先用塑料布遮挡在抹灰操作面上方,室内抹灰时要事先做好屋面防水,再抹灰,防止抹灰层终凝前受雨淋而损坏,造成返工。

1.6.5.11 108胶冬期要采取保温措施,防止受冻不能使用,造成资源浪费。

1.7 监测要求

1.7.1 实施前

1.7.1.1 检查现场主要道路是否硬化,主要道路硬化率宜达到100%。
1.7.1.2 检查照明灯罩的配备,灯罩配备率应达到100%。
1.7.1.3 检查机械设备是否完好,禁止带病作业。
1.7.1.4 检查搅拌站是否设有沉淀池,沉淀池设溢流水管。
1.7.1.5 检查冬雨期施工是否制定了防冻、防雨措施,是否准备了防冻防雨材料。

1.7.2 实施过程中

1.7.2.1 墙面剔凿时,应随时检查是否洒水湿润,由项目环保员、施工员巡视,目测无扬尘为合格。
1.7.2.2 检查施工道路是否洒水湿润,目测10m内无扬尘方符合要求。
1.7.2.3 每天应至少二次巡视检查机械设备维修保养情况,施工现场噪声控制按《建筑施工场界噪声测量方法》GB 12524—90的要求进行监测;搅拌机沉淀池污水是否清水排放,污浊水严禁排放,对于饮用水源处、风景区施工地区污水排放中BOD_5、SS、pH等必测项目应由环保部门进行检测,检测合格后,方可排出。

1.7.3 实施后

1.7.3.1 检查固体废弃物是否交当地环保部门清运处理。
1.7.3.2 检查机械设备是否清理干净,是否按期进行维修保养。
1.7.3.3 检查水泥、石灰、石膏、砂子等是否进行了覆盖,目测施工操作现场是否做到工完场清。
1.7.3.4 沉淀池清掏每5天一次,清掏的废弃物是否分类堆放,是否交当地环保部门清运处理。

2 砖砌体作业

2.1 工艺流程

砖的选用及加工→基层清理、定位放线→砂浆配制→排砖撂底、墙体盘→立杆挂线→砌墙→检查验收并转入下一循环。

2.2 环境因素(表15-2)

表15-2

序号	环境因素	环境因素产生的原因
1	扬尘	水泥、砂子、粉煤灰、砖等材料装卸堆放、砖加工、基层及固体废弃物清理、返工剔凿、拌制砂浆投料
2	噪声	砖加工、砂浆搅拌、架子搭设、大声喧哗、返工剔凿
3	水污染	搅拌站污水、砖湿润污水、运输车辆、灰槽清洗污水、基层及固体废弃物清理时产生污水

续表

序号	环境因素	环境因素产生的原因
4	固体废弃物污染	废砖头、废弃砂浆、剔凿的建筑垃圾
5	油品泄漏	机械漏油
6	光污染	夜间施工
7	有害气体	油棉纱焚烧、防腐木砖及仓库失火
8	紧急情况时	突然停水停电造成砂浆废弃、突刮大风产生扬尘、下大雨淋墙面砂浆流淌造成污染

2.3 材料要求

2.3.1 水泥、粉煤灰、外加剂

2.3.1.1 水泥、粉煤灰、外加剂进场后应进行复试,其成分中不得含有影响环境的有害物质。

2.3.1.2 袋装水泥、粉煤灰、外加剂宜在库内存放。库内地面应为混凝土地面,并在堆放水泥、粉煤灰的位置上,架空20cm满铺木跳板,跳板上铺设苫布,同时库房屋面应不渗漏,以防材料受潮、受雨淋结块不能使用或降级使用造成浪费。

2.3.1.3 若袋装水泥、粉煤灰、外加剂在现场露天存放,则地面应砌三皮红砖,并抹5cm厚1:3水泥砂浆,且水泥上应覆盖防雨布,以防雨淋受潮材料废弃。

2.3.1.4 散装水泥必须在密封的罐装容器内存放,以防大风吹起扬尘污染环境。

2.3.1.5 遇大风天气,露天存放的水泥应加强覆盖工作,避免大风将防雨布刮起产生扬尘。

2.3.2 砂子要求

2.3.2.1 砌筑用砂宜采用中砂,砂子中不得含有有害物质及草根等杂物。砂子进场后,应堆放在三面砌240mm厚、500mm高,外抹1:3水泥砂浆的围护池中,并用双层密目安全网覆盖。密目网上下层接缝处相互错开不小于500mm,密目网搭接时,搭接长度不小于20cm,确保覆盖严密以防风吹扬尘。

2.3.2.2 四级风以上天气,禁止进行筛砂作业,以免扬尘。

2.3.2.3 遇大风天及干燥天气,应经常用喷雾器向砂子表面喷水湿润,增大表面砂子的含水率,以控制扬尘。

2.3.3 石灰膏及石灰粉

石灰膏及石灰粉宜选用成品,以免现场进行熟化作业时污染周边环境,且其成分中,不得含有影响环境的物质。

2.3.4 砖

2.3.4.1 砖进场后应有出厂合格证,并经复试,不含影响环境的有害物质后方可使用。

2.3.4.2 砖砌体常用砖有烧结普通砖、烧结多孔砖、蒸压灰砂砖、蒸压粉煤灰砖等,考虑到为节省耕地的目的,砌筑用砖尽量不采用烧结普通砖。

2.3.4.3 砖在运输、装卸时,严禁倾倒和抛掷,应由人工用专用夹子夹起,轻拿轻放码放整齐,避免材料损坏,产生固体废弃物。

2.3.5 水

2.3.5.1 拌制砂浆用水,必须符合现行行业标准 JGJ 63—89《混凝土拌合用水标准》的规定。

2.3.5.2 现场临时道路洒水、浸泡砖用水、基层清理用水可用沉淀池沉淀后无有害物质污染的水,以节约水资源。

2.3.5.3 现场材料堆放时,应严格按照施工平面布置图来布置,应做到堆放整齐有序,并应符合当地文明施工的要求。

2.4 人员要求

2.4.1 搅拌机械操作人员应经过培训,掌握搅拌机的操作及维修保养要求后,方可进行机械操作。避免由于人的因素造成搅拌机故障产生漏油、设备部件损坏等污染环境浪费资源的现象。

2.4.2 材料员、计量员均持证上岗。材料员必须掌握材料堆放、装卸时环境因素的控制方法;计量员必须掌握砂浆拌制时各种材料的允许偏差,以保证施工中计量准确,避免配合比不正确造成返工,浪费水电和其他资源。

2.4.3 砌筑工人中,中、高级工人不少于70%,并应具有同类工程的施工经验。砌筑作业前,应由项目技术员对砌筑工人进行环境交底,使工人掌握砌筑过程中环境控制的要求及方法,避免因人的原因造成环境污染。

2.4.4 现场所有人员在施工前应掌握操作要领和环境控制要求,避免因人的不掌握环境控制措施造成噪声排放、扬尘、废弃物、废水而污染环境。

2.5 设备要求

2.5.1 砌筑作业使用的机械设备应选用噪声低、能耗低的设备,避免使用时噪声超标,耗费能源。施工中,机械设备应加强检修和维护,防止油品泄漏造成污染。维修机械和更换油品时,必须配置接油盘、油桶和塑料布,防止油品洒漏在地面或渗入土壤。应随即清理搅拌机。清理的杂物以袋装运至指定地点集中清运。油棉纱、废弃油桶及塑料布应集中处理,严禁现场焚烧污染空气。每一作业班结束后,应随即清理搅拌机。清理的杂物以袋装至指定地点集一个运输单位后,交环保部门统一清运。

2.5.2 搅拌站四周应封闭,以减少噪声排放,且地面要进行硬化处理,硬化采用5cm厚C15混凝土随打随抹光,以防污水污染地面。搅拌站处沉淀池每3~5天要清掏一次,以免时间过长,杂物沉积过多,影响污水的沉淀效果。清掏后的杂物应由不渗漏的袋子装运至指定地点交由环保部门集中清运。

2.5.3 砂浆运输车辆、灰槽应完好不渗漏,以免运输时污染地面。灰车、灰槽用完后,及时清洗。清洗应在搅拌站处集中进行,且应边清洗边将污水清扫到沉淀池,避免污水四溢污染周边环境,污水经两级沉淀后排出。

2.5.4 向现场运送材料的车辆,应密封严禁,以防运输途中,材料遗洒污染城市道路。由施工现场上路前,必须在施工出入口处的车辆冲洗处将车辆轮胎冲洗干净后,方可出门上路。车辆冲洗污水必须流入沉淀池沉淀后方可排出,以防污水四溢污染地面。

2.5.5 水准仪、经纬仪、钢卷尺、线坠、水平尺、磅秤、砂浆试模等工具配备齐全,且各器具均经检定合格,以确保施工精度,避免质量不合格造成返工浪费材料。

2.6 过程控制要求

2.6.1 砖的选用及加工

2.6.1.1 选砖

用于清水墙、柱的砖,应选用边角整齐、色泽均匀的砖,以避免墙体因达不到外观效果而返工,产生噪声、扬尘、固体废弃物,浪费人力及材料。

2.6.1.2 砖加工

砌筑非90°的转角处及圆柱或多角柱的砖,应按排砖方案加工切角砖或弧形砖,砖加工时,应用云石机切割,以保证加工出的砖边角整齐,加工场地应在由隔间板围护起来的专用房间内进行,以减少噪声及粉尘外扬。操作工人应穿长袖工作服,戴好手套和口罩,必要时,还应戴耳塞,以减少噪声对工人的伤害。

2.6.1.3 废弃物处置

切割出的边角废料清理时,应先用喷雾器洒水湿润后,再用袋子集中清运至指定地点,集一个运输单位后集中交环保部门清运。

2.6.1.4 砖润湿

砌筑用砖应提前1~2d浇水湿润。浇水湿润应在搅拌站处集中进行,以保证浇水时产生的污水不四溢,且经沉淀池沉淀后排出。砖的含水率宜为10%~15%,以避免因含水率过大而增大砂浆的流动性产生砂浆流淌使墙面污染。

2.6.2 定位放线

定位放线时,应保证其尺寸正确,并使其尺寸偏差尽量控制在负偏差允许范围内,以节约材料用量。

2.6.3 基层清理

基层清理时,应先用喷雾器洒水湿润,以节约用水,减少扬尘,同时避免地面因洒水不当产生泥泞污染地面。清理的杂物以袋装运至指定地点,集一个运输单位后交环保部门统一清运。

2.6.4 砂浆配制

2.6.4.1 砂浆拌制时,四级风以上天气禁止作业,预防扬尘污染环境。

2.6.4.2 向料斗内倒水泥等粉状料时,应将粉料袋子放在料斗内时,再开袋,并轻抖袋子,将粉状料抖落干净后再移开。

2.6.4.3 砂浆拌制,应随拌随用,避免拌制过多,砂浆初凝未使用而造成砂浆废弃。

2.6.4.4 外加剂配制应由专人在专用容器内配制,严格控制外加剂掺用量,且配备人员应穿长袖衫,戴好手套及口罩。

2.6.4.5 砂浆运输车装运砂浆时,应低于车帮10~15cm,避免砂浆运输时遗洒污染地面。砂浆运至指定地点后,应装入灰槽等容器内,严禁倾倒在地上,以免污染环境。

2.6.4.6 搅拌砂浆时产生的污水应经两级沉淀池沉淀后方可排到指定地点或进行二次利用。

2.6.4.7 清掏沉淀池的废弃物及水泥袋等应集中回收,储存在废弃物堆场集一个运输单位后,交当地环卫部门集中清运处理,清运时,应使用密封车,防止垃圾遗洒污染土地。

2.6.5 排砖撂底、墙体盘角

2.6.5.1 排砖撂底:基础转角处、交接处,应加砌配砖(3/4砖、半砖或砖),以避免通缝返工产生扬尘、噪声及固体废弃物。墙体应根据弹好的门窗洞口位置线,认真核对窗间墙、垛尺寸,其长度应符合排砖模数,如不符合模数时,可将门窗口的位置左右移动。若有破活,七分头或丁砖,则应排在窗口中间,附墙垛或其他不明显的部位,以保证墙体外型整齐美观。

2.6.5.2 盘角:砌砖前应先盘角,每次盘角不要超过五层,新盘的大角要及时吊、靠,如有偏差及时修整。以免误差积累日后返工产生扬尘、噪声及固体废弃物,浪费人力及材料。

2.6.6 立杆挂线

2.6.6.1 皮数杆的设置,应用红、白松方木制成,且材质应干燥、无疤痕、无劈裂,表面刨光,使人感到整洁。皮数杆的断面尺寸应根据建筑物的层高确定,一般为40mm×40mm~60mm×60mm。不应过大,以免浪费木材。

2.6.6.2 挂线:砌筑240mm墙反手挂线,370mm及以上墙必须双面挂线,若墙长几人使用一根通线,则每隔10m设一支线点,砖柱施工要四面挂线,当多根柱子在同一轴线上时,要拉通线检查纵横柱网中心线,每层砖都要穿线看平,以保证墙体水平灰缝均匀一致,避免因灰缝质量不合格而影响砌体抗压强度造成返工,产生噪声、扬尘、固体废弃物,浪费人力及材料。

2.6.7 砌筑

2.6.7.1 砌筑时,铺浆长度不得超过750mm,若施工期间气温超过30℃,铺浆长度不得超过500mm,以保证砌体强度,避免因强度不合格而剔凿返工,产生扬尘、噪声、固体废弃物,浪费人力及材料。

2.6.7.2 留槎:砖砌体的转角处和交接处应同时砌筑,对不能同时砌筑而又必须留置的临时间断处应砌成斜槎,斜槎水平投影长度不应小于高度的2/3,槎子必须平直、通顺以避免砌体结构因整体性和抗震性不符合要求返工造成材料、人力的浪费,并产生环境污染。非抗震设防及抗震设防烈度为6、7度地区的临时间断处留凸槎时,应沿墙高预埋拉结筋。拉结筋的位置一定要准确,以免事后剔凿增加噪声及粉尘。

2.6.7.3 预埋木砖及钢筋做防腐处理时,要远离火源,做好的木砖及钢筋要在库房内存放,库内应按防火要求设置消防设施,项目应做好应急预案,以防起火时最大限度的降低火灾损失并减少因火灾产生的有害气体污染空气。

2.6.7.4 砌筑时搭设脚手架应轻拿轻放,以减小噪声。脚手架铺设的木跳板上,每平方米内堆载不得超过3kN,以防脚手板承载力不足使砖下落,造成损坏,产生扬尘、固体废弃物。

2.6.7.5 施工需砍砖时,应向内侧砍,且脚手架外侧应挂密目网,以防砍时砖渣飞向脚手架外侧,使污染面积增大。

2.6.7.6 砌筑时,墙体上尽量不留脚手眼,以免将来脚手眼处抹灰的颜色与周围抹灰颜色不一致,影响感观效果。

2.6.7.7 构造柱施工:

(1) 构造柱竖向受力钢筋加工时,应集中在钢筋棚内加工,钢筋棚四周应封闭,以防噪声向外部传播。

(2) 构造柱模板支设时,操作人员应将模板轻拿轻放,以减小噪声污染。模板必须与所在墙的两侧严密贴紧,支撑牢靠,以防模板缝漏浆污染地面。

(3) 构造柱的底部(圈梁面上)应留出2皮砖高的孔洞,以便清除模板内的杂物。杂物清除前应洒水湿润降低扬尘后清理,且将清理杂物以袋装运至指定地点,统一运走,不可任意排放,污染环境。

(4) 混凝土浇筑时,宜采用插入式低噪声振捣棒,振捣时,捣棒应由构造柱中心位置逐渐向四周缓慢移动振捣,以减少触碰钢筋和砖墙的几率,以降低噪声。

2.6.7.8 砌筑时,铲灰不应过多,以防遗洒。铺灰时,应轻轻均匀摊铺,避免铺灰用力过大而使灰落地,同时应做到随砌随将舌头灰刮到灰板上,以免灰落地污染地面。

2.6.7.9 落地灰应随时收集尽量二次利用,以免浪费资源。

2.6.7.10 砌筑时,安装等预埋管线工作应随时穿插配合工作,严禁事后凿墙产生扬尘、噪声、固体废弃物等污染环境。

2.6.7.11 砌筑时,要随时砌,随时检查砌体的水平灰缝、竖向灰缝厚度及饱满度,墙体垂直度及外观尺寸偏差,发现问题及时纠正,避免因误差积累产生不合格造成反工出现扬尘、噪声、固体废弃物,污染环境浪费人力及材料。

2.6.7.12 烟囱砌筑养护时,10m以上应每隔2h,洒水养护一次,以免因上部风大使墙体干燥而裂,返工时,产生粉尘、噪声及固体废弃物污染。

2.6.7.13 施工中,应尽量避免夜间施工,若在夜间施工,应保证照明灯罩的使用率为100%,以减小光污染,且做到人走灯灭,不浪费能源。

2.6.7.14 施工现场禁止大声喧哗,以减小噪声。

2.6.7.15 季节性施工及应急响应

(1) 冬期施工

1) 冬期施工时,砖不宜浇水,以免因水在砖表面形成冰薄膜降低和砂浆的粘结力而影响工程质量造成返工产生扬尘、噪声、固体废弃物浪费材料污染环境。

2) 石灰膏、黏土膏等应在库内存放,并覆盖草帘等保温材料,以免冻结,使用时再融化而浪费热能。

3) 当砂子中含有直径大于1cm的冻结块或冰块时,应采用锤子破碎或加热的方法去除砂中的冰块及冻结块,不宜采用过筛的方法,以避免扬尘。

4) 水加热宜采用电加热法,以免生炉火而产生有害气体污染环境。若生炉火应派专人看管,并使煤充分燃烧,以免产生一氧化碳污染空气。

5) 冬期不宜采用冻结法施工,以免因砂浆强度降低影响砌体质量造成返工产生扬尘、噪声、固体废弃物污染环境浪费资源。

6) 对于装饰工程有特殊要求的工程不宜采用氯盐砂浆砌筑,以免因砌体析盐而影响装饰效果。

7) 冬期施工时,室外堆放的材料上面应覆盖苫布遮挡,以免雪花飘落在材料上。

8）在室外砌筑的工程,每日砌筑后应用草帘或塑料布等保温材料及时覆盖,以免砌体受冻降低强度影响工程质量返工造成环境污染浪费资源。

（2）雨期施工

1）雨期施工,砂子、砖应用苫布覆盖严密后,再用塑料布覆盖,以保证砂子、砖不受雨淋。

2）雨后施工时,应及时检测砂子及机砖的含水率,及时调整配合比,避免因配合比不正确返工产生扬尘、噪声、固体废弃物并浪费材料;对于机砖含水率饱和的,禁止使用,以防砌筑时增大砂浆流动性而污染墙面、地面。

（3）应急响应

1）室外砌筑工程,遇下雨时,应停止施工,并用塑料布覆盖已砌好的砌体,以防雨水冲刷,砂浆流淌污染墙面及地面。

2）施工现场应配备能满足砌体施工时用的发电机,以防突然停电时,影响施工进度并产生砂浆废弃的现象。

3）施工现场应按消防要求配备消防器材及消防用水。消防用水的设置要综合考虑,既要满足消防要求,同时还可防止停水时,满足砌筑砂浆拌制的需要。

4）施工中,应做好机械设备零部件的储备工作,以防机械损坏不能及时维修而影响工期及砂浆初凝废弃。

2.7 监测要求

2.7.1 砌筑作业前监测

2.7.1.1 砌筑作业前,由项目工长及环保员现场施工道路是否硬化,是否洒水湿润,要求硬化率达100%,道路潮湿为合格。

2.7.1.2 由机械员检查各机械设备的准备情况,要求设备完好,其规格型号、功率、运作时产生的噪声等各项指标符合环保施工方案的规定为合格。

2.7.1.3 由工长及环保员检查搅拌站准备情况,要求搅拌站四周封闭,道路做混凝土硬化地面,并设有两级沉淀池,沉淀池处设溢流水管。

2.7.1.4 由项目工程师检查项目部是否对操作人员进行了环保方面的交底,并抽查操作人员掌握程度,要求计量员掌握各材料称量时的允许偏差值,材料员掌握材料装运、堆放时的环境因素控制方法,砌筑工人掌握砌筑过程中每一工序有哪些环境因素并控制环境因素的产生方法。

2.7.1.5 由项目工程师检查所有进场材料合格证及复试报告,确认材料合格,其成分中不含有毒有害物质后,方可施工。

2.7.1.6 若夜间施工,应由工长检查照明灯罩的配备率,应达100%为合格。

2.7.1.7 每天抽查一次进出厂车辆车轮是否清洗,是否无泥上路。

2.7.1.8 检查冬雨期施工是否制定了防冻、防雨措施,是否准备了防冻防雨材料。

2.7.1.9 检查仓库、材料堆场、钢筋棚、木工棚等是否按要求配备了消防器材,消防器材是否完好可用。

2.7.2 砌筑过程中监测

2.7.2.1 基层清理时,由工长监测是否用喷雾器喷水,地面是否潮湿无泥泞。

2.7.2.2 由项目技术员每天随时巡视检查砌筑时材料、砂浆运输是否无遗洒。抽查搅拌机运转是否正常无渗漏油现象发生,其噪声是否符合限值要求。砂浆拌制时,材料称量偏差是否控制在要求范围内。

2.7.2.3 施工中,由工长、质量员随时检查砌筑过程中,是否控制或减少了落地灰,落地灰是否进行了二次利用。

2.7.2.4 施工中,每天至少一次由项目环保员对施工现场的噪声、污水、扬尘控制进行巡视检查。噪声监控按《建筑施工场界噪声测量方法》GB 12524—90 的要求进行;污水必须经两级沉淀池沉淀,且应清水排放,严禁排放污浊水。对于饮用水源处、风景区应由环保部门对污水排放进行检测,检测合格后发放守法证明方可排出。现场扬尘高度控制在 1m 以内,每班不少于目视检测一次。

2.7.2.5 每天施工前检查仓库、钢筋棚、木工棚及现场材料堆放处是否按规定设置了消防灭火器材,且灭火器材应完好可用。

2.7.2.6 由项目工长、材料员每天检查一次材料堆放是否按文明施工要求进行分类堆放、覆盖,是否避免或减少了扬尘的发生。夜间施工照明灯罩的使用率达 100%。

2.7.3 砌筑完工后监测

2.7.3.1 每天砌筑作业结束后至少检查一次,固体废弃物是否由袋装集中清运到指定地点交当地环保部门清运处理。

2.7.3.2 每天完工后,检查一次机械设备是否进行清理,按期保养,清理的废机油、棉纱是否集中回收到指定地点交环保部门清运处理。

2.7.3.3 每五天检查一次沉淀池是否按规定清掏,清掏的杂物是否分类堆放,并交由环保部门统一清运。

2.7.3.4 在饮水源区、风景区、旅游区施工时,两级沉淀池沉淀后的污水,其有害物质含量经当地环保部门检测,符合排污标准中规定值后($COD \leqslant 100mg/L$,$BOD_5 \leqslant 30mg/L$,$SS \leqslant 70mg/L$)方可排出。若施工材料没有发生变化,则由工长、环保员对两级沉淀后的污水排放情况每天至少目测一次,确定水质清亮后即可排出。若发生变化,则还需环保部门再检测合格后方可排出。

2.7.3.5 每天至少巡视二次施工现场是否做到工完场清。

3 混凝土小型空心砌块砌体作业

3.1 施工工艺流程

混凝土小砌块加工及基层清理→定位放线→砂浆配制→砌块排列、校正→砌筑→勾缝→芯柱混凝土→检查验收转入下一循环。

3.2 环境因素(表 15-3)

表 15-3

序号	环境因素	环境因素产生的原因
1	扬　尘	水泥、砂子、砌块等材料装卸堆放、基层及固体废弃物清理、返工剔凿、砌块切割

续表

序号	环境因素	环境因素产生的原因
2	噪声	施工机械、架子搭设、大声喧哗、返工剔凿、砌块砌割
3	水污染	搅拌站污水、砌块湿润污水、运输车辆、灰槽清洗污水、基层及固体废弃物清理时产生污水
4	固体废弃物污染	废砌块、废弃砂浆、剔凿的建筑垃圾、砌块砌割
5	油品泄漏	施工机械维修保养及带病作业
6	光污染	夜间施工
7	有害气体	油棉纱焚烧、防腐木砖及仓库失火
8	紧急情况时	突然停水停电造成砂浆废弃、突刮大风产生扬尘、大雨冲刷墙面砂浆流淌造成墙面污染

3.3 材料要求

3.3.1 水泥、粉煤灰、外加剂

3.3.1.1 水泥、粉煤灰、外加剂进场后应进行复试,其成分中不得含有影响环境的有害物质。

3.3.1.2 袋装水泥、粉煤灰、外加剂宜在库内存放。库内地面应为混凝土地面,并在堆放水泥、粉煤灰的位置上,架空20cm满铺木跳板,跳板上铺设苫布,同时库房屋面应不渗漏,以防材料受潮、受雨淋结块不能使用或降级使用造成浪费。

3.3.1.3 若袋装水泥、粉煤灰、外加剂在现场露天存放,则地面应砌三皮红砖,并抹5cm厚1:3水泥砂浆,且水泥上应覆盖防雨布。

3.3.1.4 散装水泥必须在密封的罐装容器内存放,以防大风吹起扬尘污染环境。

3.3.1.5 遇大风天气,露天存放的水泥应加强覆盖工作,避免大风将防雨布刮起产生扬尘。

3.3.2 砂子要求

3.3.2.1 砌筑用砂宜采用中砂,砂子中不得含有有害物质及草根等杂物。砂子进场后,应堆放在三面砌240mm厚、500mm高,外抹1:3水泥砂浆的围护池中,并用双层密目安全网覆盖。密目网上下层接缝处相互错开500mm,密目网搭接时,搭接长度不小于20cm,确保覆盖严密以防风吹扬尘。

3.3.2.2 四级风以上天气,禁止进行筛砂作业,以免扬尘。

3.3.2.3 遇大风天及干燥天气,应经常用喷雾器向砂子表面喷水湿润,增大表面砂子的含水率,以控制扬尘。

3.3.3 石灰膏及石灰粉

石灰膏及石灰粉宜选用成品,以免现场进行熟化作业时污染周边环境,且其成分中不得含有影响环境的物质。

3.3.4 混凝土小砌块施工

3.3.4.1 混凝土小砌块进场后应有出厂合格证,且其龄期超过28d后方可使用。

3.3.4.2 混凝土小砌块在运输、装卸时,严禁倾倒和抛掷,应由人工用专用夹子夹起,轻拿轻放,码放整齐以防小砌块断裂而成为废品。

3.3.5 水

3.3.5.1 拌制砂浆用水,必须符合现行行业标准 JGJ 63—89《混凝土拌合用水标准》的规定。

3.3.5.2 现场临时道路洒水、浸泡砖用水、基层清理用水可用沉淀池沉淀后无有害物质污染的水,以节约水资源。

3.3.6 现场材料堆放时,应严格按照施工平面布置图来布置,应做到堆放整齐有序,并应符合当地文明施工的要求。

3.4 人员要求

3.4.1 搅拌机械操作人员应经过培训,掌握搅拌机的操作及维修保养要求后,方可进行机械操作。避免由于人的因素造成搅拌机故障产生漏油、设备部件损坏等污染环境浪费资源的现象。

3.4.2 材料员、计量员均持证上岗。材料员应掌握材料堆放、装卸时环境因素的控制方法;计量员应掌握砂浆拌制时各种材料的允许偏差,以保证施工中计量准确,避免配合比不正确造成返工,浪费水电和其他资源。

3.4.3 砌筑工人中,中、高级工人不少于70%,并应具有同类工程的施工经验。砌筑作业前,应由项目技术员对砌筑工人进行环境交底,使工人掌握砌筑过程中环境控制的要求及方法,避免因人的原因造成环境污染。

3.4.4 现场所有人员均应掌握操作要领和环境控制要求,避免因人的不掌握环境控制措施造成噪声排放、扬尘、废弃物、废水而污染环境。

3.5 设备要求

3.5.1 混凝土小砌块砌筑时使用的砂浆搅拌机、切割机应选用噪声低、能耗低的设备,避免使用时噪声超标,耗费能源。施工中,机械设备应加强检修和维护,防止油品泄漏造成污染。维修机械和更换油品时,必须配置接油盘、油桶和塑料布,防止油品洒漏在地面或渗入土壤。油棉纱应集中处理,严禁现场焚烧污染空气。每一作业班结束后,应随即清理搅拌机。清理的杂物以袋装至指定地点集中清运。

3.5.2 搅拌站四周应封闭,以减少噪声排放,且地面要进行硬化处理,硬化采用5cm厚C15混凝土随打随抹光以防污水污染地面。搅拌站处沉淀池每3~5天要清掏一次,以免时间过长,杂物沉积过多,影响污水的沉淀效果。清掏后的杂物应由不渗漏的袋子装运至指定地点交由环保部门集中清运。

3.5.3 砂浆运输车辆、灰槽应完好不渗漏,以免运输时污染地面。灰车、灰槽用完后,及时清洗。清洗应在搅拌站处集中进行,且应边清洗边将污水清扫到沉淀池,避免污水四溢污染周边环境,污水经两级沉淀后方可排出。

3.5.4 向现场运送材料的车辆,应密封严禁,以防运输途中,材料遗洒污染城市道路。由施工现场上路前,必须在施工出入口处的车辆冲洗处将车辆轮胎冲洗干净后,方可出门上路。车辆冲洗污水必须流入沉淀池沉淀后方可排出,以防污水四溢污染地面。

3.5.5 水准仪、经纬仪、钢卷尺、线坠、水平尺、磅秤、砂浆试模等工具配备齐全,且各器具均经检定合格,以确保施工精度,避免质量不合格造成返工浪费材料。

3.6 过程控制要求

3.6.1 砌块加工及基层清理

3.6.1.1 砌块切割作业时,应在专用切割棚内进行。切割棚应用隔声板封闭围护,使噪声控制在限值范围内,防止粉尘飞扬。同时,操作人员应佩戴口罩及手套防止粉尘污染并进入体内。

3.6.1.2 基层清理时,应先用喷雾器洒水湿润,以节约用水,减少扬尘,同时避免地面因洒水不当产生泥泞污染地面。清理的杂物以袋装运至指定地点统一处理。

3.6.2 定位放线

定位放线时,应根据施工图及砌体排列组砌图放出墙体轴线、外边线、洞口线及第一皮砌块的分块线,且经复核无误后方可砌筑,以免因放线失误影响砌体尺寸不正确而导致返工产生扬尘、噪声及固体废弃物污染环境,浪费材料。

3.6.3 砂浆配制

3.6.3.1 砂浆拌制时,四级风以上天气禁止作业,预防扬尘污染环境。

3.6.3.2 向料斗内倒水泥等粉状料时,应将粉状料袋子放在料斗内时,再开袋,并轻抖袋子,将粉状料抖落干净后再移开,袋子严禁随意抛洒,应集中收回,以防扬尘和水泥遗洒污染地面。

3.6.3.3 外加剂配制应由专人用砖用容器配制,严格控制外加剂掺用量,且配备人员应穿长袖衫,戴好手套及口罩。

3.6.3.4 混凝土小砌块砂浆的配制应符合《混凝土小型空心砌块砌筑砂浆》JC 860的规定,以提高小砌块与砂浆间的粘结力,避免因砂浆质量不合格而影响砌体强度返工产生扬尘、噪声、固体废弃物污染环境。砂浆拌制,应随拌随用,避免拌制过多,砂浆初凝未使用而造成砂浆废弃。

3.6.3.5 砂浆运输时,可通过吊斗、灰车运输。装砂浆时,应低于车帮或吊斗口10~15cm避免砂浆运输时遗洒污染地面;砂浆运到指定地点后,应倒入灰槽内(灰槽不渗漏),以避免直接倒在地面污染环境,并影响砂浆质量导致返工,造成资源浪费。

3.6.3.6 搅拌砂浆时产生的污水应经两级沉淀池沉淀后方可排到指定地点或进行二次利用。

3.6.3.7 清掏沉淀池的废弃物及水泥袋等应集中回收,储存在废弃物堆场集一个运输单位后,交当地环卫部门集中清运处理,清运时,应使用密封车,防止垃圾遗洒污染土地。

3.6.4 砌块排列、校正

砌块排列时,应尽量采用主规格,以加快砌筑速度,节省劳动力。砌块排列应对孔错缝搭砌,搭砌长度不应小于90mm,外墙转角及纵横墙交接处,应分皮咬槎交错搭砌,以避免因砌体的整体性不符合要求返工浪费砌块及砂浆。

3.6.5 砌筑

3.6.5.1 砌筑时,普通混凝土小砌块一般不宜浇水,以免砌筑时灰浆流失,造成污染。天气干燥炎热的情况下,可提前一天进行洒水湿润,同时也可冲去浮尘避免砌筑过程中扬尘。但不宜过多,以免灰浆流失,造成墙面、地面污染。小砌块浇水应在搅拌站处集中进行,以确保污水经沉淀池沉淀后排出。

3.6.5.2 砌体有配筋时,则钢筋一律在钢筋加工棚内统一加工制作,钢筋棚应四周封闭以减小噪声。

3.6.5.3 砌块应逐块铺砌,采用满铺、满挤法。施工中应铺灰时,应轻轻均匀摊铺,避免用力过猛使灰浆落地,同时应注意随砌随将挤出墙面的舌头灰刮到灰板上,以免灰落地,污染地面。若砂浆落地应随时收集,尽量二次利用,以免产生固体废弃物污染环境浪费资源。

3.6.5.4 施工中,应尽量避免在砂浆初凝前移动或撞动小砌块,以免重新铺砌时,因砂浆已初凝而废弃浪费资源污染环境。

3.6.6 勾缝

每砌完一块砌块后,应随即进行灰缝的勾缝(原浆勾缝),勾缝时,应随时用灰板接灰,以防灰落地污染地面。

3.6.7 芯柱混凝土浇筑

3.6.7.1 浇筑芯柱混凝土时,宜选用专用的小砌块灌孔混凝土。施工前,应先清理芯柱内的杂物及砂浆,清理时先用喷雾器喷水湿润,避免扬尘,收集的废弃杂物用袋装集中堆放至指定地点。

3.6.7.2 芯柱混凝土浇筑时,应控制混凝土坍落度,普通混凝土坍落度不应小于90mm,专用小砌块灌孔混凝土坍落度不小于180mm,以免在浇筑中出现卡颈和振捣不密实等缺陷返工产生扬尘、噪声、固体废弃物,污染环境浪费资源。混凝土浇筑时,要避免碰撞钢筋及墙体,以减少噪声。

3.6.8 砌筑时搭设脚手架应轻拿轻放,以减小噪声。脚手架铺设的木跳板上,每平方米内堆载不得超过3kN,以防脚手板承载力不足使砖下落,造成损坏,产生扬尘、固体废弃物。

3.6.9 施工时,应尽量避免夜间施工。若夜间施工,照明灯罩的使用率应为100%以减少光污染,并做到人走灯灭,以免浪费资源。

3.6.10 季节性施工及应急响应和准备。

3.6.10.1 雨期,小砌块应用苫布苫盖,以防雨淋,小砌块潮湿,砌筑时砂浆流淌污染墙面、地面。若砂子被雨淋,则雨后施工时,应及时检测砂子的含水率,及时调整配合比,避免因配合比不正确返工产生扬尘、噪声、固体废弃物并浪费材料。

3.6.10.2 小砌块砌体工程室外施工时,如遇雨天,应立即停止施工,并用塑料布等及时覆盖,避免雨水冲刷砂浆流淌污染墙面、地面。

3.6.10.3 冬期,石灰膏、黏土膏等应在库内存放,并覆盖草帘等保温材料,以免冻结,使用时再融化而浪费热能。

3.6.10.4 当砂子中含有直径大于1cm的冻结块或冰块时,应采用锤子破碎或加热的方法去除砂中的冰块及冻结块,不宜采用过筛的方法,以避免扬尘。

3.6.10.5 水加热宜采用电加热法,以免生炉火而产生有害气体污染环境。若生炉火应派专人看管,并使煤充分燃烧,以免产生一氧化碳污染空气。

3.6.10.6 冬期不宜采用冻结法施工,以免因砂浆强度降低影响砌体质量造成返工产生扬尘、噪声、固体废弃物污染环境浪费资源。

3.6.10.7 对于装饰工程有特殊要求的工程不宜采用氯盐砂浆砌筑,以免因砌体析盐而影响装饰效果。

3.6.10.8 冬期施工时,室外堆放的材料上面应覆盖苫布遮挡,以免雪花飘落在材料上。

3.6.10.9 小砌块冬期施工,对当日砌筑的砌体,应将表面砂浆及时清理干净,清理的砂浆用袋子集中装运至指定地点,并将砌体表面用草帘、塑料布等保温材料及时覆盖。

3.6.10.10 施工现场应配备能满足砌体施工时用的发电机,以防突然停电时,影响施工进度并产生砂浆废弃的现象。

3.6.10.11 施工现场应按消防要求配备消防器材及消防用水。消防用水的设置要综合考虑,既要满足消防要求,同时还可防止停水时,满足砌筑砂浆拌制的需要。

3.6.10.12 施工中,应做好机械设备零部件的储备工作,以防机械损坏不能及时维修而影响工期及砂浆初凝废弃。

3.7 监测要求

3.7.1 砌筑作业前监测

3.7.1.1 砌筑作业前,由项目工长及环保员现场施工道路是否硬化,是否洒水湿润,要求硬化率达100%,道路潮湿为合格。

3.7.1.2 由机械员检查各机械设备的准备情况,要求设备完好,其规格型号、功率、运作时产生的噪声等各项指标符合环保施工方案的规定为合格。

3.7.1.3 由工长及环保员检查搅拌站准备情况,要求搅拌站四周封闭,道路做混凝土硬化地面,并设有两级沉淀池,沉淀池处设溢流水管。

3.7.1.4 由项目工程师检查项目部是否对操作人员进行了环保方面的交底,并抽查操作人员掌握程度,要求计量员掌握各材料称量时的允许偏差值,材料员掌握材料装运、堆放时的环境因素控制方法,砌筑工人掌握砌筑过程中每一工序有哪些环境因素并控制环境因素的产生方法。

3.7.1.5 由项目工程师检查所有进场材料合格证及复试报告,确认材料合格,其成分中不含有毒有害物质后,方可施工。

3.7.1.6 若夜间施工,应由工长检查照明灯罩的配备率,应达100%为合格。

3.7.1.7 检查冬雨期施工前,检查是否制定了防冻、防雨措施,是否准备了防冻防雨材料。

3.7.1.8 每天施工前检查仓库、钢筋棚、木工棚及现场材料堆放处是否按规定设置了消防灭火器材,且灭火器材应完好可用。

3.7.2 砌筑过程中监测

3.7.2.1 基层清理时,由工长监测是否用喷雾器喷水,地面是否潮湿无泥泞。

3.7.2.2 由项目技术员每天随时巡视检查砌筑时材料、砂浆运输是否无遗洒。抽查搅拌机运转是否正常无渗漏油现象发生,其噪声是否符合限值要求。砂浆拌制时,材料称量偏差是否控制在要求范围内。

3.7.2.3 施工中,由工长、质量员随时检查砌筑过程中,是否控制或减少了落地灰,落地灰是否进行了二次利用。

3.7.2.4 施工中,每天至少一次由项目环保员对施工现场的噪声、污水、扬尘控制进行巡视检查。噪声监控按《建筑施工场界噪声测量方法》GB 12524—90 的要求进行;污水必须经两级沉淀池沉淀,且应清水排放,严禁排放污浊水。对于饮用水源处、风景区应由环保部门对污水排放进行检测,检测合格后发放守法证明方可排出。现场扬尘高度控制在 1m 以内,每班不少于目视检测一次。

3.7.2.5 由项目工长、材料员每天检查一次材料堆放是否按文明施工要求进行分类堆放、覆盖,是否避免或减少了扬尘的发生。夜间施工照明灯罩的使用率达 100%。

3.7.2.6 每天抽查一次进出现场车辆是否清洗车轮,是否无泥上路。

3.7.3 砌筑完工后监测

3.7.3.1 每天砌筑作业结束后至少检查一次,固体废弃物是否由袋装集中清运到指定地点交当地环保部门清运处理。

3.7.3.2 每天完工后,检查一次机械设备是否进行清理,按期保养,清理的废机油、棉纱是否集中回收到指定地点交环保部门清运处理。

3.7.3.3 在饮水源区、风景区、旅游区施工时,两级沉淀池沉淀后的污水,其有害物质含量经当地环保部门检测,符合排污标准中规定值后(COD≤100mg/L,BOD_5≤30mg/L,SS≤70mg/L)方可排出。若施工材料没有发生变化,则由工长、环保员对两级沉淀后的污水排放情况每天至少目测一次,确定水质清亮后即可排出。若发生变化,则还需环保部门再检测合格后方可排出。

3.7.3.4 每五天检查一次沉淀池是否按规定清掏,清掏的杂物是否分类堆放,并交由环保部门统一清运。

3.7.3.5 每天至少巡视二次施工现场是否做到工完场清。

4 石砌体作业

4.1 施工流程

基层清理→定位放线→砂浆配制→试排摆底、墙体砌筑→顶部找平、勾缝→检查验收转入下一循环。

4.2 环境因素(表 15-4)

表 15-4

序号	环境因素	环境因素产生的原因
1	扬尘	水泥、砂子、石材等材料装卸堆放、石材加工、基层及固体废弃物清理、返工剔凿
2	噪声	石材加工、施工机械、架子搭设、大声喧哗、返工剔凿
3	水污染	搅拌站污水、运输车辆、灰槽清洗污水、基层及固体废弃物清理时产生污水
4	固体废弃物污染	废石料、废弃砂浆、剔凿的建筑垃圾

续表

序号	环境因素	环境因素产生的原因
5	油品泄漏	施工机械维修保养及带病作业
6	有害气体	油棉纱焚烧、防腐木砖及仓库失火
7	紧急情况时	突然停水停电造成砂浆废弃、突刮大风产生扬尘、大雨冲刷墙面砂浆流淌污染墙面

4.3 材料要求

4.3.1 水泥、粉煤灰、外加剂

4.3.1.1 水泥、粉煤灰、外加剂进场后应进行复试,其成分中不得含有影响环境的有害物质。

4.3.1.2 袋装水泥、粉煤灰、外加剂宜在库内存放。库内地面应为混凝土地面,并在堆放水泥、粉煤灰的位置上,架空20cm满铺木跳板,跳板上铺设苫布,同时库房屋面应不渗漏,以防材料受潮、受雨淋结块不能使用或降级使用造成浪费。

4.3.1.3 若袋装水泥、粉煤灰、外加剂在现场露天存放,则地面应砌三皮红砖,并抹5cm厚1:3水泥砂浆,且水泥上应覆盖防雨布。

4.3.1.4 散装水泥必须在密封的罐装容器内存放,以防大风吹起扬尘污染环境。

4.3.1.5 遇大风天气,露天存放的水泥应加强覆盖工作,避免大风将防雨布刮起产生扬尘。

4.3.1.6 外加剂配制应由专人用砖用容器配制,严格控制外加剂掺用量,且配备人员应穿长袖衫,戴好手套及口罩。

4.3.2 砂子要求

4.3.2.1 砌筑用砂宜采用中砂,砂子中不得含有有害物质及草根等杂物。砂子进场后,应堆放在三面砌240mm厚、500mm高,外抹1:3水泥砂浆的围护池中,并用双层密目安全网覆盖。密目网上下层接缝处相互错开500mm,密目网搭接时,搭接长度不小于20cm,确保覆盖严密以防风吹扬尘。

4.3.2.2 四级风以上天气,禁止进行筛砂作业,以免扬尘。

4.3.2.3 遇大风天及干燥天气,应经常用喷雾器向砂子表面喷水湿润,增大表面砂子的含水率,以控制扬尘。

4.3.3 石灰膏及石灰粉

石灰膏及石灰粉宜选用成品,以免现场进行熟化作业时污染周边环境,且其成分中不得含有影响环境的物质。

4.3.4 毛石、料石

毛石、料石应根据预算工程量及设计要求的规格尺寸进行采购。进场后,应进行取样检测,以确保石料成分中无有毒有害物质存在。

4.3.5 水

4.3.5.1 拌制砂浆用水,必须符合现行行业标准 JGJ 63—89《混凝土拌合用水标准》

的规定。

4.3.5.2 现场临时道路洒水、浸泡砖用水、基层清理用水可用沉淀池沉淀后无有害物质污染的水,以节约水资源。

4.3.6 现场材料堆放时,应严格按照施工平面布置图来布置,应做到堆放整齐有序,并应符合当地文明施工的要求。

4.4 人员要求

4.4.1 搅拌机械操作人员应经过培训,掌握搅拌机的操作及维修保养要求后,方可进行机械操作。避免由于人的因素造成搅拌机故障产生漏油、设备部件损坏等污染环境浪费资源的现象。

4.4.2 材料员、计量员均持证上岗。材料员应掌握材料堆放、装卸时环境因素的控制方法;计量员应掌握砂浆拌制时各种材料的允许偏差,以保证施工中计量准确,避免配合比不正确造成返工,浪费水电和其他资源。

4.4.3 砌筑工人中,中、高级工人不少于70%,并应具有同类工程的施工经验。砌筑作业前,应由项目技术员对砌筑工人进行环境交底,使工人掌握砌筑过程中环境控制的要求及方法,避免因人的原因造成环境污染。

4.4.4 现场所有人员均应掌握操作要领和环境控制要求,避免因人的不掌握环境控制措施造成噪声排放、扬尘、废弃物、废水而污染环境。

4.5 设备要求

4.5.1 砌筑作业使用的机械设备应选用噪声低、能耗低的设备,避免使用时噪声超标,耗费能源。施工中,机械设备应加强检修和维护,防止油品泄漏造成污染。维修机械和更换油品时,必须配置接油盘、油桶和塑料布,防止油品洒漏在地面或渗入土壤。油棉纱应集中处理,严禁现场焚烧污染空气。每一作业班结束后,应随即清理搅拌机。清理的杂物以袋装运至指定地点集中清运。

4.5.2 搅拌站四周应封闭,以减少噪声排放,且地面要进行硬化处理,硬化采用5cm厚C15混凝土随打随抹光以防污水污染地面。搅拌站处沉淀池每3~5天要清掏一次,以免时间过长,杂物沉积过多,影响污水的沉淀效果。清掏后的杂物应由不渗漏的袋子装运至指定地点交由环保部门集中清运。

4.5.3 砂浆运输车辆、灰槽应完好不渗漏,以免运输时污染地面。灰车、灰槽用完后,及时清洗。清洗应在搅拌站处集中进行,且应边清洗边将污水清扫到沉淀池,避免污水四溢污染周边环境。

4.5.4 向现场运送材料的车辆,应密封严禁,以防运输途中,材料遗洒污染城市道路。由施工现场上路前,必须在施工出入口处的车辆冲洗处将车辆轮胎冲洗干净后,方可出门上路。车辆冲洗污水必须流入沉淀池沉淀后方可排出,以防污水四溢污染地面。

4.5.5 水准仪、经纬仪、钢卷尺、线坠、水平尺、磅秤、砂浆试模等工具配备齐全,且各器具均经检定合格,以确保施工精度,避免质量不合格造成返工浪费材料。

4.6 过程控制要求

4.6.1 基层清理

基层清理时,应先用喷雾器洒水湿润,以节约用水,减少扬尘,同时避免地面因洒水不当产生泥泞污染地面。清理的杂物以袋装运至集中地点统一处理。

4.6.2 砂浆拌制

4.6.2.1 砂浆拌制时,四级风以上天气禁止作业,预防扬尘污染环境。

4.6.2.2 向料斗内倒水泥等粉状料时,应将粉状料袋子放在料斗内时,再开袋,并轻抖袋子,将粉状料抖落干净后再移开,袋子严禁随意抛洒,应集中收回,以防扬尘和水泥遗洒污染地面。

4.6.2.3 砂浆拌制,应随拌随用,避免拌制过多,砂浆初凝未使用而造成砂浆废弃。

4.6.2.4 砂浆运输时,可通过吊斗、灰车运输。装砂浆时,应低于车帮或吊斗口 10~15cm 避免砂浆运输时遗洒污染地面;砂浆运到指定地点后,应倒入灰槽内(灰槽不渗漏),以避免直接倒在地面污染环境,并影响砂浆质量导致返工,造成资源浪费。

4.6.2.5 搅拌砂浆时产生的污水应经沉淀池沉淀后方可排到指定地点或进行二次利用。

4.6.2.6 清掏沉淀池的废弃物及水泥袋等应集中回收,储存在废弃物堆场集一个运输单位后,交当地环卫部门集中清运处理,清运时,应使用密封车,防止垃圾遗洒污染土地。

4.6.3 试排摆底

料石试排时,必须按照组砌图进行,毛石试排时,应大小石块搭配砌筑,大平面朝下,外露表面要平齐,斜口朝内,以保证砌体组砌合理,避免盲目组砌质量不符合要求返工产生扬尘、噪声及固体废弃物污染环境浪费材料。

4.6.4 墙体砌筑

4.6.4.1 石材加工时,应组组织人员集中加工,加工场地应四周封挡,以降低噪声及扬尘。操作工人应戴上手套、口罩及防护镜,防止石屑、粉尘飞入眼中和口中,必要时还应戴耳塞,防止噪声侵害。

4.6.4.2 砌筑时,石材应提前 1~2d 浇水湿润。以防止粉尘飞扬,污染环境。

4.6.4.3 砌筑可采用铺浆法。铺浆时,应轻轻均匀摊铺,避免用力过猛而使砂浆落地污染地面。砌筑时先砌转角处、交接洞口处,再向中间砌筑。毛石间应搭砌紧密,逐块卧砌坐浆,使砂浆饱满,砌体整体强度满足要求且外形美观。以免因强度及外观不合格造成返工。

4.6.4.4 在潮湿或有水的环境中施工时,操作人员应穿雨靴。工作中应戴帆布手套,以免石材磨损伤手。施工现场禁止大声喧哗以控制人为噪声。

4.6.4.5 墙体预埋拉结筋、预埋件等应做防腐处理。防腐剂应在库房内存放,并远离火源。预埋件、拉结筋做防腐处理时,应在专用场地进行,并远离火源派专人看管,同时配备消火栓,以最大限度的降低火灾发生的可能性及降低火灾损失,减少环境污染。

4.6.4.6 墙体砌完后,要用喷雾器向墙面喷水雾后及时清理墙体表面污物,以防扬尘及墙面污染。清理的废弃物由袋装至指定地点,集中外运。

4.6.4.7 砌筑时搭设脚手架应轻拿轻放,以减小噪声。脚手架铺设的木跳板上,每平方米内堆载不得超过 3kN,以防脚手板承载力不足使砖下落,造成损坏,产生扬尘、固体废弃物。

4.6.5 墙面勾缝时,先用水喷洒墙面或柱面,使其湿润后进行勾缝,以控制扬尘。勾缝线条应顺石缝进行,且均匀一致,深浅及厚度相同,压实抹光,搭接平整。阳角勾缝要两面方正。阴角勾缝不能上下直通,勾缝不得有丢缝、开裂或粘结不牢等现象,以免影响美观。

4.6.6 砌筑中,应做到工完场清,每日完工后,应立即清理施工现场,清理时,应先用喷雾器洒水湿润,避免扬尘。清理的杂物由袋装至指定地点后集中清运至环卫部门指定地点。

4.6.7 季节性施工及应急响应准备

4.6.7.1 室外施工的石砌体,应禁止在雨天施工,以防雨水冲刷,砂浆流淌污染墙面。对正在施工的墙体,遇下雨,应立即用塑料袋等防雨材料进行覆盖。

4.6.7.2 下雨前,砂子、石材应用苫布覆盖严密后,再用塑料布覆盖,以保证砂子、石材不受雨淋。

4.6.7.3 若材料被雨淋,雨后施工时,应及时检测砂子及石材的含水率,及时调整配合比,避免因配合比不正确返工产生扬尘、噪声、固体废弃物并浪费材料;对于含水率较高的石材,禁止使用,以防砌筑时增大砂浆流动性而污染墙面、地面。

4.6.7.4 冬期施工时,石材不宜浇水,以免因水在砖表面形成冰薄膜降低和砂浆的粘结力而影响工程质量造成返工产生扬尘、噪声、固体废弃物浪费材料污染环境。

4.6.7.5 石灰膏、黏土膏等应在库内存放,并覆盖草帘等保温材料,以免冻结,使用时再融化而浪费热能。

4.6.7.6 当砂子中含有直径大于1cm的冻结块或冰块时,应采用锤子破碎或加热的方法去除砂中的冰块及冻结块,不宜采用过筛的方法,以避免扬尘。

4.6.7.7 水加热宜采用电加热法,以免生炉火而产生有害气体污染环境。

4.6.7.8 冬期不宜采用冻结法施工,以免因砂浆强度降低影响砌体质量造成返工产生扬尘、噪声、固体废弃物污染环境浪费资源。

4.6.7.9 对于有特殊要求的工程不宜采用氯盐砂浆砌筑,以免因砌体析盐而影响装饰效果。

4.6.7.10 冬期施工时,室外堆放的材料上面应覆盖苫布遮挡,以免雪花飘落在材料上。

4.6.7.11 施工现场应配备能满足砌体施工时用的发电机,以防突然停电时,影响施工进度并产生砂浆废弃的现象。

4.6.7.12 施工现场应按消防要求配备消防器材及消防用水。消防用水的设置要综合考虑,既要满足消防要求,同时还应尽最大可能地靠近搅拌站设置,以防停水时,满足砌筑砂浆拌制的需要。

4.6.7.13 施工中,应做好机械设备零部件的储备工作,以防机械损坏不能及时维修而影响工期及砂浆初凝废弃。

4.7 监测要求

4.7.1 砌筑作业前监测

4.7.1.1 砌筑作业前,由项目工长及环保员现场施工道路是否硬化,是否洒水湿润,要求硬化率达100%,道路潮湿为合格。

4.7.1.2 由机械员检查各机械设备的准备情况,要求设备完好,其规格型号、功率、运作时产生的噪声等各项指标符合环保施工方案的规定为合格。

4.7.1.3 由工长及环保员检查搅拌站准备情况,要求搅拌站四周封闭,道路做混凝土硬化地面,并设有两级沉淀池,沉淀池处设溢流水管。

4.7.1.4 由项目工程师检查项目部是否对操作人员进行了环保方面的交底,并抽查操作人员掌握程度,要求计量员掌握各材料称量时的允许偏差值,材料员掌握材料装运、堆放时的环境因素控制方法,砌筑工人掌握砌筑过程中每一工序有哪些环境因素并控制环境因素的产生方法。

4.7.1.5 每天施工前,由项目工程师检查所有进场材料合格证及复试报告,确认材料合格,其成分中不含有毒有害物质后,方可施工。

4.7.1.6 若夜间施工,每天应由工长检查照明灯罩的配备率,应达100%为合格。

4.7.1.7 每天施工前检查钢筋棚、木工棚、仓库、材料堆场、搅拌站等处是否按规定设置了消防灭火器材,消防器材是否完好可用。

4.7.1.8 检查冬雨期施工是否制定了防冻、防雨措施,是否准备了防冻防雨材料。

4.7.2 砌筑过程中监测

4.7.2.1 基层清理时,由工长监测是否用喷雾器喷水,地面是否潮湿无泥泞。

4.7.2.2 由项目技术员每天随时巡视检查砌筑时材料、砂浆运输是否无遗洒。抽查搅拌机运转是否正常无渗漏油现象发生,其噪声是否符合限值要求。砂浆拌制时,材料称量偏差是否控制在要求范围内。

4.7.2.3 施工中,由工长、质量员随时检查砌筑过程中,是否控制或减少了落地灰,落地灰是否进行了二次利用。

4.7.2.4 施工中,每天至少一次由项目环保员对施工现场的噪声、污水、扬尘控制进行巡视检查。噪声监控按《建筑施工场界噪声测量方法》GB 12524—90的要求进行;污水必须经两级沉淀池沉淀,且应清水排放,严禁排放污浊水。对于饮用水源处、风景区应由环保部门对污水排放进行检测,检测合格后发放守法证明方可排出。现场扬尘高度控制在1m以内,每班不少于目视检测一次。

4.7.2.5 由项目工长、材料员每天检查一次材料堆放是否按文明施工要求进行分类堆放、覆盖,是否避免或减少了扬尘的产生。夜间施工照明灯罩的使用率达100%。

4.7.2.6 每天抽查一次进出现场车辆是否清洗车轮,是否无泥上路。

4.7.3 砌筑完工后监测

4.7.3.1 每天砌筑作业结束后至少检查一次,固体废弃物是否由袋装集中清运到指定地点交当地环保部门清运处理。

4.7.3.2 每天完工后,检查一次机械设备是否进行清理,按期保养,清理的废机油、棉纱是否集中回收到指定地点交环保部门清运处理。

4.7.3.3 在饮水源区、风景区、旅游区施工时,两级沉淀池沉淀后的污水,其有害物质含量经当地环保部门检测,符合排污标准中规定值后($COD \leqslant 100mg/L$, $BOD_5 \leqslant 30mg/L$, $SS \leqslant 70mg/L$)方可排出。若施工材料没有发生变化,则由工长、环保员对两级沉淀后的污水排放情况每天至少目测一次,确定水质清亮后即可排出。若发生变化,则还需环保部门再检测合格后方可排出。

4.7.3.4 每五天检查一次沉淀池是否按规定清掏,清掏的杂物是否分类堆放,并交由环保部门统一清运。

4.7.3.5 每天至少巡视二次施工现场是否做到工完场清。

5 加气混凝土砌块及粉煤灰砌块工程

5.1 施工工艺流程

基层清理→定位放线→砂浆配制→砌块排列、校正竖缝灌砂浆、勒缝→检查验收转入下一循环。

5.2 环境因素(表15-5)

表 15-5

序号	环境因素	环境因素产生的原因
1	扬 尘	水泥、砂子、砌块等材料装卸堆放、砌块加工、基层及固体废弃物清理、返工剔凿
2	噪 声	砌块加工、施工机械、架子搭设、大声喧哗、返工剔凿
3	水污染	搅拌站污水、运输车辆、灰槽清洗污水、基层及固体废弃物清理时产生污水、雨水冲刷砂浆流淌
4	固体废弃物污染	砌块残渣、废弃砂浆、剔凿的建筑垃圾
5	油品泄漏	施工机械维修保养及带病作业
6	有害气体	油棉纱焚烧、防腐木砖及仓库失火
7	紧急情况时	突然停水停电造成砂浆废弃、突刮大风产生扬尘、大雨冲刷砂浆流淌污染墙面

5.3 材料要求

5.3.1 水泥、粉煤灰、外加剂

5.3.1.1 水泥、粉煤灰、外加剂进场后应进行复试,其成分中不得含有影响环境的有害物质。

5.3.1.2 袋装水泥、粉煤灰、外加剂宜在库内存放。库内地面应为混凝土地面,并在堆放水泥、粉煤灰的位置上,架空20cm满铺木跳板,跳板上铺设苫布,同时库房屋面应不渗漏,以防材料受潮、受雨淋结块不能使用或降级使用造成浪费。

5.3.1.3 若袋装水泥、粉煤灰、外加剂在现场露天存放,则地面应砌三皮红砖,并抹5cm厚1:3水泥砂浆,且水泥上应覆盖防雨布。

5.3.1.4 散装水泥必须在密封的罐装容器内存放,以防大风吹起扬尘污染环境。

5.3.1.5 遇大风天气,露天存放的水泥应加强覆盖工作,避免大风将防雨布刮起产生扬尘。

5.3.1.6 外加剂配制应由专人用砖用容器配制,严格控制外加剂掺用量,且配备人员应穿长袖衫,戴好手套及口罩。

5.3.2 砂子要求

5.3.2.1 砌筑用砂宜采用中砂,砂子中不得含有有害物质及草根等杂物。砂子进场后,应堆放在三面砌240mm厚、500mm高,外抹1:3水泥砂浆的围护池中,并用双层密目安全网覆盖。密目网上下层接缝处相互错开500mm,密目网搭接时,搭接长度不小于20cm,确保覆盖严密以防风吹扬尘。

5.3.2.2 四级风以上天气,禁止进行筛砂作业,以免扬尘。

5.3.2.3 遇大风天及干燥天气,应经常用喷雾器向砂子表面喷水湿润,增大表面砂子的含水率,以控制扬尘。

5.3.3 石灰膏及石灰粉

石灰膏及石灰粉宜选用成品,以免现场进行熟化作业时污染周边环境,且其成分中,不得含有影响环境的物质。

5.3.4 加砌混凝土砌块及粉煤灰砌块

5.3.4.1 加混凝土及粉煤灰砌块的规格尺寸应符合设计要求,有出厂合格证及试验报告单,其成分中不得含有影响环境的成分。

5.3.4.2 砌块在运输、装卸时,严禁倾倒和抛掷,应轻拿轻放,并码放整齐。

5.3.5 水

5.3.5.1 拌制砂浆用水,必须符合现行行业标准 JGJ 63—89《混凝土拌合用水标准》的规定,以免用水污染环境。

5.3.5.2 现场临时道路洒水、浸泡砖用水、基层清理用水可用沉淀池沉淀后无有害物质污染的水,以节约水资源。

5.3.6 现场材料堆放时,应严格按照施工平面布置图来布置,应做到堆放整齐有序,并应符合当地文明施工的要求。

5.4 人员要求

5.4.1 搅拌机械操作人员应经过培训,掌握搅拌机的操作及维修保养要求后,方可进行机械操作。避免由于人的因素造成搅拌机故障产生漏油、设备部件损坏等污染环境浪费资源的现象。

5.4.2 材料员、计量员均持证上岗。材料员应掌握材料堆放、装卸时环境因素的控制方法;计量员应掌握砂浆拌制时各种材料的允许偏差,以保证施工中计量准确,避免配合比不正确造成返工,浪费水电和其他资源。

5.4.3 砌筑工人中,中、高级工人不少于70%,并应具有同类工程的施工经验。砌筑作业前,应由项目技术员对砌筑工人进行环境交底,使工人掌握砌筑过程中环境控制的要求及方法,避免因人的原因造成环境污染。

5.4.4 现场所有人员均应掌握操作要领和环境控制要求,避免因人的不掌握环境控制措施造成噪声排放、扬尘、废弃物、废水而污染环境。

5.5 设备要求

5.5.1 砌筑作业使用的机械设备应选用噪声低、能耗低的设备,避免使用时噪声超标,耗费能源。施工中,机械设备应加强检修和维护,防止油品泄漏造成污染。维修机械和更换油品时,必须配置油盘、油桶和塑料布,防止油品洒漏在地面或渗入土壤。油棉纱应集中处理,严禁现场焚烧污染空气。每一作业班结束后,应随即清理搅拌机。清理的杂物以袋装运至指定地点集中清运。

5.5.2 搅拌站四周应封闭,以减少噪声排放,且地面要进行硬化处理,硬化采用5cm厚C15混凝土随打随抹光以防污水污染地面。搅拌站处沉淀池每3~5天要清掏一次,以免时间过长,杂物沉积过多,影响污水的沉淀效果。清掏后的杂物应由不渗漏的袋子装运至指定地点交由环保部门集中清运。

5.5.3 砂浆运输车辆、灰槽应完好不渗漏,以免运输时污染地面。灰车、灰槽用完后,及时清洗。清洗应在搅拌站处集中进行,且应边清洗边将污水清扫到沉淀池,避免污水四溢污染周边环境。

5.5.4 向现场运送材料的车辆,应密封严禁,以防运输途中,材料遗洒污染城市道路。由施工现场上路前,必须在施工出入口处的车辆冲洗处将车辆轮胎冲洗干净后,方可出门上路。车辆冲洗污水必须流入沉淀池沉淀后方可排出,以防污水四溢污染地面。

5.5.5 水准仪、经纬仪、钢卷尺、线坠、水平尺、磅秤、砂浆试模等工具配备齐全,且各器具均经检定合格,以确保施工精度,避免质量不合格造成返工浪费材料。

5.6 过程控制要求

5.6.1 基层清理

基层理时,应先用喷雾器洒水湿润,以节约用水,减少扬尘,同时避免地面因洒水不当产生泥泞污染地面。清理的杂物以袋装运至集中地点统一处理。

5.6.2 砂浆配制

5.6.2.1 砂浆拌制时,四级风以上天气禁止作业,预防扬尘污染环境。

5.6.2.2 向料斗内倒水泥等粉状料时,应将粉状料袋子放在料斗内时,再开袋,并轻抖袋子,将粉状料抖落干净后再移开,袋子严禁随意抛洒,应集中收回,以防扬尘和水泥遗洒污染地面。

5.6.2.3 砂浆拌制,应随拌随用,避免拌制过多,砂浆初凝未使用而造成砂浆废弃。

5.6.2.4 砂浆运输时,可通过吊斗、灰车运输。装砂浆时,应低于车帮或吊斗口10~15cm避免砂浆运输时遗洒污染地面;砂浆运到指定地点后,应倒入灰槽内(灰槽不渗漏),以避免直接倒在地面污染环境,并影响砂浆质量导致返工,造成资源浪费。

5.6.2.5 搅拌砂浆时产生的污水应经沉淀池沉淀后方可排到指定地点或进行二次利用。

5.6.2.6 清掏沉淀池的废弃物及水泥袋等应集中回收,储存在废弃物堆场集一个运输单位后,交当地环卫部门集中清运处理,清运时,应使用密封车,防止垃圾遗洒污染土地。

5.6.3 砌块排列

砌筑前,应根据砌块的规格,绘制砌体砌块的排列图,排列时,应尽量采用主规格的砌块,砌体中主规格砌块要占总量的80%以上,以加快施工进度节省劳动力。

5.6.4 砌筑

5.6.4.1 加气块应提前1~2d浇水湿润,浇水时应在搅拌站集中进行,以确保污水应经沉淀池沉淀后方可流入市政管网。

5.6.4.2 砌块加工切割时,应在专用场地用隔声板封闭作业,以降低噪声减少扬尘。操作人员要戴好口罩及手套。

5.6.4.3 加气块就位应先远后近,先下后上,先外后内,应从转角处或定位砌块处开始,砌一皮,校正一皮,以免误差积累过大返工,造成浪费及产生扬尘、噪声及废弃物。

5.6.4.4 加气块砌至梁、板底时,应留一定空隙,待砌筑砌体砌完后并应至少间隔7d后,将其补砌挤紧,以免砌体因不均匀沉降产生裂缝进行修补浪费资源并产生扬尘、噪声及固体弃物物污染环境。

5.6.4.5 砌筑时,砌块应轻拿轻放,以免砌块损坏,产生废弃物。铺灰时,应轻轻均匀摊铺,以免用力过猛灰浆落地污染地面。砌筑时,应随砌随浆砌体外侧多余灰刮到刮板上,落灰浆落地,应立即清理,尽量二次利用。

5.6.4.6 施工中,安装预埋管线应及时穿插配合作业,预埋木砖、预留孔应位置准确,避免事后剔凿产生环境污染浪费资源。

5.6.4.7 砌块中设置拉结筋(网片)时,钢筋应在钢筋棚内统一加工制作,钢筋棚应四周封闭围护以减少噪声。

5.6.4.8 墙体中预埋的木砖及潮湿环境中砌体灰缝内的钢筋要提前做好防腐处理,防腐剂应和木砖应在库房内单独存放,且远离火源,以免失火造成损失和污染。木砖及钢筋在防腐过程中,应由专人负责进行,且操作人员应戴好手套和口罩。

5.6.4.9 砌筑时搭设脚手架应轻拿轻放,以减小噪声。脚手架铺设的木跳板上,每平方米内堆载不得超过3kN,以防脚手板承载力不足使砖下落,造成损坏,产生扬尘、固体废弃物。

5.6.5 竖缝灌砂浆、勾缝

5.6.5.1 粉煤灰砌块采用"铺灰灌浆法"施工时,应在砌块间预留空隙两旁装上夹板灌浆,不宜采用泡沫塑料条,以防泡沫塑料条取出时破损,产生废渣,污染环境,且塑料条损坏不宜周转使用浪费材料。

5.6.5.2 勾缝时,应用灰板随时接灰,以减少砂浆落地,若砂浆落地应立即清理,尽量二次利用,以免材料浪费。

5.6.6 施工现场应做到工完场清,每日完工后,应及时清理现场,清理时,先用喷壶洒水湿润,避免扬尘,清理的废弃物以袋装至指定地点后交环保部门集中处理。施工中禁止大声喧哗以控制人为噪声。

5.6.7 季节性施工及应急响应准备。

5.6.7.1 雨期施工

(1) 雨期施工时,加砌块、砂子应有防雨措施,在雨天应用塑料布等防雨材料覆盖,避免雨淋,产生污水污染地面。

(2) 室外施工的砌体,不宜在雨天作业,若雨天作业,砌体顶面应有搭防护棚,以防雨水冲刷,砂浆流淌污染墙面及地面。雨淋的粉煤灰砌块严禁使用。

(3) 若材料被雨淋,雨后施工时,应及时检测材料的含水率,及时调整配合比,避免因配合比不正确返工产生扬尘、噪声、固体废弃物并浪费材料;对于含水率较高的砌块,禁止使用，以防砌筑时增大砂浆流动性而污染墙面、地面。

5.6.7.2 冬期施工

（1）冬期施工时，砌块不宜浇水湿润，以免因水在砖表面形成冰薄膜降低和砂浆的粘结力而影响工程质量造成返工产生扬尘、噪声、固体废弃物浪费材料污染环境。

（2）石灰膏、黏土膏等应在库内存放，并覆盖草帘等保温材料，以免冻结，使用时再融化而浪费热能。

（3）当砂子中含有直径大于1cm的冻结块或冰块时，应采用锤子破碎或加热的方法去除砂中的冰块及冻结块，不宜采用过筛的方法，以避免扬尘。

（4）水加热宜采用电加热法，以免生炉火而产生有害气体污染环境。

（5）冬期不宜采用冻结法施工，以免因砂浆强度降低影响砌体质量造成返工产生扬尘、噪声、固体废弃物污染环境浪费资源。

（6）对于装饰工程有特殊要求的工程不宜采用氯盐砂浆砌筑，以免因砌体析盐而影响装饰效果。

（7）冬期施工时，室外堆放的材料上面应覆盖苫布遮挡，以免雪花飘落在材料上。

（8）在室外砌筑的工程，每日砌筑后应用草帘或塑料布等保温材料及时覆盖，以免砌体受冻降低强度影响工程质量返工造成环境污染浪费资源。

5.6.7.3 应急准备响应

（1）施工现场应配备能满足砌体施工时用的发电机，以防突然停电时，影响施工进度并产生砂浆废弃的现象。

（2）施工现场应按消防要求配备消防器材及消防用水。消防用水的设置要综合考虑，既要满足消防要求，同时还应尽最大可能地靠近搅拌站设置，以防停水时，满足砌筑砂浆拌制的需要。

（3）施工中，应做好机械设备零部件的储备工作，以防机械损坏不能及时维修而影响工期及砂浆初凝废弃。

5.7 监测要求

5.7.1 砌筑作业前监测

5.7.1.1 砌筑作业前，由项目工长及环保员现场施工道路是否硬化，是否洒水湿润，要求硬化率达100%，道路潮湿为合格。

5.7.1.2 由机械员检查各机械设备的准备情况，要求设备完好，其规格型号、功率、运作时产生的噪声等各项指标符合环保施工方案的规定为合格。

5.7.1.3 由工长及环保员检查搅拌站准备情况，要求搅拌站四周封闭，道路做混凝土硬化地面，并设有两级沉淀池，沉淀池处设溢流水管。

5.7.1.4 由项目工程师检查项目部是否对操作人员进行了环保方面的交底，并抽查操作人员掌握程度，要求计量员掌握各材料称量时的允许偏差值，材料员掌握材料装运、堆放时的环境因素控制方法，砌筑工人掌握砌筑过程中每一工序有哪些环境因素并控制环境因素的产生方法。

5.7.1.5 每天施工前由项目工程师检查所有进场材料合格证及复试报告，确认材料合格，其成分中不含有毒有害物质后，方可施工。

5.7.1.6 若夜间施工,每天施工前应由工长检查照明灯罩的配备率,应达100%为合格。

5.7.1.7 每天施工前检查钢筋棚、木工棚是否按规定设置了消防灭火器材,灭火器材是否完好可用。

5.7.1.8 检查冬雨期施工前,检查是否制定了防冻、防雨措施,是否准备了防冻防雨材料。

5.7.2 砌筑过程中监测

5.7.2.1 基层清理时,由工长监测是否用喷雾器喷水,地面是否潮湿无泥泞。

5.7.2.2 由项目技术员每天随时巡视检查砌筑时材料、砂浆运输是否无遗洒。抽查搅拌机运转是否正常无渗漏油现象发生,其噪声是否符合限值要求。砂浆拌制时,材料称量偏差是否控制在要求范围内。

5.7.2.3 施工中,由工长、质量员随时检查砌筑过程中,是否控制或减少了落地灰,落地灰是否进行了二次利用。

5.7.2.4 施工中,每天至少一次由项目环保员对施工现场的噪声、污水、扬尘控制进行巡视检查。噪声监控按《建筑施工场界噪声测量方法》GB 12524—90的要求进行;污水必须经两级沉淀池沉淀,且应清水排放,严禁排放污浊水。对于饮用水源处、风景区应由环保部门对污水排放进行检测,检测合格后发放守法证明方可排出。现场扬尘高度控制在1m以内,每班不少于目视检测一次。

5.7.2.5 由项目工长、材料员每天检查一次材料堆放是否按文明施工要求进行分类堆放、覆盖,是否避免或减少了扬尘的发生。夜间施工照明灯罩的使用率达100%。

5.7.2.6 每天抽查一次进出现场车辆是否清洗车轮,是否无泥上路。

5.7.3 砌筑完工后监测

5.7.3.1 每天砌筑作业结束后至少检查一次,固体废弃物是否由袋装集中清运到指定地点交当地环保部门清运处理。

5.7.3.2 每天完工后,检查一次机械设备是否进行清理,按期保养,清理的废机油、棉纱是否集中回收到指定地点交环保部门清运处理。

5.7.3.3 在饮水源区、风景区、旅游区施工时,两级沉淀池沉淀后的污水,其有害物质含量经当地环保部门检测,符合排污标准中规定值后($COD \leqslant 100mg/L$,$BOD_5 \leqslant 30mg/L$,$SS \leqslant 70mg/L$)方可排出。若施工材料没有发生变化,则由工长、环保员对两级沉淀后的污水排放情况每天至少目测一次,确定水质清亮后即可排出。若发生变化,则还需环保部门再检测合格后方可排出。

5.7.3.4 每五天检查一次沉淀池是否按规定清掏,清掏的杂物是否分类堆放,并交由环保部门统一清运。

5.7.3.5 每天至少巡视二次施工现场是否做到工完场清。

第16章 建筑装饰装修工程

0 一般规定

本章所讲建筑装饰装修工程主要包括的工作内容有：抹灰工程、门窗工程、吊顶工程、轻质隔墙工程、饰面板(砖)工程、幕墙工程、涂饰工程、裱糊与软包工程以及细部工程等。

建筑装饰装修工程施工应满足如下一般要求，以减少或避免对外界环境和室内环境的污染。

0.1 总体要求

0.1.1 使用有对应资质的设计单位与施工队伍，并且对设计与施工单位进行环境交底。

0.1.2 建筑装饰装修工程必须进行设计，并出具完整的施工图设计文件；设计除符合城市规划、消防、环保、节能等有关规定外，还要从材料选用、保温隔热、节能降耗等方面充分考虑环保要求。

0.1.3 遵守国家、地方有关环境保护的法律法规，采取有效措施控制施工现场的各种粉尘、废气、废水、废弃物、噪声、振动等。

0.1.4 建筑装饰装修工程所用的材料严禁使用国家明令淘汰的材料，并尽可能不使用国家不提倡使用的非环保材料。

0.1.5 建筑装饰装修工程所用材料的燃烧性能应符合现行国家标准《建筑内部装修设计防火规范》(GB 50222—95)、《建筑设计防火规范》(GBJ 16—2001)和《高层民用建筑设计防火规范》(GB 50045—2001年版)的规定。

0.1.6 建筑装饰装修工程所用材料有害物质应符合《民用建筑工程室内环境污染控制规范》(GB 50325—2001)及国家有关建筑装饰装修工程材料有害物质限量标准的规定，以防止室内环境污染。

0.1.7 进场后需要进行复验的材料种类及复验项目应符合《建筑装饰装修工程质量验收规范》(GB 50210—2001)的规定。同一厂家生产的同一品种、同一类型的进场材料应至少抽取一组样品进行复验，当合同另有约定时应按合同执行。当国家规定或合同约定应对材料进行见证取样时，或对材料的质量发生争议时，应进行见证取样。

0.1.8 民用建筑工程室内装修所采用的稀释剂和溶剂，严禁使用苯、工业苯、石油苯、重质苯及混苯。

0.1.9 民用建筑工程室内装修施工时，不应使用苯、甲苯、二甲苯和汽油进行除油和清除旧油漆作业。

0.1.10 涂料、胶粘剂、水性处理剂、稀释剂和溶剂等使用后，应及时封闭存放，废料应及时清出室内。

0.1.11 严禁在民用建筑工程室内用有机溶剂清洗施工用具。

0.1.12 采暖地区的民用建筑工程,室内装修施工不宜在采暖期内进行。

0.1.13 民用建筑工程室内装饰环境污染控制分级:

0.1.13.1 Ⅰ类建筑工程:住宅、医院、老年建筑、幼儿园、学校教室等;

0.1.13.2 Ⅱ类建筑工程:办公楼、商店、旅馆、文化娱乐场所、书店、图书馆、展览馆、体育馆以及公共交通候车室、餐厅、理发店等。

0.1.14 材料选用的一般规定

0.1.14.1 无机非金属建筑材料和装饰材料

(1)砂、石、砖、水泥、新型墙体材料等无机非金属建筑材料的放射性指标限量,应符合表 16-1 要求,这些材料应经过下述指标的检测,并有出厂合格证。

无机非金属建筑材料的放射性指标限量 表 16-1

测定项目	限量
内照射指数(I_{Ra})	≤1.0
外照射指数(I_y)	≤1.0

注:内照射指数:是指建筑材料中天然放射性核素镭-226 的放射性比活度,除以标准规定限量 200 所得的商。
外照射指数:是指建筑材料中天然放射性核素镭-226、钍-232 和钾-40 的放射性比活度,分别除以其各自单独存在时标准规定限量所得的商之和,即:

$$I_y = C_{Ra}/370 + C_{Th}/260 + C_K/4200$$

(2)石材、建筑卫生陶瓷、石膏板、吊顶材料等无机非金属装修材料,进行分类时,其放射性指标限量,应符合表 16-2 的要求。

无机非金属建筑材料的放射性指标限量 表 16-2

测定项目	限量	
	A	B
内照射指数(I_{Ra})	≤1.0	≤1.3
外照射指数(I_y)	≤1.3	≤1.9

0.1.14.2 人造木板及其制品进场后,应进行甲醛含量复验,人造板及其制品中甲醛释放量试验方法及限量值见表 16-3。

人造板及其制品中甲醛释放量试验方法及限量值 表 16-3

产品名称	试验方法	限量值	使用范围	限量标志
中密度纤维板、高密度纤维板、刨花板、定向刨花板	穿孔萃取法	≤9mg/100g	可直接用于室内	E1
		≤30mg/100g	必须饰面处理后可允许用于室内	E2

续表

产品名称	试验方法	限量值	使用范围	限量标志
胶合板、装饰单板贴面胶合板、细木工板等	干燥器法	≤1.5mg/100L	可直接用于室内	E1
		≤5.0mg/100L	必须饰面处理后可允许用于室内	E2

注：本表摘自《室内装饰装修材料人造板及其制品中甲醛释放量限量》GB 18580—2001。

0.1.15 施工现场夜间无光污染

施工现场夜间无光污染，施工现场夜间照明不影响周围社区，夜间施工照明灯罩的使用率达到100%。

0.1.16 噪声控制

装修工程：白天<65dB，夜间<50dB（夜间指晚22:00～早6:00）。

0.1.17 现场粉尘排放控制

施工现场排放达到目测无尘的要求，现场主要运输道路硬化率达到100%。

0.1.18 运输遗洒控制

确保运输无遗洒，上城市道路车辆无带泥现象发生。

0.1.19 生产污水的排放

生产污水的排放必须设置两级沉淀池沉淀后，保证清水排入下水道中。

0.1.20 固体废弃物处置

施工现场做到工完场清，建筑垃圾由袋装运至指定地点，集足一个运输单位后，交当地环卫部门清运。

0.1.21 施工现场的环境要求还应符合当地环保及文明施工要求中的各项规定。

0.2 裱糊软包及装饰抹灰工程一般规定

0.2.1 壁纸、涂料、油漆、胶粘剂、防火防腐涂料等材料的选用必须符合《民用建筑工程室内环境污染控制规范》(GB 50325—2001)要求，并具有国家环境检测机构出具的有关有害物质限量等级检测报告。

0.2.2 每天完工后，应将剩余的涂料、胶粘剂等集中收集，按环保要求分类入库。不使用的废弃物应集中处理，不得任意丢弃、倾倒。

0.2.3 民用建筑工程室内装修，宜先做样板间，并对其室内环境污染物的含量进行检测。当检测结果不符合规范的标准值时，应查找原因，并采取相应的措施进行处理。

0.2.4 建筑材料和装修材料的检测项目不全或对检测结果有疑问时，必须将材料送有资格的检测机构进行检验，检验合格后方可使用。

0.2.5 民用建筑工程及其他室内装修工程的室内环境质量验收应在工程完工7d后，工程交付使用前验收。验收时一定要有对室内空气有害物质的检测报告，并有建筑材料的污染物含量的检测报告。

0.3 轻质隔墙施工一般规定

0.3.1 轻质隔墙龙骨在运输安装时，不得扔摔、碰撞。龙骨应平放，防止噪声与变形。

0.3.2 罩面板在运输和安装时,应轻拿轻放,不得损坏板材的表面和边角。运输时应采取相应措施,防止受潮变形。

0.3.3 轻质隔墙龙骨宜存放在地面平整的室内,并应采取措施,包括垫块,地面铺牛皮纸等措施,防止龙骨变形、生锈。

0.3.4 罩面板应按品种、规格分类存放于地面平整、干燥、通风处,并根据不同罩面板的性质,分别采取措施,防止受潮变形。

0.3.5 轻质隔墙的下端如用木踢脚板覆盖,罩面板应离地面20~30mm;用大理石、水磨石踢脚板时,罩面板下端应与踢脚板上口齐平,接缝严密。

0.3.6 轻质隔墙工程应对人造木板的甲醛含量进行复验。

0.3.7 接触砖、石、混凝土的龙骨和埋置的木楔应做防腐处理,防腐处理的方法是涂刷防腐剂,涂刷时要防遗洒。

0.3.8 胶粘剂应按饰面板的品种选用。现场配置胶粘剂,应进行防挥发、防遗洒的处理。

0.3.9 民用建筑轻质隔墙工程的隔声性能应符合现行国家标准《民用建筑隔声设计规范》(GBJ 118—88)的规定。

0.4 建筑幕墙施工一般规定

0.4.1 建筑幕墙是由金属构架与面板组成的、可相对于主体结构有微小位移的建筑外维护结构。建筑幕墙按面板材料的不同可分为玻璃幕墙、金属幕墙、石材幕墙三大类。

0.4.2 在施工策划时,项目部必须根据设计图纸、标准规范编制施工测量放线、加工下料、冲压钻孔、施工现场龙骨安装、防火避雷安装、注胶、幕墙面板加工、安装、幕墙外观注胶、幕墙表面清洁等专项施工质量、环境、安全保证措施,并严格按制订的措施实施过程控制,避免因施工控制方法不当或控制措施不到位而导致损坏机械加工设备噪声、漏油、浪费材料,废弃物和有毒有害气体排放、火灾等环境影响。

0.4.3 建筑幕墙安装前应根据各自的工艺流程,合理安排好施工顺序,避免因施工顺序安排不合理或一次不能安装到位而造成费时或返工,加大油、电、水资源的消耗。

0.4.4 玻璃幕墙、金属幕墙、石材幕墙的施工应根据各自的工艺流程特点,合理安排好施工工序,确定幕墙骨架、幕墙装饰板面的下料长度及大小,预防施工工序的颠倒,长料短下或下料长度不足增加接头数量或损坏设施,幕墙装饰板面的尺寸不符而造成装饰板块的浪费,造成费时或返工,加大消耗,增加对材料的消耗、环境的污染、水、电等资源的消耗。

0.4.5 建筑幕墙安装施工前应根据设计和实际的尺寸计算每根龙骨的长度,排放的位置,合理安排每一根龙骨、每一块装饰板块,预防钢龙骨下料尺寸过大或过小造成浪费或不足增加电焊接头或铝合金接头,造成费时或返工,加大材料的消耗、浪费,增加水、电等资源的消耗。

0.4.6 在大风(风力大于5级时)、大雨天气严禁幕墙室外施工,以防质量、安全和环境事故。

0.4.7 材料和设备堆放场地应平整、有排水措施;材料和设备应存放在室内或在室外时应覆盖,预防材料受潮或钢材生锈或被雨淋报废。

0.4.8 幕墙施工时所需要的脚手架应由专业上岗证的架子工负责按专项施工方案搭设和拆除,搭设和拆除应按脚手架搭设和拆除所涉及的相关措施实施,预防或减少噪声排放,架管和扣件损坏,管件油漆与扣件浸机油遗洒污染土地、污染地下水。

0.4.9 各种金属构件安装螺孔应采用噪声低的电锤,作业时避开施工高峰减少噪声污染;构件应放在铁槽内,钻孔时应垫木方,加水不宜过多(不流淌),废屑应进行承接并集中统一处置,以防污染土地、地下水等。施工时不应采用气焊割孔或电焊孔,避免连接不紧造成返工和质量问题引发安全和环境事故。

1 装饰抹灰

1.1 工艺流程
基层清理→浇水湿润→贴饼冲筋→抹底灰→抹中层灰→抹罩面灰。

1.2 环境因素(表16-4)

表16-4

序号	环境因素	环境因素产生的原因
1	扬 尘	袋装水泥堆放、散装水泥装罐、散装水泥装小车运输、散装水泥上料、袋装水泥上料、装卸石灰、淋石灰、装卸石膏粉、剔凿墙面、清理现场建筑垃圾、砂子堆放、筛砂作业、搅拌作业、施工道路未硬化
2	噪 声	搅拌机、搅拌机带病作业、架子搭设、凿墙面、敲打搅拌机料斗、施工人员大声喧哗
3	水污染	淋石灰、搅拌机清洗污水
4	固体废弃物污染	淋石灰产生的灰渣、水泥块、石膏块、废弃砂浆、剔凿的建筑垃圾、胶粘剂包装盒、砂浆报废
5	油品泄漏	机械漏油
6	光污染	夜间施工照明
7	有害气体	油棉纱焚烧、火灾、胶挥发气味、有害气体
8	遗 洒	石灰车运输、粉煤灰运输、小推车及机动翻斗车运砂浆、石灰膏运输、水泥运输
9	紧急情况产生的环境因素	突然停水、停电造成砂浆废弃、突然刮大风产生扬尘、大雨冲刷墙面造成砂浆流淌污染墙面

1.3 常用材料及要求

1.3.1 水泥

1.3.1.1 袋装水泥进场时,应全部放入水泥库中,不得任意的堆放在露天平台,若有堆放在露天平台上的,要采用雨布覆盖。并用重物压固,防止大风吹起扬尘污染环境。

1.3.1.2 水泥进场应入库,库房应浇制混凝土地面,在混凝土地面上架空20cm满铺木跳板,再铺一层塑料布。屋面上禁止漏雨。水泥现场存放时,也应按上述措施,搭设防潮地面,且水泥应采用雨布覆盖以防雨淋。

1.3.1.3 散装水泥:在罐车灌入工地的贮存罐时,各运输系统应严密,散装水泥进行搅拌时,后台人员应严格的按规程操作。

1.3.1.4 水泥运输车出场时,车厢内要清理干净,防止出场后扬尘。

1.3.1.5 水泥运输车出场时,车轮禁止带泥上路,造成粉尘排放。

1.3.1.6 大风天,水泥要帆布覆盖严密并加强压固,防止大风把帆布刮起。

1.3.2 石灰膏和磨细生石灰

1.3.2.1 施工现场在淋石灰膏时,应注意现场的环境保护。石灰在现场装卸后,应用雨布进行覆盖。防止大风掀起扬尘。

1.3.2.2 淋石灰水不应排入污水管道,应用罐车拉入指定地点排放。

1.3.2.3 淋石灰产生的灰渣,不得随意丢弃,更不得任意排放。淋灰池要求不渗漏,防止污染土地。

1.3.2.4 四级风以上的天气,应严格禁止淋灰作业。防止扬尘。

1.3.2.5 施工现场中所使用的石灰膏及石灰粉最好选用成品,一般不宜在施工现场进行生石灰熟化作业,保证现场环境。

1.3.2.6 成品石灰膏运输车必须用密闭的箱斗,防止沿途洒漏。

1.3.2.7 成品石灰膏运输车出现场时,必须把灰膏清净,石灰膏残留不带到路面上。

1.3.2.8 大风天,石灰膏要用帆布覆盖严密并加强压固,防止大风把帆布刮起。

1.3.3 石膏、粉刷石膏

石膏、粉刷石膏应在库内存放,库房地面应为混凝土地面并在堆放石膏位置上架空20cm满铺木跳板,再铺一层塑料布。顶棚上禁止漏雨。水泥现场堆放时,在地面上架空20cm满铺木跳板,再铺一层塑料布。并用帆布覆盖。

1.3.4 粉煤灰

粉煤灰在现场装卸后,应用雨布进行覆盖。防止大风掀起扬尘。

1.3.5 砂子

1.3.5.1 施工中砂的材料采用粒径在0.35~0.5mm的中砂,控制扬尘。

1.3.5.2 砂子进入现场后应堆放在有三面240mm砖墙抹1:3砂浆(高50cm)围护的池中,并应覆盖双层密目网,上下层接口处相互错开不少于500mm,网与网之间搭接不少于20cm,确保覆盖严密控制扬尘。

1.3.5.3 四级风以上的天气,应严格禁止筛砂作业,以免扬尘。

1.3.5.4 大风天,砂料要加强覆盖,并应在砂子表面洒水,增加砂的含水率减少扬尘。

1.3.6 麻刀、纸筋、玻璃纤维

1.3.6.1 麻刀

(1)麻刀进入现场后应进行装袋,不得散乱堆放。

(2)弹制麻刀时应在围挡内进行。

1.3.6.2 纸筋

(1)纸筋进入现场后应进行装袋,不得散乱堆放。

(2)浸泡纸筋时,不许扬洒,及时浇水。

1.3.6.3 玻璃纤维

(1) 玻璃纤维进入现场后应入库,不得散乱堆放。

(2) 玻璃纤维对人皮肤有刺激作用,并污染地面,严禁玻璃纤维飞扬。

1.3.7 彩色石粒、彩色瓷粒

1.3.7.1 彩色石粒、彩色瓷粒进入现场应袋装,不得散乱堆放。

1.3.7.2 彩色石粒、彩色瓷粒使用前应认真过筛并用清水洗净,石粒过筛时要避开大风天,清洗石粒的污水未经处理不得随意排放,必须经两级沉淀后方可排出。

1.3.8 水

1.3.8.1 施工现场严禁长流水,提倡使用节能水龙头,防止跑、冒、滴、漏。

1.3.8.2 搅拌站应设置沉淀池,沉淀池采用水泥砂浆抹面,防止污染地下水,经沉淀处理的水可以用作养护水。

1.3.9 外加剂

1.3.9.1 采用的胶粘剂必须符合环保要求。包装物不得随意丢弃,由物资管理部门统一回收。

1.3.9.2 施工砂浆采用外加剂时,外加剂中碱含量应符合要求。

1.4 人员要求

1.4.1 机械操作人员应经过培训,掌握相应机械设备的操作要求后方可进行机械操作。避免因人的操作技能不符合操作规程造成机械设备事故、漏油、设备部件报废、浪费资源、污染环境。

1.4.2 其他施工人员操作前应进行环境交底,掌握操作要领和环境控制要求,避免因人不掌握环境控制措施造成噪声排放、扬尘、废弃物、废水而污染环境。

1.4.3 从事后台搅拌的操作人员应佩戴必须的劳动保护用品,防止粉尘进入人体内。

1.5 设备设施要求

1.5.1 砂浆搅拌机必须符合《建筑机械使用安全技术规程》JGJ 33 的要求,施工中应定期进行检查,保证搅拌机的运行,噪声控制在当地有关部门规定的范围内。

1.5.2 纤维-石灰混合磨碎机及粉碎淋灰机下及灰池必须硬化并设围挡。地面浇5cm厚以上C15混凝土,随打随抹光。围挡高10cm,宽8cm,地面四周应宽出机械40cm,灰池底面比机下地面低10cm,沿上表面一平,灰池长×宽为1m×1m。

1.5.3 使用或维修机械时,应有防滴漏油措施,严禁将机油滴漏于地表,清修机械时,废弃的棉丝(布)等应集中回收,严禁随意丢弃或燃烧处理。

1.5.4 抹灰施工过程所用的上述机械设备要保证完好,能够正常运行。在设备选用时要选用噪声低、耗能低的机械设备,在机械运行过程中注意噪声的控制,噪声排放符合国家规范《建筑施工场界噪声限值》的要求。

1.5.5 运输砂浆时,砂浆应低于车帮15cm,以免运输过程中遗洒,污染地面。

1.5.6 运输砂浆的车辆在完工后应在砂浆搅拌站处清洗,污水经两级沉淀池沉后方可排入市政管网。

1.6 施工过程控制要求

1.6.1 装饰抹灰工程的分类

水泥、石灰类装饰抹灰包括:拉毛灰、拉条灰、仿石抹灰、假面砖、灰线;

石粒装饰抹灰包括:水刷石、斩假石、干粘石、机喷干粘石。

1.6.2 施工现场要求

1.6.2.1 施工现场使用或维修机械时,应设置接油盘,接油盘高5cm,长宽应超出漏油部位四周10cm,严禁将机油滴漏于地表,清修机械时,废弃的棉丝(布)等应集中回收处理,严禁现场随意丢弃或燃烧处理。

1.6.2.2 高处作业,清理现场施工垃圾时,严禁将垃圾杂物从窗口、洞口、阳台等处抛洒,以免造成固废粉尘污染。

1.6.2.3 使用现场搅拌站时,应设置施工污水处理设施,施工污水未经处理不得随意排放。建筑抹灰、水泥石灰及罩面纸筋灰、麻刀灰的搅拌应在设有密封围挡的设施中进行搅拌,防止大风将搅拌用的纸筋、麻刀、玻璃纤维吹散污染环境。

1.6.2.4 施工垃圾要分类堆放,严禁将垃圾随意堆放或抛洒,施工垃圾应由合格单位组织统一处理,严禁随意倾倒。

1.6.2.5 抹灰施工、砂浆在运输过程中,对于洒落的砂浆或其他的面层灰应有专人清理,不得在运输过程中洒落满地,无人管理。

1.6.2.6 施工现场夜间照明不影响周围社区,夜间施工照明使用灯罩,夜间施工除现场照明外,做到人走灯灭,节约用电。

1.6.2.7 机械操作人员应经过培训,掌握相应机械设备的操作要求后方可进行机械操作,避免因人的操作技能不符合操作规程造成机械设备事故:漏油、设备部件报废、浪费资源污染环境。

1.6.2.8 其他施工人员操作前应进行环境交底,掌握操作要领和环境控制要求,避免因人的不掌握环境控制措施造成噪声排放、扬尘、废弃物、废水而污染环境。

1.6.2.9 施工现场严禁大声喧哗,以控制人为噪声。

1.6.3 施工准备

材料准备:

根据施工图纸计算抹灰所需材料数量,提出材料进场的日期,按照供料计划分期分批组织进场,做到不窝工,材料均衡进场,少占用堆料资源。

(1)机具准备

施工机具进场必须进行检查,严禁带病作业,以免产生噪声及漏油等污染环境的因素。施工机具退场时,要把机具清理干净,以免运输途中洒漏污染地面。

(2)技术准备

1)完成材料的试验和试配工作后,再施工,以免造成配比、材料不合格返工浪费资源。

2)组织结构工程验收以免程序不合格返工浪费资源。

3)抹灰工程施工应在主体结构工程验收合格后进行以免程序不合格返工。

4)抹灰前应检查水、电管线、配电箱是否安装完毕,是否漏项。

5) 对安装好的门框,宜采用铁皮或板条进行保护。

1.6.4 过程控制要求

1.6.4.1 基层清理

(1) 清理抹灰基层时应将装喷头的水管提前洒水,在剔凿墙面多余的杂物时应注意扬尘。

(2) 基层清理剔凿时注意噪声的控制,根据施工现场所处的区域,在噪声敏感区禁止夜间施工。

(3) 清理下来的建筑垃圾,一是回收作二次再利用,二是最后的建筑垃圾应按环卫部门指定地点堆放,不可随意丢弃。

(4) 混凝土基体处理加适量胶粘剂或界面剂时,胶粘剂或界面剂的性能应该无毒、无污染符合环保要求。

(5) 抹灰基层表面的灰尘、污垢和油渍等清理干净,以免粘结不牢、空鼓脱落返工,造成粉尘、噪声、固体废弃物。

1.6.4.2 浇水湿润

(1) 浇水湿润时,管道连接要严密,浇水软管禁止弯压关水,应在软管前关闭阀门。

(2) 提倡用喷头浇水,不宜用胶管直接浇水,既节约用水,又减少水对地面、楼面积水。

1.6.4.3 贴饼冲筋

(1) 贴饼冲筋要综合考虑,减少剔凿量,找平、方正、垂直,使平均厚度最优,节约资源。

(2) 施工时应先做好铺设落地灰及时回收再利用。

1.6.4.4 抹底、中层灰

(1) 抹墙面灰前,应清理好墙下,铺设接灰物,落灰回收再利用。

(2) 砂浆搅拌而产生的污水应设置沉淀池,必须经过沉淀的水才可排放到指定的地点,也可利用回收水洒水降尘,废弃的水泥袋或沉淀池清掏的废物应回收,储存在废弃物堆放场,集中一个运输单位后,交当地环卫部门清运处理,清运时,应使用密封车,防止垃圾遗洒污染土地。

(3) 砂浆运输车装砂浆时,应低于车帮 10~15cm,避免砂浆运输时遗洒污染地面,工地的砂浆必须放在灰槽或容器内,严禁倒在预制板、现浇板、土地上,以免污染环境。

(4) 砂浆在拌制过程中,应随拌随用,保证计量准确,避免配合比不正确造成返工,浪费水电和其他资源,或拌制过多,砂浆初凝未使用,造成砂浆废弃。

(5) 砂浆拌制时,四级风以上天气禁止作业,预防扬尘污染环境,拌砂浆倒水泥时,水泥袋应放在集料斗内打开水泥袋,并轻轻抖水泥袋,将水泥抖进后再移开,防止扬尘和水泥遗洒污染土地。

(6) 散热器背后的墙体抹灰应在散热器安装前进行,避免因工序不合理造成污染。

(7) 管道背后应及时清理干净,做到活完底清,避免因施工质量返工,浪费资源。

(8) 外墙抹灰作业时,应铺设好接灰物,以便落地灰及时回收再利用。

(9) 抹完灰后,注意喷水养护,防止空鼓裂缝,造成返工。

(10) 抹顶棚底灰时,在顶板混凝土湿润的情况下,先刷108胶素水泥浆一道,随刷随打底,防止空鼓脱落,返工重做。

1.6.4.5 抹罩面灰

(1) 拉毛灰

1) 涂抹时应保厚薄一致,施工前做好铺设,及时回收利用落地灰,不能利用的建筑垃圾应由专人负责清扫。清扫时,要适当洒水避免扬尘,垃圾用袋装到指定地点集一个运输单位后交由环保部门统一处理。

2) 条筋拉毛抹完灰后应随即用硬鬃毛刷拉细毛面,刷条筋,避免因时间把握不好造成返工和浪费。

3) 拉毛用刷子使用完后,及时用清水清洗干净后再用。最后收回仓库,不可随地抛弃。

4) 灰浆槽使用完后及时清理干净再用。固化后清理不但扬尘产生固体废弃物还产生噪声。

5) 水泥石灰砂浆罩面拉毛时,待中层砂浆5~6成干,浇水湿润墙面,刮水泥浆,以保证拉毛面层与中层粘结牢固。防止面层空鼓开裂而返工。

6) 拉毛时,在一个平面上,应避免中断留槎,以做到色调一致不露底,减少因接槎及色调不一致重做的损失。

7) 拉毛灰掺入颜料时,应在抹罩面砂浆前,做出色调对比样板,选样后统一配料,不因颜色差返工。

8) 拌和砂浆时,彩色颜料的选用应选无毒、无害符合环保要求的颜料。

(2) 拉条灰

1) 拉条抹灰时,操作应按竖格连续作业,一次抹完,上下端灰口应齐平,罩面灰应揉平压光,一条拉条灰要一气呵成,不能中途停顿,避免因操作不当造成返工和浪费。

2) 拉条灰用木模及滚模使用后,及时清洗收回仓库。

3) 分格木条最好用塑料条代替,以节约木材资源。

4) 分格木条采用隔夜浸水的木条按线镶贴,扫好条纹后,立即起出分格条,清理干净浸在水中待用。不用时阴干收回仓库,不可随意抛弃。

(3) 假面砖

1) 面层收水后,用靠尺板使铁梳子或铁辊由上向下划线,然后用铁钩子沿靠尺板横向划沟,划好后将飞边砂粒扫净,清扫时注意扬尘。

2) 做假面砖最好用同种类、同批次的水泥,以免因水泥而产生颜色差造成返工。

(4) 仿石抹灰

1) 在扫条纹以前,要在操作面下铺接灰物,收回利用。

2) 竹扫帚用完后,清洗干净,收回仓库,不随意抛弃。

3) 起出分格条后,随手将分格缝飞边砂粒清净,并用素灰勾好缝,避免因分格缝处理不当造成返工和废料。

(5) 灰线

1) 墙面底子灰靠近顶棚处留出灰线尺寸不抹,以便在墙面底子灰上粘贴抹灰线的靠尺板,这样可以避免后抹墙面底子灰时碰坏灰线。

2) 建议采用预制石膏灰线,直接粘贴或用螺钉固定,既提高了质量,也提高了工效。

3) 用高强石膏粘贴时,石膏要随用随配,减少固化废弃损失。

4) 抹线角工具用后清洗干净,收回仓库。既减少废弃物污染又可再利用。

(6) 水刷石装饰罩面

1) 分格条最好用塑料条代替,以节约木材资源。

2) 分格木条采用隔夜浸水的木条按线镶贴,扫好条纹后,立即起出分格条,清理干净浸在水中待用。不用时阴干收回仓库,不可随意抛弃。

3) 水刷石施工从上到下,严禁施工工序倒置,污染施工完墙面。

4) 中层砂浆6~7成干后,浇水湿润,紧接着刮水灰比为0.37~0.4水泥浆一道,以防面层粘结不牢空鼓而脱落。

5) 水刷石施工要一块一块地施工,在一块内不可留施工缝,以免接缝处无石子返工。

6) 如返工的水刷石也应一块一块地返工,并保护好已完的水刷石,以免造成新的污染返工。

7) 水刷石施工时应对下方进行防护,以免遭受水泥浆的污染。

8) 水刷时在操作面下方铺水泥袋等物,防水泥浆对地面的污染。

(7) 干粘石

1) 干粘石施工前,对操作面下方要铺设接石粒物,洒落的石粒及时清理回收后重新过筛清洗再利用。

2) 干粘石装饰抹灰完成后应用喷雾器喷水养护,以免影响粘结牢固或收缩开裂而造成返工。

3) 甩石粒和拍石粒时,应用托盘接石粒,减少洒落,减少清洗用工用水。

4) 机喷干粘石时要做好石粒可使用帆布、塑料布等做成兜子接散落下来砂粒,以便再利用。机喷石粒和喷砂时,石粒和砂在装斗前应加水湿润,以避免粉尘飞扬。

5) 机喷干粘石采用的设备应符合低噪声、低耗能要求,施工现场使用或维修机械时,应有防滴漏油措施,严禁将机油滴漏于地表,造成土壤污染。清理机械时,废弃的棉纱等应集中回收,严禁随意燃烧处理污染空气。

(8) 斩假石

1) 斩假石面层砂浆一般用白石粒和石硝,应统一配料干拌均匀,以免因颜色不一致返工。

2) 面层斩剁时,应先弹顺线,相距约10cm,按线操作,以免剁纹跑斜,因外观质量不满足而返工。

3) 斩剁时必须保持面层湿润,防止斩剁时产生粉尘污染。

4) 斩剁完清扫时应轻扫,减少粉尘污染。

1.6.5 季节施工

1.6.5.1 冬期抹灰应采取保温措施,抹灰时,砂浆的温度不宜低于5℃,气温低于0℃,不宜进行冬期抹灰,以免受冻返工浪费资源。

1.6.5.2 气温低于5℃时,室外不宜抹灰。做油漆或涂料墙面的抹灰层,不得掺入食盐和氯化钙,造成油漆或涂料墙面花脸而返工。

1.6.5.3 石灰膏要采取保温措施,以免受冻不能使用,造成资源浪费。

1.6.5.4 冬期施工最好采用暖气采暖,不用烧煤炉采暖。减少黑烟及有害气体对空气污染。

1.6.5.5 现场要编制火灾应急预案,配备好消防器材,做好应急准备。

1.6.5.6 采用冷作业法时,防冻剂应该符合环保要求,禁止使用国家明令禁止的原材料做外加剂。

1.6.5.7 外加剂应专人配制和使用,对掺外加剂的操作人员应组织专门的环保和安全等技术培训,学习本工作范围内的有关知识,明确职责,经考试合格后,方准上岗工作,避免因操作不当造成环境污染。

1.6.5.8 采用亚硝酸钠做外加剂的,要严加保管标识清楚,防止发生误食中毒。

1.6.5.9 冬期施工为防止灰层早期受冻造成返工浪费资源,砂浆内不掺石灰膏,可用粉煤灰代替。

1.6.5.10 雨期室外墙面抹灰时,应事先用塑料布遮挡在抹灰操作面上方,室内抹灰时要事先做好屋面防水,再抹灰,防止抹灰层终凝前受雨淋而损坏,造成返工。

1.6.5.11 108胶冬期要采取保温措施,防止受冻不能使用,造成资源浪费。

1.6.5.12 4级以上风天禁止水刷石作业,减少灰浆污染节省清理用工。

1.6.5.13 斩假石面层抹完灰后,不能受烈日暴晒或遭冰冻,以免因开裂或强度不够返工。返工既造成浪费又造成环境粉尘和噪声污染。

1.7 监测要求

1.7.1 实施前

1.7.1.1 检查现场主要道路是否硬化,主要道路硬化率宜达到100%。

1.7.1.2 检查照明灯罩的配备以及灯的照射,灯罩配备率应达到100%。

1.7.1.3 检查机械设备是否完好,禁止带病作业。

1.7.1.4 检查搅拌站是否设有沉淀池,沉淀池是否设溢流水管。

1.7.1.5 检查冬雨期施工是否制定了防冻、防雨措施,是否准备了防冻防雨材料。

1.7.2 实施过程中

1.7.2.1 墙面剔凿时,应随时检查是否洒水湿润,由项目环保员、施工员巡视,目测无扬尘为合格。

1.7.2.2 检查施工道路是否洒水湿润,目测3m内无扬尘方符合要求。

1.7.2.3 每天应至少二次巡视检查机械设备维修保养情况,施工现场噪声控制按《建筑施工场界噪声测量方法》GB 12524—90 的要求进行监测;搅拌机沉淀池污水是否清水排放,污浊水严禁排放,对于在饮用水源处、风景区内施工应由环保部门对污水排放中BOD_5、SS、pH等必测项目进行检测,检测合格后,方可排出。

1.7.2.4 巡视检查砂浆运输途中是否有洒漏。

1.7.3 实施后

1.7.3.1 检查固体废弃物是否交当地环保部门清运处理。

1.7.3.2 检查机械设备是否清理干净,是否按期进行维修保养。

1.7.3.3 检查水泥、石灰、石膏、砂子等是否进行了覆盖,目测施工操作现场是否做到工完场清。

1.7.3.4 沉淀池清掏每周一次,清掏的废弃物是否分类堆放,是否交当地环保部门清运处理。

2 门窗工程

2.1 木门窗制作与安装工程

2.1.1 作业流程

配料→截料→刨料→画线、凿眼、开榫、裁口→整理线角→堆放→拼装→立门窗框→校正→门窗扇安装→小五金安装→涂刷油漆。

2.1.2 环境因素:木材切割的噪声排放、粉尘排放;木材加工及门窗作业场所火灾;人造木板的甲醛排放;油漆中甲醛、苯、氨气排放;油漆涂料、有机溶剂(香蕉水)储存和使用过程中的火灾;油漆涂料遗洒;废弃的胶粘剂、防腐剂、防虫剂、油漆涂料、石棉保温材料等危险废弃物的处置等。

2.1.3 人员要求

2.1.3.1 门窗制作人员除了具有木工的基本技能、持有精细木工操作证外,还应具有消防知识和火灾发生的应急处理能力。

2.1.3.2 门窗防腐、防虫处理人员应了解所使用防腐剂、防虫剂的化学特性,能够正确使用并能处理突发事件。

2.1.4 材料要求

2.1.4.1 木方料的配料、截料应计算准确,配套下料,要合理的确定加工余量,以免造成资源浪费。

2.1.4.2 采用马尾松、木麻黄、桦木、杨木等易腐朽、虫蛀的木材时,构件应做防腐、防虫药剂处理。防腐处理中的环境控制按照木作业的环境控制要求。

2.1.4.3 各种人造木门面板应符合相应国家标准及设计要求。人造板的甲醛释放量应符合表16-3要求,以免造成室内空气污染。

2.1.4.4 胶粘剂、防腐剂、防虫剂、油漆涂料等辅助材料应选用环保型产品。

2.1.5 设备设施要求

2.1.5.1 木门窗加工应设置专门的加工车间(木工加工棚),加工车间应设置在远离居民区和现场生活、办公区。

2.1.5.2 加工车间四周应进行封闭,车间四壁内侧附泡沫塑料板。当处于环保敏感地区时,应选用隔声板、隔声毡等专业隔声材料,且应确保隔声材料的阻燃性能良好。

2.1.5.3 胶粘剂、防腐剂、防虫剂、油漆涂料等材料应设置专门地点分类存放,存放点应在室内并满足防雨、防晒、防火、防流失、防泄露、防飞扬等要求。上述材料的废弃物可使用密闭的桶、箱盛装并置于室内。

2.1.5.4 木工车间和仓库门口应配备适宜的灭火器、砂池、消防铲、消防桶、消防钩等消防器材和设施,必要时应由消防水源。木工车间、胶粘剂、防腐剂、油漆涂料等每100m^2配两只10升灭火器。

2.1.6 过程控制要求
2.1.6.1 木门窗的制作

(1) 木方料的配料、截料应计算准确,配套下料,要合理的确定加工余量,以免浪费木材资源。应先测量其长度,再按门窗横挡、竖撑尺寸放长 30~50mm 截取。木方料截面尺寸宽、厚的加工余量:单面刨光留 3mm,双面刨光留 5mm。

(2) 周围有居民区或处于敏感地区的木工车间,应尽量避免在夜间使用电锯而影响周围居民休息。

(3) 采用马尾松、木麻黄、桦木、杨木等易腐朽、虫蛀的木材时,构件应做防腐和防虫处理。上述木材应尽可能购买已做好防腐、防虫处理的半成品或者委托加工。若在施工现场进行防腐、防虫作业时,应在木门窗加工车间的硬化地面上覆一层薄膜,以防止防腐和防虫剂污染土壤且便于废弃物的清理收集。

(4) 门窗框及厚度大于 50mm 的门窗扇应采用双夹榫连接。榫槽应采用胶料严密嵌合,并用胶楔加紧。每个工作班结束应将废弃的胶料收集至指定容器内。

(5) 门窗制作后,应及时在表面刷一道底子油。门窗框靠墙面一侧应刷防腐涂料。刷底子油和防腐涂料要在塑料薄膜(或其他方式与地面隔离)上进行,防止底子油和防腐涂料遗洒污染地面。

(6) 拼装好的成品,应在明显处编写号码,用楞木四角垫起,离地 20~30cm,水平放置,加以覆盖。成品码放处应远离明火作业,且应按要求配备足够数量的消防器材。

(7) 高级木门窗的制作应注意以下几点:

1) 高级木门的面层胶合板应均匀涂刷白乳胶后与门扇或骨架紧密粘合,涂刷白乳胶在木加工场地进行,场地应硬化,涂刷时地面铺上报纸等,防止胶粘剂污染地面。

2) 所用的胶粘剂,要选型准确,一般应选用接触型胶粘剂,白乳胶可用于内门,外门应采用防水胶,如间苯酚树脂或粉状合成树脂胶,防止错用胶粘剂导致浪费。操作时应在旧门表面及贴面板的背面均匀涂刷胶粘剂,操作过程中,控制好胶粘时间,防止早粘或者晚粘而返工,具体要求是待表面指干后按要求将其定位,并粘结到一起,再用小圆钉临时固定。

3) 涂刷胶粘剂时,周边 3m 内不得有明火作业,当不能满足此要求时,应进行隔热防护。

4) 室内涂刷胶粘剂时,应保持通风良好,以防室内空气中甲醛等有害气体超标。

(8) 车间内的锯末、刨花及其他木屑,应在每个工作班结束或堆积超过 $1m^3$ 时,清理至专门地点,集中封闭堆放,与火源明显隔断,集中堆放点应按堆方容量大小配灭火器或消防水源等消防设施设备。

(9) 木门窗制作过程中,胶粘剂、防腐涂料、防虫剂、底子油使用产生的废弃物,应集中分类存放,并交由专业固废处理机构处理。

2.1.6.2 木门窗安装

(1) 门窗框安装

1) 门窗框安装前,应检查门窗洞口的尺寸、垂直度等项目。如尺寸偏小时,应进行剔凿。剔凿作业不应在夜间进行,外门窗洞口剔凿时,应使用密目网维护,四级风以上天气应停止剔凿作业。

2) 门窗框应用钉子固定在墙内的预埋木砖上,门窗框与墙体结合时,每一木砖要钉2只100mm长的钉子,钉入深度不应少于50mm,且上下应错开。钉入钉子时,要做到"用力要狠,落锤要准",减少对门窗框与墙体结合处的振动,减少粉尘的产生。

3) 门窗框与外墙间的空隙,泡沫型塑料条、泡沫聚氨酯条、矿棉条或玻璃棉毡条等保温材料分层填塞。每个工作班结束应将剩余的保温材料及时入库,废弃的保温材料收集至危险废弃物存放点。

(2) 木门窗扇安装

1) 安装前,检查门窗扇的型号、规格、质量是否合乎要求,对不同型号、规格的门窗扇予以编号,防止错装,并且提高工效。

2) 安装时,门窗框的线外部分,用刨刨至光滑平直,使其合乎设计尺寸要求,对于刨料要进行清理。

3) 将扇放入框中试装合格后,按扇高的1/8~1/10,在框上按合页大小画线,并剔出合页槽,剔槽时,槽深一定要与合页厚度相适应,防止多剔浪费,同时也要防止少剔返工。

4) 门窗扇安装的留缝宽度,应符合质量验收限制和允许偏差的规定,控制留缝过宽而增大嵌缝物资量。

(3) 木门窗小五金安装

1) 有木节处或已填补的木节处,要避开安装小五金,防止因小五金安装不牢而导致返工浪费。

2) 安装合页、插销、L铁、T铁等小五金时,优先选用木锤将螺钉打入,以降低噪声。采用硬木时,应先钻2/3深度的孔,孔径为螺钉直径的0.9倍,然后再将螺钉由孔中拧入,禁止直接拧入将螺钉拧断。

2.1.6.3 涂刷油漆

(1) 涂刷油漆时,应保持室内通风良好,防止室内空气中的甲醛、乙酸乙酯、苯等含量超标。

(2) 涂刷油漆时,周边10m区域内应禁止明火作业,作业点应配灭火器。

(3) 油漆作业产生的废弃油漆桶及其他有毒有害废弃物应交专业机构处理,不得混入建筑垃圾处理。

2.1.7 环境监测

2.1.7.1 对木材切割的噪声排放、粉尘排放每天进行观察,必要时使用仪器进行噪声检测;

2.1.7.2 木材加工及门窗作业场所每天检查,检查内容包括应急物资准备情况,加工场所木屑清理情况等;

2.1.7.3 安装过后检测人造木板的甲醛排放,油漆中甲醛、苯、氨气体排放。

2.2 钢门窗安装工程

2.2.1 工艺流程:弹线→门窗框就位→门窗框固定→填缝→安装五金配件→清理。

2.2.2 环境因素

2.2.2.1 钢门窗搬运、门窗框固定噪声排放。

2.2.2.2 门窗框固定焊接、钻孔、打入钢钉作业中噪声排放、粉尘排放、光污染、火灾。

2.2.2.3 门窗框与墙体填缝使用水泥砂浆产生的固体废弃物,用密封胶密封产生的危险废弃物。

2.2.3 人员要求

2.2.3.1 电焊工应经培训并取得焊工作业证后方可上岗作业。

2.2.3.2 对操作人员已进行技术交底,明确质量、安全和环境要求。

2.2.4 材料要求

2.2.4.1 选择钢门窗时,应根据当地自然条件、基本风压值和不同建筑构造,考虑门窗的抗风压性能,按照 GB7 106《建筑外窗抗风压性能分级及其监测方法》中的规定进行计算后确定。

2.2.4.2 当对防尘、密闭有较高要求时,应选用带密封条的钢门窗;当用于潮湿和有腐蚀介质环境时,应选择抗潮湿、抗腐蚀的油漆或表面涂塑,并选用优质的五金配件。

2.2.4.3 门窗的品种型号应符合设计要求,五金配件配套齐全,且具有出厂合格证。防止因选用尺寸与型号不对的门窗而返工。门窗及零部件性能、尺寸偏差等应符合国家有关标准规定。

2.2.4.4 产品表面不得有氧化铁皮、油污或其他污迹,以免清洗时造成新的环境影响。

2.2.4.5 钢门窗一般采用普通玻璃,厚度为 3~4mm,使用大玻璃时厚度为 5~6mm,钢门窗框与玻璃厚度要相适应,避免因此产生的返工与浪费。

2.2.5 设备设施要求

2.2.5.1 钢门窗加工应设置专门的加工车间,加工车间应设置在远离居民区和现场生活、办公区。

2.2.5.2 加工车间四周应进行封闭,应装设换气扇,以保持车间内通风良好。车间四壁内侧附泡沫塑料板,当处于环保敏感地区时,应选用隔声板、隔声毡等专业隔声材料,且应确保隔声材料的阻燃性能良好。

2.2.5.3 钢门窗堆放场地应做到防潮和防雨,并不得与有腐蚀性介质接触。

2.2.5.4 有毒有害废弃物集中存放点,应按有毒有害物质进行细分,不得混合存放。存放点应满足防雨、防晒、防火、防流失、防泄露、防飞扬等要求。

2.2.5.5 金属门窗安装一般需要脚手架(高凳或人字梯)、电钻、电动螺丝刀、小锤、注胶枪、水平尺等机具设备。

2.2.6 过程控制要求

2.2.6.1 安装前须注意以下几点

(1) 钢门窗运输时,应在门窗框四周及合页处,以及窗扇中间衬垫木块,并用铅丝捆扎牢固,并严禁在钢门窗上放置重物,以防门窗变形。

(2) 在搬运、装卸时应轻起轻放,并防止与其他物体相碰撞。不可将抬杠或吊绳穿入窗梃或窗芯起吊。起吊时应选择平稳、牢固的着力点,严禁抛、摔。以免施工噪声超标和损坏构件。

(3) 钢门窗应装置在预砌的墙洞口内,不可边砌边装,以免污染门窗,对门窗重新清洗。

(4) 钢门窗安装前,应逐樘进行检查,如发现钢门窗框变形或窗角、窗梃、窗芯有脱焊、松动等现象,应校正修复后方可进行安装。防止安装后进行返工或给修复造成不便。

2.2.6.2 弹线

(1) 按设计要求,在门窗洞口弹出门、窗位置线。如在弹线时发现预留洞口的尺寸偏差较大,应及时调整、处理。以免安装后返工造成资源和能源的浪费。

(2) 预留洞口的剔凿,应避免在夜间和风力超过四级的天气进行,剔凿时应进行局部围闭,以减少噪声和粉尘排放扰民。

2.2.6.3 门窗框就位

门窗框就位要注意做好框的临时固定,防止框倾倒破坏产生浪费,为此:

(1) 按弹线位置将门窗樘立于洞口中,在门窗框的四角用木楔临时固定。

(2) 用水平尺、吊线锤击对角线尺量等方法,调整正、侧面垂直度、水平度和对角线后,将木楔楔紧固定。

(3) 钢门框需锯1根与门框内净间距相同长度的木板条,在门框中部支撑紧。待嵌填入铁脚孔内的水泥砂浆达到70%的强度后,才能拆除木撑。

固定木楔应轻轻敲击,防止用力过猛损坏钢门窗框和增加施工噪声。

2.2.6.4 门窗框固定

(1) 钢门窗框的固定可采用如下几种方法:

1) 采用 3mm×(12~18mm)×(100~150mm)的扁钢,一端与预埋铁件焊牢或使用豆石混凝土、水泥砂浆埋入墙内,另一端用螺丝钉与门窗框拧紧。焊接应尽量不在夜间进行,若不可避免时,应采用薄铁皮围护,以减少光污染给周围居民造成不便。焊接前应将下方清理干净,防止焊渣引燃材料和建筑垃圾导致火灾。

2) 用一端带有倒刺形状的圆铁埋入墙内,另一端装木螺丝,可用圆头螺丝钉将门窗框固定。固定时敲击要准,不要敲打在门窗框上造成损坏,敲击时要轻准,尽量降低噪声。

3) 先把门窗框用对拔木楔临时固定于洞口内,再用电钻(钻头 $\phi 5.5mm$)通过门框上的孔眼在墙体上钻直径 5.6~5.8mm、深度 35mm 的孔,把预制的 $\phi 6mm$ 钢钉强行打入孔内挤紧,拆除木楔,在周边抹灰。作业点应使用废旧木模板和密目网做降噪防尘维护,若离居民区较近或处于敏感地区,应避免夜间钻孔和打钢钉。

(2) 采用铁脚固定钢门窗时,将预留孔洞清扫干净,浇水润湿,然后用 1:2.5 半干硬水泥砂浆或 C20 细石混凝土塞入孔洞内,捣实、抹平,并及时洒水养护 3d,在养护期内不得碰撞、振动钢门窗。浇水要适量,以预留孔及养护面润湿为准,防止超浇产生污水。

(3) 当水泥砂浆或混凝土达到规定的强度后,方可将四周安设的木楔取出,并用 1:2.5 的水泥砂浆将四周缝隙嵌填严实。水泥砂浆抹面时,尽量减少对楼地面的遗洒,抹面要均匀。遗洒后的水泥砂浆清理后作为无毒无害固废处理。

(4) 门窗框与墙体之间的缝隙应采用密封胶密封,密封胶表面应光滑、顺直,无裂纹。密封胶使用的废弃物应定点收集,集中交有资格单位处理。

2.2.6.5 每个工作班结束,工人应将其负责工作面内的垃圾进行清理,并收集集中、

2.2.7 监测要求

2.2.7.1 感觉钻孔、打入钢钉作业中噪声排放、粉尘排放情况,必要时在场外通过仪器检测噪声。

2.2.7.2 检查门窗框固定焊接光污染情况,光污染对周围居民造成影响时要禁止夜间作业。

2.2.7.3 每天检查门窗框与墙体填缝使用水泥砂浆产生的固体废弃物是否做到了工完场清,清理出的垃圾是否堆放到指定地点。

2.3 铝合金门窗安装工程

2.3.1 工艺流程

弹线→门窗框就位→门窗框固定→嵌缝→门窗扇安装→玻璃安装→清理。

2.3.2 环境因素

2.3.2.1 门窗框洞口剔凿带来的噪声排放、粉尘排放。

2.3.2.2 铝合金门窗框固定使用冲击钻钻孔及打入膨胀螺栓时的噪声排放、粉尘排放。

2.3.2.3 门窗框清洗酸、碱废液污水排放。

2.3.2.4 门窗框固定焊接时的弧光污染、火灾。

2.3.2.5 射钉枪弹的爆炸。

2.3.2.6 嵌缝软填料、密封膏废弃物的排放。

2.3.3 人员要求

2.3.3.1 射钉枪的操作人员应进行培训,严格按规程操作,严禁枪口对人。射钉弹要按有关爆炸和危险品的规定进行搬运、储存和使用。

2.3.3.2 对操作人员已进行技术交底,明确质量、安全和环境要求。

2.3.4 设备设施要求

2.3.4.1 射钉弹仓库要防晒、防雨,应做到整洁、干燥、通风良好、温度不高于40℃。

2.3.4.2 钢门窗安装一般需要脚手架(高凳或人字梯)、切割机、电钻、射钉枪、电动螺丝刀、小锤、注胶枪、水平尺等机具设备。

2.3.4.3 香蕉水存放仓库,应阴凉、通风、干燥,库内温度保持在30℃以下,可与其他有机溶剂同库储存,但不得与氧化剂、强酸、强碱同存。

2.3.4.4 有毒有害废弃物集中存放点,应按有毒有害物质进行细分,不得混合存放。存放点应满足防雨、防晒、防火、防流失、防泄露、防飞扬等要求。

2.3.5 材料要求

2.3.5.1 选择铝合金门窗的系列时,应根据当地自然条件、基本风压值和不同建筑构造,考虑门窗的抗风压性能,按照 GB 7106《建筑外窗抗风压性能分级及其监测方法》中的规定进行计算后确定。

2.3.5.2 铝合金门窗的抗风压性能、抗空气渗透性能、抗雨水渗透性能均应符合国家标准的规定,满足使用要求。

2.3.5.3 产品表面应清洁、光滑、平整,没有明显的色差、凹凸不平、划伤、擦伤、碰伤等缺陷。产品表面不得有氧化铁皮、毛刺、裂纹、折叠、分层、油污或其他污迹。

2.3.5.4 铝合金门窗的密封材料,可选用硅酮胶、聚硫胶、聚氨酯胶、丙烯酸酯胶等。密封条可选用橡胶条、橡塑条等。

2.3.6 过程控制要求

2.3.6.1 门窗构件应连接牢固,需用耐腐蚀的填充材料使连接部位密封、防水。也可在推拉窗下框上开一个 6mm×50mm 的长方形排水孔。

2.3.6.2 铝合金门窗制作完成后,应用无腐蚀性的软质材料包好,放置在通风干燥的地方,严禁与酸、碱、盐等有腐蚀性的物品接触。露天存放时,下部应垫高 100mm 以上,上面应覆盖篷布保护。

2.3.6.3 弹线

(1) 按设计要求在门、窗洞口弹出门、窗位置线,同一立面的窗在水平及垂直方向应做到整齐一致,地弹簧的表面应与室内标高一致。如在弹线时发现预留洞口的尺寸偏差较大,应及时调整、处理。以免安装后返工造成资源和能源的浪费。

(2) 预留洞口的剔凿,应避免在夜间和风力超过四级的天气进行,剔凿时应进行局部围闭,以消除或减少噪声和粉尘排放扰民。

2.3.6.4 门窗框就位

(1) 铝合金门、窗框安装的时间,应选择主体结构基本结束后进行,以免主体施工时将其损坏。

(2) 安装铝合金门、窗框前,应逐个核对门、窗洞口的尺寸,与铝合金门、窗框的规格是否相适应。防止尺寸错误导致返工与浪费。

(3) 将铝合金门、窗框临时用对拔木楔固定。木楔应垫在边框能够受力部位。

(4) 框间拼接缝隙用密封胶条封闭。每天工作结束应将密封胶条废弃物收集至危险废弃物存放点。

2.3.6.5 铝合金门窗框固定

连接件在主体结构上的固定方法有以下几种:

(1) 洞口预埋铁件,可将连接件直接焊在预埋件上。焊接作业时,严禁在铝框上接地打火,并应使用石棉布对铝框进行覆盖,防止焊接时烧伤门窗引起新的环境污染。焊接作业时,对火花、焊渣等环境影响按焊接作业部分的环境控制要求。

(2) 洞口上预留槽口,门窗框上的连接件埋入槽口内,用 C25 细石混凝土或 1:2 水泥砂浆浇填密实,浇填时要减少遗洒。

(3) 洞口为砖砌(实心砖)结构时,用冲击钻钻直径不小于 10mm 的孔,用膨胀螺栓紧固连接件,冲钻时要控制好冲钻的深度,不要超钻,选用直径适当的钻头。钻孔作业中,要连续均匀,避免噪声的剧烈起伏。

(4) 门窗框连接件采用射钉、膨胀螺栓等紧固时,应尽量避开夜间施工,防止噪声扰民。其紧固件离墙(梁、柱)边缘不得小于 50mm,且应避开墙体缝隙,防止紧固失效。

2.3.6.6 嵌缝

铝合金门、窗框与洞口的间隙,应采用泡沫型塑料条、泡沫聚氨酯条、矿棉条或玻璃棉毡条等保温材料分层填塞,缝隙表面留 5~8mm 深的槽口,用密封材料填嵌密实。每个工作班结束,工人应将密封材料废料收集到指定地点。

2.3.6.7 铝合金门、窗扇及玻璃安装

(1) 铝合金扇安装的时间,宜选择在室内外装修基本结束后进行,以免施工时将其污染、损坏。

(2) 裁割玻璃时,应根据门、窗扇(固定扇则为框)的尺寸下料。一般要求玻璃侧面及上、下应与金属面留出一定的间隙。防止门窗扇尺寸过大而返工。

(3) 玻璃就位后,应及时用橡胶条或硅酮密封胶固定。橡胶条和硅酮密封胶应分类收集,集中交有资格单位处理。

(4) 裁割玻璃宜在固定场所进行,玻璃废料应及时清理收集,防止伤人。碎玻璃不得混入建筑垃圾处理,应分类后回收利用。

2.3.6.8 清理

(1) 全部竣工后,剥去门、窗上的保护膜,如有油污,可用香蕉水擦洗。

香蕉水中含有乙酸乙酯、苯、丙酮、乙醇等危险化学品,挥发出的气体容易与空气形成爆炸性的混合物,因此操作过程中,必须轻拿轻放,防止摩擦、撞击,开启容器时必须使用铜制专用工具。操作时应特别注意防火。香蕉水及其废弃物应按危险化学品处置。

(2) 铝合金门、窗框扇,可用水或浓度为1%~5%的pH值为7.3~9.5的中性洗涤剂充分清洗,再用布擦干。不应用酸性或碱性制剂清洗,也不能用钢刷刷洗。洗涤废液需经中和、沉淀后才能排入市政管网。

2.3.7 监测要求

2.3.7.1 铝合金门窗框固定使用冲击钻钻孔及打入膨胀螺栓时的噪声、门窗框洞口剔凿带来的噪声作业过程中进行噪声控制,钻机尽量选择低噪声值的机械,钻机作业时建筑物周围进行防护。

2.3.7.2 门窗框清洗作业时,对清洗后的酸、碱废液污水排放情况进行检查,防止不经处理直接排入排水沟。

2.3.7.3 门窗框固定焊接时的弧光经过防护减少光的直接排放。

2.3.7.4 作业过程每天检查嵌缝软填料、密封膏废弃物是否收集并堆放到指定地点。

2.4 塑料门窗

2.4.1 工艺流程

弹线→门窗框铁件安装→立门窗框→门窗框固定→嵌缝密封→门窗扇安装→玻璃安装→五金件安装→清洁保护。

2.4.2 环境因素

2.4.2.1 门窗框洞口剔凿带来的噪声排放、粉尘排放。

2.4.2.2 门窗框固定使用冲击钻钻孔及打入膨胀螺栓、水泥钉时的噪声排放、粉尘排放。

2.4.2.3 门窗框固定焊接时的弧光污染、火灾。

2.4.2.4 射钉枪弹的爆炸。

2.4.2.5 嵌缝软填料、密封膏废弃物的排放。

2.4.3 人员要求

2.4.3.1 电焊工必须持电焊工操作证上岗。

2.4.3.2 射钉枪操作人员上岗前必须进行安全教育,考核合格后方可上岗。

2.4.3.3 手持式电动工具操作人员也必须进行岗前安全教育,考核合格后方可上岗。

2.4.3.4 对操作人员已进行技术交底,明确质量、安全和环境要求。

2.4.4 材料要求

2.4.4.1 塑料门窗品种、规格、型号和数量应符合要求。

2.4.4.2 塑料门窗进场应提供产品合格证,外观质量检查不得有开焊、断裂、变形等损坏。外观、尺寸、装配质量、力学性能应符合国家现行标准的有关规定。

2.4.4.3 塑料门窗配件和附件,规格齐全,质量性能符合国家现行标准的有关规定。

2.4.4.4 门窗与洞口密封所用嵌缝膏应具良好的弹性和粘结性。

2.4.5 设施设备要求

2.4.5.1 塑料门窗型材加工场所,应设置在远离居民区和职工宿舍的地方,并应进行封闭、做隔声处理。

2.4.5.2 塑料门、窗应放置在清洁、平整的地方,且应避免日晒雨淋。存放时应将塑料门、窗立放,立放角度不应小于70°,并应采取防倾倒措施。储存塑料门、窗的环境温度应小于50℃,与热源的距离不应小于3m。

2.4.5.3 电动工具应优先选用低能耗低噪声值的工具,手动工具应保持性能良好,避免使用钝具增大噪声值。

2.4.6 过程控制要求

2.4.6.1 塑料门、窗储存时要防止变形。

2.4.6.2 运输塑料门、窗应竖立排放并固定牢靠,防止颠振破坏,樘与樘之间应用非金属软质材料隔开。装卸门、窗应轻拿轻放,防止碰撞产生噪声。

2.4.6.3 安装前应检查洞口尺寸,不符合要求时,应进行剔凿修整。剔凿应避免在夜间和风力超过四级的天气进行,剔凿时应进行局部围闭,以减少噪声和粉尘排放扰民。

2.4.6.4 按照设计图纸要求,在墙上弹出门、窗框安装的位置线。做到安装一次成活,减少返工浪费。

2.4.6.5 塑钢门窗的固定安装的环境控制参照钢木窗的相关要求。

2.4.6.6 嵌缝密封

(1) 卸下对拔木楔,清除墙面和边框上的浮灰。浮灰清理时要减少扬尘。

(2) 在门、窗框与墙体之间的缝隙内嵌塞 PE 高发泡条、矿棉毡或其他软填料,外表面留出 10mm 左右的空槽。填充料要轻拿并一次塞紧,以减少填充料的废末与粉尘。

(3) 注嵌缝膏时,墙体需洁净、干燥,室内外均需注满、打匀,注嵌后应保持 24h 不得见水。

(4) PE 高发泡条、矿棉毡和密封膏均不宜降解,应集中收集并交有资格单位处理。

2.4.6.7 塑料门、窗玻璃安装一般要求如下

(1) 玻璃不得与玻璃槽直接接触,应在玻璃四边垫上不同厚度的玻璃垫块,垫块应

用聚氯乙烯胶加以固定;聚氯乙烯胶不溶于苯、甲苯、二甲苯等一般化学溶剂的,更不能溶于水,其废弃物应交有资格单位处理,防止丢弃污染土壤。

(2) 安装玻璃压条时应先装短向压条,后装长向压条。压条夹角与密封胶条的夹角应密合。密封胶条废弃物为危险废弃物,应按危险废弃物进行处置。

2.4.6.8　镶配五金

(1) 在框、扇杆件上钻出略小于螺钉直径的孔眼,用配套的自攻螺钉拧入。严禁将螺钉用锤直接打入。

(2) 在安装平开塑料门、窗时,剔凿铰链槽不可过深,不允许将框边剔透,一般门扇吊高留 2mm,窗扇吊高留 1~2mm。

2.4.6.9　清洁保护

(1) 门、窗表面及框槽内粘有水泥砂浆、石灰砂浆等时,应在其凝固前清理干净,清理时禁止使用吹风机械,清理后的浮尘使用吸尘器清理。

(2) 粉刷门、窗洞口时,应将塑料门、窗表面遮盖严密,防止直接污染门窗重新清洗。

(3) 在塑料门、窗上一旦沾有污物时,要立即用软布擦拭干净,擦拭后的软布禁止随意丢弃。

2.4.7　监测要求

监测内容包括:冲击钻钻孔、膨胀螺栓打入、水泥钉打入时的噪声排放、粉尘排放;门窗框固定焊接时的弧光污染;嵌缝软填料、密封膏废弃物的排放。监测方法参照其他门窗安装的环境监测要求。

2.5　彩板门窗安装(涂色镀锌钢板门窗)

2.5.1　工艺流程

2.5.1.1　带副框彩板门窗

副框组装→连接件安装→安装副框→副框调整、就位→副框固定→洞口处理→门窗框与副框连接→缝隙处理→清理。

2.5.1.2　无副框彩板门窗

洞口抹灰→连接点钻孔→立门窗樘→固定门窗→缝隙处理→清理。

2.5.2　环境因素

2.5.2.1　门窗框洞口剔凿带来的噪声排放、粉尘排放。

2.5.2.2　门窗框固定使用冲击钻钻孔及打入膨胀螺栓、射钉时的噪声排放、粉尘排放。

2.5.2.3　门窗框固定焊接时的弧光污染、火灾。

2.5.2.4　射钉枪弹的爆炸。

2.5.2.5　嵌缝软填料、密封膏废弃物的排放。

2.5.3　人员要求

2.5.3.1　电焊工必须持电焊工操作证上岗。

2.5.3.2　射钉枪操作人员上岗前必须进行安全教育,考核合格后方可上岗。

2.5.3.3　手持式电动工具操作人员也必须进行岗前安全教育,考核合格后方可上岗。

2.5.3.4 对操作人员已进行技术交底,明确质量、安全和环境要求。

2.5.4 材料要求

2.5.4.1 门窗品种、规格、型号和数量应符合要求。

2.5.4.2 门窗进场应提供产品合格证,外观质量检查不得有开焊、断裂、变形等损坏。外观、尺寸、装配质量、力学性能应符合国家现行标准的有关规定。防止返工。

2.5.4.3 门窗与洞口密封所用嵌缝膏应清洁。

2.5.5 设施设备要求

2.5.5.1 彩板门、窗库房应干燥、防雨、防晒,且不得有腐蚀性较强的物质。

2.5.5.2 连接件、自攻螺丝、膨胀螺栓、塑料垫片、密封胶条、密封膏等辅助材料应齐备。

2.5.5.3 焊接作业点应配备灭火器。

2.5.6 过程控制要求

2.5.6.1 核对进场彩板门窗的规格、数量、尺寸是否与图纸相符。检查门窗外观质量,如翘曲变形、玻璃或零件损坏、划伤等情况,材料问题尽量在进场验收时解决。

2.5.6.2 彩板门窗运到施工现场后,应直立存放在有遮盖的库棚内,严禁与腐蚀性较强的材料接触,并严防磕碰与划伤。

2.5.6.3 逐个检查门窗洞口的尺寸及施工质量,如不符合要求,应在安装前进行修整或返工。剔凿应避免在夜间和风力超过四级的天气进行,剔凿时应进行局部围闭,以减少噪声和粉尘排放扰民。

2.5.6.4 彩板门窗的连接应根据墙体材料的不同而采用不同的方法。常见的连接方法有金属胀锚螺栓连接、射钉连接、预埋件焊接连接等数种。具体可参见"铝合金门窗框固定"。相应的环境控制也参照"铝合金门窗框固定"。

2.5.6.5 拟安装彩板门窗的洞口已清理干净,并按图纸要求弹出门窗安装位置线。

2.5.6.6 带副框彩板门窗安装

(1) 安装前,检查门窗洞口尺寸,如尺寸偏小,应进行剔凿整改。剔凿作业应避开施工高峰,减少噪声的叠加对环境的影响。剔凿的废弃物应回收,储存在废弃物堆放场,集足一个运输单位后,交当地环卫部门清运处理,清运时,应使用密封车,防止垃圾遗洒污染土地。

(2) 当门窗洞口无预埋件时,应用射钉或膨胀螺栓进行固定副框。打眼或钻孔时,选用性能好的低噪声冲击电钻或射钉枪,作业应避开白天施工高峰并尽量避免夜间施工,作业时采取局部围挡措施,预防或减少噪声超标对环境的污染。

(3) 有预埋件时,将副框上的连接件与门窗洞口上的预埋件逐个焊牢,焊接按焊接作业所涉及的环境控制措施实施,预防或减少弧光污染、有害气体排放、废电焊条、焊条头、焊渣对环境的污染。

(4) 窗扇安装后应用密封膏进行密封,确保密封良好。废弃的密封膏应收集,并储存在专门的容器内,交有资格单位处理。

2.5.6.7 无副框彩板门窗安装要点

(1) 无副框的彩板门窗,宜在室内外及门窗洞口粉刷完毕后进行,防止交叉污染。

(2) 根据门窗外框上膨胀螺栓的位置,在洞口墙体上对应的位置钻出各个膨胀螺栓的孔。钻孔应选用性能好的低噪声冲击电钻,作业应避开白天施工高峰,并避免夜间施工,作业时采取局部围挡措施,减少噪声对环境的污染。

(3) 用建筑密封膏将外框与洞口周边之间的缝隙封严,废弃的密封膏应收集,并储存在专门的容器内,交有资格单位处理。

2.5.7 监测要求

钻机的噪声检查,以及固废物的处理。噪声通过检查人员感知,并且每天检查噪声防护设施。固废物通过检查现场固废清理情况。

2.6 特种门安装工程

2.6.1 工艺流程

2.6.1.1 特种门安装工艺流程

弹线→立框→校正→门框固定→门扇安装→镶配五金→填缝→清理。

2.6.1.2 防盗门安装工艺流程

弹线→立框及固定→填缝→镶配五金及门铃等→清理。

2.6.1.3 旋转门安装工艺流程

门框安装→转轴安装→门顶与转壁安装→轴承座焊接→固定转壁→玻璃安装→油漆或揭膜。

2.6.2 环境因素

2.6.2.1 为纠正门洞尺寸偏差,洞口混凝土剔凿带来的噪声排放、粉尘排放、固体垃圾。

2.6.2.2 门框就位、固定时的噪声排放,焊接时产生的弧光污染、有毒有害气体排放以及电焊头、焊渣等固体废弃物。

2.6.2.3 钢质旋转门面漆喷涂过程中油漆遗洒、危险废弃物排放、火灾。

2.6.2.4 玻璃裁割过程产生的废弃玻璃的处置。

2.6.3 材料要求

2.6.3.1 特种门的品种、规格、开启形式等应符合设计要求,各种附件齐全,并具有出厂合格证。

2.6.3.2 成品或半成品门、连接件、附件及填缝、密封、保护材料等辅料应齐备。

2.6.4 人员要求

2.6.4.1 油漆工应具备一定的消防知识和应急处理知识。

2.6.4.2 操作工人均应接受环境管理方案的交底或培训。

2.6.5 设备设施要求

2.6.5.1 若现场加工型材时,需要设置封闭并做隔声处理的加工车间。

2.6.5.2 旋转门玻璃裁割应设置硬化场地,以便于废玻璃的收集。废玻璃应有单独存放点。

2.6.5.3 应设置危险废弃物分类收集场所,这些场所应防晒、防雨、防流失、防扬尘。

2.6.5.4 应设置围蔽的建筑垃圾池。

2.6.6 过程控制要求

2.6.6.1 特种门安装

(1) 剔凿作业应避免在夜间和风力超过四级的天气进行,剔凿时应进行局部围闭,以减少噪声和粉尘排放扰民。

(2) 按设计要求,在门洞内弹出门框的位置线。弹线一定要准确,防止因位置不准而返工,造成人工和物料的浪费。

(3) 钢门框槽口内应灌注 C20 的细石混凝土。

(4) 依照弹出的位置线,将钢门框放入洞口,用木楔临时固定。门框就位时,严禁使用铁锤敲击,以免损坏门框和噪声排放扰民。

(5) 调整门框的上下、前后、左右位置,确认到位后,用木楔塞紧,并用电焊将连接件与预埋件或凿出的钢筋焊牢。焊接应尽量避免夜间施工,焊工应使用专用防护罩。

(6) 门框固定后,把合页固定在门扇的合页槽内,将门扇置入门框,合页的另一片放入门框的合页槽,调整就位,将螺丝全部拧紧。

(7) 就位后得门扇应启闭自如,无阻滞、反弹。

(8) 门锁应能耐 950℃ 高温,以确保在火灾情况下能够开启。

(9) 防火门安装后,将门框与洞口之间的缝隙用砂浆填死、抹灰,随后将建筑垃圾清理至建筑垃圾池。

2.6.6.2 防盗门安装

(1) 安装前应先检查门洞尺寸,不符合要求时,应进行剔凿。剔凿应避免在夜间和风力超过四级的天气进行,剔凿时应进行局部围闭,以减少噪声和粉尘排放扰民。

(2) 依据设计要求弹出防盗门的安装位置线。

(3) 将门框放入门洞中,校正后,与墙体固定。门框就位时,严禁使用铁锤敲击,以免损坏门框和噪声排放扰民。

(4) 防盗门的门框与墙体固定可用膨胀螺栓,也可用焊接方法将门框与墙体预埋件焊牢。门框与墙体的固定不宜在夜间施工。打入膨胀螺栓时,用力要均匀,落点要准确,以防止敲击门框增大噪声排放。

(5) 门框内若需填充水泥时,填充前应把门关好,把门框上的防漏孔盖上塑料盖。水泥养护 4d 后,把框上的锁孔扣出。

(6) 门框与墙体间的缝隙用 M10 的水泥砂浆填实,砂浆凝固后作面层粉刷。

(7) 安装防盗门的拉手、门锁、观察孔等五金配件。

(8) 多功能防盗门应按照产品说明书安装密码防护锁、门铃、报警装置等。

(9) 每个作业班结束,应将木楔、凝固的水泥砂浆等建筑垃圾清理集中存放到建筑垃圾池。

2.6.6.3 旋转门安装

(1) 将门框按设计要求与预埋件固定,应确保门框与地面垂直。

(2) 安装转轴,固定底座。应确保底座基础坚实,转轴垂直于地面。将轴承座与底座临时电焊固定。

(3) 安装门顶后安装转壁,调整好转壁与活门扇的间隙,将转壁固定。

(4) 装门扇。各门扇间的夹角应相同,门扇与地面和门顶间应留出适当的缝隙,门扇下方装托地橡胶条密封。废橡胶条应单独收集交废品回收单位,以再利用。

(5) 调整转壁,确保其余门扇间留有适当位置后,用尼龙毛条密封。

(6) 将轴承座焊牢,并固定转壁。

(7) 安装玻璃,玻璃应选用优质钢化玻璃,防止玻璃破碎伤人。

(8) 揭掉铝置转门的保护膜。钢质转门则应喷涂面漆,喷漆时现场应配灭火器,并严禁烟火,油漆工应佩戴口罩等个体防护用品。油漆桶应交专业废品回收单位处理。

2.6.7 监测要求

2.6.7.1 每天由环保管理员目测一次扬尘,扬尘高度控制在1m以下,四级风以上时要停止产生扬尘的作业。

2.6.7.2 施工场界噪声白天控制在75dB以内,夜间施工控制在55dB以内。

3 吊顶工程

3.1 木龙骨吊顶

3.1.1 工艺流程

弹线→安装吊顶紧固件→木龙骨防火、防腐处理→划分龙骨分挡线→固定边龙骨→龙骨架的拼装→分片吊装→龙骨架与吊点固定→安装罩面板→面层刷涂料。

3.1.2 环境因素

3.1.2.1 木龙骨加工过程噪声排放、加工车间火灾的发生。

3.1.2.2 木龙骨防腐、防火、防虫处理过程中火灾发生、危险废弃物和有毒有害废弃物的排放。

3.1.2.3 龙骨拼接、罩面板固定危险废弃物的排放(废胶粘剂)和噪声排放。

3.1.3 材料控制要求

3.1.3.1 罩面板根据设计选用,一般为石膏板、装饰吸声罩面板、塑料装饰罩面板等。各类罩面板的质量均应符合现行国家标准或行业标准的规定,产品进场应提供合格证书。

3.1.3.2 胶粘剂、防火涂料、防腐剂、防虫剂等应选用环保型材料。

3.1.4 设备设施要求

3.1.4.1 木龙骨加工应设置专门的加工车间,加工车间应设置在远离居民区和现场生活、办公区。

3.1.4.2 加工车间四周应进行封闭,车间四壁内侧附泡沫塑料板。当处于环保敏感地区时,应选用隔声板、隔声毡等专业隔声材料,且应确保隔声材料的阻燃性能良好。

3.1.4.3 胶粘剂、防腐剂、防虫剂、涂料等应设置专门地点存放,并应按有毒有害物质进行细分,不得混合存放。存放点应满足防雨、防晒、防火、防流失、防泄露、防飞扬等要求。

3.1.4.4 防火涂料应有产品合格证书及使用说明书。

3.1.4.5 加工车间和仓库门口应配备适宜的灭火器、砂池、消防铲、消防桶、消防钩等消防器材和设施,必要时应由消防水源。

3.1.4.6 作业现场应配备灭火器。

3.1.5 过程控制要求

3.1.5.1 弹线

通过弹线确定龙骨、管道、灯具等位置线,为后期施工创造条件,提高工效,减少返工。弹线包括:

(1) 弹标高线:检查吊顶以上部位的设备、管道、灯具对吊顶是否有影响。

(2) 弹吊顶造型位置线:检查叠级造型的构造尺寸是否满足设计要求,管道、设备等是否对造型有影响。

(3) 在顶板上弹出龙骨吊点位置线和管道、设备、灯具吊点位置线。

3.1.5.2 安装吊点紧固件

安装时,主要的环境影响为吊杆与龙骨固定点的钻孔产生的噪声与粉尘,钻孔使用电钻,钻孔时电钻要握紧,减少过度振动的噪声,钻机尽量选用低噪声值的工具。钻孔人员配戴口罩。

3.1.5.3 木龙骨防腐、防火处理

(1) 防腐处理

按规定选材并实施在构造上的防潮处理,同时涂刷防腐、防虫药剂。涂刷防腐远离明火,涂刷时要避免遗洒。

(2) 防火处理

将防火涂料涂刷或喷于木材表面,或把木材置于防火涂料槽内浸渍。

防火涂料视其性质分为油质防火涂料(内掺防火剂)与氯乙烯防火涂料、可赛银(酪素)防火涂料、硅酸盐防火涂料,施工可按设计要求选择使用。

木龙骨的防腐、防虫、防火处理均应在硬化地面上进行,或采取其他措施隔离,防止遗洒而污染土壤。废弃物应按有毒有害废弃物进行处置。

3.1.5.4 龙骨架的拼装

为方便安装,木龙骨吊装前可先在地面进行分片拼接。

(1) 分片选择:确定吊顶骨架面上需要分片或可以分片的位置和尺寸,根据分片的平面尺寸选取龙骨纵横型材。龙骨加工使用手提电锯,加工时产生噪声与粉尘,加工龙骨时,为避免电锯切割到地面产生额外噪声,应对加工的龙骨加垫块。所产生的粉尘通过自然降落,形成固废后统一清扫处理。

(2) 拼接:先拼接组合大片的龙骨骨架,再拼接小片的局部骨架。拼接用胶粘剂应选用无醛环保型。

3.1.5.5 吊装

(1) 吊装时要平整并且固定,防止变形、散架而返工。

(2) 龙骨架与吊点固定做法有多种,视选用的吊杆及上部吊点构造而定:利用 $\phi 6$ 钢筋吊杆与吊点的预埋钢筋焊接;利用扁钢与吊点角钢以 M6 螺栓连接;利用角钢作吊杆与上部吊点角钢连接等。为减少环境影响,优先考虑冷固定的方案。

3.1.5.6 安装罩面板

在木骨架底面安装顶棚罩面板,罩面板固定方式分为圆钉钉固法、木螺钉拧固法、胶结粘固法三种方式。

(1) 圆钉钉固法：用于石膏板、胶合板、纤维板的罩面板安装以及灰板条吊顶和 PVC 吊顶。钉子与板边距离应不小于 15mm，钉子间距宜为 150～170mm，与板面垂直，钻孔时作业要轻、准，防止损坏石膏板而产生浪费。钉帽嵌入石膏板深度宜为 0.5～1.0mm，并应涂刷防锈涂料；钉眼用腻子找平，再用与板面颜色相同的色浆涂刷。涂料涂刷时要避免遗洒。

(2) 木螺钉固定法：用于塑料板、石膏板、石棉板、珍珠岩装饰吸声板以及灰板条吊顶。在安装前罩面板四边按螺钉间距先钻孔，安装程序与方法基本上同圆钉钉固法。环境控制方法也参照前条要求。

(3) 胶结粘固法：用于铝塑板。安装前板材应选配修整，使厚度、尺寸、边楞整齐一致。每块罩面板粘贴前进行预装，然后在预装部位龙骨框底面刷胶，同时在罩面板四周刷胶，刷胶宽度为 10mm～15mm，经 5～10min 后，将罩面板压粘在预装部位。刷胶时，要避免遗洒，刷胶不得超厚以造成浪费。

为确保胶粘效果，胶粘剂按设计规定，设计无要求时，应经试验选用，防止返工浪费。

3.1.5.7 安装压条

木骨架罩面板顶棚，设计要求采用压条作法时，待一间罩面板全部安装后，先进行压条位置弹线，按线进行压条安装。其固定方法可同罩面板，钉固间距为 300mm，也可用胶结料粘贴。钻孔与胶粘的环境控制按钉固法要求。

3.1.6 监测要求

3.1.6.1 作业过程中每天对木龙骨加工过程噪声排放进行监听。

3.1.6.2 对木龙骨防腐、防火、防虫处理过程中危险废弃物和有毒有害废弃物的收集、堆放情况每天进行检查。

3.1.6.3 验收材料时检查胶粘剂、防火涂料、防腐剂、防虫剂等类型，优先选用环保型材料。

3.2 轻钢龙骨吊顶

3.2.1 工艺流程

测量放线→吊件加工与固定→固定吊顶边部骨架材料→安装主龙骨→安装次龙骨→双层骨架构造的横撑龙骨安装→安装罩面板→安装压条(或嵌缝)→面层刷涂料。

3.2.2 环境因素

3.2.2.1 轻骨龙钢加工时的噪声与粉尘；

3.2.2.2 吊装时钻孔产生的噪声；

3.2.2.3 加工与安装过程中形成的固废。

3.2.3 材料要求

3.2.3.1 轻钢龙骨(包括吊挂件、接插件)应采用镀锌钢带经冷弯或冲压而成，其规格尺寸应符合设计要求，避免使用不合格的材料而产生返工浪费。

3.2.3.2 罩面板根据设计选用，一般为石膏板、装饰吸声罩面板、塑料装饰罩面板、纤维水泥加压板、铝合金条板、铝合方形板等。各类罩面板的质量均应符合现行国家标准或行业标准的规定，产品进场应提供合格证书。

3.2.3.3 配件有吊挂件、连接件、挂插件等；零配件有吊杆、花篮螺钉、膨胀螺栓、射钉、自攻螺钉等。

3.2.3.4 辅料有胶粘剂等,胶粘剂经配制而成,配制时的环境控制按照要作业的相关要求。

3.2.4 人员要求

正确操作电锯与电钻,掌握噪声防治方法;掌握固废处理知识,对固废进行正确的分类与处理。

3.2.5 设备设施要求

3.2.5.1 轻钢龙骨加工应设置专门的加工车间,加工车间应设置在远离居民区和现场生活、办公区。

3.2.5.2 加工车间四周应进行封闭,车间四壁内侧附泡沫塑料板。当处于环保敏感地区时,应选用隔声板、隔声毡等专业隔声材料,且应确保隔声材料的阻燃性能良好。

3.2.5.3 金属型材切割机、微型(手枪)电钻、电动冲击钻、自攻螺钉钻、射钉枪等机具。

3.2.6 过程控制要求

3.2.6.1 测量放线定位

(1)在结构基层上,按设计要求弹线,确定龙骨及吊点位置,测量放线要准确。

(2)确定吊顶标高。在墙面和柱面上,按吊顶高度弹出标高线。

3.2.6.2 吊件加工与固定

吊件由钢筋加工车间加工,加工时按照事先设计的尺寸,加工过程的钢筋废料、机械噪声与漏油等环境影响的控制按钢筋加工的环境控制要求。

龙骨与结构连接固定有三种方法:

(1)在吊点位置钉入带孔射钉,用镀锌钢丝连接固定。使用射钉方法时要控制好射钉的强度,既能保证射入的深度,又不增大噪声。

(2)在吊点位置预埋膨胀管螺栓,再用吊杆连接固定,此种连接方法产生的环境影响较小。

(3)在吊点位置预留吊钩或埋件,将吊杆直接与预留吊钩或预埋件焊接连接,再用吊杆连接固定龙骨。这种连接方法需要进行焊接,并产生焊接时的环境影响。

3.2.6.3 安装主龙骨

(1)轻钢龙骨吊顶骨架施工,应先高后低。使用适当规格的吊杆,既能保证承受一定的荷载,又不增大投入。吊杆规格按如下方式选择:轻型宜用 $\phi 6$,重型(上人)用 $\phi 8$,如吊顶荷载较大,需经结构计算,选定吊杆断面。

(2)主龙骨与吊杆(或镀锌钢丝)连接固定。与吊杆连接的龙骨安装有三种方法:

1)有附加荷载的吊顶承载龙骨,采用承载龙骨吊件与钢筋吊杆下端套丝部位连接,拧紧螺母。拧紧螺母时,禁止用工具敲击吊杆与套丝,避免产生额外噪声。

2)无附加荷载的C形轻钢龙骨及轻便吊顶的T形主龙骨的连接产生的环境影响较小。

3)主龙骨安装就位后,应以房间为单位对其进行调平,调平时要考虑整体效果,防止龙骨变形而产生返工浪费。

3.2.6.4 安装次龙骨

双层构造的吊顶骨架,次龙骨(中龙骨及小龙骨)紧贴承载主龙骨安装,通长布置,利用配套的挂件与主龙骨连接,在吊顶平面上与主龙骨相垂直。次龙骨的中距由设计确定,并因吊顶装饰板采用封闭式安装或是离缝及密缝安装等不同的尺寸关系而异。次龙骨安装时,禁止龙骨在地面与主龙骨上拖动,避免损坏龙骨,并产生噪声。

3.2.6.5 安装罩面板

(1) 石膏板罩面安装:

1) 应从吊顶的一边角开始,逐块排列推进。石膏板要轻拿轻放,避免石膏掉落,同时也避免碰撞而损坏浪费。石膏板用镀锌螺钉固定在龙骨上,为固定紧石膏板,钉头应嵌入石膏板内约 0.5~1mm,钉距为 150~170mm,钉距板边 15mm。板与板之间和板与墙之间应留缝,一般为 3~5mm,防止拼缝过紧而热胀后损坏面板。

2) 纸面石膏板应从板的中间向四周固定,纸包边长应沿着次龙骨平行铺设,纸包边宜为 10~15mm,切割边宜为 15~20mm,铺设板时应错缝。

3) 装饰石膏板可采用粘结安装法:对 U、C 形轻钢龙骨,可采用胶粘剂将装饰石膏板直接粘贴在龙骨上。胶粘剂应涂刷均匀,胶粘剂不得遗洒与倾倒。胶粘剂未完全固化前板材不得有强烈振动,以防掉落损坏。

4) 吸声穿孔石膏板与 U 形(或 C 形)轻钢龙骨配合使用,龙骨吊装找平后,在每 4 块板的交角点和板中心,用塑料小花以自攻螺钉固定在龙骨上,螺钉固定时,禁止重击损坏石膏板,同时产生不必要的噪声。采用胶粘剂将吸声穿孔石膏板直接粘贴在龙骨上,胶粘剂涂刷时要均匀且防遗洒。

5) 嵌式装饰石膏板可采用企口暗缝咬接安装法。安装过程中,接插企口用力要轻,避免硬插硬撬而造成企口处开裂。

(2) 装饰吸声罩面板安装:

矿棉装饰吸声板不宜安装在湿度过大和温度过大的房间内,防止湿度过大而使矿棉吸声板变形。

1) 暗龙骨吊顶安装法。将龙骨吊平、矿棉板周边开槽,开槽使用电动开槽机械切割,控制机械噪声,切割时可通过加适量水降低粉尘。

2) 粘贴法

其构造为龙骨 + 石膏板 + 吸声饰面板。将石膏板固定在龙骨上,然后将装饰吸声板背面用胶布贴几处,用专用钉固定,胶布固定时要牢靠,防止滑落。

3) 粘贴法要求石膏板基层非常平整,粘贴时,可采用环保型粘贴矿棉装饰吸声板的建筑胶粘剂。

(3) 塑料装饰罩面板安装:

安装方法同木龙骨吊顶中塑料装饰罩面板的安装,与轻钢龙骨固定时,可采用自攻螺钉,也可根据不同材料采用相应的胶粘剂粘贴在龙骨上,相应的环境控制方法也类同。

(4) 纤维水泥加压板安装:

宜采用胶粘剂和自攻螺钉粘、钉结合的方法固定。

两张板接缝与龙骨之间,宜放一条 50mm×3mm 的再生橡胶垫条;纤维增强硅酸钙板加工打孔时,运用手电钻钻孔,钻孔时宜在板下垫一木块,防止钻透损伤钻头。

(5) 铝合金条板吊顶安装:

主要影响为条板切割时的噪声。条板切割时,除控制好切割的角度,同时要对切口部位用锉刀修平,将毛边及不妥处修整好,再用相同颜色的胶粘剂(可用硅胶)将接口部位进行密合。

(6) 铝合金方形板吊顶安装:

铝合金块板与轻钢龙骨骨架的安装,可采用吊钩悬挂式或自攻螺钉固定式,也可采用铜丝扎结。用自攻螺钉固定时,应先用手电钻打出孔位后再上螺钉,打孔时要控制好孔位,打孔时打孔部位垫上垫块。

铝合金板在安装时应轻拿轻放,保护板面不受碰伤或刮伤。

3.2.6.6 嵌缝

吊顶石膏板铺设完成后,即进行嵌缝处理。

(1) 嵌缝的填充材料:有老粉(双飞粉)、石膏、水泥及配套专用嵌缝腻子。常见的材料一般配以水、胶,也可根据设计的要求水与胶水搅拌均匀之后使用。填充材料为石膏与水泥时,在专门的场所加工,禁止在楼层上直接拌制污染楼地面,并产生污水。专用嵌缝腻子不用加胶水,只根据说明加适量的水搅拌均匀之后即可使用,拌制时,使用专用拌制桶,拌制桶内加料适量,应不超过桶的2/3量,拌制时不得有遗洒。

(2) 嵌缝的程序为:螺钉的防锈处理→板缝清扫干净→腻子嵌缝密实(以略低于板面为佳)→干燥养护→第二道嵌缝腻子→贴盖缝带(品种有专用纤维纸带、玻璃纤维网格带)→干燥→下一道工艺满批腻子。螺钉通过化学除锈,除锈后的酸液经中和后排放。板缝清扫时,避免产生过大扬尘。腻子嵌缝后,多余的腻子收集起来统一处理。

3.2.7 监测要求

在加工作业与钻孔作业时,对轻骨龙钢加工时的噪声与吊装时钻孔产生的噪声进行监听,如噪声过大,加工房间应关闭门窗,减少噪声的外泄。每天检查房间地面的浮尘是否清理;加工与安装过程中形成的固废是否收集,并堆放在指定地点,统一处理。

3.3 铝合金龙骨吊顶

3.3.1 工艺流程

测量放线定位→固定悬吊体系→主、次龙骨就位→主、次龙骨调平调直→边龙骨固定→主龙骨接长→吊顶龙骨质量检验→安装罩面板→安装压条(或嵌缝)→面层刷涂料。

3.3.2 环境因素

主要环境影响为铝合金龙骨加工、安装中的噪声、粉尘,龙骨加工与面板安装形成的固废,以及涂料作业过程形成的固废等。

3.3.3 材料要求

铝合金龙骨规格尺寸应符合设计要求,型材应有产品合格证,并有力学性能检验报告。进口型材应有国家商检部门的商检证。罩面板根据设计选用,一般为石膏板、装饰吸声罩面板、塑料装饰罩面板、纤维水泥加压板、铝合金条板、铝合方形板等。配件有吊挂件、连接件、挂插件等;零配件有吊杆、花篮螺钉、膨胀螺栓、射钉、自攻螺钉、高强水泥钉等;辅料有胶粘剂等。材料经验收合格,防止后期的返工浪费。

3.3.4 人员要求

龙骨加工与安装人员掌握龙骨加工、安装操作工艺,操作过程中尽量减少噪声。熟悉现场关于噪声与固废处理的要求。

3.3.5 设备设施要求

3.3.5.1 铝合金龙骨加工应设置专门的加工车间,加工车间应设置在远离居民区和现场生活、办公区。

3.3.5.2 加工车间四周应进行封闭,车间四壁内侧附泡沫塑料板。当处于环保敏感地区时,应选用隔声板、隔声毡等专业隔声材料,且应确保隔声材料的阻燃性能良好。

3.3.5.3 按施工组织设计或专项施工方案的要求选用噪声低、能耗低的环保型电动工具。

3.3.6 过程控制要求

3.3.6.1 测量放线定位

做好测量放线,使后期安装能够一次成功,减少返工损失。测量放线要求如下:

(1) 根据设计图纸,结合具体情况将龙骨及吊点位置弹到楼板底面上。各种吊顶、龙骨间距和吊杆间距一般都控制在 1.0~1.2m 以内。

(2) 确定吊顶标高。将设计标高线弹到四周墙面或柱面上,吊顶有不同标高时,应将变截面的位置弹到楼板上,再将角铝或其他封口材料固定在墙面或柱面,封口材料的底面与标高线重合。

3.3.6.2 固定悬吊体系

(1) 悬吊设吊杆或悬挂钢丝,吊杆或钢丝在钢筋加工现场加工,加工过程的噪声、油污等环境影响按钢筋加工部分的环境控制。

(2) 悬吊形式

1) 镀锌钢丝悬吊,适用于不上人活动式装配吊顶。用射钉将镀锌钢丝固定在结构上,另一端同主龙骨的圆形孔绑牢。射钉过程产生尖锐噪声,为避免噪声过大,射钉时应避免施工高峰,同时禁止夜间施工。镀锌钢丝不宜太细,如若单股使用,不宜用小于 14 号的钢丝,防止因承载力不够导致返工浪费。

2) 伸缩式吊杆悬吊。将 8 号钢丝调直,用一个带孔的弹簧钢片将两根钢丝连接,用力压弹簧钢片,使弹簧钢片两端的孔中心重合,调节吊杆伸缩。手松开使孔中心错位,与吊杆产生剪力,将吊杆固定。施工前,对弹簧钢片的弹簧进行检查,防止因弹簧弹力不够,影响剪力的产生而导致返工浪费。

(3) 吊杆或镀锌钢丝的固定

1) 与结构一端的固定,常用射钉枪将吊杆或镀锌钢丝固定。射钉可选尾部带孔或不带孔的两种规格。选用尾部带孔的射钉,只要将吊杆一端的弯钩或钢丝穿过圆孔即可。射钉尾部不带孔,一般常用一段小角钢,角钢的一边用射钉固定,另一边钻一个 5mm 左右的孔,再将吊杆穿过孔将其悬挂。从降低环境影响的角度,优先选用尾部带孔的射钉。射钉时,要控制好射钉过程的噪声。

2) 选用镀锌钢丝悬吊,不应绑在吊顶上部的设备管道上,避免管道变形等。

3) 选用角钢材料做吊杆,龙骨宜采用普通型钢,并用冲击钻固定胀管螺栓,然后将吊杆焊在螺栓上。吊杆与龙骨的固定,可以采用焊接或钻孔用螺栓固定。作业过程中的环境影响包括冲击钻噪声、吊杆焊接的火花、光污染等要进行控制,措施有减少冲击钻的冲击强度,作业时门窗关闭等。

3.3.6.3 主、次龙骨就位

根据已确定的主龙骨(大龙骨)位置及确定的标高线,先大致将其基本就位。次龙骨(中、小龙骨)应紧贴主龙骨安装就位。就位时应避免龙骨与地面和墙面的摩擦,以及龙骨的碰撞产生噪声和变形。

3.3.6.4 主、次龙骨调平调直

满拉纵横控制标高线(十字中心线),从一端开始,一边安装,一边调整,最后再精调一遍,直到龙骨调平和调直为止。调平时应注意从一端调向另一端,做到纵横平直。防止因调直方法不当而返工。

3.3.6.5 边龙骨固定

边龙骨宜沿墙面或柱面标高线钉牢。可用高强水泥钉固定,钉的间距不宜大于500mm。亦可用胀管螺栓等办法。使用高强水泥钉时,除了噪声之外,还有振动产生,主要的噪声控制方法是避开施工高峰。胀管螺栓因钻孔产生噪声,主要控制方法是进行空间封闭。

3.3.6.6 主龙骨接长

可选用连接件接长。连接件可用铝合金,亦可用镀锌钢板,在其表面冲成倒刺,与主龙骨方孔相连。全面校正主、次龙骨的位置及水平度,连接件应错位安装。

3.3.6.7 罩面板铺设的施工方法与环境控制按前面所述控制方法。

3.3.7 监测要求

3.3.7.1 作业时每天监听龙骨加工、安装中的噪声情况,并且检查是否通过作业时间的控制与空间封闭等方法进行了噪声的防治;

3.3.7.2 每天检查龙骨加工与面板安装形成的固废,以及涂料作业过程形成的固废等是否在班后进行了清理。

4 轻质隔墙工程

本节适用于板材隔墙、骨架隔墙、活动隔墙、玻璃隔墙等分项工程的施工的环境管理

4.1 复合轻质墙板

4.1.1 工艺流程

结构墙面、顶面、地面清理和找平→放线、分挡→配板、修补→支设临时方木→配置胶粘剂→安U形卡(有抗振要求时)→安装隔墙板→安门窗框→设备、电气安装→板缝处理→板面装修。

4.1.2 环境因素

主要的环境影响包括:墙面、地面、顶面清理时的粉尘,配板时的噪声,配置胶粘剂时的废气与固废,隔墙板时的噪声,设备电器安装时的胶粘固废,板缝处理时的粉尘与固废等。

4.1.3 材料要求

4.1.3.1 金属面聚苯乙烯夹芯板、金属面硬质聚氨酯夹芯板、金属面岩棉矿渣棉夹芯板等技术性能均应符合现行国家标准或行业标准的规定。蒸压加气混凝土板、玻璃纤维增强水泥轻质多孔(GRC)隔墙条板、轻质陶粒混凝土条板隔墙板、预制混凝土板隔板等,按设计要求的品种、规格提出各种条板的标准板、门框板、窗框板及异形板等,板面表面平整,无露筋、掉角,侧面无大面积损伤、端部掉头,加气混凝土条板施工时的含水率一般宜小于15%,对粉煤灰加气混凝土条板一般宜小于20%。材料按验收标准及上述要求进行了检验,以避免后期的返工浪费。

4.1.3.2 辅助材料:

胶粘剂、石膏腻子应使用环保型材料,并且控制好初凝时间。

4.1.4 人员要求

了解墙板安装要求,掌握安装工艺,并且按照现场噪声、粉尘、固废的控制要求开展施工。

4.1.5 设备设施要求

电器设备要求使用低能耗、低噪声值的电器,工具要求轻便可靠。

4.1.6 过程控制要求

4.1.6.1 清理

清理隔墙板与顶面、地面、墙面的结合部位,凡凸出墙面的砂浆、混凝土块等必须剔除并扫净,结合部应找平。清理人员配戴口罩,清扫时不得动作过大,墙面与顶面清扫工具选用柔性工具,如建筑物外无立网防护,清扫时应关闭门窗。结合部位找平时应避免污染墙面,清扫与找平后的垃圾要进行清理和固废处理。

4.1.6.2 放线、分挡

在地面、墙面及顶面根据设计位置,弹好隔墙边线及门窗洞口线,并按板宽分挡。弹线要根据测量后所确定的位置,防止测量不准产生的损失与浪费。

4.1.6.3 配板、修补

配板根据现场测量的尺寸,一方面充分利用好采购的现板,尽量减少加工;另一方面,考虑以下情况,做好选板与用板,减少损失:

(1) 板的长度应按楼层结构净高尺寸减20mm。

(2) 计算并量测门窗洞口上部及窗口下部的隔板尺寸,按此尺寸配预埋件的门窗框板。

(3) 板的宽度与隔墙的长度不相适应时,应将部分板预先拼接加宽(或锯窄)成合适的宽度,放置到有阴角处。

(4) 隔板安装前要进行选板,有缺棱掉角的,应用与板材混凝土材性相近的材料进行修补,未经修补的坏板或表面酥松的板不得使用。

4.1.6.4 架立靠放墙板的临时方木

上方木直接压线顶在上部结构底面,下方木可离楼地面约100mm左右,上下方木之间每隔1.5m左右立支撑方木,并用木楔将下方木与支撑方木之间楔紧。临时方木支撑后,即可安装隔墙板。方木架架设要牢靠,防止倾倒损失;墙板安设时,要防止搬运时的碰撞,并且不得直接在地面摩擦拖动。

4.1.6.5 配置胶粘剂

(1) 条板与条板拼缝、条板顶端与主体结构粘结采用胶粘剂。

(2) 为提高胶粘的效果,先要做好胶粘剂的选型:加气混凝土隔墙胶粘剂一般采用108建筑胶聚合砂浆;GRC空心混凝土隔墙胶粘剂一般采用791、792胶泥;增强水泥条板、轻质陶粒混凝土条板、预制混凝土板等则采用1号胶粘剂。

(3) 胶粘剂要随配随用,并应在初凝时间内用完。配置时应注意胶掺量适当,过稀易流淌,污染墙面与楼地面,过稠则刮浆困难,易产生"滚浆"现象而导致浪费。

4.1.6.6 安钢板卡

有抗振要求时,应按设计要求,在两块条板顶端拼缝处设U形或L形钢板卡,与主体结构连接。U形或L形钢板卡用射钉固定在梁和板上,射钉时要避开施工高峰,以减少噪声。

4.1.6.7 安装隔墙板

可采用刚性连接,将板的上端与上部结构底面用粘结砂浆或胶粘剂粘结,粘结时,要防止胶粘剂的遗洒或减少粘结砂浆的散落。板的下部用木楔顶紧后空隙间填细石混凝土,细石混凝土应采用C20干硬性细石混凝土,坍落度控制在10~20mm为宜,并应在一侧支模,并且控制细石混凝土的漏浆,减少对楼地面的污染。板与板缝间的拼接,要满抹粘结砂浆或胶粘剂,拼接时要以挤出砂浆或胶粘剂为宜,缝宽不得大于5mm(陶粒混凝土隔板缝宽10mm)。挤出的砂浆或胶粘剂应及时清理干净。

4.1.6.8 安门窗框

在墙板安装的同时,应按顺序立好门框,门框和板材采用粘钉结合的方法固定。即预先在条板上,钻孔要控制好深度,钻孔时为减少噪声排放,房间应尽量封闭。钻孔内的残渣吹干净。然后将蘸胶的圆木钉入,圆木蘸胶前先用水润湿,以提高胶附的效果,蘸胶后的圆木要在胶初凝前打入,防止浪费,圆木蘸胶要均匀,并应防止直接向楼地面滴洒。

4.1.6.9 设备、电气安装

(1) 设备安装:根据工程设计在条板上定位钻单面孔,条板钻孔要控制深度,不得钻穿,钻孔时钻机要对准握紧,减少振动与噪声。然后用2号水泥胶粘剂预埋吊挂配件,水泥胶要控制好使用时间,并且不得污染设备基础及其他部位,同时水泥胶用量适度,减少浪费。

(2) 电气安装:利用条板孔内敷软管穿线和定位钻单面孔,对非空心板,则可利用拉大板缝或开槽敷管穿线,用膨胀水泥砂浆填实抹平。用2号水泥胶粘剂固定开关、插座。主要控制好水泥砂浆的散落与水泥胶的遗洒。

4.1.6.10 板缝和条板、阴阳角和门窗框边缝处理

(1) 加气混凝土隔板之间板缝在填缝前应用毛刷蘸水湿润,填缝时应由两人在板的两侧同时把缝填实。填缝材料采用石膏或膨胀水泥。毛刷蘸水适当,防止产生污水,填充时要抹平,填抹过程中,用抹板接漏,防止直接掉入楼地面。

(2) 刮腻子时也要控制腻子的散落。

(3) 预制钢筋混凝土隔墙板空隙勾缝砂浆分层捻实,勾严抹平,抹平后的废弃物不得随意抛洒。

(4) GRC 空心混凝土墙板缝、轻质陶粒混凝土隔墙板缝的腻子与抹面砂浆也应控制散落。

4.1.7 监测要求

墙面、地面、顶面清理时对粉尘情况进行目测,防止粉尘向外扩散。配板时的噪声、隔墙板时的噪声每天监听,每天检查板缝处理时的固废散落与清理情况等。

4.2 石膏空心板

4.2.1 工艺流程

清理和找平→放线分挡→配板、修补→架简易支架→安 U 形卡→配制胶粘剂→安装隔墙板→安装门窗框→设备、电气安装→板缝处理→面层装修。

4.2.2 环境因素

清理楼地面产生的粉尘,找平时产生的固废,配板过程的噪声,配胶粘剂产生的遗洒,板缝处理的产生的固废等。

4.2.3 材料要求

4.2.3.1 石膏空心条板板面平整,尺寸符合标准要求,无外露纤维、贯通裂缝、飞边毛刺等,产品进场应提供合格证书。

4.2.3.2 辅助材料

处理板缝所的石膏型胶粘剂(初凝时间 0.5~1.0h)、石膏腻子(终凝时间 3.0h)、玻纤布条其成分中有害物质含量应符合环保要求。

4.2.4 人员要求

了解墙板安装要求,掌握安装工艺,并且按照现场噪声、粉尘、固废的控制要求开展施工。

4.2.5 设备设施要求

按施工组织设计或专项施工方案选用满足施工需要的噪声低、能耗低的环保型电动工具:如圆孔锯,射钉枪等。

4.2.6 过程控制要求

4.2.6.1 清理

清理隔墙板与顶面、地面、墙面的结合部位,凡凸出墙面的砂浆、混凝土块等必须剔除并扫净,结合部应找平。剔凿作业尽量避免在夜间和四级风以上天气进行,局部应进行围闭,防止噪声和粉尘扩散影响周围居民的正常生活。

4.2.6.2 放线、分挡

在地面、墙面及顶面根据设计位置,弹好隔墙边线及门窗洞口线,并按板宽分挡,防止放线不准产生后期的返工浪费。

4.2.6.3 配板、修补

当板的宽度与隔墙的长度不相适应时,应将部分板预先拼接加宽(或锯窄)成合适的宽度,锯板应在封闭的房间进行,以减少噪声的排放,锯板产生的固废要集中统一处理。

4.2.6.4 架立靠放墙板的简易支架

按放线位置在墙的一侧(宜在主要使用房间墙的一面)支一简单木排架,其两根横杠应在同一垂直平面内,作为立墙板的靠架,以保证墙体的平整度。简易支架支撑后,即可安装隔墙板。支架架设应牢固,防止墙板的倒塌而返工。

4.2.6.5 安U形卡

有抗振要求时,应按设计要求,在两块条板顶端拼缝处设U形或L形钢板卡,与主体结构连接。U形或L形钢板卡用射钉固定在梁和板上,射钉作业要控制好噪声。

4.2.6.6 配置胶粘剂

(1) 条板与条板拼缝、条板顶端与主体结构粘结采用1号石膏型胶粘剂。

(2) 胶粘剂配制应在其原容器内或在玻璃、铝质、白铁容器内进行,并且容器应足够大,防止遗洒污染土壤。操作时不能接近火源。

(3) 胶粘剂要随配随用,并应在30min内用完,过时不得再加水加胶重新调制使用。废弃物应及时清理至有毒有害固体废弃物存放点。

4.2.6.7 安装隔墙板

(1) 隔墙板安装顺序应从与墙的结合处或门洞口处向两端依次进行安装。

(2) 墙板安装前,清刷条板侧浮灰,清扫时作业要轻,减少扬尘。

(3) 结构墙面、顶面、条板顶面、条板侧面涂刷一层1号石膏型胶粘剂,一人用特制撬棍在板底部向上顶,另一人打木楔,使板顶与上部结构底面粘紧。撬棍作业与打木楔时,要避免损坏面板,涂刷胶粘剂适量,防止流淌与遗洒。

(4) 墙板粘结固定后,在24h以后用C20干硬性细石混凝土将板下口堵严,细石混凝土灌缝时要防止漏浆与污水的流淌。

4.2.6.8 安门窗框

(1) 门框安装时要避免门框与墙板的碰撞,也要禁止门框在地面的拖动。

(2) 金属门窗框必须与门窗洞口板中的预埋件焊接,焊接过程按"焊接作业"环境管理规程进行控制。

(3) 缝隙浮灰清理干净。嵌缝要严密,以防止门扇开关时碰撞门框造成裂缝。

4.2.6.9 设备、电气安装

(1) 安水暖、煤气管卡:按水暖、煤气管道安装图找准标高和竖向位置,划出管卡定位线,在隔墙板上钻孔扩孔(禁止剔凿),钻孔时要通过选用低噪声的机械,空间封闭等手段降低噪声。钻孔后孔内清理干净,清孔时要避免产生过高粉尘。

(2) 安装吊挂埋件:先在隔墙板上钻孔扩孔,防止猛击而产生尖锐噪声。

(3) 铺设电线管、稳接线盒:按电气安装图找准位置,预先划线,防止布设线路不当而返工。

4.2.6.10 板缝和条板处理

(1) 板缝处理:已粘结良好的所有板缝、阴角缝,先清理浮灰,清理使用柔性工具,然后用1号石膏胶粘剂粘结贴50mm宽玻纤网格带,转角隔墙在阳角处粘贴200mm宽(每边各100mm宽)玻纤布一层。防止不经清扫而直接刷胶导致胶粘剂的浪费。胶粘剂防遗洒。

(2) 板面装修:用石膏腻子刮平,打磨后再刮第二道腻子(要根据饰面要求选择不同强度的腻子),再打磨平整,最后做饰面层。砂子打磨时,作业人员配戴口罩,并尽量减少扬尘的产生。

4.2.7 环境监测要求

作业时每天检查楼地面清理、墙面打磨时粉尘的排放情况。配板过程的噪声每天进行监听。找平时产生的固废,配胶粘剂产生的遗洒,板缝处理的产生的固废等每天检查现场是否做到了工完场清,并且固废是统一收集、堆放与处理。

4.3 钢丝网水泥板

4.3.1 工艺流程

清理和找平→放线→配夹心板及配套件→安装夹心板→安装门窗框→安埋件、电气铺管、稳盒→检查校正补强→面层喷刷处理剂→制备砂浆→抹一侧底灰→喷防裂剂→抹另一侧底灰→喷防裂剂→抹中层灰→抹罩面灰→面层装修。

4.3.2 环境因素

主要环境影响为清理与找平时的粉尘、配板与安装时的噪声、砂浆制备的污水、喷刷处理剂与防裂剂的粉尘与噪声、抹灰产生的固废等。

4.3.3 材料要求

4.3.3.1 钢丝网水泥夹芯板(GSJ板)及其主要配套件:网片、槽网、$\phi6 \sim \phi10$ 钢筋、角网、U形连接件、射钉、膨胀螺栓、钢丝、箍码、水泥砂浆、防裂剂等。钢丝网水泥夹芯板(GSJ板)表面清洁,不应有油污,规格尺寸符合标准要求。

4.3.3.2 泰柏板隔墙板及其辅助材料:之字条、204mm 宽平联结网、102mm×204mm 角网、箍码、压板、U码、组合U码、方垫片、直片、半码、角铁码、钢筋码、蝴蝶网、兀形桁条、网码、压片 $3\times48\times64(mm)$ 或 $3\times40\times80(mm)$、$\phi6 \sim \phi10$ 钢筋、水泥砂浆、石膏腻子等,满足规格上的要求。

4.3.4 人员要求

熟悉工艺过程,操作时掌握环境控制要求,减少环境影响。对产生的污水、粉尘、噪声等掌握其防治方法。

4.3.5 设备设施要求

电动工具尽量选用低噪声、低能耗的器具。

4.3.6 过程控制要求

4.3.6.1 放线

按设计的轴线位置,在地面、顶面、侧面弹出墙的中心线和墙的厚度线,划出门窗洞口的位置。当设计有要求时,按设计要求确定埋件位置,当设计无明确要求时,按400mm间距划出连接件或锚筋的位置。放线要准,防止因放线的原因而导致后期的返工。

4.3.6.2 配钢丝网架夹心板及配套件

(1) 配板根据设计尺寸,尽量减少加工量。

(2) 拼缝时用22号钢丝绑扎固定。凡未镀锌的铁件,要刷防锈漆两道作防锈处理,防锈漆在现场调制,调制后在初凝时间内用完,并且防止遗洒。

4.3.6.3 安装网架夹心板

(1) 连接件的设置

1) 理直墙、梁、柱上已预埋锚筋,作业时要轻,尽量避免重击而产生噪声,在预埋筋上刷防锈漆两道,刷漆时,要避免对墙、柱与梁面的污染。

2) 地面、顶板、混凝土梁、柱、墙面未设置锚固筋时,可按 400mm 的间距埋膨胀螺栓或用射钉固定 U 形连接件。也可打孔插筋作连接件:紧贴钢丝网架两边打孔。无论是射钉与钻孔,均产生噪声,因此应对作业区进行空间围护,包括布设立面密目网等。

（2）安装夹心板:按放线的位置安装钢丝网架夹心板。安装时禁止板在地面的直接拖动,安装后的夹心板临时固定牢靠,防止倒塌而损坏。

（3）夹心板的加固补强

一般用箍码或 22 号钢丝与钢丝网架连接,加固后所形成的钢丝等固废统一清理。

4.3.6.4 门窗洞口加固补强及门窗框安装

（1）门窗洞加固补强:

补强使用槽网、钢筋或者膨胀螺栓。槽网与钢筋在加工车间加工,现场安装,加工时的环境控制按钢筋工程的环境控制要求。使用膨胀螺栓时要打孔,并控制打孔时的噪声。

（2）门窗框安装:根据门窗框的安装要求,在门窗洞口处安放预埋件,连接门窗框,安装时的主要环境影响包括预埋件埋放时打孔产生的噪声,如若需要焊接进一步产生焊接时的环境污染。

4.3.6.5 安埋件、敷电线管、稳接线盒

（1）按图纸要求埋设各种预埋件、敷电线管、稳接线盒等,并应与夹心板的安装同步进行,固定牢固。工序顺序要处理好,防止返工或加大工作量而产生浪费。

（2）预埋件、接线盒等的埋设方法是按所需大小的尺寸抠去聚苯或岩棉,在抠洞处喷一层 EC-1 液,用 1:3 水泥砂浆固定埋件或稳住接线盒。抠去的聚苯与岩棉应作为有毒有害物资收集处理。喷 EC-1 液时要适量,防止超喷而浪费,水泥砂浆灌埋件或接线盒缝时边灌边抹,防止超灌。

（3）电线管等管道应用 22 号钢丝与钢丝网架绑扎牢固。绑扎后的废钢丝统一收集,能够回收利用先予以回收。

4.3.6.6 检查校正补强

校正时禁止直接敲击预防和减少噪声。

4.3.7 环境监测要求

清理与找平时观察粉尘排放情况,减少粉尘向外部的排放而产生扬尘,对配板与安装时的噪声进行监听,并且检查周围的防护情况。检查安装接线盒等过程产生的有毒有害固废是否单独堆放标识,并交有资格的消纳单位处理。

4.4 龙骨隔墙

4.4.1 工艺流程

墙位放线→墙基(垫)施工→安装龙骨→固定各种洞口及门→龙骨检查校正补强→安装一侧罩面板→填保温材料→暖卫水电等钻孔下管穿线→安装另一侧罩面板→接缝处理→连接固定设备、电气→墙面装饰→踢脚线施工。

4.4.2 环境因素

主要环境影响包括基层垫层施工产生的粉尘与污水,龙骨安装时的噪声,罩面板安装时的噪声与固废,填保温材料所产生的固废与粉尘,钻孔作业时的噪声等。

4.4.3 材料要求

4.4.3.1 龙骨的配置应符合设计要求。龙骨应有产品质量合格证。龙骨外观应表面平整,棱角挺直,过渡角及切边不允许有裂口和毛刺,表面不得有严重的污染、腐蚀和机械损伤。技术性能应符合《建筑用轻钢龙骨》GB/T 11981—2001的要求。

4.4.3.2 胶粘剂的类型应按罩面板的品种配套选用,现场配制的胶粘剂,其配合比应由试验确定。

4.4.3.3 接缝材料

WKF接缝腻子成分中有害物质含量符合环保要求。

4.4.4 人员要求

熟悉工艺过程,操作时掌握环境控制要求,减少环境影响。对产生的污水、粉尘、噪声等掌握其防治方法。

4.4.5 设备设施要求

4.4.5.1 龙骨加工应设置专门的加工车间,加工车间应设置在远离居民区和现场生活、办公区。

4.4.5.2 加工车间四周应进行封闭,车间四壁内侧附泡沫塑料板。当处于环保敏感地区时,应选用隔声板、隔声毡等专业隔声材料,且应确保隔声材料的阻燃性能良好。

4.4.5.3 电动工具选用低能耗低噪声值的器具。

4.4.6 过程控制要求

4.4.6.1 墙位放线

根据设计图纸确定的隔断墙位,结合罩面板的长、宽分挡,以确定竖向龙骨、横撑及附加龙骨的位置,在楼地面弹线,并将线引测至顶棚和侧墙。现场放线要准确,防止因放线不准导致的返工。

4.4.6.2 墙基(垫)施工

(1) 有踢脚台(墙垫)时,应先对楼地面基层进行清理,并涂刷YJ302型界面处理剂一道。清理时就尽量减少粉尘。并且基清理要干净,防止降低界面处理剂的效果。

(2) 浇筑C20素混凝土踢脚台,上表面应平整,两侧面应垂直。浇筑时要支好模板,为防止浇筑素混凝土时污水污染,模板拼缝要严。混凝土使用薄膜覆盖保养或吸水物资覆盖保养,减少现场污水的产生。

4.4.6.3 安装沿地、沿顶及沿边龙骨

(1) 横龙骨与建筑顶、地连接及竖龙骨与墙、柱连接可采用射钉,选用M5×35mm的射钉将龙骨与混凝土基体固定,砖砌墙、柱体应采用金属胀铆螺栓。射钉或电钻打孔要通过避开施工高峰或者进行空间封闭而减少噪声的排放。

(2) 龙骨与建筑基体表面接触处,应在龙骨接触面的两边各粘贴一根通长的橡胶密封条。密封条粘贴前,应清理粘贴表面,以保证粘贴效果。

4.4.6.4 安装竖龙骨

(1) 按设计确定的间距就位竖龙骨。罩面板材较宽者,应在其中间加设一根竖龙骨,竖龙骨中距最大不应超过600mm。隔断墙的罩面层重量较大时(如贴瓷砖)的竖龙骨中距,应以不大于420mm为宜。通过竖龙骨起到加强的效果,防止罩面板固定不牢倒塌而产生返工与浪费。隔断墙体的高度较大时,其竖龙骨布置也应加密。当最后一根竖龙骨

距离沿墙(柱)龙骨的尺寸大于设计规定时,必须增设一根竖龙骨。门窗洞口处的竖龙骨安装应依照设计要求,采用双根并用或是扣盒子加强龙骨。如果门的尺度大且门扇较重时,应在门框外的上下左右增设斜撑。

(2)龙骨的上、下端如为钢柱连接,均用自攻螺钉或抽心铆钉与横龙骨固定。当采用有冲孔的竖龙骨时,其上下方向不能颠倒,竖龙骨现场截断时一律从其上端切割,切割时使用电锯,对产生的噪声要通过防护减少排放。

4.4.6.5 安装通贯龙骨

为固定好板墙,还应进一步设置通贯龙骨。

(1)通贯横撑龙骨的设置:低于3m的隔断墙安装1道;3~5m高度的隔断墙安装2~3道。

(2)对通贯龙骨横穿各条竖龙骨进行贯通冲孔,需接长时应使用配套的连接件。贯通冲孔前应做好划线,确定冲孔位置,防止冲孔错位而浪费材料,并且导致返工。冲孔时产生尖锐噪声通过防护减少排放。

4.4.6.6 安装横撑龙骨

(1)隔墙骨架高度超过3m时,或罩面板的水平方向板端(接缝)未落在沿顶沿地龙骨上时,应设横向龙骨。

(2)选用U形横龙骨或C形竖龙骨作横向布置,利用卡托、支撑卡(竖龙骨开口面)及角托(竖龙骨背面)与竖向龙骨连接固定。连接尽量选用配套件,并尽可能通过冷连接实现,以减少环境污染。

4.4.6.7 龙骨检查校正补强

安装罩面板前,应检查隔墙骨架的牢固程度,门窗框、各种附墙设备、管道的安装和固定是否符合设计要求。龙骨的立面垂直偏差应≤3mm,表面不平整应≤2mm。

4.4.6.8 安装一侧罩面板

(1)纸面石膏罩面板安装

1)纸面石膏板材就位后,上、下两端应与上下楼板面(下部有踢脚台的即指其台面)之间分别留出3mm间隙。用3.5×25mm的自攻螺钉将板材与轻钢龙骨紧密连接。连接时不要敲击,以免引起尖锐噪声。

2)自攻螺钉的间距为:沿板周边应不大于200mm;板材中间部分应不大于300mm;自攻螺钉与石膏板边缘的距离应为10~16mm。自攻螺钉进入轻钢龙骨内的长度,以不小于10mm为宜。以加强连接的效果。

3)板材铺钉时,应从板中间向板的四边顺序固定,自攻螺钉头埋入板内但不得损坏纸面。

4)板块宜采用整板,如需对接时应靠紧,但不得强压就位,以免损坏板材及龙骨,导致返工浪费。

5)纸面石膏板与墙、柱面之间,应留出3mm间隙,与顶、地的缝隙应先加注嵌缝膏再铺板,挤压嵌缝膏使其与相邻表层密切接触。嵌缝膏注入要适量,挤压后多余的嵌缝膏剔除后作为有毒有害物资收集处理。

6)隔墙板的下端如用木踢脚板覆盖,应使用胶粘剂粘贴,胶粘剂涂刷均匀,并尽量避免遗洒。

(2) 人造木板罩面板安装

作业过程中主要的环境影响有圆钉固定作业时的噪声,腻子抹平作业时产生的有毒有害固废,涂刷清漆时对楼地面的污染,以及废旧清漆的固废处理等。

胶合板如用普通圆钉固定,敲击钉子时禁止重敲,以减少噪声。钉眼用油性腻子抹平,抹腻子时尽量避免遗洒,抹腻子时,下面应以清洁物接住,洒落的清洁腻子回收再利用。腻子使用时应通过防晒减少水分的挥发,防止腻子失去使用功能。胶合板涂刷清漆时,清漆不得遗洒,避免污染楼地面。

(3) 水泥纤维板安装

1) 在用水泥纤维板做内墙板时,严格要求龙骨骨架基面平整,否则应用水泥砂浆进行基面处理,处理时要减少清扫时的粉尘及抹浆时的固废。

2) 板与龙骨固定用手电钻或冲击钻,大批量同规格板材切割应委托工厂用大型锯床进行,少量安装切割可用手提式无齿圆锯进行现场加工,加工应在封闭的木工加工车间进行。

3) 板面开孔

板面开孔在封闭的车间进行,开孔使用电钻,电钻作业时要尽量减少噪声。

4) 将水泥纤维板固定在龙骨上,螺钉应根据龙骨、板的厚度,由设计人员确定直径与长度。避免使用不适宜直径与长度的螺钉而影响工效与连接效果。

5) 板与龙骨固定时,手电钻钻头直径应选用比螺钉直径小 0.5~1mm 的钻头打孔。防止钻头直径过大而影响螺钉的连接。固定后钉头处应及时涂底漆或腻子,底漆的涂刷与抹腻子的环境控制按前条相关要求。

4.4.6.9 保温材料、隔声材料铺设

当设计有保温或隔声材料时,应按设计要求的材料铺设。铺放墙体内的玻璃棉、矿棉板、岩棉板等填充材料,应固定并避免受潮变形而返工。多作的填充材料和废料应作为有毒有害物资处理。

4.4.6.10 暖、卫、水、电等钻孔下管穿线并验收

(1) 安装好隔断墙体一侧的第1层面板后,按设计要求将墙体内需要设置的接线盒、穿线管固定在龙骨上。穿线管尽量利用通过龙骨上的贯通孔,减少穿孔工作,同时也减少噪声污染。

(2) 在墙内安装配电箱,可在两根竖龙骨之间横装辅助龙骨,龙骨之间用抽芯铆钉连接固定,不允许采用电气焊。

4.4.6.11 接缝处理

纸面石膏板接缝及护角处理:主要包括纸面石膏板隔断墙面的阴角处理、阳角处理、暗缝和明缝处理等。

(1) 阴角处理:将阴角部位的缝隙嵌满石膏腻子,把穿孔纸带用折纸夹折成直角状后贴于阴缝处,再用阴角贴带器及滚抹子压实。用阴角抹子薄抹一层石膏腻子,待腻子干燥后(约12h)用2号砂纸磨平磨光。嵌缝的石膏腻子存在废料时应作有毒有害物资收集。禁止腻子干燥前磨平而影响腻子的嵌缝,并且导致腻子的损失与浪费。

(2) 阳角处理:阳角转角处应使用金属护角。按墙角高度切断,安放于阳角处,用

12mm长的圆钉或采用阳角护角器将护角条作临时固定,然后用石膏腻子把金属护角批抹掩埋,待完全干燥后(约12h)用2号砂纸将腻子表面磨平磨光。过程中主要的环境控制包括圆钉打入或护角器连接时的噪声,以及抹腻子产生的固废。

4.4.6.12 墙面装饰、踢脚线施工

(1) 在对水泥纤维板板面进行各种装饰前,应用砂纸或手提式平面磨光机清除板面的浮灰、油污等。磨光机作业时作业人员配戴口罩,作业时控制好接触面,尽量减少粉尘的产生。

(2) 需对板进行喷、涂预加工时,应控制好喷漆的厚度,防止超厚喷漆产生资源的浪费,作业人员配戴口罩,并且防止喷漆时的粉尘向房间外排放。遗洒的漆收集后作为有毒有害物资处理。

4.4.7 环境监测要求

基层垫层施工时对粉尘进行观察,检查粉尘的防护与向建筑物的排放情况;龙骨安装、罩面板安装、钻孔作业时监听噪声,必要时进行仪器检测;对填保温材料、喷漆、抹腻子所产生的固废进行检查,查看这些固废是否清理,有毒有害固废是否单独堆放并标识。

4.5 玻璃隔墙工程

4.5.1 作业流程

定位放线→固定周边框架(如设计有)→扎筋→玻璃砖砌筑→勾缝→饰边处理→清洁。

4.5.2 环境因素

胶粘剂中甲醛气体排放、砂浆搅拌的污水排放和粉尘排放、金属切割、勾缝等过程产生的固体废弃物排放。

4.5.3 材料要求

玻璃隔墙施工中所用胶粘剂应选用无苯环保型材料,以免甲醛排放超标造成室内环境污染。

4.5.4 人员要求

4.5.4.1 精细木工、焊工等必须取得相应级别的岗位操作证,按考核合格后的项目、权限和相应的国家与地方规范、操作规程,从事与所持证书规定范围内工作;避免因人员素质能力不能满足要求而发生损坏设备、浪费资源、污染土地、污染地下水。

4.5.4.2 机械操作人员应经过培训。

4.5.4.3 每项作业活动操作前项目部应组织对作业人员针对该项作业活动所涉及的重要环境因素、环境控制措施、环境操作基本要求、环境检测的关键特性、应急响应中的注意事项进行专项环境交底或综合交底包括以上环境方面的内容,避免因作业人员的不掌握环境方面的基本要求造成噪声排放、废弃物、漏油、遗洒,加大对环境的污染。

4.5.5 设备设施要求

4.5.5.1 隔墙板材加工应设置专门的加工车间,加工车间应设置在远离居民区和现场生活、办公区。

4.5.5.2 加工车间四周应进行封闭,车间四壁内侧附泡沫塑料板。当处于环保敏感地区时,应选用隔声板、隔声毡等专业隔声材料,且应确保隔声材料的阻燃性能良好。车间搭设应符合"临时设施"的有关要求。

4.5.6 过程控制要求

4.5.6.1 玻璃砖隔墙根据需砌筑玻璃砖的面积和形状,计算玻璃砖的数量和排列次序。玻璃板隔墙根据设计要求和支撑形式提出玻璃和零部件加工计划,防止因计划不周发生材料浪费。

4.5.6.2 玻璃砖砌筑前用素混凝土或垫木找平并控制好标高。当使用素混凝土找平时,素混泥土应随拌随用,防止初凝前尚未使用造成材料浪费;废弃物应及时清理至建筑垃圾存放点;搅拌机冲洗污水应排入沉淀池,经两级沉淀处理后排入市政管网。

4.5.6.3 找平的同时,应做好防水层和保护层,防水作业的环境管理按本规程"建筑防水"相关要求进行控制。

4.5.6.4 玻璃连接件、转接件当采用碳素钢时,表面应做热浸镀锌处理。热浸镀锌应在专业加工厂内进行,防止施工现场镀锌设备设施、工艺不满足要求,镀锌废液排放污染土地和水体。若在专业工厂加工,加工厂应符合相关专业标准的规定,并应与其就环保问题进行沟通。

4.5.6.5 金属型材和木垫块加工应选用性能良好的低噪声机具,且应在专门的、隔声效果好的加工车间内加工,应避免在安装场所加工,发生噪声排放扰民事件。

4.5.6.6 玻璃砖砌筑采用白水泥:细砂 = 1:1 水泥浆,或白水泥:108 胶 = 100:7 的水泥浆(重量比)。水泥浆应随拌随用,防止初凝前尚未使用造成材料浪费;白水泥浆要有一定的稠度,以不流淌为好,水泥将应放在专用容器(橡胶桶)中;细砂水泥浆废弃物应及时清理至建筑垃圾存放点;108 胶水泥浆废弃物为危险废弃物,应集中收集,并交有资格机构进行处置;搅拌机冲洗污水应排入沉淀池,经两级沉淀处理后排入市政管网。

4.5.6.7 玻璃板与木框固定时,先把玻璃装入木框内,在其两侧缝隙中注入玻璃胶,然后钉上固定压条,固定压条宜用钉枪钉。

4.5.6.8 玻璃板与金属方框架安装时,安装玻璃前,应在框架下部的玻璃放置面上涂一层厚 2mm 的玻璃胶,也可放置一层橡胶垫。在玻璃板与金属方框架缝隙中注入玻璃胶,然后安装封边压条。如果封边压条是金属槽条,且要求不得直接用自攻螺钉固定时,可先在金属框上固定木条,然后在木条上涂环氧树脂胶(万能胶),把不锈钢槽条或铝合金槽条卡在木条上。

4.5.6.9 废玻璃胶和环氧树脂胶为有害废弃物,应集中收集至符合要求的临时设施,并交有资质机构进行处置。

(1) 勾缝砂浆搅拌、存储、使用及废弃物处置参照上述措施进行处置。

(2) 玻璃砖与金属型材框腹面接触的部位应留有胀缝。

(3) 滑缝应采用符合现行国家标准《石油沥青油毡、油纸》GB 326 规定的沥青毡填充,施工现场严禁烟火;废弃沥青毡为有毒有害废弃物,应定点集中收集,交有资格机构处置,严禁现场焚烧。

(4) 胀缝应用符合现行国家标准《建筑物隔热用硬质聚氨酯泡沫塑料》GB 10800 规定的硬质泡沫塑料填充。废泡沫塑料应集中收集,交废品收购单位以回收利用。

(5) 金属型材与建筑墙体和屋顶的结合部,以及空心玻璃砖砌体与金属型材框翼端的结合部应用弹性密封剂密封。废弃的密封剂,应集中收集至符合要求的临时设施,并交有资格机构进行处置。

4.5.7 环境监测要求

验收时对胶粘剂中甲醛气体含量进行检测；每天检查金属切割、勾缝等过程产生的固体废弃物收集与处理情况，废玻璃胶和环氧树脂胶、废弃的沥青毡、泡沫塑料等是否作为有毒有害物资进行了收集与处理。

5 裱糊工程

本节适用于聚氯乙烯塑料壁纸、复合纸质壁纸、金属壁纸、玻璃纤维壁纸、锦缎壁纸、装饰壁纸等裱糊工程。裱糊工程是广泛用于室内、墙面、柱面及顶棚的一种装饰，具有色彩丰富、质感性强、既耐用又易清洗的特点。

5.1 工艺流程

基层清理→刮腻子→涂刷底漆→吊直、套方、找规矩、弹线→计算用料、裁纸→刷胶→裱糊→修理。

5.2 环境因素（表16-5）

表16-5

序号	环境因素	环境因素产生的原因
1	扬 尘	基层清理、打磨砂纸、固体废弃物清理时
2	固体废弃物	基层清理、刮腻子时的边角废料
3	污 水	浸泡壁纸
4	有害气体	涂胶时散发的气味、胶挥发的气味
5	废 液	废胶
6	紧急情况下	着火产生废气、冬期施工暖气渗漏水污染、裱糊室内受潮裱糊面变形脱落造成工浪费及污染

5.3 材料要求

5.3.1 裱糊面材应按设计要求进行采购，并一次按预算量备足同批的面材，以免不同批次的材料产生色差，影响同一空间的装饰效果。并且材料中甲醛等有害物质含量应≤120mg/kg。

5.3.2 胶粘剂、嵌缝腻子等应符合设计要求，其成分中不得含有影响环境的物质。在运输中，胶粘剂及嵌缝腻子应装在密闭的容器或袋子内，以免运输途中遗洒在车箱内。进入现场后，应在库内存放。

5.3.3 可洗性壁纸的选用：可洗性壁纸是指在粘贴后的使用期内可洗的性能，主要用于有污染和温度较高的地方。因此在选用时必须具有国家检测机构出具的有关有害物资限量等级检测合格的报告。

5.4 人员要求

5.4.1 施工前应进行环境交底，使施工人员掌握裱糊施工过程中控制扬尘、污水、有害气体、废液等的要求及措施，避免因人的原因而产生环境影响。

5.4.2 人员要有相应的上岗证。

5.5 机具要求

裱糊施工所用的机具应配备齐全，主要有滚轮、壁纸刀、橡胶刮板、毛刷、钢板尺。应选择尾气排放达标的车辆运输裱糊材料。

5.6 过程控制要求

5.6.1 基层处理

基层清理时，先用喷雾器均匀喷洒墙面，使墙面潮湿后再进行清扫。以免洒水过多污染地面或不喷水清扫而产生扬尘。清扫时操作工人应戴好口罩。对于基层清理的杂物，应由袋装集中堆放到指定地点统一交环卫部门清运。

5.6.2 刮腻子

5.6.2.1 配制腻子膏时，应在容器内拌和或将地面铺上防雨布等材料后，再在其上拌和，以防污染地面。腻子膏的配制应严格按配合比要求控制用量，以保证其质量，避免因配合比不正确，导致刮后的腻子膏脱落，产生废弃物，浪费材料。腻子膏应按需用量随拌随用，避免未使用初凝或材料过多产生浪费。

5.6.2.2 刮腻子时，应使用胶皮刮板，刮时要一板排一板，两板中间顺一板，做到薄厚均匀，减少打磨量，节省工时。

5.6.2.3 腻子干固后，用砂纸打磨。打磨时，地面洒水湿润，门窗应关闭以防粉尘外泄。操作工人应穿长袖衫，戴好手套及口罩避免粉尘侵害。

5.6.2.4 对于石膏板基层抹腻子时，在接缝处和螺钉孔位处抹完腻子后，还需用棉纸带贴缝，以防止接缝处开裂返工产生场尘、噪声及固体废弃物。

5.6.3 涂刷底漆

5.6.3.1 底漆配制时，在专用容器内由专人严格按照配合比配制，并按计算量配制，避免配制过多，造成底漆浪费。配制底漆时，容器内装底漆的量不应超过容积的 2/3，以免搅拌时，液体洒落造成污染。配制人员应戴好手套和口罩。底漆用无后应迅速将桶盖严，以免挥发产生有害气体污染环境。

5.6.3.2 报废的底漆不得随意乱倒，应装在密闭的容器内，集中运至指定地点，交由环保部门统一清理。刷子、油漆桶清洗时，应在搅拌站处集中进行，污水经两级沉淀池沉淀后，方可排出，以免污染土地。

5.6.4 吊直、套方、找规矩、弹线

5.6.4.1 应按照壁纸的标准宽度找规矩，每个墙面的第一条线都要弹线找垂直，以确保裱糊时尺寸正确，避免返工，浪费人力及材料。

5.6.4.2 计算用料、裁纸：按基层实际尺寸进行测量计算所需用量，并在每边增加 2~3cm 作为裁纸量，以避免尺寸过大浪费材料，尺寸过小，无法搭接，材料废弃。

5.6.5 刷胶

5.6.5.1 若壁纸需润水，则用喷雾器轻洒至壁纸面潮湿即可，以免喷水过多流淌造成污染。

5.6.5.2 壁纸刷胶时，应放在桌案上进行，桌案应清洁无尘，以免污染壁纸。涂刷时，毛刷蘸胶量不宜过多，且用专用器皿接在毛刷下面，以防胶液滴落到地上污染地面。

涂胶时,薄厚应均匀,从刷胶到最后上墙的时间一般控制在5~7min,以免涂胶时间过短或过长,壁纸与墙面粘结不牢而脱落,污染、浪费壁纸。

5.6.5.3 墙面刷胶要全面均匀,不得裹边起堆,以防贴壁纸时,胶液溢出污染壁纸。

5.6.5.4 胶涂刷完毕后,应迅速将胶桶封盖完好,以备下次使用,同时避免胶挥发气味污染空气。刷子、装胶桶清洗时,应在搅拌站处集中进行,污水经两级沉淀池沉淀后,方可排出,以免污染土地。

5.6.5.5 废弃的胶液严禁随处乱倒,应装在密闭的容器内,堆放至指定地点,由环保部门统一清运处理。清运车出厂车轮应清洗干净,不允许带泥上路。污水需经两级沉淀池沉淀后方可排出。

5.6.6 裱糊

5.6.6.1 裱糊时对墙上电灯开关等的地方,操作时,将壁纸轻轻糊到电灯开关上面,并找到中心点,从中心点处逐渐向外侧切割,直切到墙体边,然后用手按出开关体的轮廓位置,慢慢拉起多余的壁纸,剪去不需的部分,再用橡胶刮子刮平,确保壁纸完好无损的粘贴在墙面上,壁纸因壁纸损坏或粘结不牢而造成壁纸浪费。拉起的多余壁纸,装至袋中运至指定地点交由环保部门统一清运出场。

5.6.6.2 裱糊时,阳角处不能拼缝,阴角边壁纸搭接时,应先裱糊压在里面的转角壁纸,再粘贴非转角的正常壁纸,以保证壁纸粘贴牢固,避免返工造成壁纸浪费。

5.6.6.3 裱糊过程中,空气湿度不应过高,一般应低于85%,湿度不应剧烈变化。以免壁纸等粘贴不牢而脱落污染或损坏,造成损失。

5.6.7 裱糊后的房间设专人看管,不准做临时料房或休息室,更不准剔眼打洞,以避免污染和损坏壁纸造成浪费。同时每天应开窗通风换气,使室内气味尽快散尽。

5.6.8 应急准备

5.6.8.1 冬期施工,室内最好通暖气或电暖气,严禁烧煤炉,以防煤炉烟污染壁纸。并派专人负责看管,严防发生跑水、渗漏水或火灾等事故,以免污染周边环境。

5.6.8.2 在潮湿季节,裱糊好的墙面竣工以后,应在白天打开窗户,加强通风。夜间关闭窗户,防止潮湿气体侵袭,同时,也要避免胶粘剂未干结前墙面受穿堂风劲吹,破坏壁纸(墙布)的粘结牢度,以免造成不必要的返工、资源浪费。

5.6.8.3 装涂料仓库应有专人管理,并每20m²设一个干粉灭火器,同一楼层,相邻的作业房间,每3个作业房间内(不超过20m),均应设置一个灭火器,且仓库及作业场所内严禁烟火,以便起火时能迅速灭火,避免烟气污染环境及产生更多的损失。

5.7 监测要求

5.7.1 每天施工前,应检查壁纸、墙布的种类、规格、图案、颜色和燃烧性能等级是否符合设计规定,其含有害物质限量符合表16-6规定后方可施工。

壁纸中的有害物质限量值(单位:mg/kg)　　　　表16-6

有害物质名称		限量值
重金属(或其他)元素	钡	≤1000
	镉	≤25

续表

有害物质名称		限 量 值
重金属 （或其他） 元 素	铬	≤60
	铅	≤90
	砷	≤8
	汞	≤20
	硒	≤165
	锑	≤20
氯乙烯单体		≤1.0
甲醛		≤120

5.7.2 每天施工前检查胶粘剂中有害物质限量符合表16-7后方可施工。

室内用水性胶粘剂中的总挥发性有机化合物有害物质限量　　　表16-7

测 定 项 目	限 量
TVOC(g/L)	≤50
游离甲醛(g/kg)	≤1

5.7.3 每天施工前检查各种工具是否配备齐全。

5.7.4 基层清理、刮腻子膏时，每天至少检查三次扬尘控制情况（要求3m范围内无扬尘）及落地腻子膏是否按规定处理。

5.7.5 每天施工完后应检查一次施工现场是否做到工完场清，清理的固体废弃物是否按规定堆至集中地点由环保部门统一清运。

5.7.6 施工中每天至少抽查三次，废胶液是否按规定处理，用后的胶桶是否及时封盖。

5.7.7 冬期施工时，每天检查一次室内温度是否符合要求，是否有专人看管；潮湿季节，每天检查一次裱糊室内是否通风良好，夜间是否将窗关闭。

5.7.8 施工中，每天检查一次灭火器材的配备情况，确保灭火器完好可用。

5.7.9 每天检查一次，运输裱糊材料的车辆，出场时车轮是否清洗做到无泥上路，清洗车辆的污水是否经两级沉淀池沉淀后排出。

5.7.10 施工结束后，竣工验收前应对裱糊工程室内房间进行检测，其指标必须符合表16-8的规定。

表16-8

污染物质名称	一类民用建筑工程	二类民用建筑工程
游离甲醛(mg/m³)	≤0.08	≤0.12

续表

污染物质名称	一类民用建筑工程	二类民用建筑工程
苯(mg/m³)	≤0.09	≤0.09
氨(mg/m³)	≤0.2	≤0.5
氡(Bq/m³)	≤200	≤400
TVOC(mg/m³)	≤0.5	≤0.6

6 软包工程

6.1 工艺流程

基层或底板处理→吊直、套方、找规矩、弹线→计算面料、裁面料→面层安装。

6.2 环境因素（表16-9）

表16-9

序号	环境因素	环境因素产生的原因
1	噪声	木工锯锯作业
2	扬尘	基层清理、固体废弃物清理
3	固体废弃物	基层清理、废弃的水泥砂浆及腻子膏、废弃小木边、皮革及人造革边角废料、龙骨边角料、衬板边框边角料
4	污水	基层清理污水
5	有害气体	涂胶粘剂时散发的气味、油漆味、木工板等气味
6	废液	废胶粘剂
7	紧急情况下	着火产生废气、冬期施工暖气渗漏水污染、软包室内受潮软包面变形脱落造成工浪费及污染

6.3 材料要求

6.3.1 软包墙面木框、龙骨、底板、面板等木材的树种、规格等级、防腐处理必须符合设计图纸要求，含水率不大于12%，以防木材变形产生返工浪费材料，产生扬尘、噪声及固体废弃物。并不得有腐朽、节疤、劈裂、扭曲等影响下道工序施工的疵病。板材中甲醛等有害物质限量应符合要求。

6.3.2 软包面料、内衬材料及边框的材质、颜色、图案、燃烧性能等级应符合设计要求，并具有防火检测报告。普通布料需进行两次防火处理，并检测合格。

6.3.3 外饰面用的压条分格框料和大贴脸等面料，一般采用工厂经烘干加工的半成品料，含水率不大于12%以防木材变形产生返工浪费材料，产生扬尘、噪声及固体废弃物。

6.3.4 胶粘剂中TVOC的含量应≤50g/L，游离甲醛含量≤1g/L。

6.3.5 涂料及油漆填充料、防火、防腐涂料、稀释剂的选用必须符合室内环境控制规范(国家标准 GB 50325—2001)的要求,并具备国家环境检测机构出具的有关有害物资限量等级检测报告,报告中应注明各种成分含量,且结论确切。

6.3.6 每种材料应有使用说明,标注有储存期限、储存环境及使用要求等事项。

6.4 人员要求

6.4.1 操作人员应经过专业技能培训,持证上岗。

6.4.2 施工前应由技术人员进行环境交底。使施工人员应掌握施工要领和环境控制要求,避免因人的因素而造成噪声排放、扬尘、废弃物、废水、废液、有害气体等污染环境。

6.5 机具要求

6.5.1 选用噪声低、能耗低的木工锯,避免设备使用时噪声超标,加大能源消耗。

6.5.2 施工机具应配备齐全,主要有锤子、刨子、抹灰用工具、粘贴用工具。

6.6 过程控制要求

6.6.1 基层或底板处理

6.6.1.1 基层或底板处理时,应先用喷雾器向墙面喷洒水雾,使墙面潮湿后再清扫墙面避免扬尘及洒水过多污染地面。

6.6.1.2 水泥砂浆基层

(1)基层抹水泥砂浆时,砂浆应在搅拌站集中搅拌,搅拌站应四面封闭,以防噪声向外部传播,搅拌污水经两级沉淀池沉淀后方可排出。

(2)抹砂浆时,应用灰板随时接灰,以防操作时灰浆落地污染地面。若灰浆落地,应立即清理,并尽量二次利用以减少砂浆浪费。

6.6.1.3 腻子基层

(1)配制腻子膏时,应在容器内拌和或将地面铺上防雨布等材料后,再在其上拌和,以防污染地面。腻子膏的配制应严格按配合比要求控制用量,以保证其质量,避免因配合比不正确,导致刮后的腻子膏脱落,产生废弃物,浪费材料。腻子膏应按需用量随拌随用,避免剩余浪费。

(2)刮腻子时,应使用胶皮刮板,刮时要一板排一板,两板中间顺一板,做到薄厚均匀,减少打磨量,节省工时。

(3)腻子干固后,用砂纸打磨。打磨时,地面洒水湿润,门窗应关紧以防粉尘外泄。操作工人应穿长袖衫,戴好手套及口罩避免粉尘侵害。

(4)对于石膏板基层抹腻子时,在接缝处和螺钉孔位处抹完腻子后,还需用棉纸带贴缝,以防止接缝处开裂返工产生场尘、噪声及固体废弃物。

6.6.1.4 施工时,应做到工完场清,清理时,应先用喷雾器洒水湿润,避免扬尘,清理的固体废弃物由袋装堆至指定地点,集足一个运输单位后交环保部门统一清运。

6.6.1.5 立墙筋

墙筋钉立时,其间距尺寸应正确,以免因其位置不对而返工产生扬尘、噪声及废弃物污染环境。

6.6.2 吊直、套方、找规矩、弹线

根据设计图纸要求把需要软包墙面的装饰尺寸、造型等线条弹到墙面上,其尺寸要精确,避免因尺寸偏差造成返工产生扬尘、噪声、固体废弃物及材料浪费。

6.6.3 裁面料

施工过程中,人造革及织锦缎软包等材料应按基层实际尺寸测量计算所需用量,尺寸应大于墙面分格尺寸3mm,以避免尺寸过大浪费材料。裁下来的边角废料,要集中收集,装袋至指定地点,集足一个运输单位后,交环保部门统一清运。不可随地抛弃,造成飞扬,也不可在现场焚烧,以免对造成空气污染。

6.6.4 边框、龙骨、衬板安装

边框、龙骨应安装牢固,无翘曲,拼缝应平直,避免面层安装时不因上述问题而开裂,返工,控制噪声、粉尘、固体废弃物的产生,减少材料浪费。

6.6.5 面层安装

五夹板外包人造革或织锦缎

五夹板板边刨平处理,加工时应在木工棚内进行,木工棚四周应封闭处理,以减小噪声及锯末外漏。加工时,操作工人应穿长袖衫并戴手套及口罩。加工后的锯末应及时用袋装运至指定地点堆放,集足一运输单位后交环保部门集中清运。木工棚周围20m内严禁烟火,且棚处设灭火器,以便失火能迅速扑灭。

五夹板刨料边压入人造革或织锦缎时,压长宜为20~30mm,以免过短,人造革或织锦缎压不住影响装饰效果造成返工浪费时间。

6.6.6 软包相邻部位需作油漆或其他喷涂时,应用纸胶带或废报纸进行遮盖,避免污染软包工程。

6.6.7 施工中刷涂料、油漆时,应在专用容器内由专人按配合比用量严格配制,且配制人员应戴好口罩和手套,以防有害气体侵害。

6.6.8 涂刷时应注意,油刷蘸料不应过多,且随刷随用小桶在刷子下面接着,以防油漆涂料滴到地面上。

6.6.9 软包工程的房间施工后设专人看管,不准做临时料房或休息室,更不准剔眼打洞,以避免污染和损坏壁纸造成浪费。同时每天应开窗通风换气,使室内气味尽快散尽。

6.6.10 施工应做到工完场清,清理时应先将地面洒水湿润,减小扬尘。

6.6.11 应急准备

6.6.11.1 冬期施工,室内最好通暖气或电暖气,严禁烧煤炉,以防煤炉烟污染软包工程。并派专人负责看管,严防发生跑水、渗漏水或火灾等事故,以免污染周边环境

6.6.11.2 在潮湿季节,软包好的墙面竣工以后,应在白天打开窗户,加强通风。夜间关闭窗户,防止潮湿气体侵袭,使软包工程变形造成不必要的返工、资源浪费。

6.6.11.3 软包工程材料仓库应有专人管理,并每20m²设一个干粉灭火器,同一楼层,相邻的作业房间,每3个作业房间内(不超过10m),均应设置一个灭火器,且仓库、作业场所内,严禁烟火。以便起火或起火时能迅速灭火,避免烟气污染环境及产生更多的损失。

6.6.11.4 储存木框、龙骨、底板、面板、油漆、胶粘剂、人造革、织锦缎等材料时,必须

在专用库房内分类堆放,库房四周 10m 内严禁烟火,仓库应按消防要求配备灭火器材,避免火灾。木工作业棚及操作房间应配备灭火器材,以便失火随时扑灭。

6.7 监测要求

6.7.1 应对各种龙骨、木框、底板、面板、人造革、织锦缎进行检查,确保其材料含量中有害物质含量符合规定后方可使用。若有怀疑立即重新进行检测,合格后方可使用。

6.7.2 施工前,检查胶粘剂,油漆中甲醛等有害物质限量符合表 16-10 后方可施工。

室内用水性胶粘剂中的总挥发性有机化合物有害物质限量　　　表 16-10

测 定 项 目	限　　量
TVOC(g/L)	≤50
游离甲醛(g/kg)	≤1

6.7.3 每天施工前检查各种工具是否配备齐全。确保木工锯完好,不漏油,且其能耗低,噪声低后方可施工。

6.7.4 施工中每天检查一次木工锯的运行、维修保养情况,确保运行良好,噪声符合要求,不渗漏油,且维修保养用废弃油棉纱、废锯末均分类装袋堆至指定地点,禁止焚烧,最后交由环保部门统一处理。

6.7.5 基层清理、刮砂浆、腻子膏时,每天至少检查三次扬尘控制情况(扬尘高度不得超过 0.5m)及落地灰是否按规定处理。

6.7.6 施工中,每天检查一次灭火器材的配备情况,确保灭火器完好可用。

6.7.7 施工后检查涂刷胶粘剂、涂料的废弃油刷、油桶是否按要求堆放至指定地点,由环保部门统一清运处理。

6.7.8 每天施工后,应立即检查现场废弃的人造革、织锦缎、木工制作中产生的边角废料等固体废弃物是否及时清理,清理现场地面时是否洒水湿润,清理的废弃物是否按规定分类袋装集中堆放至指定地点,并由环保部门统一清运,做到工完场清。

6.7.9 冬期施工时,每天检查一次室内温度是否符合要求,是否有专人看管。潮湿季节,每天检查一次软包房间是否通风良好,夜间是否将窗关闭。

6.7.10 每天检查一次,运输软包材料的车辆,出场时车轮是否清洗做到无泥上路,清洗车辆的污水是否经两级沉淀池沉淀后排出。

6.7.11 施工结束后,竣工验收前应对软包工程室内房间进行检测,其指标必须符合表表 16-11 的规定。

表 16-11

污染物质名称	一类民用建筑工程	二类民用建筑工程
游离甲醛(mg/m³)	≤0.08	≤0.12
苯(mg/m³)	≤0.09	≤0.09

续表

污染物质名称	一类民用建筑工程	二类民用建筑工程
氨(mg/m^3)	≤0.2	≤0.5
氡(Bq/m^3)	≤200	≤400
TVOC(mg/m^3)	≤0.5	≤0.6

7 幕墙工程

7.1 作业流程

7.1.1 玻璃幕墙工艺流程：

施工现场测量放线→预埋件的安装→加工车间下料→冲压钻孔→施工现场龙骨安装→防火避雷节点安装→注胶室内清洁→板块组装→注结构硅酮密封胶→玻璃板块的养护→施工现场玻璃板块安装→耐候硅酮密封胶→外表面清洁→竣工验收。

7.1.2 石材幕墙工艺流程：

施工现场测量放线→预埋件的安装→加工车间下料→施工现场焊接龙骨→防火避雷节点安装→石材安装→注耐候硅酮密封胶→表面清洁→竣工验收。

7.1.3 金属幕墙工艺流程：

施工现场测量放线→预埋件的安装→加工车间下料→冲压钻孔→施工现场龙骨安装→防火避雷节点安装→加工金属板块及安装→注耐候硅酮密封胶→表面清洁→竣工验收。

7.2 环境因素

7.2.1 施工现场测量放线

测量偏差、测量放线失误造成材料浪费，使用 $\phi 0.5 \sim 1.0mm$ 的钢丝作控制线时拉断的钢丝线丢弃等。

7.2.2 预埋件安装

电锤钻孔安置固定件时会产生噪声、钻孔的粉尘、固定固定件时敲击的噪声、电焊时产生的电焊弧光、烟尘、搬运预埋件时的噪声、电焊条焊头的丢弃、焊渣的抛洒、涂刷焊缝时的油漆挥发、废油漆桶的遗弃、废油漆工具的丢弃、电能源的消耗等。

7.2.3 下料过程

铝材切割机、砂轮切割机、空压机噪声排放，搬运材料时产生的噪声、切割时产生的粉屑、烟尘污染大气，空压机漏油污染土地，切割废料、料渣、废弃的包装纸等占用土地或污染土壤，油料、电能、水资源的消耗等。

7.2.4 冲压钻孔过程

冲剪、钻铣设备、小型电动工具的噪声排放，加工产生的料渣等占用或污染土地，影响地下水以及电能的消耗等。

7.2.5 防火避雷节点安装

使用电锤、钻孔产生的噪声和粉尘，电焊产生的有害气体、电辐射、焊渣、废焊条、废油漆桶、废刷漆工具的废弃,矿棉粉尘及碎块的废弃,手枪钻钻孔时产生的噪声及金属粉末尘、电能的消耗等。

7.2.6 板面安装

碎玻璃、废胶、废铝合金条的回收利用和废弃物处理;切割机、电动工具的噪声,加工石材、金属材料时粉尘的排放,石材废料、废弃云石胶、云石胶桶的处置,废螺丝垫片等的遗弃,吊装过程产生的噪声、材料损坏,切割石材时产生的废水,电能的消耗等。

7.2.7 注耐候硅酮密封胶

废胶、胶包装的处置,耐候硅酮密封胶、化学试剂有害、有毒气体的排放,废泡沫棒、废化学试剂、废美纹纸的处置等;密封胶、化学试剂可能意外起火烧坏物品并造成大量废弃物遗弃、有害气体排放污染大气、污染土地、污染地下水。

7.2.8 表面清洁

废抹布的废弃,丙酮清洁剂的挥发、丙酮包装盒的丢弃、化学试剂有毒有害气体的排放、废化学试剂的处置、清洁时废水的排放等。

7.2.9 应急和突发事件可能产生的环境因素

油漆的储存、使用以及焊接、注胶施工意外起火造成大量废弃物遗弃、有害气体排放污染大气、污染土地、污染地下水。耐候硅酮密封胶、化学试剂等有毒有害溶剂挥发、遗洒造成大气污染致人中毒,铝合金型材、金属板材、型钢、玻璃等材料的搬运、吊装可能产生的材料碰伤(坏)、划伤和报废;大风大雨等恶劣天气施工产生的安全、环境事故;吊装、焊接、切割、钻孔打磨等机械设备因用电不当或使用、维修不及时可能产生的设备事故,造成设备损坏、燃烧产生烟尘等。

7.3 人员要求

7.3.1 从事幕墙制作、安装作业的单位应有相应的资质证书,电焊工、电工、架子工、油漆工及机械操作工等特殊工种作业人员都应经过专业培训,安全技术培训,经考核取得合格上岗证后方可持证上岗,上岗时都必须佩戴防护口罩和安全帽、安全带、安全绳等防护用品。

7.3.2 电焊工、机械操作工等特殊工种作业人员必须取得相应级别的岗位上岗操作证,按考核合格后的项目、权限和相应的国家与地方规范、操作规程,从事与所持证书规定范围内工作,避免因人员素质能力不能满足要求而发生质量、安全和环境事故,造成浪费、损失或污染。

7.3.3 每项作业活动操作前项目部应组织对木工、起重工、电工、焊工、油漆工、清洗人员对该项作业活动所涉及的噪声、粉尘、固体废弃物等重要环境因素的控制措施、环境操作基本要求、环境检测的关键参数,以及火灾、突发事件中的应急响应中的注意事项进行专项环境交底或综合交底包括以上环境方面的内容,避免因作业人员的不掌握环境方面的基本要求造成噪声排放、扬尘、废弃物、废水、废液、电辐射、光污染或加大对环境的污染。

7.4 材料要求

7.4.1 为节约材料并保证施工质量达到设计要求,所使用的材料要按工程合同确定合理的采购数量,材料性能必须符合国家现行质量、安全和环保标准,材料的存储、堆放要符合保管的要求，以防止材料不合格引起质量、安全和环境事故；可行时应优先选择环保性能良好的材料。对周围环境产生光照污染的玻璃幕墙，应采用低辐射率镀膜玻璃，不得采用镜面玻璃。

7.4.2 所使用的铝合金、钢材及配件、玻璃、密封材料、结构硅酮密封胶、耐候硅酮密封胶、胶带及其他材料应在保质期内，并必须出具产品合格证书及检验试验报告。防火密封胶应有法定检测机构的防火检验报告。

7.4.3 结构胶和耐候胶在使用前必须与所接触部位的所有材料做相容性和粘结力试验，并提交检测报告，所提供的报告应证明其相容性符合要求并具有足够的粘结力，必要时由国家或部级建设主管部门批准或认可的检测机构进行检验。胶产品外包装应标有商品名称、产地、厂名、厂址、生产日期和有效期，严禁过期使用。

7.4.4 幕墙所采用的金属附件等金属材料，除不锈钢外，应进行热镀锌处理或其他防腐蚀处理，并应防止发生接触腐蚀。镀锌制品应在专用镀锌厂购买或镀锌，避免镀锌过程产生的废水未经达标处理，随意排放污染土地、污染地下水。

7.4.5 石材应有放射性检验报告，并符合《天然石材产品放射性防护分类控制标准》(JC 518)的规定，对其表面应采用机械加工，加工后的表面应用高压水冲洗或用水和刷子清理，严禁用有毒有害的溶剂型化学清洁剂清洗石材。

7.4.6 铝合金型材、金属板材、玻璃、型钢等材料的搬运、吊装应轻拿轻放，严禁抛扔，避免碰伤(坏)、划伤或引起噪声。硬件或易碎品在搬运、存储、吊装期间应防止由于振动、撞击、腐蚀、温度、湿度影响而造成损坏。在大风大雨天气下，在风力在五级以上时应停止搬运和安装玻璃。

7.4.7 耐候硅酮密封胶、油漆、化学试剂等有毒有害溶剂应有专门存储容器内并放在指定区域，做好标识，遵守其使用和保管规定，防止储存、使用不当引起遗洒、泄漏或火灾；材料的使用和存储场所10m内严禁烟火，并配置适宜、有效的消防器材，保持室内通风。使用有毒有害材料或产生噪声、粉尘时应有个人防护措施，以免造成对人身及环境的危害。

7.4.8 耐候硅酮密封胶、油漆、化学试剂的储存、使用和焊接场所应按《建筑灭火器配置设计规定》确定的危险等级、可能发生的火灾种类配置相适应的充足和有效的手提式灭火器或推车式灭火器；一个计算单元不少于2具、不宜多于5具，防止火灾造成安全和环境事故。

7.5 设备设施要求

7.5.1 机械加工设备的选择

应根据施工组织设计或专项施工方案的要求，选择满足施工要求、噪声低、能耗低的切断机、玻璃幕墙施工所需的吊装设备、冲击电钻、焊接设备、铝型材切割机、空压机、手枪钻、钻床、组角机、玻璃磨边机、吊篮、胶枪、石材切割机、金属切割机、机械钻孔机、石材打磨机、石材打蜡机等机械设备，施工现场的防护用具、机械设备、施工机具及配件必须由专人管理，定期进行检查、维修和保养，建立相应的资料档案，并按照国家有关规定及时报废，避免因设备选择不合理或使用不当造成噪声超标，漏油污染土地、废弃物污染土地、清洁水污染地下水，加大水、电、油和资源消耗。

7.5.2 机械设备的保养与维护

7.5.2.1 施工单位采购、租赁的安全防护用具、机械设备、施工机具及配件,应当具有生产(制造)许可证、产品合格证,并在进入施工现场前进行查验。需送至有关技术检测中心检测的机具应送去检测,以保证安全和环境性能,并控制或降低噪声、减少漏油及使用过程中的各种废弃物。

7.5.2.2 机械设备应在每个施工作业班组作业完毕后进行设备的日常保养,保证设备经常处于完好状态,避免设备使用时意外漏油污染土地、污染地下水或加大噪声排放。

7.5.2.3 发现设备有异常或存在问题时,应安排专人检查排除或送维修单位立即抢修,防止设备带病作业,加大能源消耗和噪声排放,浪费燃料或漏油污染土地、污染地下水。

7.5.3 对机械设备的要求

7.5.3.1 进场设备应进行性能检验和安装、调试验收,确保符合质量、安全和环保要求。

7.5.3.2 设备接油盘宜采用厚度0.5~1mm铁皮,油盘大小不宜小于机械设备的水平投影面积,防止漏油污染土地、污染地下水。

7.5.3.3 进行电焊施工时应设置接火斗,接火斗应随电焊操作时的移动而移动。废弃的电焊条头、焊渣等应随时清理、集中堆放,交由有资质的部门进行处理。

7.5.4 对设施的要求

注胶室内要求清洁、无尘、无火种、通风良好,并配置必要的设备,使室内温度控制在15~27℃之间(中性双组分结构硅酮密封胶施工温度宜控制在15~27℃之间,中性单组分结构硅酮密封胶施工温度可控制在5~48℃之间),相对湿度应控制在35%~75%之间。材料仓库、铝型材切割机房、石材切割房、玻璃打胶房、金属板材切割房等加工用房的搭建、设施要求参见临时设施建设与使用相关要求,防止噪声、扬尘、废水污染。

7.6 过程控制要求

7.6.1 施工准备

7.6.1.1 施工前应进行幕墙施工技术及安全技术交底、环境保护措施、操作规程交底,让操作人员熟悉作业状况,熟悉作业环境因素,具有熟练的工作技能,特殊工种应持证上岗,避免因人操作不熟练的因素造成设备、工具的损坏,材料的浪费,资源过多的消耗及环境的污染。

7.6.1.2 从事幕墙加工制作、安装作业的钻孔、打磨、钉固、铣切、升降机具及其他专用施工机具应进行定期检测、保养和维修,需送至有关技术检测中心检测的机具应送去检测,以保证安全和环境性能,并控制或降低噪声、减少漏油及使用过程中的各种废弃物。各种废弃物应分类进行堆放,可回收的废弃物应由有资质的部门进行回收处理。

7.6.1.3 严禁在大风(5级大风以上)、大雨、下雪、高温等恶劣天气情况下进行施工,在冬雨期施工时应考虑各种天气情况下对作业环境的影响,避免因天气原因造成材料、机械、设施的破坏。

7.6.2 施工现场测量放线

施工现场测量放线复查由土建方移交的基准线,在每一层将室内标高线移至外墙施工作业面,并进行检查,在放线前,应首先对建筑物的外形尺寸进行偏差测量,根据测量结果,确定其准线,以免因施工测量编差或放线失误而造成影响工程质量和材料浪费。在用ϕ0.5~1.0mm的钢丝在拉水平、垂直方向的控制线时,拉断的钢丝线不能随地丢弃,应集中收集,堆放在指定的地点,进行集中交由有资质的有关部门进行处理。

7.6.3 预埋件安装

7.6.3.1 搬运预埋件应轻拿轻放,严禁抛扔,避免碰伤(坏)、划伤或引起噪声。用电锤钻孔安置固定件,以及固定固定件、会产生噪声、振动和电焊时粉尘,操作人员应选择合理的施工时间,宜使用防噪、防尘用品,应动作轻巧,间隙作业,以防止连续噪声;电焊时作来应按规定使用防护用具以防电焊弧光、烟尘。

7.6.3.2 涂刷焊缝时应对油漆随用随盖,并使用口罩,轻拿轻放,以防挥发、遗洒,应注意需要使用多少而调配多少,避免因调配过多而放置造成油漆挥发。

7.6.3.3 电焊条焊头、焊渣、废油漆桶、油漆工具不得随意丢弃,应在每一工作日内统一收集后处理。

7.6.4 下料及冲压钻孔

7.6.4.1 搬运材料应轻拿轻放,不得抛掷,以防产生噪声或造成材料的损坏而造成不必要的损失、浪费。下料宜在封闭性良好的车间进行,下料车间内应制订环境和安全生产责任制,各种加工机械应有操作规程,明确操作者的职责。明确各职能部门、所有操作者和管理者的安全环境责任,使安全、环境工作层层有人负责。根据车间大小合理配置适宜有效的消防灭火器材,以作应急。

7.6.4.2 为减小铝合金切割机、砂轮切割机、空压机、石材切割机、钻铣设备等噪声排放,下料应在固定的、隔声性能良好的加工车间或加工棚内进行,施工前应对其封闭的有效性进行一次检查或测试,在加工时应采用声度计进行测试,超过国家标准规范规定时应让操作工人佩戴防护用品(如佩戴耳塞等)。加工车间或加工棚不宜靠近居民区和作业人员休息处,加工作业时要避开正常的休息时间。

7.6.4.3 切割时应正确佩戴个人防护用品(口罩、耳塞等)以减轻粉尘、烟尘和噪声的伤害。料渣、余废料、包装纸等废弃物应分类存放,可回收利用的应回收再利用,不能利用的应统一交由有资质和单位进行处理。

7.6.4.4 切割用电时应根据设备使用情况随时关电,以防设备空转造成电能消耗或设备损坏。漏油机械设备应放置设备接油盘,接油盘的应比使用的机械的投影面积稍大,避免漏油污染土壤、污染环境。如有紧急停电或其他可能发生导致用电、设备事故现象时,应提前检查应急准备情况。加工区10m范围以内严禁火源和其他无关人员,以防下料过程产生火灾造成安全和环境事故。

7.6.4.5 金属板块的加工应在专门的加工洁净车间中进行,板材储存时应以10°内倾斜放置,底板需用厚木板垫底,厚板可以水平叠放,避免因板材的挤压造成材料变形损坏,造成材料浪费。搬运时应由两人取放,将板面朝上,切勿推拉,以防擦伤板面。板材上切勿旋转重物或践踏,以防产生弯曲或凹陷使板材浪费。

7.6.4.6 石材板块的加工制作时应保证石材板块连接部位应无崩坏、暗裂等缺陷,其他部位崩边不大于5mm×20mm,或缺角不大于20mm时可修补后使用,但每层修补的石板块数不应大于2%,且宜用于不明显部位;石材板块的形状、长度、宽度、厚度花纹图案造型等均应符合设计要求,不得有明显的色差。石材的加工尺寸允许偏差应符合现行行业标准《天然花岗岩建筑板材》(JC 205)的有关规定中一等品的要求。石材板块经切割或开槽等工序后均应将石屑用水冲洗干净,石材板与不锈钢挂件间应采用石材专用结构胶粘结。已加工好的石材板块应存放于通风良好的仓库内,其角度不应小于85°,避免由此而产生石材板块的倒塌而造成石材破损浪费材料。切割石材、冲洗石屑用水应经两级沉淀后才能排出。

7.6.5 龙骨安装和防火避雷节点安装

7.6.5.1 在使用电锤冲击钻时,操作工人应佩戴好耳塞、口罩,工作时避开附近居民休息时间,能够采用喷水降尘时可由工人在钻孔时洒水降尘。

7.6.5.2 电焊时电焊工应持证上岗,操作时应穿戴好电焊工作服、佩戴好电焊防护眼罩、口罩,以防电焊产生的辐射,电弧光对眼睛的伤害。在进行电焊的部位应设置接火斗,接火斗应随着电焊的部位随时移动,以免因电焊的火花而造成火灾。

7.6.5.3 在电焊和切割机时,应在操作部位边设置2~3具灭火器,以防产生火灾造成安全和环境事故;切割时应在切割机的尾部设置挡火板,避免因切割时飞溅的火花引起易燃物的而引起火灾。

7.6.5.4 使用油漆应注意防止遗洒和挥发,通过计算用量避免因调配过多而放置造成油漆挥发,使用油漆稀释剂时,应随用随盖,以免稀释剂挥发,轻拿轻放以防遗洒。

7.6.5.5 废弃的切割片、电焊条焊头、焊渣、废油漆桶、油漆工具,以及钻孔产生的金属粉末尘、矿棉粉尘及碎块的不得随意丢弃,应每一工作日内集中收集堆放在指定的地点,交由有资质的部门统一处理。

7.6.6 室内注硅酮结构胶

7.6.6.1 注胶应在专门设置的注胶室内进行,注胶室内要求清洁、无尘、无火种、通风良好,并配置必要的设备,使室内温度控制在15~27℃之间(中性双组分结构硅酮密封胶施工温度宜控制在15~27℃之间,中性单组分结构硅酮密封胶施工温度可控制在5~48℃之间),相对湿度应控制在35%~75%之间,避免因注胶室内的温度、湿度等环境因素的达不到要求而造成硅酮结构胶和密封胶的浪费,污染环境、造成材料的浪费。

7.6.6.2 注胶时应均匀、密实、饱满,注胶工人应经过专门培训考核合格后方可注胶,避免因注胶工人的操作不熟练造成材料的浪费。严禁使用过期的结构硅酮密封胶,未做相容性试验的严禁使用,且全部检验参数合格的结构桂酮密封胶方可使用;相容性试验和粘结力试验都应事先进行。

7.6.6.3 所有的与注胶处有关的施工表面都必须清洗,保持清洁、无灰、无污染、无油、干燥。在清洁时通常采用"二次擦"工艺进行清洁,即用带溶剂的布顺一方向擦拭后,用另一块干净的布在溶剂挥发前擦去未挥发的溶剂、松散物、尘埃、油渍和其他脏物,第二块布脏后应立即更换。清洁后已清洁的部分决不允许再与手或其他污染源接触,否则要重新清洁,特别是搬运、移动和粘贴双面胶条时一定要注意不得再污染。清洁后的基材要求必须在15~30min内进行注胶,否则要进行第二次清洁。在注胶室内使用具有挥发性的二甲苯、丙酮等有害溶剂清洁基层板面时,应随倒随盖,以免有害气体挥发、泄漏对人体造成不必要的伤害并产生大气污染。

7.6.6.4 注好胶的玻璃板块叠放时可采用架子或地面叠放,叠放时应符合以下要求:玻璃面积≤2m², 每垛堆放不得超过8块;玻璃面积≥2m²时,每垛不得超过6块。如果为真空玻璃时则数量减半。车间主管人员应在注胶室内进行巡检,监督操作工人,避免违规操作或叠放超量等,造成玻璃材料被压破,造成材料损坏,浪费资源。

7.6.6.5 注胶室应严禁烟火,并有明显的禁火标志,10m以内不得有易燃物。注胶现场应按专项环境施工技术措施要求配置足够数量的消防器材,避免意外起火时能及时扑灭,防止火灾烧坏物品造成大量废弃物遗弃、有害气体排放污染大气、污染土地、污染地下水。

7.6.6.6 注胶时的废胶、密封胶包装袋应集中堆放,按规定的要求进行处置。清洁玻璃板面时应注意使用有机溶剂,随用随盖,以免有机溶剂遗洒、挥发产生有毒有害气体污染大气和损害人们健康。

7.6.7 幕墙板块安装

7.6.7.1 玻璃幕墙板块安装:

(1) 安装前应检查校对钢结构的垂直度、标高、横梁的高度和水平度、避雷、保温、防锈处理等是否满足设计要求,特别要注意安装孔位的复查,以保证安装过程的各道工序能顺利进行并使质量符合设计要求,防止盲目施工造成材料浪费或引发质量、安全和环境事故。

(2) 全玻幕墙玻璃安装时必须用钢刷局部清洁钢槽表面及槽底的泥土、灰尘等杂物,点支承玻璃底部U形槽应装入氯丁橡胶垫块、对应于玻璃支承面宽度边缘左右1/4处各放置垫块,避免因安装不到位而造成材料浪费,延误工期,造成损失。

(3) 清理的泥土、灰尘、杂物和废弃的氯丁橡胶垫块等,应在完工时及时收集,分类存放。

7.6.7.2 金属板块安装:

安装前应将铁件或钢架、立柱、避雷、保温、防锈全部进行检查一遍,合格后再将相应规格的面材搬入就位,然后自上而下安装,防止盲目施工造成材料浪费或引发质量、安全和环境事故。为避免因安装的不到位而造成返工,造成材料的浪费,安装过程中应拉线随时注意调整板块面的平整度和板缝的水平、垂直度,用木板模块控制缝的宽度。

7.6.7.3 石材板块安装:

(1) 石材板块安装时应精心挑选板材,减少色差,符合整体设计要求。在石材板块安装前,应根据结构轴线核定结构外表面与干挂石材外露面之间的尺寸后,大建筑物大角处做出上下生根的金属丝垂线,并以此为据,根据建筑物宽度设置足以满足要求的垂线、水平线,确保龙骨架安装后处于同一平面上,以免石材安装误差过大造成返工,浪费材料。

(2) 石材幕墙上的滴水线、流水坡向应正确、顺直,避免因雨水而污染其他饰面,造成返工而浪费材料。

7.6.7.4 所使用的切割、电焊和吊装等设备应在每个施工作业班组作业完毕后进行设备的日常保养,保证设备经常处于完好状态,避免设备使用时意外漏油污染土地、污染地下水或加大噪声排放;发现设备有异常或存在问题时,应安排专人检查排除或送维修单位立即抢修,防止设备带病作业;使用时合理安排作业时间以减少噪声,并防止设备空转耗油。

7.6.7.5 碎玻璃、废胶、废铝合金条、石材废料、废弃云石胶、云石胶桶、废螺丝垫片等以及产生的金属材料粉尘不得随意遗弃,应在每一作日内分类清理,能回收再利用的应进行利用,不能利用的应分类放置在指定场所,由有资质单位统一处理。

7.6.7.6 切割石材、冲洗石屑用水应经两级沉淀达到排放标准后才能排出。

7.6.8 注耐候密封胶

7.6.8.1 注胶密封部位应进行清扫,必须保持干燥,采用甲苯对密封面进行清扫时特别注意不要让溶液散发到接缝以外的场所,清扫用纱布脏污后应常更换,以保证清扫效果,最后用干燥清洁的纱布将溶剂蒸发后的痕迹拭去,保持密封面的干燥。清洁用甲苯时,应使用防护用品并随取随用随盖,防止遗洒,避免因甲苯挥发造成对大气污染和人身体伤害。

7.6.8.2 为防止密封材料使用时污染装饰面等,施工时应贴好纸胶带;胶缝修整好后应及时清除纸胶带,并注意撕下的胶带纸不要污染板材表面,及时清理粘在施工表面上的胶痕。撕下的纸胶带不能随意丢弃,应集中收集堆放在指定的地点,进行统一处理。

7.6.8.3 注胶时应均匀、密实、饱满,注胶工人应经过专门培训考核合格后方可注胶,避免因注胶工人的操作不熟练造成材料的浪费。

7.6.8.4 石材幕墙注胶是在石材幕墙板块安装好后方可进行,安装石材板块应根据设计要求留缝,缝宽应根据设计要求,注胶前应先在石材缝边贴好美纹纸,避免注胶时胶液污染板面,在石材缝中填塞泡沫条,泡沫条的大小应比石材缝大,泡沫条小的话会造成密封胶的损耗,浪费密封胶。填塞泡沫条时应饱满,废弃的泡沫条头应集中收集,堆放在指定的地点进行集中处理。

7.6.8.5 施工现场应按专项环境施工技术措施要求配置足够数量的消防器材,现场应严禁烟火并在10m以内不得有易燃物,避免意外起火造成安全和环境事故。

7.6.8.6 沾有甲苯的废纱布、废胶、胶包装、废泡沫棒、废化学试剂、废美纹纸等废弃物应每一工作日完工后收集,放置在有毒有害废弃物指定场所,由有资质的单位统一处理。

7.6.9 表面清洁

7.6.9.1 清洁玻璃幕墙及金属幕墙时应先用浸泡过中性溶剂(5%的溶液)的湿纱布将污物等擦去,然后再用干纱布擦干净,禁止用酸性、碱性溶液进行清洗,禁止使用金属清扫工具,更不得使用粘有砂子、金属屑的工具进行板材表面的清洁,防止损坏幕墙。

7.6.9.2 使用丙酮清洁剂时应随用随盖,以防挥发;清洁用水应集中进行处理后方可排放;清洁完石材表面的清洁水应进行酸碱中和后方可排放。

7.6.9.3 废弃抹布、丙酮废清洁溶剂、丙酮包装盒、废化学试剂等不得随意丢弃,应在每工作完成后集中清理,统一按有害废弃物进行处置。

7.6.10 应急响应

7.6.10.1 防火控制规定

(1)制定用火、用电、使用易燃易爆材料等各项消防安全管理制度和操作规程,设置消防通道、消防水源,配备消防设施和灭火器材,并在施工现场入口处设置明显标志。

(2) 油漆、耐候硅酮密封胶、丙酮、化学试剂等易燃品应分库单独储存,10m 内不得有火源并设置禁火标识,库内严禁烟火;油漆、耐候硅酮密封胶、化学试剂等储存、使用,焊接过程应按《建筑物灭火器配备设计规范》确定的危险等级、火灾种类,配备足够数量有效的手推车式或手提式灭火器和消火栓。

(3) 注胶、油漆、焊接等作业场地应在通风良好的地方进行,附近10m范围内不得有易燃物品,动火应有审批,应按《建筑物灭火器配备设计规范》确定作业场地的危险等级、火灾种类,配备足够数量有效灭火器材。

(4) 组织义务消防队,每年演练一次,当发现火情处于初始阶段(1~3min)时,组织义务消防队和有关人员及时灭火,控制火情,防止火蔓延发生火灾污染环境。

7.6.10.2 危险化学品作业中应急准备情况控制规定

注胶、油漆、焊接等产生有毒、刺激性或腐蚀性气体、液体或粉尘施工过程中,工作场地应通风良好,作业人员必须戴口罩、护目镜等防护用品,防止人员中毒或伤害,液质材料应随用随盖,以防挥发;搬运和使用过程应轻拿轻放,以防遗洒。

7.7 监测要求

7.7.1 对材料管理所涉及的环境关键特性检测规定

7.7.1.1 铝型材、玻璃、石材、幕墙用金属板块、钢构件、配件、油漆、保温材料、辅助用料进场时,对质量、环境要求检测1次,不合格不准进场、不准使用,避免材料对环境的污染。

7.7.1.2 油漆、密封胶、化学试剂、氧气、乙炔等易燃易爆品储存条件、安全距离、堆放高度、堆放情况,防火、防潮条件,禁火标识等每天检查一次,发现异常情况时,采取针对措施纠正,避免发生火灾对环境的污染。

7.7.2 对人员管理所涉及的环境关键特性检测规定

7.7.2.1 对架子工、起重工、焊工、油漆工、注胶工等人员的岗位操作证或培训资料(包括环境措施交底内容)每次作业前检测1次,发现人员不适应采取措施纠正,避免因人员素质、能力不具备发生安全和环境事故。

7.7.2.2 对油漆、注胶、焊接等施工作业人员的防护用品,每次作业前检测1次,发现不足应采取措施纠正,避免保护用品不到位,伤害人员造成对环境的污染。

7.7.3 对钢骨架检测的规定

7.7.3.1 每批钢骨架下料时均应对其加工或制作方式、操作程序、所用设备等检查1次;每批作业时应对噪声排放等检测1次;如发现不适应或超标,应停止加工制作,采取更换设备或增加隔声材料厚度、更换隔声材料、改变作业方法或采取措施纠正措施,避免或减少噪声污染。

7.7.3.2 每批铝合金型材、金属面板、玻璃、石材下料前应核对一次下料数据,下料后应对废物处置等检查1次;每批作业应对下料方式、操作程序、尘屑,废物回收、处置等检查1次。

7.7.4 对注胶、油漆施工检测的规定

每批注胶、油漆施工前,应对喷漆装置、油漆和密封胶储存,废油漆、废弃胶及其包装

物遗弃等检查1次;每批施工时应对注胶、油漆等施工方式,操作程序,遗洒、挥发和废油漆、废弃胶及其包装物遗弃等处置检查1次,确保分类回收,收集一个运输单位后交有资质单位处理。

7.7.5 下料和冲压钻孔检测的规定

应安排专人每周对车间的封闭情况进行检查,并用噪声测试仪对噪声进行监测一次,发现噪声超标时应停止作业,采取更换设备、增加隔声材料厚度、更换隔声材料或改变作业方法等纠正措施,并应错开居民休息时间作业。每个工作日应安排专人将废弃物分类存放在指定的地点,可回收的物品应交有资质的部门进行回收处置。

7.7.6 龙骨安装、防火避雷安装检测的规定

项目环境管理员应检查施工时机是否合理,噪声是否扰民,作业人员是否正确使用个人防护用品,有否违章作业现象,电焊作业是否设置接火斗等。每班作业完毕,作业人员应对现场遗留报废螺丝铁件、焊条头、焊渣进行收集、清扫、分类存放在指定地点。

7.7.7 玻璃板块安装检测的规定

项目环境管理员应每天检查作业人员的按规范施工和个人防护用品使用情况,避免因操作、防护不当造成质量、安全和环境事故;作业过程中如有玻璃损坏应及时清扫收集,分类存放。

7.7.8 加工金属板块检测的规定

应安排专人每周对车间的封闭情况进行检查,并用噪声测试仪对噪声进行监测一次,发现噪声超标时应停止作业,采取更换设备、增加隔声材料厚度、更换隔声材料或改变作业方法等纠正措施,并应错开居民休息时间作业。每个工作日应安排专人将加工产生的料渣、外包装废弃物应分类存放。

7.7.9 在清洁、注结构硅酮密封胶检测的规定

作业前应对作业现场严禁烟火,化学试剂及10m内是否有易燃品等检查一次,严防火灾的发生;施工作业环境的温度、湿度要达到要求,作业人员应做好个人防护,每日检查对废胶、胶包装、抹布的收集处理情况。

7.7.10 表面清洁检测的规定

每周对清洁后产生的污水处理情况进行检查,用化学试剂时每日要对防火措施进行检查。酸性废液须经过中和稀释沉淀后排放,每次排放前均应进行酸碱度的测试,避免未经处理的污水直接排放,对自然环境的水资源造成污染。

7.7.11 意外和突发事件控制检测的规定

项目环境管理员应及时对注胶、焊接、吊装、大风大雨等恶劣天气、临时停电或可能出现质量、安全和环境事故所需要的应急物资、设施和人员以及应急方案、应急演练、应急培训等进行随时检查,发现问题及时采取纠正措施。

8 装饰涂料、刷浆施工

8.1 工艺流程

8.1.1 外墙涂料工艺流程

基层处理→刮第一遍腻子、抹光→刮第二遍腻子、抹光→干性油打底→第一遍涂料、

磨光→第二遍涂料、磨光→第三遍涂料、磨光→第四遍涂料。

8.1.2 内墙涂料工艺流程

基层处理→刮第一遍腻子、磨平→干性油打底→第一遍涂料、磨平→第二遍涂料、磨光→第三遍涂料、磨平→第四遍涂料。

8.1.3 顶棚涂料工艺流程

基层处理→刮第一遍腻子、磨平→干性油打底→封底涂料、滚压→第二遍涂料→罩面涂料。

8.1.4 刷浆工艺流程

基层处理→刮腻子→磨平→乳胶水溶液润湿→第一遍刷浆→第二遍刷浆。

8.2 环境因素(表16-12)

表16-12

序号	环境因素	环境因素产生的原因
1	扬尘	袋装水泥、滑石粉、石灰、大白粉堆放、散装水泥装罐、散装水泥装小车运输、散装水泥上料、袋装水泥上料剔凿墙面、清理现场建筑垃圾、砂子堆放、淋石灰作业、筛砂作业、搅拌作业、施工道路未硬化
2	噪声	搅拌机、搅拌机带病作业、架子搭设、凿墙面、敲打搅拌机料斗、施工人员大声喧哗
3	水污染	搅拌机、灰槽、容器等清洗污水
4	固体废弃物污染	水泥块、废弃腻子、砂浆、涂料、喷浆料、108胶、大白粉、氯化钠、剔凿的建筑垃圾
5	油品泄漏	空压机、喷涂机等机械漏油
6	光污染	夜间施工照明
7	有害气体	油棉纱焚烧、火灾、胶挥发气味、有害气体
8	遗洒	水泥运输、砂浆运输、腻子膏运输
9	紧急情况产生的环境因素	突然停水、停电造成砂浆废弃、突然刮大风产生扬尘、大雨冲刷墙面造成涂料污染墙面

8.3 材料要求

8.3.1 材料应选用环境污染成分排放达标的涂料或浆料;混凝土和抹灰层涂刷溶剂型涂料的含水率不得大于8%,刷水性涂料和乳液涂料的含水率不得大于10%,避免含水率过大造成喷浆起层、下坠;涂料或浆料在使用前应搅拌均匀,并应在规定的时间内用完,预防浆料或涂料凝结浪费。

8.3.2 涂料或浆料的品种和要求应符合设计要求,并有产品性能检测报告和产品合格证书,所用腻子的粘结强度应符合国家标准,避免环境参数限制量超标或料不合格污染环境。

8.3.3 选用涂料的颜色应完全一致,发现颜色有深浅时,应分别堆放、储存和标识,并分别使用,防止混用造成色差过大返工。

8.3.4 进场的涂料、乳胶、108胶等应做好保质期要求的标识,做到先进先出,防止涂料或浆料过期未使用造成浪费。

8.3.5 乳胶漆应存放在0℃以上的室内,严禁烟火,防止失效或意外发生火灾,污染环境;同一工程所需涂料应为同一批号的产品,并一次配齐,避免批号不同造成色差。

8.4 人员要求

8.4.1 架子工、油漆工、机械操作工等特殊工种作业人员必须取得相应级别的岗位上岗证,按考核合格后的项目、权限和相应的国家与地方规范、操作规程,从事与所持证书规定范围内工作,避免因人员素质能力不能满足要求而发生噪声超标、扬尘、遗洒、废弃物、废水排放污染环境。

8.4.2 每项作业活动操作前项目部应组织对架子工、油漆工、机械操作工、清洗人员对该项作业活动所涉及的噪声、粉尘、遗洒、废水排放、固体废弃物遗弃等重要环境因素的控制措施、环境操作基本要求、环境检测的关键特性,以及火灾、突发事件中的应急响应的注意事项进行专项环境交底或综合交底包括以上环境方面的内容,避免因作业人员的不掌握环境方面的基本要求造成噪声超标、扬尘、遗洒、废弃物、废水排放污染环境。

8.5 设备要求

8.5.1 应根据施工组织设计或专项施工方案的要求,选择满足施工要求、噪声低、能耗低的施工所需的空压机、喷涂设备、喷浆机等机械设备。施工现场的防护用具、机械设备、施工机具及配件必须由专人管理,定期进行检查、维修和保养,建立相应的资料档案,并按照国家有关规定及时报废,避免因设备选择不合理或使用不当造成噪声超标,漏油污染土地,废弃物污染现场、污染地下水,加大水、电、油和资源消耗。

8.5.2 机械设备的保养与维护

8.5.2.1 施工单位采购、租赁的安全防护用具、机械设备、施工机具及配件,应当具有生产(制造)许可证、产品合格证,并在进入施工现场前进行查验。需送至有关技术检测中心检测的机具应送去检测,以保证安全和环境性能,并控制或降低噪声、减少漏油及使用过程中的各种废弃物污染。

8.5.2.2 机械设备应在每个施工作业班组作业完毕后进行设备的日常保养,保证设备经常处于完好状态,避免设备使用时意外漏油污染土地、污染地下水或加大噪声污染。

8.5.2.3 发现设备有异常或存在问题时,应安排专人检查排除或送维修单位立即抢修,防止设备带病作业,加大能源消耗和噪声超标,浪费燃料或漏油污染土地、污染地下水。

8.5.3 设施的要求

8.5.3.1 设备接油盘宜采用厚度0.5~1mm铁皮,油盘大小不宜小于机械设备的水平投影面积,防止漏油污染土地、污染地下水。

8.5.3.2 材料仓库、搅拌站、沉淀池等的临时设施建设与使用,按临时设施建设与使用所涉及的环境控制措施实施,防止噪声超标,扬尘、废水污染。

8.6 过程控制要求

8.6.1 基层处理

8.6.1.1 基层表面必须坚固、无疏松、脱皮、粉化等现象,基层表面的泥土、灰尘、油污、油漆、广告等脏物,空鼓、疏松的砂浆必须清除干净,防止涂料或浆料粘结力下降。

8.6.1.2 混凝土及水泥砂浆基层应满刮腻子,纸面石膏板基层应按设计要求对板缝、钉眼进行处理后满刮腻子,孔洞用108胶和水泥调和成的腻子进行修补,避免基层处理不好,造成返工;刮腻子时,应下垫塑料布,防止腻子遗洒污染;满刮腻子后,应用砂子打光,打磨时应关窗,防止扬尘。

8.6.1.3 对混凝土施工缝等表面不平整或高低不平的部位,应使用聚合物水泥砂浆进行基层处理,其每遍抹灰厚度不大于9mm,总厚度不超过25mm,避免抹灰过厚产生裂缝造成喷涂面、刷浆面开裂、脱皮、浪费砂浆及涂料、浆料。

8.6.1.4 砂浆拌制应在封闭的搅拌站进行,以减少噪声污染;砂浆在拌制过程中,应随拌随用,保证计量准确,避免配合比不正确造成返工,浪费水电和其他资源,或拌制过多,砂浆初凝未使用,造成砂浆废弃;砂浆拌制时,四级风以上天气禁止作业,预防扬尘污染环境;拌砂浆倒水泥时,水泥袋应放在集料斗内打开水泥袋,并轻轻抖水泥袋,将水泥抖进后再移开,防止扬尘和水泥遗洒污染土地。

8.6.1.5 砂浆搅拌而产生的污水应设置沉淀池,必须经过沉淀的水才可排放到指定的地点,也可利用回收水洒水降尘;废弃的水泥袋或沉淀池清掏的废物应回收,储存在废弃物堆放场,集中一个运输单位后,交当地环卫部门清运处理,清运时,应使用密封车,防止垃圾遗洒污染土地;砂浆运输车装砂浆时,应低于车帮10~15cm,避免砂浆运输时遗洒污染地面;工地的砂浆必须放在灰槽或容器内,严禁倒在预制板、现浇板上、土地上,以免污染环境,并影响砂浆质量导致返工。

8.6.1.6 清除的泥土、灰尘、油污、油漆、广告等脏物,空鼓、疏松、报废的砂浆,应统一回收装袋,收集一个运输单位后,交有资质的单位或环卫部门处理,防止乱扔污染土地;运输采用封闭的运输工具,装车高度低于槽帮10~15cm,出场前应对车轮清扫干净,防止运输污染路面。

8.6.2 刮腻子

8.6.2.1 大白腻子、大白水泥腻子、内墙涂料腻子、水泥腻子等按设计要求规定的配合比或按施工验收规范规定的配比配制,避免配合比不当造成腻子刮后脱落,产生废弃物,浪费材料;腻子调配应在专门的容器内进行,大白粉、化石粉、水泥等易飞扬的材料应放入容器内再开袋轻轻抖动,防止扬尘、污染地面;腻子拌和应均匀,按需用量随拌随用,防止剩余和初凝失效产生浪费。

8.6.2.2 拌和好的腻子应用装入灰槽,低于槽帮10cm,防止运输遗洒;清洗灰槽及容器的水应排入沉淀池,经两级沉淀后再排入市政管网;在风景区和饮水区施工时,废水排放应达到国家一级或二级排放标准,并经当地环保部门检测确认达标后才准排放;如不能达标,应装入专用的废水容器内拉到附近污水处理厂处理,以减少污水排放对土地和地下水的污染。

8.6.2.3 刮腻子时,应使用胶皮刮板,刮时要一板排一板,两板中间顺一板,做到薄厚均匀,减少打磨量,节省工时;腻子干固后用砂纸打磨,打磨时地面洒水湿润,门窗应关闭以防粉尘外泄;操作工人应穿长袖衫,戴好手套及口罩避免粉尘侵害。

8.6.2.4 打磨应洒水湿润,防止扬尘、污染地面;湿润的腻子粉统一回收装袋,收集一个运输单位后,交环卫部门处理,防止乱扔污染土地;运输采用封闭的运输工具,装车高度低于槽帮 10~15cm,出场前应对车轮清扫干净,防止运输污染路面。

8.6.3 喷涂、刷浆的总要求

8.6.3.1 涂料、浆料使用前必须应在专门的容器内拌和,大白粉、滑石粉、水泥等易飞扬的材料应放入容器内再开袋轻轻抖动,防止扬尘、污染地面;涂料、浆料应按设计要求规定的配合比或按施工验收规范规定的配比配制,拌和均匀,按需用量随拌随用,防止剩余和初凝失效产生浪费;经过充分搅拌,其工作黏度和稠度应保证湿涂时不流淌不显湿纹,使用过程中,需不断搅拌,并不得任意加水或其他溶液稀释,预防施工质量不合格造成返工。

8.6.3.2 脚手架搭设时,应按安全操作规程搭设,满足施工要求安全可靠,避免脚手架搭设不合格,造成架子坍塌,损坏墙面,造成污染;搭拆脚手架传递管子和扣件时,严禁抛扔,防止落地噪声污染;管卡应装袋捆扎牢固,防止扣件洒落机油污染土地。

8.6.3.3 涂料、浆料放在脚手架跳板或马凳上时,应放置平稳牢固,避免倾翻污染地面;马凳移动时,应将涂料、浆料桶放到地上后再移动,避免移动时遗洒或倾倒,污染地面。

8.6.3.4 任何一种水性外墙涂料施工中都不准随意掺水或随意掺加颜料或夜间灯光下施工,预防掺水后涂层易掉粉或有色差,污染环境。

8.6.3.5 墙面喷涂、刷浆时,一般应由上而下分段进行,分段的部位宜选择在门窗、拐角、水落管、接缝、雨棚处,避免顺序颠倒造成对已喷涂或刷浆墙面的污染,增加清洗用工;施工中,对不需涂刷的部位应用不粘胶或塑料布遮挡严密,防止污染浪费资源,对保护不当造成污染的部位,应在未干前及时擦抹干净,避免干后很难擦去,影响美观。

8.6.3.6 涂刷前,应按施工要求作出喷涂间样板,并经验收合格后再大面积施工,避免标准不统一造成色差;施工所用的一切机具、用具必须事先洗净,不得将灰尘、油污等杂质带入涂料中,施工完毕或间歇时,机具、用具应及时洗净,以备后用,避免污染涂料、浆料。

8.6.3.7 水性外墙涂料、浆料在下雨、四级以上风力、施工气温低于涂料、浆料的最低成膜温度时,不得施工,避免涂料、浆料被冲坏、冻坏或被污染。

8.6.3.8 女儿墙、卫生间、盥洗间应在室内墙根处做防水封闭层,避免涂层起粉、发花、鼓泡或被污染严重影响装饰效果。

8.6.4 涂刷

8.6.4.1 涂刷方向和行程长短应一致,如涂料干燥快,应轻沾短刷,下垫塑料布,防止遗洒污染地面。

8.6.4.2 涂刷接槎处宜放在分隔处,涂刷层次一般不少于两遍,在前一遍涂层表干后才能进行后一遍喷刷,前后两次喷刷的相隔时间通常不少于 2~4h,避免表面未干又涂刷第二遍导致粘结力不强,造成返工。

8.6.5 喷涂

8.6.5.1 喷涂料稠度必须适中,空气压力在 $0.4~0.8N/mm^2$,避免压力过低或过高,造成色差,加大涂料消耗;空压机放在接油盘上,防止遗洒污染土地。

8.6.5.2 喷射的距离一般为40~60cm,避免喷嘴离被涂墙面过近喷层厚度难控制,导致过厚挂流,喷涂距离过远,则涂料消耗多,浪费资源;喷涂时,喷嘴中心线必须与墙面垂直,喷枪应与被喷涂墙面平行移动,喷涂作业一气呵成,暂停喷射时应停留在分隔缝处,避免产生色差浪费材料。

8.6.5.3 室内喷涂应先喷涂顶后喷墙两遍成活,间隔时间约2h;外墙喷涂一般为两遍,较好的饰面一般为三遍,避免喷涂顺序颠倒污染墙面或遍数不够影响美观。

8.6.5.4 罩面喷涂时,喷涂离脚手架10~20cm处往下应另行喷涂,避免彩喷时不能满足施工要求造成返工;喷涂厚度2~3mm,压力0.6~0.8MPa,与墙面保持垂直距离为50cm,每行应重叠1/3~1/2,避免过厚起壳开裂浪费资源或过薄影响美观,延误交工。

8.6.6 滚涂

8.6.6.1 滚涂施工应根据涂料的品种、要求的花饰确定辊子的种类,避免辊子选择不当不能满足花饰要求。

8.6.6.2 施工时,在辊子上蘸适量涂料,避免遗洒污染地面;在被滚墙面上轻缓平稳的来回滚动,直上直下避免歪扭蛇形,造成涂层厚度、色泽、质感不一致。

8.6.7 弹涂

8.6.7.1 弹涂饰面施工时,应根据事先设计的样板上的色泽、涂层、表面形状的要求进行,避免产生色差;基层表面先刷1~2层涂料,待底色涂层干燥后才能进行弹涂,门窗等不必进行弹涂的部位应用不粘胶或塑料布遮挡,防止污染。

8.6.7.2 弹涂时,手提彩弹机应先调整或控制好浆门、浆量、弹棒,然后开动电机,使机口垂直对准墙面,保持30~40cm的距离,按一定手势和速度至上而下、从左向右循序渐进弹涂,避免厚度不均匀,接头明显,影响美观。

8.6.7.3 对于压花形彩弹,在彩弹以后应有一人进行批刮压花,压花操作应用力均匀,运动速度适当,方向竖直不偏斜,刮板和墙面的角度宜在15°~30°之间,要单方向批刮,不能往复操作,避免操作程序不当达不到彩弹效果;每批刮一次,刮板需用棉纱擦抹,预防刮板不干净影响彩弹效果;彩弹不得间隔,以防花纹模糊;大面积弹涂后出现不均匀点,应采用补弹或笔绘进行修补并保证涂料颜色一致。

8.6.8 复层涂料涂饰

8.6.8.1 底层涂料可采用喷、滚、刷任意一种方法,主涂层应用喷斗喷涂,喷涂花点的大小、疏密应符合工艺要求;花点需压平时,则应在喷涂后7~10min用塑料或橡胶辊蘸汽油或二甲苯压平,避免压平不到位造成返工;汽油使用后应对容器进行密封,以免挥发浪费;使用二甲苯时应下垫塑料布,预防遗洒污染地面;使用后应拧紧瓶盖,交专人入库保管以防丢失和误用,造成中毒事故。

8.6.8.2 主涂层干燥后即可采用喷、滚、刷方法涂刷面层材料,干燥12h后,洒水养护24h,再干燥12h后,才能涂刷罩面涂料,面层涂料一般涂两遍,其间隔时间2h左右,避免喷涂干燥或养护不到位造成不美观或干裂;养护洒水应用中性水,以减少水资源的消耗;洒水一次不宜过多,避免流淌污染地面。

8.6.9 乳胶漆喷涂

将表面的蜂窝、麻面、裂缝用腻子嵌平,用砂纸将表面磨平,然后涂刷一遍乳液,以增强涂料的粘结力;刷第一遍乳胶漆应均匀,厚度适中,第二遍间隔 0.5~1.0h 后涂刷,气温应在 10℃以上,避免涂刷过程不当,造成返工;涂刷时,一次不宜沾得过多(不流淌),避免遗洒污染地面。

8.6.10 刷浆

8.6.10.1 现场配置的刷浆染料,必须掺用胶粘剂,用于室外的石灰浆,必须掺用干性油和食盐或明矾,其掺量符合施工工艺要求,避免掺量过大、过小或掺错材料,导致浆膜脱落;刷浆的基层表面应当干燥,局部湿度过大时,采用烘干吹风机烘干后才能涂刷,避免湿度过大造成粘结力不强。

8.6.10.2 一般刷浆应采用排笔、点刷、圆刷进行涂刷,喷涂采用手压式喷浆机、电动喷浆机进行喷涂;手工涂刷时,浆液的稠度应小些,机械喷涂时稠度应大些,做到涂刷时不流坠,不显刷纹,不透底;每个房间要一次涂刷完,最后一遍涂刷或喷涂在交工前进行,避免喷涂时间过早,被污染造成返工。

8.6.11 应急准备和响应

8.6.11.1 室外喷涂或刷浆时,如遇大风大雨等恶劣天气,应停止喷涂或刷浆作业,并事前准备好防雨的篷布覆盖涂料和浆料桶,避免涂料和浆料被雨淋报废。有条件时,用塑料布遮盖已喷涂的墙面,加强对已喷墙面的保护。

8.6.11.2 喷涂料、108 胶、汽油等堆放场地或库房,涂料拌制现场应在通风良好的地方进行,附近 10m 范围内不得有易燃物品;动火有审批;并按《建筑物灭火器配备设计规范》确定作业场地的危险等级、火灾种类,配备足够数量有效的手推车式或手提式灭火器;一个计算单元不少于 2 具、不宜多于 5 具;明确疏散路线,救护联络方式,组织义务消防队,每年演练一次;避免应急策划或准备不到位,不能够控制火情,延误救火产生环境污染。

8.6.11.3 当发现火情处于初始阶段(1~3min)时,组织义务消防队和有关人员及时灭火,控制火情,防止火蔓延发生火灾,污染环境;出现火情不能控制时立即向 119 报警,同时组织人员疏散,转移必要的财产,配合消防队员救火,减少火灾引发爆炸事故,加大对环境的污染。

8.7 监测标准要求

8.7.1 实施前监测

8.7.1.1 实施前应对进场材料的环境指标检查或检测 1 次,不合格不准使用;对机械设备是否完好,是否带病作业检查 1 次。

8.7.1.2 对搅拌站是否按规定封闭,是否设有两级沉淀池,沉淀池是否设溢流水管检查 1 次。

8.7.1.3 对应急准备计划要求准备的物品、器材是否到位,对防火的安全距离、灭火器材的数量、种类、堆放位置、演练情况等每月检查 1 次。

8.7.2 实施过程中监测

8.7.2.1 墙面剔凿时,应随时检查是否洒水湿润,洒水是否流淌,目测 3m 范围内无扬尘。

8.7.2.2 每天应对机械设备维修保养情况(不泄漏、噪声不超标)巡视 1 次,每周检查1次。

8.7.2.3 施工现场噪声控制按《建筑施工场界噪声测量方法》GB 12524—90 要求对噪声排放(小于75dB)每天监听一次,每月监测一次。

8.7.2.4 清洗搅拌机的水排放是否经过两级沉淀池沉淀后才排放,沉淀后是否为清水,是否有溢流等每天监看一次,每月监测一次,是否按期清掏沉淀池每周检查一次;对在饮用水源处、风景区内施工时,对污水排放中 BOD_5、SS、pH 等必测项目应由环保部门检查达到国家一级或二级排放标准后,方可排出。

8.7.2.5 涂料、浆料的遗洒每天监看一次。

8.7.3 实施后监测

8.7.3.1 检查固体废弃物是否分类存放,堆放场是否封闭(不渗漏、不遗洒),地面是否硬化,废弃物是否由有关单位清运处理。

8.7.3.2 应对机械设备是否清理干净,是否按期进行维修保养(不泄漏、噪声不超标)检查1次。

8.7.3.3 沉淀池清掏每周一次,清掏的废弃物是否分类堆放,是否交当地环保部门清运处理。

第 17 章　保温隔热工程

0　一般规定

0.1　保温隔热工程主要包括建筑围护结构节能和采暖供热系统节能，应由有经资质审查合格的专业队伍进行施工，作业人员应持有当地建设行政主管部门颁发的上岗证，确保操作人员的素质、能力符合要求。

0.2　保温层应选用表观密度小、导热系数小、吸水率低的保温材料，尤其在整体封闭式保温层和倒置式屋面必须选用吸水率低的保温材料，避免选择不适合的材料影响节能与保温隔热效果，增大能源消耗或引起返工、返修。

0.3　施工前应进行图纸会审，掌握设计要求，并制定施工组织设计、专项施工方案；除确保具有质量的技术措施外，还应进行环境因素的识别，有详细的环境保证的技术措施和方案，并经审批后实施。

0.4　施工组织设计、专项施工方案及其他环境控制措施应由责任人员进行教育、交底，确保施工人员掌握施工过程的环境因素及控制要求。

0.5　应建立各道工序的自检、交接检和专职人员检查的"三检"制度，保存完整的检查记录。每道工序完成应经监理单位(或建设单位)检查验收，合格后方可进行下道工序的施工，并要合理安排施工顺序，避免施工顺序颠倒造成费时或返工，加大油、电和材料的消耗，增加对环境的污染。

0.6　采用的保温隔热材料应有产品合格证书和性能检测报告，材料的品种、规格、性能等应符合现行国家产品标准和设计要求。进场时应对品种、规格、外观及其质量、环境、安全性能验收文件等进行检查验收。

0.7　伸出墙面、屋面的管道、设备或预埋件等应在建筑节能与保温隔热工程施工前安设完毕，避免事后凿孔打洞或重物冲击，形成噪声、扬尘或引起返工等环境问题。

0.8　保温层严禁在雨天、雪天和五级风及其以上施工，避免产生后果严重的环境事故。

1　增强石膏聚苯复合保温板外墙内保温施工

1.1　作业流程
施工准备→结构墙面清理→做塌饼→粘贴防水保温踢脚板→粘贴、安装保温板→抹门窗口护角→保温墙面刮腻子。

1.2　环境因素
1.2.1　聚苯乙烯保温板、聚合物乳液、胶粘剂储存、使用时有毒有害气体的排放，聚合物乳液、胶粘剂意外遗洒、泄漏、着火造成大气污染。

1.2.2　清理结构墙面，剔除凸出墙面砂浆、混凝土块时粉尘和噪声的排放，废弃物的遗洒;清洗墙面时水资源的消耗及废水的排放。

1.2.3 拌和做塌饼用的水泥砂浆时遗洒及粉尘的排放、清理废水的排放,施工塌饼时砂浆的遗洒及余料的浪费。

1.2.4 粘贴防水保温踢脚板、贴玻纤布、安装保温板时胶粘剂的意外遗洒、泄漏、着火造成大气污染;保温板、玻纤布废弃余料占用场地。

1.2.5 安装保温板时需锯刨保温板时噪声、粉尘的排放,不正确使用撬棍等工具产生噪声,保温板废弃余料对土地的占用。

1.2.6 拌和抹门窗口护角用的聚合物水泥砂浆时遗洒及粉尘的排放、清理废水的排放;聚合物乳液意外遗洒、泄漏、着火造成大气污染;抹灰时砂浆的遗洒及余料的浪费。

1.2.7 保温墙面刮石膏腻子时遗洒,拌和腻子时石膏粉尘排放、清理废水的排放;余料浪费。

1.2.8 水电专业安装管线和设备埋件时电钻噪声及电能消耗;钻孔作业时的石膏和保温板粉尘的排放。

1.2.9 可能的应急和突发事件产生的环境因素:液质易燃或有毒材料意外遗洒、泄漏、着火,临时停电或用电设备发生意外事故产生废气、废弃物污染大气、土地和水体。

1.3 人员要求

1.3.1 从事保温隔热工程施工单位应取得相应的"保温隔热工程施工资质证书",以免因不具备相应施工能力而发生质量、环境和安全问题。

1.3.2 保温工、抹灰工、水工、电工等作业人员应取得相应级别的岗位操作证,按考核合格后的项目、权限和相应的国家与地方规范及操作规程,从事与所持证书规定范围内相符的工作,以免因人员素质、能力不能满足要求而发生保温墙"漏风"、"冷桥"现象,降低保温隔热性能浪费电能,或返工浪费产生大量废弃物。

1.3.3 施工前应对作业人员进行作业流程环境交底,如聚合物乳液、胶粘剂储存、使用中有毒有害气体的排放,聚合物乳液、胶粘剂意外遗洒、泄漏、着火,以及清理结构墙面、安装保温板等产生的噪声、扬尘和污水排放等重要环境因素及其控制措施,使其熟练掌握环境检测的关键参数、应急响应中的注意事项和环境因素及其控制要求,避免操作不当造成噪声、扬尘、废弃物、废水、有毒有害气体的排放或出现意外的影响现场的环境事故。

1.3.4 接触胶粘剂人员施工前应接受"有毒有害气体的排放、有毒有害废弃物的排放"的环境控制培训,防止操作不当产生安全、环境事故。

1.4 材料要求

1.4.1 增强石膏聚苯复合保温板外墙内保温施工所用的聚苯乙烯保温板、玻纤涂塑网格布、石膏粉、聚合物乳液、水泥等材料进场时应对品种、规格、外观、质量、安全或环境验收文件等进行检查验收,以免使用不合格材料导致质量、安全和环境问题。

1.4.2 聚苯板、网格布等保管应防雨、通风,露天存放时必须加苫盖,以免受潮变质影响保温性能造成浪费。

1.4.3 聚苯乙烯保温板库房应在 10m 以内严禁火源,并有禁火标志,以防火灾引发安全和环境事故。

1.4.4 石膏粉应使用容器存放于室内,防止被风吹洒产生扬尘;石膏胶粘剂应事先计算调制量,以防调制过多形成浪费;调制好的应立即使用,控制使用时间为 0.5~1.0h,防止凝结浪费。

1.4.5 聚合物砂浆用水泥、砂子的环境因素按砌筑工程的一般要求进行控制。

1.5 设备要求

1.5.1 应根据施工组织设计或专项施工方案的要求,合理选择满足施工需要、噪声低、能耗低的木工手锯、木工手刨等设备或器具,避免设备使用时噪声超标,加大水、电、油和资源消耗。

1.5.2 每天使用的工具应清扫擦洗干净,有毒有害的清理废水、废液或废弃物应集中处理;无毒无害的废水应排入沉淀池内。清理时应轻拍轻擦或进行湿洗,防止扬尘和噪声。清理过程产生的无毒、无害废弃物和损坏的工具不得随意废弃,应按"可回收废弃物"、"不可回收废弃物"分类回收,储存在废弃物堆放场,集足一个运输单位后,交当地环卫部门清运处理。清运时应使用密封车,防止遗洒。

1.5.3 水电专业安装管线和预埋使用的电钻应选用噪声低、能耗低的品种,以免使用时噪声超标或加大电能消耗。电钻使用中应加强维修保养,以免使用时漏油;作业人员应佩戴防尘口罩,防止扬尘。

1.5.4 聚苯板、网格布仓库要应防雨、通风并有防火标志,操作时要严禁吸烟,一个计算单元要配备不少于 2 具、不多于 5 具的手提式灭火器,10m 以内严禁火源,避免发生火灾造成污染并危及人身安全。

1.6 过程控制要求

1.6.1 施工准备

1.6.1.1 施工前应验收屋面防水层及结构工程,确认外墙门窗口安装完毕,水暖及装饰工程分别需用的管卡、挂钩和窗帘杆固定件等埋件宜留出位置或埋设完毕,电气工程的暗管线、接线盒等埋设完毕,并完成暗管线的穿带线工作,防止事后凿打、修补保温墙影响保温效果,产生扬尘、噪声或资源浪费等环境问题。

1.6.1.2 施工作业点环境温度不低于5℃,以防聚合物水泥砂浆、石膏胶粘剂、石膏腻子等强度增长不能满足设计和施工要求影响保温墙施工质量,造成返工而浪费材料。需在低于5℃以下施工时应采取相应措施(如加入外加剂、有保温措施等),防止因质量问题造成返工而浪费材料。

1.6.1.3 在 2 级以上风力进行聚合物水泥砂浆、石膏胶粘剂、石膏腻子拌和时应根据现场实际采取围挡措施,以防产生扬尘;5 级以上大风禁止施工,避免产生大气污染问题。

1.6.2 结构墙面清理控制要求

1.6.2.1 清理结构墙面前,墙面应适当洒水,以免产生粉尘;洒水宜用喷射法进行,并以适度而不流淌为宜,从而节约用水并不产生废水。

1.6.2.2 清理、剔除凸出墙面的砂浆、混凝土块时,操作工人可适当洒水并佩戴防尘口罩、风镜,防止粉尘;清理、凿打时应尽可能避开施工高峰,轻刮轻敲,并不可随意抛、扔凿子、手锤等工具,以减轻噪声;大面积或集中进行清理作业时,可适当洒水并根据现场实际采取围挡措施,以防产生扬尘。

1.6.2.3 剔除的砂浆、混凝土块应装入编织袋,或其他适当容器运至现场垃圾存放点,做到工完场清。废弃物集足一个运输单位后,交当地环卫部门清运处理;清运时应使用密封车,防止遗洒。

1.6.3 做塌饼控制要求

1.6.3.1 做塌饼用的水泥砂浆量少,应采用人工搅拌的办法,不宜采用机械搅拌,以减少机械清洗产生的废弃物和废水排放;人工搅拌时应在硬地面上进行,干料拌和时应动作轻缓,有风时应进行围挡,避免扬尘污染大气。

1.6.3.2 拌和水泥砂浆应计算拌合量,不能一次拌和过多形成浪费,应随即使用,以免初凝未使用造成浪费。

1.6.3.3 施工塌饼时落地灰应及时回收利用,避免浪费材料;报废的砂浆应及时回收装入编织袋,或用其他适当容器运至现场垃圾存放点,做到工完场清;废弃物集足一个运输单位后,交当地环卫部门清运处理,清运时应使用密封车,防止遗洒。

1.6.4 粘贴防水保温踢脚板控制要求

1.6.4.1 石膏胶粘剂调制应计算调制量,不能调制过多造成浪费;调制好的胶粘剂控制使用时间 0.5~1.0h,防止凝结不用造成浪费。

1.6.4.2 粘贴防水保温踢脚板时操作工人应佩戴密封口罩,以防胶粘剂气体影响身体健康;胶粘剂应轻拿轻放,随用随盖,以防遗洒、挥发。粘贴时应使用橡皮锤贴紧敲实,以免损坏保温板造成返工、修补。

1.6.4.3 施工中遗洒废弃的石膏胶粘剂、废容器、废手套等应随时清理干净,运至现场垃圾存放点分类存放,做到工完场清;废弃物集足一个运输单位后,交当地有资质的环卫部门清运处理,清运时应使用密封车,防止遗洒。

1.6.4.4 施工地点在 10m 以内严禁火源,并有禁火标志,操作人员禁止吸烟,以防保温板着火引发严重的环境事故。

1.6.5 粘贴安装保温板

1.6.5.1 保温板的搬运应小心轻巧以防损坏;已经损坏的应及时修补,以免影响保温效果而造成不必要的浪费。

1.6.5.2 安装保温板前应准确弹出保温板位置线,尽可能减少木工手锯、木工手刨使用频率以防噪声和锯(刨)屑;手锯、手刨应事先在封闭地点进行,手锯、手刨使用速度也不宜过快,以减少聚苯乙烯保温板粉尘、噪声的排放。施工时撬棍等工具不得随意抛、扔,以减轻噪声。

1.6.5.3 安装粘贴保温板上墙时,相邻板侧面及板端应满刮胶粘剂并挤实,同时板顶应留 5mm 缝。板端及板侧缝缝隙以及门窗口的板侧,必须用胶粘剂嵌填或封堵密实,以防保温墙产生"漏风"、"冷桥"现象影响保温效果而浪费能耗。

1.6.5.4 操作工人应佩戴防尘口罩,以防吸入胶粘剂气体和保温板粉尘。

1.6.5.5 施工中遗洒废弃的胶粘剂、保温板锯末、废胶粘剂容器、废手套等应随时分类清理干净,运至现场垃圾存放点分类存放,做到工完场清。废弃物集足一个运输单位后,交当地环卫部门清运处理,清运时应使用密封车,防止遗洒。

1.6.5.6 施工地点 10m 以内严禁火源,并有禁火标识,操作人员禁止吸烟,以防保温板着火产生安全和环境事故。

1.6.5.7 安装保温板用的石膏胶粘剂应佩戴防尘口罩,以防吸入胶粘剂气体;应轻拿轻放、随用随盖,以防挥发或防遗洒,并注意10m以内不能有火源,防产生火灾造成不利影响。

1.6.6 保温墙上贴玻纤布控制要求

1.6.6.1 调制石膏腻子应事先计算调制量,以防调制过多形成浪费;调制好的腻子控制使用时间0.5~1.0h,防止凝结浪费。

1.6.6.2 清除保温板面的浮灰及残留胶粘剂时应小心轻巧,以防扬尘。

1.6.6.3 操作工人应佩戴防尘口罩,以防吸入板面浮灰扬尘和胶粘剂气体。

1.6.6.4 粘贴玻纤布时应在每两块板拼缝处刮嵌缝腻子一道,再贴玻纤布条一层,必须压实、粘牢,宽度不小于50mm,表面再用嵌缝腻子刮平。同时,墙面阴角和窗口阳角处必须加贴200mm宽玻纤布条一层,以加强保温墙拼缝牢固形成整体,不因墙面收缩产生"漏风"、"冷桥"现象而影响保温效果,形成能耗浪费。

1.6.6.5 施工中落地遗洒的嵌缝腻子、玻纤布边脚余料等应随时清理干净,能加以利用的应收回再用,其他不能再用的应分类装入编织袋,扎紧袋口,运至现场建筑垃圾存放点统一处理。

1.6.6.6 施工地点10m以内杜绝火源,并有禁火标识,操作人员禁止吸烟,以防玻纤布被烘烤挥发有毒有害气体或造成火灾污染环境。

1.6.7 拌制聚合物水泥砂浆控制要求

1.6.7.1 拌制聚合物水泥砂浆过程的环境因素如粉尘的排放、清理废水的排放、运输遗洒等按"抹灰工程"要求进行控制。当风力2级以上时,搅拌机棚应有围挡措施,以防扬尘。

1.6.7.2 聚合物水泥砂浆应计算拌制量,以防一次拌制过多形成浪费,使用时间控制2h,以免初凝未使用造成浪费。

1.6.7.3 拌制聚合物砂浆的操作工人应佩戴防尘口罩,以防吸入聚合物乳液气体和水泥粉尘。

1.6.7.4 抹门窗口护角中落地废弃的聚合物砂浆应清理干净,运至现场垃圾存放点统一处理。

1.6.8 保温墙面刮腻子控制要求

1.6.8.1 保温墙玻纤布粘结层干燥后,墙面需满刮石膏腻子2~3遍,与玻纤布一起组成保温墙的面层,以保证墙体的保温效果。

1.6.8.2 施工中遗洒废弃的腻子、废弃工具、废手套等应清理干净,运至现场垃圾存放点统一处理。

1.6.9 水电配合

1.6.9.1 水电专业必须与保温板施工密切配合,各种管线和设备的埋件必须固定于结构墙内,以免事后凿打、修补保温墙影响保温效果,造成能耗浪费或扬尘、噪声等。

1.6.9.2 水电专业安装管线和设备的埋件时应定位准确、合理布置,减少电钻钻孔量形成噪声、扬尘;钻孔时应减缓电钻钻孔速度,以降低噪声、扬尘。

1.6.9.3 电钻钻孔施工时,操作人员应佩戴口罩,以防止石膏、聚苯乙烯泡沫塑料粉末扬尘影响身体健康。

1.6.10 应急和突发事件控制

1.6.10.1 雨期施工时,要密切关注天气变化情况,禁止在大雨或暴雨时施工。避免材料报废,产生废弃物污染环境。

1.6.10.2 冬期施工时,应准备覆盖材料,密切关注环境温度的变化,当环境温度有可能降到5℃以下时,应及时进行覆盖保温,避免冻坏砂浆产生废弃物污染环境。

1.6.10.3 禁止在5级以上大风时施工,避免造成扬尘污染环境;现场在有风的情况下搅拌混凝土或砂浆,搅拌机周围应有围挡防风,避免扬尘污染大气。

1.6.10.4 确定相关应急责任人员,由项目部环境管理员在交底时对火灾时或其他紧急情况进行详细说明,并予以演练。火灾发生时,由火情发现人员进行初始阶段灭火,同时电话通知应急领导,当火灾超过3min还不能熄灭时并有蔓延趋势时,作业班/组长可以直接打119电话报警。作业现场醒目位置必须要有应急处理流程图,并有内部联系电话号码,原则上应急领导和现场作业人员应分别有2个以上可以进行有效联系的号码,应急的作业班/组长原则上不能离开作业现场,如确要离开应现场安排第二责任人,并与应急领导通报。

1.6.10.5 项目部应有专人收听天气预报,有大风大雨的预报,必须及时通知应急领导和现场作业班/组长,按应急方案处理。

1.6.10.6 在夏季高温作业时,要注意防止中暑,如系轻症中暑,应使患者迅速离开高温作业环境;如是重症中暑,由现场作业班/组长指挥人员进行紧急抢救,并第一时间电话通知应急领导,首先采取措施降温,迅速送医院进行抢救。

1.6.10.7 施工过程中,如操作人员发生恶心、头晕、过敏等情况时,要立即停止工作,撤离现场休息,由专人看护,如有异常应马上送医院进行处理。

如急性甲苯或二甲苯中毒,应迅速离开现场,移入空气新鲜处,立即脱去被污染的衣服,清洁皮肤,视情况移送医院进行处理。

1.7 监测要求

1.7.1 每逢大雨前应检查材料仓库的完好情况,大雨后要检查仓库中是否有淋湿现象,如有要及时处理,避免浪费材料。

1.7.2 当施工时间有限制时,要提前2h监测进度情况,确保在限制时间内中止施工。

1.7.3 每周检查一次仓库的防火情况,特别注意灭火器是否有效,避免火灾时灭火器失效造成损失的加大,增加对环境的污染。

1.7.4 运输车辆进出场时由门卫监测车辆洁净情况,不干净时要进行清扫或清洁,避免污染道路,并应禁止鸣号。

1.7.5 每班应目测一次现场扬尘情况,做到扬尘高度不超过0.5m。

1.7.6 现场有噪声排放时,应进行监测,满足场界内噪声值昼间不大于75dB、夜间不大于55dB。每有新的噪声排放源时,要进行监测以满足噪声排放要求。

1.7.7 沉淀池在使用期间要定期(每天不少于一次)对沉淀池进行观测,观察沉淀池容量情况,及时进行清掏(每周不少于一次);并对沉淀池内的污水进行检测,作为回收利用或排放的依据。

1.7.8 每月应由专人对周围社区或环境进行走访,收集周围相关方的意见,作为持续改进环境管理的依据。

1.7.9 目测、检查和检测结果应做好记录,发现控制效果不佳或超标时,应改变施工方法或停止作业,采取纠正措施。

1.7.10 应对应急准备情况进行监测,及时对响应措施的效果进行检查。

2 增强粉刷石膏聚苯复合保温板外墙内保温施工

2.1 作业流程

外墙内保温施工技术,是把聚苯板直接粘贴在建筑物外墙内表面上,用中碱纤维涂塑网格布增强粉刷石膏做防护面层,以提高抗裂性能和抗冲击能力。其工艺流程如下:

施工准备→外墙内表面及相邻墙面、顶棚、地面清理→弹线→粘贴聚苯板→抹灰、披复网格布→作门窗口护角→粘贴网格布→刮腻子。

2.2 环境因素

2.2.1 聚苯乙烯保温板、胶粘剂、聚合物乳液储存、使用时有毒、有害气体排放。

2.2.2 清理结构墙面、顶棚、地面,剔除凸出墙面砂浆、混凝土块时粉尘和噪声的排放、废弃物的遗洒;清洗墙面时水资源的消耗及废水的排放。

2.2.3 拌和灰饼用的水泥砂浆时粉尘的排放、清理废水的排放;施工灰饼时砂浆遗洒及余料浪费。

2.2.4 拌和粘结石膏砂浆、粉刷石膏砂浆时粉尘的排放、清理废水的排放;粘贴或粉刷保温板时石膏砂浆遗洒及余料浪费。

2.2.5 裁剪聚苯板时碎屑遗洒、扬尘及余料废弃。

2.2.6 粘贴网格布时胶粘剂遗洒及有毒、有害气体的排放,网格布余料废弃。

2.2.7 保温墙面刮石膏腻子时的遗洒;拌和腻子时石膏粉尘的排放、清理废水的排放;余料浪费。

2.2.8 拌和抹门窗口护角用的聚合物水泥砂浆时粉尘的排放、清理废水的排放;聚合物乳液气体的排放;抹灰时砂浆遗洒及余料浪费。

2.2.9 可能的应急和突发事件产生的环境因素:液质易燃或有毒材料意外遗洒、泄漏、着火,临时停电,恶劣天气,意外事故等产生污染源污染大气、土地、地下水等。

2.3 人员要求

2.3.1 从事保温隔热工程施工单位应取得相应的"保温隔热工程施工资质证书",以免因不具备相应施工能力而发生质量、环境和安全问题。

2.3.2 保温工、抹灰工等作业人员应取得相应级别的岗位操作证,按考核合格后的项目、权限和相应的国家与地方规范、操作规程,从事与所持证书规定范围内工作,以免因人员素质、能力不能满足要求而发生保温墙"漏风"、"冷桥"现象,降低保温隔热性能而造成电能浪费,或其他质量、环境和安全问题。

2.3.3 每项作业流程施工前,作业人员应接受环境交底,包括作业流程所涉及的重要环境因素、环境控制措施、环境操作基本要求、环境检测的关键参数、应急响应中的注意事项,使之熟练掌握操作技术,了解和掌握环境控制要求,避免操作不当造成噪声排放、扬尘、废弃物、废水、有毒有害气体、有毒有害废弃物排放或加大对环境的污染。

2.3.4 接触胶粘剂人员施工前应接受"有毒有害气体的排放、有毒有害废弃物的排放"的环境知识培训,防止操作不当影响身体健康。

2.4 材料要求

2.4.1 增强粉刷石膏聚苯复合保温板外墙内保温施工所用的自熄型聚苯板、中碱网格布、石膏粉、耐水腻子、聚合物乳液、胶粘剂、界面剂、水泥等材料进场时应对品种、规格、外观、质量、安全、环境性能验收文件等进行检查验收,以免使用不合格材料导致潜在的或突发的质量、环境和安全问题。

2.4.2 聚苯板、网格布等保管应防雨、通风,如露天存放必须加苫盖,以免受潮变质影响保温性能形成浪费。

2.4.3 聚苯板库房10m以内严禁火源,并有明显禁火标识,以防火灾引起安全和环境事故。

2.4.4 网格布储存应远离明火和高温热源,以防烘烤挥发有害气体。

2.4.5 石膏粉应使用容器存放于室内,防止被风吹洒扬尘;拌和好的石膏砂浆应计算适宜拌合量以防过多浪费,并应立即使用(控制使用时间50min),以防凝结浪费。

2.4.6 网格布胶粘剂、建筑用界面剂为化工产品,应使用容器妥善存放,不得随意开启,以免有毒有害气体挥发和遗洒。

2.5 设备要求

2.5.1 应根据施工组织设计或专项施工方案的要求,合理选择满足施工需要的扫帚、钢丝刷、灰槽、铁锹、托板、壁纸刀、剪刀、2m托线板、筛子、抹子、橡皮锤等工具,避免工具不适用产生额外的废弃物。

2.5.2 每天使用的工具应清扫擦洗干净,含有毒有害的清理废水、废液或废弃物应集中处理;无毒无害的废水应排入沉淀池内。清理时应轻拍轻擦或进行湿洗,防止扬尘和噪声。清理过程产生的无毒、无害废弃物和损坏的工具不得随意废弃,应按"可回收废弃物"、"不可回收废弃物"分类回收,储存在废弃物堆放场,集足一单位数量后,交当地环卫部门清运处理。清运时应使用密封车,防止遗洒。

2.5.3 水电专业安装管线和预埋使用的电钻应选用噪声低、能耗低的品种,以免使用时噪声超标或加大电能消耗。电钻使用中应加强维修保养,减少扬尘、噪声或漏油现象。

2.6 过程控制

2.6.1 施工准备控制要求

2.6.1.1 施工前应验收屋面防水层及结构工程,确认外墙门窗口安装完毕,水暖及装饰工程分别需用的管卡、挂钩和窗帘杆固定件等埋件宜留出位置或埋设完毕,电气工程的暗管线、接线盒等埋设完毕,并完成暗管线的穿带线工作,以防止事后凿打、修补保温墙影响保温效果,产生扬尘、噪声或资源浪费等环境问题。

2.6.1.2 施工作业点环境温度不低于5℃,以防聚合物水泥砂浆、石膏胶粘剂、石膏腻子等强度增长不满足设计和施工要求,影响保温墙施工质量,造成返工而浪费资源。需在低于5℃以下施工时应采取相应措施(如加入外加剂、有保温措施等),防止因质量问题造成返工而浪费材料。

2.6.1.3 在2级以上风力进行聚合物水泥砂浆、石膏胶粘剂、石膏腻子拌和时应根据现场实际采取围挡措施,以防产生扬尘。

2.6.2 清理控制要求

2.6.2.1 清理结构墙面前,墙面应适当洒水,以免产生粉尘;洒水宜用喷射法进行,并以不流淌为原则,避免水资源浪费,并不产生废水。

2.6.2.2 剔除的砂浆、混凝土块应装入编织袋,或其他适当容器运至现场建筑垃圾存放点,做到工完场清。废弃物集足一个运输单位后,交当地环卫部门清运处理,清运时,应使用密封车防止遗洒。

2.6.2.3 清理、剔除凸出墙面的砂浆、混凝土块时,操作工人应佩戴防尘口罩、风镜,防止粉尘影响身体健康;清理、凿打时应尽可能避开施工高峰,轻刮轻敲,并不可随意抛、扔凿子、手锤等工具,以减轻噪声;大面积或集中进行清理作业时,应根据现场实际采取围挡措施,以防产生扬尘。

2.6.3 弹线

2.6.3.1 为控制保温墙的保温性能,防止返工浪费资源,弹聚苯板粘贴控制线时应严格按设计要求,根据空气层设计厚度、聚苯板设计厚度以及墙面平整度,在与外墙内表面相邻的墙面、顶面和地面上弹出聚苯板粘贴控制线、门窗洞口控制线,并做50mm×50mm水泥灰饼(间距2m×2m)控制空气层厚度。

2.6.3.2 水泥灰饼的环境因素控制应按抹灰工程中的相关要求进行,避免污染现场环境。

2.6.4 粘贴聚苯板控制要求

2.6.4.1 聚苯板的搬运应小心轻巧,防止损坏影响其保温性能,已经损坏的应及时修补,以免影响其保温效果,造成能源浪费。施工地点严禁火源,操作人员禁止吸烟,以防保温板着火引发安全和环境事故。

2.6.4.2 裁切聚苯板时应按施工要求的规格尺寸,用壁纸刀垂直板面小心裁切,防止产生过多碎屑和扬尘。

2.6.4.3 粘贴聚苯板的粘结石膏砂浆应按体积比4∶1准确计量(石膏∶中砂),以免计量差错浪费材料,一次拌合量以保证在50min内用完为宜,以免凝结浪费。

2.6.4.4 粘贴聚苯板时,聚苯板上应设置梅花形粘结石膏砂浆粘结点,每个粘结点直径不小于100mm;沿聚苯板四边设矩形粘结条,粘结条边宽不小于30mm,同时在矩形条上预留排气孔,保持整体粘结面积不小于25%,以防质量问题降低保温效果或形成其他材料、浪费能耗。

2.6.4.5 聚苯板遇到电气盒、插座、穿墙管线时,应按上述配件的位置剪裁预留洞口,洞口大于配件周边10mm左右,并用聚苯条填塞缝隙,再用粘结石膏将缝隙填充密实;如相邻聚苯板出现拼缝较宽时,应用聚苯条(片)填塞严实,再用粘结石膏嵌实、刮平;聚苯板与相邻墙面、顶面的接槎,应用粘结石膏嵌实、刮平,邻接门窗洞口、接线盒的位置不能使空气层外露;以避免产生"漏风"、"冷桥"浪费能耗。

2.6.4.6 施工中遗洒废弃的石膏砂浆、聚苯板碎屑、废弃工具、废手套等应随时清理干净,运至现场垃圾存放点分类存放,做到工完场清;废弃物集足一个运输单位后,交当地环卫部门清运处理,清运时应使用密封车,防止遗洒。

2.6.4.7 操作工人应佩戴防尘口罩避免吸入扬尘,当风力4级以上时拌合机四周应有围挡措施,以防扬尘。

2.6.5 抹灰、披复网格布控制要求

2.6.5.1 在聚苯板上粉刷石膏砂浆前按常规做法做标准灰饼时,灰饼平均厚度控制在8~10mm,以便控制抹灰层厚度,防止材料浪费。

2.6.5.2 拌和粉刷石膏砂浆时应按体积比2:1准确计量(石膏:中砂),以免计量差错浪费材料;一次拌合量以保证在50min内用完为宜,以免凝结浪费。

2.6.5.3 披复网格布前,应根据灰饼厚度在聚苯板上大面积粉刷石膏砂浆抹灰层,并用杠尺将粉刷石膏砂浆刮平,用抹子搓毛,在抹灰层初凝之前,横向绷紧披复网格布(A型网格布),用抹子压入到抹灰层内,再抹平、压光,网格布要尽量靠近表面;同时凡是与邻墙面、窗洞、门洞接槎处,网格布都要预留出100mm的接槎宽度;整体墙面相邻网格布接槎处,要求网格布搭接不小于100mm。在门窗洞口、电气盒四周对角线方向斜向加铺400mm×200mm网格布条以提高抹灰层抗拉强度,防止开裂影响保温效果,形成能耗浪费。

2.6.5.4 施工中遗洒废弃的粉刷石膏砂浆、网格布碎块、废包装料、废弃工具、废手套等应随时清理干净,运至现场垃圾存放点分类存放,做到工完场清;废弃物集足一个运输单位后,交当地环卫部门清运处理,清运时应使用密封车,防止遗洒。

2.6.5.5 施工地点应杜绝明火和高温热源,以防网格布被烘烤挥发有害气体或引发影响严重的环境事故。

2.6.6 粘贴网格布控制要求

2.6.6.1 在粉刷石膏表面粘贴网格布(B型)时,粉刷石膏抹灰层应基本干燥,以免网格布粘贴不牢造成返工而浪费材料。

2.6.6.2 粘贴网格布时必须用网格布胶粘剂在抹灰层表面绷紧粘贴,在相邻网格布接槎处,网格布应拐过或搭接至少100mm,以提高抹灰层抗拉强度,防止开裂影响保温效果,浪费能耗。

2.6.6.3 施工时操作工人应佩戴防护口罩,以减少胶粘剂气体污染。

2.6.7 刮耐水腻子控制要求

2.6.7.1 在网格布上满刮耐水腻子时,应待网格布胶粘剂凝固硬化后方可进行,以免结合不牢造成返工浪费。

2.6.7.2 施工中遗洒废弃的耐水腻子、废工具、废容器、废手套等应随时清理干净,运至现场垃圾存放点分类存放,做到工完场清;废弃物集足一个运输单位后,交当地环卫部门清运处理,清运时应使用密封车,防止遗洒。

2.6.8 做门窗洞口护角控制要求

2.6.8.1 做门窗洞口护角时,聚苯板表面应先涂刷建筑用界面剂,拉毛后再抹聚合物水泥砂浆,避免抹灰层空鼓、脱落,造成返工浪费材料。

2.6.8.2 聚合物砂浆的拌和、运输等环境因素应按抹灰工程的一般要求进行控制;施工中遗洒废弃的聚合物砂浆应随时清理干净,运至现场建筑垃圾存放点分类存放,做到工完场清;废弃物集足一个运输单位后,交当地环卫部门清运处理,清运时应使用密封车,防止遗洒。

2.6.9 水电配合控制要求

2.6.9.1 为避免事后凿打产生噪声、扬尘或影响保温效果形成能耗浪费,水电专业各种管线和设备必须固定在结构墙内,不得直接固定在保温层上,并在抹粉刷石膏前埋设完毕。

2.6.9.2 固定埋件时,聚苯板的孔洞应使用小块聚苯板加胶粘剂填实补平,不能使空气层外露,以防漏气而浪费能耗。

2.6.10 应急和突发事件控制

2.6.10.1 雨期施工时,要密切关注天气变化情况,禁止在大雨或暴雨时施工。避免材料报废,产生废弃物污染环境。

2.6.10.2 冬期施工时,应准备覆盖材料,密切关注环境温度的变化,当环境温度有可能降到5℃以下时,应及时进行覆盖保温,避免冻坏砂浆产生废弃物污染环境。

2.6.10.3 确定相关应急责任人员,由项目部环境管理员在交底时对火灾时或其他紧急情况进行详细说明,并予以演练。火灾发生时,由火情发现人员进行初始阶段灭火,同时电话通知应急领导,当火灾超过3min还不能熄灭时并有蔓延趋势时,作业班/组长可以直接打119电话报警。作业现场醒目位置必须要有应急处理流程图,并有内部联系电话号码,原则上应急领导和现场作业人员应分别有2个以上可以进行有效联系的号码,应急的作业班/组长原则上不能离开作业现场,如确要离开应现场安排第二责任人,并与应急领导通报。

2.6.10.4 项目部应有专人收听天气预报,有大风大雨的预报,必须及时通知应急领导和现场作业班/组长,按应急方案处理。

2.6.10.5 在夏季高温作业时,要注意防止中暑,如系轻症中暑,应使患者迅速离开高温作业环境;如是重症中暑,由现场作业班/组长指挥人员进行紧急抢救,并第一时间电话通知应急领导,首先采取措施降温,迅速送医院进行抢救。

2.6.10.6 施工过程中,如操作人员发生恶心、头晕、过敏等情况时,要立即停止工作,撤离现场休息,由专人看护,如有异常应马上送医院进行处理。

2.7 监测要求

2.7.1 每逢大雨前应检查材料仓库的完好情况,大雨后要检查仓库中是否有淋湿现象,如有要及时处理,避免浪费材料。

2.7.2 当施工时间有限制时,要提前2h监测进度情况,确保在限制时间中止施工。

2.7.3 每周检查一次仓库的防火情况,特别注意灭火器是否有效,避免火灾时灭火器失效造成损失的加大,增加对环境的污染。当突发事故出现时应注意对响应措施效果的测量。

2.7.4 运输车辆进出场时由门卫监测车身洁净情况,不干净时要进行清扫或清洁,避免污染道路。

2.7.5 每班应目测一次现场扬尘情况,做到扬尘高度不超过0.5m。

2.7.6 现场有噪声排放时,应进行监测,满足场界内噪声值昼间不大于75dB、夜间不大于55dB。每有新的噪声排放源时,要进行监测以满足噪声排放要求。

2.7.7 每月应由专人对周围社区或环境进行走访,收集周围相关方的意见,作为持续改进环境管理的依据。

2.7.8 目测、检查和检测结果应做好记录,发现控制效果不佳或超标时,应改变施工方法或停止作业,采取纠正措施。

3 GKP外墙外保温施工

3.1 作业流程

GKP外墙外保温技术,是把聚苯乙烯泡沫塑料板直接粘贴在建筑物的外墙外表面上,形成保温层;用耐碱玻璃纤维网格布增强聚合物砂浆覆盖聚苯板表面,形成防护层;然后进行饰面处理。(G代表玻纤网格布做增强材料;K代表用聚合物多功能KE建筑胶配置水泥砂浆胶粘剂;P代表选用聚苯乙烯泡沫塑料做保温材料。)其工艺基本流程如下:

施工准备→基面处理→墙面测量及弹线、挂线→粘贴安装聚苯板→压贴翻包网格布→抹聚合物砂浆→伸缩缝→外饰面。

3.2 环境因素

3.2.1 聚苯乙烯泡沫塑料板、KE多功能胶、建筑密封膏储存、使用时有毒有害气体的排放。

3.2.2 清理结构墙面,剔除凸出墙面砂浆、混凝土块时粉尘和噪声的排放、废弃物的遗洒;清洗墙面时水资源的消耗及废水的排放。

3.2.3 电动搅拌器配置胶粘剂、聚合物水泥砂浆时KE干混料粉尘的排放、清理废水的排放、电能的消耗;施工时胶粘剂、聚合物水泥砂浆遗洒及余料浪费,以及产生废容器、废工具等。

3.2.4 粘贴聚苯板时胶粘剂的遗洒及有毒有害气体的排放。

3.2.5 打磨修整粘贴好的聚苯板面平整度时粉尘、噪声的排放及电能的消耗。

3.2.6 粘贴网格布时胶粘剂、聚合物砂浆的遗洒及有毒有害气体的排放,零星网格布的遗洒废弃。

3.2.7 安装锚固件时冲击钻打孔噪声的排放、粉尘的排放、电能的消耗、废弃物的遗洒。

3.2.8 在安装好的聚苯板面抹聚合物砂浆时的遗洒废弃;余料浪费。

3.2.9 安装、清理伸缩缝时分隔木条的遗洒;向伸缩缝内填充密封膏时密封膏的遗洒及有毒有害气体的排放、为防止板面污染而粘贴的不干胶带的废弃。

3.2.10 在粘贴好的聚苯板面做装饰线时,开凹槽时的粉尘的排放、废弃物的排放、使用电动工具的噪声和电能的消耗。

3.2.11 可能的应急和突发事件产生的环境因素:KE多功能胶、建筑密封膏意外遗洒、泄漏、着火,临时停电或用电设备发生意外事故产生大量废气、废弃物污染大气及周边环境。

3.3 人员要求

3.3.1 从事保温隔热工程施工单位应取得相应的"保温隔热工程施工资质证书",以免因不具备相应施工能力而发生质量、环境和安全问题。

3.3.2 保温工、抹灰工、电工等作业人员应取得相应级别的岗位操作证,按考核合格后的项目、权限和相应的国家与地方规范、操作规程,从事与所持证书规定范围内工作,以免因人员素质、能力不能满足要求而发生质量、环境和安全事故。

3.3.3 每项作业流程施工前,作业人员应接受环境交底,包括作业流程所涉及的重要环境因素、环境控制措施、环境操作基本要求、环境检测的关键参数、应急响应中的注意事项,使之熟练掌握操作技术,了解和掌握环境控制的要求,避免操作不当造成噪声排放、扬尘、废弃物、废水、有毒有害气体、有毒有害废弃物排放或加大对环境的污染。接触胶粘剂人员施工前应接受"有毒有害气体的排放、有毒有害废弃物的排放"的环境培训,防止操作不当影响身体健康。

3.4 材料要求

3.4.1 聚苯乙烯泡沫塑料板、玻纤网格布、KE多功能胶、KE干混料等材料进场时应对品种、规格、外观、质量环境验收文件等进行检查验收,以免使用不合格材料导致比较严重的环境事故。

3.4.2 聚苯板、网格布、KE多功能胶、KE干混料、发泡聚乙烯圆棒等保管应防雨、防潮、通风,如露天存放必须加苫盖,以免受潮变质影响保温性能而形成能耗浪费。

3.4.3 聚苯板库房10m以内严禁火源,并有明显禁火标识,以防引起火灾造成安全和环境事故。

3.4.4 网格布储存应远离明火和高温热源10m以外,以防烘烤挥发有害气体污染环境。

3.4.5 KE胶应妥善存放,不得随意开启容器,以免有毒有害气体挥发。

3.4.6 配置好的胶粘剂(KE干混料:KE胶 = 4:1)聚合物砂浆(KE干混料:KE胶 = 4:1)使用时间不超过60min,以免失效浪费。

3.5 设备设施要求

3.5.1 应根据施工组织设计或专项施工方案的要求,合理选择满足施工需要、噪声低、能耗低的电动搅拌器、电锤(冲击钻)、电动打磨器设备或器具,避免设备使用时噪声超标,漏油污染环境,加大水、电、油和资源消耗。

3.5.2 施工设备在每个作业班后应按规定进行日常的检测、保养和维修,保证设备经常处于完好状态,避免设备使用时意外漏油、加大噪声或油耗,加快设备磨损。当发现设备有异常时,应安排专人检查、排除或送维修单位立即抢修,防止设备带病作业加大能源消耗、产生漏油、噪声等污染源,并防止设备事故。

3.5.3 损坏的工具不得随意废弃,应按"可回收废弃物"、"不可回收废弃物"分类回收,储存在废弃物堆放场,集足一个运输单位后,交当地环卫部门清运处理,清运时应使用密封车,防止遗洒。

3.5.4 材料仓库要有防火标志,10m范围内无火源和热源,操作时要严禁吸烟,一个计算单元要配备不少于2具、不多于5具的手提式灭火器,避免发生火灾造成污染并危及人身安全。

3.6 过程控制

3.6.1 施工准备控制要求

3.6.1.1 GKP外墙外保温施工,应在结构、外门窗口及门窗框、各类墙面安装预埋件等施工及验收完毕后进行,以免事后凿打、修补保温墙影响保温效果,浪费能耗或产生噪声、扬尘等。

3.6.1.2 为防止返工浪费材料,施工作业点环境温度应不低于5℃,风力不大于5级,雨天不能施工,以免影响保温墙施工质量;在低于5℃施工时应有相应的防护措施。

3.6.1.3 当风力2级以上时胶粘剂、聚合物砂浆的配置宜在室内,以防扬尘。

3.6.2 基面处理控制要求

3.6.2.1 用钢丝刷、扫帚清扫清理墙面灰尘时应适当洒水,以免产生粉尘;洒水宜用喷射法进行,并以不流淌为原则,避免浪费水资源,并不产生废水。

3.6.2.2 清理墙面时操作工人应佩戴防尘口罩、风镜,防止清理时粉尘污染影响身体健康。

3.6.2.3 清除墙面上的混凝土残渣、封堵基面未处理的孔洞形成的固体废弃物应及时清理干净,装入编织袋,或其他适当容器运至现场建筑垃圾存放点,做到工完场清。废弃物集足一个运输单位后,交当地环卫部门清运处理,清运时应使用密封车,防止遗洒。

3.6.2.4 清理凿打墙面上的混凝土残渣时,应尽可能避开施工高峰,轻敲轻打,并不可随意抛、扔凿子、手锤等工具,以免噪声超标排放。

3.6.3 墙面测量及弹线、挂线控制要求

3.6.3.1 施工时应依照基准线弹出水平和垂直伸缩缝分格线,挂控制线。墙面全高度应固定垂直钢丝,每层板挂水平线,以防止外墙面全高垂直度、楼层水平线不满足国家规范要求造成返工浪费材料,增加废弃物污染环境。

3.6.3.2 施工中废弃的钢丝、小线应置于现场垃圾存放点分类处理。

3.6.4 粘贴安装聚苯板控制要求

3.6.4.1 粘贴聚苯板的胶粘剂可采用北京住总集团技术开发中心生产的双组分料 – KE多功能胶和KE干混料。配制胶粘剂时应使用衡器准确计量(配比为KE干混料:KE胶 = 4:1),用电动搅拌器搅拌均匀,以免胶粘剂粘结强度不满足施工要求,造成返工浪费材料;胶粘剂一次的配制量以60min内用完为宜,以免失效浪费。

3.6.4.2 粘贴聚苯板时在板边缘抹宽50mm、高10mm的胶粘剂,板中间呈梅花点布置,间距不大于200mm,直径不大于100mm(粘结面积≥板面积的30%),板上口留50mm宽排气口以保证粘结牢固,不发生返工浪费材料。粘结聚苯板时应轻揉均匀挤压板面,随时用托线板检查平整度;每粘完一块板,用木杠将相邻板面拍平;聚笨板应挤紧、拼严,若出现超过2mm间隙,应用相应宽度的聚苯片填塞;以保证外墙面的平整度和垂直度,不发生因偏差加大抹灰层厚度而浪费材料。粘结聚苯板时板边缘挤出的胶粘剂应及时清理回收利用。

3.6.4.3 粘贴好的聚苯板面平整度控制在2~3mm以内。如超出控制,应在聚苯板粘贴12h凝结后用砂纸或专用打磨机等工具进行修整打磨，动作要轻缓以免扬尘，并防止扰动聚苯板粘结层，避免返工造成浪费。废弃的砂纸应置于现场建筑垃圾存放点统一处理。

3.6.4.4 如果需要安装锚固件，应在聚苯板安装12h后，先用电锤（冲击钻）在聚苯板表面向内打孔，孔径按依据保温厚度所选用的固定件型号确定；深入墙体深度：加气混凝土墙≥45mm，混凝土和其他各类砌块墙≥30mm；然后安装锚固件，每平方米2~4个。施工时应使用能耗低、噪声低的电锤，电锤下应使用专用器皿（如用铁皮敲制）接受打孔后的碎屑粉末，以免扬尘。

3.6.4.5 聚苯板粘贴上墙前粘贴包边网格布产生的边角余料及施工中产生的聚苯板碎屑，外墙下、操作架上遗洒的聚苯板碎块，废胶粘剂容器、废工具、废手套等应随时清理干净，装入编织袋，或其他适当容器运至现场建筑垃圾存放点，做到工完场清。废弃物集足一个运输单位后，交当地环卫部门清运处理，清运时应使用密封车，防止遗洒。

3.6.5 压贴翻包网格布控制要求

压贴翻包网格布时应在设翻包网格布处的聚苯板边缘表面，点抹聚合物砂浆，将预贴的翻包网格布绷紧后粘贴平整，与聚苯板侧边顺平，以免和聚苯板面抹灰厚度控制不合拍，造成施工的材料浪费。

3.6.6 安装伸缩缝分隔木条（米厘条）控制要求

3.6.6.1 安装伸缩缝米厘条时，应按弹线控制，在使用前应充分吸水，然后将米厘条嵌入分格缝内，露出板面3~5mm，找平、固定，以免聚苯板面保护层砂浆施工后不能顺利取出，造成敲打砂浆层浪费材料或产生噪声、扬尘等。

3.6.6.2 施工中短小破碎的米厘条不得随意丢弃，应置于现场垃圾存放点处理。

3.6.7 抹聚合物砂浆防护层控制要求

3.6.7.1 聚合物砂浆可采用北京住总集团技术开发中心生产的双组分料－KE多功能胶和KE干混料。配制聚合物砂浆时应使用衡器准确计量（配比为KE干混料:KE胶＝4:1），用电动搅拌器搅拌均匀，以免砂浆和易性、粘结强度不满足施工要求，造成返工浪费材料；聚合物砂浆一次的配制量以60min内用完为宜，以免失效浪费。

3.6.7.2 抹聚合物砂浆防护层时，应先在安装好的聚苯板面上抹聚合物砂浆底灰，厚度平均为2~3mm；再将网格布沿水平方向绷平，平整地贴于底层聚合物砂浆表面，用抹子将网格布均匀压入砂浆中，平整压实；在底层聚合物砂浆终凝前，应抹1~2mm厚的聚合物砂浆罩面，以免聚合物砂浆保护层空鼓，造成返工浪费。

3.6.7.3 施工时要注意聚合物砂浆落地灰的回收，应有相应工具（如托灰板），操作区域宜铺设彩条布塑料布等，以接受粉刷时的遗洒物料、洒落在外架和地面的落地灰，以节约材料。

3.6.7.4 拌和聚合物砂浆应选用低能耗、低噪声的电动搅拌器，做好日常维护和保养，减少噪声污染。

3.6.8 伸缩缝控制要求

3.6.8.1 抹完聚合物砂浆面层后，应适时取出伸缩缝米厘条，以防取出米厘条时损坏抹灰层，造成修补浪费。

3.6.8.2 向伸缩缝内填充密封膏时,应在抹灰24h后,且伸缩缝内先填塞直径为缝宽1.3倍的发泡聚乙烯圆棒,圆棒顶距砂浆表面10mm左右,以免伸缩缝不能调整保温墙热胀冷缩,引发质量缺陷,从而影响保温墙保温效果,浪费能耗。

3.6.8.3 取出的米厘条要重复使用。损坏、废弃的发泡聚乙烯圆棒和米厘条、废密封膏罐、废手套等不得随意丢弃,应运至现场建筑垃圾点统一分类处理。

3.6.9 外饰面控制要求

外饰面施工时应按对砂浆、饰面余料进行及时清理,分类再利用;废弃物应在每个工作日清运到指定场所。

3.6.10 应急和突发事件控制

3.6.10.1 雨期施工时,要密切关注天气变化情况,禁止在大雨或暴雨时施工。避免材料报废,产生废弃物污染环境。

3.6.10.2 冬期施工时,应准备覆盖材料,密切关注环境温度的变化,当环境温度有可能降到5℃以下时,应及时进行覆盖保温,避免冻坏聚合物砂浆产生废弃物污染现场环境。

3.6.10.3 禁止在5级以上大风时施工,避免造成扬尘污染环境。

3.6.10.4 确定相关应急责任人员,由项目部环境管理员在交底时对火灾时或其他紧急情况进行详细说明,并予以演练。火灾发生时,由火情发现人员进行初始阶段灭火,同时电话通知应急领导,当火灾超过3min还不能熄灭时并有蔓延趋势时,作业班/组长可以直接打119电话报警。作业现场醒目位置必须要有应急处理流程图,并有内部联系电话号码,原则上应急领导和现场作业人员应分别有2个以上可以进行有效联系的号码,应急的作业班/组长原则上不能离开作业现场,如确要离开应现场安排第二责任人,并与应急领导通报。

3.6.10.5 项目部应有专人收听天气预报,有大风大雨的预报,必须及时通知应急领导和现场作业班/组长,按应急方案处理。

3.6.10.6 在夏季高温作业时,要注意防止中暑,如系轻症中暑,应使患者迅速离开高温作业环境;如是重症中暑,由现场作业班/组长指挥人员进行紧急抢救,并第一时间电话通知应急领导,首先采取措施降温,迅速送医院进行抢救。

3.6.10.7 施工过程中,如操作人员发生恶心、头晕、过敏等情况时,要立即停止工作,撤离现场休息,由专人看护,如有异常应马上送医院进行处理。

3.7 监测要求

3.7.1 每逢大雨前应检查材料仓库的完好情况,大雨后要检查仓库材料是否有淋湿损坏现象,如有要及时处理,避免浪费材料。

3.7.2 当施工时间有限制时,要提前2h监测进度情况,确保在限制时间中止施工。

3.7.3 每周检查一次仓库的防火情况,特别注意灭火器是否有效,避免火灾时灭火器失效造成损失的加大,增加对环境的污染。

3.7.4 每次材料进场必须检查材料包装情况和工人卸料情况,要确保包装完好,如有损坏要包装好后才能卸料;运输车辆出工地门时要检查轮胎洁净情况,不干净时要进行清扫或清洁,避免污道路。

3.7.5 每班应目测一次现场扬尘情况,做到扬尘高度不超过0.5m。

3.7.6 现场有噪声排放时,应进行监测,满足场界内噪声值昼间不大于75dB、夜间不大于55dB。每有新的噪声排放源时,要进行监测以满足噪声排放要求。

3.7.7 每班下班前由施工班/组长监测作业面"工完场清"情况,包括垃圾清理、材料回收、挥发性物资加盖情况、火源的管制情况、水源的关闭情况等,满足环境要求后才能离人。

3.7.8 每月应由专人对周围社区或环境进行走访,收集周围相关方的意见,作为持续改进环境管理的依据。

3.7.9 目测、检查和检测结果应做好记录,发现控制效果不佳或超标时,应改变施工方法或停止作业,采取纠正措施。

4 全现浇混凝土外墙外保温施工

4.1 作业流程

4.1.1 有网体系

施工准备→钢筋绑扎→保温板安装→混凝土墙体结构施工(模板安装→混凝土浇筑→模板拆除→混凝土养护→混凝土墙体检验)→外墙外保温板板面抹灰→其他。

4.1.2 无网体系

施工准备→钢筋绑扎→保温板安装→混凝土墙体结构施工(模板安装→混凝土浇筑→模板拆除→混凝土养护→混凝土墙体检验)→抹聚合物水泥砂浆→其他。

4.2 环境因素

4.2.1 聚苯乙烯泡沫塑料板、聚合物砂浆用有机胶结材、聚苯板胶粘剂储存、使用时有毒、有害气体的排放。

4.2.2 搅拌聚合物水泥砂浆时水泥砂子粉尘的排放、清理废水的排放、电能的消耗;施工时聚合物水泥砂浆遗洒及余料浪费。

4.2.3 粘贴聚苯板时胶粘剂的遗洒及有毒、有害气体的排放,废胶粘剂容器、废手套、废工具处置。

4.2.4 用电烙铁在安装好的保温板面定位处穿孔以固定聚苯板与墙体钢筋时,电烙铁熔解聚苯板的有毒有害气体挥发。

4.2.5 粘贴网格布时聚合物砂浆的遗洒及有毒、有害气体的排放,零星网格布的废弃、遗洒。

4.2.6 混凝土墙体结构施工时水泥、砂子、锯末等扬尘;钢筋、模板、混凝土施工噪声、废弃物;电能、水资源的消耗;废水的排放;水泥、钢筋等材料的消耗。

4.2.7 可能的应急和突发事件产生的环境因素:聚苯乙烯泡沫塑料板、聚合物砂浆用有机胶结材、聚苯板胶粘剂易燃或有毒材料意外遗洒、泄漏、着火,临时停电或用电设备发生意外事故产生大量废气、废弃物污染大气、污染土地和水体。

4.3 人员要求

4.3.1 从事全现浇混凝土外墙外保温施工单位应取得相应的"房屋建筑工程施工资质证书"、"保温隔热工程施工资质证书",以免因不具备相应施工能力而发生质量、环境和安全事故。

4.3.2 木工、钢筋工、混凝土工、抹灰工、保温工、电工、机械工、架工等作业人员应取得相应级别的岗位操作证，按考核合格后的项目、权限和相应的国家与地方规范、操作规程，从事与所持证书规定范围内工作，以免因人员素质、能力不能满足要求而发生质量、环境和安全损失或损害。

4.3.3 每项作业流程施工前，作业人员应接受施工环境交底，包括作业流程所涉及的重要环境因素、环境控制措施、环境操作基本要求、环境检测的关键参数、应急响应中的注意事项，使之熟练掌握操作技术，了解和掌握环境控制的要求，避免操作不当造成噪声排放、扬尘、废弃物、废水、有毒有害气体、有毒有害废弃物排放或加大对环境的污染。接触胶粘剂人员施工前应接受"有毒有害气体的排放、有毒有害废弃物的排放"的环境培训，防止操作不当影响身体健康。

4.4 材料要求

4.4.1 聚苯乙烯泡沫塑料板、耐碱性玻纤网格布、水泥、聚合物砂浆用有机胶结材、胶粘剂、聚苯颗粒保温浆料、镀锌钢丝、低碳钢丝、尼龙锚栓等材料必须具有质量、环境或安全合格证明文件、规格、型号、外观检查及性能应符合国家技术标准或设计文件规定；进场时应对品种、规格、外观、质量环境验收文件等进行检查验收；以免使用不合格材料导致工程返工，浪费资源污染环境。

4.4.2 聚苯乙烯泡沫塑料板、耐碱性玻纤网格布等保管应防雨、防潮、通风，露天存放必须加苫盖，以免受潮变质形成浪费。

4.4.3 聚苯板库房10m以内严禁火源，并有明显禁火标识，以防引起火灾引发环境和安全事故。

4.4.4 网格布储存应远离(最好不少于10m)明火和高温热源，以防烘烤挥发有害气体。

4.4.5 聚苯板胶粘剂、聚合物砂浆用有机胶结材、界面剂应使用容器妥善存放，不得随意开启，以免有毒有害气体挥发。

4.5 设备设施要求

4.5.1 主要设备工具：切割聚苯板操作平台、电热丝、接触式调压器、盒尺、墨斗、砂浆搅拌机、抹灰工具、检测工具等。每天使用的工具应清扫擦洗干净，确保其完好性。损坏的工具不得随意废弃，应按"可回收废弃物"、"不可回收废弃物"分类回收，储存在废弃物堆放场，集足一个运输单位后，交当地环卫部门清运处理，清运时，应使用密封车以防止遗洒。

4.5.2 砂浆搅拌机、接触式调压器应选用噪声低、能耗低的品种，以免使用时噪声超标，加大电能消耗；日常应加强保养，确保其完好性，以防产生噪声、漏油等。

4.6 过程控制

4.6.1 有网体系控制要求

4.6.1.1 施工准备

熟悉有关图纸资料，学习有关施工工艺，做好技术准备；了解材料性能掌握施工要领，明确施工顺序，并与提供成套材料和技术的企业联系，并由该企业派人员在现场对工人进行培训和技术指导,以免施工偏差造成返工浪费;对相关环境因素应进行识别、评价,并对施工人员进行环境因素控制的交底、培训。

4.6.1.2 钢筋绑扎

钢筋绑扎除按其钢筋作业环境控制一般要求外,应考虑如采用预制点焊网片做结构墙体主筋时,靠近保温板的墙体横向分布筋应弯成L形,以免直筋易于戳破保温板,影响保温效果,浪费能耗。

4.6.1.3 保温板安装

(1) 外墙钢筋外侧垫块应采用砂浆垫块,每块板内不少于6块,并不得采用塑料垫卡,以免塑料垫卡戳破保温板,造成外保温墙体总厚度过多负差,影响保温效果而浪费能耗。废弃的碎垫块应及时收捡清理,送运到指定场所。

(2) 安装保温板(聚苯板)时,应将每两块保温板侧向之间高低槽口处均匀涂刷专用胶,使保温板竖缝之间相互粘结在一起,以免保温板竖缝夹杂浇筑混凝土时的"跑浆",影响保温效果浪费能耗。操作人员应佩戴口罩,专用胶使用时应随用随盖,以防挥发。

(3) 固定保温板(聚苯板)与墙体钢筋的L形$\phi 6$钢筋和绑扎丝,应采用限额领料方式控制材料消耗,遗洒的应及时清理回收并重复利用。

(4) 涂刷专用胶时,遗洒的专用胶应用棉纱等立即清理干净,废棉纱和废弃的专用胶罐以及废手套、废工具等应送至现场有毒、有害垃圾存放点,交由有资质的单位进行处理。

(5) 保温板(聚苯板)的搬运应小心轻巧,以防止损坏影响其保温性能,切割聚苯板应在室内操作。施工地点严禁火源,以防保温板着火引发火灾造成安全和环境事故。施工中废弃的聚苯板碎屑每天清理干净,装入编织袋或其他适当容器运至现场建筑垃圾存放点,做到工完场清。

(6) 施工现场各类废弃物集足一个运输单位后,交当地环卫部门清运处理,清运时,应使用密封车以防遗洒。

4.6.1.4 混凝土墙体施工

混凝土施工包含模板安装、混凝土浇筑、模板拆除、混凝土养护、混凝土墙体检验,其环境控制按模板作业、钢筋作业、混凝土施工一般要求执行。

4.6.1.5 外墙外保温板板面抹灰

外墙外保温板板面抹灰应按抹灰砌筑作业、装饰装修作业的环境控制一般要求加强控制。

4.6.1.6 其他

(1) 为避免出现施工偏差或其他质量、安全问题造成返工浪费或损失,施工时应注意环境影响,避免大风天气。当气温低于5℃时应停止面层施工,当气温低于-10℃时应停止保温板安装。

(2) 抹完水泥砂浆面层后的保温墙体不得随意开凿孔洞,翻拆架子时应防止撞击已装修好的墙面,以免影响保温效果而浪费能耗。

(3) 风力4级以上时,配置胶粘剂、聚合物砂浆宜在室内进行,以防扬尘、有害气体挥发扩散,或粘结效果不佳引发质量问题造成材料损失。

4.6.2 无网体系控制要求

4.6.2.1 施工准备

熟悉有关图纸资料,学习有关施工工艺,做好技术准备;了解材料性能掌握施工要领,明确施工顺序,并与提供成套材料和技术的企业联系,并由该企业派人员在现场对工人进行培训和技术指导,以免施工偏差造成返工浪费;对相关环境因素应进行识别、评价,并对施工人员进行环境因素控制的交底、培训。

4.6.2.2 钢筋绑扎

钢筋绑扎环境控制除按钢筋作业一般要求执行外,在绑扎墙体钢筋时,应靠保温板一侧的横向分布筋宜弯成 L 形,以免直筋戳破保温板影响保温效果产生能耗浪费。

4.6.2.3 保温板安装

(1) 外墙钢筋外侧垫块应采用砂浆垫块,每块板内不少于 6 块,并不得采用塑料垫卡,以免塑料垫卡戳破保温板,造成外保温墙体总厚度过多负差,影响保温效果而浪费能耗。废弃的碎垫块应及时收捡清理,运送到指定场所。

(2) 安装保温板(聚苯板)时,应将每两块保温板侧向之间高低槽口处均匀涂刷专用胶,使保温板竖缝之间相互粘结在一起。以免保温板竖缝夹杂浇筑混凝土时的"跑浆",影响保温效果而浪费能耗。施工时操作人员应佩戴口罩,专用胶应随用随盖,以防挥发。

(3) 在安装好的保温板面采用电烙铁在锚栓定位处穿孔,然后在孔内塞入胀管,以固定保温板(聚苯板)与墙体钢筋时,施工时操作人员必须戴好口罩,以免吸入电烙铁穿孔时聚苯板熔解挥发的有害气体;同时施工应采用限额领料方式控制锚栓消耗,遗洒的应及时清理回收并重复利用。

(4) 涂刷专用胶时,遗洒的专用胶应用棉纱等立即清理干净,废棉纱和废弃的专用胶罐,以及废手套、废工具等应送至现场有毒、有害垃圾存放点,由有资质的单位进行处理。

(5) 保温板(聚苯板)的搬运应小心轻巧,防止损坏影响其保温性能。切割聚苯板应在室内操作,施工地点严禁火源,以防保温板着火产生环境和安全事故。施工中废弃的聚苯板碎屑每天清理干净,装入编织袋或其他适当容器运至现场建筑垃圾存放点,做到工完场清。

(6) 施工现场各类废弃物集足一个运输单位后,交当地环卫部门清运处理,清运时应使用密封车,防止遗洒。

4.6.2.4 混凝土墙体施工

混凝土施工包含模板安装、混凝土浇筑、模板拆除、混凝土养护、混凝土墙体检验,其环境控制按模板作业、钢筋作业、混凝土施工一般规定执行。

4.6.2.5 抹聚合物水泥砂浆

(1) 抹聚合物水泥砂浆前应当清理保温板面层,采用泡沫聚氨酯或其他保温材料在保温板部位堵塞穿墙螺栓孔洞、用保温砂浆或聚苯板修补板面及门窗口保温板缺损,以防保温墙产生"冷桥"影响保温效果而浪费能耗。

(2) 用聚苯颗粒保温砂浆进行局部找平保温板面凹凸不平处时,操作时应有相应容器(如矩形桶)接受遗洒物料,以便回收利用;遗洒在地面的,应每天清扫装入编织袋或其他容器运至现场废弃物存放点统一处理。

(3) 拌制聚苯颗粒保温砂浆宜在室内或围挡内进行,以免聚苯颗粒扬洒。

(4) 配制聚合物砂浆时应使用衡器准确计量,用电动搅拌机搅拌均匀,以免砂浆和易性、粘结强度不满足施工要求,造成返工浪费;聚合物砂浆一次的配制量以 60min 内用完为宜,以免失效浪费。当风力 4 级以上时搅拌机棚应有围挡措施以防扬尘。冲洗砂浆搅拌机的污水必须经过两级沉淀方可排放。

(5) 在保温板表面进行聚合物水泥砂浆抹面时,应先抹聚合物砂浆底灰,然后立即将玻璃纤维网格布垂直铺设,用木抹子压入聚合物砂浆内,紧接再抹一层聚合物砂浆,距网格布表面厚度不大于 1mm 即可,以满足保温板墙面抗裂强度,避免抹灰层开裂修补返工浪费材料。

(6) 窗洞口外侧面应抹聚苯颗粒保温砂浆,并在距离窗框边应留出 5~10mm 缝隙以备打胶用,以满足保温墙整体保温效果而节约能耗。

(7) 拌制聚合物砂浆和聚苯颗粒保温砂浆的操作工人应佩戴口罩,以防止水泥扬尘,减少聚合物砂浆用有机胶结材料气体的吸入。

(8) 施工中遗洒废弃的聚合物砂浆和聚苯颗粒保温砂浆、废弃的边角网格、废有机胶结材料容器等废弃物应随时清理干净,装入编织袋或其他适当容器运至现场建筑垃圾存放点,做到工完场清。废弃物集足一个运输单位后,交当地环卫部门清运处理,清运时应使用密封车防止遗洒。

4.6.2.6 其他

(1) 为避免修补或返工造成损失,塔吊在吊运物品时要避免碰撞保温板,首层阳角在脱模后及时用竹胶板或其他方法加以保护,以免棱角遭到破坏;外挂架下端与墙体接触面必须用板垫实,以免外挂架挤压保温层。

(2) 抹完抗裂聚合物砂浆的墙面不得随意开凿孔洞,严禁重物、锐器冲击墙面,以防保温墙产生"冷桥"影响保温效果而浪费能耗。

4.6.3 应急和突发事件控制

作业前应对聚苯乙烯保温板、聚合物乳液、胶粘剂等材料的储存、使用可能产生意外的有毒有害气体,以及聚合物乳液、胶粘剂意外遗洒、泄漏、着火,临时停电造成设备、机具事故,其他突发事件等编制应急方案,并配置适宜的灭火器材、抢险工具并明确相应的防范措施,设置义务消防、抢险队等,按规定的频次和要求实施演练,以防发生安全和环境事故造成大气、水体和土地污染;遇大风和下雨天气,应提前做好材料和施工机具的入库和保管工作。

4.7 监测要求

4.7.1 每逢大雨前应检查材料仓库的完好情况,大雨后要检查仓库中是否有淋湿现象,如有要及时处理,避免浪费材料。

4.7.2 当施工时间有限制时,要提前 2h 监测进度情况,确保在限制时间中止施工。

4.7.3 每周检查一次仓库的防火情况,特别注意灭火器是否有效,避免火灾时灭火器失效造成损失,并对大气、水体等产生污染。

4.7.4 每次材料进场必须检查材料包装情况和工人卸料情况,要确保包装完好,如有损坏要包装好后才能卸料;运输车辆出工地门时要检查轮胎洁净情况,不干净时要进行清扫或清洁,避免污道路。

4.7.5 每班应目测一次现场扬尘情况,做到扬尘高度不超过0.5m。

4.7.6 现场有噪声排放时,应进行监测,满足场界内噪声值昼间不大于75dB、夜间不大于55dB。每有新的噪声排放源时,要进行监测以满足噪声排放要求。

4.7.7 每月应由专人对周围社区或环境进行走访,收集周围相关方的意见,作为持续改进环境管理的依据。

4.7.8 各种目测、检查和检测结果应做好记录,发现控制效果不佳或超标时,应改变施工方法或停止作业,采取纠正措施。

5 ZL聚苯颗粒保温浆料外墙外保温施工

5.1 作业流程

本外墙外保温施工技术是将ZL胶粉聚苯颗粒保温料浆直接抹在外墙基面形成保温层,然后用玻纤网格布增强的聚合物水泥砂浆作保护层,最后抹柔性耐水腻子饰面层。其工艺流程为:

施工准备→基层处理→吊垂直、套方、弹控制线→胶粉聚苯颗粒保温浆料的施工→做分隔条→抹抗裂砂浆→铺压玻纤网格布→首层处理→涂刷高分子乳液防水弹性底层涂料→刮柔性耐水腻子→外墙涂料施工。

5.2 环境因素

5.2.1 清理结构墙面,剔除凸出墙面砂浆、混凝土块时粉尘和噪声的排放、废弃物的遗洒;清洗墙面时水资源的消耗及废水的排放。

5.2.2 拌和界面砂浆、抗裂砂浆时粉尘的排放、清理废水的排放;施工塌饼时砂浆遗洒及余料浪费。

5.2.3 抹胶粉聚苯颗粒保温料浆、贴玻纤布的遗洒和保温浆料、玻纤布废弃余料处置。

5.2.4 保温墙面刷聚合物乳液、刮柔性耐水腻子时的遗洒;拌和腻子时粉尘的排放、清理废水的排放;余料浪费。

5.2.5 外墙涂料遗洒、余料浪费。

5.2.6 架子及垂直运输等环境因素及控制措施按"模板、架手架作业"和"起重设备安装和电梯作业"要求执行。

5.2.7 可能的应急和突发事件产生的环境因素:液质、易燃或有毒材料意外遗洒、泄漏、着火,临时停电或用电设备发生意外事故产生大量废气、废弃物污染大气、土地、地下水。

5.3 人员要求

5.3.1 保温工、抹灰工、水工、电工等作业人员应取得相应级别的岗位操作证,按考核合格后的项目、权限和相应的国家与地方规范、操作规程,从事与所持证书规定范围内工作,以免因人员素质、能力不能满足要求而发生保温墙"漏风"、"冷桥"现象,降低保温隔热性能而浪费能耗,或返工浪费造成损失。

5.3.2 每项作业流程施工前作业人员应接受环境交底,包括作业流程所涉及的重要环境因素、环境控制措施、环境操作基本要求、环境检测的关键参数、应急响应中的注意事项,使之熟练掌握操作技术,了解和掌握环境控制的要求,避免操作不当造成噪声排放、扬尘、废弃物、废水、有毒有害气体排放或加大对环境的污染。接触胶粘剂人员施工前应接受"有毒有害气体的排放、有毒有害废弃物的排放"的环境培训,防止操作不当影响身体健康。

5.3.3 强制式砂浆搅拌机、垂直运输机械、水平运输车等机械操作人员应经过培训,掌握相应机械设备的操作要领后方可进行作业,避免因人的失误操作或不按操作规程操作、保养,造成机械设备漏油污染土地、地下水,设备部件报废、噪声超标等,防止机械设备安全和环境事故造成损失或损害。

5.4 材料要求

5.4.1 界面处理剂:配制采用强度等级42.5水泥和中砂,按1∶1∶1重量比搅拌成均匀浆状,性能应符合《建筑用界面处理剂应用技术规程》(DBJ/T 01—04—98)的规定。配制时水泥应复检合格,中砂筛除大于2.5mm的颗粒,含泥量少于3%,筛除的余料应集中堆放,集足一定量后交环卫部门清运,清运时就防止遗洒;含泥量大于3%时应清洗,清洗用水应经二次沉淀并尽量循环利用,废水应达标排放。配制时要计量准确,避免配制不合格引起质量问题返工或返修浪费材料。

5.4.2 胶粉聚苯颗粒保温浆料:由胶粉料与聚苯颗粒组成,两种材料分袋包装,加水搅拌制成。其中胶粉料应满足表17-1性能指标,材料进场后应复试合格,避免浪费材料;聚苯颗粒应满足堆积密度12~21kg/m³,粒度(5mm筛孔筛余)≤5%性能指标,避免材料不合格引起返工浪费材料。

胶粉料技术性能   表17-1

项　　　　目	单　　位	指　　标
初凝时间	h	≥4
终凝时间	h	≤12
安定性(蒸煮法)		合格
拉伸粘结强底(常温28d)	MPa	≥0.6
浸水拉伸粘结强度(常温,浸水7d)	MPa	≥0.4

胶粉聚苯颗粒保温浆料的配制:先将34~36kg水倒入砂浆搅拌机内,然后倒入1袋25kg胶粉料搅拌3~5min后,再倒入1袋200L聚苯颗粒继续搅拌3min,可按施工稠度适当调整加水量,搅拌均匀后倒出。配制时应准确计量,防止配合比不准确引起材料报废、浪费材料;另外要计算好使用量,做到随搅随用,在4h内用完,避免材料失效报废。

5.4.3 抗裂砂浆:配制时采用强度等级42.5水泥∶中砂∶抗裂剂按1∶3∶1重量比,用砂浆搅拌机或手提搅拌器搅拌均匀,配制时的加料次序应先加入抗裂剂再加中砂搅拌均匀后,加入水泥继续搅拌3min倒出,应确保计量准确、加料顺序正确且充分保证搅拌时间,避免引起材料报废;抗裂砂浆不得任意加水,应在2h内用完,避免材料失效报废。

5.4.4 为避免使用不合格的材料导致返工或返修造成材料浪费,玻纤网格布、高分子乳液防水弹性底层涂料、柔性耐水腻子及附件等进场时均应验收合格后才能使用。

5.4.5 所有进场材料应分类堆放，标识清楚，并应有防雨、防火措施，避免保管不当造成材料损失或错用引起返工而形成浪费，或形成火灾造成安全和环境事故。

5.5 设备设施要求

5.5.1 根据施工组织设计或专项施工方案的要求，合理选择满足施工需要、噪声低、能耗低的强制式砂浆搅拌机、垂直运输机械、水平运输车等设备或器具，避免设备使用时噪声超标，漏油污染土地、污染地下水，或加大水、电、油等资源消耗。

5.5.2 施工设备在每个作业班后应按规定进行日常的检测、保养和维修，保证设备经常处于完好状态，避免设备使用时意外漏油污染环境或加大噪声；当发现设备有异常或存在问题时，应安排专人检查排除或送维修单位立即抢修，防止设备带病作业产生影响严重的安全和环境问题。

5.5.3 损坏的水桶、剪子、滚刷、扫帚、壁纸刀、托线板等工具不得随意废弃，应按"可回收废弃物"、"不可回收废弃物"分类处理。

5.5.4 作业地点和材料仓库要配备防火器材，避免因发生火灾应急不足造成安全和环境事故。

5.6 过程控制要求

5.6.1 施工准备

5.6.1.1 外墙墙体工程平整度达到要求，外门窗口应安装完毕，经有关部门检查验收合格，外墙面上的雨水管卡、预埋铁件、设备穿墙管道等应提前安装完毕，避免施工条件不满足或事后凿打引起返工、返修浪费材料，或因事后凿打产生噪声、扬尘等。

5.6.1.2 为避免伤害事故发生或加大修补工程量引起材料浪费，施工用吊篮或专用外脚手架搭设牢固并经安全检验合格，脚手架横竖杆距离墙面、墙角适度，脚手板铺设与外墙分格相适应。

5.6.1.3 作业时环境温度不应低于5℃，风力应不大于5级，风速不宜大于10m/s，严禁雨天施工；雨期施工时应做好防雨措施，避免气候恶劣引起质量问题返工或返修加大材料投入。

5.6.2 基层处理控制要求

5.6.2.1 墙面应清理干净无油渍、浮尘等，旧墙面松动、风化部分应剔凿清除干净，墙表面凸起物≥10mm应铲平。清理墙面灰尘时应适当洒水，以免产生粉尘；洒水宜用喷射法进行，并以适度而不流淌为宜，从而节约用水并不产生废水。清除的杂物应在操作架上用模板或彩条布等其接住，并及时清理干净，装入编织袋或容器运至现场垃圾存放点，集足一定数量后统一由环卫部门处理，清运时应加盖避免遗洒；操作工人应戴好口罩。

5.6.2.2 对要求做界面处理的基层应满涂界面砂浆，用滚刷或扫帚将界面砂浆均匀涂刷，滚刷或扫帚每次蘸料不应过多，以免遗洒；洒落的砂灰应进行承接并及时清理干净，装入编织袋或容器运至现场垃圾存放点统一由环卫部门处理，清运时应加盖以避免遗洒。

5.6.3 吊垂直、套方、弹控制线控制要求

保温层施工前，应做好吊垂直、套方找规矩、弹厚度控制线，拉垂直、水平通线，套方做口，按厚度线用胶粉聚苯颗粒保温浆料做标准厚度灰饼冲筋，避免厚度不够影响保温效

果,引起能耗增加或超厚引起材料浪费;施工时洒落的保温浆料应进行承接并及时清理干净,装入编织袋或容器运至现场垃圾存放点统一由环卫部门处理,清运时应加盖以避免遗洒。

5.6.4 胶粉聚苯颗粒保温浆料的施工控制要求

5.6.4.1 保温层一般控制要求

抹胶粉聚苯颗粒保温浆料应至少分两遍施工,每两遍间隔应在24h以上;后一遍施工厚度要比前一遍施工厚度小,最后一遍厚度留10mm左右为宜;最后一遍操作时应达到冲筋厚度并用大杠搓平,保温层厚度不允许有偏差;保温层固化干燥(用手掌按不动表面,一般约5d)后方可进行抗裂保护层施工。操作时应有相应工具(如托灰板),操作区域宜铺设彩条布塑料布等,以接受粉刷时的遗洒物料并回收利用;报废或不能利用的以及遗洒地面的物料应每天清扫,装入编织袋等运至现场废弃物存放点,集足一定数量后由环卫部门处理,清运时应加盖以避免遗洒。

5.6.4.2 保温层加强做法控制要求

建筑物高度>30m时,应加钉金属分层条并在保温层中加一层金属网(金属网在保温层中的位置:距基层墙面距离不宜小于30mm,距保温层表面距离不宜大于20mm)。

施工时,金属分层条、金属网、角钢、射钉、铁丝、铁钉等宜以限额领料控制,施工过程应防止洒落、丢失,边角余料要尽量利用,不能利用或报废的余料应及时统一回收,集中存放在有可回收标识的地点,集足一定数量后由废品回收单位处理,清运时应加盖以避免遗洒。

5.6.5 做分格线条控制要求

按设计要求在胶粉聚苯颗粒保温浆料层上弹出分格线和滴水槽的位置,分格缝宜分层设置,分块面积单边长度应不大于15m;用壁纸刀沿弹好的分格线开出设定的凹槽,在凹槽中嵌满抗裂砂浆,将滴水槽嵌入凹槽中,与抗裂砂浆粘结牢固,用该砂浆抹平槎口;施工时成品滴水槽废料应随手放好,不得随意丢弃;壁纸刀开凹槽产生的灰渣应有相应工具(如托灰板)接受,每天清扫分装入编织袋等运至现场废弃物存放点,集足一定数量后由环卫部门处理,清运时应加盖以避免遗洒。

5.6.6 抹抗裂砂浆、铺贴玻纤网格布控制要求

玻纤网格布按楼层间尺寸事先裁好,抹抗裂砂浆一般分两遍完成,第一遍厚度约3~4mm,随即竖向铺贴玻纤网格布,用抹子将玻纤网格布压入砂浆,使玻纤网格布铺贴平整无皱褶、饱满度应达到100%,随即抹第二遍找平抗裂砂浆,抹平压实平整。抹抗裂砂浆时应有相应工具(如托灰板),操作区域宜铺设彩条布或塑料布等,以接受粉刷时的遗洒物料,以便回收利用;遗洒地面的物料应每天清扫,装入编织袋等运至现场废弃物存放点,集足一定数量后由环卫部门处理,清运时应加盖避免遗洒。玻纤网格布废弃余料应集中存放,定期处理,不得随意丢弃。

5.6.7 涂刷高分子乳液防水弹性底层涂料控制要求

涂刷高分子乳液防水弹性底层涂料时,操作人员应佩戴口罩,以防涂料气体挥发影响健康;施工时不能遗洒,避免加大材料的使用量;施工用具应妥善保管,不能挪作它用,避免造成污染;废刷子、废桶等有毒、有害废弃物必须集中存放在相应标识的堆放地点,集足

一个运输单位后由环卫部门统一处理,严禁随意丢弃。

5.6.8 刮柔性耐水腻子控制要求

刮柔性耐水腻子应在抗裂保护层干燥后施工,应刮2~3遍腻子并做到平整光洁。施工时应注意废刮板、废桶等废弃物必须集中存放在相应标识的堆放地点,不得随意废弃。

5.6.9 外墙涂料施工控制要求

施工外墙涂料应按装饰装修作业中涂料施工的一般要求进行环境因素控制,其拌制应适量,不宜过多形成浪费,不宜过少影响工期,并及时使用以防凝结;作业人员应使用口罩、手套等防护用口,随时封盖料桶,减少有害气体挥发、遗洒;小心施工,以防沾污其他材料、工具和工程实体等。沾染涂料的废弃物应进行及时分类清理,在每个工作日清运到指定场所。

5.6.10 应急和突发事件控制要求

5.6.10.1 雨期施工时,要密切关注天气变化情况,禁止在大雨或暴雨时施工。避免材料报废,产生废弃物污染环境。

5.6.10.2 冬期施工时,应准备覆盖材料,密切关注环境温度的变化,当环境温度有可能降到5℃以下时,应及时进行覆盖保温,避免冻坏聚合物砂浆产生废弃物污染环境。

5.6.10.3 禁止在5级以上大风时施工,避免造成扬尘污染大气环境。

5.6.10.4 确定相关应急责任人员,由项目部环境管理员在交底时对火灾时或其他紧急情况进行详细说明,并予以演练。火灾发生时,由火情发现人员进行初始阶段灭火,同时电话通知应急领导,当火灾超过3min还不能熄灭时并有蔓延趋势时,作业班/组长可以直接打119电话报警。作业现场醒目位置必须要有应急处理流程图,并有内部联系电话号码,原则上应急领导和现场作业人员应分别有2个以上可以进行有效联系的号码,应急的作业班/组长原则上不能离开作业现场,如确要离开应现场安排第二责任人,并与应急领导通报。

5.6.10.5 项目部应有专人收听天气预报,有大风大雨的预报,必须及时通知应急领导和现场作业班/组长,按应急方案处理。

5.6.10.6 在夏季高温作业时,要注意防止中暑,如系轻症中暑,应使患者迅速离开高温作业环境;如是重症中暑,由现场作业班/组长指挥人员进行紧急抢救,并第一时间电话通知应急领导,首先采取措施降温,迅速送医院进行抢救。

5.6.10.7 施工过程中,如操作人员发生恶心、头晕、过敏等情况时,要立即停止工作,撤离现场休息,由专人看护,如有异常应马上送医院进行处理。

5.7 监测要求

5.7.1 每逢大雨前应检查材料仓库的完好情况,大雨后要检查仓库中是否有淋湿现象,如有要及时处理,避免浪费材料。

5.7.2 当施工时间有限制时,要提前2h监测进度情况,确保在限制时间中止施工。

5.7.3 每周检查一次仓库的防火情况,特别注意灭火器是否有效,避免火灾时灭火器失效造成损失的加大,增加对环境的污染。

5.7.4 每次材料进场必须检查材料包装情况和工人卸料情况,要确保包装完好,如有损坏要包装好后才能卸料;运输车辆出工地门时要检查轮胎洁净情况,不干净时要进行清扫或清洁,避免污道路。

5.7.5 每班应目测一次现场扬尘情况,做到扬尘高度不超过0.5m。

5.7.6 现场有噪声排放时,应进行监测,满足场界内噪声值昼间不大于75dB、夜间不大于55dB。每有新的噪声排放源时,要进行监测以满足噪声排放要求。

5.7.7 每月应由专人对周围社区或现场环境进行走访,收集周围相关方的意见,作为持续改进环境管理的依据。

5.7.8 目测、检查和检测结果应做好记录,发现控制效果不佳或超标时,应改变施工方法或停止作业,采取纠正措施。

6 混凝土砌块外墙夹心保温施工

6.1 工艺流程

6.1.1 双层砌块保温墙做法

混凝土砌块夹芯保温外墙,由结构层、保温层、保护层组成。结构层一般采用190mm厚主砌块,保温层一般采用聚苯板、岩棉或聚氨酯现场分段安装,保温层厚度根据各地区的建筑节能标准确定,保护层一般采用90厚劈裂装饰砌块。

6.1.2 承重保温装饰空心砌块是集保温、承重、装饰三种功能于一体的新型砌块,同时解决装饰面与结构层稳定可靠连接的问题,砌块施工过程中随时把聚苯板插入复合砌块的空腔里,以保证质量要求,防止能源浪费。

6.2 环境因素

6.2.1 砌体湿润时水资源的消耗及废水的排放,砌体边角余料废弃;砂浆搅拌、运输、使用中遗洒,以及噪声、粉尘、废水的排放。

6.2.2 聚苯乙烯保温板安装保温板时锯刨保温板时粉尘、噪声的排放;不正确使用撬棍等工具产生噪声的排放;保温板余料废弃。

6.2.3 水电专业安装管线和设备埋件时电钻噪声及电能消耗;钻孔作业时粉尘的排放。

6.2.4 架子及垂直运输等环境因素及控制措施按"模板、架手架作业"和"起重设备安装和电梯作业"要求执行。

6.2.5 可能的应急和突发事件产生的环境因素:有毒有害气体挥发和泄漏、火灾,临时停电或用电设备发生意外事故产生污染源污染大气、土地、地下水等。

6.3 人员要求

6.3.1 操作人员应穿软底鞋,身着长衣、长裤并扎紧裤脚、袖口,配戴手套及护脚,并应按规定使用好其他劳动防护用品。

6.3.2 每项施工作业前,项目部应对操作人员进行交底,要针对该项作业活动所涉及的重要环境因素、环境控制措施、环境操作基本要求、环境检测的关键参数、应急响应中的注意事项进行专项环境交底,避免因作业人员不掌握环境方面的基本要求造成噪声排放、扬尘、废弃物、废水、有毒有害气体,加大环境污染。

6.3.3 砂浆搅拌机等机械操作人员应经过培训,掌握相应机械设备的操作要领后方可进行作业,避免因人的失误操作或不按操作规程操作、保养,造成机械设备漏油污染土地、水体、噪声排放，设备部件报废及其他环境事故。

6.4 材料要求

6.4.1 为避免材料选用不当导致保温效果不佳而增大能源消耗，混凝土小型砌块主规格尺寸为 390mm×190mm×190mm，强度分为 MU3.5、MU5、MU7.5、MU10、MU15、MU20 六个等级；聚苯板的技术指标应满足《绝热用模塑聚苯乙烯泡沫塑料》(GB/T 10801.1—2002)中第Ⅱ类(阻燃型)的要求(见前述)；砌体的强度等级及聚苯板的厚度应由设计确定。

6.4.2 混凝土砌块为大宗材料，应按施工平面布置图确定的位置堆放，材料进场应有合格证，并应按规定抽样复检合格后方能使用，避免使用不合格的材料引起返工浪费；搬运时应轻搬轻运，防止损坏加大材料用量。

6.4.3 聚苯板应有防雨措施避免失效造成浪费，储存和使用地点应严禁火源，避免火灾引起安全和环境事故。

6.5 设备设施要求

6.5.1 应根据施工组织设计或专项施工方案的要求，合理选择满足施工需要、噪声低、能耗低的砂浆搅拌机等设备或器具，避免设备使用时噪声超标，加大水、电、油和资源消耗。

6.5.2 为避免噪声超标，漏油污染土地、污染地下水，或加大水、电、油的消耗，砂浆搅拌机等主要设备应在每个作业班后应按规定进行日常的检测、保养和维修，保持性能良好；当发现设备有异常或存在问题时，应安排专人检查排除或送维修单位立即抢修，防止设备带病作业。

6.5.3 损坏的瓦刀、大铲、托线板、线坠、钢盒尺、水桶、筛子、扫帚等工具不得随意废弃，应按"可回收废弃物"、"不可回收废弃物"分类回收，储存在废弃物堆放场。

6.5.4 作业地点和材料储存地点要配备防火器材，避免发生火灾产生固废及大气污染等环境问题。

6.6 过程控制要求

6.6.1 砌体施工控制要求

6.6.1.1 砌块装料运输时要轻拿轻放，严禁直接往料斗中抛掷装料，运到砌筑地点也要禁止直接倾倒在地面上，避免扬尘污染大气，砌体损坏产生废弃物污染环境。

6.6.1.2 需要砍砖的地方宜采用锯的办法，不宜用砌刀砍，避免过多损坏砌块，多产生废弃物污染环境。

6.6.1.3 保温板应随取随用，轻搬轻放，统一下料，余料要尽量拼好使用，避免浪费施工材料。

6.6.1.4 落地的水泥砂浆要及时回收利用，不可回收的垃圾每班下班时均应归堆装入垃圾袋及时运到垃圾堆场，集足一定数量后由环卫部门清运，清运时要加盖，防止遗洒。

6.6.2 应急和突发事件控制要求

作业前应对有毒有害气体意外泄漏，着火，临时停电造成设备、机具事故，其他突发事件等编制应急方案，并配置适宜的灭火器材、抢险工具并明确相应的防范措施，设置义务消防、抢险队等，按规定的频次和要求实施演练，以防发生安全和环境事故造成对大气、水体等的污染;遇大风和下雨天气,应提前做好现场安全和环境防范。

6.7 监测要求

6.7.1 搅拌施工每班工作结束后,应对储料斗及物料提升设备进行检查,确保机械运转状态良好,并无漏洒现象。一旦发现,异常情况,应及时报告,并安排专业维修人员进行维修。

6.7.2 每班结束后,操作工人应检查搅拌站四周,对搅拌站四周洒落的水泥、砂等材料,应及时清理回收,可利用的应重复利用,减少资源的浪费。不可使用的应集中运至指定地点处置,避免对土壤造成污染。

6.7.3 现场散装水泥卸料时,每次均要目测水泥罐顶排气口扬尘情况,当目测有水泥扬尘时,应检查除尘装置的有效性,符合要求后再继续卸料。

6.7.4 每逢大雨前应检查水泥仓库的完好情况,大雨后要检查水泥仓库中是否有淋湿现象,如有要及时处理,避免浪费材料。

6.7.5 冬期施工时,每天早、晚应监测环境温度一次,当温度低于5℃时,应采取措施,当低于-10℃,应停止施工。

6.7.6 低于5℃时施工,相同的施工工艺时,每班应测量入模温度一次,测量热水或骨料加热后的温度一次。

6.7.7 现场搅拌砂浆,四周无围挡的搅拌站每班均要至少一次目测检查扬尘情况,在搅拌料斗以上0.5m高度范围内有扬尘,则应采取喷淋等措施降尘,合格后才能继续施工;在搅拌房中的搅拌站,则操作人员应随时观察搅拌房中粉尘浓度,当目测可见粉尘颗粒时,应及时开启水雾降尘装置,进行降尘。

6.7.8 定期(不少于每周一次)进行噪声检测,噪声排放的超过75dB的限值时。应在搅拌房外或输送泵围挡外增加隔声布或其他降噪措施以满足要求。

6.7.9 沉淀池在使用期间要定期(不少于每天一次)对沉淀池进行观测,观察沉淀池容量情况,及时进行清掏;并对沉淀池内的污水进行检测,作为回收利用或排放的依据。

6.7.10 当施工时间有限制时,要提前2h监测进度情况,确保在限制时间中止施工。

6.7.11 每月应由专人对周围社区或环境进行走访,收集周围相关方的意见,作为持续改进环境管理的依据。

7 保温隔热屋面施工

7.1 工艺流程

施工准备→基层清理→管根堵孔、固定→弹线找坡度→铺设隔汽层→保温层铺设→检查验收→找平层。

7.2 环境因素

7.2.1 松散保温材料运输的遗洒、块体保温材料等损坏报废产生的废弃物。

7.2.2 屋面清理时产生的扬尘及固体废弃物。

7.2.3 砂过筛时产生的余料。

7.2.4 水泥储存超过三个月可能造成报废,露天存放雨天覆盖不及时造成报废。

7.2.5 水泥存储不当受潮报废产生废弃物。

7.2.6 隔汽层施工时产生油毡有毒、有害气体排放及边角余料等废弃物。

7.2.7 可能的应急和突发事件产生的环境因素：油毡、基层处理剂和胶粘剂等易燃材料意外着火，遗洒，有毒有害气体挥发，中毒，现场临时停电或用电设备发生意外事故对大气、土地、地下水造成污染。

7.3 人员要求

7.3.1 油毡施工操作人员应穿软底鞋，着长衣、长裤并应扎紧裤脚、袖口，配戴手套及护脚，外露皮肤应涂擦防护膏。涂刷有害身体的基层处理剂和胶粘剂时，须戴防毒口罩和防护用品。其他人员应按规定使用相应劳动防护用品。

7.3.2 开工前必须对操作人员及有关人员进行交底，包括本项作业活动所涉及的油毡有毒、有害气体排放、扬尘及固体废弃物处理等环境控制措施、环境操作基本要求、环境检测的关键参数和应急响应中的注意事项等内容，避免因作业人员不掌握环境要求而造成扬尘、废弃物污染或有毒有害气体挥发造成大气污染和人员中毒。

7.4 材料要求

7.4.1 松散保温材料

进场时应进行粒径检查以确保符合设计要求。松散保温隔热材料一般采用编织袋或麻袋包装，如有特殊要求时也可采用其他包装形式，避免包装不当引起遗洒；在运输和保管时要注意防雨、防火和防止混杂，不同规格的产品应分别储运，堆放时还应避免人踏、物压，避免运输保管不当引起材料报废。施工时还应检查含水率是否符合设计要求，膨胀蛭石(或膨胀珍珠岩)堆垛高度不宜超过 1m，过高容易压坏，一般宜在料架上存放，并不得在上面堆放重物。

7.4.2 块状保温材料

有加汽混凝土块、聚苯乙烯泡沫塑料板、水泥聚苯颗粒板、膨胀珍珠岩块等。进场的保温材料应对密度、厚度、形状等和强度进行检查，合格后才能使用，避免使用不合格的材料导致保温效果不佳浪费能耗，或引起返工或返修，造成损失。块状保温材料运输包装应符合要求，苯板产品厚度在 250mm 以下用编织袋或草袋等包装，在捆扎角必须衬垫硬质材料；在运输和保管时应平整堆放，防止烟火，防止日晒雨淋，不可重压或与其他物体相互碰撞，产品须储存在干燥、通风的库房内，远离火源 10m 以上，不得和化学药品接触；在搬运时应轻放，防止损伤断裂、缺棱掉角，保证外形完整。避免运输、保管、搬运时损坏材料。

膨胀珍珠岩制品在储存时应按不同品种、规格分别堆放，并应有明显标志；沥青膨胀珍珠岩制品应分行堆放，每行两块，堆高 1.5～2m，中间留人行通道，便于通风降温，切不可成方形堆放，以免通风不良内部堆芯自燃产生火灾造成安全和环境事故。

7.5 设备、设施要求

7.5.1 应根据施工组织设计或专项施工方案的要求，合理选择满足施工需要的铁锹(平锹)手推车、木拍子等器具。

7.5.2 施工器具要妥善保管，工具报废后不得随意抛弃，收集后归类统一处理。

7.5.3 材料仓库要有防火标志，操作时要严禁吸烟，一个计算单元要配备不少于 2 具、不多于 5 具的手提式灭火器，避免发生火灾造成污染并危及人身安全。

7.6 过程控制

7.6.1 施工准备控制要求

7.6.1.1 穿过屋面和墙面等结构层的管根部位,应用细石混凝土堵塞密实,将管根固定,严禁事后凿打,以避免影响保温效果增大能耗,或事后凿打产生噪声、扬尘或废弃物。

7.6.1.2 为避免保温层失效或保温材料报废造成损失,严禁在雨天、雪天进行保温层施工。

7.6.2 基层清理控制要求

7.6.2.1 为避免损坏保温材料形成浪费,屋面保温材料的强度应满足搬运和施工要求,在屋面上只要求大于等于 0.1MPa 的抗压强度就可以满足。

7.6.2.2 当保温材料含水率过大不能干燥或施工中浸水不能干燥时,应采取排汽屋面做法,排汽屋面施工时应按屋面工程的一般要求严格进行环境控制,避免加大环境污染。

7.6.2.3 预制或现浇混凝土的基层表面,应将尘土、杂物等清理干净。施工时清理尘土应适当洒水,以免产生粉尘;洒水宜用喷射法进行,并以适度而不流淌为宜,从而节约用水并不产生废水。清理时动作轻缓,操作人员应戴好防尘口罩防止扬尘污染;清理的尘土、杂物应使用编织袋存放,扎紧袋口,运送至工地建筑垃圾点,集足一定数量后交由环卫部门进行统一处理,清运时要加盖,避免遗洒。

7.6.2.4 如冲洗屋面基层已形成废水,则应设置导管排放,并在排放口设置密目纱网,以防未经处理的废水排入市政管网。

7.6.3 铺设隔汽层

废油毡边角余料等为有毒有害废品,施工中不得随手丢弃,应捆扎包装后集中堆放并做好标识,交由环卫部门统一处理;运输时要捆扎牢固,避免遗洒。施工时,操作人员应戴好口罩,按设计要求或规范规定铺好油毡隔汽层,以避免呼吸油毡气体。

7.6.4 松散材料保温层施工

7.6.4.1 松散材料保温层应分层铺设,并适当压实,每层虚铺厚度不宜大于 150mm,压实的程度与厚度应经试验确定,为了准确控制铺设的厚度,可在屋面上每隔 1m 摆放保温层厚度的木条作为厚度标准,避免厚度不够影响保温效果,引起能耗的增大;压实后不得直接在保温层上行车或堆放重物,避免损坏保温材料引起材料浪费和增加能耗。

7.6.4.2 保温层施工完成后,应及时进行抹找平层和防水层施工。为避免保温层吸收砂浆中的水分而降低保温性能而加大能耗,在雨期施工时应采取遮盖措施,防止雨淋;铺抹找平层时,可在松散保温层上铺一层塑料薄膜等隔水物。

7.6.5 板状保温材料施工

7.6.5.1 干铺板状保温材料应紧靠基层表面,铺平、垫稳,分层铺设时,上下接缝应互相错开,接缝处应用同类材料碎屑填嵌饱满,避免保温层整体性不够引起产生"冷桥"现象,而影响保温效果引起能耗加大。

7.6.5.2 为避免因质量问题造成返工而浪费材料,粘贴的板状保温材料应铺砌平整、严实,分层铺设的接缝应错开,胶粘剂应视保温材料的材性选用如热沥青胶结料、冷沥青胶结料、有机材料或水泥砂浆等,板缝间或缺角处应用碎屑加胶料拌匀填补严密。

7.6.6 抹找平层

施工找平层应按屋面工程找平层施工的一般要求进行环境控制,避免材料浪费,或产生扬尘而污染大气;废弃物应在每一工作日内清运到指定地点,并在清运时封闭,以防遗洒。

7.6.7 应急和突发事件控制要求

7.6.7.1 雨期施工时,要密切关注天气变化情况,禁止在暴雨时施工松散保温材料;雨期施工时,保温材料应从库房随取随用,禁止在作业面上露天堆放松散保温材料;根据天气预报情况确定一次施工的面积,尽量要在下雨前做好其上的保护层或防水层;避免大雨损坏保温材料或冲走松散保温材料等造成材料浪费,增加废弃物污染环境。

7.6.7.2 雨期施工时,要准备好防雨材料,如突遇大雨,已施工还没有做保护层或防水层的松散保温材料要用彩条布盖好,并应有畅通的排水措施,防止大雨破坏保温层并冲走保温材料,造成材料浪费,污染环境;作业面上还没有使用的保温材料要及时收入仓库,施工用具等也应收回,作业面上的垃圾及各种遗洒的材料都应及时清理干净,避免雨水冲走保温材料、垃圾等堵塞下水管,污染环境。

7.6.7.3 禁止在5级以上大风时施工屋面保温材料,避免松散保温材料被吹走,造成扬尘污染环境;要尽量在无风天气施工松散保温层,风比较大时,在拌制松散保温材料时应有防风措施,一是可以在出屋面的结构中,四面围挡;二是可以在屋面背风处用钢管搭架子,然后在四周用彩条布挡。避免松散保温材料在拌制时扬尘污染大气。

7.6.7.4 确定相关应急责任人员,由项目部环境管理员在交底时对火灾时或其他紧急情况进行详细说明,并予以演练。火灾发生时,由火情发现人员进行初始阶段灭火,同时电话通知应急领导,当火灾超过3min还不能熄灭时并有蔓延趋势时,作业班/组长可以直接打119电话报警。作业现场醒目位置必须要有应急处理流程图,并有内部联系电话号码,原则上应急领导和现场作业人员应分别有2个以上可以进行有效联系的号码,应急的作业班/组长原则上不能离开作业现场,如确要离开应现场安排第二责任人,并与应急领导通报。

7.6.7.5 项目部应有专人收听天气预报,有大风大雨的预报,必须及时通知应急领导和现场作业班/组长,按应急方案处理。

7.6.7.6 在夏季高温作业时,要注意防止中暑,如系轻症中暑,应使患者迅速离开高温作业环境;如是重症中暑,由现场作业班/组长指挥人员进行紧急抢救,并第一时间电话通知应急领导,首先采取措施降温,迅速送医院进行抢救。

7.6.7.7 施工过程中,如操作人员发生恶心、头晕、过敏等情况时,要立即停止工作,撤离现场休息,由专人看护,如有异常应马上送医院进行处理。

7.7 监测要求

7.7.1 每逢大雨前应检查水泥仓库的完好情况,大雨后要检查水泥仓库中是否有淋湿现象,如有要及时处理,避免浪费材料。

7.7.2 当施工时间有限制时,要提前2h监测进度情况,确保在限制时间中止施工。

7.7.3 每班应由现场环境管理员现场目视扬尘情况:做到扬尘高度不超过0.5m。

7.7.4 每周检查一次仓库的防火情况,特别注意灭火器是否有效,避免火灾时灭火器失效造成损失的加大,增加对环境的污染。当有环境事故发生时,应及时对响应过程进行监测。

7.7.5 每次材料进场必须检查材料包装情况和工人卸料情况,要确保包装完好,如有损坏要包装好后才能卸料;运输车辆出工地门时要检查轮胎洁净情况,不干净时要进行清扫或清洁,避免污道路。

7.7.6 每月应由专人对周围社区或环境进行走访,收集周围相关方的意见,作为持续改进环境管理的依据。

8 聚氨酯直埋供热管道施工

8.1 工艺流程

施工准备→开挖沟槽→供热管就位→供热管的焊接→管道附件安装→管道接口的保温制作→管道竣工测量和砂土回填。

8.2 环境因素

8.2.1 土方开挖及回填中的噪声排放、废气排放、挖掘机漏油污染土地、土体遗洒等环境因素,按"土方及护坡降水工程"有关内容进行环境控制。

8.2.2 管道施工时有关除锈、焊接、油漆等环境因素参照"管道作业"进行环境控制。

8.2.3 硬质聚氨酯泡沫塑料、高密度聚乙烯等边角余料废弃物对环境的污染。

8.2.4 可能的应急和突发事件产生的环境因素:挖土机、吊车用油、漏油和油漆、聚氨酯、焊接可能引发的火灾,基层处理剂、胶粘剂、油漆、聚氨酯挥发中毒,土方坍塌,恶劣天气,临时停电或用电设备发生意外事故产生污染源污染大气、土地、地下水等。

8.3 人员要求

8.3.1 作业人员施工前应接受施工环境交底,熟练掌握操作技术,了解和掌握环境控制的要求,避免操作不当造成环境污染。

8.3.2 接触聚氨酯直埋供热管人员施工前应接受"有毒有害气体的排放、有毒有害废弃物的排放"的环境培训,防止保管和操作不当影响环境及身体健康。

8.3.3 操作人员应穿软底鞋,长衣、长裤,裤脚、袖口应扎紧,并应配戴手套及护脚。涂刷有害身体的基层处理剂和胶粘剂时,须戴防毒口罩和防护用品,并规定使用其他劳动防护用品。

8.3.4 挖土机、吊车、电焊机、气焊设备、试压泵操作人员应经过培训,掌握相应机械设备的操作要领后方可进行作业。避免因人的误操作或不按操作规程操作、保养造成机械设备漏油、设备部件报废、机械设备事故、浪费资源、噪声超标、污染土地、地下水或产生其他污染。

8.4 材料要求

8.4.1 聚氨酯直埋供热管的构造由钢管、防腐层、保温层、保护层组成。防腐层由涂刷防锈漆形成,保温层采用硬质聚氨酯泡沫塑料包裹,保护层是高密度聚乙烯外壳;聚氨酯直埋供热管系工厂预制,一般钢管管径 $DN320 \sim DN1500$,保温层厚度 $30 \sim 100$mm,由设计确定;管道压力 16MPa 水压。为防止使用不合格品引起保温效果不良,增大能源的消耗,供热管出厂前应按设计要求进行检查,合格后才能用于工程上。

8.4.2 预制供热管运输及施工过程中应采取有效措施,避免聚氨酯保温层结构受到破坏,碎屑污染土地。

8.4.3 预制供热管应分层整齐堆放,管端应有保护封帽。堆放场地应平整,无硬质杂物,不积水。堆放高度不宜超过2m,堆垛离热源不应小于2m,以防聚氨酯泡沫塑料和聚乙烯热熔挥发污染大气。

8.4.4 为避免管道损坏造成材料损失,浪费资源,预制供热管装卸时应谨慎搬运,轻抬稳放,采用吊装带下沟,下面要放柔软保护物品,严禁丢、摔、撬等,以防发生损坏或扬尘、噪声排放。

8.5 设备要求

8.5.1 应根据施工组织设计或专项施工方案的要求,合理选择满足施工需要、噪声低、能耗低的挖土机、吊车、电焊机、气焊设备、试压泵等各种设备或器具,避免设备使用时噪声超标,漏油污染土地和地下水,加大水、电、油和资源的过度消耗。

8.5.2 施工设备在每个作业班后应按规定进行日常的检测、保养和维修,保证设备经常处于完好状态,避免设备使用时意外漏油污染环境;当发现设备有异常或存在问题时,应安排专人检查排除或送维修单位立即抢修,防止设备带病作业,加大能源消耗或加大噪声、漏油等。

8.5.3 一般器具要妥善保管,防止他人挪用造成污染,涂刷处理剂和胶粘剂的工具报废后不得随意抛弃,收集后归类统一处理,以免造成现场的污染环境。

8.5.4 作业地点和材料仓库要配备防火器材,避免发生火灾时不能及时扑灭,造成材料损失、环境污染,并危及人身安全。

8.6 过程控制要求

8.6.1 开挖沟槽要求

8.6.1.1 根据聚氨酯直埋供热管道直径及设计要求的埋置深度和当地地质资料,确定挖槽断面;挖沟时一侧出土,堆放在沟边1m以外,另一侧留平整地,以利于供热管下沟;4级风以上时,地面应适当洒水,以免扬尘。

8.6.1.2 余土外运时运输车辆应加盖封闭、车箱车轮应用水冲洗干净,以免遗洒污染道路;应在适当位置设置洗车槽,保证洗车水在沉淀池中能循环利用,禁止随意冲洗车辆,避免废水到处流淌,污染环境和浪费水资源。

8.6.1.3 挖土机作业应严格按施工方案,不要超挖,以免延长工时噪声扰民。

8.6.1.4 挖土机司机废弃的废手套等不得随意丢弃,应送至工地建筑垃圾点,分类存放。

8.6.1.5 运输车辆、挖土机进场中速行驶以免扬尘,并不得鸣号扰民。

8.6.2 供热管就位控制要求

8.6.2.1 供热管一般采用吊带吊入沟内,宜用柔性宽吊带吊装,并应稳起、稳放,严禁将管道直接推入沟内,避免引起管道的损坏或保温层破坏,影响保温效果,加大能源损耗,浪费施工资源。

8.6.2.2 吊车工作时,应有专人指挥,严禁鸣号扰民;吊车离开施工现场时应清洗车轮,不得带泥上路;冲洗废水应经二次沉淀后方可排放。

8.6.3　供热管的焊接控制要求

焊接作业前,应对供热管端部硬质聚氨酯泡沫塑料、聚乙烯外壳遮盖保护,以防被焊渣飞溅烧伤并挥发有毒有害气体。

8.6.4　管道接口的保温制作控制要求

8.6.4.1　管道及附件连接完成后须进行管道的水压试验,合格后,才能进行接口的保温,避免接口处渗漏水引起返工或返修,浪费资源,污染环境;试验用水应回收利用,避免浪费水资源。

8.6.4.2　管道水压试验合格后,由供热管厂家专业人员到现场进行接口的保温制作;使用的聚氨酯保温材料应与管道、管件的聚氨酯保温材料性能一致。避免接口质量不合格或材料不合格造成"冷桥"现象,影响保温效果,增大能源损耗。

8.6.4.3　专业操作人员必须戴口罩后方可用专用模具卡在管道接口处向聚乙烯套管内浇注热熔的聚氨酯保温材料,直至充满整个接口环状空间;施工中,应清散其他人员以防吸入有毒气体。

8.6.5　砂土回填

8.6.5.1　从供热管管顶以上300mm到沟底,用砂回填夯实;管顶以上300mm至设计地坪,用细土回填夯实。避免回填不合格造成土体下陷等损坏管道引起返修,浪费资源,污染环境。

8.6.5.2　砂车进场中速行驶以免扬尘,并不得鸣号扰民;离开施工现场时应清洗车轮,不得带泥上路;冲洗废水应经二次沉淀后方可排放。

8.6.6　应急和突发事件控制

8.6.6.1　雨期施工时,要密切关注天气变化情况,禁止在雨天进行土方开挖,避免泥泞水等污染道路和环境。

8.6.6.2　雨期施工时,要准备好防雨材料,如突遇大雨,来不及运走的土方要归堆覆盖,避免雨水冲刷土方污染道路;作业面上其他材料及施工用具应及时收回入库,作业面上的垃圾也应及时清理干净,避免被雨水冲走,污染环境。

8.6.6.3　确定相关应急责任人员,由项目部环境管理员在交底时对火灾时或其他紧急情况进行详细说明,并予以演练。火灾发生时,由火情发现人员进行初始阶段灭火,同时电话通知应急领导,当火灾超过3min还不能熄灭时并有蔓延趋势时,作业班/组长可以直接打119电话报警。作业现场醒目位置必须要有应急处理流程图,并有内部联系电话号码,原则上应急领导和现场作业人员应分别有2个以上可以进行有效联系的号码,应急的作业班/组长原则上不能离开作业现场,如确要离开应现场安排第二责任人,并与应急领导通报。

8.6.6.4　项目部应有专人收听天气预报,有大风大雨的预报,必须及时通知应急领导和现场作业班/组长,按应急方案处理。

8.6.6.5　在夏季高温作业时,要注意防止中暑,如系轻症中暑,应使患者迅速离开高温作业环境;如是重症中暑,由现场作业班/组长指挥人员进行紧急抢救,并第一时间电话通知应急领导,首先采取措施降温,迅速送医院进行抢救。

8.6.6.6 施工过程中,如操作人员发生恶心、头晕、过敏等情况时,要立即停止工作,撤离现场休息,由专人看护,如有异常应马上送医院进行处理。

8.7 监测要求

8.7.1 当施工时间有限制时,要提前2h监测进度情况,确保在限制时间中止施工。

8.7.2 每周检查一次仓库的防火情况,特别注意灭火器是否有效,避免火灾时灭火器失效造成损失的加大,增加对环境的污染。

8.7.3 每个作业班要进行一次扬尘的目测,土方开挖时要满足一级风时扬尘高度不超过0.5m,二级风时扬尘高度不超过0.6m,三级风时扬尘高度不超过1m,四级风停止施工;一般情况时扬尘高度控制在0.5m。

8.7.4 同一施工工艺下每周测一次噪声排放标准,满足场界内噪声值昼间不大于75dB、夜间不大于55dB;否则应采取措施对挖土机等有噪声排放设备进行降噪处理,避免噪声排放超标污染环境。

8.7.5 每班应检查一次车辆轮胎洁净情况,避免污染道路。

8.7.6 每月应由专人对周围社区或环境进行走访,收集周围相关方的意见,作为持续改进环境管理的依据。

第18章 危险化学品管理

0 一般规定

0.1 施工企业采购、运输、储存、使用危险化学品，应严格遵守《危险化学品管理条例》和其他有关法律法规的规定。

0.2 凡是物质本身具有某种危险特性，如受到摩擦、撞击、振动、接触热源或火源、日光暴晒、遇水受潮、遇性能相抵触物品等外界因素的影响，会引起燃烧、爆炸、中毒、灼伤等人身伤亡或财产受损的化学品，统称为危险化学品。具体危险化学品名称见国家《危险化学品名录》。

0.3 危险化学品大都具有易燃、易爆、有毒、腐蚀等危险特点，在包装、储存、运输过程中，如果处理不当，极易造成事故，影响生产，造成人员死亡，污染环境，造成经济损失。

0.4 危险化学品的储存、运输、使用，应按照包装件上的图示符号和危险品的类别、名称、尺寸和颜色进行控制管理，图示符号如：防雨、防晒、易碎、有毒、易腐蚀等。

1 作业流程

办理危险化学品采购凭证→采购→搬运→储存→使用→废弃物处理。

2 环境因素

2.1 易燃易爆危险化学品发生火灾、爆炸；

2.2 毒害气体泄漏造成人员伤亡、污染大气；

2.3 危险化学品挥发污染大气；

2.4 危险化学品(固体和液体)泄漏或废弃物丢弃污染水体和污染土壤；

2.5 紧急情况下产生的其他环境因素。

3 材料要求

3.1 硝铵炸药

3.1.1 特性：本品是硝酸钠与TNT炸药的混合物，其机械敏感度大于TNT炸药，爆炸点 250~320℃，爆速 4700~6000m/s。

3.1.2 包装：装入 2~3 层纸药卷，再用两层纸包成中包，或用一层塑料袋，一层包装纸包成中包，然后将数个中包或大包捆扎牢固装入质量良好的麻袋或装入板厚不小于 12mm 的木箱内，每箱净重不超过 35kg。

3.1.3 储存条件：储存于阴凉通风干燥的专用库房，避免日光直晒，远离火源、热源，库温不宜超过 30℃，相对湿度不超过 80%，库内照明应采用防爆型开关，设在库房外，与起爆器材、黑色火药及其他化学危险品隔离存放。

3.1.4 养护：

(1) 入库验收：检查包装是否完整，有无受湿污染现象，内包装物品有无受潮溶化破漏等，并做好记录。

(2) 堆码苫垫：货垛垛底应垫高 15～30cm，宜码成小垛，垛高不超过 2m，垛距 80～90cm。

(3) 在库检查：在储存期间，保管人员每日上班后、下班前应对货垛及库内外环境各检查一次，梅雨季节每月定期检查一次，其他季节每三个月检查一次，主要检查有无吸湿溶化现象。

(4) 温湿度管理：梅雨季节要严格密封库房，采取通风与吸潮相结合的方法控制库温不超过 30℃，相对湿度不超过 80%，但库房内只允许用箱装块石灰远离货垛吸湿，禁用吸湿机。

(5) 安全作业：操作搬运时要注意轻拿轻放，禁止摔、振、撞击，使用工具应为铜制或铜合金制。

(6) 保管期限：1 年。

注意事项：发生火灾时用雾状水，禁用砂土压盖。

3.2 导火索

3.2.1 特性：以黑火药为芯体，外层包棉绒，其外形如棉绳制成卷状，每卷长 50m，可用明火和电火花点燃，燃烧速度约 1cm/s。性质不稳定，受到猛烈撞击或摩擦等机械作用均可引起燃烧。

3.2.2 包装：导火索接口应封严不得漏药，每四卷装入一塑料袋内，袋口封严或扎紧，装入外包装木箱、纸箱或坚固筐篓，木箱应有箱带，两端有握柄，包装上应有产品名称、数量、毛重、生产日期、批号以及防火、防潮、爆炸品、轻拿轻放等字样，每件包装净重不超过 50kg。

3.2.3 储存条件：储存在干燥通风的库房内，远离火源、热源，避免日光直射，库温不超过 35℃，与其他爆炸品、易燃品及一切化学危险品隔离存放。

3.2.4 养护：

(1) 入库验收：检查包装是否完好，有无破损、漏洒、雨淋、污染等现象。

(2) 堆码苫垫：货垛堆码高度不超过 2m，垛距 80～90cm，墙距、柱距 30～50cm。

(3) 在库检查：物品在储存期间，坚持一日二检，每三个月定期检查一次。

(4) 温湿度管理：库内保持干燥，梅雨季节库内相对湿度超过 85%时，可用箱装生石灰吸潮，要注意远离货垛，石灰不得漏洒在地面，禁用电动吸湿机。

(5) 安全作业：搬运操作人员应穿工作服、软底鞋，搬运时要轻拿轻放，不得摔、振、撞击和滚动。

(6) 保管期限：1～2 年。

注意事项：火灾可用水灭火，禁止砂土压盖。

3.3 压缩空气

3.3.1 特性：无色无味气体，不燃烧，有助燃性，与易燃气体及油脂接触有引起燃烧、爆炸的危险。熔点 -213℃；沸点 -195℃；汽化热 20.53kJ/kg；临界温度 -140.7℃；临界压力 3.77MPa。

3.3.2 包装:装入符合安全标准的钢瓶内,钢瓶应有有效期限的钢印,钢瓶外漆成黑色,以白字标明"压缩空气"。

3.3.3 储存条件:储存于阴凉通风的库房内,远离火种、热源,避免日光直晒,防止雨淋水湿,禁止与油脂、金属粉末及其他易燃气体混存混运,库温不宜超过30℃。

3.3.4 养护:

(1) 入库验收:核对品名,检查验瓶钢印有效时间,安全帽、防振圈是否完备,钢瓶是否有锈蚀、油污,阀门是否漏气。

(2) 堆码苫垫:应使用牢固木架直立放置,行列式码垛。如平放时垛底垫高10~15cm,堆码1~4层,垛距80~90cm,墙距、柱距30~50cm。

(3) 在库检查:每天上班后、下班前应进行一次检查,每季定期检查并称量一次。

(4) 温湿度管理:在库内不受日光直晒,及时通风降温。

(5) 安全作业:搬运装卸不得任意摔、振、撞击和在地面滚动。

(6) 保管期限:1~2年。

注意事项:火灾可用雾状水、泡沫扑救。

3.4 氮(压缩的)

化学式:N_2

分子量:28.02

3.4.1 特性:无色、无臭气体,微溶于水和乙醇。化学性质不活泼,不燃烧,常温下和锂能直接反应,炽热时与镁、钙、锶、钡、氧和氢直接化合。相对密度1.2506(0℃);熔点-210℃;沸点-195.8℃;临界温度-147℃;临界压力3.39MPa。

3.4.2 包装:钢瓶内储存,瓶外漆成黑色,用黄色标明"氮气"。钢瓶阀门应罩安全帽,瓶身应有防振胶圈。

3.4.3 储存条件:储存在阴凉通风,远离火种、热源的库房内。防止日光直晒及雨淋水湿。与其他类化学危险品隔离储存,库温不超过30℃。

3.4.4 养护:

(1) 入库验收:核对品名,检查钢瓶有效期限钢印,检查阀门是否漏气。

(2) 堆码苫垫:用专用木架直立放置,平放时阀门在同一方向,垛底垫高10~15cm,堆码1~4层,垛距80cm,墙、柱距40cm。

(3) 在库检查:每日交接班各检查一次,每季度检查一次并称量。

(4) 温湿度管理:库温度不超过30℃。

(5) 安全作业:钢瓶不得摔、振、撞动或在地面滚动。

(6) 保管期限:1年。

注意事项:火灾时可用水龙喷水保持火场容器冷却。

3.5 乙炔(溶于介质的)(别名:电石气)

化学式:HC≡CH

分子量:26.04

3.5.1 特性:无色气体,沸点83℃,乙炔气因含杂质有大蒜气味,可微溶于水。极易燃,溶解于丙酮中才能在高压下保持稳定,否则很容易分解成氢与碳,产生爆炸。乙炔能与铜、银、汞等化合生成爆炸性化合物,并能与氯化合,生成爆炸性的乙炔基氯。熔点81.8℃;闪点-17.78℃(闭);自燃点305℃;最大爆炸压力1.01MPa;产生最大爆炸压力的浓度14.5%;最小引燃能量0.019mJ;闪点-32℃;汽化热828.99kJ/kg;蒸气压力4.05MPa(16.8℃);爆炸极限2.8%~81%;临界温度35.5℃;临界压力6.25MPa。

3.5.2 包装:乙炔一般溶解于丙酮及多孔物中再装入钢瓶内,钢瓶为白色,以红色"乙炔"字样标明。

3.5.3 储存条件:储存在阴凉通风的库内,远离火种、热源,避免日光直晒、雨淋、水湿,与氧气、压缩空气及其他化学危险品隔离存放,库温保持在30℃以下。

3.5.4 养护:

(1) 入库验收:核对品名,检查钢瓶效期限钢印,检查阀门是否漏气。

(2) 堆码苫垫:用专用木架直立放置,平放时阀门在同一方向,垛底垫高10~15cm,堆码1~4层,垛距80cm,墙距、柱距40cm。

(3) 在库检查:每日交接班各检查一次,每季度检查一次。

(4) 温湿度管理:库温度不超过30℃,相对湿度低于80%。

(5) 安全作业:钢瓶不得摔、振、撞击或在地面滚动。

(6) 保管期限:1年。

注意事项:火灾用水、泡沫、二氧化碳扑救,救火时人站在上风处,并佩戴防毒面具。乙炔与氧混合具有麻醉效应,会产生眩晕、头痛、恶心等症状,其本身无毒,但会造成缺氧窒息致死,应使吸入者离开污染区移送通风处,休息并保暖。

3.6 氧

化学式:O_2

分子量:32.0

3.6.1 特性

无色、无味,助燃性气体,能被液化和固化。接触油脂、锯末、油布、油纸及其他有机粉末时即发热引起燃烧爆炸,与乙炔、氢、甲烷等易燃气体混合达一定比例时能形成爆炸或燃烧的混合物。溶点-218.4℃;临界温度-118.4℃;临界压力5.11MPa。

3.6.2 包装

在钢瓶内储存,钢瓶外漆天蓝色,以黑色字样标明"氧"。

3.6.3 储存条件

储存在阴凉通风的库房内;宜专库储存,远离火种、热源,避免日光直晒、雨淋水湿。禁止与各种易燃品、油脂、金属粉末、氢、乙炔及各种易燃气体钢瓶混存混运。

3.6.4 养护

(1) 入库验收:核对品名、检查钢瓶有效期限钢印,检查阀门是否漏气。

(2) 堆码苫垫:用专用木架直立设置,平放时阀门在同一方向,垛底高10~15cm,堆码1~4层,垛距80cm,墙、柱距40cm。

(3) 在库检查:每日交接班各检查一次,每季度检查一次并称量。

(4) 温湿度管理:库温度不超过30℃。

(5) 安全作业:钢瓶不得摔、振、撞击或在地面滚动。
(6) 保管期限:1 年。
注意事项:火灾用雾状水、二氧化碳扑救。

3.7 汽油

3.7.1 特性

无色透明液体,是含 C5~C12 的烷烃、烯烃、环烷烃和芳香烃组成的混合物,极易挥发,有特殊气味不溶于水,能溶于苯、二硫化碳和无水乙醇,毒性与煤油相似,在空气中浓度达到 30~40mg/L,能引起人身中毒。沸点 40~200℃,闪点 -50℃。

3.7.2 包装

铁桶包装,桶皮厚度不小于 1.2mm。桶口严密不漏。

3.7.3 储存条件

阴凉通风的库房,避免日光直接照射,与氧化剂隔离存放,库温控制在 30℃ 以下为宜。

3.7.4 养护

(1) 入库验收:检查包装容器有无破漏、渗漏和污染,然后按 15% 比例开桶检验,物品应为无色透明,不混入任何杂质。
(2) 堆码苫垫:铁桶包装应码成行列垛,采取垫板码垛办法,堆码高度应为 2~3 桶高。散装垛不超过 3m,垛距为 80~90cm,墙距、柱距为 30cm。
(3) 在库检查:物品在库检查,坚持一日二检制度,发现异常情况及时养护并做好记录。
(4) 温湿度管理:炎热季节严格控制温度,可采取密封喷水降温措施,库温保持在 30℃ 以下。
(5) 安全作业:严格遵守操作规程,天干物燥季节作业现场要设防静电设施,避免滚动撞击。
(6) 保管期限:2 年。

注意事项:火灾发生后可用干粉、泡沫、干粉灭火机,也可用水冷却未燃烧的包装外部,发生中毒现象立即转移至空气新鲜处。严重者送医院抢救。

3.8 苯

化学式:C_6H_6
分子量:78.11

3.8.1 特性

无色液体,具有芳香气味。蒸汽比空气重,扩散相当远。相对密度 0.87901(20℃),熔点 5.53℃;沸点 80.099℃,闪点 -11℃(闭杯),燃点 562℃,爆炸极限 1.3%~8%,空气中最高允许浓度 50mg/m³。

3.8.2 包装

用钢桶盛装,封闭器不渗漏,钢板厚度不小于 1.2mm。玻璃瓶(500mL)加聚乙烯塞,再盖罗口胶木盖拧紧后再套一层胶帽,装入木箱,用松软材料衬垫,箱外用铁丝、铁皮加固。

3.8.3 储存条件

储存在阴凉通风干燥库房内,不能与氧化剂、强酸、强碱等混存。

3.8.4 养护

(1) 入库验收:包装容器、包装方法、衬垫物应符合要求,无其他不同性质物品如氧化剂等沾染物,包装无渗漏达到密封要求。

(2) 堆码苫垫:钢桶码成二至三桶一批行列式货垛,二桶高,垛底高15cm,桶间用木板相隔,货垛牢固。木箱码行列式货垛,高不超过2.5m,垛距80cm、墙距、柱距30cm。

(3) 在库检查:每天下班前、上班后两次安全检查。每三月一次开桶、箱检查,与入库情况对照,及时养护并做好记录。

(4) 温湿度管理:炎热季节库温不得超过30℃,可采取库顶喷水,外墙涂白,密封库房夜间通风等方法。

(5) 安全作业:作业现场禁止任何火源与热源,严格遵守操作规程,不得穿带钉子的鞋和化纤服装,钢桶不得撞击、滚动,仅可使用铜合金工具,验收、整理、封口作业应在库外安全地点进行。

(6) 保管期限:2年。

注意事项:火灾可使用二氧化碳、干粉、干砂土和泡沫灭火机灭火,不可用水。

3.9 乙醇(别名:酒精 化学式:CH_3CH_2OH 分子量:46.07)

3.9.1 特性

无色而有特殊香味的透明、易挥发、易燃液体。相对密度0.789(20/4℃),沸点78.5℃,熔点-117.3℃,它能够溶解多种无机物和有机物,能跟水任意互溶,乙醇蒸汽与空气混合形成爆炸性混合物。爆炸极限3.5%~18%(体积)。通常饮用的各种酒中都含乙醇,啤酒含乙醇3%~5%,葡萄酒含乙醇6%~20%,黄酒含乙醇8%~15%,白酒含乙醇50%~70%。

3.9.2 包装

150kg或160kg大铁桶包装,桶皮厚度不小于1.2mm。500mL或2500mL玻璃瓶装,外装木箱,箱内用塑料气泡垫或其他松软材料衬垫。不渗漏,达到气体密封的程度。各种包装注明容量、规格、出厂日期和易燃、防止受热、小心轻放、勿倒置等明显标志。

3.9.3 储存条件

应储存于阴凉通风,具有避免日光直射的库房,库内温度控制在30℃以下,可与其他醇类、酮类等性质相同的物品同库储存,不得与氧化剂、酸类、强碱等不同性质物品混存。

3.9.4 养护

(1) 入库验收:包装容器是否被性质不同的物品污染,物品是否无色透明,无杂质。

(2) 堆码苫垫:铁桶包装按行列垛堆码,堆码高度为2~3个桶高,木箱堆码3m以下。垛距80~90cm,墙距、柱距30cm。

(3) 在库检查:坚持一日二检,每三个月开桶、箱检验一次,发现异常状态及时养护,并做好记录。

(4) 温湿度管理:高温季节可采取早晚、夜间气温较低时自然通风降温。

(5) 安全作业:操作必须轻拿轻放,防止摩擦、撞击,开启容器时须在专用库或场所进行,使用铜质工具。

(6) 保管期限:2年。

注意事项:发生火灾可用抗醇泡沫,二氧化碳和砂土扑救,普通泡沫无效。

3.10 乙酸乙酯(别名:醋酸乙酯　化学式:$CH_3COOCH_2CH_3$　分子量:88.07)

3.10.1 特性

无色透明易燃液体,有水果香味,有较强的挥发性,密度0.9005;熔点-83.6℃;沸点77.1℃;闪点426.67℃;微溶于水,溶于乙醇、三氯甲烷、乙醚和苯等,易起水解和皂化作用,在空气中易形成爆炸混合物,爆炸极限2.2%~11.2%。

3.10.2 包装

大铁桶包装,每桶150kg,桶皮厚不小于1.2mm。试剂玻璃瓶包装,要求严密封口再装入木箱,箱内用软材料衬垫,箱外注明"易燃"、"防止受热"、"小心易碎"等标志。

3.10.3 储存条件

阴凉通风干燥的库房,库内温度保持在30℃以下,可与其他有机溶剂同库储存,但不得与氧化剂、强酸、强碱同存。

3.10.4 养护

(1) 入库验收:包装有无污染,渗漏,物品为无色透明液体,无沉淀,桶内留有一定的安全空隙。

(2) 堆码苫垫:铁桶包装采用垫板码行列垛,2~3个桶高,木箱堆码不超过2.5m,垛距80~90cm,墙距、柱距30cm。

(3) 在库检查:除坚持一日二检外,还应定期进行开桶、开箱抽查,发现问题及时养护,并做好详细记录。

(4) 温湿度管理:该物品挥发性大,炎热季节加强温湿度管制与调节,库房温度保持在30℃以下。

(5) 安全作业:由于该物品易燃性强,挥发出的蒸汽容易与空气形成爆炸性的混合物,因此在装卸、操作过程中,必须轻拿轻放,防止摩擦、撞击,开启容器时必须使用铜制专用工具。

(6) 保管期限:2年。

注意事项:火灾可使用干粉抗醇泡沫,可用水冷却包装外部,如火灾初期可使用二氧化碳、干砂等灭火。

3.11 丙酮(别名:二甲基酮　化学式:CH_3COCH_3　分子量:58.08)

3.11.1 特性

最简单的饱和酮,无色易挥发易燃液体。有微香气味,相对密度0.792,熔点-94.6℃,沸点56.6℃,闪点-20℃。能与水、甲醇、乙醚、乙醇、三氯甲烷、吡啶等混溶,能溶解油脂、树脂和橡胶,蒸汽和空气形成爆炸的混合物,爆炸极限2.55%~12.80%(体积),化学性质比较活泼,燃烧时产生刺激性蒸汽,有毒、有麻醉性。

3.11.2 包装

一般工业品使用铁桶包装,每桶净重150kg,桶口密封,桶皮厚度不小于1.2mm。

3.11.3 储存条件

应储存于阴凉通风的库房,可与其他易燃液体同库储存,不得与氧化剂、自燃物品、遇火燃烧等性质不同的物品同库储存,库内温度控制在26℃为宜。

3.11.4　养护

(1) 入库验收:验包装有无污染、渗漏。物品应为无色透明液体,无杂质。

(2) 堆码苫垫:大桶包装码行列垛,层层垫板,堆码高度为2~3个桶高。

(3) 在库检查:坚持一日二检制度,三个月进行一次开桶检验,发现异状及时采取措施,以便掌握物品变化,做好记录。

(4) 温湿度管理:炎热季节严格控制温度,库房可采取密封和墙外喷白,夜间通风等办法,库温控制在26℃。

(5) 安全作业:严格遵守操作规程,严禁大桶在地面滚动、摩擦、撞击,开桶检验、整理包装、倒桶等各项操作都应在专门场所进行。

(6) 保管期限:2年。

注意事项:发生火灾可用干粉、抗醇泡沫或二氧化碳扑救,可用水冷却容器。如蒸汽吸入会出现眩晕、麻醉、昏迷等症状,接触皮肤先用水冲洗再用肥皂洗涤。

3.12　二氯甲烷(别名:亚甲基氯,甲基氯　化学式:CH_2Cl_2　分子量:84.94)

3.12.1　特性

无色透明易挥发液体,有刺激性芳香气味,吸入蒸汽有毒,有麻醉性。微溶于水,溶于乙醇、乙醚等。大鼠经口半数致死量1.6mg/kg。相对密度1.326(20℃);沸点39.8℃;爆炸极限15.5%~66.4%。在氧中有毒,易挥发,蒸汽也有毒,受热放出剧毒的光气。蒸汽不燃,与空气混合无爆炸性。

3.12.2　包装

装入坚固铁桶内,桶口应严密不漏,铁桶壁厚度不小于1.2mm,每桶净重不超过200kg。装入马口铁桶内,严密封闭后,再装入坚固木箱,其在箱内不得移动。每箱净重不超过50kg。装入玻璃瓶,严封后再装入坚固木箱,箱内有松软材料衬垫,箱外用铁皮搭角或铁丝、铁皮加固。

3.12.3　储存条件

储存于阴凉通风的库房内,远离火种、热源,避免日光暴晒。应与氧化剂及硝酸隔离存放,搬运时轻装轻卸,防止容器损漏,夏季注意库内温度,超过30℃时要采取降温措施。

3.12.4　养护:

(1) 入库验收:包装符合要求,包装容器完好无损。封口严密,不漏不洒,物品无色透明,无沉淀,外观标记清楚、明显、齐全,发生损漏要及时整修,换装后方可入库,并做好记录。

(2) 堆码苫垫:垛底垫高15~20cm,码行列式货垛,垛高不超过3m,垛距80cm,墙距、柱距30cm。

(3) 在库检查:保管员除每日两次对库房、货垛和环境的安全检查外,还应每三个月进行一次质量检查。检查内容与入库验收同,发现问题做好检查记录并及时采取必要的养护措施。

(4) 温湿度管理:库内加强通风以保持空气清新,每日做好温湿度记录,适当采取通风、降温、降湿的措施,控制库温不超过30℃,相对湿度不大于80%。

(5) 安全作业:操作人员必须穿工作服,戴手套、口罩。操作中轻拿轻放,防止摔、扔、碰、撞,防止容器损坏。

(6) 保管期限:1年。

注意事项:发生火灾可用雾状水或砂土、二氧化碳扑救。注意防毒和光气。

3.13 三氯乙烯(化学式:CHC_1CC_{12} 分子量:131.40)

3.13.1 特性

无色透明液体,吸入高浓度气体有麻醉性。气味与三氯甲烷相似,不溶于水,溶于乙醇、乙醚,能与大多数有机溶剂相混溶,车间空气最高浓度为$30mg/m^3$。小鼠接触半致死量为$263.6mg/m^3$(30min)。相对密度1.4556(25℃);熔点-73℃;沸点87.5℃。有毒,可燃,遇高温有火灾危险。

3.13.2 包装

装入铁桶,桶口严密不漏,铁桶壁厚度大于1.2mm,每桶净重不超过200kg。装入马口铁桶,严密封闭后,再装入木箱,木箱内容器不得移动,每箱净重不超过50kg。装入玻璃瓶,严封后装入木箱,木箱内用松软材料衬垫,木箱外用铁皮搭角或用铁皮条加固。

3.13.3 储存条件

储存于阴凉通风的仓库内,储存过久会发生变质,如发现桶口有白色结晶,则是由于三氯乙烯分解引起,并会有少量光气产生,毒性就会增大,本品应与氧化剂、食用化工原料隔离存放,并应远离火种、热源。

3.13.4 养护

(1) 入库验收:检查包装应无雨淋水湿现象,无沾染其他物质,包装容器完好,无破损、渗漏,封口严密,物品为无色透明液体,无杂质及沉淀。

(2) 堆码苫垫:垛底垫高15~20cm,堆码行列式货垛,垛高不超过2.5m,垛距80cm,墙距、柱距30cm。

(3) 在库检查:保管员应每日进行班前、班后检查门窗、货架、堆码、气味、浓度等情况,并应定期检查物品质量,及时掌握包装、容器和物品变化情况,发现情况及时采取必要的防护措施并做好记录。

(4) 温湿度管理:由于本品易挥发,蒸汽有麻醉性,库温要求不超过25℃,相对湿度75%以下,随时掌握库内外温湿度变化情况,适时进行通风降温降湿措施,夏季应采取早晚或夜间通风工作。

(5) 安全作业:操作人员要穿工作服,戴口罩、手套,操作时要轻拿轻放,防止剧烈振动。

(6) 保管期限:1年。

注意事项:如遇火灾,可用干粉灭火剂和泡沫灭火剂、1211灭火剂、二氧化碳等扑救,也可用水进行冷却处理,施救人员注意防毒。

3.14 四氯化碳(别名:四氯甲烷 分子量:153.84)

3.14.1 特性

无色透明液体,有时因含杂质而微呈淡黄色,有特臭,极易挥发,其蒸汽较空气重。有毒,有麻醉性,易经皮肤吸收,微溶于水,易溶于各种有机溶剂,在车间空气中最高容许浓度为 25mg/m³。小鼠经口半数致死量为 12.8mL/kg。相对密度 1.579(20℃);熔点 -22.6℃;沸点 76.8℃。有毒,不易燃烧,但遇潮湿空气或在阳光下能徐徐分解生成盐酸,受热分解放出剧毒光气。

3.14.2 包装

装入坚固铁桶内,桶口密闭不漏,铁桶壁厚不小于 1.2mm,每桶净重不超过 200kg。装入马口铁桶内,严密封闭后,再装入坚固木箱,箱外用铁皮搭角,或用铁丝、铁皮加固。装入玻璃瓶严密封闭后,再装入坚固木箱,箱内用松软物质衬垫,箱外用铁皮搭角,或用铁丝、铁皮加固。

3.14.3 储存条件

储存于阴凉通风的仓库内,远离热源,不能在日光下暴晒。应与食用化工原料分开存放,搬运时轻搬轻放,防止包装破损。

3.14.4 养护

(1) 入库验收:包装符合要求,包装容器完好无损,封口严密不漏不洒,物品透明清澈,无沉淀,外观标记明显、齐全、清楚,发现漏损要及时修补,换装后才可入库,并做好记录。

(2) 堆码苫垫:垛底垫高 15~20cm,堆码行列式货垛,垛高不超过 3m,垛距 80~90cm,墙距、柱距 30cm。

(3) 在库检查:坚持一日两检制度,保管员除对库房、化垛、环境进行安全检查外,每三个月还要进行一次质量检查,发现问题及时处理,并做好检查记录。

(4) 温湿度管理:每日要做好库内温湿度记录,并保持良好通风,以保证库内空气清新,库内温度不超过 30℃,相对湿度不超过 80%。

(5) 安全作业:操作中要轻装轻放,不能撞击、摔砸,防止容器损坏,工作人员要穿工作服,戴口罩、手套。

(6) 保存期限:1 年。

注意事项:注意本品受热易使人中毒,产生光气。

3.15 硝酸(别名:硝镪水 化学式:HNO_3 分子量:63.01)

3.15.1 特性

无色或微黄色澄清液体,在空气中冒烟,有窒息刺激性气味,工业稀硝酸含量 45%~55%,化学试剂一般含量 68%。相对密度为 1.42(20/4)℃,沸点 86℃。有强烈氧化腐蚀性,遇光能分解产生二氧化氮和四氧化二氮气体而变成黄色以至深黄色。能与水任意混合,与氧化剂及有机物接触极易发生剧烈化学变化以至引起燃烧爆炸,其危险性与发烟硝酸基本相同。

3.15.2 包装

同发烟硝酸,但玻璃瓶装可不套聚乙烯筒。

3.15.3 储存条件

可储存在通风、避光、干燥库房内,与酸、碱、氧化剂、有机物、易燃物隔离存放,库温不超过 30℃。

3.15.4 养护

(1) 入库验收:主要是检查外包装有无破损或沾有其他不同性质物品,容器封口是否有效。工业用可以是黄或棕色液体,化学试剂必须无色透明液体。

(2) 堆码苫垫:光坛装可码行列式一个高,木箱装码行列式垛两个高;化学试剂木箱装码行列式货垛,垛高不超过 2m,根据库房大小留出垛距 80~90cm,墙距 30~50cm,距顶不少于 1m,以便于操作。

(3) 在库检查:保管员除认真做好班前、班后的安全检查外,还应每三个月对库存物品进行一次感观质量检查,检查内容与入库验收同,发现问题及时采取措施,并做好记录。

(4) 温湿度管理:根据物品特点,除挂门帘密封、外墙涂白外,还应在炎热天气采取早晚开门窗通风降温,使库温保持在 30℃以下。

(5) 安全作业:作业人员必须穿工作服,戴手套及护目镜,戴胶皮围裙;操作中小心谨慎,轻拿轻放,防止摔、扔和撞击。

(6) 保管期限:1年。

注意事项:火灾可用雾状水、砂土、二氧化碳,不能使用高压水,救火时应戴防毒面具以防人身中毒。进入口内立即用清水漱口及服冷开水催吐,有条件的再服牛奶或氧化镁乳剂洗胃,呼吸中毒立即移至新鲜空气处吸氧,皮肤接触用大量水或小苏打水洗涤后再敷氧化锌软膏,然后再送医院诊治。

3.16 硫酸(化学式:H_2SO_4 分子量:98.08)

3.16.1 特性

无色澄清油状液体,无气味,能与水及醇任意混合并放出大量热,暴露在空气中能迅速吸收水分。相对密度 1.84,沸点 338℃(分解为三氧化硫及水);凝固点 -10℃。有强烈腐蚀性及吸水性,能使木材,织物等碳水化合物剧烈脱水而碳化并可能引起燃烧,能使铜、银等金属氧化成氧化物随即变为硫酸盐,接触强氧化剂如氯酸盐能发生剧烈反应并能引起火灾,遇碱金属如钾、钠等能引起燃烧爆炸。有毒,空气中最大允许浓度为 $2mg/m^3$。

3.16.2 包装

坛装,用耐酸陶瓷坛装,坛口用石膏拌水玻璃封闭严密,每坛净重 40kg,每一坛或两坛装入一只坚固透笼木箱中,用松软材料衬垫妥实,工业用量大者,也有用罐装的。化学试剂都用玻璃瓶装,瓶口用乙烯内盖塞紧,外套螺丝口盖拧紧,然后用胶套封闭严密,每瓶装 500mL 或 2500mL;小瓶每 20 瓶装入一只坚固木箱中,大瓶每 4 瓶装入一只坚固木箱中,用松软材料衬垫妥实,然后再用铁丝捆紧牢固,各种包装必须有明显的品名、规格、重(容)量、批号、生产工厂等标志。

3.16.3 储存条件

坛装可存放在露天货场,坛口应使用陶盆或瓷盆覆盖,防止雨水流入,木箱玻璃瓶装则应存放在货棚或干燥通风的库房内,与氧化剂、易燃物、有机物及金属粉末严格分开不得混存,注意防止雨淋水浸,地面要铺垫干砂,不铺垫枕木,库房内相对湿度不超过 85%,因硫酸极易吸收空气中水分使浓度降低,冬期可能受冻凝固将包装胀破,造成渗漏损失。

3.16.4 养护

(1) 入库验收:物品入库首先查验包装是否沾有异物或其他物品,封口应严密有效,无渗漏破损,工业品是无色或带黄色透明液体,化学试剂是无色透明液体,均无沉淀杂质。

(2) 堆码苫垫:露天堆垛裸坛时只能平放一层,木箱装可码二层,每坛口上盖一瓷碗或陶钵,用以防水;化学试剂木箱装码行列式货垛,垛高不超过2m,垛距80~90cm,墙距、柱距30~50cm,顶距不少于1m。

(3) 在库检查:保管员除认真做好班前班后的安全检查外,还应每季度对库存物品进行一次质量检查,必要时坛装可用玻璃管抽出观察颜色变化或有无沉淀,玻璃瓶装除查包装封口外,还可以摇动检查是否有沉淀杂质等;发现问题及时采取措施,做好记录。

(4) 温湿度管理:一般库房或货棚温度可保持在35℃以下,相对湿度85%以下。

(5) 安全作业:操作人员须穿工作服、胶皮围裙,戴护目镜和手套;操作时轻搬轻放,防止摔、扔和撞击,并不得肩扛和背负,以防流出伤人。

(6) 保管期限:2年。

注意事项:火灾只宜用干砂、二氧化碳扑救。不宜使用水以防暴溅,灭火时应戴胶质防护用具,戴护目镜。误入口内立即用清水漱口,服大量冷开水催吐,呼吸受刺激立即移至新鲜空气处。皮肤受伤用大量清水或小苏打水洗涤后再敷氧化锌软膏,然后送医院诊治。

4 人员要求

4.1 危险化学品运输驾驶员、船员、装卸管理人员、押运人员须接受有关安全知识培训;驾驶员、船员、装卸管理人员、押运人员必须掌握危险化学品运输的安全知识,并经所在地设区的市级人民政府交通部门考核合格(船员经海事管理机构考核合格),取得上岗资格证,方可上岗作业。

4.2 危险化学品采购员、仓库保管员、作业人员必须进行三级安全教育和专业知识、重要环境因素控制措施、应急准备和响应的基本要求方面的培训,熟悉储存物品的特性、事故处理办法和防护知识,经考试合格后持证上岗。

5 设备设施要求

5.1 符合有关法律、法规规定和国家标准要求的运输工具和容器。

5.2 企业的生产附属性仓库,不应设在城市的居民生活区和公共建筑区。小型仓库选址时应视单位的具体情况而定,但应尽可能远离居民区或职工临时宿舍。

5.3 危险化学品库房与其他建筑物之间应设防火间距。甲类危险化学品库房之间至少保持29m的防火间距,当仓库储存较少时,可减至12m。甲类危险化学品仓库与重要公共建筑之间的距离至少为50m。乙类危险物品库房距离重要公共建筑之间的距离至少为30m,与其他民用建筑的防火距离至少为25m。库区围墙与区内建筑的距离至少为25m。甲、乙化学危险物仓库与其他建筑物的防火间距应按具体规定布置。

5.4 危险化学品仓库应根据物品性质,按规范要求设置相应的防爆、泄压、防火、防雷、报警、防晒、调温、消除静电、防火围堤等安全装置和设施。

5.5 易燃易爆危险化学品库房应采用双层通风式屋顶,早晚打开门窗自然通风,中午不宜开门窗,以免室外大量热空气进入,使库区温度升高。为避免阳光直射入库或因玻璃上的气泡疵点引起聚焦起火,库房最好采用毛玻璃或涂色玻璃装修的高窗,窗下部离地面至少2m。

5.6 储存毒害危险化学品的仓库,密封性能要良好,要配备通风装置,配备毒气中和破坏装置(设施)或备用储存装置,一旦毒气泄漏必须及时处理,避免毒气逸散造成社会危害。

5.7 储存易燃易爆物品的库房必须采用合格的防爆灯具和防爆电器设备,并有经防爆电器主管检验部门核发的防爆合格证。无电源仓库应采用带有自给式蓄电池的本质安全型、增安型、隔爆型的可携式灯具。不准使用电缆供电的可携式照明灯具。

5.8 易燃易爆危险化学品仓库的地面必须硬化、防火,方便清扫;易燃易爆液体危险化学品仓库的地面还应便于冲洗。

6 过程控制

6.1 采购

6.1.1 采购危险化学品时,应先评价供应商是否持有相应的危险化学品经营许可证。

6.1.2 禁止采购国家明令禁止的危险化学品。

6.1.3 禁止采购没有中文化学品安全技术说明书和化学品安全标签的危险化学品。

6.1.4 经常使用剧毒化学品和爆炸品时,应当向设区的市级人民政府公安部门申请领取购买凭证,凭购买凭证购买。

单位临时需要购买剧毒化学品和爆炸品的,应当凭本单位出具的证明(注明品名、数量、用途)向设区的市级人民政府公安部门申请领取准购证,凭准购证购买。

6.2 危险化学品的运输

6.2.1 危险化学品装卸前后,必须对车辆和仓库进行必要的通风、清扫干净,装卸作业使用的工具必须能防止产生火花,必须做好防静电措施。

6.2.1.1 保持装卸区域周围环境相对湿度在60%~70%范围内。装卸区应尽量敞开,若为封闭区,要安装通风装置,及时排除爆炸性混合物,使其浓度不超过爆炸下限。

6.2.1.2 雷管与炸药、氧气与乙炔气禁止同车运输。预防意外发生火灾和爆炸事故,加重对环境的污染。

6.2.1.3 必要时操作人员要穿合身的防静电工作服、着防静电鞋袜、戴防静电手套,配戴防静电腕带。

6.2.2 运输易燃易爆危险化学品的车辆必须办理"易燃易爆危险化学品三证",车辆必须要有运输危险化学品的标识和相应的灭火器材、救护工具,以防止发生意外,加重对环境的污染。

6.2.3 运输危险化学品的驾驶员、船员、装卸人员和押运人员必须了解所运载的危险化学品的性质、危害特性、包装容器的使用特性和发生意外时的应急措施。运输危险化学品,必须配备必要的应急处理器材和防护用品。

6.2.4 禁止利用内河以及其他封闭水域等航运渠道运输剧毒化学品以及国务院交通部门规定禁止运输的其他危险化学品,防止剧毒化学品遗洒污染水体。

6.2.5 运输危险化学品的槽罐以及其他容器必须封口严密,能够承受正常运输条件下产生的内部压力和外部压力或颠簸、倾斜情况下保证危险化学品在运输中不因温度、湿度或者压力的变化而发生任何渗(洒)漏。

6.2.6 其他要求

6.2.6.1 检查其包装是否符合要求,标志是否明显;

6.2.6.2 装卸时轻拿轻放,防止任何碰撞、拖拉和倾倒;

6.2.6.3 车辆有危险品标志,不得混合装运;

6.2.6.4 遇热易引起燃烧、爆炸或产生有毒气体的危险化学品,要按夏季限运物品安排,必要时应采取隔热降温措施;

6.2.6.5 遇潮易引起燃烧、爆炸或产生有毒气体的危险化学品,严禁在阴雨天运输,其他无关人员严禁搭乘装载危险化学品的车辆;

6.2.6.6 搬动装卸危险化学品时,应使用防爆工具、设备,轻拿轻放,不准拖拉,防止撞击和倾倒。不得中途中断装卸作业。

6.3 危险化学品储存

6.3.1 危险化学品入库时,要认真检查物品的品名、规格、包装是否正确。夏季气温超过30℃时,不得随便发货;领雷管、炸药时,可能带电的车辆和其他运输工具不得进入库区。

6.3.2 危险化学品出入库必须检查验收登记,储存期间定期养护,控制好储存场所的温度和湿度。

6.3.3 对爆炸物品、剧毒物品和放射性物品应采取双人收发、双人记账、双人双锁、双人运输和双人使用的"五双"制度;办公区和库区分隔,领料人员不得进入危险化学品库内,以防止发生意外,造成对环境的污染。

6.3.4 危险化学品的储存应符合下列要求:

6.3.4.1 危险化学品库内只能储存同一类危险化学品,不同品种分堆存放。不能超量储存,并应有一定的安全距离并保证道路通畅。

6.3.4.2 对于化学试剂危险物品库要安排好货位,避免混存。化学性质、防护或灭火方法相互抵触或相互有影响的危险化学品,严禁同库储存:

(1) 放射性物品不得与其他危险化学品同存一库。

(2) 氧化剂不得与易燃易爆物品同存一库。

(3) 炸药不得与易爆物品、雷管同存一库。

(4) 能自燃或遇水燃烧的物品不得与易燃易爆物品同存一库。

(5) 氧气和乙炔气不能同库存放。并保证存放的距离不小于5m。

6.3.4.3 遇火、遇热、遇潮能引起燃烧、爆炸或发生化学反应、产生有毒气体的化学危险品不得在露天或在潮湿、积水的建筑物储存。

6.3.4.4 爆炸物品、遇湿燃烧物品、剧毒物品、液化气体和一级易燃物品不能露天堆放;受日常照射能发生化学反应引起燃烧、爆炸、分解、分合或能产生有毒气体的化学危险品应储存在一级建筑物中,包装应采取避光措施。

6.3.4.5 有毒物品应储存在阴凉、通风、干燥的场所,不要露天存放,不要接近酸类物质。

6.3.4.6 腐蚀性物品,包装必须严密,不允许泄漏,严禁与液化气体和其他物品共存。

6.3.4.7 储存的危险化学品必须设有明显的标志和禁火标识,库区内禁止一切烟火,并严禁住人。并按国家规定标准控制不同单位面积的最大储存限量和垛距,防止发生意外,造成环境污染。

6.3.5 危险化学品仓库的管理人员必须进行三级安全教育和专业知识培训,熟悉储存物品的特性、事故处理办法和防护知识,经考试合格后持证上岗,同时,必须配备适宜的个人防护用品。

6.3.6 严禁在危险化学品仓库内吸烟和使用明火。如必须动火时,危险化学品必须全部移到安全地点,同时对仓库内进行必要的通风或清洗。

6.3.7 在危险化学品仓库担任保管、搬运工作人员必须配备相应的防护器材及劳动保护用品。

6.3.8 仓库内工作结束后应进行检查,切断电源后方可离开。库内不准有人居住。

6.3.9 储存危险化学品的仓库要向当地公安及消防部门备案,并保证与其有畅通的通讯和报警联络。

6.4 危险化学品使用

6.4.1 应保持危险化学品的使用场所通风良好,以防止作业场所毒害气体超标造成作业人员中毒。

6.4.2 易燃易爆危险化学品使用时应保证足够的防火距离,当场地狭窄不能保证防火距离时,不得少于 10m 且需采用隔热措施。

6.4.3 剧毒和腐蚀性危险化学品容器密闭良好,操作人员应配带合适的个体防护用品。

6.4.4 危险化学品使用时,对剧毒品、爆炸品的部位、地点、数量均应造册登记,以保证用量准确,使用过程中,必须有人对全过程进行监视;避免剧毒品、爆炸品的丢失、挪用、误用,造成对环境的污染。

6.4.5 一个工作班结束后,应对作业现场进行清理,清理的危险化学品垃圾不得混入建筑垃圾处理,应交有资格机构处理;剩余的危险化学品应交回仓库保管。

6.5 应急准备和响应

6.5.1 危险化学品仓库及使用场所应配备消防水源、砂池等消防设施和适宜的灭火器材。部分灭火器介绍如下:

6.5.1.1 二氧化碳灭火器

二氧化碳灭火器是利用其内部所充装的高压液态二氧化碳本身的蒸汽压力作为动力进行灭火的。由于二氧化碳灭火剂具有灭火不留痕迹,有一定的绝缘性能等特点,因此,适用于扑救 600V 以下的带电电器、贵重设备、图书资料、仪器仪表等场所的初起火灾以及一般的液体火灾,不适用扑救轻金属火灾。

二氧化碳灭火器应放置在明显、取用方便的地方,不可放在潮湿、采暖或加热设备附近和阳光强烈照射的地方,存放温度不能超过 55℃。平时,要定期检查灭火器钢瓶内二氧化碳的存量,如果重量减少1/10时,应及时补充罐装,在搬运过程中,应轻拿轻放,防止撞击。在寒冷季节使用二氧化碳灭火器时,阀门(开关)开启后,不得时启时闭,以防阀门冻结。

二氧化碳灭火器应每隔5年送专业机构进行一次水压试验,并打上试验年、月的钢印。

6.5.1.2 干粉灭火器

干粉灭火器按其充装灭火剂种类分为磷酸铵盐干粉(又称ABC干粉灭火器);碳酸氢钠干粉(又称BC干粉灭火器)。磷酸铵盐干粉灭火器适用于扑救A类(固体物质)、B类(液体和可熔化的固体物质)、C类(气体)火灾和带电设备的火灾。碳酸氢钠干粉灭火器适用于扑救B类、C类火灾。两种都不适宜扑救轻金属燃烧的火灾。

干粉灭火器平时应放置在干燥通风的地方,防止干粉受潮变质;还要避免日光暴晒和强辐射热,以防失效。存放环境温度在10~55℃之间,进行定期检查时,如发现干粉结块或气量不足时,应及时更换灭火剂或充气。一经打开启用,不论是否用完,都必须进行再充装,充装时不得变换品种。干粉灭火器应每隔5年或每次再充装前,进行水压试验,以保证耐压强度,检验合格后方可继续使用。

6.5.1.3 机械泡沫灭火器

机械泡沫灭火器适用于扑救A类火灾,如:木材、纸张、棉织品等;B类火灾,如:油制品、油脂等火灾,但不能扑救B类火灾中的水溶性可燃、易燃液体的火灾,如醇、酯、醚、酮等物质火灾,也不能扑救带电设备及C类(气体)和D类(金属)火灾。

手提式机械泡沫灭火器的存放应选择干燥、阴凉、通风并取用方便之处,不可靠近高温或受到暴晒;冬其要采取防冻措施,以防止冻结。

6.5.1.4 水基型灭火器

可分为清水灭火器、强化水系灭火器。适用于扑救A类火灾,能够喷成雾状水滴的水基型灭火器也可以扑救部分B类火灾,如少量柴油、煤油等的初起火灾。其使用维护保养方法与手提式机械泡沫灭火器相同。

6.5.1.5 1211灭火器

1211灭火器适用于扑救各种A类、B类、C类火灾和带电设备的火灾。1996年公安部消防局颁布了《关于落实"在非必要场所停止再配置哈龙灭火器的通知"》,规定自1996年起非必要场所新上项目一律不准再配置哈龙灭火器;在用的1211灭火器则使用到报废年限为止。

6.5.1.6 简易式灭火器

简易式灭火器是近几年开发的轻便型灭火器。它的特点是灭火剂充装量在500g以下,压力在0.8MPa以下,而且是一次性使用,不能再充装的小型灭火器。按充入的灭火剂类型分为简易式1211灭火器(又称气雾式卤代烷灭火器)、简易式干粉灭火器(又称轻便式干粉灭火器)、简易式空气泡沫灭火器(又称轻便式空气泡沫灭火器)。简易式灭火器适用于家庭使用,简易式1211灭火器和简易式干粉灭火器可以扑救液化石油气灶及钢瓶上角阀或煤气灶等处的初起火灾,也能扑救火锅起火和废纸篓等固体可燃物燃烧的火灾。简易式空气泡沫适用于油锅、煤油炉、油灯和蜡烛等引起的初起火灾,也能对固体可燃物燃烧的火进行扑救。

6.5.2 对泄漏易迅速达到爆炸极限和易挥发的有毒液体危险品,应配备泡沫,泄(洒)漏时及时进行覆盖,防止有毒气体扩散影响环境。

6.5.3 危险化学品液体仓库和使用场所应配备蛭石或其他惰性物质。

6.5.4 灼伤、中毒急救药品、器材、防毒面具应按应急响应计划配备齐全。

6.5.5 编制施工现场危险化学品事故应急预案,定期进行应急演练并对应急预案进行评价、完善,演练周期一般不超过半年。应急预案基本内容如下:

6.5.5.1 施工现场的基本情况。包括:工程概况;化学危险物品的品名及正常储量;施工现场职工人数;工程占地面积、周边纵向、横向距离;距工程 500、1000m 范围内的居民(包括工矿企事业单位及人数);气象状况。

6.5.5.2 化学危险目标的数量及分布图。

6.5.5.3 指挥机构的设备和职责。

6.5.5.4 装备及通讯网络和联络方式。

6.5.5.5 应急救援专业队伍的任务和训练。

6.5.5.6 预防事故的措施。

6.5.5.7 事故处置方法。

6.5.5.8 工程抢险抢修。

6.5.5.9 现场医疗救护。

6.5.5.10 紧急安全疏散。

6.5.5.11 社会支援等。

6.5.6 危险化学品泄漏的处理

6.5.6.1 常用的危险化学品泄漏应急处理方法有以下几种:

(1) 围堤堵截法 针对较大面积以上泄漏的危险化学品,为防止四处蔓延,造成难以控制的局面,采取先用砂土围堵,然后再根据危险化学器的理化特性进行相应安全处理的办法。

(2) 稀释法和中和法 针对泄漏的具有强腐蚀性的危险化学品,加水稀释或用其他物质使之进行中和反应,从而降低液体危险品的浓度或直接消除其危险性。

(3) 覆盖法 针对泄漏的易迅速形成爆炸极限范围和易挥发的有毒液体危险品,选用泡沫等物质覆盖在上面,形成覆盖,抑制其蒸发,然后再根据其特性进行安全处理。

(4) 吸收法 针对泄漏的液体危险品,根据其易被吸收的特性,先用蛭石或其他惰性物质进行吸收,再交至有资格单位进行处理。

(5) 冲洗法 针对少量泄漏的危险化学品或经过用吸收法处理后的污染现场,有条件地用消防水冲泄漏现场的危险化学品,经中和、稀释或其他处理后接排入污水处理系统;不能排入污水处理系统的,必须用大量消防水进行冲洗,直至消除对周围环境的危害为止。

(6) 收集法 针对大面积泄漏或较大面积泄漏的液体危险品,可先用隔膜泵或其他器皿将泄漏的液体进行回收,不能回收的部分用稀释法或洗消法进行安全处理。

通过以上方法,使泄漏的危险化学品及时得到安全有效的控制,可以有效防止二次事故的发生。但以上方法不是独立的,而是有序且紧密联系的整体。例如针对较大面积易挥发性危险化学品的泄漏,围堤堵截法是对泄漏物采取的第一步,然后根据泄漏的液体危险品的易挥发性选用覆盖法、再用收集方法,用冲洗法是对泄漏现场采取的最后一步。处理泄漏危险化学品应根据其特性选用不同的方法。

6.5.6.2 处理危险品泄漏的过程中应注意以下几点:

(1) 所有进入泄漏现场者必须配备必要的个人防护用品。处理中,高毒类的危险化学品泄漏必须佩戴防毒用品;处理具有腐蚀性的危险化学品泄漏时,必须穿防酸碱服,戴防飞溅罩。

(2) 参与处理者最少要有2人以上共同行动,严禁单独行动,避免不能互救,但也不能多人围观现场,造成泄漏物周围通风不畅。

(3) 如果危险化学品泄漏物具有易燃易爆性,参与处理者应禁止携带火种,以降低发生火灾爆炸的危险性。

(4) 处理人员应从上风、上坡处接近现场,严禁盲目进入。

(5) 泄漏物周围一定范围应划分隔离地带,进出口应保证通畅。

(6) 注意并考虑天气状况和周围环境对处理泄漏危险化学品带来的不利因素。

6.5.6.3 发生意外险情时,应立即报警,并配合当地抢险队和公安机关做好现场的保护和抢险救护工作,以防止事态的进一步发展和恶化,加大对环境的影响。

7 监测要求

7.1 在危险化学品使用期间,仓库管理员应每天清点,毒害和腐蚀性危险化学品无论是否使用,每天均应进行清点,根据每天的耗用量计算出应有存储数量,若发现丢失,应及时向公安部门报告。

7.2 施工现场应定期检查应急准备情况,检查周期一般不应超过一个月。

7.2.1 检查消防器材数量、位置、型号是否正确,是否有效,有否遭到损坏。

7.2.2 检查危险化学品应急处理设施、设备和材料准备是否到位,有否损坏。

7.2.3 检查应急预案中确定的人员、机构及职责落实情况。

7.2.4 检查应急预案中确定的人员培训、应急演练的实施情况及效果。

7.3 危险化学品仓库管理员应根据危险化学品的性能和天气情况定期对危险化学品仓库的温度和湿度进行检测,检查危险化学品的码放是否符合要求。

第19章 电气安装

0 一般规定

0.1 电气安装中策划要求

0.1.1 项目部必须根据设计图纸、标准规范编制电气设备安装与调试、室内配线、母线施工、电气照明装置安装、室外架线、电缆施工等专项施工质量、环境、安全措施,并严格按措施实施过程控制,避免因施工控制方法不当或控制措施不到位导致损坏设备、漏油、浪费资源,污染土地、污染地下水。

0.1.2 电气安装前应根据工艺流程,合理安排施工顺序,提高工效,减少油、电的消耗。

0.1.3 室内配线、母线施工、电气照明装置安装、室外架线前应根据工艺流程,合理安排施工顺序,确定安装单元的下料长度,预防施工顺序颠倒,长料短下或下料长度不足增加接头数量或损坏设施,造成费时,加大消耗。

0.1.4 电缆敷设前应按设计和实际路径计算每根电缆的长度,合理安排每盘电缆,提高材料的利用率。

0.2 电气设备安装中的要求

0.2.1 设备储存时,其底部应用枕木垫高、垫平,放置在干燥的室内,防止下雨时淋雨或被水淹,导致设备受潮或锈蚀。

0.2.2 采用专用设备抽真空排氮时,排氮口应设在空气流通处,防止氮气污染环境,伤害人员;排氮时空气应干燥,防止潮湿空气进入设备,使内部部件受潮,加大资源消耗;含氧量未达到18%时,人员不得进入设备内,预防人员伤害,造成环境污染。

0.2.3 器身检查时,周围空气温度不宜低于0℃,器身温度低于周围空气温度时,宜采用真空净油设备进行热油循环加温,防止冻坏设备,热油循环时预防油遗洒污染土地、污染地下水;当空气相对湿度小于75%时,器身暴露在空气中的时间不得超过16h,应用塑料布将器身围起来防止器身受潮;雨雪或雾天不应在室外进行器身检查,预防器身受潮造成返工。

0.2.4 高压电器设备应在无雨、无雪、无风沙天气下安装,部件的解体(需解体的部件)检查宜在室内或临时棚内进行,避免受潮、器件被污染导致报废换件。

0.2.5 油的储存和设备注油、干燥加热场所应按《建筑灭火器配置设计规范》确定场所的危险等级、可能发生的火灾种类,配置相适应的足够数量的有效的手提式灭火器或推车式灭火器;一个计算单元不少于2具、不宜多于5具,在出现火灾险情时,能在初始阶段扑灭,避免火灾蔓延,加大对环境的污染。

0.2.6 工程交接验收控制要求

0.2.6.1 有中性点接地的变压器,在进行冲击合闸时,中性点必须接地,防止合闸时损坏变压器；冲击合闸时变压器宜由高压侧投入，避免励磁涌流引起保护装置的误动，导致返工浪费资源。

0.2.6.2 变压器、电抗器第一次全电压带电时间不应少于10min，必须对各部进行检查满足规范要求，防止声音异常产生噪声污染，渗油污染土地、污染地下水。

0.3 低压电器设备安装控制要求

0.3.1 低压电器设备安装前应检查：设备铭牌、型号、规格，应与被控制线路或设计相符，外壳、漆层、手柄无损伤或变形，内部仪表、灭弧罩、瓷件、胶木电器无裂纹或伤痕，螺丝应拧紧；避免验收不当使用不合格低压电器设备，造成返工，浪费资源。

0.3.2 落地安装的低压电器，其底部宜高出地面50～100mm；对侧面有操作手柄的电器，为了便于操作和维修，将手柄和建筑物距离规定为不小于200mm；操作手柄转轴中心与地面的距离，宜为1200～1500mm，侧面操作的手柄与建筑物或设备的距离，不宜小于200mm；避免安装位置不当，致使操作和维修时被损坏。

0.3.3 采用膨胀螺栓固定时，应按产品技术要求选择螺栓规格，其钻孔直径和埋设深度应与螺栓规格相符，预防返工浪费资源；预埋螺栓时应选用噪声低的设备，避开高峰作业，减少噪声污染；钻孔时应遮盖墙壁和地面，预防墙面和地面的污染。

0.3.4 电器的金属外壳、框架的接地或接零，应符合国家现行标准《电气装置安装工程接地装置施工及验收规范》的有关规定，避免接地或接零不符合影响正常使用。

0.3.5 有防振要求的电器应增加减振装置，应采取双螺帽或紧固螺栓等防松措施；接线应按图纸施工，对号入座，避免减振装置失效或接线方法错误使电器内部受到额外应力损坏。

0.4 仪表调试一般要求

0.4.1 仪表调试室必须设在清洁、安静、光线充足或有良好工作照明、室内温度在10～35℃、相对湿度不大于85%、无腐蚀性气体的地方，避免在振动大、灰尘多、噪声大、潮湿和有强磁场干扰的地方调试仪表，影响仪表的精度和准确性，增加消耗。

0.4.2 仪表调校用的50Hz220V交流电源和48V直流电源，其电压波动不应超过额定值的±10%，24V直流电源不应超过±5%，电气绝缘电阻不应小于20MΩ；避免因电压不稳定影响仪表的精度和准确性。

0.4.3 仪表的调校点应在全刻度范围内均匀选取，单体调校不少于5点，系统调试时不少于3点，避免因调校点选取不当影响仪表的精度和准确性，增加消耗。

0.4.4 调试用的废电池应交到企业或商场废电池回收箱，报废的调试仪表应交到企业指定的封闭堆放箱，企业收集一个运输单位后请有资质单位处理，防止乱扔污染土地、污染地下水。

0.5 配线安装中的要求

0.5.1 塑料管及其配件的敷设、安装和煨弯制作，均应在原材料规定的允许环境温度下进行，其温度不宜低于-15℃；避免温度过低时造成塑料管脆断。

0.5.2 塑料绝缘导线和塑料槽板敷设处的环境温度不应低于-15℃，防止温度过低使塑料发脆造成断裂。

0.5.3 油的储存和设备注油、干燥加热、调试场所和电气材料库房应按《建筑灭火器配置设计规范》确定场所的危险等级、可能发生的火灾种类,配置相适应的、足够数量的、有效的手提式灭火器或推车式灭火器;一个计算单元不少于2具、不宜多于5具,在出现火灾险情时,能在初始阶段扑灭,避免火灾蔓延,加大对环境的污染。

0.6 配管施工控制要求

0.6.1 电气配管弯头煨制,按管道弯头煨制所涉及的环境控制措施实施。

0.6.2 当线路暗配时,电线保护管宜沿最近的路线敷设,减少弯曲;埋入建筑物、构筑物内的电线保护管,与建筑物、构筑物表面的距离不应小于15mm;避免弯曲太多或距离偏差致使穿线难,增加消耗。

0.6.3 当线路明配时,弯曲半径应满足现行国家施工验收规范要求;避免弯曲半径偏小致使穿线难,造成返工面增加消耗。

0.7 照明装置安装控制要求

0.7.1 当在砖石结构中安装电气照明装置时,应采用预埋吊钩、螺栓、螺钉、膨胀螺栓、尼龙塞或塑料塞固定,严禁使用木楔,预防使用中照明灯具下坠损坏,浪费资源污染环境;当设计无规定时,上述固定件的承载能力应与电气照明装置的重量相匹配,增加影响使用年限。

0.7.2 在危险性较大及特殊危险场所,当灯具距地面高度小于2.4m,应使用额定电压为36V及以下的照明灯具;以减少高压引发事故的可能性。

0.7.3 电气照明装置的接线应牢固,电气接触应良好,需接地或接零的灯具、开关、插座等非带电金属部分,应有明显标志的专用接地螺钉;避免电气照明装置接地不良,导致漏电影响正常安全使用。

0.8 母线安装控制要求

0.8.1 母线装置采用的设备和器材,在运输与保管中应采用防腐蚀性气体侵蚀及机械损伤的包装,防止在运输与保管中被腐蚀或损伤,浪费资源;母线到现场后应检查其外观:表面应光洁平整,不应有裂纹、皱褶、夹杂物及变形和扭曲,防止验收不到位使用不合格母线装置,造成返工,浪费资源。

0.8.2 各种金属构件的安装螺孔应采用噪声低的钻床成孔,作业时避开施工高峰减少噪声污染;构件应放在铁槽内,钻孔时应垫木方,加水不宜过多(不流淌),不应采用气焊割孔或电焊孔,避免连接不紧造成返工。

0.8.3 母线与母线、母线与分支线、母线与电器接线端子搭接时,应按规范要求直接连接或搪锡或镀锌,封闭母线螺栓固定搭接面应镀银,避免连接失败,浪费资源;镀锌制品或镀银制品应在专用镀锌厂或镀银厂购买或在厂家镀锌或镀银,避免镀锌或镀银过程产生的废水未经达标处理,随意排放污染土地、污染地下水。

0.8.4 母线安装时,室内室外配电装置安全净距应符合国家规范要求,避免运行时因净距偏小发生事故,影响电的正常运行。

0.8.5 清理的钻孔废渣,报废的设备及配件、木方、包装箱、螺栓、母线头应交到企业指定的封闭堆放箱,企业收集一个运输单位后由有资质单位处理。

0.9 电缆与电缆头制作中的要求

0.9.1 110kV及以上高压电缆终端与接头施工时,应搭设临时工棚,控制环境湿度,温度宜为10～30℃,避免环境温度和湿度控制不当影响电缆接头质量,造成电缆接头报废。

0.9.2 制作塑料绝缘电力电缆终端与接头时,应用塑料布围护,防止尘埃、杂物落入绝缘内造成电缆接头报废,浪费资源;严禁在雾或雨中施工,预防接头制作质量不合格,造成电缆接头加速锈蚀。

0.9.3 在室内及充油电缆施工现场应按专项环境施工技术措施要求配置足够数量的消防器材,避免污染的扩大。

1 电气设备安装

1.1 电气设备安装工艺流程

1.1.1 变压器、电抗器安装工艺流程

施工准备→排氮注油→器身检查→干燥→本体安装→附件安装→注油循环→密封检查→调试。

1.1.2 互感器安装工艺流程

施工准备→器身检查(必要时)→本体安装→附件安装→调试。

1.1.3 其他电器设备安装工艺流程

施工准备→设备检查→本体安装→调试。

1.2 电气设备安装中的环境因素

1.2.1 设备安装中所涉及的环境因素

1.2.1.1 设备安装中油、电消耗。

1.2.1.2 油储存和注油,电力复合脂、润滑脂涂刷中遗洒,污染土地、污染地下水。

1.2.1.3 设备运输和吊装噪声排放、损坏建筑物、损坏部件、浪费资源。

1.2.1.4 设备充氮时,氮气挥发污染大气;干燥时热辐射污染。

1.2.1.5 支架安装钻孔噪声排放、废水污染墙面,废油、废电力复合脂、废润滑脂、混凝土渣、砖渣等遗弃污染土地、污染地下水。

1.2.2 设备安装中应急准备响应所涉及的环境因素

1.2.2.1 油储存和设备注油、干燥中意外发生火灾,烧坏设备产生大量废气、废弃物,污染大气、污染土地、污染地下水。

1.2.2.2 设备充氮和排氮时,污染大气意外伤人或发生火灾,烧坏设备产生大量废气污染大气,废弃物污染大气、污染土地、污染地下水。

1.3 电气设备安装中对材料的要求

1.3.1 各种牌号的绝缘油应分别储藏在密封清洁的专用油罐或容器内,并标识清楚,避免储存或标识不当导致绝缘油被混用、浪费。

1.3.2 绝缘油必须按《电气装置安装工程电气设备交接试验标准》的规定试验合格后,方可将相同牌号的绝缘油注入变压器、电抗器中,避免绝缘油不合格或混用损坏设备;注油时采用专用设备注油,预防油遗洒污染土地、污染地下水。

1.3.3 空气断路器的灭弧室、储气筒应密封良好,预防漏气影响使用;环氧玻璃钢导气管、绝缘拉杆应采用原包装箱,存放室内预防变形、损坏;设备及其他瓷件应安置稳妥,预防损坏。

1.3.4 高压电气设备用的紧固件,除地脚螺栓外应采用镀锌制品,户外用的紧固件,应采用热镀锌制品,预防锈蚀影响正常使用;镀锌制品应选择环境达标的专业镀锌厂镀锌,减少镀锌废液排放对环境的污染。

1.3.5 低压电器的接线应采用铜质或有电镀金属防锈层的螺栓和螺钉,连接时应拧紧,采用双螺帽或紧固螺栓等防松装置,避免使用材质错误;室外安装的非防护型的低压电器,应加装风帽或罩,防止雨、雪和风沙侵入。

1.4 电气设备安装中对人员的要求

1.4.1 电气设备安装中对企业的要求

电气设备安装企业必须在从事电气设备安装前,取得"电气设备安装资质证书"后方可从事相应级别、类型相符的电气设备安装,避免因企业不具备相应电气设备安装能力而发生损坏设备或意外事故。

1.4.2 电气设备安装中对人员的要求

1.4.2.1 企业的安装电工、维修电工、电气试验工等人员必须取得相应级别的岗位操作证,按考核合格后的项目、权限和相应的国家与地方规范、操作规程,从事与所持证书规定范围内工作;避免因人员素质能力不能满足要求而发生意外。

1.4.2.2 机械操作人员应经过培训,掌握相应机械设备的操作要领后方可进行电气设备安装、试验等作业。避免因人的误操作或不按操作规程操作、保养造成设备部件报废、机械设备事故浪费资源,加大对环境的污染;噪声超标,机械设备漏油污染土地、污染地下水。

1.4.2.3 每项作业活动操作前项目部应组织对安装电工、维修电工、电气试验人员针对该项作业活动所涉及的噪声排放、遗洒、漏油、废弃物处理等重要环境因素的环境控制措施、环境操作基本要求、环境检测的关键参数,排氮、注油、干燥、抽真空等应急准备响应中的注意事项进行专项环境交底或综合交底包括以上环境方面的内容,避免因作业人员的不掌握环境方面的基本要求造成噪声超标,漏油、遗洒、废弃物遗弃污染土地、污染地下水。

1.5 电气设备安装中对设备和设施的要求

1.5.1 对设备的要求

1.5.1.1 电气设备安装中应根据施工组织设计或专项施工方案的要求,选择满足施工需要、噪声低、能耗低的运输设备、吊装设备、抽真空设备、注油设备、试验设备、冲击电钻、加热设备,增加设备利用效率。

1.5.1.2 机械设备的保养与维护

(1)设备每个作业班工作后应对设备进行日常保养,保证设备经常处于完好状态,避免设备使用时意外漏油污染土地、污染地下水。

(2)当发现设备有异常或存在问题时,应安排专人检查排除或送维修单位立即抢修,防止设备带病作业,加大能源消耗。

1.5.2 对设施的要求

1.5.2.1 设备接油盘宜采用厚度 0.5~1mm 铁皮,油盘大小不宜小于机械设备的水平投影面积,防止漏油污染土地和地下水。

1.5.2.2 材料库房的施工按临时设施建设使用所涉及的相关环境控制措施实施。

1.6 电气设备安装过程控制要求

1.6.1 变压器、电抗器安装控制要求

1.6.1.1 装卸、运输、储存控制要求

(1) 变压器、电抗器在装卸和运输中应固定牢固防止有严重冲击和振动损坏器身;充氮气或充干燥空气运输的变压器、电抗器应有压力监视和气体补充装置,运输途中保持0.01~0.03MPa的压力,防止泄漏污染大气,使器身受潮;充氮时应用专用设备,防止氮气泄漏污染大气;干式变压器在运输途中应用篷布覆盖,防止淋雨受潮。

(2) 钟罩式变压器整体起吊时,应将钢丝绳系在下节油箱专供起吊整体的吊耳上,预防吊点不准确导致变压器摔倒损坏,用千斤顶顶升大型变压器时,应将千斤顶放置在油箱千斤顶支架部位,预防其结构受到破坏。

(3) 设备到达现场三个月内不能安装时,应安装储油柜及吸湿器,当潮湿度超标后应除湿,预防设备受潮;注油时应采用专用装置注合格油至储油柜规定油位,预防油遗洒污染土地、污染地下水;不能注油时,应继续充以原充气体相同的气体对设备进行保护,并保持0.01~0.03MPa的压力,防止氮气泄漏污染大气,使器身受潮;充氮时应用专用设备,防止氮气泄漏污染大气。

1.6.1.2 排氮控制要求

(1) 注油排氮时,绝缘油必须经净化处理,避免污染油;油管宜用钢管,防止绝缘油被污染;使用耐油胶管,其质量应满足规范要求,预防油管污染绝缘油;注油排氮前应将油箱内的残油排尽,回收残油时应采用专用装置防止遗洒污染。

(2) 绝缘油应经真空净油机从变压器下部阀门注入变压器内,氮气经顶部排出,将氮气排尽后,应将油位降到高出铁芯上沿100mm以上,防止内部部件受潮干燥;排氮时应开启风机将氮气迅速扩散或安装氮气回收装置,预防或减少氮气对周围空气的污染。

1.6.1.3 器身检查控制要求

(1) 变压器、电抗器到现场后,除制造厂规定,容量为1000kVA及以下,运输过程中无异常情况,就地生产仅作短途运输,参加制造厂的器身总装,质量符合要求外,其他情况时应进行器身检查,避免发生异常情况,影响设备的正常运行。

(2) 吊器身或钟罩时应平衡起吊,吊索与铅垂线的夹角不宜超过30°,防止器身与箱壁碰撞,导致部件损坏换件,浪费资源;铁芯检查应无变形、无多点接地、绝缘和屏蔽绝缘良好,避免检查不当发生变压器铁芯事故。

(3) 器身检查完毕后,必须用合格的变压器油对铁芯和线圈进行冲洗,避免杂质堵塞影响设备正常使用;冲洗应采用专用设备进行,防止遗洒。

(4) 冲洗的脏物应分类回收,收集一个运输单位后交有资质单位或环卫部门处理,防止乱扔污染土地、污染地下水;运输采用封闭车,出场前应对车轮清扫干净,防止遗洒污染路面。

1.6.1.4 干燥控制要求

(1) 变压器、电抗器需进行干燥时,不带油干燥利用油箱加热时,箱壁温度不宜超过

110℃,箱底温度不得超过85℃;热风干燥时,进风温度不得超过100℃;干式变压器干燥时,其温度必须低于《干式变压器》标准规定的最高允许温度;避免加热温度控制不当,造成干燥时绝缘老化或破坏,影响设备正常使用;加热应采取送冷风,预防或减少热辐射污染。

(2) 采用热油循环抽真空干燥、热油喷雾循环干燥、绝缘真空干燥方法时,器身应预热,防止器身受潮;抽真空时,其速度不宜过快,避免抽真空速度控制不当,造成器身温度大幅度降低,导致返工。

(3) 干燥后的变压器、电抗器应检查器身的螺栓压紧部分无松动,绝缘表面无过热等异常情况,避免检查不到位而发生损坏设备;如不能及时检查时,应先注以合格油,待具备条件后再检查,防止器身受潮;注油采用专用设备,防止遗洒。

1.6.1.5 本体及附件安装控制要求

(1) 变压器、电抗器的蓄油坑清理干净,排油水管畅通,卵石铺设完毕,避免安装条件不具备导致设备意外渗漏油污染土地、污染地下水;所有法兰连接处应用耐油密封垫密封,密封垫必须无扭曲、变形、裂纹和毛刺,并与法兰面的尺寸相配合,预防设备渗漏油污染。

(2) 有载调压切换装置安装时,其传动机构的摩擦部分应涂以适合当地气候条件的润滑脂,涂刷时不宜沾得太多(不流淌),防止润滑脂遗洒;切换开关油箱内应清洁,密封良好,防止油箱做密封试验渗漏油污染土地、污染地下水;油箱注入符合要求的绝缘油,预防注油牌号性能错误造成油被污染;注油时采用专用设备,预防注油遗洒。

(3) 冷却装置安装前,应按制造厂规定的压力值用汽压或油压进行密封试验,预防使用时渗漏造成污染;冷却装置安装前,应用合格的绝缘油经净油机循环冲洗干净,预防杂质堵塞或循环冲洗渗漏造成污染;冷却装置安装应满足规范要求,油泵应转向正确,预防转动时出现异常噪声、振动或过热污染;油泵的密封应良好,预防渗油或进气影响正常使用;安装完毕后采用专用设备注油,预防油遗洒;外接油管应按规定除锈刷油漆,除锈、刷油漆时按管道除锈、刷油漆所涉及的环境控制措施实施,预防或减少噪声、有害气体排放,扬尘、遗洒、废物遗弃污染环境。

(4) 储油柜安装应满足规范要求,胶囊式储油柜中的胶囊或隔膜式储油柜中的隔膜应完整无破损,预防胶囊在缓慢充气胀开后漏气;胶囊口应密封良好、通畅,预防渗漏或呼吸不通畅,影响正常使用。

(5) 升高座安装前,应对电流互感器进行试验,电流互感器出线端子板应绝缘和密封良好,预防充油套管渗油污染环境,其绝缘筒安装位置准确,预防与变压器引出线相撞导致返工。

(6) 套管安装前应进行检查,套管顶部结构的密封垫应安装位置正确、密封良好,避免检查、安装不到位充油套管渗油,套管末屏接地良好,预防接地不合格导致返工。

(7) 气体继电器、安全气道、压力释放装置、测温装置等安装前应进行检查,安装应满足规范要求,避免检查、安装控制不当导致密封不良或绝缘不良或接触不良造成资源浪费。

(8) 冷却装置冲洗后的残油,除锈的铁锈、油污,报废的密封垫、润滑脂、油漆,废油桶、油手套、油刷等应分类回收,收集一个运输单位后交有资质单位或环卫部门或供应商处理,运输采用封闭车,出场前应对车轮清扫干净,防止遗洒污染路面。

1.6.1.6 注油控制要求

(1) 设备到达现场后,应检查油箱及所有附件,无缺件、无锈蚀、无机械损伤,密封良好、无渗漏,防止因验收不到位,影响设备的正常使用。

(2) 注油前,220kV 及以上的变压器、电抗器必须抽真空,抽真空前宜将器身温度提高到 20℃以上;抽真空采用专用设备,避免抽真空控制不当造成设备配件损坏;其真空度应符合规范要求,预防器身受潮,影响正常使用。

(3) 注油全过程保持真空,注入油的油温宜高于器身温度,注油速度不宜大于 100L/min;抽真空时油箱壁的弹性变形不得超过壁厚的两倍,油面距油箱顶的空隙不得少于 200mm 或制造厂规定;抽真空不宜在雨天或雾天进行,防止受潮或存在气泡引起匝间击穿事故,污染环境。

1.6.1.7 热油循环、补油和静置、整体密封检查控制要求

(1) 500kV 变压器、电抗器真空注油后必须采用真空净油设备进行热油循环,循环时间不得少于 48h,并要防止遗洒,真空净油设备的出口温度不应低于 50℃,油箱内温度不应低于 40℃;热循环的油达到下列规定:击穿电压≥60kV/2.5mm,微水量≤10ppm,含气量≤1%,tgδ≤0.5%(90℃),预防器身受潮,残气量超标,影响正常使用。

(2) 加注补充油时,应通过储油柜上专用添油阀,经净油机注入到额定油位,注油时应排尽本体及附件内的空气,预防产生假油位和引起轻瓦斯动作。

(3) 注油完毕后,施加电压前,110kV 及以下静置时间不应少于 24h,220kV 及 330kV 静置时间不应少于 48h,500kV 静置时间不应少于 72h,使油中产生电晕的气泡被溶解而消失;静置后应启动潜油泵加速将冷却装置中的残留空气驱出,预防残留空气未排尽使设备器身绝缘度下降,而不能正常使用。

(4) 变压器、电抗器安装完毕后,应在储油柜上用气压或油压进行整体密封试验(整体运输的变压器、电抗器不进行整体密封试验),其试验压力不应超过释放装置的动作压力,否则应装临时密锁压板,避免油遗洒污染土地、污染地下水。

1.6.2 互感器安装控制要求

1.6.2.1 运输储存控制要求

(1) 互感器应垂直运输,其倾斜度不得大于 15°,330kV 和 500kV 互感器按产品技术要求运输和单层堆放平稳,预防倾倒或遭受机械损伤;保管期间应下垫枕木、上遮盖塑料布,预防受潮;互感器整体起吊时,吊索应固定在规定的吊环上,不得利用瓷裙起吊,预防碰伤瓷套,浪费资源。

(2) 互感器到达现场后应进行外观检查:无缺件、无锈蚀、无机械损伤,油浸式互感器应油位正常、密封良好、无渗漏,预防因验收不到位,影响设备的正常使用。

1.6.2.2 器身检查控制要求

(1) 互感器可不进行器身检查,当发现有异常情况时应进行器身检查:螺栓无松动、附件完整,铁芯无变形、清洁紧密、无锈蚀,绕阻和穿心螺栓绝缘良好,绝缘支持物牢固、无损伤、无分层开裂,内部清洁、无油垢杂物;避免器身检查不当,导致绝缘受潮或器身检查

后密封不好,发生设备事故,污染环境。

(2) 器身暴露在空气中的时间不得超过16h;预防时间过长器身受潮影响使用。

(3) 110kV及以上互感器应真空注油,注油应使用专用注油机,预防遗洒,土地、污染地下水。

1.6.2.3 互感器安装控制要求

(1) 隔膜式储油柜的隔膜和金属膨胀器应完整无损,顶盖螺栓紧固,避免渗水受潮;具有吸湿器的互感器,其吸湿剂应干燥,油封油位正常,预防吸湿器不起呼吸防潮作用,导致设备受潮;油浸式互感器安装面应水平,并列安装的应排列整齐,同一组互感器的极性方向一致,保证设备正常使用,避免返工。

(2) 电容式电压互感器安装时须仔细核对成套设备的编号,按套组装,以防止错装,避免频率特性等不配合返工;各组件连接处的接触面,应除去氧化层,涂以电力复合脂取代中性凡士林,预防互感器各组件受潮、氧化、理化性能不稳定;涂刷时垫托盘或不宜沾得太多(不流淌),防止电力复合脂遗洒;阻尼器装于室外时,应有防雨帽,防止进水影响设备正常使用。

(3) 互感器需补油时按制造厂规定进行,预防遗洒,运输中附加的防爆膜临时保护应予拆除,预防防爆膜不起防爆保护作用。

(4) 验收时,设备外观完整、无缺损;油浸式互感器无渗油,油位指示正常,防止渗油污染土地、污染地下水;保护间隙的距离符合规定,油漆完整、相色正确,接地良好;预防因验收不合格而影响设备正常使用。

(5) 互感器有关部位应按规范要求或设备说明书规定接地,预防在带电后,外屏有较高的悬浮电位而放电污染环境。

(6) 清除的铁锈、油污,报废的防爆膜临时保护、润滑脂、电力复合脂、凡士林、螺栓、枕木、塑料布等应分类回收,收集一个运输单位后交有资质单位或环卫部门处理,运输采用封闭车,出场前应对车轮清扫干净,防止遗洒污染路面和环境。

1.6.3 其他高压电器设备安装控制要求

1.6.3.1 空气断路器安装控制要求

(1) 安装前应按施工验收规范对设备进行外观检查和解体检查,预防使用不合格的设备及部件,造成安装返工,浪费资源。

(2) 安装前应对传动活塞滑动工作面涂刷适合当地气候的润滑脂,涂刷时垫托盘或不宜沾得太多(不流淌),预防润滑脂遗洒污染土地、污染地下水;储气筒内的杂质,应用压缩空气吹净或选用噪声低的吸尘器除尘,预防设备堵塞或除尘时噪声污染;空压机应放在接油盘上。

(3) 空气断路器应按设计或说明书规定进行安装,满足国家现行施工验收规范,预防安装返工,浪费资源;连接瓷套所用的橡皮密封垫应满足验收要求,与密封槽尺寸相配合,预防橡皮垫变形、开裂、老化龟裂导致密封不严;空气断路器与其传动部分的连接应可靠,转轴应涂适合当地气候的润滑脂,涂抹时垫托盘,预防润滑脂遗洒污染环境;控制柜、分相控制箱应封闭良好,预防损坏。

(4) 安装完毕后进行调整与操作试验应符合国家现行施工验收规范,预防空气断路器漏气、动作不灵活、指示不准确、接地不良。

(5) 废弃的润滑脂、橡皮密封垫、瓷套等应分类回收,收集一个运输单位后交有资质单位或环卫部门处理,运输采用封闭车,出场前应对车轮清扫干净,防止遗洒污染路面。

1.6.3.2 油断路器安装控制要求

(1) 油断路器在运输吊装过程中应按施工方案规定位置进行吊装,避免吊装位置不当造成设备倒置、碰撞或受到剧烈振动,导致设备损坏换件;多油断路器运输时应处于合闸状态,预防油遗洒。

(2) 安装前应按施工验收规范对设备进行外观检查,瓷件应粘合牢固、绝缘部件不受潮、不变形、油箱焊缝不渗油;避免使用不合格的设备及部件,造成安装返工,浪费资源。

(3) 油断路器的部件及备件应存于室内,绝缘部件应存于干燥通风的室内,预防储存不当,造成油断路器的部件及备件报废;多油断路器存放时应处于合闸状态,少油断路器灭弧室应充满合格的绝缘油,预防储存方法不当,造成油断路器的部件及备件损伤或报废;少油断路器灭弧室充油时应用专门注油机,预防油遗洒污染土地、污染地下水。

(4) 油断路器应按产品部件的编号进行组装,油断路器的灭弧室应作解体检查、清理和复原,避免混装或安装不正确,浪费资源;油断路器安装时其导电部分触头镀银部分不得锉磨,触头上不得有裂纹、脱焊或松动,预防损伤造成报废或换件;弹簧缓冲器无卡阻、回跳现象,缓冲良好,预防使用不合格弹簧缓冲器,返工浪费资源。

(5) 电气和机械联锁装置应动作可靠准确,避免误动作;油断路器调整后注油前应进行检查油断路器内部不得有杂物,顶盖及气孔密封良好、升降机构操作灵活,避免油路堵塞或渗油影响正常使用。

(6) 多油断路器内部需干燥时,升温及冷却宜从低于 10℃/h 速度均匀变化,干燥最高温度不宜超过 85℃,干燥结束后检查绝缘应无脆裂变形、套管无渗胶、螺栓紧固;避免升温速度或加温不当,损坏绝缘件。

(7) 油箱及内部绝缘件应采用合格的绝缘油冲洗干净,防止杂质堵塞影响使用,加大消耗;注油至规定油位,密封严密,防止油渗漏污染环境;注油时应用专门注油机进行,防止油遗洒污染环境。

(8) 冲洗后的油,废弃的绝缘部件、螺栓、套管、绝缘油等应分类回收,收集一个运输单位后交有资质单位或环卫部门处理,运输采用封闭车,出场前应对车轮清扫干净,防止遗洒污染路面。

1.6.3.3 真空断路器安装控制要求

(1) 真空断路器在运输吊装过程中应按方案规定位置吊装,避免吊装位置不当造成设备倒置、被雨淋、碰撞或受到剧烈振动,导致设备损坏换件。

(2) 断路器应存放在通风干燥的室内,不得倒置,开箱后不得重叠放置,导致设备损坏换件;储存时应在金属表面及导电接触面涂一层防锈油脂,防止锈蚀损坏换件;涂刷防锈油脂一次不宜沾得太多(不流淌),防止遗洒。

(3) 空气断路器应按设计或说明书规定进行安装,并满足国家现行施工验收规范,预防安装不合格而返工,浪费资源;真空断路器灭弧室应进行真空检查,真空度符合产品技术规定,避免真空度不合格,返工。

(4) 安装后应调整,调整后空气断路器应符合国家现行施工验收规范;真空断路器的行程、压缩行程及三相同期性符合产品技术规定。

(5) 报废的防锈油脂,废油桶、油手套、油刷等应分类回收,收集一个运输单位后交有资质单位或环卫部门或供应商处理;运输采用封闭车,出场前应对车轮清扫干净,防止遗洒污染路面。

1.6.3.4 断路器的操作机构安装控制要求

(1) 操作机构在运输吊装过程中应按方案规定位置吊装,避免吊装位置不当造成设备倒置、被雨淋、碰撞或受到剧烈振动,导致设备损坏换件。

(2) 安装前应对操作机构进行检查,充油、充气件应无渗漏,零部件无锈蚀、受损、受潮,避免验收不当使用不合格操作机构,造成返工浪费资源;操作机构应存放在室内保管,防止受潮、受损、被锈蚀。

(3) 操作机构应固定牢固,底座与支架与基础间的垫片不宜超过 3 片,总厚度不应超过 20mm,与断路器底坐标高相配合,各片间应焊牢;避免垫片数量、标高超标、未焊牢返工。各传动部分涂刷适合当地气候的润滑脂,涂抹时应垫托盘,防止润滑脂遗洒污染环境;加热装置的绝缘及控制件的绝缘应良好,避免绝缘不好更换。

(4) 气动机构、液压机构、电磁机构、弹簧机构安装应符合国家现行施工验收规范,液压系统无渗油、油位正常,空气系统无漏气,安全阀、减压阀动作可靠,操作机构与断路器的联动正常无卡阻现象;避免安装不到位,导致渗油、漏气、卡阻。

(5) 液压机构外观检查无渗油,补充的氮气及其预充压力应符合产品技术规定,液压油应洁净无杂质,油位指示正确,防失压慢分装置可靠;避免安装不到位,导致渗油、堵塞、防失压慢分装置失灵。

(6) 报废的润滑脂,废油桶、油手套、油刷等应分类回收,收集一个运输单位后交有资质单位或环卫部门或供应商处理,运输采用封闭车,出场前应对车轮清扫干净,防止遗洒污染路面和环境。

1.6.3.5 隔离开关、负荷开关及高压熔断器安装控制要求

(1) 隔离开关、负荷开关及高压熔断器运到现场后应检查外观无损伤、变形、锈蚀、瓷件无破损、裂纹;并放置于室内保管防止受潮、受损、被锈蚀。

(2) 操作机构的转动部分、隔离开关的底座转动部分应涂刷适合当地气候的润滑脂,涂抹时应垫托盘,防止润滑脂遗洒,隔离开关、负荷开关传动装置的拉杆应加保护环,避免传动装置的拉杆损坏或折断可能接触带电部分而引发事故,污染环境。

(3) 隔离开关、负荷开关及高压熔断器安装应符合国家现行施工验收规范,隔离开关的各支柱绝缘子之间应连接牢固,其缝隙应用腻子抹平后涂油漆,抹腻子、涂油漆时下垫塑料布,防止腻子、油漆遗洒。

(4) 隔离开关、负荷开关触头应接触紧密良好,其表面应涂刷中性凡士林,载流部分可挠连接不得有折损,载流部分表面无严重的凹陷及锈蚀,设备接线端子涂薄层电力复合脂,避免安装方法不当导致接触不良、折损、锈蚀;涂刷中性凡士林、电力复合脂时下垫塑料布,防止凡士林、电力复合脂遗洒。

(5) 带油的负荷开关,其油箱内应注合格油,注油采用专用工具,防油遗洒或密封不

严油渗漏。

（6）人工接地的开关合闸时应符合继电保护规定、其压缩行程应符合产品技术规定，避免安装不到位，致使继电保护失效。

（7）高压熔断器安装应符合国家现行施工验收规范，跌落式熔断器熔管轴线与铅垂线的夹角为15°~30°，避免安装不到位，致使夹角超差，跌落时碰及其他物体损坏熔管。

（8）报废的润滑脂、电力复合脂、凡士林、油漆、抹腻子、绝缘油、废油桶、油手套、油刷、塑料布等应分类回收，收集一个运输单位后交有资质单位或环卫部门或供应商处理，运输采用封闭车，出场前应对车轮清扫干净，防止遗洒污染路面。

1.6.3.6　电抗器安装控制要求

（1）设备运到现场后应检查外观，支柱及线圈绝缘应无严重损坏、裂纹，线圈无变形；设备应按用途存放在室内或室外平整、无积水场地保管，混凝土电抗器应遮盖防止雨淋受潮。

（2）电抗器应按其编号进行安装，安装应符合国家现行施工验收规范，避免安装不合格而返工；电抗器上下重叠安装时应在其绝缘子顶帽上放置与顶帽同样大小且厚度不超过4mm的绝缘纸板垫片或橡胶垫片；户外应用橡胶垫片；避免垫片材料用错影响使用，浪费资源。

（3）设备接线端子与母线连接时，当额定电流为1500A及以上时应采用非磁性金属材料制成的螺栓，避免螺栓材料用错影响使用。

1.6.3.7　避雷器安装控制要求

（1）避雷器在运输存放控制要求

避雷器在运输存放过程中应立放，防止倒置和碰撞，浪费资源；避雷器不得任意拆开，防止破坏密封和损坏元件。

（2）阀式避雷器安装控制要求

1）安装前应检查瓷件无裂纹、破损，瓷套与法兰粘合牢固，磁吹阀式避雷器的爆片无损坏、裂纹；运输时用以保护金属氧化物避雷器防爆片的上下盖子应取下，防爆片应完整无损，避免运输不当损坏；金属氧化物避雷器的安全装置应完整无损；避免验收不当返工。

2）避雷器各连接处的金属接触表面应清除氧化膜和油漆、涂一层电力复合脂；涂刷电力复合脂时下垫塑料布，预防电力复合脂遗洒。

3）金属氧化物避雷器的排气通道应畅通，排气口位置应符合设计，避免位置安装错误，使排出的气体引起相间或对地闪络，并喷到及其他电气设备上导致火灾污染环境。

4）拉紧绝缘子串必须紧固，弹簧能伸缩自如，同相各拉紧绝缘子串的拉力应均匀；避免使各拉紧绝缘子串受到的拉力不均匀，造成返工。

5）避雷器引线的连接应符合验收规范，避免使端子受到超过允许的外加应力，造成连接失败。

（3）排气式避雷器安装控制要求

1）排气式避雷器安装前应检查，绝缘管壁应无破损、裂痕、漆膜无剥落、管口无堵塞；灭弧间隙不得任意拆开调整，其喷口处的灭弧管内径应符合产品的技术规定，避免安拆不当，浪费资源。

2) 排气式避雷器的安装应符合规范要求,避雷器应在管体的闭口端固定,开口端指向下方,避免避雷器安装方位错误,使排出的气体引起相间或对地闪络,并喷到及其他电气设备上导致火灾污染环境。

3) 当倾斜安装时轴线与水平方向的夹角:对于普通排气式避雷器不应小于15°,无续流避雷器不应小于45°,装于污秽地区时,应增大倾斜角度;避免安装角度不对,影响正常使用。

4) 隔离间隙的安装,其电极的制作应符合设计要求,铁质材料制作的电极应镀锌;镀锌应送环境达标的专门生产厂家镀锌,减少镀锌废液对环境的污染。

5) 避雷器其支架安装必须牢固,防止避雷器坍塌损坏;支架预埋时应选用噪声低的设备,避开高峰作业,减少噪声污染。钻孔时应遮盖墙壁和地面,预防污染墙面、地面。

(4) 废物处理控制要求

清除的氧化膜和油漆,报废的电力复合脂、瓷件、油漆、绝缘子、废油桶、油手套、油刷、塑料布等应分类回收,收集一个运输单位后交有资质单位或环卫部门或供应商处理,运输采用封闭车,出场前应对车轮清扫干净,防止遗洒污染路面。

1.6.3.8 电容器安装控制要求

(1) 在电容器安装前应检查,套管芯棒应无弯曲和滑扣,外壳无显著变形、无锈蚀,所有接缝不应裂缝和渗油;避免验收不当而渗油污染环境。

(2) 成组安装的电力电容器应符合设计规范,三项电容的差值宜调配到最小,其最大与最小的差值不应超过三项平均电容值的5%;避免安装不到位,导致电容值超差影响正常使用。

(3) 凡不与地绝缘的每个电容的外壳及电容的构架均应接地,凡与地绝缘的电容的外壳均接到固定的电位上,避免接地安装不到位,影响正常使用。

(4) 耦合电容器安装时,不应松动其顶盖上的紧固螺栓,接至电容器的引线不应使其端头受到过大的横向拉力,造成电容器损坏;两节或多节耦合电容器叠装时,应按制造厂的编号安装,避免安装顺序错误,造成返工浪费资源。

1.6.4 低压电器设备安装控制要求

1.6.4.1 低压断路器安装控制要求

(1) 低压断路器安装前应检查,将衔铁表面的油污用布擦净,防止衔金铁表面粘上灰尘等杂质,动作时将出现缝隙,产生噪声;触头闭合、断开过程应符合规范,避免可动部分与灭弧室的零件有卡阻现象,需处理浪费资源。

(2) 低压断路器的安装应符合规范要求,电动操作机构接线应正确,避免接线有误致使在合闸过程中开关跳跃,限制电动机或电磁铁通电时间的联锁装置不及时动作,电动机或电磁铁通电时间超过产品的规定值,抽屉式断路器的工作、试验、隔离三个位置的定位不明显,抽屉式断路器空载时卡阻、机械联锁不可靠,影响正常使用造成返工,浪费资源。

(3) 裸露在箱体外部且易触及的导线端子,应加绝缘保护,防止损坏;有半导体脱扣装置的低压断路器,其接线应符合相序要求,用试验按钮检查动作情况并做相序匹配调整,预防扣器误动作,影响使用。

(4) 直流快速断路器安装时基础槽钢与底座间,应按设计要求采取防振措施,并固定牢固,避免安装方法不当致使断路器路倾倒、碰撞损坏造成返工,浪费资源;预防激烈振动产生噪声污染环境。

(5) 直流快速断路器极间中心距离及与相邻设备或建筑物的距离,不应小于500mm;当不能满足要求时,应加装高度不小于单极开关总高度的隔弧板;在灭弧室上方应有不小于1000mm 安全隔离空间;无法达到时,则在3000A以下断路器的灭弧室上方200mm处加装隔弧板;3000A及以上在上方500mm处加装隔弧板;预防直流快速断弧焰喷射导致断路、过载、逆流。

(6) 灭弧室内绝缘衬件应完好,电弧通道应畅通;直流快速断路器的接线与母线连接时,出线端子不应承受附加应力,母线支点与断路器之间的距离,不应小于1000mm;当触头及线圈标有正、负极性时,其接线应与主回路极性一致;避免因接线错误或间距过小或电弧通道不畅,导致断路器误动作或拒绝动作,浪费资源。

(7) 直流快速断路器安装后应调整和试验,脱扣装置应按设计要求进行整定值校验;对轴承应涂润滑剂,涂抹润滑剂时应垫托盘,预防遗洒污染土地、污染地下水;调整和试验应满足施工验收规范,预防交流工频耐压试验时,有击穿、闪络现象;在短路或模拟短路情况下,合闸时脱扣装置不能立即脱扣;造成返工。

(8) 清除的灰尘等杂质,报废的润滑剂、绝缘衬件、隔弧板、绝缘子等应分类回收,收集一个运输单位后交有资质单位或环卫部门处理,运输采用封闭车,出场前应对车轮清扫干净,防止遗洒污染路面。

1.6.4.2 低压隔离开关、刀开关、转换开关及熔断器安装控制要求

(1) 开关的动触头与两侧压板距离应调整均匀,合闸后接触面应压紧,刀片与静触头中心线应在同一平面;避免安装不到位,导致刀片摆动造成返工,浪费资源。

(2) 垂直或水平安装的母线隔离开关,其刀片均应位于垂直面上;在建筑构件上安装时,刀片底部与基础之间的距离,应符合设计或产品技术文件的要求;预防安装间距偏差造成返工,浪费资源。

(3) 带熔断器或灭弧装置的负荷开关接线完毕后,检查应符合规范要求;避免安装不到位,导致熔断器、固定不可靠,灭弧栅损伤,电弧通道不畅,灭弧触头各相分闸不一致造成返工,浪费资源。

1.6.4.3 住宅电器、漏电保护器及消防电气设备安装控制要求

(1) 住宅电器安装完毕,调整试验合格后,宜对调整机构进行封锁处理;避免安装调整不到位,导致丢失或损坏。

(2) 按漏电保护器产品标志进行电源侧和负荷侧接线;带有短路保护功能的漏电保护器安装时,应符合规范;避免安装调整不到位,导致接线错误烧坏电压线圈或灭弧距离不足引起短路事故。

(3) 在高温场所设置的漏电保护器,应加隔热板或调整安装位置;在尘埃多及有防腐性气体的场所应将漏电保护器装在设有防尘、防腐的保护箱内;设在湿度大的场所应选用防潮的漏电开关或另加防潮开关;避免选择位置或材质不当,导致漏电保护器受潮、腐蚀等失效或缩短使用时间,引发事故。

(4) 电流型漏电保护器安装后,除应检查接线无误外,还应通过试验按钮检查其动作

性能,并应满足要求;避免安装调整不到位,导致动作性能差引发事故。

(5) 火灾探测器、手动火灾报警按钮、火灾报警控制器、消防控制设备等的安装,应符合现行国家标准《火灾自动报警系统施工及验收规范》;避免安装调整不到位,导致设备失灵而引发事故。

1.6.4.4 低压接触电器及电动机起动器安装控制要求

(1) 低压接触电器及电动机起动器安装前应检查,满足规范要求,将衔铁表面的锈斑、油污用布擦净,防止避免检查不到位导致接触器表面油污影响接触器正常动作产生卡阻,灭弧罩无间隙,灭弧线圈绕向有错误,触头的接触不紧密、固定不牢返工。

(2) 电磁起动热元件的规格应与电动机的保护特性相匹配,热继电器的电流调节指示位置应调整在电动机的额定电流值上,并按设计规定进行定值校验;避免特性不匹配、定值未校验准而导致返工浪费资源。

(3) 低压接触电器及电动机起动器安装完成后应进行检查,其结果应满足现行国家施工验收规范;避免接线错误、起动线圈间断通电时主触头动作不正常导致返工,浪费资源;衔铁吸合后有响声污染环境。

(4) 真空接触器安装前检查,应满足规范要求,避免可动衔铁及拉杆不灵活可靠、有卡阻,辅助触头随绝缘摇臂的动作不可靠,内部接线有错误导致返工。

(5) 真空接触器的真空度、接线、接地应符合产品技术文件的规定;避免真空接触器的真空度(10^{-4}Pa 以上)、接线不合格,接线有错误导致击穿和连续闪络现象返工。

(6) 可逆起动器或接触器,电气联锁装置和机械联锁装置安装应满足规范要求,避免动作不正确、不可靠导致正、反向同时动作造成电源短路,烧坏电器及设备。

(7) 星、三角起动器的检查、调整应满足规范要求,避免起动器接线有错误、切换、调节延时装置不正确、不可靠导致返工。

(8) 自耦减压起动器的安装、调整应满足规范要求,避免起动器渗油、减压抽头不在65%~80%额定电压下导致返工,浪费资源。

(9) 接触器或起动器应进行通断检查,应满足规范要求,避免其起动值不正常,影响正常工作导致返工。

(10) 变阻式起动器的变阻器安装后应检查,检查结果满足规范要求,避免电阻切换程序、触头压力、灭弧装置及起动值不正常,影响正常起动导致返工。

(11) 清除的锈斑、油污,报废的接触器、起动器、电磁起动热元件、电气联锁装置、机械联锁装置等应分类回收,收集一个运输单位后交有资质单位或环卫部门处理,运输采用封闭车,出场前应对车轮清扫干净,防止遗洒污染路面。

1.6.4.5 控制器、继电器及行程开关安装控制要求

(1) 控制器安装,应满足规范要求,避免工作电压与供电电压不符、凸轮控制器及主令控制器安装位置不正确、操作手柄高度不合适(800~1200mm)、档位不明显不准确自锁装置不能正常工作、触头行程不正常,影响正常工作,导致返工,浪费资源;控制器的转动部分及齿轮减速机构润滑不良好时,应按规定涂抹润滑油脂,涂抹时下垫托盘,防止润滑油脂遗洒。

(2) 继电器安装前检查,应满足规范要求,将表面的污垢、铁芯表面防腐剂用布擦净,

防止污垢、防腐剂未除净影响正常工作导致返工。

(3) 按钮的安装应满足规范要求,避免按钮之间的距离(50~80mm)、按钮箱之间的距离(50~100mm)偏差,倾角>30°、有卡阻、无编号、无保护罩,影响正常工作导致返工,浪费资源。

(4) 行程开关的安装应满足规范要求,避免安装位置不正确妨碍机械部件的动作,开关的动作行程偏差,限位行程确认不可靠,影响正常工作。

(5) 清除的污垢、防腐剂,报废的润滑油脂、按钮、保护罩等应分类回收,收集一个运输单位后交有资质单位或环卫部门处理,运输采用封闭车,出场前应对车轮清扫干净,防止遗洒污染路面。

1.6.4.6　电阻器及变阻器安装控制要求

(1) 电阻器垂直叠装不宜超过4箱,超过4箱用支架固定但不宜超过6箱,并保持适当距离;其底部与地面间应不小于150mm间距;避免叠装数量和间距不当损坏电阻器或防碍散热,影响正常工作导致返工,浪费资源。

(2) 电阻器的连接线应采用裸铜线或钢线,对其外部接线应按产品技术条件满足导线的绝缘强度,电阻器及变阻器内部无断路或短路;避免安装位置不正确妨碍电阻元件的更换,接线错误导致断路或短路,浪费资源。

(3) 变阻器的转换调节装置安装应满足规范要求,避免转换调节装置有卡阻、限位开关及信号联锁接点的动作不正确、不可靠,齿链传动的转换调节装置的串动范围超差,电传动和手动传动功能不足影响正常工作导致返工。

(4) 频敏电阻器的调整应满足规范要求,避免频敏电阻器的极性和接线有误、频敏电阻器的抽头气隙调整偏差、频敏电阻器连续起动次数及总的起动时间不符合产品技术要求,导致频敏电阻器过热影响正常工作。

(5) 支架的固定,应避开施工高峰用冲击电钻打孔,减少打孔产生噪声对环境的影响;打孔时应下垫塑料布,防止污染地面;打孔后的废渣应清理,堆放在垃圾场,收集一个运输单位后交环卫部门处置,运输易遗洒的废物应用封闭车,出场前车轮清理干净,预防遗洒污染路面。

1.6.4.7　电磁铁安装控制要求

(1) 电磁铁的铁芯表面应清洁、无锈蚀,避免异物撞击磁轭,造成极表面损伤而产生较大噪声污染环境;制动电磁铁的衔铁吸合时,铁芯接触面应紧密地与固定部分接触,不得有异常响声污染环境,影响正常使用。

(2) 电磁铁、有缓冲装置的制动电磁铁、直流制动电磁铁、起重电磁铁、直流串联电磁铁、双抱闸电磁铁安装符合国家现行规范;避免衔铁及其传动机构的动作有卡阻、衔铁上隔磁效果差、衔铁的动作有剧烈冲击、指针位置不准、释放电流不准造成返工浪费资源。

(3) 清除的锈斑、油污,堆放在垃圾场,收集一个运输单位后交环卫部门处置,运输易遗洒的废物应用封闭车,出场前车轮清理干净,预防遗洒污染路面。

1.6.4.8　熔断器安装控制要求

(1) 熔断器及熔体的容量应符合设计要求,与电气设备的容量相匹配,对有专用功能的熔断器禁止代用,防止容量不匹配、规格型号不同混用,造成返工浪费资源。

(2) 瓷质熔断器在金属底板上安装时,其底座应垫绝缘衬垫;有触带电部分危险的熔断器应配齐绝缘抓手;带有接线标识的熔断器电源线按标识接线;螺旋式熔断器底座的安装应牢固;避免未垫绝缘衬垫、绝缘抓手失效、接线错误、底座松动影响使用。

(3) 报废的润滑油脂、按钮、保护罩等应分类回收,收集一个运输单位后交有资质单位或环卫部门处理,运输采用封闭车,出场前应对车轮清扫干净,防止遗洒污染路面。

1.6.5 仪表调试控制要求

1.6.5.1 仪表单体调试要求

(1) 被调校仪表在调校前,电动仪表通电前应按规范规定检查电气开关操作的灵活可靠性、绝缘电阻值,进行仪表的阻尼特性、指针移动速度试验,报警器报警动作的性能试验,执行器和调节阀行程时间试验,调节阀阀体强度试验,调节器切换试验,避免因检查或试验不当造成仪表性能不合格,返工浪费施工材料。

(2) 被调试仪表应按规范规定进行死区、正行程、反行程精度调校,被校调节应按规范规定进行手动操作误差,电动调节器的闭环跟踪误差、气动调节器的控制点偏差调校,比例带、积分时间、微分时间刻度误差试验,附加机构的动作误差试验,避免因试验不当造成仪表精度不合格,返工浪费资源。

1.6.5.2 仪表系统调试要求

(1) 在检测系统的信号发生端输入模拟信号,检查系统内各单元仪表允许的基本误差平方和的平方根值应满足规范要求,避免因模拟信号检查不当造成仪表检测系统不合格,返工浪费资源。

(2) 按设计规定检查并确定调节器及执行器的动作方向,在系统的信号发生端输入模拟信号,检查调节器基本误差、手动的输出保持特性和比例、积分动作以及自动和手动操作的切换性能,用手动操作机构的输出信号检查执行器的全行程动作,避免因仪表调节系统检查不当造成不合格,形成环境污染。

(3) 按设计规定的给定值对报警系统内的报警给定器及仪表、电气设备内的报警机构进行鉴定,在系统的信号发生端输入模拟信号,检查其音响和灯光的精确度,避免因仪表报警系统鉴定不当造成不合格,返工浪费资源,污染环境。

(4) 按规范要求对联锁系统内的报警给定器及仪表、电气设备内的报警机构进行整定及分项试验和整套联动试验,避免因分项试验和整套联动试验仪表联锁系统不合格、不当造成不合格,返工浪费资源。

1.6.6 应急准备响应控制要求

1.6.6.1 变压器、电抗器安装中应急准备响应控制要求

(1) 绝缘油储存库房、变压器充氮和排氮,变压器与电抗器干燥、热油循环作业场所周围 20m 范围内应无易燃物品、裸露的电源线,非作业人员不得进入,配备足够数量有效的灭火器材,作业场地严禁烟火,避免控制不到位意外发生火灾烧坏设备,产生大量废弃物、废气污染环境。

(2) 变压器充氮和排氮时,排氮口应设在空气流通处,必须让器身在空气中暴露 15min 以上,待氮气充分扩散后,人员才可进行器身检查,防止伤人;氮气扩散时,应开启送风机或加装氮气回收装置,避免氮气排放污染大气、伤害人员。

1.6.6.2 互感器安装中应急准备响应控制要求

互感器现场干燥和真空注油作业场所周围 20m 范围内应无易燃物品、裸露的电源线,配备足够数量有效的灭火器材,作业场地严禁烟火,避免控制不到位意外发生火灾烧坏设备,产生大量废弃物、废气污染环境。

1.6.6.3 其他高压电器设备安装中应急准备响应控制要求

多油断路器内部需干燥时,周围 20m 范围内应无易燃物品、配备足够数量有效的灭火器材,作业场地严禁烟火;避免控制不到位,意外发生火灾。

1.6.6.4 低压电器设备安装中应急准备响应控制要求

受潮的灭弧室烘干时,周围 20m 范围内应无易燃物品、配备足够数量有效的灭火器材,作业场地严禁烟火;避免控制不到位,意外发生火灾。

1.7 电气设备安装监测要求

1.7.1 材料监测要求

1.7.1.1 设备绝缘油、绝缘子、操作机构、润滑脂、油漆、紧固件、地脚螺栓、接地材料等进场时,应对质量标准、环境要求(环保限值)检查或检测 1 次,不合格不准进场、不准使用,避免材料对环境的污染。

1.7.1.2 每月应对设备绝缘油、油漆、氮气等储存条件、安全距离、堆放高度、堆放情况,防火、防潮条件,禁火标识等检查 1 次,发现异常情况时,采取针对措施纠正,避免发生火灾对环境的污染。

1.7.2 人员管理监测要求

1.7.2.1 每次作业前应对电工、起重工、调试人员、油漆工等人员的岗位操作证或培训资料(包括环境措施交底内容)检查 1 次,发现人员不适应采取针对措施纠正,避免因人员素质低,造成返工浪费资源,污染环境。

1.7.2.2 每次作业前应对注油、加热、抽真空、充氮排氮、油漆等作业人员的防护用品检查 1 次,发现不足应采取针对措施纠正,避免保护用品不到位,伤害人员造成返工浪费资源,污染环境。

1.7.3 设备和设施监测要求

1.7.3.1 每周应对运输设备、吊装设备、抽真空设备、注油设备、试验设备,冲击电钻、加热设备的保养状况(是否完好、漏油、尾气是否达标)检查 1 次,当发现异常情况时,及时安排保养、检修,降低消耗。

1.7.3.2 每批作业中应对设备噪声排放、热辐射监测一次,当发现超标时,及时更换噪声低的设备或增加隔声或隔热材料厚度或更换其他隔声或隔热材料,减少噪声、热辐射对环境的污染。

1.7.3.3 每班作业前应对接油盘目测一次,当接油盘存油达到距槽帮 10mm 时或项目完成作业活动时应进行清理,防止盘内存油溢出污染土地、地下水。

1.7.4 变压器电抗器安装监测要求

1.7.4.1 每台设备作业前,应对设备外观、充气种类、干燥方式、加热方式、充气压力(0.01~0.03MPa)、器身、油浸式变压器油位指示、密封程度、油浸漏情况等是否符合施工方案、管理程序检查 1 次,对加热温度(箱壁<110℃,箱底>85℃,进风温度<100℃)、真

空度检测1次。

1.7.4.2 每台设备作业中,应对操作程序、成套设备的编号、油渗漏、润滑脂遗洒、废弃物处置等检查1次,对注油速度(<100L/min)、注油量(距油箱顶的空隙200mm)、热油循环时间(48h)、热辐射污染等是否符合施工方案和管理程序检测1次;对噪声排放每天监听1次,每月检查1次。

1.7.4.3 每台设备安装后,应对整体密封、加电压前静置时间、相色、油渗漏等检查1次,对绝缘程度、接地电阻值等是否符合施工方案和管理程序检测1次。

1.7.4.4 监测中如发现异常应停止相关作业或重新检测或调整充油速度或加热温度或采取纠正措施,避免设备装错、真空度超差、干燥时绝缘老化或破坏、器身受潮引起匝间击穿事故,导致返工污染环境,浪费资源或接地不良影响正常使用或隔热措施不当致使热辐射污染或密封不良渗油、润滑脂遗洒污染土地、污染地下水。

1.7.5 互感器安装中监测要求

1.7.5.1 每台设备作业前,应对设备外观、器身(必要时)、油浸式互感器油位指示、密封程度、油浸漏情况等是否符合施工方案和管理程序检查1次。

1.7.5.2 每台设备作业中,应对操作程序、成套设备的编号、电力复合脂遗洒、废弃物处置等是否符合施工方案和管理程序检查1次;每台设备安装后,应对阻尼器防雨帽、相色等检查1次,对绝缘程度、接地电阻值、保护间隙等是否符合施工方案和管理程序检测1次;对噪声排放每天监听1次,每月检查1次。

1.7.5.3 监测中如发现异常应停止相关作业或重新检测或采取纠正措施,避免设备装错、进水、保护间隙超差导致返工、浪费资源或接地不良影响正常使用或密封不良渗油、电力复合脂遗洒。

1.7.6 高压电器设备安装监测要求

1.7.6.1 每台设备作业前,应对设备外观,空气断路器部件解体检查、密封程度、空气泄漏情况,油断路器灭弧室解体检查、油位指示、密封程度、油浸漏情况等是否符合施工方案和管理程序检查1次。

1.7.6.2 每台设备作业中,应对安装调整工作程序、成套设备的编号,润滑剂、电力复合脂遗洒,废弃物处置等是否符合施工方案和管理程序检查1次;对噪声排放每天监听1次,每月检查1次。

1.7.6.3 每台设备安装后,应安装位置、相色、操作机卡阻情况,油渗漏、空气泄漏,避雷器排气通道、开口端位置等检查1次,对绝缘程度、接地电阻值等是否符合施工方案和管理程序检测1次。

1.7.6.4 监测中如发现异常应停止相关作业或重新检测或采取纠正措施,避免设备装错、安装位置超差导致运行烧坏设备,浪费资源、污染环境或接地不良影响正常使用或密封不良渗油或空气泄漏,操作程序不当使润滑剂、电力复合脂遗洒。

1.7.7 低压电器设备安装监测要求

1.7.7.1 每台设备作业前,应对设备外观、油位指示、密封程度、油浸漏情况等是否符合施工方案和管理程序检查1次。

1.7.7.2 每台设备作业中,应对安装调整工作程序、设备的编号、固定方式,润滑剂、电力复合脂遗洒,废弃物处置等是否符合施工方案和管理程序检查1次,对真空接触器真空度检测1次;对噪声排放每天监听1次,每月检查1次。

1.7.7.3 每台设备安装后,应对安装位置,操作机固定、卡阻,起动器油渗漏等是否符合施工方案和管理程序检查1次,对绝缘程度、接地电阻值等是否符合施工方案检测1次。

1.7.7.4 监测中如发现异常应停止相关作业或重新检测或采取纠正措施,避免接线错误、安装位置超差导致运行烧坏设备,浪费资源、污染环境或接地不良影响正常使用或密封不良渗油或操作程序不当使润滑剂、电力复合脂遗洒。

1.7.8 应急准备响应监测要求

1.7.8.1 变压器、电抗器安装应急准备响应监测要求

(1) 作业前应对充氮排氮方式、干燥方式、注油方式、器身在空气中暴露时间(15min)、储油环境、作业条件,安全距离、防火设施数量、位置、有效性、送风形式或氮回收装置检查1次,对绝缘油质量检测1次。

(2) 每次作业中应对充氮排氮、干燥、注油工作程序、加热温度、注油过程、充氮排氮过程、热辐射、油遗洒检查1次,对注油速度(100L/min)、充氮压力(0.01~0.03MPa)、真空度、空气中氮含量等检测1次。

(3) 监测中如发现异常应停止相关作业或改善作业条件或更换设备或调整充氮压力或注油速度或调换油源或增加灭火器数量或采取纠正措施;避免控制不到位意外发生火灾。

1.7.8.2 互感器安装应急准备响应监测要求

(1) 作业前应对干燥方式、注油方式、储油环境、作业条件、安全距离、防火设施数量、位置、有效性检查1次,对绝缘油质量检测1次。

(2) 每次作业中应对干燥、注油工作程序、加热温度、注油过程、热辐射、油遗洒检查1次,对注油速度检测1次。

(3) 监测中如发现异常应停止相关作业或改善作业条件或更换加热设备或或注油速度或更换油源或增加灭火器数量或采取纠正措施;避免控制不到位意外发生火灾。

1.7.8.3 高压电器设备安装应急准备响应监测要求

(1) 作业前应对干燥方式、作业条件、安全距离、防火设施数量、位置、有效性检查1次。

(2) 每次作业中应对干燥工作程序、加热温度、防护措施、热辐射检查1次。

(3) 监测中如发现异常应停止相关作业或改善作条件或更换加热设备或增加灭火器数量或采取纠正措施;避免控制不到位意外发生火灾。

1.7.8.4 低压电器设备安装应急准备响应监测要求

(1) 作业前应对烘干方式、作业条件、安全距离、防火设施数量、位置、有效性检查1次。

(2) 每次作业中应对烘干工作程序、加热温度、防护措施、热辐射检查1次。

(3) 监测中如发现异常应停止相关作业或改善作条件或更换加热设备或增加灭火器数量或采取纠正措施;避免控制不到位意外发生火灾。

2 配线安装控制要求

2.1 配线安装工艺流程

2.1.1 配管施工工艺流程

2.1.1.1 暗敷工艺流程

施工准备→配管加工→预埋→固定→检验。

2.1.1.2 明敷工艺流程

施工准备→配管加工→安装→固定→检验。

2.1.2 室内配线安装工艺流程

2.1.2.1 管内穿线工艺流程

施工准备→管内穿线→安装接线→检验。

2.1.2.2 明敷配线工艺流程

施工准备→明线敷设固定→安装接线→检验。

2.1.3 母线安装工艺流程

2.1.3.1 母线安装工艺流程

施工准备→母线检查→母线连接→母线固定→检验。

2.1.3.2 硬母线安装工艺流程

施工准备→母线检查→母线加工→母线连接→母线固定→检验。

2.1.4 电气照明装置安装工艺流程

2.1.4.1 配电箱安装工艺流程

施工准备→配电箱检查→配电箱安装→配电箱接线→检验。

2.1.4.2 照明灯具安装工艺流程

施工准备→照明灯具检查→照明灯具固定→照明灯具接线→检验试灯。

2.1.4.3 开关插座安装工艺流程

施工准备→开关插座检查→开关插座接线→开关插座固定→检验。

2.1.4.4 风扇安装工艺流程

施工准备→风扇检查→风扇接线→风扇固定→检验。

2.1.5 室外架线安装工艺流程

2.1.5.1 电杆上架线安装工艺流程

施工准备→测量放线→挖电杆坑→电杆运输检查→电杆固定→金具安装→放线→紧线固定→检验。

2.1.5.2 铁塔上架线安装工艺流程

施工准备→测量放线→挖基础→混凝土浇筑→铁塔组件运输检查→铁塔安装→绝缘器件安装→线运输检查→放线→接线→紧线固定→检验。

2.2 配线安装中的环境因素

2.2.1 配线安装中涉及土建工程施工方面的环境因素

2.2.1.1 外室架线中与土方机械漏油污染土地、污染地下水,废油、废油手套、废油桶遗弃污染环境。

2.2.1.2 外室架线中土方开挖机械与石方爆破中噪声排放、扬尘、废物遗弃、植被破坏、侵占耕地;土方储存与运输中噪声排放、扬尘,遗洒污染土地、污染地下水,植被破坏。

2.2.1.3 外室架线中混凝土基础施工中模板支拆扬尘、噪声排放、脱模剂遗洒、废脱模剂遗弃污染土地、污染地下水;混凝土拌制、浇筑中水电消耗,噪声排放、扬尘,混凝土遗洒、洗搅拌机水排放污染土地、污染地下水;水泥、砂子运输与储存扬尘、遗洒污染土地、污染地下水;混凝土运输扬尘、遗洒、洗车水排放、失效混凝土遗弃污染土地、污染地下水。

2.2.2 配线安装中涉及的环境因素

2.2.2.1 设备安装中油、电消耗。

2.2.2.2 设备运输和吊装时噪声排放,损坏建筑物、损坏部件浪费资源。

2.2.2.3 电管煨弯噪声排放;电管螺纹加工漏油污染土地、污染地下水;母线加工时噪声排放,损坏母线、浪费资源。

2.2.2.4 油储存和加油,电力复合脂、润滑脂、电管防腐漆涂刷中遗洒污染土地、污染地下水;废油桶、油刷、废电力复合脂、废润滑脂、废防腐漆、废机油乱扔污染土地、污染地下水。

2.2.2.5 外线拖地时噪声排放,损坏外线、浪费资源;外线压接时漏油污染土地、污染地下水;线锡焊、母线焊接时产生有害气体排放,废焊剂、废焊条、焊渣、锡等乱扔污染土地、污染地下水。

2.2.2.6 支架、螺栓安装钻孔,墙面凿槽、墙面或楼板钻洞时产生噪声排放,废水污染墙面;混凝土渣、砖渣等遗弃污染土地、污染地下水。

2.2.2.7 废灯具、废开关、废插座、废电线、废拉线、废电杆、废铁塔组件、废金具、废螺栓、线头等乱扔污染土地、污染地下水。

2.2.3 配线安装中涉及应急准备情况方面的环境因素

2.2.3.1 电杆开挖、铁塔基础开挖,意外发生火灾、爆炸、泄漏、跑水。

2.2.3.2 电线工程所涉及的照明装置、灯具、开关、插座、配线库房意外发生火灾烧坏照明装置、灯具、开关、插座、配线,产生大量废弃物、有害气体排放污染大气、污染土地、污染地下水。

2.2.3.3 外室架线中炸药库意外发生火灾、爆炸烧坏设施、损坏架空线产生大量废弃物、有害气体排放污染大气、污染土地、污染地下水。

2.2.3.4 外室架线爆破接头发生爆破失控事故,损坏设施、损坏架空线产生扬尘、废弃物遗弃污染大气、污染土地、污染地下水。

2.2.3.5 外室架线中紧线方法不当造成电杆、铁塔倾倒,损坏电杆或铁塔,造成返工,浪费资源。

2.3 配线安装中对材料的要求

2.3.1 母线装置安装用的钢制紧固件,除地脚螺栓外,应采用符合国家标准的镀锌制品;在有盐雾、空气相对湿度接近100%及含腐蚀性气体的场所,室外紧固件用热镀锌制品;镀锌制品推荐在专用镀锌厂购买或镀锌,避免镀锌过程产生的废水未经达标处理,随意排放对水和土地的污染。

2.3.2 金属构件除锈应彻底,金属构件、在有盐雾及含腐蚀性气体的场所母线应涂刷防腐漆(其他场所母线涂刷油漆),所有母线按规定刷相色漆(钢母线刷防腐相色漆),涂刷漆应均匀、粘合牢固、不得起层皱皮;刷漆时一次不要沾得太多(不流淌),避免油遗洒。

2.3.3 室外架线金具的镀锌层有局部碰损、剥落或缺锌,应除锈后补刷防锈漆;刷防锈漆时不要沾得太多(不流淌),避免油遗洒,污染环境。

2.3.4 钢索的单根钢丝直径应小于0.5mm,并不应有扭曲和断股,避免钢索的单根钢丝直径偏小,导致钢丝扭曲和断股造成返工,浪费资源。

2.3.5 日光灯管应装箱保管,防止损坏污染大气,废灯片乱扔污染环境。

2.3.6 报废的日光灯管、油漆、废油桶、油手套、油刷、废灯片等应统一回收,收集一个运输单位后交有资质单位或环卫部门或供应商处理,运输采用封闭车,出场前应对车轮清扫干净,防止遗洒污染路面。

2.4 配线安装中对人员的要求

2.4.1 企业的安装电工、维修电工、电气试验工等人员必须取得相应级别的岗位操作证,按考核合格后的项目、权限和相应的国家与地方规范、操作规程,从事与所持证书规定范围内工作;避免因人员素质能力不能满足要求而发生配线安装不合格返工、浪费资源,污染环境。

2.4.2 机械操作人员应经过培训,掌握相应机械设备的操作要领后方可进行室内配线、母线施工、电气照明装置安装、室外架线、试验等作业。避免因人的误操作或不按操作规程操作、保养造成机械设备漏油污染土地、地下水,设备部件报废、机械设备事故浪费资源、噪声超标,加大对环境的污染。

2.4.3 每项作业活动操作前项目部应组织对安装电工、维修电工、电气试验工针对该项作业活动所涉及的噪声、漏油、扬尘、废弃物等重要环境因素的环境控制措施、环境操作基本要求,环境检测的关键特性,紧线、防火等应急准备响应中的注意事项进行专项环境交底或综合交底包括以上环境方面的内容,避免因作业人员的不掌握环境方面的基本要求造成噪声排放、漏油、遗洒、废物遗弃污染土地、地下水。

2.5 配线安装中对设备和设施的要求

2.5.1 机械设备的要求

2.5.1.1 安装中应根据施工组织设计或专项施工方案的要求,选择满足施工需求、噪声低、能耗低的运输设备、吊装设备、弯管设备、套丝加工设备、架线设备、紧线设备、试验设备,冲击电钻,避免设备使用时噪声超标,漏油污染土地、污染地下水,加大水、电、油和资源消耗,浪费资源。

2.5.1.2 机械设备的保养与维护要求

(1)设备每个作业班工作后应进行设备的日常保养,保证设备经常处于完好状态,避免设备使用时意外漏油。

(2)当发现设备有异常或存在问题时,应安排专人检查排除或送维修单位立即抢修,防止设备带病作业,加大能源消耗、浪费资源,设备漏油。

2.5.2 对设施的要求

2.5.2.1 设备接油盘宜采用厚度0.5~1mm铁皮,油盘大小不宜小于机械设备的水平投影面积,防止漏油。

2.5.2.2 材料库房的施工按临时设施建设所涉及的相关环境控制措施实施,防止噪声污染、扬尘,废水、废物遗弃污染环境。

2.6 配线安装过程控制要求

2.6.1 配线安装涉及的土建工程施工控制要求

2.6.1.1 土石方施工控制要求

(1) 室外架线的坐标、位置、基础标高等应符合设计要求,避免发生错误造成返工,浪费资源污染环境;电杆开挖、铁塔基础开挖,分别按土方施工、石方施工所涉及的环境控制措施实施,防止噪声、扬尘、遗洒、漏油、废物遗弃污染环境。

(2) 土方回填按土方作业所涉及的环境环境控制措施实施,防止噪声、扬尘,遗洒、漏油、废物遗弃污染土地、地下水。

2.6.1.2 混凝土施工控制要求

(1) 铁塔混凝土施工应按设计施工,避免质量不合格返工,浪费资源污染环境。

(2) 铁塔混凝土基础的浇筑按模板支拆、混凝土搅制、振捣所涉及的环境控制措施实施,防止扬尘,漏油、遗洒污染土地、地下水;噪声、有毒有害气体、洗搅拌机和混凝土运输车水排放,沉淀池溢流、废混凝土遗弃污染土地、污染地下水。

2.6.1.3 支架施工控制要求

支架施工应按设计施工,避免质量不合格返工,浪费资源污染环境;支架制作、安装分别按钢构件制作、运输、安装所涉及的环境控制措施实施,防止噪声、弧光污染,扬尘、有毒有害气体排放污染大气;废废焊条头、废膨胀螺栓、焊渣遗弃污染土地、污染地下水。

2.6.2 配管安装控制要求

2.6.2.1 钢管敷设控制要求

(1) 潮湿场所和直埋于地下的电线保护管,应采用厚壁钢管或防液型可挠金属电线保护管;干燥场所的电线保护管宜采用薄壁钢管或可挠金属电线保护管;避免用材错误,影响使用。

(2) 钢管的内壁、外壁均应做防腐处理;当埋设于混凝土内时,钢管外壁可不做防腐处理;直埋于土层内的钢管外壁应涂两度沥青;采用镀锌钢管时,锌层剥落处应涂防腐漆;设计有特殊要求时,应按设计规定进行防腐处理;电气配管防腐按管道防腐所涉及的环境控制措施实施,防止扬尘、有毒有害气体排放,遗洒、废物遗弃环境。

(3) 钢管不应有折扁和裂缝,管内应无铁屑及毛刺,切断口应平整,管口应光滑;避免钢管毛刺致使穿线时损坏电线造成返工。

(4) 采用螺纹连接时,管端螺纹长度不应小于管接头长度的1/2;连接后,其螺纹宜外露2~3扣;螺纹表面应光滑、无缺损;避免螺纹连接不当致使穿线时损坏电线,浪费资源。

(5) 镀锌钢管和薄壁钢管应采用螺纹连接或套管紧定螺钉连接,不应采用熔焊连接损坏锌层影响使用;管端螺纹加工,按管道螺纹加工所涉及的环境控制措施实施,防止油遗洒、废物遗弃污染土地、污染地下水。

(6) 采用套管连接时,套管长度宜为管外径的1.5~3倍,管与管的对口处应位于套管的中心;套管采用焊接连接时,焊缝应牢固严密;采用紧定螺钉连接时,螺钉应拧紧;在振动的场所,应用螺钉紧定;避免连接不当致使松动或不严密或中心偏差,浪费资源;套管焊接,按焊接所涉及的环境控制措施实施,预防或减少弧光污染、有害气体排放、废焊条、电焊头遗弃污染土地、污染地下水。

(7)当黑色钢管采用螺纹连接时,连接处的两端应焊接跨接接地线或采用专用接地卡跨接;镀锌钢管或可挠金属电线保护管的跨接接地线宜采用专用接地线卡跨接,不应采用熔焊连接;避免接地线施工不当致使绝缘度差,影响使用;接地线焊接,按焊接所涉及的环境控制措施实施,预防或减少弧光污染、有害气体排放,废焊条、电焊头遗弃。

(8)明配钢管管端和弯头两侧、电气设备和接线盒边缘应用管卡固定,防止管位移和穿线困难或螺纹断裂、套管脱落、线路损坏影响使用。

2.6.2.2 金属软管敷设控制要求

(1)钢管与电气设备、器具间的电线保护管宜采用金属软管或可挠金属电线保护管,金属软管的长度不宜大于2m;金属软管应敷设在不易受机械损伤的干燥场所,且不应直埋于地下或混凝土中;当在潮湿等特殊场所使用金属软管时,应采用带有非金属护套且附配套连接器件的防液型金属软管,其护套应经过阻燃处理;避免金属软管施工不当致使金属软管进水或泥浆或防液失去功能、绝缘度下降,影响使用。

(2)与嵌入式灯具或类似器具连接的金属软管,其末端的固定管卡,宜安装在自灯具、器具边缘起沿软管长度的1m处;防止固定位置不当影响使用造成返工,浪费资源。

(3)金属软管应可靠接地,且不得作为电气设备的接地导体;避免接地线施工不当致使绝缘度差,影响使用。

(4)固定管卡固定应避开施工高峰用冲击电钻打孔,减少打孔产生噪声对环境的影响;打孔时应下垫塑料布,防止污染地面;打孔后的废渣应清理,堆放在垃圾场,收集一个运输单位后交环卫部门处置,运输废物应用封闭车,出场前车轮清理干净,预防遗洒污染路面。

2.6.2.3 塑料管敷设控制要求

(1)保护电线用的塑料管及其配件必须由阻燃处理的材料制成,塑料管外壁应有间距不大于1m的连续阻燃标记和制造厂标;避免使用塑料管阻燃性能不良,导致使用时发生火灾。

(2)塑料管管口应平整、光滑,防止损伤电线造成返工浪费资源;管与管、管与盒(箱)等器件应采用插入法连接,连接处结合面应涂专用胶合剂,接口应牢固密封,避免密封不好,使其绝缘度下降,造成返工;涂刷胶合剂时下垫托盘,防止胶合剂遗洒。

(3)塑料管穿过楼板或直埋于地下或设置楼板内时,应在易受机械损伤的管段加重套塑料管或钢套管保护;防止保护不当,加速塑料管老化、蠕变量大影响使用;在耐酸、耐碱腐蚀的场所应对钢套管内外涂多层耐酸、耐碱的防腐漆,防止钢套管腐蚀;防腐施工按管道防腐所涉及的环境控制措施实施,防止有毒有害气体排放,遗洒、废物遗弃污染土地、污染地下水。

(4)塑料管直埋于现浇混凝土内,在浇捣混凝土时,应增加塑料管与钢筋间的定位点,预防或减少浇捣混凝土时对塑料管的机械损伤,避免返工浪费资源。

(5)塑料管在砖砌墙体上剔槽敷设时,应采用强度等级不小于M10的水泥砂浆抹面保护,保护层厚度不应小于15mm;避免保护措施不当损坏墙内配管导致返工浪费资源;水泥砂浆施工,按砂浆抹面所涉及的环境控制措施实施,预防或减少噪声排放、扬尘、遗洒、洗搅拌机废水排放、砂浆报废遗弃污染环境。

(6) 在砖墙或混凝土上剔槽时,应避开施工高峰人工剔槽,减少剔槽产生噪声污染;剔槽时应下垫塑料布,防止污染地面;剔槽后的废渣应清理,堆放在垃圾场,收集一个运输单位后交环卫部门处置,运输废物应用封闭车,出场前车轮清理干净,预防遗洒污染路面。

2.6.3 室内配线控制要求

2.6.3.1 室内配线一般控制要求

(1) 熔焊连接的焊缝,不应有凹陷、夹渣、断股、裂缝及根部未焊合的缺陷,焊缝的外形尺寸应符合焊接工艺评定文件的规定;锡焊连接的焊缝应饱满、表面光滑、焊剂应无腐蚀性;避免焊接不合格返工浪费资源,污染环境。熔焊、锡焊,按焊接所涉及的环境控制措施实施,预防或减少弧光污染、有害气体排放、废焊条、电焊头遗弃污染土地、污染地下水。

(2) 压板或其他专用夹具,应与导线线芯规格相匹配,紧固件应拧紧到位;套管连接器和压模等应与导线线芯规格相匹配,压接时压接深度、压口数量和压接长度应符合产品技术文件的有关规定;避免连接器和夹具(压模)与导线线芯规格不匹配、压接深度、压接长度不足导致连接不到位造成返工,浪费资源。

(3) 剖开导线绝缘层时,应用专用工具防止损伤芯线,造成返工,浪费资源;芯线连接后,绝缘带应包缠均匀紧密,其绝缘强度不应低于导线原绝缘层的绝缘强度;在接线端子的根部与导线绝缘层间空隙处应采用绝缘带包缠严密;避免其绝缘强度下降或绝缘带包缠不严密导致接线返工,浪费资源。

(4) 瓷夹、瓷柱、瓷瓶、塑料护套线和槽板配线在穿过墙壁或隔墙时,应采用经过阻燃处理的保护管保护;当穿过楼板时应采用钢管保护,其保护高度与楼面的距离不应小于1.8m或与开关高度相同;避免保护管施不到位,损坏配线。

(5) 配线工程施工后,应进行各回路的绝缘检查,绝缘电阻值应符合现行国家标准《电气装置安装工程电气设备交接试验标准》的有关规定;避免绝缘检查不准,影响正常使用导致返工。

(6) 焊接后应清除残余焊药、焊渣或焊剂,废瓷夹、瓷柱、瓷瓶、芯线、绝缘带、套管连接器、压模、焊条、电焊头等应统一回收,收集一个运输单位后交有资质单位或环卫部门处置,运输废物应用封闭车,出场前车轮清理干净,预防遗洒污染路面。

2.6.3.2 管内穿线控制要求

(1) 管内穿线应使用额定电压不低于500V的绝缘导线,避免使用绝缘电压低的绝缘导线影响正常使用导致返工,浪费资源;管内穿线宜在建筑物抹灰、粉刷及地面工程结束后进行,避免穿线时机不当导致绝缘导线损伤影响正常使用造成返工;穿线前应将电线保护管内的积水及杂物清除干净,避免积水及杂物清除不干净损伤绝缘导线造成返修。

(2) 不同回路、不同电压等级和交流与直流的导线,不得穿在同一根管内;照明花灯的所有回路可穿入同一根管内;同类照明的几个回路可穿入同一根管内,但导线总数不应多于8根;防止发生短路故障和干扰而导致返工。

(3) 导线在管内不应有接头和抠结,避免维修时损坏导致返工,浪费资源;导线穿入钢管时,管口处应装设护线套保护导线;在不进入接线盒(箱)的垂直管口,穿入导线后应将管口密封;避免管口磨损导线或杂物进入管内影响正常使用造成返修。

(4) 清除管内的杂物,废绝缘导线、芯线等应统一回收,收集一个运输单位后交有资质单位或环卫部门处置,运输废物应用封闭车,出场前车轮清理干净,预防遗洒污染路面。

2.6.3.3　瓷夹、瓷柱、瓷瓶配线控制要求

(1) 在雨、雪能落到导线上的室外场所,不宜采用瓷柱、瓷夹配线,避免瓷柱、瓷夹表面雨、雪堆积,使导线绝缘降低而产生漏电,浪费资源,污染环境;室外配线的瓷瓶不宜倒装,避免瓷瓶积水使导线绝缘降低而产生漏电,浪费资源,污染环境。

(2) 导线敷设应平直,无明显松弛,导线在转弯处不应有急弯,避免导线敷设不到位,造成返工;电气线路相互交叉时,应将靠近建筑物、构筑物的导线穿入绝缘保护管内,避免导线摩擦破损,影响正常使用;保护管的长度不应小于100mm并应加以固定,保护管两端与其他导线外侧边缘的距离均不应小于50mm,避免保护管的长度不足或未固定牢,影响正常使用。

(3) 裸导线距地面高度不应小于3.5m,当装有网状遮栏时不应小于2.5m;在屋架上敷设时,导线至起重机铺面板间的净距不应小于2.2m;当不能满足要求时,应在起重机与导线之间装设遮栏保护;避免距离不足或保护不当,影响正常安全使用。

(4) 废瓷柱、瓷夹、瓷瓶、绝缘导线、芯线、保护管等应统一回收,收集一个运输单位后交有资质单位或环卫部门处置,运输废物应用封闭车,出场前车轮清理干净,预防遗洒污染路面。

2.6.3.4　槽板配线控制要求

(1) 槽板配线宜敷设在干燥场所,槽板内、外应平整光滑,无扭曲变形,避免槽板损坏绝缘导线,影响正常使用导致返工,浪费资源;木槽板应涂绝缘漆和防火涂料;塑料槽板应经阻燃处理,并有阻燃标记;涂绝缘漆和防火涂料应按防腐和防火涂料施工所涉及的环境控制措施实施,预防或减少绝缘漆、涂料遗洒,有害气体排放、废弃物遗弃。

(2) 槽板内导线其额定电压不低于500V,避免使用绝缘电压低的绝缘导线,影响正常使用。

(3) 导线在槽板内不应设有接头,接头应置于接线盒或器具内,避免维修时损坏导致返工,浪费资源;盖板应无翘角、接口严密整齐,盖板不应挤伤导线的绝缘层,避免磨损绝缘层或杂物进入,影响正常使用导致返工。

2.6.3.5　线槽配线控制要求

(1) 金属线槽应经防腐处理,避免防腐处理不当,腐蚀线槽导致返工,浪费资源;金属线槽防腐应按防腐施工所涉及的环境控制措施实施,预防或减少防腐漆遗洒,有害气体排放、废物遗弃对环境的污染。

(2) 塑料线槽必须经阻燃处理,外壁应有间距不大于1m的连续阻燃标记和制造厂标;避免阻燃处理不当,引发火灾。

(3) 线槽应敷设在干燥和不易受机械损伤的场所,避免安装位置不当或保护措施不当,导致线槽损坏影响正常使用;线槽接口应平直、严密,槽盖应齐全、平整、无翘角;避免线槽接口不严密影响正常使用。

(4) 在可拆卸盖板的线槽内,包括绝缘层在内的导线接头处所有导线截面积之和,不

应大于线槽截面积的75%;在不易拆卸盖板的线槽内,导线的接头应置于线槽的接线盒内;避免磨损绝缘层或杂物进入,或维修损坏线槽。

(5) 金属线槽应可靠接地或接零,但不应作为设备的接地导体,避免金属线槽接地或接零不良,影响正常安全使用。

2.6.3.6 钢索配线控制要求

(1) 在潮湿、有腐蚀性介质及易积贮纤维灰尘的场所,应采用带塑料护套的钢索;配线时宜采用镀锌钢索,不应采用含油芯的钢索;避免使用钢索的材质不当,导致钢索被腐蚀影响正常使用。

(2) 在钢索上敷设导线及安装灯具后,钢索的弛度不宜大于100mm,避免钢索的弛度过大,影响正常使用。

(3) 钢索应有可靠接地,避免钢索接地不良,导致漏电影响正常安全使用。

2.6.3.7 塑料护套线敷设控制要求

(1) 塑料护套线不应直接敷设在抹灰层、吊顶、护墙板、灰幔角落内,室外受阳光直射的场所不应明配塑料护套线;避免塑料护套线安装位置不当,导致护套线老化或使导线短路诱发漏电事故。

(2) 塑料护套线与接地导体或不发热管道等的紧贴交叉处,应加套绝缘保护管;敷设在易受机械损伤场所的塑料护套线应增设钢管保护;避免塑料护套线保护不当,导致护套线意外损伤。

(3) 塑料护套线的弯曲半径不应小于其外径的3倍,弯曲处护套和芯线绝缘层完整无损;避免塑料护套线弯曲半径偏小,导致护套开裂或导线不平直,影响正常安全使用。

(4) 明配塑料护套线应平直,不应松弛、扭绞、曲折,避免塑料护套线安装固定不牢,影响正常安全使用;在多尘和潮湿场所应采用密闭式盒(箱),导线接头应设在盒(箱)内,避免塑料护套线保护不当,造成塑料护套线绝缘降低。

(5) 塑料护套线在空心楼板内敷设时导线穿入前应将板孔内积水、杂物清除干净,导线穿入时不应损伤导线的护套层,并便于更换导线,导线接头应设在盒(箱)内;避免塑料护套线穿入或维修时导致护套层被损伤。

(6) 清除的杂物,堆放在垃圾场,废接线盒(箱)、塑料护套线、芯线等应统一回收,收集一个运输单位后交环卫部门处置,运输废物应用封闭车,出场前车轮清理干净,预防遗洒污染路面。

2.6.4 照明装置安装控制要求

2.6.4.1 灯具安装控制要求

(1) 灯具不得直接安装在可燃构件上,当灯具表面高温部位靠近可燃物时应采取隔热、散热措施;避免灯具安装位置或采取措施不当,发生火灾。

(2) 在变电所内,高压、低压配电设备及母线的正上方,不应安装灯具,避免维修时,影响正常供电;灯头的绝缘外壳不应有破损和漏电,对带开关的灯头,开关手柄不应有裸露的金属部分;避免灯头漏电或开关手柄防护不当,导致漏电伤人并影响正常安全使用。

(3) 公共场所用的应急照明灯和疏散指示灯应有明显的标志,无专人管理的公共场所照明宜装设自动节能开关,降低电的消耗。

(4) 每套路灯应在相线上装设熔断器,由架空线引入路灯的导线在灯具入口处应做防水弯;避免发生故障时影响整个照明系统供电或防水不好腐蚀灯具。

(5) 36V 及以下照明变压器安装时,电源侧应有短路保护,其熔丝的额定电流不应大于变压器的额定电流;外壳、铁芯和低压侧的任意一端或中性点,均应接地或接零;避免安装和保护不当,影响照明。

(6) 当吊灯灯具重量大于 3kg 时应采用预埋吊钩或螺栓固定,当软线吊灯灯具重量大于 1kg 时应增设吊链;避免灯具安装不牢坠落损坏,浪费资源。

(7) 固定花灯的吊钩,其圆钢直径不应小于灯具吊挂销、钩的直径,且不得小于 6mm;对大型花灯、吊装花灯的固定及悬吊装置,应按灯具重量的 1.25 倍做过载试验;避免灯具安装不牢坠落损坏。

(8) 安装在重要场所的大型灯具的玻璃罩,应按设计要求采取防止碎裂后向下溅落的措施,避免灯具的玻璃罩意外破碎向下溅落伤人和污染环境。

(9) 霓虹灯的安装应符合现行国家施工验收规范,避免灯管未采用专用的绝缘支架固定或固定后的灯管与建筑物、构筑物表面的最小距离小于 20mm 或霓虹灯专用变压器所供灯管长度超过允许负载长度或霓虹灯专用变压器的安装位置不隐蔽或明装高度小于 3m 或在室外安装时防水不严或采用额定电压低于 15kV 的高压尼龙绝缘导线,影响正常使用;涂抹防水油膏时下垫托盘,防止遗洒污染环境;报废的油膏应统一回收交有资单位处理。

(10) 手术台无影灯安装应固定牢固;灯泡间隔地接在两条专用的回路上;开关至灯具的导线应使用额定电压不低于 500V 的铜芯多股绝缘导线;避免灯具未固定牢固或无备用电源或绝缘导线电压偏低,导致灯具下落伤人和污染环境,不能保证正常供电造成返工,浪费资源。

(11) 灯具吊钩或螺栓固定应避开施工高峰用冲击电钻打孔,减少打孔产生噪声对环境的影响;打孔时应下垫塑料布,防止污染地面。

(12) 打孔后的废渣,报废的油膏、灯具、吊钩、螺栓应统一回收,收集一个运输单位后交环卫部门处置,运输废物应用封闭车,出场前车轮清理干净,预防遗洒污染路面。

2.6.4.2 插座安装控制要求

(1) 单相三孔、三相四孔及三相五孔插座的接地线或接零线均应接在上孔,插座的接地端子不应与零线端子直接连接;避免接地不良影响正常使用。

(2) 在潮湿场所,应采用密封良好的防水防溅插座,避免装错插座导致进水漏电造成返工。

(3) 插座固定应避开施工高峰用冲击电钻打孔,减少打孔产生噪声对环境的影响;打孔时应下垫塑料布,防止污染地面。

(4) 打孔后的废渣,报废的插座、接地线应统一回收,收集一个运输单位后交环卫部门处置,避免乱扔污染土地、污染地下水;运输废物应用封闭车,出场前车轮清理干净,预防遗洒污染路面。

2.6.4.3 开关安装控制要求

(1) 安装在同一建筑物、构筑物内的开关,宜采用同一系列的产品,开关的通断位置应一致,且操作灵活、接触可靠;避免未安装系列产品或固定不牢,影响正常使用。

(2) 相线应经开关控制,民用住宅严禁装设床头开关,避免开关安装位置或接线不当导致伤人,影响正常使用。

(3) 开关固定应避开施工高峰用冲击电钻打孔,减少打孔产生噪声对环境的影响;打孔时应下垫塑料布,防止污染地面。

(4) 打孔后的废渣,报废的开关应统一回收,收集一个运输单位后交环卫部门处置,运输废物应用封闭车,出场前车轮清理干净,预防遗洒污染路面。

2.6.4.4 吊扇安装控制要求

(1) 吊扇挂钩应安装牢固,吊扇挂钩的直径不应小于吊扇悬挂销钉的直径,且不得小于8mm;避免吊扇挂钩安装不牢固,导致运行时下坠伤人或损坏物品。

(2) 吊扇悬挂销钉应装设防振橡胶垫,销钉应固定牢固、配件齐全;避免吊扇垫片用错或销钉松动,导致运行时下坠伤人或损坏物品或噪声污染,造成返工,浪费资源,污染环境;报废的橡胶垫应统一回收交有资质单位处理,防止乱扔污染环境。

(3) 吊扇固定应避开施工高峰用冲击电钻打孔,减少打孔产生噪声对环境的影响;打孔时应下垫塑料布,防止污染地面。

(4) 打孔后的废渣,报废的垫片、橡胶垫、销钉、挂钩应统一回收,收集一个运输单位后交环卫部门处置,运输废物应用封闭车,出场前车轮清理干净,预防遗洒污染路面。

2.6.4.5 照明配电箱(板)安装控制要求

(1) 照明配电箱(板)不应采用可燃材料制作,在干燥无尘的场所,采用的木制配电箱(板)应经阻燃处理;避免照明配电箱(板)安装位置或所用材质不当,导致火灾。

(2) 照明配电箱(板)应安装牢固,其垂直偏差不应大于3mm;暗装时照明配电箱(板)四周应无空隙,其面板四周边缘应紧贴墙面,箱体与建筑物、构筑物接触部分应涂防腐漆;避免照明配电箱(板)安装固定不牢或涂防腐漆部位不当,导致运行时照明配电箱(板)下坠伤人或损坏物品。

(3) 照明配电箱(板)防腐漆涂刷时下垫塑料布,防止油漆遗洒。

(4) 照明配电箱(板)内应分别装设零线和可靠的保护地线;避免零线和保护地线安装不到位,影响正常安全使用。

(5) 照明配电箱(板)固定应避开施工高峰用冲击电钻打孔,减少打孔产生噪声对环境的影响;打孔时应下垫塑料布,防止污染地面。

(6) 打孔后的废渣,报废的防腐漆、防腐漆桶、油刷应统一回收,收集一个运输单位后交环卫部门处置,避免乱扔污染土地、污染地下水,运输废物应用封闭车,出场前车轮清理干净,预防遗洒污染路面。

2.6.5 母线安装控制要求

2.6.5.1 硬母线加工控制要求

(1) 母线应采用专用工具矫正平直,严禁用铁制品敲打,防止噪声污染环境,损坏母线。

(2) 母线应采用专用机具加工坡口,防止敲打时噪声污染;加工设备下垫接油盘,防止油遗洒。

(3) 矩形母线应采用专用工具进行冷弯,其母线开始弯曲处距母线连接位置不小于50mm,最小弯曲半径符合规范要求,不得进行热弯,避免产生裂纹、皱皮或损坏母线。

(4) 母线经加工后其截面减少值,铜母线不应超过截面的3%,铝母线不应超过截面的5%;具有镀银层的母线搭接面,不得任意锉磨;避免因加工控制不到位损坏母线。

(5) 母线接触面加工后必须保持清洁,并涂以电力复合脂,涂刷复合脂时下垫塑料布,避免遗洒。

(6) 清除母线坡口加工面毛刺、飞边,报废的母线、油刷、手套、复合脂桶应统一回收,收集一个运输单位后交环卫部门处置,运输废物应用封闭车,出场前车轮清理干净,预防遗洒污染路面。

2.6.5.2 硬母线安装控制要求

(1) 母线连接应采用焊接、贯穿螺栓连接或夹板及夹持螺栓搭接,严禁用内螺纹管接头或锡焊连接;母线在支柱绝缘子固定应符合规范要求,避免交流母线的固定金具或其他支持金具成闭合磁路。

(2) 母线伸缩节不得有裂纹、断股和折股现象其总截面不应小于母线截面的1.2倍,避免因检查方法控制不当造成返工,浪费资源;重型母线与设备连接处宜采用软线连接,连接线的截面不小于母线截面,避免因母线连接方法不当,影响电的正常运行;封闭母线不得用裸钢丝绳起吊和绑扎,母线不得在地面拖拉,外壳上不得进行其他作业,其分段外壳绝缘良好,避免因安装方法控制不当损坏母线。

(3) 铝及铝合金的管型母线、槽型母线、封闭母线、重型母线应采用氩弧焊,焊接前应将母线坡口两侧表面各50mm范围内不干净,不得有氧化膜、水分和油污,避免因清刷不干净,影响焊接造成返工。

(4) 每个焊缝应一次焊完,除瞬间断弧外不得停焊,母线焊完未冷却前不得移动或受力;母线对接焊缝的上部应有2~4mm的加强高度;引下线母线采用搭接焊时,焊缝长度不应小于母线长度的2倍;角焊缝的加强高度应小于0.5mm;焊缝质量满足规范要求,母线焊接按焊接所涉及的环境控制措施实施,防止有毒有害气体、电弧光污染、废物遗弃污染土地、污染地下水。

(5) 清刷后的氧化膜、油污,报废的母线、焊条、焊渣应统一回收,收集一个运输单位后交环卫部门处置,运输废物应用封闭车,出场前车轮清理干净,预防遗洒污染路面。

2.6.5.3 软母线安装控制要求

(1) 软母线及采用的金具运输与保管应采取可靠的防护措施,避免因运输与保管不当发生软母线扭结、松股、断股、其他明显的损伤或严重腐蚀等缺陷,扩径导线不得有明显凹陷和变形,采用的金具无裂纹、伤痕、砂眼、锈蚀、滑扣缺陷和锌层剥落,浪费资源。

(2) 软母线和组合导线在挡距内不得有连接接头,软母线经螺栓耐张线夹引至设备时不得切断成为一整体;放线过程导线不得与地面磨擦,防止损伤导线;切断导线时端头应加绑扎,避免松股;压接导线前需切割铝线时采用专用工具防止伤及钢芯;母线弛度符合设计要求,其允许误差+5%、-2.5%;扩径导线的曲弯度不小导线外径的30倍;避免因敷设方式或敷设过程控制不当,造成导线损伤或报废。

(3) 导线及线夹接触表面应清除氧化膜,用汽油或丙酮清洗;清洗应在通风良好配置足够灭火器材,用专门的槽盆清洗或用棉纱擦洗干净,防止遗洒、发生火灾污染环境;清洗油过滤后再次利用,减少油的消耗;导线接触面涂刷电力复合脂时一次不要沾得太多,避免导电脂遗洒。

(4) 采用液压压接导线时,压接用的钢模与被压管配套,液压钳与钢模匹配,压接质量必须符合《架空送电线路导线及避雷线液压施工工艺规程》,避免连接报废,浪费资源;液压时下垫塑料布防止油遗洒。

(5) 清刷后的氧化膜、油污,报废的复合脂、复合脂桶、螺栓耐张线夹、钢芯、油渣、棉纱应统一回收,收集一个运输单位后交环卫部门处置,运输废物应用封闭车,出场前车轮清理干净,预防遗洒污染路面。

2.6.5.4 绝缘子与穿墙套管安装控制要求

(1) 支座绝缘子和穿墙套管、悬式绝缘子串安装应正确符合规范,防止支座绝缘子和穿墙套管底座或法兰盘埋入混凝土或抹灰层内,悬式绝缘子串与地面不垂直、多串绝缘子并联时每串所受的张力不均匀;无底座和顶帽的胶装式的低压支柱绝缘子与金属固定件的接触面之间应垫厚度不小于1.5mm的橡胶或石棉纸缓冲垫圈;避免因安装绝缘子方法不当,影响电的正常运行。

(2) 穿墙套管周围不应成闭合磁路;套管接地端子及不用的电压轴端子接地必须符合规范,避免因安装穿墙套管方法不当,使运行时发生事故,浪费资源,污染环境。

(3) 充油套管水平安装时,其储油柜及取油样管路安装符合规范要求,防止安装质量不合格造成油渗漏;注入套管内油时应采取专用装置,防止加油时遗洒。

(4) 报废的套管、绝缘子、橡胶或石棉纸缓冲垫应统一回收,收集一个运输单位后交环卫部门处置,运输废物应用封闭车,出场前车轮清理干净,预防遗洒污染路面。

2.6.6 外线安装控制要求

2.6.6.1 测量放线控制要求

(1) 施工测量时,杆塔位中心的位置,应用铁桩或木桩钉牢固,避免桩位偏差返工。

(2) 杆塔位中心的位置,禁止使用石灰放线,防止扬尘、石灰污染土地。

2.6.6.2 基础施工控制要求

(1) 在农田或有植被处杆塔基础坑开挖时,尽量少破坏农田或植被,施工完毕后应恢复植被或农田原土,以减少对环境的污染。

(2) 铁塔现浇基础、铁塔预制基础、铁塔金属基础超深部位应按设计规定采用铺石灌浆或填土或砂、夯实处理,防止因基础质量不合格造成运行杆塔倒塌;灌浆、夯实活动中分别将混凝土搅制、浇筑、土石方回填所涉及的环境措施实施,防止噪声、扬尘、废水、废弃物排放污染环境。

(3) 装配式预制基础回填前应将接缝处涂刷热沥青或其他有效的防水涂料,涂刷按土建工程防水涂料施工所涉及的环境措施实施,防止有毒有害气体、遗洒、废弃物排放污染环境。

(4) 岩石基础的开挖或钻孔应按技术措施实施,避免破坏岩石构造的整体性,采取加固措施;软质岩石成孔后应立即安装锚筋或地脚螺栓,浇筑混凝土,以防孔壁风化,加大对环境的污染。

(5) 钢筋混凝土底座、枕条、立柱等在组装时不得敲打和强行组装,防止噪声污染环境,损坏构件。

2.6.6.3 杆塔安装控制要求

(1) 混凝土电杆及预制构件在装卸运输中应采取防护措施,避免互相碰撞、急剧坠落和不正确的支吊,防止产生裂缝或使原有裂缝扩大,杆件报废,浪费资源。

(2) 电杆的钢圈焊接接头应按设计规定将钢圈表面铁锈、焊渣及氧化层除净,涂刷防锈漆,避免钢圈腐蚀报废,影响电正常运行;铁锈、焊渣及氧化层应安排专人回收,交有资质单位处理,涂刷防锈漆按钢构件防腐所涉及的环境措施实施,防止有毒有害气体、遗洒、废弃物排放污染环境。

(3) 杆塔顶部至下导线以下2m之间及基础顶面以上2m范围内的全部单螺母螺栓的外露螺纹上涂以灰漆或在紧靠螺母外侧螺纹处相对打冲两处,以防螺母松动,影响电正常运行;涂漆时一次不要沾得太多,防止遗洒或流淌污染环境;废弃的刷子、手套、油桶交有资质单位处理,防止乱扔污染环境。

(4) 自立式转角塔、终端塔应组立在倾斜平面的基础上,向受力反方向预倾斜,倾斜值满足设计规定,避免受力时使塔倾倒;拉线转角杆、终端杆、导线不对称布置的拉线直线杆的组立应符合设计要求,防止在架线后拉线点不应向受力侧挠倾;避免因杆塔倾倒,影响电正常运行,污染环境。

(5) 耐张型塔在架线后应浇筑混凝土保护帽,保护帽浇筑按混凝土搅制、浇筑、振捣、清洗所涉及的环境措施实施,防止噪声、扬尘、遗洒、废水、废弃物排放污染环境。

(6) 合金锚头浇铸前应将锚具内壁和拉线端头的油污、铁锈和附着物清除干净并烘干,油污、铁锈和附着物应安排专人回收,交有资质单位处理,防止乱扔污染环境;合金在专用坩锅内用电加热达到规定温度后,使用专用工具将整只锚具一次浇铸完成,防止遗洒,污染环境;加热过程采取防火措施,避免发生火灾。

(7) 杆塔的多层拉线应在专人监视下逐层对称调紧,防止过紧或受力不均而使杆塔产生倾斜或局部弯曲或报废,浪费资源。

2.6.6.4 放线控制要求

(1) 放线滑车的轮槽尺寸及所用材料应与导线或避雷线相适应,防止导线或避雷线通过时被损伤;轮槽底部的轮径当展放导线时应符合《放线滑轮直径与槽形》的规定,防止展放导线时损伤导线或避雷线,浪费资源。

(2) 330kV及以上线路工程的分裂导线的展放必须采用张力放线,变电所进出口挡不应采用张力放线,较低电压等级的线路工程的导线展放宜采用张力放线;展放过程导线不准拖地,防止噪声污染导线磨损,浪费材料。

(3) 每相导线放完,应在牵张机前将导线临时锚固,防止导线因振动疲劳断股;锚线的水平张力不应超过导线保证计算拉断力的16%,防止拉断导线;锚固时同相子导线的张力稍有差异,使子导线在空间位置上下错开,防止导线碰撞损伤;避免达到严重损伤,浪费施工资源。

(4) 张力放线时,在容易产生磨损处应采取有效措施防止磨损,导线磨损达到严重损伤时,应将损伤部分全部锯掉,用接续管将导线重新连接,废弃的导线交有资质单位处理,防止乱扔污染环境。

2.6.6.5 连接控制要求

(1) 当导线或避雷线采用液压或爆压连接时,必须由经过培训并考试合格的技术工人担任,避免因操作人员能力不适应,造成连接失败,浪费资源。

(2) 切割导线铝股时采用专用工具,避免伤及钢芯;导线或避雷线的连接部分发现有线股绞制不良、断股、缺股等缺陷,不准使用;连接后管口附近不得有明显的松股现象;避免因工具使用不当或检查不到位,造成连接报废,浪费资源。

(3) 连接前必须将导线或避雷线的连接部分的表面、连接管内壁以及穿管时接触到的导线表面用汽油清洗干净;采用爆压连接时,必须将钢芯散股用汽油将防腐剂及其他附加物洗净擦干;清洗应在专门的槽盆进行或用棉纱擦洗干净,防止遗洒污染环境;油过滤后再次利用,油渣交有资质单位处理,防止乱扔污染环境。

(4) 采用钳接或液压连接导线时,导线连接部分外层铝股在清洗后应薄薄涂刷一层导电脂,并用细钢丝刷清刷表面氧化膜,保留导电脂进行连接,保证连接质量,避免导电脂遗洒污染环境。

(5) 采用液压导线或避雷线的接续管、耐张线夹及修补管等连接时,必须符合《架空送电线路导线或避雷线液压施工工艺规程》,避免连接报废,浪费资源;液压过程采取措施防止油遗洒污染环境。

(6) 爆压连接所使用的接续管、耐张线夹必须与所连接的导线或避雷线相适应,爆压后质量符合《架空电力线路导线或避雷线爆炸压接施工工艺规程》,避免连接报废,浪费资源。爆压连接按爆药、电雷管的采购、储存、使用所涉及的环境控制措施实施,防止噪声、扬尘、有毒有害气体、废弃物排放、火灾或爆炸对环境的污染。

2.6.6.6 紧线控制要求

(1) 紧线施工前应根据施工荷载验算耐张、转角形杆塔强度,必要时装设临时拉线或进行补强,防止出现事故。

(2) 采用直线杆塔紧线时,应采用设计允许的杆塔做紧线临锚杆塔,保证紧线后最大弧垂符合设计规定,避免紧线控制不到位,出现事故,浪费资源,污染环境,影响电正常运行。

2.6.6.7 附件安装控制要求

(1) 安装前逐个将绝缘子表面清擦干净,在干燥情况下绝缘电阻小于500MΩ不得安装使用,安装好弹簧销子的情况下球头不得自碗头中脱出,避免检查验收不到位,影响电正常运行。

(2) 铝制引流连板及并沟线夹的连接面及导线表面应用汽油清洗油垢,清洗应在专门的槽盆进行或用棉纱擦洗干净,防止遗洒污染环境,油过滤后再次利用;清洗后涂上一层导电脂,用细钢丝刷清刷表面氧化膜,保留导电脂进行连接,避免导电脂遗洒污染环境;油渣、棉纱、废复合脂桶交有资质单位处理。

2.6.6.8 接地控制要求

(1) 两接地间的平面距离不应小于5m,接地体铺设平直;垂直接地体应垂直打入,防止晃动;接地装置连接前应清除连接部位的铁锈等附着物,应安排专人回收分类交有资质单位处理,防止乱扔污染环境;连接除设计规定的断开点可用螺栓连接外,其余都用焊接或爆压连接,避免接地装置失效出现事故,浪费资源,污染环境,影响电正常运行。

(2) 采用搭接焊接时,圆钢的搭接长度应为其直径的 6 倍,双面施焊;扁钢的搭接长度应为其宽度的 2 倍,四面施焊;实焊时按焊接所涉及的环境控制措施实施,防止扬尘、有毒有害气体、废弃物排放、火灾或爆炸对环境的污染。

(3) 爆压管的壁厚不得小于 3mm,圆钢搭接时其长度不得小于直径的 10 倍,圆钢对接时其长度不得小于直径的 10 倍;爆压连接按爆药、电雷管的采购、储存、使用所涉及的环境控制措施实施,防止噪声、扬尘、有毒有害气体、废弃物排放、火灾或爆炸对环境的污染。

2.6.7 应急准备响应控制要求

2.6.7.1 土建施工中应急准备响应控制要求

电杆开挖、铁塔基础开挖,分别按土方施工、石方施工所涉及的环境控制措施实施,防止意外发生火灾或爆炸损坏建筑物、地下管线,造成泄漏、跑水、有害气体排放、破坏植被、损坏文物、污染土地、污染地下水、污染大气,产生大量废弃物污染环境。

2.6.7.2 电气配线安装中应急准备响应控制要求

(1) 支架焊接、电配管焊接、导线焊接、母线焊接按焊接施工所涉及的环境控制措施实施,防止意外发生火灾。

(2) 电线工程所涉及的照明装置、灯具、开关、插座、配线库房应按《建筑灭火器配置设计规定》确定场所的危险等级、可能发生的火灾种类,配置相适应的足够数量的有效的手提式灭火器或推车式灭火器;一个计算单元不少于 2 具、不宜多于 5 具;禁火标识醒目,附近 10m 范围内严禁用火;明确疏散路线,救护联络方式,组织义务消防队,每年演练一次;避免应急策划或准备不到位,不能够控制火情,延误救火使环境污染扩大。

(3) 当发现火情处于初始阶段(1~3min)时,组织义务消防队和有关人员及时灭火,控制火情,防止火蔓延发生火灾,污染环境;出现火情不能控制时立即向 119 报警,同时组织人员疏散,转移必要的财产,配合消防队员救火,减少火灾引发爆炸事故,加大对环境的污染。

(4) 外室架线中炸药的采购、储存、使用和炸药库的位置、储存条件、防火设施、防火标识均应符合当地公安部门的规定,避免控制不当意外发生火灾、引发爆炸。

(5) 外室架线爆破接头时应严格按施工方案规定的警界线范围、装药量、引爆时机控制;避免发生爆破失控事故。

(6) 外室架线紧线时应对各杆塔的拉线位置、终端和转角杆塔的加固应按施工方案实施并经确认无误后,才允许按方案规定紧线;避免加固不到位导致紧线时电杆、铁塔倾倒,损坏电杆或铁塔,造成返工,浪费资源、污染环境。

(7) 沥青熬制、丙酮施工分别按管道防腐和设备安装中丙酮作业中所涉及的环境措施实施,避免或减少有害气体排放、热辐射、意外引发火灾。

2.7 配线安装监测要求

2.7.1 材料监测要求

2.7.1.1 设备导线、母线、灯具、开关、插座、配电箱、油漆、涂料、防腐材料、润滑材

料、接地材料、螺栓、绝缘子等进场时,对质量标准、环境要求(环境限值)检查或检测1次,不合格不准进场、不准使用,避免材料对环境的污染。

2.7.1.2 炸药、雷管、润滑材料、油漆等易燃易爆、危险化学品储存条件、安全距离、堆放高度、堆放情况、防火、防潮条件、禁火标识等每月检查1次,发现异常情况时,采取针对措施纠正,避免发生火灾对环境的污染。

2.7.2 人员管理监测要求

2.7.2.1 对电工、起重工、焊工、油漆工、调试等人员的岗位操作证或培训资料(包括环境措施交底内容)每次作业前检测1次,发现人员不适应采取措施纠正,避免因人员素质低、发生对施工环境的污染。

2.7.2.2 对油漆、防腐、涂料、爆炸接头、焊接等作业人员的防护用品,每次作业前检测1次,发现不足应采取措施纠正,避免保护用品不到位、伤害人员造成对环境的污染。

2.7.3 设备和设施监测要求

2.7.3.1 运输设备、吊装设备、放线设备、紧线设备、焊接设备、粘结设备、调试设备的保养状况(是否完好、漏油、尾气是否达标)每周检查1次,当发现异常情况时,及时安排保养、检修,降低消耗,防止油遗洒的环境事故。

2.7.3.2 每批作业中应对设备噪声排放、热辐射监测一次。

2.7.3.3 监测中如发现超标时,及时更换噪声低的设备或增加隔声或隔热材料厚度或更换其他隔声或隔热材料,减少噪声、热辐射对环境的污染。

2.7.3.4 对接油盘每班作业前目测1次,当接油盘存油达到距槽帮10mm时或项目完成除锈活动时应进行清理,防止盘内存油溢出污染土地、地下水。

2.7.4 对土建施工监测要求

2.7.4.1 土石方作业中应按土石方作业中涉及的环境关键特性控制规定实施,避免或减少设备漏油、噪声排放、扬尘、遗洒、废弃物遗弃对环境的污染。

2.7.4.2 混凝土作业中按混凝土作业中涉及的环境关键特性控制规定实施,避免或减少设备漏油、噪声排放、扬尘、遗洒、洗车水排放、废弃物遗弃对环境的污染。

2.7.5 室内配线安装监测要求

2.7.5.1 每次室内配线作业前,应对电管和导线外观、导线绝缘额定电压情况等是否符合施工方案或管理程序检查1次。

2.7.5.2 每次室内配线作业中,应对操作程序、电管与导线敷设方式、连接方式、防腐方式,设备漏油,防腐漆、绝缘漆、防火涂料遗洒,废弃物处置等是否符合施工方案及管理程序检查1次,对弯管时扬尘、弧光污染目测1次,对热辐射、有害气体排放检测1次;对噪声排放每天监听1次,每月检查1次。

2.7.5.3 每批作业安成后,应对接线图号、相色等检查1次,对绝缘程度、接地电阻值等是否符合施工方案检测1次。

2.7.5.4 监测中如发现异常应停止相关作业或重新检测或改变作业方式或采取纠正措施,避免线接错、电管防腐不到位、连接失败等误差导致返工,浪费资源或接地不良影响正常使用或密封不良渗油、防腐漆、润滑脂、防水油膏遗洒,污染环境。

2.7.6 电气照明装置安装监测要求

2.7.6.1 每次作业前,应对灯具、开关、插座、配电箱的外观、材质情况等是否符合质量标准及环保要求(环保限值)检查1次。

2.7.6.2 每次作业中,应对操作程序,灯具、开关、插座、配电箱安装固定方式,防腐方式,设备漏油、防腐漆、润滑脂、防水油膏等遗洒,废弃物处置等是否符合施工方案和管理程序检查1次;对扬尘目测1次(高度不超过0.5m);对噪声排放每天监听1次,每月检查1次。

2.7.6.3 每批作业安成后,应对接地电阻值等检测1次。

2.7.6.4 监测中如发现异常,应停止相关作业、重新检测、改变作业方式、更换材料或采取纠正措施,避免线接错、安装不到位等误差导致返工,浪费资源或接地不良影响正常使用或密封不良渗油、防腐漆、润滑脂、防水油膏遗洒,污染土地、污染地下水、噪声对环境的污染。

2.7.7 母线安装中监测要求

2.7.7.1 每次作业前,应对母线的外观、材质情况等是否符合质量标准、环保要求(环保限值)检查1次。

2.7.7.2 每次作业中,应对操作程序,母线连接形式、实焊方法,设备漏油,电力复合脂等遗洒,废弃物处置等是否符合程序及施工方案检查1次;对扬尘目测1次(高度不超过0.5m);对弧光污染检测1次;对噪声排放每天监听1次,每月检查1次。

2.7.7.3 每批作业安成后,应对接地电阻值等检测1次。

2.7.7.4 监测中如发现异常,应停止相关作业、重新检测、改变作业方式、更换材料或采取纠正措施,避免线接错、安装不到位等误差导致返工,浪费资源或接地不良影响正常使用或密封不良渗油、电力复合脂遗洒,污染土地、污染地下水、噪声对环境的污染。

2.7.8 外线安装中监测要求

2.7.8.1 每次作业前,应对外线的外观、材质、导线的额定电压情况等是否符合质量标准、环保要求(环保限值)检查1次。

2.7.8.2 每次作业中,应对操作程序,外线连接形式、杆塔的拉线形式、设备漏油,紧线过程,电力复合脂、防锈漆遗洒,废弃物处置等是否符合管理程序及施工方案检查1次,对扬尘目测1次(扬尘高度不超过0.5m);弧光污染检测1次;对噪声排放每天监听1次,每月检查1次。

2.7.8.3 每批作业安成后,应对接地电阻值等检测1次。

2.7.8.4 监测中如发现异常,应停止相关作业、重新检测、改变作业方式、更换材料或采取纠正措施,避免线接错、安装不到位等误差导致返工,浪费资源或接地不良影响正常使用或密封不良渗油,电力复合脂、防锈漆遗洒,污染土地、污染地下水、噪声对环境的污染。

2.7.9 电配线安装应急响应监测要求

2.7.9.1 土建施工应急响应监测要求

(1) 土石方作业中应按土石方作业紧急情况中涉及的环境关键特性控制规定检测,避免或减少设备故障、漏油、损坏地下管线、气体泄漏、文物损坏、植被破坏、发生火灾、爆炸对环境的污染。

（2）混凝土作业中按混凝土作业紧急情况中涉及的环境关键特性控制规定检测，避免或减少混凝土的废弃、废水对土地、地下水的污染。

2.7.9.2　配线安装应急响应监测要求

（1）作业前应对电配线库房、炸药库房的条件、安全距离、周边环境条件，防火设施数量、位置、有效性检查1次。

（2）作业中监测要求

1）每次作业中应对油漆、防腐、施爆现场的安全距离、作业程序、起爆时间检查1次；

2）每次作业后应对施爆效果检查1次；

3）监测中如发现异常，应停止相关作业、调整装药量、更换材料、增加灭火器数量或采取纠正措施；避免控制不到位意外发生火灾。

（3）外室架线紧线前应对各杆塔的拉线位置、终端和转角杆塔的加固情况检查1次；如发现异常应停止紧线作业或采取加固措施；避免加固不到位导致紧线时电杆、铁塔倾倒，损坏电杆或铁塔。

（4）沥青熬制、丙酮施工分别按管道防腐和设备安装中丙酮作业中所涉及的关键环境特性检测控制规定检测；如发现异常，应停止紧线作业、改善作业条件或增加灭设施或采取纠正措施；避免意外引发火灾产生扬尘、污染大气、烧坏设施、废弃物遗弃污染土地、污染地下水。

3　电缆敷设控制要求

3.1　电缆敷设工艺流程

3.1.1　直埋电缆

土石方开挖架→固定电缆盘→放电缆→固定电缆→电缆接头→土方回填→电缆接头固定。

3.1.2　电缆沟中敷设电缆

土石方开挖架→电缆沟砌筑→固定电缆盘→放电缆→固定电缆→电缆接头→盖板→回填→电缆接头固定。

3.1.3　桥架上敷设电缆

安装桥架→固定电缆盘→放电缆→固定电缆→电缆接头→电缆接头固定。

3.2　电缆敷设环境因素

3.2.1　电缆头与土方机械漏油，污染土地、污染水体，废油、废油手套、废油桶遗弃。

3.2.2　直埋电缆土方开挖机械与石方爆破中设备与爆破噪声排放、扬尘，意外损坏建筑物、地下管道、破坏文物，发生泄漏、火灾、污染大气、废物遗弃；土方储存与运输扬尘、遗洒、植被破坏；炸药库火灾、爆炸产生扬尘、废弃物、损坏物体、污染土地、污染水体。

3.2.3　电缆沟混凝土垫层，沟盖板预制安袋中模板支拆扬尘、噪声排放、脱模剂遗洒、废脱模剂遗弃；混凝土拌制、浇筑中的噪声排放、扬尘、水电消耗、混凝土遗洒、洗搅拌机水污染；水泥、砂子运输与储存扬尘、遗洒；混凝土运输遗洒、洗车水污染、失效混凝土遗弃。

3.2.4　电缆沟、窨井砌筑、抹灰中砂浆拌制、噪声排放、扬尘、水电消耗、洗搅拌机水污染;水泥、砂子运输与储存扬尘、遗洒;砂浆运输扬尘、遗洒、洗车水污染、废砂浆遗弃;砖加工噪声排放、砖养护水消耗、废砖遗弃。

3.2.5 直埋电缆中砂子运输与储存扬尘、遗洒;铺砂中扬尘,废砖遗弃。

3.2.6 电缆桥架安装、支架焊接中电弧光污染、有害气体排放、废电焊头遗弃;油漆遗洒污染土地,废油漆、油漆桶、油漆刷、手套遗弃。

3.2.7 电缆、电缆接头报废;电缆终端头与接头制作中有毒有害气体排放、丙酮遗洒引发火灾,废三氯乙烯、环氧树脂等遗弃、电缆损坏、电缆接头报废。

3.2.8 对电缆与电缆头制作材料的要求

(1) 电缆及其附件安装用的钢制紧固件,除地脚螺栓外,应用热镀锌制品,热镀锌制品推荐在专用镀锌厂购买或镀锌,避免镀锌过程产生的废水未经达标处理随意排放对水和土地的污染。

(2) 充油电缆的油压不宜低于 0.15MPa,防止敷设电缆上压扁电缆;管接头无渗漏油,防止渗漏油污染环境;油样试验合格,防止使用不合格电缆。

(3) 制作前应对电缆终端与接头进行检查:电缆绝缘良好、无受潮,塑料电缆内不得进水,充油电缆本体、压力箱、电缆油桶及纸卷桶逐个取油样试验合格;附件规格与电缆一致,零部件齐全无损伤,绝缘材料未受潮,密封料未失效,壳体结构附件符合要求,避免因验收不合格或工作不到位,影响电缆头质量、浪费资源。

3.3 对电缆与电缆头制作中对环境的要求

3.3.1 110kV 及以上高压电缆终端与接头施工时,应搭设临时工棚,控制环境温度,温度宜为 10~30℃,避免影响电缆接头质量,造成电缆接头报废。

3.3.2 制作塑料绝缘电力电缆终端与接头时,应用塑料布围护,防止尘埃、杂物落入绝缘内;严禁在雾或雨中施工;避免接头制作质量不合格,造成电缆接头报废。

3.3.3 在室内及充油电缆施工现场应按专项环境施工技术措施要求配置足够数量的消防器材,避免意外起火可能及时扑灭。

3.4 对电缆与电缆接头制作人员的要求

3.4.1 企业的电缆终端与接头的制作人员应由经过培训,熟悉电缆终端与接头的制作工艺,必须取得相应级别的岗位操作证,按考核合格后的项目、权限和相应的国家与地方规范、操作规程,从事与所持证书规定范围内工作;避免因人员素质能力不能满足要求而造成电缆终端与接头报废,增加电缆终端与接头制作量,加大对环境的污染。

3.4.2 机械操作人员应经过培训,掌握相应机械设备的操作要领后方可进行电缆安装、试验等作业。避免因人的误操作或不按操作规程操作、保养造成机械设备漏油、设备部件报废、机械设备事故、浪费资源、噪声超标,加大对环境的污染。

3.4.3 每项作业活动操作前项目部应组织对安装电工、维修电工、电气试验工针对该项作业活动所涉及的噪声排放、有害气体排放、遗洒、废弃物处理等重要环境因素的环境控制措施、环境操作基本要求、环境检测的关键参数、电缆敷设、电缆头制作应急响应中的注意事项进行专项环境交底或综合交底包括以上环境方面的内容,避免因作业人员的不掌握环境方面的基本要求造成噪声排放、废弃物、漏油、遗洒,导致环境事故的发生。

3.5 电缆敷设中对设备和设施的要求

3.5.1 机械设备的要求

3.5.1.1 施工前应根据施工组织设计或专项施工方案的要求,选择满足施工需要、噪声低、能耗低的运输设备、埋线机、拖轮、电缆牵引设备、试验设备,避免设备使用时噪声超标,漏油污染土地、污染地下水,加大水、电、油和资源消耗,浪费资源。

3.5.2.2 机械设备的保养与维护的要求

(1) 设备每个作业班工作后应进行设备的日常保养,保证设备经常处于完好状态,避免设备使用时意外漏油污染土地、污染地下水。

(2) 当发现设备有异常或存在问题时,应安排专人检查排除或送维修单位立即抢修,防止设备带病作业,加大能源消耗、浪费资源,设备漏油污染土地、污染地下水。

3.5.3 对设施的要求

3.5.3.1 设备接油盘宜采用厚度 0.5~1mm 铁皮,油盘大小不宜小于机械设备的水平投影面积,防止漏油。

3.5.3.2 材料库房的搭建要求见临时设施建设与使用相关要求,防止噪声污染、扬尘、废水污染现场。

3.6 电缆敷设控制要求

3.6.1 运输与保管控制要求

3.6.1.1 运输或滚动电缆盘前,必须保证电缆盘固定牢固、电缆绕紧,充油电缆至压力油箱间的油管应固定、压力油箱应牢固、压力指标符合要求、不得损伤;电缆盘不应平放运输,滚动时必须顺着电缆盘上的箭头指示或电缆的缠紧方向,不应使电缆盘受到损伤,严禁电缆盘直接由车上推下,防止损坏电缆。

3.6.1.2 电缆及其附件到现场后应进行外观检查,电缆外观不受潮、封端密封、充油电缆的压力油箱、油管、阀门和压力表符合要求完好无损;电缆应集中分类存放,不应平放储存,盘下应加垫,存放处地基坚实、不得积水;防止因验收或保管方法不当,使电缆漏油、报废、浪费资源、污染环境。

3.6.1.3 电缆终端瓷套应存放室内防止破损;电缆附件的绝缘材料的防潮包装应密封良好;电缆桥架不得受力变形;防火涂料、包带、堵料等防火材料应按材料性能和保管要求储存、保管;防止因保管方法不当,使电缆附件、桥架、防火材料失效、破损或报废。

3.6.2 电缆管的加工及敷设控制要求

3.6.2.1 电缆管口应无毛刺、尖锐棱角,宜做成喇叭形,避免损坏电缆;管口宜在加工厂统一进行加工,防止现场加工噪声污染环境;用煤加热时应有滤烟净化装置,采用含硫低的优质煤防止二氧化硫、一氧化碳污染环境。

3.6.2.2 金属电缆管应在外表涂防腐漆或沥青,镀锌管锌层剥落处也应涂防腐漆,按管道防腐所涉及的环境控制措施实施,防止扬尘、遗洒、有毒有害气体、废弃物排放对环境的污染。

3.6.2.3 金属电缆管连接应牢固、密封良好、两管口对准,不宜直接对焊,避免穿电缆时疤瘤损伤电缆;硬质塑料管采用套接或插接时,其接触面上均需涂胶粘剂粘牢密封,防止损坏电缆;涂胶粘剂时一次不能涂得太多,防止遗洒污染环境。

3.6.2.4 利用电缆的保护钢管作接地线时,应先焊好接地线,再敷设电缆,防止后焊时损坏电缆;有螺纹的管接头处应用跳线焊接,以保证接地可靠,避免发生接地不良引起的事故,污染环境。

3.6.2.5 敷设混凝土、陶土、石棉水泥等电缆管时,其地基应坚实、平整、不应有沉陷,防止损坏电缆;电缆埋设深度不应小于0.7m,应有不小于0.1%的坡度,防止管内积水或损坏电缆;连接时管孔对准、接缝严密、不得有地下水和泥浆渗入,防止穿电缆时损坏电缆。

3.6.3 电缆敷设控制要求

3.6.3.1 电缆敷设时,电缆应从盘的上端引出,不应使电缆在支架及地面摩擦拖拉;电缆上不得有铠装压扁、电缆绞拧、保护层折裂等未消除的机械损伤;电缆的最小弯曲半径应符合规范规定;防止摩擦拖拉电缆、弯曲半径小损伤电缆,浪费资源。

3.6.3.2 拉引电缆时,力量要均匀,速度应平稳,不得猛拉猛跑,避免放线过程控制不到位造成电缆损坏,浪费资源。

3.6.3.3 机械敷设电缆时,应在牵引头钢丝网套与牵引电缆之间装设防捻器,防止扭力传到电缆上;牵引头的最大牵引强度:铜芯电缆 70N/mm²、铝芯电缆 40N/mm²,钢丝网套的最大牵引强度:铅套 10N/mm²、铝套 40N/mm²、塑料护套 7N/mm²,充油电缆总拉力不应超过 27kN;速度不宜超过 15m/min,110kV 及以上电缆或在较复杂路径上敷设时,其速度应适当放慢;10kV 及以上电缆敷设时转弯处侧拉力不应大于 3kN/m;防止牵引强度过高、速度过快、侧拉力过大损伤电缆,浪费资源。

3.6.3.4 电缆折断后,应将油浸纸绝缘电力电缆端头立即铅封;塑料绝缘电缆应有可靠的防潮封端;充油电缆应有压力油箱保持油压、排除油管内空气采用喷油连接,切断处高于邻近两侧电缆,不应有金属屑及污物;避免减少电缆的使用年限,浪费资源。喷油时下垫塑料布,防止油污染环境。

3.6.4 室内、隧道、沟道内电缆敷设控制要求

3.6.4.1 电缆与热力管道、热力设备之间的净距离,平行时不应小于1m,交叉时不应小于0.5m,当受条件限制时应采取穿管或封闭槽盒等隔热措施;电缆通道应避开锅炉的看火孔和制粉系统的防爆门;电缆不宜平行敷设于热力设备和热力管道的上部;防止电缆被引燃,发生火灾。

3.6.4.2 电缆桥架跨越建筑物伸缩缝处或直线段钢制电缆桥架超过30m、铝合金或玻璃钢制电缆桥架超过 15m 时,应有伸缩缝,其连接采用伸缩连接板,防止损坏电缆;电缆支架(包括桥架)全长均有良好接地;避免电缆发生故障危及人身安全事故,污染环境。

3.6.4.3 正常情况下不使用带有麻护层的电缆,带有麻护层的电缆,明敷在室内及电缆沟、隧道、竖井内时,应剥除麻护层,对其铠装加以防腐,防止被引燃时,使火灾蔓延,防腐下垫塑料布,防止油污染环境。

3.6.4.4 电缆敷设完毕后应及时清除杂物,盖好盖板,防止电缆浸泡在水中造成电缆火灾事故,污染环境;清除的杂物分类交有资质的单位处理,不准乱扔。

3.6.5 管道内电缆敷设控制要求

3.6.5.1 电缆保护管在垂直敷设时,其弯角应大于90℃,避免积水冻坏电缆;室外垂

直敷设的电缆保护管应把保护管沿轴线割成两个半圆,避免管道内部积水,腐蚀电缆。

3.6.5.2 电缆敷设前,应采用钢管和钢丝刷来回疏通、清除管内杂物,避免穿电缆时杂物损伤保护层;清除的杂物分类交有资质单位处理,防止乱扔污染环境。

3.6.5.3 穿入管中的电缆的数量应符合设计要求,交流单芯电缆不得单独穿入管内,防止电磁感应在钢管中产生损耗,对电缆的运行产生影响。

3.6.6 直埋电缆敷设控制要求

3.6.6.1 电缆沟开挖按土方施工、石方施工所涉及的环境控制措施实施,防止噪声、扬尘、废弃物排放、文物损坏、植被破坏、火灾或爆炸对环境的污染。

3.6.6.2 电缆沟开挖,电缆沟垫层,管沟与电缆井砌筑、抹灰,电缆沟盖板与混凝土塔杆预制与安装分别按土方施工、石方施工,模板支拆、混凝土搅制、振捣,砖砌筑、抹灰,混凝土构件预制与安装所涉及的环境控制措施实施。

3.6.6.3 电缆表面距地面的距离不应小于0.7m,穿越农田时不应小于1m,防止农机作业时损伤电缆;电缆应埋设于冻土层以下,受条件限制时,应在沟底砌一浅槽,槽内填河砂,上盖混凝土板或砖块,防止电缆在运行中受到损坏。

3.6.6.4 电缆之间、电缆与其他管道、道路、建筑物等之间平行和交叉时的最小净距满足规范要求,受条件限制时,应采取电缆穿管或用隔板隔开或防电化腐蚀措施,防止电缆在运行中受到损坏。

3.6.6.5 直埋电缆的上、下部应铺以不小于100mm厚的软土或砂层,并加盖混凝土盖板或砖块,其覆盖宽度应超过电缆两侧各50mm,防止电缆被冻、腐蚀和机械损伤;储存软土或砂层应用塑料布覆盖或洒水,防止扬尘污染环境;砖块不准使用黏土砖,防止破坏耕地。

3.6.7 水底电缆敷设控制要求

3.6.7.1 通过河流的电缆应敷设于河床稳定及河岸很少受到冲损的地方;在码头、锚地、港湾、渡口及有船停泊处敷设电缆时应采取深埋敷设;水底电缆的敷设,必须平放水底,不得悬空,条件允许时宜埋入河床或海底0.5m以下,防止水流冲刷电缆或船只航行或停泊损坏电缆,浪费资源,影响电的正常运行。

3.6.7.2 水底电缆平行敷设时的间距不宜小于最高水位水深的2倍,防止两根电缆在水底交叉重叠;深埋电缆之间的距离应保证在一条电缆施工时不损坏另一条已安装的深埋电缆。

3.6.7.3 水底电缆引到岸上的部分应穿管或加保护盖板等保护措施;水底电缆下端为最低水位时船只搁浅及撑篙达不到处,电缆应固定;电缆上端高于最高水位,避免因水位变化电缆裸露受到机械损伤,浪费资源。

3.6.7.4 在水域不宽、流速小的河道上施工,电缆盘可放在岸上,用浮筒浮托,由对岸钢索牵引敷设;在水面宽、流速大的河道上施工,电缆盘可放在船上,边航行边敷设;敷设时严禁使电缆在水底拖拉,防止损坏保护层或拉断导线。

3.6.7.5 电缆放出时必须经具有足够退扭高度的放线架、滑轮、刹车至入水槽,再敷设至水底;敷设时控制敷设张力,使其入水角度为30°～60°,牵引顶推敷设速度为20～30m/min、拖轮或自航牵引敷设速度为90～150m/min,防止电缆打扭和打圈损伤电缆造成事故,污染河面和水资源。

3.6.7.6 水底电缆登陆、船身转向时,船不能后退或原地打转;水底电缆引到岸上时,应将余线全部浮托在水面上,再牵引至陆上,防止电缆失去张力、打扭,便于将浮托在水面上的电缆按设计路径全部沉入水底。

3.6.7.7 电缆在水面浮托时应将电缆放入特制的水槽中,防止电缆污染河面。

3.6.8 桥梁上电缆敷设控制要求

3.6.8.1 敷设于木桥上的电缆应穿在铁管中,避免电缆被机械损伤、绝缘击穿,短路损坏木桥或引起火灾污染环境;在其他结构的桥上敷设电缆应在人行道下设电缆沟或穿入由耐火材料制成的管道中,防止电缆损坏。

3.6.8.2 在人不易接触处电缆可在桥上裸露敷设,但应采取避免太阳直接照射的措施,防止降低电缆输送容量和电缆的老化;在经常受到振动的桥梁上敷设电缆,应采取防振措施,避免电缆保护层疲劳龟裂、老化。

3.6.9 电缆头制作控制要求

3.6.9.1 制作电缆终端与接头,剥切电缆时不应损伤线芯和保留的绝缘层,缩短绝缘暴露时间;充油电缆线路应按接头、低位终端、高位终端顺序施工;避免因施工顺序不当影响电缆终端与接头质量,浪费资源。

3.6.9.2 低压电缆终端与接头应采取加强绝缘、密封防潮、机械保护等措施;6kV及以上电力电缆的终端与接头应采取胀铅,制作应力锥,施加应力带、应力管等措施减缓电场集中;避免因采取措施不当影响电缆终端与接头质量,浪费资源。

3.6.9.3 塑料绝缘电缆在制作终端与接头时,应彻底清除半导电屏蔽层,对包带石墨屏蔽应用溶剂(丙酮、三氯乙烯等)擦抹,从高压部位往接地方向单向擦抹碳迹,避免把导电粉末带向高电位;三芯油纸绝缘电缆应保留统包绝缘25mm,不得损伤线芯时不得损伤纸绝缘,绕包附加绝缘、灌注填充绝缘材料时尽量消除线芯分支处的缝隙;避免因施工过程控制不当影响终端与接头制作质量,浪费资源。

3.6.9.4 溶剂(丙酮、三氯乙烯等)擦抹应在通风良好、有足够灭火器材、2m内无易燃易爆品、严禁烟火的情况下,在专门铁盘内使用,防止丙酮遗洒引发火灾。

3.6.9.5 充油电缆终端与接头包绕附加绝缘时不应完全关闭压力油箱,保持一定油量不间断地从绝缘内扳弯部渗出,渗出油及时排出,避免潮气侵入,减少包绕时的外来污染;排出的油应用专门容器统一回收,妥善保管,避免遗洒污染环境。

3.6.9.6 电缆线芯连接时,应除去线芯和连接管内壁油污及氧化层,除去油污及氧化层统一回收后交有资质单位处理,防止乱扔污染环境;锡焊连接铜芯应使用中性锡膏,防止烧伤绝缘,影响终端与接头制作质量,浪费资源。

3.6.9.7 装配、组合电缆终端与接头时,各部件间的配合或搭接处必须采取堵漏、防潮、密封措施;铅包电缆铅封时应擦去表面氧化物,铅封必须密实无气孔;充油电缆第一次铅封堵油,第二次成型和加强,高位差铅封用环氧树脂加固;塑料电缆宜采用胶粘剂密封后外包自粘橡胶带绑扎包紧;防止潮气进入绝缘造成电缆终端和接头密封不良。粘接表面用溶剂除油污,清除的油污统一回收后交有资质单位处理。

3.6.9.8 电缆终端与接头所涉及的自粘性橡胶带、热收缩制品、硅橡胶、乙丙橡胶制品、黑玻璃丝带、聚氯乙稀带、聚四氟乙稀带、环氧浇铸剂等材料应在室内妥善保管,防止保管不当失效;使用时现场通风良好,有足够灭火器材,2m内无易燃物,使用专用铁槽,防止遗洒,发生火灾,污染环境;报废的材料或剩余的材料应统一回收后交有资质单位处理。

3.6.10 电缆的防火与阻燃控制要求

3.6.10.1 沿电气化铁路或有电气化铁路通过的桥梁上明敷电缆的金属保护层或金属管道,应沿其全长与金属支架或桥梁的金属构件绝缘,避免发生火花放电,烧坏金属护层而发生事故,污染环境。

3.6.10.2 电缆进入电缆沟、隧道、竖井、建筑物、盘柜以及穿入管子时,出入口应封闭,管口应密封,防止小动物进入损坏电缆,堵烟堵火防止火灾蔓延,减少对环境的不利影响。

3.6.10.3 在电缆穿过竖井、墙壁、楼板或进入电气盘、柜的孔洞处,用防火堵料密实封堵;在重要的电缆沟和隧道中,按要求分段或用软质耐火材料设置阻火墙;对重要回路的电缆可单独敷设于专门的沟道中或耐火封闭槽盒内;在电力电缆接头两侧及相邻电缆23m长的区段施加防火涂料或防火包带;采用耐火或阻燃型电缆;设置报警和灭火装置;避免外部因素引起电缆着火和火灾蔓延,污染环境。

3.6.10.4 涂刷氨基膨胀防火涂料、过氯乙烯基防火涂料下有接盘,防止流淌、遗洒,污染环境;涂料应妥善保管,防止过期或失效,浪费资源;废弃的涂料、涂料桶统一回收交有资质单位处理,防止乱扔污染环境。

3.6.10.5 耐火材料应妥善保管,防止过期或失效,浪费资源;使用应有措施防止遗洒、扬尘;废弃的耐火材料统一回收交有资质单位处理,防止乱扔污染环境。

3.6.11 电缆安装中应急准备响应控制要求

3.6.11.1 电缆终端与接头制作应按《建筑灭火器配置设计规范》确定场所的危险等级、可能发生的火灾种类,配置相适应的足够数量的有效的手提式灭火器或推车式灭火器;一个计算单元不少于2具、不宜多于5具;禁火标识醒目,附近10m范围内严禁用火;明确疏散路线,救护联络方式,组织义务消防队,每年演练一次;避免应急策划或准备不到位,不能够控制火情,延误救火产生环境污染。

3.6.11.2 当发现火情处于初始阶段(1~3min)时,组织义务消防队和有关人员及时灭火,控制火情,防止火蔓延发生火灾,污染环境;出现火情不能控制时立即向119报警,同时组织人员疏散,转移必要的财产,配合消防队员救火,减少火灾引发爆炸事故,加大对环境的污染。

3.7 电缆安装监测要求

3.7.1 材料监测要求

3.7.1.1 电缆、电缆接头材料、防腐材料、接地材料、螺栓等进场时,对质量标准、环境要求(环保限值)检查或检测1次,不合格不准进场、不准使用,避免材料对环境的污染。

3.7.1.2 电缆终端头与接头材料涉及自粘性橡胶带、热收缩制品、硅橡胶、乙丙橡胶制品、黑玻璃丝带、聚氯乙烯带、聚四氟乙烯带、环氧浇铸剂等材料、防腐材料等易燃易爆、危险化学品储存条件、安全距离、堆放高度、堆放情况,防火、防潮条件,禁火标识等每月检查一次,发现异常情况时,采取针对措施纠正,避免发生火灾对环境的污染。

3.7.2 人员管理监测要求

3.7.2.1 对电工、电缆头制作人员、焊工、油漆工、调试等人员的岗位操作证或培训资料(包括环境措施交底内容)每次作业前检测1次,发现人员不适应采取措施纠正,避免因人员素质低、发生对环境的污染和环境事故。

3.7.2.2 对油漆、防腐、电管煨制、终端和中间接头、焊接等作业人员的防护用品,每次作业前检测1次,发现不足应采取措施纠正,避免保护用品不到位,伤害人员造成对环境的污染。

3.7.3 设备和设施监测要求

3.7.3.1 运输设备、吊装设备、放电缆设备、牵引设备、埋设机、拖轮、电缆头制作设施、调试设备的保养状况(是否完好、漏油、尾气排放是否达标)每周应检查1次,如发现异常情况时,及时安排保养、检修,降低消耗,防止油遗洒污染土地、地下水。

3.7.3.2 每批作业中对设备噪声排放、热辐射监测一次,如发现超标时,及时更换噪声低的设备或增加隔声、隔热材料厚度或更换其他隔声、隔热材料,减少噪声、热辐射对环境的污染。

3.7.3.3 每班作业前应对接油盘目测一次,当接油盘存油达到距槽帮10mm时或项目完成作业活动时应进行清理,防止盘内存油溢出污染土地、地下水。

3.7.4 土建施工监测要求

3.7.4.1 土石方作业中应按土石方作业中涉及的环境关键特性控制规定实施,避免或减少设备漏油、噪声排放、扬尘、遗洒、废弃物遗弃对环境的污染。

3.7.4.2 混凝土作业中按混凝土作业中涉及的环境关键特性控制规定实施,避免或减少设备漏油、噪声排放、扬尘、遗洒、洗车水排放、废弃物遗弃对环境的污染。

3.7.4.3 地沟砌筑、抹灰按砌筑、抹灰中涉及的环境关键特性控制规定实施,避免或减少设备漏油、噪声排放、扬尘、遗洒、洗车水排放、废弃物遗弃对环境的污染。

3.7.4.4 电缆桥架安装按钢结构安装中涉及的环境关键特性控制规定实施,避免或减少弧光污染、有害气体排放,废电焊条、电焊头、焊渣等废弃物遗弃对环境的污染。

3.7.5 电缆安装中监测要求

3.7.5.1 电管加工、防腐、联接、固定监测要求

电管加工、防腐、联接、固定按电配线工程所涉及对环境关键特性检测规定进行检测或检查;避免或减少弧光污染、有害气体排放、噪声排放、热辐射、扬尘、遗洒、废物遗弃对环境的污染。

3.7.5.2 电缆敷设中监测要求

(1) 每次作业前,应对电缆安装涉及的周边环境、电管防腐与敷设状况、地沟与电缆桥架安装情况、电缆浸油等是否符合施工方案和管理程序检查1次,对电缆进行耐压试验1次。

(2) 作业中监测要求

1) 每次作业中,应对操作程序、电缆安装方式、敷设形式,电缆埋设深度(不小于0.7m)、坡度(不小于0.1%)等检查1次;对电缆上架前、转弯后弯曲半径等是否符合施工方案检查1次。

2) 对直埋电缆扬尘目测1次(扬尘高度不超过0.5m),对机械放电缆的噪声排放、放缆速度(不宜超过15m/min)、充油电缆总拉力(不超过27kN)、转弯处侧拉力(不应大于3kN/m)等是否符合施工方案检测1次;对噪声排放每天监听1次,每月检查1次。

3) 每批作业安成后,应对电缆固定、接线、盖板、回填、电缆损伤状况等是否符合施工方案检查1次,扬尘目测1次(扬尘高度不超过0.5m),对接地电阻值等检测1次。

4) 监测中如发现异常应停止相关作业或重新检测或改变作业方式或减缓放电缆速度或采取纠正措施,避免电缆损伤,电缆接线错误,电管防腐不到位等导致返工,浪费资源或接地不良影响正常使用或电缆渗油污染土地、污染地下水,噪声对环境的污染。

3.7.5.3 电缆终端头与接头监测要求

(1) 每次作业前,应对电缆终端头与接头形式、周边环境、电缆终端头与接头封闭状况、电缆渗油(油压不宜低于0.15MPa)等是否符合质量标准、环保限值检查或检测1次。

(2) 作业中监测要求

1) 每次作业中,应对电缆终端头与接头操作程序、操作过程,电缆终端头与接头材料遗洒、废弃、报废材料的处置等是否符合管理程序检查1次,对有害气体排放检测1次。

2) 每批作业完成后,应对施工现场清理、报废材料的处置、洗电缆终端头与接头拌制盆用水排放、电缆渗油等检查1次,对电缆终端头与接头试检1次;在风景区或饮水区施工时,废水排放必须达到国家规定的一级或二级排放标准,并经当地环保部门检测确认达标后才允许排放。

3) 监测中如发现异常,应停止相关作业、重新检测、改变作业方式、更换材料或采取纠正措施,避免电缆终端头与接头制作失败导致返工,浪费资源,加大对环境的污染。

3.7.6 应急准备响应监测要求

3.7.6.1 土建施工应急准备响应监测要求

(1) 土石方作业中应按土石方作业紧急情况中涉及的环境关键特性控制规定检测,避免或减少设备故障、漏油、损坏地下管线、气体泄漏、文物损坏、植被破坏、侵占耕地、发生火灾、爆炸对环境的污染。

(2) 混凝土作业中按混凝土作业紧急情况中涉及的环境关键特性控制规定检测,避免或减少混凝土的废弃、废水对土地、地下水的污染。

(3) 地沟砌筑、抹灰中按砌筑、抹灰作业紧急情况中涉及的环境关键特性控制规定检测,避免或减少砂浆的废弃、废水对土地、地下水的污染。

3.7.6.2 电缆施工紧急监测要求

(1) 防火监测要求

1) 作业前应对电缆接头材料、防腐材料库房条件、安全距离、周边环境条件,防火设施数量、位置、有效性检查1次,对电缆头制作方式检查1次,对电缆进行耐压试验1次。

2) 每次作业中应对电缆终端头与中间接头、电管防腐作业现场的安全距离、施工条件,防火设施数量、位置、有效性、通风状况,作业程序、操作过程检查1次。

3) 电管防腐、丙酮施工分别按管道防腐和设备安装中丙酮作业中所涉及的关键环境特性检测控制规定检测。

4) 监测中如发现异常应停止相关作业或改善作业条件或更换材料或增加灭火器数

量或采取纠正措施;避免控制不到位意外发生火灾烧坏电缆或设施,产生扬尘、污染大气,产生大量废弃物污染环境。

(2) 施工中应急准备响应要求

1) 每次机械放电缆时应对机械牵引力、牵引速度等检测1次,对每个转角电缆通过时的弯曲半径等是否符合施工方案检查1次。

2) 监测中如发现异常应停止放电缆作业或加大弯曲半径或调整牵引速度或采取纠正措施;避免放电缆控制不当导致电缆损伤,增加电缆接头,浪费施工材料。

第20章 工业自动化仪表工程

0 一般规定

0.1 仪表工程的施工,应做好与建筑、电气及工艺设备、管道等专业的配合工作,避免损伤和污染已做好的工序,造成材料浪费和环境污染。

0.2 仪表工程中的焊接,应在焊点周围设置挡板,下方设置防火板,以免破坏工艺管道的防腐层和衬里。焊渣、焊条头应及时清理,集中收集到指定地点,工程竣工后交由有资质的单位进行处理。

1 工业自动化仪表工程施工

1.1 工艺流程

施工准备→预埋配合→取源部件安装→仪表检查、仪表设备安装→仪表接线→单台调试→系统调试。

1.2 环境因素

1.2.1 人工除锈噪声排放、扬尘、废弃物遗弃;机械除锈噪声排放、扬尘、油遗洒、废弃物遗弃、电的消耗。

1.2.2 管道调直、组对敲打、乱扔管件时噪声排放;管道坡口噪声排放、有毒有害气体排放、焊渣、废料遗弃。

1.2.3 管道防腐漆流淌、倒油漆遗洒污染土地、污染地下水;保温层外刷沥青或油漆流淌、倒油漆遗洒污染土地、污染地下水;废油漆、废沥青、废油漆桶、废油漆刷、废手套遗弃。

1.2.4 支架、管道焊接弧光污染、有害气体排放、废电焊条头、焊渣、废料遗弃。

1.2.5 脱脂废液排放,清洗用水消耗、清洗用水排放浪费水资源。

1.2.6 管口套丝、除锈试验吹扫用空压机漏油污染土地、污染水体、废油、废油手套、废油桶遗弃。

1.2.7 油漆储存和涂刷时发生火灾,污染大气和固体废弃物排放。

1.3 人员要求

1.3.1 机械操作人员应经过培训,掌握相应机械设备的操作要领后方可进行管道加工、机械除锈、绝热、试压、吹扫、酸洗等作业。避免因人的误操作或不按操作规程操作、保养造成机械设备漏油、设备部件报废、机械设备事故、浪费资源、噪声超标、污染土地、污染地下水,加大对环境的污染。

1.3.2 作业活动操作前项目部应组织对电工、仪表工、保温工、试压人员、吹扫人员、酸洗人员等针对该项作业活动所涉及的重要环境因素、环境控制措施、环境操作基本要求、环境检测的关键参数、应急响应中的注意事项进行专项环境交底或综合交底包括以上环境方面的内容。

2 设备设施

仪表安装用的设备应优先采用噪声低，能源利用率较高的设备，如焊接作业应选用交流焊机等。

3 过程控制

3.1 取源部件的安装

3.1.1 取源部件的安装，应在工艺设备制造或工艺管道预制、安装的同时进行，增加安装的工效。安装取源部件的开孔与焊接工作，必须在工艺管道或设备的防腐、衬里、吹扫和压力实验前进行，可以有效避免取源部件开孔与焊接时对工艺管道和设备的损坏。

在高压、合金钢、有色金属的工艺管道和设备上开孔时，采用机械加工的方法。机械开孔应在工艺管道的预制车间内进行，车间或者钻孔点应用保温板或隔声毡做隔声处理。

3.1.2 在砌体和混凝土浇筑体上安装的取源部件宜在砌筑或浇筑的同时埋入，当无法做到时，应预留安装孔，避免后期开孔带来噪声、粉尘排放和资源浪费等环境污染，如必须开孔时，应先对基层进行洒水湿润，钻孔时应用压力喷壶进行洒水，既可以降尘又可以冷却钻头，增加钻头的使用寿命。

3.2 仪表的安装

3.2.1 设计规定需要脱脂的仪表，应经脱脂检查合格后方可安装。仪表脱脂按本章脱脂的环境管理规程进行控制。

3.2.2 放射性同位素物位计安装前应制订施工方案，并严格执行；安装中的安全防护措施必须符合现行的国家标准《放射防护规定》的规定；在仪表安装地点应有明显的警戒标志，应设专人进行看管，以防丢失。可行时，应用5cm厚铅板对仪表周围进行围挡，防止放射线的污染。

3.2.3 分析仪表被分析样品的排放管应直接与排放总管连接，总管应引至室外安全场所，其集液处应有排液装置，应经常检查装置的完好性，避免泄漏污染地面。并应便于被分析样品的集中收集，并能应按其化学性质进行妥善处置。

3.3 仪表供电设备及供气、供液系统的安装

3.3.1 安装前清洗设备应在专门的油盘或清洗槽内进行，防止油遗洒污染土地；清洗用过的棉纱、布头、油纸等要集中收集在金属容器内，油经过滤沉淀后再次使用，油渣、棉纱、布头、油纸等放于指定地点，待工程竣工后交有资质单位处理，不得随意乱扔污染环境。

3.3.2 不宜将供电设备安装在高温、潮湿、多尘、有爆炸及火灾危险、有腐蚀作用、振动及可能干扰其他附近仪表等场所。当不可避免时，应采取金属板围挡等相应的防护措施。

3.3.3 盘上安装的供电设备，其裸露带电体相互间或与其他裸露导电体之间的距离，不应小于4mm，当无法满足时，相互间必须用塑料板、橡胶条等物品绝缘，避免放电损坏设备。

3.3.4 供气管采用镀锌钢管时,应用螺纹连接,连接处必须密封;缠绕密封带或涂抹密封胶时,不应使其进入管内也不得污染已装修好的地面和墙面。采用无缝钢管时可用焊接,焊接焊渣不应落入管内。

焊渣、废弃的密封带和密封胶应集中收集,待竣工后交有资格单位处置。

3.3.5 供气、供液系统采用的管子、阀门、管件等,在安装前均应进行清洗,不应有油、水、锈蚀等污物。清洗时应按管道工程中清洗的要求执行。

3.3.6 供气、供液系统的压力试验,执行管道工程的相关章节。

3.3.7 供气系统安装完毕后应进行吹扫,并应符合下列规定:

3.3.7.1 吹扫前,应将控制室供气总管入口、分部供气总入口和接至各仪表供气入口处的过滤减压阀断开并敞口,先吹总管,然后依次吹各支管及接至各仪表的管路,可以有效避免重复吹扫的可能性。

3.3.7.2 当排出的吹扫气体内固体尘粒以及油、水等杂质的含量,不高于进入供气系统前的含量时,即可以停止吹扫,及时关闭空压机电源,减少能源的使用。

3.3.7.3 空气吹扫应利用生产装置的大型压缩机或装置中的大型容器蓄气进行间断吹扫,吹扫压力不得超过容器和管道的设计压力,速度不宜小于20m/s,忌油管道,气体中不得含油,其质量达到在5min内涂白漆的靶板上无铁锈、尘土、水分及其他杂物,避免管内污物未除净或油污染管道,影响使用,造成返工,浪费资源,加大对环境的污染。

3.3.7.4 空气吹扫时,应采取安全措施,排放口应接到不损害其他建筑或人的地方,吹出的气体应进行过水、过砂等方法进行过滤,避免废气中的油污和粉尘污染环境。并应避免吹扫损坏其他物件或其他建筑,浪费资源,污染环境。

3.4 仪表用电气线路的敷设

3.4.1 当线路周围环境温度超过65℃时,线路温度过高会造成线路损坏以致造成环境污染可能性增大,所以应采取隔热措施。

3.4.1.1 采用矿物棉毡、绝热垫时,应用镀锌铁丝网包裹并扎紧,不得将热空间堵塞,再保温;避免热量的累积造成保温层的损坏,造成保温层返工,既浪费资源,加大对环境的污染。

3.4.1.2 施工剩余的绝热材料应回收,交库房储存,预防丢失或失效,浪费资源,污染环境;报废的绝热材料应统一回收,收集到一定数量后交有资格单位进行专业处理,禁止乱扔或混入建筑垃圾。

3.4.2 支架制作宜采用从专业厂家进货的方式,如在现场加工时应在专门的加工车间进行,车间应有良好的隔声措施,防止噪声扰民,支架的油漆作业应在硬化的场地上进行,底部设收集桶,防止油漆遗洒污染土壤。

3.4.3 支架安装,在金属结构上和混凝土构筑物的预埋件上,应采用焊接固定,焊接按"电焊作业"进行环境管理控制;安装在混凝土上,宜采用膨胀螺栓固定,膨胀螺栓使用电钻打孔时,现场应配备压力喷水壶,在打眼的时候同时进行降尘作业,防止扬尘土;打眼应避开周围居民的休息时间,减少噪声扰民。

3.4.4 电缆(线)保护管埋设于地下或混凝土内时,不应小于电缆线外径的10倍;减少管线变形时,损坏保护管的可能性。埋设时宜采用套管焊接,管子的对口处应处于套管的中心位置;焊接应牢固,焊口应严密,并应做防腐处理。防腐处理按管道施工章节执行。

3.4.5 采用硬质塑料管作保护管时,当使用胶粘剂连接时,套管直径应为线管直径的1.1倍。废弃的硬质塑料管应注意收集,使资源能够回收利用;胶粘剂废弃物应作为危险废弃物进行收集、存放,并交有资格的机构进行处置。

3.4.6 敷设电缆时的环境温度应符合表20-1规定,以保证质量,而不至于返工造成资源的浪费。

表 20-1

电 缆 名 称	环 境 温 度
交链聚乙烯电缆	≥0℃
低压塑料电线	≥-20℃
橡皮及聚氯乙烯保护套橡皮绝缘电缆	≥-15℃
裸铅包橡皮绝缘电缆	≥-20℃
其他外护套层橡皮绝缘电缆	≥-7℃

3.5 安装在爆炸和火灾危险场所的仪表、电气设备和材料应做好电气防爆和接地

3.6 仪表用管路的敷设

3.6.1 管路不宜直接埋地敷设。必须直接接地时,应经试压合格和防腐处理后方可埋入。直接埋地的管路连接时必须采用焊接,在穿过道路及进出地面处应穿保护管。防腐处理按管道施工的章节执行。

3.6.2 管路敷设前,管内应清扫干净,需要脱脂的管路,应经脱脂检查合格后再进行敷设。脱脂按本章管道施工的章节进行控制。

3.7 防腐处理

3.7.1 碳钢的管路、支架、仪表盘(箱、操作台)底座、汇线槽以及需要防腐的保护管内、外壁无防腐层时,均应按设计规定涂漆。涂漆前应清除被涂表面的铁锈、焊渣、毛刺及污物。

3.7.2 油漆应选择环保型材料。涂漆应尽量在加工车间内进行,若不能实现,则应在硬化地面或塑料布上进行涂漆,防止油漆遗洒污染土地;作业现场应远离明火,防止发生火灾。

3.7.3 除锈过程应符合下列规定:

3.7.3.1 除锈应在硬化地面上进行,除锈时地面应先适当洒水,避免除锈时产生扬尘,对周边空气造成污染。

3.7.3.2 除锈时应用钢丝刷或砂纸在管道外表面往复拖拉2~3次,直至管外污物及铁锈除尽;避免因锈未除净,影响油漆效果而造成返工,浪费资源。

3.7.3.3 喷砂除锈时,空压机置于封闭的房间内或加隔声罩,避免除锈时噪声对环境的影响;停机时砂子应及时回收,交指定地点存放,避免或减少石英砂的消耗;空压机放置在接油盘上,避免喷砂时设备漏油污染土地、污染地下水;清理接油盘时应垫托盘防止

油遗洒污染地面。

3.7.3.4 管子零星除锈,宜使用砂轮打磨机除锈,除锈时尽量避免施工高峰,减少噪声对环境的污染。

3.7.3.5 每个工作班结束后应清扫回收锈渣放入指定的储存桶内,报废的砂轮片、除锈设备、钢丝刷、锉刀、刮刀、砂纸、锈渣、油污等应统一回收,收集一个运输单位后交有资质的单位处理;运输时应使用密闭容器盛装或使用封闭车运输,出场前车轮清理干净,预防运输遗洒污染路面。

3.8 脱脂清洗

需要脱脂的仪表、调节阀、阀门和管子,必须按照设计规定进行脱脂处理。脱脂溶剂应妥善保管,防止泄露、遗洒、发生火灾等情况污染环境。

3.8.1 化学清洗

3.8.1.1 需化学清洗的管道,其范围和质量要求应符合设计文件的规定;与化学清洗无关的设备必须隔离;化学清洗液的配方必须经过鉴定,并曾在生产装置使用过,经实践证明是有效和可靠的;化学清洗合格的管道不能及时投入使用时进行封闭或充氮保护,避免因隔离措施或配方选择不当,污染或损坏设备,浪费资源,清洗效果不合格造成返工,加大对环境的污染。

3.8.1.2 化学清洗宜用生产装置的大型机组进行,按化学清洗方案采用适宜的有机溶剂(二氯乙烷、三氯乙烯、四氯化碳、工业酒精等)、浓硝酸或碱液进行清洗,应保持溶液的浓度和温度,按化学清洗方案规定的程序(试漏、脱脂、冲洗、酸洗、综合、钝化、冲洗、干燥、涂油、复位的工序)要求实施,避免因采用清洗剂、浓度、温度、实施程序不当造成返工,增加清洗次数,加大对环境的污染。

3.8.1.3 每个作业班结束后应利用专用工具清除污物和有机溶剂废液,集中并分别存放在指定铁桶内,收集一定数量后,将废油交有资质单位处理,防止乱扔污染土地、污染地下水;废酸、碱清洗液须经中和、稀释、达到排放标准后再准排入污水管道,避免废清洗液对水环境的污染。

3.8.2 油清洗

3.8.2.1 润滑、密封控制油管道,应在机械及管道酸洗合格后、系统试运转前进行油清洗;不锈钢管道宜用蒸汽吹净后进行油清洗;避免工序颠倒造成油污染和浪费,增加油清洗次数;注油时应用专门装置,避免油遗洒污染土地、污染地下水。

3.8.2.2 油清洗应以油循环的方式进行,循环过程每8h应在40~70℃的范围内反复升温2~3次,并及时清洗或更换滤芯,保证油清洗质量达到GB 50235—97《工业金属管道工程施工及验收规范》8.6.3的要求,避免油清洗过程控制不当,增加油清洗次数,浪费油、电资源;清洗滤芯应在油盘内进行,防止油遗洒污染土地、污染地下水;清洗的油渣、报废的滤芯应统一回收,交有资质单位处理,避免乱扔污染土地、污染地下水。

3.9 压力试验

3.9.1 管路系统的压力实验,宜采用液压;当试验压力小于1.6MPa(16kg/cm^2)且管路内介质为气体时,可采用气压进行。避免试压时损坏阀芯、仪表元件、膨胀节等器件或跑水,浪费水资源。

3.9.2 系统注水时,应打开管道各高处的阀门,将空气排净,待水灌满后关闭排气阀和进气阀,避免空气未排净影响试压结果,延长试压时间,加大电的消耗;试压用水应安装回收装置,试压排水应回收再利用。

3.9.3 试验压力都应按设计和验收规范的规定执行,不得随意增加,升压和降压都要缓慢进行,不能过急,避免因试压方法或压力不当,损坏焊口,造成返工,浪费资源,加大对环境的污染。

3.9.4 对输送剧毒流体的管道及设计压力大于10MPa的管道,试压前,建设单位应对管道组成件的质量保证书、检验试验记录、管子加工记录、焊接检验及热处理记录、设计修改及材料代用文件审查合格才准进行,避免返工重新试压,加大水、电消耗,对环境的污染。

3.9.5 液压试验应使用洁净水,当对奥氏体不锈钢管道或连有奥氏体不锈钢管道和设备的管道进行试验时,水氯离子的含量不得超过 25×10^{-6} (25ppm),避免对管道的腐蚀,缩短使用时间,浪费资源。

3.9.6 脆性材料严禁使用气体进行压力试验;禁止使试验温度接近金属的脆性转变温度;试验时用重量约1.5kg小铁锤轻敲焊缝处,无渗漏为合格;输送剧毒流体、有毒流体、可燃流体的管道必须进行泄漏性试验;避免因试验方法或材料选用不当损坏管子,浪费资源,运行泄漏造成火灾爆炸污染环境;严密性试验涂刷中性肥皂水时,不宜过多,避免肥皂水遗洒污染土地、污染地下水。

3.9.7 环境温度低于5℃试压时,应在中午气温高的时候用50℃的热水进行试验,试压后将管内存水放尽,氧气管道、乙炔管道必须用无油压缩空气吹干,避免冻坏管道。

3.9.8 当现场条件不允许使用液体(水压试验损害衬里或腐蚀管子或环境温度低脆裂)或气体(低温不能进行气压试验)进行压力试验时,经建设单位同意,对接焊缝采用100%射线照相检验,其他所有焊缝采用100%液体渗透法或磁粉法进行检验,并按无损检验所涉及的环境控制措施实施,避免或减少射线辐射污染、噪声排放、有害废物遗弃污染土地、污染地下水。

3.9.9 试验结束后,应及时拆除盲板、膨胀节限位设施、排尽积液,排液时应防止形成负压,避免损坏与管道连接的设备;试压用水应用水桶或沉淀进行收集,再用于对水质要求不高的场所。

4 监测要求

管道打磨和除透,钻孔时,应用噪声仪对噪声排放进行监测,如发现排放超标时,应对作业场所进行封闭或者增设隔声布,避免噪声的超标排放。

施工中,环保员每天应进行巡视,防止有毒有害的废弃物混入普通垃圾。

5 应急准备和响应要求

5.1 项目部应成立应急领导小组,作业班/组长应作为小组成员,还应成立义务救火队和抢险队,由项目部环境管理员根据应急方案对火灾或其他紧急情况进行详细说明。以免发生意外时,环境污染的扩大。

5.2 项目部应有专人收听天气预报,有关风大雨的预报,必须及时通知相关人员监测作业面"工完场情"情况,包括垃圾清理、材料回收,挥发性物资加盖情况、火源的管制情况,水源的关闭情况等,满足环境控制的要求。

第 21 章　智能建筑

0　一般规定

0.1　总则

0.1.1　智能建筑系指利用系统集成方法,将智能型计算机技术、通信技术、信息技术与建筑艺术有机结合,通过对设备的自动监控、对信息资源的优化组合,所获得的投资合理、适合信息社会需要并且具有安全、高效、舒适、便利和灵活特点的建筑物。建筑智能化工程主要有通信自动化(CA),楼宇自动化(BA),办公自动化(OA),消防自动化(FA)和保安自动化(SA),简称5A。

建筑智能化工程包括:计算机管理系统工程、楼宇设备自控系统工程、保安监控及防盗报警系统工程、智能卡系统工程、通信系统工程、卫星及共用电视系统工程、车库管理系统工程、综合布线系统工程、计算机网络系统工程、广播系统工程、会议系统工程、视频点播系统工程、智能化小区综合物业管理系统工程、可视会议系统工程、大屏幕显示系统工程、智能灯光、音响控制系统工程、火灾报警系统工程、计算机机房工程等,本规程根据 GB 50339—2003《智能建筑工程质量验收规范》的范围,仅对其中的通信网络系统、信息网络系统、建筑设备监控系统、火灾自动报警及消防联动系统、安全防范系统、综合布线系统、智能化系统集成、电源与接地、住宅(小区)智能化等智能建筑工程等作出规定。

0.1.2　智能建筑空间环境、室内空调环境、视觉照明环境、室内噪声及室内电磁环境,包括室内噪声、温度、相对湿度、风速、照度、一氧化碳和二氧化碳含量要求:

0.1.2.1　室内空调环境要求:

(1) 实现对室内温度、湿度的自动控制;

(2) 室内温度,冬季 18～22℃,夏季 24～28℃;

(3) 室内相对湿度,冬季 40%～60%,夏季 40%～65%;

(4) 舒适性空调的室内风速,冬季应不大于 0.2m/s,夏季应不大于 0.3m/s。

0.1.2.2　视觉照明环境要求:

(1) 工作面水平照度不小于 500lx;

(2) 灯具满足眩光控制要求;

(3) 灯具布置应模数化,消除频闪。

0.1.2.3　环境电磁辐射符合 GB 9175《环境电磁波卫生标准》和 GB 8702《电磁辐射防护规定》的有关规定。

0.1.2.4　空间环境要求:

(1) 室内装饰色彩合理组合,建筑装饰装修用材应符合 GB 50210—2001《建筑装饰装修工程质量验收规范》的有关规定;

(2) 防静电、防尘地毯,静电泄漏电阻在 $1.0 \times 10^5 \sim 1.0 \times 10^8 \Omega$ 之间;

(3)采取的降低噪声和隔声措施应恰当。

0.1.2.5 室内空调环境空气质量:

(1)室内CO含量小于$10×10^{-6}g/m^3$;

(2)室内CO_2含量小于$1000×10^{-6}g/m^3$。

0.1.2.6 室内噪声推荐值:办公室40~45dBA,智能化子系统的监控室35~40dBA。

0.1.3 智能建筑工程各智能化系统中使用的产品要求:

0.1.3.1 智能建筑工程各智能化系统中使用的材料、硬件设备、软件产品和工程中应用的各种系统接口,包括列入《中华人民共和国实施强制性产品认证的产品目录》或实施生产许可证和上网许可证管理的产品,以及未列入强制性认证产品目录或未实施生产许可证和上网许可证管理的产品,其功能、性能等符合相应的现行国家产品标准;供需双方有特殊要求的产品,应符合合同规定或设计要求。

0.1.3.2 对不具备现场检测条件的产品,要求生产厂家进行检测并出具检测报告。

0.1.3.3 硬件设备及材料的质量应包括安全性、可靠性及电磁兼容性等项目。

0.1.3.4 软件产品质量应符合下列要求:

(1)商业化的软件,如操作系统、数据库管理系统、应用系统软件、信息安全软件和网管软件等应符合使用许可证及使用范围的规定;

(2)由系统承包商编制的用户应用软件、用户组态软件及接口软件等应用软件,除功能和系统方面的要求外,还应根据需要符合容量、可靠性,安全性、可恢复性、兼容性、自诊断等多项功能要求,并保证软件的可维护性。

0.1.3.5 系统接口的质量要求:

(1)合同签订时由合同签定机构负责审定的接口规范;

(2)系统接口测试应保证接口性能符合设计要求,实现接口规范中规定的各项功能,不发生兼容性及通信瓶颈问题,并保证系统接口的制造和安装质量。

0.1.4 工程实施

0.1.4.1 工程实施包括与前期工程的交接和工程实施条件准备,进场设备和材料的验收、隐蔽工程检查验收和过程检查、工程安装质量检查、系统自检和试运行等。

0.1.4.2 工程实施前应进行工序交接,做好与建筑结构、建筑装饰装修、建筑给水排水及采暖、建筑电气、通风与空调和电梯等分部工程的接口确认。

0.1.4.3 工程实施前应做好如下条件准备:

(1)检查工程设计文件及施工图的完备性,智能建筑工程必须按已审批的施工图设计文件实施;工程中出现的设计变更,应按相关规范要求进行;

(2)完善施工现场检查制度和施工技术措施。

0.1.4.4 必须按照合同技术文件和工程设计文件的要求,对设备,材料和软件进行进场验收。未经进场验收合格的设备、材料和软件不得在工程上使用和安装。经进场验收的设备和材料应按产品的技术要求妥善保管。

0.1.4.5 设备及材料的进场验收要求:

(1)保证外观完好,产品无损伤、无暇疵,品种、数量、产地符合要求;

(2)设备和软件产品的质量符合要求;

(3) 依规定程序获得批准使用的新材料和新产品应提供主管部门规定的相关证明文件；

(4) 进口产品应提供原产地证明和商检证明，配套提供的质量合格证明、检测报告及安装、使用、维护说明书等，文件资料应为中文文本（或附中文译文）。

0.1.4.6 应做好隐蔽工程检查验收和过程检查记录。

0.1.4.7 采用现场观察、核对施工图、抽查测试等方法，对工程设备安装质量进行检查和观感质量验收。

0.1.4.8 根据各系统的不同要求，应按合理周期对系统进行连续不中断试运行。

0.2 智能建筑各系统施工的相关规定

0.2.1 施工过程中严格执行有关的操作规程。

0.2.2 所有进入施工现场的人员必须戴安全帽，高空作业系安全带，电焊工穿绝缘鞋、戴防护用具。严禁站在建筑物的边沿操作、观望，不准从楼上往下乱扔材料和工具，以免伤人。凡在楼内使用的高凳有防滑措施。

0.2.3 遵守现场临时电源使用的有关规定。

0.2.4 大风天气严禁站在建筑物的边沿操作和停留，材料不得放在风口处。

0.2.5 所有进入施工现场的人员严禁饮酒，进入施工现场严禁吸烟及用明火做饭，所有用火要开具动火证明并设专人看火，有防火措施，清理周围易燃物。

0.2.6 现场设材料库、材料和设备分类排放，做好防盗、防火工作，尽量减少二次搬运，室外材料和设备有防雨措施，产品应有产品合格证或检测证明，材料员及时回收存档做竣工资料，现场材料员所发各种材料和设备建立账目，当面点清。

0.2.7 现场操作棚和仓库内严禁存放汽油和易燃物。每天下班后或离开操作点要断电拉闸，严格遵守现场的一切安全消防制度。

0.2.8 在器材搬运过程中，不仅要保证器材本身不受损坏，而且要特别注意不要把人碰伤。在竖井内工作时，必须使用梯子，严禁随意蹬踩电缆或电缆支架。

0.3 现场环境保护措施

环境保护措施主要是对施工现场周边建筑、住户的保护，同时也利于施工现场成品保护的工作。包括防治现场扬尘、防止施工噪声、防止施工中废水及固体废物污染环境。

0.3.1 现场施工中的防尘控制措施

0.3.1.1 在桥架、线管施工安装过程中，所有材料设备都轻拿轻放，避免扬起地面灰尘；

0.3.1.2 在需要登高、爬梯时，注意保持手、脚的清洁，不让灰尘污染现场的任何设施；离开工作现场时清理所有垃圾；

0.3.1.3 保持现场办公室、库房、加工区的清洁；

0.3.1.4 前端设备安装时，先清理现场，要求安装人员保持手的清洁，持、握设备时不使之被灰尘侵染；

0.3.1.5 在弱电竖井内施工时，经常打扫现场，保持现场清洁；竖井内的机柜、设备箱均要求清洁无尘；

0.3.1.6 机房内设备安装时，首先清洁现场，清除机房内的杂物及灰尘，然后开启设

备包装;在机房内的机柜、控制柜、操作台安装就位后先对其进行打扫;

0.3.1.7　现场包装物在得到甲方许可后随时清理;

0.3.1.8　安装人员在安装、调试设备前必须先将手洗净,不要弄污设备。

0.3.2　现场施工中的噪声控制措施

0.3.2.1　在桥架、线管施工安装过程中,所有材料设备都轻拿轻放,避免出现大的噪声;

0.3.2.2　在设备材料装卸过程中,所有材料设备都轻拿轻放,避免出现大的噪声;夜间装卸货物要取得相关部门批准,尽量减少噪声,以免影响周围居民休息;

0.3.2.3　施工作业高峰时,应用噪声进行监测,保证噪声的达标排放。

0.3.3　现场施工中的废物处理措施

0.3.3.1　保持现场办公室、库房、加工区的清洁。

0.3.3.2　在施工时,经常打扫现场,保持现场清洁;并将清理出的废物堆放到指定的垃圾点。

0.3.3.3　用于器材、设备、材料包装的木板、泡沫塑料、海绵、雨布等应及时收集放到指定地点。

0.3.3.4　对于在生活中产生的废物应及时清理,放到指定的垃圾点,保持生活区域的卫生。

0.3.4　现场施工中的其他环保措施

0.3.4.1　明确划分施工区域、办公区域和生活区域,设立标志牌,明确负责人,办公室、宿舍要保持清洁有序。施工区域内不晾晒衣物被褥。

0.3.4.2　施工现场使用的炊事炉灶及冬期取暖设备使用清洁燃料。

0.3.4.3　因工程需要,在夜间施工的,要在施工前向当地环保部门提出申请,经批准后方可施工。

0.3.4.4　做好安全、环保教育,禁止凌空抛洒垃圾、渣土。

0.4　成品及半成品保护措施

(1) 设备材料领用后,在运送至工地、现场存放、分项工程完成或单位工程竣工但尚未交付验收之前,都要采取必要的成品保护措施,防止损坏、丢失和污染。

(2) 要在合同书中订立成品保护条款,规定保护内容,划分双方责任,防止互相推诿,无法落实成品保护措施。

0.4.1　运送过程中的成品保护

0.4.1.1　在运送前,要对成品进行必要的包装。原产品包装符合运送要求的可以使用原包装;否则要更换或附加新的包装。包装上要标有适当的运输和搬运记号。

0.4.1.2　根据产品类型,选用适当的运输工具。如控制器类的电子装置可用小型车辆;运送至外地的成品,必须用封闭型车辆运输。

0.4.1.3　在包装以外,还要使用泡沫塑料、海绵、雨布等材料进行适当的防护和遮盖,防止或减轻运送过程中振动、磕碰、划伤、污损。对运送至外地的成品,项目部要派专人押运。

0.4.2　现场存放中的成品保护

0.4.2.1 工程用设备材料需要在现场存放的,项目部必须设立满足存储条件的封闭库房,由项目部经理指定专人负责管理,并接受管理部库管员的指导与监管。不允许露天堆放。

0.4.2.2 项目部要根据工程实际进度,合理安排领用设备材料数量,现场不允许存放过多的设备材料。

0.4.2.3 当在已交付使用的建筑内施工时,在施工部位的地面和墙面应采取保护措施,如铺垫塑料布、地毯等方法,以避免对地面和墙面的损伤。

0.4.3 施工过程半成品保护措施

0.4.3.1 智能化子系统标段Ⅰ工程施工

(1) 成套控制柜、控制箱

1) 设备搬运过程中,不许将设备倒立,防止设备油漆、电器元件损坏。
2) 未经允许不得拆卸设备零件及仪表等,防止损坏或丢失。
3) 调试送电阶段,建立严格的操作程序,防止误操作。
4) 设备安装过程中机房门窗要封闭好,门加锁保护。

(2) 管内穿线

1) 注意标记与标号卡。
2) 在接、焊、包全部完成后,应将导线的接头盘入盒、箱内,并用纸封堵严实,以防污染。同时应防止盒、箱内进水。
3) 穿线时不得污染设备和建筑物品,应保持周围环境清洁。

穿线时应保持顶棚,墙面及地面的清洁完整。搬运材料和使用机具时,不得碰坏门窗、墙面等。电气照明器具安装完后,不要再喷浆,必须喷浆时,应将电气设备及器具保护好后再喷浆。

4) 吊顶内布线时,不要踩龙骨。严禁踩电线管和其他专业管道行走,不得污染墙面、吊顶或护墙板等。

(3) 线槽配线

1) 安装金属线槽及槽内配线时,应注意保持墙面的清洁。
2) 接、焊、包完成后,接线盒盖,线槽盖板平实并且齐全,不得遗漏,导线不允许裸露在线槽之外,并防止损坏和污染线槽。

(4) 各类型插座

插座安装完毕后,不得再次进行喷浆,以保持面板的清洁。必要时面板以塑料薄膜覆盖予以保护。

0.4.3.2 其他专业成品和半成品的保护措施

(1) 吊顶、墙面

安装作业过程,要注意保持吊顶、墙面整洁,不得有在墙面乱写乱划或损坏墙面的不文明行为。

(2) 砌体

做好与土建的施工配合,不得任意在砌体上开槽开孔。

(3) 地面

在土建已完成地面上运输材料、设备时,必须铺垫木板予以隔离,特别是在土建已铺装大理石等装饰材料的地面范围施工,要采取必要措施铺垫隔离以防止损坏地面。

(4) 梁、柱

吊运材料、设备,需借用结构的梁、柱受力时不得超出梁、柱的抗压抗弯强度,捆扎钢丝绳时,应以木板包角保护梁、柱。

项目部要根据合同要求和工程施工计划,合理安排施工顺序,防止已完成分项工程在后续工程中遭受损坏。分项工程完成后,项目部要根据合同书要求,对已经安装在施工现场的成品采取包裹、遮盖、隔离等必要的防护措施。

0.4.4 交付验收之前的成品保护

工程最终检验合格后,项目部要尽快组织工程交付与验收。在交付验收之前,如果合同书规定由项目部负责成品保护时,项目部要派专人值班看护,并建立成品保护交接班制度。

0.4.5 其他环境保护措施

0.4.5.1 注意本施工系统和其他专业的成品保护。

0.4.5.2 安装设备时应注意保持所处环境的整洁。

0.4.5.3 设备安装完毕后应注意箱门上锁,保护不被污染和丢失。

0.4.5.4 中控室设备除采用防尘和防潮等措施外,最好将房门及时锁上,以防止设备损坏和丢失。

0.4.5.5 使用梯子或搬运物件时,不得碰撞墙面和门窗等。

0.4.6 节约措施

0.4.6.1 精确核算施工材料,实行限额领料,搞好计划,减少材料损失。

0.4.6.2 搞好机具设备管理、使用、维护,加强设备使用计划,减少现场停滞时间和机具故障率。

0.4.6.3 加强劳动管理,合理安排进场人员,加强劳动纪律,提高工作效率。

0.4.6.4 搞好已完工程的管理和保护,避免因保护不当损坏已完成的工程,造成重复施工。

0.4.6.5 抓紧完工工程的检查及竣工资料的收集、整理,竣工图的绘制,抓紧工程收尾,减少管理费用支出。

0.4.6.6 加强仪器工具的使用管理,按作业班组落实专人负责,以免造成丢失,损坏而影响工期。

1 通信网络系统工程

1.1 工艺流程

1.1.1 本系统包括通信系统、卫星数字电视及有线电视系统、公共广播及紧急广播系统等各子系统及相关设施。其中通信系统包括电话交换系统、会议电视系统及接入网设备。

1.1.2 卫星天线及有线电视系统安装工艺流程

天线位置、高度、方向选择→天线基座施工→天线竖杆与拉线安装→天线安装→接地

→前端设备和机房设备的安装→接地→干线放大器及延长放大器安装→分配器与分支器安装→用户终端安装→系统调整、调试→验收。

1.1.3 公共广播与紧急广播系统安装工艺流程

槽钢基础检查→弹线→固定机柜→设备装入机柜固定→导线连接→接地→扩音机等设备安装,连接各支路导线→调试→验收。

1.2 环境因素(表21-1)

表21-1

序号	环境因素	时态	产生环境因素的活动
1	噪声排放	现在/将来	架子搭设、凿墙面及稳固盒箱时的敲打、支架与吊架安装、线槽安装、施工人员大声喧哗
2	扬尘	现在	墙面开槽、清理孔洞、清理现场建筑垃圾
3	固体废弃物排放	现在	墙面开槽剔凿的建筑垃圾、线管头、线头、缆线接续的焊渣、电焊头
4	能源消耗	现在/将来	手持电动工具使用、系统调试
5	材料消耗	现在/将来	管槽安装、线缆布放、系统接线
6	电磁辐射	将来	装置运行

1.3 人员要求

1.3.1 建筑设备监控系统工程对企业的要求

建筑设备监控系统工程施工企业必须取得相应工程施工"资质证书"后方可从事相应级别、类型相符的工程施工,避免因企业不具备相应安装能力而发生损坏设备或环境事故。

1.3.2 建筑设备监控系统工程对人员的要求

1.3.2.1 施工人员配备:项目经理、技术负责人、质量负责人、设计负责人、专业工程师以及设计人员、质检员、软件开发、调试人员、安全员、材料员和其他现场施工人员。

1.3.2.2 建筑设备监控系统线管预埋工作量较大,预留预埋十分重要,施工前必须对操作人员进行上岗培训,培训合格后方可上岗。并要求技术负责人和技术员对图纸理解深刻。

1.3.2.3 企业的安装电工、维修电工、电气试验工、电梯维修工等人员必须取得相应级别的岗位操作证,按考核合格后的项目、权限和相应的国家与地方规范、操作规程,从事与所持证书规定范围内工作,避免因人员素质能力不能满足要求而发生损坏设备、浪费资源,漏油污染土地、污染地下水。

1.3.2.4 机械操作人员应经过培训,掌握相应机械设备及工具的操作要领后方可进行相应作业。避免因人的误操作或不按操作规程操作、保养造成设备部件报废、机械设备事故浪费资源,加大对环境的污染;噪声超标、机械设备漏油污染土地、污染地下水。

1.3.2.5 每项作业活动操作前项目部应组织对安装电工、维修电工、电气试验人员、电梯维修工等针对该项作业活动所涉及的重要环境因素、环境控制措施、环境操作基本要求、环境检测的关键参数、应急准备响应中的注意事项进行专项环境交底或综合交底包括以上环境方面的内容,避免因作业人员的不掌握环境方面的基本要求造成噪声超标,漏油、遗洒、废弃物遗弃污染土地、污染地下水。

1.3.2.6 其他施工人员操作前应进行环境交底,掌握操作要领和环境控制要求,避免因有人不掌握环境控制措施,造成噪声排放、扬尘、废弃物、废水而污染环境。

1.4 设备、工具要求

1.4.1 卫星天线及有线电视系统

(1)手电钻、冲击钻、克丝钳、一字改锥、十字改锥、电工刀、尖嘴钳、扁口钳。

(2)水平尺、线坠、大绳、高凳、工具袋等。

1.4.2 公共广播与紧急广播系统

(1)手电钻、冲击钻、克丝钳、剥线钳、一字改锥、十字改锥、电工刀、尖嘴钳、扁口钳。

(2)万用表、水平尺、线坠、拉线、工具袋等。

1.5 材料要求

1.5.1 通信网络系统工程所需材料(器材、设备)主要有:

(1)光缆及对绞电缆、电话线缆、同轴电缆、程控电话交换设备、接地引入线及接地装置、设备间及机架。

(2)设备机柜及模块、卫星天线。

(3)会议电视系统:设备间及机架、照明灯具、音响、话筒、扬声器、摄像机、监视器及大屏幕、功率放大器。

1.5.2 卫星天线及有线电视系统

1.5.2.1 电视接收天线选择要求:应根据不同的接收频道、场强、接收环境以及设施规模来选择天线,以满足要求,并有产品合格证。

1.5.2.2 各种铁件都应全部采用镀锌处理。不能镀锌的应进行防腐处理。

1.5.2.3 用户盒明装采用塑料盒,暗装有塑料盒和铁盒,并应有合格证。

1.5.2.4 天线应采用屏蔽较好的聚氯乙烯外护套的同轴电缆,并应有产品合格证。

1.5.2.5 分配器、天线放大器、混合器、分支器、干线放大器、分支放大器、线路放大器、频道转换器、机箱、机柜等使用前应进行检查,并应有产品合格证。

1.5.2.6 其他材料:焊条、防水弯头、焊锡、焊剂、接插件、绝缘子等。

1.5.3 广播及同声传译系统安装

1.5.3.1 喇叭、声箱、线间变压器、分线箱、端子箱、控制器、外接插座、扩音机、增音机、声频处理设备应选用定型产品,并有合格证。

1.5.3.2 各种线及电缆应根据设计要求选用,并有合格证。

1.5.3.3 其他音响设备如唱机、收录机、话筒、控制电源、稳压电源等设备必须符合要求的规格型号。

1.5.3.4 镀锌材料:机螺丝、平垫、弹簧垫圈、金属膨胀螺栓。

1.5.3.5 其他材料:塑料胀管、接线端子、钻头、焊锡、焊剂、各类插头等。

1.5.4 会议电视系统安装

设备间及机架、照明灯具、音响、话筒、扬声器、摄像机、监视器及大屏幕、功率放大器。

1.6 过程控制

1.6.1 卫星天线及有线电视系统安装

1.6.1.1 天线安装:选择好天线的位置、高度、方向;天线基座应随土建结构施工做好;对天线本身认真的检查和测试,然后组装在横担上,各部件组装好安装在预定的位置并固定好,并做好接地。天线与照明线及高压线间的距离应符合表21-2要求。

天线与架空线间距　　　　　　　表21-2

电压	架空电线种类	与电视天线的距离(m)
低压架空线	裸线	1以上
	低压绝缘电线或多芯电缆	0.6以上
	高压绝缘电线或低压电源	0.3以上
高压架空线	裸线	0.2以上
	高压绝缘线	0.8以上
	高压电源	0.4以上

1.6.1.2 前端设备和机房设备的安装:
(1) 作业条件:机房内土建装修完成,基础槽钢做完;暗装的箱体、管路已安装好。
(2) 操作工艺:先安装机房设备,再作机箱安装,做好接地。

1.6.1.3 传输分配部分安装:
(1) 干线放大器及延长放大器安装;
(2) 分配器与分支器安装用户终端安装。

电缆的明敷设与暗敷设。同轴电缆的架设及高度规定见表21-3;埋设电缆深度见表21-4。

同轴电缆的架设及高度规定　　　　　　　表21-3

地面的情况	必要的架设高度(m)
公路上	5.5以上
一般横过公路	5.5以上
在其他公路上	4.5以上
城市街道	3.0~4.5
横跨铁路	6.0以上
横跨河流	满足最大船只通行高度

电缆埋设深度　　　　　　　表21-4

埋设场所	埋设深度(m)	要求
交通频繁地段	1.2	穿钢管敷设在电缆沟
交通量少地段	0.60	穿硬乙烯管
人行道	0.60	穿硬乙烯管
无垂直负荷段	0.60	直埋

1.6.1.4 安装有线电视及其组件时,不得损坏建筑物,并注意保持墙面的整洁;设置在吊顶内的箱、盒在安装部件时,不应损坏龙骨和吊顶;修补浆活时,不得把器件表面弄脏,并防止水进入部件内;使用高凳或搬运物件时,不得碰撞墙面和门窗等。

1.6.2 公共广播与紧急广播系统安装

1.6.2.1 用焊油焊接时,非焊接处被污染:焊接后应及时用棉丝擦去焊油。

1.6.2.2 由于屏蔽线或设备未接地,会造成干扰:应按要求将屏蔽线和设备的地线压接好。

1.6.2.3 喇叭接线不牢固、阻抗不匹配,造成无声或者音量不符合要求:应及时进行修复,并更换不适合的设备,以避免产生噪声。

1.6.2.4 大型喇叭箱安装不牢,不平整,音量较大时会产生共振:应将喇叭箱安装牢固,并且安装位置正确。

1.6.2.5 修补浆活时,喇叭被污染,或安装孔开得过大:应将污物擦净,并将缝陷修补好。

1.6.2.6 同一室内的喇叭的排列间距不均匀,标高不一致:在安装前应弹好线,找准位置,如标高的差距超出允许偏差范围应调整到规定范围内。

1.6.2.7 安装喇叭(箱)时,应注意保持吊顶、墙面整洁。

1.6.2.8 其他工种作业时,应注意不得碰撞及损坏喇叭箱或护罩。

1.6.2.9 机房内应采取防尘、防潮、防污染及防水措施。为了防止损坏设备和丢失零部件,应及时关好门窗,门上锁并派专人负责。

1.6.3 会议电视系统及接入网设备安装

1.6.3.1 电路交换型会议电视系统

(1) 会议电视的电源应符合下列要求:

1) 交流电源应按一级负荷供电,电压波动范围和不间断电源应符合用电设备要求。

2) 视频设备应采用同相电源。

3) 交流电源的杂音干扰电压不应大于100mV。

(2) 会议电视的接地应符合下列要求:

1) 保护地线必须采用三相五线制中的第五根线,并与交流电源的零线严格分开。

2) 保护地线的接地电阻值,单独设置接地体时,不应大于4Ω;采用联合接地时,不宜大于0.5Ω。

3) 保护地线的杂音干扰电压不应大于25mV。

4) 接地系统应采用单点接地的方式。信号地、机壳地、电源告警地、防静电地等均应分别用导线经接地排一点接至接地体。

(3) 会议电视的照明应符合下列要求:

1) 电视会议室光源应采用色温为3200lx的三基色灯。

2) 电视会议室主席区的平均照度不应低于800lx;一般区的平均照度不应低于500lx。水平工作面测点距地高度为0.8m。投影电视屏幕区照度不应高于80lx。

3) 控制室、传输室光源应为日光灯。机架设备区的平均照度不应低于100lx,垂直工作面测点距地高度为1.2m;座席设备区的平均照度不应低于100lx,水平工作面测点距地高度为 0.8m。

(4) 会议电视的温、湿度应符合下列要求：

1) 电视会议室温度应为 18~25℃；相对湿度应为 60%~80%。

2) 电视会议室新鲜空气换气量每人每小时不应小于 $18m^3$；空调气体流速不宜大于 1.5m/s。

3) 控制室、传输室温度应为 18~25℃；相对湿度应为 60%~80%。

(5) 会议电视的声学应符合下列要求：

1) 电视会议室混响时间和吸声处理应符合建筑声学要求。

2) 电视会议室允许的噪声级不应大于 40dB；围护结构的隔声量不应低于 50dB。

(6) 会议电视的色调应符合下列要求：

1) 电视会议室的护围装饰、桌椅布置、地毯等应统一考虑色调要求。

2) 颜色宜简洁明亮，浅色为主，双色搭配。

3) 严禁采用黑色或白色作为背景色。

(7) 会议电视的设备布置应符合下列要求：

1) 话筒和扬声器的布置应尽量使话筒置于各扬声器的辐射角之外。

2) 摄像机的布置应使被摄人物都收入视角范围之内，并宜从几个方位摄取画面，方便地获得会场全景或局部特写镜头。

3) 监视器或大屏幕背投影机的布置，应尽量使与会者处在较好的视距和视角范围之内。

4) 机房设备布置应保证适当的维护间距，机面与墙的净距不应小于 1500mm；机背和机侧（需维护时）与墙的净距不应小于 800mm。当设备按列布置时，列间净距不应小于 1000mm；若列间有座席时，列间净距不应小于 1500mm。

5) 会议室桌椅布置应保证每个与会者有适当的空间，一般不应小于 1500mm × 700mm，主席台还宜适当加宽至 1500mm × 900mm。

(8) 会议电视的相关房间应采用暗敷的方式布放缆线，在建造或改建房屋时，应事先埋设管子、安置桥架、预留地槽和孔洞、安装防静电地板等，以便穿线。

(9) 设备安装应符合下列要求：

1) 机架应平直，其垂直偏差度不应大于 2mm。

2) 机架应排列整齐，有利于通风散热，相邻机架的架面和主走道机架侧面均应成直线，误差不应大于 2mm。

3) 缆线布放应整齐合理，在电缆走道或槽道中布放电缆，以及机架内布放电缆均应绑扎，松紧适度。

4) 电缆走道或槽道的布置均应水平或直角相交，其偏差不应大于 2mm。

5) 任何缆线与设备采用插接件连接时，必须使插接件免受外力的影响，保持良好的接触。

6) 设备或机架的抗振加固应符合设计要求。

7) 布放缆线不应扭曲或护套破损，并不应使缆线降低绝缘或其他特性。

1.6.3.2 IP 网络型视讯会议系统

(1) IP视讯会议设备布置应保证适当的维护间距,机面与墙的净距不应小于1500mm;机背和机侧(需维护时)与墙的净距不应小于800mm。当设备按列布置时,列间净距不应小于1000mm。

(2) 设备安装应符合上述电路交换型会议电视系统设备安装的要求。

2 信息网络系统工程

2.1 工艺流程

2.1.1 信息网络系统包括计算机网络、应用软件及网络安全等,计算机网络系统是智能大厦的重要基础设施之一。5A功能是通过大厦内变配电与照明、保安、电话、卫星通信与有线电视、局域网、广域网、给排水、空调、电梯、办公自动化与信息管理等众多的子系统集成的。所有这些独立的或相互交叉的子系统均置于楼宇控制中心,都需构筑在计算机网络及通信的平台上。

2.1.2 一座智能大厦的计算机网络主要由3部分组成:

2.1.2.1 主干网Backbone,主干网负责计算中心主机或服务器与楼内各局域网及其他办公设备连网。

2.1.2.2 楼内的局域网LANs,根据需求在楼层内设置几个局域网。通常楼宇自动化系统由独立的局域网构成。

2.1.2.3 与外界的通信连网,可以由高速主干网、中心主机或服务器借助X.25分组网、DDN数字数据网或者PABX程控交换网来实现。

2.1.3 安装工艺流程

网络设计→施工准备→布线→设备检查→设备安装→接地→调试。

2.2 环境因素(表21-5)

表21-5

序号	环境因素	时态	产生环境因素的活动
1	噪声排放	现在/将来	架子搭设、凿墙面及稳固盒箱时的敲打、支架与吊架安装、线槽安装、施工人员大声喧哗
2	扬尘	现在	墙面开槽、清理孔洞、清理现场建筑垃圾
3	固体废弃物排放	现在	墙面开槽剔凿的建筑垃圾、线管头、线头、缆线接续的焊渣、电焊头
4	能源消耗	现在/将来	手持电动工具使用、系统调试
5	材料消耗	现在/将来	管槽安装、线缆布放、系统接线
6	电磁辐射	将来	装置运行

2.3 人员要求

2.3.1 建筑设备监控系统工程对企业的要求

建筑设备监控系统工程施工企业必须取得相应工程施工"资质证书"后方可从事相应

级别、类型相符的工程施工,避免因企业不具备相应安装能力而发生损坏设备或环境事故。

2.3.2 建筑设备监控系统工程对人员的要求

2.3.2.1 施工人员配备:项目经理、技术负责人、质量负责人、设计负责人、专业工程师以及设计人员、质检员、软件开发、调试人员、安全员、环境管理员、材料员和其他现场施工人员。

2.3.2.2 建筑设备监控系统线管预埋工作量较大,预留预埋十分重要,施工前必须对操作人员进行上岗培训,培训合格后方可上岗。并要求技术负责人和技术员对图纸理解深刻,避免造成返工,浪费材料,影响工效。

2.3.2.3 企业的安装电工、维修电工、电气试验工、电梯维修工等人员必须取得相应级别的岗位操作证,按考核合格后的项目、权限和相应的国家与地方规范、操作规程,从事与所持证书规定范围内工作,避免因人员素质能力不能满足要求而发生损坏设备、浪费资源,漏油污染土地、污染地下水。

2.3.2.4 机械操作人员应经过培训,掌握相应机械设备及工具的操作要领后方可进行相应作业。避免因人的误操作或不按操作规程操作、保养造成设备部件报废、机械设备事故浪费资源,加大对环境的污染;噪声超标,机械设备漏油污染土地、污染地下水。

2.3.2.5 每项作业活动操作前项目部应组织对安装电工、维修电工、电气试验人员、电梯维修工等针对该项作业活动所涉及的重要环境因素、环境控制措施、环境操作基本要求、环境检测的关键参数、应急准备响应中的注意事项进行专项环境交底或综合交底包括以上环境方面的内容,避免因作业人员的不掌握环境方面的基本要求造成噪声超标,漏油、遗洒、废弃物遗弃污染土地、污染地下水。

2.3.2.6 其他施工人员操作前应进行环境交底,掌握操作要领和环境控制要求,避免因人不掌握环境控制措施造成噪声排放、扬尘、废弃物、废水而污染环境。

2.4 设备、工具要求

2.4.1 手电钻、冲击钻、克丝钳、一字改锥、十字改锥、电工刀、尖嘴钳、扁口钳、水平尺、线坠、大绳、高凳、工具袋等。

2.4.2 网络测试仪。

2.5 材料(设备、器材)要求

2.5.1 信息网络系统工程所需材料(器材、设备)如下:

2.5.1.1 计算机、UPS电源、服务器、数据存储设备、路由器、防火墙、交换机、各类线缆等;

2.5.1.2 应用软件。

2.5.2 信息网络系统的设备、材料除执行相关规范要求外,还应进行:

2.5.2.1 有序列号的设备必须登记设备的序列号;

2.5.2.2 网络设备开箱后通电自检,查看设备状态指示灯的显示是否正常,检查设备启动是否正常;

2.5.2.3 计算机系统、网管工作站、UPS电源、服务器、数据存储设备、路由器、防火墙、交换机等产品符合相关规范要求。

2.5.3 网络设备应安装整齐、固定牢靠,便于维护和管理;高端设备的信息模块和相关部件应正确安装,空余槽位应安装空板;设备上的标签应标明设备的名称和网络地址;跳线连接应稳固,走向清楚明确,线缆上应正确标签。

2.5.4 软件产品质量经测试符合有关规范要求。

2.5.5 计算机信息系统安全专用产品必须具有公安部计算机管理监察部门审批颁发的"计算机信息系统安全专用产品销售许可证";特殊行业有其他规定时,还应遵守行业的相关规定。

2.5.6 如果与因特网连接,智能建筑网络安全系统必须安装防火墙和防病毒系统。

2.6 过程控制

2.6.1 信息网络系统工程实施前应具备下列条件:

2.6.1.1 综合布线系统施工完毕并已通过系统检测;

2.6.1.2 设备机房施工完毕,机房环境、电源及接地安装已完成,具备安装条件。

2.6.2 信息网络系统的随工检查内容应包括:

2.6.2.1 安装质量检查:机房环境是否满足要求;设备器材清点检查;设备机柜加固检查;设备模块配置检查;设备间及机架内缆线布放;电源检查;设备至各类配线设备间缆线布放;缆线导通检查;各种标签检查;接地电阻值检查;接地引入线及接地装置检查;机房内防火措施;机房内安全措施等。

2.6.2.2 通电测试前设备检查:按施工图设计文件要求检查设备安装情况;设备接地应良好;供电电源电压及极性符合要求。

2.6.2.3 设备通电测试:设备供电正常;报警指示工作正常;设备通电后工作正常及故障检查。

2.6.3 对计算机网络系统进行检测,包括连通性检测、路由检测、容错功能检测、网络管理功能检测,并且对软硬件配置进行核对,确认无误后由建设单位的专业人员进行系统检测。

3 建筑设备监控系统工程

3.1 工艺流程

3.1.1 总则

3.1.1.1 建筑设备监控系统用于对智能建筑内各类机电设备进行监测、控制及自动化管理,达到安全、可靠、节能和集中管理的目的。

3.1.1.2 建筑设备监控系统的监控范围为空调与通风系统、变配电系统、公共照明系统、给排水系统、热源和热交换系统、冷冻和冷却水系统、电梯和自动扶梯系统等各子系统。

3.1.2 设备安装工艺流程

开箱检验→通电试验→明确传感器安装方式→安装传感器、控制器→接线→做标签→填写安装记录。

3.2 环境因素(表21-6)

表 21-6

序号	环境因素	时态	产生环境因素的活动
1	噪声排放	现在/将来	架子搭设、凿墙面及稳固盒箱时的敲打、支架与吊架安装、线槽安装、施工人员大声喧哗
2	扬尘	现在	墙面开槽、清理孔洞、清理现场建筑垃圾
3	固体废弃物排放	现在	墙面开槽剔凿的建筑垃圾、线管头、线头、缆线接续的焊渣、电焊头
4	能源消耗	现在/将来	手持电动工具使用、系统调试
5	材料消耗	现在/将来	管槽安装、线缆布放、系统接线
6	电磁辐射	将来	装置运行

3.3 人员要求

3.3.1 建筑设备监控系统工程对企业的要求

建筑设备监控系统工程施工企业必须取得相应工程施工"资质证书"后方可从事相应级别、类型相符的工程施工,避免因企业不具备相应安装能力而发生损坏设备或环境事故。

3.3.2 建筑设备监控系统工程对人员的要求

3.3.2.1 施工人员配备:项目经理、技术负责人、质量负责人、设计负责人、专业工程师以及设计人员、质检员、软件开发、调试人员、安全员、环境管理人员、材料员和其他现场施工人员。

3.3.2.2 建筑设备监控系统线管预埋工作量较大,预留预埋十分重要,施工前必须对操作人员进行上岗培训,培训合格后方可上岗。并要求技术负责人和技术员对图纸理解深刻。

3.3.2.3 企业的安装电工、维修电工、电气试验工、电梯维修工等人员必须取得相应级别的岗位操作证,按考核合格后的项目、权限和相应的国家与地方规范、操作规程,从事与所持证书规定范围内工作,避免因人员素质能力不能满足要求而发生损坏设备、浪费资源,漏油污染土地、污染地下水。

3.3.2.4 机械操作人员应经过培训,掌握相应机械设备及工具的操作要领后方可进行相应作业。避免因人的误操作或不按操作规程操作、保养造成设备部件报废、机械设备事故浪费资源,加大对环境的污染;噪声超标,机械设备漏油污染土地、污染地下水。

3.3.2.5 每项作业活动操作前项目部应组织对安装电工、维修电工、电气试验人员、电梯维修工等针对该项作业活动所涉及的重要环境因素、环境控制措施、环境操作基本要求、环境检测的关键参数、应急准备响应中的注意事项进行专项环境交底或综合交底包括以上环境方面的内容,避免因作业人员的不掌握环境方面的基本要求造成噪声超标,漏油、遗洒、废弃物遗弃污染土地、污染地下水。

3.3.2.6 其他施工人员操作前应进行环境交底,掌握操作要领和环境控制要求,避免因人不掌握环境控制措施造成噪声排放、扬尘、废弃物、废水而污染环境。

3.4 设备、工具要求

3.4.1 施工机具:冲击钻/手枪钻、电焊机、角磨机、云石切割机、金属切割机、台钻、电工工具、云梯。

3.4.2 设备供货商应提供完成设备安装所需工具、工装、仪表、试验设备和帮助。专用工装应事先得到业主和集成商的确认。

3.4.3 仪表与计量器具参考技术标准与检定规程进行测试。

3.5 材料(器材、设备)要求

3.5.1 建筑设备监控系统所需的材料(器材、设备)主要有:

3.5.1.1 电气设备、材料,如开关、插头、漏电保护器、照明灯具以及各种线缆、线槽、线管以及扎带、胶带、油笔等施工辅材。

3.5.1.2 各类传感器、变送器、电动阀门及执行器、现场控制器等。

3.5.1.3 网络设备、自动控制设备等。

3.5.1.4 软件产品。

3.5.1.5 机柜、机箱、机房设备等。

3.5.2 设备及材料的进场验收应符合下列要求:

3.5.2.1 电气设备、材料、成品和半成品的进场验收应按《建筑电气安装工程施工质量验收规范》GB 50303 中第 3.2 节的有关规定执行;

3.5.2.2 各类传感器、变送器、电动阀门及执行器、现场控制器等的进场验收要求:

(1) 查验合格证和随带技术文件,实行产品许可证和强制性产品认证标志的产品应有产品许可证和强制性产品认证标志。

(2) 外观检查:铭牌、附件齐全,电气接线端子完好,设备表面无缺损,涂层完整。

3.5.2.3 网络设备、软件产品必须按 GB 50339—2003 规范第 3.2.6 条中的有关规定验收合格。

3.5.2.4 供货商应根据设备的技术条件规定对所有的元器件进行例行检查,只有检查合格的元器件才能用于系统。

3.6 过程控制

3.6.1 建筑设备监控系统安装前,建筑工程应具备下列条件:

3.6.1.1 已完成机房、弱电竖井的建筑施工;

3.6.1.2 预埋管及预留孔符合设计要求;

3.6.1.3 空调与通风设备、给排水设备、动力设备、照明控制箱、电梯等设备安装就位,并应预留好设计文件中要求的控制信号接入点。

3.6.2 施工中的安全技术管理,应符合 GB 50194《建设工程施工现场供用电安全规范》和 JGJ 46《施工现场临时用电安全技术规范》中的有关规定。

3.6.2.1 施工前期准备。

(1) 组建工程施工项目部,确定施工现场的管理和组织机构,并配备满足需要的人力和物资资源。

(2) 施工图设计。在预定时间内,完成施工图深化设计,按照相关国家规范,结合现场已经实施的情况,与设计院、业主与总包等方面密切配合,满足工程设计原则的总体要求,绘制完成施工图纸。

(3) 系统设备订货。根据深化设计结果,确定系统设备需求,最后按甲方指定,分为甲方供货和施工单位供货两部分。

(4) 在进行以上两项工作的同时,进行现场勘察和进场施工准备。项目主要负责人员与现场有关单位人员会晤,并组织项目部人员勘察工地现场,了解其他相关专业的进度,根据现场情况编制详实的分项施工进度计划。同时安排现场库房和办公地点,进行进场前施工人员三级教育,组织人员进驻现场准备施工,办理各种入场手续。

(5) 现场与各个子系统涉及的设备生产、安装厂家进行接洽,做好技术配合与协调,要求相关专业留出本系统需要的接口。

(6) 在进行以上工作同时,根据本工程特点确定协作单位配合要求。

3.6.2.2 现场管、槽敷设和线缆布放。

(1) 项目部人员根据不同的职责分工,配合处理施工过程中有关的专业协调、过程和最终施工质量检验、工程报验、技术、安全、进度控制等的各类事宜。

(2) 根据施工图纸,检查现场管、槽的到位情况和连通情况,办理接收手续。水平槽部分按总包的总进度和施工工序进行安装,新增和修改后的管道在与土建单位办理完接收手续后,按图安排施工。最后根据现场进度情况,在管、槽完备的前提下,开始展开各系统的线缆布放工作。

3.6.2.3 设备安装和接线。

(1) 根据公司关键过程质量控制要求和现场装修安装的进度,在做好线缆布放的前提下,进行各系统的设备安装和接线工作,并在计划时间内完成各系统现场设备和控制设备的安装和接线,以免影响装修等单位的进度要求。

(2) 各系统中央主机设备安装就位,具备系统调试基本调试条件。

3.6.2.4 系统调试。

(1) 根据专业规范和标准要求对本工程各子系统分部分项进行调试。

(2) 在各子系统分项调试完成后,进行系统间的联动、集成管理调试。

3.6.2.5 系统验收。完成以上各项工作后,根据设计方案和专业检验标准的要求,在完成综合检验并达到质量优良的目标的前提下,提请有关单位对系统进行验收。验收方式计划采取分系统分建筑按常规分别对设备和功能进行验收。

3.6.2.6 系统运行维护。

(1) 进行人员培训。

(2) 验收合格后,进行系统交接工作,进入质量保修期运行。

3.6.3 设备安装应注意:

3.6.3.1 设备安装时必须详细阅读说明书,熟悉施工图纸,注意与其他工序的衔接,严格遵守有关规范和操作规程,必须同时有二个以上电气工程师在场安装、调试,确保做到安全、可靠。

3.6.3.2 工程施工过程中发生设计变更或增减项时,需征得甲方同意并签证。

3.6.3.3 施工过程中注意随时收集和整理工程相关资料。

3.6.3.4 必须保证严格遵守承建方对工程施工时间的安排,垂直电梯运输材料设备的规定和贵公司相关规定,全体施工人员在施工期间必须统一着装,配带公司标识,以便统一集中管理。

3.6.3.5 工程验收竣工前全面彻底清理环境卫生,撤离全部工程剩余材料,为甲方组织验收做好一切准备。

4 火灾自动报警及消防联动系统工程

4.1 工艺流程

火灾自动报警及消防联动系统应是独立的系统。其工艺流程为:

系统设计→线缆布放→设备安装→调试→验收。

4.2 环境因素(表21-7)

表21-7

序号	环境因素	时态	产生环境因素的活动
1	噪声排放	现在/将来	架子搭设、凿墙面及稳固盒箱时的敲打、支架与吊架安装、线槽安装、施工人员大声喧哗
2	扬尘	现在	墙面开槽、清理孔洞、清理现场建筑垃圾
3	固体废弃物排放	现在	墙面开槽剔凿的建筑垃圾、线管头、线头、缆线接续的焊渣、电焊头
4	能源消耗	现在/将来	手持电动工具使用、系统调试
5	材料消耗	现在/将来	管槽安装、线缆布放、系统接线
6	电磁辐射	将来	装置运行

4.3 人员要求

4.3.1 火灾自动报警及消防联动系统工程对企业的要求

火灾自动报警及消防联动系统工程施工企业必须取得相应工程施工"资质证书"后方可从事相应级别、类型相符的工程施工,避免因企业不具备相应安装能力而发生损坏设备或环境事故。

4.3.2 火灾自动报警及消防联动系统工程对人员的要求

4.3.2.1 火灾自动报警及消防联动系统线管预埋工作量较大,预留预埋十分重要,施工前必须对操作人员进行上岗培训,培训合格后方可上岗。并要求技术负责人和技术员对图纸理解深刻。

4.3.2.2 企业的安装电工、维修电工、电气试验工等人员必须取得相应级别的岗位操作证,按考核合格后的项目、权限和相应的国家与地方规范、操作规程,从事与所持证书规定范围内工作,避免因人员素质能力不能满足要求而发生损坏设备、浪费资源,漏油污染土地、污染地下水。

4.3.2.3 机械操作人员应经过培训,掌握相应机械设备及工具的操作要领后方可进行相应作业。避免因人的误操作或不按操作规程操作、保养造成设备部件报废、机械设备事故浪费资源,加大对环境的污染;噪声超标,机械设备漏油污染土地、污染地下水。

4.3.2.4 每项作业活动操作前项目部应组织对安装电工、维修电工、电气试验人员针对该项作业活动所涉及的重要环境因素、环境控制措施、环境操作基本要求、环境检测的关键参数、应急准备响应中的注意事项进行专项环境交底或综合交底包括以上环境方面的内容,避免因作业人员的不掌握环境方面的基本要求造成噪声超标,漏油、遗洒、废弃物遗弃污染土地、污染地下水。

4.3.2.5 其他施工人员操作前应进行环境交底,掌握操作要领和环境控制要求,避免因人不掌握环境控制措施造成噪声排放、扬尘、废弃物、废水而污染环境。

4.4 施工设备、工具要求

4.4.1 克丝钳、一字改锥、十字改锥、电工刀、尖嘴钳、剥线钳。

4.4.2 万用表、兆欧表、高凳、升降车(或临时搭架子)、工具袋等。

4.5 材料(器材、设备)要求

4.5.1 各种探测器、报警器的主要技术指标及其功能,应符合设计及使用要求,并有合格证。

4.5.2 区域报警器的主要技术指标及其功能,应符合设计及使用要求,并有产品合格证。

4.5.3 集中报警器的主要技术指标及其功能,应符合设计及使用要求,并有产品合格证。

4.5.4 绝缘导线:

4.5.4.1 火灾自动报警系统的传输线路应采用铜芯绝缘导线或铜芯电缆,其电压等级不应小于交流电压250V,并有合格证。

4.5.4.2 火灾自动报警系统的线芯截面选择除满足自动报警装置技术条件外,还应满足机械强度的要求。绝缘导线、电缆线芯按机械强度的要求的最小截面不应小于表21-8的数值。

铜芯绝缘导线、电缆线芯的最小截面　　　　表21-8

类　　别	线芯的最小截面(mm^2)
穿管敷设的绝缘导线	0.50
线槽内敷设的绝缘导线	0.75
多芯导线	0.50

4.5.5 其他材料:配套镀锌螺丝、螺母、垫圈、接线端子、塑料绝缘粘胶带(或黑胶布)、终端电阻。

4.6 过程控制

4.6.1 标准与规范

4.6.1.1 在智能建筑工程中,火灾自动报警及消防联动系统应按CB 50166《火灾自动报警系统施工及验收规范》进行控制。

4.6.1.2 火灾自动报警系统的电磁兼容性防护功能,应符合 GB 16838《消防电子产品环境试验方法和严格等级》的有关规定。

4.6.2 布线

4.6.2.1 火灾自动报警系统传输线路采用绝缘导线时,应采取金属管、封闭式金属线槽等保护方式进行布线。

4.6.2.2 消防控制。通讯和警报线路应穿金属保护管,并应暗敷在非燃烧体内,保护层厚度不小于30mm;如果必须明敷,应在金属管上采取防火保护措施。

4.6.2.3 不同系统、不同电压、不同电流类别的线路不应穿于同一根管内或同一槽孔内。

4.6.2.4 横向敷设的报警系统传输线路如采用穿管布线时,不同防火分区的线路不应穿入同一根管内。

4.6.2.5 弱电线路的电缆竖井应与强电线路的电缆竖井分别设置。

4.6.2.6 火灾探测器的传输线路应选择不同颜色的绝缘导线,同一工程中相同线别的绝缘导线颜色一致,接线端子应有标号。探测器的"＋"线应为红色;"－"线应为蓝色。

4.6.2.7 穿管绝缘导线或电缆的总截面积不应超过管内截面积的40%。

4.6.2.8 敷设于封闭线槽内的绝缘导线或电缆的总截面积不应大于线槽净截面积的50%。

4.6.2.9 布线使用的非金属管材、线槽及其附件均应采用阻燃材料制成。

4.6.2.10 端子箱安装可参照配电箱安装工艺标准,导线的压接必须达到牢固可靠,线号正确齐全。端子箱内各回路电缆排列整齐,线号清楚,导线绑杂成束,端子号相互对应,字迹清晰。

4.6.2.11 端子箱安装完毕后应注意箱门上锁,保护箱体不被污染。

4.6.2.12 导线编号混乱,颜色不统一:应根据产品说明书的要求,按编号进行查线,并将标注清楚的异形端子编号管装牢,相同回路的导线应颜色一致。

4.6.2.13 导线压接松动,反圈,绝缘电阻值偏低:应重新将压接不牢的导线压牢固,反圈的应按顺时针方向调整过来,绝缘电阻值低于标准电阻值的应找出原因,否则不准投入使用。

4.6.2.14 端子箱固定不牢固,暗装箱贴脸四周有破口、不贴墙:应重新稳装牢固,贴脸破损进行修复,损坏严重应重新更换。与墙贴不实的应找一下墙面是否平整,修平后再稳装端子箱。

4.6.2.15 压接导线时,应测各回路绝缘电阻。

4.6.2.16 基础槽钢不平,超过允许偏差:槽钢安装前应调直,刷好防锈漆,配合土建施工时,找好水平后固定。

4.6.3 探测器和报警器安装

4.6.3.1 在宽度小于3m的内走道顶棚上设置探测器时应居中安装,距离不应超过15m,探测器至端墙的距离不应大于探测器安装间距的1/2。

4.6.3.2 探测器至墙壁、梁边的水平距离不应小于0.6m。

4.6.3.3 探测器周围0.5m内不应有遮挡物。

4.6.3.4 探测器至空调送风口的水平距离不应小于 1.5m。

4.6.3.5 探测器应水平安装,如果必须倾斜安装,倾斜角度不应大于 45°。

4.6.3.6 在电梯井、升降机井设置探测器时,应将探测器安装在井道上方的机房顶棚上。

4.6.3.7 下列场所可不设火灾探测器:厕所、浴室等潮湿场所;不能有效探测火灾的场所;不便于使用、维修的场所(重点部位除外)。

4.6.3.8 感温、感烟等探测器根据保护部位的不同分为一、二、三级;探测器分防水型和不防水型,安装时必须按设计图要求加以区别。必须达到盒口周边无破损,探测器接线正确,外观无损伤和无浆活污染,牢固可靠,并采取防尘和防潮措施。

4.6.3.9 探测器的安装倾斜角不能大于 45°,大于 45°时应采取措施使探测器成水平安装;活动地板下的探测器应做独立支架固定,不允许直接安装在活动地板下或倒置安装在基础地面上;安装在轻钢龙骨吊顶活动式(插板式)吊顶下面的探测器的盒必须与顶板生根固定好,再安装探测器。

4.6.3.10 安装探测器及手动报警器时应注意保持吊顶、墙面的清洁。安装后应采取防尘和防潮措施,配有专用防尘罩的应及时装上,具有探测器防护盖的应在调试前上好,调试时再拧紧探头。

4.6.3.11 区域报警器:报警区域内每个防火分区应至少设置一个手动火灾报警按钮,从一个防火分区内任何位置到最邻近的一个手动火灾报警按钮的步行距离不应大于 30m;手动火灾报警按钮应设置在明显和便于操作的位置,距地面高度为 1.5m,同时应有明显标志。区域报警器一般安装在值班室和保卫室内。

4.6.3.12 集中报警器:竖向的传输线路应采用竖井敷设,每层竖井分线处应设端子箱,端子箱内最少有 7 个分线端子,分别作为电源复线、故障信号线、火警信号线、自检线、区域号线、备用 1 和备用 2 分线。

4.6.3.13 探测器及手动报警器的盒子有破口,盒子过深及安装不牢固现象:应将盒子口收平齐,安装应牢固,如有不合格现象应及时修复好。

4.6.3.14 柜、盘、箱的平直度超出允许偏差:应及时纠正。

4.6.3.15 柜(盘)、箱的接地导线截面积不符合要求、压接不牢:应按要求选线,并压接好,做明显接地标志。

4.6.3.16 探测器、柜、盘、箱等被浆活污染:应将其清理干净。

4.6.4 消防控制设备安装

4.6.4.1 如采用槽钢作基础时,应先将槽钢除锈,并刷防锈漆,根据设计要求安装在基础地面上。找平、固定、焊好地线。

4.6.4.2 固定在混凝土基础台上时,应配合土建将地脚螺栓找准埋好。

4.6.4.3 区域和集中报警器总控盘(柜)在安装前应先检查盘(柜)型号是否按设计图要求排列。

4.6.4.4 联接盘(柜)内的控制线:各回路的干线均应对号入座,同时接入有明显标志及绝缘保护的 220V 电源线及各盘(柜)内的蓄电池装好。

4.6.4.5 有的产品应注意回路电阻是否满足要求。

4.6.4.6 消防控制设备的布置应符合下列要求：
(1) 单列布置时,盘前操作距离不应小于1.5m;双列布置时,盘前操作间距不应小于2m;
(2) 在值班人员经常工作的一面,控制盘至墙的距离不应小于3m;
(3) 盘后维修距离不应小于1m;
(4) 控制盘排列长度大于4m时,控制盘两端应设置宽度不小于1m的通道。

4.6.4.7 柜(盘)除采取防尘和防潮等措施外,最好及时将房门上锁,以防止设备损坏和丢失。

5 安全防范系统(工程)

5.1 工艺流程

5.1.1 安全防范系统(工程)是以维护社会公共安全和预防、制止重大治安事故为目的,综合运用技防产品和其他相关产品所组成的电子系统或网络。

5.1.2 安全防范系统的范围包括视频安防监控系统、入侵报警系统、出入口控制(门禁)系统、巡更管理系统、停车场(库)管理系统等各子系统。

5.1.3 工艺流程一般为：
确定管线走向、监控室及前端设备安装位置→安装管槽及布线→前端设备安装→监控室设备安装及系统接线→系统接线检查、地线测量及绝缘测量→系统调试→验收→培训顾客的操作人员及试运行。

5.2 环境因素(表21-9)

表21-9

序号	环境因素	时态	产生环境因素的活动
1	噪声排放	现在/将来	架子搭设、凿墙面及稳固盒箱时的敲打、支架与吊架安装、线槽安装、施工人员大声喧哗
2	扬尘	现在	墙面开槽、清理孔洞、清理现场建筑垃圾
3	固体废弃物排放	现在	墙面开槽剔凿的建筑垃圾、线管头、线头、缆线接续的焊渣、电焊头
4	能源消耗	现在/将来	手持电动工具使用、系统调试
5	材料消耗	现在/将来	管槽安装、线缆布放、系统接线
6	电磁辐射	将来	装置运行

5.3 人员要求

5.3.1 安全防范系统工程对企业的要求
安全防范系统工程施工企业必须取得相应工程施工"资质证书"后方可从事相应级别、类型相符的工程施工,避免因企业不具备相应安装能力而发生损坏设备或环境事故。

5.3.2 安全防范系统工程对人员的要求

5.3.2.1 安全防范系统线管预埋工作量较大,预留预埋十分重要,施工前必须对操作人员进行上岗培训,培训合格后方可上岗。并要求技术负责人和技术员对图纸理解深刻。

5.3.2.2 企业的安装电工、维修电工、电气试验工等人员必须取得相应级别的岗位操作证,按考核合格后的项目、权限和相应的国家与地方规范、操作规程,从事与所持证书规定范围内工作,避免因人员素质能力不能满足要求而发生损坏设备、浪费资源,漏油污染土地、污染地下水。

5.3.2.3 机械操作人员应经过培训,掌握相应机械设备及工具的操作要领后方可进行相应作业。避免因人的误操作或不按操作规程操作、保养造成设备部件报废、机械设备事故浪费资源,加大对环境的污染;噪声超标,机械设备漏油污染土地、污染地下水。

5.3.2.4 每项作业活动操作前项目部应组织对安装电工、维修电工、电气试验人员针对该项作业活动所涉及的重要环境因素、环境控制措施、环境操作基本要求、环境检测的关键参数、应急准备响应中的注意事项进行专项环境交底或综合交底包括以上环境方面的内容,避免因作业人员的不掌握环境方面的基本要求造成噪声超标,漏油、遗洒、废弃物遗弃污染土地、污染地下水。

5.3.2.5 其他施工人员操作前应进行环境交底,掌握操作要领和环境控制要求,避免因人不掌握环境控制措施造成噪声排放、扬尘、废弃物、废水而污染环境。

5.4 设备、工具要求

5.4.1 塑料管明敷设工具

5.4.1.1 铅笔、皮尺、水平尺、卷尺、尺杆、角尺、线坠、小线、粉线袋等。

5.4.1.2 手锤、錾子、钢锯、锯条、刀锯、半圆锉、活扳子、灰桶、水桶等。

5.4.1.3 弯管弹簧、剪管器、手电钻、钻头、压力案子、台钻、水盆等。

5.4.1.4 电锤、手电钻、热风机、电炉子、开孔器、绝缘手套、工具袋、工具箱、煨管器、弹簧、高凳等。

5.4.2 塑料管暗敷设

5.4.2.1 铅笔、卷尺、水平尺、线坠、水桶、灰桶、灰铲。

5.4.2.2 手锤、錾子、钢锯、锯条、刀锯、木锉等。

5.4.2.3 台钻、手电钻、钻头、木钻、工具袋、工具箱、高凳等。

5.4.3 金属线槽安装主要机具

5.4.3.1 铅笔、卷尺、线坠、粉线袋、锡锅、喷灯。

5.4.3.2 电工工具、手电钻、冲击钻、兆欧表、万用表、工具袋、工具箱、高凳等。

5.5 材料(设备、器材、辅料)要求

5.5.1 设备及器材必须符合下列要求:

5.5.1.1 安全技术防范产品必须经过国家或行业授权的认证机构(或检测机构)认证(检测)合格,并取得相应的认证证书(或检测报告),应符合国家或公共安全行业有关标准和管理的规定。

5.5.1.2 产品质量符合相关要求。

5.5.1.3 系统设备的配置(数量,型号及安装部位)应符合正式设计方案要求。

5.5.1.4 严禁使用国家明令淘汰的材料,并尽可能不使用国家不提倡使用的非环保材料。

5.5.1.5 安全防范系统工程所用材料的燃烧性能应符合现行国家标准 GB 50045《高层民用建筑设计防火规范》的规定。有害物质应符合国家有关建筑装饰工程材料有害物质限量标准规定,以防止室内环境污染。

5.5.1.6 进场后需要进行复验的材料种类及复验项目应符合相关标准的规定。同一厂家生产的同一品种、同一类型的进场材料应至少抽取一组样品进行复验,当合同另有约定时应按合同执行。当国家规定或合同约定应对材料进行见证取样时,或对材料的质量发生争议时,应进行见证取样。

5.5.1.7 系统中的备用电源,备用电源在主电源断电时,应能自动切换,保证系统在规定的时间内正常工作。

5.5.2 塑料管等辅材应满足以下要求:

5.5.2.1 塑料管

(1) 凡使用的塑料管,其材质均具有阻燃、耐冲击,并有产品合格证。

(2) 管材里外应光滑,无凸棱凹陷、针孔、气泡,内外径应符合国家统一标准,管壁厚度应均匀一致。

(3) 所有塑料管附件与明配塑料制品应使用配套的阻燃塑料制品。

5.5.2.2 金属线槽

(1) 金属线槽及其附件:应经过镀锌处理的定型产品,线槽内外光滑平整,无棱刺,不扭曲、翘边,型号、规格应符合设计要求。

(2) 绝缘导线:规格型号必须符合设计要求,并有产品合格证。

(3) 套管:套管有铜套管、铝套管及铜铝过渡套管三种,选用时应采用与导线的材质相同、且规格相应的套管。

(4) 接线端子的选用应根据导线截面及根数选用相应的接线端子。

(5) 采用钢板、圆钢、扁钢、角钢、螺栓、螺母、螺丝、垫圈、弹簧垫等金属材料做电工工件时,都应经过镀锌处理。

(6) 辅助材料:钻头、电焊条、氧气、乙炔、调和漆、焊锡、焊剂、橡胶绝缘带、黑胶布等。

5.6 过程控制

5.6.1 施工准备

5.6.1.1 安全防范系统线缆敷设、设备安装前,建筑工程应具备下列条件:

(1) 预埋管、预留件、桥架等的安装符合设计要求;

(2) 机房、弱电竖井的施工已结束。

5.6.1.2 安全防范系统的电缆桥架、电缆沟、电缆竖井、电线导管的施工及线缆敷设,应遵照《建筑电气安装工程施工质量验收规范》GB 50303 第 12~15 章的内容执行。如有特殊要求应以设计施工图的要求为准。

5.6.2 施工过程

5.6.2.1 在已建成的建筑工程中安装安全防范系统工程时,会在建筑中进行穿墙打洞作业,应注意选择满足施工需要、噪声低、能耗低的手持电钻等工具,避免设备使用时噪声超标,漏油污染土地、污染地下水,加大水、电、油和资源消耗,浪费资源。必要时所开槽或墙面打洞的房间应使用隔声屏封闭门窗,以免噪声影响他人。

5.6.2.2 墙面开槽和穿洞时,应控制扬尘和落地灰,开槽和打洞作业完成后,应将地面和墙面打扫或揩抹干净。

5.6.2.3 金属线槽安装

(1) 弹线定位:根据设计图确定出进户线、盒、箱、柜等电气器具的安装位置,从始端至终端找好水平或垂直线,定位弹线,并标出具体位置。

(2) 预留孔洞:根据设计图标注的轴线部位,将预制加工好的木质或铁制框架,固定在标出的位置上,并进行调直找正,待现浇混凝土凝固,模板拆除后,拆下框架,并抹平孔洞口。

(3) 做好支架与吊架的安装及预埋吊杆、吊架工作。支架与吊架所用材料、焊接、安装应符合要求,应有防腐处理,固定点间距一般不大于1.5～2m。严禁用木砖固定支架和吊架。

(4) 金属膨胀螺栓及套管的质量应符合产品的技术条件,安装时不能伤丝扣。

线槽安装要求:

1) 线槽应平整,无扭曲变形,内壁无毛刺,附件齐全。

2) 接口应平整。接缝处应紧密平直。槽盖装上后平整、无翘角,出线口位置准确。

3) 在吊顶内敷设时,如果吊顶无法上人时应留有检修口。

4) 不允许将穿过墙壁的线槽与墙上的孔洞一起抹死。

5) 线槽经过建筑物的变形缝时线槽本身应断开,槽内用内连接板搭接,不需固定。保护地线及槽内导线均应留有余量。

(5) 敷设在竖井、吊顶、通道、夹层及设备层等处的线槽应符合《高层民用建筑设计防火规范》(GB 50045—95)的有关防火要求。

(6) 线槽敷设要求:

1) 线槽直线连接应采用连接板,用垫圈、弹簧垫圈、螺母紧固,接槎处缝隙应严密。

2) 线槽进行交叉、转弯、丁字连接时,应用单通、二通、三通、四通或平面二通、平面三通等进行连接。

3) 线槽末端应加装封堵。

4) 建筑物有坡度时,线槽应随其变化坡度。待线槽敷设确认合格后,再进行槽内配线。

线槽内配线要求:配线前应清除槽内的积水和污物;槽内线不超过内部截面积的40%;不同电压、回路、频率的导线应加隔板敷设;应有补偿余量;应有防水措施。

(7) 放线前检查线槽是否清洁,接地是否合格,管与槽连接处护口。锁紧螺母是否齐全,做好导线的检查、绑扎、标记工作。

5.6.2.4 塑料管明敷设

(1) 按照设计图加工好支架、抱箍、吊架、铁件、管弯及各种盒、箱。

(2) 测定盒、箱及管路固定点位置。

1) 按照设计图测出盒、箱、出线口等准确位置。

2) 根据测定的盒、箱位置,把管路的垂直点水平线弹出,按照要求标出支架、吊架固定点具体尺寸位置。

(3) 管路固定方法:胀管法,木砖法,预埋铁件焊接法,稳住法,剔注法,抱箍法,无论采用何种固定方法,应先固定两端支架、吊架。然后拉直固定中间的支架、吊架。

(4) 管路敷设

1) 断管:小管径可使用剪管器,大管径使用钢锯锯断,将管口锉平。

2) 敷管时,先将管卡一端的螺丝(栓)拧紧一半,然后将管敷设于管卡内,逐个拧紧。

3) 管路水平敷设,高度不低于2000mm;垂直敷设时,不低于1500mm(低于1500mm应加保护管)。

4) 管敷设时,管路超过下列情况,应加接线盒。

无弯时,30m;

有一弯时,20m;

有两弯时,15m;

有三弯时,8m。

如无法加装接线盒时,应将管径加大一号。

(5) 配线与管道间最小距离见表21-10。

配线与管道间最小距离 表21-10

管 道 名 称	配线方法	穿 管 配 线	绝缘导线明配线
		最 小 距 离(mm)	
蒸汽管	平行	1000 (500)	1000 (500)
	交叉	300	300
暖、热水管	平行	300 (200)	300 (200)
	交叉	100	100
通风、上下水压缩空气管	平行	100	200
	交叉	50	100

管路入盒、箱一律采用端接头与内螺母连接,要求平正、牢固。向上立管管道采用端帽护口,防止异物堵塞管路。

变形缝做法。变形缝穿墙过管即保护管,保护管应能承受管外冲击,保护管口径不应大于管外径的二级。

(6) 明敷管线及明装接线盒,桥架,管井中线缆接头等施工工艺(视频线缆应一线到位,尽量避免接头),并应符合 JGJ/T 16 等相关标准的要求;管线敷设时,应会同设计单位、工程建设单位或监理单位,共同对管线敷设质量进行随工验收,并填写隐蔽工程随工验收单。

5.6.2.5 塑料管暗敷设

(1) 弹性定位:

1) 墙上盒、箱弹性定位:砖墙、大模板混凝土墙、滑模板混凝土墙盒、箱弹性定位,按弹出的水平线,对照设计图用小线和水平尺尺量出盒、箱准确位置,并标注尺寸。

2) 加气混凝土板、圆孔板、现浇混凝土板,应根据设计图和规定的要求准确找出灯位。进行测量后,标注出盒子的尺寸位置。

(2) 盒、箱固定:

1) 盒、箱固定应平正、牢固、灰浆饱满,纵横坐标准确。

2) 砖墙稳住盒、箱:预留盒、箱孔洞;剔洞稳住盒、箱,再接短管。

3) 大模板混凝土墙稳住盒、箱:预留箱套或将箱体固定在钢筋上;用穿筋盒直接固定在钢筋上。

4) 滑模板混凝土墙稳住盒、箱:预留孔洞,下套盒、箱,然后拆除套,再稳住盒、箱;用螺丝将盒、箱固定在扁铁上,然后再将扁铁绑在钢筋上,或直接用穿筋盒固定在钢筋上,并根据墙的厚度绑好支撑钢筋。

5) 加气混凝土板、圆孔板稳住灯头盒。

(3) 管路敷设:

1) 半硬质塑料管的连接可采用套管粘接法和专用端头进行连接。套管的长度不应小于管直径的3倍,接口处应该用胶粘剂粘接牢固。

2) 敷设管路时应尽量减少弯曲。

3) 暗敷设时应在土建施工中,将管路埋入墙体和楼板内。局部剔槽敷设管应加以固定并保护。

4) 在加气混凝土板内剔槽敷管时,只允许沿板缝剔槽,不允许剔横槽及剔断钢筋。同时剔槽的宽度不得大于管外径的1.5倍。

5) 滑模板内的竖向立管不许有接头。

6) 砖墙敷管:管路连接可采用套管粘接法或端头连接。接头应固定牢固。管路应随砌砖工序同步砌筑在墙体内。管进盒、箱的连接可采用粘接或端头连接。

7) 大模板混凝土墙、滑模板混凝土墙配管时,应将管口封堵好,管穿盒内不断头,管路沿着钢筋内侧敷设,并用铅丝将管绑扎在钢筋上。受力点应采取补强措施和防止机械损伤的措施。

(4) 扫管、穿带线时,将管口与盒、箱里口切平。

5.6.2.6 钢管敷设

(1) 暗配管

1) 敷设于多尘和潮湿场所,应做密封处理。

2) 暗配的管子宜沿最近的路线敷设并应减少弯曲;埋入管或混凝土内的管子离表面距离不应小于15mm。

3) 埋入地下管不宜穿过设备基础,如过基础时应加保护管。

4) 管子煨弯、切断、套丝应符合要求,管口无毛刺、光滑,管内无铁屑,丝扣清晰干净,不过长。

5) 测定盒、箱位置。

6) 稳住盒、箱。

7) 管路连接:丝扣连接应上好管箍,焊接应牢固;管路超过一定长度应加装接线盒;管路与其他管道最小距离见表21-10。

8) 暗管敷设方式:随墙配管;大模板混凝土墙配管;现浇混凝土楼板配管;预制圆孔板上配管。

9) 做好变形缝处理。

10) 做好地线连接。

(2) 明配管

1) 根据设计图加工支架、吊架、抱箍及弯管。

2) 弯管半径不小于管外径的6倍;扁铁支架不小于30mm×3mm,角钢支架不小于25mm×25mm×3mm。

3) 测定盒。箱及固定位置:根据设计首先测出盒、箱与出线口等的准确位置。根据测定的盒、箱位置,把管路的垂直、水平走向弹出线来,按照安装标准规定的固定点间距的尺寸要求,计算确定支架、吊架的具体位置。固定点的距离应均匀,管卡与终端、转弯中点、电气器具或接线盒边缘的距离为150~300mm;中间的管卡最大距离见表21-11。

钢管中间管卡最大距离　　　　　　表21-11

钢 管 名 称	钢 管 直 径 (mm)			
	15~20	25~30	40~50	65~100
厚 钢 管	1500	2000	2500	3500
薄 钢 管	1000	1500	2000	—

4) 固定方法有胀管法、木砖法、预埋铁件焊接法、稳住法、剔注法、抱箍法。

5) 管路连接:检查管子有无毛刺,镀锌层或防锈漆是否完整,钢管不准焊接在其他管道上。

6) 钢管与设备连接应加软管,潮湿处或室外应做防水处理。

7) 做好变形缝处理。

8) 吊顶内、护墙板内管路敷设,其操作工艺及要求:材质、固定参照明配管工艺;连接、弯度、走向等可参照暗敷工艺要求施工,接线盒可使用暗盒。

5.6.2.7 系统的主要功能和主要技术指标,应符合国家或公共安全行业相关标准、规范的要求、设计任务书和合同提出的技术要求。

5.6.2.8 电视监控系统的技术指标应满足GB 50198—1994的2.1.6的要求,系统结构与配置同正式设计方案的符合度,监视图像主观评价不低于4级,记录图像的回放质量至少能辨别人的面部特征;操作与控制时,图像切换,云台转动平稳,镜头的光圈、变焦等功能正常,应能避免逆光效果;摄像时间,摄像机位置和电梯内楼层显示等图像的标识符能够显示是否稳定正常;电梯内摄像机的安装位置(要求安装在电梯厢门左或右侧上角)

能有效监视电梯乘员;对金融系统银行营业场所,文博系统,应能满足 GB/T 16676 和 GB/T 16571 的相关要求。

5.6.2.9 出入口控制系统应能正常工作,并按正式设计方案达到相关功能要求;系统能够存储通行目标的相关信息;对非正常通行具有报警功能;楼寓对计电控防盗门作为一种出入口控制系统能正常工作;开锁继电器具有自我保护功能。可视对话系统的图像能辨别来访者;出入口控制的联网报警部分,符合相关技术要求。

5.6.2.10 巡更管理系统具有的巡更时间、地点、人员和顺序等数据的显示、归档、查询、打印等功能,在线式巡更系统具有即时报警功能。

5.6.2.11 中心控制室的通讯联络手段一般不少于两种;具有自身防范功能。

5.6.2.12 安全防范系统施工时,不应使用苯、甲苯、二甲苯和汽油进行除油作业,不使用燃烧方式进行电线和网线的剥线作业。

5.6.2.13 胶粘剂、水性处理剂和溶剂等使用后,应及时封闭存放,废料应及时清出室内。

5.6.2.14 严禁在民用建筑工程室内用有机溶剂清洗施工用具。

5.6.2.15 系统移交时,应整理归档系统竣工图纸资料,向建设单位提供经修改,校对并符合规定的验收图纸资料,并及时作出并经建设单位认可整改落实措施,提供有关设备日常维护和系统操作的使用说明书。建立、落实维修服务制度。涉及到机密以上的图纸资料,有关人员必须遵守国家有关保密规定,并将知密面控制在最小范围。

5.6.2.16 安全防范系统施工质量检查和观感质量验收时应同步检查以下内容,以防止因安装紊乱造成"视觉污染"以及因不合格引致返工而造成材料和能源的浪费:

(1) 电(光)缆敷设与布线的管线防水、防潮,电缆排列位置,布放、绑扎质量,桥架的架设质量,缆线在桥架内的安装质量,焊接及插接头安装质量和接线盒接线质量等。

(2) 接地线的接地材料,接地线焊接质量、接地电阻等。

(3) 对系统的各类探测器、摄像机、云台、防护罩、控制器、辅助电源、电锁、对讲设备等的安装部位、安装质量和观感质量。

(4) 同轴电缆的敷设、摄像机、机架、监视器等的安装质量。

(5) 控制柜、箱与控制台等的安装质量。

(6) 由系统承包商应对各类探测器、控制器、执行器等部件的电气性能和功能进行自检,自检采用逐点测试的形式进行。

5.6.2.17 安全防范系统工程验收时,验收文件应包括:

(1) 工程设计说明,包括系统选型论证,系统监控方案和规模容量说明,系统功能说明和性能指标等;

(2) 工程竣工图纸,包括系统结构图、各子系统原理图、施工平面图、设备电气端子接线图、中央控制室设备布置图、接线图、设备清单等;

(3) 系统的产品说明书、操作手册和维护手册;

(4) 设备及系统测试记录;

(5) 相关工程质量事故报告、工程设计变更单等。

在上述文件中,应清楚地表述系统运行时可能的辐射、电磁波、噪声等环境影响以及针对这些影响在操作系统时需注意的事项。

6 综合布线系统工程

6.1 总则

6.1.1 城市建设及工业企业通信事业的发展，使得现代化的智能楼、商住楼、办公楼、综合楼已成为城市建设的发展趋势。过去大楼内的语音及数据线路常使用各种不同的传输线、配线插座以及接头，这些不同布线的插头、插座及配线架无法兼容，相互之间，达不到共用的目的。现在将所有电话、数据、图文、图像及多媒体设备的布线组合在一套标准的布线系统上，并且将各种设备终端插头插入标准的插座内。建筑物以这样的布线综合所有电话、数据、图文、图像及多媒体设备于一个综合布线系统中，当终端设备的位置需要变动时，只须将插头拔起后，插入新地点的插座上，再做一些简单的跳线就完成了。当使用综合布线系统，计算系统，用户交换机系统以及局域网系统的配线使用一套由共用配件所组成的配线系统综合在一起同时工作时，各个不同制造部门的电话、数据、图文、图像及多媒体设备均可相容，不再需要为不同的设备准备不同的配线零件以及复杂的线路标志与管理线路图表，具有更大的适用性、灵活性，而且可以利用最低的成本在最小的干扰下进行工作地点上终端设备的重新安排与规划。综合布线系统以一套单一的配线系统，综合几个通信网络，解决了所面临的有关电话、数据、图文、图像及多媒体设备的配线上之不便，并为将来的综合业务数字网络(ISDN)打下基础。因此，综合布线系统有着极其广阔的使用前景。

6.1.2 在确定建筑物或建筑群属于智能化性质后，应相应的规划能适应智能化要求的综合布线系统设施和预埋管线，防止今后增设或改造时造成浪费。

6.1.3 建筑物综合布线系统分为六个部分：

6.1.3.1 工作区。它由终端设备连接到信息插座的连接软线及适配器组成，相当于电话配线系统中连接话机的用户线及话机终端部分。

6.1.3.2 配线子系统。它将干线子系统线路延伸到用户工作区，相当于电话配线系统中配线电缆线或连接到用户出线盒的用户线部分。

6.1.3.3 干线子系统。它提供建筑物的干线电缆的路由，由干线电缆组成，或者由电缆和光缆按比例将此干线连接到相关的支撑硬件而组合而成，相当于电话配线系统中干线电缆。

6.1.3.4 设备间。它把中继线交叉连接处和布线交叉连接处连接到公用系统设备上，把公用系统设备的各种不同设备互联起来，相当于电话配线系统中的站内配线设备及电缆、导线连接部分。

6.1.3.5 管理。是针对设备间、交换间和工作区的配线设备和缆线按一定的模式进行标志和记录的规定。

6.1.3.6 建筑子系统。它由一个建筑物中的电缆延伸到建筑群的另外一些建筑物中的通信设备和装置上。它提供楼群之间通信设施所需的硬件，其中有电缆、光缆和防止电缆的浪涌电压进入建筑物的电气保存护设备。相当于电话配线中的电缆保护箱及各建筑物之间的干线电缆。

6.1.4 信息点一旦定位,重新改动将很困难,且布线系统的寿命超过20年。因此在信息点的设定上,尽量做到一步到位,以应付未来突飞猛进的信息浪潮。还要充分考虑到通信的日益发展、对多媒体传输的需求及经济性的因素。

6.1.5 所有综合布线系统的各种配置都能支持话音/数据等系统,能随工程的需要转向更高功能的布线系统。

6.1.6 工程完工时,应对工程的交接间、设备间、工作区的建筑和环境条件进行检查验收,检查内容如下:

6.1.6.1 交接间、设备间、工作区土建工程已全部竣工。房屋地面平整、光洁,门的高度和宽度应不妨碍设备和器材的搬运,门锁和钥匙齐全。

6.1.6.2 房屋预埋地槽、暗管及孔洞和竖井的位置、数量、尺寸均应符合设计要求。

6.1.6.3 铺面活动地板的场所,活动地板防静电措施的接地应符合设计要求。

6.1.6.4 交接间、设备间应提供220V单相带地电源插座。

6.1.6.5 交接间、设备间应提供可靠的接地装置,设置接地体时,检查接地电阻值及接地装置应符合设计要求。

6.1.6.6 交接间、设备间的面积、通风及环境温、湿度应符合设计要求。

6.2 工艺流程

6.2.1 总流程

施工准备→线管预埋→金属线槽安装→线缆敷设→机房设备安装及端接→验收。

6.2.2 硬质阻燃型塑料管(PVC)暗敷设工艺流程

弹线定位→墙面开槽→加工管弯→稳固盒箱→暗敷管路→扫管穿带线。

6.2.3 金属线槽安装工艺流程

弹线定位→清理孔洞→支架与吊架安装→线槽安装→线槽内保护地线安装→线槽内配线。

6.2.4 管内穿线和导线连接工艺流程

线缆通断测试→清扫管路→穿引线钢丝→选择导线→放线→引线与电线电扎→穿线→剪断电线→剥削绝缘层→接线→焊头→绝缘测试。

6.2.5 线槽放线和导线连接工艺流程

清扫线槽→选择导线→放线→剪断电线→剥削绝缘层→接线→焊头→绝缘测试。

6.3 环境因素(表21-12)

表21-12

序号	环境因素	环境因素产生原因
1	扬尘	墙面开槽、清理孔洞、清理现场建筑垃圾
2	噪声	架子搭设、凿墙面及稳固盒箱时的敲打、支架与吊架安装、线槽安装、施工人员大声喧哗
3	固体废弃物排放	墙面开槽剔凿的建筑垃圾、线管头、线头、缆线接续的焊渣、电焊头
4	油品泄漏	机械漏油

续表

序号	环境因素	环境因素产生原因
5	能源消耗	手持电动工具使用
6	光污染	夜间施工照明、电焊弧光
7	有害气体	油棉纱焚烧、火灾、胶挥发气味、有害气体
8	遗洒	现场建筑垃圾清运

6.4 人员要求

6.4.1 综合布线系统工程对企业的要求

综合布线系统工程施工企业必须取得相应工程施工"资质证书"后方可从事相应级别、类型相符的工程施工,避免因企业不具备相应安装能力而发生损坏设备或环境事故。

6.4.2 综合布线系统工程对人员的要求

6.4.2.1 布线系统线管预埋工作量较大,预留预埋十分重要,施工前必须对操作人员进行上岗培训,培训合格后方可上岗。并要求技术负责人和技术员对图纸理解深刻。

6.4.2.2 企业的安装电工、维修电工、电气试验工等人员必须取得相应级别的岗位操作证,按考核合格后的项目、权限和相应的国家与地方规范、操作规程,从事与所持证书规定范围内工作,避免因人员素质能力不能满足要求而发生损坏设备、浪费资源,漏油污染土地、污染地下水。

6.4.2.3 机械操作人员应经过培训,掌握相应机械设备及工具的操作要领后方可进行相应作业。避免因人的误操作或不按操作规程操作、保养造成设备部件报废、机械设备事故浪费资源,加大对环境的污染;噪声超标,机械设备漏油污染土地、污染地下水。

6.4.2.4 每项作业活动操作前项目部应组织对安装电工、维修电工、电气试验人员针对该项作业活动所涉及的重要环境因素、环境控制措施、环境操作基本要求、环境检测的关键参数、应急准备响应中的注意事项进行专项环境交底或综合交底包括以上环境方面的内容,避免因作业人员的不掌握环境方面的基本要求造成噪声超标,漏油、遗洒、废弃物遗弃污染土地、污染地下水。

6.4.2.5 其他施工人员操作前应进行环境交底,掌握操作要领和环境控制要求,避免因人不掌握环境控制措施造成噪声排放、扬尘、废弃物、废水而污染环境。

6.5 设备、工具要求

6.5.1 综合布线工程所需的工具和施工设备主要有

6.5.1.1 克丝钳、一字改锥、十字改锥、电工刀、尖嘴钳、剥线钳或剥线器、手电钻、电锤、手提切割机、铝合金人字梯、焊机、高凳、升降车(或临时搭架子)、工具袋等。

6.5.1.2 万用表、兆欧表、摇表、ZC地阻表等。

6.5.1.3 配线工具、多对打线器、多对刀片、单对打线器、光缆熔接机、线缆测试仪、网络电缆测试仪等。

6.5.2 塑料管明敷设工具

6.5.2.1 铅笔、皮尺、水平尺、卷尺、尺杆、角尺、线坠、小线、粉线袋等。

6.5.2.2 手锤、錾子、钢锯、锯条、刀锯、半圆锉、活扳子、灰桶、水桶等。

6.5.2.3 弯管弹簧、剪管器、手电钻、钻头、压力案子、台钻、水盆等。

6.5.2.4 电锤、手电钻、热风机、电炉子、开孔器、绝缘手套、工具袋、工具箱、煨管器、弹簧、高凳等。

6.5.3 塑料管暗敷设主要机具

6.5.3.1 铅笔、卷尺、水平尺、线坠、水桶、灰桶、灰铲。

6.5.3.2 手锤、錾子、钢锯、锯条、刀锯、木锉等。

6.5.3.3 台钻、手电钻、钻头、木钻、工具袋、工具箱、高凳等。

6.5.4 金属线槽安装主要机具

6.5.4.1 铅笔、卷尺、线坠、粉线袋、锡锅、喷灯。

6.5.4.2 电工工具、手电钻、冲击钻、兆欧表、万用表、工具袋、工具箱、高凳等。

6.5.5 钢管敷设主要机具

6.5.5.1 煨管器、液压煨管器、液压开孔器、压力案子、套丝板、套管器。

6.5.5.2 手锤、錾子、钢锯、扁锉、半圆锉、圆锉、活扳子、鱼尾钳。

6.5.5.3 铅笔、皮尺、水平尺、线坠、灰铲、灰桶、水壶、油桶、油刷、粉线袋。

6.5.5.4 台钻、手电钻、钻头、拉铆枪、绝缘手套、工具袋、工具箱、高凳等。

6.5.6 施工中对设备和工具的要求

6.5.6.1 应根据施工组织设计或方案的要求,选择满足施工需要、噪声低、能耗低的运输设备、吊装设备、试验设备以及各种工具,避免设备使用时噪声超标,漏油污染土地、污染地下水,加大水、电、油和资源消耗,浪费资源。

6.5.6.2 工具、设备的保养与维护

(1) 每个作业班工作后应对设备进行日常保养,保证设备经常处于完好状态,避免设备使用时意外漏油污染土地、污染地下水。

(2) 当发现设备有异常或存在问题时,应安排专人检查排除或送维修单位立即抢修,防止设备带病作业,加大能源消耗、浪费资源,设备漏油污染土地、污染地下水。

6.6 材料要求

6.6.1 综合配线工程的主要材料为各种线缆、线槽、线管以及扎带、胶带、油笔等施工辅材

6.6.2 对材料的要求

6.6.2.1 所有材料的材质及使用场所必须符合设计要求和设计规范的要求,避免使用不符合要求的材料造成材料、人工、能源的浪费。

6.6.2.2 塑料管应满足以下要求

(1) 凡使用的塑料管,其材质均具有阻燃、耐冲击,并有产品合格证。

(2) 管材里外应光滑,无凸棱凹陷、针孔、气泡,内外径应符合国家统一标准,管壁厚度应均匀一致。

(3) 所有塑料管附件与明配塑料制品应使用配套的阻燃塑料制品。

6.6.2.3 金属线槽应满足以下要求

(1) 金属线槽及其附件:应经过镀锌处理的定型产品,线槽内外光滑平整,无棱刺,不

扭曲、翘边、型号、规格应符合设计要求。

（2）绝缘导线：规格型号必须符合设计要求，并有产品合格证。

（3）套管：套管有铜套管、铝套管及铜铝过渡套管三种，选用时应采用与导线的材质相同、且规格相应的套管。

（4）接线端子的选用应根据导线截面及根数选用相应的接线端子。

（5）采用钢板、圆钢、扁钢、角钢、螺栓、螺母、螺丝、垫圈、弹簧垫等金属材料做电工工件时，都应经过镀锌处理。

（6）辅助材料：钻头、电焊条、氧气、乙炔、调和漆、焊锡、焊剂、橡胶绝缘带、黑胶布等。

6.6.2.4 钢管应满足以下要求

（1）钢管壁厚均匀，焊缝均匀，无劈裂、砂眼、棱刺和凹扁现象。除镀锌管外其他管材需预先除锈刷防锈漆（现浇混凝土时，可不刷防锈漆，但应除锈）。外表层完整无剥落现象，并有产品合格证。

（2）管箍使用通丝管箍。丝口清晰、不乱扣，镀锌层完整无剥落、无劈裂，两端无毛刺，并有合格证。

（3）锁紧螺母（根母）外型完好无损，丝口清晰，并有产品合格证。

（4）护口有薄、厚管之分，护口要完整无损，并有合格证。

（5）盒、箱，圆钢、扁钢、角钢、螺栓、螺丝、螺母、垫圈等材料应符合有关规定，并有产品合格证。

6.6.2.5 采购

（1）项目部依据工程的进度计划和实际的工程进度，提出采购申请计划，经审批后由材料设备部门进行采购，避免材料积压造成浪费。

（2）对材料、设备进行采购时，应对供货商进行严格考察，向考察合格的供货商进行采购。

（3）应对其所采购材料、器材的质量、功能、有关相应的文件要求、产品合格证、产品销售地准入证等进行严格把关，以防不合格产品进入现场。

6.6.2.6 器材质量要求

（1）工程所用缆线、器材的形式、规格、数量、质量在施工前应进行检查，无出厂检验证明材料以及与设计不符者不得在工程中使用；备品、备件及各类资料应齐全。

（2）各种型材的材质、规格、型号应符合设计文件的规定。表面应光滑、平整，不得变形、断裂。预埋金属线槽、过线盒、接线盒及桥架表面涂覆或镀层均匀、完整，不得变形、损坏。管材采用钢管、硬质聚氯乙烯管时，其管身应光滑、无伤痕，管孔无变形，孔径、壁厚应符合设计要求。管道采用水泥管块时，应按通信管道工程施工及验收规范中相关规定进行检验。各种铁件的材质、规格均应符合质量标准，不得有歪斜、扭曲、飞刺、断裂或破损。铁件的表面处理和镀层应均匀、完整，表面光洁，无脱落、气泡等缺陷。

（3）工程使用的对绞电缆和光缆形式、规格应符合设计的规定和合同要求。电缆所附标志、标签内容应齐全、清晰。电缆外护线套需完整无损，电缆应附有出厂质量检验合格证和本批量电缆的技术指标。电缆的电气性能抽验应从本批量电缆中的任意三盘中各截出100m长度，加上工程中所选用的接插件进行抽样测试，并做测试记录。光缆外表应无损伤,光缆端头封装良好。采用光缆时,光缆应有合格证及检验测试数据,在必要时,可测试光纤衰减和光纤长度。光纤接插软线(光跳线)两端的活动连接器(活接头)端面应装配有合适的保护盖帽,每根光纤接插软线中光纤的类型应有明显的标记,选用应符合设计要求。

(4) 配线模块和信息插座及其他接插件的部件应完整,塑料材质应满足设计要求,保安单元过压、过流保护各项指标应符合有关规定,光纤插座的连接器使用形式和数量、位置应与设计相符。

(5) 光、电缆交接设备的形式、规格应符合设计要求,光、电缆交接设备的编排及标志名称应与设计相符。各类标志应统一,标志位置正确、清晰。

(6) 有关对绞电缆电气性能、机械特性、光缆传输性能及接插件的具体技术指标和要求,应符合设计要求。

6.6.2.7 储存

(1) 桥架、管材等条形材料分类堆放于货架上,以防变形、受损或污染。

(2) 设备、线材、管件等储存于干燥处,并挂牌标识清晰。其标牌上应有数量、规格及型号等相应项目,以防误用、错用。

(3) 所有入库物品要求质量合格,并有相应的合格证,凡不合格产品一律不能入库并进行安装。

(4) 材料出入库管理严格按有关《仓库管理制度》进行管理。

6.7 过程控制

6.7.1 墙面开槽和线管预埋

(1) 选择满足施工需要、噪声低、能耗低的手持电钻等工具,避免设备使用时噪声超标,漏油污染土地、污染地下水,加大水、电、油和资源消耗,浪费资源。必要时所开槽或墙面打洞的房间应使用隔声屏封闭门窗,以免噪声影响他人。

(2) 墙面开槽和穿洞时,应控制扬尘和落地灰,开槽和打洞作业完成后,应将地面和墙面打扫或揩抹干净。

6.7.2 缆线敷设

(1) 缆线布放前应核对规格、形式、路由及位置与设计规定相符;缆线布放应平直、不扭绞、打圈;缆线两端应有标签。

(2) 缆线一般应按下列要求敷设:

1) 缆线的形式、规格应与设计规定相符。

2) 缆线的布放应自然平直,不得产生扭绞、打圈接头等现象,不应受外力的挤压和损伤。

3) 缆线两端应贴有标签,应标明编号,标签书写应清晰、端正和正确。标签应选用不易损坏的材料。

4) 缆线终接后,应有余量。交接间、设备间对绞电缆预留长度宜为 0.5~1m,工作区为 10~30mm;光缆布放宜盘留,预留长度宜为 3~5m,有特殊要求的应按设计要求预留长度。

5) 缆线的弯曲半径应符合下列规定:

(a) 非屏蔽 4 对对绞线电缆的弯曲半径应至少为电缆外径的 4 倍;

(b) 屏蔽 4 对对绞线电缆的弯曲半径应至少为电缆外径的 6~10 倍;

(c) 主干对绞电缆的弯曲半径应至少为电缆外径的 10 倍;

(d) 光缆的弯曲半径应至少为光缆外径的 15 倍。

6) 电源线、综合布线系统缆线应分隔布放,缆线间的最小净距应符合设计要求,并应符合表 21-13 的规定。

7) 建筑物内电、光缆暗管敷设与其他管线最小净距应符合表 21-14 的规定。

8) 在暗管或线槽中缆线敷设完毕后,宜在信道两端口出口处用填充材料进行封堵。

(3) 综合布线区域内存在的电磁干扰场强大于 3V/m 时,应采取防护措施。

(4) 暗敷设电缆的敷设管道两端应有标志;管道内应无阻挡,并有引线或拉线;直线管道的利用率应为 50%~60%,弯管道为 40%~50%,暗管布防 4 对对绞电缆时管道利用率应为 25%~30%。

(5) 配线子系统电缆宜穿管或沿金属电缆桥架敷设,当电缆在地板下布放时,应根据环境条件选用地板下线槽布线、网络地板布线、高架(活动)地板布线、地板下管道布线等安装方式。

(6) 干线子系统垂直通道宜采用电缆竖井方式。水平通道可选择预埋暗管或电缆桥架方式。

(7) 管内穿放大对数电缆时,直线管路的管径利用率为 50%~60%,弯管路的管径利用率应为 40%~50%。管内穿放 4 对对绞电缆时,截面利用率应为 25%~30%。线槽的截面利用率不应超过 50%。

(8) 综合布线电缆与附近可能产生高平电磁干扰的电动机、电力变压器等电气设备之间应保持必要的间距。综合布线电缆与电力电缆的间距应符合表 21-13 的规定。

综合布线电缆与电力电缆的间距　　　　表 21-13

类 别	与综合布线接近状况	最小间距(mm)
380V 电力电缆 <2kV·A	与缆线平行敷设	130
	有一方在接地的金属线槽或钢管中	70
	双方都在接地的金属线槽或钢管中	10
380V 电力电缆 2~5kV·A	与缆线平行敷设	300
	有一方在接地的金属线槽或钢管中	150
	双方都在接地的金属线槽或钢管中	80
380V 电力电缆 >5kV·A	与缆线平行敷设	600
	有一方在接地的金属线槽或钢管中	300
	双方都在接地的金属线槽钢管中	150

注:1. 当 380V 电力电缆 <2kV·A,双方都在接地的线槽中,且平行长度≤10m 时,最小间距可以是 10mm;

2. 电话用户存在振铃电流时,不能与计算机网络在一根对绞电缆中一起运用;

3. 双方都在接地的线槽中,分置着两个不同的线槽,也可在同一线槽中用金属板隔开。墙上敷设的综合布线电缆、光缆及管线与其他管线的间距应符合表 21-14 的规定。

墙上敷设的综合布线电缆、光缆及管线与其他管线的间距　　　　表21-14

其他管线	最小平行净距(mm) 电缆、光缆或管线	最小交叉净距(mm) 电缆、光缆或管线
避雷引下线	1000	300
保护地线	50	20
给水管	150	20
压缩空气管	150	20
热力管(不包封)	500	500
热力管(包封)	300	300
煤气管	300	20

注：如墙壁电缆敷设高度超过6000mm时，与避雷引下线的交叉净距应按下式计算：

$$S \geqslant 0.05L$$

式中　S——交叉净距(mm)；

　　　L——交叉处避雷引下线距地面的高度(mm)。

(9) 缆线终端：缆线终端应有标签，接线无误，接触良好，缆线中间不得产生接头现象，符合系统设计要求。

(10) 在易燃区域和大楼竖井内宜采用阻燃型电缆，配线设备也应采用阻燃型。在大型公共场所宜采用阻燃、低烟、低毒电缆，以减少有害气体散发，在出现火警时，有利于疏散人流。

(11) 各类配线部件安装要求各部件完整，安装就位，标志齐全，安装螺丝必须拧紧，面板应保持在一个平面上。

(12) 8位模块通用插座安装要求安装在活动地板或地面上，固定在接线盒内，插座面板采用直立和水平等形式；接线盒盖应具有防水、防尘、抗压功能。固定螺丝需拧紧，不应产生松动现象。各种插座面板应有标识，以颜色、图形、文字表示所接终端设备类型。

(13) 电缆桥架及线槽的安装位置应符合施工图规定，左右偏差不应超过50mm；桥架及线槽水平度每米偏差不应超过2mm；垂直桥架及线槽应与地面保持垂直，并无倾斜现象，垂直度偏差不应超过3mm；线槽截断处及两线槽拼接处应平滑、无毛刺；吊架和支架安装应保持垂直，整齐牢固，无歪斜现象；金属桥架及线槽节与节间应接触良好，安装牢固。

(14) 预埋线槽和暗管敷设缆线敷设线槽的两端宜用标志表示出编号和长度等内容。敷设暗管宜采用钢管或阻燃硬质PVC管。布放多层屏蔽电缆、扁平缆线和大对数主干光缆时，直线管道的管径利用率为50%~60%，弯管道应为40%~50%。暗管布放4对对绞电缆或4芯以下光缆时，管道的截面利用率应为25%~30%。预埋线槽宜采用金属线槽，线槽的截面利用率不应超过50%。

(15) 电缆线槽、桥架宜高出地面2.2m以上。线槽和桥架顶部距楼板不宜小于30mm；在过梁或其他障碍物处，不宜小于50mm。槽内缆线布放应顺直，尽量不交叉，在缆线进出线槽部位、转弯处应绑扎固定,其水平部分缆线可以不绑扎。垂直线槽布放缆线应每间隔1.5m固定在缆线支架上。电缆桥架内缆线垂直敷设时,在缆线的上端和每间隔1.5m处应固定在桥架的支架上;水平敷设时,在缆线的首、尾、转弯及每间隔5~10m处进行固定。在水平、垂直桥架和垂直线槽中敷设缆线时,应对缆线进行绑扎。对绞电缆、光缆及其他信号电缆应根据缆线的类别、数量、缆径、缆线芯数分束绑扎。绑扎间距不宜大于1.5m,间距应均匀,松紧适度。楼内光缆宜在金属线槽中敷设,在桥架敷设时应在绑扎固定段加装垫套。

(16)塑料线槽槽底固定点间距一般宜为1m。铺设活动地板敷设缆线时,活动地板内净空应为150~300mm。金属线槽、缆线桥架穿过墙体或楼板时,应有防火措施。

(17)缆线不得布放在电梯或供水、供汽、供暖管道竖井中,亦不应布放在强电竖井中。干线通道间应沟通。

(18)缆线在终接前,必须核对缆线标识内容是否正确;缆线中间不允许有接头;缆线终接处必须牢固、接触良好;缆线终接应符合设计和施工操作规程;对绞电缆与插接件连接应认准线号、线位色标,不得颠倒和错接。

(19)对绞电缆芯线终接在终接时,每对对绞线应保持扭绞状态,扭绞松开长度对于5类线不应大于13mm。对绞线在与8位模块式通用插座相连时,必须按色标和线对顺序进行卡接。插座类型、色标和编号应符合相关规定。在两种连接图中,首推A类连接方式,但在同一布线工程中两种连接方式不应混合使用。屏蔽对绞电缆的屏蔽层与接插件终接处屏蔽罩必须可靠接触,缆线屏蔽层应与接插件屏蔽罩360°圆周接触,接触长度不宜小于10mm。

(20)光缆芯线终接采用光纤连接盒对光纤进行连接、保护,在连接盒中光纤的弯曲半径应符合安装工艺要求。光纤熔接处应加以保护和固定,使用连接器以便于光纤的跳接。光纤连接盒面板应有标志。

(21)各类跳线的终接时各类跳线缆线和接插件间接触应良好,接线无误,标志齐全。跳线选用类型应符合系统设计要求。各类跳线长度应符合设计要求,一般对绞电缆跳线不应超过5m,光缆跳线不应超过10m。

(22)安装敷设电缆、电线时,不得损坏建筑物,并注意保持墙面的整洁。安装布线部件时,不应损坏龙骨和吊顶。修补浆活时,不得把器件表面弄脏,并防止水进入部件内,使用高凳或搬运物件时,不得碰撞墙面和门窗等。

(23)使用屏蔽线时,由于屏蔽线或设备未接地,会造成干扰:应按要求将屏蔽线和设备的地线压接好。安装位置距墙、吊顶不符合要求:应按消防规范规定执行。端子箱固定不牢固,暗装箱贴脸四周有破口、不贴墙:应重新稳装牢固,贴脸破损进行修复,损坏严重应重新更换。与墙贴不实的应找一下墙面是否平整,修平后再稳装端子箱。线缆敷设杂乱:应理顺并绑杂成束。

7 电源、防雷与接地工程

7.1 工艺流程

本节内容可参见本书第19章《电气安装》,一般工艺流程为:

施工准备→设备检查→本体安装→调试。

7.2 环境因素(表21-15)

表21-15

序号	环境因素	时态	产生环境因素的活动
1	油、电、水消耗		安装、调试等
2	油料遗洒		电力复合脂、润滑脂涂刷
3	噪声		支架安装钻孔、设备运输和安装、施工人员大声喧哗
4	废水排放		安装、调试等
5	固体废弃物排放		废油、废电力复合脂、废润滑脂、混凝土渣、砖渣等

7.3 人员要求

7.3.1 电源、防雷与接地工程对企业的要求

电源、防雷与接地工程施工企业必须在从事电气设备安装前,取得"电气设备安装资质证书"后方可从事相应级别、类型相符的电气设备安装,避免因企业不具备相应电气设备安装能力而发生损坏设备或漏油、遗洒污染土地、污染地下水。

7.3.2 电源、防雷与接地工程对人员的要求

7.3.2.1 企业的安装电工、维修电工、电气试验工等人员必须取得相应级别的岗位操作证,按考核合格后的项目、权限和相应的国家与地方规范、操作规程,从事与所持证书规定范围内工作,避免因人员素质能力不能满足要求而发生损坏设备、浪费资源、漏油污染土地、污染地下水。

7.3.2.2 每项作业活动操作前项目部应组织对安装电工、维修电工、电气试验人员针对该项作业活动所涉及的重要环境因素、环境控制措施、环境操作基本要求、环境检测的关键参数、应急准备响应中的注意事项进行专项环境交底或综合交底包括以上环境方面的内容,避免因作业人员的不掌握环境方面的基本要求造成噪声超标,漏油、遗洒、废弃物遗弃污染土地、污染地下水。

7.4 设备、工具要求

7.4.1 对设备的要求

7.4.1.1 电气设备安装中应根据施工组织设计或专项施工方案的要求,选择满足施工需要、噪声低、能耗低的运输设备、吊装设备、抽真空设备、注油设备、试验设备,冲击电钻、加热设备,避免设备使用时噪声超标,漏油污染土地、污染地下水,加大水、电、油和资源消耗,浪费资源。

7.4.1.2 机械设备的保养与维护

(1)设备每个作业班工作后应对设备进行日常保养,保证设备经常处于完好状态,避免设备使用时意外漏油污染土地、污染地下水。

(2)当发现设备有异常或存在问题时,应安排专人检查排除或送维修单位立即抢修,防止设备带病作业,加大能源消耗、浪费资源,设备漏油污染土地、污染地下水。

7.4.2 对设施的要求

7.4.2.1 设备接油盘宜采用厚度 0.5~1mm 铁皮，油盘大小不宜小于机械设备的水平投影面积，防止漏油污染土地、污染地下水。

7.4.2.2 材料库房的施工按临时设施建设所涉及的相关环境控制措施实施，防止噪声污染、扬尘、废水、废物遗弃污染土地、污染地下水。

7.5 材料（器材、装置）要求

7.5.1 智能化系统的供电装置和设备包括：

7.5.1.1 正常工作状态下的供电设备，包括建筑物内各智能化系统交、直流供电，以及供电传输、操作、保护和改善电能质量的全部设备和装置。

7.5.1.2 应急工作状态下的供电设备，包括建筑物内各智能化系统配备的应急发电机组、各智能化子系统备用蓄电池组、充电设备和不间断供电设备等。

7.5.1.3 建筑物内各智能化系统的防雷电入侵装置、等电位联结、防电磁干扰接地和防静电干扰接地等。

7.5.2 电源与接地系统必须保证建筑物内备智能化系统的正常运行和人身、设备安全。

7.5.3 所有电气设备及器材到达现场后，应作下列验收检查：

7.5.3.1 开箱检查清点，规格符合设计要求，附件、配件齐全。

7.5.3.2 产品的技术文件齐全。

7.5.4 安装中对材料的要求：

7.5.4.1 各种牌号的绝缘油应分别储存在密封清洁的专用油罐或容器内，并标识清楚，避免储存或标识不当导致绝缘油被混用、污染，浪费资源或遗洒污染土地、污染地下水。

7.5.4.2 绝缘油必须按《电气装置安装工程电气设备交接试验标准》的规定试验合格后，方可将相同牌号的绝缘油注入变压器、电抗器中，避免绝缘油不合格或混用造成返工或损坏设备，浪费资源；注油时采用专用设备注油，预防油遗洒污染土地、污染地下水。

7.5.4.3 空气断路器的灭弧室、储气筒应密封良好，预防漏气影响使用；环氧玻璃钢导气管、绝缘拉杆应采用原包装箱，存放室内预防变形、损坏；设备及其他瓷件应占应安置稳妥，预防损坏，浪费资源污染环境。

7.5.4.4 电气设备用的紧固件应采用镀锌制品，接线应采用铜质或有电镀金属防锈层的螺栓和螺钉，连接时应拧紧，采用双螺帽或紧固螺栓等防松装置，避免使用材质错误，导致安装返工，浪费资源；室外安装的非防护型的低压电器，应加装风帽或罩，防止雨、雪和风沙侵入，避免安装返工，浪费资源。

7.6 过程控制

7.6.1 应执行的技术标准、质量规范包括：

7.6.1.1 电源、防雷及接地系统的工程实施及质量控制应执行 GB 50339 的相关规定。

7.6.1.2 智能化系统所引接的公用电源、自主配置的稳流稳压、不间断电源装置的检测、自主配置的应急发电机组的检测、自主配置的蓄电池组及充电设备的检测、主机房集中供电专用电源设备、各楼层设置用户电源箱的安装质量检测和主机房集中供电专用电源线路的安装质量检测,均执行 GB 50303《建筑电气安装工程施工质量验收规范》的规定。

7.6.2 防过流、过压元件的接地装置、防电磁干扰屏蔽的接地装置、防静电接地装置的设置应连接可靠。

7.6.3 施工过程中的环境管理要求参照本书第 19 章《电气安装》的内容。

8 住宅(小区)智能化工程

8.1 工艺流程

8.1.1 住宅(小区)智能化应包括火灾自动报警及消防联动系统、安全防范系统、通信网络系统、信息网络系统、监控与管理系统,家庭控制器、综合布线系统、电源和接地、环境、室外设备及管网等。

8.1.2 火灾自动报警及消防联动系统包括的内容在本书本章第 4 节规定的基础上,应增加家居可燃气体泄漏报警系统。

8.1.3 安全防范系统包括的内容在本书本章第 5 节规定的基础上,应增加访客对讲系统。

8.1.4 监控与管理系统应包括表具数据自动抄收及远传系统、建筑设备监控系统、公共广播与紧急广播系统、住宅(小区)物业管理系统等。

8.1.5 家庭控制器的功能应包括家庭报警、家庭紧急求助、家用电器监控、表具数据采集及处理、通信网络和信息网络接口等。

8.2 环境因素

包括火灾自动报警及消防联动系统、安全防范系统、通信网络系统、信息网络系统、监控与管理系统,综合布线系统、电源和接地等诸系统的全部环境因素。

8.3 人员要求

包括火灾自动报警及消防联动系统、安全防范系统、通信网络系统、信息网络系统、监控与管理系统,综合布线系统、电源和接地等诸系统对施工企业和人员的全部要求。

8.4 设备、工具要求

包括火灾自动报警及消防联动系统、安全防范系统、通信网络系统、信息网络系统、监控与管理系统,综合布线系统、电源和接地等诸系统对施工设备和工具的全部要求。

8.5 材料要求

8.5.1 包括火灾自动报警及消防联动系统、安全防范系统、通信网络系统、信息网络系统、监控与管理系统,综合布线系统、电源和接地等诸系统对材料、设备、器材的全部要求。

8.5.2 本章 8.1.1~8.1.5 所述住宅(小区)智能化增加的功能所需设施、设备。包括:

8.5.2.1 用于户门、阳台、外窗安装的开关式传感器、入侵传感器(如红外微波传感器、超声波传感器、激光传感器)等。

8.5.2.2 用于室内安装的感烟探测器、感温探测器、燃气泄漏探测器等。

8.5.2.3 用于室内安装的易触及和隐蔽处设置报警开关或无线报警按钮。

8.5.3 住宅报警系统设备的要求包括：

8.5.3.1 住宅报警装置应符合 GB 10408.1—GB/T 10408.8 的各项标准，以及 GB 15209、GB 12663 等标准、规范。

8.5.3.2 系统设备的的安全性：

(1) 装置设备应符合相关产品标准的安全性规定。

(2) 装置设备任何部分的机械结构应有足够的强度，并能防止由于结构不稳定、移动、突出物和锐边造成对人员的损伤。

(3) 报警装置应有防触电保护。

8.5.3.3 系统设备的可靠性：

(1) 系统平均无故障工作时间(MTBF)不小于 5000h。

(2) 住宅受到入侵时，应发出报警，在户内报警时间≤5s，物业管理中心接到报警时间≤10s。

(3) 住户内可根据需要显示报警和故障信号，物业管理中心应以声光显示报警及故障状态。

8.5.3.4 系统设备的环境适应性：

(1) 报警装置所使用的设备应符合 GB/T 15211《报警系统环境试验》的要求。

(2) 安装在室内环境中的报警装置的工作温度为 -5~50℃，相对湿度小于 90%。安装在室外环境(含阳台上)的报警装置的工作温度为 -25~55℃，相对湿度小于 100%。

(3) 报警装置应根据环境的电磁波及声响、振动等干扰源的测量情况，选用符合要求的设备。

(4) 报警装置的电磁兼容性应符合 GA/T 368《入侵报警系统技术要求》的要求。

(5) 报警装置的电源装置应符合 GB/T 15408《报警系统电源装置、测试方法和性能规范》的规定。

8.5.3.5 传感器与控制器连接线缆要求采用耐压不低于 250V 的铜芯绝缘多股电线。每芯截面≥0.3mm^2。

8.5.3.6 各类设备产品应进行进场验收，查验出厂合格证、产地证、产品技术资料，对于实行许可证和安全认证的产品，应有产品许可证和安全认证标志。外观检查应有铭牌、附件齐全、电气接线端子完好，表面无缺损，涂层完整。

8.5.4 访客对讲系统设备的基本要求

8.5.4.1 系统设备应符合如下标准及规范的规定

GB 12663 《防盗报警控制器通用技术条件》

GA/T 72 《楼宇对讲电控防盗门通用技术条件》

8.5.4.2 系统设备的安全性

(1) 同 8.5.3.2 的(1)~(3)。

(2) 门口机应具有防水、防尘、防振、防拆等功能。

8.5.4.3 系统设备的可靠性

(1) 系统应有可靠的供电电源，在市电断电后，备用电源要保证系统正常工作 8h 以上。

(2) 系统不受时间、环境的影响,接到信号,应立即动作。

(3) 系统平均无故障工作时间应不低于1000h。

8.5.4.4　系统设备的环境适应性

同8.5.3.4。

8.5.4.5　系统输出信号要求

(1) 语音图像清晰。

(2) 电控锁的控制可靠、稳定。

8.5.4.6　系统设备间的连接线缆

(1) 控制信号传输线路应采用耐压不低于250V的铜芯绝缘线,每芯截面$\geqslant 0.5mm^2$。

(2) 门口机与电控锁之间的连接导线采用耐压不低于500V的铜芯绝缘导线或铜芯电缆,截面$\geqslant 0.75mm^2$。

(3) 视频传输应采用视频同轴电缆,并满足相关要求。

8.5.5　周界防越报警系统设备的基本要求

8.5.5.1　系统设备的基本要求

同8.5.3.1。

8.5.5.2　系统设备的安全性

(1) 同8.5.3.2的(1)~(3)。

(2) 探测器和传感线缆应具有防水、防尘、防振、防拆功能。

8.5.5.3　系统设备的可靠性

(1) 同8.5.3.3的(1)。

(2) 发生入侵时,在物业管理中心接到报警时间$\leqslant 10s$。

(3) 物业管理中心以声光显示故障状态。

8.5.5.4　系统设备环境的适应性同8.5.3.4。

8.5.5.5　系统设备连接线缆应满足室外远距离传输的环境和技术性能要求。

8.5.6　闭路电视监控系统设备的基本要求

8.5.6.1　系统设备应符合如下标准、规范的规定:

GB 50198　《民用闭路监视电视系统工程技术规范》

GB 15207　《视频入侵报警器》

GB/T 16677　《报警图像信号有线传输装置》

8.5.6.2　系统设备的安全性、可靠性、环境适应性同8.5.3.2~8.5.3.4。

8.5.6.3　系统设备的连接线缆应根据现场实际情况,满足室外远距离传输图像和控制信号传输的要求。

8.5.7　电子巡更系统设备的基本要求

8.5.7.1　系统设备应符合如下标准、规范的规定:

GB 10408.1—2000　《入侵探测器通用技术条件》

GB 12663—2001　《防盗报警控制器通用技术条件》

8.5.7.2　系统设备的安全性、可靠性、环境适应性、在线式系统线缆同8.5.3.2~

8.5.3.5。

8.5.8 自动抄表系统设备的基本要求

8.5.8.1 系统装置应符合 GB/T 6587.7《电子测量仪器基本安全测试》中的Ⅱ类测量仪器安全要求。

8.5.8.2 系统备用电源工作时间≥24h。

8.5.8.3 系统平均无故障工作时间≥5000h。

8.5.8.4 系统年累计误差小于仪表两个基本计量单位。

8.5.8.5 系统具有密码锁定功能。

8.5.8.6 自动抄表装置不影响原水、电、气、热等表具的精度、耐用性和防爆性。

8.5.8.7 系统装置的工作环境:工作温度 -25~55℃,相对湿度≤100%。

8.5.8.8 系统装置的机械结构必须要具有足够的强度,并能防止由于装置的结构不牢固、外表面上锐边对人体造成伤害。

8.5.8.9 系统装置应符合各自行业标准中的要求。

8.5.9 车辆出入及停车场管理系统设备的基本要求

8.5.9.1 系统应遵循国际标准的通信协议,适应标准的国际通用网络。

8.5.9.2 系统应具有开放性、同类产品的互换性。

8.5.9.3 系统应具有抗干扰性(强电干扰及其他电磁干扰)。

8.5.9.4 系统设备的绝缘性能应满足相关规范、规定的要求。

8.5.9.5 系统设备的环境适应性等同 8.5.3.4。

8.5.9.6 系统设备接口应遵循相关的技术标准,具体参数如下:

模拟量接口:

输入:电压:0~10V;电流:4~20mA

输出:同上。

数字量接口:

输入:电压:5V;D/A 转换时分辨率≥8 位

输出:继电器输出时:"接通"状态接点电阻＜1Ω

"断开"状态接点电阻＞1MΩ

可控硅输出时:外接电压≤220V

额定电流≤1A

8.5.9.7 系统中的视频设备应符合如下规范的有关要求:

GB 50198 《民用闭路监视电视系统工程技术规范》

GB 7401 《彩色电视图像质量主观评价方法》

GB/T 16677 《报警图像信号有线传输装置》

8.5.10 背景音乐与应急广播装置系统设备的基本要求

8.5.10.1 扬声设备的分布应能覆盖整个居住区,每个扬声设备的声场宜为 30~50dB。每个扬声器分配的功率宜为标称功率的 2/3。

8.5.10.2 功放的最大输出功率应不低于正常广播所需功率的 1.5 倍。功放等主要器件宜有备用设备。

8.5.10.3 系统设备的安全性同8.5.3.2;系统设备的环境适应性同8.5.3.4。

8.5.11 通信网络系统设备应符合国家、地方主管部门有关有线和卫星电视的规定和检测要求。电信设备应具有信息产业部或国家相关部门的入网许可证。

8.5.11.1 每套住宅宜提供不少于2对外接电话线,并应符合YD 5048《城市住宅区和办公楼电话通信设施验收规范》和YD 5077《程控电话交换设备安装工程验收规范》等规范。

8.5.11.2 每套住宅至少应在客厅和卧室安装有线电视插座,并应符合GY/T 106《有线电视系统技术规范》、GY/T 121《有线电视系统测量方法》以及GY/T 148～GY/T 151等规范。

8.5.11.3 每套住宅应提供以下类型的宽带接入方式一种或多种:

LAN宽带接入　　　　HFC宽带接入

宽带无线接入　　　　ADSL宽带接入

8.5.11.4 表具数据抄收及远传、设备监控及家庭控制器与物业管理中心的信息传输控制网。

8.5.11.5 由家庭控制器将家庭报警、家用电器监控、信息网络、通信网络接口等集中管理等家庭网。

8.6 过程控制

8.6.1 包括火灾自动报警及消防联动系统、安全防范系统、通信网络系统、信息网络系统、监控与管理系统,综合布线系统、电源和接地等诸系统过程控制的全部环境管理要求。

8.6.2 住宅(小区)智能化所涉及的是群体建筑,居住区智能化控制机房选址宜设置于居住区的中心位置并远离振动源、噪声源、污染源、电气干扰源和易燃易爆品集中的地方,如锅炉房、变电室(站)等。

第 22 章 设备安装

0 一般规定

0.1 设备安装中的策划

0.1.1 项目部必须根据设计图纸、标准规范、设备使用说明书编制大型设备和特殊设备(恒温、恒湿、防振、防尘或防辐射等要求)安装与试运行的专项施工质量、环境、安全措施,并严格按措施实施过程控制,避免因施工过程控制方法不当或控制措施不到位导致损坏设备、跑水、漏气、浪费资源,污染土地,污染地下水。

0.1.2 设备安装前应根据工艺流程、施工顺序,合理组织安装和调试,避免防止施工顺序颠倒或一次不能安装到位造成费时或返工,加大水、汽、油、电的消耗,增加对环境的污染。

0.2 设备安装中的要求

0.2.1 当气象条件不适应设备安装的要求时,应采取送暖加热或送冷风降温等措施,以防止冻坏或损坏设备,浪费资源。

0.2.2 设备支撑架安装按钢结构安装焊接所涉及的环境控制措施实施,防止噪声排放、弧光污染、有害气体排放;油遗洒污染土地、污染地下水;废油、废螺栓、废涂料、废涂料桶、油刷、废电焊条、焊条头和焊渣遗弃污染土地、污染地下水。

0.2.3 垫铁的焊接,设备平台、支架的安装分别按钢结构安装和焊接所涉及的环境控制措施实施,防止噪声、有毒有害气体排放,弧光污染,废弃物遗弃污染土地、污染地下水。

0.2.4 设备上各种管道的防腐、焊接和安装、保温、酸洗、冲洗、吹扫等按管道防腐、焊接和安装、保温、酸洗、冲洗、吹扫所涉及的环境控制措施实施,防止噪声、有毒有害气体排放,热辐射,废弃物遗弃污染土地、污染水体。

0.2.5 设备安装与调试中,必须严格按专项施工质量、环境、安全措施、图纸、标准规范、设备使用说明书作业施工,不允许违反操作顺序,不允许拆洗的零、部件不准随意拆洗;避免因施工顺序或方法不当或控制措施不到位或不准确而发生密封损坏或精度达不到要求,导致返工浪费设备,污染环境。

1 通用设备安装

1.1 设备安装工艺流程

1.1.1 散件设备安装工艺流程

施工准备→设备运输→设备开箱检查→设备清洗→设备组装→设备基础灌浆→设备管线碰头→单台设备调试→空运转→系统调试→系统空运转。

1.1.2 整体设备安装工艺流程

施工准备→设备运输→设备开箱检查→设备安装→设备基础灌浆→设备清洗→设备管线碰头→单台设备调试→空运转→系统调试→系统空运转。

1.2 设备安装的环境因素

1.2.1 设备安装涉及土建施工中的环境因素

1.2.1.1 设备混凝土基础和设备灌浆与无收缩混凝土的浇筑、环氧树脂砂浆锚固中模板支拆扬尘、噪声排放、脱模剂遗洒、废脱模剂遗弃污染土地、污染地下水；混凝土拌制、浇筑中的噪声排放、扬尘，水电消耗,混凝土遗洒、清洗搅拌机水排放污染土地、污染地下水；水泥、砂子运输与储存扬尘、遗洒污染土地、污染地下水；混凝土运输遗洒、清洗运输车水排放污染土地、污染地下水；失效混凝土、环氧树脂砂浆遗弃污染土地、污染地下水。

1.2.1.2 设备支撑架安装中噪声排放、有害气体排放、弧光污染；油遗洒污染土地、污染地下水；废油、废螺栓、废油漆、废油漆桶、油刷、废电焊条、焊条头、焊渣遗弃污染水体。

1.2.2 设备安装中涉及的环境因素

1.2.2.1 设备运输吊装中噪声排放，油遗洒污染土地、污染地下水；垫铁、地脚螺栓加工中产生噪声、一氧化碳与二氧化硫排放，设备漏油污染环境。

1.2.2.2 设备开箱检查中废包装材料、报废零部件遗弃污染土地、污染地下水。

1.2.2.3 设备及零部件表面酸洗中有毒有害气体排放，氢氧化钠、碳酸钠、磷酸三钠、磷酸钠、磷酸二氢钠、硅酸钠、烷基苯磷酸钠、煤油、松节油、月挂酸、三乙醇胺、丁基溶纤剂遗洒污染土地、污染地下水；废液排放,废碱性清洗液、除油液、废渣、棉纱、布头、油纸等遗弃污染现场环境。

1.2.2.4 设备清洗中溶剂油、航空洗涤汽油、轻柴油、乙醇挥发浪费资源,有害气体排放,废液排放,遗洒污染土地、污染地下水；金属清洗剂(FCX－52 固态粉末或颗粒、32－1 棕黄色粘稠液、TM－1 淡黄色透明液体、SS－2)遗洒污染土地、污染地下水；废溶剂油、航空洗涤汽油、轻柴油、乙醇挥发、遗洒,废金属清洗剂、废渣、废油刷、废砂纸、石蜡、棉纱、钢丝刷、铁锈遗弃污染土地、污染地下水。

1.2.2.5 设备零部件及管路脱脂清洗中工业用四氯化碳、工业用三氯化碳、稳定剂、工业酒精、浓硝酸、碱性脱脂液、金属清洗剂挥发浪费资源及污染大气；废液排放,清洗液遗洒污染土地、污染地下水；废碱性脱脂液、废金属清洗剂、铁锈遗弃污染周边环境。

1.2.2.6 设备安装中噪声排放、有害气体排放；涂润滑脂、防咬合剂(二硫化钼粉、二硫化钨粉、石墨磷片)遗洒污染土地、污染地下水；废垫铁、废螺栓、废环氧树脂、废防咬合剂、废润滑脂、地脚螺栓油污、铁锈和氧化铁等遗弃污染土地、污染地下水。

1.2.2.7 设备管线碰头中弧光污染、有害气体排放、热辐射,废电焊条、电焊头、焊渣遗弃污染施工现场。

1.2.2.8 设备试运中水、电、汽、油消耗；油、试车投料遗洒污染土地、污染地下水；噪声排放,废试车投料遗弃污染土地、污染地下水。

1.2.2.9 设备油漆、保温施工中噪声排放、扬尘,遗洒污染土地、污染地下水；洗拌和装置废水排放污染土地、污染地下水；废油漆、废保温材料、废拌和材料遗弃污染现场。

1.2.3 设备安装中应急准备响应所涉及的环境因素

1.2.3.1 油品、油漆、保温材料、设备及配件堆放场地或库房,设备清洗、部件烘烤、部件酸洗、脱脂与冲洗、用丙酮擦洗、皮带粘结、焊接、油漆、保温施工现场中意外发生火灾烧坏设备、产生大量废气、废弃物污染大气、污染土地、污染地下水、影响环境卫生。

1.2.3.2 设备运转中误操作或违反操作程序发生设备损坏、泄漏、严重漏油、甚至爆炸事故,浪费资源,产生大量废气、废弃物污染大气、污染土地、污染地下水、影响环境卫生。

1.3 设备安装中对材料的要求

1.3.1 使用密封胶时,应将结合面上的油污、水分、铁锈及其他污物清除干净,清除的油污、铁锈及其他污物应统一回收,收集一个运输单位后交有资质单位或环卫部门处理,防止乱扔污染土地、污染地下水;运输采用封闭车,出场前应对车轮清扫干净,预防遗洒污染土地、污染地下水。

1.3.2 装配"O"形密封圈时,密封圈不得有扭曲和损伤,并正确选择预压量,装配时油封唇部应无损伤,避免使用不合格材料造成返工,浪费资源,污染环境。

1.4 设备安装中对人员的要求

1.4.1 设备安装中对企业的要求

设备安装企业必须在从事设备安装前,取得"设备安装资质证书"后方可从事相应级别、类型相符的设备安装,避免因企业不具备相应设备安装能力而发生损坏设备、漏气浪费资源,漏油污染土地、污染地下水。

1.4.2 设备安装中对人员的要求

1.4.2.1 企业的设备安装、检验试验人员,钳工、起重工、焊工等必须取得相应级别的岗位操作证,按考核合格后的项目、权限和相应的国家与地方规范、操作规程,从事与所持证书规定范围内工作;避免因人员素质能力不能满足要求而发生损坏设备、漏气浪费资源,漏油污染土地、污染地下水。

1.4.2.2 机械操作人员应经过培训,掌握相应机械设备的操作要领后方可进行设备安装、调试等作业。避免因人的误操作或不按操作规程操作、保养造成设备部件报废污染土地、污染地下水,浪费资源,噪声超标,机械设备漏油污染土地、污染地下水。

1.4.2.3 每项作业活动操作前项目部应组织设备安装、调试人员针对该项作业活动所涉及的噪声排放、扬尘、遗洒、漏油、有害气体排放等重要环境因素的环境控制措施、环境操作基本要求、环境检测的关键特性、防火、丙酮、设备试车等应急准备响应中的注意事项进行专项环境交底或综合交底,综合交底应包括以上环境方面的内容,避免因作业人员因不掌握环境方面的基本要求造成噪声超标,漏油、遗洒、废弃物遗弃污染土地、污染地下水。

1.5 设备安装中对设备和设施的要求

1.5.1 设备安装中对设备的要求

1.5.1.1 安装前应根据施工组织设计或专项施工方案的要求,选择满足施工需要、噪声低、能耗低的运输设备、吊装设备、加工设备、焊接设备、调试设备,避免设备使用时噪声超标,漏油污染土地、污染地下水,避免使用设备不当加大水、电、油和资源消耗。

1.5.1.2 机械设备的保养与维护的要求

(1) 设备每个作业班工作后应进行设备的日常保养,保证设备处于完好状态,避免设备使用时意外漏油污染土地、污染地下水。

(2) 当发现设备有异常或存在问题时,应安排专人检查排除或送维修单位立即抢修,防止设备带病作业,加大能源消耗、浪费资源,设备漏油污染施工环境。

1.5.2 对设施的要求

1.5.2.1 作业设备接油盘宜采用厚度 0.5~1mm 铁皮,油盘大小不宜小于机械设备的水平投影面积,预防设备漏油污染土地、污染地下水。

1.5.2.2 材料、设备库房的施工按临时设施建设与使用所涉及的环境控制措施实施,预防或减少噪声排放、扬尘、废水、废弃物遗弃污染土地、污染地下水。

1.6 设备安装控制要求

1.6.1 混凝土施工与设备浇筑、锚固施工控制要求

设备基础的开凿或钻孔、设备基础施工、设备基础浇筑与无收缩混凝土的浇筑、环氧树脂砂浆锚固,分别按混凝土钻孔、开凿,模板支拆,混凝土搅制、振捣,环氧树脂砂浆搅制、振捣所涉及的环境控制措施实施,防止噪声、有毒有害气体排放,失效混凝土、环氧树脂砂浆遗弃污染土地。

1.6.2 设备安装通用控制要求

1.6.2.1 设备运输与吊装控制要求

(1) 现场内的设备水平运输应利用叉车或厂房内已交付使用的吊车实施,避免吊运设备选择不当造成设备损坏浪费资源;如采用滚扛运输时,滚扛下应垫跳板,防止噪声排放污染环境或损坏地坪和设备,浪费资源。

(2) 整体出厂的设备搬运和吊装时,捆绑部位应采用设备本身设置的捆绑位置,绳索不得捆绑在风机的转子和机壳上盖或轴承上盖的吊耳上或其他设备易损易坏部位;解体出厂的设备绳索的捆绑不得损伤机件的表面,风机的转子和齿轮的轴颈、测振部位均不应作为捆绑部位;避免因捆绑部位不当损坏设备,浪费资源。

(3) 利用建筑结构作为起吊、搬运设备的承力点时,应对结构承载力进行核算,必要时应经设计单位同意方可利用,预防建筑结构变形、损坏,而发生事故,浪费资源。

(4) 吊装时必须遵守相关的操作规程,两台卷扬机起吊一个部件时,两台转速必须同步一致,严禁用两台吨位不等、转速、转距不一致的卷扬机起吊一个部件或一台设备,避免吊装时受力不均损坏设备,浪费资源;卷扬机下垫接油盘,防止设备漏油或加油时油遗洒污染土地。

1.6.2.2 地脚螺栓、垫铁控制要求

(1) 设备安装所需各种垫铁、地脚螺栓应选择成品件,避免自己加工,产生噪声、一氧化碳与二氧化硫排放,设备漏油污染现场、污染地下水。

(2) 地脚螺栓表面的油污、铁锈和氧化铁应安排专人用擦布擦洗干净,避免地脚螺栓表面未除净影响设备正常使用。

(3) 基础混凝土或钢筋混凝土有裂缝的部位不得使用胀锚螺栓,防止锚固不牢发生机械事故,浪费资源;螺栓孔与基础受力钢筋和水电、通风管线等埋设物不应相碰,避免因设备运行使钢筋和水电、通风管线等受到破坏发生事故,浪费资源。

(4) 设备地脚螺栓孔应预留准确,避免位置不准返工;剔凿混凝土孔洞时应对作业四周围挡,采用人工剔凿,尽量少用空压钻施工,预防或减少噪声污染;空压机应安设在室内并放置接油盘,预防或减少噪声污染和漏油污染土地、污染地下水。

(5) 地脚螺栓应垂直,螺母应拧紧,扭力矩一致,螺母与垫圈,垫圈与设备底部的接角应紧密,预防安装不到位,造成设备振动,不能正常运行。

(6) 设备用螺栓调整垫铁,其螺纹部分和调整块滑动部分应涂以耐水性好的润滑脂,不锈钢、铜、铝等材质的螺栓装配时,应在螺纹部分涂抹润滑剂,涂刷润滑脂应垫托盘,防止遗洒污染土地、污染地下水;装配螺栓时宜采用扳手,不得使用打击法和超过螺栓许用应力,防止噪声污染环境,折断螺栓浪费资源。

(7) 清除的油污、铁锈和氧化铁,剔凿的混凝土渣,报废的润滑脂、螺栓、垫铁等应统一分类回收,收集一个运输单位后交有资质单位或环卫部门或废品回收单位处理,防止乱扔污染土地、污染地下水;运输采用封闭车,出场前应对车轮清扫干净,预防遗洒污染土地。

1.6.2.3 设备安装前清理控制要求

(1) 安装施工地点及附近的建筑材料、泥土、杂物和设备基础表面和地脚螺栓预留孔中的油污、碎石、泥土等,应安排专人先分类、洒水后再清除干净,预防清除作业中扬尘污染。

(2) 清理的积水应倒入无渗漏的小桶中,再倒入现场一级沉淀池中,预防随意排放和运输中遗洒污染土地、污染地下水、影响环境卫生。

(3) 清理的建筑材料、泥土、杂物、油污、碎石、泥土等应统一分类回收,收集一个运输单位后交有资质单位或环卫部门或废品回收单位处理,防止乱扔污染土地、污染地下水;运输采用封闭车,出场前应对车轮清扫干净,预防遗洒污染土地。

1.6.2.4 设备开箱检查控制要求

(1) 设备开箱验收时,应严格按照设备说明书中零部件一览表对构配件逐一进行查阅验收,对缺漏的部件及时通知生产厂家,以保设备顺利安装,避免因部件不全而不能安装拖延施工工期或影响设备的正常运转;设备开箱检查时,应注意轻拿轻放,减小噪声及设备损坏及变形,若有损伤的零部件应及时修复,对破损严重者,及时退回厂家,避免造成更大的财产损失。

(2) 设备开箱检查后下班前,厂房窗子应关闭严实、大门加锁,预防设备丢失;设备尽量单层堆放,易脆设备不准堆放在下层,不能倒放的设备不准倒置堆放,特殊重要零部件和专用工具应放在专门的房间或工具箱内由专人保管;预防或减少因设备保管方法不当,使设备变形、损坏、锈蚀。

(3) 开箱后的包装材料,应安排人员回收,以便交制造厂第二次利用;损坏的包装材料、设备零部件、废木板应统一分类回收,收集一个运输单位后交有资质单位或废品回收单位处理,防止乱扔污染土地、污染地下水;运输采用封闭车,出场前应对车轮清扫干净,预防遗洒污染施工现场。

1.6.2.5 上位、初平、精平

(1) 设备安装前,应对设备基础进行检查,设备基础的长宽应比设备的外形尺寸各加

长100mm,且设备基础必须水平,确保设备安装后稳定牢固,避免因不稳定牢固而造成设备不能正常使用,返工产生扬尘、噪声及固体废弃物污染环境。

(2) 设备安装到基础上规定的部位后,应检查设备的纵横中心线与基础上的中心线对正,如设备不正,用撬杠轻轻撬动进行调整,以免噪声过大或损坏设备;验收合格的设备应在现场进行组装,组装后的设备及机组应做到连接处严密、牢固可靠、不渗不漏,各项质量符合要求后方可安装,避免安装因质量问题不合格再拆下而造成粉尘、噪声、固废,且拖延施工进度。

(3) 设备初平时,将找正后的设备调整到规定要求的程度时,应将地脚螺栓灌浆,灌浆时,应注意灌浆层的高度及坡向,灌浆层在底座的外面应高于底座的底面,坡口向外以防油、水等流入设备底座而造成污染而无法清理。

(4) 设备基础浇筑的混凝土应在搅拌机或铁制拌槽内搅拌,防止遗洒污染土地、污染地下水;混凝土搅拌应在封闭的搅拌站进行,预防或减少噪声污染;拌制混凝土时必须严格按规定的配合比准确配料、搅拌均匀,预防混凝土拌制强度等级或品种不合格,造成返工浪费资源;混凝土随用随拌,预防拌制过多剩余或未使用已初凝,浪费资源。

(5) 拌制混凝土时,水泥应在料斗内轻轻抖动,防止扬尘对环境污染;装运混凝土时应低于车帮10~15cm,预防遗洒污染土地、污染地下水;混凝土运到现场后应倒在铁槽内,预防污染地面;清洗搅拌机和泥浆槽的水必须经两级沉淀池沉淀后才能排入市政管网,不允许不经沉淀随意排放对地下水的污染;混凝土振捣采用人工振捣或噪声低的振捣器振捣,预防或减少噪声污染和振捣不实,造成返工浪费资源。

(6) 设备精平时,应对初平后设备的水平度进行精确调整,将水平仪放在被测量地面上原地旋转180°进行测量,利用两次读数的结果计算修正,使测量精度达到规范或技术文件的要求,避免设备投入使用后,才发现精度不够而影响正常使用。

(7) 报废的混凝土等应统一回收,收集一个运输单位后交有资质单位或环卫部门或废品回收单位处理,防止乱扔污染土地、污染地下水;运输采用封闭车,出场前应对车轮清扫干净,预防遗洒污染土地、污染地下水。

1.6.2.6 设备及零部件表面除锈、清洗、脱脂控制要求

(1) 对于整体安装的机组及设备,应对表面进行清洗,内部零部件不进行拆卸及清洗,以免损伤零部件,造成损失;若设备超出保质期或有明显缺陷时,再进行清洗,以避免设备缺陷未及时消除,影响设备的正常使用。

(2) 拆卸时,应按顺序拆卸,并在每个部件上做出标记和编号,以防安装时,方向位置颠倒,浪费时间;拆下的部件应放置专门房间并上锁,以防止精小部件丢失或安装遗漏,造成设备不能正常使用。

(3) 设备在拆卸和清洗过程中,应根据金属表面粗糙程度采取适宜的刮具、砂布或酸洗方法除锈,尽量少用砂轮机打磨防止噪声排放;除锈用力适当,避免用力过猛损坏部件或产生变形,浪费资源;设备拆卸后,开口销必须更换;清洗设备应选用软质刮刀、细布,以刮去设备表面上的防锈漆、油漆、铁锈、油泥等污物,避免将设备表面划伤、磨损。设备及零部件表面酸洗按管道酸洗所涉及的环境控制措施实施,防止有毒有害气体排放、遗洒、废液排放、废弃物处置对环境的污染。

(4) 装配件表面除锈及污垢清除宜采用碱性清洗液[(氢氧化钠、碳酸钠、硅酸钠、水)、(氢氧化钠、磷酸三钠、硅酸钠、水)、(氢氧化钠、磷酸钠、碳酸钠、硅酸钠、水)、(磷酸三钠、磷酸二氢钠、硅酸钠、烷基苯磷酸钠、水)]和乳化除油液(煤油、松节油、月挂酸、三乙醇胺、丁基溶纤剂)进行清洗,清洗应在适宜的槽内进行,预防或减少碱性清洗液、乳化除油液遗洒污染土地、污染地下水;碱性清洗液、乳化除油液应在专门的防腐的塑料槽中拌制,预防遗洒污染土地、污染地下水;碱性清洗液、乳化除油液应随用随拌,预防拌制量过多造成浪费。

(5) 清洗设备及装配件表面的防锈油脂宜采用溶剂油、航空洗涤汽油、轻柴油、乙醇和金属清洗剂(FCX-52固态粉末或颗粒、32-1棕黄色粘稠液、TM-1淡黄色透明液体、SS-2)进行擦洗、刷洗或浸泡,避免擦洗、刷洗或浸泡控制不当损坏设备或返工浪费资源,污染环境;擦洗时除锈油脂不宜沾得太多(不流淌),预防或减少遗洒污染土地、污染地下水。

(6) 设备及装配件表面刷洗或浸泡应在专门清洗槽内进行,待设备及装配件表面不滴溶液时才能离开清洗槽,防止遗洒污染土地、污染地下水;清洗用过的除锈油脂经沉淀后及清除废渣后再次使用,预防或减少除锈油脂的消耗和浪费。

(7) 用煤油或汽油做清洗剂,如用热煤油,加温后油温不得超过40℃,不得用火焰直接对盛煤油的容器加热(中间必须用铁板隔开);用热机油做清洗剂,油温不得超过120℃,避免加热温度控制不当损坏设备,浪费资源;加热应在专门加工场进行,加热时应送风减少热辐射污染;清洗应在专门的油盘内进行,防止油遗洒污染土地;清洗用过的油经沉淀后及清除废渣后再次使用,预防或减少煤油或汽油的消耗和浪费。

(8) 在禁油条件下工作的零部件及管路应进行脱脂,脱脂后应将残留的脱脂剂(工业四氯化碳、工业三氯化碳含稳定剂、95.6%工业酒精、98%的浓硝酸、碱性脱脂液、金属清洗剂)清除干净;脱脂应在专门清洗槽内进行,待装配件不滴溶液时才能离开清洗槽,防止遗洒污染土地、污染地下水。

(9) 脱脂液应在专门的防腐的塑料槽中拌制,预防遗洒污染土地、污染地下水;脱脂液应随用随拌,预防拌制量过多造成浪费;清洗拌和槽的水应倒入沉淀池,并经两级沉淀池后排入市政污水管网,防止随意排放污染土地、污染地下水、影响环境卫生。

(10) 碱性清洗液、乳化除油液、脱脂剂使用后应经沉淀后,安排专人清除废渣后再次使用,减少碱性清洗液、乳化除油液、脱脂剂的消耗和浪费;废弃碱性清洗液、乳化除油液、脱脂剂,应经中和、稀释达到排放标准后才准排入市政污水管网,不得随意排放污染土地、污染地下水、污染市政管网、影响环境卫生。

(11) 设备拆卸及清洗场地必须清洁,并按消防要求配置灭火器材,以防失火造成财产损失,产生烟气及废弃物污染大气、土地及地下水;用过的清洗油沉淀后应对其废渣进行清理,清除的废渣待油滴净后再移开清洗盆,清理后的油应二次利用节约油资源。

(12) 选用的清洁剂、煤油、汽油,其成分中环境指标含量不能超过每升0.3毫克,以免腐蚀性太大而损坏设备表面;用后的煤油、汽油应及时封盖,避免其挥发,污染空气;清洗后应涂刷机油,涂刷机油应随时用接油盘接在刷子下面,避免油刷上的液体滴入地面造成污染;机油使用后,应将盖子盖紧,防止挥发浪费。

(13) 清除的废渣,报废的 FCX-52 固态粉末或颗粒、石蜡、棉纱、布头、油纸等应统一分类回收在金属容器内,收集一个运输单位后交有资质单位或环卫部门处理,防止乱扔污染土地、污染地下水;运输采用封闭车,出场前应对车轮清扫干净,预防遗洒污染土地、污染地下水。

1.6.2.7 设备涂刷润滑油控制要求

(1) 设备上较精密的螺纹连接或温度高于 200℃条件下工作的连接件及配合件装配时,应在其配合表面涂上防咬合剂(二硫化钼粉、二硫化钨粉、石墨磷片),避免防咬合剂涂刷控制不当返工,浪费资源;涂刷时应有接盘,防止咬合剂遗洒污染土地、污染地下水;防咬合剂应在专门的防腐的塑料槽中拌制,预防遗洒污染土地、污染地下水;防咬合剂应随用随拌,预防拌制量过多造成浪费;清洗拌和槽的水应倒入沉淀池,并经两级沉淀池后排入市政污水管网,防止随意排放污染现场,影响环境卫生。

(2) 联轴器的内、外齿的啮合应良好,并在油浴内工作,其中小扭矩、低转速选用 ZL-4 润滑脂,大扭矩、高转速选用 HL20、HL30 润滑油;避免润滑油用错返工,浪费资源或啮合不好致使运行时漏油污染土地、污染地下水;涂刷时应有接盘,防止润滑油遗洒污染土地、污染地下水。

(3) 具有过盈的配合件在常温下装配时,应将配合面清洗干净,并涂一薄层不含二硫化钼添加剂的润滑油,避免润滑油用错返工,浪费资源;涂刷时应有接盘,防止润滑油遗洒污染土地、污染地下水;装入时用力均匀,不得直接打击装配件,防止噪声污染环境和损坏配件。

(4) 采用润滑脂的轴承时,装配后在轴承空腔内应加注 65%~80%空腔容积的清洁润滑脂,预防设备磨损,浪费资源;加注润滑脂应采取接盘防止遗洒污染土地、污染地下水;稀油润滑的轴承不得加注润滑脂,避免轴承润滑油用错,影响设备的正常使用,造成返工浪费资源。

(5) 使用密封胶时,应在油封唇部和轴表面涂以润滑剂,防止润滑剂涂刷控制不当造成渗漏污染土地、污染地下水;涂刷润滑剂时应采取接盘防止遗洒污染土地、污染地下水;油封装配方向应使介质工作压力把密封唇部紧压在主轴上,不得装反,造成返工浪费资源。

(6) 报废的二硫化钼粉、二硫化钨粉、石墨磷片、ZL-4 润滑脂、HL20 润滑油、HL30 润滑油、稀油润滑剂、润滑剂等应统一分类回收在金属容器内,收集一个运输单位后交有资质单位处理,防止乱扔污染土地、污染地下水;运输采用封闭车,出场前应对车轮清扫干净,预防遗洒污染土地、污染地下水。

1.6.2.8 轴瓦安装与研刮控制要求

(1) 轴瓦的合金层与瓦壳的结合应牢固紧密,不得有分层、脱壳现象,合金层表面和两半轴瓦的中分面应光滑、平整及无裂纹、气孔、重皮、夹渣和碰伤等缺陷;防止因轴瓦验收不当影响设备的正常使用,造成返工,浪费资源。

(2) 轴瓦的装配应符合相关规范要求或设备技术文件的规定,其接合面接触良好;预防轴瓦装配不合格,影响设备的正常使用,造成返工,浪费资源。

(3) 薄壁轴瓦的接触面一般不允许研刮;轴瓦、球面瓦须研刮后才能装配时,其研刮应按相关规范或设备说明书实施研刮;轴瓦研刮应在专用平台上进行;避免轴瓦研刮控制不当,损坏轴瓦造成返工,浪费资源。

(4) 清理的研刮废弃物,报废的轴瓦、研刮用料等应统一分类回收在金属容器内,收集一个运输单位后交有资质单位处理,防止乱扔污染土地、污染地下水;运输采用封闭车,出场前应对车轮清扫干净,预防遗洒污染土地、污染地下水。

1.6.2.9 设备试车控制要求

(1) 具备设备安装试运转条件后,首先按照试运转安全技术方案分系统逐项进行电气(仪器)控制系统调试,润滑、液压、气(汽)动、冷却和加热系统调试,机械系统调试;调试合格后再进行各系统的联合调试;避免未进行调试或调试程序颠倒致使设备损坏,造成返工,浪费资源。

(2) 综合调试合格后先手动后机动,当不适于手动时可点动或低速机动,从低速到高速运转;避免试运过程控制不当或程序颠倒造成设备损坏,浪费资源。

(3) 试运时,先单机后联动,从单车试运到全部系统试运,从空载运转到满负荷运转,缓慢谨慎地逐步进行;避免试运过程控制不当或程序颠倒,造成损坏设备、漏气、漏油,造成返工,浪费资源。

1.6.3 设备安装应急准备响应控制要求

1.6.3.1 设备安装中防火的控制要求

(1) 油品、油漆、保温材料、设备及配件堆放场地或库房,设备清洗、部件烘烤、部件酸洗、脱脂与冲洗、用丙酮擦洗、焊接、油漆、保温施工现场应在通风良好的地方进行,附近10m范围内不得有易燃物品;动火有审批;并按《建筑物灭火器配备设计规范》确定作业场地的危险等级、火灾种类,配备足够数量有效的手推车式或手提式灭火器;一个计算单元不少于2具、不宜多于5具;明确疏散路线,救护联络方式,组织义务消防队,每年演练一次;避免应急策划或准备不到位,不能够控制火情,延误救火产生环境污染。

(2) 使用喷灯烘烤机件时,应注意火焰的喷射方向,防止引发火灾污染环境;丙酮擦洗地脚螺栓时,应在通风良好、专门铁盘内用擦布擦洁净,防止丙酮遗洒引发火灾污染环境;具有过盈的配合件采用温差法装配时,其加热或冷却不得使其温度变化过快,防止意外发生火灾污染环境或灼伤人员;冷却时现场通风良好,冷却剂应放入特制的容器内,防止液氨或液氮遗洒或挥发污染环境、冻伤人员。

(3) 当发现火情处于初始阶段(1~3min)时,组织义务消防队和有关人员及时灭火,控制火情,防止火蔓延发生火灾,污染环境;出现火情不能控制时立即向119报警,同时组织人员疏散,转移必要的财产,配合消防队员救火,减少火灾引发爆炸事故,加大对环境的污染。

1.6.3.2 设备试运转中应急准备响应控制要求

(1) 在试运转前,应针对大型设备、特殊设备和运行介质为易燃、易爆、有毒、有害的设备编制试车应急准备和响应预案;避免方案策划不周导致试运转时损坏设备或泄漏或爆炸,污染环境。

(2) 严格按试车应急准备和响应预案准备足够数量的、有效的抢险设备、材料和人员、灭火器材、防毒用品;避免发生意外情况时,因应急准备和响应不到位,延误时机加重设备事故,增大对环境的污染。

(3) 在试运转前,安全防护装置做可靠试验,试运转区域应设明显标志和警界线,严禁非操作人员进入试运转区;避免安全防护装置不可靠发生损坏设备或泄漏或爆炸,浪费资源。

1.7 设备安装中监测要求

1.7.1 材料监测要求

1.7.1.1 设备油漆、保温材料、酸洗、清洗、脱脂、润滑材料等进场时,对质量、环境要求检查或检测1次,不合格不准进场、不准使用,预防材料对环境的污染。

1.7.1.2 每月应对二硫化钼油脂、石墨机油、石墨粉、氢氧化钠、碳酸钠、磷酸三钠、磷酸钠、磷酸二氢钠、硅酸钠、烷基苯磷酸钠、煤油、松节油、月挂酸、三乙醇胺、丁基溶纤剂、溶剂油、航空洗涤汽油、轻柴油、乙醇、金属清洗剂、油漆、保温材料等易燃易爆、危险化学品储存条件、安全距离、堆放高度、堆放情况、防火、防潮条件、禁火标识等检查1次,发现异常情况时,采取针对措施纠正,避免材料变质或失效或损坏或丢失,浪费资源,污染现场。

1.7.2 人员管理监测要求

1.7.2.1 每次作业前应对钳工、起重工、焊工、油漆工、保温工等人员的岗位操作证或培训资料(包括环境措施交底内容)检查1次,发现人员不适应采取针对措施纠正,避免因人员素质低,造成返工,浪费资源,污染环境。

1.7.2.2 每次作业前应对油漆、保温、酸洗、脱脂等作业人员的防护用品检查1次,发现不足应采取针对措施纠正,避免保护用品不到位,伤害人员,造成对环境的污染。

1.7.3 设备和设施监测要求

1.7.3.1 每周应对运输设备、吊装设备、加热设备、焊接设备、调试设备、搅拌设备的保养状况等检查1次,当发现异常情况时,及时安排保养、检修,降低消耗,防止油遗洒污染土地、地下水;每批作业中应对设备噪声排放(75dB)、热辐射监测1次,当发现超标时,及时更换噪声低的设备或增加隔声、隔热材料厚度或更换其他隔声、隔热材料,减少噪声、热辐射对环境的污染。

1.7.3.2 每班作业前应对接油盘目测1次,当接油盘存油达到距槽帮10mm时或项目完成相关作业活动时应进行清理,防止盘内存油溢出,污染土地、地下水。

1.7.4 土建施工中监测要求

1.7.4.1 设备灌浆分别按土石方施工、混凝土施工中涉及的环境关键特性检测规定实施检测,避免或减少扬尘、遗洒、噪声排放、废水排放、废物遗弃对环境的污染。

1.7.4.2 设备支撑架安装按钢结构安装中涉及的环境关键特性检测规定实施检测,避免或减少噪声排放、弧光污染、有害气体排放、扬尘、废物遗洒、废物遗弃对环境的污染。

1.7.5 对设备安装中监测要求

1.7.5.1 对酸洗、清洗、脱脂设备监测要求

(1) 每批作业前应对酸洗、清洗、脱脂方式、操作程序,酸洗、清洗、脱脂用料比例,设备状况、周边环境、废弃物处置等是否符合施工方案检查1次。

(2) 每批作业时应对噪声、热辐射、空气中有害气体浓度等检测1次;对酸洗、清洗、

脱脂作业过程,遗洒检查1次;废液排放前对其酸碱度、化学成分检测1次;对噪声排放(75dB)每天监听1次,每月检测1次。

(3)监测中如发现不适应或超标,应停止相关作业或更换设备或中和稀释废液或增加隔声材料厚度或更换材料或改变作业方法或采取纠正措施,避免或减少噪声排放、有害气体排放、热辐射、废液排放、油遗洒、废物遗弃对环境的污染。

1.7.5.2 对设备安装监测要求

(1)每台或每批设备安装前,应对设备固定方式、设备状况、油渗漏情况等是否符合程序及施工方案检查1次。

(2)每台或每批设备安装时应对搬运吊装方式、安装或组装方法、安装操作程序、润滑脂涂抹过程,油遗洒,有害气体排放,废物回收、处置等是否符合程序及施工方案检查1次;对扬尘目测1次(扬尘高度不超过0.5m);对射线辐射等检测1次;对噪声排放(75dB)每天监听1次,每月检测1次。

(3)监测中发现不适应或超标,应停止相关作业或改变施工工艺或改变作业方式或更换设备或增加隔声材料厚度或更换材料或覆盖或增加检测次数或采取纠正措施,避免或减少噪声、射线辐射、有害气体排放、扬尘、油遗洒、废物遗弃对环境的污染。

1.7.5.3 对油漆、保温施工监测要求

(1)每批油漆、保温施工前,应对保温材料拌和装置,沉淀池,保温材料储存,废油漆、保温材料遗弃等是否符合施工方案及管理程序检查1次。

(2)每批油漆、保温施工时应对油漆、保温施工方式,操作程序、油遗洒,废油漆、保温材料回收、处置等是否符合管理方案及施工程序检查1次;对扬尘目测1次(扬尘高度不超过0.5m)。

(3)每批油漆、保温施工时应对废水沉淀时间、废水排放速度等检测1次;对噪声排放(75dB)每天监听1次,每月检测1次;在风景区或饮水区施工时,废水排放必须达到国家规定的一级或二级排放标准,并经当地环保部门检测确认达标后才允许排放。

(4)监测中如发现不适应或超标,应停止油漆、保温施工或改变施工方式或更换设备或增加隔声材料厚度或更换材料或覆盖或采取纠正措施,避免或减少废水、噪声排放,扬尘、油遗洒、废物遗弃对环境的污染。

1.7.5.4 调试、试运行监测要求

(1)每次调试、试运行前,应对检测仪器、警界范围、人员撤离、排污口、投料比例和计量、废物处置等是否符合施工方案检查1次。

(2)每次调试、试运行时应对调试程序、操作过程、运转状况、油浸漏,废物回收、处置等是否符合施工方案检查1次;对射线辐射检测1次,对噪声排放(75dB)每天监听1次,每月检测1次。

(3)监测中如发现不适应或超标,应停止相关作业或改变调试方式或更换配件或增加警界范围或采纠正措施,避免或减少噪声排放、热辐射,油遗洒,废物遗弃对现场的污染。

1.7.6 应急准备响应监测要求

1.7.6.1 防火监测要求

(1) 土建施工中防火监测要求

设备灌浆、设备支撑架安装分别按土石方施工、混凝土施工、钢结构安装中涉及的应急准备中环境关键特性检测规定实施检测,避免发生火灾、爆炸对环境的污染。

(2) 设备安装中防火监测要求

1) 每次作业前,应对油品、油漆、保温材料、设备及配件堆放场地或库房,设备清洗、部件烘烤、部件酸洗、脱脂与冲洗、用丙酮擦洗、焊接、加热、油漆、保温施工现场的禁火标识、与易燃品的安全距离,灭火器材的种类、数量、放置位置、有效性等是否符合程序及施工方案检查1次;

2) 作业中应对设备清洗、部件烘烤、部件酸洗、脱脂与冲洗、用丙酮擦洗、焊接、加热、油漆、保温施工作业程序,环境状况、灭火设施等是否符合程序及施工方案每天检查1次;

3) 监测中如发现不足应停止相关作业或调整作业程序或改变加热方式或更换灭火设施或采取纠正措施,避免应急措施策划或实施不到位意外发生火灾、爆炸造成对环境的污染。

1.7.6.2 设备试运中监测要求

(1) 每次作业前试压的加固部位、排污口位置等检查1次;作业中应对设备加温或冷却温度、设备运转状况1h检测1次。

(2) 监测中如发现不足应停止相关作业或调整作业程序或改变加热方式或采取纠正措施,避免应急措施策划或实施不到位,发生设备爆炸、严重渗漏、浪费资源,污染环境。

2 专用设备安装

2.1 设备安装工艺流程

2.1.1 散件设备安装工艺流程

施工准备→设备运输→设备开箱检查→设备清洗→设备组装→设备基础灌浆→设备管线碰头→单台设备调试→空运转→系统调试→系统空运转。

2.1.2 整体设备安装工艺流程

施工准备→设备运输→设备开箱检查→设备安装→设备基础灌浆→设备清洗→设备管线碰头→单台设备调试→空运转→系统调试→系统空运转。

2.1.3 输送设备安装工艺流程

施工准备→设备基础施工→设备支撑架安装→设备运输→设备开箱检查→设备清洗→设备组装→设备管线碰头→单台设备调试→空运转→系统调试→系统空运转。

2.2 设备安装中的环境因素

2.2.1 设备安装中涉及土建施工中的环境因素

2.2.1.1 输送设备土方开挖机械与石方爆破中噪声排放、扬尘,油渗漏污染土地、污染地下水;土方储存与运输扬尘、遗洒,植被破坏,废物遗弃污染土地、污染地下水。

2.2.1.2 设备混凝土基础和设备灌浆与无收缩混凝土的浇筑、环氧树脂砂浆锚固中模板支拆扬尘、噪声排放、脱模剂遗洒、废脱模剂遗弃污染土地、污染地下水;混凝土拌制、浇筑中的噪声排放、扬尘,水电消耗,混凝土遗洒、清洗搅拌机水排放污染土地、污染地下水;水泥、砂子运输与储存扬尘、遗洒污染土地、污染地下水;混凝土运输遗洒、清洗运输车水排放污染土地、污染地下水；失效混凝土、环氧树脂砂浆遗弃污染土地、污染地下水。

2.2.1.3 设备支撑架安装中噪声排放、有害气体排放,弧光污染；油遗洒污染土地、污染地下水；废油、废螺栓、废涂料、废涂料桶、油刷、废电焊条、焊条头、焊渣遗弃污染施工现场。

2.2.2 设备安装中的涉及的环境因素

2.2.2.1 设备运输吊装中噪声排放、油遗洒污染土地、污染地下水；垫铁、地脚螺栓加工中产生噪声、一氧化碳与二氧化硫排放,设备漏油污染土地、污染地下水。

2.2.2.2 设备开箱检查中废包装材料、报废零部件遗弃污染土地、污染地下水。

2.2.2.3 设备及零部件表面酸洗中有毒有害气体排放,氢氧化钠、碳酸钠、磷酸三钠、磷酸钠、磷酸二氢钠、硅酸钠、烷基苯磷酸钠、煤油、松节油、月挂酸、三乙醇胺、丁基溶纤剂遗洒污染土地、污染地下水；废液排放,废碱性清洗液、除油液、废渣、棉纱、布头、油纸等遗弃污染土地。

2.2.2.4 设备清洗中溶剂油、航空洗涤汽油、轻柴油、乙醇挥发浪费资源,有害气体排放,废液排放,遗洒污染土地、污染地下水；金属清洗剂(FCX-52固态粉末或颗粒、32-1棕黄色粘稠液、TM-1淡黄色透明液体、SS-2)遗洒污染土地、污染地下水；废溶剂油、航空洗涤汽油、轻柴油、乙醇挥发、遗洒,废金属清洗剂、废渣、废油刷、废砂纸、石蜡、棉纱、钢丝刷、铁锈遗弃污染土地、污染地下水。

2.2.2.5 设备零部件及管路脱脂清洗中工业四氯化碳、工业三氯化碳、稳定剂、工业酒精、浓硝酸、碱性脱脂液、金属清洗剂挥发浪费资源,废液排放、有害气体排放,遗洒污染土地、污染地下水；废碱性脱脂液、废金属清洗剂、铁锈遗弃污染土地、污染地下水。

2.2.2.6 设备安装中噪声排放、有害气体排放；涂润滑脂、防咬合剂(二硫化钼粉、二硫化钨粉、石墨磷片)遗洒污染土地、污染地下水；废垫铁、废螺栓、废环氧树脂、废防咬合剂、废润滑脂,地脚螺栓油污、铁锈和氧化铁等遗弃污染土地、污染地下水。

2.2.2.7 设备管线碰头中弧光污染、有害气体排放、热辐射,废电焊条、电焊头、焊渣遗弃污染施工现场。

2.2.2.8 输送皮带接头粘接中有害气体排放、热辐射,废皮带、胶粘剂遗弃污染土地、污染地下水。

2.2.2.9 设备试运中水、电、汽、油消耗；油、试车投料遗洒污染土地、污染地下水；噪声排放,废试车投料遗弃污染施工环境。

2.2.2.10 设备油漆、保温施工中噪声排放、扬尘,遗洒污染土地、污染地下水；洗拌和装置废水排放污染土地、污染地下水；废油漆、废保温材料、废拌和材料遗弃污染土地、污染地下水。

2.2.3 设备安装中应急准备响应所涉及的环境因素

2.2.3.1 输送设备、土方开挖机械与石方爆破中意外损坏建筑物、地下管道、破坏文物、发生泄漏、火灾,污染大气、污染土地、污染地下水。

2.2.3.2 油品、油漆、保温材料、设备及配件堆放场地或库房,设备清洗、部件烘烤、部件酸洗、脱脂与冲洗、用丙酮擦洗、皮带粘结、焊接、油漆、保温施工现场中意外发生火灾烧坏设备、产生大量废气、废弃物污染大气、污染土地、污染地下水、影响环境卫生。

2.2.3.3 设备运转中误操作或违反操作程序发生设备损坏、泄漏、严重漏油、甚至爆炸事故,浪费资源,产生大量废气、废弃物污染大气、污染土地、污染地下水、影响环境卫生。

2.3 设备安装中对材料的要求

2.3.1 使用密封胶时,应将结合面上的油污、水分、铁锈及其他污物清除干净,清除的油污、铁锈及其他污物应统一回收,收集一个运输单位后交有资质单位或环卫部门处理,防止乱扔污染土地、污染地下水;运输采用封闭车,出场前应对车轮清扫干净,预防遗洒污染土地、污染地下水。

2.3.2 装配"O"形密封圈时,密封圈不得有扭曲和损伤,并正确选择预压量,装配时油封唇部应无损伤,避免使用不合格材料造成返工,浪费资源,污染环境。

2.4 设备安装中对人员的要求

2.4.1 设备安装中对企业的要求

设备安装企业必须在从事设备安装前,取得"设备安装资质证书"后方可从事相应级别、类型相符的设备安装,避免因企业不具备相应设备安装能力而发生损坏设备、漏气浪费资源,漏油污染施工场地。

2.4.2 设备安装中对人员的要求

2.4.2.1 企业的设备安装、检验试验人员,钳工、起重工、焊工等必须取得相应级别的岗位操作证,按考核合格后的项目、权限和相应的国家与地方规范、操作规程,从事与所持证书规定范围内工作;避免因人员素质能力不能满足要求而发生损坏设备、漏气浪费资源,漏油污染土地、污染地下水。

2.4.2.2 机械操作人员应经过培训,掌握相应机械设备的操作要领后方可进行设备安装、调试等作业。避免因人的误操作或不按操作规程操作、保养造成设备部件报废污染土地、污染地下水,浪费资源,噪声超标,机械设备漏油污染土地、污染地下水。

2.4.2.3 每项作业活动操作前项目部应组织设备安装、调试人员针对该项作业活动所涉及的噪声排放、扬尘、遗洒、漏油、有害气体排放等重要环境因素的环境控制措施、环境操作基本要求、环境检测的关键特性、防火、丙酮、设备试车等应急准备响应中的注意事项进行专项环境交底或综合交底(包括以上环境方面的内容),避免因作业人员的不掌握环境方面的基本要求造成噪声超标,漏油、遗洒、废弃物遗弃污染土地和地下水。

2.5 设备安装中对设备和设施的要求

2.5.1 设备安装中对设备的要求

2.5.1.1 安装前应根据施工组织设计或专项施工方案的要求,选择满足施工需要、噪声低、能耗低的运输设备、吊装设备、加工设备、焊接设备、粘结设备、调试设备,避免设备使用时噪声超标,漏油污染土地、污染地下水,加大水、电、油等资源消耗,浪费资源。

2.5.1.2 机械设备的保养与维护的要求

(1)设备每个作业班工作后应进行设备的日常保养,保证设备处于完好状态,避免设备使用时意外漏油污染施工现场。

(2)当发现设备有异常或存在问题时,应安排专人检查排除或送维修单位立即抢修,防止设备带病作业,加大能源消耗、浪费资源,设备漏油污染土地、污染地下水。

2.5.2 对设施的要求

2.5.2.1 作业设备接油盘宜采用厚度 0.5~1mm 铁皮，油盘大小不宜小于机械设备的水平投影面积，预防设备漏油污染土地和地下水。

2.5.2.2 材料、设备库房的施工按临时设施建设与使用所涉及的环境控制措施实施，预防或减少噪声排放、扬尘、废水、废弃物遗弃污染土地和现场。

2.6 设备安装控制要求

2.6.1 土建施工控制要求

2.6.1.1 土石方施工控制要求

输送设备、土方开挖与石方爆破按土石方施工所涉及的环境控制措施实施，预防或减少噪声排放、扬尘、油渗漏污染土地、污染地下水；土方储存与运输扬尘、遗洒、植被破坏，废物遗弃污染土地、污染地下水。

2.6.1.2 混凝土施工与设备浇筑、锚固施工控制要求

设备基础的开凿或钻孔、设备基础施工、设备基础浇筑与无收缩混凝土的浇筑、环氧树脂砂浆锚固，分别按混凝土钻孔、开凿，模板支拆，混凝土搅制、振捣，环氧树脂砂浆搅制、振捣所涉及的环境控制措施实施，防止噪声、有毒有害气体排放，失效混凝土、环氧树脂砂浆遗弃污染现场。

2.6.2 设备安装控制要求

2.6.2.1 输送机安装控制要求

（1）传动皮带的接头采用螺栓或胶合方法连接时，应顺着皮带运转方向搭接，采用热硫化法连接，不提倡常温连接，防止有毒气体排放、影响粘接质量，污染大气。

（2）热硫化法连接应在接头处先涂一层稀浆（一份橡胶料浸入六份汽油溶解而成），待干后再涂稠浆（一份橡胶料浸入三份汽油溶解而成）；接头处覆盖胶的配方应与本体覆盖胶一致；避免连接方法控制不当，造成返工。

（3）胶浆配制时应在专门的铁质容器内进行，防止遗洒污染土地；胶浆应随用随拌，预防拌制量过多造成浪费；清洗容器的水应倒入沉淀池，并经两级沉淀池后排入市政污水管网，防止随意排放污染土地、污染地下水、影响环境卫生；涂刷时下垫塑料布或一次沾胶浆不宜过多（不流淌），防止涂刷时胶浆流淌污染土地、污染地下水。

（4）并用电加热到 144.7±2℃ 下保温到本体强度的 85%~90%，避免加压或加温控制不当造成连接失败，浪费橡胶资源，污染环境；液压机下垫接油盘预防漏油污染土地、污染地下水；加热应在专门的加工场内进行，加热时送风，减少热辐射污染；保温应在专门保温箱进行，避免保温控制不当造成连接失败，污染环境。

（5）传动皮带粘接后必须进行预拉试验，其预拉力为工作拉力的 1.5~2 倍，预拉持续时间为 24h；避免皮带粘接后未做试验或试验控制不当造成接头连接失败。

（6）切割的传动皮带废料，报废的橡胶料、胶浆等应统一分类回收，收集一个运输单位后交有资质单位处理，防止乱扔污染土地、污染地下水；运输采用封闭车，出场前应对车轮清扫干净，预防遗洒污染土地、污染地下水。

2.6.2.2 架空索道安装控制要求

（1）架空索道基础的土石方开挖、混凝土基础浇筑、钢柱安装，分别按土方开挖、石方

开挖、模板支拆、混凝土搅制、振捣、钢结构安装、焊接所涉及的环境控制措施实施,防止噪声、有毒有害气体排放、扬尘、遗洒、废弃物遗弃污染土地、污染地下水,减少对植被的破坏。

(2) 架空索道的线路安装,按电气线路安装所涉及的环境控制措施实施,防止噪声、扬尘、遗洒、废弃物遗弃污染土地、污染地下水,减少对植被的破坏。

(3) 摇摆鞍座和固定鞍座安装时其绳槽应清理干净,并均匀涂上润滑脂,避免润滑脂未涂抹或涂抹控制不当造成绳槽和鞍座损坏,浪费资源,污染环境涂刷时一次不能用量过多(不流淌),避免遗洒污染土地。

(4) 钢丝绳应在绳盘架空后转动展开,不得在土壤、岩石、钢结构和钢筋混凝土构筑物上拖牵,预防钢丝绳损坏;钢丝绳展开过程严禁钢丝绳受到磨损、擦伤、打结、裂嘴、鼓肚、露芯、松散等损伤和在水中浸泡,防止钢丝绳报废。

(5) 承载索表面的涂油层受到破坏应进行补涂,补涂时油层不能过多或过厚造成流淌遗洒污染土地、污染地下水;严禁单点起吊承载索,起吊承载索的弯曲半径不应小于钢丝绳允许的最小半径,表层丝之间不得产生裂嘴现象,避免起吊方法失误造成钢丝绳报废。

(6) 承载索的锚固必须将夹块式锚具、夹楔式锚具和承载索上与二者接触处的油污清除干净,避免油未除净影响锚固效果;运载索安装后的垂直度偏差不宜大于设计值的5%;双牵引索的客运索道其每根牵引索的拉力接近相等;避免运载索垂直度、牵引索的拉力控制不当返工。

(7) 轨道接头至最近吊钩的距离:直线段不得大于700mm,曲线段不得大于500mm;导向板、护轨和挡轨的接头应平整、喇叭口应平缓;避免安装位置和安装质量控制不当,造成返工,污染环境。

(8) 扁轨、矩形轨、槽形轨道工作面应涂油,涂油层不能过多或过厚造成流淌遗洒污染土地、污染地下水;喇叭口加工应压制,预防敲打噪声污染。

(9) 挂结器和脱开器安装及校正应符合相关规范要求,防止出现抱索失误、抱索不良和车辆出站产生异常摆动等现象;小链板滚动中心线与导轨及大链板导槽中心线吻合,滚轮运动时不得啃咬上下导槽边缘,预防噪声污染和导轨非正常磨损。

(10) 客车制动器、缓降器、减摆装置和承载索润滑装置等重要部件安装应符合设备技术文件;避免因安装质量不合格,影响设备的正常使用,浪费资源。

(11) 清理的垃圾、清除的油污、报废的钢丝绳、锚具、润滑脂、设备配件等应统一分类回收,收集一个运输单位后交有资质单位或废品回收单位或环卫部门处理,防止乱扔污染土地、污染地下水;运输采用封闭车,出场前应对车轮清扫干净,预防遗洒污染环境。

2.6.2.3 提升机和绞车安装控制要求

(1) 组装卷筒的出绳孔不应有棱角和毛刺,防止损坏钢丝绳,浪费钢材资源;固定卷筒与其他两个支轮的连接摩擦面,制动盘与卷筒的结合面均应清理干净,避免未清除干净磨损设备,浪费资源;当结合面涂有富锌漆增摩剂时,严禁用汽油或煤油清洗,且结合面不得沾染油污;涂刷富锌漆时,不能过多或过厚造成流淌遗洒污染土地、污染地下水。

(2) 组装调绳装置安装后,手动与电动不应发生阻滞和卡住现象,预防噪声污染和磨损设备;减速器接合面处应严密,防止不严密漏油污染土地、污染地下水。

(3) 装配瓦块式制动器的销轴在装配前和液压站的油泵、阀、内外部油管、油箱等应在油盆内清洗洁净,防止油箱漏油污染土地;清洗用油经沉淀后清除废渣后二次利用,减少油的消耗和浪费;电液压调压装置中的磁钢装置不得敲打,拆卸,防止失磁和噪声污染环境。

(4) 清理的棱角、毛刺、垃圾、废渣、油污,报废的设备及配件、富锌漆等应统一分类回收,收集一个运输单位后交有资质单位或废品回收单位或环卫部门处理,防止乱扔污染土地、污染地下水;运输采用封闭车,出场前应对车轮清扫干净,预防遗洒污染土地、污染地下水。

2.6.2.4 压缩机安装控制要求

(1) 对往复活塞式压缩机的活塞、连杆、气阀、填料和解体出厂的零部件和附属设备应进行清洗,其中气阀、填料、密封件不得采用蒸汽清洗;隔膜式压缩机的缸盖、膜片、吸气阀、排气阀应拆洗;避免清洗控制不当,影响正常使用。

(2) 清洗后应将清洗剂和水分除净,并在零部件和附属设备的加工面上涂一层润滑油,涂油时不宜过多(不流淌),预防遗洒污染土地、污染地下水;无润滑压缩机及其与介质接触的零部件不得涂油,避免误操作污染环境。

(3) 螺杆压缩机的主机和附属设备的防锈油封应清洗干净,应将清洗剂和水分除净,工作腔内不得有杂质和异物,避免杂物未除净堵塞气孔;清洗、除锈按本章清洗、除锈所涉及的环境措施实施,预防或减少对环境的不利影响。

(4) 在组装机身和中体时应将煤油注入机身内,使润滑油升至最高位,持续时间不得少于4h,预防运行时油渗漏污染土地、污染地下水;曲轴组装后盘动数转,应无阻滞现象,汽缸组装后其冷却水管应保证安装质量,避免安装过程控制不当造成严密性试验渗漏,浪费水资源或阻滞产生噪声污染或损坏设备。

(5) 曲轴薄壁瓦面的合金层和薄壁的连杆大头瓦不宜研刮;活塞环表面无裂纹、夹杂物和毛刺等缺陷,活塞环在汽缸内作漏光检查,漏光不应超过两处;组装填料和刮油器时其油、水、气孔应清洁和畅通,各填料环的装配顺序不得互换;避免安装过程控制不当,影响设备正常使用。

(6) 附属设备中的压力容器的强度试检和严密性试验分别按管道试压所涉及的环境措施实施,防止漏油污染土地、污染地下水和噪声污染,浪费水资源。

(7) 压缩机负荷试运转前的空气吹扫口设置应合理,防止吹扫时损坏其他设备或物品,浪费电资源;废弃物应分类清扫交有资质单位处理,防止随意乱扔污染环境。

(8) 无润滑压缩机及附属设备除执行上述规定外,应组装前对防锈油零件进行脱脂,汽缸镜面、活塞杆表面不应有锈迹,避免表面脱脂控制不当影响正常使用。

(9) 组装活塞前应在汽缸镜面、活塞杆表面涂一层零号二硫化钼粉,涂二硫化钼粉时下垫托盘或不宜过多(不流淌),预防流淌污染土地、污染地下水。

(10) 压缩介质为氧气及易燃易爆气体的无润滑压缩机和螺杆压缩机,凡与介质接触的零部件、附属设备、管路均应脱脂,脱脂后采用氮气吹干,并将无润滑压缩机的零部件和管路两端口作无油封闭;清洗、除锈、脱脂按本章清洗、除锈、脱脂所涉及的环境措施实施控制,预防或减少对环境不利影响。

(11) 无润滑压缩机运转中,曲轴箱和十字头的润滑油严禁带入填函和汽缸内;施工完毕或试运转暂停期间,应在吸汽管道内通入无油干燥氮气,缓慢转动压缩机,经放空阀排出,使氮气吹尽汽缸内的水分,然后关闭吸、排气管阀门,预防生锈返工,浪费资源;汽缸夹套内的剩水放空,防止锈蚀和冻裂;螺杆压缩机试运转前,润滑系统应清洗洁净后,加注符合设计规定的润滑剂,预防润滑系统不洁净造成堵塞返工。

(12) 无润滑压缩机加注氮气、润滑剂分别按电气设备注氮气、本章加润滑剂所涉及的环境措施实施,预防或减少对环境不利影响。

(13) 清除的杂质、夹杂物、毛刺、异物,吹扫后的废弃物,报废的设备及配件、润滑油、二硫化钼粉、润滑剂等应统一分类回收,收集一个运输单位后交有资质单位或废品回收单位或环卫部门处理,防止乱扔污染土地、污染地下水;运输采用封闭车,出场前应对车轮清扫干净,预防遗洒污染土地、污染地下水。

2.6.2.5 破碎、粉磨设备安装控制要求

(1) 颚式破碎机的主轴承和连杆上的冷却水和润滑管路在组装前应吹洗洁净;组装圆锥破碎机偏心套时,偏心套、机座衬套和底托盘的接合面应在组装前清洗洁净;球磨机、棒磨机、管磨机、自磨机的齿圈与筒体的接触面应在装配前将毛刺、防锈油漆和污物清除洁净;避免未除净,影响设备正常使用;清洗按本章清洗所涉及的环境措施实施控制,预防或减少对环境不利影响。

(2) 旋回破碎机横梁中心孔应填满由润滑脂和润滑油混合而成的粥状润滑剂;圆锥破碎机偏心套装配时应涂一层润滑油;在装配球磨机、棒磨机、管磨机、自磨机主轴承与轴承座时,在轴承的球面上,应均匀地涂上掺有石墨的润滑油或二硫化钼润滑脂;避免粥状润滑剂或润滑油或润滑脂涂刷不到位,浪费资源。

(3) 粥状润滑的拌制剂应在专门的铁质容器内进行,防止遗洒污染土地;粥状润滑剂应随用随拌,预防拌制量过多造成浪费;清洗容器的水应倒入沉淀池,并经两级沉淀池后排入市政污水管网,防止随意排放污染土地、污染地下水、影响环境卫生;涂刷粥状润滑剂或润滑油或润滑脂涂时下垫托盘,一次沾粥状润滑剂或润滑油或润滑脂不宜过多(不流淌),防止涂刷时粥状润滑剂或润滑油或润滑脂流淌污染土地、污染地下水。

(4) 球磨机、棒磨机、管磨机、自磨机的端衬板与筒体衬板、中空轴衬板之间所构成的环形间隙必须用铁楔(湿法)或水泥(干法)等材料堵塞;固定衬板的螺栓应垫密封垫料和垫圈,防止密封不好造成泄漏料浆或料粉,产生扬尘、污染土地。

(5) 齿轮罩组装后应满足规范要求,避免与齿轮相碰撞产生噪声污染;预防密封不好造成运行时漏油污染土地、污染地下水;干式磨机进料斗或风扫式磨机进料管组装时接触处应密封良好,预防漏粉尘产生扬尘污染。

(6) 反击式破碎机上、下架体之间的结合处和所有盖与机架的结合处的密封应严密,预防试运时泄漏,污染环境。

(7) 清除的毛刺、油漆、污物,报废的设备及配件、润滑油脂、石墨的润滑油、二硫化钼润滑脂、水泥、粥状润滑剂等应统一分类回收,收集一个运输单位后交有资质单位或废品回收单位或环卫部门处理,防止乱扔污染土地、污染地下水;运输采用封闭车,出场前应对

车轮清扫干净,预防遗洒污染土地、污染地下水。

2.6.3 设备安装应急准备响应控制要求

2.6.3.1 土建施工涉及应急准备响应控制要求

输送设备基础土石方开挖分别按土方施工、石方施工所涉及应急准备响应控制措施实施,防止意外发生火灾或爆炸损坏建筑物、地下管线、造成泄漏、跑水、有害气体排放、破坏植被、损坏文物、污染土地、污染地下水、污染大气、产生大量废弃物。

2.6.3.2 设备安装中防火的控制要求

(1) 油品、油漆、保温材料、设备及配件堆放场地或库房,设备清洗、部件烘烤、部件酸洗、脱脂与冲洗、用丙酮擦洗、皮带粘结、焊接、油漆、保温施工现场应在通风良好的地方进行,附近10m范围内不得有易燃物品;动火有审批;并按《建筑物灭火器配备设计规范》确定作业场地的危险等级、火灾种类,配备足够数量有效的手推车式或手提式灭火器;一个计算单元不少于2具、不宜多于5具;明确疏散路线,救护联络方式,组织义务消防队,每年演练一次;避免应急策划或准备不到位,不能够控制火情,延误救火产生环境污染。

(2) 使用喷灯烘烤机件时,应注意火焰的喷射方向,防止引发火灾污染环境;丙酮擦洗地脚螺栓时,应在通风良好、专门铁盘内用擦布擦洁净,防止丙酮遗洒引发火灾污染环境;具有过盈的配合件采用温差法装配时,其加热或冷却不得使其温度变化过快,防止意外发生火灾污染环境或灼伤人员;冷却时现场通风良好,冷却剂应放入特制的容器内,防止液氨或液氮遗洒或挥发污染环境、冻伤人员。

(3) 当发现火情处于初始阶段(1~3min)时,组织义务消防队和有关人员及时灭火,控制火情,防止火蔓延发生火灾,污染环境;出现火情不能控制时立即向119报警,同时组织人员疏散,转移必要的财产,配合消防队员救火,减少火灾引发爆炸事故,加大对环境的污染。

2.6.3.3 设备试运转中应急准备响应控制要求

(1) 在试运转前,应针对大型设备、特殊设备和运行介质为易燃、易爆、有毒、有害的设备编制试车应急准备和响应预案;避免方案策划不周导致试运转时损坏设备或泄漏或爆炸,浪费资源,污染环境。

(2) 严格按试车应急准备和响应预案准备足够数量的、有效的抢险设备、材料和人员、灭火器材、防毒用品;避免发生意外情况时,因应急准备和响应不到位,延误时机加重设备事故,增大对污染的环境。

(3) 在试运转前,安全防护装置做可靠试验,试运转区域应设明显标志和警界线,严禁非操作人员进入试运转区;避免安全防护装置不可靠发生损坏设备或泄漏或爆炸,浪费资源,污染环境。

(4) 发生设备故障后,应按救险方案组织人员疏散,向抢险部门报告并配合处理险情,避免事故进一步恶化加大对环境的污染;事故处理后应对形成的废弃物分类装袋回收,并由有资质的单位或环保部门处理,防止乱扔污染环境;运输应采用封闭的运输工具,出场车轮应清扫干净,预防遗洒污染路面。

2.7 设备安装中监测要求

2.7.1 材料监测要求

2.7.1.1 设备油漆、保温材料、酸洗、清洗、脱脂、润滑材料等进场时,对质量、环境要求检查或检测1次,不合格不准进场、不准使用,预防材料对环境的污染。

2.7.1.2 每月应对二硫化钼油脂、石墨机油、石墨粉、氢氧化钠、碳酸钠、磷酸三钠、磷酸钠、磷酸二氢钠、硅酸钠、烷基苯磷酸钠、煤油、松节油、月挂酸、三乙醇胺、丁基溶纤剂、溶剂油、航空洗涤汽油、轻柴油、乙醇、金属清洗剂、油漆、保温材料等易燃易爆、危险化学品储存条件、安全距离、堆放高度、堆放情况,防火、防潮条件,禁火标识等检查1次,发现异常情况时,采取针对措施纠正,避免材料变质或失效或损坏或丢失,浪费资源,污染环境。

2.7.2 人员管理监测要求

2.7.2.1 每次作业前应对钳工、起重工、焊工、油漆工、保温工等人员的岗位操作证或培训资料(包括环境措施交底内容)检查1次,发现人员不适应采取针对措施纠正,避免因人员素质低,造成返工浪费资源,污染环境。

2.7.2.2 每次作业前应对油漆、保温、酸洗、脱脂等作业人员的防护用品等检查1次,发现不足应采取针对措施纠正,避免保护用品不到位,伤害人员造成对环境的污染。

2.7.3 设备和设施监测要求

2.7.3.1 每周应对运输设备、吊装设备、加热设备、焊接设备、粘结设备、调试设备、搅拌设备的保养状况等检查1次,当发现异常情况时,及时安排保养、检修,降低消耗,防止油遗洒污染土地、地下水;每批作业中应对设备噪声排放(75dB)、热辐射监测1次,当发现超标时,及时更换噪声低的设备或增加隔声、隔热材料厚度或更换其他隔声、隔热材料,减少噪声、热辐射对环境的污染。

2.7.3.2 每班作业前应对接油盘目测1次,当接油盘存油达到距槽帮10mm时或项目完成相关作业活动时应进行清理,防止盘内存油溢出污染土地、地下水。

2.7.4 土建施工中监测要求

2.7.4.1 输送设备基础、设备灌浆分别按土石方施工、混凝土施工中涉及的环境关键特性检测规定实施检测,避免或减少扬尘、遗洒、噪声排放、废水排放、废物遗弃对环境的污染。

2.7.4.2 设备支撑架安装按钢结构安装中涉及的环境关键特性检测规定实施检测,避免或减少噪声排放、弧光污染、有害气体排放,扬尘、遗洒、废物遗弃对环境的污染。

2.7.5 对设备安装中监测要求

2.7.5.1 对酸洗、清洗、脱脂设备监测要求

(1)每批作业前应对酸洗、清洗、脱脂方式、操作程序,酸洗、清洗、脱脂用料比例,设备状况、周边环境、废弃物处置等是否符合施工方案检查1次。

(2)每批作业时应对噪声、热辐射、空气中有害气体浓度等检测1次;对酸洗、清洗、脱脂作业过程,遗洒检查1次;废液排放前对其酸碱度、化学成分检测1次;对噪声排放(75dB)每天监听1次,每月检测1次。

(3)监测中如发现不适应或超标,应停止相关作业或更换设备或中和稀释废液或增加隔声材料厚度或更换材料或改变作业方法或采取纠正措施,避免或减少噪声排放、有害气体排放、射线辐射、废液排放、油遗洒、废物遗弃对环境的污染。

2.7.5.2 对设备安装监测要求

(1) 每台或每批设备安装前,应对设备固定方式、皮带粘结方式、设备状况、油渗漏情况等是否符合程序及施工方案检查1次。

(2) 每台或每批设备安装时应对搬运吊装方式、安装或组装方法、安装操作程序、润滑脂涂抹过程、皮带粘结过程,油遗洒,有害气体排放,废物回收、处置等是否符合程序及施工方案检查1次;对扬尘目测1次(扬尘高度不超过0.5m);对射线辐射等检测1次;对噪声排放(75dB)每天监听1次,每月检测1次。

(3) 监测中发现不适应或超标,应停止相关作业或改变施工工艺或改变作业方式或更换设备或增加隔声材料厚度或更换材料或覆盖或增加检测次数或采取纠正措施,避免或减少噪声、射线辐射、有害气体排放、扬尘、油遗洒、废物遗弃对环境的污染。

2.7.5.3 对油漆、保温施工监测要求

(1) 每批油漆、保温施工前,应对保温材料拌和装置,沉淀池,保温材料储存,废油漆、保温材料遗弃等是否符合施工方案及管理程序检查1次。

(2) 每批油漆、保温施工时应对油漆、保温施工方式,操作程序、油遗洒,废油漆、保温材料回收、处置等是否符合管理方案及施工程序检查1次;对扬尘目测1次(扬尘高度不超过0.5m)。

(3) 每批油漆、保温施工时应对废水沉淀时间、废水排放速度等检测1次;对噪声排放(75dB)每天监听1次,每月检测1次;在风景区或饮水区施工时,废水排放必须达到国家规定的一级或二级排放标准,并经当地环保部门检测确认达标后才允许排放。

(4) 监测中如发现不适应或超标,应停止油漆、保温施工或改变施工方式或更换设备或增加隔声材料厚度或更换材料或覆盖或采取纠正措施,避免或减少废水、噪声排放,扬尘、油遗洒、废物遗弃对周边环境的污染。

2.7.5.4 调试、试运行监测要求

(1) 每次调试、试运行前,应对检测仪器、警界范围、人员撤离、排污口、投料比例和计量、废物处置等是否符合施工方案检查1次。

(2) 每次调试、试运行时应对调试程序、操作过程、运转状况,油浸漏,废物回收、处置等是否符合施工方案检查1次;对射线辐射检测1次;对噪声排放(75dB)每天监听1次,每月检测1次。

(3) 监测中如发现不适应或超标,应停止相关作业或改变调试方式或更换配件或增加警界范围或采纠正措施,避免或减少噪声排放、射线辐射,油遗洒,废物遗弃对环境的污染。

2.7.6 应急准备响应监测要求

2.7.6.1 防火监测要求

(1) 土建施工中防火监测要求

输送设备基础、设备灌浆、设备支撑架安装分别按土石方施工、混凝土施工、钢结构安装中涉及的应急准备中环境关键特性检测规定实施检测,避免发生火灾、爆炸对环境的污染。

(2) 设备安装中防火监测要求

1）每次作业前应对油品、油漆、保温材料、设备及配件堆放场地或库房,设备清洗、部件烘烤、部件酸洗、脱脂与冲洗、用丙酮擦洗、皮带粘结、焊接、加热、油漆、保温施工现场的禁火标识、与易燃品的安全距离灭火器材的种类、数量、放置位置、有效性等是否符合程序及施工方案检查1次;

2）作业中应对设备清洗、部件烘烤、部件酸洗、脱脂与冲洗、用丙酮擦洗、皮带粘结、焊接、加热、油漆、保温施工作业程序、环境状况、灭火设施等是否符合程序及施工方案每天检查1次;

3）监测中如发现不足应停止相关作业或调整作业程序或改变加热方式或更换灭火设施或采取纠正措施,避免应急措施策划或实施不到位意外发生火灾、爆炸造成对大气的污染。

2.7.6.2 设备试运中监测要求

（1）每次作业前试压的加固部位、排污口位置等检查1次;作业中应对设备加温或冷却温度、设备运转状况1h检测1次。

（2）监测中如发现不足应停止相关作业或调整作业程序或改变加热方式或采取纠正措施,避免应急措施策划或实施不到位,发生设备爆炸、严重渗漏、浪费资源,污染环境。

第 23 章　锅炉安装

0　一般规定

0.1　锅炉安装中策划要求

0.1.1　项目部必须根据设计图纸、标准规范编制锅炉安装与试运行的专项施工质量、环境、安全措施,并严格按措施实施过程控制,避免因施工过程控制方法不当或控制措施不到位导致损坏设备、跑水、漏气、浪费资源,污染土地、污染地下水。

0.1.2　锅炉安装前应根据工艺流程、施工顺序,合理下料和安装焊接,避免长料短下、充分利用余料,防止施工顺序颠倒造成费时或返工,加大油、水、电的消耗,增加对环境的污染。

0.2　锅炉钢架安装和焊接控制要求

锅炉钢架安装和焊接,分别按钢结构安装和焊接所涉及的环境控制措施实施,防止噪声、有害气体排放、弧光污染、热辐射、废弃物遗弃对环境的污染。

0.3　管道弯管、防腐,锅炉与管道保温控制要求

0.3.1　管道弯管、管道防腐分别按管道弯管、管道防腐所涉及的环境控制措施实施,防止噪声、有害气体排放、热辐射、油遗洒、扬尘、废弃物遗弃对环境的污染。

0.3.2　锅炉的保温按采暖管道保温所涉及的环境控制措施实施,防止噪声、有害气体、洗拌和设备水排放、扬尘、遗洒、废弃物遗弃对环境的污染。

0.4　锅炉辅助设备安装控制要求

锅炉的辅助设备安装按设备安装所涉及的环境控制措施实施,防止噪声、有害气体排放、油遗洒、废弃物遗弃对环境的污染。

0.5　试压控制要求

0.5.1　试压按采暖管道试压所涉及的环境控制措施实施,预防或减少水资源的消耗和对阀件和设备的损伤造成换件,浪费资源污染环境。

0.5.2　水试试验用水应安装回收装置,试压完排水应回收重复使用,预防或减少浪费水资源。

0.5.3　试压时环境温度不宜低于5℃,当环境温度低于5℃时,水压试验宜在中午有阳光的情况下,用50℃热水进行试压,并在管道最低处安装放水阀门,保证管内存水排尽,预防管子冻坏、浪费水资源;放水阀放出的水应回收再次利用、减少水的消耗、节约资源。

1　锅炉安装

1.1　锅炉安装工艺流程

1.1.1　散装锅炉安装工艺流程

施工准备→锅炉安装前检查→锅炉本体管道退火→钢架安装→锅炉气泡安装→锅炉本体管道焊接(胀接)→锅炉其他管道安装→管道焊口检验→锅炉试压→筑炉→保温→烘炉→煮炉→试运行。

1.1.2 快装锅炉安装工艺流程

施工准备→锅炉安装前检查→锅炉安装→锅炉管道安装焊接→管道焊口检验→锅炉试压→保温→烘炉→煮炉→试运行。

1.2 锅炉安装中的环境因素

1.2.1 锅炉钢架安装中涉及的环境因素

锅炉钢架安装中噪声排放,焊接有害气体排放、弧光污染、热辐射,废电焊条、电焊头、焊渣遗弃污染土地、污染地下水;设备油遗洒污染土地、污染地下水;刷油遗洒污染土地、污染地下水,废油、废螺栓、废涂料、废涂料桶、油刷、遗弃污染土地、污染地下水。

1.2.2 锅炉安装中涉及的环境因素

1.2.2.1 管道弯管中设备噪声排放,加热有害气体排放,热辐射;砂扬尘,设备油遗洒污染土地、污染地下水;废机油、废砂子、报废弯头遗弃污染土地、污染地下水。

1.2.2.2 管道防腐中有害气体排放、热辐射;油遗洒污染土地、污染地下水;废防腐漆、废油漆、废油刷、废砂纸、废钢丝刷、铁锈弃物遗弃污染土地、污染地下水。

1.2.2.3 管道焊接中弧光污染、有害气体排放、热辐射;废电焊条、电焊头、焊渣遗弃污染土地、污染地下水;射线探伤时射线辐射污染。

1.2.2.4 锅炉、管道运输与安装中水、电、油消耗;运输与安装中设备噪声排放,废组成件、废管件、废垫片遗弃污染土地、污染地下水。

1.2.2.5 锅炉、管道保温中拌和设备噪声排放、保温材料扬尘,洗拌和设备水排放污染地下水、污染土地;拌和材料运输中遗洒,废拌和材料遗弃污染土地、污染地下水;保温中拌和材料遗洒,废保温材料遗弃污染土地、污染地下水。

1.2.2.6 筑炉中拌和设备噪声排放,筑炉材料扬尘、遗洒,洗拌和装置废水排放污染土地、污染地下水;拌和材料运输中遗洒,废拌和材料遗弃污染土地、污染地下水;筑炉中拌和材料遗洒,废耐火砖、废筑炉材料、废拌和材料遗弃污染土地、污染地下水。

1.2.2.7 试压冲洗中废水排放污染土地、污染地下水,试压水消耗;煮炉加药时氢氧化钠、磷酸三钠遗洒污染土地、污染地下水;废氢氧化钠、磷酸三钠遗弃污染土地、污染地下水。

1.2.3 锅炉安装中紧急情况下所涉及的环境因素

1.2.3.1 油漆、保温材料堆放场地或库房,管道弯管、油漆、焊前预热、焊接、焊后处理、保温施工现场中意外发生火灾烧坏设施、产生大量废气污染大气、废弃物污染土地、污染地下水、影响环境卫生。

1.2.3.2 烘炉煮炉时,因升温过程控制不当,烧坏炉排或炉体裂缝或变形或内衬剥落或爆裂,影响炉子的使用寿命,浪费资源。

1.3 锅炉安装中对材料的要求

1.3.1 胀接管孔的表面粗糙度不应大于12.5μm,且不应有凹痕、边缘毛刺和纵向刻痕、少量管孔的环向或螺旋形刻痕深度不应大于0.5mm,宽度不应大于1mm,刻痕至管孔边缘的距离不应小于4m;胀接管口的端面倾斜度不应大于管子公称外径的1.5%,且不大于1mm;避免因胀接管验收不到位,使胀接管报废、浪费资源。

1.3.2 受热面管子表面不应有重皮、裂纹、压扁和严重锈蚀等缺陷,当表面有刻痕、麻点等其他缺陷时其深度不应超过管子公称壁厚的10%;合金钢管逐根进行光谱检查;受热面管子应做通球检查,通球后的管子应戴管帽封闭;避免因受热面管子验收不到位,造成安装返工或影响炉子的使用寿命、浪费资源。

1.4 锅炉安装中对人员的要求

1.4.1 锅炉安装中对企业的要求

锅炉安装企业在从事锅炉安装前,必须向省级劳动部门申请办理"锅炉安装许可证",取得"锅炉安装资质证书"后方可从事相应级别、类型相符的锅炉安装,避免因企业不具备相应锅炉安装能力而发生损坏设备、跑水、漏气浪费资源,漏油或跑水污染土地、污染地下水。

1.4.2 锅炉安装中对人员的要求

1.4.2.1 企业的锅炉安装、检验试验人员,管工、起重工、焊工、司炉工等必须取得相应级别的岗位操作证,按考核合格后的项目、权限和相应的国家与地方规范、操作规程,从事与所持证书规定范围内工作;避免因人员素质能力不能满足要求而发生损坏设备、跑水、漏气浪费资源,漏油或跑水污染土地、污染地下水。

1.4.2.2 机械操作人员应经过培训,掌握相应机械设备的操作要领后方可进行锅炉安装、试验等作业;避免因人的误操作或不按操作规程操作、保养造成设备部件报废、机械设备事故浪费资源,加大对环境的污染,噪声超标,机械设备漏油污染土地、地下水。

1.4.2.3 每项作业活动操作前项目部应组织对锅炉安装、检验试验安装人员针对该项作业活动所涉及的噪声、扬尘、热辐射、辐光污染、废弃物处置等重要环境因素的环境控制措施、环境操作基本要求、环境检测的关键特性、胀管、烘炉、筑炉、保温等应急准备响应中的注意事项进行专项环境交底或综合交底(包括以上环境方面的内容),避免因作业人员不掌握环境方面的基本要求造成噪声超标,废弃物、漏油、遗洒污染土地、地下水。

1.5 锅炉安装中对设备的要求

1.5.1 锅炉安装中对设备的要求

1.5.1.1 作业前应根据施工组织设计或专项施工方案的要求,选择满足施工需要、噪声低、能耗低的运输设备、吊装设备、退火设备、加热设备、胀管设备、焊接设备、试验设备、冲击电钻,避免设备使用时噪声超标,漏油污染土地、污染地下水,加大水、电、油等资源消耗,浪费资源。

1.5.1.2 机械设备的保养与维护要求

(1)设备每个作业班工作后应进行设备的日常保养,保证设备经常处于完好状态,避免设备使用时意外漏油污染土地、污染地下水。

(2)当发现设备有异常或存在问题时,应安排专人检查排除或送维修单位立即抢修,防止设备带病作业,加大能源消耗、浪费资源,设备漏油污染土地、污染地下水。

1.5.2 对设施的要求

1.5.2.1 设备接油盘宜采用厚度0.5~1mm铁皮,油盘大小不宜小于机械设备的水平投影面积,防止漏油污染土地、污染地下水。

1.5.2.2 材料库房的实施按临时设施建设与使用相关要求所涉及的环境控制措施实施,预防或减少噪声污染、扬尘、废水、废弃物遗弃对环境的污染。

1.6 锅炉安装控制要求

1.6.1 快装锅炉安装控制要求

1.6.1.1 锅炉及附属设备在水平运输或吊装作业时执行相关操作规定,如用滚扛运输时,应垫跳板防止损坏地坪和噪声污染环境。

1.6.1.2 土法吊装使用三木搭构造时,三木搭构造必须有足够的受力强度,稳固可靠,应用钢丝绳挂倒链,严禁使用8号铅丝代替;避免因吊装方法或吊点选择不当,损坏锅炉浪费资源。

1.6.1.3 快装锅炉上的管道安装按散装锅炉上管道安装所涉及的环境控制措施实施,预防或减少噪声排放、废组成件、废管件、废垫片遗弃对土地、地下水的污染。

1.6.1.4 施工余料统一回收,送仓库保管防止损坏,浪费资源;废设备及配件、组成件、管件、垫片、钢丝绳、跳板、滚扛等应安排专人回收统一保管,收集一个运输单位后交有资质单位或环卫部门或废品回收单位处置,防止乱扔污染土地、污染地下水;运输易遗洒的废物应用封闭车、出场前车轮清理干净,预防遗洒污染路面。

1.6.2 散装锅炉安装控制要求

1.6.2.1 锅筒安装控制要求

(1) 锅炉安装前应将锅炉房内的杂物清理干净,清理前应洒水防止扬尘;预防杂物未清理干净造成返工,浪费资源,污染环境。

(2) 锅筒、集箱表面和焊接短管应无机械损伤、各焊缝应无裂纹、气孔和分层等缺陷;预防锅筒、集箱表面和焊接短管验收不到位,影响安装质量和使用寿命、浪费资源。

(3) 锅筒必须在钢架安装找正并焊接固定后方可起吊就位,不是由钢梁直接支持的锅炉应安设牢固的临时性搁架,在水压试验灌水前拆除;避免临时性搁架拆除过早导致锅筒下坠损伤,浪费资源。

(4) 锅筒、集箱的支座和吊挂装置安装前应检查,检查结果满足国家现行施工规范;预防接触部位圆弧间隙大于2mm,支座与梁接触有晃动,吊挂装置不牢固,弹簧吊挂装置未整定或未临时固定,未按其膨胀方向固定锅筒造成返工,浪费资源,污染环境。

(5) 锅炉内部装置的安装应在水压试验合格进行,蒸汽、给水连接隔板的连接应严密不漏、焊缝应无漏焊和裂纹,法兰接合面应严密,连接件的连接应牢;避免因锅筒安装工序颠倒或安装过程控制不到位,影响使用寿命或返工浪费资源。

(6) 锅炉本体吊装时受力点应牢固可靠,锚点严禁拴在砖柱、砖墙或其他不稳固的构筑物上,预防吊装时受力不均损坏正式的建筑物,浪费资源。

(7) 吊装时必须遵守相关的操作规程,两台卷扬机起吊一个部件时,两台转速必须同步一致,严禁用两台吨位不等、转速、转距不一致的卷扬机起吊一个部件或一台设备;避免吊装时受力不均损坏设备,浪费资源;卷扬机下垫油盘,防止设备保养不当或加油时油遗洒污染土地、污染地下水。

(8) 施工余料统一回收,送仓库保管防止损坏,浪费资源;清理的杂物,废设备及配件、连接隔板、法兰、支座、吊挂装置、搁架等应安排专人回收统一保管,收集一个运输单位后交有资质单位或环卫部门或废品回收单位处置,防止乱扔污染土地、污染地下水;运输易遗洒的废物应用封闭车,出场前车轮清理干净,预防遗洒污染路面。

1.6.2.2 锅炉胀管控制要求

(1) 管子一端为焊接,另一端为胀接时,应先焊接锅炉本体管后胀接,预防安装顺序颠倒,影响胀管质量,造成返工浪费资源,污染环境;焊接按焊接所涉及的环境控制措施实施,避免弧光污染、有害气体排放,废焊条、焊条头、焊渣遗弃污染环境。

(2) 当管端硬度大于锅炉管孔硬度时,其管子胀接端应退火;露天作业时,应采取防雨措施,严禁将潮湿铅块放入铅锅内,加热时应设滤烟装置、送风装置预防或减少热辐射,有害气体排放对环境的污染。

(3) 退火时,应先将退火的管头烘干再插入铅锅内,并固定牢固才准加热铅锅进行退火;不得用烟煤等含硫、磷较高的燃料直接加热,以消除有害杂质对管子质量的影响,同时防止产生二氧化硫、一氧化碳等有害气体排放污染大气。

(4) 管子胀接端退火时受热应均匀,退火温度应控制在 600~650℃ 之间,保持 10~15min,退火长度应为 100~150mm,退火后的管端应有缓慢冷却的保温措施;避免因退火温度控制不当或不到位,使胀接管报废、浪费资源。

(5) 胀接前应在加工场或现场铺塑布后,清除管端和管孔的表面油污,预防遗洒污染土地、污染地下水;管端采用喷砂或人工打磨至发出金属光泽,喷砂或人工打磨按管道安装中所涉及的环境控制措施实施,防止噪声、扬尘、废弃物排放对环境的污染。

(6) 管端的打磨长度至少为管孔壁厚加 50mm,打磨后管壁厚度不得小于管子公称壁厚的 90%,且不应有起皮、凹痕、裂纹和纵向刻痕等缺陷;预防管壁打磨厚度控制不到位,影响胀管质量,造成返工浪费资源,污染环境。

(7) 胀接时环境温度宜在 0℃ 及以上,防止胀口产生冷脆裂纹,胀管报废;正式胀接前应进行试胀确定合理的胀管率,根据企业胀管的经验可采用内径控制法计算的胀管率或外径控制法计算的胀管率实施胀管,胀接后管端不应有起皮、皱纹、裂纹、切口和偏斜等缺陷,同一锅筒上超胀管口数量不得大于胀接总数的 4%,且不得超过 15 个;预防胀管率控制不到位,造成返工,污染环境,浪费资源。

(8) 胀管时,操作人员应戴手套和防护眼镜、脚应加鞋盖;采用有防护罩的、噪声低的排风扇往锅筒内送风,防止送风产生噪声污染;锅筒内使用不超过 12V 的低压照明,锅筒外设专人监护,避免因电器设备断路引发火灾造成对环境的污染。

(9) 施工余料统一回收,送仓库保管防止损坏,浪费资源;胀接前清理的油污,打磨后的铁锈、氧化皮、废设备及配件、铅丝等应安排专人回收统一保管,收集一个运输单位后交有资质单位或环卫部门处置,防止乱扔污染土地、污染地下水;运输易遗洒的废物应用封闭车,出场前车轮清理干净,预防遗洒污染路面。

1.6.2.3 受热面管安装控制要求

(1) 合金钢管应逐根进行光谱检查;受热面管子应做通球检查,通球后的管子应戴管帽封闭;避免因受热面管子验收不到位,影响安装质量,造成返工,浪费资源、污染环境。

(2) 对流管束应作外形检查及矫正,校管平台应平整牢固,放样尺寸误差不应大于

1mm,矫正后的管子与放样实线应吻合,局部间隙不应大于2mm;校管时严禁用金属制品强行敲打,以防止噪声污染。

(3)锅炉受热面管子及本体管道的焊接对口,内壁应平齐,其错口不应大于壁厚的10%,且不应大于1mm;对口时采用适宜手动葫芦调节对口,严禁用金属制品强行敲打对口,以防止噪声污染,损坏管子浪费资源。

(4)受热面管及本体管道的焊接按焊接所涉及的环境控制措施实施,避免弧光污染、有害气体排放,废焊条、焊条头、焊渣遗弃污染土地、污染地下水。

(5)施工余料统一回收,送仓库保管防止损坏,浪费资源;废设备及配件、废焊条、废管帽、焊条头、焊渣等应安排专人回收统一保管,收集一个运输单位后交有资质单位或环卫部门或废品回收单位处置,防止乱扔污染土地、污染地下水;运输易遗洒的废物应用封闭车,出场前车轮清理干净,预防遗洒污染路面。

1.6.3 筑炉、涂漆、保温控制要求

1.6.3.1 散装锅炉筑炉控制要求

散装锅炉筑炉按筑炉所涉及的环境控制措施实施,避免噪声排放,扬尘、遗洒,洗拌和装置废水排放,废耐火砖、废筑炉材料、废拌和材料遗弃污染土地、污染地下水。

1.6.3.2 设备、管道和金属支架油漆控制要求

(1)设备、管道和金属支架应根据设计图纸、标准规范油漆,涂漆时附着良好、外观质量合格,避免涂刷过程控制不当造成脱皮、起泡、流淌和漏刷缺陷返工,浪费资源,污染环境。

(2)设备、管道和金属支架涂漆时应下垫塑料布或一次沾漆不宜过多(不流淌),防止遗洒污染土地、污染地下水。

(3)报废的油漆、油漆桶、油漆刷、废手套应统一回收,收集一个运输单位后交有资质单位或送供应商处置,防止乱扔污染土地、污染地下水;运输易遗洒的废物应用封闭车,出场前车轮清理干净,预防遗洒污染路面。

1.6.3.3 锅炉、管道保温按采暖管道保温所涉及的环境控制措施实施,避免扬尘、遗洒、废弃物遗弃对环境的污染。

1.6.4 烘炉、煮炉控制要求

1.6.4.1 锅炉及其水处理、排污、输煤、除渣、送风、除尘、照明、循环冷却水、热工和电气仪表等系统均应安装完毕,试运合格,具备烘炉条件;避免因烘炉条件不具备,造成烘炉返工,污染环境、浪费资源。

1.6.4.2 烘炉时按升温曲线升温,避免因烘炉过程控制不当,烧坏炉排或炉体裂缝或变形,造成返工,污染环境、浪费资源。

1.6.4.3 煮炉开始时的加药量应符合锅炉设备技术文件的规定,无规定时,铁锈较薄时:氢氧化钠2~3千克每立方米水、磷酸三钠2~3千克每立方米水,铁锈较厚时:氢氧化钠3~4千克每立方米水、磷酸三钠2~3千克每立方米水;加药时炉水应在低水位,煮炉时药液不得进入过热器内;配制和加药时应在通风良好的环境下进行,配戴专门防护手套、工作服,在专门的溶器内配制,加药时应有接盘防止遗洒污染土地、污染地下水。废氢氧化钠、磷酸三钠应统一回收交有资质单位处理,防止乱扔遗弃污染土地、污染地下水。

1.6.4.4 煮炉结束后,应持续交替进行上水和排污,直到水质达到运行标准,水质达到运行标准后,然后停炉排水、冲洗锅炉内部和曾与药液接触过的阀门,并清除锅筒、集箱内的沉积物;排污水、冲洗水必须排放到指定污水口,不准随意排放污染环境;收集的沉积物交有资质单位处理。

1.6.5 试运行控制要求

1.6.5.1 严密性试验合格后,在锅炉运行期间必须按规程要求调试定压、加锁或铅封;避免因安全阀不可靠,导致返工、污染环境、浪费资源。

1.6.5.2 锅炉运行前,必须标明最高和最低水位线;锅炉运行中应随时观察压力表,压力表的指针不得超过盘面上的红线;如安全阀在排气而压力表尚未达到工作压力时应立即查明原因,进行处理,防止锅炉爆炸事故污染环境。

1.6.6 锅炉安装中涉及紧急情况控制要求

1.6.6.1 锅炉安装中涉及防火的控制要求

(1) 锅炉安装用料库房和管道热弯、油漆、退火、焊前预热、管道焊接、焊后热处理、保温施工、烘炉、煮炉作业场地应在通风良好的地方进行,附近10m范围内不得有易燃物品;动火有审批;并按《建筑物灭火器配备设计规范》确定作业场地的危险等级、火灾种类,配备足够数量有效的手推车式或手提式灭火器;避免控制不到位,发生火灾对环境的污染。

(2) 组织义务消防队,每年演练一次;当发现火情处于初始阶段(1~3min)时,组织义务消防队和有关人员及时灭火,控制火情,防止火蔓延发生火灾,污染环境。

1.6.6.2 锅炉胀管中紧急情况控制要求

根据试胀确定合理的胀管率,按照内径控制法计算的胀管率或外径控制法计算的胀管率对每个胀接口进行监测,根据监测结果及时进行调整,保证同一锅筒上超胀管口数量不得大于胀接总数的4%,且不得超过15个;避免因胀管率控制不到位,造成大面积接口超胀的事故、影响炉子使用寿命、浪费资源。

1.6.6.3 烘炉中紧急情况控制要求

锅炉烘炉、煮炉时,应按设计要求或专项施工方案规定进行烘炉、煮炉,保证烘炉、煮炉时间,升温过程应严格按升温曲线控制;避免升温过快,造成炉子内衬剥落或爆裂,影响炉子使用寿命,造成资源浪费。

1.7 锅炉安装中监测要求

1.7.1 材料监测要求

1.7.1.1 作业前进场时,应对管道成组件、油漆、保温材料、辅助用料质量标准、环境要求(环保限值)检查或检测1次,不合格不准进场、不准使用,预防材料对环境造成污染。

1.7.1.2 每月应对氢氧化钠、磷酸三钠、油漆、保温材料等易燃易爆、危险化学品储存条件、安全距离、堆放高度、堆放情况,防火、防潮条件,禁火标识等是否符合程序或施工方案检查一次,发现异常情况时,采取针对措施纠正,预防发生火灾对环境造成污染。

1.7.2 人员管理监测要求

1.7.2.1 每次作业前应对管工、起重工、焊工、油漆工、保温工、筑炉工等人员的岗位操作证或培训资料(包括环境措施交底内容)检查1次,发现人员不适应采取针对措施纠正,避免因人员素质低、发生对环境的污染和环境事故。

1.7.2.2 每次作业前应对油漆、保温、煮炉加药人员的防护用品,检查1次,发现不足应采取针对措施纠正,避免保护用品不到位,伤害人员造成对环境的污染。

1.7.3 设备和设施监测要求

1.7.3.1 设备监测要求

(1) 每周应对运输设备、吊装设备、退火设备、加热设备、胀管设备、管道调直设备、切割设备、弯管设备、焊接设备、试验设备、冲击电钻、绝热材料搅拌设备的保养状况(是否漏油、完好、尾气是否达标)检查1次,监测中如发现异常情况时,及时安排保养、检修,降低消耗,防止油遗洒污染土地、地下水;

(2) 每批作业中应对设备噪声排放、热辐射监测一次,当发现超标时,及时更换噪声低的设备或增加隔声或隔热材料厚度或更换其他隔声或隔热材料,减少噪声、热辐射对环境的污染。

1.7.3.2 设施监测要求

每班作业前应对接油盘目测一次,当接油盘存油达到距槽帮10mm时或项目完成作业活动时应进行清理,防止盘内存油溢出污染土地、地下水。

1.7.4 锅炉安装中涉及钢结构施工中监测要求

锅炉钢架安装按钢结构安装中涉及的环境关键特性检测规定实施检测,避免或减少扬尘、遗洒、噪声排放、弧光污染、有害气体排放,废焊条、焊条头、焊渣遗弃污染土地、污染地下水。

1.7.5 锅炉安装监测要求

1.7.5.1 管道预制监测要求

(1) 每批管道下料、调制时应对其加工或制作方式、操作程序、油遗洒、废弃物处置等是否符合施工方案及管理程序检查1次。

(2) 每批作业时应对噪声排放每天监听1次,每月检查1次。

(3) 如发现不适应超标,应停止加工制作或更换设备或增加隔声材料厚度或更换材料或改变作业方法或采取纠正措施,避免或减少噪声、油遗洒、废物遗弃对环境的污染。

1.7.5.2 管道弯管监测要求

(1) 每批弯管前,应对加热装置、滤烟除尘装置、废物处置等是否符合程序及施工方案检查1次。

(2) 每批弯管时应对弯管方式、操作程序、装砂、加热方式、油遗洒,废物回收、处置等是否符合程序及施工方案检查1次;对扬尘目测1次(高度不超过0.5m)。

(3) 每批弯管时对电磁污染、一氧化碳、二氧化硫排放等检测1次;对噪声排放每天监听1次,每月检查1次。

(4) 监测中如发现不适应或超标,应停止弯管作业或更换设备或增加隔声材料厚度或更换材料或覆盖或采取措施纠正,避免或减少扬尘、噪声、电磁污染、一氧化碳、二氧化硫排放、油遗洒、废物遗弃对环境的污染。

1.7.5.3 管道安装、焊接监测要求

(1) 每批安装、焊接前,应对退火装置、加热装置、阀门试压用水回收装置,密封材料、安装、焊接位置等是否符合规范及程序要求检查1次。

(2) 每批安装、焊接时应对搬运吊装方式、安装方式、焊接方式、加热方式,吊架形式,油遗洒,排气口、疏水装置,阀门试压用水回收、废水排放、废物回收、处置等是否符合程序及管理程序检查1次。

(3) 每批安装、焊接时应对扬尘目测1次(高度不超过0.5m);对噪声、射线辐射、一氧化碳、二氧化硫排放等检测1次;对噪声排放每天监听1次,每月检查1次;在风景区或饮水区施工时,废水排放必须达到国家规定的一级或二级排放标准,并经当地环保部门检测确认达标后才允许排放。

(4) 监测中如发现不适应或超标,应停止安装、焊接作业或改变施工工艺或改变作业方式或更换设备或增加隔声材料厚度或更换材料或覆盖或增加检测次数或采取纠正措施,避免或减少扬尘、噪声、射线辐射、废水排放、油遗洒、废物遗弃对环境的污染。

1.7.5.4 油漆、保温施工监测要求

(1) 每批油漆、保温施工前,应对保温材料拌和装置,沉淀池,保温材料储存,废油漆、保温材料遗弃等是否符合程序及施工方案检查1次。

(2) 每批油漆、保温施工时应对油漆、保温施工方式,操作程序、油遗洒,废油漆、保温材料回收、处置等是否符合程序及管理方案检查1次。

(3) 每批油漆、保温施工时应对扬尘目测1次(扬尘高度不超过0.5m);每批油漆、保温施工时应对废水沉淀时间、废水排放速度,噪声排放等检测1次。

(4) 监测中如发现不适应或超标,应停止油漆、保温施工或改变施工方式或更换设备或增加隔声材料厚度或更换材料或覆盖或采取措施纠正,避免或减少扬尘、废水、噪声排放、油遗洒、废物遗弃对环境的污染。

1.7.5.5 试验、烘炉、煮炉、试运行监测要求

(1) 每次试验、烘炉、煮炉、试运行前,应对检测仪器、试压用水回收装置,警界范围、人员撤离、管子固定、排污口、升温曲线、煮炉装药的比例和计量,阀门及设备的隔离与保护、废物处置等检查1次,对试压水质检测1次。

(2) 每次试验、烘炉、煮炉、试运行时应对试验程序、升温过程、操作程序,试压用水回收、排放,油遗洒,废物回收、处置等检查1次。

(3) 每次试验、烘炉、煮炉、试运时应对升压速度、升温速度、射线辐射检测1次;对噪声排放每天监听1次,每月检查1次;在风景区或饮水区施工时,废水排放必须达到国家规定的一级或二级排放标准,并经当地环保部门检测确认达标后才允许排放。

(4) 监测中如发现不适应或超标,应停止试验、吹扫或改变试验方式或更换设备或增加警界范围或调整升温速度或采纠正措施,避免或减少噪声排放、射线辐射,油遗洒,废物遗弃对环境的污染。

1.7.6 应急准备响应监测要求

1.7.6.1 锅炉大架安装按钢结构安装中涉及的应急准备中环境关键特性检测规定实施检测,避免发生火灾、爆炸对环境的污染。

1.7.6.2 每次作业前应对管道热弯、油漆、退火、焊前预热、管道焊接、焊后热处理、保温施工、烘炉、煮炉作业场地的禁火标识,与易燃品的安全距离,灭火器材的种类、数量、

放置位置、有效性,试压的加固部位、排污口位置等是否符合程序及施工方案检查1次。对升温曲线每1~2h检测1次。

1.7.6.3 锅炉胀接时应对锅炉每个胀接口检测1次;烘炉时应对升温曲线每1~2h检测1次。

1.7.6.4 监测中发现不足应停止相关作业或调整胀管率或改变加热方式或更换灭火设施或采取纠正措施,避免应急措施策划或实施不到位,发生炉墙开裂、大面积胀管失败造成返工,浪费资源或意外发生火灾、造成对环境的污染。

2 锅炉附属设备安装

2.1 锅炉附属设备安装工艺流程

施工准备→附属设备安装前检查→附属设备安装→管道安装焊接→管道焊口检验→试压→管道与设备碰头→保温→烘炉→煮炉→试运行。

2.2 锅炉的辅助设备安装涉及的环境因素

2.2.1 锅炉的辅助设备安装中设备噪声排放、有害气体排放,油遗洒污染土地、污染地下水;倒水泥扬尘、混凝土遗洒、清洗搅拌机水排放对环境的污染;水泥、砂子运输与储存扬尘、遗洒对环境的污染;混凝土运输遗洒、清洗运输车水排放、失效混凝土遗弃对环境的污染;废油、废渣、废混凝土、废砂浆遗弃污染土地、污染地下水。

2.2.2 省煤器安装用的螺栓、螺母上涂刷二硫化钼油脂、石墨机油或石墨粉时遗洒污染土地、污染地下水;废二硫化钼油脂、石墨机油、石墨粉遗弃污染土地、污染地下水。

2.2.3 锅炉安装中紧急情况所涉及的环境因素

油漆、保温材料堆放场地或库房,管道弯管、油漆、焊前预热、焊接、焊后处理、保温施工现场中意外发生火灾烧坏设施、产生大量废气污染大气、废弃物污染土地、污染地下水、影响环境卫生。

2.3 锅炉安装中对材料的要求

阀门应逐个用清水进行严密性试验,不合格不准使用,避免因各种阀门验收不到位,水压试验时跑水、运行发生事故污染环境、浪费资源;试压用水应循环使用,避免资源浪费。

2.4 锅炉安装中对人员的要求

2.4.1 企业的锅炉安装、检验试验人员,管工、起重工、焊工、司炉工等必须取得相应级别的岗位操作证,按考核合格后的项目、权限和相应的国家与地方规范、操作规程,从事与所持证书规定范围内工作;避免因人员素质能力不能满足要求而发生损坏设备、跑水、漏气浪费资源,漏油或跑水污染土地、污染地下水。

2.4.2 机械操作人员应经过培训,掌握相应机械设备的操作要领后方可进行锅炉安装、试验等作业;避免因人的误操作或不按操作规程操作、保养造成设备部件报废、机械设备事故浪费资源,加大对环境的污染,噪声超标,机械设备漏油污染土地、地下水。

2.4.3 每项作业活动操作前项目部应组织对锅炉安装、检验试验安装人员针对该项作业活动所涉及的噪声排放、扬尘、遗洒、废弃物处理等重要环境因素的环境控制措施、环境操作基本要求、环境检测的关键特性、保温应急准备响应中的注意事项进行专项环境交底或综合交底(包括以上环境方面的内容),避免因作业人员不掌握环境方面的基本要求造成噪声超标,废弃物、漏油、遗洒污染土地、地下水。

2.5 锅炉安装中对设备的要求

2.5.1 锅炉安装中对设备的要求

2.5.1.1 作业前应根据施工组织设计或专项施工方案的要求,选择满足施工需要、噪声低、能耗低的运输设备、吊装设备、退火设备、加热设备、焊接设备、试验设备、冲击电钻,避免设备使用时噪声超标,漏油污染土地、污染地下水,加大水、电、油等资源消耗,浪费资源。

2.5.1.2 机械设备的保养与维护要求

(1) 每个作业班工作后应进行设备的日常保养,保证设备处于完好状态,避免设备使用时意外漏油污染土地、污染地下水。

(2) 当发现设备有异常或存在问题时,应安排专人检查排除问题或送维修单位立即抢修,防止设备带病作业,加大能源消耗、浪费资源,设备漏油污染土地、污染地下水。

2.5.2 锅炉安装中对设施的要求

2.5.2.1 设备接油盘宜采用厚度 0.5~1mm 铁皮,油盘大小不宜小于机械设备的水平投影面积,防止漏油污染土地、污染地下水。

2.5.2.2 材料库房的实施按临时设施建设与使用相关要求所涉及的环境控制措施实施,预防或减少噪声污染、扬尘、废水、废弃物遗弃对环境的污染。

2.6 锅炉附属设备安装控制要求

2.6.1 省煤器、钢管式空气预热器安装控制要求

2.6.1.1 铸铁省煤器安装前,宜逐根(或组)进行水压试验,合格才准使用;每根铸铁省煤器管上破损的翼片数不应大于总翼片数的 5%,整个省煤器中破损的翼片根数不应大于总根数的 10%;避免因省煤器验收不到位,造成水压试验时跑水、浪费资源。

2.6.1.2 省煤器、钢管式空气预热器安装应满足允许的偏差,不应有泄漏;在温度大于 100℃区域内的螺栓、螺母上应铺设塑料布后涂上二硫化钼油脂、石墨机油或石墨粉,防止遗洒污染土地。

2.6.1.3 施工余料统一回收,送仓库保管防止损坏,浪费资源;废弃的二硫化钼油脂、石墨机油或石墨粉、螺栓、螺母等应安排专人回收统一保管,收集一个运输单位后交有资质单位或环卫部门或废品回收单位处置,防止乱扔污染土地、污染地下水;运输易遗洒的废物应用封闭车,出场前车轮清理干净,预防遗洒污染路面。

2.6.2 炉排安装控制要求

2.6.2.1 链条炉排安装前应检查符合相关规范允许偏差规定;预防炉排不合格,导致锅炉运行时噪声排放污染环境。

2.6.2.2 炉排片组装不可过紧或过松,装好后应用手扳动,炉排转动应平稳、灵活,无异常声响、卡住、抖动和跑偏现象;炉排片应能翻转自如,无突起现象;滚柱转动应灵活,与齿轮啮合应平稳,无卡住现象;避免因炉排安装质量差,导致锅炉运行时噪声排放污染环境。

2.6.2.3 煤闸门、挡风门、炉排风管及其法兰接合处、各段风室、落灰门均无泄漏现

象,避免因密封不好导致锅炉运行时有害气体排放污染环境;侧密封块与炉排的间隙应符合设计要求,防止炉排卡住、漏煤、漏风、污染环境、浪费资源;挡渣铁应整齐地贴合在炉排面上,在炉排运转时不应有顶住、翻倒现象,避免因安装质量差,导致锅炉运行时噪声排放污染环境。

2.6.2.4 施工余料统一回收,送仓库保管防止损坏,浪费资源;废设备及配件、废煤闸门、废挡风门、废炉排、废风管、废法兰、废管帽等应安排专人回收统一保管,收集一个运输单位后交有资质单位或环卫部门或废品回收单位处置,防止乱扔污染土地、污染地下水;运输易遗洒的废物应用封闭车,出场前车轮清理干净,预防遗洒污染路面。

2.6.3 抛煤机、燃烧器安装控制要求

2.6.3.1 抛煤机安装完毕后,试运转应符合相应规范要求,避免因安装质量差,导致运行时有异常振动和噪声,污染周边环境。

2.6.3.2 安装燃烧器的预留孔位置应正确,应防止火陷直接冲刷周围的水冷壁管,影响锅炉的使用寿命,浪费资源。

2.6.4 仪表安装控制要求

2.6.4.1 热工仪表及控制装置安装前应进行检查和校验并达到精度等级、符合现场使用条件才准使用;避免热工仪表及控制装置等验收不到位,导致水压试验时跑水、浪费资源。

2.6.4.2 在压力管道和设备宜采用机械方法开孔,风压管道上可用火焰切割但孔口应磨圆锉光;预防开孔控制不到位,影响热工仪表及控制装置安装质量、造成返工、浪费资源。

2.6.4.3 在同一管段上安装取压装置和测温元件时,取压装置应装在测温元件的上游;测温元件不应装在管道和设备的死角处,压力测量装置应安装在直线段上,不伸入管道内壁;避免取压装置和测温元件安装位置不当,造成返工、浪费资源。

2.6.4.4 安装在炉墙和烟道上的取压装置应倾斜向上,其夹角宜大于30°,且不应伸入炉墙和烟道的内壁;水位表的安装标高与锅筒正常水位线允许偏差为±2mm;避免因压力表不准导致返工,污染环境、浪费资源。

2.6.4.5 信号装置的动作应灵敏、可靠,其动作值应按要求整定并模拟试验;热工保护及联锁装置应按系统进行分项和整套联动试验,其动作准确、可靠;电动执行机构在全行程内动作应平稳、灵活,且无跳动现象,其行程及伺服时间应满足使用要求;避免因信号装置、电动执行机构不灵敏、可靠或不灵活,导致返工、污染环境、浪费资源。

2.6.4.6 施工余料统一回收,送仓库保管防止损坏,浪费资源;管段开口后的焊渣、废弃的信号装置、热工仪表及控制装置等应安排专人回收统一保管,收集一个运输单位后交有资质单位或环卫部门或废品回收单位处置,防止乱扔污染土地、污染地下水;运输易遗洒的废物应用封闭车,出场前车轮清理干净,预防遗洒污染路面。

2.6.5 阀门安装控制要求

2.6.5.1 阀门和法兰的焊接按焊接所涉及的环境控制措施实施,避免弧光污染、有害气体排放,废焊条、焊条头、焊渣遗弃污染土地、污染地下水。

2.6.5.2 锅炉上必须有一个安全阀按较低的起座压力进行整定;安全阀必须垂直安

装,并装设泄放管,泄放管应直通安全地点,有足够截面积和防冻措施,确保排泄畅通;避免因安全阀不可靠,导致返工,污染环境、浪费资源。

2.6.5.3 施工余料统一回收,送仓库保管防止损坏,浪费资源;废弃的阀门、废法兰、废设备及配件、废焊条、焊条头、焊渣等应安排专人回收统一保管,收集一个运输单位后交有资质单位或环卫部门或废品回收单位处置,防止乱扔污染土地、污染地下水;运输易遗洒的废物应用封闭车,出场前车轮清理干净,预防遗洒污染路面。

2.6.6 涂漆、保温控制要求

2.6.6.1 设备、管道和金属支架油漆控制要求

(1) 设备、管道和金属支架应根据设计图纸、标准规范油漆,涂漆时附着良好、外观质量合格,避免涂刷过程控制不当造成脱皮、起泡、流淌和漏刷缺陷而返工。

(2) 设备、管道和金属支架涂漆时应下垫塑料布或一次沾漆不宜过多(不流淌),防止遗洒污染土地、污染地下水。

(3) 报废的油漆、油漆桶、油漆刷、手套应统一回收,收集一个运输单位后交有资质单位或送供应商处置,防止乱扔污染土地、污染地下水;运输易遗洒的废物应用封闭车,出场前车轮清理干净,预防遗洒污染路面。

2.6.6.2 附属设备、管道保温按采暖管道保温所涉及的环境控制措施实施,避免扬尘、遗洒,废弃物遗弃对环境的污染。

2.6.7 紧急情况控制要求

2.6.7.1 锅炉安装用料库房和管道热弯、油漆、焊前预热、管道焊接、焊后热处理、保温施工作业场地应在通风良好的地方进行,附近10m范围内不得有易燃物品;动火有审批;并按《建筑物灭火器配备设计规范》确定作业场地的危险等级、火灾种类,配备足够数量有效的手推车式或手提式灭火器;明确疏散路线,救护联络方式,组织义务消防队,每年演练一次;避免应急策划或准备不到位,不能够控制火情,延误救火产生环境污染。

2.6.7.2 当发现火情处于初始阶段(1~3min)时,组织义务消防队和有关人员及时灭火,控制火情,防止火蔓延发生火灾,污染环境;出现火情不能控制时立即向119报警,同时组织人员疏散,转移必要的财产,配合消防队员救火,减少火灾引发爆炸事故,加大对环境的污染。

2.7 锅炉安装中监测要求

2.7.1 材料监测要求

2.7.1.1 作业前进场时,应对管道成组件、油漆、保温材料、辅助用料质量标准、环境要求(环保限值)检查或检测1次,不合格不准进场、不准使用,预防材料对环境的污染。

2.7.1.2 每月应对二硫化钼油脂、石墨机油、石墨粉、油漆、保温材料等易燃易爆、危险化学品储存条件、安全距离、堆放高度、堆放情况、防火、防潮条件、禁火标识等是否符合程序及施工方案检查一次,发现异常情况时,采取针对措施纠正,预防发生火灾对环境造成污染。

2.7.2 人员管理监测要求

2.7.2.1 每次作业前应对管工、起重工、焊工、油漆工、保温工、筑炉工等人员的岗位操作证或培训资料(包括环境措施交底内容)检查1次,发现人员不适应采取针对措施纠

正,避免因人员素质低、发生对环境的污染和环境事故。

2.7.2.2 每次作业前应对油漆、保温、煮炉加药人员的防护用品,检查1次,发现不足应采取针对措施纠正,避免保护用品不到位,伤害人员造成对环境的污染。

2.7.3 设备和设施监测要求

2.7.3.1 设备监测要求

(1) 每周应对运输设备、吊装设备、退火设备、加热设备、焊接设备、试验设备、冲击电钻、绝热材料搅拌设备的保养状况(是否完好,漏油,尾气排放是否达标)检查1次,监测中如发现异常情况时,及时安排保养、检修,降低消耗,防止油遗洒污染土地、地下水;

(2) 每批作业中应对设备噪声排放、热辐射监测一次,当发现超标时,及时更换噪声低的设备或增加隔声、隔热材料厚度或更换其他隔声、隔热材料,减少噪声、热辐射对环境的污染。

2.7.3.2 设施监测要求

每班作业前应对接油盘目测一次,当接油盘存油达到距槽帮10mm时或项目完成作业活动时应进行清理,防止盘内存油溢出污染土地、地下水。

2.7.4 安装监测要求

2.7.4.1 设备安装、焊接监测要求

(1) 每批安装、焊接前,应对退火装置、加热装置、阀门试压用水回收装置,密封材料,安装、焊接位置等是否符合施工方案及管理程序检查1次。

(2) 每批安装、焊接时应对搬运吊装方式、安装方式、焊接方式、加热方式,吊架形式,油遗洒,排气口、疏水装置,阀门试压用水回收、废水排放、废物回收、处置等是否符合施工方案及管理程序检查1次。

(3) 每批安装、焊接时应对扬尘目测1次(扬尘高度不超过0.5m);对射线辐射、一氧化碳、二氧化硫排放等检测1次;对噪声排放每天监听1次,每月检查1次;在风景区或饮水区施工时,废水排放必须达到国家规定的一级或二级排放标准,并经当地环保部门检测确认达标后才允许排放。

(4) 监测中如发现不适应或超标,应停止安装、焊接作业或改变施工工艺或改变作业方式或更换设备或增加隔声材料厚度或更换材料或覆盖或增加检测次数或采取纠正措施,避免或减少扬尘、噪声、射线辐射、废水排放、油遗洒、废物遗弃对环境的污染。

2.7.4.2 油漆、保温施工监测要求

(1) 每批油漆、保温施工前,应对保温材料拌和装置,沉淀池,保温材料储存,废油漆、保温材料遗弃等是否符合程序检查1次。

(2) 每批油漆、保温施工时应对油漆、保温施工方式,操作程序、油遗洒,废油漆、保温材料回收、处置等是否符合施工方案及管理程序检查1次。

(3) 每批油漆、保温施工时应对扬尘目测1次(扬尘高度不超过0.5m);每批油漆、保温施工时应对废水沉淀时间、废水排放速度等是否符合程序检测1次;对噪声排放每天监听1次,每月检查1次;在风景区或饮水区施工时,废水排放必须达到国家规定的一级或二级排放标准,并经当地环保部门检测确认达标后才允许排放。

(4) 监测中如发现不适应或超标,应停止油漆、保温施工或改变施工方式或更换设备或增加隔声材料厚度或更换材料或覆盖或采取措施纠正,避免或减少扬尘、废水、噪声排放、油遗洒、废物遗弃对环境的污染。

2.7.5 应急准备响应监测要求

2.7.5.1 每次作业前应对油漆、退火、焊前预热、管道焊接、焊后热处理、保温施工作业场地的禁火标识、与易燃品的安全距离,灭火器材的种类、数量、放置位置、有效性等是否符合程序、施工方案检查1次。

2.7.5.2 监测中发现不足应停止相关作业或改变加热方式或更换灭火设施或采取纠正措施,避免应急措施策划或实施不到位意外发生火灾、造成对环境的污染。

第24章 筑炉作业

0 一般规定

0.1 筑炉施工中策划要求

0.1.1 项目部必须根据设计图纸、标准规范编制筑炉施工的专项施工质量、环境、安全措施,并严格按措施实施过程控制,避免因施工过程控制方法不当或控制措施不到位导致炉墙开裂、脱落造成返工,浪费资源,污染土地、污染地下水。

0.1.2 筑炉施工前应根据工艺流程、施工顺序,合理排砖、拌料、砌筑浇筑、捣打,减少砖的切割量,避免筑炉材料失效、拌合料未使用初凝废弃、浪费资源,防止施工顺序颠倒造成费时或返工,加大筑炉材料、水、电的消耗,增加对环境的污染。

0.2 筑炉施工中的要求

0.2.1 耐火砌体和隔热砌体,在施工过程中直至投入生产前,应根据天气预报,下雨前采取铺篷布或塑料布进行防护,避免受湿,影响炉子的使用或使用寿命。

0.2.2 材料和设备堆放场地应平整、有排水措施;材料和设备存放室内或室外应覆盖,预防砂轮片受潮或耐火料结块或被雨淋报废,浪费资源。

0.2.3 筑炉使用的脚手架应由专业架子工负责按施工方案搭设和拆除,搭设和拆除按脚手架搭设和拆除所涉及的相关措施实施,预防或减少噪声排放,管件油漆与扣件浸机油遗洒污染土地、污染地下水。

0.2.4 水泥耐火浇筑料的养护可采用加热法,加热硅酸盐水泥耐火浇筑料的温度不得超过80℃,加热高铝水泥耐火浇筑料的温度不得超过30℃;黏土、水玻璃和磷酸盐耐火浇筑料的养护可采用干热法,加热水玻璃耐火浇筑料的温度不得超过60℃;避免因加热温度控制不当造成裂缝,影响炉子的使用寿命,造成资源浪费。

0.2.5 水泥耐火浇筑料的养护可采用蓄热法,蓄热时应采用塑料布将需养护部分覆盖严实,避免养护不到位产生裂缝,影响炉子的使用寿命,浪费资源;蓄热用的塑料布破损后应回收,收集一个运输单位后交有资质单位或环卫部门处理,防止乱扔污染土地、污染地下水。

1 筑炉施工

1.1 筑炉施工工艺流程

1.1.1 耐火料砌筑工艺流程

施工准备→耐火砖检查→耐火砖加工→搭架子→砌筑料拌和→耐火砖砌筑→耐火砖养护→检验。

1.1.2 耐火料浇筑(喷涂)工艺流程

施工准备→浇筑料检查→支模→浇筑料拌和→耐火料浇筑(喷涂)→耐火料养护→拆

模→检验。

1.1.3 耐火可塑料捣打工艺流程

施工准备→可塑料检查→可塑料铺设→可塑料捣打→可塑料养护→检验。

1.2 筑炉施工中的环境因素

1.2.1 筑炉施工中的涉及的环境因素

1.2.1.1 耐火料砌筑施工与浇筑(喷涂)中水、电、耐火料消耗,可塑料消耗;废耐火泥浆、粉料、骨料、结合剂、捣打料、可塑料、喷涂料、浇筑料和耐火纤维遗洒、废弃污染土地、污染地下水。

1.2.1.2 脚手架搭设和拆除中噪声排放,管件油漆与扣件浸机油遗洒污染土地和地下水。

1.2.1.3 耐火砖加工中打磨设备噪声排放、扬尘、报废耐火砖、废料遗弃污染土地及大气。

1.2.1.4 耐火砖砌筑中设备噪声排放、扬尘、洗拌和装置水排放,石棉绳、耐火纤维、干耐火粉、拌和料遗洒染土地、污染地下水;报废耐火砖、废石棉绳、废耐火纤维、废干耐火粉、砌筑料初凝失效、废拌合料遗弃污染土地、污染地下水。

1.2.1.5 耐火料浇筑(喷涂)中设备与支模噪声排放、隔离剂遗洒染土地、污染地下水;拌和时扬尘、运输遗洒、洗拌和装置水排放、拌合料遗洒染土地、污染地下水;报废浇筑(喷涂)、拌和后浇注(喷涂)料初凝失效、剩余拌合料遗弃污染土地、污染地下水。

1.2.1.6 耐火可塑料捣打中噪声排放、热辐射;煤焦油、煤沥青、耐火可塑料遗洒染土地、污染地下水;废耐火可塑料、废煤焦油、废煤沥青遗弃污染土地和水体。

1.2.1.7 耐火纤维内衬施工中污染炉管和其他金属件;耐火纤维、胶粘剂遗洒污染土地、污染地下水;废耐火纤维、废胶粘剂遗弃污染土地、污染地下水。

1.2.1.8 高炉冷却壁之间铁屑填料施工中(生铁屑、黏土熟料粉、水玻璃、硅酸盐水泥或生铁屑、精矿粉、高铝水泥、水)噪声排放、扬尘、遗洒污染土地、污染地下水;废生铁屑、黏土熟料粉、水玻璃、硅酸盐水泥或生铁屑、精矿粉、高铝水泥遗弃污染土地、污染地下水;洗搅拌机水排放污染土地和水体。

1.2.2 筑炉施工中紧急情况下所涉及的环境因素

1.2.2.1 施工区域或库房意外发生火灾烧坏设施,产生大量废气、废弃物污染大气、污染土地、污染地下水、影响环境卫生。

1.2.2.2 烘炉时,因升温过程控制不当,炉体开裂或内衬剥落或爆裂,影响炉子的使用寿命、浪费资源。

1.2.2.3 热捣的碳素料加热,意外发生火灾烧坏设施,产生大量废气污染大气、废弃物污染大气、污染土地、污染地下水、影响环境卫生。

1.3 筑炉施工中对材料的要求

1.3.1 采购的耐火材料和制品应选择集装方式运输,装卸轻拿轻放,防止耐火材料和制品因选择方法不当造成损坏、变形、丢失或野蛮装卸产生的噪声排放或扬尘污染环境。

1.3.2 进入现场的耐火材料和制品的牌号、等级和砖号应按相应标准、技术条件、设计要求进行外观检查、挑选和复验,保证不合格材料不使用,以防止因使用不合格材料影响砌筑质量和炉子使用年限,加大资源的消耗。

1.3.3 硅砖、刚玉砖、镁质制品、碳素制品、隔热耐火砖、隔热制品等和用于重要部位的高铝砖、黏土砖,耐火泥浆、粉料、骨料、结合剂、捣打料、可塑料、喷涂料、浇筑料和耐火纤维应分别存放在有盖的仓库内,不得受潮、脏污、变质和混淆,浪费资源。

1.3.4 砌筑耐火制品用的泥浆的耐火度、化学成分应与所用砌筑耐火制品用的泥浆的耐火度、化学成分相适应,保证泥浆的种类、品牌、性能指标满足炉子的温度、使用条件的设计要求,避免因选择不当影响炉子的使用寿命、浪费生产资源。

1.4 筑炉施工中对人员的要求

1.4.1 筑炉施工中对企业的要求

筑炉施工企业必须在从事筑炉施工前,取得"筑炉施工资质证书"后方可从事相应级别、类型相符的筑炉施工,避免因企业不具备相应筑炉施工能力而发生损坏设备或缩短炉子的使用寿命、浪费资源,污染环境。

1.4.2 筑炉施工中对人员的要求

1.4.2.1 企业的筑炉施工、检验试验人员等必须取得相应级别的岗位操作证,按考核合格后的项目、权限和相应的国家与地方规范、操作规程,从事与所持证书规定范围内工作;避免因人员素质能力不能满足要求而发生损坏设备或缩短炉子的使用寿命、浪费资源,废物遗弃污染土地和地下水。

1.4.2.2 机械操作人员应经过培训,掌握相应机械设备的操作要领后方可进行筑炉施工、检验等作业。避免因人的误操作或不按操作规程操作、保养造成设备部件报废、机械设备事故浪费资源,加大对环境的污染,机械设备漏油污染土地、污染地下水,噪声超标影响环境。

1.4.2.3 每项作业活动操作前项目部应组织对筑炉施工、检验人员针对该项作业活动所涉及的噪声排放、扬尘、遗洒、废水排放、废弃物处理等重要环境因素的环境控制措施、环境操作基本要求、环境检测的关键特性、防火与烘炉应急准备响应中的注意事项进行专项环境交底或综合交底包括以上环境方面的内容,避免因作业人员的不掌握环境方面的基本要求造成噪声超标,废弃物、漏油、遗洒污染土地和地下水。

1.5 筑炉施工中对设备的要求

1.5.1 筑炉施工中对设备的要求

1.5.1.1 应根据施工组织设计或专项施工方案的要求,选择满足施工需要、噪声低、能耗低的运输设备、搅拌设备、喷涂设备、加热设备、耐火砖切割设备,磨砖设备、吸尘设备,避免设备使用时噪声超标,漏油污染土地、污染地下水,加大水、电、油和资源消耗,浪费资源。

1.5.1.2 机械设备的保养与维护要求

(1) 设备每个作业班工作后应进行设备的日常保养,保证设备经常处于完好状态,避免设备使用时意外漏油污染土地、污染地下水。

(2) 当发现设备有异常或存在问题时,应安排专人检查排除或送维修单位立即抢修,防止设备带病作业,加大能源消耗、设备漏油污染土地。

1.5.2 对设施的要求

1.5.2.1 设备接油盘宜采用厚度0.5~1mm铁皮,油盘大小不宜小于机械设备的水平投影面积,防止漏油污染土地和地下水。

1.5.2.2 材料库房的施工按临时设施建设与使用相关要求实施,防止噪声污染、扬尘,废水、废物遗弃污染现场环境。

1.5.2.3 沉淀池按临时设施沉淀池所涉及的环境控制措施实施,防止沉淀池过小致使沉淀效果较差污染土地、污染地下水、影响环境卫生或过大浪费资源。

1.6 筑炉施工控制要求

1.6.1 筑炉施工准备控制要求

1.6.1.1 切砖控制要求

(1) 切砖应选择噪声小的切砖机、耐磨切割效率高的砂轮片;操作时应在封闭的加工场或室内进行,防止切砖过程产生的噪声、扬尘对环境的污染。

(2) 切砖开始时踏板亦不能压的过重,避免用力压挤调整踏板而使切砖砂轮片受负荷过大,破碎砂轮片浪费资源;切砖时被切除部分的宽度不得小于10mm,避免切割太多浪费资源;切砖过程中不得改变砖块的方向和位置,防止扭裂打碎砂轮片浪费资源。

(3) 切砖过程中机械发生故障,应立即切断电源,严禁在机械运转中维修部件,避免因操作不当发生电线断路、设备报废,浪费基础资源。

(4) 切割后的废砖、粉末应安排专人先洒水后清扫,清理的废砖、粉末,报废的设备及配件、废砂轮片等应统一回收,收集一个运输单位后交有资质单位或环卫部门处理,防止乱扔污染土地、污染地下水;运输应采用封闭车,出场前应对车轮清扫干净,防止扬尘、遗洒。

1.6.1.2 磨砖过程控制要求

(1) 磨砖机应稳装在操作棚内,稳装时地面要硬化、坚实、平整,不得倾斜,必须接地、接零、漏电保护,电机加罩,保证设备可靠有放,防止因设备缺陷造成砖报废,浪费资源。

(2) 磨砖机油箱下方必须有接油盆防止设备故障或加油时出现漏油或遗洒污染土地、污染地下;磨砖机应装设吸尘设备,不允许不经除尘直接磨砖产生扬尘污染环境。

(3) 磨砖砂轮要用夹板与螺丝牢固地固定在磨砖机的主轴上,夹板与砂轮之间必须垫不小于3mm厚的鸡毛纸垫;操作台上的磨砖小车运行必须灵活,小车轨距必须一致,符合规定;砂轮两面的直径必须相等,严禁使用一面大、一面小的砂轮磨砖;严禁使用受潮的砂轮片,受潮的砂轮片必须烘干后方可使用;避免设备未固定牢固损坏砖或砂轮大小不一造成砖报废,形成资源浪费。

(4) 往磨砖机上放砖时,必须将砖顶在小车的挡板上,预防磨砖时走动,小车上的挡板高度不得超过被磨砖的厚度;磨砖砂轮的转动方向应顺时针,严禁反转;被磨的耐火砖的进行方向必须与砂轮的旋转方向逆行,严禁顺砂轮旋转方向进行;避免磨方法不当,损坏砖浪费资源。

(5) 磨砖升降操作平台,应随着耐火砖的被磨减薄而上升;上升的速度应缓慢均匀,不得一下升起过高、受力过大、挤弯磨砖机的主轴或被磨砖连同磨砖小车突然滑脱伤人;被磨的砖小于砂轮宽度时,必须随时将砖左右移动,以防砂轮磨偏、砖报废或浪费资源。

(6)磨砖操作过程中,机械发生故障应立即拉闸断电,严禁在机械运转中检修或注油,避免因操作不当发生电线断路、设备报废、油污染土地。

(7)加工砖后的废砖、除尘器中的粉末应安排专人定期清理,清理的废砖、粉末,报废的设备及配件、废砂轮片等应统一回收,收集一个运输单位后交有资质单位处理,防止乱扔污染土地、污染地下水;运输采用封闭车,出场前应对车轮清扫干净,防止扬尘、遗洒。

1.6.1.3 耐火泥浆搅制要求

(1)筑炉前应根据砌体类别通过试验确定泥浆的稠度和加水量,测定泥浆的稠度和粘结时间(1~1.5min)满足砌筑要求后,在准备专用搅拌机或铁制泥浆槽内调制泥浆,防止遗洒污染土地污染地下水;泥浆搅拌应在封闭的搅拌站进行,预防或减少噪声污染。

(2)调制泥浆时必须严格按确定的配合比准确配料、搅拌均匀,不应在调制好的泥浆内任意加水和胶粘剂;同时使用不同泥浆时不得混用搅拌机、泥浆槽等机具;避免不同泥浆混淆,影响砌筑质量,造成返工浪费资源。

(3)沿海地区调制掺有外加剂的泥浆时,搅拌水应经过化验其氯离子的含量不应大于300ppm;避免氯离子的含量超标,致使炉体腐蚀,影响炉子的使用寿命,造成资源浪费。

(4)掺有水泥、水玻璃或卤水的泥浆,不应在砌筑前过早调制,随用随搅制防止超量剩余或泥浆未使用已初凝造成浪费。

(5)拌制或调制泥浆时,粉料、骨料、耐火纤维等应轻轻倒入槽中,防止扬尘对环境污染;清洗搅拌机和泥浆槽的水必须经两级沉淀池沉淀后才能排入市政管网,不允许不经沉淀随意排放对环境的污染。

(6)报废的设备及配件、泥浆,失效的粉料、骨料、耐火纤维等应统一回收,收集一个运输单位后交有资质单位或环卫部门处理,防止乱扔污染土地、污染地下水;运输应采用封闭车,出场前应对车轮清扫干净,防止扬尘、遗洒。

1.6.2 一般炉体砌筑控制要求

1.6.2.1 挂砖前应分类清除操作场地上部的杂物,避免杂物未清除干净影响砌筑质量,造成返工浪费资源;砌筑时应按需要供砖,不得堆积过多造成砖损坏或发生二次搬倒,浪费资源;供砖时砖应装在小车或容器内轻拿轻放、堆码整齐、平稳,严禁从上向下投扔砖,预防损坏砖和产生噪声污染。

1.6.2.2 在金属罐上、烟道或炉膛内操作时,应按规定采用噪声低的设备往工作场所上送风,以保持工作环境通风良好,防止中毒时损坏砌体造成返工,形成浪费。

1.6.2.3 固定在砌体内的金属埋设件应于砌筑前或砌筑时安设,砌体与埋设件之间的间隙及其中的填料应符合设计规定;干砌底和墙时应以干耐火粉填满;基础砌体上留设的沉降缝内应用石棉绳、耐火纤维或填料塞紧;填石棉绳、耐火纤维、干耐火粉或其他填料时应用专用工具带到作业点,预防运输时遗洒污染土地、污染地下水、影响环境卫生。

1.6.2.4 砌体应错缝砌筑,全部砖缝中泥浆应饱满,其表面应勾缝;砌筑时泥浆应轻放在砖上,防止用力过大造成遗洒污染环境;勾缝时应边勾边接防止遗洒污染现场。

1.6.2.5 砌砖时,不得在砌体上砍凿砖,防止损坏砖和噪声污染;应用木槌或橡胶槌找正,不应使用铁锤,防止使用工具不当造成砖损坏,浪费资源和噪声污染。

1.6.2.6 根据拱和拱顶的跨度应按规定数量和位置打入锁砖,并符合规范要求,避免打入锁砖数量或位置不当,造成返工浪费资源;打锁砖时应用木槌或铁锤垫木板打入规定的锁砖,防止损坏砖和噪声污染。

1.6.2.7 挂砖时,不得采用砖撑、塞管等办法调整管距;砖的加工面不宜朝向炉堂或炉子通道的内表面;在泥浆干固后不得敲打砌体;砌筑反拱底前必须用样板找准弧面;斜坡炉底、弧形墙应放线砌筑;反拱底应从中心向两侧对称砌筑;圆形炉墙应按中心线砌筑;经常检修的炉底应砌成活体;防止因砌筑方法不当造成返工浪费资源或影响炉子的使用寿命、加大消耗。

1.6.2.8 拱胎支设必须正确牢固、弧度应符后设计要求,并经检查合格后才可砌筑拱或拱顶;拱和拱顶必须从两侧拱脚同时向中心对称砌筑,拱脚砖应紧靠拱脚梁砌筑;禁止将拱砖的大小头倒置;不得使用砍掉厚度 1/3 以上的或砍凿长侧面使大面成楔形的锁砖;不得在拱脚砖后面砌筑隔热耐火砖或硅藻土砖;防止因拱和拱顶砌筑方法不当造成返工浪费。

1.6.2.9 砌筑没有混凝土的地下烟道的拱顶时,应在墙外回填土完成后方可砌筑;球形拱顶应采用金属卡钩和拱胎相合的办法,球形拱顶应逐环砌筑并及时合门,留槎不宜超过三环,合门环应分布均匀;吊挂平顶的吊挂砖应从中间向两侧砌筑,吊挂拱顶应环砌;斜坡炉顶应从下面的转折处开始向两端砌筑;防止因拱和拱顶砌筑方法不当影响炉子的使用寿命、浪费自然资源。

1.6.2.10 水平砖层砌筑的斜度炉底,其工作层下部的退台或错台所形成的三角部分可用相同材质的耐火浇筑料、捣打料或可塑料找齐;黏土砖拱或拱顶上部找平层的加工砖可用相应材质的耐火浇筑料;砌完黏土砖(或高铝质)炉顶挂砖后应在炉顶上面灌缝,再按规定的部位铺砌隔热制品;防止因耐火浇筑料、捣打料或可塑料施工不当影响浇筑质量、影响炉子的使用寿命、浪费资源。

1.6.2.11 在耐火浇筑料、捣打料、可塑料施工按混凝土施工所涉及的环境控制措施实施,预防或减少噪声、扬尘及机具清洗用水对环境的污染。

1.6.2.12 留设膨胀缝的位置应避开受力部位、炉体骨架和砌体中的孔洞,内外层的膨胀缝不应互相贯通,上下层宜互相错开,防止因膨胀缝留设不当造成砌筑裂缝、影响炉子的使用寿命、浪费资源。

1.6.2.13 在镁质吊挂拱顶的砖环中,砖与砖之间应插入销钉和夹入钢垫片;避免遗漏或多夹造成返工浪费资源。

1.6.2.14 除复杂形状的烟道拱顶可环砌外,应错缝砌筑,地下烟道使用的耐火泥浆可掺入 15%~20% 强度等级不低于 32.5 级的普通硅盐水泥;避免砌筑方法不当造成返工浪费资源。

1.6.2.15 拆除拱顶的拱胎时,必须在锁砖全部打紧,拱脚处的凹沟砌筑完毕,以及骨架拉杆的螺母最后拧紧之后进行;用普通黏土砖砌筑拱顶,须待砂浆强度达到 60% 以上,方可拆除拱胎及其他支撑;避免拆除拱顶的拱胎时机不当造成返工浪费资源。

1.6.2.16 拆除时应选用木方撞击、撬棍等,不宜用铁锤敲打防止噪声污染,拆除的物料应专排专人分类回收,尽量二次再用,减少资源的消耗和浪费。

1.6.2.17 清除的杂物,未用完的泥浆或落地浆,报废的石棉绳、耐火纤维、干耐火粉、普通硅盐水泥、耐火浇筑料、捣打料、可塑料、拱胎及其他支撑等应有专人清理回收,收集一个运输单位后交有资质单位处理,防止乱扔污染土地、污染地下水;运输采用封闭车,出场前应对车轮清扫干净,防止扬尘、遗洒污染环境。

1.6.3 不定形耐火材料浇筑、喷涂控制要求

1.6.3.1 不定形耐火材料如包装破损物料明显外泄、受到污染或潮湿变质时,该包不应使用;锚固砖或吊挂砖的外形尺寸应逐块检查验收,锚固砖或吊挂砖不得有横向裂缝;保证不使用不合格材料,预防耐火浇筑料不合格造成返工浪费资源。

1.6.3.2 在浇筑、喷涂前锚固砖或吊挂砖可预先润湿;在施工中不得任意改变不定形耐火材料的配合比,不应在搅拌好的不定形耐火材料内任意加水或其他物料;锚固砖、锚固座与锚固钩必须互相拉紧,但锚固砖应能随炉墙胀缩而起落,锚固钩四周不得填料;吊挂砖与吊挂梁之间应楔紧;避免因浇筑方法控制不到位造成返工浪费资源。

1.6.3.3 搅拌耐火浇筑料用的水,应采用洁净水,沿海地区搅拌水应经过化验其氯离子的含量不应大于300ppm,避免用水不当造成炉体腐蚀,浪费资源;浇筑料宜用强制式搅拌机在封闭的搅拌站搅拌,预防和减少噪声污染。

1.6.3.4 黏土耐火浇筑料、高铝水泥耐火浇筑料、水玻璃耐火浇筑料、磷酸盐耐火浇筑料、促凝剂应放入料斗内轻轻抖动,预防和减少扬尘污染;装料应低于车帮10~15cm,预防和减少遗洒污染土地、污染地下水。

1.6.3.5 搅拌好的黏土耐火浇筑料、高铝水泥耐火浇筑料、水玻璃耐火浇筑料和已加促凝剂的磷酸盐耐火浇筑料应在30min内浇筑完,避免浇筑料拌制过多造成剩余或未使用已初凝浪费,污染环境。

1.6.3.6 变更牌号和当日工作结束时,搅拌机及上料斗、称量容器均应清洗干净;清洗搅拌机及上料斗、称量容器的水必须经两级沉淀池沉淀后才能排入市政管网,不允许不经沉淀随意排放对环境的污染。

1.6.3.7 整体浇筑耐火内衬膨胀缝按设计规定确定;无设计规定时每米的内衬膨胀缝的平均值按黏土耐火浇筑料:4~6mm,高铝耐火浇筑料:6~8mm,磷酸盐耐火浇筑料:6~8mm,水玻璃耐火浇筑料:4~6mm,硅酸盐水泥耐火浇筑料:5~8mm;避免因膨胀缝设置不当造成裂缝,影响炉子使用寿命。

1.6.3.8 浇筑料应采用噪声小的插入式振捣器或平板振捣器或人工振捣密实,耐火浇筑料的浇筑应连续进行,在前层浇筑料凝结前应将次层浇筑料浇筑完毕,振动捧、捣锤等金属捣实工具不得直接作用于锚固砖或吊挂砖上,必要时应垫以木板,防止损坏砖浪费资源,减少噪声污染环境。

1.6.3.9 耐火浇筑料的养护应按所用耐火浇筑料牌号规定的方法进行,养护期间耐火浇筑料不得受外力及振动,避免因耐火浇筑料的养护方法不当造成裂缝,影响炉子使用寿命。

1.6.3.10 报废的黏土耐火浇筑料、高铝水泥耐火浇筑料、水玻璃耐火浇筑料、磷酸盐耐火浇筑料、促凝剂、初凝报废的搅合料等应有专人清理回收,收集一个运输单位后交有资质单位处理,防止乱扔污染土地、污染地下水;运输采用封闭车,出场前应对车轮清扫干净,防止扬尘、遗洒污染环境。

1.6.4 耐火可塑料捣打控制要求

1.6.4.1 采用支模法捣打可塑料时,模板应具有一定的强度和刚度,并防止施工中位移;吊挂砖的端面与模板之间的间隙宜为4~6mm,捣打后不应大于10mm;避免使用的模板不合格造成遗洒、膨胀浪费资源;模板支拆按模板工程中涉及的相关环境控制措施实施,防止噪声、废机油遗洒污染环境。

1.6.4.2 可塑料坯铺排应错缝靠紧,采用散装可塑料,每层铺料厚度不应超过100mm;捣打按可塑料说明书规定方法或采用橡胶锤头,捣锤风压不应小于0.5MPa,防止噪声污染和捣打返工浪费资源;压缩机应设置室内防止使用噪声污染环境;压缩机应放置在接油盘上,预防设备漏油或加油方法不当遗洒,污染土地、污染地下水。

1.6.4.3 捣打应从胚间接缝开如,锤头在前进方向移动应重叠2/3,行与行重叠1/2,反复捣打3遍以上,捣固应平整、密实、均一;捣打炉墙和炉顶可塑料时捣打方向应平行于受热面,捣打炉底时捣打方向可垂直于受热面;避免因可塑料捣打方法不当造成不密实,造成返工浪费资源。

1.6.4.4 可塑料施工宜连续进行,施工间歇时应用塑料布将捣固体覆盖,如施工中断较长时,接缝应留在同一排锚固砖或吊挂砖的中心线处;避免间歇时间过长造成返工,浪费资源污染环境。

1.6.4.5 炉墙可塑料应逐层铺排捣打,炉顶可塑料可分段进行捣打;斜坡炉顶应由其下部转折处开始,达到600mm后才可折下挡板捣打另一侧;炉顶合门宜选在水平炉顶段障碍物较少的位置;可塑内衬的修整应在脱模后及时进行;避免因可塑料捣打方法选择不当造成不密实,造成返工,浪费资源污染环境。

1.6.4.6 可塑料内衬的膨胀缝应按设计要求留设,炉墙膨胀缝、炉顶纵向膨胀缝的两侧应均匀捣打使膨胀缝成一条直线;在炉墙与炉顶交接处应留水平膨胀缝与垂直膨胀缝,避免因膨胀缝留设不当造成裂缝,影响炉子使用寿命。

1.6.4.7 膨胀缝填料时应从装料斗内轻轻填入耐火纤维等材料,预防扬尘和遗洒污染土地、污染地下水、影响环境卫生。

1.6.4.8 废弃耐火纤维、耐火可塑料,报废的模板、脱模剂、橡胶锤头、设备及配件等应回收,收集一个运输单位后交有资质单位或环卫部门处理,防止乱扔污染土地、污染地下水;运输采用封闭车,出场前应对车轮清扫干净,防止扬尘、遗洒污染施工现场内外的环境。

1.6.5 耐火捣打料捣打控制要求

1.6.5.1 耐火捣打料捣打时应分层铺料,如用风动锤捣打时应一锤压半锤,连续均匀逐层捣打实,每层铺料厚度不超过100mmm;风动锤的工作风压不小于0.5MPa;避免因耐火捣打料捣打方法不当造成不密实,造成返工,浪费资源污染环境。

1.6.5.2 压缩机应设置室内防止使用噪声污染环境;压缩机应放置在接油盘上,预防设备漏油或加油方法不当遗洒,污染土地、污染地下水。

1.6.5.3 冷捣碳素料捣打时的料温应比胶粘剂软化点高10℃左右,使用煤焦油、煤沥青作胶粘剂时应垫托盘预防遗洒污染环境;热捣的碳素料宜采用成品,捣打前应采用切剖的方法将碳素料破碎,预防或减少噪声污染;用电加热,其料温不应低于70℃,加热时应送风,避免减少热辐射污染。

1.6.5.4 煤焦油、煤沥青和骨料应在分别脱水和加热后在专门的拌和槽或搅拌机内混合,搅拌均匀,预防拌制时遗洒污染或拌和料不合格,浪费资源污染环境;拌和时应在封闭的搅拌站搅拌,预防和减少噪声污染;清洗搅拌机及上料斗、称量容器的水必须经两级沉淀池沉淀后才能排入市政管网,不允许不经沉淀随意排放对环境的污染。

1.6.5.5 捣打炉底前应对炉基进行干燥处理并清理干净;每层捣实密度应符合规定的压缩比,避免因捣打不实密,影响炉子使用寿命;捣打料用模板施工时,模板支拆按摸板工程中涉及的相关环境控制措施实施,防止噪声、废机油污染。

1.6.5.6 报废的模板、脱模剂、风动锤、设备及配件、煤焦油、煤沥青、骨料、失效的拌合料等应回收,收集一个运输单位后交有资质单位或环卫部门处理,防止乱扔污染土地、污染地下水;运输采用封闭车,出场前应对车轮清扫干净,防止扬尘、遗洒污染相关现场。

1.6.6 耐火喷涂料喷涂控制要求

1.6.6.1 喷涂料宜采用半干法喷涂,喷涂料应在搅槽内适当加水润湿、搅拌均匀采用专用工具加入喷涂机中,防止水和喷涂料遗洒造成对环境污染;清洗喷涂机、搅槽的水必须经两次沉淀池沉淀后才能排入市政管网,不准乱排污染土地和水体,影响环境卫生。

1.6.6.2 喷涂时,料和水应均匀连续喷射,喷涂面上不应出现干料或流淌,造成遗洒污染环境、浪费资源;喷涂方向应垂直于受喷面,喷嘴离受喷面的距离宜为1～1.5m,喷嘴应不断进行螺旋移动,使粗细颗粒分布均匀;喷涂分段进行,一次喷到设计厚度;避免因喷涂方向和距离不当造成返工,浪费资源。

1.6.6.3 如内衬较厚需分层喷涂时应在前层喷涂料凝结前喷完次层;避免因喷涂方法不当造成不密实返工,浪费资源或喷涂料未用初凝浪费资源;对附着在支承件或管道底的回弹料、散射料不得继续使用,预防返工,浪费资源。

1.6.6.4 当设计留膨胀缝时,应在喷涂完毕后及时开设,可用1～3mm厚的楔形板压入30～50mm而成;喷涂的养护应按所用料牌号的施工说明书进行;避免因膨胀缝留设或养护不到位造成裂缝,影响炉子使用寿命。

1.6.6.5 对附着在支承件或管道底的回弹料、散射料、报废的喷涂料应及时清除、回收,收集一个运输单位后交有资质单位或环卫部门处理,防止乱扔污染土地、污染地下水;运输采用封闭车,出场前应对车轮清扫干净,防止扬尘、遗洒污染环境。

1.6.7 耐火纤维内衬施工控制要求

1.6.7.1 耐火纤维应放置室内并加垫木方妥善保管防止雨淋受潮和胶粘剂过期变质,浪费材料资源。

1.6.7.2 在炉壳上或在耐火砖或耐火浇筑料面上粘贴耐火纤维毡(板)前,应在炉壳下或在耐火砖或耐火浇筑料面下垫塑料布后,清除炉壳或耐火砖或耐火浇筑料面上表面的浮锈和油污,预防或减少油污对环境的污染。

1.6.7.3 贴面应干燥、平整,粘贴时在粘贴面的两面均应涂刷胶粘剂,涂刷时对不需涂刷的物件采取覆盖、遮挡方法进行防护,不得将胶粘剂掉在已贴好的耐火纤维上,沾污炉管和其他金属件造成浪费;涂刷时一次不宜沾得过多(不流淌),预防遗洒污染土地、污染地下水。

1.6.7.4 耐火纤维内衬应根据设计要求合理采用相应性能的耐火纤维、锚固件及胶粘剂和铺筑方式(层铺或叠砌、锚固或粘贴等);避免耐火纤维、锚固件及胶粘剂性能不一致或铺筑方式不当,导致返工,资源浪费,污染环境。

1.6.7.5 层铺式内衬的隔热板、耐火纤维毡应错缝铺设,各层间应错缝100mm以上;隔热层可对缝连接,受热面层接缝应搭接(搭接长度100mm),搭接方向应顺气流方向不得逆向;在炉墙转角或炉墙与炉顶、炉底相连处,耐火纤维毡(板)应交错相接不得内外通缝;避免因施工方法不当,导致粘接不牢或搭接长度偏差造成返工,浪费材料和资源。

1.6.7.6 叠砌式内衬对每扎耐火纤维都应按规定进行预压缩,压缩率宜为15%~20%,用销钉固定,活动销钉应按设计要求的位置垂直插入耐火纤维中,不得偏斜和遗漏;用粘贴法施工时,应先在被粘贴的表面按每扎大小分格划线,粘贴耐火纤维毡自上而下进行,保证耐火纤维条的平直和紧密;避免因施工方法不当或实施不到位造成资源浪费,影响炉子使用寿命。

1.6.7.7 对清除的浮锈、油污、灰尘、胶粘剂和报废变质的胶粘剂、耐火纤维、锚固件、销钉等应安排专人回收,收集一个运输单位后交有资质单位或环卫部门处理,防止乱扔污染土地、污染地下水;运输采用封闭车,出场前应对车轮清扫干净,防止扬尘、遗洒污染环境。

1.6.8 大型和特殊炉体砌筑控制要求

1.6.8.1 高炉冷却壁之间和冷却壁与出铁口框、风渣口大套之间的缝隙应在砌筑前用铁屑填料填塞,其成分和配合比由设计规定;铁屑填料(生铁屑、黏土熟料粉、水玻璃、硅酸盐水泥或生铁屑、精矿粉、高铝水泥、水)应用搅拌机在封闭的搅拌站搅拌,预防和减少噪声污染。

1.6.8.2 生铁屑、黏土熟料粉、水玻璃、硅酸盐水泥或生铁屑、精矿粉、高铝水泥应放入料斗内轻轻抖动,预防和减少扬尘污染;装料应低于车帮10~15cm,预防和减少遗洒污染土地、污染地下水;铁屑填料用多少搅制多少,防止剩余浪费资源。

1.6.8.3 清洗搅拌机及上料斗、称量容器的水必须经两级沉淀池沉淀后才能排入市政管网,不允许不经沉淀随意排放对环境的污染。且特殊施工环境,包括无市政管网的野外施工的污水排放应执行当地的相关规定。

1.6.8.4 炉底、炉缸、炉腹、炉腰、炉身冷却箱(板)区域的砌体必须采用磷酸盐泥浆砌体;每层炉底均应从中心十字形开始砌筑,并必须保持十字形的相互垂直;炉底应采用沾浆法砌筑做到稳沾、低靠、短拉、重揉,防止遗洒污染环境;避免因砌筑方法选择不当或实施不到位,造成返工浪费资源。

1.6.8.5 热风炉组应按施工方案规定顺序砌筑,避免砌筑顺序颠倒造成基础的不均匀下沉,从而导致炉体开裂报废、浪费资源,并形成多次污染。

1.6.8.6 同一座焦炉应采用化学和物理性质相接近的硅砖,整座焦炉宜采用同一个耐火材料厂的制品;砌筑采用两面打灰挤浆法、均衡向上砌筑,砌筑时应采取铺设保护板等措施防止箅子砖、分格式蓄热室格子砖、立火道和碳化室底等处的砌体被打坏,浪费资源。

1.6.8.7 炉体砌筑完后,应顺次彻底清扫其内部,避免未清除干净影响使用;当采用压缩空气清扫时,必须控制压缩空气的压力,防止将砖缝内的泥浆吹掉,影响炉子的使用寿命;压缩机放置在接油盘内防止设备漏油或加油时遗洒污染土地、污染地下水。

1.6.8.8 砌筑有耐火纤维毡隔热层的部位时,应先将纤维毡贴在罐壳表面,再砌隔热砖,隔热砖不得紧压纤维毡,隔热砖与纤维毡之间不得填充耐火泥浆,避免施工顺序不当造成返工浪费资源;涂刷时对不需涂刷的物件采取覆盖或遮挡方法进行防护,不得将胶粘剂掉在已贴好的耐火纤维上,沾污其他物件造成浪费。

1.6.8.9 炼钢转炉炉底应从炉子中心按十字形对称砌筑,上下两层砖的纵向长缝应砌成 30°~60°的交角,最上层炉底砖的纵向长缝应与出钢口中心线成一交角,上下两层砖的中心点适当错开,炉底的最上层砖必须竖砌;避免因砌筑方法选择不当或实施不到位,影响炉子的使用寿命,浪费资源。

1.6.8.10 玻璃熔窑中的池底、池壁、下间隙砖、用熔铸砖砌筑的上部结构、吊挂的平拱、桥砖、蓄热室砖格子和设计规定的其他部位应干砌,其他部位应湿砌;除设计中规定留膨胀缝或加入填充物之外,干砌的砌体内砖与砖之间应相互紧靠不加填充物;避免因砌筑方法选择不当或实施不到位,影响炉子的使用寿命,浪费资源。

1.6.8.11 砌筑具有可调节骨架的拱顶时,应沿拱的中心线打入一排锁砖,拱顶在锁砖打入后以稀泥浆灌缝;避免因锁砖打入不当造成返工,导致资源浪费。灌稀泥浆时应垫塑料布防止遗洒污染炉体,浪费资源。

1.6.8.12 倒焰窑圆形窑顶的砌体应逐环砌筑,环砌留槎不宜超过三环,每砌完一环砖应立即打入锁砖,但相邻两环的锁砖必须错开;回转窑内衬宜湿砌,采用分段错缝或环砌法,用镁质制品砌筑内衬时宜干砌与环砌;避免因砌筑方法选择不当或实施不到位,影响炉子的使用寿命。

1.6.8.13 对清除的胶粘剂和炉体内杂物,报废变质的胶粘剂、水泥、熟料粉、精矿粉、生铁屑、黏土熟料粉、水玻璃、硅酸盐水泥、高铝水泥、耐火纤维,报废的泥浆和拌合料,各种废砖应安排专人回收,收集一个运输单位后交有资质单位或环卫部门处理,防止乱扔污染土地、污染地下水;运输采用封闭车,出场前应对车轮清扫干净,防止扬尘、遗洒污染车辆所经过处的环境。

1.6.9 筑炉施工中应急准备响应控制要求

1.6.9.1 筑炉施工中防火控制要求

(1)筑炉施工用料库房、热捣碳素料加热作业场地、耐热纤维胶粘剂配制场所应在通风良好的地方进行,附近10m范围内不得有易燃物品;动火应有审批;并按《建筑物灭火器配备设计规范》确定作业场地的危险等级、火灾种类,配备足够数量有效的手推车式或手提式灭火器;明确疏散路线,救护联络方式,组织义务消防队,每年演练一次;避免应急策划或准备不到位,不能够控制火情,延误救火产生环境污染。

(2)当发现火情处于初始阶段(1~3min)时,组织义务消防队和有关人员及时灭火,控制火情,防止火蔓延发生火灾,污染环境;出现火情不能控制时立即向119报警,同时组织人员疏散,转移必要的财产,配合消防队员救火,减少火灾引发爆炸事故,加大对环境的污染。

1.6.9.2 烘炉中应急准备响应控制要求

各种炉子砌筑或耐火材料浇筑或喷涂完成后,应按设计要求或专项施工方案规定进行烘炉,保证烘炉时间,升温过程按升温曲线控制;避免升温过快,造成炉子爆裂或衬里脱落,造成返工资源浪费。

1.7 筑炉施工中监测要求

1.7.1 对材料监测要求

1.7.1.1 砌筑材料、喷涂材料、浇筑材料、捣打材料、衬里材料、泥浆、填料等进场时,应对质量标准、环境要求(环保限值)检查或检测不少于1次,不合格不准进场、不准使用,避免材料对环境的污染。

1.7.1.2 煤焦油、煤沥青、水玻璃、胶粘剂等易燃易爆、危险化学品储存条件、安全距离、堆放高度、堆放状况,防火、防潮条件,禁火标识等每月检查一次,发现异常情况时,采取针对措施纠正,避免发生火灾对环境的污染。

1.7.2 人员管理监测要求

1.7.2.1 每次作业前应对筑炉工等人员的岗位操作证或培训资料(包括环境措施交底内容)检查1次,发现人员不适应采取针对措施纠正,避免因人员素质低,造成返工浪费资源,污染环境。

1.7.2.2 每次作业前应对筑炉人员的防护用品检查1次,发现不足应采取针对措施纠正,避免保护用品不到位,伤害人员造成对环境的污染。

1.7.3 设备和设施监测要求

1.7.3.1 搅拌设备、喷涂设备、加热设备、耐火砖切割设备、磨砖设备、吸尘设备的保养状况(不漏油、完好、尾气排放达标)每周检查1次,当发现异常情况时,及时安排保养、检修,降低消耗,防止油遗洒污染土地、地下;每批作业中应对设备噪声排放、热辐射监测1次,当发现超标时,及时更换噪声低的设备或增加隔声、隔热材料厚度或更换材料,减少噪声、热辐射对环境的污染。

1.7.3.2 每班作业前应对接油盘目测1次,当接油盘存油达到距槽帮10mm时或项目完成相应作业活动时应进行清理,防止盘内存油溢出污染土地、地下水。

1.7.4 筑炉施工中监测要求

1.7.4.1 炉体砌筑中监测要求

(1) 每批炉体砌筑前应对砖加工方式、砌筑方法、养护方法、泥浆搅制方式、沉淀池状况等是否符合施工方案、管理程序检查1次。

(2) 作业中监测要求

1) 作业中应对泥浆搅制过程、操作程序、泥浆运输方式、遗洒、洗搅拌机废水排放、沉淀池沉淀效果、沉淀池清掏,砖加工过程、磨砖过程、砌筑过程、锁砖打入过程、胎模拆除时机,养护过程,废弃物处置等是否符合施工方案、管理程序检查1次。

2) 作业中应对扬尘目测1次(3m范围内无扬尘);对噪声排放每天监听1次,每月检测1次;在风景区或饮水区施工时,废水排放必须达到国家规定的一级或二级排放标准,并经当地环保部门检测确认达标后才允许排放。

3) 监测中如发现不适应或超标,应停止相关作业或更换设备或改变隔声材料或覆盖或改变作业方法或采取纠正措施,避免或减少噪声、废水排放、遗洒、扬尘、废物遗弃对环境的污染。

1.7.4.2 浇筑(喷涂)施工中监测要求

(1) 每批浇筑(喷涂)施工前应对浇筑(喷涂)方式、浇筑(喷涂)料搅制方式、沉淀池状况等是否符合管理程序和施工方案检查1次。

(2) 作业中监测要求

1) 作业中应对浇筑(喷涂)料搅制过程、操作程序、运输方式、遗洒、洗搅拌机废水排放、沉淀池沉淀效果、沉淀池清掏,浇筑(喷涂)过程、喷涂方向、喷嘴离受喷面的距离(1~1.5m)、喷涂厚度、膨胀缝位置、遗洒、废弃物处置等是否符合施工方案、管理程序检查1次。

2) 作业中应对扬尘目测1次(3m范围内无扬尘);对噪声排放每天监听1次,每月检测1次;在风景区或饮水区施工时,废水排放必须达到国家规定一级或二级排放标准并经当地环保部门检测确认达标后才允许排放。

3) 监测中如发现不适应或超标,应停止相关作业或更换设备或改变隔声材料或覆盖或改变浇筑(喷涂)方法或采取纠正措施,避免或减少噪声、废水排放、遗洒、扬尘、废物遗弃对环境的污染。

1.7.4.3 捣打施工中监测要求

(1) 每批捣打施工前应对捣打施工方式、加热设备、炉基干燥状况、冷捣碳素料温(应比胶粘剂软化点高10℃左右)等是否符合程序及施工方案检查1次。

(2) 作业中监测要求

1) 作业中应对捣打过程、操作程序、碳素料破碎方法、加热温度、热捣料温(不应低于70℃)、铺料厚度(100mm)、风动锤的工作风压(不小于0.5MPa)、压缩比、遗洒、废弃物处置等检查1次。

2) 作业中应对热辐射、捣打密实度等检测1次;每天监听1次,每月检测1次;在风景区或饮水区施工时,废水排放必须达到国家规定一级或二级排放标准并经当地环保部门检测确认达标后才允许排放。

3) 如发现不适应或超标,应停止相关作业或更换设备或调整加热温度或改变作业方法或采取纠正措施,避免或减少噪声排放、热辐射、遗洒、废物遗弃对环境的污染。

1.7.4.4 耐火纤维内衬中监测要求

(1) 每批耐火纤维内衬前应对粘贴内衬表面杂物清除状况、粘贴方式、不需内衬部位的保护状况等是否符合施工方案及管理程序检查1次。

(2) 作业中

1) 作业中应对层铺或叠砌、锚固或粘贴操作程序、各层间错缝宽度(100mm以上)、受热面层接缝搭接长度(100mm)、搭接方向、耐火纤维压缩率(15%~20%)、废弃物处置等是否符合施工方案及管理程序检查1次。

2) 作业中应对扬尘目测1次(扬尘高度不超过0.5m);对噪声排放每天监听1次,每月检测1次。

3) 监测中如发现不适应或超标,应停止相关作业或更换设备或改变隔声材料或覆盖或改变作业方法或采取纠正措施,避免或减少噪声、废水排放、遗洒、扬尘、废物遗弃对环境的污染。

1.7.4.5　加热、烘炉中监测要求

(1) 每次加热、烘炉前,应对炉体状况、加热方式等是否符合施工方案及管理程序检查1次。

(2) 加热、烘炉时应对升温过程、操作程序、废物遗弃等是否符合程序及施工方案检查1次;对加热温度、升温曲线(每2h)检查1次。

(3) 监测中如发现不适应或超标,应停止相关作业或更换设备或调整升温速度或采取纠正措施,避免或减少热辐射、废物遗弃对环境的污染。

1.7.5　应急准备响应中监测要求

(1) 每次作业前,应对库房、加热、烘炉作业场地的禁火标识、与易燃品的安全距离,灭火器材的种类、数量、放置位置、有效性等是否符合管理程序检查1次。

(2) 作业中应对升温曲线、加热温度每2h检测1次,对作业现场的禁火标识、与易燃品的安全距离,灭火器材的种类、数量、放置位置、有效性等是否符合管理程序每半个月检查1次。

(3) 监测中发现不足应停止相关作业或改变加热方式或更换灭火设施或采取纠正措施,避免应急措施实施不到位,发生炉墙爆裂造成返工,浪费资源或意外发生火灾、造成对环境的污染。

(4) 必要时,应对突发事件的响应措施进行监测。

第25章 管道作业

0 一般规定

0.1 管道安装中的策划

0.1.1 项目部必须根据设计图纸、标准规范编制管道安装的专项施工质量、环境、安全措施,并严格按措施实施过程控制,避免因施工过程控制方法不当或控制措施不到位而发生跑水、浪费资源,或污水渗漏污染土地、污染地下水。

0.1.2 敷设前应按设计图纸和实际路径计算管道的长度,合理安排管道的下料长度,避免长料短下或返工,减少管道接头和管道余料,节约资源,减少管道接口和焊接施工对环境的污染。

0.2 管道安装的要求

0.2.1 土建施工活动中的要求

0.2.1.1 四级风及以上大风天气时,停止土石方作业和室外除锈作业,避免产生扬尘对环境的污染。

0.2.1.2 雨期施工,应将管沟两边作挡水墙,堵住地下水不流入沟内,沟地设集水坑,用泥浆泵抽水,抽出的水应经沉淀后才能排入市政污水管道;采取明沟排水施工时,排水井宜布置在沟槽范围以外,其间距不宜大于150m;避免雨水流入市政污水管道,加大污水处理量、浪费资源;同时防止管沟排水不及时,造成沟底混浆、雨水倒灌沟内、塌方,损坏物件。

0.2.1.3 冬期挖冻土、混凝土浇筑、沟砌筑、抹灰时应按土石方施工、混凝土浇筑、沟砌筑、抹灰中的规定执行,避免噪声排放、油遗洒、含氨外加剂使用、冻坏混凝土和砂浆,导致浪费资源,废混凝土、砂浆、外加剂遗弃,洗搅拌机和运输车水排放,污染土地、污染地下水。

0.2.2 安装施工中的要求

0.2.2.1 环境温度低于5℃时,涂刷石油沥青涂料宜在室内或遮挡的临时棚内进行涂漆;环境温度低于-15℃或相对湿度>85%时,宜在室内或采取升温或除湿措施后进行涂漆,未采取措施不得施工;下雨、雾、雪或5级以上大风禁止室外露天涂漆作业;避免漆面与管道表面接触不良,加速管道腐蚀,缩短使用年限,浪费管材,废防腐材料遗弃污染土地、污染水源。

0.2.2.2 直埋供热管道使用聚氨酯发泡时,环境温度宜为20℃,不低于10℃,管道温度不宜超过50℃,发泡原料应储存在环境温度为10~25℃的干燥容器内,并在有效期内使用;避免保管不当失效或变质,浪费发泡原料。

0.2.2.3 下雨天禁止管道接口、管道保温、抹面保护层作业;雨期施工时,当抹面保护层未硬化前应用塑料布遮盖,防雨淋水冲损坏面层;管道接口夏季宜早晚施工,冬期宜在中午施工并加覆盖保温,避免裂纹或冻坏返工,浪费资源,污染环境。

0.2.2.4 冬期施工不得使用冻硬的橡胶圈,防止接口渗漏;当昼夜室外平均温度低于+5℃且最低温度低于-3℃时,搅和石棉水泥时,无铁丝网时可加亚销酸纳、有铁丝网时应采用环保型外加剂,并用≤50℃热水拌和,施工后用麻带遮盖;水泥砂浆用≤80℃热水拌和;避免因气温低致使管接口冻坏造成返工,浪费管道。

0.2.2.5 水压试验环境温度不宜低于5℃,当环境温度低于5℃时,宜用50℃热水在中午有阳光的情况下进行水压试验,并在管道最低处有放水阀门,保证管内存水排尽,避免冻坏管子,浪费水资源;放水阀放出的水应回收再次利用、减少水的消耗、节约水资源。

0.2.3 易燃易爆场所的要求

0.2.3.1 油漆、防腐、绝热材料、丙酮的储存、使用,弯管加热、退火,焊件预热、管口焊接、焊件退火、酸洗等场所应按《建筑灭火器配置设计规定》确定油漆、保温材料储存、使用和焊接场所的危险等级、可能发生的火灾种类配置相适应的足够数量的有效的手提式灭火器或推车式灭火器;一个计算单元不少于2具、不宜多于5具,在出现火灾险情时,能在初始阶段扑灭,避免火灾蔓延,加大对周边环境的污染。

0.2.3.2 爆药、雷管的储存场所离居民区的最小距离应符合当地公安部门的要求,储存和使用场所应配置相适应的足够数量的有效的推车式灭火器;一个计算单元不少于2具、不宜多于5具,在出现火灾险情时,能在初始阶段扑灭,避免火灾引发爆炸事故,加大对环境的污染。

1 给排水管道安装

1.1 给排水管道安装工艺流程

1.1.1 室外给水管道安装工艺流程

测量→土石方开挖→管道检查与运输→下管→接口→部分回填→分段试压→系统试压→冲洗→回填。

1.1.2 室内给水管道安装工艺流程

测量→管道检查与运输→支架安装→管道安装→分段试压→系统试压→冲洗。

1.1.3 室外排水管道安装工艺流程

1.1.3.1 室外非金属排水管道安装工艺流程

测量→土石方开挖→垫层→管道检查与运输→下管→接口→灌水检验→回填。

1.1.3.2 室外金属排水管道安装工艺流程

测量→管道检查与运输→支架安装→下管→接口→灌水检验→回填。

1.1.4 室内排水管道安装工艺流程

测量→管道检查与运输→支架安装→管道安装→灌水检验。

1.1.5 阀门安装工艺流程

施工准备→阀门检查试压→阀门安装→系统试压→防护冲洗。

1.1.6 卫生器具安装工艺流程

施工准备→卫生器具检查→卫生器具安装→附件安装→通水检查。

1.1.7 消火栓安装工艺流程

施工准备→消火栓检查→消火栓安装→系统试压→试射试验。

1.1.8 热水器安装工艺流程

施工准备→热水器检查→热水器安装→热水器附件安装→系统检查。

1.2 给排水管道安装中的环境因素

1.2.1 土建施工活动中的环境因素

1.2.1.1 管道土方开挖中机械与石方爆破噪声排放、扬尘、废物遗弃对环境的污染；土方储存与运输噪声排放、扬尘、遗洒、植被破坏；土方回填噪声排放、扬尘、遗洒对必周边环境的污染。

1.2.1.2 给水管浇筑、预制，排水管道混凝土垫层，沟盖板预制安装中模板支拆扬尘、噪声排放、脱模剂遗洒、废脱模剂遗弃对环境的污染；混凝土拌制、浇筑中水电消耗，设备噪声排放、倒水泥扬尘、混凝土遗洒、清洗搅拌机水排放对环境的污染；水泥、砂子运输与储存扬尘、遗洒对环境的污染；混凝土运输遗洒、清洗运输车水排放、失效混凝土遗弃对环境的污染。

1.2.1.3 管沟、窨井或阀门井砌筑、抹灰中砂浆拌制设备噪声排放、倒水泥扬尘、清洗搅拌机水排放对环境的污染，拌制中水电消耗；水泥、砂子运输与储存扬尘、遗洒对环境的污染；砂浆运输扬尘、遗洒、清洗运输车水排放、废砂浆遗弃对环境的污染；砖加工噪声排放、砖养护水消耗、废砖遗弃对环境的污染。

1.2.1.4 土方机械加油时遗洒，设备运行时漏油，污染土地、污染地下水；废油、废油手套、废油桶遗弃对土壤的污染。

1.2.1.5 倒虹管中土石方开挖、堆弃、回填、排泥遗洒、扬尘、噪声排放，影响航运、航道及水利灌溉、污染河面。

1.2.2 安装施工活动中的环境因素

1.2.2.1 管口捻口与防腐中接口材料拌制水泥、石膏粉、石棉绒、铝粉扬尘、水消耗、接口材料遗洒，噪声污染；水泥、石膏粉、石棉绒、铝粉运输与储存扬尘、遗洒对场界的污染；接口材料运输扬尘、遗洒、废接口材料遗洒、遗弃对环境的污染；铅口加热中热辐射、一氧化碳与二氧化硫排放；防腐漆遣洒污染土地，废油漆、油漆桶、油漆刷、手套遗弃污染土地、污染地下水。

1.2.2.2 管道支架与管道联接中钻管道套管洞噪声排放、水污染墙面和地面、扬尘；支架焊接与埋设噪声排放、有害气体排放、弧光污染，废电焊条、电焊条头、焊渣遗弃污染土地、污染地下水。

1.2.2.3 顶管施工中设备漏油，运输噪声排放、遗洒、扬尘，施工中废设备配件、缓冲材料、背铁等遗弃污染土地、污染地下水。

1.2.2.4 倒虹管制作中噪声排放、有害气体排放、弧光污染，废电焊条、电焊条头、焊渣遗弃污染土地、污染地下水；防腐中有害气体排放、热辐射、遗洒、废弃物遗弃对环境的污染。

1.2.2.5 试压冲洗中水、电的消耗，试压用水乱排污染土地、污染地下水体，废弃物遗弃污染土地、污染地下水。

1.2.2.6 管口套丝、试验吹扫用空压机漏油，污染土地、污染水体，废油、废油手套、废油桶遗弃对环境的污染。

1.2.3 紧急情况中的环境因素

1.2.3.1 土建施工应急准备响应中的环境因素

(1) 管道土方开挖中意外损坏建筑物、地下管道、破坏文物、发生泄漏、污染大气、废物遗弃对环境的污染。

(2) 炸药库意外发生火灾、爆炸产生扬尘、废弃物、损坏物体、污染土地、污染水体、污染大气。

(3) 围堰、土石坝体施工完毕后意外发生围堰或土石坝体浸水、涌流、坍塌冲坏设施、污染河面、污染环境。

1.2.3.2 给排水管道安装中应急准备响应中的环境因素

(1) 油漆储存和涂刷,焊接意外发生火灾污染土地、污染地下水、污染空气,废物遗弃对环境的污染。

(2) 顶管作业坍塌报废,损坏地下管道、路面、造成泄漏、跑水、污染土地、污染地下水、污染大气、废物遗弃。

(3) 设备发生故障零部件或设备报废,加大水电消耗,浪费水、电资源,报废零部件或设备遗弃;设备漏油污染土地、污染地下水。

(4) 给水管道爆破断管噪声排放、扬尘,炸药雷管储存意外火灾、爆炸、噪声排放、扬尘、污染大气、损坏物品、污染土地、污染地下水,废物遗弃对环境的污染。

(5) 铅口施工中意外发生气囊,造成崩爆事故、火灾污染土地、污染地下水、污染大气、损坏物品和伤人。

(6) 倒虹管下沉中意外发生倒虹管位移或倾斜返工,加大倒虹管消耗、加大对环境的污染;回填时回填料被冲走,加大回填料消耗、加大对环境的污染。

(7) 冬季试压冲洗中冻坏管道;试压冲洗中意外跑水冲坏管沟、损坏管子、污染土地、污染水体、废弃物遗弃、浪费水资源或管道飘浮损坏管子、废弃物遗弃对环境的污染,浪费资源。

1.3 给排水管道安装对材料的控制要求

1.3.1 给排水工程所用主要材料、成品、半成品、配件、器具必须具有质量合格证明文件,规格、型号及性能应符合国家技术标准或设计文件规定;进场时应对品种、规格、外观、质量环境验收文件等进行检查验收;避免使用不合格材料导致安装返工,浪费材料污染环境。

1.3.2 压力管道采用的阀门安装前应进行启闭检验,避免阀门不严导致试压或使用时渗漏或泄漏造成返工,浪费资源、加大对环境的污染;阀门试压用水应有回收装置,试压后放水应回收,防止浪费水资源、乱排污染水源。

1.3.3 给水管道必须采用与管材相适应的管件,生活给水系统所设计的材料必须达到饮用水卫生标准,使用前必须冲洗和消毒;隐蔽或埋地的排水管道,在隐蔽前必须作灌水试验;避免管道材质或质量不合格导致水质污染或试压与运行时污水浸漏造成返工,浪费资源污染环境。

1.3.4 游泳池的给水口、回水口、泄水口应采用耐腐蚀的铜、不锈钢、塑料等材料,溢流槽、格栅应为耐腐蚀的材料,毛发聚集器应采用的铜或不锈钢等耐腐蚀材料,避免使用管道材质不当导致对配件的腐蚀,缩短使用年限,浪费管材。

1.3.5 橡胶圈应存放于室内,储存温度宜为-5～30℃、湿度不大于80%,离热源距离不应小于1m,不得与溶剂、易挥发物、油脂和可能产生臭氧的装置放在一起,避免储存方法不当造成紫外线光源照射或化学污染,导致橡胶圈老化变质报废,浪费橡胶。

1.3.6 环氧煤沥青涂料宜采用常温固化型的涂料,环境温度低于5℃时,不宜采用环氧煤沥青涂料施工,防止环氧煤沥青涂料难以固化,影响涂刷质量,浪费涂料。

1.3.7 外腐层所用沥青应采用10号石油沥青;玻璃丝布采用干燥、脱脂、无捻、封边、网状平纹、中碱的玻璃丝布,采用石油沥青涂料时选用经纬密度为8×8根/cm～12×12根/cm的玻璃丝布,采用环氧煤沥青涂料时选用经纬密度为10×12根/cm～12×12根/cm的玻璃丝布;避免选用材料不当,影响粘结效果,造成返工,浪费涂料。

1.3.8 外包保护层应采用可耐热70℃、耐寒-30℃的聚氯乙烯工业薄膜,其厚度为0.2mm、拉伸强度≥14.7N/mm^2、断裂伸长率≥200%,避免选用材料不当,影响保护效果,造成返工,浪费薄膜。

1.3.9 使用的大便器水箱>6L时,禁止使用,防止浪费水资源。

1.4 给排水管道安装中对企业和人员的要求

1.4.1 给排水管道安装企业必须在从事管道安装前,取得"给排水管道安装资质证书"后方可从事相应级别、类型相符的给排水管道安装,避免因企业不具备相应给排水管道安装能力而发生损坏给排水管道或给水管道跑水冲坏相关设施、产生大量废弃物污染土地、污染地水,浪费水资源;排水管道渗漏发生污水污染土地和地下水。

1.4.2 企业的焊工、起重工等人员必须取得相应级别的岗位操作证,按考核合格后的项目、权限和相应的国家与地方规范、操作规程,从事与所证书规定范围内的工作,避免因人员素质能力不能满足要求而发生跑水、排水管道渗漏污染土地和地下水,浪费水资源。

1.4.3 机械操作人员应经过培训,掌握相应机械设备的操作要领后方可进行土方和混凝土作业、爆破、管道安装、试压、清洗等作业。避免因人的误操作或不按操作规程操作、保养造成设备部件报废、机械设备事故浪费资源、加大对环境的污染,噪声超标,机械设备漏油污染土地、地下水。

1.4.4 每项作业活动操作前,项目部应组织对木工、混凝土工、挖土人员、爆破人员、管道工、起重工、油漆工、试压人员、清洗人员针对土方和混凝土作业、爆破、管道安装、试压、清洗等作业活动所涉及的噪声、扬尘、漏油、遗洒、废弃物处理等重要环境因素的环境控制措施、环境操作基本要求、环境检测的关键特性、油漆、防腐、铅口作业等应急准备响应中的注意事项进行专项环境交底或综合交底(包括以上环境方面的内容),避免因作业人员不掌握环境方面的基本要求造成噪声超标、电磁辐射、扬尘,废弃物、废水、废液遗弃污染土地、污染地下水。

1.5 给排水管道安装中对设备和设施的要求

1.5.1 机械设备控制要求

1.5.1.1 作业前应根据施工组织设计或专项施工方案的要求,选择满足施工需要、噪声低、能耗低的土石方机械、混凝土搅拌机、振捣棒、顶管设备、调直机、套丝机、切断机、坡口机、加热设备、下管的吊装设备、冲击电钻、打磨机、焊接设备、试压设备,避免设备使用时噪声超标,漏油污染土地、污染地下水,加大水、电、油等资源消耗,浪费资源。

1.5.1.2 机械设备的保养与维护要求

(1) 每个作业班工作后应进行设备的日常保养,保证设备经常处于完好状态,避免设备使用时意外漏油污染土地、污染地下水。

(2) 当发现设备有异常或存在问题时,应安排专人检查排除或送维修单位立即抢修,防止设备带病作业,加大能源消耗、浪费资源,设备漏油污染土地。

1.5.2 对设施的要求

1.5.2.1 设备接油盘宜采用厚度 0.5～1mm 铁皮,油盘大小不宜小于机械设备的水平投影面积,防止漏油污染土地、污染地下水。

1.5.2.2 木工房、钢筋加工房、搅拌站、沉淀池的搭建按临时设施建设与使用相关要求实施,防止噪声污染、扬尘、废水排放,废弃物遗弃污染土地。

1.6 给排水管道安装控制要求

1.6.1 土建施工控制要求

1.6.1.1 土石方开挖控制要求

(1) 管沟的坐标、位置、沟底标高应符合设计要求,避免发生错误造成返工,浪费能源。

(2) 沟底层应是原土层或夯实的回填土,如沟基为岩石或砾石层应下挖 100～200mm,填铺细砂或粒径不大于 5mm 的细土夯实到沟底标高方可敷设管道,防止有坚硬物体或石块损坏管道表面层造成返工,浪费管材。

(3) 直埋管道开挖、管道沟地沟开挖,分别按土方施工、石方施工所涉及的环境控制措施实施,防止噪声、遗洒、扬尘、漏油、废弃物遗弃对环境的污染。

1.6.1.2 土方回填控制要求

(1) 挖土和临时堆土宜与沟边保持 0.6～1m 的距离,且不少于 0.5m,临时堆土应覆盖,四级及以上风停止土方作业,避免扬尘污染环境。

(2) 管顶上部 200mm 以内的回填应用砂子或无石块及冻土块的土人工夯实;管顶上部 500mm 以内不得回填直径 >100mm 的块石和冻土层;500mm 以上部分回填土中的块石和冻土块不得集中,采用机械回填时,机械不得在管沟上行走;避免回填土方法不当导致管子损坏造成管道安装返工,浪费管材。

(3) 土方回填按土方作业所涉及的环境控制措施实施,防止噪声、遗洒、扬尘、漏油、废弃物遗弃对环境的污染。

1.6.1.3 混凝土施工控制要求

(1) 混凝土施工应按设计和施工方案施工,避免质量不合格返工,浪费混凝土污染环境。

(2) 管道管沟垫层、管道沟盖板预制与安装,架空管道混凝土基础的浇筑、混凝土柱或混凝土框架现浇或预制安装分别按模板支拆、混凝土搅制、振捣,混凝土构件预制、构件运输、安装所涉及的环境控制措施实施,防止遗洒、扬尘、漏油,噪声、有毒有害气体、洗搅拌机和混凝土运输车水排放,沉淀池溢流、废混凝土遗弃污染施工现场。

1.6.1.4 井室砌筑与抹灰施工控制要求

(1) 井室砌筑与抹灰应按设计或标准图施工,避免质量不合格返工浪费资源污染环境。

(2) 阀门井、窨井砌筑、抹灰,分别按砌筑、抹灰所涉及的环境控制措施实施,防止遗洒、扬尘、漏油、噪声、洗搅拌机和砂浆运输车水排放,沉淀池溢流、废砂浆遗弃污染土地。

1.6.1.5 支架、钢柱、钢桁架施工控制要求

(1) 支架、钢柱、钢桁架施工应按设计施工,避免质量不合格返工浪费资源污染环境。

(2) 管道地沟支架制作、安装,架空管道安装中的钢柱或钢桁架制作、安装分别按钢构件制作、运输、安装所涉及的环境控制措施实施,防止噪声、扬尘、弧光污染、有毒有害气体排放,废电焊条、螺栓,电焊条头、焊渣遗弃污染土地、污染水体。

1.6.2 给排水管道安装控制要求

1.6.2.1 给排水管道安装通用控制要求

(1) 管子切割控制要求

1) 采用钢锯切割或手动油压铡管器铡断管子时,应在设备或老虎钳下面垫接油盘,防止油遗洒污染地面。

2) 采用砂轮片切割或等离子切割或氧乙炔火焰切割时,切割后的熔渣、氧化物、铁屑,废锯条、砂轮片应统一回收,收集一个运输单位后交有资质单位或环卫部门处理,防止乱扔污染土地、污染地下水;运输易遗洒的废物应用封闭车,出场前车轮清理干净,预防遗洒污染路面。

3) 管径大于500mm时采用爆破断管时,严格控制TNT装药量和粒度,避免TNT装药量和粒度过大导致管子损坏返工,浪费资源污染环境。

(2) 钢管螺纹加工控制要求

1) 管螺纹应用管子套丝机加工,套丝机应放置在接油盘上,螺纹加工时应用油壶加油,一次不宜过多(不流淌),防止油遗洒,污染土地、污染地下水。

2) 管螺纹加工的铁屑、废油、报废的设备及配件应统一分类回收,收集一个运输单位交有资质单位处理,避免乱扔污染土地、污染地下水;运输易遗洒的废物应用封闭车,出场前车轮清理干净,预防遗洒污染路面。

(3) 储存和吊运控制要求

1) 管段堆放宜选择使用方便、平整、坚实的场地,堆放高度铸铁管≤3m;预应力混凝土管管径(mm)400~500四层、600~800三层、800~1200两层、≥1400一层;自应力混凝土管管径(mm)100~150七层、200~250五层、300~400四层、500~600三层;避免堆放堆地或堆放高度不当损害管段,浪费管材。

2) 使用管段时必须自上而下依次搬运防止管段下滑损坏浪费资源;管及管件吊装应采用尼龙兜身吊带或专用工具起吊,装卸时轻装轻放,运输时应垫稳、绑牢、加软包装隔离;避免起吊工具或保护措施不当导致管段相互撞击,损坏防腐层及接口,浪费管材。

3) 冬期当气温等于或低于沥青涂料脆化温度时,不得起吊、运输和铺设有外腐层的钢管,避免作业时损坏保护层,造成资源浪费。

4) 起重机下管时,起重机架设的位置应离沟槽边坡一定安全距离(2m),避免距离不当致使边坡坍塌,损坏管子,浪费管材。

(4) 管道涂漆、防腐控制要求

1) 管道和金属支架的涂漆应附着良好、外观质量合格,避免涂刷过程控制不当造成脱皮、起泡、流淌和漏刷缺陷返工,浪费油漆;涂漆时下垫塑料布或一次沾漆不宜过多(不流淌),防止遗洒污染水体;报废的油漆、油漆桶、油漆刷,废手套应统一回收,收集一个运输单位后交有资质单位或送供应商处置,防止乱扔污染土地;运输易遗洒的废物应用封闭车,出场前车轮清理干净,预防遗洒,污染路面。

2) 管道内壁除锈按工艺管道内壁除锈所涉及的环境控制措施实施,避免或减少噪声、废弃物、废液对环境的污染;水泥砂浆内腐层应选环境达标的专用厂喷涂,避免或减少噪声、扬尘、遗洒、废弃物、废液对环境的污染;水泥砂浆防腐层所用水泥宜采用 32.5 级以上的硅酸盐、普通硅酸盐水泥或矿渣硅酸盐水泥,不得使用对钢管及饮用水质造成污染的材料,预防返工,浪费资源。

3) 埋地钢管管道外防腐应按规定进行石油沥青涂料三油二布(底漆、沥青、玻璃丝布、沥青、玻璃丝布、沥青、聚氯乙烯工业薄膜,厚度≥4.0mm)或四油三布(厚度≥5.5mm)或五油四布(厚度≥7.0mm);按规定进行环氧煤沥青涂料二油(底漆、面漆、面漆,厚度≥0.2mm)或三油一布(底漆、面漆、玻璃丝布、面漆、面漆,厚度≥0.4mm)或四油二布(厚度≥0.6mm);避免钢管防腐遍数或涂刷不到位,造成管子腐蚀,导致浸漏,污染地下水,浪费水资源。钢管防腐按采暖管道防腐所涉及的环境控制措施实施,避免或减少有害气体排放、废物遗弃对居民区的污染。

4) 沥青涂料熬制温度宜在 230℃左右,最高温度不超过 250℃,熬制时间不大于 5h,避免选用材料不当,影响粘结效果,造成返工,浪费涂料。

5) 熬制沥青时,应装有滤烟装置,减少有害气体对大气的污染;加热熬制碎块小沥青时,料位不得超过容器的 2/3,并经常搅拌,防止沥青崩沸污染土地和伤人;调制沥青胶料应分批少量、缓慢倒入盛料通用中,并低于料桶 10~15cm,防止遗洒,污染土地。

6) 沥青涂料应涂刷在洁净、干燥的底漆上,常温下刷沥青涂料时应在涂底漆后 24h 之内实施,沥青涂料涂刷温度不得低于 180℃;涂沥青后应立即缠绕玻璃丝布,其压边宽度为 30~40mm、搭接长度不得小于 100mm、油浸率达到 95% 以上;避免防腐层做法、构造、厚度、涂刷温度不合格造成返工,浪费沥青涂料。

7) 环氧煤沥青涂料涂刷时,底漆应在表面除锈后的 8h 内涂刷,涂刷应均匀、不得漏涂;面漆涂刷和包扎玻璃丝布,应在底漆表干后进行,底漆与第一道面漆涂刷的间隔时间不得超过 24h;避免环氧煤沥青涂料涂刷方法、构造、厚度不合格造成返工,浪费环氧煤沥青涂料。

8) 涂刷环氧煤沥青、沥青玛琋脂、冷底子油时,应下垫塑料布防止遗洒污染地面;报废的沥青玛琋脂、冷底子油、环氧煤沥青涂料、玻璃丝布、聚氯乙烯工业薄膜等应统一回收保管,收集一个运输单位后交有资质单位处置,防止乱扔污染土地、污染地下水;运输易遗洒的废物应用封闭车、出场前车轮清理干净,预防遗洒污染路面。

(5) 管道安装控制要求

1) 室外给排水管道地基应采用天然地基,不得扰动,不得安放在冻结的地基上;如遇松软的地基、流砂、溶洞、墓穴应按设计要求处理合格后方可下管;避免地基处理不当造成管子不均下沉致使管道及接口断裂返工,浪费资源。

2) 管道安装时应随时清扫管道中的杂物,清扫的杂物应回收,交有资质单位处理,防止乱扔污染土地;给水管道暂时停止安装时,两端应临时封堵,避免对给水管道的污染,加大消耗浪费资源。

3) 管道安装时不允许用垫砖头、木块调整管道标高,防止管子下沉损坏接口导致跑水或浸漏返工,浪费资源,污染地下水。

4) 给水管水平安装时应有2‰~5‰的坡度坡向泄水装置,避免坡度方向装反或坡度不足导致不能正常运行而返工,浪费资源;中水给水管道不得与生活饮用给水管道连接,避免造成对生活饮用水质污染。

5) 钢管管道下管前应检查管段的内外防腐层,避免钢管防腐层损坏,加速管子腐蚀,浪费钢管;安装前,管段应逐根测量、编号,宜选用管径相差最小的管段组对对接,并按设计要求焊接检验,避免焊接不合格返工浪费资源污染环境;管道焊接按焊接所涉及的环境控制措施实施,避免或减少弧光污染、热辐射、有害气体排放,废焊条、焊条头、焊渣遗弃对场界的污染。

6) 管道采用粘接接口,管端插入承口的深度不得小于设计或规范规定,避免插入深度或胶粘剂理化性能不合格造成返工,浪费资源污染环境;粘接时不宜沾得过多(不流淌),防止遗洒污染土地;熔接连接管道的结合面应有一均匀的熔接圈,避免熔接连接不到位导致有局部熔瘤或凸凹不匀现象,使接口渗漏造成返工,浪费资源污染环境。

7) 管道沿曲线敷设时,接口的允许转角,刚性接口:管径75~450mm不超过2°,管径500~1200mm不超过1°;橡胶圈接口及柔性机械式接口:管径75~600mm不超过3°,管径700~800mm不超过2°,管径≥900mm不超过1°;避免偏转角过大导致接口渗漏造成返工,浪费管材。

8) 法兰连接时衬垫不得凸入管内,不得安放双垫或偏斜,避免影响介质流动;法兰连接的螺栓直径和长度符合标准,拧紧后突出螺母的长度不应大于螺杆长度的1/2;避免接口不严密导致接口渗漏造成返工,浪费资源污染环境。

9) 管道螺纹连接后,管螺纹根部应有2~3扣的外露螺纹,避免螺纹连接不严密导致接口渗漏造成返工,浪费资源污染环境;多余的麻丝应清理干净并做防腐处理,刷防锈漆时一次不宜沾得过多(不流淌),避免油漆遗晒污染工作面。

10) 施工余料统一回收,送仓库保管防止损坏;废的胶粘剂、管螺纹、法兰、螺栓、衬垫、防锈漆等分类回收,收集一个运输单位交有资质单位或废品回收单位处理,防止乱扔污染土地、污染水体;运输易遗洒的废物应用封闭车,出场前车轮清理干净,预防遗洒污染路面。

(6) 铸铁管安装控制要求

1) 搬运、安装铸铁管或硅铁管时,应轻放,硅铁管堆放高度不得超过1m,钛管应采用尼龙带搬运和吊装,避免因搬运储存方法不当,损坏管子,加大消耗、浪费管材。

2) 铸铁管铺设前应用刮刀清除粘砂、飞刺、沥青块等,用氧乙炔火焰烤去承插部位的沥青涂层；避免因承口未处理干净，造成接口浸漏返工，浪费资源，加大对环境的污染。

3) 安装法兰铸铁管道时，应采用不同长度的管子调节，不得强行连接；避免接口操作方法不当而返工，浪费资源，污染环境。

4) 铸铁管水泥捻口安装在有侵蚀性的地下水时，应在接口处涂抹沥青防腐层；在土壤或地下水对橡胶圈有腐蚀的地段应在回填土前用沥青胶泥、沥青麻丝或沥青锯末等材料密封橡胶口；避免土壤或地下水对水泥捻口或橡胶圈的腐蚀，导致接口失败跑水返工，浪费水资源。

5) 抹沥青或密封橡胶口作业前，应在接口下面垫塑料布，避免涂抹沥青或沥青胶泥遗洒污染作业面。

6) 安装柔性机械接口时，应使插口与承口法兰压盖的纵向轴线相重合，螺栓安装方向一致、均匀、对称地紧固；避免用力不均匀影响止水效果造成返工，浪费水资源污染环境。

7) 卡箍（套）连接两管口应平整无缝隙，沟槽均匀卡紧螺栓后管道应平直，卡箍（套）安装方向一致；避免卡箍（套）连接不严密导致接口渗漏造成返工，浪费水资源污染环境。

8) 堵塞用的麻应有韧性，纤维较长和无麻皮，并经石油沥青浸透、晾干，接口应湿养护；管道接口所用的橡胶圈不应有气孔、裂缝、重皮或老化等缺陷；避免接口材料验收不到位，使用不合格材料造成返工浪费接口材料，污染环境。

9) 麻辫浸石油沥青在专门槽内进行，浸油后放置在托盘上移开，放置在有油盘的支架上晾干，防止油遗洒污染工作面；每个橡胶圈的接头不得超过 2 个，就位后不得扭曲，推入深度应达到标记环，避免安装不到位影响止水效果造成返工，浪费水资源污染环境。

10) 施工余料统一回收，送仓库保管防止损坏；清除粘砂、飞刺、沥青块，报废的油麻辫、石油沥青、橡胶圈沥青胶泥、沥青麻丝、沥青锯末、卡箍（套）应统一分类回收，收集一个运输单位后交有资质单位或环卫部门处理，防止乱扔污染土地、污染地下水；运输易遗洒的废物应用封闭车，出场前车轮清理干净，预防遗洒污染路面。

(7) 铸铁管接口施工控制要求

1) 承插铸铁管对口的最小轴间隙应符合 GB 50235—97 标准规定；沿直线铺设的铸铁管道承插接口环形间隙应均匀；油麻辫粗细为接口缝隙的 1.5 倍，每圈麻辫互相搭接 100~150mm，压实打紧，其深度为承插深度的 1/3，且不超过承口三角凹槽的内边；避免对口间隙偏差或油麻辫未压实打紧造成返工，浪费油麻辫、污染环境。

2) 石棉水泥、膨胀水泥等接口材料应在铁槽内拌和，避免污染土地；洗槽盘的水应经两级沉淀池沉淀后才准排入市政管网，不得乱倒污染地下水；接口材料配合比应准确，避免配合比控制不准导致接口渗漏返工，浪费材料、污染环境。

3) 拌好的接口材料应用放入小桶带到接口处，避免运输遗洒污路面；接口材料随拌随用，避免未使用已凝固造成浪费。

4) 石棉水泥应自下而上堵塞，分层填打，每层填打不应小于两遍，填口填打后表面应平整严实；膨胀水泥应分层捣实、压平表面，表面凹入承口边缘不宜大于 2mm；橡胶圈的外部宜抹水泥砂浆其高度应与承口平直；避免接口施工控制不当导致接口渗漏返工，浪费水泥等施工材料。

5) 石棉水泥、膨胀水泥接口填打时应下垫塑料布,避免遗洒污染工作面;接口填打后应用麻袋润湿护1~2昼夜,避免未养护或养护不到位导致接口开裂,造成接口渗漏返工,浪费麻袋。

6) 在昼夜温差较大或负温下施工时,管子中部两侧应填土夯实,顶部应填土覆盖,预防冻坏管子造成返工;回填土时,四级风停止作业,临时堆土应覆盖,填土不能高抛,避免扬尘污染。

7) 废弃的石棉水泥、膨胀水泥拌合料,报废的4F级温石棉、32.5级水泥、膨胀水泥、麻袋应统一分类回收,收集一个运输单位后交有资质单位或环卫部门处理,防止乱扔污染工作区;运输易遗洒的废物应用封闭车,出场前车轮清理干净,预防遗洒污染路面。

(8) 压力管道试验控制要求

1) 给水管道安装完毕后,三通处应按施工方案设混凝土挡墩,挡墩底面必须与管沟原土紧密接触,并有足够的接触土面积;当实验压力大于1MPa时,管径>200mm,应按施工方案将管道终端堵头应用枕木或千斤顶把端头顶住,将推力传递到沟壁上,防止堵头脱落,跑水浪费水资源。

2) 试验管段的后背加固,管件的支墩、锚固设施已达到设计强度,未设支墩、锚固设施的管件已加固,并经确认无误后,才准进行压力试验,避免试压时加固措施不到位冲坏堵板或支墩或锚固设施致使管道跑水,浪费水资源。

3) 系统注水应从下游缓慢灌水,打开管道各高处的阀门,将空气排净,待水灌满后关闭排气阀和进气阀,避免空气未排净影响试压结果,延长试压时间,加大电的消耗;试压用水应安装回收装置,试压排水应回收,避免浪费水资源。

4) 试验压力应按设计和验收规范的规定执行,不得随意增加,升压和降压都要缓慢进行,不能过急,避免因试压方法或压力不当,损坏焊口,浪费管材。

(9) 灌水试验控制要求

排水管道应在隐蔽或埋设前必须做灌水和通水试验,保证畅通、无堵塞、接口无渗漏,避免使用时排水不通畅或接口渗漏致使污水溢流和渗漏,污染环境。

(10) 闭水试验控制要求

1) 城市排水管道施工完毕后必须做闭水试验,试验管段按井分隔,其长度不宜大于1km;沟内无积水,预留孔已封堵,两端堵板已封堵坚固不渗水;试验管段灌水后浸泡不应少于24h,在规定水头下,实测渗水量符合GB 50268—97标准;避免使用污水渗漏,污染地下水。

2) 闭水试验用水应回收用于第二段闭水试验,预防或减少水资源的浪费。

(11) 冲洗消毒控制要求

1) 给水管道水压试验合格后,进行水冲洗,冲洗的排水管应接入可靠的排水井中,保证排泄畅通和安全,避免随意排放,污染地下水源。

2) 给水管道粗洗应避开用水高峰,采用0.3~0.4MPa的自来水、不小于1.0m/s的速度连续冲洗,目测排水口的水色和透明度与入水口一致,避免管内污物未除净影响使用。

3) 冲洗的污物应统一回收,收集一个运输单位后交有资质单位或环卫部门处理,避免乱扔污染土地;运输易遗洒的废物应用封闭车,出场前车轮清理干净,预防遗洒污染路面。

4) 给水管道精洗前,应采用氯离子浓度含量不低于每升 20mg 的清洁水浸泡 24h 后,再循环冲洗直至水质管理部门取样化验符合《生活饮用水标准卫生规程》为止;避免浸泡时间和冲洗压力不足或流速小导致水质不达标,造成再次冲洗,浪费水资源。

1.6.2.2 室内给水管道安装控制要求

(1) 镀锌钢管安装控制要求

1) 管径≤100mm 时采用螺纹连接,被破坏的镀锌面层及外露螺纹部分应做防腐处理,刷防锈漆时一次不宜沾得过多(不流淌),避免油漆遗晒污染工作面。

2) 管径>100mm 的镀锌钢管采用法兰或卡套式连接,镀锌钢管与法兰焊接后,应二次镀锌,避免对管子的腐蚀;镀锌应送环境达标的专用镀锌厂镀锌,以减少镀锌废液排放对环境的污染。

(2) 塑料管和复合管安装控制要求

塑料管和复合管安装可采用橡胶圈接口、粘接接口、热熔接口及法兰连接形式,与金属件、阀门的连接采用专用管件连接,塑料管上不得套丝,避免连接方式不当导致接口浸漏返工,浪费管材。

(3) 铸铁管安装控制要求

铸铁给水管承口填料宜采用硅酸盐水泥捻口或橡胶圈接口,禁止采用石棉水泥接口,避免接口材料采用不当导致对水质的污染,导致接口返工,浪费水资源,加大对环境的污染。

(4) 铜管连接控制要求

铜管连接采用专用接头或焊接,当管径小于 22mm 时宜采用承插或套管焊接,避免连接方法不当导致铜管裂纹返工,浪费钢管;铜管焊接按焊接所涉及的环境控制措施实施,避免弧光污染、有害气体排放,废焊条、焊条头、焊渣遗弃污染环境。

(5) 水表安装控制要求

水表安装应符合设计规定,安装在表前与阀门应有不小于 8 倍水表口直径的直线段,便于检修,避免安装位置不当被暴晒、污染、冻结或不便维修,导致返工,浪费施工材料,加大对环境的污染。

(6) 阀门安装控制要求

阀门和水嘴安装应符合设计规定,避免安装位置不当不便于操作或关闭不严浪费水资源或锈蚀失效导致返工,浪费施工材料,加大对环境的污染。

(7) 消火栓系统安装控制要求

1) 室内消火栓系统安装完成后,应取屋顶顶层(或水箱间内)水试验消火栓,或首层取两处消火栓做试射试验,避免消火栓达不到应有的射程和流量浪费水源,加大对环境的污染。

2) 水龙带与水枪和快速接头绑扎好后,应将水龙带挂放在箱内的挂钉、托盘或支架上,避免安装不到位浪费水源,加大对环境的污染。

(8) 给水设备安装控制要求

1) 水泵就位前的基础混凝土强度、坐标、标高、尺寸、螺栓孔位置和独立水泵的减振装置必须符合设计要求,不应使用弹簧减振器,避免减振器使用不当导致设备运行不稳定造成返工;水泵安装按设备安装所涉及的环境控制措施实施,避免扬尘、遗洒、噪声排放,废弃物遗弃对环境的污染。

2)敞口水箱的满水试验和密闭水箱的水压试验必须符合设计与 GB 50242—2002 标准规定,避免水箱安装控制不当导致渗漏,浪费水资源。

3)水箱溢流管和泄放管应设置在排水地点附近但不得与排水管直接连接,避免安装位置不当导致排水系统污物和细菌污染水箱水质,浪费水资源。

4)水箱和设备保温应符合设计规定,保温按采暖管道保温所涉及的环境控制措施实施,避免扬尘、遗洒,废弃物遗弃对环境的污染。

1.6.2.3 室内热水管道安装控制要求

(1)管道安装控制要求

1)热水供应管道应尽量利用自然弯补偿热伸缩,直线段过长应设置补偿器,补偿器形式、规格、位置应符合设计要求,并按有关规定进行预拉伸,避免预拉伸量不足导致运行时拉裂管道,造成跑水返工,浪费管材。

2)温度控制器和阀门安装符合 GB 50242—2002 标准规定,避免安装位置不当导致观测或检修时损坏控制器或阀门返工,浪费资源,加大对环境的污染。

3)热水供应系统竣工后必须进行冲洗,可不进行消毒,避免未按规定内容进行冲洗,污染水源。

(2)热水器安装控制要求

1)太阳能集热水器玻璃安装前,应对集热排管、上下集管和安装后的热交换器做水压试验,避免使用不合格集热排管、上下集管、热交换器导致渗漏,浪费水资源。

2)安装固定式太阳能热水器朝向应正南,其偏移角不得大于15°,集热水器的倾角应采用当地纬度为倾角,避免安装角度不当导致使用效果差而返工,浪费水资源。

3)太阳能热水器的最低处应安装泄水装置,避免水未排尽导致冬期冻坏管子,浪费水资源。

4)安装余料应统一送库房储存,防止丢失或损坏;报废的集热排管、上下集管、玻璃等应统一回收,收集一个运输单位后交有资质单位或废品回收单位处理,避免乱扔污染土地、污染地下水;运输易遗洒的废物应用封闭车,出场前车轮清理干净,预防遗洒污染路面。

(3)水泵安装控制要求

1)水泵就位前的基础混凝土强度、坐标、标高、尺寸和螺栓孔位置必须符合设计要求,避免安装控制不当,影响正常使用,导致返工,浪费安装材料,加大对环境的污染。

2)水泵安装按设备安装所涉及的环境控制措施实施,避免扬尘、遗洒、噪声排放,废弃物遗弃对环境的污染。

(4)水箱安装控制要求

敞口水箱的满水试验和密闭水箱的水压试验必须符合设计与 GB 50242—2002 标准规定,避免施工过程控制不当,导致使用时焊缝水渗漏,浪费水资源,加大对环境的污染。

(5)保温控制要求

1) 热水供应系统安装完毕后应进行水压试验后再保温;浴室内明装管道除外,其他热水供应系统应保温;热水水箱及上下集管等循环管道应保温;保温材料厚度、保护壳等应符合设计要求,避免保温控制不到位,造成返工,浪费保温材料。

2) 热水供应系统保温按采暖管道保温所涉及的环境控制措施实施,避免扬尘、遗洒、废弃物遗弃对环境的污染。

1.6.2.4 室内排水管道安装控制要求

(1) 排水管道安装控制要求

1) 生活污水铸铁管道、塑料管道安装的坡度必须符合设计或 GB 50242—2002 标准规定,避免安装的坡度太小导致排水不畅,造成溢流污染环境。

2) 高层建筑明敷塑料排水管道时,在楼板下设阻火圈或防火套管,防止意外发生火灾后,阻火圈或防火套管失效致使火灾蔓延,造成对周边环境的污染。

3) 排水通气管道不得与风道或烟道连接,并高出屋面 300mm,但必须大于最大积雪厚度,经常有人停留的平屋顶通气管高出屋面 2m 并设置防雷装置;避免通气管安装控制不当,导致通气管堵塞污染室内空气。

4) 安装未经消毒处理的医院含菌污水管道,不得与其他排水管道直接连接;避免排水管连接不当致使未经过灭菌处理的废水污染污水管道,造成病菌扩散污染环境。

5) 饮食业工艺设备引出的排水管及饮用水水箱溢流管不得与污水管道直接连接,并留出不小于 100mm 的隔断空间;避免排水管安装控制不当致使大肠杆菌及有害气体沿溢流管进入设备及水箱,造成水质污染。

(2) 伸缩节安装控制要求

塑料排水管道必须按设计要求及位置设装伸缩节,无设计无要求时,伸缩节间距不得大于 4m,避免伸缩节位置装设不当致使管子变形、裂漏,浪费管材。

(3) 检查口安装控制要求

1) 生活污水管道上设置的检查口或清扫口应符合设计规定,无设计无要求时,应符合 GB 50242—2002 标准规定;避免检查口或清扫口装设位置不当,致使管子发生堵塞不便于清扫造成溢流,浪费水资源。

2) 埋在地下或地板下的排水管道的检查口应设在检查井内,井底表面应有 5‰的坡度的坡向检查口;避免检查口安装位置不当导致井底积存脏物,堵塞管口造成污水溢流污染环境。

(4) 支、吊架安装控制要求

1) 金属排水管道上的吊钩或卡箍应固定在承重墙上,固定间距:横管不大于 2m,立管不大于 3m,楼层高度≤4m,立管安装 1 个固定支架;立管底部的弯管处应设支墩;塑料管道支、吊架间距应符合 GB 50242—2002 标准规定;避免吊钩、卡箍支、吊架固定间距偏大或未固定牢固致使管子下沉,造成接口断裂污水遗洒,浪费水资源。

2) 支架、吊架的固定,应避开施工高峰用冲击电钻打孔,减少打孔产生噪声对环境的影响;打孔时应下垫塑料布,防止污染地面;打孔后的废渣应清理,堆放在垃圾场,收集一个运输单位后交环卫部门处置,避免乱扔污染工作面;运输易遗洒的废物应用封闭车,出场前车轮清理干净,预防遗洒污染路面。

(5) 雨水管道安装控制要求

1) 塑料雨水管道必须按设计要求及位置设装伸缩节,避免伸缩节位置装设不当致使管子变形、裂漏,浪费管材。

2) 悬吊式雨水管道的安装坡度不得小于5‰,埋地雨水管道的最小坡度应符合GB 50242—2002标准规定,保证排水畅通;避免安装坡度太小致使雨水溢流污染环境。

3) 雨水管道不得与生活污水管道连接,防止雨水管道满水后倒灌到生活污水管,破坏水封影响雨水排出,致使雨水溢流污染环境。

4) 雨水斗管的连接应固定在屋面承重结构上,避免雨水管安装控制不当导致雨水管断裂,浪费管材;雨水斗边缘与屋面相连接处应严密不漏,其管径不小于100mm,避免连接不严密导致漏水污染墙面。

5) 悬吊式雨水管道的管直径≥150mm时,检查口间距不大于15m;吊式雨水管道的管直径≥200mm时,检查口间距不大于20m;避免检查口设置距离偏大,不便于清扫,导致局部堵塞,造成溢流污染。

1.6.2.5 卫生器具安装控制要求

(1) 卫生器具安装控制要求

1) 卫生器具的安装所用预埋螺栓或膨胀螺栓打孔时,应避开施工高峰用冲击电钻打孔,减少打孔产生噪声对居民的影响;打孔时应下垫塑料布,防止污染地面。

2) 排水栓和地漏的安装应平正、牢固、低于排水表面,地漏水封高度不得小于50mm,避免地漏安装控制不当造成密封不严,致使周边渗漏污水污染环境。

3) 地漏封堵宜用防水砂浆或堵缝油膏,作业时应下垫塑料布,防止遗洒污染地面。

4) 砂浆搅合应在封闭的搅拌站进行,减少噪声对环境的污染;水泥应放入斗内轻轻抖动,未用砂子含水率小于20%时应覆盖,防止扬尘;砂浆随用随拌,避免数量过多未使用已初凝,浪费砂浆。

5) 砂浆运输时,装运量应低于车帮10~15cm,防止运输遗洒污染路面;砂浆运到后应倒入铁皮上,防止污染地面;清洗搅拌机和运输车的水应用中水,减少水资源消耗,排放应经两级沉淀池沉淀后才准排入市政管网,避免乱排污染市政管网。

6) 卫生器具安装完毕交工前,应做满水和通水试验,避免卫生器具未试验致使排水不畅或污水溢流造成返工,浪费施工材料。

7) 小便槽冲洗管使用的镀锌钢管应钻孔,钻孔后应二次镀锌,防止钻孔时镀锌钢管被氧化腐蚀,减少冲洗管使用年限;镀锌应选择环境达标的专用镀锌厂镀锌或硬质塑料管,避免或减少镀锌废液排放对土地和地下水的污染;小便槽冲洗水流应同墙面成45°角,防止出水腐蚀墙面。

8) 报废的卫生器具及配件,封缝砂浆、油膏,打孔后的废渣应清理统一回收,收集一个运输单位后交有资质单位或环卫部门处置,避免乱扔污染土地;运输易遗洒的废物应用封闭车,出场前车轮清理干净,预防遗洒污染路面。

(2) 配件及支架安装控制要求

1) 卫生器具给水配件安装后应完好无损伤、接口严密、启闭部分灵活,避免因质量不好关闭不严致使水渗漏,浪费水资源。

2) 卫生器具的支、托架必须防腐良好、安装平整、牢固,与器具接触紧密平稳,避免安装控制不当导致支、托架安装不牢固或被腐蚀严重造成卫生器具损坏,浪费卫生材料。

3) 支架固定,应避开施工高峰用冲击电钻打孔,减少打孔产生噪声对居民的影响;打孔时应下垫塑料布,防止污染地面;打孔后的废渣应清理,堆放在垃圾场,收集一个运输单位后交环卫部门处置,避免乱扔污染土地、污染地下水;运输易遗洒的废物应用封闭车、出场前车轮清理干净,预防遗洒污染路面。

(3) 排水管道安装控制要求

1) 与卫生器具连接的排水横管的受水口和立管均应按设计规定固定在支架、卡架等支撑上,其位置应正确、牢固,管道与支架、卡架接触平整;避免安装控制不当致使排水管未固定牢固造成管子下沉断裂,浪费管材。

2) 连接卫生器具的管道接口应符合设计规定,避免施工不当致使接口接不紧密,造成渗漏污染环境;管道与楼板的接合部位应装套管,套管应密封,密封宜阻燃的密封材料,避免套管安装控制不当致使密封不严,造成渗漏污染环境;报废的密封材料应统一回收,收集一个运输单位后交有资质单位处理,防止乱扔污染土地、污染地下水;运输易遗洒的废物应用封闭车、出场前车轮清理干净,预防遗洒污染路面。

3) 与卫生器具连接的排水管的管径和坡度应符合设计规定,避免安装控制不当致使坡度偏小造成排水不畅或溢流污染环境。

1.6.2.6 室外给水管道安装控制要求

(1) 管道安装控制要求

1) 给水管道埋地敷设时,应在当地的冰冻线以下;无冰冻地区管顶的覆土深度不小于500mm,穿越道路部位管顶的覆土深度不小于700mm;塑料管道不得架空敷设;避免因覆土深度或施工方法控制不当导致冻坏管子或损坏管子,造成浪费管材。

2) 塑料管道露天架空敷设的位置、管道保温必须符合设计要求;避免因安装位置或保温控制不当致使塑料管被晒,造成老化,浪费管材;保温按采暖管保温所涉及的环境控制措施实施;防止扬尘、遗洒、废水排放、废弃物遗弃对环境的污染。

3) 给水管与排水管上下交叉敷设时,给水管应敷设在排水管上面,防止水质污染;给水管道安装应远离污水井、化粪池、公共厕所等污染源;给水管道与污水管道在不同标高平行敷设,其垂直间距在500mm以内时,给水管径≤200mm其管壁水平间距不得小于1.5m;管径>200mm时不得小于3m;避免污水井、化粪池、公共厕所和污水管道等污染源污染水质,造成水资源浪费。

4) 管道的坐标、标高、坡度应符合设计要求;铸铁管承插捻口连接的对口间隙应不小于3mm,最大间隙符合GB 50242—2002标准或GB 50268—97标准;避免安装不合格造成返工,浪费施工材料。

5) 阀门、水表安装位置应正确,当管径≥50mm时必须设独立的支承装置,避免安装不合格阀门、水表下沉损坏,浪费阀门,水表;支承装置固定,应避开施工高峰用冲击电钻打孔,减少打孔产生噪声对周围社区的影响;打孔时应下垫塑料布,防止污染地面;打孔后的废渣应清理,堆放在垃圾场,收集一个运输单位后交环卫部门处理,防止乱扔污染土地、污染地下水;运输易遗洒的废物应用封闭车,出场前车轮清理干净,预防遗洒污染路面。

6）铅口连接时,铅的纯度不应小于99%,采用坩锅电加热,避免烧煤产生一氧化碳、二氧化硫污染空气;灌铅时应用专用工具,防止灌铅时遗洒污工作面;剩余的铅应回收储放在专用库房内,防止乱扔和丢失污染土地。

7）管道接口法兰、卡扣、卡箍等应安装在检查井内或地沟内,不应埋在土壤中被腐蚀,从而影响管子的使用年限,浪费管材。

(2) 接口与防腐控制要求

1）埋地的镀锌钢管、钢管(消防用水)应按设计要求进行正常防腐或加强防腐或特加强防腐或刷环氧树脂漆,避免防腐施工控制不当加速管子腐蚀,从而影响管子的使用年限,浪费管材。

2）防腐按本章防腐所涉及的环境控制措施实施,避免防腐方法或施工过程控制不当造成有害气体排放、热辐射、废弃物遗弃对环境污染。

(3) 消火栓系统安装控制要求

1）消防水泵接合器和室外消火栓的安装应符合设计要求,避免安装控制不当造成位置不明显或操作不便,影响灭火的最佳时机,引发火灾污染环境。

2）消防水泵接合器的安全阀及止回阀安装位置和方向应正确,阀门开启灵活;避免安全阀定压不准导致低压或超压报警浪费资源或发生事故污染环境或止回阀关闭不严导致跑水浪费水资源。

(4) 井盖施工控制要求

1）设在通车路面下或小区道路上的各种井室必须使用重型井圈和井盖,井盖表面与路面相平;绿化带上和不通车的地方可用轻型井圈和井盖;避免井盖种类使用错误导致井盖损坏,浪费资源。

2）轻型井盖的上表面应高出地坪50mm,并在井口周围以2%的坡度向外做水泥砂浆护坡,避免井内积水腐蚀铁件,浪费钢材;水泥砂浆护坡按抹灰所涉及的环境控制措施实施,避免或减少噪声、扬尘、废水排放、遗洒、废弃物遗弃对环境的污染。

3）重型铸铁井圈或混凝土井圈应放在不少于80mm厚的细石混凝土上,避免井圈直接放在砖墙上导致井室损坏砖块;细石混凝土施工按混凝土施工所涉及的环境控制措施实施,避免或减少噪声、扬尘、废水排放、遗洒、废弃物遗弃对环境的污染。

1.6.2.7 室外排水管道安装控制要求

(1) 排水管道安装控制要求

排水管道的坡度必须符合设计要求,禁止无坡或倒坡;排水管道的坐标、标高和安装质量必须符合设计要求,避免安装坡度、坐标、标高、接口质量不合格,导致污水排放不畅或溢流,污染环境。

(2) 铸铁管安装控制要求

1）排水铸铁管外壁在安装前应除锈涂二遍石油沥青漆,预防管子锈蚀污水浸漏污染土地和地下水;除锈按采暖管道除锈所涉及的环境控制措施实施,避免或减少噪声、扬尘、废弃物遗弃对环境的污染。

2）石棉水泥接口材料应在铁槽内拌和,避免污染土地;洗槽盘的水应经两级沉淀池沉淀后才准排入市政管网,不得乱倒污染地下水;接口材料配合比应准确,避免配合比控制不准导致接口渗漏,浪费水资源。

3) 拌好的接口材料应用放入小桶带到接口处,避免运输遗洒污染工作面;接口材料随拌随用,避免未使用已凝固造成浪费。

4) 石棉水泥应自下而上填塞,分层填打,每层填打不应小于两遍,填口填打后表面应平整严实;避免施工控制不当导致接口渗漏返工,浪费水泥。

5) 石棉水泥接口填打时应下垫塑料布,避免遗洒污染土地;接口填打后应用麻袋润湿护1~2昼夜,避免未养护或养护不到位导致接口开裂,浪费铁资源。

6) 在昼夜温差较大或负温下施工时,管子中部两侧应填土夯实,顶部应填土覆盖,预防冻坏管子造成返工;回填土时,四级风停止作业,临时堆土应覆盖,填土不能高抛,避免扬尘污染。

(3) 混凝土管和钢筋混凝土管安装控制要求

1) 混凝土管座分层浇筑时,应先将管座平基凿毛冲净,凿毛时应避开施工高峰,减少噪声对居民区的污染;将管座平基与管材相接触的三角部位,用同强度等级的混凝土砂浆填满捣实后再浇筑混凝土;管座基础留变形缝时,缝的位置应与柔性接口相一致;避免混凝土管座浇筑或变形缝位置不当致使混凝土管座裂纹或接口渗漏,浪费水资源。

2) 抹带前应将管口的外壁在混凝土初凝前凿毛扫净,减少噪声对环境的污染。

3) 当住宅区内管径≤500mm或城市管网≤400mm时,抹带可一次完成,当住宅区内管径>500mm或城市管网管径>400mm时,抹带应分两次完成,避免抹带方法不当致使抹带产生裂纹返工,浪费混凝土。

4) 钢丝网应在管道就位前放入下方,抹压砂浆时应将钢丝网抹压牢固或将钢丝网端头在浇筑混凝土管座时插入混凝土内,在混凝土初凝前分层抹压钢丝网水泥砂浆带,避免钢丝网外漏造成抹带开裂,浪费钢丝、混凝土。

5) 抹带厚度不得小于管壁的厚度,宽度宜为80~100mm,抹带后立即用平软材料覆盖,3~4h后用沉淀池水浇水养护,节约水资源,避免养护不到位致使抹带裂纹,浪费混凝土。

6) 混凝土浇筑和抹带分别按模板支拆、混凝土和砂浆拌制、混凝土浇筑、抹灰所涉及的环境控制措施实施,避免或减少噪声、废水排放、扬尘、遗洒、废弃物遗弃对环境的污染。

(4) 沟及井池施工控制要求

1) 沟底的处理和井与池底板混凝土等级必须符合设计要求,避免沟底下沉降不均使管道或接口断裂或使井池体变形或开裂,浪费混凝土。

2) 排水检查井和化粪池的位置、规格、尺寸和抹灰要求必须按设计或标准图施工;避免施工控制不当致使井与池壁裂缝浸漏造成污水污染土地和地下水。

3) 混凝土施工、井与池的砌筑抹灰分别按混凝土施工、砖砌筑抹灰所涉及的环境控制措施实施,避免或减少噪声、扬尘、废水排放、遗洒、废弃物遗弃对环境的污染。

4) 排水检查井的井盖应选用正确,避免井盖种类使用错误导致井盖损坏,浪费井盖材料。

(5) 废弃物处置

1) 报废的钢丝网,水泥砂浆,石棉水泥拌合料,混凝土、模板、4F级石棉、水泥、麻袋,清除的混凝土渣应清理统一回收,收集一个运输单位后交有资质单位处理,防止乱扔污染土地和地下水。

2) 运输易遗洒的废物应用封闭车,出场前车轮清理干净,预防遗洒污染路面。

1.6.2.8 建筑中水管道安装控制要求

(1) 水箱安装控制要求

中水高位水箱应与生活高位水箱分装在不同房间内,如条件不允许只能设在同一房间时,与生活高位水箱的净距离应大于 2m;避免安装位置不当造成生活饮用水污染,浪费水资源。

(2) 管道安装控制要求

1) 中水供水管道采用耐腐蚀的管道及管件,避免用材不当被腐蚀导致渗漏污染环境。

2) 中水供水管道严禁与生活饮用水管道连接,应有中水标识;中水供水管道不得装水嘴;便器冲洗宜采用密闭型设备和器具;绿化、浇洒、汽车冲洗宜采用壁式或地下给水栓;避免安装控制不当导致生活饮用水管道被污染,浪费水资源。

1.6.2.9 顶管施工控制要求

(1) 顶管施工方法控制要求

根据管道所处土层性质、管径、地下水位、附近地下与地上建筑物、构筑物和各种设施因素,比较技术经济和对环境的影响程度后,选择适宜的顶管法,避免方法选择不当,造成对环境的污染。

(2) 顶管工作坑施工控制要求

1) 采用方木、工字钢、槽钢、钢板等型钢或其他材料加工的构件,在现场组装的后背墙应具有足够强度、刚度;后背土体壁面平整与管道顶进方向垂直;避免因后背墙所用材料的强度、刚度不足造成后背墙返工,浪费施工材料,产生大量废弃物污染环境。

2) 工作坑底以下不宜小于 500mm;后背土体壁面与后背墙贴紧,孔隙用级配砂石料填密实;构件在同层内规格一致,各层之间紧贴,层层加固;工作坑的支撑形成封闭式框架;顶管工作坑及装配式后背墙的墙面应与管道轴线垂直,工作坑的尺寸不小于施工方案规定,垂直度允许偏差 $0.1\%H$,水平扭转度允许偏差 $0.1\%L$;避免因后背墙各层未贴紧加固或垂直度、水平扭角偏差大,造成后背墙返工,浪费资源,产生大量废弃物污染环境。

3) 后背墙加工焊接所涉及的环境措施实施,避免或减少弧光污染、有害气体排放,废焊条、焊条头、焊渣遗弃对周边环境的污染;后背墙工作坑开挖按土方施工所涉及的环境措施实施,避免或减少噪声、扬尘、遗洒、废物遗弃对环境的污染;填孔隙所用级配砂含水率小于 20% 时应覆盖,填料严禁高抛,防止扬尘污染。

(3) 设备安装控制要求

1) 导轨安装应固定牢固,偏差符合规范要求,其纵坡应与管道设计坡度一致,避免坡度方向安反,产生位移,影响正常使用,造成返工浪费资源。

2) 千斤顶安装应固定牢固,与管道中心的垂线对称,多台千斤顶应行程同步,控制系统可靠,避免安装不到位致使行程不同步、合力作用点不在管道中心垂直线上造成返工,浪费安装材料。

3) 油泵应与千斤顶相匹配,油管顺直,安装后运转合格,避免安装控制不到位造成返工,浪费资源污染环境;油泵下放置接油盘,避免油遗洒污染作业面;按操作规定实施顶进,避免违章操作,作业过程发现油压突然增高时,应停止作业消除原因后方可继续顶进,避免违章操作导致顶进偏移造成顶管,浪费油资源。

4) 顶铁应有足够的刚度、相邻面互相垂直、有锁定装置、放置时应保持稳定;顶铁安装后,其轴线与管道轴线平行、对称,顶铁与导轨、顶铁与顶铁之间接触良好;避免受力不均或偏心导致"崩铁"污染环境;顶铁面应清理,防止接触面上有泥土和油污,导致接触面接触不良,影响正常顶进。

5) 顶铁与管口之间应衬垫胶合板作为缓冲材料,当顶力接近管节材料的允许抗压强度时,管端应增加 U 形或环形顶铁,避免应力集中导致对管端损伤,浪费管材。

6) 清理的油污、报废的胶合板、顶铁、设备配件等应统一回收,收集一个运输单位后交有资质单位处理,防止乱扔污染土地;运输易遗洒的废物应用封闭车,出场前车轮清理干净,预防遗洒污染路面。

(4) 顶进控制要求

1) 开挖工具管迎面的土体时,应自上而下分层开挖;在稳定土层中正常顶进时,管道下部 135°范围内不得超挖、顶管以上超挖量不得大于 1.5cm、管前超挖应符合施工方案规定;两管端接近时,可在两端中心掏小洞通视调整偏差量;避免挖超量偏大导致偏移坍塌伤人,加大油、电消耗。

2) 挖出的土应堆放指定位置,存土应覆盖、运土用密封车、出场前对车轮进行清扫或清理,防止遗洒、扬尘污染环境。

3) 作业过程中,应按设计或施工方案确定的顶力进行顶进,作业开始阶段每顶进 30cm 测量不少于 1 次,正常顶进时每顶进 100cm 测量不少于 1 次,纠偏时应增加测量次数,避免测量时机不当造成偏移量过大导致施工超误差返工,加大消耗,增大对环境的污染。

4) 纠偏应在顶进中纠偏,采用小角度逐渐纠偏;纠正工具管旋转时,宜采用调整挖土方法或改变切削刀盘的转动方向或在工具管内加配重等方法进行纠偏;避免纠偏措施不当造成偏移量过大,甚至出现地面隆陷,因返工而加大能源消耗。

5) 顶管穿越铁路或公路时,应符合施工方案和铁路或公路有关技术安全规定,避免违规造成对铁路或公路的损坏,浪费钢材、水泥等铁路和公路施工材料。

1.6.2.10 倒虹管施工控制要求

(1) 施工策划要求

倒虹管的施工现场布置,土石方开挖、堆弃、回填、排泥等作业前应进行策划,并按施工方案实施,避免策划不当或不按方案施工导致影响航运、航道及水利灌溉,污染河面。

(2) 倒虹管制作组装控制要求

1) 倒虹管应按设计和施工方案的要求加工,并对弯头处加焊菱形钢板及钢板拉杆加固,防止弯头变形,浪费管材。

2) 对倒虹管与加固材料应按设计规定防腐,防腐时下垫塑料布、远离河床,避免防腐控制不当造成遗洒污染土地、污染河面;防腐应按本章防腐所涉及的环境控制措施实施,减少有害气体排放、热辐射、遗洒、废弃物遗弃对环境的污染。

3) 倒虹管分段组装或整体组装,组装完毕后应进行水压试验,给水倒虹管应冲洗消毒后方可安装,避免安装过程控制不当导致返工、污染水质。

(3) 沟槽开挖控制要求

1) 沟槽开挖应采用专门的挖泥船施工,挖出的泥土应抛在与河流相交沟槽断面的下游或按方案运到河岸指定地点堆放,避免弃土位置选择不当影响管道运输、沉管或航行,浪费资源或遗洒污染水质。

2) 运土用封密车、出场前对车轮进行清扫或清理,防止遗洒污染土地或路面;河岸堆土,应不占耕地或绿化地域,避免对植被的破坏;当堆土含水率小于20%时应覆盖,防止扬尘污染环境。

3) 沟槽开挖应按施工方案实施,保证其坐标、沟底高程、沟槽横断面符合设计要求,避免开挖过程控制不当污染河面。

(4) 倒虹管安装控制要求

1) 采用拖运法或浮运法铺设倒虹管时,宜在枯水期施工,倒虹管表面洁净无油污,作业过程应符合航政、航道等部门有关规定,避免违规影响航运、航道及水利灌溉、污染河面;清除的油污应统一回收交有资质单位处理,防止乱扔污染地下水。

2) 在斜坡地段的倒虹管现浇混凝土基础时,应自下而上浇筑,按方案降低混凝土坍落度或面层加盖模板等措施,避免混凝土下滑导致混凝土浪费。

3) 倒虹管基础施工时,应按施工方案实施,保证投料准确,由潜水员下水检验和整平以保证基础高程在允许范围内,避免基础施工不到位污染河面。

4) 混凝土浇筑按混凝土拌制、浇筑所涉及的环境控制措施实施,避免或减少噪声排放、遗洒,废物遗弃对河面和环境的影响;清洗废水应按方案经两级沉淀池沉淀后排入污水管网,防止随意排放污染河面。

5) 基础验收后应及时浮运、下沉倒虹管,避免未及时安装造成沟槽冲淤,导致增加清槽工作,加大消耗。

6) 倒虹管整体浮运时,两端管头用法兰螺栓堵板封堵,在堵板上设进水管和排气管,沉管时灌水同时排气,下沉速度不宜过快,保证倒虹管下沉到位满足设计要求,避免倒虹管下沉控制不当导致下沉不到位返工,加大消耗、浪费资源。

7) 浮运中浮力不足时可在管两旁捆绑未污染的竹、木材增加浮力,防止浮运控制不当增加浮运时间、加大消耗,防止使用被污染的竹、木材污染河面。

8) 钢倒虹管在浮运或在岸上运输时,应在绳索接触处用木条包裹,避免防腐层损坏对河面污染;钢倒虹管吊装前,应将吊环侧焊在经验算确定的包箍顶上,不宜直接焊在管壁上,防止损坏管子,浪费钢管。

(5) 沟槽回填控制要求

1) 管道验收合格后应及时回填沟槽,回填时应先用砂砾石将管道拐弯处固定后,再用土和砂均匀回填沟槽两侧,水下部位的沟槽应连续回填满槽,水上部分应分层夯实;避免回填不到位加大资源消耗。

2) 回填时不能用被污染的砂砾石,不准侵占耕地,防止对河面的污染或破坏植被;暂未用的砂砾石应覆盖,四级以上风停止回填作业,回填装土时应低于槽帮10~15cm,用封闭车运输,避免扬尘污染;出场前车轮应清扫,防止遗洒污染路面。

(6) 围堰施工控制要求

1) 围堰施工应按专项施工方案实施,应在枯水期作业;清除淤泥、石块及杂物时用密封车运输,装载高度低于槽帮50mm,出场前车轮应清扫,运输到指定地点储存,防止运输遗洒污染路面或储存侵占农田、植被或影响航行、水利灌溉、取水资源;存土含水率小于20%时应覆盖,防止扬尘。

2) 土石坝施工应按专项施工方案实施,选用噪声低的设备,用密封车运输,装载高度低于槽帮50mm,出场前车轮应清扫,避免或减少噪声排放、扬尘、遗洒对环境的污染。

3) 坝体应分层夯实,防止浸水,加大消耗,浪费资源;取土应在指定位置,不得随意侵占农田或植被;装土用的包装带应采用对水质无污染的材料,防止污染河面。

4) 抽水应选用噪声低、能耗低的抽水设备,避免或减少噪声排放、遗洒对河面的污染;排水应排入指定区域,防止乱排放污染土壤。

5) 围堰、坝体撤出时,选用噪声低的设备,用密封车运输,装载高度低于槽帮50mm,出场前车轮应清扫,避免或减少噪声排放、扬尘、遗洒对环境的污染;弃土应储存在指定地点,防止乱倒、侵占农田或植被或影响航行、水利灌溉、取水资源。

1.6.3 给排水管道安装中应急准备响应控制要求

1.6.3.1 土建施工中应急准备响应控制要求

(1) 土石方作业中应急准备响应控制要求

土石方作业中应按土石方作业中涉及的应急准备响应控制规定实施,避免或减少设备故障、漏油、损坏地下管线、气体泄漏、文物损坏、植被破坏、发生火灾、爆炸对环境的污染。

(2) 混凝土作业中应急准备响应控制要求

混凝土作业中按混凝土作业中涉及的应急准备响应控制规定实施,避免或减少混凝土的废弃、废水对土地、地下水的污染。

(3) 顶管后背墙、倒虹管制作中应急准备响应控制要求

顶管后背墙、倒虹管制作按钢结构安装中涉及的应急准备情况控制规定实施,避免意外发生火灾、爆炸对环境的污染;避免防火控制不到位意外发生火灾污染环境。

1.6.3.2 管道安装中应急准备响应控制要求

(1) 防火控制要求

1) 防腐,保温材料、易燃品应分库单独储存,墙上有禁火标识,库内严禁烟火;按《建筑物灭火器配备设计规范》确定库房的危险等级、火灾种类,配备足够数量有效的手推车式或手提式灭火器和消火栓。

2) 防腐、保温、焊前预热(需要时)、管道焊接、铅熔化等作业场地应在通风良好的地方进行,附近10m范围内不得有易燃物品;动火有审批;并按《建筑物灭火器配备设计规范》确定作业场地的危险等级、火灾种类,配备足够数量有效的手推车式或手提式灭火器;明确疏散路线,救护联络方式,组织义务消防队,每年演练一次;避免应急策划或准备不到位,不能够控制火情,延误救火产生环境污染。

3) 当发现火情处于初始阶段(1~3min)时,组织义务消防队和有关人员及时灭火,控制火情,防止火蔓延发生火灾,污染环境;出现火情不能控制时立即向119报警,同时组织人员疏散,转移必要的财产,配合消防队员救火,减少火灾引发爆炸事故,加大对环境的污染。

(2) 爆破断管中应急准备响应控制要求

1) 爆破断管时,严格控制TNT装药量和粒度,避免TNT装药量和粒度过大导致管子损坏,浪费管材。

2) 黄色炸药应碾细过筛,装入不同直径的塑料管中,略加捣实;使用时将药管一段封好,然后贴绕在管子切断部位,未封口的一端留10mm的长度接上雷管(工业8号);避免装药量控制不当导致爆破断管过程意外损坏管子,浪费管材。

3) 炸药、雷管储存和管子起爆地点应远离居民区,周围20m范围内无易燃品和其他易爆品,并配置足够灭火器材、严禁用火;避免库房与切管过程意外发生爆炸导致管子和建筑物损坏,浪费资源,产生大量废气、废弃物污染环境。

(3) 顶管作业中应急准备响应控制要求

顶管作业中出现工具管前方遇到障碍、后背墙变形严重、顶铁发生扭曲、顶力超过管端的允许顶力、油泵油路发生异常、接缝中漏泥浆情况之一时,应停止顶进作业,采取针对措施消除后方可继续顶进作业,避免采取措施不当导致管前塌方、地面隆陷、损坏设备、漏油,浪费资源,产生大量废气、废弃物污染环境。

(4) 倒虹管作业中应急准备响应控制要求

1) 岩石沟槽开挖前应按设计要求进行试爆,根据试爆效果编制方案,严格按方案控制爆破材料、钻孔位置、深度、装药量、起爆时间、现场警卫等环节,避免爆破过程控制不当,导致噪声排放、岩石飞扬、损坏物品或设施,污染河面、污染大气。

2) 岩石爆破按石方爆破所涉及的环境控制措施实施,避免发生损坏建筑物、设施或意外发生火灾、爆炸或噪声、扬尘、有害气体排放严重超标对河面和环境的污染。

3) 倒虹管沉入沟槽底符合要求并稳固后,方可将设在两岸的牵引设备拆除或放松,避免未稳固就拆除导致倒虹管位移或倾斜返工,加大施工资源消耗。

4) 水流过大时可在管顶上填压一层石笼(不少于15cm),然后用土或砂砾石回填满槽;避免回填方法不当,导致回填料被冲走,加大回填料消耗。

5) 围堰、土石坝体施工完毕后,应按应急预案要求准备足够数量的有效的加固、防渗水或涌水的设备、器材和人员,一旦有险情发生时能及时排除,避免急预措施不到位导致围堰或土石坝体浸水、涌流、坍塌冲坏设施、污染河面。

(5) 铅口作业中应急准备响应控制要求

1) 铅加热周围20m范围内无易燃品和其他易爆品,并配置足够灭火器材、严禁用火;避免作业场所意外发生火灾导致管子和建筑物损坏事故,浪费资源,产生大量废气、废弃物污染大气和土地。

2) 铅熔化时,禁止水滴落入铅锅中引起爆炸污染工作面;接口灌铅时应用专用工具沿注入孔一侧灌入,一次灌满不得断流,避免窝气形成气囊,造成崩爆事故污染工作环境和伤人。

(6) 试压、冲洗中应急准备响应控制要求

1) 压力管道试压时,应划分危险区,安排专人警戒,禁止无关人员进入,出现意外时应暂停试压,避免发生跑水、损坏物品、伤害人员。

2) 室外给水管道雨期试压时应避开雨天进行,按施工方案做好沟两边排水,对被试验的管段接口处两侧各50mm范围内不回填土外,管段其余部分应回填厚度不应小于0.5m浮土,避免下雨管子灌水致使管段漂浮,造成接口报废,浪费给水管。

(7) 危险化学品作业中应急准备响应控制要求

在防腐、保温、灌铅施工中从事有毒、刺激性或腐蚀性气体、液体或粉尘的工作时,工作场地应通风良好,配备适宜的送风设施,采取洒水或覆盖或固化措施,避免或减少对环境的污染;作业人员必须戴口罩、护目镜或防毒面具等防护用品,防止人员中毒或伤害。

1.7 给排水管道安装中监测要求

1.7.1 材料监测要求

1.7.1.1 管道、管道配件、防腐、保温材料、辅助用料进场时,对质量(质量验收标准)、环境要求(环境规定的限值)检查或检测1次,不合格不准进场、不准使用,避免材料使用不当造成材料对环境的污染。

1.7.1.2 防腐、保温材料、氧气、乙炔、炸药、雷管等易燃易爆品储存条件(防火)、安全距离(10m)、堆放情况(是否超高堆放)、防火、防潮条件,禁火标识等每月检查1次,发现异常情况时,采取针对措施纠正,避免发生火灾爆炸对周边环境的污染。

1.7.2 人员管理监测要求

1.7.2.1 对管工、起重工、焊工、防腐工、保温工等人员的岗位操作证或培训资料(包括环境措施交底内容)每次作业前检查1次,发现人员不适应采取针对措施纠正,避免因人员素质低、发生环境事故。

1.7.2.2 对防腐、保温施工作业人员的防护用品,每次作业前检查1次,发现不足应采取针对措施纠正,避免保护用品不到位,伤害人员。

1.7.3 设备和设施监测要求

1.7.3.1 设备监测要求

(1) 每周应对管道调切割设备、弯管设备、喷漆设备、加热设备、顶管设备、挖淤泥设备、浮运设备、吊装设备、试压设备、冲洗设备、防腐材料熬制设施、灌铅装置、保温材料搅拌设备的保养状况(是否漏油、是否噪声超标、尾气排放是否达标、有害气体排放是否有过滤装置等)检查1次,当发现异常情况时,及时安排保养、检修,降低消耗,防止油遗洒污染土地、污染地下水。

(2) 每批作业中应对设备噪声排放、热辐射内部监测1次;当发现超标时,及时更换噪声低的设备或更换材料或采取纠正措施,减少噪声排放、热辐射对环境的污染。

1.7.3.2 设施监测要求

每班作业前应对接油盘目测一次,当接油盘存油达到距槽帮10mm时或项目完成相关作业活动时应进行清理,防止盘内存油溢出污染工作场所。

1.7.4 土建施工中监测要求

1.7.4.1 土石方作业中监测要求

土石方作业中应按土石方作业中涉及的环境关键特性检测规定实施检测,避免或减少扬尘、遗洒、噪声排放、废水排放、废物遗弃对环境的污染。

1.7.4.2　混凝土作业中监测要求

混凝土作业中应按混凝土作业中涉及的环境关键特性检测规定实施检测,避免或减少扬尘、遗洒、噪声排放、废水排放、废物遗弃对土地和水体的污染。

1.7.4.3　顶管后背墙、倒虹管制作中监测要求

顶管后背墙、倒虹管制作应按钢结构安装中涉及的环境关键特性检测规定实施检测,避免或减少扬尘、遗洒、噪声排放、废水排放、有害气体排放、废物遗弃对环境的污染。

1.7.5　安装监测要求

1.7.5.1　管道预制监测要求

(1) 每批管道下料时应对其加工或制作方式(是否符合程序规定)、操作程序(是否有违章)、油遗洒、废弃物处置(是否分类回收和处置、运输是否有遗洒)等检查1次;每批作业时应对噪声排放检测1次,每天监视1次。

(2) 监测中如发现不适应或超标,应停止加工、制作或更换设备、更换材料,改变作业方法或采取纠正措施,避免或减少噪声排放、油遗洒、废物遗弃对环境的污染。

1.7.5.2　管道安装、焊接监测要求

(1) 每批安装、焊接前,应对加热装置(是否符合程序)、阀门试压用水回收装置(是否有回收装置)、密封材料、接口材料、安装、焊接位置等检查1次。

(2) 每批安装、焊接中应对搬运吊装方式、安装方式、接口方式、焊接方式、加热方式、预拉伸方式、补偿装置方式、支、吊架形式,操作程序,油遗洒,排气口,阀门试压用水回收、废水排放,废物回收、处置等(是否符合程序或规范要求)检查1次,对扬尘目测1次(扬尘高度不超过0.5m),对射辐射等检测1次;噪声排放(小于75dB)每天监视1次,每月检测1次。

(3) 如在风景区或饮水区域施工时,废水排放应达到国家规定的一级或二级排放标准,并经当地环卫部门检查确认达标后才允许排放。

(4) 监测中如发现不适应或超标,应停止安装、焊接作业或改变施工工艺、改变作业方式或更换设备、更换材料或覆盖、增加检测次数或采取纠正措施,避免或减少扬尘、噪声、射线辐射、废水排放、油遗洒、废物遗弃对环境的污染。

1.7.5.3　对顶管作业监测要求

(1) 顶管作业前,应对顶管作业方式(是否符合程序规定)、工作坑尺寸(底以下不宜小于500mm)、锁定装置、缓冲材料(是否符合方案要求),存土地点、废弃物临时堆放地(是否符合环保要求)等检查1次,对顶铁的刚度检测1次。

(2) 每天顶管作业时应对操作程序(是否违章)、运土方式、每车装土高度(低于槽帮10~15cm)、车轮清扫(不遗洒)、纠偏时机,油遗洒,废物回收、处置等检查1次,对扬尘目测1次(扬尘高度不超过0.5m);对顶管应力、顶管速度、超挖量等是否符合方案检测1次;噪声(75dB以下)排放每天监视1次,每月检测1次。

(3) 监测中如发现不适应或超标,应停止顶管作业或更换设备或调整挖土方法、调整超挖量或更换配件或覆盖或采取纠正措施,避免或减少扬尘、噪声、油遗洒、废物遗弃对环

境的污染,防止顶管偏移量过大导致施工超差,增大对环境的污染。

1.7.5.4 倒虹管施工监测要求

(1) 倒虹管施工前,应对作业方式、淤泥存放地点(符合环保要求)等检查1次;每批作业时应对倒虹管施工程序、围堰方法、坝体施工程序、回填方法、运土方式、撤除方法等是否符合方案检查1次。

(2) 每天作业时应对每车装土高度(低于槽帮10~15cm)、车轮清扫(不遗洒)、油遗洒、废物回收、处置、倒虹管浮运、下沉、回填、围堰施工厚度和宽度、坝体分层施工厚度和宽度、堆土覆盖状况(是否覆盖)、抽水与排水地点、溢流情况(是否溢流)、围堰、坝体撤除、弃土地点等是否符合施工方案、程序检查1次。

(3) 每天作业时应对扬尘目测1次(扬尘高度不超过0.5m);对沟槽开挖坐标、沟底高程、沟槽横断面、钻孔位置等检查1次,钻孔深度、回填时水流量是否符合施工方案检测1次;对噪声排放(小于75dB)排放每天监视1次,每月检测1次。

(4) 监测中如发现不适应或超标,应停止作业或更换设备或调整施工工序或改变施工方法或覆盖或采取纠正措施,避免或减少扬尘、噪声、油遗洒、废物遗弃对河面的污染或破坏植被、侵占农田,防止影响航运、航道及水利灌溉。

1.7.5.5 对防腐、保温施工监测要求

(1) 每批防腐、保温施工前,应对防腐材料熬制设施(是否有吸尘和滤烟装置)、保温材料拌合装置(是否封闭)、沉淀池(是否设置)、防腐、保温材料储存、废防腐、保温材料遗弃等是否符合程序检查1次。

(2) 每批防腐、保温施工时应对防腐、施工方式,操作程序(是否违章)、油遗洒,废防腐、保温材料回收、处置等是否符合方案检查1次。

(3) 每批防腐、保温施工时应对扬尘目测1次(扬尘高度不超过0.5m);对废水沉淀时间、废水排放速度等检测1次;噪声排放(小于75dB)排放每天监视1次,每月检测1次。

(4) 如在风景区或饮用水处施工时,废水排放必须达到国家规定的一级或二级排放标准,并经当地环卫部门检查确认达标后才允许排放。

(5) 监测中如发现不适应或超标,应停止防腐、保温施工或改变施工方式或更换设备、更换材料或覆盖或采取措施纠正措施,避免或减少扬尘、废水、噪声排放、油遗洒、废物遗弃对环境的污染。

1.7.5.6 对试验、冲洗监测要求

(1) 每次试验、冲洗前,应对试压设备、冲洗装置、试压用水回收装置,警界范围、人员撤离、管子回填、管子加固、冲洗口、阀门关启状况及其他管道的隔离与保护、废物处置等是否符合施工方案检查1次。

(2) 每次试验、冲洗时应对试压、冲洗方式、操作程序,试压用水回收、排放、油遗洒,废物回收、处置等是否符合施工方案检查1次。

(3) 每次试验、冲洗时应对试验压力、冲洗速度(1m/s)、水质(20mg/L)、噪声排放等是否符合施工方案检测1次。

(4) 监测中如发现不适应或超标,应停止试压、冲洗或改变冲洗方式或更换设备或增加警界范围或采取纠正措施,避免或减少噪声排放、油遗洒、废物遗弃对环境的污染。

1.7.6 应急准备响应监测要求

1.7.6.1 土建施工中应急准备响应监测要求

（1）土石方作业中应急准备响应所涉及的环境关键特性按土石方作业所涉及的环境关键特性检测规定的检测内容、频次进行，避免或减少设备故障、漏油、损坏地下管线、气体泄漏、文物损坏、植被破坏、发生火灾、爆炸对环境的污染。

（2）混凝土施工中应急准备响应所涉及的环境关键特性按混凝土施工所涉及的环境关键特性检测规定的检测内容、频次进行，避免或减少设备故障、漏油、大量废弃物遗弃对环境的污染。

（3）支架、倒虹管制作安装中应急准备响应所涉及的环境关键特性按钢结构安装所涉及的环境关键特性检测规定的检测内容、频次进行，避免意外发生火灾、爆炸对环境的污染。

1.7.6.2 防火防爆中监测要求

（1）炸药、雷管储存条件、安全距离、禁火标识、灭火器材的种类、数量、位置、有效性是否符合施工方案、施工规范及管理程序的规定每月检查1次，发现不足应增加灭火器材数量或改变储存条件或调整安全距离或采取纠正措施，避免发生火灾造成对环境的污染。

（2）作业中的监测要求

1）每次作业前应对铅的纯度（99%）检测1次，对爆破切管、管道焊前预热（必要时）、管道焊接、铅熔化装置、防腐、保温施工、灌铅作业环境等作业场地的禁火标识、与易燃易爆品的安全距离、灭火器材的种类、数量、放置位置、有效性，试压的加固部位、冲洗的位置等是否符合施工方案、施工规范及管理程序的规定检查1次。

2）每次作业中应对灌铅、爆破切管过程检查1次，对冲洗速度、冲洗水质是否符合施工方案、施工规范及管理程序的规定检测1次。

3）发现不足应停止相关作业，改变作业方式或更换设备或增加灭火器数量或调整安全距离或采取纠正措施，避免应急措施策划或实施不到位，发生火灾或崩爆事故造成对环境的污染。

1.7.6.3 倒虹管施工中应急准备响应监测要求

（1）倒虹管施工中岩石沟槽开挖前应试爆效果是否符合管理程序的规定检查1次。

（2）每天作业时应对爆破材料、起爆时间、现场警卫范围、回填材料等是否符合施工方案、施工规范及管理程序的规定检查1次，对装药量、回填时水流量检测1次。

（3）监测中发现不足应停止作业，改变作业方法或更换设备或调整装药量或改变钻孔深度或采取措施，避免水流过大冲走回填物或爆破中意外发生火灾或爆破失控事故对河面和环境的影响。

1.7.6.4 顶管作业中应急准备响应监测要求

（1）每天顶管作业时应对顶管前方遇到障碍、后背墙变形、顶铁扭曲，油泵、油路状况，接缝中漏泥浆情况是否符合施工方案及管理程序的规定检查1次，对顶管应力检测1次。

（2）监测中发现不足应停止作业，改变作业方式或更换设备或调整挖土方法或采取纠正措施，避免采取措施不当导致管前塌方、地面塌陷、损坏设备、漏油等事故，浪费资源，产生大量废气废弃物污染环境。

1.7.6.5 围堰、土石坝体施工中应急准备响应监测要求

(1) 围堰、土石坝体施工完毕后，在险情发生前或每个月应对紧急预案所涉及的加固、防渗水或涌水的设备、器材和人员准备情况是否符合施工方案、管理程序的规定检查1次；对现场险情状况每天检查1次。

(2) 监测中发现不足应立即补充相应设备、器材或落实人员职责或组织抢险排除隐患，避免应急措施不到位导致围堰或土石坝体浸水、涌流、坍塌污染河面、冲坏设施、污染环境。

2 采暖管道安装

2.1 采暖管道安装工艺流程

2.1.1 室外直埋供热管道安装工艺流程

测量→土石方开挖→管道检查与运输→除锈防腐→保温→安装→焊接→分段试压→焊口防腐保温→系统试压→冲洗。

2.1.2 室外架空供热管道安装工艺流程

测量→土石方开挖→混凝土基础→柱子(框架或钢桁架)→管道检查与运输→除锈防腐→安装→焊接→分段试压→焊口防腐→管道保温→系统试压→冲洗。

2.1.3 室外地沟供热管道安装工艺流程

测量→土石方开挖→地沟施工→支架安装→管道检查与运输→除锈防腐→安装→焊接→分段试压→焊口防腐→管道保温→盖板→回填→系统试压→冲洗。

2.1.4 室内供热管道安装工艺流程

测量→支架安装→管道检查与运输→除锈防腐→安装→焊接→分段试压→焊口防腐→系统试压→冲洗。

2.1.5 阀门安装工艺流程

2.1.5.1 普通阀门安装工艺流程

施工准备→阀门检查试压→阀门安装→系统试压→防护冲洗。

2.1.5.2 安全阀安装工艺流程

施工准备→阀门检查试压→阀门安装→系统试压→防护冲洗→安全阀定压→铅封。

2.1.6 散热器安装工艺流程

施工准备→散热器检查试压→支架安装→散热器安装→系统试压。

2.1.7 伸缩器安装工艺流程

施工准备→伸缩器加工→伸缩器预拉伸→伸缩器安装→系统试压→防护冲洗。

2.1.8 疏水器、计量器等配件安装工艺流程

施工准备→疏水器、计量器等配件检查→疏水器、计量器等配件安装→系统试压→防护冲洗。

2.2 采暖管道安装中的环境因素

2.2.1 土建施工活动中的环境因素

2.2.1.1 室外直埋供热管道、管沟供热管道、架空供热管道土方开挖中设备与爆破

噪声排放、扬尘、遗洒、废物遗弃对环境的污染;土方储存与运输扬尘、遗洒、植被破坏;土方回填噪声排放、遗洒、扬尘对环境的污染。

2.2.1.2 混凝土基础、柱子、框架浇筑、吊装,管沟垫层、沟盖板预制安装中模板支拆扬尘、噪声排放、脱模剂遗洒、废脱模剂遗弃对环境的污染;混凝土拌制、浇筑中的设备噪声排放、倒水泥扬尘、混凝土遗洒、清洗搅拌机水排放对环境的污染,水电消耗;水泥、砂子运输与储存扬尘、遗洒对环境的污染;混凝土运输遗洒、清洗运输车水排放、失效混凝土遗弃对环境的污染。

2.2.1.3 管沟、阀门井砌筑、抹灰中砂浆拌制水电消耗,设备噪声排放、倒水泥扬尘、清洗搅拌机水排放对环境的污染;水泥、砂子运输与储存扬尘、遗洒对环境的污染;砂浆运输扬遗洒、清洗运输车水排放、废砂浆遗弃对环境的污染;砖加工噪声排放、砖养护水消耗、废砖遗弃对环境的污染。

2.2.1.4 土方机械加油时遗洒对环境的污染,设备运行时漏油,污染土地、污染水体;废油、废油手套、废油桶遗弃对环境的污染。

2.2.2 安装施工活动中的环境因素

2.2.2.1 人工除锈噪声排放、浮锈扬尘、废弃物遗弃对环境的污染;机械除锈中电的消耗、设备噪声排放、扬尘、油遗洒、废弃物遗弃对环境的污染。

2.2.2.2 在钢筋混凝土墙或砖墙开槽和钻管道套管洞中水、电消耗,设备噪声排放、钻孔中扬尘对环境的污染,废水污染土地、污染环境。

2.2.2.3 管道调直、组对敲打、乱扔管件中噪声排放;管道坡口噪声排放、有毒有害气体排放、焊渣、废料遗弃对环境的污染;热煨弯热辐射,一氧化碳、二氧化硫、噪声排放,沙子扬尘、遗洒对环境的污染。

2.2.2.4 管道防腐漆流淌、油漆遗洒污染土地、污染地下水;保温层外刷沥青或油漆流淌、油漆遗洒污染土地、污染地下水;废油漆、废沥青、废油漆桶、废油漆刷、废手套遗弃对环境的污染。

2.2.2.5 支架、桁架、吊架、管道焊接弧光污染、有害气体排放、废电焊条、电焊条头、焊渣、废料遗弃对环境的污染。

2.2.2.6 垫片涂抹石墨粉、二硫化钼油脂、石墨机油等涂剂遗洒、扬尘,废涂剂遗弃对环境的污染。

2.2.2.7 保温材料拌制水泥、石棉绒扬尘,水、电消耗、设备噪声排放,搅拌机清洗用水排放污染土地、污染地下水;水泥、石棉绒运输与储存扬尘、遗洒对环境的污染;作业时保温材料遗洒,废石棉水泥拌合材料、废石棉绳、废石棉粉、废水泥、废泡沫混凝土、废膨胀珍珠岩瓦、废石棉蛭石瓦、废硅藻土瓦、废玻璃棉毡、废矿渣棉、废玻璃丝布遗弃对环境的污染。金属保护层压边、咬口噪声排放,废镀锌铁皮、铝皮遗弃对环境的污染。

2.2.2.8 试压冲洗中水、电的消耗,试压水排放浪费水资源。

2.2.2.9 管口套丝、除锈试验吹扫用空压机漏油,污染土地、污染水体,废油、废油手套、废油桶遗弃对环境的污染。

2.2.3 应急准备响应情况中的环境因素

2.2.3.1 土建施工中应急准备响应情况中的环境因素

（1）室外直埋供热管道、管沟供热管道、架空供热管道土方开挖意外损坏建筑物、地下管道、破坏文物、发生泄漏、火灾、污染大气、废物遗弃对环境的污染。

（2）炸药库意外发生火灾、爆炸产生扬尘、废弃物、损坏物体、污染土地、污染水体、污染大气。

2.2.3.2 安装中应急准备响应情况中的环境因素

（1）保温材料、油漆储存和涂刷，玻璃棉毡、矿渣棉、玻璃丝布、油漆储存，煨弯管加热、退火、焊前预热、管口焊接、焊后退火、沥青熬制场所意外发生火灾污染土地、污染地下水、污染大气，废物遗弃对环境的污染。

（2）设备发生故障，零部件或设备报废，加大水电消耗，浪费资源；报废零部件或设备遗弃对环境的污染；设备漏油污染土地、污染地下水。

（3）冬期试压冲洗中冻坏管道，浪费资源；试压冲洗中意外跑水损坏管道、冲坏管沟、污染土地、污染水体、废弃物遗弃对环境的污染，浪费水资源。

2.3 采暖管道安装对材料的要求

2.3.1 采暖管道所用管材、连接件、配件必须具有质量合格证明文件，规格、型号及性能符合国家技术标准或设计文件，避免使用不合格材料，造成返工，浪费资源、加大对环境的污染。

2.3.2 管材储存场地应平整不积水，管端用雨布或塑料布盖好，堆码高度不宜超过2m，离热源不少于2m；管道保温材料储存时应加垫，堆码整齐，其高度不超过1m，避免硬物压坏，并用塑料布覆盖，防止被雨淋、受潮或损坏，浪费资源、污染环境。

2.3.3 运输或安装串片型、扁管式散热器，应采用包装或加垫保护，防止对肋片和散热片的砸碰，影响采暖效果或修复浪费资源、污染环境。

2.3.4 阀门、散热器、金属辐射板、低温热水地板辐射盘管安装前应进行强度和严密性试验，避免试压或使用时渗漏或泄漏，造成返工，浪费资源、加大对环境的污染；阀门、散热器试压用水应有回收装置，试压后放水应回收，防止浪费水资源，乱排污染环境。

2.3.5 选用管道保温材料、制品时应尽量用当地材料，并符合无腐蚀性、热阻大（其平均温度≤350℃时，导热系数值不得大于 0.12W/m·k；耐热、持久、性能稳定、重量轻（密度不得大于 400kg/m³）、有足够强度（抗压强度不得小于 0.4MPa）、吸湿性小（受潮经干燥性能不恢复不准使用）、阻燃材料、易于施工成型，成本低廉等要求，应有制造厂的质量证明书或分析检验报告，种类、规格、性能应符合设计文件的规定，避免验收不到位，使用不合格材料腐蚀管子，浪费热资源，污染环境。

2.4 采暖管道安装中对企业和人员的要求

2.4.1 采暖管道安装中对企业的要求

采暖管道安装企业必须在从事采暖管道安装前，取得"采暖管道安装资质证书"后方可从事相应级别、类型相符的采暖管道安装，避免因企业不具备相应管道安装能力而发生管道损坏、试压与运行时发生跑水或跑气、浪费水资源、跑水或跑气冲坏相关设施、产生大量废弃物污染地下水、污染土地。

2.4.2 采暖管道安装中对人员的要求

2.4.2.1 企业的焊工、起重工等人员必须取得相应级别的岗位操作证，按考核合格后的项目、权限和相应的国家与地方规范、操作规程,从事与所持证书规定范围内工作,避免因人员素质能力不能满足要求而发生跑水或跑气、污染土地和地下水,浪费水资源。

2.4.2.2 机械操作人员应经过培训,掌握相应机械设备的操作要领后方可进行土方和混凝土作业、爆破、管道安装、试压、保温材料拌制、清洗等作业。避免因人的误操作或不按操作规程操作、保养造成设备部件报废、机械设备事故浪费资源,加大对环境的污染;噪声超标,机械设备漏油、污染土地、污染地下水。

2.4.2.3 每项作业活动操作前项目部应组织对木工、混凝土工、挖土人员、爆破人员、管道工、起重工、油漆工、保温工、试压人员、吹扫人员针对该项作业活动所涉及的噪声排放、扬尘、漏油、热辐射、光污染、固体废弃物等重要环境因素的环境控制措施、环境操作基本要求、环境监测的关键特性、应急准备响应中的注意事项进行专项环境交底或综合交底包括以上环境方面的内容,避免因作业人员的不掌握环境方面的基本要求造成噪声超标、电辐射、扬尘、废水、废液排放,废弃物遗弃污染土地、污染地下水。

2.5 采暖管道安装中对设备和设施的要求

2.5.1 机械设备的要求

2.5.1.1 作业前应根据施工组织设计或专项施工方案的要求,选择满足施工需要、噪声低、能耗低的土石方机械、混凝土搅拌机、振捣棒、调直机、套丝机、切断机、坡口机、液压煨弯机、中频煨弯机、除锈设备(空压机、除锈机)、下管的吊装设备、冲击电钻、打磨机、焊接设备、试压设备,避免设备使用时噪声超标,漏油污染土地、污染地下水,加大水、电、油等资源消耗,浪费资源。

2.5.1.2 机械设备的保养与维护的要求

(1)设备每个作业班工作后应进行设备的日常保养,保证设备经常处于完好状态,避免设备使用时意外漏油污染土地、污染地下水。

(2)当发现设备有异常或存在问题时,应安排专人检查排除或送维修单位立即抢修,防止设备带病作业,加大能源消耗、浪费资源,设备漏油污染土地、污染地下水。

2.5.2 对设施的要求

2.5.2.1 人工除锈场地应硬化(普通混凝土或灰土),硬化部分应大于操作场地各操作边0.5m或在已硬化的场地除锈或铺设相应宽度的塑料布,避免铁锈污染土地。

2.5.2.2 中频热感应弯管机场地应砌240mm砖墙,房顶封闭,墙面四周设置吸声材料,操作地面全部硬化(普通混凝土或灰土),避免工作时噪声超标,热辐射、扬尘污染。

2.5.2.3 设备接油盘宜采用厚度0.5~1mm铁皮,油盘大小不宜小于机械设备的水平投影面积,防止设备意外漏油污染土地、污染地下水。

2.5.2.4 木工房、钢筋加工房、搅拌站、沉淀池的施工应按临时设施建设与使用相关措施实施,防止噪声、废水排放,扬尘、废弃物遗弃污染土地、污染地下水。

2.6 采暖管道安装控制要求

2.6.1 土建工程施工控制要求

2.6.1.1 土石方开挖控制要求

(1)管沟的坐标、位置、沟底标高应符合设计要求,避免发生错误造成返工,浪费资源。

（2）沟底层应是原土层或夯实的回填土，如沟基为岩石或砾石层应下挖100～200mm，填铺细砂或粒径不大于5mm的细土夯实到沟底标高方可敷设管道，防止有坚硬物体或石块损坏管道表面层浪费管材。

（3）直埋管道开挖、管道地沟开挖、架空管道基础开挖，分别按土方施工、石方施工所涉及的环境控制措施实施，防止噪声、遗洒、扬尘、漏油、废弃物废弃对环境的污染。

2.6.1.2　土方回填控制要求

（1）挖土和临时堆土宜与沟边保持0.6～1m的距离，且不少于0.5m，临时堆土应覆盖，四级及以上风停止土方作业，避免扬尘污染环境。

（2）管顶上部200mm以内的回填应用砂子或无石块及冻土块的土人工夯实；管顶上部500mm以内不得回填直径>100mm的块石和冻土层；500mm以上部分回填土中的块石和冻土块不得集中，用机械回填时，机械不得在管沟上行走；避免回填土控制不当导致管子损坏，浪费管材。

（3）土方回填按土方作业所涉及的环境控制措施实施，防止噪声排放、遗洒、扬尘、漏油对环境的污染。

2.6.1.3　混凝土施工控制要求

（1）混凝土施工应按设计和施工方案施工，避免质量不合格返工浪费资源。

（2）管道管沟垫层、管道沟盖板预制与安装，架空管道混凝土基础的浇筑、混凝土柱或混凝土框架现浇或预制安装分别按模板支拆、混凝土搅制、振捣，混凝土构件预制、构件运输、安装所涉及的环境控制措施实施，防止遗洒、扬尘、漏油，噪声、有毒有害气体、洗搅拌机和混凝土运输车水排放，沉淀池溢流、废混凝土遗弃物污染土地和地下水。

2.6.1.4　井室砌筑与抹灰施工控制要求

（1）井室砌筑与抹灰应按设计或标准图施工，避免质量不合格返工浪费资源污染环境。

（2）阀门井砌筑、抹灰分别按砌筑、抹灰所涉及的环境控制措施实施，防止遗洒、扬尘、漏油，噪声、洗搅拌机和砂浆运输车水排放，沉淀池溢流、废砂浆、砖等遗弃物遗弃污染土地、污染地下水。

2.6.1.5　支架、钢柱、钢桁架施工控制要求

（1）支架、钢柱、钢桁架施工应按设计或标准图施工，避免质量不合格返工浪费资源。

（2）管道地沟支架制作、安装，架空管道安装中的钢柱或钢桁架制作、安装分别按钢构件制作、运输、安装所涉及的环境控制措施实施，防止扬尘、弧光污染，噪声、有毒有害气体排放，废电焊条、螺栓、电焊条头、焊渣等遗弃物遗弃污染土地和水体。

2.6.2　采暖管道安装控制要求

2.6.2.1　采暖管道安装通用控制要求

（1）管子切割控制要求

1）采用钢锯切割时，应在管子下面垫接油盘，防止油遗洒污染土地、污染地下水；采用砂轮片切割或等离子切割或氧乙炔火焰切割时，切割后的熔渣、氧化物、铁屑，废锯条、砂轮片应统一回收，收集一个运输单位后交有资质单位处理，防止乱扔污染土地和地下水。

2) 钢管应在封闭的加工场内切割,切割宜采用专用切管机或无齿锯床,减少噪声污染环境;锯床下面应垫接油盘,防止油遗洒污染土地和地下水。

3) 切割的铁屑、报废的砂轮片、管接头应统一回收,收集一个运输单位后交有资质单位或环卫部门处理,防止乱扔污染土地、污染地下水;运输易遗洒的废物应用封闭车,出场前车轮清理干净,预防遗洒污染路面。

(2) 管螺纹加工控制要求

1) 管螺纹应采用管子套丝机加工,套丝机应放置在接油盘上,螺纹加工时应用油壶加油,一次不宜过多(不流淌),防止油遗洒污染工作面。

2) 管螺纹加工的铁屑、废油、报废的设备及配件应统一分类回收,收集一个运输单位后交有资质单位或环卫部门处理,避免乱扔污染土地、污染地下水;运输易遗洒的废物应用封闭车,出场前车轮清理干净,预防遗洒污染路面。

(3) 弯管制作控制要求

1) 钢管应在其材料特性允许范围内冷弯或热弯,钢管热弯的弯曲半径不应小于管子外径的3.5倍,冷弯不应小于管子外径的4倍,冲压弯头应不小于管道外径,管子壁厚之差不得超过弯前壁厚的15%,避免因弯管制作质量不合格造成返工,加大水、电、管材消耗、增加弯管次数,增大对环境的污染。

2) 钢管充砂制作弯管时,应用木锤敲击,不得用铁锤敲击,避免损坏管子、噪声排放;弯管用的砂子含水率小于20%应覆盖,防止扬尘污染环境。热弯应用木柴、木炭或电炉加热,管子加热时升温宜缓慢、均匀保证管子热透,防止过烧和渗碳,浪费管材;用木柴、木炭加热时应选择噪声低的鼓风机,安装滤烟装置,避免或减少热辐射、噪声污染,一氧化碳、二氧化硫排放污染大气;电蒸汽加热时应有送风机,避免或减少热辐射污染。

3) 采用中频感应电热弯管机弯管时,应在封闭的场地内进行,加装送风设备,避免或减少热辐射和电磁污染;弯管冷却用水应安装接收装置,避免或减少水的消耗;采用氮气、一氧化碳冷却管子外壁时,应用专门气罐储存气体,用专门装置喷气,作业环境宜通风良好,采用送风机送风冲淡氮气和一氧化碳浓度,减少有害气体对大气的污染。

4) 氮气和一氧化碳应分别储存在通风良好,远离火源、热源的室内,并有足够灭火器材,预防挥发污染环境,甚至造成火灾,污染土地和地下水、污染大气,烧坏物品,产生大量废弃物污染环境。

5) 采用定型压制弯头,避免弯管对环境的污染;液压弯管机弯管时应放置在接油盘上,避免弯管时漏油污染土地。

6) 报废的弯头、设备及设备配件、模具、废油、废渣等应统一回收,收集一个运输单位后交有资质单位或环卫部门处理,防止乱扔污染土地、污染地下水;运输易遗洒的废物应用封闭车,出场前车轮清理干净,预防遗洒污染路面。

(4) 穿墙套管施工控制要求

1) 管道穿过墙和楼板应设置铁皮或钢制套管,管道接口不得留在套管内;安装在楼板内的套管其顶部应高出装饰面20mm;安装在卫生间及厨房内套管,其顶部应高出装饰面50mm,底部应与楼板面相平,安装在墙壁内的套管其两端与饰面相平;套管与管道之间缝隙应用阻燃材料和防水油膏填实、端面光滑;避免密封不严导致套管内进水腐蚀管子,浪费管材;填缝时应用托盘加油膏,防止遗洒污染土地。

2) 套管预留孔洞位置应准确,避免漏埋或位置错误返工,造成重新打孔,产生噪声污染、钻孔加水形成废水污染环境;钻孔时应选择噪声低的设备、避开施工高峰作业,减少噪声污染;作业时应对墙壁用塑料布遮挡,加水应有接水桶,防止污染墙面和地面。

3) 作业后的废渣、报废的油膏、填缝材料等应分类回收,收集一个运输单位后交有资质单位或环卫部门处理,防止乱扔污染环境;运输易遗洒的废物应用封闭车,出场前车轮清理干净,预防遗洒污染路面。

(5) 支、吊架安装控制要求

1) 管道安装前应及时固定和调整支、吊架,支、吊架安装应位置准确、平整牢固与管子紧密接触;无热位移的管道,其吊杆应垂直安装;有热位移的管道,吊点应设在位移的相反方向;避免支、吊架安装位置不准与管子接触不好,致使试压或运行时损坏管子,浪费管材。

2) 支、吊架钻孔固定时应选择噪声低的设备、避开施工高峰作业,减少噪声污染;作业时应对墙壁用塑料布遮挡,加水应有接水桶,防止污染墙面和地面。

3) 滑动支架的滑动面应洁净平整、灵活,滑托与滑槽两侧面间应留 3~5mm 的间隙,纵向位移量符合设计要求;避免支架的滑动面安装控制不当导致其不能正常滑动,损坏管子,造成返工,浪费资源。

4) 作业后的废渣、报废的设备配件、膨胀螺栓等应分类回收,收集一个运输单位后交有资质单位或环卫部门处理,防止乱扔污染环境、污染地下水;运输易遗洒的废物应用封闭车,出场前车轮清理干净,预防遗洒污染路面。

(6) 管道除锈控制要求

1) 除锈的过程应在规定的场所内进行,根据施工量安排除锈量,做到均衡施工,避免集中突击除锈造成噪声排放污染环境,除锈时地面应先适当洒水,避免除锈时产生扬尘,污染环境。

2) 除锈时应用钢丝刷或砂纸在管道外表面往复拖拉 2~3 次,直至管外污物及铁锈除尽;避免锈未除净,影响油漆效果,浪费油漆。

3) 喷砂除锈时,空压机置于封闭的房间内或加隔声罩,避免除锈时噪声对环境的影响;停机时砂子应及时回收,交指定地点存放,避免或减少石英砂的消耗;空压机放置在接油盘上,避免喷砂时设备漏油,污染土地;清理接油盘时应垫托盘防止油遗洒污染地面。

4) 管子零星除锈,宜使用砂轮打磨机除锈,除锈时尽量避免施工高峰,减少噪声对环境的污染。

5) 每个工作班结束后应清扫回收锈渣放入指定的储存桶内,报废的砂轮片、除锈设备,钢丝刷、锉刀、刮刀、砂纸、锈渣、油污等应统一回收,收集一个运输单位后交有资质的单位或环卫部门处理,避免乱扔污染土地、污染地下水;运输易遗洒的废物应用封闭车,出场前车轮清理干净,预防遗洒污染路面。

(7) 管道防腐控制要求

1) 涂料应有制造厂的质量证明书,过期的涂料必须重新检验,确认合格后方可使用,避免因涂料控制不到位,影响涂漆效果,加快对管子的腐蚀,浪费管材。

2) 焊缝在管道压力试验前不应涂漆;涂漆前应清除表面铁锈、焊渣、毛刺、油、水等污物保证漆膜的附着力,预防返工、浪费资源。

3) 涂漆施工宜在 15~30℃ 环境下进行,应保证漆膜附着牢固、无剥皮、气泡、流淌和漏涂等缺陷,涂层应完整、无损坏,避免涂漆质量不合格,造成涂漆返工重涂漆,浪费油漆。

4) 手工涂漆时,油刷沾漆不宜过多(不流淌),喷涂漆时应垫塑料布,倒小桶时下垫接油盘,防止喷涂或翻倒时油漆遗洒污染土地;涂漆应分层涂刷,每层应往复进行,纵横交错,保持涂层均匀,避免涂漆方法不当造成涂漆返工重涂漆,浪费油漆。

5) 涂漆时,第一层涂底漆或防锈漆;第二层面漆;每一层涂漆后,待前层漆膜干燥后才能涂另一层涂漆;避免涂漆施工顺序不合理,影响涂漆质量,造成返工重涂漆,浪费油漆,加大对环境的污染。

6) 报废的油漆、涂料、塑料布、刷子、废油桶、废手套应统一回收,收集一个运输单位后交有资质的单位或供应商处理,避免乱扔污染土地和地下水;运输易遗洒的废物应用封闭车,出场前车轮清理干净,预防遗洒污染路面。

(8) 压力试验要求

1) 管道安装完毕,与试压无关的系统已按试压方案隔开,管道堵板已按试验要求加固,膨胀节已设置了临时约束装置并经确认无误后,才准进行压力试验,避免试压时损坏阀芯、膨胀节等器件或跑水,浪费水资源。

2) 系统注水时,应打开管道各高处的阀门,将空气排净,待水灌满后关闭排气阀和进气阀,避免空气未排净影响试压结果,延长试压时间,加大电的消耗;试压用水应安装回收装置,试压排水应回收,避免浪费水资源。

3) 试验压力应按设计和验收规范的规定执行,不得随意增加,升压和降压都要缓慢进行,不能过急,避免因试压方法或压力不当,损坏焊口,造成返工,浪费资源,加大对环境的污染。

(9) 冲洗控制要求

1) 冲洗前,管道支架、吊架应牢固,必要时予以加固;蒸汽冲洗,冲洗口一段管子要加固,防止蒸汽喷射反作用力将管子弹射;将系统内的节流阀、止回阀、安全阀、减压阀开启;不允许冲洗的管道应与冲洗系统隔离;避免冲洗时污物损坏管件,浪费管材。

2) 粗洗可用 0.3~0.4MPa 的自来水,直接排入下水道,目测排水口的水色和透明度与入水口一致,避免管内污物未除净影响使用;精洗采用流速为 1~1.5m/s 以上的循环水进行冲洗,防止浪费水资源;冲洗时,用木锤对焊缝、死角、管道底部重点敲打,防止损坏管子,浪费管材。

3) 蒸汽冲洗时间约 20~30min,冲洗口排出蒸汽完全清洁时,才能停止冲洗;冲洗时,冲洗口附近及前方不得有人,以防烫伤、杂物击伤等事故;送气加热时,缓缓开启总阀门,勿使蒸汽的流量压力增加过快,造成阀门破坏,支架断裂、管道跳动、位移等严重事故污染环境。

4) 水冲洗的排水管应接入可靠的排水井或沟中,保证排泄畅通和安全,避免随意排放,污染土地、污染地下水;系统冲洗完毕后应充水、加热,进行试运行和调试,避免调试方法不当造成跑水或跑汽返工,浪费资源,加大对环境的污染。

5) 冲洗后的杂物、报废的冲洗设备及配件等应统一回收,收集一个运输单位后交有资质的单位或环卫部门处理,避免乱扔污染土地、污染地下水;运输易遗洒的废物应用封闭车,出场前车轮清理干净,预防遗洒污染路面。

2.6.2.2 室内采暖管道安装控制要求

(1) 管道安装控制要求

1) 管道安装管径≤32mm宜采用丝接,管径>32mm宜采用焊接连接,避免连接方法选择不当造成安装返工,浪费资源。

2) 气、水同向流动的热水采暖管道和汽、水同向流动的蒸汽管道及凝结水管道坡度应为3‰,不小于2‰;气、水逆向流动的热水采暖管道和汽、水逆向流动的蒸汽管道坡度应为5‰;散热器支管的坡度应为1%,坡向应利于排气和泄水;避免坡度安装方向相反或坡度不足影响供暖效果,造成返工,浪费资源。

3) 在管道干管上焊接垂直或水平分支管道时,干管开孔所产生的钢渣、管壁等废物应及时清理;避免钢渣、管壁等废物留在管内,影响介质流动导致返工浪费资源,污染环境。

4) 当采暖管道热媒为110~130℃的高温热水时,管道可拆卸件应使用法兰、耐热橡胶板,不得使用长丝和活接头,避免使用配件不当导致运行渗漏,浪费热水,加大对环境的污染。

5) 管道从门窗口或洞口、梁柱墙垛等处绕过,其转角处如高于或低于管道水平走向时,在其最高点或最低点应分别安装排气和泄水装置,预防运行时排气和泄水不畅,影响供暖效果,造成返工,浪费资源。

6) 膨胀水箱的膨胀管和循环管上不得安装阀类,避免阀门误关闭导致膨胀水箱失效或水箱内水停止循环,造成返工,浪费资源;膨胀水箱上的检查管应接到便于检查的地方,避免安装位置不当造成返工,加大污染。

7) 报废的法兰、耐热橡胶板、长丝、活接头和泄水装置,清理的钢渣、管壁等废物应统一回收,收集一个运输单位后交有资质的单位或环卫部门处理,避免乱扔污染土地和地下水;运输易遗洒的废物应用封闭车,出场前车轮清理干净,预防遗洒污染路面。

(2) 管道焊接控制要求

1) 管道焊接应符合 GB 50236—98《现场设备工业管道焊接工程施工及验收规范》,避免因焊接过程控制不当,造成返工重焊,浪费焊材,加大对环境的污染。

2) 焊接按焊接所涉及的环境控制措施实施,避免或减少弧光污染、有害气体排放、废电焊条、电焊条头、焊渣等废弃物遗弃污染土地水体。

(3) 管道法兰连接控制要求

1) 管道安装时应检查法兰密封面及密封垫片,不得有影响密封性能的划痕、斑点等缺陷,避免法兰密封不好导致渗漏浪费水资源,污染环境。

2) 法兰与管道连接应同心、螺栓自由穿入,不得用强紧螺栓的方法消除歪斜;法兰间保持平行;紧固后的螺栓突出螺母的长度不应大于螺杆直径的1/2;避免法兰安装不到位造成返工浪费,污染环境。

3) 安装后余料应送库房统一保管,防止丢失或损坏,浪费资源污染环境;报废的法兰、螺栓、螺母等应统一回收,收集一个运输单位后交废品回收单位处理,避免乱扔污染土地和地下水。

(4) 管道螺纹连接控制要求

1) 螺纹连接管道安装后的螺纹根部应有 2/3 扣的外露螺纹,多余的麻丝应清理干净,并刷防锈漆,避免连接不到位返工,浪费资源。

2) 刷漆时不宜沾得太多(不流淌),倒小桶时下垫接油盘,避免油漆遗洒污染土地和地下水。

3) 废弃的短丝、麻丝、油漆、油漆桶、油漆刷等应统一分类回收,收集一个运输单位后交有资质单位或供应商处理,防止乱扔污染土地、污染地下水;运输易遗洒的废物应用封闭车,出场前车轮清理干净,预防遗洒污染路面。

(5) 配件安装控制要求

1) 平衡阀及调节阀型号、规格、公称压力及安装位置应符合设计文件,安装后应根据系统平衡要求进行调试并做出标志;避免系统不平衡,影响供热效果,浪费热能。

2) 蒸汽减压阀和管道及设备上安全阀的型号、规格、公称压力及安装位置应符合设计文件,安装后应根据系统工作压力进行调试并做出标志;避免安全阀压力调试不准,致使低压或超压排放,浪费资源或发生事故污染环境。

3) 热量表、疏水器、除污器、过滤器及阀门型号、规格、公称压力及安装位置应符合设计文件;避免安装不合格,影响系统正常运行造成返工浪费,污染环境。

4) 废弃的短丝、法兰、螺栓、螺母,报废的热量表、疏水器、除污器、过滤器及阀门等应统一回收,收集一个运输单位后交废品回收单位处理,防止乱扔污染土地、污染地下水。

(6) 补偿器安装控制要求

1) 方型补偿器制作时,应用整根无缝钢管煨制,如需接口,其接口应设在垂直臂的中间位置,且接口必须焊接,使焊口受力最小避免补偿器损坏;方型补偿器应水平安装并与管道坡度一致,如其臂长方向垂直安装必须设排气及泄水装置预防产生"气塞",损坏管子,浪费管材。

2) 补偿器的型号、安装位置及预拉伸和固定支架的构造及安装位置应符合设计文件要求,避免未作预拉伸致使补偿器达不到设计计算的伸长量造成管道或接口断裂漏水漏气,浪费水资源及热能。

3) 焊接钢管管径 > 32mm 的管道转弯,在作为自然补偿时应使用煨弯;塑料及复合管除必须使用直角弯头的场合外,应使用管道直接弯曲转弯;避免弯曲半径小不利于自然补偿或减少塑料及复合管内的阻力,预防渗漏返工,浪费资源。

(7) 散热器安装控制要求

1) 散热器组对应平直紧密,组对散热器的垫片应使用成品,组对后垫片外露不应大于 1mm,垫片采用耐热橡胶;避免密封不严造成试压漏水,浪费水资源。

2) 散热器支架、托架安装位置应正确、埋设牢固,其数量应符合设计文件要求,避免支架、托架不牢致使散热器挂不住,甚至开裂漏水,浪费资源;散热器支管长度超过 1.5m 时应在支管上安装卡子,避免中部管子下沉影响空气和凝结水顺利排出,损坏管子浪费管材。

3) 支架、托架固定时应选择噪声低的设备、避开施工高峰作业,减少噪声污染;作业时应对墙壁用塑料布遮挡,加水应有接水桶,防止污染墙面和地面。

4) 散热器背面与装饰后的墙内表面安装距离应符合设计规定,无规定时应为 30mm,避免安装位置不当影响供热效果,浪费水、电资源;铸铁或钢制表面的防腐及面漆应附着良好、色泽均匀,无脱落、起泡、流淌和漏涂等缺陷,避免散热器防腐不好返工浪费资源。

5) 手工涂漆时,油刷沾漆不宜过多(不流淌),喷涂漆时应垫塑料布,倒小桶时下垫接油盘,防止喷涂或翻倒时油漆遗洒污染土地、污染地下水。

6) 水平安装的辐射板应有不小于 5‰ 的坡度,坡向回水管,避免影响泄水和放气的顺畅进行;低温热水地板辐射盘管埋地部分不得有接头,加热盘管弯曲部分不得出现硬折弯现象,塑料管曲率半径不应小于管道外径的 8 倍,复合管不应小于管道外径的 5 倍;避免安装坡度不足或弯曲半径小使水流通面积减少,导致管材损坏返工,浪费资源。

7) 报废的散热器、辐射板、支架、托架、耐热橡胶垫片、油漆、废油漆桶、油刷、手套等应分类统一回收,收集一个运输单位后交废品回收单位或有资质单位或供应商处理,防止乱扔污染土地、污染地下水;运输易遗洒的废物应用封闭车,出场前车轮清理干净,预防遗洒污染路面。

2.6.2.3 室外供热管道安装控制要求

(1) 管道安装控制要求

1) 管径 ≤40mm 时应使用焊接钢管,管径为 50~200mm 应使用焊接钢管或无缝钢管,管径 >200mm 时应使用螺旋焊接钢管,避免使用管材不符合设计要求,造成返工,资源浪费。

2) 管道固定支架的位置和构造必须符合设计要求,避免固定支架安装不到位,影响管道顺利伸缩导致损坏管道返工,浪费资源污染环境;管道水平敷设的坡度工应符合设计要求,避免坡度方向安装反或坡度不足,影响供热效果,浪费热能。

3) 支架固定时应选择噪声低的设备、避开施工高峰作业,减少噪声污染;作业时应对墙壁用塑料布遮挡,加水应有接水桶,防止污染墙面和地面。

4) 直埋无补偿供热管道吊装应用尼龙带捆绑,避免运输吊装时损坏保温外壳造成返工,浪费资源加大对环境的污染;直埋管道的保温应符合设计要求;接口现场发泡时,接头处厚度应与管道保温层厚度一致,接头处保护层必须与管道保护层成一体,符合防潮要求后才准回填土;避免保温层、防潮层未结合一体,导致防潮层失效、损坏保温层造成返工,浪费资源污染环境。

5) 地沟内管道(包括保温层)安装位置,与沟壁净距为 100~150mm,与沟底净距应为 100~120mm,与不通行地沟沟顶净距应为 50~100mm,与半通行和通行地沟沟顶净距应为 200~300mm;避免因净距太小不便施工导致保温不到位,浪费热能。

6) 地沟内管道的保温层和防潮层施工完毕后,应对沟内剩余的保温和防潮层余料和废料进行清理,清理干净后才准安装沟盖板,清理的余料应送到原储存处妥善保管防止失效、报废浪费资源;清理的废物应分类回收,收集一个运输单位后交有资单位或环卫部门处理,防止乱扔污染土地和地下水。

7) 回填应按设计要求,距直埋管道防朝层顶上 300mm、距管道地沟顶上 500mm 范围以内,应用松土人工夯实,对超过 20cm 砾石应挖除,用好土或黄砂回填,避免损坏直埋管道防潮层或地沟盖板造成返工,浪费资源污染环境;未回填的土含水率小于 20% 时,应覆盖或洒水防止扬尘污染环境。

8) 架空敷设的供热管道安装高度应符合设计规定或下列规定:人行地区不小于 2.5m、通行车辆地区不小于 4.5m、跨越铁路距轨顶不小于 6m;避免净距太小导致车辆损坏管道,浪费管材。

9) 检查井室、用户入口管道布置应便于操作及维修;避免布置不当影响维修导致损坏保护层返工,浪费资源污染环境;管道安装质量应符合 GB 50242—2002 标准规定,避免安装质量不合格造成管道安装返工,浪费资源污染环境。

10) 保温层和防潮层施工按本章保温和防潮层施工所涉及的环境控制措施实施,避免或减少热辐射、噪声、有害气体、清洗废水排放、扬尘、遗洒、废弃物遗弃对环境的污染。

(2) 管道焊接控制要求

1) 焊区环境温度低于 -20℃ 时,焊口应预热,焊前预热的加热范围,应以焊口中心为基准每侧不少于壁厚的 3 倍,有淬硬倾向或延迟裂纹的管道每侧应不小于 100mm;加热温度符合 GB 50236—98《现场设备工业管道焊接工程施工及验收规范》,避免因预热控制不当,影响焊接质量造成返工重焊,浪费资源,加大对环境的污染。焊前预热应按焊前预热所涉及的环境控制措施实施,避免或减少热辐射污染。

2) 管道连接均采用焊接,焊接应符合 GB 50236—98《现场设备工业管道焊接工程施工及验收规范》,避免因焊接过程控制不当,造成返工重焊,浪费资源,加大对环境的污染;焊接按焊接所涉及的环境控制措施实施,避免或减少弧光污染、有害气体排放,废电焊条、电焊条头、焊渣废弃污染土地。

(3) 补偿器安装控制要求

补偿器安装的位置必须符合设计要求,并按设计要求或产品说明书进行预拉伸;直埋无补偿供热管道预热伸长及三通加固应符合设计要求;避免安装位置不准或预拉伸量不足或加固不到位导致损坏管子,浪费管材。

(4) 配件安装控制要求

1) 平衡阀及调节阀型号、规格、公称压力及安装位置应符合设计文件,安装后应根据系统平衡要求进行调试并做出标志;避免系统不平衡,影响供热效果,浪费热能。

2) 减压阀和安全阀的型号、规格、公称压力及安装位置应符合设计文件,安装后应根据系统工作压力进行调试并作出标志;避免安全阀压力调试不准,致使低压或超压排放,浪费资源或发生事故污染环境。

3) 除污器构造应符合设计要求,安装位置和方向准确,避免安装不当不能达到除污效果,导致损坏阀门造成返工,浪费资源污染环境;管网冲洗后应清涂内部污物,清除的污染物应统一回收,收集一个运输单位后交有资质单位或环卫部门处理,防止乱扔污染地下水;运输易遗洒的废物应用封闭车,出场前车轮清理干净,预防遗洒污染路面。

(5) 捆扎保温施工控制要求

1) 保温层厚度大于 100mm 时,应分层施工,同层应错缝、上下层压缝;其搭接长度不宜小于 50mm,保温层的拚缝宽度不应大于 5mm,干拼缝应采用性能相近的矿物棉填塞严密;每个预制管壳最少应有两道镀锌铁丝或箍带,不得采用螺旋型捆扎;避免保温层厚度偏小或填塞不严密,造成热辐射污染。

2) 采用矿物棉毡、垫保温时,应用镀锌铁丝网包裹并扎紧,不得将热空间堵塞,再保温;避免保温层施工失败,造成热辐射污染。

3) 施工剩余的保温材料应回收,报废的保温材料应交有资质单位处置,防止乱扔污染土地、污染地下水;运输易遗洒的废物应用封闭车,出场前车轮清理干净,预防遗洒污染路面。

(6) 聚氨酯泡沫塑料浇注保温施工控制要求

1) 采用木模或钢模浇注保温层时,应对模板进行设计,满足现场施工需要,模板应固定牢固,内刷脱模剂,浇注发泡型材料时可在模板内垫一层聚乙烯薄膜;刷脱模剂时垫塑料布,避免遗洒污染施工现场。

2) 浇注聚氨酯泡沫塑料时应进行试浇,试浇块的密度、自熄性应符合产品说明书,配料的用料应正确,原料温度、环境温度应符合产品使用规定,发泡速度、孔径大小、颜色变化正常,无裂纹和变形后正式浇注,避免浇注失败,浪费材料,加大对环境的污染。

3) 聚氨酯泡沫塑料应在封闭的搅拌机内混合配料,避免或减少噪声污染;搅拌剂料应顺一个方向转动,混合料应均匀,每次配料必须在规定时间内用完,避免发泡料未使用时已发泡造成浪费;清洗搅拌机用水应经两级沉淀池沉淀后才准排入市政管网,避免乱排污染土地、污染地下水。

4) 大面积浇注时应下垫塑料布避免遗洒污染土地;浇注应对称多点浇口、分段分片进行,并倒料均匀、封口迅速,避免浇注不当造成发泡不良、脱落、发酥发脆、发软、开裂、孔径过大等缺陷,返工重新发泡,浪费施工材料,加大对环境的污染。

5) 废弃聚乙烯薄膜、报废的聚氨酯泡沫塑料应回收统一保管,积成一定数量后交有资质单位处置,防止乱扔污染土地、污染地下水;运输易遗洒的废物应用封闭车,出场前车轮清理干净,预防遗洒污染路面。

(7) 浇筑轻质粒料保温混凝土施工控制要求

1) 浇筑轻质粒料保温混凝土时,应按设计比例配制,应先将不同粒度的骨料与水泥干搅,再加水拌和,倒料轻轻抖动防止扬尘污染环境;搅拌站应封闭,防止使用时噪声污染环境。

2) 轻质粒料保温混凝土运输时装运量应低于车帮 10~15cm,避免运输遗洒污染土地、污染地下水;清洗搅拌机、运输车用水应经两级沉淀池沉淀后才准排入市政管网,避免乱排造成污染。

3) 水用洁净水,每次配料量适宜,随拌随用保证夏季 60min、冬期 60~120min 内用完,避免未浇筑混凝土干固结硬,浪费资源。

4) 浇筑时应一次成型,间断浇筑时施工缝留在伸缩缝的位置上,夏季应用潮湿的麻袋遮盖,保持湿润,预防混凝土开裂,冬期自然干燥,用麻袋或塑料布遮盖防止受冻,避免返工浪费资源,加大对环境的污染。

5) 报废的轻质粒料、麻袋、塑料布应统一回收,收集一个运输单位后交有资质单位或环卫部门处置,防止乱扔污染土地和污染地下水;运输易遗洒的废物应用封闭车,出场前车轮清理干净,预防遗洒污染路面。

(8) 喷涂法保温施工控制要求

1) 风力大于三级、酷暑、雾天、雨天均不宜室外喷涂,保温层喷涂时,应按正式喷涂工艺及条件在试板上试喷,喷涂时由下而上分层进行,避免喷涂失败,浪费资源,加大对环境的污染。

2) 喷涂聚氨酯泡沫塑料时应分层喷涂一次完成,喷涂时下垫塑料布,避免喷涂遗洒污染土地;第一次喷涂厚度不应大于40mm,喷涂应符合聚氨酯泡沫塑料浇注要求,避免未使用发泡或发泡不合格返工,浪费资源,加大对环境的污染。

3) 喷轻质粒料保温混凝土时,应待立喷或仰喷第一层凝固后再喷次层,其回弹率在平喷时不得大于2%,立喷时不应大于15%,减少回弹落地的物料,造成浪费;停喷时应停物料后停喷机,预防堵塞喷机,减少物料浪费;喷涂后应养护,预防开裂返工。

4) 报废的发泡料、回弹落地的物料、塑料布、轻质粒料应统一回收,收集一个运输单位后交有资质单位或环卫部门处置,防止乱扔污染土地、污染地下水;运输易遗洒的废物应用封闭车,出场前车轮清理干净,预防遗洒污染路面。

(9) 伸缩缝及膨胀间隙的留设控制要求

1) 伸缩缝应按设计规定位置留设,设备留设的宽度25mm、管道宜为20mm,伸缩缝内杂物和硬块应清除干净;保温层应采用矿物纤维毡条、绳等填塞严密,捆扎固定,高温管道保温层外的伸缩缝外再进行保温;避免伸缩缝宽度施工偏小或填塞不严密,造成保温层膨胀开裂报废重做,浪费保温材料。

2) 中低温保温层的各层伸缩缝可不错开,高温保温层的各层伸缩缝必须错开,错开间距不宜大于100mm;避免伸缩缝施工控制不当,造成保温层膨胀开裂报废重做,浪费保温材料。

3) 报废的矿物纤维毡条、绳、软质泡沫塑料条、发泡型胶粘剂,伸缩缝内杂物和硬块应统一回收,收集一个运输单位后交有资质单位或环卫部门处置,防止乱扔污染土地、污染地下水;运输易遗洒的废物应用封闭车,出场前车轮清理干净,预防遗洒污染路面。

4) 需留膨胀间隙的地方必须按膨胀移动方向的另一侧留设,避免膨胀间隙的留设方向差错,造成保温层膨胀开裂报废重做,浪费资源,加大对环境的污染。

(10) 防潮层施工控制要求

1) 敷设在地沟内管道的保温层应有防潮层,防潮层的施工应在干燥的绝热层上,其外表层应完整严密、厚度均匀、无气孔、鼓泡或开裂等缺陷,避免因防潮层失败破坏绝热层,造成热辐射,加大对环境的污染。

2) 室外施工不宜在雨、雪天或夏日暴晒中进行,操作时的环境温度应符合设计或产品说明书的规定;沥青胶的配方符合设计或产品标准的规定,避免防潮层施工不合格造成返工重作,浪费资源,加大对环境的污染。

3) 油毡防潮层搭接宽度为30~50mm,缝口朝下,用沥青玛琋脂粘结密封;玻璃布(厚0.1~0.2mm)防潮层搭接宽度为30~50mm,应粘贴于涂有3mm厚的沥青玛琋脂的保温层上,玻璃布外再涂3mm厚的沥青玛琋脂;防水冷胶玻璃布防潮层:玻璃布(厚0.1~0.2mm)应粘贴于涂有3mm厚的防水冷胶料层,玻璃布外再涂3mm厚的防水冷胶料层;避免防潮层施工厚度或搭接宽度不合格造成返工重做,浪费资源,加大对环境的污染。

4) 涂刷沥青玛蹄脂或防水冷胶剂时下垫塑料布,避免遗洒污染土地、污染地下水。

5) 加热熬制碎块小沥青时,料位不得超过容器的2/3,并经常搅拌,防止沥青崩沸污染土地和伤人;调制沥青胶料应分批少量进行,应将溶剂缓慢到入盛有热沥青的料桶中,当加入慢挥发性溶剂时沥青温度不得超过140℃,当加入快挥发性溶剂时沥青温度不得超过110℃,避免控制不当,返工重配或挥发浪费。

6) 报废的沥青玛蹄脂、防水冷胶料、玻璃布应统一回收,收集一个运输单位后交有资质单位处置,防止乱扔污染土地、污染地下水;运输易遗洒的废物应用封闭车,出场前车轮清理干净,预防遗洒污染路面。

(11) 石棉水泥保护层施工控制要求

1) 石棉水泥保护层施工时,应先用镀锌铁丝网捆扎牢固、紧密,再施工保护层,保护层应分两次进行,外表面平整、圆滑、无显著裂纹,避免保护层施工不合格造成返工浪费。

2) 施工时下垫托盘或一次用料不宜过多(不掉地为准),防止遗洒污染土地;掉地的石棉水泥应统一回收交有资质单位处理处置,防止乱扔造成土地污染。

3) 石棉水泥应在封闭的搅拌站拌制,防止噪声污染;水泥、防水粉、4级石棉应在车斗内轻轻抖动,避免或减少遗洒扬尘污染;清洗用水应经两次沉淀池沉淀后排入市政管网,不准乱排,避免污染土地、污染地下水;拌好的混合料应倒入铁槽内,防止污染土地。

4) 雨期施工时,抹灰保护层未硬化前应用塑料布遮盖,防雨淋水冲损坏面层;当昼夜室外平均温度低于+5℃且最低温度低于-3℃时,搅和石棉水泥时,应加环保型外加剂,并用50℃热水拌和,施工后用麻带遮盖,防止冻坏。

5) 缠绕保护层其重叠部分为带宽的1/2,缠绕应裹紧密封,不得有松脱、翻边、皱褶和鼓包,避免因保护层施工不到位,影响保温效果,产生热辐射污染。

6) 废弃的水泥、防水粉、4级石棉板、落地和报废的石棉水泥拌和料应统一回收,收集一个运输单位后交有资单位或环卫部门处理,防止乱扔污染土地、污染地下水;运输易遗洒的废物应用封闭车,出场前车轮清理干净,预防遗洒污染路面。

(12) 金属保护层施工控制要求

1) 金属保护层施工宜采用镀锌薄钢板或薄铝合金板,采用普通薄钢板外表面涂防锈涂料,涂漆施工一次不宜沾得太多(不流淌为准)或下垫塑料布,防止油漆遗洒污染;保护层应压边、箍紧,不得有脱壳或凸凹不平,其环缝和纵缝应搭接或咬口,缝口朝下,避免保护层不合格返工重作。

2) 保护用自攻螺钉紧固不得刺破防潮层,螺钉间距不应大于200mm,保护层端头应密封;避免损坏防潮层或密封不良破坏保温层,造成热辐射,浪费热能。

3) 保护用自攻螺钉紧固不得刺破防潮层,螺钉间距不应大于200mm,保护层端头应密封;固定冷结构的金属保护层使用手提电钻钻孔时,先确定钻孔深度,避免损坏防潮层或密封不良破坏绝热层,造成热辐射,浪费热能。

4) 按设计规定应对露天或潮湿环境的保护层嵌填密封剂或包缠密封带,避免保护层密封不好,损坏绝热层造成热辐射、返工重作,加大对环境的污染。

5) 废弃的镀锌薄钢板、薄铝合金板、普通薄钢板、防锈涂料、密封剂、密封带、玻璃丝布应统一回收,收集一个运输单位后交有资单位或废品回收单位处理,防止乱扔污染土地、污染地下水;运输易遗洒的废物应用封闭车,出场前车轮清理干净,预防遗洒污染路面。

(13) 管道防腐控制要求

1) 埋地管道按设计规定采用正常防腐(冷底子油、沥青玛琋脂、牛皮纸)或加强防腐(冷底子油、沥青玛琋脂、防水卷材、沥青玛琋脂、牛皮纸)或特加强防腐(冷底子油、沥青玛琋脂、防水卷材、沥青玛琋脂、沥青玛琋脂、防水卷材、沥青玛琋脂、沥青玛琋脂、牛皮纸),避免防腐做法或涂刷厚度不当导致管子非正常腐蚀造成返工,浪费资源污染现场。

2) 冷底子油(沥青熬制与无铅汽油混合);沥青玛琋脂(沥青与高岭土重量比3:1或沥青与橡胶粉重量比95:5搅拌混合);避免冷底子油、沥青玛琋脂熬制配合比不当导致管子非正常腐蚀造成返工,浪费资源污染环境。

3) 熬制沥青时,应装有滤烟装置,减少有害气体对环境的污染;加热熬制碎块小沥青时,料位不得超过容器的2/3,并经常搅拌,防止沥青崩沸污染土地和伤人;调制沥青胶料应分批少量进行,应将溶剂缓慢到入盛有热沥青的料捅中,当加入慢挥发性溶剂时沥青温度不得超对140℃,当加入快挥发性溶剂时沥青温度不得超对110℃,避免控制不当,返工重配或挥发浪费。

4) 刷沥青或冷底子油时下垫塑料布或一次不宜沾得太多(不流淌为准)或用专用工具装入小捅,避免沥青或冷底子油遗洒污染土地、污染地下水。

5) 报废的沥青玛琋脂、冷底子油应统一回收,收集一个运输单位后交有资质单位处置,防止乱扔污染土地和地下水;运输易遗洒的废物应用封闭车,出场前车轮清理干净,预防遗洒污染路面。

2.6.3 采暖管道安装中应急准备响应控制要求

2.6.3.1 土建施工中应急准备响应控制要求

(1) 土石方作业中应按土石方作业中涉及的急准备响应控制规定实施,避免或减少设备故障、漏油、损坏地下管线、气体泄漏、文物损坏、植被破坏、发生火灾、爆炸对环境的污染。

(2) 混凝土作业中按混凝土作业中涉及的应急准备响应控制规定实施,避免或减少混凝土的废弃、废水对土地、地下水的污染。

(3) 钢结构安装中涉及的应急准备响应控制规定实施,避免意外发生火灾、爆炸对环境的污染。

2.6.3.2 管道安装中应急准备响应控制要求

(1) 作业场所的防火控制要求

1) 油漆、保温材料、易燃品应分库单独储存,墙上有禁火标识,库内严禁烟火;按《建筑物灭火器配备设计规范》确定库房的危险等级、火灾种类,配备足够数量有效的手推车式或手提式灭火器和消火栓;避免防火控制不到位意外发生火灾污染环境。

2) 管道热弯、油漆、防腐、焊前预热、管道焊接、保温施工、吹扫等作业场地应在通风良好的地方进行,附近10m范围内不得有易燃物品;动火有审批;并按《建筑物灭火器配备设计规范》确定作业场地的危险等级、火灾种类,配备足够数量有效的手推车式或手提式灭火器;明确疏散路线,救护联络方式,组织义务消防队,每年演练一次;避免应急策划或准备不到位,不能够控制火情,延误救火产生环境污染。

3) 当发现火情处于初始阶段(1~3min)时,组织义务消防队和有关人员及时灭火,控制火情,防止火蔓延发生火灾,污染环境;出现火情不能控制时立即向119报警,同时组织人员疏散,转移必要的财产,配合消防队员救火,减少火灾引发爆炸事故,加大对环境的污染。

(2) 试压中的控制要求

压力较高的管道试压时,应划分危险区,安排专人警戒,禁止无关人员进入,出现意外时应暂停试压,避免发生跑水、损坏物品、污染环境、伤害人员。

(3) 管道吹扫中的控制要求

管道吹扫的排气管应接至室外安全地点,吹扫口附近10m范围内不得有易燃物品,避免伤人或发生火灾污染环境。

(4) 危险化学品作业中的控制要求

在油漆、防腐、保温施工,沥青熬制中从事有毒、刺激性或腐蚀性气体、液体或粉尘的工作时,工作场地应通风良好,配备适宜的送风设施,防火器材,附近10m范围内不得有易燃物品;采取洒水或覆盖或固化措施,避免或减少对环境的污染;作业人员必须戴口罩、护目镜或防毒面具等防护用品,防止人员中毒或伤害。

2.7 采暖管道安装中监测要求

2.7.1 材料监测要求

2.7.1.1 管道、管道配件、油漆、防腐、保温材料,辅助用料进场时,对质量、环境要求检查或检测1次,不合格不准进场、不准使用,预防材料对环境的污染。

2.7.1.2 油漆、防腐、保温材料、氧气、乙炔等易燃、易爆品储存条件、安全距离、堆放高度、堆码状况,防火、防潮条件,禁火标识等每月检查1次,发现异常情况时,采取针对措施纠正,避免发生火灾对环境的污染。

2.7.2 人员管理监测要求

2.7.2.1 每次作业前应对管工、起重工、焊工、油漆工、保温工等人员的岗位操作证或培训资料(包括环境措施交底内容)检查1次,发现人员不适应采取针对措施纠正,防止因人员素质低、发生对环境的污染和环境事故。

2.7.2.2 每次作业前应对油漆、保温施工作业人员的防护用品检查1次,发现不足应采取针对措施纠正,防止保护用品不到位,伤害人员造成对环境的污染。

2.7.3 设备和设施监测要求

2.7.3.1 每周应管道调切割设备、弯管设备、除锈机、喷砂除锈设备、喷漆设备、加热设备、试压设备、吹扫设水备、保温材料搅拌设备的保养状况检查1次,当发现异常情况时,及时安排保养、检修,降低消耗,防止油遗洒污染土地、污染地下水。

2.7.3.2 每批作业中应对设备噪声排放、热辐射监测1次,当发现超标时,及时更换噪声低的设备或增加隔声或隔热材料厚度或更换其他隔声或隔热材料,减少噪声、热辐射对环境的污染。

2.7.3.3 中频热感反应弯管设备、喷砂除锈设备的封闭材料、厚度、高度、地面硬化情况施工完毕后,应检查验收1次,未达到规定要求不准使用,其后每月检查1次,当发现异常情况时,及时安排检修保持完好,减少噪声、热辐射、扬尘对环境的污染。

2.7.3.4 每班作业前应对接油盘目测一次,当接油盘存油达到距槽帮10mm时或项目完成相关作业活动时应进行清理,防止盘内存油溢出污染土地、污染地下水。

2.7.4 土建施工中监测要求

2.7.4.1 土石方作业监测要求

土石方作业中应按土石方作业中涉及的环境关键特性检测规定实施检测,避免或减少扬尘、遗洒、噪声排放、清洗废水排放、废物遗弃遗弃对环境的污染。

2.7.4.2 混凝土作业监测要求

混凝土作业中按混凝土作业中涉及的环境关键特性检测规定实施检测,避免或减少扬尘、遗洒、噪声排放、清洗废水排放、废物遗弃对土地、地下水的污染。

2.7.4.3 钢结构安装作业监测要求

支架、桥架施工中按钢结构安装中涉及的环境关键特性检测规定实施检测,避免或减少扬尘、遗洒、噪声排放、废水排放、有害气体排放、废物遗弃对环境的污染。

2.7.5 采暖管道安装监测要求

管道预制监测要求

(1) 管道下料监测要求

1) 每批管道下料时对应对其加工或制作方式、操作程序、油遗洒、废弃物处置等是否符合施工方案、施工规范及管理程序的规定检查1次;每批作业时应对噪声排放(小于75dB)检测1次,每天监听1次。

2) 监测中如发现不适应或超标,应停止加工,制作或更换设备或增加隔声材料厚度或更换隔声材料或改变作业方法或采取纠正措施,避免或减少噪声排放、油遗洒、废物遗弃对环境的污染。

(2) 弯管作业监测要求

1) 每批弯管前,应对加热装置、滤烟除尘装置、废物处置等是否符合施工方案、管理程序的规定检查1次。

2) 每批弯管时应对弯管方式、操作程序、装砂、加热方式、油遗洒,废物回收、处置等是否符合施工方案、管理程序的规定检查1次;对扬尘目测1次(扬尘高度不超过0.5m);每批弯管时对射线辐射、电磁污染、一氧化碳、二氧化硫排放等检测1次;对噪声排放(小于75dB)每天监听1次,每月检测1次。

3) 监测中如发现不适应或超标,应停止弯管作业,更换设备或增加隔声材料厚度或更换材料或覆盖或采取纠正措施,避免或减少扬尘、噪声、射线辐射、电磁污染、一氧化碳、二氧化硫排放、油遗洒、废物遗弃对环境的污染。

(3) 对管道除锈监测要求

1) 除锈前应对砂子储存、废渣、浮锈储存处置情况等是否符合施工方案、管理程序检查1次。

2) 每批作业时对除锈方法、操作程序、扬尘(扬尘高度不超过0.5m)、油遗洒,废物回收、处置等是否符合施工方案、管理程序检查 1 次;每班换管时,应对地面的浮锈厚度(5mm)检测或目测 1 次;对机械除锈噪声排放(小于 75dB)每天监听 1 次,每月检测 1 次。

3) 监测中如发现不适应或超标,应停止除锈作业,对浮锈进行清理或更换设备或增加隔声厚度或更换隔声材料,还采取措施纠正措施,避免或减少扬尘、噪声排放、油遗洒、废物遗弃对环境的污染。

(4) 管道安装、焊接监测要求

1) 每批安装、焊接前,应对加热装置、阀门试压用水回收装置,密封材料,安装、焊接位置等是否符合施工方案、管理程序检查 1 次。

2) 每批安装、焊接时应对搬运吊装方式、安装方式、接口方式、焊接方式、加热方式、预拉伸方式、预压缩方式、补偿装置方式,支、吊架型式,操作程序,油遗洒,排气口、疏水装置,阀门试压用水回收、废水排放、废物回收、处置等是否符合施工方案、管理程序检查 1 次。

3) 每批安装、焊接时应对射线辐射、一氧化碳、二氧化硫排放等的规定检测 1 次;对扬尘目测 1 次(扬尘高度不超过 0.5m);噪声排放(小于 75dB)每天监听 1 次,每月检测 1 次。

4) 监测中如发现不适应或超标,应停止安装、焊接作业,改变施工工艺或改变作业方式或更换设备或增加隔声材料厚度或更换材料或覆盖或增加检测次数或采取纠正措施,避免或减少扬尘、噪声、射线辐射、废水排放、油遗洒、废物遗弃对环境的污染。

(5) 对油漆、防腐、保温施工监测要求

1) 每批油漆、防腐施工前,应对熬沥青装置、喷漆装置、保温材料拌和装置,沉淀池,保温材料储存,废油漆、废防腐材料、保温材料遗弃等是否符合施工方案、管理程序检查 1 次。

2) 每批油漆、防腐、保温施工时应对油漆、防腐、施工方式,操作程序,油遗洒,熬沥青温度,废油漆、防腐、保温材料回收、处置等是否符合施工方案、管理程序检查 1 次;对扬尘目测 1 次(扬尘高度不超过 0.5m)。

3) 每批油漆、防腐施工时应对废水沉淀时间、废水排放速度、一氧化碳、二氧化硫排放、热辐射等的规定检测 1 次;噪声排放(小于 75dB)每天监听 1 次,每月检测 1 次;如在风景区或饮水区排水时,应达到国家规定的一级排放标准或二级排放标准,并经当地环保部门检查确认达标后才允许排放。

4) 监测中如发现不适应或超标,应停止油漆、保温施工,改变施工方式或更换设备或增加隔声材料厚度或更换材料或覆盖或调整加热温度或采取纠正措施,避免或减少扬尘、废水、噪声排放、油遗洒、废物遗弃对环境的污染。

(6) 对试验、吹扫监测要求

1) 每次试验、吹扫前,应对试压设备、吹扫装置、试压用水回收装置、警界范围、人员撤离、管子回填、管子加固、吹扫口、阀门关启状况及其他管道的隔离与保护、废物处置等是否符合施工方案、管理程序检查 1 次。

2) 每次试验、吹扫时应对试压、吹扫方式,操作程序,试压用水回收、排放,油遗洒,废物回收、处置等是否符合施工方案、管理程序检查 1 次。

3) 每次试压、吹扫时应对升压速度、吹扫速度、射线辐射排放等检测1次；噪声排放（小于75dB）每天监听1次，每月检测1次。

4) 监测中如发现不适应或超标，应停止试压、吹扫或改变吹扫方式或更换设备或增加警界范围或采取纠正措施，避免或减少噪声、射线辐射排放，油遗洒，废物遗弃对环境的污染。

2.7.6 应急准备响应监测要求

2.7.6.1 土建施工中应急准备响应监测要求

(1) 土石方作业中应急准备响应所涉及的环境关键特性按土石方作业所涉及的环境关键特性检测规定的检测内容、频次进行，避免或减少设备故障、漏油、损坏地下管线、气体泄漏、文物损坏、植被破坏、发生火灾、爆炸对环境的污染。

(2) 混凝土施工作业中应急准备响应所涉及的环境关键特性按混凝土施工所涉及的环境关键特性检测规定的检测内容、频次进行，避免或减少设备故障、漏油对环境的污染。

(3) 支架、桥架作业中应急准备响应所涉及的环境关键特性按钢结构安装所涉及的环境关键特性检测规定的检测内容、频次进行，避免或减少设备故障、漏油、发生火灾、爆炸对环境的污染。

2.7.6.2 采暖管道安装中应急准备响应监测要求

(1) 每次作业前应对管道热弯、油漆、防腐、焊前预热、管道焊接、保温施工、吹扫、沥青熬制等作业场地的禁火标识、与易燃品的安全距离、灭火器材的种类、数量、放置位置、有效性，试压的加固部位、吹扫的位置等是否符合施工方案、管理程序检查1次。

(2) 每次作业中应对熬沥青的温度、加热状况、周围环境变化情况是否符合施工方案、管理程序检查1次，对管道吹扫速度检测1次。

(3) 监测中发现不足应停止相关作业或改变作业方式或更换设备或增加灭火器数量或调整安全距离或控制加热温度或采取纠正措施，避免应急措施策划或实施不到位，发生火灾造成对环境的污染。

3 工艺管道安装

3.1 工艺管道安装工艺流程

3.1.1 室外直埋工艺管道安装工艺流程

测量→土石方开挖→管道检查与运输→除锈防腐→安装→焊接→部分回填→分段试压→焊口防腐→系统试压→冲洗(吹扫)→清洗脱脂→回填。

3.1.2 室外架空工艺管道安装工艺流程

测量→土石方开挖→混凝土基础→柱子(框架或钢桁架)→管道检查与运输→除锈防腐→安装→焊接→分段试压→焊口防腐→系统试压→冲洗(吹扫)→清洗脱脂。

3.1.3 室外地沟工艺管道安装工艺流程

测量→土石方开挖→地沟施工→支架安装→管道检查与运输→除锈防腐→安装→焊接→分段试压→焊口防腐→盖板→回填→系统试压→冲洗(吹扫)→清洗脱脂。

3.1.4 室内工艺管道安装工艺流程

测量→管道检查与运输→支架安装→除锈防腐→管道安装→分段试压→焊口防腐→

系统试压→冲洗(吹扫)→清洗脱脂。

3.1.5 阀门安装工艺流程

3.1.5.1 普通阀门安装工艺流程

施工准备→阀门检查试压→阀门安装→系统试压→防护冲洗。

3.1.5.2 安全阀安装工艺流程

施工准备→阀门检查试压→阀门安装→系统试压→防护冲洗→安全阀定压→铅封。

3.1.6 伸缩器安装工艺流程

施工准备→伸缩器加工→伸缩器预拉伸→伸缩器安装→系统试压→防护冲洗。

3.1.7 疏水器等配件安装工艺流程

施工准备→疏水器等配件检查→疏水器等配件安装→系统试压→防护冲洗。

3.2 工艺管道安装中的环境因素

3.2.1 土建施工活动中的环境因素

3.2.1.1 管道土方开挖机械与石方爆破中噪声排放、扬尘、废物遗弃对环境的污染；土方储存与运输扬尘、遗洒、植被破坏；土方回填噪声排放、扬尘、遗洒对环境的污染。

3.2.1.2 混凝土基础、柱子、框架浇筑、吊装，管沟垫层、沟盖板预制安装中模板支拆扬尘、噪声排放、脱模剂遗洒、废脱模剂遗弃对环境的污染；混凝土拌制、浇筑中水电消耗，噪声排放、扬尘、混凝土遗洒、清洗搅拌机水排放对环境的污染；水泥、砂子运输与储存扬尘、遗洒对环境的污染；混凝土运输扬尘遗洒、清洗运输车水排放、失效混凝土遗弃对环境的污染。

3.2.1.3 管沟、阀门井砌筑、抹灰中砂浆拌制水电消耗，设备噪声排放、扬尘、遗洒、清洗搅拌机水排放对环境的污染；水泥、砂子运输与储存扬尘、遗洒对环境的污染；砂浆运输扬遗洒、清洗运输车水排放、废砂浆遗弃对环境的污染；砖加工噪声排放、砖养护水消耗、废砖遗弃对现场的污染。

3.2.1.4 土方机械加油时遗洒，设备运行时漏油，污染土地、污染水体；废油、废油手套、废油桶遗弃对环境的污染。

3.2.2 安装施工活动中的环境因素

3.2.2.1 人工除锈噪声排放、扬尘、废弃物遗弃对环境的污染；机械除锈电的消耗，噪声排放、扬尘、油遗洒、废弃物遗弃对环境的污染；化学除锈废弃物遗弃、废液排放，清洗用水消耗，烘干的电辐射对环境的污染。

3.2.2.2 在钢筋混凝土墙或砖墙开槽和钻管道、套管洞中水、电消耗，噪声排放、扬尘，废水污染墙面和地面。

3.2.2.3 管道调直、组对敲打、乱扔管件中噪声排放；管道坡口噪声排放、有毒有害气体排放、焊渣、废料遗弃对环境的污染；热煨弯热辐射、一氧化碳、二氧化硫、噪声排放，砂子扬尘、遗洒。

3.2.2.4 管道防腐漆流淌、倒油漆遗洒污染土地、污染地下水；保温层外刷沥青或油漆流淌、倒油漆遗洒污染土地、污染地下水；废油漆、废沥青、废油漆桶、废油漆刷、废手套遗弃。

3.2.2.5 支架、桁架、吊架、管道焊接弧光污染、有害气体排放，废焊条、焊条头、焊渣、废料遗弃。

3.2.2.6 管道接口材料拌制时水泥、石膏粉、石棉绒遗洒，扬尘，水消耗；水泥、石膏粉、石棉绒运输与储存扬尘、遗洒；接口拌制材料运输遗洒、废接口材料遗弃；铅口加热中热辐射、一氧化碳与二氧化硫排放；防腐漆遗洒污染土地，废油漆、油漆桶、油漆刷、手套遗弃。

3.2.2.7 垫片涂抹石墨粉、二硫化钼油脂、石墨机油等涂剂遗洒、扬尘，废涂剂遗弃。

3.2.2.8 保温材料拌制水泥、石棉绒扬尘，水、电消耗，噪声排放，搅拌机清洗用水排放；水泥、石棉绒运输与储存扬尘、遗洒；作业时保温材料遗洒，废石棉水泥拌合材料、废石棉绳、废石棉粉、废水泥、废泡沫混凝土、废膨胀珍珠岩瓦、废石棉蛭石瓦、废硅藻土瓦、废玻璃棉毡、废矿渣棉、废玻璃丝布层遗弃。金属保护层压边、咬口噪声排放，废镀锌铁皮、铝皮遗弃。

3.2.2.9 试压冲洗中水、电的消耗，试压水排放浪费水资源；脱脂废液排放，清洗用水消耗、清洗用水排放浪费水资源，烘干加热热辐射。

3.2.2.10 管口套丝、除锈、试验、吹扫用空压机漏油，污染土地、水体，废油、废油手套、废油桶遗弃。

3.2.3 应急准备响应中的环境因素

3.2.3.1 土建施工中应急准备响应中的环境因素

（1）管道土方开挖机械与石方爆破中意外损坏建筑物、地下管道、破坏文物、发生泄漏、火灾污染土地、水体、大气。

（2）炸药库意外发生火灾、爆炸产生扬尘、废弃物、损坏物体、污染土地、水体、大气。

3.2.3.2 工艺管道安装中应急准备响应中的环境因素

（1）油漆储存和涂刷，璃棉毡、废矿渣、棉玻璃丝布储存，管道热弯、弯管热处理，焊前预热、焊接、焊后退火、绝热施工、油漆、防腐、酸洗、沥青熬制等场所意外发生火灾污染土地、地下水、大气。

（2）设备发生故障零部件或设备报废，加大水电消耗，浪费资源，报废零部件或设备遗弃；设备漏油污染土地、污染地下水。

（3）冬期试压冲洗中冻坏管道；试压冲洗中意外跑水损坏管道、冲坏管沟、污染土地、水体，大量废弃物遗弃，浪费水资源。

3.3 工艺管道安装对材料的要求

3.3.1 对管材及管件的要求

3.3.1.1 管道组成件及管道支承件必须具有制造厂的质量证明书，其材质、规格、型号、质量、环境要求应符合设计文件和国家现行标准的规定，外观检查合格；合金钢管道组成件应采用光谱分析或其他方法对材质进行复查，做好标识；避免使用不合格材料，造成返工浪费资源、加大污染，甚至试压跑水浪费水资源、损坏管件、冲坏物品、污染土地、地下水，形成大量废遗弃物。

3.3.1.2 硬聚氯乙烯管道应存放在室内，堆放要平整，防止日晒和冷冻造成管子爆裂，浪费资源；防腐衬里管道应放在温度5~40℃的室内，避免阳光和热源的辐射，更不能与潮湿物件或油脂等接触；铝及铝合金管搬运时小心轻放，防止碰伤，并不得与铁、铜、不锈钢等相接触,防止管道受到电化腐蚀;避免因管子储存搬运方法不当,造成管子损坏,增大消耗量和废遗弃物遗弃物。

3.3.1.3 不锈钢管、合金钢管、螺栓、螺母,管道设计温度大于100℃或低于0℃时,露天装置、处于大气腐蚀环境或输送腐蚀介质时,应在螺栓螺母下接托盘后,涂刷二硫化钼油脂、石棉机油或石墨粉,避免二硫化钼油脂、石棉机油或石墨粉遗洒污染土地、污染地下水,废二硫化钼油脂、石棉机油或石墨粉应回收,收集一个运输单位后交有资质单位处理,防止乱扔污染土地、地下水。

3.3.1.4 软钢、铜、铝等金属垫片,当厂方未进行退火处理时,安装前应进行退火处理,退火时应安装送风机,避免或减少热辐射污染。

3.3.2 对阀门的要求

3.3.2.1 输送剧毒流体、有毒流体、可燃流体管道的阀门,安装前逐个进行壳体压力试验和密封试验;输送设计压力大于1MPa或设计压力小于1MPa且设计温度小于-29℃或大于186℃的非可燃流体、无毒流体管道的阀门应每批抽查10%;避免使用不合格阀门造成安装试压时跑水、浪费水资源、损坏管件、冲坏物品、污染土地和地下水,形成大量废遗弃物。

3.3.2.2 阀门试压应在加工场进行,试压用水应有回收装置,预防水资源浪费;试压合格的阀门应用压缩机吹干,阀门吹干后在密封面上涂防锈油(需脱脂的阀门除外);在托盘上涂防锈油,压缩机放置在油盘内避免油遗洒污染施工现场。

3.3.3 对防腐保温材料的要求

3.3.3.1 喷砂除锈所用石英砂,应按规定堆放于室内,防止被风吹而造成扬尘而污染环境;打磨机所用砂轮片,应存放于室内专门柜子中,防止损坏和受潮报废,浪费资源。

3.3.3.2 化学除锈所用的10%~20%的稀硫酸溶液、盐酸溶液、碳酸钠应用防止挥发的容器存放,并按危险化品控制要求进行采购、运输、保管,防止因采购、运输、保管方法不当而造成挥发、遗洒污染土地、地下水。

3.3.3.3 选用管道绝热材料、制品时应尽量用当地材料,并符合无腐蚀性、热阻大(保温材料其平均温度≤350℃时,导热系数值不得大于0.12W/m·k;保冷材料其平均温度≤27℃时,导热系数值不得大于0.064W/m·k 耐热、持久、性能稳定、重量轻(保温材料密度不得大于400kg/m³、保冷材料密度不得大于220kg/m³)、有足够强度(硬质保温制品其抗压强度不得小于0.4MPa、硬质保冷制品其抗压强度不得小于0.15MPa)、吸湿性小(保温材料受潮经干燥性能不恢复不准使用,保冷材料含水率不超过1%)、阻燃材料、易于施工成型,成本低廉等要求,应有制造厂的质量证明书或分析检验报告,种类、规格、性能应符合设计文件的规定,避免材料不合格腐蚀管子,污染施工环境。

3.3.3.4 管道绝热材料储存时应加垫,堆码整齐,其高度不超过1m,并用塑料布覆盖,防止被雨淋、受潮或损坏。

3.3.3.5 铝及铝合金管保温时不得使用石棉板、石棉绳、石棉粉等带有碱性的材料,应选用中性保温材料,避免造成对铝及铝合金管的腐蚀损坏。

3.4 工艺管道安装中对企业和人员的要求

3.4.1 压力管道安装企业必须在从事压力管道安装前向省级劳动部门申请办理"压

力管道安装许可证",取得"压力管道安装许可证"后方可从事相应级别、类型相符的压力管道安装,避免因企业不具备相应压力管道安装能力而发生压力管道损坏、试压时发生跑水或跑气浪费水资源,运行时跑水或跑气、泄漏产生大量废弃物、污水、废气。

3.4.2 焊工、起重工等人员必须取得相应级别的岗位操作证,按考核合格后的项目、权限和相应的国家与地方规范、操作规程,从事与所持证书规定范围内工作,避免因人员素质能力不能满足要求而发生跑水或跑气、泄漏浪费资源,产生大量废弃物、污水、废气。

3.4.3 机械操作人员应经过培训,掌握相应机械设备的操作要领后方可进行机械土方和混凝土作业、爆破、管道加工、机械除锈、管道安装、绝热、试压、吹扫、酸洗等作业。避免因人的误操作或不按操作规程操作、保养造成设备部件报废、机械设备事故浪费资源或出现噪声超标,机械设备漏油污染土地、地下水。

3.4.4 每项作业活动操作前项目部应组织对木工、混凝土工、挖土人员、爆破人员、管道工、起重工、油漆工、保温工、试压人员、吹扫人员、酸洗人员针对该项作业活动所涉及的噪声、扬尘、遗洒、漏油、热辐射、弧光污染、废弃物处置等重要环境因素的控制措施、操作基本要求、检测的关键特性、应急准备响应中的注意事项进行专项环境交底或综合交底,避免因作业人员的不掌握环境方面的基本要求造成噪声超标、扬尘、热辐射,废水、废液排放、废弃物遗弃。

3.5 工艺管道安装中对设备和设施的要求

3.5.1 机械设备的要求

3.5.1.1 应根据施工组织设计或专项施工方案的要求,选择满足施工需要、噪声低、能耗低的土石方机械、混凝土搅拌机、振捣棒、调直机、套丝机、切断机、坡口机、液压煨弯机、中频煨弯机、加热设备、送风机、除锈设备(空压机、除锈机)、下管的吊装设备、冲击电钻、打磨机、焊接设备、试压设备,避免设备使用时噪声超标,漏油污染土地、污染地下水,加大水、电、油和资源消耗。

3.5.1.2 化学除锈的酸洗槽、中和槽、清洗槽尺寸应大于被酸洗管子的最大长度,酸洗槽应选用耐酸耐碱材料,防止使用时酸洗槽被腐蚀报废而浪费材料;废液和废水排放阀门要严密,避免使用时漏液和漏水既污染土地、地下水,又浪费资源。

3.5.1.3 机械设备的保养与维护

(1) 设备每个作业班工作后应进行设备的日常保养,保证设备经常处于完好状态,避免设备使用时意外漏油污染土地、地下水。

(2) 当发现设备有异常或存在问题时,应安排专人检查排除或送维修单位立即抢修,防止设备带病作业,加大能源消耗、漏油。

3.5.2 对施工设施的要求

3.5.2.1 人工除锈场地应硬化(普通混凝土或灰土),硬化部分应大于操作场地各操作边0.5m或在已硬化的场地除锈或铺设相应宽度的塑料布,避免铁锈污染土地。

3.5.2.2 喷砂除锈场地应砌240mm砖墙,房顶封闭,墙面四周设置吸声材料,操作地面全部硬化(普通混凝土或灰土),避免工作时噪声超标或扩散扬尘。

3.5.2.3 中频感应电热弯管机场地应砌240mm砖墙,房顶封闭,操作地面全部硬化(普通混凝土或灰土),配置送风设施,预防或减少工作时热辐射污染、电磁场污染。

3.5.2.4 设备接油盘宜采用厚度0.5~1mm薄钢板,油盘大小不宜小于机械设备的水平投影面积,防止设备漏油;油盘的油应定期进行清理,用勺往专用桶清理时下接托盘,防止遗洒污染土地、地下水。

3.5.2.5 木工房、钢筋加工房、搅拌站、沉淀池的施工应按临时设施建设与使用相关措施实施,预防或减少噪声、扬尘、废水、废物遗弃。

3.6 工艺管道安装控制要求

3.6.1 工艺管道安装涉及土建施工控制要求

3.6.1.1 土石方开挖控制要求

(1) 管沟的坐标、位置、沟底标高应符合设计要求,避免发生错误造成返工而浪费资源。

(2) 沟底层应是原土层或夯实的回填土,如沟基为岩石或砾石层应下挖100~200mm,填铺细砂或粒径不大于5mm的细土夯实到沟底标高方可敷设管道,预防有坚硬物体或石块损坏管道表面层造成返工产生浪费。

(3) 直埋管道开挖、管道沟地沟开挖、架空管道基础开挖,分别按土方施工、石方施工所涉及的环境控制措施实施,防止噪声、遗洒、扬尘、漏油、废弃物遗弃。

3.6.1.2 土方回填控制要求

(1) 挖土和临时堆土宜与沟边保持0.6~1m的距离,且不小于0.5m,临时堆土含水率小于20%时应覆盖,四级及以上风停止土方作业,预防扬尘。

(2) 管顶上部200mm以内的回填应用砂子或无石块及冻土块的土人工夯实;管顶上部500mm以内不得回填直径>100mm的块石和冻土层;500mm以上部分回填土中的块石和冻土块不得集中,采用机械回填时,机械不得在管沟上行走;避免回填土方法不当导致管子损坏造成管道安装返工而费工费料。

(3) 土方回填按土方作业所涉及的环境土应覆盖或洒水防止扬尘污染环境控制措施实施,防止噪声、遗洒、扬尘、漏油、废弃物排放。

3.6.1.3 混凝土施工控制要求

(1) 混凝土施工应按设计和施工方案施工,避免质量不合格返工浪费。

(2) 管沟垫层、管沟盖板预制与安装,架空管道混凝土基础的浇筑、混凝土柱或混凝土框架现浇或预制安装分别按模板支拆、混凝土搅制、振捣、混凝土构件预制、构件运输、安装所涉及的环境控制措施实施,防止遗洒、扬尘、漏油、噪声、有毒有害气体、清洗搅拌机和混凝土运输车水排放、沉淀池溢流、废混凝土遗弃物遗弃。

3.6.1.4 井室砌筑与抹灰施工控制要求

(1) 井室砌筑与抹灰应按设计施工,避免质量不合格返工浪费。

(2) 阀门井砌筑、抹灰分别按砌筑、抹灰所涉及的环境控制措施实施,防止遗洒、扬尘、漏油、噪声、洗搅拌机和砂浆运输车运水排放、沉淀池溢流、废砂浆遗弃物遗弃。

3.6.1.5 支架、钢柱、钢桁架施工控制要求

(1) 支架、钢柱、钢桁架施工应按设计施工,避免质量不合格返工浪费。

(2) 管道地沟支架制作、安装,架空管道安装中的钢柱或钢桁架制作、安装分别按钢构件制作、运输、安装所涉及的环境控制措施实施,防止噪声、扬尘、弧光污染、有毒有害气

体排放,废电焊条、螺栓、电焊条头、焊渣遗弃。

3.6.2 工艺管道安装通用控制要求

3.6.2.1 管道修正控制要求

(1) 管道调直控制要求

1) 直径 108 壁厚 6mm 以内的钢管宜用 30t 立式油压机进行调直;直径 219 壁厚 8mm 以内的钢管宜用 10t 立式油压机进行调直;大口径钢管宜用 200t 立式油压机进行调直;直径 325 壁厚 10mm 以内的钢管宜用螺丝杠压力机进行调直,每次可调 3°~5°;禁止用铁器直接敲打管子调直,预防或减少噪声排放,损坏管子。

2) 铜、铝、钛管调直,宜在管内充砂,用调直机调整,不得使用铁锤敲打,预防或减少管子损坏、噪声排放;调直后管内应清理干净;四级及以上大风禁止充砂、清理砂作业,储存的砂应覆盖,避免扬尘污染。

(2) 椭圆度的调整控制要求

椭圆度的调整使用 10t 的液压千斤顶调整,禁止用铁器直接敲打管子进行调整,预防或减少噪声排放;液压千斤顶应放置在接油盘上,避免意外漏油污染土地、地下水。

(3) 废弃物处置

清理的杂物、油污,报废的设备及设备配件、砂子等应统一分类回收,收集一个运输单位后,交有资质单位或环卫部门处置,避免乱扔污染土地、污染地下水;运输易遗洒的废物应用封闭车,预防遗洒污染路面。

3.6.2.2 管子切割控制要求

(1) 碳素钢管、铝合金钢管、不锈钢管、有色金属管、镀锌钢应在封闭的加工场内,宜采用专用切管机或无齿锯床切割,预防或减少噪声污染;锯床下面应垫接油盘,防止油遗洒。

(2) 不锈钢及钛管应用专用砂轮片切割或修磨;不锈钢管、有色金属管也可采用等离子切割或氧乙炔火焰切割避免切割不准,浪费资源。

(3) 镀锌钢管采用钢锯切割时,应在管子下面垫接油盘,防止油遗洒污染土地、地下水。

(4) 切口端面倾斜偏差 Δ 不应大于管子外径的 1%,且不超过 3mm,避免返工加大资源消耗和环境污染。

(5) 切割的铁屑、熔渣、氧化物、报废的设备及设备配件、砂轮片、锯条应统一回收,收集一定数量后交有资质单位或废品回收单位处理,防止乱扔污染土地、地下水;运输易遗洒的废物应用封闭车,出场前车轮清理干净,预防遗洒污染路面。

3.6.2.3 弯管制作控制要求

(1) 弯管方法控制要求

钢管应在其材料特性允许范围内冷弯或热弯,高合金钢或有色金属管宜采用机械方法制作弯管,铅管热弯时不得装砂,铜及铜合金管道煨弯时一般不得热煨,避免因弯管制作方法选择不当,损坏管子、加大水、电、管材消耗、增加弯管次数,增大对环境的污染。

(2) 充砂控制要求

高合金钢或有色金属管充砂制作弯管时,应用木锤敲击,不得用铁锤敲击,避免损坏管子和噪声排放;碳素钢管充砂制作弯管时尽量少用铁锤敲击,减少噪声排放。

(3) 热弯控制要求

1) 铜、铝管热弯应用木柴、木炭或电炉加热,不宜使用氧乙炔焰或焦碳;铅管宜采用氢氧焰或蒸汽加热;高中合金钢管热弯不浇水,低合金钢管热弯不宜浇水;有色金属管弯管加热温度应符合 GB 50235—97 标准表规定;避免因弯管加热方法及加热温度控制不当造成弯管报废返工,加大水、电、管材消耗、增加弯管次数,增大对环境的污染。

2) 管子加热时升温宜缓慢、均匀保证管子热透,防止过烧和渗碳;用木柴、木炭加热时应选择噪声低的鼓风机,安装滤烟装置,预防或减少热辐射,噪声、一氧化碳、二氧化硫排放污染环境;电蒸汽加热加热时应有送风机,避免或减少热辐射污染。

3) 采用中频感应电热弯管机弯管时,应在封闭的场地内进行,加装送风设备,预防或减少热辐射和电磁污染;弯管冷却用水应安装接收装置,避免或减少水的消耗。

4) 采用氮气、一氧化碳冷却管子外壁时,应用专门气罐储存气体,用专门装置喷气,作业环境宜通风良好,采用送风机送风冲淡氮气和一氧化碳浓度,减少有害气体排放。

5) 氮气和一氧化碳应分别储存在通风良好,远离火源、热源的室内,并有足够灭火器材,预防挥发污染环境,甚至造成火灾烧坏物品,污染土地、地下水、大气,产生大量废弃物。

(4) 热推弯管控制要求

1) 采用卧式双缸 160t 活塞式油压机,蒸发后的压力保持在 0.07~0.12MPa、空气压力 5kPa,热轧钢管加热温度 700℃、冷拔钢管先退火加热温度 680℃,避免因加热温度控制不当,出现开裂报废,返工重弯,浪费电油管材资源,加大对环境的污染。

2) 弯管时应在封闭的加工场内进行,避免热辐射污染;加热燃料用液化石油气,减少有害气体;设备应坚持日常维护保养或加接油盘,预防漏油。

3) 弯头加工后,采用 160t 磨擦压力机进行热整形消除螺旋角,以免影响焊接质量,浪费资源;热整形时应在封闭的加工场内进行,开启送风机,减少热辐射污染。

(5) 冷弯控制要求

宜采用定型压制弯头,避免弯管对环境的污染;液压弯管机应放置在接油盘上,避免弯管时漏油。

(6) 弯管控制要求

1) 高压钢管的弯曲半径大于管子外径的 5 倍,其他管子的弯曲半径大于管子外径的 3.5 倍;弯管质量应符合 GB 50235—97 标准规定;避免因弯曲半径或弯管质量不合格造成返工,加大水、电、管材消耗,增大对环境的污染。

2) 输送剧毒流体或设计压力≥10MPa 的弯管,制作前后管壁厚之差不得超过弯前壁厚的 10%,其他弯管制作前后管壁厚之差不得超过弯前壁厚的 15%,均不得小于管子的设计壁厚;避免因弯管制作质量不合格造成返工,加大水、电、管材消耗,增加弯管次数,增大对环境的污染。

3) 高压钢管弯管制作后应进行无损探伤,无损探伤检测按无损探伤所涉及的环境控制措施实施,避免或减少射线辐射。

4) 中低压合金钢管公称直径大于等于 100mm 或壁厚大于 13mm 热弯后,应按设计文件要求进行完全退火、正火加回火或回火处理；避免因退火、正火加回火或回火处理不当，损坏管子、加大水、电、管材消耗，增大对环境的污染。

5）加热温度在900℃以下壁厚大于19mm的碳素钢管弯管后和中低压合金钢管公称直径大于等于100mm，或壁厚大于13mm冷弯后，应按GB 50235—97标准规定进行热处理；奥氏体不锈钢制作弯管后可不进行热处理；避免因热处理温度选择或控制不当，损坏管子、加大水、电、管材消耗、增加弯管、热处理次数，增大对环境的污染。

6）管道加热进行热处理时，应安装冷风机送风，减少热辐射污染。

(7) 废弃物处置要求

1）报废的弯头、设备及设备配件、模具、砂子、废油、碳渣、木柴灰等应统一分类回收，收集一个运输单位后交有资质单位或废品回收单位或环卫部门处理，防止乱扔污染土地、地下水。

2）运输易遗洒的废物应用封闭车、出场前车轮清理干净，预防遗洒污染路面。

3.6.2.4 卷管制作控制要求

(1) 卷管的同一筒节上的纵向焊缝不宜大于两道，两纵焊缝间距不宜小于200mm；卷管组对时，两纵焊缝间距应大于100mm，支管外壁距焊缝不宜小于50mm；避免因焊接质量不合格造成返工，重新焊接，加大电、钢材的消耗，增大对环境的污染。

(2) 卷管的焊接质量、周长偏差、圆度偏差、中心线垂直偏差、卷管样板的弧长、样板与管内壁的不贴合间隙应符合GB 50235—97标准的规定；避免因卷管制作质量不合格造成返工，重新卷管和或焊接，加大电、钢材的消耗，增大对环境的污染。

(3) 卷板机每个作业班完成后应进行日常保养，加油时用专门油壶，避免卷板机运行和加油时意外漏油。

3.6.2.5 管口翻边控制要求

(1) 管子翻边宜采用冲压翻边法，管口翻边宜采用冲压成型的弯头；铝管管口翻边使用胎具时不加热，当需要加热时温度应为150~200℃；铜管管口翻边加热温度应为300~350℃；奥氏体钢管翻边加热温度应为500~850℃，预防其腐蚀性；避免因翻边法及加热温度选择或控制不当，损坏管子、加大水、电、管材消耗、增加管口翻边次数，增大对环境的污染。

(2) 管口翻边可在螺纹机床上进行，车床油盘的油应及时清理，避免遗洒；加工的铁屑、清理的废油、报废的设备及配件、应集中收集，交有资质单位处理，不得乱扔和遗弃。

(3) 管口翻边前宜采用中频感应电热法，加热时应安装冷风机送风，避免或减少管口翻边热辐射污染、电磁污染。

(4) 管口翻边后不得有裂纹、豁口及皱褶缺陷，应有良好的密封面；翻边端面与中心线应垂直，允许偏差为1mm，厚度减薄率不应大于10%；避免因管口翻边质量不合格造成返工，重新管口翻边，加大电、钢材的消耗，增大对环境的污染。

3.6.2.6 夹套管加工控制要求

(1) 夹套管的主管管件应使用无间或压制对接管件，不得使用斜接弯头，夹套管预制时应预留50~100mm的调节量；避免因夹套管用材不当或无调节余量造成返工，重新进行夹套管加工，加大电、钢材的消耗，增大对环境的污染。

(2) 套管加工应符合设计文件的规定,套管加工焊接后应平整光滑,不得有凸出的焊上瘤,并按设计压力的 1.5 倍进行压力试验;在主管弯曲完毕并探伤合格后应进行弯管的夹套组焊;夹套弯管的套管和主管的同轴度偏差不得超过 3mm;避免因夹套管加工焊接质量不合格造成返工,重新进行夹套管加工焊接,加大电、钢材的消耗,增大焊接对环境的污染。

(3) 套管与主管间隙应均匀,焊接的支承块不得妨碍主管与套管的胀缩;避免因妨碍主管与套管的胀缩,运行胀裂造成泄漏,跑水、漏气浪费资源,有害气体排放,大量废物遗弃。

(4) 夹套管加工焊接时按焊接所所涉及的环境控制措施实施,避免或减少弧光污染、有毒有害气体排放;对焊渣、电焊条头、边角余料、报废设备及配件应统一分类回收,收集一个运输单位后交有资质单位或废品回收单位处理,运输易遗洒的废物应用封闭车,出场前车轮清理干净,预防遗洒污染路面。

3.6.2.7 法兰盘加工控制要求

(1) 法兰盘应选用定型产品,减少对环境的污染;加工法兰盘的材料应符合设计要求,其内径应等于管子内径,允许误差不超过 3mm,加工质量应符合设计规定,避免因法兰盘选材不当或加工质量不合格造成返工,重新进行夹套管加工,加大电、油、钢材的消耗,增大对环境的污染。

(2) 法兰盘宜在专用机床上加工、用钻床钻孔,钻床放置在接油盘上,加工、钻孔时应用油壶加油,一次不宜过多,防止油遗洒。

(3) 法兰盘加工、钻孔的铁屑、废油、报废的设备及配件应统一分类回收,收集一个运输单位后交有资质单位或废品回收单位处理,避免乱扔和遗弃;运输易遗洒的废物应用封闭车,出场前车轮清理干净,预防遗洒污染路面。

3.6.2.8 管螺纹加工控制要求

(1) 管子加工螺纹一段的长度应大于 40mm,螺纹表面不得有裂纹、凹陷、毛刺、乱丝等缺陷,质量符合国家相关标准要求,避免因管螺纹加工质量不合格造成返工,重新进行管螺纹加工,加大电、油、钢材的消耗,增大对环境的污染。

(2) 管螺纹应用管子套丝机加工,套丝机应放置在接油盘上,螺纹加工时应用油壶加油,一次不宜过多,防止油遗洒。

(3) 管螺纹加工、钻孔的铁屑、废油、报废的设备及配件应统一分类回收,收集一个运输单位后交有资质单位或废品回收单位处理,避免乱扔污染土地、污染地下水;运输易遗洒的废物应用封闭车,出场前车轮清理干净,预防遗洒污染路面。

3.6.2.9 管道除锈控制要求

(1) 人工除锈控制要求

1) 除锈的过程应在规定的场所内进行,根据施工量安排除锈量,做到均衡施工,避免集中突击除锈造成噪声排放污染环境,除锈时地面应先适当洒水避免除锈时产生扬尘。

2) 用钢丝刷或砂纸在管道外表面往复拖拉 2~3 次,直至管外污物及铁锈除尽;预防管子外表面锈未除净,造成返工浪费油漆。

(2) 机械除锈控制要求

1) 管道防腐要求高的管子宜采用除锈机除锈,除锈时应在除锈机四周设置隔声墙,避免或减少噪声。

2) 喷砂除锈时,空压机置于封闭的房间内或加隔声罩,避免除锈时噪声对环境的影响;停机时砂子应及时回收,交指定地点存放,避免或减少石英砂的消耗;空压机放置在接油盘上,避免喷砂时设备漏油;接油盘中的油应用勺清理,清理接油盘时应用托盘防止遗洒。

3) 管子零星除锈,宜使用名砂轮打磨机除锈,除锈时尽量避免施工高峰,加大噪声。

(3) 化学除锈控制要求

1) 按使用说明书或施工方案规定的配比配制酸洗液,也可用浓度10%~20%、温度18~60℃的稀硫酸溶液或浓度10%~15%、常温的稀盐酸进行酸洗除锈,避免配比不合理影响除锈效果,重复除锈,浪费电、水、酸液等资源。

2) 配制的溶液倒入酸洗槽后应搅拌均匀,用挂钩将管子放入酸洗槽内,浸泡时间15~60min或按使用说明书和施工方案规定,避免时间过长或过短而造成除锈效果不佳或腐蚀管子;达到浸泡时间后用挂钩取出管子,停顿约3~5min待酸液滴净后再放入中和槽浸泡。

3) 中和槽放入浓度50%的碳酸钠溶液,浸泡时间5min或按使用说明书和施工方案规定,达到浸泡时间后用挂钩取出管子,停顿约3~5min待清洗液滴净后再取出管子,放入清洗槽。

4) 清洗时,用热水冲洗2~3次后,用热空气干燥,避免管子锈蚀或再次酸洗;冲洗用水应有回收装置,避免或减少水的消耗;干燥时,空压机放置油盘内,避免油遗洒;空气加热时,开启风机加速空气流通,减少热辐射污染。

(4) 废弃物处置要求

1) 每个作业班结束后应清扫回收锈渣,用专用工具清除槽内锈渣,集中存放在指定铁桶内,报废的钢丝刷、砂轮片、锉刀、刮刀、砂纸、除锈设备及配件,锈渣、废油等分类收集一个运输单位后,将交有资质单位或废品回收单位处理,防止乱扔和随意遗弃。

2) 运输易遗洒的废物应用封闭车,出场前车轮清理干净,预防遗洒污染路面。

3) 酸洗废液须经中和、稀释、达到排放标准后再准排入污水管道,减少废酸洗液对水环境的污染。

3.6.2.10 管内壁清洗控制要求

(1) 人工清洗控制要求

1) 用钢丝刷在管道内部往复拖拉10次,直至管内污物及铁锈除尽后,用干净的抹布浸蘸煤油擦净,再用干燥的压缩空气吹除管道内部,直到管嘴处喷出的空气在白纸上无污时为止,除净后将管道封存后待安装时启用,避免锈未除净返工,再次除锈或锈除净后受潮又再次除锈。

2) 抹布浸蘸煤油不宜过多(不流淌),避免煤油遗洒;空压机放置油盘内,避免油遗洒;空气加热时,开启风机加速空气流通,减少热辐射污染。

(2) 酸洗控制要求

1) 管道内壁经人工除锈后,残留的氧化皮等污物,不能完全除尽时,可用20%的硫酸溶液,使其在温度40~50℃的情况下浸泡10~15min进行酸洗;对大直径的管道,可灌入四氯化碳溶液,约经15~20min后倒出溶液,用干净的抹布浸蘸煤油擦净,再用干燥的压缩空气吹除管道内部,直到管嘴处喷出的空气在白纸上无污时为止,然后封存备用;预防残留污物未除净返工,再次酸洗,浪费硫酸溶液、四氯化碳溶液、煤油,加大污染。

2) 使用的溶液应用专门的工具回收装入指定的桶内,以便下次再用,减少硫酸溶液、四氯化碳溶液的消耗与浪费,预防遗洒、伤害人员;空压机放置接油盘,避免油遗洒,抹布浸蘸煤油一次不宜过多,避免遗洒。

(3) 光泽处理控制要求

1) 酸洗除尽后再用铬干100g、硫酸50g、水150g配制成溶液,温度不低于15℃,浸泡0.5~1min,光泽处理后,必须用冷水处理,再用3%~5%的碳酸钠溶液中和,再用水冲洗干净,最后用空压机对管道加热吹干,封存;预防未达到处理效果返工,再次光泽处理浪费铬干、硫酸、水、电资源。

2) 回收溶液时应用专门工具进行,避免遗洒、伤害人员;冲洗用水应安装回收装置再次利用,减少水的消耗;空压机放置接油盘,避免油遗洒。

(4) 废弃物处置要求

1) 每个作业班结束后应清扫回收锈渣,用专用工具清除槽内锈渣,集中存放在指定铁桶内,报废的硫酸溶液、四氯化碳溶液、钢丝刷、抹布、除锈设备及配件、锈渣、废油等分类收集一个运输单位后,将交有资质单位或废品回收单位处理,防止乱扔和随意遗弃。

2) 运输易遗洒的废物应用封闭车,出场前车轮清理干净,预防遗洒污染路面。

3) 酸洗废液须经中和、稀释、达到排放标准后再准排入污水管道,减少酸洗液对水环境的污染。

3.6.2.11 管道涂漆控制要求

(1) 涂料应有制造厂的质量证明书,过期的涂料必须重新检验,确认合格后方可使用,避免因涂料控制不到位,影响涂漆效果,加快对管子的腐蚀产生浪费。

(2) 有色金属管、不锈钢管、镀锌钢管、镀锌铁皮和铝皮保护层不宜涂漆,焊缝及其标记在压力试验前不应涂漆,安装后不易涂漆的部位应预先涂漆;涂漆前应清除表面铁锈、焊渣、毛刺、油、水等污物,保证漆膜的附着力,预防返工浪费。

(3) 涂漆施工宜在15~30℃环境下进行,应保证漆膜附着牢固、无剥落、皱皮、气泡、针孔等缺陷,涂层应完整、无损坏、流淌,预防涂漆质量不合格,造成涂漆返工重涂漆浪费资源。

(4) 手工涂漆时,油刷沾漆不宜过多(不流淌),避免油漆遗洒;涂漆应分层涂刷,每层应往复进行,纵横交错,保持涂层均匀,避免涂漆方法不当造成涂漆返工重涂漆浪费。

(5) 机械喷涂漆宜在加工场内进行,下垫塑料布,避免喷涂漆时遗洒;涂漆用的空压机设置在油盘内,防止意外漏油、遗洒;喷枪的喷嘴大小应适宜,喷嘴与圆弧面喷涂面的距离400mm左右,与平面喷涂面距离250~350mm,喷涂速度保持在10~18m/min,压缩空气压力0.2~0.4MPa,避免喷涂漆过程控制不当,造成涂漆遗洒污染或不能保证喷涂漆效果,返工重涂漆浪费。

(6) 涂漆时,第一层涂底漆或防锈漆;第二层涂调和漆和磁漆;第三层罩光清漆;每一层涂漆后,待前层漆膜干燥后才能涂一层涂漆;避免涂漆施工顺序不合理影响涂漆质量,造成返工重涂漆浪费资源。

(7) 燃气埋地钢管必须采用防腐层进行外保护;新建的高压、次高压、$DN \geqslant 100$ 的中压管道、公称直径并按防火等级 200mm 的低压管道必须采用防腐层辅以阴极保护的防护系统;预防防腐不到位返工浪费。

(8) 管道防腐按防腐所涉及的环境控制措施实施,减少有害气体排放、废弃物对环境的污染;防腐控制系统应考虑对土壤环境的腐蚀性,对土壤环境的影响,避免或减少对环境的污染。

(9) 报废的油漆、废油漆、废油漆桶、废油漆刷、废油手套应统一回收,收集一个运输单位后退回供货厂家或供应商或交有资质单位处理,防止乱扔和随意遗弃;运输易遗洒的废物应用封闭车,出场前车轮清理干净,预防遗洒污染路面。驾驶员应以中速平稳的操作运输车辆,避免出现交通或环境事故。

3.6.2.12 管道安装接控制要求

(1) 管子坡口加工控制要求

1) Ⅰ、Ⅱ 级焊缝和铝及铝合金、铜及铜合金、不锈钢管的坡口加工应采用坡口机在封闭的加工场内进行,减少噪声污染。

2) Ⅲ 及 Ⅳ 焊缝和有淬硬倾向的合金钢管可采用氧乙炔火焰切割时,切割后应在封闭的加工场内用砂轮机除去氧化皮、熔渣并打磨平整;预防切割不准造成返工,浪费资源。

3) 废弃熔渣、氧化皮、报废设备及砂轮片应统一回收,收集齐一个运输单位后交有资质单位或环卫部门处理,防止乱扔污染土地、污染地下水;运输易遗洒的废物应用封闭车,出场前车轮清理干净,预防遗洒污染路面。

(2) 管子搬运与吊装控制要求

1) 搬运管子时应轻拿轻放或选用适宜的尾气排放达标设备搬运,严禁直接抛、扔,预防或减少噪声排放,损坏管子而浪费资源。

2) 管子吊装应采用尼龙带捆绑管子或用钢丝绳加垫捆绑管子,预防吊装时损坏管子,产生噪声污染环境;钛管采用尼龙带搬运或吊装,当使用钢丝绳、卡扣时,应采用橡胶、石棉、木板隔离,预防钢丝绳、卡扣与钛管直接接触造成铁离子污染钛管,浪费资源。

3) 铝管采用尼龙带搬运或吊装,小心轻放,防止碰伤;铝管应单独存放,与铁、铜、不锈钢等应保持 2m 以上距离,防止铝管受到电化腐蚀,浪费资源,污染环境。

4) 报废的尼龙带、钢丝绳、卡扣、橡胶、石棉、木板应统一回收,收集一个运输单位后交有资质单位或环卫部门处理,防止乱扔污染土地、污染地下水;运输易遗洒的废物应用封闭车,出场前车轮清理干净,预防遗洒污染路面。

(3) 管子组对控制要求

1) 在管道安装前,管道脱脂、内部防腐与衬里等有关工序必须完成,避免安装工序颠倒造成返工,浪费水、电、油、管材等资源。

2) 未经酸洗、脱脂的碳素钢、不锈钢、合金钢管道组成件组对时,应采用砂轮机打磨的方法清除坡口及其内外表面 $\geqslant 10$mm 范围内油、漆、锈、毛刺等污物,清除时下垫托盘,预防油、漆、锈、毛刺遗洒污染土地、污染地下水。

3) 铝及铝合金和钛管道内外表面≥50mm、铜及铜合金管道内外表面≥20mm范围内,用抹布浸蘸碳酸钠溶液除净油污,抹布浸蘸碳酸钠溶液时不宜过多(不流淌),预防碳酸钠溶液遗洒污染土地,油、漆、锈、毛刺和氧化膜未除净影响焊接质量造成返工重焊,浪费水、电、油、焊条、管材等资源。

4) 管子组对所用电动或手拉葫芦应固定牢固,预防倒塌损坏设备和管子,浪费资源;除设计文件规定的管道冷拉伸或冷压缩焊口外,不得强行组对,用锤件敲打,避免损坏管子和噪声污染环境;组对内壁错边量应符合 GB 50235—97 标准规定,预防返工,重新组对浪费管材、电、焊条等资源。

5) 需预拉伸或预压缩的管道焊口,组对时所使用的工具应待整个焊口焊接及热处理完毕并经检验合格后才准拆除,预防管道焊口预拉伸或预压缩失败,再次预拉伸或预压缩,浪费水、电、管材、焊条等资源,加大对现场环境的污染。

6) 砂轮机打磨工作完毕后,应进行清理,废弃的油、漆、锈、毛刺,报废的砂轮片、设备及配件等应统一回收,收集一个运输单位后交有资质单位或环卫部门处理,防止乱扔污染土地、污染地下水;运输易遗洒的废物应用封闭车,出场前车轮清理干净,预防遗洒污染路面。

3.6.2.13 管道焊接控制要求

(1) 焊前预热控制要求

1) 焊前预热的加热范围,应以焊口中心为基准每侧不少于壁厚的3倍,有淬硬倾向或延迟裂纹的管道每侧应不小于100mm;加热温度符合 GB 50236—98《现场设备工业管道焊接工程施工及验收规范》,避免因预热控制不当,影响焊接质量造成造成返工重焊,浪费焊条资源,加大对环境的污染。

2) 焊前预热应按焊前预热所涉及的环境控制措施实施,避免或减少热辐射污染。

(2) 焊接控制要求

1) 管道焊接应符合 GB 50236—98《现场设备工业管道焊接工程施工及验收规范》,避免因焊接过程控制不当,造成造成返工重焊,加大对环境的污染。

2) 对管内清洁度要求高的,且焊后不易清理的管道,锅炉给水管、密封油管,底层宜采用氩弧焊焊接,以减管内壁污物清理量,减少对环境的污染;氩弧焊和其他焊接按焊接所涉及的环境控制措施实施,避免或减少弧光污染、有害气体排放、废电焊条、废电焊丝、废电焊条头、焊渣废弃污染土地、污染地下水。

3) 管道焊缝位置应符合 GB 50235—97《工业金属管道工程施工及验收规范》的要求,避免因焊缝位置不合适,造成返工重焊,既浪费资源又形成对环境的污染。

(3) 焊后热处理控制要求

1) 有应力腐蚀的碳素钢、合金钢焊缝应进行焊后热处理,热处理范围,应以焊口中心为基准每侧不少于壁厚的3倍;热处理温度应符合 GB 50236—98《现场设备工业管道焊接工程施工及验收规范》要求,避热处理控制不当,造成应力变形返工,浪费材料资源。

2) 焊后热处理应按焊后热处理所涉及的环境控制措施实施,避免或减少热辐射污染。

3.6.2.14 阀门安装控制要求

(1) 阀门安装前应检查填料,其压盖螺栓应留有调节量;避免填料深度过多或过少,影响密封效果,造成泄漏污染环境。

(2) 阀门研磨宜在专用的平台上用研磨机进行,研磨时涂上薄层樟丹或用金刚砂糊进行研磨,研磨的废弃物应集中收集交由专门机构处理,防止乱扔污染土地、地下水。

(3) 阀门与管道以法兰或螺纹连接时,阀门应在关闭状态下安装,焊接连接时,阀门不应关闭,底层焊缝采用氩弧焊;安装铸铁、硅铁阀门时,应受力均匀,不得强力连接,避免安装方法不当或受力不均,损坏阀门,浪费资源。

(4) 安全阀安装应垂直,调校后的安全阀在工作压力下不得有泄漏,调校合格后应铅封,避免安全阀失效,造成非正常情况下泄漏,浪费资源,污染环境。

(5) 报废的设备及配件、阀门、法兰、螺栓、金刚砂、樟丹、焊条,电焊头、焊渣、废渣等应统一回收,收集一个运输单位后交有资质单位或环卫部门处理,防止乱扔污染土地、污染地下水;运输易遗洒的废物应用封闭车、出场前车轮清理干净,预防遗洒污染路面。

3.6.2.15 补偿装置安装控制要求

(1) 安装"Π"或"Ω"形膨胀弯管时,应按设计文件规定进行预拉伸或压缩,铅垂安设应排气及疏水装置,水平安装两垂直臂应平行、平行臂与管线坡度相同,避免膨胀弯管、排气及疏水装置失效,拉裂焊口,造成泄漏、倒塌事故等环境事故。

(2) 填料式补偿器安装时,其填料石棉绳应涂石墨粉,逐圈装入、逐圈压紧、各圈接口相互错开,避免补偿器失效,拉裂焊口,造成泄漏、倒塌事故,污染环境;石棉绳涂石墨粉时,下垫托盘,防止石墨粉遗洒污染环境。

(3) 波纹膨胀节安装应设临时约束装置,待管道安装固定后再拆除临时约束装置,避免约束装置安装或拆除不当、损坏膨胀节或管子,浪费资源,污染环境。

(4) 球形补偿器安装前应将球体调整到所需角度,并与球心距管段连成一体,其安装方向,宜按介质从球体进入,由壳体端流出,并按设计规定安装固定支架或滑动支架,避免补偿器角度、方向错误,运行时拉裂焊口,造成泄漏、倒塌的环境事故。

(5) 报废的设备及配件、补偿器、膨胀节、疏水装置、石棉绳、石墨粉、焊条,电焊头、焊渣等应统一回收,收集一个运输单位后交有资质单位或环卫部门处理,防止乱扔污染土地、污染地下水;运输易遗洒的废物应用封闭车,出场前车轮清理干净,预防遗洒污染路面。

3.6.2.16 支、吊架安装控制要求

(1) 管道安装前应及时固定和调整支、吊架,支、吊架安装应位置准确、平整牢固、与管子紧密接触,避免支、吊架安装位置不准、与接触不好,损坏管子造成返工,浪费资源,污染环境。

(2) 无热位移的管道,其吊杆应垂直安装;有热位移的管道,吊点应设在位移的相反方向;两根热位移方向相反或位移值不等的管道不得使用同一吊杆;避免吊杆安装不当,运行时损坏管道造成环境事故。

(3) 固定支架应按设计文件要求安装,并在补偿器预拉伸前之间固定,避免支架固定时机不当,损坏补偿器,造成返工,浪费资源。

(4) 导向支架或滑动支架的滑动面应洁净平整,不得有歪斜和卡涩现象,绝热层不得

妨碍其位移,避免支架的滑动面不能正常滑动,损坏管子,造成返工,形成资源费。

(5)弹簧支、吊架的弹簧高度应按设计文件规定安装,弹簧应调整至冷态值;弹簧的临时固定件,应待系统安装、试压、绝热完毕后拆除;避免弹簧高度安装不对、临时固定件拆除时机不当,损坏弹簧支、吊架,造成返工,污染环境。

(6)支、吊架施焊时,不得有漏焊、欠焊或焊接裂纹,避免支、吊架焊接不到位,损坏管子返工;管道与支架焊接时,管子不得有咬边、烧穿现象;支、吊架焊接按焊接控制规定措施实施,避免或减少弧光污染、有害气体排放、废电焊条、电焊头、焊渣遗弃污染环境。

(7)铸铁、铅、铝及大口径管道上的阀门,应按设计规定安装专用支架,防止管道承重时,压坏管子造成,浪费资源,并污染环境。

(8)支、吊架固定钻孔时,其位置应准确,避免漏埋或位置错误返工,造成重新打孔,产生噪声污染、钻孔加水形成废水污染环境;钻孔时应选择噪声低的设备、避开施工高峰作业,减少噪声污染;作业时应对墙壁用塑料布遮挡,加水应有接水桶防止污染墙面和地面。

(9)钻孔的废渣应清理,报废的设备及配件、支架、吊架、焊条,电焊头、焊渣、废渣等应统一回收,收集一个运输单位后交有资质单位或环卫部门处理,防止乱扔污染土地、污染地下水;运输易遗洒的废物应用封闭车,出场前车轮清理干净,预防遗洒污染路面。

3.6.2.17 管道检验试验控制要求

(1)无损检验控制要求

1)管道焊缝表面应按设计规定进行焊缝表面磁粉检验、液体渗透检验、超声波检验、射线检验,其检验应符合国家现行《压力容器无损检测》标准、GB 50236—98《现场设备、工业管道焊接工程施工及验收规范》要求,避免因无损检验控制不当,造成错检或漏检,致使跑水或泄漏浪费资源,加大对环境的污染。

2)磁粉检验、液体渗透检验、超声波检验、射线检验按无损检验所涉及的环境控制措施实施,避免或减少射线辐射污染、噪声排放、有害废物遗弃,污染施工现场。

(2)压力试验控制要求

1)管道安装完毕、热处理和无损检验合格,与试压无关的系统已按试压方案隔开,管道、管道堵板已按试验要求加固,膨胀节已设置了临时约束装置并经确认无误后,才准进行压力试验,避免试压时损坏阀芯、仪表元件、膨胀节等器件或跑水,浪费水资源。

2)系统注水时,应打开管道各高处的阀门,将空气排净,待水灌满后关闭排气阀和进气阀,避免空气未排净影响试压结果,延长试压时间,加大电的消耗;试压用水应安装回收装置,试压排水应回收,避免浪费水资源;

3)试验压力都应按设计和验收规范的规定执行,不得随意增加,升压和降压都要缓慢进行,不能过急,避免因试压方法或压力不当,损坏焊口,造成返工,加大对环境的污染。

4)对输送剧毒流体的管道及设计压力大于10MPa的管道,试压前,建设单位应对管道组成件的质量保证书、检验试验记录、管子加工记录、焊接检验及热处理记录、设计修改及材料代用文件审查合格才准进行,避免返工重新试压,加大水、电消耗,对环境的污染。

5)液压试验应使用洁净水,当对奥氏体不锈钢管道或连有奥氏体不锈钢管道和设备的管道进行试验时,水氯离子的含量不得超过 25×10^{-6}(25ppm),避免对管道的腐蚀,缩短使用时间,浪费资源。

6) 脆性材料严禁使用气体进行压力试验;禁止使试验温度接近金属的脆性转变温度;试验时用重量约 1.5kg 小铁锤轻敲焊缝处,无渗漏为合格;输送剧毒流体、有毒流体、可燃流体的管道必须进行泄漏性试验;避免因试验方法或材料选用不当损坏管子,浪费资源,运行泄漏造成火灾爆炸污染环境;严密性试验涂刷中性肥皂水时,不宜过多,避免肥皂水遗洒污染土地和水体。

7) 环境温度低于摄氏 5℃试压时,应在中午气温高的时候用 50℃的热水进行试验,试压后将管内存水放尽,氧气管道、乙炔管道必须用无油压缩空气吹干,避免冻坏管道。

8) 当现场条件不允许使用液体(水压试验损害衬里或腐蚀管子或环境温度低脆裂)或气体(低温不能进行气压试验)进行压力试验时,经建设单位同意,对接焊缝采用 100%射线照相检验,所有焊缝采用 100%液体渗透法或磁粉法进行检验,并按无损检验所涉及的环境控制措施实施,避免或减少射线辐射污染、噪声排放、有害废物遗弃,污染现场环境。

9) 试验结束后,应及时拆除盲板、膨胀节限位设施、排尽积液,排液时应防止形成负压,避免损坏与管道连接的设备;试压用水水应回收,不得随地排放,消费水资源。

3.6.2.18 管道吹扫清洗控制要求

(1) 吹扫准备控制要求

吹洗前,管道支架、吊架应牢固,必要时予以加固;应将系统内的孔板、喷嘴、滤网,节流阀、止回阀、安全阀、仪表等部件的阀头及阀座拆除,妥善保管,待吹洗后复位;不允许吹洗的设备及管道应与吹洗系统隔离;避免冲洗时污物损坏管件、进入设备,造成返工,浪费资源,加大对环境的污染。

(2) 水冲洗控制要求

1) 公称直径小于 600mm 液体管道宜用水冲洗,冲洗管道应使用洁净水,奥氏体不锈钢管道时,水中氯离子的含量不得超过 25×10^{-6}(25ppm),避免对管道的腐蚀,缩短使用时间,浪费水资源。

2) 冲洗时,宜采用最大流量,其流速不得低于 1.5m/s,并用木锤对焊缝、死角、管道底部重点敲打,目测排水口的水色和透明度与入水口一致,避免管内污物未除净影响使用,又防止损坏管子,造成返工,浪费资源,加大对环境的污染。

3) 水冲洗的排水管应接入可靠的排水井或沟中,保证排泄畅通和安全,避免随意排放,污染土地、污染地下水;排水时应防止形成负压,避免损坏与管道连接的设备。

(3) 空气吹扫控制要求

1) 气体管道宜采用空气吹扫,空气吹扫应利用生产装置的大型压缩机或装置中的大型容器蓄气进行间断吹扫,吹扫压力不得超过容器和管道的设计压力,速度不宜小于20m/s,忌油管道,气体中不得含油,其质量达到在 5min 内涂白漆的靶板上无铁锈、尘土、水分及其他杂物,避免管内污物未除净或油污染管道,影响使用,造成浪费资源,加大对环境的污染。

2) 空气吹扫时,应采取安全措施,排放口应接到不损害其他建筑或人的地方,避免吹扫损坏其他物件或其他建筑,浪费资源,污染环境。

(4) 蒸汽吹扫控制要求

1) 蒸汽管道应用蒸汽吹扫,非热力管道不得用蒸汽吹扫;蒸汽吹扫的排气管应引至室外,固定牢固,其直径不小于被吹洗管直径,加以明显标示,管口应朝上倾斜,保证安全排放;避免吹扫损坏其他物件或其他建筑,污染环境。

2) 蒸汽吹扫前应暖管、及时排水,吹扫应按加热→冷却→再加热的顺序循环进行,采用大流量蒸汽吹扫,其流速不应低于 30m/s,保证吹扫质量达到 GB 50235—97《工业金属管道工程施工及验收规范》要求,避免吹扫方法不当损坏管件或污物未吹净,影响正常使用,浪费资源。

(5) 化学清洗控制要求

1) 需化学清洗的管道,其范围和质量要求应符合设计文件的规定;与化学清洗无关的设备必须隔离;化学清洗液的配方化必须经过鉴定,并曾在生产装置使用过,经实践证明是有效和可靠的;化学清洗合格的管道不能及时投入使用时进行封闭或充氮保护,避免因隔离措施或配方选择不当,污染或损坏设备,浪费资源,清洗效果不合格造成返工,加大对环境的污染。

2) 化学清洗宜用生产装置的大型机组进行,按化学清洗方案采用适宜的有机溶剂(二氯乙烷、三氯乙烯、四氯化碳、工业酒精等)、浓硝酸或碱液进行清洗,应保持溶液的浓度和温度,按化学清洗方案规定的程序(试漏、脱脂、冲洗、酸洗、综合、钝化、冲洗、干燥、涂油、复位的工序)要求实施,避免因采用清洗剂、浓度、温度、实施程序不当造成返工,增加清洗次数,增大对环境的污染。

(6) 油清洗控制要求

1) 润滑、密封控制油管道,应在机械及管道酸洗合格后、系统试运转前进行油清洗;不锈钢管道宜用蒸汽吹净后进行油清洗;避免工序颠倒造成油污染和浪费,增加油清洗次数;注油时应用专门装置,避免油遗洒污染土地、污染地下水体。

2) 油清洗应以油循环的方式进行,循环过程每 8h 应在 40~70℃ 的范围内反复升温 2~3次,并及时清洗或更换滤芯,保证油清洗质量达到 GB 50235—97《工业金属管道工程施工及验收规范》要求,避免油清洗过程控制不当,增加油清洗次数,浪费油、电资源;清洗滤芯应在油盘内进行,防止油遗洒污染土地和水体。

(7) 废弃物处置要求

1) 每个作业班结束后应利用专用工具清除酸洗或油洗中的污物、清理吹扫后的杂物,集中存放在指定铁桶内,将废油、污物、杂物和报废设备及配件、滤芯等收集一个运输单位后交有资质单位处理,防止乱扔污染土地、污染地下水。

2) 运输易遗洒的废物应用封闭车,出场前车轮清理干净,预防遗洒污染路面。

3) 废清洗液须经中和、稀释,达到排放标准后再准排入污水管道,避免废清洗液对水环境的污染。

3.6.2.19 管道绝热控制要求

(1) 捆扎法绝热层施工控制要求

1) 绝热层厚度大于 100mm、保冷层厚度大于 80mm 时,应分层施工,同层应错缝、上下层压缝;其搭接长度不宜小于 50mm,保温层的拚缝宽度不应大于 5mm、保冷层不应大于

2mm,干拼缝应采用性能相近的矿物棉填塞严密;每个预制管壳最少应有两道镀锌铁丝或箍带,不得采用螺旋型捆扎;避免保温层厚度偏小或填塞不严密,造成热辐射污染,加大对环境的污染。

2) 采用矿物棉毡、垫绝热时,应用镀锌铁丝网包裹并扎紧,不得将热空间堵塞,再保温;避免保温层施工失败,造成热辐射污染,保温层返工、重做浪费资源形成二次污染。

3) 施工剩余的绝热材料应回收,交库房储存,预防丢失或失效,浪费资源,污染环境;报废的绝热材料应统一回收,收集一个运输单位后交有资质单位或环门部门处理,防止乱扔污染土地、污染地下水;运输易遗洒的废物应用封闭车,出场前车轮清理干净,预防遗洒污染路面。

(2) 聚氨酯泡沫塑料浇注施工控制要求

1) 采用木模或钢模浇注绝热层时,应对模板进行设计,满足现场施工需要,模板应固定牢固,内刷脱模剂,浇注发泡型材料时可在模板内垫一层聚乙烯薄膜;刷脱模剂时垫塑料布,避免遗洒污染土地、污染地下水,

2) 浇注聚氨酯泡沫塑料时应进行试浇,试浇块的密度、自熄性应符合产品说明书,配料的用料应正确,原料温度、环境温度应符合产品使用规定,发泡速度、孔径大小、颜色变化正常,无裂纹和变形后正式浇注,避免浇注失败,浪费资源,加大对环境的污染。

3) 聚氨酯泡沫塑料应在封闭的搅拌机内进行,避免或减少噪声污染;搅拌剂料应顺一个方向转动,混合料应均匀,每次配料必须在规定时间内用完,避免发泡料未使用时已发泡造成浪费;清洗搅拌机用水应经两级沉淀池沉淀后才准排入市政管网,避免乱排污染环境。

4) 大面积浇注时应下垫塑料布避免遗洒污染土地;浇注应对称多点浇口、分段分片进行,并倒料均匀、封口迅速,避免浇注不当造成发泡不良、脱落、发酥发脆、发软、开裂、孔径过大等缺陷,返工重新发泡,浪费资源,加大对环境的污染。

5) 废弃聚乙烯薄膜、报废的聚氨酯泡沫塑料应回收统一保管,收集一个运输单位后交有资质单位处理,防止乱扔污染土地、污染地下水;运输易遗洒的废物应用封闭车,出场前车轮清理干净,预防遗洒污染路面。

(3) 轻质粒料浇筑施工控制要求

1) 浇筑轻质粒料保温混凝土时,应按设计比例配制,应先将不同粒度的骨料与水泥干搅,再加水拌和,倒料轻轻抖动防止扬尘污染环境;搅拌站应封闭,防止使用时噪声污染环境。

2) 轻质粒料保温混凝土运输时装运量应低于车帮 10~15cm 避免运输遗洒污染土地、污染地下水;清洗搅拌机、运输车用水应经两级沉淀池沉淀后才准排入市政管网,避免乱排污染周边环境。

3) 水用洁净水,每次配料量适宜,随拌随用保证夏季 60min、冬季 60~120min 内用完,避免未浇筑混凝土干固结硬,浪费资源的混凝土不能使用。

4) 浇筑时应一次成型,间段浇筑时施工缝留在伸缩缝的位置上,夏季应用潮湿的麻袋遮盖,保持湿润,预防混凝土开裂,冬季自然干燥,用麻袋或塑料布遮盖防止受冻,返工浪费资源,加大对环境的污染。

5) 报废的轻质粒料、麻袋、塑料布应回收统一保管,收集一个运输单位后交有资质单位或环卫部门处理,防止乱扔污染土地、污染地下水;运输易遗洒的废物应用封闭车,出场前车轮清理干净,预防遗洒污染路面。

(4) 喷涂法绝热层施工控制要求

1) 风力大于三级、酷暑、雾天雨天均不宜室外喷涂,绝热层喷涂时,应按正式喷涂工艺及条件在试板上试喷,喷涂时由下而上分层进行,避免喷涂返工,加大对大气和水体的污染。

2) 喷涂聚氨酯泡沫塑料时应分层一次喷涂完成,喷涂时下垫塑料布,避免喷涂遗洒污染土地;第一次喷涂厚度不应大于 40mm,喷涂应符合聚氨酯泡沫塑料浇注要求,避免未使用发泡或发泡不合格返工,浪费资源并重复对环境的污染。

3) 喷轻质粒料保温混凝土时,应待立喷或仰喷第一层凝固后再喷次层,其回弹率在平喷时不得大于 2%,立喷时不应大于 15%,减少回弹落地的物料,造成浪费;停喷时应停物料后停喷机,预防堵塞喷机,减少物料浪费;喷涂后湿应养护,预防开裂返工。

4) 报废的发泡料、轻质粒料、回弹落地的物料、塑料布应回收统一保管,收集一个运输单位后交有资质单位或环卫部门处理,防止乱扔污染土地、污染地下水;运输易遗洒的废物应用封闭车,出场前车轮清理干净,预防遗洒污染路面。

(5) 可拆卸式绝热层施工控制要求

1) 设备和管道上的检测点、观察孔、维修处的保温应采用可拆卸式结构,宜为二剖分的组合形式,其尺寸应与实物相适应、便于维修;避免绝热层施工不当,造成维修时大量坏,产生废弃物,维修后重做浪费资源,二次形成环境的污染。

2) 保冷的设备或管道其可拆卸式结构与固定结构之间必须密封;避免拆卸式结构与固定结构之间密封不严,造成资源浪费。

(6) 伸缩缝及膨胀间隙的留设施工控制要求

1) 伸缩缝应按设计规定位置留设,设备留设的宽度 25mm、管道宜为 20mm,伸缩缝内杂物和硬块应清除干净;保温层应采用矿物纤维毡条、绳等填塞严密,捆扎固定,高温设备及高温管道保温层外的伸缩缝外再进行保温;避免伸缩缝宽度施工偏小或填塞不严密控制,造成保温层膨胀开裂报废重做,加大对施工现场的污染。

2) 保冷层的伸缩缝应采用软质泡沫塑料条填塞严密或挤刮入发泡型胶粘剂,外面用 50mm 宽的不干性胶带粘贴密封;中低温保温层的各层伸缩缝可不错开,高温保温层的各层伸缩缝必须错开,错开间距不宜大于 100mm;避免伸缩缝施工控制不当,造成保温层膨胀开裂报废重做,加大对施工环境的污染。

3) 报废的不干性胶带、矿物纤维毡条、绳、软质泡沫塑料条、发泡型胶粘剂,伸缩缝内杂物和硬块应回收统一保管,收集一个运输单位后交有资质单位或环卫部门处理,防止乱扔污染土地、污染地下水;运输易遗洒的废物应用封闭车,出场前车轮清理干净,预防遗洒污染路面。

4) 需留膨胀间隙的地方必须按膨胀移动方向的另一则留设,避免膨胀间隙的留设方向差错,造成保温层膨胀开裂报废重做,浪费资源,加大对环境的污染。

(7) 防潮层施工控制要求

1）设备或管道保冷层或敷设在地沟内管道的保温层应有防潮层,防潮层的施工应在干燥的绝热层上,其外表层应完整严密、厚度均匀、无气孔、鼓泡或开裂等缺陷,避免因防潮层失败破坏绝热层,造成热辐射、返工重作,浪费资源,加大对环境的污染。

2）室外施工不宜在雨、雪天或夏日暴晒中进行,操作时的环境温度应符合设计或产品说明书的规定;沥青胶的配合比符合设计或产品标准的规定,避免防潮层施工不合格造成浪费资源,加大对环境的污染。

3）油毡防潮层搭接宽度为30~50mm,缝口朝下,用沥青玛琋脂粘结密封;玻璃布(厚0.1~0.2mm)防潮层搭接宽度为30~50mm,应粘贴于涂有3mm厚的沥青玛琋脂的保温层上,玻璃布外再涂3mm厚的沥青玛琋脂;防水冷胶玻璃布防潮层:玻璃布(厚0.1~0.2mm)应粘贴于涂有3mm厚的防水冷胶料层,玻璃布外再涂3mm厚的防水冷胶料层;避免防潮层施工厚度或搭接宽度不合格造成返工重做,加大对现场环境的污染。

4）涂刷沥青玛琋脂或防水冷胶料时下垫塑料布,避免遗洒污染土地、污染地下水。

5）加热熬制碎块小沥青时,料位不得超过容器的2/3,并经常搅拌,防止沥青崩沸污染土地和伤人;调制沥青胶料应分批少量进行,应将溶剂缓慢到入盛有热沥青的料桶中,当加入慢挥发性溶剂时沥青温度不得超对140℃,当加入快挥发性溶剂时沥青温度不得超对110℃,避免控制不当,返工重配或挥发浪费。

6）报废的沥青玛琋脂、防水冷胶料、玻璃布应回收统一保管,收集一个运输单位后交有资质单位或环卫部门处理,防止乱扔污染土地、污染地下水;运输易遗洒的废物应用封闭车,出场前车轮清理干净,预防遗洒污染路面。

(8) 石棉水泥保护层施工控制要求

1）石棉水泥保护层施工时,应先用镀锌铁丝网捆扎牢固、紧密,再施工保护层,保护层应分两次进行,外表面平整、圆滑、无显著裂纹,避免保护层施工不合格造成返工浪费。

2）施工时下垫托盘或一次用料不宜过多(不掉地为准),防止遗洒污染土地。

3）石棉水泥应在封闭的搅拌站拌制,防止噪声污染;水泥、防水粉、4级石棉应在车斗内轻轻抖动,避免或减少遗洒扬尘污染;清洗用水应经两次沉淀池沉淀后排入市政管网,不准乱排,避免污染土地、地下水;拌好的混合料应倒入铁槽内,防止污染土地。

4）雨期施工时,抹灰保护层未硬化前应用塑料布遮盖,防雨淋水冲损坏面层;当昼夜室外平均温度低于+5℃且最低温度低于-3℃时,搅和石棉水泥时,应加环保型外加剂,并用50℃热水拌和,施工后用麻带遮盖,防止冻坏,浪费资源。

5）缠绕保护层其重叠部分为带宽的1/2,缠绕应裹紧密封,不得有松脱、翻边、皱褶和鼓包,避免因保护层施工不到位,影响保温效果,产生热辐射污染。

6）废弃的水泥、防水粉、4级石棉遗、落地和报废的石棉水泥拌合料应统一回收,收集一个运输单位后交有资质单位或环卫部门处理,防止乱扔污染土地、污染地下水;运输易遗洒的废物应用封闭车,出场前车轮清理干净,预防遗洒污染路面。

(9) 金属保护层施工控制要求

1）金属保护层施工宜采用镀锌薄钢板或薄铝合金板,采用普通薄钢板外表面涂防锈涂料,涂漆施工一次不宜沾得太多(不流淌为准)或下垫塑料布,防止油漆遗洒污染;保护层应压边、箍紧,不得有脱壳或凸凹不平,其环缝和纵缝应搭接或咬口,缝口朝下,避免保护层不合格返工重作。

2) 保护用自攻螺钉紧固不得刺破防潮层,螺钉间距不应大于200mm,保护层端头应密封;避免损坏防潮层或密封不良破坏保温层,造成热辐射,浪费资源。

3) 保护用自攻螺钉紧固不得刺破防潮层,螺钉间距不应大于200mm,保护层端头应密封;固定冷结构的金属保护层使用手提电钻钻孔时,先确定钻孔深度,避免损坏防潮层或密封不良破坏绝热层,造成热辐射。

4) 按设计规定应对露天或潮湿环境的保护层嵌填密封剂或包缠密封带,避免保护层密封不好,损坏绝热层造成热辐射、返工重作,浪费资源,加大对环境的污染。

5) 废弃的镀锌薄钢板、薄铝合金板、普通薄钢板、防锈涂料、密封剂、密封带、玻璃丝布应统一回收,收集一个运输单位后交有资质单位或环卫部门处理,防止乱扔污染土地、污染地下水;运输易遗洒的废物应用封闭车,出场前车轮清理干净,预防遗洒污染路面。

3.6.3 工艺管道安装中专用控制要求

3.6.3.1 管道预制控制要求

(1) 管道预制应按单线图规定的数量、规格、材质选配管道组成件,并按单线图标明管道系统号和各组成件的安装顺序号,避免标识失丢,造成安装顺序错乱返工,浪费资源。

(2) 自由管段和封闭管段确定应合理,封闭管段应按现场实测后的长度加工,其加工偏差应符合 GB 50235—97 标准规定,管段预制后应将管段内部清理干净,及时封闭管口,避免管段预制误差或管段内部有杂物,造成安装返工,浪费资源。

3.6.3.2 钢制管道安装控制要求

(1) 管道安装控制要求

1) 预制管道应按管系统号和预制顺序号进行安装,避免安装顺序错乱,造成返工浪费,污染管道安装现场环境。

2) 安装不锈钢管道时,宜采用手动或电动葫芦装对,不得用铁质工具敲打,避免损坏管子,噪声污染。

3) 当管子 $DN<100$ 时,管子对口允许偏差为 1mm;当管子 $DN \geqslant 100$ 时,允许偏差为 2mm;全长允许偏差 10mm;安装偏差应符合 GB 50235—97 标准规定,避免安装质量不合格形成返工浪费。

4) 合金钢管进行局部弯度校正时,加热温度应控制在临界温度以下;在合金钢管上不应焊临时支撑物;避免加热温度过高或焊接不当,损坏管子返工浪费,污染环境;管道加热时应采取局部遮挡措施减少热辐射影响面。

5) 当预拉件管道的焊缝需热处理时,应在热处理完毕后,方可拆除在预拉伸时安装的临时卡具,避免拆除临时卡具过早,损坏管子返工浪费,污染环境。

(2) 法兰与螺栓安装控制要求

1) 管道安装时应检查法兰密封面及密封垫片,不得有影响密封性能的划痕、斑点等缺陷,避免法兰密封不好渗漏返工浪费,污染环境。

2) 法兰与管道连接应同心、螺栓自由穿入,不得用强紧螺栓的方法消除歪斜;法兰间保持平行,其偏差不得大于法兰外径的 1.5%,且不大于 2mm;紧固后的螺栓宜与螺母齐平;避免法兰安装不到位造成渗漏、返工浪费,污染环境。

3) 不锈钢管、合金钢管,螺栓、螺母,管道设计温度大于100℃或低于0℃时,露天装置、处于大气腐蚀环境或输送腐蚀介质时,螺栓螺母应涂抹二硫化钼油脂、石棉机油或石墨粉,防止锈蚀或腐蚀损坏。

4) 涂抹二硫化钼油脂、石棉机油或石墨粉时下接托盘,防止遗洒;报废或遗洒的二硫化钼油脂、石棉机油、石墨粉应统一回收,收集一个运输单位后交有资质单位或环卫部门处理,防止乱扔污染土地、污染地下水;运输易遗洒的废物应用封闭车,出场前车轮清理干净,预防遗洒污染路面。

5) 高温或低温管道的螺栓在试运时应按 GB 50235—97 标准规定进行适度热态紧固或冷态紧固,避免试运时引起螺栓松动,造成泄漏、发生火灾污染环境。

(3) 密封件安装控制要求

1) 软钢、铜、铝金属垫片当出厂前未进行退火处理时,安装前应进行退火处理,避免使用时损坏造成泄漏、火灾污染环境;退火处理时应采取局部送风措施,防止或减少热辐射污染。

2) 不锈钢管道法兰用的非金属垫片,其氯离子的含量不得超过 50×10^{-6}(50ppm);不锈钢管道与支架之间应垫入不锈钢或氯离子的含量不得超过 50×10^{-6}(50ppm)的非金属垫片;避免垫片含氯超标腐蚀管子浪费资源,污染环境。

3) 工作温度低于200℃的管道,其螺纹接头密封材料宜选用四氟乙烯带,拧紧螺纹时不得将密封材料挤入管内,以免造成堵塞,发生炸管事故污染环境。

4) 报废的金属垫片、非金属垫片、四氟乙烯带应统一回收,收集一个运输单位后交有资质单位或环卫部门处理,防止乱扔污染土地、污染地下水;运输易遗洒的废物应用封闭车,出场前车轮清理干净,预防遗洒污染路面。

(4) 套管安装控制要求

1) 管道穿越公路、墙或构筑物时,应加套管或砌筑涵洞保护,管道焊缝不宜置于套管内,避免对管子保护不当损坏管子,浪费资源。

2) 穿楼板套管应高出楼面50mm,穿过屋面的管道应有防水肩和防雨帽,管道与套管之间的空隙应采用阻燃材料填塞,避免防水或阻燃材料控制不当腐蚀管子或引发火灾浪费资源,污染环境。

3) 报废的套管、阻燃材料应统一回收,收集一个运输单位后交有资质单位或环卫部门处理,防止乱扔污染土地、污染地下水;运输易遗洒的废物应用封闭车,出场前车轮清理干净,预防遗洒污染路面。

(5) 膨胀指示器、蠕胀点和监察管段安装控制要求

1) 管道膨胀指示器应按设计文件规定装设,管道吹洗前应将指示针调至零位,避免安装或保护不当使膨胀指示器失灵,造成管子开裂或炸管,污染环境。

2) 蠕胀点和监察管段位置按设计文件规定设在便于观测的部位并符合 GB 50235—97 标准规定,避免安装部位不当使蠕变量测量结果不准,造成管子开裂或炸管,污染环境。

3.6.3.3 铸铁管道安装控制要求

(1) 搬运储存控制要求

搬运、安装铸铁管或硅铁管时,应轻放,硅铁管堆放高度不得超过1m,钛管应采用尼龙带搬运和吊装,避免因搬运储存方法不当,损坏管子,加大消耗、浪费资源。

(2) 铸铁管安装控制要求

1) 铸铁管铺设前应用刮刀清除粘砂、飞刺、沥青块等,用氧乙炔火焰烤去承插部位的沥青涂层;避免因承口未处理干净,造成接口浸漏返工,形成对环境的二次污染。

2) 排水铸铁管外壁在安装前应除锈涂二遍石油沥青漆,预防管子锈蚀污水浸漏污染土地和地下水;除锈按采暖管道除锈所涉及的环境控制措施实施,避免或减少噪声、扬尘、废弃物遗弃对环境的污染。

3) 安装法兰铸铁管道时,应采用不同长度的管子调节,不得强行连接;避免接口操作方法不当,形成返工浪费。

4) 堵塞用的麻应有韧性,纤维较长和无麻皮,并经石油沥青浸透、晾干,接口应湿养护;管道接口所用的橡胶圈不应有气孔、裂缝、重皮或老化等缺陷;避免接口材料验收不到位,使用不合格材料造成返工浪费接口材料,污染环境。

5) 麻瓣浸石油沥青在专门槽内进行,浸油后放置在托盘上移开,放置在有油盘的支架上晾干,防止油遗洒污染土地、污染地下水。

6) 清除粘砂、飞刺、沥青块,报废的油麻瓣、石油沥青、橡胶圈应统一回收,收集一个运输单位后交有资质单位或环卫部门处理,防止乱扔污染土地、污染地下水;运输易遗洒的废物应用封闭车,出场前车轮清理干净,预防遗洒污染路面。

(3) 接口施工控制要求

1) 承插铸铁管对口的最小轴间隙应符合 GB 50235—97 标准规定;沿直线铺设的铸铁管道承插接口环形间隙应均匀;油麻瓣粗细为接口缝隙的 1.5 倍,每圈麻瓣互相搭接 100～150mm,压实打紧,其深度为承插深度的 1/3,且不超过承口三角凹槽的内边;避免对口间隙偏差或油麻瓣未压实打紧造成返工,浪费资源、污染环境。

2) 石棉水泥、膨胀水泥等接口材料应在铁槽内拌和,避免污染土地;洗槽盘的水应经两级沉淀池沉淀后才准排入市政管网,不得乱倒污染土地污染地下水;接口材料配合比应准确,避免配合比控制不准导致接口渗漏返工,浪费水体和施工材料资源。

3) 拌好的接口材料应用放入小桶带到接口处,避免运输遗洒污染环境;接口材料随拌随用,避免未使用已凝固造成浪费。

4) 石棉水泥应自下而上填塞,分层填打,每层填打不应小于两遍,填口填打后表面应平整严实;膨胀水泥应分层捣实、压平表面,表面凹入承口边缘不宜大于2mm;橡胶圈的外部宜抹水泥砂浆其高度应与承口平直;避免接口施工控制不当导致接口渗漏返工,浪费资源污染环境。

5) 石棉水泥、膨胀水泥接口填打时应下垫塑料布,避免遗洒污染土地、污染地下水;接口填打后应用麻袋润湿护 1～2 昼夜,避免未养护或养护不到位导致接口开裂,造成接口渗漏返工,污染现场环境。

6) 在昼夜温差较大或负温下施工时,管子中部两侧应填土夯实,顶部应填土覆盖,预防冻坏管子造成返工;回填土时,四级风停止作业,临时堆土应覆盖,填土不能高抛,避免扬尘污染。

7) 废弃的石棉水泥、膨胀水泥拌合料,报废的 4F 级温石棉、32.5 级水泥、膨胀水泥、麻袋应统一回收,收集一个运输单位后交有资质单位或环卫部门处理,防止乱扔污染土地、污染地下水;运输易遗洒的废物应用封闭车,出场前车轮清理干净,预防遗洒污染路面。

3.6.3.4 有色金属管道安装控制要求

(1) 钛管采用尼龙带搬运或吊装,当使用钢丝绳、卡扣时,应采用橡胶、石棉、木板隔离,避免钢丝绳、卡扣与钛管直接接触造成铁离子污染钛管,浪费资源。

(2) 铝管采用尼龙带搬运或吊装,小心轻放,防止碰伤;铝管应单独存放,与铁、铜、不锈钢等应保持 2m 以上距离,避免接触,防止铝管受到电化腐蚀,浪费资源,污染环境。

(3) 有色金属管道安装时,应禁止用硬物敲打、交叉作业时采取遮挡措施,防止管道表面被硬物划伤,浪费资源。

(4) 铝管试焊前,应在通风良好、有足够防火器材、禁火条件下,用抹布沾丙酮或四氯化碳擦净附在管端和焊口处的油污,避免火灾污染环境;擦洗时一次不宜过多(不流淌),防止丙酮或四氯化碳遗洒污染环境。

(5) 焊接焊缝及其附件的残余溶剂应在焊后 2h 内除掉,用 60~80℃ 热水冲洗,然后用抹布沾 30% 硝酸盐溶液洗涤,再用清水冲洗;清洗用水桶回收,中和才能排入污水管道,避免随意排放污染土地、地下水;擦洗时一次不宜沾得过多(不流淌),防止硝酸盐溶液遗洒污染环境。氩弧焊后不必作水洗处理减少对环境的污染。

(6) 管道螺纹连接时,其螺纹部分应涂刷石墨甘油,涂刷时石墨甘油一次不过多(不流淌),防止石墨甘油遗洒污染环境。

(7) 铅管的加固圈及其拉条装配前应经防腐处理,涂刷防腐时一次不宜不多(不流淌),避免流淌、遗洒污染土地和地下水。

(8) 用钢管保护的铝、铅管在装入前,应经试压合格,避免不合格返工浪费资源;试压用水应有回收装置,试压后回收,避免浪费水资源。

(9) 铅及铅合金管道安装组对,管子一般每段不超过 20m,防止弯曲变形和断裂,浪费水资源。

(10) 铅管垂直或大于 45°倾斜安装时,需设置伴随钢管,管子用扁钢箍固定在伴随角钢内,在扁钢箍的上方焊铅质防滑块于管道上,防止管道下滑报废;焊接按焊接所涉及的环境控制措施实施,减少有害气体排放、弧光污染,废焊条、焊条头、焊渣遗弃对环境的污染。

(11) 钛管安装后,不得再进行其他管道焊接;当其他管道需焊接时,对焊接部位的钛管上方应覆盖阻燃橡胶板或石棉薄铁板保护,避免将焊渣等焊接飞溅物洒落在钛管上,造成铁离子污染。

(12) 报废的丙酮、四氯化碳、硝酸盐溶液、防腐漆、阻燃橡胶板、石墨甘油、电焊条、电焊丝、石棉板、抹布、尼龙带、纲丝绳、卡扣、橡胶、石棉、木板和焊条头、焊渣应统一回收,收集一个运输单位后交有资质单位或环卫部门处理,防止乱扔污染土地、污染地下水;运输易遗洒的废物应用封闭车,出场前车轮清理干净,预防遗洒污染路面。

3.6.3.5 伴热管及夹套管安装控制要求

(1) 伴热管应与主管平行安装并应自行排放冷凝液,冷凝液应回收,避免水资源浪费。

(2) 当一根主管需多根伴热管伴热时,伴热管之间的距离应固定;水平伴热管宜安装在主管下方或靠近支架的侧面,铅垂伴热管应均匀分布在主管周围,采用绑扎带或镀锌铁丝固定在主管上,不得将伴热管直接点焊在主管上,避免焊接时损伤主管、弧光污染、有害气体排放、废电焊条、废电焊头遗弃污染环境。

(3) 对不允许与主管直接接触的伴热管,在伴热管与主管间应加隔离垫;当主管为不锈钢管,伴热管为碳素钢管时,隔离垫宜采用氯离子含量不超过 50×10^{-6}(50ppm)的石棉垫,并用不锈钢丝等不引起渗碳的物质绑扎,避免隔离垫使用不当损伤不锈钢管,影响主管的使用年限,浪费资源。

(4) 伴热管经过主管法兰时,应设置相应可拆卸的连接件,避免检修时,损坏伴热管,浪费资源。

(5) 从分配站到各伴热主管和离开主管到收集站之间的伴热管安装应排列整齐,不宜互相跨越和就近斜穿,以免影响安装质量造成返工浪费,污染环境。

(6) 套夹管经割切后安装时,纵向焊缝应置于易检修部位;套夹管的连通管安装时应符合设计文件规定,避免连通管积水,天气变化时冻坏连通管;套夹管的支承块不得妨碍管内介质流动和管子的膨胀,避免支承块安装不当致使膨胀造成焊缝开裂,影响使用,浪费施工资源。

3.6.3.6 防腐衬里管道安装控制要求

(1) 衬里管段及管件搬运和堆放时,应加软垫、轻拿、轻放避免强烈振动或碰撞,损坏管件;橡胶、塑料、玻璃钢、涂料等衬里管道组成件,应存放在温度 5~40℃室内,应避免搬运或储存不当导放阳光或热源辐射变形或损坏管段及管件,浪费资源。

(2) 衬里管段及管件安装前应检查衬里的完好情况,保持管内洁净,避免使用衬里损坏或不洁净的管段及管件,避免使用不合格管段及管件造成运行时腐蚀管子,导致泄漏、爆炸事故,污染环境。

(3) 衬里管段及管件安装时采用螺纹或法兰连接,应对称均匀用力,不得施焊、局部加热、扭曲或敲打;避免安装控制不当损坏衬里或衬里炸裂,造成返工,浪费施工材料。

(4) 衬里管道的安装应采用软质或半硬质垫片,当需要调整安装长度误差时,宜更换同材质垫片厚度的方法调整,垫片的厚度不宜超过设计厚度的 20%,避免采用硬紧螺栓的办法保证密封造成返工,污染周边环境。

(5) 管段及管件的衬里应选择环境达标的专业工厂进行,以保证衬里品种、厚度、附着力满足设计和施工工艺要求,避免或减少衬里施工过程产生的噪声、扬尘、热辐射、酸洗液、废液等对环境的污染。

3.6.3.7 连接机器的管道安装控制要求

(1) 连接机器的管道,其固定口应远离机器,将管道内部清除干净后再连接,避免安装位置不当造成管道焊接产生应力损伤机器部件,浪费资源;清除的杂物应统一回收,收集一个运输单位后交环卫部门处理,防止乱扔污染土地、污染地下水;运输易遗洒的废物应用封闭车,出场前车轮清理干净,预防遗洒污染路面。

(2)管道与机器的连接前,在自由状态下其平行度和同轴度应符合 GB 50235—97 标准规定;管道系统与机器最终连接时,机器的位移应符合 GB 50235—97 标准规定;避免安装方法不当造成机器承受附加的外力损坏设备,浪费资源。

(3)管道经试压吹扫合格后,应对该管道与机器的接口进行复位检验,其偏差符合 GB 50235—97 标准规定,避免管道安装方法不当造成机器承受附加的外力,损坏设备,浪费生产资源。

3.6.3.8 静电接地安装控制要求

(1)有静电、接地要求的管道,各段管之间应导电,当每对法兰或螺纹接头间电阻值超过 0.03Ω 时,应设导线跨接;管道系统的对地电阻值超过 100Ω 时,应设两处接地引线;避免接地不良,引发事故,损坏管道浪费资源,污染环境。

(2)接地引线宜采用焊接连接,焊接按焊接所涉及的环境控制措施实施,避免或减少弧光污染、有害气体排放,废电焊条、电焊头、焊渣遗弃污染环境。

(3)有静电、接地要求的钛管道及不锈钢管道导线跨接或接地引线,应采用钛板及不锈钢板过渡,防止导线跨接或接地引线与钛管道及不锈钢管道直接连接,造成铁离子污染。

(4)用作静电接地的材料或零件,安装前不得涂漆,导电接触面必须除锈并紧密连接,避免导电性能差,引发事故,损坏管道,污染施工环境。

(5)静电接地的材料或零件的除锈、涂漆分别按除锈、涂漆所涉及的环境控制措施实施,避免或减少噪声、扬尘、有害气体排放,遗洒废弃物遗弃对环境的污染。

3.6.4 管道安装中应急准备响应控制要求

3.6.4.1 土建施工中应急准备响应控制要求

(1)土石方作业中应按土石方作业中涉及的应急准备响应控制要求实施,避免或减少设备故障、漏油、损坏地下管线、气体泄漏、文物损坏、植被破坏、发生火灾、爆炸对环境的污染。

(2)混凝土作业中按混凝土作业中涉及的应急准备响应控制要求实施,避免或减少混凝土的废弃、废水对土地、地下水的污染。

(3)钢结构安装中涉及的急准备响应控制要求实施,避免意外发生火灾、爆炸对环境的污染。

3.6.4.2 管道安装中应急准备响应控制要求

(1)危险学品储存中控制要求

脱脂溶剂、浓酸、浓碱、二氯乙烷、精馏酒精、丙酮等应采用相适宜的容器或货架或包装箱由专人管理、单独储存,避免泄漏、意外发生火灾、爆炸污染环境。

(2)作业场所的防火控制要求

1)脱脂溶剂不得与浓酸、浓碱接触,二氯乙烷与精馏酒精不得一同使用,避免意外发生火灾对环境的污染。

2)油漆,绝热施工材料、危险化学品应分库单独储存,外墙有禁火标识,库内严禁烟火;按《建筑物灭火器配备设计规范》确定库房的危险等级、火灾种类,配备足够数量有效的手推车式或手提式灭火器和消火栓,避免意外发生火灾对环境的污染。

3) 管道热弯、化学清洗、油漆、退火、焊前预热、管道焊接、焊后热处理、绝热施工、吹扫及甘油加热、丙酮施工或作业场地应在通风良好的地方进行,附近10m范围内不得有易燃物品;动火有审批;并按《建筑物灭火器配备设计规范》确定作业场地的危险等级、火灾种类,配备足够数量有效的手推车式或手提式灭火器;明确疏散路线,救护联络方式,组织义务消防队,每年演练一次;避免应急策划或准备不到位,不能够控制火情,延误救火产生环境污染。

4) 当发现火情处于初始阶段(1~3min)时,组织义务消防队和有关人员及时灭火,控制火情,防止火蔓延发生火灾,污染环境;出现火情不能控制时立即向119报警,同时组织人员疏散,转移必要的财产,配合消防队员救火,减少火灾引发爆炸事故,加大对环境的污染。

(3) 试压中控制要求

1) 压力较高的管道试压时,应划分危险区,安排专人警戒,禁止无关人员进入,出现意外时应暂停试压,避免发生跑水、损坏物品、污染环境、伤害人员。

2) 当采用可燃液体介质进行试验时,其闪点不得低于50℃,避免可燃液体起火燃烧、爆炸造成资源浪费、污染环境。

(4) 管道吹扫中的控制要求

管道吹扫的排气管应接至室外安全地点;用氧气、煤气、天然气吹扫时,排气口须远离火源(10m);用天然气吹扫时,可在排气口将天然气烧掉,避免意外发生火灾,污染空气、土地、地下水。

(5) 危险化学品作业中的控制要求

在酸洗、脱脂、油漆、绝热施工中从事有毒、刺激性或腐蚀性气体、液体或粉尘的工作时,工作场地应通风良好,采取适宜的送风设施,避免意外发生火灾,污染环境;作业人员必须戴口罩、护目镜或防毒面具等防护用品,防止人员中毒或伤害。

3.7 工艺管道安装中监测要求

3.7.1 材料监测要求

3.7.1.1 管道成组件、油漆、绝热材料、酸洗用材料、接口材料、辅助用料进场时,应对质量、环境要求检查或检测1次,不合格不准进场、不准使用,避免材料对环境的污染。

3.7.1.2 脱脂溶剂、浓酸、浓碱、二氯乙烷、精馏酒精、丙酮、四氯化碳、油漆、绝热材料等易燃易爆、危险化学品储存条件、堆放高度、堆码状况,防潮条件等每月检查1次,发现异常情况时,采取针对措施纠正,避免发生材料失效、变质、遗洒、损坏或丢失,浪费资源。

3.7.2 人员管理监测要求

3.7.2.1 对管工、起重工、焊工、油漆工、保温工等人员的岗位操作证或培训资料(包括环境措施交底内容)每次作业前检查1次,发现人员不适应采取措施纠正,避免因人员素质低、发生对环境的污染和环境事故。

3.7.2.2 对酸洗、油漆、绝热施工作业人员的防护用品,每次作业前检查1次,发现不足应采取措施纠正,避免保护用品不到位,伤害人员造成对环境的污染。

3.7.3 设备和设施监测要求

3.7.3.1 管道调直设备、切割设备、弯管设备、除锈机、喷砂除锈设备、酸洗设备、喷漆设备、加热设备、试压设备、吹扫设水备、绝热材料搅拌设备的保养状况(是否漏油、是否完好、尾气排放是否达标、能耗是否达标)每周检查1次,当发现异常情况时,及时安排保养、检修,降低消耗,防止油遗洒污染土地、地下。

3.7.3.2 每批作业中应对设备噪声排放、热辐射监测1次,当发现超标时,及时更换噪声低的设备或增加隔声或隔热材料厚度或更换其他隔声或隔热材料,减少噪声、热辐射对环境的污染。

3.7.3.3 中频热感反应弯管设备、喷砂除锈设备、酸洗设备的封闭材料、厚度、高度、地面硬化情况施工完毕后,应检查验收1次,未达到规定要求不准使用;其后每月检查1次,当发现异常情况时,及时安排检修保持完好,减少噪声、热辐射、扬尘对环境的污染。

3.7.3.4 对接油盘每班作业前目测1次,当接油盘存油达到距槽帮10mm时或项目完成作业活动后,应进行清理1次,防止盘内存油溢出污染土地、地下水。

3.7.4 土建施工监测要求

3.7.4.1 土石方作业监测要求

土石方作业中应按土石方作业中涉及的环境关键特性检测规定实施检测,避免或减少设备故障、漏油、噪声排放、扬尘、遗洒、植被破坏对环境的污染。

3.7.4.2 混凝土作业监测要求

混凝土作业中按混凝土作业中涉及的环境关键特性检测规定实施检测,避免或减少扬尘、遗洒、噪声排放、废水排放、废物遗弃对土地、地下水的污染。

3.7.4.3 钢结构安装监测要求

支架、桥架施中按钢结构安装中涉及的环境关键特性检测规定实施检测,避免或减少扬尘、遗洒、噪声排放、废水排放、有害气体排放、废物遗弃对环境的污染。

3.7.5 工艺管道安装监测要求

3.7.5.1 管道预制监测要求

(1) 每批管道下料、调制、卷管、翻边、夹套管加工时对应对其加工或制作或加热方式、操作程序、油遗洒、废弃物处置等是否符合施工方案、管理程序检查1次;每批作业时应对射线辐射排放检测1次;噪声排放(小于75dB)每天监听1次,每月检测1次。

(2) 监测中如发现不适应或超标,应停止加工或制作或加热或更换设备或增加隔声、隔热材料厚度或更换隔声、隔热材料或改变作业方法或采取纠正措施,避免或减少噪声、射线辐射排放、油遗洒、废物遗弃对施工环境的污染。

3.7.5.2 弯管监测要求

(1) 每批弯管前,应对加热装置、滤烟除尘装置、废物处置等是否符合施工方案、管理程序检查1次。

(2) 每批弯管时应对弯管方式、操作程序、装砂、加热方式、油遗洒,废物回收、处置等是否符合施工方案、管理程序检查1次。

(3) 每批弯管时应对扬尘目测1次(扬尘高度不超过0.5m);对射线辐射、电磁污染、一氧化碳、二氧化硫排放等检测1次;对噪声排放(小于75dB)每天监听1次,每月检测1次。

(4) 监测中如发现不适应或超标,应停止弯管作业或更换设备或增加隔声材料厚度或更换材料或覆盖或采取纠正措施,避免或减少扬尘、噪声、射线辐射、电磁污染、一氧化碳、二氧化硫排放、油遗洒、废物遗弃对环境的污染。

3.7.5.3 对管道除锈、酸洗监测要求

(1) 除锈前应对砂子储存、酸洗液配合比、浓度、清洗水回收装置、废液排放系统,废渣、浮锈储存处置情况等是否符合施工方案、管理程序检查 1 次。

(2) 每批作业时应对除锈方法、操作程序、油遗洒,废物回收、处置等是否符合施工方案、管理程序检查 1 次;对扬尘目测 1 次(扬尘高度不超过 0.5m)。

(3) 每批作业时应对酸洗液浓度等检测 1 次;每班换管时,应对地面的浮锈厚度(5mm)检测或目测 1 次,废酸洗液排放前对溶液的 pH 值(9~11)等检测 1 次;对机械除锈噪声排放(小于 75dB)每天监听 1 次,每月检测 1 次。

(4) 监测中如发现不适应或超标,应停止相关作业,对浮锈进行清理;停止废液排放,进行中和稀释或更换设备或增加隔声厚度或更换隔材料,还采取纠正措施,避免或减少扬尘、噪声、废液排放、油遗洒、废物遗弃对环境的污染。

3.7.5.4 对管道安装、焊接监测要求

(1) 每批安装、焊接前,应对接口材料拌合装置、退火装置、加热装置、阀门试压用水回收装置,密封材料,安装、焊接位置等是否符合施工方案、管理程序检查 1 次对垫片含氯量 50×10^{-6}(50ppm)检测 1 次。

(2) 每批安装、焊接时应对搬运吊装方式、安装方式、接口方式、焊接方式、加热方式、预拉伸方式、预压缩方式、补偿装置方式、接地方式,支、吊架形式,操作程序,油遗洒,衬里保护、排气口、疏水装置、蠕胀测点、接口材料配合比、拌合量、养护方式、养护时间,阀门试压用水回收、废水排放、废物回收、处置等是否符合施工方案、管理程序检查 1 次。

(3) 每批安装、焊接时应对射线辐射、一氧化碳、二氧化硫排放、电阻值等检测 1 次;对扬尘目测 1 次(扬尘高度不超过 0.5m);对噪声排放(小于 75dB)每天监听 1 次,每月检测 1 次。

(4) 监测中如发现不适应或超标,应停止安装、焊接作业或改变施工工艺或改变作业方式或更换设备或增加隔声材料厚度或更换材料或覆盖或增加检测次数或采取正措施,避免或减少扬尘、噪声、射线辐射、废水排放、油遗洒、废物遗弃对环境的污染。

3.7.5.5 油漆、绝热施工监测要求

(1) 每批油漆、绝热施工前,应对喷漆装置、绝热材料拌合装置,沉淀池,绝热材料储存,废油漆、绝热材料遗弃等是否符合施工方案、管理程序检查 1 次。

(2) 每批油漆、绝热施工时应对油漆、绝热施工方式、操作程序、油遗洒,废油漆、绝热材料回收、处置等是否符合施工方案、管理程序检查 1 次。

(3) 每批油漆、绝热施工时应对废水沉淀时间、废水排放速度等检测 1 次;对扬尘目测 1 次(扬尘高度不超过 0.5m);对噪声排放(小于 75dB)每天监听 1 次,每月检测 1 次;在风景区或饮水区施工时,废水排放应达到国家规定一级或二级排放标准,并经当地环保部门检测确认达标后才允许排放。

(4) 监测中如发现不适应或超标,应停止油漆、绝热施工或改变施工方式或更换设备

或增加隔声材料厚度或更换材料或覆盖或采取纠正措施,避免或减少扬尘、废水、噪声排放、油遗洒、废物遗弃对环境的污染。

3.7.5.6 试验、吹扫监测要求

(1) 每次试验、吹扫前,应对检测仪器、吹扫装置、试压用水回收装置,警界范围、人员撤离、管子回填、管子加固、吹扫口、清洗油品、屏蔽材料、阀门及设备的隔离与保护、废物处置等是否符合施工方案、管理程序检查1次;对试压水质、气质、油质检测1次。

(2) 每次试验、吹扫时应对试验、吹扫方式、操作程序,试压用水回收、排放,油遗洒,废物回收、处置等是否符合施工方案、管理程序检查1次;对升压速度、吹扫速度、射线辐射、射线辐射排放等检测1次;对噪声排放(小于75dB)每天监听1次,每月检测1次。

(3) 监测中如发现不适应或超标,应停止试验、吹扫或改变试验、吹扫方式或更换设备或增加警界范围或更换屏蔽材料或采取措施纠正措施,避免或减少噪声、射线辐射排放,油遗洒,废物遗弃对环境的污染。

3.7.6 应急准备响应监测要求

3.7.6.1 应急准备响应监测要求

(1) 土石方作业中应急准备响应监测要求按土石方作业所涉及的环境关键特性检测规定的检测内容、频次进行,避免或减少设备故障、损坏地下管线、气体泄漏、文物损坏、植被破坏、发生火灾、爆炸对环境的污染。

(2) 混凝土施工中应急准备响应监测要求按混凝土施工所涉及的环境关键特性检测规定的检测内容、频次进行,避免或减少设备故障、漏油、大量混凝土遗弃对环境的污染。

(3) 支架、桥架作业中应急准备响应监测要求按钢结构安装所涉及的环境关键特性检测规定的检测内容、频次进行,避免或减少设备故障、漏油、发生火灾对环境的污染。

3.7.6.2 应急准备响应监测要求

(1) 每次作业前应对管道热弯、化学清洗、油漆、退火、焊前预热、管道焊接、焊后热处理、绝热施工、吹扫及甘油加热、丙酮施工或作业场地的禁火标识、与易燃品的安全距离,灭火器材的种类、数量、放置位置、有效性,试压的加固部位、吹扫的位置等检查1次。

(2) 每次吹扫作业时,应对吹扫速度每小时检测1次;对作业所涉及的相关环境每小时检查1次。

(3) 监测中发现不足应停止相关作业或改变施工工艺或更改加热温度或调整安全距离或更换设备与材料或增加灭火器材或变换监测频次或采取纠正措施,避免应急措施策划或实施不到位,发生火灾造成对环境的污染。

(4) 应及时对上述突发事故、事件的应急响应过程进行监测,以评估相应向应能力的水平。

第26章 金属无损检测

0 一般规定

0.1 无损检测的策划

项目部必须根据设计图纸、标准规范编制 X 射线或 γ 射线探伤、超声波探伤专项施工质量、环境、安全措施,并严格按措施实施过程控制,避免因 X 射线或 γ 射线探伤控制方法不当或控制措施不到位而发生射线源辐射污染,废定影液、废显影液排放污染水质,废探伤机及零部件、废胶片遗弃污染土地、污染地下水,影响环境卫生。

0.2 射线探伤总体要求

0.2.1 现场射线探伤时,离射线源 30m 范围内非探伤人员必须全部撤离,避免或减少射线源对作业周围环境的辐射。

0.2.2 专业射线探伤室应远离居民区、学校、幼儿园等人员集中地方,其最小距离应符合当地卫生部门的要求,避免或减少对周围环境的污染。

0.2.3 具备国家有关主管部门颁发的无损检测人员Ⅱ级技术资格证书人员应根据设计图纸、焊接工艺评定、焊材类别、施焊方法,选择适宜的无损检测方法,尽量减少 X 射线或 γ 射线探射量,以避免或减少射线源的辐射污染。

0.2.4 放射检测人员,内外照射剂量总照射剂量当量限定值(每人一年:≤5Rem;一月:≤0.4Rem;每日≤0.016Rem),放射工作单位必须保证每位放射检测人员照射剂量当量限定值不超标,避免对探伤人员的射线伤害。

0.2.5 一年内放射检测人员达到或超过剂量限值 5Rem 的 3/10 时,每年由放射工作单位组织体检一次,低于年剂量限值 5Rem 的 3/10 时,每 2~3 年体检一次,必要时可增加体检次数;放射工作单位必须建立每位放射检测人员健康和个人剂量档案,并据此调整其从事射线探伤工作时间,以减少射线对探伤人员的继续伤害。

0.2.6 检查患有不适应症(男:血红蛋白低于 120g/L 或高于 160g/L,红细胞数低于 4×10^{12}/L 或高于 5.5×10^{12}/L;女:血红蛋白低于 110g/L 或高于 150g/L,红细胞数低于 3.5×10^{12}/L 或高于 5×10^{12}/L;白细胞数持续 6 个月低于 4×10^9/L 或高于 1.1×10^{10}/L;血小板持续 6 个月低于 100×10^9/L)应根据情况由放射工作单位安排给予减少接触、短期脱离、疗养或调离放射性探伤检测岗位,以避免射线对探伤人员的继续伤害。

0.3 超声波探伤总体要求

0.3.1 具备国家有关主管部门颁发的无损检测人员Ⅰ级技术资格证书人员应根据设计图纸、焊接工艺评定、焊材类别、施焊方法,对超声波探伤过程进行全面策划,尽量减少超声波探伤,以减少水、电的消耗,减少废消气剂、废耦合剂遗弃量。

0.3.2 用电磁声换能器进行探伤时,探伤场地处应无强电磁干扰、无强的机械振动及腐蚀性气体,以免影响检测结果的正确性,发生错检或漏检,造成污染环境的事故。

0.4 涡流探伤总体要求

0.4.1 具备国家有关主管部门颁发的无损检测人员Ⅰ级技术资格证书人员应根据设计图纸、焊接工艺评定、焊材类别、施焊方法,对涡流探伤过程进行全面策划,尽量减少电的消耗和废设备配件弃量。

0.4.2 涡流探伤避免在雨天操作,以免影响检测结果的正确性,发生错检或漏检,造成污染环境的事故。

0.5 磁粉探伤总体要求

0.5.1 具备国家有关主管部门颁发的无损检测人员Ⅱ级技术资格证书人员应根据设计图纸、焊接工艺评定、焊材类别、施焊方法,对磁粉探伤过程进行全面策划,尽量减少电的消耗,减少废设备配件弃量、磁粉遗洒。

0.5.2 磁粉探伤照在被检工作面上的黑光强度应不低于970lx,以免影响检测结果的正确性,发生错检或漏检,造成污染环境的事故。

0.6 渗透探伤总体要求

0.6.1 项目部必须根据设计图纸、标准规范实施,避免因探伤过程控制方法不当或控制措施不到位加大电的消耗,产生渗透剂、乳化剂、清洗剂、显像剂遗洒或发生火灾污染环境,出现废渗透探伤机及废渗透剂、废乳化剂、废清洗剂、废显像剂、废标准试片遗弃污染土地、污染地下水的现象。

0.6.2 具备国家有关主管部门颁发的无损检测人员Ⅰ级技术资格证书人员应根据设计图纸、焊接工艺评定、焊材类别、施焊方法,对渗透探伤过程进行全面策划,尽量减少电的消耗,减少废设备配件遗弃量,避免渗透剂、乳化剂、清洗剂、显像剂遗洒,防止发生火灾对环境的污染。

0.6.3 渗透探伤应选在通风良好的地方,采取间歇探伤操作,适时通风换气,以免作业条件不良影响人的注意力,造成检测结果的不正确,返工浪费资源,污染环境。

1 射线探伤

1.1 射线探伤工艺流程

1.1.1 现场射线探伤工艺流程

设置警界线→界内人员撤离→探伤设备准备→焊口探伤准备→人员撤离→探伤爆光→底片冲洗→评片。

1.1.2 探伤室射线探伤工艺流程

探伤设备准备→焊口探伤准备→人员撤离→探伤爆光→底片冲洗→评片。

1.2 环境因素

1.2.1 X射线、γ射线探伤时辐射污染、臭氧排放污染大气、伤害人员,电的消耗;废X射线探伤机、γ射线探伤机及零部件和被污染的其他物品的遗弃污染或占用土地、污染地下水、伤害人员。

1.2.2 加定影液、显影液遗洒污染土地、地下水;废定影液、废显影液排放污染城市地下水。

1.2.3 胶片清洗时水的消耗;废胶片、报废胶片遗弃污染土地、污染地下水、影响环境卫生。

1.3 材料要求

1.3.1 定影液、显影液应储存在专门容器内,防止遗洒和挥发;未用的胶片应按说明书存放在专用储存箱里,且确保阴凉、干燥、屏蔽,防止因保管不当造成曝光报废。

1.3.2 废定影液、显影液、废胶片应集中收集,收集一个运输单位后交有资质单位或环卫部门处理,避免随意乱扔污染土地、污染地下水。

1.4 射线探伤对企业和人员的要求

1.4.1 射线探伤对企业的要求

根据国务院44号令规定:"国家对放射工作实行许可证制度",使用X射线探伤的企业必须在从事放射性工作前向省级卫生行政部门办理X射线使用许可登记证;使用γ射线探伤的企业必须在从事放射性工作前向省级公安部门办理γ射线使用许可登记证,取得许可登记证后方可从事许可范围内的放射性工作,避免因企业不具备相应防护能力而发生射线污染事故。

1.4.2 射线探伤对人员的要求

1.4.2.1 企业无损检测人员必须经国家授权的专业考核机构组织的金属无损检测专业安全技术培训,考试合格,持有相应级别的有效射线探伤资格证,并按考核合格后的项目、权限和相应的国家与地方规范、操作规程,从事与所持证书等级及方法相应的无损检测和审核工作,以保证无损探伤检测质量,避免因人员素质能力不能满足要求而发生射线污染事故,废液排放污染城市下水,废物遗弃污染土地、污染地下水。

1.4.2.2 射线探伤作业前,无损检测工程师应对探伤人员针对探伤作业所涉及的射线污染、废物遗弃、废水排放等重要环境因素的环境控制措施、操作要点、射线探伤应急准备和响应注意事项等内容进行专项环境交底或综合交底,避免误操作或不按规定进行实施而发生射线污染。

1.4.3 射线探伤对人员的防护要求

1.4.3.1 操作前,检测人员必须穿专用的铅制射线防护服,戴防射线含铅护目镜和个人辐射剂量笔,并对检测人员逐一进行被照射剂量监督,避免对探伤人员的射线伤害。

1.4.3.2 在确保检测工作质量的基础上尽量缩短曝光时间,联接电缆的长度不小于20m,尽量增大操作人员与放射源的距离,同时避免射线直接照射和散射对人员的伤害。

1.4.3.3 对污染的工作服必须交专门的单位进行去污处理,禁止在放射工作场所吸烟、饮水、进食和存放食物,防止射线污染。

1.4.3.4 投放射线源时应机械操作,操作人员必须穿防护服,速放、速撤;严禁用手直接接触射线源;照片、胶片等准备工作应在投放射线源之前进行,避免或减少射线污染。

1.4.3.5 γ射线工作人员和现场探伤人员都必须佩带直读式个人剂量计,防止发生意外时探伤人员能采取有效的防护措施,避免或减少发生射线污染事故。

1.5 射线探伤对机具和设施的要求

1.5.1 射线探伤对探伤设备的要求

1.5.1.1 具备国家有关主管部门颁发的无损检测人员Ⅱ级技术资格证书人员应根据设计图纸、焊接工艺评定、焊材类别、施焊方法,无损检测方法、选择适宜的检测设备、透照方法,避免因检测设备、检测方法选择不当发生错检或漏检,增加检测次数,产生资源浪费或加大环境污染。

1.5.1.2 实施无损检测的探伤仪、射线照相探伤用象质计等必须由该产品质量监督单位负责检验或监制,使用单位必须按国家计量监督部门规定的强检周期按期将各种探伤仪、辐射剂量笔送检,保证所使用的无损检测设备有效,避免因检测设备失效发生错检,增加检测次数或形成资源浪费、加大对环境的污染。

1.5.2 射线探伤对探伤室的要求

1.5.2.1 专用探伤室应根据所选用的射线源强度、照射方向、探伤作业工作量以及周围人员的活动情况由有资格的设计单位进行专项设计;设计方案必须经过放射卫生防护管理部门的预防性审查,竣工后必须经过放射卫生防护管理部门验收检测,符合放射卫生防护基本标准,才准使用;避免因屏蔽的厚度和屏蔽材料选用不当,而发生射线污染事故。

1.5.2.2 专用探伤室的屏蔽室必须与洗片暗室、控制室、办公室、休息室分开,屏蔽室主防护墙宜采用混凝土重晶石墙,其厚度不应小于240mm、其高度不应低于4000mm,避免因屏蔽的厚度、高度、屏蔽材料不合格,而发生射线污染环境的事故。

1.5.2.3 屏蔽室一般不采光,而采用室内照明或用高窗(窗下缘要离地2.1m为宜),控制室的观察窗需用铅玻璃防护,其窗应嵌入防护墙内,防止结合处漏出射线污染环境;屏蔽室的防护门和观察窗必须避开线束的照射部位,门窗应加0.5～1.0mm铅当量的屏蔽材料,避免发生射线污染环境的事故。

1.5.2.4 屏蔽室的门必须装有联锁保险装置,确保射线照射时门不开,若开门应保证放射源自动退回储存位置或切断电源;同时设有急停开关,在意外情况下急停中止照射,避免发生射线污染环境的事故。

1.5.2.5 探伤室的门外必须装有警示标志和红灯,运行时红灯必须闪烁,提示非探伤检测人员勿靠近探伤室。

1.5.2.6 探伤室应装排风装置,及时排除屏蔽室内产生的臭氧,同时应装过滤装置,降低臭氧对环境的不利影响。

1.5.3 射线探伤对暗室的要求

1.5.3.1 暗室仪器和电器设备及冲洗设备的布局应实施定位管理,电气绝缘必须可靠,不得有任何导电体裸露,避免漏电发生火灾烧坏建筑物与物品,污染大气、土地、地下水,产生大量废弃物污染环境。

1.5.3.2 暗室应装设空气调节设备,必须保持通风良好;冲洗胶片用水应安装回收装置,做到冲洗胶片用水能回收利用,减少水资源的消耗。

1.6 射线探伤过程控制要求

1.6.1 X射线现场探伤控制要求

1.6.1.1 使用前对探伤机应按标准检查漏射线限量(管电压 < 150kV 漏限量 < 1.00mGy/h,管电压 150～2.50kV 漏限量 < 2.50mGy/h,管电压 > 150kV 漏限量 < 5.0mGy/h),声光报警设施、限束器、线束中心指示器、控制台灵敏度,接地保护等合格后才准使用,禁止使用防护性能不合格或有隐患或漏射线限量超标的探伤机。

1.6.1.2 通过检测划出禁止入内的控制区和非放射工作人员不得在其中停留的管理区,一般划在 $40\mu Gy/h(4mR/h)$ 和 $4\mu Gy/h(0.4mR/h)$ 处,在限制区边界设警戒人员监视,并设置声光警告装置、红灯、小红旗或警告围栏和悬挂警示片;如难以划分上述区域或非放射工作人员不能离开时应将探伤时间与施工时间错开,避免射线污染周围环境,造成对人员的伤害。

1.6.1.3 暗盒背面贴附一个"B"的铅字标记(B 的厚度 2~3mm、高度 13mm 的铅板),禁止用木块等非金属材料衬垫,以消除反向散射对胶片感光的影响;操作应避免射线对胶片的先期曝光,浪费胶片,增加射线对周围环境的辐射污染。

1.6.1.4 X 射线探伤时,操作台应设在背向主射线束的方向,尽量远离探伤工件所在地,采用铅防护屏、探伤防护车等设施,在射线管窗口上装设锥形铅罩或铅质避光板,以降低操作位置的辐射水平。

1.6.1.5 探伤作业由两人以上配合实施时,探伤机操作者与摆位贴片人员之间必须采用报话机或其他适宜、可靠的联络方法,确认摆位贴片人员撤到安全区后,方可通电进行曝光,预防射线误照。

1.6.1.6 探伤检测工作结束后,必须立即切断电源,将探伤机放置在指定区域存放,避免探伤机射线对周围环境的辐射污染。

1.6.2 铱—192γ 射线探伤控制要求

必须遵守 X 射线探伤规定外还必须遵守下列规定:

1.6.2.1 铱—192γ 射线源的运输应用专门车辆,存放、保管应用铅盒并存放在专用金属库房内,并定期对密封源检漏和每年进行 1 次全面检修,保证安全运行,防止造成放射污染;库房应设在远离人员活动的地方,设警戒区,悬挂明显的标志牌,库房加锁,并设专人日夜在警戒区外监护,以防止射线辐射污染。

1.6.2.2 使用前,应对探伤机按标准检查漏射线限量[手提式:容器外表面 < 14.3nc/kg.s(200mR/h)、离容器外表面 5cm < 3.6nc/kg.s(50mR/h)、离容器外表面 1m < 0.1nc/kg.s(2mR/h);移动式:容器外表面 < 14.3nc/kg.s(200mR/h)、离容器外表面 5cm < 7.2nc/kg.s(100mR/h)、离容器外表面 1m < 0.7nc/kg.s(5mR/h);固定式:容器外表面 < 14.3nc/kg.s(200mR/h)、离容器外表面 5cm < 7.2nc/kg.s(100mR/h)、离容器外表面 1m < 7.2nc/kg.s(10mR/h)]、密封源、剂量监测仪、照射容器屏蔽厚度、照射容器的锁源装置、探伤机的三大附件,接地保护等合格后才准使用;禁止使用防护性能不合格或有隐患或漏射线限量超标的探伤机,避免因设备防护装置不合格造成射线对周围环境的辐射污染。

1.6.2.3 曝光后,回收铱—192γ 射线源时,操作人员必须穿射线防护服、戴防护镜,做到迅速、准确、稳妥地回收,及时送回储藏库,射线源不得丢失;同时对探伤机的收存、用和交接应有详细记录,更换的放射源必须有登记并放在屏蔽容器、专用存放处妥善存放,避免因探伤人员操作不当或违章操作造成射线对周围环境的辐射污染。

1.6.2.4 铱—192γ 射线探伤作业时,必须随身携带 γ 剂量巡测仪和个人报警器;每次投照完毕进入探伤室或走近照射容器、照射头前,打开仪器、检查放射源是否已经退回到容器的储存位置,避免误照造成射线对施工环境的辐射污染。

1.6.3 在探伤室进行操作的控制要求

1.6.3.1 在探伤室操作前应关闭探伤室大门,开启红灯闪烁,提示非探伤检测人员勿靠近探伤室,防止射线辐射污染周围环境。

1.6.3.2 探伤作业由两人以上配合实施时,探伤机操作者待摆位贴片人员撤到安全区后,方可通电进行曝光,预防射线误照造成射线辐射污染周围环境。

1.6.3.3 探伤检测工作结束后,必须立即切断电源,恢复探伤机保护装置,避免探伤机射线对周围环境的辐射污染。

1.6.4 在暗室进行操作的控制要求

1.6.4.1 暗室内工作必须二人以上协同操作,严禁一人单独作业,避免因个人身体不适造成显影液、定影液随意排放污染土地、污染地下水,或阀门未关闭造成冲洗水漏溢,产生水资源浪费或发生事故。

1.6.4.2 胶片的冲洗必须严格按胶片说明书规定进行(最好选择自动冲洗)以达到规定的底片黑度,防止用短焦距和高管压引起的不良反映,造成胶片报废,浪费资源;冲洗照片的水应注意回收再用,不要浪费水资源。

1.6.4.3 冲洗照片的显影液经过一定时间后显影能力逐步衰退,减低时应更换显影液;显影液和定影液使用后应妥善保管,不能再用时应交有资质单位回收或另用桶储存,不允许直接排入污水管道,加大对水的污染。

1.6.4.4 冲洗报废的胶片和超过保存期不需要继续保管的胶片收集一个运输单位后应交有资质单位处理,不能倒入普通垃圾中。

1.6.5 射线探伤中的应急控制要求

1.6.5.1 设备故障处理要求

操作过程中探伤仪发生故障,必须立即切断电源,严禁在运转时进行修理,以防止射线辐射污染周围环境。

1.6.5.2 探伤中射线防护要求

(1) 探伤单位必须配备事故应急处理工具和设备,专用探伤室应备有长柄夹持工具、专用储源井等,防止射线辐射污染周围环境。

(2) 在现场进行探伤时,当发现有非作业人员进入警界区,发现者立即用对讲机向探伤者操作人员报告,停止探伤作业,避免射线辐射污染周围环境,造成对人员的伤害。

(3) 探伤作业过程中发现有人被射线误照造成辐射污染时,应立即通知专门医院进行检查救治。

1.7 射线探伤中监测要求

1.7.1 材料监测要求

作业前或进场时,应对定影液、显影液、胶片的质量标准、环境要求(环境限值)检查或检测1次,不合格不准进场、使用,预防材料对环境的污染。

1.7.2 对无损检测人员的监测要求

1.7.2.1 对无损检测人员的技术资格、个人体检、个人健康档案检查1次;检测人员的剂量限值(每人一年: $\leqslant$5Rem;一月: $\leqslant$0.4Rem;每日$\leqslant$0.016Rem)每月检查1次;检测人员的操作、防护用品每次作业时检查1次。

1.7.2.2 监测中如发现不符合时,应采取针对性措施立即纠正或采取纠正和预防措施,避免因人员素质不能满足要求发生射线辐射污染周围环境;检测人员的剂量限值超标时安排减少接触、短期脱离、疗养或调离放射性探伤检测岗位,以避免射线对探伤人员的继续伤害。

1.7.3 对机具和设施的监测要求

1.7.3.1 对探伤室的监测要求

(1) 每半年应对探伤室距居民、幼儿园、学校等人群集中的间距,探伤室屏蔽的厚度、屏蔽的高度、屏蔽材料检测1次;对警示标识、门窗防护等是否符合程序检查1次。

(2) 当探伤室周围居住人群、探伤检测的对象、检测的工作量、探伤室条件等发生变化时应增加检测的频次,避免因探伤室硬件条件不符合造成射线辐射对周围环境的污染。

(3) 监测中如发现有未满足当地卫生部门要求的地方时,应立即整改到位,避免或减少射线辐射对周围环境的污染。

1.7.3.2 对暗室的监测要求

(1) 每半年应对暗室冲洗胶片用水的回收装置,定影液、显影液存放器具,废定影液、显影液储存桶,废定影液、显影液处理、遗洒,暗室硬件条件,臭氧排放等是否符合程序检查1次。

(2) 每月应对应急处理的长柄夹持工具、专用储源井、防护服等检查1次。

(3) 监测中如发现有未满足当地卫生部门要求的地方时,应立即整改到位,避免浪费水、电等资源,防止定影液、显影液遗洒污染土地、污染地下水,避免发生应急处理工具丢失或损坏,造成射线对周围环境的辐射污染。

1.7.3.3 对探伤仪的监测要求

(1) 探伤仪每年送当地计量检测部门检测1次,不合格不准使用,避免因设备不合格而发生射线辐射污染周围环境。

(2) 每次开机前应对X射线探伤仪的联锁保险装置,铱---192γ射线探伤机的密封源、剂量监测仪、照射容器屏蔽厚度、照射容器的锁源装置,联接电缆的长度(不小于20m)检查1次,如发视异常情况停止使用,立即整改到位,避免发生射线辐射污染周围环境。

1.7.4 对探伤检测过程的监测要求

1.7.4.1 每次作业时应对现场探伤的控制区和管理区[$40\mu Gy/h$($4mR/h$)和$4\mu Gy/h$($0.4mR/h$)]、现场的防护措等检查1次;发现不符合应采取针对性措施立即纠正后才准射线探伤,避免因现场保护不到位而发生射线辐射污染周围环境。

1.7.4.2 每个作业班结后应对产生的废物清理1次,并分类存放,按月统计1次,收集一个运输单位后交有资质单位处理,避免随意堆放污染施工环境。

1.7.5 应急准备与响应监测要求

每个作业班前应对现场应急处理的工具和设备等检查1次,发现不符合应采取针对性措施立即纠正,避免发生丢失或损坏,避免由于应急响应措施不力造成射线对周围环境的辐射污染。

2 超声波探伤

2.1 超声波探伤的工艺流程
探伤设备准备→探伤准备→探伤→评价。

2.2 环境因素
2.2.1 超声波探伤中电、水的消耗,意外发生火灾。

2.2.2 超声波探伤中油、甘油、消气剂、耦合剂遗洒污染土地、污染地下水,影响环境卫生。

2.2.3 废超声波探伤机及零部件、废标准试样、废消气剂、废耦合剂机、废油、废甘油、清除的焊渣、氧化皮遗弃污染土地、污染地下水,影响环境卫生。

2.3 材料的要求
超声波探伤中所用机油、甘油、消气剂、耦合剂应符合探伤规定,并用专门容器储存室内,避免遗洒污染土地、污染地下水。

2.4 人员的要求
2.4.1 具备国家有关主管部门颁发的无损检测人员Ⅰ级技术资格证书人员应根据设计图纸、焊接工艺评定、焊材类别、施焊方法,按国家、地方相应无损检测标准进行检测,避免因检测人员素质能力不适应发生错检或漏检,增加检测次数浪费资源。

2.4.2 超声波探伤作业前,无损捡测工程师应对探伤人员针对探伤作业所涉及的废弃物处理等重要环境因素的控制措施、操作要点、超声波探伤应急准备和响应注意事项进行专项环境交底或综合交底,避免误操作或不按规定进行实施造成返工,或增加检测次数浪费资源,加大对环境的污染。

2.5 设备设施要求
2.5.1 超声波探伤仪、探头、标准试样等应定期校验合格后才准使用;其探头折射角(为45°、60°、70°,其偏差不大于2°)、晶片的有效面积(不应超过500m^2,且任意一边不应大于25mm)、衰减器精度(12dB±1dB)、系统有效灵敏度(>10dB)、远场分辨能力(直探头≥30dB、斜探头≥6dB)等均应符合国家标准;避免因检测设备不合格而发生错检或漏检。

2.5.2 试块上的标准孔,根据探伤需要可以采取其他形式布置或添加标准孔,但应注意不应与试块端角和相邻标准孔的反射发生混淆,避免因检测设备不准而发生错检或漏检造成返工。

2.6 过程控制要求
2.6.1 超声波探伤准备控制要求

2.6.1.1 被检验钢管的内外表面应光滑、洁净、端部无毛刺并具有良好的平直度,避免因表面未清除干净影响检测结果发生错检。

2.6.1.2 液浸法探伤所用耦合质——水应保持洁净、无气泡以保征探伤的准确性;耦合剂(水、机油、甘油和浆糊)在专门的敞口容器中拌和,避免机油、甘油、水、浆糊遗洒污染土地、污染地下水,加大水的消耗。

2.6.1.3 清除的焊渣、氧化皮废消气剂、废耦合剂应有专人统一回收,收集一个运输单位后交有资质单位处理,避免乱扔污染土地、污染地下水;运输易遗洒的废物应用封闭车,出场前车轮清理干净,预防遗洒污染路面。

2.6.2 超声波探伤控制要求

2.6.2.1 管道焊缝一般采用探头沿焊缝作锯齿形或矩形的基本扫查方式,扫查时探头每次移动的距离不得超过探头晶片的直径;探伤面为曲面时,超声波探伤无法对横向缺陷进行探测时,在检测记录中予以注明;避免采用的探伤方法不正确发生现存的缺陷未被及时发现导致返工,增加检测次数,浪费资源,加大对环境的污染。

2.6.2.2 焊后需热处理的焊缝,应在热处理后再探伤;避免探伤时机不正确,造成返工,增加检测次数,浪费资源、加大对环境的污染。

2.6.3 超声波探伤应急准备响应控制要求

2.6.3.1 超声波探伤仪在使用中发生故障,必须由熟悉电路原理专门技术人员修理,操作人员不得带电检修,避免误操作发生火灾污染环境。

2.6.3.2 超声波探伤仪工作场所应配置2具有效的手提式灭火器,明确疏散路线,救护联络方式,组织义务消防队,每年演练1次;避免应急策划或准备不到位,不能够控制火情,延误救火产生环境污染。

2.6.3.3 当发现火情处于初始阶段(1~3min)时,组织义务消防队和有关人员及时灭火,控制火情,防止火势蔓延发生火灾污染环境;出现火情不能控制时立即向119报警,同时组织人员疏散,转移必要的财产,配合消防队员救火,减少火灾引发爆炸事故对环境的污染。

2.7 监测要求

2.7.1 超声波探伤过程所用材料的监测要求

2.7.1.1 使用前应对超声波探伤中所用机油、甘油、消气剂、耦合剂检查或检测1次,发现不符合探伤规定不准使用,预防所用材料不合格影响检测结果,增加检测次数,浪费资源,加大对环境的污染。

2.7.1.2 每月应对超声波探伤中所用机油、甘油的储存情况检查1次,发现不足采取针对措施纠正,避免保管不当,遗洒污染土地、污染地下水或丢失造成浪费。

2.7.1.3 每个作业班后对产生的废物清理1次,并分类存放,按月统计1次,收集一个运输单位后交有资质单位处理,避免乱扔污染土地、污染地下水。

2.7.2 对人员监测要求

2.7.2.1 每次作业前应对超声波探伤人员的岗位操作证或培训资料(包括环境措施交底内容)检查1次,发现人员不适应要采取措施纠正,避免因人员素质低增加检测次数,产生资源浪费,加大对环境的污染。

2.7.2.2 每次作业前应对超声波探伤人员的防护用品检查1次,发现不足应采取措施纠正,避免保护用品不到位,产生人员伤害或造成对环境的污染。

2.7.3 超声波探伤对机具的监测要求

2.7.3.1 超声波探伤仪每年送当地计量检测部门检测1次,不合格不准使用,避免因设备不合格而增加检测次数,浪费资源。

2.7.3.2 每次作业前应对超声波探伤仪探头折射角(为45°、60°、70°,其偏差不大于2°)、晶片的有效面积(不应超过500m^2,且任意一边不应大于25mm)、衰减器精度(12dB±

1dB)、系统有效灵敏度(＞10dB)、远场分辨能力(直探头≥30dB、斜探头≥6dB)检查或检测1次,发现不符合探伤规定不准使用,避免因设备不合格而增加检测次数,浪费资源或加大对环境的污染。

2.7.4 对超声波探伤过程的监测要求

2.7.4.1 每次使用探伤设备或变更钢管规格式时均需用标准试样进行静态和动态调试1次。

2.7.4.2 检验过程中每4h内或检验结束后应对时基线扫描和灵敏度用标准试样校验1次。

2.7.4.3 监测中如发现校验点反射波在扫描线偏移超过原校验点读数的10%时,则扫描比例应重新调整,对上次检测结果进行重新测定、更正;如扫描线偏移超过原校验点读数的20%时,应对设备进行重新调试,对上次检测结果进行重新测定并评定;避免因标准试样不准影响检测结果发生错检,增加检测次数,浪费资源,加大对环境的污染。

2.7.5 应急准备与响应监测要求

每批探伤作业前应对灭火器配备数量、位置、有效性、相关人员使用技能检查1次,发现不足采取针对措施纠正,避免应急措施失效发生火灾污染环境。

3 涡流探伤

3.1 工艺流程

探伤设备准备→探伤准备→探伤→评价。

3.2 环境因素

3.2.1 涡流探伤中电的消耗,意外时对管材的机械损伤、意外发生火灾。

3.2.2 涡流探伤中噪声排放、电磁污染。

3.2.3 废涡流探伤机及废检测线圈、废机械传动装置、废电气控制台、废磁饱和装置、废校准试样遗弃污染土地、污染地下水,影响环境卫生。

3.3 材料要求

被探钢管的弯曲度、椭圆度、毛刺、氧化皮等应适应探伤设备的要求,以免影响探伤结果或发生错检或漏检增加检测次数,浪费资源,加大对环境的污染。

3.4 人员要求

3.4.1 具备国家有关主管部门颁发的无损检测人员Ⅰ级技术资格证书人员应根据设计图纸、焊接工艺评定、焊材类别、施焊方法,按国家、地方相应无损检测标准进行检测,避免因检测人员素质能力不适应发生错检或漏检,增加检测次数。

3.4.2 涡流探伤作业前,无损捡测工程师应针对探伤作业所涉及的噪声、废弃物等重要环境因素的控制措施、操作要点、涡流探伤应急准备和响应注意事项对探伤人员进行专项环境交底或综合交底,避免误操作或不按规定进行实施而发生污染环境的事故。

3.5 设备设施要求

3.5.1 涡流探伤设备的检测线圈、探伤仪、机械传动装置、电气控制台、磁饱和装置应符合相关规定并保证完好,探伤时不允许在被检管材上造成机械的损伤,以免浪费管材。

3.5.2 校准试样应选用与被检管材牌号、规格、表面状态相同,并无自然缺陷的低噪声管材制作;磁饱和装置应能在必要时对铜镍合金管材被检测区域产生足够的直流磁化作用,以消除因管材磁导率不均匀引起的噪声对环境的污染。

3.6 过程控制要求

3.6.1 涡流探伤准备控制要求

3.6.1.1 被探钢管的弯曲度、椭圆度不适应探伤设备的要求时,被探钢管的弯曲度、椭圆度应先用机械调整,不得用铁器敲打产生噪声、损坏管材。

3.6.1.2 被探钢管的毛刺、氧化皮应打磨干净,避免因表面未清除干净影响检测结果发生错检造成返工,或增加检测次数,浪费资源,加大对环境的污染。

3.6.1.3 设备操作人员更换或在探伤开始和结束时应用对比试样各核对1次,以保证其灵敏度;校准试样因机械磨损等原因产生而不是来自校准人工缺陷的干扰信号时,校准试样应更换,避免因检测设备不准而发生错检或漏检,增加检测次数。

3.6.1.4 打磨后毛刺、氧化皮、废校准试样统一回收,收集一个运输单位后交有资质单位处理,避免乱扔污染土地、污染地下水;运输易遗洒的废物应用封闭车,出场前车轮清理干净,以防遗洒污染路面。

3.6.2 涡流探伤控制要求

探伤应在最终热处理之前的加工状态或在最终热处理之后的状态下进行,保证整个焊缝都能被扫描到;避免因探伤方法不当,现存的缺陷未被及时发现,而导致发生错检或漏检。

3.6.3 涡流探伤应急准备与响应控制要求

3.6.3.1 涡流探伤仪在使用中发生故障,必须由熟悉电路原理的专门技术人员修理,操作人员不得带电检修,避免误操作发生火灾污染环境。

3.6.3.2 涡流探伤仪工作场所应配置2具有效的手提式灭火器,明确疏散路线,救护联络方式,组织义务消防队每年演练1次;避免应急策划或准备不到位,不能够控制火情,延误救火而产生环境污染。

3.6.3.3 当发现火情处于初始阶段(1~3min)时,组织义务消防队和有关人员及时灭火,控制火情,防止火势蔓延发生火灾污染环境;出现火情不能控制时立即向119报警,同时组织人员疏散,转移必要的财产,配合消防队员救火,减少火灾引发爆炸事故,加大对环境的污染。

3.7 监测要求

3.7.1 涡流探伤所用材料的监测要求

使用前应对涡流探伤被探钢管的弯曲度、椭圆度、毛刺、氧化皮等检查1次,如发现不符合探伤规定,不准涡流探伤,预防被探钢管不符合探伤规定,影响检测结果,增加检测次数,从而浪费资源。

3.7.2 对人员监测要求

3.7.2.1 每次作业前应对涡流探伤人员的岗位操作证或培训资料(包括环境措施交底内容)检查1次,发现人员不适应要采取针对措施纠正,避免因人员素质低而增加检测次数。

3.7.2.2 每次作业前应对涡流探伤人员的防护用品检查1次,发现不足应采取针对措施纠正,避免保护用品不到位伤害人员或造成对环境的污染。

3.7.3 对涡流探伤设备的监测要求

每批探伤作业时应对探伤设备管材磁导率、电磁情况检查1次,对噪声检测1次,如发现异常或超标应采取针对措施,预防设备状况不良造成对环境的污染。

3.7.4 对涡流探伤过程的监测要求

3.7.4.1 在连续探伤过程中每隔4h至少应校准1次仪器灵敏度,对设备功能产生怀疑时也应校准1次。

3.7.4.2 监测中如发现功能失效应重新调整设备和仪器,并对上次探伤结果进行重探;避免因仪器灵敏度差影响检测结果发生错检,增加检测次数,浪费资源,加大对环境的污染。

3.7.4.3 每个作业班完成后对产生的废物清理1次,并分类存放,按月统计1次,收集一个运输单位后交有资质单位处理,避免乱扔污染土地、污染地下水。

3.7.5 应急准备响应监测要求

每批探伤作业前应对灭火器配备数量、位置、有效性、相关人员使用技能等内容检查1次,发现异常应采取针对措施纠正,避免应急措施失效发生火灾污染环境。

4 磁粉探伤检测

4.1 工艺流程

探伤设备准备→探伤准备→探伤→评价。

4.2 环境因素

4.2.1 磁粉探伤中电的消耗,意外发生火灾。

4.2.2 打磨或喷砂处理过程噪声排放、扬尘、废物遗弃。

4.2.3 磁粉探伤中磁粉遗洒污染土地、污染地下水。

4.2.4 废磁粉探伤机及废磁粉、废标准试片、废油污、焊接飞溅、锈斑、氧化皮遗弃污染土地、污染地下水,影响环境卫生。

4.3 材料要求

4.3.1 探伤用的磁粉应具有高导磁率和低剩磁的性质,非荧光磁粉的磁性对称量值应大于7g、粒度应小于80μm,不符要求不准使用。

4.3.2 探伤用的磁粉应用专门容器储存室内,避免丢失浪费资源,遗洒污染土地、污染地下水。

4.4 人员要求

4.4.1 具备国家有关主管部门颁发的无损检测人员Ⅱ级技术资格证书人员应按国家、地方相应无损检测标准进行检测,避免因检测人员素质能力不适应发生错检或漏检,增加检测次数,浪费资源或加大对环境的污染。

4.4.2 磁粉探伤作业前,无损检测工程师应针对探伤作业所涉及的噪声排放、废弃物、遗洒等重要因素的控制措施、操作要点、磁粉探伤应急准备和响应注意事项对探伤人员进行专项环境交底或综合交底,避免误操作或不按规定进行实施而加大对环境的污染。

4.4.3 操作试验时,必须戴防护眼镜和胶皮手套,避免因对检测人员防护不当影响检测结果而增加检测次数,浪费资源或加大环境污染。

4.5 设备设施要求

4.5.1 具备国家有关主管部门颁发的无损检测人员Ⅱ级技术资格证书人员应根据设计图纸、焊接工艺评定、焊材类别、施焊方法、无损检测方法选择适宜的检测设备,避免因检测设备选择不当发生错检或漏检。

4.5.2 实施无损检测的各种探伤仪、磁粉探伤用灵敏度试片等必须由该产品质量监督单位负责检验或监制,使用单位必须按国家计量监督部门规定的强检周期按期将探伤仪、标准试片送至权威部门签定、认可,保证所使用的无损检测设备有效,避免因检测设备失效发生错检。

4.6 过程控制要求

4.6.1 磁粉探伤准备控制要求

4.6.1.1 磁极端面与被探伤面之间必须保持一定的间隙,一般应不超过1.5mm,跨越宽度一般不大于100mm,照在被检工作面上的黑光强度应不低于970lx,以免影响检测结果的正确性,从而发生错检或漏检增加检测次数,浪费资源、加大对环境的污染。

4.6.1.2 探伤前应采取打磨或喷砂处理除去影响探伤的油污、焊接飞溅、锈斑和松动的氧化皮,以免影响检测结果。

4.6.1.3 打磨或喷砂处理过程产生的噪声、扬尘、废弃物处理按管道安装作业所确定的相关措施进行控制,防止或减少对环境的污染。

4.6.1.4 油污、焊接飞溅、锈斑、氧化皮统一回收,收集一个运输单位后交有资质单位处理,避免乱扔污染土地、污染地下水;运输易遗洒的废物应用封闭车,出场前车轮清理干净,预防遗洒污染路面。

4.6.2 磁粉探伤控制要求

4.6.2.1 探伤时,磁悬液喷部位应正确,避免磁悬液喷部位不正确影响检测结果,增加检测次数,浪费资源、加大对环境的污染;喷磁粉时下垫塑料布,避免磁粉遗洒污染土地、污染地下水。

4.6.2.2 对大型工件分段磁化探伤时,相邻两磁化区域的有效探伤宽度应重叠25mm;磁轭的行走速度要均匀,一般不大于0.05m/s;避免探伤范围、行走速度不当影响检测结果的正确性。

4.6.2.3 废弃的磁粉应有专人回收,收集一个运输单位后交有资质单位处理,避免乱扔污染土地、污染地下水;运输易遗洒的废物应用封闭车,出场前车轮清理干净,预防遗洒污染路面。

4.6.3 磁粉探伤应急准备与响应控制要求

4.6.3.1 磁粉探伤仪在使用中发生故障,必须由熟悉电路原理专门技术人员修理,操作人员不得带电检修,避免误操作发生火灾污染环境。

4.6.3.2 磁粉探伤仪工作场所应配置2具有效的手提式灭火器,在发生火灾险情时能及时扑灭,避免火势蔓延、烧坏设备、管子,排放有毒有害气体、污染土地、污染地下水、污染大气或产生大量废弃物。

4.6.3.3 探伤时,磁悬液不得喷在磁夹线圈上,不得喷向照明灯及其带电部位,避免发生火灾烧坏设备、管子,排放有毒有害气体、产生大量废弃物污染土地、污染地下水、污染大气。

4.7 监测要求

4.7.1 材料的监测要求

4.7.1.1 使用前应对磁粉探伤所用磁粉检查或检测1次,发现不符合探伤规定不准使用,以防所用材料不合格影响检测结果,增加检测次数形成资源浪费。

4.7.1.2 磁粉探伤中所用磁粉储存情况每月检查1次,发现不符合探伤规定不准使用,以防所用材料不合格影响检测结果,增加检测次数,浪费资源。

4.7.2 对人员监测要求

4.7.2.1 每次作业前应对磁粉探伤人员的岗位操作证或培训资料(包括环境措施交底内容)检查1次,发现人员不适应时采取针对措施纠正,避免因人员素质低,增加检测次数,浪费资源或加大对环境的污染。

4.7.2.2 每次作业前应对磁粉探伤人员的防护用品检查1次,发现不足应采取针对措施纠正,避免保护用品不到位造成人员伤害和环境污染。

4.7.3 磁粉探伤设备监测要求

探伤仪、灵敏度试片每年检测1次,发现失准不准使用,避免设备不准影响检测结果,增加检测次数而浪费资源。

4.7.4 磁粉探伤过程的监测要求

4.7.4.1 每个作业班对磁极端面与被探伤面之间的间隙,探伤宽度、重叠范围(25mm)、磁轭的行走速度检查1次;打磨或喷砂处理产生的噪声检测1次,对扬尘目测1次(扬尘高度不超过0.5m),发现超标时应采取针对措施以减少对环境的污染。

4.7.4.2 每个作业班完成后对产生的废物清理1次,并分类存放,按月统计1次,收集一个运输单位后交有资质单位处理,避免乱扔污染土地、污染地下水。

4.7.5 应急准备与响应监测要求

4.7.5.1 每批探伤作业前应对灭火器配备数量、位置、有效性、相关人员使用技能检查1次,发现异常采取针对措施纠正,避免应急措施失效发生火灾污染环境。

4.7.5.2 磁粉探伤检测前,必须对磁粉探伤机的电源和探头(磁夹)连接线绝缘情况检查1次,发现外壳接地不可靠,有裸露、松动现象,应采取针对措施纠正,防止漏电发生伤人事故或火灾,造成对环境的污染。

5 渗透探伤检测

5.1 工艺流程

探伤设备准备→探伤准备→探伤→评价。

5.2 环境因素

5.2.1 渗透探伤中电的消耗,意外发生火灾。

5.2.2 清洗、酸洗、碱洗溶液的遗洒、火灾,废清洗、酸洗、碱洗溶液排放对土地、地下水的污染。

5.2.3 渗透探伤中渗透剂、乳化剂、清洗剂、显像剂遗洒,火灾等对土地、地下水和大气的污染。

5.2.4 废渗透探伤机废标准试片、废渗透剂、废乳化剂、废清洗剂、废显像剂、废抹布、废油脂、废涂料、铁锈、氧化皮及污物遗弃污染土地、污染地下水,影响环境卫生。

5.3 材料要求

5.3.1 清洗、酸洗、碱洗处理过程所需溶液应用专门容器储存,防止遗洒污染土地、地下水。

5.3.2 渗透探伤液(渗透剂、乳化剂、清洗剂、显像剂)应专人保管,合理利用,不得乱放,必须远离明火和高温场所,避免意外引发火灾或保管不当失效而浪费资源或造成环境事故。

5.4 人员要求

5.4.1 具备国家有关主管部门颁发的无损检测人员Ⅱ级技术资格证书人员应按国家、地方相应无损检测标准进行检测,避免因检测人员素质能力不适应发生错检或漏检,导致试压或试运行中发生跑水、泄漏、爆炸等污染环境的事故。

5.4.2 渗透探伤作业前,无损检测工程师应针对探伤作业所涉及的噪声、遗洒、废弃物等重要环境因素的控制措施、操作要点、渗透探伤应急准备和响应注意事项对探伤人员进行专项环境交底或综合交底。

5.4.3 操作试验时,必须戴防护眼镜和胶皮手套,避免对检测人员防护不当,影响检测结果而增加检测次数,浪费资源,加大对环境的污染。

5.5 设备设施要求

5.5.1 具备国家有关主管部门颁发的无损检测人员Ⅱ级技术资格证书人员应根据设计图纸、焊接工艺评定、焊材类别、施焊方法、无损检测方法、选择适宜的渗透探伤检测设备。

5.5.2 实施无损检测的各种探伤仪、标准试片等必须由该产品质量监督单位负责检验或监制,使用单位必须按国家计量监督部门规定的强检周期按期将探伤仪、标准试片报经权威部门签定、认可,保证所使用的无损检测设备有效。

5.6 过程控制要求

5.6.1 渗透探伤准备控制要求

5.6.1.1 渗透探伤剂应配套使用,荧光渗透探伤剂、着色渗透探伤剂不能混用,以防止浪费资源和影响检测的正确性。

5.6.1.2 探伤前应选择适宜的清洗、涂膜剥离、酸洗、碱洗等方法对被检物表面探伤部位四周向外扩展25mm部分彻底清除其油脂、涂料、铁锈、氧化皮及污物等附着物,避免渗透剂不能渗入缺陷中发生错检。

5.6.1.3 清洗、酸洗、碱洗处理过程所需溶液的储存、使用及产生的废弃物处理按管道安装作业所确定的相关措施进行控制,防止或减少对环境的污染。

5.6.1.4 清除的油脂、涂料、铁锈、氧化皮及污物等附着物,废清洗、酸洗或碱洗溶液应统一分类回收,收集一个运输单位后交有资质单位处理,避免乱扔污染土地、污染地下水;运输易遗洒的废物应用封闭车,出场前车轮清理干净,预防遗洒污染路面。

5.6.1.5 被检物表面上预清洗过程中残留的溶剂、清洗剂和水分等必须充分干燥,以防影响检测结果。

5.6.2 渗透探伤控制要求

5.6.2.1 根据被检物的数量、尺寸、形状以及渗透剂的种类选用浸渍、喷晒和涂刷等方法将探伤部位的表面全部润湿,操作时铺垫塑料布,防止渗透剂遗洒,污染土地、地下水。

5.6.2.2 在乳化处理前应用水喷法除去多余的渗透剂,乳化必须均分,油基乳化剂的乳化时间在2min内,用水基乳化剂的乳化时间在5min内;一般用蘸有清洗剂的布擦拭附着在表面残余渗透剂,要防止处理不足或过度影响检测结果。

5.6.2.3 用清洗剂去除多余的渗透剂时,应自然干燥或用布擦干,不得加热干燥,防止引发火灾污染环境。

5.6.2.4 采用干式显像剂或湿式显像剂(喷涂后应进行自然干燥或低温空气喷吹干燥)薄且均匀地喷涂在被检物表面,不要在同一部位反复喷涂,以免影响检测结果;操作时铺垫塑料布,防止显像剂遗洒,污染土地、地下水。

5.6.2.5 探伤结束后,应采用布擦拭清除显像剂,防止残留的显像剂腐蚀被检物表面或影响其使用。

5.6.2.6 对废弃的渗透探伤液(渗透剂、乳化剂、清洗剂、显像剂)应统一分类回收,收集一个运输单位后交有资质单位处理,避免乱扔污染土地、地下水;运输易遗洒的废物应用封闭车,出场前车轮清理干净,预防遗洒污染路面。

5.6.3 探伤过程对应急准备与响应控制要求

5.6.4 设备故障处理要求

探伤仪在使用中发生故障,必须由熟悉电路原理的专门技术人员修理,操作人员不得带电检修,避免误操作发生火灾污染环境。

5.6.5 防火要求

5.6.5.1 在容器内探伤时,不得向照明设备和电器上喷洒,避免浪费资源或引发火灾事故。

5.6.5.2 探伤仪工作场所应配置2具有效的手提式灭火器,在发生火灾险情时能及时扑灭,避免蔓延烧坏设备、管子,排放有毒有害气体、污染土地、地下水、大气和产生大量废弃物。

5.7 监测要求

5.7.1 材料的监测要求

5.7.1.1 使用前应对渗透剂(渗透剂、乳化剂、清洗剂、显像剂)检查或检测1次,发现不符合探伤规定不准使用,以防所用材料不合格影响检测结果。

5.7.1.2 探伤中所用渗透剂(渗透剂、乳化剂、清洗剂、显像剂)储存情况每月检测1次,发现不符合探伤规定不准使用,以防所用材料不合格影响检测结果,增加检测次数,浪费资源。

5.7.2 对人员监测要求

5.7.2.1 每次作业前应对渗透探伤人员的岗位操作证或培训资料(包括环境措施交

底内容)检查1次,发现人员不适应时采取针对措施纠正。

5.7.2.2 每次作业前应对渗透探伤人员的防护用品检查1次,发现不足应采取针对措施纠正,避免保护用品不到位,伤害人员造成对环境污染。

5.7.3 探伤设备的监测要求

探伤仪、标准试片每年检测1次,发现失准不准使用。

5.7.4 对渗透探伤过程监测要求

5.7.4.1 每次探伤前应对探伤部位油污及焊渣清除状况检查1次;每次探伤中对操作程序、浸渍方法、乳化时间(油基乳化剂2min内,水基乳化剂5min内)、显像剂喷涂方式等内容检查1次;发现遗洒或作业方法不当应采取针对措施纠正,以减少对环境的污染。

5.7.4.2 每个作业班完成后对产生的废物清理1次,并分类存放,按月统计1次,交有资质单位处理,避免乱扔污染土地、地下水。

5.7.5 对应急准备情况的监测要求

5.7.5.1 每批探伤作业前对灭火器配备数量、位置、有效性、相关人员使用技能检查1次,发现异常应采取针对措施纠正,避免应急措施失效发生火灾污染环境。

5.7.5.2 在容器内探伤,不得向照明设备和电器上喷洒,避免引发火灾污染环境。

第27章 通风空调

0 一般规定

0.1 风管管件和部件等材料的选用必须符合有关质量和环境管理的要求,在下料过程中应对材料的消耗进行策划和设计,加工过程应注意材料的合理利用及固废的控制。

0.2 施工单位应按设计要求及有关规定进行施工过程控制。编制施工方案时应根据工程特点、工期要求、施工条件等因素进行综合权衡,选择适用于本工程重要环境因素控制的先进、经济、合理的适用方法,以达到保证工程质量,控制环境影响的效果。

0.3 施工前,应根据施工图纸到现场进行实测实量后绘制系统加工示意图,充分考虑各系统、零部件与建筑结构、设备基础及与通风管连接的各部位的尺寸、位置,确保加工出的零部件及系统安装一次成功,避免返工造成各材料浪费。

0.4 材料搬运时应轻拿轻放,严禁抛扔,防止噪声污染。

0.5 风管安装前,应先检查吊架、托架等固定件的位置是否正确,是否牢固,如发现位置不当应用电锤固定膨胀螺栓。固定时应避开施工高峰,选择噪声低的设备,减少噪声污染;电钻时,地面下垫塑料布,防止遗洒污染。清除的垃圾及时回收。

1 风管施工

1.1 工艺流程

1.1.1 一般风管工艺流程

风管制作→风管管件制作→风管组配→绝热施工→支吊架的选择与安装→风管的运输与安装→空气洁净系统风管的安装→系统风管严密性检验→防火阀及防排烟风口安装。

1.1.2 净化风管工艺流程

材料擦洗→风管制作→风管管件制作→风管组配(临时封口)→绝热施工→支吊架的选择与安装→风管的运输与安装→空气洁净系统风管安装后擦洗→系统风管严密性检验→防火阀及防排烟风口安装。

1.2 环境因素

1.2.1 风管制作、机加工过程及风管组配、支架安装、系统安装产生噪声、粉尘、固体废弃物。

1.2.2 支架、吊架及配件安装过程中使用电动工具噪声、扬尘、固体废弃物。

1.2.3 安装过程使用的煤油、汽油、松节油、松香水及橡胶水、制冷剂等化学制剂的排放与泄漏。

1.2.4 焊接弧光污染、有害气体排放、废焊条、电焊条头、焊渣废弃。

1.2.5 清洗、油漆、绝热施工场所意外发生火灾产生的有害气体及固体废弃物。

1.2.6 管道除锈扬尘、废弃物,擦洗污水排放。

1.3 材料要求

1.3.1 风管制作材料应原包装存放室外,存放时下垫枕木,排水畅通,并加盖塑料布预防生锈,费工费时并产生扬尘等污染。

1.3.2 钢管:不锈钢风管管材中所含成分应符合环保规定要求,其中硫、磷等杂质的含量必须达标,以确保风管的耐腐蚀性指标符合要求。

1.3.3 在堆放不锈钢板时,应竖靠在木支架上,不能把板材平叠,防止取板材时造成划伤;不锈钢板应与碳素钢分开放置,防止因与不锈钢接触产生腐蚀;运输过程中,应铺设木板或橡胶板,防止板材表面受到振动。

1.3.4 支架材料的规格尺寸应进行估算,估算时,应按线性组合方法,求解出最大值与最小值,合理选取中间数值作为估算量,以避免过多、过少而产生浪费。

1.4 人员要求

1.4.1 人员必须经过通风空调专业质量及环境方面的培训,考核合格后方可上岗操作。在施工图纸会审前,人员应熟悉施工图纸,核对安装图纸的具体要求,识别相应的环境因素及影响,并形成相应文件。

1.4.2 作业前,应对作业人员进行风管制作、安装、绝热、管道擦洗所涉及的噪声排放、扬尘、遗洒、废物遗弃等重要环境因素的控制方法和措施进行交底,使作业人员能按规定的方法和措施进行作业,预防或减少环境污染。

1.5 机械设备要求

1.5.1 设备应选择噪声低、能耗低、效率高的剪板机、折方机、咬口机等设备节省油、电能源;在施工中应定期对设备进行日常保养维护,使设备使终保持完好状态,避免设备带病作业,加大对电、油的消耗或噪声超标污染。

1.5.2 施工中,发生设备临时故障应立即安排人员抢修,避免设备故障影响工期,影响加工制作。

1.5.3 风管加工场地四周应封闭,以减少噪声及扬尘。

1.5.4 风管加工平台应选用适宜的厚钢板,下面垫枕木,保证加工时平台稳固;平台上的杂物浮锈,每天工作结束后应进行及时清理,防止扬尘或污染风管。

1.5.5 空压机安装地点应封闭减少噪声污染;空压机应放置在接油盘上,接油盘采用0.5~1.0mm厚的钢板制作,其面积不小于设备的水平投影面积,防止油遗洒污染土地。

1.6 过程控制要求

1.6.1 风管系统制作

1.6.1.1 普通风管制作

(1)风管加工制作时,应严格按照加工图下料,避免下料过短或过长造成材料浪费及废弃,浪费资源。

(2)风管咬口应在咬口机上进行,尽量减少人工。用角铁咬口,以减少噪声污染;风管加工时,应严格控制四边角度,防止咬口后产生扭曲、翘角等现象,影响与法兰的连接,而产生废弃物浪费资源。

(3) 风管用角钢框加固,加固必须与风管铆接,铆钉的间距与铆接法兰相同,不得大于 220mm,避免加固间距过大,造成风管坍塌形成阻力,影响使用。

(4) 无法兰连接,应利用薄钢板加工不同形式的连接件,与风管两端折成不同形式的折边与连接件连接;无法兰连接的形式可分为承插、插条、咬合、薄钢板法兰和混合式连接等形式;无法兰连接件的加工应采用专用设备加工,其折边应平直,弯曲度不大于 5/1000;避免加工不到位致使连接不严密,造成漏风。

(5) 风管展开后,应放出咬口量和法兰留量,避免留量不足无法连接产生废料;加工出的边角废料,应及时清理,清理时,用喷雾器将地面喷洒至潮湿状态,以防扬尘,清理的废物,应由袋装集中清运至指定地点交由环卫部门统一清运。

1.6.1.2 不锈钢风管制作

(1) 不锈钢表面可用喷砂处理,喷砂可消除表面上的痕迹擦伤,使表面产生新的钝化膜提高不锈钢的抗腐蚀性;喷砂应在封闭的加工场进行,四周设置隔声屏,地面应用硬化混凝土,减少喷砂作业时噪声污染或扬尘;喷砂作业完后石英砂应回收,放到指定位置避免石英砂遗洒或丢失浪费;不锈钢材加工和除锈时,要避免和铁锈接触,应对使用的机械设备进行清洗,把机械上的铁锈等杂物擦洗干净,避免铁锈和氧化物落在不锈钢板上造成局部腐蚀。

(2) 切剪不锈钢时,刀刃间隙一般为板材厚度的 0.004 倍,以保证切断的边缘保持光洁,减少不锈钢板材的消耗和对切断边缘的处理;风管展开放样放线时,不能用锋利的金属划针在板材表面画辅助线或冲眼,以免造成划痕、积灰影响正常使用。

(3) 风管与法兰之间采用翻边连接,不锈钢风管的法兰,应用剪板机剪成条形,按需要尺寸用电弧焊直接焊成矩形,焊接应在加工场进行,每台焊机四周应设挡板,减少弧光污染;焊接时应开启抽风装置,以减少烟尘污染;尽量不采用等离子切割器在不锈钢板上直接割出圆形法兰,以免产生太多的边角余料。

(4) 圆形法兰尽量采用冷煨,以减少热辐射和有害气体的污染;如需热煨时,应使用电路加热,尽量不用普通焦炭加热,防止表面受到碳、硫的扩散,以至掺入板材内部,降低防腐蚀性能;加热时不锈钢板加设碳素钢管做套管,避免与焦炭直接接触,降低防腐蚀性能;加热应在加工场地进行,加热时应送风以减少热辐射。

(5) 加热温度可在 1000~1200℃,煨弯时的温度应在 820~1200℃之间,避免温度不当使材料发生硬化导致法兰表面产生裂纹;为了防止不锈钢在 450~850℃之间缓慢冷却,产生晶间腐蚀倾向,煨好的法兰应重新加热到 1100~1200℃,在冷水池中迅速冷却。

(6) 不锈钢板上钻孔时应采用高速钢钻头,钻速不宜超过 20mm/s,避免切削速度太快使钻头磨擦过热而烧坏钻头;孔眼前,在不锈钢板底下垫好硬物,钻孔时应对准孔眼后,才能施压,避免钻孔位置错误,造成返工浪费。

(7) 钻孔的废渣、加热的废渣、风管清洗的铁锈和氧化物应统一分类回收,收集一个运输单位后交有资质的单位或环卫部门处理,防止乱扔污染土地;运输时应采用封闭运输工具,出场前,应对车轮清扫干净,防止污染路面。

(8) 法兰与风管的连接方式应根据风管的材质、厚度等情况可采用翻边铆接、焊接等形式,避免连接方式选择不当,造成安装时漏风。焊接应在加工场进行,每台焊机四周应设挡板,减少弧光污染;焊接时应开启抽风装置,以减少烟尘污染;尽量不采用等离子切割器在不锈钢板上直接割出圆形法兰,以免产生太多的边角余料。

(9)法兰焊接前,应将焊缝处的油渍污物清除干净,防止焊缝出现气孔、砂眼;清洗用汽油、丙酮进行,作业应在通风良好,其10m范围内无易燃物品和明火作业,严禁烟火,配备足够数量的灭火器材,防止意外发生火灾,污染环境。焊后,要用钢丝刷刷出金属光泽,再用10%硝酸溶液酸洗钝化,最后用热水清洗。

1.6.1.3 铝板风管制作

(1)铝板风管,一般采用咬口连接,板厚1.5mm也可采用氧气乙炔焊或压弧焊连接,焊接时应消除焊口处和焊丝上的氧化皮及污物,避免铝板与铁等重金属接触,防止由于电化学作用产生电化学腐蚀;焊接时应在加工场进行,每台焊机四周应设挡板,减少弧光污染;焊接时应开启抽风装置,以减少烟尘污染。

(2)铝板风管采用角型铝法兰,并进行翻边连接,并用铝锚钉固定,如采用普通角钢法兰时,应根据设计要求做防腐绝缘处理;油漆倒小桶、刷防锈漆时下垫塑料布,防止油漆遗洒污染土地;倒完油漆后油漆桶应及时盖紧盖子,预防油漆挥发产生气体对环境污染。

1.6.1.4 塑料复合钢板风管制作

(1)塑料复合钢板风管,在普通薄钢板上表面涂一层塑料,保护钢板防止腐蚀;钢板喷塑时应送到环境达标的专业工厂喷塑,避免现场加工遗洒和挥发污染。

(2)风管连接只能采取咬口和锚接进行板材的连接,不能采用焊接,避免烧毁和损坏塑料层;咬口、折边机械不应有尖锐的棱边,以免造成伤痕;对伤痕的塑料层数应涂刷环氧树脂漆保护,涂刷环氧树脂漆时应下垫塑料布防止油漆遗洒污染土地;环氧树脂漆使用后应立即盖紧盖子,避免挥发产生有害气体污染环境。

1.6.1.5 硬聚氯乙烯塑料风管制作

(1)硬聚氯乙烯塑料风管下料时应对每批材料先进行加热试验,确定其收缩余量,在塑料风管加热时应对加热成型的风管和管件按确定的收缩余量下料,预防下料尺寸偏小或偏大浪费;放样时,应用铅笔进行画线,不应使用锋利的金属画针或锯条,避免板材表面划伤或折裂。

(2)硬聚氯乙烯塑料板切割时应用剪床或圆盘锯或普通锯进行切割,厚度5mm以上或冬天气温较低时应先对板材加热到30℃左右,再用剪床进行剪切,以免发生脆裂;切割时为了预防材料过热发生烧焦或粘住现象,可用压缩空气进行冷却。

(3)坡口应采用锉刀、木工刨床或普通木工刨床、坡口机进行刨光,坡口时应在封闭的加工场进行,尽量少使用砂轮机坡口以减少噪声污染。

(4)聚氯乙烯塑料板成型时,加热温度控制在100~150℃,避免板材长时间处于170℃以上,使板材形成韧性流动状态,引起板材膨胀、起泡、分层。

(5)圆形、直管加热成型采用电热箱加热时,应先将电热箱的温度保持在130~150℃左右,在温度稳定后,把切割好的板材放到电热箱内加热,使整个表面均匀受热,避免受热不均匀变形;从电热箱内取出柔软状态的板材放到成型机台面上,再用压缩空气冷却后再成型,避免塑料风管未冷却就从成型机上取出导致返工。

(6)焊接时用温控开关控制空气温度为210~250℃为宜,避免温度过低不能使焊条与板材形成良好的结合或温度过高,使焊缝的机械强度降低,使材料分解;焊条直径一般选为3mm较为合适,第一道焊缝应采用2~2.5mm的焊条,焊条位置应在焊缝中移动,焊条应垂直于焊缝平面并施加一定的压力,使被加热的焊条与板材本体粘合,使焊缝挤出微量的紫水为最好,避免在焊条上加的压力过大,使焊条伸长,产生收缩应力,导致焊条裂纹或断裂。

(7) 风管的组配采取焊接方式,风管的纵缝必须交错,交错的距离应大于60mm,圆形风管管径小于50mm,矩形风管大边长度小于400mm,其焊缝采用对接焊缝,圆形风管大于560mm,矩形风管大边长度大于500mm,应采用硬套管或软套管连接后,风管引套管再进行搭接焊接;避免焊接控制不当影响风管质量造成漏风或被污染。

(8) 为了保证法兰与法兰连接的严密性、法兰与风管焊接后高出法兰平面的焊条应用木工刨刨平,避免凸出部分未处理,影响送风效果;刨后的废渣应回收,收集一个运输单位后交由资质单位处理。

1.6.1.6 净化风管制作

(1) 空气净化风管的咬口缝不但要严密而且板材要减少拼接,矩形风管大边超过900mm,尽量减少纵向接缝,900mm以内不得有拼接缝,防止风管内积尘,影响净化系统的正常工作。

(2) 空气净化系统的所有风管其内壁表面应平整,避免风管内积尘;风管加固部件不得安装在风管内,不得采取凸棱,应在风管外用角钢加固,避免安装时造成对风管的污染。

(3) 洁净风管所用法兰密封垫料应选用不透气、不产生扬尘、弹性好的橡胶板、闭孔海绵等,严禁采用乳胶海绵、泡沫塑料、厚纸板、石棉绳、铅油、麻丝、油毡纸等材料,预防扬尘;密封垫片的厚度一般为5~6mm,严禁在密封垫片上涂刷涂料,避免产生漏气影响其密封性。

(4) 用法兰垫片连接时,在接缝处涂抹密封胶预防漏风或污染;涂胶前,应先将密封垫片擦试干净,涂胶时不得有隆起或虚脱现象;涂胶时下垫塑料布,避免密封胶遗洒污染土地;密封胶使用后,应立即盖紧盖子防止挥发产生有害气体污染环境、浪费资源。

(5) 用于净化空调系统的风阀,其活动件、固定件、紧固件均应采取镀锌、喷塑及烤漆处理,镀锌件、喷塑及烤漆应选用环境达标的专业厂加工,避免不达标废液排放或遗洒污染土地及地下水;阀体与外界相通的缝隙处,应涂抹密封胶避免漏风或污染。

1.6.2 风管管件制作

1.6.2.1 钢制风口、风帽等部件制作

(1) 钢制风口、风帽等管件按设计图纸加工,并满足施工规范要求;其焊接可选用氧气乙炔焊或电弧焊,铝制风口应采用压弧焊,避免焊接方法选择不当对风管产生污染;焊接应在加工场进行,每台焊机四周应设挡板,减少弧光污染;焊接时应开启抽风装置,以减少烟尘污染。

(2) 消声器应按图纸要求选用物理性能密度小、防火性能强、吸湿性小、受温度影响变形不大、施工方便、无毒无臭超细玻璃棉、玻璃纤维板、工业毛毡多孔吸声材料,制作后满足规范要求,避免加工选用的材料不当造成运行时消声器不起消声作用发生噪声污染。

1.6.2.2 阀门制作

(1) 止回阀应按图纸规定的材料加工,加工后满足规范要求,保证起闭灵活、关闭应严密,避免阀板的转珠用料不当被腐蚀或刚度不够,在最大负荷压力下弯曲变形。

(2) 三通调节阀应按图纸规定的材料加工,加工后满足规范要求,保证起拉杆和手柄的转轴与接合处应严密,阀板调节方便灵活,不与风管相碰,避免不严密造成漏风或不灵活影响正常使用。

(3) 防火阀应按图纸规定的材料加工,加工后满足规范要求,保证防火阀的使用功能,避免材料使用不当或加工质量不合格致使防火阀不起作用造成环境污染。

1.6.3 风管油漆及绝热

1.6.3.1 风管除锈

(1) 对风管、支吊架等金属材料,应用钢丝刷在管道外表面往复拖拉2~3次,直至管外污物及铁锈除尽使其表面光滑、清洁,避免附着在上面的铁锈、油污、灰尘、污物等未除尽影响油漆的附着力。

(2) 除锈时下垫塑料布防止浮锈污染土地;在四级风及以上天气禁止除锈,防止扬尘;喷砂除锈时,空压机置于封闭的房间内或加隔声罩,地面硬化,减少喷砂作业时噪声污染或扬尘;停机时砂子、浮锈应及时进行清理回收,将石英砂放至指定位置,避免或减少石英砂的消耗或污染,将浮锈装入容器内待集成一个运输单位后交有资质单位处理;空压机放置在接油盘上,避免喷砂时设备漏油,污染施工现场。

1.6.3.2 风管油漆

(1) 油漆和涂料必须具备产品合格证及厂家性能检测报告或厂家质量证明书,涂刷在同一部位的底漆或面漆的化学性能要相同,否则涂刷前应做相容性试验,避免油漆不合格或不兼容造成刷漆返工。

(2) 风管、部件及支架应按设计要求刷防腐漆,必须先刷一道防腐漆,待交工前再刷两道面漆或安装前必须先刷两道防锈漆,待交工前再刷面漆,第二道防锈漆必须在第一道防锈漆干燥后涂刷,避免涂刷时机不当造成附着力差影响其使用寿命。

(3) 油漆施工不应在低于5℃或潮湿环境作业,刷漆涂抹要均匀,无堆积、纵纹、掺杂、流痕、气泡、混色等缺陷;油漆大桶倒小桶时应用专用工具,涂刷时应下垫塑料布防止遗洒污染土地。油漆使用后,应及时盖紧盖子,防止油漆挥发产生有害气体污染环境和浪费资源。

(4) 报废的油漆、废的油漆刷、手套等应统一回收,收成一个运输单位后交有资质单位或供应商处理,避免乱扔污染土地。

1.6.3.3 风管绝热

(1) 风管采用卷材玻璃棉或岩棉绝热时,要将焊缝放在侧面,从侧面开始横向铺放,铺放要平直,水平面和垂直面要绑紧,转折处不得松懈,接缝要贴胶带或密封处理,避免密封不严影响绝热效果;铺放前,应将玻璃棉或岩棉绝热材料缝成小被,避免安装时遗洒污染地面。

(2) 绝热材料如采用板材,应按现场实际测量下料,绝热材料下料要准确,切割面要平齐,要使水平面与垂直面的搭接处以短边底在长边上,板材铺盖时尽量减少通缝,纵横向接缝要错开;板材拼接时,小块材料要尽量铺覆在上面,拼接缝要严密,板材下料的尺寸要大于丈量尺寸5~10mm,接缝处用宽度不小于50mm的胶带粘贴密封,避免下料不准造成浪费或密封不严,影响绝热效果。

(3) 阻燃聚苯乙烯板和岩棉板作绝热材料时,在风管上均匀涂刷胶粘剂,将剪切好的板材铺放好后再四角做好贴包角,用打包带箍紧,还采用保温钉固定,保温钉要分布均匀,避免固定不牢下落影响绝热效果污染环境;涂胶粘剂时,一次不宜过多,以免流淌污染地面。

(4) 风管内绝热采用高强度玻璃纤维,避免使用镀锌钢板外加绝热层的做法产生噪声、灰尘、滋生微生物和细菌,破坏空气品质。

(5) 风管法兰连接处,要用同类绝热材料补保,其补保的厚度不低于风管绝热材料的0.8倍;固定绝热材料采用的保温钉,其长度应满足在尽量不缩绝热材料的情况下,将材料固定在适当的位置上;保温钉采用粘结时,保温胶要分别涂刷在保温钉和管壁的粘结面上,稍后将其粘结,并确保粘结牢固后,再铺覆保温材料;避免固定不牢影响绝热效果。保温钉采用螺柱焊焊接,焊接后风管里面应无变形,镀锌钢板焊接处的镀锌层不受影响。

(6) 报废的绝热材料、胶粘剂、聚苯乙烯板和岩棉板、保温钉等应统一回收,收满一个运输单位后交有资质单位或供应商处理,避免乱扔污染土地。

1.6.4 风管安装

1.6.4.1 普通风管安装

(1) 支架的固定应采用埋入墙内的水泥砂浆锚固,在钢筋混凝土的预埋钢板上焊接锚固;避免支架锚固不牢造成支架下落损坏;水泥砂浆锚固时,应下垫托盘防止遗洒;焊接时对焊接作业面下应垫钢板以免焊接火花落地引起火灾。

(2) 风管系统运至现场时,应按照加工时的编号进行组对,复核无误后再安装,避免无复核致使安装错误造成拆卸产生噪声、扬尘及材料浪费等损失;通风管道的直线段较长时,每隔10~20m设置一个伸缩节,以便补偿其伸缩量,避免风管伸缩时、受热延伸时拉裂管子。

(3) 系统吊装时,先把水平干管绑扎牢固,然后再起吊,起吊时,先慢慢拉紧系重绳,使保持正确的重心,避免受力不均,钢丝绳断裂使风管掉落损坏;每次吊装风管的长度应控制在6~8m范围内,避免风管在吊装过程中产生变形而降低严密性;风管吊装时应选择适宜的电动葫芦避免吊装控制不当造成风管下落损坏。

(4) 风管敷设在地沟内,地沟较宽便于放缆,螺栓连接时,可在地沟内分段进行连接;不便于螺栓连接时应在地面上连接;用麻绳把风管绑好,慢慢放入地沟的支架上,如风管较重时,可多绑扎几处由多人进行抬放;抬放时注意步调一致,同起同落防止不同步或受力不均造成管子损坏;安装时应保持内部清洁,安装完毕后露出的敞口应临时封口避免杂物落入。

(5) 风管与设备连接时,接口处应加垫料,预防法兰接口处不严密漏风;法兰垫料的厚度为3~5mm,加垫料时垫片不要突入管内,否则会增大空气流动的阻力,减少风管的有效面积,形成涡流,增加风管内的积尘;与风管输送温度低于70℃的空气时,应用橡胶板或闭孔海绵橡胶板;当风管输送有凝结水或含湿空气,但温度大于70℃时,法兰垫片应用石棉绳或石棉橡胶板等;当风管是输送有腐蚀介质时,法兰垫片应使用耐酸橡胶板、软聚氯乙烯板。避免法兰密封垫用料错误造成密封垫腐蚀损坏影响正常使用。

1.6.4.2 其他风管安装

(1) 不锈钢板、铝板风管采用的碳素钢支架时,与风管接触部位应垫木板或硬质板材进行隔绝处理,防止电化学腐蚀;预埋件的埋入部分不得涂刷防锈漆等涂料,避免铁锈油污未清除干净影响预埋件与混凝土的粘结能力,使风管下落损坏。

(2) 空气洁净系统的螺栓孔径不应大于120mm,如采用9501阻燃密封胶条作垫料时,栓孔可适当增大但不可超过300mm,避免孔径过大固定不牢影响使用。

(3) 洁净风管的塑料封口要保持密封状态,如塑料封口已损坏,应再一次清洗干净,再与其他风管相连接,净化风管安装,施工现场的环境应干净,风管内部不被污染,以免杂物从风口进入净化房间,影响正常使用。

(4) 塑料风管穿过墙壁时应用金属套管加以保护,套管与风管之间应留有5~10mm的间隙,使塑料风管能沿轴线自由移动,墙壁与套管之间用耐酸水泥砂浆填塞。防止楼板与风管的间隙向下渗水;填砂浆时下垫托盘防止遗洒污染地面。

1.6.4.3 管件安装

(1) 输送粉尘或粉屑的风管,不应使用蝶阀,可采用密闭式斜插板阀,斜插板阀应顺气流方向与风管成45°,在垂直管道上的插板阀以45°角顺气流安装,避免安装阀门种类错误使阀门失去作用;风帽装设高度应高出屋面15m,应用镀锌钢丝或圆钢拉索固定,拉索不应少于3根,用花篮螺栓拉紧,防止被风吹倒。

(2) 消声器在运输和吊装过程中,应用软包装固定,防止消声器因振动变形影响消声效果;消声器安装前应将杂物清理干净,达到无油、无浮尘,消声器的安装位置方向应正确,与风管的连接应严密,避免损坏和受潮;消声器应尽量安装在靠近使用房间的部位,如必须安装在机房内,应对消声器外壳及消声之后位于机房内的部分风管应采取隔声处理,防止运行时噪声污染。

(3) 防火阀应按设计图纸的位置进行安装,并保证安装质量,避免安装位置不当或安装质量不合格造成防火阀失去作用,引发火灾污染环境。

1.6.5 风管严密性试验

1.6.5.1 漏光法检测

(1) 整个系统安装完毕后,应对系统进行漏光检查,发现风管的咬口缝、铆钉孔、翻边四角处不严密时应涂密封胶或采取更换螺母及法兰密封垫片等措施,以保证按规定进行密封试验满足规范要求,避免未试验或试验不合格造成返工浪费资源。

(2) 密封胶涂抹时,应用装胶的小桶随时接在涂抹位置的下方,避免胶遗洒污染地面;用后,胶桶要及时密封,确保下次再用以防胶中成分挥发,破坏胶的质量,使胶废弃造成浪费,同时,避免胶挥发污染空气。

(3) 更换的螺母及垫片随手放进袋中,避免随地丢弃,产生污染,放进袋中的废弃螺母、垫片堆放至指定地点交环保部门统一处理。

1.6.5.2 漏风法试验

采用漏风法试验时,应选用的噪声低、耗能低的离心风机,预防或减少漏风试验时造成噪声污染。

1.6.6 应急准备响应

1.6.6.1 油品、油漆、保温材料堆放场地或库房,用丙酮擦洗、焊接、油漆、保温、加热等施工现场应在通风良好的地方进行,附近10m范围内不得有易燃物品并禁止有明火作业。动火有审批;并按《建筑物灭火器配备设计规范》确定作业场地的危险等级、火灾种类,配备足够数量有效的手推车式或手提式灭火器;一个计算单元不少于2具、不宜多于5具;明确疏散路线,救护联络方式,组织义务消防队,每年演练一次;避免应急策划或准备不到位,不能够控制火情,延误救火,产生环境污染。

1.6.6.2 当发现火情处于初始阶段(1~3min)时,组织义务消防队和有关人员及时灭火,控制火情,防止火势蔓延发生火灾,污染环境;出现火情不能控制时立即向119报警,同时组织人员疏散,转移必要的财产,配合消防队员救火,减少火灾引发爆炸事故,加大对环境的污染。

1.7 监测要求

1.7.1 对材料的检查

施工前,应对风管制作安装的进场材料进行检查,确保其质量符合标准,材料成分中,有害物质含量符合环保限值要求后方可使用,不合格材料不准使用。

1.7.2 设备设施的检查

1.7.2.1 作业前,应对加工制作场地的封闭、作业地点的遮挡工作是否符合程序检查1次,避免或减少噪声和扬尘污染。

1.7.2.2 施工中,应对每天机械设备的性能(是否完好、渗漏油、尾汽排放是否达标)检查1次,避免或减少噪声和漏油污染。

1.7.3 施工过程中的检查

1.7.3.1 施工中,应随时对管材加工、制作及安装过程中的扬尘情况目测1次(扬尘高度不超过0.5m),避免或减少扬尘污染。

1.7.3.2 施工中,应每天对噪声的排放(白天不大于75dB,夜间不大于55dB)监听1次,每月检测1次,施工中应请当地环保部门检测1次,避免或减少噪声污染。

1.7.3.3 施工中,应每天对施工现场废弃物是否分类回收、堆放至指定地点;收集一个运输单位后由环保部门统一清运、是否有遗洒检查1次,避免或减少废弃物遗弃对环境的污染。

1.7.3.4 施工中,应每天对使用橡胶水、松香油等化学制剂的遗洒、挥发检查1次,避免或减少遗洒和有害气体排放对周边环境的污染。

1.7.4 应急准备及响应

1.7.4.1 每次作业前,应对油品、油漆、保温材料堆放场地或库房的禁火标志、与易燃品的安全距离(10m),灭火器材的种类、数量、放置位置、有效性等是否符合程序及施工方案检查1次。

1.7.4.2 作业中应对丙酮擦洗、焊接、加热、油漆、保温施工作业程序,环境状况、灭火设施等是否符合程序及施工方案每天检查1次。

1.7.4.3 监测中如发现不足应停止相关作业或调整作业程序或改变加热方式或更换灭火设施或采取纠正措施,避免应急措施策划或实施不到位意外发生火灾、爆炸造成对环境的污染。

2 通风与空调设备安装

2.1 工艺流程

2.1.1 整装设备工艺流程

基础检查验收→设备开箱验收→上位找正及初平→精平→设备清洗设备→调试→试运转。

2.1.2 散装设备工艺流程

基础检查验收→设备开箱验收→拆卸设备清洗→设备组装→初平及精平→调试→试运转。

2.2 环境因素

2.2.1 基础检查验收清理时,产生的扬尘及固体废弃物污染环境。

2.2.2 设备开箱验收时,产生的苯板废渣污染,固体废弃物污染环境。

2.2.3 设备清洗油遗洒、废液排放、扬尘、污水、废弃机油及棉纱污染环境。

2.2.4 上位找正时产生噪声、扬尘、固体废弃物污染环境。

2.2.5 设备清洗意外发生火灾污染环境,设备试车意外损坏设备。

2.3 材料要求

拆卸和清洗设备的各种溶剂,其成分中有害物质限量必须符合质量环境规定或要求,避免不合格对环境污染要求。

2.4 人员要求

2.4.1 人员必须经过通风空调设备安装专业质量及环境方面的培训,考核合格后方可上岗操作。在施工图纸会审前,人员应熟悉施工图纸,核对设备安装图纸的具体要求,识别相应的环境因素及影响,并形成相应文件。

2.4.2 作业前,项目应对作业人员进行通风空调设备安装、清洗、试运转所涉及的噪声排放、遗洒、扬尘、废物遗弃等重要环境因素的控制方法和措施进行交底,使作业人员能按规定的方法和措施进行作业,预防或减少环境污染。

2.5 机械设备、设施要求

2.5.1 设备应选择噪声低、能耗低、效率高的电动卷扬机、链式起重机、拔杆、钢丝绳、滑车及滑车组等设备,节省油、电能源;在施工中应定期对设备进行日常保养维护,使设备始终保持完好状态,避免设备带病作业,加大对电、油的消耗或噪声超标污染。

2.5.2 施工中,发生设备临时故障应立即安排人员抢修,避免设备故障影响工期,影响加工制作。

2.5.3 空压机安装地点应封闭减少噪声污染;空压机应放置在接油盘上,接油盘采用0.5~1.0mm厚的钢板制作,其面积不小于设备的水平投影面积,防止油遗洒污染土地。

2.5.4 现场存放的油料、化学溶剂等应设有专门的库房,地面应进行防渗漏处理,防止油料渗入土壤而造成环境污染。

2.6 过程控制要求

2.6.1 空调设备安装通用要求

2.6.1.1 设备安装前清理

(1) 安装施工地点及附近的建筑材料、泥土、杂物和设备基础表面和地脚螺栓预留孔中的油污、碎石、泥土、积水等，应安排专人分类清理。当需要洒水降尘时，应用喷雾器喷水，以潮湿为准，避免喷水过多造成污水流淌污染基础及地面，预防清除作业中扬尘污染。

(2) 清理的积水应倒入无渗漏的小桶中，再倒入现场一级沉淀池中，预防随意排放和运输中遗洒污染土地、污染地下水、影响环境卫生。

(3) 清理的建筑材料、泥土、杂物、油污、碎石、泥土等应统一分类回收，收集一个运输单位后交有资质单位或环卫部门或废品回收单位处理，防止乱扔污染土地、污染地下水；运输采用封闭车，出场前应对车轮清扫干净，预防遗洒污染土地、污染地下水。

(4) 通风与空调设备安装前，应对设备基础进行检查，设备基础的长宽应比设备的外形尺寸各加长 100mm，且设备基础必须水平，确保设备安装后稳定牢固，避免因不稳定牢固而造成设备不能正常使用，返工产生扬尘、噪声及固体废弃物污染环境。

2.6.1.2 设备开箱检查

(1) 设备开箱验收时，应严格按照设备说明书中零部件一览表对构配件逐一进行查阅验收，对缺漏的部件及时通知生产厂家，以保设备顺利安装，避免因部件不全而不能安装拖延施工工期或影响设备的正常运转；设备开箱检查时，应注意轻拿轻放，减小噪声及设备损坏及变形，若有损伤的零部件应及时修复，对破损严重者，及时退回厂家，避免造成更大的财产损失。

(2) 设备开箱检查后下班前，厂房窗子应关闭严实、大门加锁，预防设备丢失；设备尽量单层堆放，怕压设备不准堆放在下面，不能倒放的设备不准倒置堆放，特殊重要零部件和专用工具应放在专门的房间或工具箱内由专人保管；预防或减少因设备保管方法不当，使设备变形、损坏、锈蚀、错乱。

(3) 开箱后的包装材料，应安排人员回收，以便交制造厂第二次利用；损坏的包装材料、设备零部件、废苯板应统一分类回收，收集一个运输单位后交有资质单位或废品回收单位处理，防止乱扔污染土地、污染地下水；运输采用封闭车，出场前应对车轮清扫干净，预防遗洒污染土地、污染地下水。

2.6.1.3 地脚螺栓、垫铁

(1) 设备安装所需各种垫铁、地脚螺栓应选择成品件，避免自己加工，产生噪声、一氧化碳与二氧化硫的排放，设备漏油污染土地、污染地下水。

(2) 地脚螺栓表面的油污、铁锈和氧化铁应安排专人用擦布擦洗干净，避免地脚螺栓表面未除净影响设备正常使用。

(3) 设备地脚螺栓孔应预留准确，避免位置不准返工；剔凿混凝土孔洞时应对作业四周围挡，采用人工剔凿，应尽量少用空压钻施工，预防或减少噪声污染；空压机应安设在室内并放置在接油盘内，预防或减少噪声污染和漏油污染土地、污染地下水。

(4) 地脚螺栓应垂直，螺母应拧紧，扭力矩一致，螺母与垫圈，垫圈与设备底部的接角应紧密，预防安装不到位，造成设备振动，不能正常运行。

2.6.1.4 设备拆卸和清洗

(1) 对于整体安装的机组及设备,应对表面进行清洗,内部零部件不进行拆卸及清洗,以免损伤零部件,造成损失;若设备超出保质期或有明显缺陷时,再进行清洗,以避免设备缺陷未及时消除,影响设备的正常使用。

(2) 拆卸时,应按顺序拆卸,并在每个部件上做出标记和编号,以防安装时,方向位置颠倒,浪费时间;拆下的部件应放置专门房间并上锁,以防止精小部件丢失或安装遗漏,造成设备不能正常使用。

(3) 设备在拆卸和清洗过程中,用力适当,避免用力过猛部件损坏或变形产生废弃污染;设备拆卸后,开口销必须更换;清洗设备应选用软质刮刀、细布,以刮去设备表面上的防锈漆、油漆、铁锈、油泥等污物,避免将设备表面划伤、磨损。

(4) 选用的清洁剂、煤油、汽油,其成分中其环境指标含量不能超过 0.3mg/L,以免腐蚀性太大而损坏设备表面;用后的煤油、汽油应及时封盖,避免挥发,污染空气;清洗后应涂刷机油,涂刷机油应随时用接油盘接在刷子下面,避免油刷上的液体滴入地面造成污染;机油使用后,应将盖子盖紧防止挥发浪费。

(5) 设备拆卸及清洗场地必须清洁,并按消防要求配置灭火器材,以防失火财产损失,产生烟气及废弃物污染大气、土地及地下水;用过的清洗油沉淀后应对其废渣进行清理,清除的废渣待油滴净后再移开清洗盆,清理后的油应二次利用节约资源。

(6) 清除的防锈漆、油漆、铁锈、油泥、废渣等污物,报废的清洁剂、煤油、汽油等应统一分类回收,收集一个运输单位后交有资质单位或环卫部门或废品回收单位处理,防止乱扔污染土地、污染地下水;运输采用封闭车,出场前应对车轮清扫干净,预防遗洒污染土地、污染地下水。

2.6.1.5 上位、初平、精平

(1) 设备安装到基础上规定的部位后,应检查设备的纵横中心线与基础上的中心线对正,如设备不正,用撬杠轻轻撬动进行调整,以免噪声过大或损坏设备;验收合格的设备应在现场进行组装,组装后的设备及机组应做到连接处严密、牢固可靠、不渗不漏,各项质量符合要求后方可安装,避免安装因质量问题不合格再拆下而造成粉尘、噪声、固废,且拖延施工进度。

(2) 设备初平时,将找正后的设备调整到规定要求的程度时,应将地脚螺栓灌浆,灌浆时,应注意灌浆层的高度及坡向,灌浆层在底座的外面应高于底座的底面,坡口向外以防油、水等流入设备底座而造成污染而无法清理。

(3) 设备基础浇筑的混凝土应在搅拌机或铁制拌槽内搅拌,防止遗洒污染土地污染地下水;混凝土搅拌应在封闭的搅拌站进行,预防或减少噪声污染;拌制混凝土时必须严格按规定的配合比准确配料、搅拌均匀,预防混凝土拌制强度等级或品种不合格,造成返工浪费资源;混凝土随用随拌,预防拌制过多剩余或未使用已初凝,浪费资源。

(4) 拌制混凝土时,水泥应在料斗内轻轻抖动,防止扬尘对环境污染;装运混凝土时应低于车帮 10~15cm,预防遗洒污染土地、污染地下;混凝土运到现场后应倒在铁槽内,预防污染地面;清洗搅拌机和泥浆槽的水必须经两级沉淀池沉淀后才能排入市政管网,不允许不经沉淀随意排放对环境的污染;混凝土振捣采用人工振捣或噪声低的振捣器振捣,预防或减少噪声污染和振捣不实,造成返工浪费资源。

(5) 设备精平时,应对初平后设备的水平度进行精确调整,将水平仪放在被测量地面上原地旋转180°进行测量,利用两次读数的结果计算修正,使测量精度达到规范或技术文件的要求,避免设备投入使用后,才发现精度不够而影响正常使用。

(6) 清除的油污、铁锈和氧化铁,剔凿的混凝土渣,报废的润滑脂、地脚螺栓、垫铁、混凝土等应统一回收,收集一个运输单位后交有资质单位或环卫部门或废品回收单位处理,防止乱扔污染土地、污染地下水;运输采用封闭车,出场前应对车轮清扫干净,预防遗洒污染环境。

2.6.1.6 设备试车

(1) 具备设备安装试运转条件后,首先按照试运转安全技术方案分系统逐项进行电气(仪器)控制系统,润滑、液压、气(汽)动、冷却和加热系统,机械调试;调试合格后再进行各系统的联合调试;避免未进行调试或调试程序颠倒致使设备损坏。

(2) 综合调试合格后先手动后机动,当不适于手动时可点动或低速机动,从低速到高速运转;避免试运过程控制不当或程序颠倒造成设备损坏。

(3) 试运时,先单机后联动,从单车试运到全部系统试运,从空载运转到满负荷运转,缓慢谨慎地逐步进行;避免试运过程控制不当或程序颠倒,造成损坏设备、漏气、漏油污染环境。

2.6.2 专用设备安装要求

2.6.2.1 风机、水泵、冷却塔等设备安装

(1) 风机的安装应满足规范要求,保证其减振器的压缩量均匀,高度误差不小于2mm,避免风机偏心,使安装的减振器的压缩量和受力不均匀,减振器失去减振作用,加大噪声、振动污染;风机安装在无减振器的支架上时,应垫4~5mm厚的橡胶板,找平固定,预防运行时振动污染;风机盘管的安装,应试验后才能安装,以免渗漏影响正常使用。

(2) 水泵的安装应满足规范要求,有隔振要求的水泵应安装橡胶枕垫或减振器,预防水泵运行时噪声和振动污染。

(3) 冷却塔安装时,应找正找平并稳定牢固,各连接部位的连接件均应采用热镀镀锌螺栓,镀锌件应在专用的环境达标的镀锌厂加工,避免不达标废液排放污染环境;冷却塔的管道系统应装立网,预防杂质、焊渣造成堵塞,影响设备正常运行。

(4) 除尘器安装应符合设计及施工验收规范规定,其排灰阀、卸料阀、排泥阀安装应严密,便于操作维修管理,避免泄漏产生扬尘污染环境或维修时损坏设备部件。

(5) 诱导器安装应符合施工验收规范的要求,诱导器喷嘴不能脱落和堵塞,与一次风管连接处要封闭,必要时在连接处涂刷密封胶或包扎密封胶带,防止漏风;涂刷密封胶应下垫塑料布防止遗洒污染;诱导器的进出水管接头和排水管接头应严密,以防漏水浪费水资源;进出水管必须保温防止产生凝结水。

(6) 高效过滤器安装时,必须在空气净化系统安装完毕,空调器、高效过滤器箱、风管内及洁净房间经过清扫,空调系统单体设备运转后及风管内吹出的灰尘稳定后才能进行开箱检查和安装,防止杂物污染风管和洁净室。

(7) 用波纹板组装的高效过滤器在竖向安装时,波纹板必须垂直地面不得反向,避免

方向装反影响使用;过滤器安装时应轻拿轻放,不得用工具敲打撞击,严禁用手或工具触过滤纸,防止污染或损伤滤料和密封胶;过滤器与框架的密封一般采用闭孔海绵橡胶板、氯丁橡胶板、也可以用硅橡胶涂抹密封,密封垫料的厚度采用 6~8mm,避免密封不严造成渗漏。

(8) 液槽密封的装置,应用密封胶状的非流动的不挥发、不怕油无腐蚀、耐酸碱、无毒性及良好介电性能和电器绝缘性能的隋性液体密封,避免密封液错用或密封不严造成渗漏。

(9) 空调机的安装应符合施工验收规范的要求,确保在规定的压力下不渗漏;空气净化设备安装,必须在空气净化系统安装完毕,空调器、高效过滤器、风管内及洁净房间内经过清扫,避免杂物污染设备或洁净房间。

2.6.2.2 压缩机安装

(1) 制冷压缩机组安装应利用机房内的吊车、直接上位或用铲车上位,采用人字架上位时,避免钢丝绳与设备表面接触而损坏油漆面、加工面。整体安装的制冷压缩机一般仅进行外表清洗,内部零件不进行拆卸或清洗。散装设备应进行内部清洗,拆卸时,按顺序拆卸,拆卸的部件作出记号,以防方向、位置组装时颠倒浪费工时。

(2) 制冷式压缩机安装应满足规范要求,其蒸发器至制冷压缩机的吸气管道应有 0.005~0.01 的坡度,坡向蒸发器防止管道中的液体制冷剂进入其中造成液击现象;吸气管的水平管段应有不小于 2/100 的坡度坡向压缩机,保证润滑油顺利的返回机内。

(3) 溴化锂吸收式冷热水机组的安装、吊装时,应对容易损坏的部件应采用调整吊索的长度或用包软垫进行保护,预防细管、接线或仪表部件损坏;机组的找正、初平、精平、固定应满足规范或说明书要求,其燃油管道应设过滤器,防止油中的杂质进入燃烧器、油泵及电磁阀等部件造成堵塞,影响设备的正常运转或降低使用寿命。

(4) 螺杆式冷水机组上位后,应将联轴器孔内的橡胶传动芯子拆卸,使电动机与压缩机脱离,安装电器部分并接通电动机的电源,点动电动机确认电动机的旋转方向与机组的技术文件相吻合;机组安装后应进行检验,使电动机与压缩机组轴线同轴,其同轴度应符合机组技术文件要求,避免机组在运输过程中产生的变形和位移影响设备的正常使用。

(5) 离心式水冷机组的安装时,拆箱应按从上而下的顺序进行,注意不应碰到机组的管路、仪表、电器设备,防止设备受损害;拆箱后,机组充气内压应符合设备技术文件规定,预防充压力渗漏;机组法兰连接应使用高压耐油石棉橡胶垫片、螺纹连接处应使用氧化铅甘油、聚四氟乙烯填料,预防密封不严渗漏;填料时下垫塑料布,避免氧化铅甘油、聚四氟乙烯填料遗洒。

(6) 活塞式冷水机组的安装应满足施工规范要求,吊装时应对仪表盘、油管、水管等部件与钢丝绳接触点垫木板,以防仪表盘、油管、水管等部件损坏。

2.6.2.3 设备碰头

(1) 一般通风空调系统的柔性短管,采用帆布制作;空气洁净系统用挂胶帆布制作;输送腐蚀性气体的通风系统,宜采用耐酸橡胶板或 0.8~1.0mm 厚的聚氯乙烯布制作;高层建筑空调系统的柔性短管宜采用不燃材料;避免柔性短管用料不当,造成使用时损坏漏风。

(2) 管道试压冲洗完毕后,才准与设备连接,防止安装顺序颠倒,导致焊渣进入设备造成设备零件损坏。

2.6.3 应急准备和响应

2.6.3.1 安装中应急准备和响应

(1) 油品、油漆、设备及配件堆放场地或库房,设备清洗、部件酸洗、用丙酮擦洗、焊接、油漆施工现场应在通风良好的地方进行,附近10m范围内不得有易燃物品;动火有审批;并按《建筑物灭火器配备设计规范》确定作业场地的危险等级、火灾种类,配备足够数量有效的手推车式或手提式灭火器;一个计算单元不少于2具、不宜多于5具;明确疏散路线,救护联络方式,组织义务消防队,每年演练一次;避免应急策划或准备不到位,不能够控制火情,延误救火产生环境污染。

(2) 当发现火情处于初始阶段(1~3min)时,组织义务消防队和有关人员及时灭火,控制火情,防止火蔓延发生火灾,污染环境;出现火情不能控制时立即向119报警,同时组织人员疏散,转移必要的财产,配合消防队员救火,减少火灾引发爆炸事故,加大对环境的污染。

2.6.3.2 设备试运转中应急准备响应控制要求

(1) 在试运转前,应针对运行介质为易燃、易爆、有毒、有害的设备编制试车应急准备和响应预案;避免方案策划不周导致试运转时损坏设备或泄漏或爆炸,污染环境。

(2) 严格按试车应急准备和响应预案准备足够数量的、有效的抢险设备、材料和人员、灭火器材、防毒用品;避免发生意外情况时,因应急准备不到位,延误时机加重设备事故,增大对污染的环境。

(3) 在试运转前,安全防护装置应做可靠试验,试运转区域应设明显标志和警界线,严禁非操作人员进入试运转区;避免安全防护装置不可靠发生损坏设备或泄漏或爆炸,污染环境。

(4) 发生设备故障后,应按救险方案组织人员疏散,向抢险部门报告并配合处理险情,避免事故进一步恶化加大对环境的污染;事故处理后应对形成的废弃物分类回收装袋,并由有资质的单位或环保部门处理,防止乱扔污染环境;运输应采用封闭的运输工具,出场车轮应清扫干净,预防遗洒污染路面。

2.7 监测要求

2.7.1 对材料的检查

施工前,应对空调设备安装、清洗的材料进行进场检查,确保其质量符合标准,材料成分中,有害物质含量符合环保限值(0.3mg/L)要求后方可使用,不合格材料不准使用。

2.7.2 设备设施的检查

2.7.2.1 作业前,应对加工制作场地的封闭、作业地点的遮挡工作是否符合程序检查1次,避免或减少噪声和扬尘污染。

2.7.2.2 施工中,应对每天机械设备的性能(是否完好、渗漏油、尾汽排放是否达标)检查1次,避免或减少噪声和漏油污染。

2.7.3 施工过程中的检查

2.7.3.1 施工中,应随时对设备基础的清理、设备表面的清洗过程中的扬尘情况目测 1 次(扬尘高度不超过 0.5m),避免或减少扬尘污染。

2.7.3.2 施工中,应每天对设备运输、吊装、灌浆中产生的噪声(白天不大于 75dB,夜间不大于 55dB)监听 1 次,每月检测 1 次,施工中应请当地环保部门检测 1 次,避免或减少噪声污染。

2.7.3.3 施工中,应每天对设备基础、设备表面和内部清洗、灌浆中产生的废弃物是否分类回收、堆放至指定地点;收集一个运输单位后由环保部门统一清运、是否有遗洒检查 1 次,避免或减少废弃物遗弃对环境的污染。

2.7.3.4 施工中,应每天对使用密封胶、氧化铅甘油、聚四氟乙烯、油漆等的遗洒、挥发检查 1 次,避免或减少遗洒和有害气体排放对周边环境的污染。

2.7.4 应急准备及响应

2.7.4.1 每次作业前、应对油品、油漆堆放场地或库房,设备清洗、用丙酮擦洗、焊接、油漆施工现场的禁火标志、与易燃品的安全距离(10m),灭火器材的种类、数量、放置位置、有效性等是否符合程序及施工方案检查 1 次。

2.7.4.2 作业中应对丙酮擦洗、焊接、油漆、设备清洗作业程序,环境状况、灭火设施等是否符合程序及施工方案每天检查 1 次。

2.7.4.3 监测中如发现不足应停止相关作业或调整作业程序或更换灭火设施或采取纠正措施,避免应急措施策划或实施不到位意外发生火灾、爆炸造成对环境的污染。

第28章 路桥作业

0 一般规定

0.1 路桥施工企业必须取得资质证书后,方可从事相应级别、类型相符的路桥工程施工,避免因企业不具备相应路基施工能力而发生植被、地下管线和地下文物破坏,水土流失,机械噪声、废气排放、扬尘、爆破振动及噪声、废弃物、废水排放、放射源污染,材料及能源消耗等。

0.2 施工人员必须取得相应级别的岗位操作证,按考核合格后的项目、权限和相应的国家与地方规范、操作规程,从事与所持证书规定范围内工作,避免因人员素质能力不能满足要求而发生质量、安全和环境事故。

0.3 项目部必须考虑施工过程中可能出现的各种环境因素,根据设计图纸、标准规范编制施工组织设计和专项施工质量、环境、安全措施,并严格按措施实施过程控制,以消除施工中的环境影响或将影响降至最低。

0.4 根据工艺流程,合理安排施工顺序,避免施工顺序颠倒造成费时或返工,加大油、电的消耗,增加对环境的污染。

0.5 进场材料均应符合国家及地方政府环保要求,施工项目应加强材料及资源管理,制定详细的节约材料及资源的技术措施和管理措施,并通过多种形式向员工宣传节约资源、能源的知识、技术、措施和方法。

0.6 选用技术先进、结构合理、质量优良、安全可靠的设备,以保证设备产生的噪声及废气在单位界域边缘低于国家有关标准要求,严禁使用国家明令限制使用的设备和淘汰的产品。在进行工艺和设备选型时须考虑资源节省和污染预防,优先采用技术成熟、能源资源消耗低的工艺技术和设备;机械设备进场前应检测各项指标噪声、废气、油污泄漏等主要环境影响指标,符合要求方可进场。工程项目设备管理人员要对机械操作人员作必要的交底,使其了解设备在使用中可能会出现的职业健康安全风险和环境影响。对在声源附近工作时间较长的工人,应发放防声耳塞、头盔等,对工人进行自身保护。

0.7 项目部应根据爆破用品、油品、沥青、化学品等易燃、易爆或有毒材料意外遗洒、泄漏、着火,恶劣天气,临时停电,配电房失火、发电机自燃,核子密度湿度仪遗失或用电设备发生意外事故产生大量废气、废弃物污染大气、土地、地下水等制定应急计划,并做好应急准备;自然环境恶劣、特殊天气或发生意外事故时严禁施工。

1 路基施工

1.1 作业流程

临时设施建设→材料设备进场及设备安装→施工测量→施工前的复查和试验→清理地基→挖方及借土→填料质检→分层填筑→摊铺平整→洒水或风干碾压→检测→重复填

土至设计标高→削坡整形。

1.2 环境因素

1.2.1 临建搭设可能导致植被、耕地、地下文物破坏、机械噪声、废气排放、扬尘、固体废弃物排放、废水排放、材料及能源消耗等。

1.2.2 施工前的复查和试验有试验废液、废渣排放等。

1.2.3 施工测量可能践踏耕地，形成废弃物等。

1.2.4 清理地基时造成植被破坏、机械噪声、废气排放、扬尘、废弃物排放、材料及能源消耗，以及运土车发生遗洒等。

1.2.5 挖方及借土过程造成植被破坏、地下管线、地下文物破坏、水土流失、机械噪声、废气排放、扬尘、爆破振动及噪声、废弃物、废水排放、材料及能源消耗等。

1.2.6 洒水或风干碾压、检测、重复填土至设计标高及削坡整形过程机械噪声、废气排放、扬尘、废渣土、废水排放、材料及能源消耗，使用核子密度湿度仪含有射线源等。

1.2.7 紧急情况下环境因素包括可能发生的油品、爆破用炸药、化学品等易燃、易爆或有毒材料意外遗洒、泄漏、着火，恶劣天气，临时停电，发电机自燃，核子密度湿度仪遗失或用电设备发生意外事故产生大量废气、废弃物污染大气、土地、地下水。

1.3 人员要求

1.3.1 路基施工对企业的要求

路基施工企业必须在从事路基施工前，取得资质证书后方可从事相应级别、类型相符的路基施工，避免因企业不具备相应路基施工能力而发生植被破坏、地下文物破坏、水土流失、机械噪声、废气排放、扬尘、爆破振动及噪声、废弃物、废水排放、材料及能源消耗等。

1.3.2 路基施工对人员的要求

1.3.2.1 机械操作人员电工、维修工等人员必须取得相应级别的岗位操作证，按考核合格后的项目、权限和相应的国家与地方规范、操作规程，从事与所持证书规定范围内工作；避免因人员素质能力不能满足要求而发生质量、安全和环境的意外事件。

1.3.2.2 机械操作人员应经过培训，掌握相应机械设备的操作要领后方可进行路基施工，避免因人的误操作或不按操作规程操作、保养造成设备部件报废、机械设备事故浪费资源、噪声超标、机械设备漏油等。机械操作人员应经过专业培训，掌握了相应机械设备的主要性能和操作规程后方可进行机械操作。严禁设备超载运转。工程项目设备管理人员要对机械操作人员作必要的交底，使其了解设备在使用中可能会出现的职业健康安全风险和环境影响。对在声源附近工作时间较长的工人，应发放防声耳塞、头盔等，对工人进行自身保护。

1.3.2.3 每项作业活动操作前项目部应组织对作业人员针对该项作业活动所涉及的噪声、扬尘、废弃物等重要环境因素的控制措施、环境操作基本要求、环境检测的关键参数、应急准备响应中的注意事项进行专项环境交底或综合交底包括以上环境方面的内容，避免因作业人员的不掌握环境方面的基本要求而造成环境污染或事故。

1.4 材料要求

1.4.1 进场材料均应符合国家及地方政府环保要求。为做好材料及资源消耗控制，施工项目应加强材料及资源管理，制定详细的节约材料及资源的技术措施和管理措施，并通过多种形式向员工宣传节约资源、能源的知识、技术、措施和方法。

1.4.2 施工过程中严格执行技术交底,同时根据具体需要对作业人员进行技能培训,通过提高作业人员的操作技能来实现减少材料及资源消耗。

1.4.3 施工过程中通过自检、互检、交叉检等检查验收方式严格执行项目中间验收,发现有偏差及时纠正,杜绝材料及资源浪费。

1.4.4 水泥、电缆电线等材料进场时应对品种、规格、外观、质量、安全或环境验收文件等进行检查验收,以免使用不合格材料导致质量、安全和环境问题。

1.4.5 材料保管应防雨、通风,露天存放时必须加苫盖,以免受潮变质。水泥等粉料和用于回填的土方等应加以覆盖或进行封闭存放,防止被风吹洒产生扬尘。

1.4.6 材料库房和机械、发电用油料等易燃品和炸药等易爆品,应专门存放;储存和使用时在10m以处严禁有易燃物,并有禁火标志,以防火灾引发安全和环境事故。

1.4.7 材料运输应防止遗洒和扬尘,运输粉状、防潮要求的应使用带覆盖装置的车辆,车厢应关闭严密,装运高度应留出渣土与车辆槽帮上沿10~15cm。施工现场离居民区较近时,应在现场出口处设设立洗车槽,车辆出去前进行清洗,达到目视无尘或无泥,以避免将施工现场的泥土带入居民区产生扬尘;清洗废水应经两级沉淀才能排出并应尽可能就地再利用。

1.5 设备设施要求

1.5.1 为工程项目配置机械设备时选用

应选用经国家质量监督部门认定的产品;选用技术先进、结构合理、质量优良、安全可靠的设备,以保证设备产生的噪声及废气在单位界域边缘低于国家有关标准要求,严禁使用国家明令限制使用的设备和淘汰的产品。在进行工艺和设备选型时须考虑资源节省和污染预防,优先采用技术成熟、能源资源消耗低的工艺技术和设备。现场所有机械设备进场时必须对各项指标(如噪声、废气、油污泄漏等)进行检测,符合要求方可进场。

1.5.2 为减少机械设备噪声和废气,施工时应做到

1.5.2.1 在城镇居民地区施工时,由机械设备和工艺操作所产生的噪声及废气不得超过当地政府规定标准,否则应采取增加废气处理装置和消声措施。对距居民区150m以内的施工现场,噪声大的施工机具在夜间(22:00~6:00)应停止施工。土石方挖运施工阶段建筑施工场地边界线处的噪声限值为昼间75dB,夜间55dB。路基桥涵施工需要进行基础打桩时,打桩施工阶段建筑施工场地边界线处的噪声限值为昼间85dB,夜间禁止施工。

1.5.2.2 加强机械设备的维护保养,定期进行机械设备技术状况检查,及时消除隐患,发现设备有异响时应立即停机查明原因,排除故障后方可继续进行施工生产,严禁设备带病作业。设备操作人员在每班工作前应对其要操作的设备进行例行保养,检查机械和部件的完整情况;油、水数量;仪表指示值;操纵和安全装置(转向、制动等)的工作情况;关键部位的紧固情况;以及有无漏油、水、气、电等不正常情况。必要时要添加燃、润油脂和冷却水,以确保机械正常运转,减少机械噪声和废气的产生。

1.5.2.3 针对筑路机械施工的噪声具有突发、无规则、不连续、高强度等特点,宜采取合理安排施工工序等措施加以缓解。

1.5.3 修建包括修建生活和工程用房在内的临时设施,解决好通讯、电力和水的供应,修建供工程使用的临时便道、便桥,确保施工设备、材料、生活用品的供应和应急响应;设立必要的安全标志。施工现场应规划和设置满足需求的发电用房、沉淀池、排水沟、噪声及扬尘围挡、消防设施等;在征得同意后确定适宜的取土、废土场,分类建好分类垃圾处理场等基础设施。实验室应具有符合使用核子密度湿度仪的要求;临时便道等应尽量硬化。为避免停电影响施工及生产,应自备发电机,电力总容器应考虑全部施工用电、夜间施工照明及生活用电的需要;配电房或发电机应设在地势较高处或架高设置,以防止失火产生火灾。

1.5.4 施工现场沿线处于风景区、饮水区时应设置沉淀池、排水沟等,进行集中沉淀处理;排水沟以确保流畅为宜并与沉淀池接通,连线排水沟宜设置适量的 $1.5\sim2.0m^3$ 沉淀池;沉淀池、排水沟深度不宜低于农田、地表水平面,以防未经沉淀的施工废水与农田、地表水渗通。沉淀后的水应经当地环保部门检测达到国家一级或二级排放标准后才能排放。达不到时应用专门的密封严密的运输工具运送到附近的污水处理厂处理,以防滥排废水污染风景区、饮水区土地和水源。

1.5.5 施工现场沿线应根据施工设备、临时用电,以及材料、油料等堆放集中处设置灭火器材,以 2 具容量为单位装入固定的木箱或铁皮箱,以便移动和重复使用。发电用房、油料储存地点禁止烟火并有明显的禁火标识,10m 内不能堆放易燃易爆品。配置适宜有效的消除器材,以防油料储存使用不当、发电机自燃等产生火灾。

1.5.6 根据路基沿线的自然环境,当地可能的恶劣、特殊天气,地下管线、缆线和文物的突然破坏,核子密度湿度仪遗失以及其他可能发生的意外事故和突发事件制定应急计划,并做好应急准备,配置适宜、有效的灭火器材和抢险工具,设置消防通道等其他相关设施。

1.6 过程控制要求

1.6.1 施工准备

路基施工前,施工人员应对路基工程范围内的地质、水文情况、地下管线、缆线等进行详细调查,通过取样、试验确定其性质和范围,并了解附近既有建筑物对特殊土的处理方法。检查施工过程人员能力、设备设施完好、材料储存、应急准备等情况,以防准备不足造成损失和浪费。

1.6.2 临时设施建设

1.6.2.1 除征地红线范围内的耕地占用外,路基施工原则上不得侵占现有耕地,施工过程中应积极与当地居民进行共建活动,施工完毕后,能复耕的应复耕,能造地的要造地,尽量保护耕地。能复耕的土地应事先将所取之土集中堆放,并采取覆盖、围挡、洒水等措施,用于防尘,并在能复耕时及时以原土进行复耕。

1.6.2.2 施工前应做好取、弃土场等工程临时占地的设计和恢复,做好土石方平衡,减少运土量和运土距离,尽量减少土地占用,保护耕地。规划施工场地的平整时应根据设计总平面图、勘测地形图、场地平整施工方案等技术文件进行,尽量做到填挖方量趋于平衡、总运输量最小,便于机械化施工和充分利用建筑物挖方填土,并防止利用地表土、软弱土层、草皮、建筑垃圾等做填方。

1.6.2.3 项目办公区、生活区宜利用闲置房,料场、拌料场地应选在红线范围内或建在闲置场地、边角地或荒地上,不得占用耕地。施工平面布置尽量利用永久征地,严格按总平面规划设置各项临时设施,减少对耕地或林木的损坏。

1.6.2.4 施工中生产设施和场地,如堆料场、材料加工厂、混凝土厂等,均宜远离居民区(其距离不宜小于 1000m)而且应设于居民区主要风向的下风处。当无法满足时,应采取适当的防尘及消声等环保措施。积极为施工机械正常运转创造良好的外部环境,设备的安装放置应平稳,施工场地及临时道路应尽量做到平整、硬化;开工前应协助业主与市政管理部门进行联系,得到批准后再将现场的雨水、污水管网与市政管网相连。

1.6.2.5 临时设施建设过程中其他环境因素及控制方法应满足临时设施搭拆使用的一般规定。

1.6.3 设备、材料进场及设备安装

1.6.3.1 机械设备进场时应测试其噪声及废气是否满足国家有关标准要求,严禁使用国家明令限制使用的设备和淘汰的产品;检查操作人员的持证、培训,以防设备和操作人员不符合要求造成质量、安全和环境事故。

1.6.3.2 工程施工用的水泥等粉状材料宜存放在室内,当受条件限制在露天堆存时,应采取覆盖、搭棚及设置围挡等防止尘埃飞扬和因水流失的措施。为防止出现材料运输遗洒,粉状材料应采用袋装或其他密封方法运输,不得散装散卸。

1.6.3.3 设备安装过程中用来清洗机件的废水、废油及其他废弃物等有害物质不得直接排放于河流、湖泊或其他水域中,也不得倾泻于饮用水源附近的土地上;废水应经沉淀检测,达标后才能排放;废油及其他废弃物应集中并分类收集,交由有资质的单位处理,以防污染水质和土壤。

1.6.4 施工测量和施工前的复查和试验

1.6.4.1 开工前应做好施工测量工作,其内容包括导线、中线、水准点复测,横断面检查与补测,增设水准点等,并根据恢复的路线中桩、设计图表、施工工艺和有关规定钉出路基用地界桩和路堤坡脚、路堑堑顶、边沟、取土坑、护坡道、弃土堆等的具体位置桩。对导线、中线及水准点进行复测时,不得随意践踏耕地内农作物,增设水准点时尽量利用非耕地,并不得将水准点设置在高压线附近。

1.6.4.2 测量仪器在使用前应进行检验、校正,以保证其能满足测量精度要求,避免因测量偏差而造成桩位、标高、放线等失误返工浪费和废弃物的产生。

1.6.4.3 机械施工中,应在边桩处设立明显的填挖标志,高速公路和一级公路在施工中宜在不大于 1.600m 的段落内,距中心桩一定距离处埋设能控制标高的控制桩,进行施工控制,边桩、控制桩应定位准确并在施工前复测其是否位移,以防出现超挖、超填而导致材料浪费和废弃物的产生。

1.6.5 进行公路土工试验的试验废液、废渣等有害物质不能随意倾倒,应统一回收,集中处理。使用新材料(如工业废渣等)填筑路堤时,除应按相关规范作有关试验外,还应作对环卫有害成分的试验,同时提出报告,经批准后方可使用。

1.6.6 清理地基

1.6.6.1 前期清理工作中,不得在未经业主和相关部门批准的情况下砍伐林木,毁

坏地表植被,对合同规定的施工界限内外的植物、树木,必须尽力维持原状;砍除树林或其他经济植物时,应事先征得所有者和业主的同意,有经济或使用价值时须进行移植处理。

1.6.6.2 根据以下要求优化场地平整方案以节约资源:

(1) 规划施工场地的平整工作,应根据设计总平面图、勘测地形图、场地平整施工方案等技术文件进行,应尽量做到填挖方量趋于平衡、总运输量最小、便于机械化施工和充分利用建筑物挖方填土,并防止利用地表土、软弱土层、草皮、建筑垃圾等做填方。

(2) 计算填挖方量一般采用方格法,通过测设方格网 - 测设各方格点的标高 - 计算场地平均标高 - 计算场地设计标高 - 计算填挖数、填挖边界及填挖土方量 - 测设填挖边界线,计算完成后,才开始进行土方填挖平整施工。边坡土方则按照图算法计算。防止没有严格计算,随意填挖造成资源的浪费。

(3) 进行土方的平衡与调配,在计算出土方的施工标高、挖填区面积、挖填区土方量,并考虑各种变更因素进行调整后,对土方进行综合平衡与调配。土方平衡时考虑挖方与填方基本达到平衡,减少重复倒运;挖方量与运距乘积之各最小;近期施工与后期利用相结合,当工程分批分期施工时,先期工程的土方余额应结合后期工程的需要而考虑其利用数量和堆放位置,以便就近调配。堆放位置应为后期工程创造条件,力求避免重复挖运,先期工程有土方欠额的,也可由后期工程地点挖取;调配时将分区与全场结合起来考虑,分区土方的余额或欠额的调配,必须配合全场性的土方调配;好土应用在回填密实度要求较高的地区;取土或弃土尽量不占农田或少占农田,弃土尽可能用于造田;选择恰当的调配方向、运输路线、施工顺序,避免土方运输出现对流和乱流现象,同时便于机具调配、机械化施工。

(4) 调配方法为划分调配区→计算调配区间的平均运距→画出土方调配图→列出土方量平衡表。

1.6.6.3 粉尘、遗洒控制

为避免运土车发生遗洒,产生扬尘,要求使用带覆盖装置的渣土自卸车进行渣土运输,车厢应关闭严密,装运渣土高度应留出渣土与车辆槽帮上沿 10~15cm。施工现场离居民区较近时,应在现场出口处设设立洗车槽,车辆出去前进行清洗,达到目视无尘或无泥,以避免将施工现场的泥土带入居民区产生扬尘;清洗废水应经两级沉淀才能排出并应尽可能再利用。在偏远地区施工时,可不设洗车槽,但应指定专人负责清扫车轮等污染部位。对于场地土干燥和主要通道,采用洒水覆盖表面浮灰,防止因风吹、车带扬尘,造成环境污染。Ⅳ级风以上停止土方作业。下雨时,一般停止土方外运,如果必须外运,外运车辆应遮雨,大雨时停止挖土作业。雨天后,场界内硬化的道路要进行冲洗。

1.6.6.4 挖、运土机械噪声、尾气控制

(1) 设置砖质或金属板围墙,围墙高度不低于 1.8m。当工地靠近居民区时,为进一步降低噪声,可使用隔声布,隔声布的高度根据噪声源及传播方向确定。

(2) 场内运输与作业路线尽量远离居民区。

(3) 选择机械时尽量考虑低噪声的设备。

(4) 作业时斗车轻放轻倒等。

(5) 使用柴油机械时应设置尾气吸收罩,减少尾气排放。

1.6.6.5 清理场地的淤泥、沼泽土、冻土、有机土、草皮土、生活垃圾、树根和含有腐朽物质的土、砍伐的荆棘丛林应分类堆放在专门的垃圾场所,统一处理。清出的种植土应集中堆放并加以覆盖或洒水以防扬尘,如能利用进行改地造田时,应及时用于改地造田。清理出的垃圾不能及时运走时,要用密目网先予以覆盖,密目网之间予以搭接并用铁丝扎紧。

1.6.7 挖方及借土

1.6.7.1 挖方路基施工前应编制、核实土方调运图表,在路堑开挖前作好截水沟,并视土质情况做好防渗工作。土方工程施工期间应修建临时排水设施,土方开挖不论开挖工程量和开挖深度大小,均应自上而下进行,不得乱挖超挖。当路基施工按照设计需进行借土填筑时,路线两侧的取土坑,应按设计规定的位置设置。当设计未规定取土坑位置或规定的取土坑的储土量不能满足要求须另寻土源时,在取得当地政府同意的情况下,应保证取土坑的土质应符合填筑路基的技术要求,同时考虑土方运输经济合理和利用沿线荒山、高地取土的可能性,力求少占农田和改地造田。在取土完成后应尽快对当地植被进行恢复。

1.6.7.2 土方开挖前,应对地下管线、缆线和其他构造物的设置情况向当地有关管理部门进行了解,施工时做交底、标识和防护方案,对施工区域的所有障碍物,包括高压电线、电杆、塔架、地上和地下管道、电缆、坟墓、树木、沟渠以及旧有房屋、基础进行拆除或者搬迁、改建、改线、加固。

(1) 在文物保护区域内进行土方作业时,应采用人工挖土,避免机械作业时损坏文物;在人工挖土作业过程中,发现有文物时,立即停止土方作业,在现场设置警戒线,安排专人值班对文物进行保护,同时上报当地文物主管部门,并配合文物主管部门处理,处理完毕后才能继续施工,防止文物的丢失和损坏。

(2) 施工区域内,有树木时,应按当地园林部门要求,移植到指定地点,对国家保护树种,不宜移植时,应建议设计部门修改设计,避开树木施工,防止对树木的损坏。

(3) 施工区域内有地下管线或电缆时,在离管线、电缆顶上 30cm 时,禁止用机械挖土,应采用人工挖土,并按施工方案对地下管线、电缆采取保护或加固措施,预防地下管线和电缆在土方作业时遭到破坏,造成泄漏、跑水、中毒、火灾、爆炸、停电、中断通讯等恶性事故致使资源浪费并对环境造成严重污染。

(4) 旧房屋、基础拆除时,按拆除专业施工所涉及的环境控制措施施工,预防或减少噪声排放、扬尘、遗洒、废弃物对环境的污染。

(5) 在有电线杆、铁塔区域进行土方作业时,离电线杆、铁塔 10m 范围内,禁止机械作业,应采用人工挖土,防止机械作业时碰坏电杆、铁塔,造成停电、火灾事故,浪费资源,严重污染环境。在高压线下进行土方作业时,如采用机械作业时,挖土机械的臂的最高点距离高压线的距离不应小于 3m,避免距离过近造成触电、伤人、损坏设备、污染环境。

(6) 发现有墓穴、土洞、地道(地窖)、废井时,先要进行有毒有害气体的检测,经确认无毒或进行相关处理后再行施工。

1.6.7.3 当路基施工遇到不能使用机械或人工直接开挖的石方时,应采用爆破法开挖。采用爆破施工时,应经过设计审批。进行爆破作业时必须由经过专业培训并取得爆破证书的专业人员施爆。爆破材料的保管和使用要严格执行有关规定,严禁火源并在10m范围内严禁有易燃物,以防引发安全和环境事故。

(1) 爆破设计应本着用药少,爆破效果好的原则进行爆破设计。药包量的大小根据岩土的软硬、缝隙情况、临空面的多少、预计爆破的石方体积、炸药性能以及现场施工经验等来确定。

(2) 人工成孔的方法有冲击法和锤击法,当岩石松软时,优先考虑冲击法,以减少现场噪声。操作场地的障碍物及冰雪应清除干净,清除出的杂物分类堆放,清扫过程中可以考虑洒水作业避免扬尘。当冲孔或锤击到一定程度后,现场易产生粉尘,为降低或减少粉尘影响,每打一段时间,应用掏勺掏出石粉石渣,或者打湿孔,经常加水润湿。开始打锤及中途换钢钎,应先轻打一、二十锤,使钢钎温度稍升高后再重打,避免钎头脆裂。必须按炮孔布置位置、方向及深度进行打孔,打到要求深度后,要将孔内石粉杂质掏挖干净,用稻草或塞子将孔口塞好,避免泥块等掺入,严禁在已爆破后的残孔中继续钻孔。

(3) 机械钻孔主要的环境污染包括凿岩机钻钎高速冲击岩石产生的噪声,钻钎中心孔道中的压缩空气和压力水冲洗炮孔产生的粉尘、含水石渣等。作业区周围有人群居住时,为减少对居民噪声的影响,应在受影响的噪声传播方向通过隔声布将现场封闭。隔声布的高度按照噪声传播的特点设定。从事钻孔作业的工人及现场其他作业人员必须配戴防噪耳塞。在Ⅳ级风力情况下,钻孔作业应停止进行,否则现场应予以封闭作业。为减少粉尘的产生,尽量采用湿作业。操作中,如发生堵孔现象,可先考虑向下灌水浸泡,直至凿岩机能自由上下运行为止。钻时先小开风门,待钻入岩石,方开大风门。气量和风压应符合凿岩机的要求。如遇软岩石或穿过土夹层时,为防止钻眼孔壁收缩变形,粉尘增多,在钻到一定深度后,应将钻杆提上一段高度使其空转。为减少对作业人员的影响,要求作业人员必须佩戴好防尘口罩。当现场作业密集,污水较多时,应对污水进行引流和沉淀。

钻孔前,应准确标定炮孔位置,并仔细检查风钻的风管及管路是否连接牢固,钻机的风眼、水眼是否畅通;钻杆有无不直、带伤以及钎孔有无堵塞现象等。钻机润滑时,应防止润滑油遗洒,钻机的修理在指定的修理地点或车间进行。为保证机械钻眼的效率,风动凿岩机使用的风压应在 0.5MPa 以上。钻孔时机具要扶稳扶直,以防钻杆歪曲、折断。钻孔达到要求深度后,应将炮孔内的石粉细渣冲净、吹干,并将孔口封盖,以便装药,避免孔内水分与杂质影响爆炸效果。钻孔现场统一清理,清理出的石渣统一堆放,以备再利用,现场粉尘清扫干净,以利下一步的作业。

(4) 起爆方法包括火花起爆、电力起爆、导爆索起爆、导爆管起爆。

火花起爆作业过程包括火雷管制作,起爆药卷制作。加工雷管应在专设的工房内或者不受阳光直晒的干燥地点进行。打折、过粗、过细或有损伤的导火索部分应切去。切去的部分统一收集处理。加工起爆药卷时,先解开药卷的一端,捏松,用直径 5mm,长 100~120mm 圆木棍轻轻插入药卷中央,尔后抽出,再将火雷管或电雷管插入孔内,装入药卷的 1/3~1/2 深,不得将雷管猛力插入。对起爆间隔时间不同的起爆药卷,应以记号分别标志,以免在装药时混淆不清。起爆药卷应在爆破地点或装药前制作,预先检查雷管内有无尘土杂物,导火索是否有漏药、过粗、过细或其他外部缺陷。装药时,应避免火药遗洒。制作好的起爆药卷应小心妥善保管,不得受振动、碰撞或将火线电管拔出。

电力起爆是通过电雷管中的电力点火装置先使雷管中的起爆药爆炸,然后使药包爆炸。现场必须配备电线网路、电源、仪表。电线网路布设时,去除的电线胶皮统一收集处理,多余的电线回收以便再利用。电线联结及电线与仪器的联接处不得裸露。电压根据电线网路及电雷管准爆电流计算确定。在选择电爆网路形式时,除考虑导线的规格外,还应考虑电源的电压及电容量是否够用,以免影响起爆效果。电力起爆前,应将每个电雷管的脚线连成短路,使用时方可解开,并严禁与电池放在一起或与电源线路相碰。区域线与闸刀主线的连接工作,必须在所有爆破眼孔均已装药、堵塞完毕,现场其他作业人员退至安全地区后方准进行。遇有暴风雨或闪电打雷时,禁止装药、安装电雷管和连接电线等操作,同时应迅速将雷管的脚线、电源线的两端分别绝缘。

导爆索起爆和导爆管起爆联结严格按使用说明书。导爆索和导爆管表面不得有缺陷,导爆索存放在干燥地点,布设后避免太阳直晒,温度高于30℃时,需用纸或土遮盖。

(5) 选择爆破方法应以提高爆破功效、降低环境影响为目的,选择裸露爆破法、炮孔爆破法、药壶爆破法、深孔爆破法、小洞室爆破法、边线控制爆破法、定向控制爆破、微差控爆破等爆破方法,选择原则执行土方、石方、护坡及降水工程中的石方爆破施工规定。

(6) 爆破过程应进行噪声与粉尘控制。爆破周围有居民时,爆破时间应选择在白天。爆破地点处于居民密集区时,除保证居民安全外,还应对爆破现场进行封闭,封闭物选择具有隔声效果的材料,同时也用于防止粉尘的扩散。为减少爆破对周围建筑物与管线的影响,应爆破前进行再次测算,并且对周围管线分布进行核对,防止爆破产生新的环境影响。爆破后废弃物的处理。爆破后的废弃物分类收集堆放,优先考虑现场地平整、回填等再利用,不能回收利用的运输到指定的垃圾堆放地点处理。

1.6.7.4 挖方施工所产生的废弃土方、石渣等固体废弃物不得随意堆置。弃土堆应少占耕地,当沿河弃土时,不得阻塞河流、挤压桥孔和造成河岸冲刷。在开挖路堑弃土地段前,应提出弃土的施工方案报有关单位批准后实施。弃土方案应包括弃土方式、调运方案、弃土位置、弃土形式、坡脚加固处理方案、排水系统的布置及计划安排等内容。方案改变时,应报批准单位复查。施工现场原则上不存放土方,土方回填作业时安排外运土方进场。如果施工现场具备土方临时堆放场地,且从成本节约考虑进行土方现场堆放的,可采取植草、覆盖、表面临时固化或定期淋水降尘等措施控制扬尘。临时道路应硬化并远离居民区,取土场、弃土场土源应进行覆盖、配备相应数量的洒水车视现场具体情况进行洒水降尘。

1.6.7.5 施工过程应对施工机械噪声、尾气排放进行控制,推土机、挖掘机、装载机噪声应控制在75~55dB;夜间禁止施工。根据建筑施工场界环保噪声标准日夜施工要求的不同,应合理协调安排分项施工的作业时间,施工应安排在6:00~22:00进行,以减少夜间作业时间;由于工期紧必须夜间施工的必须按规定申请夜间施工许可证,要会同建设单位一起向工程所在地区、县建设行政主管部门提出申请,经批准后方可进行夜间施工。建设单位应当会同施工单位做好周边居民工作,并公布施工期限;对施工机械进行定期保养,减少磨损,降低噪声;禁止乱鸣喇叭等高噪声设备。施工前选择施工机械时,必须选择尾气排放达标的施工机械。在高考期间和有其他规定的时间内,除按国家有关环境噪声要求对施工现场的噪声进行严格控制外,夜间应严禁施工。

1.6.7.6 土方工程施工期间应修建临时排水设施。在路堑开挖前应作好截水沟,并视土质情况作好防渗工作。临时排水设施应与永久性排水设施相结合,流水不得排入农田、耕地,污染自然水源,也不得引起淤积和冲刷。清洗施工机械、设备及工具的废水、废油等有害物质以及生活污水,不得直接排放于河流、湖泊或其他水域中,也不得倾泻于饮用水源附近的土地上,以防污染水质和土壤。施工现场应根据生产废水排放量的多少设立相应体积的沉淀池,经过沉淀后的污水可直接向污水管网排出,沉淀池内的泥砂定期清理干净,并妥善处理。在风景区、饮水区或其他国家有其他规定的地区施工时,沉淀后的水应经当地环保部门检测达到国家一级或二级排放标准后才能排放。达不到时应用专门的密封严密的运输工具运送到附近的污水处理厂处理,以防滥排废水污染风景区、饮水区土地和水源。

1.6.7.7 为防止水土流失,改善环境,保护生态平衡,根据工程具体条件,对路基施工挖方及借土过程所形成的坡面及沿河或截水坡岸应因地制宜地采用经济合理、耐久适用的防护措施。坡面防护包括植物防护、工程防护和坡岸防护,施工必须适时、稳定,防止水、气温、风沙作用破坏边坡的坡面。

(1) 植物防护一般采用铺草、种草和植灌木(树木)形式,应根据当地气候、土质、含水量等因素,选用易于成活、便于养护和经济的植物类种。铺、种植物时,坡面应平整、密实、湿润;铺、种植物后,应适时进行洒水施肥、清除杂草等养护管理,直到植物成长覆盖坡面。

(2) 工程防护适用于不宜于草木生长的陡坡面,一般采用抹面、捶面、喷浆、勾(灌)缝、坡面护墙等形式。在施工前,应将坡面杂质、浮土、松动石块及表层风化破碎岩体等清除干净;当有潜水露出时,应作引水或截流处理。

(3) 坡岸防护有干浆砌片石和混凝土板形式。组织施工前应慎重研究施工方案,避免工期过长而引起沿岸农田、村庄和上、下游路基的冲刷。施工时应待坡面密实、平整、稳定后,方开始铺砌(包括垫层)。铺砌时应自下而上进行,砌块应交错嵌紧,严禁浮塞。砂浆在砌体内必须饱满、密实,不得有悬浆;使用的砂浆或混凝土必须有配合比和强度试验,并按有关规定留够试件。石质强度应符合设计要求;坡岸砌体两端及顶部边坡或岩坡衔接应牢固、平顺、密贴,防止水进入坡岸背面。

1.6.8 填料质检、分层填筑及摊铺平整

1.6.8.1 路基填方材料,应有一定的强度。高速公路及一级公路的路基填方材料,应经野外取土试验,符合规定时方可使用。路堤不得使用淤泥、沼泽土、冻土、有机土、含草皮土、生活垃圾、树根和含有腐朽物质、有毒微量元素的土质。

(1) Ⅰ类民用建筑工程地点土壤中氡浓度,高于周围非地质构造断裂区域5倍及以上时,应进行工程地点土壤中的镭-226、钍-232、钾-40的比活度测定。当内照射指数(I_{Ra})大于1.0或外照射指数(I_y)大于1.3时,工程地点土壤不得作为工程回填土。

(2) 挖出的土方中氡浓度高于规定时,应与环境管理部门对该批量土方进行封闭型处置,处置土方的场地应作专项的处理,使环境污染减小到最小。采用疑含有毒微量元素的土时应经相关部门检测,达标时才能使用;使用盐渍土填筑路堤时,其含盐量不得超出规定允许值,不得夹有盐块和其他杂物。钢渣、粉煤灰等材料,可用作路堤填料,其他工业废渣在使用前应进行有害物质的含量试验,避免有害物质超标,污染环境。

(3)为保证质量和防止扬尘,机械压实分层的最大松铺厚度,高速公路和一级公路不应超过30cm;其他公路按土质类别、压实机具功能、碾压遍数等,经过试验确定,但最大松铺厚度不宜超过50cm。高速公路、一级公路和铺设高级路面的其他等级公路的填石路堤均应分层填筑,分层压实;分层松铺厚度为:高速公路及一级公路不宜大于0.5m;其他公路不宜大于1.0m。

1.6.8.2 填料和摊铺平整过程中,运土车辆装土量以土料距车辆槽帮上沿目测10～15cm为宜,运输时应进行封闭,以防遗洒。填料和摊铺平整时,应用洒水车或人工进行洒水,洒水应利用沉淀池废水并以土料含水率达到20%～30%宜。其中,一级风时含水率为10%,填料和摊铺厚度不宜超过50cm;二级风时含水率为20%,填料和摊铺厚度不宜超过40cm;三级风时含水率为30%,填料和摊铺厚度不宜超过40cm;四级风时应停止施工,以节约水资源并有效防止扬尘。施工现场离居民区较近时,应在出口设冲洗池和沉淀池,每辆车出去前,进行清洗。偏远地区施工时,可不设冲洗池和沉淀池,但也应指定专人负责清扫车轮等污染部位。

1.6.8.3 施工现场原则上不存放土方,土方回填作业时安排外运土方进场。如果施工现场具备土方临时堆放场地,且从成本节约考虑进行土方现场堆放的,可采取植草、覆盖、表面临时固化或定期淋水降尘等措施控制扬尘。进行稳定土搅拌施工时,为防止产生粉尘污染,稳定土搅拌设备应安装在背风处,并设置高度超过1.8m的围挡。消解块状生石灰时,应合理选定消解加工的场地。施工人员应配备劳动保护用品,并采取相应的保护措施。

1.6.8.4 为减少分层填筑及摊铺平整过程噪声和废气,应加强机械设备的维护保养,定期进行机械设备技术状况检查,及时消除隐患,发现设备有异响时应立即停机查明原因,排除故障后方可继续进行施工生产,严禁设备带病作业。设备操作人员在每班工作前应对其要操作的设备进行例行保养,检查机械和部件的完整情况;油、水数量;仪表指示值;操纵和安全装置(转向、制动等)的工作情况;关键部位的紧固情况;以及有无漏油、水、气、电等不正常情况。必要时要添加燃、润油脂和冷却水,以确保机械正常运转,减少机械噪声和废气的产生。

1.6.8.5 进行公路土工试验的废液、废渣等有害物质不能随意倾倒,应统一回收,集中处理。填料运输、分层填筑及摊铺平整过程施工产生的废弃土方、石渣、废弃稳定土等不得随意堆置,弃土堆应少占耕地,当沿河弃土时,不得阻塞河流、挤压桥孔和造成河岸冲刷。在开挖路堑弃土地段前,应提出弃土的施工方案报有关单位批准后实施。弃土方案应包括弃土方式、调运方案、弃土位置、弃土形式、坡脚加固处理方案、排水系统的布置及计划安排等内容。方案改变时,应报批准单位复查。

1.6.8.6 填料质检、分层填筑及摊铺平整过程清洗施工机械、设备及工具的废水、废油等有害物质不得直接排放于河流、湖泊或其他水域中,也不得倾泻于饮用水源附近的土地上,以防污染水质和土壤。施工现场应根据生产废水排放量的多少设立相应体积的沉淀池,经过沉淀后的污水可直接向污水管网排出,沉淀池内的泥砂定期清理干净,并妥善处理。

1.6.9 洒水或风干碾压、检测、重复填土至设计标高及削坡整形

1.6.9.1 路堤、路堑和路堤基底压实

为防止压实度不达标造成以后路面破损,使用状况差,通行能力差,交通事故多等影响,保证质量符合要求而不返工返修造成材料浪费或产生新的污染源,施工应做到:

(1) 为确保质量并减轻扬尘,路基土的压实最佳含水量及最大干密度以及其他指标应在路基修筑半月前,在取土地点取具有代表性的土样进行击实试验确定。当土的实际含水量不在确定范围内时,应均匀加水或将土摊开、晾干,使其达到要求后方可进行压实。在进行路基施工时,应对填土的密实度和含水量进行现场控制,严格控制土的含水量,使施工土料含水量接近最优含水量,黏性土料施工含水量与最优含水量之差控制在 $-4\% \sim \pm2\%$。如已知土的最大密实度,来控制和检验人工或机械压实填土是否达到设计要求。

(2) 使用核子密度湿度仪检验路基填土的密实度和含水量时应在符合要求的实验室,以防含射线源;使用时实验室周边 10m 不得有闲杂人员,使用后应及时放回原包装,并有专人、专库妥善保存以防遗失和滥用,从严防止射线源污染扩散。

(3) 为确保路基压实度达到控制要求,并减轻噪声和扬尘排放,应根据本地气候特点选择合理的施工季节,以掌握路基填土含水量,所有路基填土都必须经过试验。土的含水量、土的最佳含水量是由土的击实试验确定的,在施工中,将含水量控制在与最佳含水量相差 $\pm2\%$ 的范围内,压实效果比较理想。松铺时应确认厚度要求,根据道路的设计断面分层填筑、分层压实。采用机械压实时,分层的最大松铺厚度,高速公路和一级公路不应超过 30cm。其他公路按土质类别、压实机具功能、碾压遍数等,经过试验确定,但最大松铺厚度不宜超过 50cm。路基填土也不宜过薄,填土厚度不应小于 15cm。碾压过程中采用先轻后重、先静后动、先外侧后中间的碾压方法。碾压速度控制在 1.5~2.5km/h,碾压遍数控制在 4~6 遍。高速公路和一级公路路基填土压实宜采用振动压路机或 35~50t 轮胎压路机进行。采用振动压路机碾压时,第一遍应不振动静压,然后先慢后快,由弱振至强振。填石路堤压实宜选用工作质量 11.6t 以上的重型振动压路机、工作质量 1.65t 以上的夯锤或 1.65t 以上的轮胎压路机压(夯)实。经压实度检验合格后方可转入下道工序。不合格处应进行补压后再做检验,一直达到合格为止。进行石灰粉煤灰碎基层石、水泥稳定土碎石基层施工时碾压成型后应立即进行洒水养护,并进行接缝和"调头"处理及削坡整形,保证路基表面平整、密实,边线整平,无松散、坑洼现象产生,施工接茬平顺。

1.6.9.2 施工过程的噪声和废气参照相关要求进行控制,扬尘通过视气候情况及时洒水控制;施工过程所产生的工程废渣土应及时清理,集中堆放,统一处理。

1.6.10 应急和突发事件控制

1.6.10.1 项目部应根据可能发生的油品、爆破用品、化学品等易燃、易爆或有毒材料意外遗洒、泄漏、着火,恶劣天气,临时停电,发电机自燃,核子密度湿度仪遗失或用电设备发生意外事故制订具体的应急计划并配置相应的应急设施,组织对相关人员进行应急培训,使员工掌握必要的应急知识。

1.6.10.2 施工过程中应加强对应急设备、设施的日常维护与检查,按策划的要求组织演习和培训。

1.6.10.3 当发生油品、爆破用品、化学品、有毒有害物品泄漏、火灾等事故时,应急小组应立即命令一切无关人员紧急撤离现场,对事故现场进行封锁警戒,设立专人看守,事故现场严禁烟火,并及时向当地政府主管部门和上级主管部门报告,接受补救措施和指导。

1.7 监测要求

1.7.1 项目应按策划规定的频次、方法对施工现场进行场界噪声测量并填写噪声测量记录:

1.7.1.1 土石方、打桩、分层填筑、碾压等各阶段施工开始后要进行周期性的噪声测量,各阶段施工在进入正常阶段后应再进行至少1次的噪声测量。

1.7.1.2 测量时间分为昼间和夜间两部分,夜间测量应在22时以后进行。测量应在最不利(即噪声最大)的时段进行。

1.7.1.3 测量方法是:在同一测量点,连续测量50个数值,每次读数的时间间隔为5秒钟,测量值为50个数值的平均值。

1.7.1.4 测量点应设在施工场地边界线上且距离噪声敏感建筑物或区域最近的地方。在测量记录中应标出边界线与噪声敏感区域之间的距离。噪声敏感区域是指受到施工噪声影响的住宅区、机关、学校、商业区以及公共场所等。

1.7.1.5 噪声测量仪器可选用积分声级计或环境噪声自动监测仪。测量仪器为积分声级计时,其性能至少应符合《声级计的电、声性能及测试方法》(GB 3785)中对Ⅱ型仪器的要求。在测量前后要对使用的声级计进行校准。使用环境噪声自动监测仪时,仪器的动态范围应不小于50dB,以保证测量数据的准确性。

1.7.1.6 测量时声级计或传声器可以手持,也可以固定在三角架上,传声器处于距地面高1.2m的边界线敏感处。如果边界处有围墙,为了扩大监测范围也可将传声器置于1.2m以上的高度,但要在测量报告中加以注明。

1.7.1.7 测量应选在无雨、无雪的气候时进行。当风速超过1m/s时,要求在测量时加防风罩,如风速超过5m/s时,应停止测量。

1.7.1.8 测量期间,各施工机械应处于正常运行状态,并应包括不断进入或离开场地的车辆,以及在施工场地上运转的车辆。

1.7.1.9 背景噪声应比测量噪声低10dB以上,若测量值与背景噪声值相差小于10dB时,测量值应按表28-1修正;背景噪声是指停止施工时的环境噪声。

表28-1
单位:dB

差 值	3	4~5	6~9
修 正 值	-30	-2	-1

1.7.2 粉尘排放检测

现场环境管理员应每一工作日对扬尘源洒水、覆盖、道路硬化及完好性等进行检查。当施工地点离居民区距离较近且扬尘集中过量达1h内不能散尽时,应进行粉尘排放检测。土方开挖时要满足一级风时扬尘高度不超过0.5m,二级风时扬尘高度不超过0.6m,

三级风时扬尘高度不超过1m,四级风停止施工;一般情况下应保持扬尘高度不超过0.5m,偏远地区施工时应保证施工道路上车辆驾驶人员200m内视野清晰。

1.7.3 材料及资源消耗检查

项目部应分类建立材料及资源消耗台账,定期对统计结果进行分析,并将计划量与实际使用量进行比较,当发现实际使用量高于计划量或低于计划量一定比值时,判定为使用异常,此时应调查原因,对异常情况进行分析,并针对分析结果采取相应的纠正措施。

1.7.4 设备和设施监测要求

1.7.4.1 每周应对运输设备、吊装设备、加热设备、焊接设备、粘结设备、调试设备、搅拌设备的保养状况等检查1次,当发现异常情况时,及时安排保养、检修,降低消耗,防止油遗洒污染土地、地下水;每批作业中应对设备噪声排放、热辐射监测1次,当发现超标时,及时更换噪声低的设备或增加隔声或隔热材料厚度或更换其他隔声或隔热材料,减少噪声、热辐射对环境的污染。每班作业前应对接油盘目测1次,当接油盘存油达到距槽帮10mm时或项目完成相关作业活动时应进行清理,防止盘内存油溢出污染土地、地下水。

1.7.4.2 每周以检查,必要时以检测等方式,对发电房、实验室、材料仓库、沉淀池、排水沟与集水坑、边坡、消防设施等完好性进行检查并做好记录,发现问题时及时采取改正措施。施工过程应随时检查作业人员是否违章作业,是否按规定使用劳保用品用具。

1.7.5 遗洒和废弃物监测要求

施工过程应由环境管理员每1工作日内对车辆装车、运载的覆盖情况,以及现场废土、废石及其他垃圾等的清理、分类堆放情况等进行检查和记录。

1.7.6 废水监测要求

每周至少三次对沉淀池、排水沟、集水坑等的排水顺畅和沉淀效果进行检查或检测。在风景区、饮水区或其他有要求的地区进行施工时,应报请当地环保部门按规定检测沉淀水,以防滥排废水污染风景区、饮水区土地和水源。

1.7.7 应急准备响应监测要求

施工中应进行防火、防爆检查,对涉及的应急准备中环境关键特性检测规定实施检测,避免发生火灾、爆炸对环境的污染。每次作业前应对油料、炸药等保管和使用现场的禁火标识、与易燃品的安全距离、灭火器材的种类、数量、放置位置、有效性等检查1次。作业应对作业程序,环境状况、灭火设施等每天检查1次。监测中如发现不足应停止相关作业或调整作业程序或改变加热方式或更换灭火设施或采取纠正措施,避免应急措施策划或实施不到位意外发生火灾、爆炸造成对环境的污染。

2 路面施工

2.1 作业流程

2.1.1 水泥混凝土路面施工作业流程为:施工准备(包括整修基层、测量放样、材料质检、混凝土配合比设计、试验等)→立模→纵横缝处理及设置钢筋→混凝土搅拌及运输→混凝土摊铺及振捣→拉纹、养护、切缝、拆模、灌注伸缩缝。

2.1.2 沥青混凝土路面施工作业流程为:施工准备→沥青混合料拌和→沥青混合料运输→摊铺→碾压→工作缝处理。

2.2 环境因素

2.2.1 水泥混凝土路面施工环境因素

2.2.1.1 施工准备过程环境因素:材料进场时产生的粉尘、噪声、固体废弃物污染;机械保养过程中产生的废油、废渣、噪声污染;基层检验时产生的噪声、废渣、土地污染;测量放样时产生的废弃物、资源破坏及浪费等。

2.2.1.2 立模过程环境因素:噪声污染;立模不当引起废弃物增多及资源浪费等。

2.2.1.3 纵横缝处理及设置钢筋过程环境因素:噪声污染;废水及废弃物污染;钢筋等材料的浪费等。

2.2.1.4 混凝土搅拌及运输过程环境因素:搅拌产生的粉尘、噪声、废水、废渣污染;运输产生的噪声、遗洒、粉尘污染等。

2.2.1.5 混凝土摊铺及振捣过程的环境因素:噪声污染;废水、废弃物污染等。

2.2.1.6 拉纹、养护、切缝、拆模、灌注伸缩缝过程的环境因素:噪声污染;废水、废弃物污染;粉尘污染等。

2.2.2 沥青混凝土路面施工环境因素

2.2.2.1 施工准备过程环境因素:材料进场时产生的粉尘、噪声、固体废弃物污染;机械保养过程产生的废油、废渣、噪声污染;基层检验时产生的噪声、废渣、土地污染;测量放样时产生的废弃物、资源破坏及浪费等。

2.2.2.2 沥青混合料拌和过程环境因素:噪声、废水、废渣、废油、有毒有害气体等排放及资源浪费等。

2.2.2.3 沥青混合料运输过程环境因素:噪声、遗洒、有毒有害气体等污染等。

2.2.2.4 摊铺过程环境因素:噪声、废气、废渣、粉尘等污染等。

2.2.2.5 碾压过程环境因素:噪声、废气等污染等。

2.2.2.6 工作缝处理过程环境因素:废水、废渣、噪声等污染及资源浪费等。

2.2.3 旧路面翻修出现噪声、废气、废渣、粉尘等污染等。

2.2.4 紧急情况下的环境因素

混凝土输送出现意外故障致凝固产生固体废弃物,现场临时停电导致设备安全事故,存储和使用沥青、油品、化学品等产生意外的火灾、有毒气体排放、烫灼、泄漏、恶劣天气和其他突发事件产生的其他污染源等。

2.3 人员要求

2.3.1 路面施工对企业的要求

路面施工企业必须在从事施工前取得资质证书后方可从事相应级别、类型相符的路面施工,避免因企业不具备相应施工能力而发生质量、安全和环境事故,或产生机械噪声、废气排放、扬尘、振动及噪声、废弃物、废水排放,材料及能源消耗等。

2.3.2 路面施工对人员的要求

2.3.2.1 机械操作人员电工、混凝土工、沥青操作工等人员必须取得相应级别的岗位操作证,按考核合格后的项目、权限和相应的国家与地方规范、操作规程,从事与所持证书规定范围内工作;避免因人员素质能力不能满足要求而发生质量、安全和环境事故。

2.3.2.2 机械操作人员应经过培训,掌握相应机械设备的操作要领后方可进行路基施工,避免因人的误操作或不按操作规程操作、保养造成设备部件报废、机械设备事故浪费资源,或噪声超标,机械设备漏油等。

2.3.2.3 每项作业活动操作前项目部应组织对作业人员针对该项作业活动所涉及的重要环境因素、环境控制措施、环境操作基本要求、环境检测的关键参数、应急准备响应中的注意事项进行专项环境交底或综合交底包括以上环境方面的内容,避免因作业人员的不掌握环境方面的基本要求造成包括废气超标排放在内的质量、安全和环境事故。

2.4 材料要求

2.4.1 为做好材料及资源消耗控制,施工项目应加强材料及资源管理,制定详细的节约材料及资源的技术措施和管理措施,并通过多种形式向员工宣传节约资源、能源的知识、技术、措施和方法。

2.4.2 施工过程中严格执行技术交底,同时根据具体需要对作业人员进行技能培训,通过提高作业人员的操作技能来实现减少材料及资源消耗。

2.4.3 施工过程中通过自检、互检、交叉检等检查验收方式严格执行项目中间验收,发现有偏差及时纠正,杜绝材料及资源浪费。

2.4.4 水泥、沥青等材料进场时应对品种、规格、外观、质量、安全或环境验收文件等进行检查验收,以免使用不合格材料导致质量、安全和环境问题。

2.4.5 材料保管应防雨、通风,露天存放时必须加苫盖,以免受潮变质;材料库房严禁火源,在10m以内严禁有易燃物,并有禁火标志,以防火灾引发仓库区域的安全和环境事故。

2.4.6 水泥等粉料和用于回填的土方等应加以覆盖或进行封闭存放,防止被风吹洒产生扬尘。

2.4.7 沥青、机械设备油料等易燃品应专门存放;储存和使用时不得接近火源,在10m以内严禁易燃物,并有禁火标志,以防火灾引发不利的环境影响。

2.5 设备设施要求

2.5.1 路面施工的主要施工机械为混凝土搅拌及运输设备;混凝土摊铺、振动、整平、碾压等机械;混凝土路面刻纹机;混凝土切缝机;钢筋加工机械;试验机械;测量仪器等。配置机械设备时,要选用经国家质量监督部门认定的产品,使用耗油省、低噪声、尾气排放符合标准的搅拌设备、摊铺设备、钢筋加工设备及运输设备等,并合理安排设备位置,避免耗油量大、尾气排放超高污染大气。在进行工艺和设备选型时须考虑资源节省和污染预防,优先采用技术成熟、能源资源消耗低的工艺技术和设备。机械设备进场时必须对各项指标(如噪声、废气、油污泄漏等)进行检测,符合要求方可进场。

2.5.2 机械操作人员应经过专业培训,掌握了相应机械设备的主要性能和操作规程后方可进行机械操作,严禁设备超载运转。工程项目设备管理人员要对机械操作人员作必要的交底,使其了解设备在使用中可能会出现的职业健康安全风险和环境影响。对在声源附近工作时间较长的工人,应发放防声耳塞、头盔等,对工人进行自身保护。设备操作人员在每班工作前应对其要操作的设备进行例行保养,检查机械和部件的完整情况;油、水数量;仪表指示值;操纵和安全装置(转向、制动等)的工作情况;关键部位的紧固情况;以及有无漏油、水、气、电等不正常情况。必要时要添加燃、润油脂和冷却水,以确保机械正常运转,减少机械噪声和废气的产生;定期进行机械设备技术状况检查,及时消除隐患,发现设备有异响时应立即停机查明原因,排除故障后方可继续进行施工生产,严禁设备带病作业。

2.5.3 为保护施工人员的健康,施工单位要合理安排工作人员轮流操作辐射高强噪声的施工机械,减少接触高噪声的时间,或穿插安排高噪声和低噪声的工作。针对筑路机械施工的噪声具有突发、无规则、不连续、高强度等特点,应采取合理安排施工工序等措施加以缓解,如噪声源强大的作业可放在昼间(06:00~22:00)进行,对距居民区150m以内的施工现场,噪声大的施工机具在夜间(22:00~06:00)应停止施工。施工阶段建筑施工场地边界线处的噪声限值为昼间75dB,夜间55dB。对距居民区150m以内的施工现场,噪声大的施工机具在夜间(22:00~06:00)应停止施工。在城镇居民地区施工时,由机械设备和工艺操作所产生的噪声及废气不得超过当地政府规定标准,否则应采取增加废气处理装置和消声措施。

2.5.4 在城市市区进行混凝土工程施工,不宜在现场设置混凝土搅拌站,宜采用预拌(商品)混凝土。现场设置混凝土搅拌站适用于场地宽阔,周围无社区、学校等受噪声干扰大的场所。现场搅拌站必须考虑工程任务大小、施工现场条件、机具设备等情况,因地制宜设置。同时,混凝土搅拌站一般宜采用流动性组合方式,使所有机械设备采取装配连接结构,做到拆装、搬运方便,有利于建筑工地转移,周转利用,有效的利用资源。搅拌站的设计应有相应的环境保护措施,物料提升输送全过程应进行封闭。现场混凝土搅拌机应安装降噪设施,应采用隔声屏进行围挡,围挡应采用四面,围挡高度不低于1.8m。隔声屏材质应有效降低噪声向外部排放,降噪效果不低于30dB。现场搅拌站一般由搅拌机、砂、石储料斗、光电控制磅秤、电器操纵箱、物料提升设备等组成。适用于工程分散、工期短、混凝土量不大的施工现场。设置混凝土搅拌站的场地应采用硬化混凝土,厚度不小于10cm,表面应抹光,场地硬化面积应涵盖物料堆场及运输通道,减少在物料运输及混凝土运输过程中遗洒对环境造成的影响。混凝土搅拌站应保证充足的电力供应,可就近从电网取电力;为避免停电影响施工及生产,应自备发电机,电力总容器应考虑全部施工用电、夜间施工照明及生活用电的需要。配电房或发电机应设在地势较高处或架高设置,并防止失火产生火灾造成损失和环境影响。

2.5.5 在现场设置新搅拌站或搅拌机时,应同时考虑冲洗搅拌机产生污水的排放,在搅拌站(机)设置的邻近适宜位置设置沉淀池,从搅拌站(机)至沉淀池,设置排水沟,使冲洗搅拌机的污水可顺畅的排入沉淀池内。排水沟规格应满足设备的污水排放要求,确保在排水过程中不会溢出。一般深度不小于25cm,宽度不小于30cm,可用砌块砌筑,表面抹灰,也可采用混凝土浇筑。排水沟表面可加盖铁箅子,便于车辆通行,同时防止砖块、混凝土块等进入排水沟。沉淀池设置的位置与搅拌机不宜过远,过远可能导致污水不能迅速排入沉淀池,一般以5m以内为宜,沉淀池的尺寸规格可按照下式进行估算:

$$V = L \times \sigma \quad (m^3)$$

式中 V——沉淀池的容积单位(m^3);

L——搅拌机的出料容量(m^3),当采用两台或两台以上的搅拌机时,取搅拌机出料容量之和;

σ——系数,取 3~4,当沉淀池有其他用途,汇入其他污水时,取大值。

沉淀池可采用砌块,表面抹灰,也可采用混凝土浇筑。一般上口与地面齐平或稍低于地面。表面应加盖,防止固体杂物进入沉淀池,影响沉淀池的使用。沉淀池应安排有资质的厂家每周进行清掏,或当发现池底的沉淀的污物超过容量的1/3时,应通知厂家增加清掏,保证沉淀池的正常使用。经沉淀池中沉淀后的污水,应尽量予以回收利用,可用于混凝土搅拌的部分用水,或经检测后作为场区绿化、降尘用水。或经现场 pH 值检测,并目测无悬浮物后,经环保部门许可后排入市政管网。

2.5.6 沥青加工站的设置准备包括安置油锅、开挖预热火道、整理装油场地、搭建油工休息棚、修筑洒油车运输通道。油场一般供油距离以 10~15km 为宜,不应超过 15km。沥青拌和站宜设置在空旷、干燥,并且具有较好的运输条件的地方;供料半径不得大于40km,场站应有足够大的地方放置各种矿料;沥青的储存加热、拌和的场地,应符合国家有关环境保护、消防、安全等规定和要求。拌和机应配有防尘、除尘设施,能有效地防止有害粉尘污染环境。场站应有良好的排水、防水措施,料场应硬化,保证矿料清洁不受污染。

2.5.7 施工工地应建工地试验室,提供足够的试验、养护、办公场所,配齐试验人员和满足试验精度要求的仪器。现场试验室主要对原材料进行调查、检测,定期抽检、分析、设计、调试混凝土配合比,控制混凝土拌合物的工作性,对抗弯拉强度、平整度、厚度、抗滑构造深度进行检测并提供自检报告等。

2.5.8 应根据自然环境恶劣、特殊天气或发生意外事故,以及沥青施工、潜在或可能的突发事件制定应急计划,并做好应急准备,配置适宜、有效的灭火器材和抢险工具,设置消防通道等其他相关设施。

2.6 过程控制要求

2.6.1 施工准备

混合料配合比设计要根据工程的设计要求、当地材料品质、施工方法、操作水平及工地环境等方面,通过选择、计算和试验来确定水泥、水、砂、碎石(砾石)、外加剂几种材料相互之间比例关系,配比在满足强度要求的情况下,尽量减少水泥的用量,节约材料。

路面施工前,应对施工场所进行清场,清场时应用洒水车配合人工进行,以免扬尘对环境造成污染,清理的废弃物应集中堆放,集中处理。对钢筋、钢板、木材等下脚料可分类回收,交废物收购站处理。

2.6.2 水泥混凝土路面施工

2.6.2.1 混凝土搅拌站

搅拌站的位置应根据施工路线长短和所采用的运输工具决定。在搅拌站建设时场地应先进行硬化。搅拌站应将水泥库封闭或采用散装水泥罐,对零星用袋装水泥应及时覆盖。现场临时道路采取洒水降尘。混凝土搅拌站应建在远离居民区,防止噪声和粉尘排放造成扰民和污染环境,应设立沉淀池防止生产污水污染土壤、水体,应设临时废料废渣集中堆放点,防止无序排放污染土壤;搅拌站下装车部位应采用混凝土铺筑20cm厚的路面,并应设置清洗污水排水沟、积水渗水坑或可清洗搅拌站的废水处理回收设备,确保满足环保要求。

2.6.2.2 混合料运输

为保证混凝土拌合物的工作性,在运输过程中,应考虑蒸发失水和水化失水以及在运输途中的颠簸和振动使混凝土产生离析。除要求把运输道路维护好外,还在混合料上加盖防止水分蒸发。运输应采用密封罐车,以免水分流失及沿路遗洒。采用敞篷车运输时,应将车上物料用蓬布遮盖严实,并及时安排专人回收利用、降低损耗,避免形成废渣污染环境;混凝土罐车每次上料、出料应清洗下料车、自卸车,运输时应做好缝隙处理和面层覆盖。

2.6.2.3 施工前台机械就位

发电机、振动棒、控制机、水车等应及时就位,并定期对其进行检修及保养,保证机械性能良好,以减轻噪声和废气。进行夜间施工时,电工要提前检查电闸及灯具,防止电路短路引发火灾,造成资源浪费,污染环境。每一天施工完毕后,及时进行摊铺机的清洗,清洗的水要进行处理,以免污染土壤和水体,并进行必要的保养、检修工作。

2.6.2.4 摊铺

(1)摊铺前应对机械设备进行检查,操作人员必须经过培训合格后方可上岗,以防止设备性能及操作人员能力不符合要求造成事故形成废弃物等污染源。

(2)摊铺过程中应将运到现场的混合料尽可能的分成几小堆,用铁锹摊铺一定要扣锹摊料,严禁抛掷形成噪声和扬尘。为确保工序准确,以防造成质量问题产生返工形成材料和能源浪费,摊铺有传力杆或布设钢筋的混凝土时,需要配合传力杆、角隅钢筋、钢筋网的安放工人进行,即先摊铺钢筋下半部混合料,待钢筋就位后再摊铺上半部混合料。

(3)当摊铺未完成一整块板而因故停工时,应视停工时间长短作特殊处理。停工半小时内,可将混合料表面用湿布盖上,待恢复工作时把此处混合料耙松,继续摊铺;停工超过半小时以上时,可根据施工时的气温和混凝土的初凝时间做施工缝处理,但应把不足一块板的混合料铲除废弃。废弃混合料应装入编织袋,或其他适当容器运至现场建筑垃圾存放点,做到工完场清。

2.6.2.5 振捣

摊铺好的混合料应立即进行振捣,禁止边摊铺边振捣。对在声源附近工作时间较长的工人,应发放防声耳塞等,减少噪声的污染,对工人进行自身保护。在振捣过程中溢出的混合料,应进行清扫并将废弃混合料装入编织袋运送至固定的建筑垃圾存放点。

2.6.2.6 做面

水泥混凝土路面做面施工过程中剔除的废弃物应装入编织袋,或其他适当容器运至现场建筑垃圾存放点,做到工完场清。

(1)提浆刮平。振动梁振实后,立即采用提浆辊滚压揉搓,起到进一步的揉压、二次匀浆作用,一般沿纵向3~4次即可。遇到有个别露出石子处,要在原地反复滚动数次解决石子露头问题。经过滚压揉搓匀浆使表面有一层厚度3~4mm的滋润砂浆为宜,防止过薄达不到要求,过厚造成砂浆浪费。

(2)抹面。人工用大木抹子多次抹面至表面无泌水为止,用木抹抹面时每次应与上一次抹过痕迹重叠一半。用3m直尺边抹边检查,并刮填不平之处,保证表面平整、接缝平顺;在抹面工作完成后及时将木抹子清洗干净;抹面后剔除的废弃物应装入编织袋,或其他适当容器运至现场建筑垃圾存放点,做到工完场清。抹光机抹面不宜采用普通手抹式抹光机,以防其只能起到局部平整作用达不到要求的平整度,造成返工浪费。宜利用改制的抹光机可以纵横向自动全幅抹平,一般每处横向抹平3～4次,纵向两次相接处抹平重叠至少1/3,以达到很好的抹平效果,从而节省材料。

2.6.2.7 压槽(拉纹)

在压槽后,混凝土面板上会出现"毛刺",用水平刮尺沿槽向铲刮一下,将突出"毛刺"铲刮掉,铲刮的废弃物应装入编织袋,或其他适当容器运至现场建筑垃圾存放点,做到工完场清。

2.6.2.8 做缝

在锯切过程中应适量洒水,宜设置不低于1.8m的移动围挡,以减轻噪声和扬尘;对在声源附近工作时间较长的工人,应发放防声耳塞等,对工人进行自身保护。施工过程中应及时清理接缝中进入的砂浆,并装入编织袋运送至固定废弃物场所。

2.6.2.9 养护、拆模、填缝

(1) 混凝土采取洒水湿养时,应用湿草帘或麻袋片等覆盖表面,分次养护,避免因洒水过多造成水资源浪费,养护水应进行沉淀,减少对路边土地、河水或地下水的污染。

(2) 拆模时应先拆支撑,然后向外慢慢撬动模板,切忌损伤面板边、角或是摇动拉杆造成板的拉杆处开裂损坏模板,并应避免大力敲打模板造成噪声污染。拆下的模板应清除粘附在上面的砂浆,或修整清洗、涂刷隔离剂待用。剔除的废弃物应装入编织袋,或其他适当容器运至现场建筑垃圾存放点,做到工完场清。

(3) 清缝时应把缝内的尘土、灰浆等杂物清理干净,用铁钩勾出缝内砂石或用2.5MPa的压力水的把缝内灰尘自高向低冲洗干净时,清理出的固体废弃物用编织袋装入运送至固定场所,冲洗水应节约使用并尽可能再利用。填缝施工时,加热施工填缝材料如聚氯乙烯胶泥、橡胶沥青类等要求均匀加热,应采用双层加热锅加热,中间用石蜡或耐高温机油作介质,以减轻施工过程有毒有害气体污染大气和影响健康。操作工人应佩戴防尘口罩,以防止施工过程吸入废气中毒、窒息。

2.6.2.10 季节施工

(1) 雨期施工时要收集掌握气象资料,建立健全雨期施工组织,制定雨期施工具体计划和预防措施,准备防雨材料、机具,以保证搅拌站、运输道路、铺筑施工现场和整个施工路线排水良好畅通,原材料不受水浸害,砂、石、水泥应具备防雨设施;砂、石料含水量发生变化时应及时调整配合比。铺筑现场应备有易移动的轻便工作雨棚,保证未做好的面板在初凝前不被雨淋;遇大雨或暴雨时应及时停工。施工中途遇雨时,铺筑完一块板后赶快停工。如施工不能停止时,必须有防雨措施,防止质量和安全事故造成污染和浪费。

(2) 夏季温度大于等于30℃时即为高温施工,当气温大于35℃时应停止施工。高温季节施工时应控制搅拌混合料温度使之不超过35℃,不使用温度高于55℃的散装水泥,使用低水化热水泥,严禁使用早强型水泥,以防材料失效和质量事故造成新的污染源。对砂石材料搭棚遮阳,洒水降温;对使用水降温,避免太阳直射贮水罐和水管,在贮水罐内放冰块,在贮水罐壁周设隔热层等;掺加缓凝剂,延缓初凝时间,使混合物保证适合的工作性能,并降低拌和稠度,使之易拌和、易出料、易振捣、易做面,以避免造成材料浪费。对模板、基层洒水降温并保证基层湿润状态。混凝土拌和后尽快运到现场,运时加遮盖,到现场及时摊铺,及时振捣,及时做面,及时养护,做面后及时盖临时帐篷。必要时设挡风墙,以降低吹到面板表面的风速,减少水分蒸发量以控制面板表面湿度。当白天日照强烈,气温高于35℃,夜间最低温度低于30℃时,应适当采取保温措施防裂。

(3) 冬期低温施工时,水泥路面施工操作和养护温度等于或小于5℃或昼夜最低气温小于-2℃时视为低温施工,低温季节施工时应有专门的低温施工的操作设计和养护措施,以防止质量事故造成返工返修产生新的污染源。

2.6.3 轨道式摊铺机施工

2.6.3.1 轨道模板安装时,搬运材料应轻拿轻放,严禁抛扔,安装过程执行模板工程相关规定以防噪声或损耗材料。安装牢固后,应对路面铺筑厚度、几何尺寸进行校验和调整,以防引起施工返修费料。混凝土铺筑前在模板内侧涂刷隔离剂,隔离剂涂刷应均匀并以不流坠为宜,以免多余的隔离剂流出污染土壤和水体,厚度约 $5\mu m$,以免浪费资源。上料摊铺前洒水润湿基层,避免扬尘,污染空气。

2.6.3.2 混合料摊铺应按摊铺松铺厚度均匀地填满模板范围内,保证摊铺的均匀性和平整度并控制好松铺厚度,以防止混合料浪费;摊铺过程中废弃的混合料运送到固定的场所。

2.6.3.3 摊铺好的混合料应立即进行振捣,并禁止边摊铺边振捣,对在声源附近工作时间较长的工人,应发放防声耳塞等,减少噪声的污染,对工人进行自身保护。在振捣过程中溢出的混合料,应进行清扫并将废弃混合料装入编织袋运送至固定的建筑垃圾存放点。

2.6.3.4 混凝土表面修整使用修面抹光机、纹理制作采用刻纹机时,应适量洒水以防止扬尘和冷却设备,减少噪声、设备磨损和热辐射,产生的废弃物应集中清理,及时送运到指定地点。

2.6.4 滑模摊铺水泥混凝土路面施工

2.6.4.1 搅拌站的设置

(1) 搅拌站宜设置在摊铺路段的中间位置,搅拌站内部布置应满足原材料储运、混凝土运输、供水、供电、钢筋加工等使用要求,并尽量紧凑,减少占地。搅拌站应安装在原材料堆放的上风头;确因地形等条件限制,砂石料场面积不足时,可在搅拌站附近设置砂石料储备转运场。

(2) 混凝土搅拌站应解决搅拌、清洗用水的供应问题,并确保水质。水源供水量不足、不稳定时,搅拌站宜设置体积不小于 $500m^3$ 的蓄水池,所蓄的水量应能至少满足半天以上的滑模施工需要。施工沿途缺少水源时,搅拌站还应解决养护用水。

(3) 混凝土搅拌站应保证充足的电力供应,可就近从电网取电;为避免停电影响施工及生产,应自备发电机。电力总容量应考虑全部施工用电、夜间施工照明及生活用电的需要。配电房或发电机应设在地势较高处或架高设置,以防止失火产生火灾造成损失并产生严重的固体废弃物及大气污染。

(4) 离加油站较远的工地应设置油罐或油料储备库,确保滑模摊铺机、运输车辆及发电机等动力设备的燃料供应,并能保证其防水防盗安全。

(5) 施工前应储备正常施工一个月以上的砂、石料。料场应建在地势较高、排水通畅的位置,其底部应采用胶凝材料处理或水泥混凝土硬化处理,严禁料堆积水和泥土污染。不同规格的砂、石料之间应有隔离设施,严禁混杂。防止因材料原因产生浪费。

(6) 在冬期、雨期和热天施工条件下,应在砂、石料堆上架设防雨、防雪、防晒顶蓬或覆盖帆布,覆盖材料的数量不宜少于正常施工时10d的用量。覆盖材料应妥善保管以备下次重复利用。

(7) 搅拌站原材料运输与混凝土运输车辆不应相互干扰,应设置车辆进出口的环形道路。每台或每两台安装在一起的搅拌站应设相对独立的运料进出口,并有临时停车场。搅拌站下装车部位应采用混凝土铺筑20cm厚的路面,并应设置清洗污水排水沟、积水渗水坑或可清洗搅拌站的废水处理回收设备,使污水能进行有效沉淀、处理。

2.6.4.2 现场试验室的设立及配合比设计

施工工地应建工地试验室,提供足够的试验、养护、办公场所。配齐试验人员和满足试验精度要求的仪器。现场试验室主要对原材料进行调查、检测,定期抽检、分析、设计、调试混凝土配合比,控制混凝土拌合物的工作性,对抗弯拉强度、平整度、厚度、抗滑构造深度进行检测并提供自检报告等,以在保证质量的同时节省材料,降低施工能耗。

2.6.4.3 运输车辆及道路准备

滑模摊铺前,施工道路上各种桥涵、通道等构造物应提前完成,确有困难不能通行时,应有施工便道并尽量硬化,以防止扬尘。施工时应确保运送混凝土的道路的基本平整、畅通,不得延误运输时间或碾坏基层,或因道路的不平整增大混凝土的离析程度和延长运输时间。在天气炎热的白天施工时,还应给车辆准备好遮阳篷布,以减少混凝土水分蒸发。运输车辆的数量应根据施工进度、运量、运距及时进行调整,其配置原则上应以满足摊铺机连续摊铺,尽量减少因缺料而引起的停机次数的要求,总运力应比总拌和能力略有富余。

2.6.4.4 基层准备

为防止过干的基层吸附混合料中的水分,造成面板底部混凝土失水,强度降低,产生收缩裂纹,同时防止扬尘污染大气。在上料前必须洒水湿润基层;在高温天气时,洒水还可以降低基层表面温度,有利于混凝土的施工。清扫出来的废弃物应装入编织袋,或其他适当容器运至现场建筑垃圾存放点,做到工完场清。

2.6.4.5 机械准备

摊铺机前可配备一台装载机或小挖掘机进行布料,其履带上最好有橡胶垫,以免施工行走时碾坏沥青面层,破坏防水作用产生浪费。施工前必须对搅拌站、运输车辆、布料机、滑模摊铺机、锯缝机等施工机械进行检修;对经纬仪、水准仪、全站仪等测量拉线仪器和人工辅助施工的振捣棒、模板等机具及试验仪器进行全面检查、调试、校核、标定、维修和保养,并试运行正常,以防仪器失准造成偏差,影响质量而返工产生新的污染源。对主要设备易损零部件,如滑模摊铺机振捣棒、用于振捣传力杆处混凝土的振捣棒等应有适量储存,防止突然损坏不能及时振捣造成材料浪费和产生大量的废弃物。

2.6.4.6 路面施工保护准备

(1) 为了防止施工时的突然降雨造成对混凝土路面的破坏,应在施工现场准备100m左右的防雨棚,以防雨水带走水泥浆,污染水体及土壤。

(2) 每天开工前提前清扫干净摊铺机前基层 1~2km,弃除的砂浆、混凝土块应装入编织袋,或其他适当容器运至现场建筑垃圾存放点。

(3) 用沥青进行灌缝处理,施工时再在裂缝上加铺油毡时,操作人员应佩戴防毒口罩,防止废气、毒气污染大气并影响身体健康;混凝土碎块、沾染油毡沥青的废弃物、废油毡应分类及时回收,统一交有资质的单位处理。

(4) 提前 1~2d 对所施工路段的基层胀缝进行处理。凿开顶胀处破碎、脱空的基层,用 C20 混凝土修补,在混凝土分格逢中留 7~8cm 灌以 5%~6% 的沥青砂,作为基层的膨胀空间,施工时再对基层胀缝处的混凝土板用钢筋网进行补强。

(5) 第一天施工完毕后应及时进行摊铺机的清洗,清洗水要进行沉淀处理,以免污染土壤和水体;天气炎热时,需洒水降温后方可开盘;洒水以不流淌为原则,防止水资源浪费或形成污水。

2.6.4.7 搅拌站的施工准备工作

(1) 每天工作完后,清除搅拌机、配料机、皮带运输机等机械设备、水电设施周围的所有障碍物和消除其他有可能危及安全的因素,剔除的杂物应分类装入编织袋或其他适当容器运至现场建筑垃圾存放点。

(2) 按说明书的润滑规定,每天工作完后对施工机械应进行日常保养、润滑,润滑油污染严重时,应予以更换。操作工人应佩戴防尘口罩,以减少润滑油等有害物质气体的吸入。施工中挤出或遗洒的化学用品应随时清理干净,装入编织袋,扎紧袋口,运至现场"有毒有害废弃物"存放点统一处理。

(3) 每天开盘前需检测砂石料的含水量,根据含水量调整混凝土的加水量,控制好混凝土的坍落度,以节约用水并防止混凝土性能不能满足要求而返工产生新的污染源。

(4) 天气炎热施工时应提前对骨料进行洒水降温,保证混凝土的出场温度在 35℃ 以下,每次施工结束后对料筛进行检查,发现破损处及时焊好,以免用料达不到要求产生废料和固体废弃物。

2.6.4.8 水泥混凝土路面滑模施工

(1) 混合料的运输

运输车的车型和数量根据施工进度、运量、运距和路况确定。运输时间应保证混凝土运到现场适宜滑模摊铺,并短于混合料初凝时间 1h,同时也应短于摊铺允许最长时间 0.5h,防止混凝土凝结造成浪费,形成固体废弃物。

(2) 装料时应防止混合料离析,防止漏浆、漏料污染路面,特殊气候下应装车前冲洗干净车厢,车厢干时应洒水湿润,但不积水。混合料在运输过程中封闭、加盖避免洒落,有遗洒时应安排专人回收利用,以降低材耗,避免形成废渣污染。

2.6.4.9 水泥混凝土路面的滑模铺筑

(1) 运料时自卸汽车不得满装,料位高度宜距车沿上方留有 10~15cm 空间,以防遗洒。卸料、布料时,自卸汽车应正面直接卸在基层上并设专人指挥卸料,卸料应分布均匀,不欠料也不多料,料位高度应在螺旋布料器中片上缘以下,最高料位不得高于控制板上缘,防止卸料不匀或欠料增加摊铺量和摊铺时间耗油。

(2) 开始摊铺前 5m,必须对所摊铺路面的厚度、宽度、中线、标高、横坡等参数进行准确的测量,便于机械操作手进行中微调;从摊铺机起步到正常工作应在10m内完成,达到要求的摊铺机工作参数的设定位置应固定保护起来,不允许再作改变,防止增加或减少摊铺量和摊铺时间引起耗油,或达不到要求返工形成浪费和污染。

(3) 摊铺机结束作业后应对机器整体清洗,清洗的废液应用专门容器集中单独存放,交由有资质的单位进行处理。横向施工缝施工过程中剔除的砂浆、混凝土块应装入编织袋,或其他适当容器运至现场建筑垃圾存放点,做到工完场清。

(4) 滑模连接摊铺过后清理干净粘在前幅板上的砂浆,要求应清刷出抗滑构造来。同时还应使第二幅的抗滑构造与前幅的抗滑构造一一对应,以利排水。剔除的砂浆、混凝土块应装入编织袋,或其他适当容器运至现场建筑垃圾存放点,做到工完场清。

2.6.4.10 振捣

为防止漏振影响质量造成返工费料和产生新的污染源,摊铺机行走前应先开启振动棒,但又严禁振动棒在水泥混凝土外面振动,防止空载振动烧毁设备并造成电能空耗。振动棒漏油时应停止作业,予以更换或维修。振捣过程中对在声源附近工作时间较长的工人,应发放防声耳塞等,对工人进行自身保护。在振捣过程中溢出的混合料,应进行清扫并将废弃混合料装入编织袋运送至固定的建筑垃圾存放点。

2.6.4.11 表面搓平

使用抹平器时应保持适宜速度,减少噪声排放;剔除的砂浆、混凝土块应装入编织袋或其他适当容器运至现场建筑垃圾存放点,做到工完场清。抹平后用拖挂在加长模板后与摊铺机宽度相同的麻布进行纵向拉毛时,拖挂麻布长度不宜太长,与混凝土接触面在1m内效果最好。每次工作开始前应将拖挂麻布润湿透,麻布应每隔4～5h进行更换清洗,工作完毕后要清洗。

2.6.4.12 抗滑构造

在滑模摊铺机后设钢支架,用于拖挂的麻布、帆布或棉布应洒水湿润,洒水应适量并以不流滴为宜,以节约水资源。布片在连续施工6～8h后,每天完工或两次施工间隔时间过长时,应及时清洗,必要时更换新布片。废弃布片要及时清理,运至现场垃圾存放点。

2.6.4.13 混凝土面板的养护

(1) 养护剂使用水玻璃基、石蜡基和聚合物单体树脂基时,应按1:3的体积比混合,搅拌均匀用喷雾器喷洒于新铺混凝土路面上。喷雾器应定时清洗,以免堵塞喷头。施工中挤出或遗洒的胶粘剂应随时清理干净,装入编织袋,扎紧袋口,运至现场"有毒有害废弃物"存放点统一处理。

(2) 覆盖洒水养护使用麻袋覆盖,每天洒水遍数由现场施工情况而定,以保持麻袋底部在养护期间始终处于湿润状态为宜,防止过多洒水浪费水资源,造成大量污水排放。养护完毕要及时对麻袋进行回收,不能回收的废弃麻袋应放入现场废弃物存放点。

(3) 雨期施工养护采用覆盖塑料薄膜,为节省薄膜和达到养护要求,应在薄膜上加盖细土或细砂压严实,以防止被风吹破或掀起,造成材料浪费;养护期间应始终保持薄膜的完好,若发现破裂情况应立即修补或更换。废弃薄膜应装入编织袋,扎紧袋口,运至现场"有毒有害废弃物"存放点统一处理。

(4) 养护期间的保护,混凝土板在养护期间和填缝前严禁人、畜、车辆通行,防止对路面造成难以弥补的破坏,或因返工造成材料浪费和新的污染源;达到大于设计抗弯拉强度的80%,并撤除养护覆盖物后方可通行。

2.6.4.14 切缝、填缝施工

在锯切过程中应适量洒水,宜设置不低于1.8m的移动围挡,以减轻噪声和扬尘;对在声源附近工作时间较长的工人,应发放防声耳塞等,对工人进行自身保护。清除的砂石、混凝土块及其他污染物应装入编织袋并扎紧袋口或用其他适当容器运至现场建筑垃圾存放点统一处理,做到工完场清。使用聚氨酯时应随拌随用,轻拿轻放,不要配制过多,不得遗洒,并防止挥发,操作人员应使用防护用具。

2.6.5 沥青混凝土路面施工

2.6.5.1 沥青表面处治施工

(1) 表面处治使用的矿料应按所需的规格、数量进行备制,并运送到指定堆放地点或指定施工路段上按要求堆放,防止材料污染失效。选购沥青运送到现场时应进行覆盖,防止遗洒,储存和使用要远离火源,10m内不得有易燃品。沥青加工站的设置准备包括安置油锅、开挖预热火道、整理装油场地、搭建油工休息棚、通信、修筑洒油车运输通道等应参照临时设施的建设要求控制环境因素,一般来讲,由于沥青加工站的危险性、毒性较大,不宜在现场设置沥青加工点。

(2) 油场供油长度以10~15km为宜,不应超过15km,防止加大运输量引起运输车辆增加,造成能源的过度消耗。

(3) 加热站的布置应远离居民区1km防止污染居民区大气。施工前应对基层进行验收检查,在喷洒透层油前进行测量放样,以防止不合格工序造成返工产生材料浪费和新的污染源;还应编制应急预案,对沥青有毒有害气体的排放、可能产生的火灾和烫灼等环境污染和安全影响制定控制措施,操作工人应佩戴防护用品。

2.6.5.2 沥青表面处治的施工

(1) 表面处治施工时,应先对基层进行湿润,清扫的浮土、杂物及松散砂石料等均应及时清理,集中堆放到指定地点。铲除或用水冲洗旧黑色路面、水泥路面的污泥应轻铲防止噪声,污水应排入积水池以供再利用。喷洒透层油应使用专用的喷具,避免遗洒。

(2) 撒沥青、撒矿料施工时,施工人员应佩戴口罩,以防止中毒。遗洒的沥青、矿料应及时收集并重复使用,其他废弃物应及时清理,送运到指定地点统一处理。矿料的装运、存放中注意小料中不能混入大料,撒矿料应清除扫尽料斗中余料,否则斗中矿料易卡滚筒,造成撒布机断链条不能正常运转损坏设备。

(3) 碾压应在当矿料撒布一段后且不必等全段洒完,即开始,避免矿料凝结增加碾压功。一般压2~3遍为宜,以防过压造成压路机油耗和废气增加。碾压结束应采用指挥交通或设置路障控制行车线与速度(一般为20~30km/h)等方法,避免过往车辆碾坏路面造成返工,既浪费能源又损失材料。

2.6.6 沥青贯入式路面施工

2.6.6.1 骨料应尽量选择石灰岩等碱性石料,以保证与沥青的粘结性,防止石料选择不好,在碾压时压碎过多嵌挤不良,会堵塞空隙,增加沥青贯入所消耗的能源。贯入式各层次的分次用量应根据施工气温及沥青标号等在规定范围内选用,在寒冷地带或当施工季节气温较低、沥青针入度较小时,沥青用量宜用高限。在低温潮湿气候下用乳化沥青贯入时应进行调整,上层较正常情况适当增加,下层较正常情况适当减少,以保证结合料使用量不致于过多形成浪费,又不致于过少影响性能。

2.6.6.2 沥青贯入式路面的主层料进场前应对其性能和完好性进行检测,以减少材料不合格而带来的成品报废造成环境污染的风险。

2.6.6.3 施工流程包括清扫基层→洒透层油或粘层油→摊铺主层骨料→碾压(如需洒水时应先洒水)→洒第一遍沥青→撒第一遍嵌缝料→碾压→洒第二遍沥青→撒第二遍嵌缝料→碾压→洒第三遍沥青→撒封层料→碾压→初期养护。

2.6.6.4 清扫基层、洒透层油参见沥青表面处治的施工控制环境因素。主层矿料摊铺时应根据汽车翻斗车运量和每平方米主层料用量计算出一车骨料应摊铺的长度,设专人指挥自卸车按规定的长度卸料,前一车卸在第一个规定长度路左半幅中部,下一车就卸在第二个规定长度路的右半幅中部。以此类推向前卸料,可以有效地减少摊铺时物料运输线路的长度,最大程度节约能源。

2.6.6.5 碾压过程须经常检查,发现大于3cm的空隙时应及时用等大矿料填补,当碾压矿料大至嵌缝紧密、无显著轮迹时停止碾压。一般视矿料的硬度不同压4~6遍,切记过压,既以免造成不必要的能源损失或使矿料过于破碎影响沥青贯入,但也不可欠压使主层料不稳定,影响强度造成返工浪费。为了节约水资源,一般情况下矿料碾压时不必洒水,只当石料不易压稳时,才酌量洒水,洒水应以适度湿润为宜,以防流淌造成水资源浪费并形成废水。

2.6.6.6 在贯入喷洒沥青施工中,主层矿料碾压完毕后,应经检查表面应平整、缝隙均匀、密实。洒水碾压后的矿料干燥后应立即喷洒主层沥青,增加施工的工效。在沥青施工过程中施工人员应佩戴防尘口罩,以防止施工过程中毒和出现废气污染。

2.6.7 热拌沥青混凝土路面施工

2.6.7.1 下承层准备时,在稍带湿润的基层上应按规定的油质、油量喷洒透层油,一次喷洒均匀不流淌,以免浪费材料。施工时应封闭交通,待其充分渗透或水分蒸发后摊铺;或在下层油面上喷洒粘层油后铺筑上层油面。摊铺前对机械进行维修保养和调试,保证使用状态良好,以减少噪声和废气排放。

2.6.7.2 沥青混合料运输应考虑拌和能力、运输距离、道路状况、车辆吨位,在能满足施工要求的情况下尽量减少车辆的使用,减少废气的排放和车辆避让引起的能源浪费。自卸汽车装料前清扫车厢并涂刷防粘剂薄膜(柴油∶水=1∶3),涂刷时应对隔离剂随涂随盖,并小心轻放,防止遗洒和挥发,避免沥青混合料粘于车厢上形成废弃物。运输车应用篷布覆盖好,防止降温、污染和雨淋,以免增加施工难度和造成浪费。满载车辆不得中途停留,必须直接将混合料运至现场等候摊铺,运到现场的沥青混合料温度应不低于130~160℃,避免现场重新进行加热或者重新回火引起有毒有害气体排放。

2.6.7.3 沥青混合料的摊铺

(1)在准备就绪的下承层上应将摊铺机就位于正确的位置上,如在已铺筑沥青混合料面层接茬处摊铺时应先将已铺层的接头处切除处理,把切除后的断面用粘层油涂刷后就位摊铺机。切除时应在切除方向装设挡板,防止火星引燃沥青,造成重大安全和环境事故。

(2) 摊铺机在操作前应预热,熨平板温度不低于65℃,预热时应周围设警戒线,禁止操作人员靠近,防止烫伤和热辐射。

(3) 沥青混合料摊铺温度正常情况下应控制在120~150℃之间,最高不超过165℃;低温时施工温度应控制在130~160℃之间,最高不超过175℃。过高会造成沥青混合料的流淌,过低则增加摊铺的难度,增大摊铺的能源消耗。

(4) 摊铺机开始受料前应防止沥青混合料粘在受料斗和送料板上,影响摊铺效率,应在受料斗和送料刮板上涂刷少许隔离剂(柴油:水=1:3)。涂刷时应对隔离剂随涂随盖,并小心轻放,防止遗洒和挥发。

(5) 沥青混合料的松铺系数和松铺厚度必须从实际施工中测得。因为摊铺机、混合料类型不同造成松铺系数和松铺厚度不同,应每天在开铺后的5~15m范围内进行实测,以便准确控制路面的失铺厚度与横坡,避免重复施工造成材料和油耗浪费。

(6) 摊铺机摊铺作业应尽量减少中途停机,避免沥青混合料温度下降,再起步摊铺会使该层出现波浪,严重影响路面平整度,造成返工而浪费材料。

(7) 禁止在铺面上用柴油清洗设备,以防产生火灾造成大气污染。

2.6.7.4 压实成型时,摊铺好的沥青混合料,应在合适的温度下尽快碾压成型,防止温度降低时,增加碾压造成碾压损耗。为防止压路机碾压过程中出现粘轮现象,可向压路机碾轮上喷洒雾状水液,但不应过多或流淌污染路面。为避免柴油稀释沥青路面造成沥青损失或意外起火,严禁向碾轮涂刷柴油。施工机械、车辆、压路机等严禁停留在尚未成型或已成型但还未冷到自然温度的路段上,振动压路机在已成型的路段通过时应关闭振动,禁止履带式机械在已成型的油面上直接穿行,避免损坏成品,造成返工浪费材料。

2.6.8 SMA沥青玛琋脂路面施工

2.6.8.1 材料要求

(1) 用于SMA的沥青结合料一般要求采用稠度较大的沥青。与普通沥青混凝土相比,SMA路面对沥青结合料的要求要高,但是否一定要使用改性沥青,则应根据所在地区的气候特点、经济条件以及施工能力而定,防止选材不当影响施工造成相关能耗增加。

(2) 粗骨料必须特别坚硬、棱角好,有良好的嵌挤能力,其压碎值不大于25%,针片状颗粒含量不应大于10%,粗骨料形状宜为立方体或近似立方体的碎石骨料。石料不宜使用鄂式破碎机加工,必须使用锥式(回旋式)或锤式破碎机加工,这样加工轧制出的碎石具有良好的立方体形状,针片状极少,以提高工效和节省能耗。

(3) 填料时,矿粉应保持干燥不结团,矿粉不要太细,矿粉本身要有棱角和粗糙性,以确保材料性能满足要求而提高工效和节省能耗。

(4) 纤维稳定剂木质素不宜长期码垛存放,否则易受潮结团,在拌和时就不易打散,拌和不均匀,造成材料达不到要求而报废。

2.6.8.2 SMA沥青混合料的拌和

(1) SMA混合料拌和难度大,为提高工效和降低能耗,在拌和时应合理调整安排料仓,使配料尽可能的平衡,最大限度的保证拌和生产率达到最高。其具体做法是增加一个粗骨料供料斗,保证粗骨料的足量供给。细骨料因用量少,若冷料仓开口小,细骨料较潮湿时就下料困难;若开口过大,则往往过量。为保证细骨料的顺利供给,细骨料应尽量保持干燥,储存场地要硬化,并使用盖遮雨棚等措施,保证热料仓不出现粗骨亏料,细骨料溢仓的不正常现象。由于SMA的矿粉用量大又不能使用回收粉尘,应及时增加提升设备,提高拌和效率。

(2) 添加稳定剂时应准确称量以防止过多材料浪费,过少不能满足要求,宜在拌和锅观察窗外自制了一个翻板式投放口,并安装上传感器与粗骨料放料传感器相联,在发现粗骨料放料信号的同时,纤维投放口自动开启,预先称量好的木质素纤维与粗骨料同时投入拌缸,纤维在干燥粗骨料干拌的冲击下打散并均匀的分布在干混合料中,再加入沥青湿拌,增加拌和工效,节省能耗。

(3) SMA沥青混合料的拌和时间应以混合料拌和均匀、纤维分布均匀、所有矿料均裹覆上沥青结合料为准。拌和过程中视混合料拌和情况确定时间,在可能情况应尽量减少拌和时间,防止时间过长增加拌和能耗。

2.6.8.3 SMA混合料的运输

运料车车厢及底部均需涂刷油水混合物隔离剂,涂刷应用软质刷适量涂刷,并随用随盖防止挥发和避免隔离剂的流淌浪费材料又污染环境。为防止表面结硬增加施工的能耗,运料车必须加盖苫布保温。为有效地提高摊铺的工效,混合料应在气温及路床温度均高于10℃且处于上升的情况下,在干燥的中面层上铺筑。摊铺速度应适当放慢并与搅拌站匹配,尽量减少停机等待摊铺次数,以防停机后摊铺机下残留的混合料温度下降结硬后难以压实,影响路面的压实度和平整度,增加摊铺用功或应作工作缝处理产生废弃物。

2.6.8.4 SMA混合料的碾压

施工时应使用较重型的压路机在很高温度下及时碾压,以提高碾压的工效。碾压要紧跟在摊铺机后面隔一定距离碾压,防止SMA混合料的温度下降提高压实难度增加能耗。SMA必须用刚必碾碾压,不能使用磁针轮压路机碾压,因为胶轮压路机的揉搓容易使玛琋脂上浮造成构造深度下降,甚至泛油,破坏SMA结构,造成返工。压实时应采用高频率、低振幅以防止表面石料损伤,保持良好的棱角性与嵌挤作用。指压路机应紧跟在摊铺机后在高温状态下碾压,以最大程度减少碾压功。

2.6.8.5 SMA的施工缝处理

SMA路面应尽量全断面摊铺,防止因为SMA混合料拌和生产率较低使混合料拌和跟不上摊铺速度出现停机待料现象。停机待料时应迅速抬起摊铺机熨平板,用切割机垂直切齐,接缝处冲洗干净,涂刷上粘层油后再摊铺,切忌停机等料以防SMA混合料冷却结硬增加施工能耗。

2.6.8.6 多碎石沥青混凝土表面层施工

(1) 多碎石沥青混凝土的材料比普通沥青混凝土要求高,特别是粗骨料要求针片状含量少、轧制后碎石应多为立方体或近似立方体,坚硬、耐磨、韧性好,比沥青的粘附性要高等。多碎石沥青混凝土的级配上下限范围要求很窄,对原材料规格要求特别严格,进场骨料规格、级配不能有太大变化,否则无法保证质量,会造成极大的材料浪费。

(2) 配合比设计时,矿粉用量不宜太大,否则会因沥青用量增加导致裹覆在矿料比表面积上的沥青胶浆增厚,同时造成沥青混凝土高温下的变形大,影响试验而造成材料的极大损耗。

(3) 混合料拌和时,对沥青、矿料的加温控制与出厂混合料的温度控制要比普通沥青混凝土温度高10℃以上。拌和好的混合料应是所有矿料均被沥青膜裹覆,没有花白料、结块和粗细骨料分离等现象,以防不符合要求而予以废弃。

(4) 为防止混合料与车厢的粘结,应事先在车厢内喷洒一薄层油水(柴油:水 = 1:3),油水不宜过多,以防造成遗洒和流淌。运输车上应盖有篷布,用以保温、防雨、防污染等。

(5) 如路面污染比较严重,在铺筑表面层以前用水冲洗干净并干燥后,再洒布沥青乳液粘层油,用量为 $0.3 \sim 0.4 km/m^2$。冲洗水应经沉淀池沉淀并尽量再利用。

(6) 其他控制要求见普通沥青混凝土要求。

2.6.8.7 彩色沥青混路面施工

(1) 为防污染影响彩色效果,施工前应清洗运料车、拌和锅、沥青泵、拌和机、摊铺机、压路机,避免造成不合格品而返工浪费材料。清洗时应在专用场地上进行,清洗完的废料应放入指定地点沉淀处理,严禁直接倒入土壤或地表水中。

(2) 彩色细粒式沥青混凝土切割边线的放样用切割机切出边缘线,切割前先对基层洒水湿润,在切割过程中应用压力壶喷水降尘并给切割机降温,减少刀片磨损。

(3) 正式铺筑彩色路面之前应铺设试验段,进一步验证生产配合比是否达到了最佳拌和时间、拌和出料温度、摊铺温度和速度、压路机械的组合、压实温度压实工艺、松铺系数及合理作业段长度等施工控制参数是否适合,确定工艺和配合比的合理性,避免大批开工而造成成批不合格,造成材料浪费和污染源。

(4) 彩色面层的摊铺采用走拖杆的形式,以控制路面厚度为主,其标高、横坡度应在下承层严格控制。为保证路面的平整度,应保证摊铺机连续均匀进行摊铺作业,避免停机时造成色彩差异过大而报废,既浪费材料又造成污染。

2.6.9 旧路面翻修

旧路面翻修过程出现噪声、废气、废渣、粉尘等污染等参照上述过程涉及的环境因素控制要求进行控制。

2.6.10 应急和突发事件控制

2.6.10.1 在项目策划时应结合混凝土输送出现意外故障致凝固产生固体废弃物,现场临时停电导致设备安全事故,存储和使用沥青、油品、化学品等产生意外的火灾、有毒气体排放、烫灼、泄漏,恶劣天气和其他突发事件产生的其他污染源等,制订具体的应急计划并配置相应的应急设施,组织对相关人员进行应急培训,使员工掌握必要的应急知识,加强对应急设备、设施的日常维护与检查,按策划的要求组织演习。

2.6.10.2 在混凝土浇筑作业过程中,应针对混凝土输送泵意外出现故障,现场临电等故障,导致混凝土不能顺利浇筑等的紧急情况,配备适宜的应急设施,制定应急预案,避免已浇筑的混凝土凝固,造成极大的经济损失,同时产生大量的固体废弃物,加大对环境的污染。如现场混凝土输送设备采用电力能源时,在混凝土输送泵临电设计上,应采用双路供电,准备备用回路,一旦发生故障时,可及时进行调换,避免混凝土浇筑中断。同时,在进行较大方量混凝土浇筑时,应准备一台备用混凝土输送泵,以便一旦出现泵车故障时,可及时利用备用泵车。在进行大方量混凝土浇筑时,现场应安排确定维修人员,一旦发生泵管堵塞故障时,及时进行维修。在进行大方量混凝土浇筑时,项目应安排人员观察沉淀池的容量情况,当发现沉淀池的容量不能满足施工排水要求时,应提前安排厂家进行清掏。

2.6.10.3 沥青场地严禁烟火,并备有防火设施和警示牌,现场必须配备 $2m^3$ 消防砂池和2具种类合适的灭火器。沥青在脱水和熬制过程中,温度不应超过180℃,液面距锅边至少保持15cm以上。宜采用文火熬制,严防沥青溢锅与明火接触发生火灾。燃料油罐存放库及加油站,应远离沥青场地不小于200m。

2.6.10.4 凡是运料汽车通过交叉路口,均应指派专人把守和指挥以避免交通事故。摊铺机施工现场也要有专人指挥运料车倒料,防止汽车互相碰撞;摊铺施工现场停工后,应设警卫看守,以防路面破坏,造成不必要的损失。

2.6.10.5 恶劣天气或产生突发事件,如存储和使用沥青、油品、化学品等产生意外事故时,应急小组应立即命令一切无关人员紧急撤离现场,对事故现场进行封锁警戒,设立专人看守,事故现场严禁烟火,并及时向当地政府主管部门和上级主管部门报告,接受补救措施和指导。

2.7 监测要求

2.7.1 混凝土搅拌施工每班工作结束后,应对储料斗及物料提升设备进行检查1次,确保机械运转状态良好,并无漏洒现象,一旦发现,异常情况,应及时报告,并安排专业维修人员进行维修。每1工作台班结束后,操作工人应对搅拌站四周检查1次,对搅拌站四周洒落的水泥、砂、石等材料,应及时清理回收,可利用的应重复利用,减少资源的浪费。不可使用的应集中运至指定地点处置,避免对土壤造成污染。混凝土搅拌过程中,操作人员应随时观察搅拌房中粉尘浓度,当目测可见粉尘颗粒时,应及时开启水雾降尘装置,进行降尘。

2.7.2 应定期检查混凝土搅拌机和振捣设备,确保机械运转状态良好,噪声排放符合标准。发现异常情况,应及进行维修或更换。在施工高峰期定期(每月不少于一次)利用声级器进行环境监控(噪声标准符合《建筑施工场界噪声限值》:昼—75dB;夜—55dB)的要求。噪声排放超标时,应采取增加搅拌房隔声布或其他降噪措施,更换振捣设备或重新设计浇筑顺序等。

2.7.3 混凝土养护过程中,混凝土养护人员应随时监测混凝土表面养护水情况,当养护水过多或过少时,应及时调整,并随时检查养护水排放是否进行沉淀池内。

2.7.4 每台班操作人员应观察沉淀池的容量情况,当沉淀池中积水较多时,应及时排放到其他沉淀池,或经沉淀后,目测不带泥砂,排入市政污水管线。经过沉淀的生产污水进行二次利用,可用于降尘或其他环保事宜。定期(每周不少于1次)对沉淀池进行观测,观察沉淀池容量情况,及时进行清掏;并对沉淀池内的污水进行检测,作为回收利用或排放的依据。

2.7.5 使用沥青及混合料施工时,应每1工作日对天气是否适用施工、操作人员是否违章作业、是否按规定使用防护用品,以及有毒有害气体排放等进行一次检查,防止对大气造成严重污染和对人员造成严重伤害。

2.7.6 材料运输应防止遗洒和扬尘,运输粉状、防潮要求的应使用带覆盖装置的车辆,车厢应关闭严密,装运高度应留出渣土与车辆槽帮上沿 10~15cm。施工现场离居民区较近时,应在现场出口处设设立洗车槽,车辆出去前进行清洗,达到目视无尘或无泥,以避免将施工现场的泥土带入居民区产生扬尘;清洗废水应经两级沉淀才能排出并应尽可能再利用。

2.7.7 施工前对项目应对恶劣天气、突发事件和意外事故的应急准备及其设施进行一次检查验收;施工中随时对消除器材、抢险工具及应急设施完好性进行检查,发现问题时及时采取补救措施。

3 桥梁施工

3.1 作业流程

施工准备→基础施工→桥墩与桥台→梁板制作→桥梁架设与安装→桥面系与附属工程。

3.2 环境因素

3.2.1 施工准备阶段环境因素

场地平整机械噪声排放、扬尘,意外损坏建筑物、地下管道、破坏文物、发生泄漏、污染大气、废物遗弃;土方储存与运输扬尘、遗洒、植被破坏;临设搭设中材料运输噪声排放、运输遗洒、扬尘、边角余料等建筑垃圾固体废弃物遗弃。

3.2.2 基础(含桩基)施工阶段环境因素

桩基成孔、清孔,钢筋笼安放,混凝土浇筑中打桩机械噪声排放、机械加油时遗洒,设备运行时漏油,污染土地、污染水体,清孔泥浆、废水污染土地、污染水体;钢筋加工机械噪声排放、废水、废油、粉尘、弧光、固体废弃物等污染;混凝土拌制、浇筑中的噪声排放、扬尘、水电消耗、混凝土遗洒、洗搅拌机水污染;水泥、砂子运输与储存扬尘、遗洒;混凝土运输扬遗洒、洗车水污染、失效混凝土遗弃;土方回填噪声排放、扬尘。

3.2.3 系梁、桥墩与桥台施工阶段环境因素

系梁、桥墩、盖梁与桥台模板支拆扬尘、噪声排放、脱模剂遗洒、废脱模剂遗弃;钢筋加工机械噪声排放、废水、废油、粉尘、弧光、固体废弃物等污染;混凝土拌制、浇筑中的噪声排放、扬尘、水电消耗、混凝土遗洒、洗搅拌机水污染、混凝土养护水消耗;水泥、砂子运输与储存扬尘、遗洒;混凝土运输遗洒、洗车水污染、失效混凝土遗弃。

3.2.4 梁板制作、架设与安装施工阶段环境因素

梁板模板支拆噪声排放、废油、粉尘、固体废弃物等污染;钢筋加工机械噪声排放、废水、废油、粉尘、弧光、固体废弃物等污染;混凝土拌制、浇筑中的噪声排放、扬尘、水电消耗、混凝土遗洒、洗搅拌机水污染、混凝土养护水消耗;水泥、砂子运输与储存扬尘、遗洒;混凝土运输遗洒、洗车水污染、失效混凝土遗弃。梁板架设与安装工程中的噪声、扬尘、固体废弃物及有毒有害气体的排放等污染;资源消耗。

3.2.5 桥面铺装与附属工程施工阶段环境因素

桥面铺装与附属工程模板支拆噪声排放、扬尘、脱模剂遗洒、废脱模剂遗弃、固体废弃物等;钢筋加工机械噪声排放、废水、废油、粉尘、弧光、固体废弃物等污染;混凝土拌制、浇筑中的噪声排放、扬尘、水电消耗、混凝土遗洒、洗搅拌机水污染、混凝土养护水消耗;水泥、砂子运输与储存扬尘、遗洒；混凝土运输遗洒、洗车水污染、失效混凝土遗弃。

3.2.6　工程收尾阶段环境因素

工程场面清理及临建拆除噪声排放、扬尘、废水、废油、固体废弃物等污染；征地复耕扬尘、废水、植被破坏，运输扬尘、遗洒。

3.2.7　紧急情况下的环境因素

项目部应根据机械油料、沥青、化学品等易燃、易爆或有毒材料意外遗洒、泄漏、着火，恶劣天气，临时停电，用电设备发生意外事故产生大量废气、废弃物污染大气、土地、地下水等制定应急计划，并做好应急准备；自然环境恶劣、特殊天气或发生意外事故时严禁施工。

3.3　人员要求

3.3.1　施工企业必须相应施工资质，避免因企业不具备施工能力而发生各种环境污染及造成资源浪费。

3.3.2　施工企业的焊工、驾驶员、架子工等特种作业人员必须取得相应级别的岗位操作证，按考核合格后的项目、权限和相应的国家与地方规范、操作规程，从事与所持证书规定范围内工作，避免因人员素质能力不能满足施工要求而发生各种环境污染及造成资源浪费。

3.3.3　机械操作人员应经过培训，掌握相应机械设备的操作要领后方可进行土方和混凝土作业、爆破、钢筋、模板等作业。避免因人的误操作或不按操作规程操作、保养造成机械设备漏油、设备部件报废、机械设备事故、浪费资源、噪声超标、污染土地、地下水，加大对环境的污染。

3.3.4　每项作业活动操作前项目部应组织对木工、混凝土工、挖土人员、爆破人员、起重工、油漆工、清洗人员等针对该项作业活动所涉及的重要环境因素、环境控制措施、环境操作基本要求、环境检测的关键参数、应急响应中的注意事项进行专项环境交底或综合交底包括以上环境方面的内容，避免因作业人员的不掌握环境方面的基本要求造成噪声排放、扬尘、废弃物、废水、废液、电辐射或加大对环境的污染。

3.4　材料要求

3.4.1　工程所用主要材料、成品、半成品、配件、器具必须具有质量合格证明文件、规格、型号及性能应符合国家技术标准或设计文件规定；进场时应对品种、规格、外观、质量环境验收文件等进行检查验收；避免使用不合格材料导致安装返工，浪费资源污染环境。

3.4.2　材料仓库和临时材料堆放应防止物料散漏污染。仓库四周应有疏水沟系，防止雨水浸湿，水流引起物料流失。库房严禁火源，以防火灾引起烟尘及气体污染。

3.5　设备设施要求

3.5.1　凡施工使用的机械、配套机具，均须有产品合格证，施工前都应进行检修，合格才能进入施工现场施工。尽量选用耗油省、尾气排放符合标准的搅拌设备、钻机设备、钢筋加工设备及运输设备等，避免耗油量大、尾气排放超高污染大气。尽量选用低噪声的施工机械和工艺，如卡特751型载重汽车，其在行驶过程中产生的噪声声级比同类水平的其他车辆低10~15dB；选用的拌和楼具有隔声降噪功能，楼外比楼内噪声声级低约25dB。要合理安排设备位置，避免设备经常性移动产生新的污染源。设备每个作业班工作后应进行设备的日常保养,保证设备经常处于完好状态,避免设备意使用时外漏油污染土地、污染地下水。当发现设备有异常或存在问题时,应安排专人检查排除或送维修单位立即抢修,防止设备带病作业,加大能源消耗、浪费资源,设备漏油污染土地、污染地下水。

3.5.2　为保护施工人员的健康,施工单位要合理安排工作人员轮流操作辐射高强噪声的施工机械,减少接触高噪声的时间,或穿插安排高噪声和低噪声的工作。为加强个人防护在施工现场应修建隔声工作室,拌和设备和制砂系统的操作间采取隔声措施,实测噪声减低 22~26dB;野外个人发放防噪劳保用品。

3.5.3　针对机械施工的噪声具有突发、无规则、不连续、高强度等特点。应采取合理安排施工工序等措施加以缓解,如噪声源强大的作业可放在昼间(06:00~22:00)进行。对距居民区 150m 以内的施工现场,噪声大的施工机具在夜间(22:00~06:00)应停止施工。

3.5.4　每天使用的工具应清扫擦洗干净。损坏的设备工具不得随意废弃,应按"可回收废弃物"、"不可回收废弃物"分类处理。

3.5.5　预制场、搅拌站及其排水、沉淀池附属设施,以及其他加工、材料、临时用电用房等应满足工程需要,并按混凝土、钢筋工程和临时设施建设的一般要求控制环境因素。

3.6　过程控制

3.6.1　施工准备

3.6.1.1　项目临时设施建设

(1) 除征地红线范围内的耕地占用外,原则上不得侵占现有耕地,施工过程中应积极与当地居民进行共建活动,施工完毕后,能复耕的应复耕,能造地的要造地,尽量保护耕地。为减缓施工期破坏地形地貌、毁灭植被、改变土壤结构等生态环境的影响,在施工期间应将有肥力的土层进行有计划地剥离、储存、临时堆放,清理施工现场等,为随后的植被恢复创造条件。

(2) 项目办公区、生活区或料场、拌料场地应选在红线范围内或建在闲置场地、边角地或荒地上,不得占用耕地。施工平面布置尽量利用永久征地,严格按总平面规划设置各项临时设施,减少对耕地或林木的损坏。

(3) 为减免施工噪声对生活办公区影响,按照施工总体布置,将施工作业区与生活办公区分开布置、建设。生活食堂中宜使用电炊具和使用液化器,冬季烤火尽量少用煤特别是高硫的低值煤,以减少煤气排放。施工现场设置的厕所应有冲洗设备并定期喷药;应设置有盖化粪池或集粪坑,禁止将粪便直接排入江河或城市排水系统。厕所应经常清扫,夏秋季节要做好消杀灭害工作。

(4) 施工中各种临时设施和场地,如堆料场、材料加工厂、混凝土厂等,均宜远离居民区(其距离不宜小于 1000m)而且应设于居民区主要风向的下风处。当无法满足时,应采取适当的防尘及消声等环保措施。

(5) 积极为施工机械正常运转创造良好的外部环境,设备的安装放置应平稳,施工场地及临时道路应尽量做到平整、硬化。钢筋加工场地应硬化,钢筋应存放于加工棚内或覆盖好,以免锈蚀物侵入土壤造成污染。钢筋加工时应及时清理铁屑,集中处理,避免扬尘,造成土壤污染,甚至造成电路短路引发火灾等。

(6) 开工前,项目应协助业主与市政管理部门进行联系,得到批准后,再将现场的雨水、污水管网与市政管网相连。施工现场应根据规模大小修建废水沉淀池,所有废水均应通过沉淀池才能排出。

(7) 临时设施建设过程中其他环境因素控制方法参照临建搭拆作业要求进行控制。

3.6.1.2 设备、材料进场及设备安装

(1) 为工程项目配置机械设备时要选用经国家质量监督部门认定的产品;选用技术先进、结构合理、质量优良、安全可靠的设备,以保证设备产生的噪声及废气在单位界域边缘低于国家有关标准要求。严禁使用国家明令限制使用的设备和淘汰的产品。设备安装过程中用来清洗机件的废水、废油及其他废弃物等有害物质应排放至沉淀池沉淀后排出,不得直接排放于河流、湖泊或其他水域中,也不得倾泻于饮用水源附近的土地上,以防污染水质和土壤。

(2) 为防止出现材料运输遗洒,粉状材料应采用袋装或对车辆进行覆盖运输,不得散装散卸。工程施工用的粉末材料如水泥、石灰、粉煤灰等,宜封闭存放。当受条件限制在露天堆存时,应采取覆盖、搭棚及设置围挡等防止尘埃飞扬和因水流失的措施。

3.6.1.3 施工测量

对导线、中线及水准点进行复测时,不得随意践踏耕地内农作物。增设水准点时尽量利用非耕地,并不得将水准点设置在高压线附近。测量仪器在使用前应进行检验、校正,以保证其能满足测量精度要求,避免因测量误差而导致的资源浪费和废弃物的产生。

3.2.1.4 施工前的复查和试验

进行各种配合比试验的试验废液、废渣等有害物质不能随意倾倒,应统一回收,集中处理。进行压实度、含水量、强度等试验产生的废液、废渣等不能随意倾倒,应统一回收处理。使用新材料时,除应按相关规范作有关试验外,还应作对环卫有害成分的试验,同时提出报告,经批准后方可使用。

3.6.2 基础施工

3.6.2.1 明挖基坑

(1) 基坑开挖时,机械操作人员应经过相关技能培训合格、能熟练进行相关机械设备的操作后方可上岗,避免因人的操作技能不符合操作规程要求造成机械设备事故、设备报废、资源消耗、漏油污染环境。应尽量选用耗油省、尾气排放符合标准的机械及运输设备,避免耗油量大、尾气排放超高污染大气。尽量选用低噪声的施工机械和工艺。开挖的新鲜岩石统一堆放在利用料场,用作人工砂石料的原料;部分开挖料用作场地平整、填筑围堰、船闸引航道隔流堤、茅坪防护坝施工等,少量作弃渣处理。挖掘出的土块等废弃物应及时运送至固定场所,运输过程中应对运输车辆进行覆盖保护以防遗洒,并随时清扫临时便道、洒水,以防扬尘污染环境。开挖深基坑时应按设计及规范进行放坡和必要的支撑,避免滑坡造成资源浪费。土方施工应按路基土石方工程的一般要求控制环境。

(2) 围堰工程施工前应清除堰底河床上杂物、树根、石块等,并运送至固定场所。草袋围堰时将黏质土或其他材料装入草袋、麻布袋或编织袋中,装土量为袋容量的1/2~2/3,袋口用麻袋线或细铁丝缝合,以防土质遗洒污染环境;完工后将草袋、麻袋及编织袋统一回收利用,不能回收利用的放入固定场所,统一处理。采用钢板桩围堰,完工后,

应将钢板桩拔出清刷干净、修补清理、涂刷防锈油。已损坏的钢板桩运送至"废弃物回收站"统一处理。

3.6.2.2 地基处理

(1) 对于细粒土基层,清理整平基坑底面,只能铲平不宜填平,黏土层不允许暴露或浸水时间过久,并防止搅动以防泥浆污染周边环境。清理后的黏土及时装入编织袋中放至固定废弃物场所。

(2) 对于砂类土、砾类土及巨粒土,清除松散泥土,将承重面修理平整,铺垫一层稠水泥砂浆,砂浆厚度视基底土层粒径大小、平整程度而定,一般厚 2~4cm。以防施工过程中因泥浆而污染材料及周边环境。松散泥土及时装入编织袋中放至固定废弃物场所。

(3) 对于坚硬岩层,清除表皮风化层或碎裂松动石块及淤泥、苔藓,如有零小石笋亦应打平,使呈现新鲜岩面;清除、整平后,应冲洗干净。以防污染材料,造成废水增多。清理后的石块及淤泥、苔藓、零小石笋及时装入编织袋中放至固定废弃物场所。

3.6.2.3 地基加固

(1) 施工过程中应将基础底面以下一定范围内的不良土层挖去,换填土、灰土、砾类土、中粗砂、碎砾、工业废碴等强度高、压缩性较低、没有侵蚀性的材料,分层压实,从而加固地基,避免返工造成资源浪费。挖除的不良土层应装入编织袋并运至固定废弃物场所。

(2) 现场环境管理员每天检查施工作业面的废弃物清理和外运情况,做到工完场清、道路无遗洒、废弃物分类存放。

3.6.2.4 钻(挖)孔桩基础

施工工艺:场地平整→桩位放样→下沉、埋设护筒→钻机、钻架就位→钻孔→设立钢盘骨架→清孔→灌注水下混凝土→拆除模板、拔除护筒。

(1) 场地平整

场地为旱地时,应清除场地杂物,并夯打密实,并将杂物运至固定废弃物场所;场地为陡坡时,用枕木或木架搭设坚固稳定的工作平台,完工后应将拆除的枕木或木架清理,能回收利用的回收,已损坏的则交废品回收公司加工另作他用途;场地有水时,采用截流、临时修改河道或搭设水上工作平台。采用截流或临时修改河道,要先征求环保部门的意见,经过环保部门可行性研究论证后方可动工,以免因环境条件更改而使自然环境受到影响。场地平整所采用的装载机、推土机、打夯机等应符合机械选择、使用和控制的环境因素管理相关要求,以减少噪声、废气、清洗污水的排放。

(2) 桩位放样

施工人员要熟练掌握各种设备操作方法,避免操作不规范产生定位板损坏,造成材料损耗,已损坏不可重复利用的定位板在工完场清后放入规定的固体废弃物场所。护筒制作时,操作工人应熟练掌握制作工艺,以免因操作人员不懂作业流程造成材料浪费;采用钢板或钢筋混凝土制作护筒,其钢筋加工、混凝土部分环境因素及控制参照钢筋、混凝土工程的环境控制要求。

(3) 护筒埋设与沉入时,护筒埋设时应整平坑底,清理出的杂质、废弃物装入编织袋运至固定废弃物场所;在水深 3m 以上的深水河床沉入护筒时应搭设工作平台。搭设工作平台的操作人员应熟练掌握操作流程。沉入护筒时,操作人员就熟练掌握机械操作程序,培训合格后方可上岗,禁止特殊工种人员无证上岗。拆除工作平台后,应清场,已损坏不可回收物品应放至固定废弃物处。

(4) 钻机、钻架就位时,应尽量配备具有收尘装置的无尘钻机,采用一般钻机施工时应编制环境控制措施,并对操作工人进行交底。制作钻头、钻架的钢筋加工参照钢筋工程的环境控制要求。

(5) 钻孔前,操作人员应先经过培训合格后方可上岗。钻进过程中应随时清除孔口积土和地面散落土,并随时装入编织袋运送至废弃物场所。钻进过程中,要调制好性能合格的泥浆,以起到护壁和悬浮钻渣的作用。泥浆宜采用以水化快、造浆能力强、粘度大的膨润土或接近地表经过冻融的黏土为好,应尽量就地取材。合理建造制浆池、沉淀池、贮浆池及泥浆槽,并随时清除池边溢出泥浆;泥浆进入沉淀池以前使其先通过泥浆槽,泥浆槽用木板制作,通常尺寸宽 30cm,高 20cm,长度不小于 15cm,使泥浆有足够的沉淀时间和路程;槽底纵坡应使泥浆流速不大于 10cm/s,一般不宜大于 1%;槽内每隔 3~5m 交错在上、下位置设置高 10cm 的挡深 50cm 左右。泥浆槽中的沉渣应随时清除。沉淀池中的沉渣可用设在沉淀池上的抓斗龙门吊机清除,悬浮在泥浆中细小颗粒利用旋流除渣器排除,采用高频振动泥浆筛自动排渣。废泥浆用罐车送到处理场进行处理,不得在施工现场就地排放,以免污染环境。钻进过程中,需准备管径 25mm、流量为 50L/min 的给水设备清洗机械设备,同时设置排水沟和沉淀池处理清洗机械设备的废水。

(6) 设立钢盘骨架时,钢筋加工应参照钢筋工程的环境控制要求。钢筋骨架存放时要注意防雨、防潮,以免生锈污染环境;运输时不能使骨架变形,以免不合要求造成材料浪费。钢筋骨架可利用钻机塔架、汽车吊、龙门吊、人字扒杆、独脚扒杆或缆索起吊。起吊前,操作人员应先经过培训合格后可上岗。起吊后的骨架经反复核对无误后焊接定位,特殊工种操作人员禁止无证上岗。

(7) 清孔出的废渣、废泥浆装入罐车送到处理场进行处理,不得在施工现场就地排放,以污染环境。偏远地区废泥浆就地掩埋时,应把泥浆晾晒干并埋置一定深度,不影响土地的再使用。

(8) 灌注水下混凝土时,混凝土作业参照混凝土工程环境控制要求。购买的导管,应有正规厂家出具的质量合格证书,以免在施工过程中因导管质量不合格而产生返工,造成原材料浪费而污染环境。施工时,导管应在钻孔旁预先分段拼装并做闭水及抗拉试验。拼装时要仔细检查,变形和磨损严重的不得使用。导管内壁如粘附有灰浆应擦拭干净。做完闭水试验的废水应经过沉淀池处理,不得随意倾倒污染环境。水下混凝土配制时,其强度、等级和材料除符合设计要求和《公路桥涵施工技术规范》(JTJ 041)的规定外,还要符合以下要求:水泥选用矿渣水泥、火山灰水泥、粉煤灰水泥、普通水泥或硅酸盐水泥;粗骨料优选卵石,骨料最大粒径不大于导管内径的 1/6~1/8 和钢筋最小净距的 1/4;细骨料采用级配良好的中砂;添加外加剂应严格控制用量,避免外加剂过多或过少造成材料浪费及环境污染。混凝土在运输过程中应采用密闭式运输车运输,从而避免漏浆而污染环境;在下雨或日晒较强时应加覆盖,避免浪费材料。水下混凝土灌注前要进行测深作业,测深作业人员必须参加培训合格后方可上岗,测深器械应有厂家出具的合格证书。否则,因为作业人员的错误或是器械的原因造成沉淀过厚、导管提漏、埋管过深而返工,从而浪费原材料引起污染。水下混凝土灌注前要对操作人员进行培训,经合格后方可上岗,灌注过程中,要防止混凝土拌和物从漏斗顶溢出或从漏斗外掉入孔底,造成浪费或质量缺陷。根据测量孔内混凝土高度,及时对导管进行拆除,已拆下的管节要立即清洗干净、堆放整齐;清洗管节的废水应导入沉淀池内再排出。混凝土灌注到接近设计标高时,工地管理人员应通知拌和站按需要数拌制,以免造成混凝土的浪费。

(9) 应在灌注结束、混凝土初凝之前,应拔出护筒。当使用两半式钢护筒或木护筒时,要待混强度达到 5MPa 后方可拆除。拔出的护筒应及时清洗干净,若损坏严重,则要放置于固体废弃物场所或废品回收店回收利用。

3.6.2.5 沉井基础

沉井施工前,根据设计单位提供的地质资料决定是否增加补充施工钻探,为编制施工技术方案提供准确依据,防止因此造成工期、质量、工艺等不符合要求,产生材料、资源浪费,以及其他损失。施工钻探时禁止在夜间施工,以控制噪声对周围环境的影响。沉井下沉前,对附近的建筑物应采取有效的防护措施,避免污染或破坏附近建筑物,沉井在下沉过程中,经常进行沉降观测及观察基线、基点的设置情况,避免造成返工浪费资源。

(1) 沉井的制作

制作沉井时,尽可能降低施工设备的噪声及漏油污染环境。制作沉井的岛面、平台面和开挖基坑施工的坑底标高,要比施工最高水位高出 0.5~0.7m,根据需要再适当加高,严格控制标高,避免返工,造成材料浪费。筑岛沉井一般采用钢筋混凝土厚壁沉井,制作前要检查沉井纵、横向中轴线位置是否符合设计要求,钢筋加工前做好除锈工作,防止铁锈落入水中,造成水污染。刃脚部分采用土模制作时,土模表面及刃脚底面的地面上,均铺筑一层 20~30mm 的水泥砂浆,砂浆表面涂隔离剂,隔离剂应选用无毒无害的材料,防止污染水源;做好防水、排水设施。

(2) 沉井浮运到位、下沉

各类浮运式沉井均须灌水下沉,各节沉井沉水前均要进行水密性检查,底节要根据其工作压力,进行水压试验,合格后才能下水,避免返工造成资源浪费。沉井前应掌握水文、气象和航运情况,并与有关部门取得联系、配合,必要时在浮运沉井过程中断航运,避免造成资源浪费。浮运沉井的实际重力与设计重力不符时,要重新验算沉入水中的深度是否安全可靠。下沉沉井时,不宜使用爆破方法,在特殊情况下,经批准必须采用爆破时,严格控制药量,防止河床造成破坏,影响通航,同时对水质造成不利影响。下沉过程中,随时掌握土层情况,做好下沉观测记录,分析和检验土的阻力与沉井重力的关系,选用最有利的下沉方法,节约造价、减少资源浪费。下沉通过黏土胶结层或沉井自身重力偏轻下沉困难时,采用井外高压射水、降低井内水位等方法下沉。在结构受力容许的条件下,可采用压重或接高沉井下沉。在施工过程中应注意不要污染当地水资源及土地。合理安排沉井外弃土地点,避免对沉井引起偏压。在水中下沉时,注意河床因冲淤引起的土面高差,必要时用沉井外弃土调整。并应保证弃土不污染当地环境。采用吸泥吹砂等方法在不稳定的土或砂土中下沉时,必须务有向井内补水的设施,保持井内外的水位相平或井内略高于井外水位,防止翻砂。吸泥器均匀吸泥,防止局部吸泥过深,造成沉井下沉偏斜浪费资源。井壁内预埋管为环形管与竖管,管材应环保,不应有油、锈、重金属等不利于环境的因素,污染水源。

(3) 基底检验

沉井沉至设计标高后,检验基底的地质情况是否与设计相符,排水下沉时,直接检验、处理;不排水下沉时,进行水下检查、处理,必要时取样鉴定。所取样品不得污染当地水资源。不排水下沉的沉井基底面要整平,无浮泥。基底为岩层时,岩面残留物清除干净,清理后不效面积不得小于设计要求;井壁隔墙及刃脚与封底混凝土接触面处的泥污予以清除处理。基底检验合格后,及时封底。对于排水下沉的沉井,在清基时,如渗水量上升速度小于或等于6mm/min,则按普通混凝土浇筑方法封底;若渗水量大于6mm/min时,采用水下混凝土进行封底。避免浪费资源、污染环境。混凝土材料可参照有关规定,混凝土的坍落度为150~200mm,混凝土数量要严格控制,避免多配造成浪费,同时废弃时对环境不利。用多根导管灌筑时,对灌筑的顺序要进行设计,防止发生混凝土夹层。若同时浇筑,当基底不平时,应逐步使混凝土保持大致相同的标高,避免浪费资源。混凝土灌注过程中,导管随混凝土面升高而徐徐提升,导管埋深与导管内混凝土下落深度相适应,不应小于表28-2、表28-3规定,避免浪费资源。

不同灌注深度导管的最小埋深 表28-2

灌注深度(m)	≤10	10~15	15~20	>20
导管最小埋深(m)	0.6~0.8	1.1	1.3	1.5

导管不同间距的最小埋深 表28-3

导管间距(m)	≤5	6	7	8
导管最小埋深(m)	0.6~0.9	0.9~1.2	1.2~1.4	1.3~1.6

在灌注过程中,保证混凝土泵、混凝土罐车平稳运行、协调一致,禁止高速运行,以控制噪声对居民的影响。注意混凝土的堆高和扩展情况,正确地调整坍落度和导管埋深,使每盘混凝土灌注后形成适宜的堆高和不陡于1:5的流动坡度,抽拔导管严格确保导管不进水。混凝土面的最终灌注高度,比设计值高出不小于150mm,待灌注混凝土强度达到设计要求后,再抽水凿除表面松弱层。凿除后的废渣应集中处理。当沉井顶部需要浇筑钢筋混凝土顶板时,保持无水施工,避免浪费资源。

(4) 沉井基础冬期施工

当围堰破冰进行到2/3高度时,开始从迎水箭起填砂筑岛,冰块一定要捞净,避免冰块融化时造成环境破坏。全岛顶面用装砂草袋封闭,春汛过后撤除封顶草袋。草袋应统一回收处理。沉井顶面入水前要把井壁上的钢筋全部按顺水流方向弯倒,以防冰毁。必要时将井筒填满砂土,增加井筒的整体强度,避免浪费施工资源。施工作业船上产生的生活垃圾等固体废弃物,应收集上岸集中处理,禁止倒入江中。

(5) 应急和突发事件控制

在进行基础施工时应针对不同的基础类型编制相应的应急预案,并对相应人员进行交底。

3.6.3 桥墩与桥台施工

3.6.3.1 固定式模板用木材、竹材制作,一般只宜用于中小规模的墩、台。施工前要进行模板用量的计算,加工时要加强下料的管理,合理搭配,避免废料过多,造成材料浪费和资金积压。拼装式模板用钢材或木材加工制作。钢模板采用 2.5～4mm 厚的薄钢板并以型钢为骨架,可重复使用,装拆方便,节约材料,但加工时需投入较多机械,须做好现场噪声控制,禁止使用铁锤敲打,防止噪声污染环境。拼装式模板用于高墩、台时组装成整体吊装模板,一般为 3～5m,以加快施工进度,减轻劳动强度,节省人力和投入。但在吊装前应进行强度验算和加固,以防有吊装时变形,造成材料、设备、人力的浪费,增加施工成本。组合定形式钢模板要进行模板设计,尽量使用规格最大的 P3015 模板,使模板块数少,拼接少,节省连接和支承配件,减少装拆工作量;同时选择联结点和支撑点位置时,尽量利用材料和地形,以便于安装操作,从而最大限度的节省材料用量、人力资源,降低施工成本。钢模板修理时,禁止用大锤敲打,修理工作应在工具房或封闭的工棚内进行;使用电锯锯模板时,及时在锯片上刷油,且模板、锯片送速不能过快,以确保环境不被噪声污染。模板支设、拆除、搬运时,应轻拿轻放,上下、左右有人传递,不得抛扔,避免材料破坏,造成浪费。模板隔离剂。项目应根据采用模板类型,材料供应来源情况,考虑配制简单、经济适用、取材方便、脱模效果好,又不粘污构件表面,外观光洁,棱角整齐,且对混凝土与钢筋无损害作用的隔离剂,尽可能选用无毒无害的材料,避免对环境造成污染。施工现场根据设备、资金、周转次数、进度要求等实际情况,在确保工程质量的前提下,选用不同类型的模板,尽可能做到安拆方便,节省人力,运输安装方便,节约设备投入,周转次数多,节约成本。

3.6.3.2 混凝土浇筑时,应加强对混凝土浇筑所需搅拌机(站)、地泵、汽车泵、混凝土罐车、振捣棒等各种施工机械的维修保养,缩短维修保养周期,尽可能降低施工机械噪声的排放,防止对环境造成噪声污染。混凝土的浇筑尽可能不在夜间施工,以免噪声对居民生活产生影响。尽可能使用环保型振动棒,振动棒使用后,及时清理干净并保养好。振捣混凝土时,禁止振钢筋或钢模板,并做到快插慢拔,并配备相应人员控制电源线及电源开关,防止振捣棒空转,以降低噪声,防止对环境的噪声污染。混凝土泵、混凝土罐车运输混凝土时要平稳运行、协调一致,禁止高速运行,形成噪声,污染环境。搅拌机(站)前台、运输车辆清洗处、混凝土振动棒清洗处应设立沉淀池,经过沉淀后的污水方可直接向污水管网排放,以避免污染水源;对沉淀池内的泥沙定期清理干净,并妥善处理,防止污染环境。为扬尘控制,混凝土拌和系统应尽量安装除尘设施。为防止现场搅拌站地面起尘,搅拌站区域内的道路应进行硬化处理。并设立施工道路养护、维修和清扫专职人员,减少扬尘污染,保持道路清洁和运行状态良好。搅拌机人需设置在封闭房间内,搅拌机设喷淋设施(密闭自动上料系统可不设置喷淋设施)。散装水泥应在密闭的水泥罐中储存,散装水泥在注入水泥罐过程中,根据现场情况制定防尘措施。现场使用袋装水泥时,应设置封闭的水泥仓库。砂、石料堆放场地设置围挡。对运输材料的车辆严禁超载运输,并对车厢进行适当蒙盖,对意外原因所产生的遗洒及时进行处理。

3.6.3.3 钢筋加工场地应硬化,以防止焊渣、铁锈等污染环境。电焊工要持证上岗,避免焊接质量不合格,造成返工和材料浪费,增加施工成本。钢筋加工严格按设计图纸进行,防止检验不合格,返工,浪费人力资源,影响施工进度。钢筋下料应通过技术员审核,综合考虑,长短搭配,禁止随意切断钢筋,使废料过多,造成材料浪费。现场钢筋要搭棚堆放或及时用彩条布覆盖,避免钢筋锈蚀,对质量造成影响,同时铁锈污染土地。钢筋加工前对操作人员进行环境交底,掌握操作要领和环境控制要求,避免因人的不掌握环境控制措施造成噪声排放、扬尘、废弃物、电辐射而污染环境。考虑废料的回收利用。对钢筋、钢板、木材等下脚料可分类回收,交废物收购站处理。

3.6.3.4 混凝土及钢筋混凝土墩、台施工中,采用插入式振捣器时,应插入下层混凝土5~10cm。防止千斤顶和油管在混凝土和钢筋上漏油,影响施工质量,对环境造成污染。脱模后若表面不平整或有其他缺陷予以修补,修补时应防止修补材料掉落,对土地造成污染。高大桥台未经填土的台身施工高一般不超过4m,以免偏心引起基底不均匀沉陷,对周围环境保护不利。

3.6.3.5 片石混凝土墩、台施工时,填充石块的数量不超过混凝土结构体积的25%,不允许超标准使用,降低混凝土强度,造成返工,浪费人力资源和资金,增加建筑垃圾,也对环境保护不利。石块选用无裂纹、夹层和未锻烧过的并具有抗冻性的,以避免因材料不合格而造成返工,浪费人力资源和资金。石块在使用前应仔细清扫,并用水冲洗干净,做好污水的排放,防止污水污染水体。

3.6.3.6 石料及混凝土砌块礅、台施工时,石料选择质地坚硬、均匀、无裂缝、且不易风化的。并符合设计规定,尽量就地取材,以节省资金和人力。混凝土预制块加工时尽可能添加粉煤灰以节省水泥,降低成本;同时对场地硬化,避免混凝土对土地造成破坏。砂浆应随拌随用,一般在3~4h内使用完毕,气温超过30℃时,在2~3h内使用完毕,避免时间过长砂浆凝结,造成材料和人力浪费。

3.6.3.7 石砌墩、台施工的砌筑过程中对石料的定位应严格控制,对各部尺寸及时校核,确保各部尺寸的准确,避免返工,造成人力和材料的浪费。砌筑前应按石料及灰缝厚度,预先计算层数,使其符合砌体竖向尺寸,并先将已修凿好的石块试摆,避免尺寸不符,造成返工,浪费人力资源。砂浆在地面拌和时下面应垫上铁皮以免对土地产生污染,要清洗的铁皮应在指定位置清洗。

3.6.3.8 石砌墩、台在砌筑前,应按设计放样配好材料,石料应分层分块编号,砌筑时对号入座,禁止随意进入现场砌筑,不符合设计尺寸和坡度,造成返工,浪费人力资源和材料。不得采取先堆积几层石块,然后以稀砂浆灌缝和方法砌筑,应确保砌缝砂浆饱满。每日完工后应清扫外侧掉的砂浆,收集的砂浆应统一处理,做到工完场清。浆砌砌体应在砂浆初凝后,洒水覆盖养生7~14d。养护期间避免碰撞、振动或承重,使质量达不到要求,形成大量建筑垃圾,浪费人力和材料,对现场保护不利。

3.6.4 高桥墩施工

3.6.4.1 模板

滑升模板不适宜冬期施工。在安装前,模板表面需涂润滑剂,润滑剂的选用和涂抹要严格控制,防止有毒害的化学制剂对环境造成污染。液压千斤顶及油路应经常保持清洁,不得存有灰浆或油垢,影响千斤顶的密封性能,造成油路漏油或脱头,对现场造成污染。

3.6.4.2 钢筋加工和安装

参照钢筋工程的环境控制要求执行。

3.6.4.3 混凝土养护

当结构物与流动性地表水或地下水接触时,应采取防水措施,以使混凝土在浇筑后7d内不受水的冲刷侵袭。高桥墩常用养护剂养护,选材时应选择无毒害的养护剂,对环境不造成污染。

3.6.4.4 主要机械及设备

主要机械及设备为施工脚用架、模板、运输机械、万能杆件、卷扬机、搅拌机、混凝土泵、混凝土泵车、混凝土振动器、千斤顶、钢丝绳。国家明令淘汰的能耗高、技术含量低、环境污染大的机械设备禁止进入施工现场。施工机械设备定期检查和维护、保养,确保施工机械设备始终处于良好的运行状态。确保操作人员严格遵守操作规程,对施工机械设备的操作、调整、使用、维护等方面符合操作规程的要求。定期向设备的贮油器或润滑系统内加油,定期换出废油,并对废油进行集中收集处理。所有现场运行的施工机械设备应运转平稳,有良好的密封性,不漏油、漏气、漏水,不污染现场环境。

3.6.4.5 墩、台帽施工

模板施工按墩、台身的施工要求进行环境因素控制。钢筋网、预埋件施工时,实体墩、台帽在支座下设置钢筋网,顶帽的其余部分大、中桥梁设置构造钢筋,并与墩、台钢筋相连。在灌注混凝土前,应再次复核,以确保墩台帽尺寸位置及水平标高的准确,不出差错,造成返工。跨径大于12m的桥梁需设置支座,通用的形式有橡胶支座、弧形支座、摆动支座。在安装墩台帽模板时,安装好预留锚栓孔,定位应准确,防止支座安装位置发生偏移而必须重新预埋锚栓,浪费人力资源和电能。在进行支座垫块施工时应严格控制用料以免造成浪费,多余的材料应统一集中处理,不得随意往河流中倾倒以免污染水源。支座安装就位后,下摆钢板与垫块应贴合严密,避免支座受力不均匀,造成支座破坏,浪费材料。支座采购必须确保质量,以防返工造成浪费和新的污染源。

3.6.4.6 桥台附属结构

(1)锥坡施工时,在大孔土地区应检查护坡基底及护坡附近有无陷穴,并彻底进行处理,保证扩坡稳定。锥体填土应按标高及坡度填足。护坡拉线时,坡顶预先放高约2~4cm,使护坡随同锥体填土沉陷后,坡度仍符合规定。护坡基础与坡脚的连接面应与护坡坡度垂直,以防坡脚滑走。砌石时拉线要张紧,背后应做倒滤层,防止锥体土方被水浸蚀变形。护坡与路肩或地面的连接必须平顺,以利排水,避免砌体背后冲刷或渗透坍塌。护坡、锥坡等工程措施应与边坡植草措施相配合,以使边坡稳定,防止坡面崩塌。应根据潜在的可能情况采取应急水土保持措施,如在施工期间来不及实施上述措施时应用现成防护物,如草席、稻草覆盖,防止土壤侵蚀。

(2)台背回填时,填土尽量选用渗水土,土的含水量要适量,在北方要防止冻胀,避免因土质不良而造成质量问题。填土应分层夯实,并作密实度检测。靠近台背处的填土可用拍板打紧捣实,与路堤搭接处挖成台阶形,避免跳车现象。台后泄水盲沟建在下游方向,以片石、碎石或卵石等透水材料砌筑,并按坡度设置,出口处高出一般水位0.2m,确保桥台稳定。

3.6.4.7 梁板制作

(1) 现浇梁(板)桥模板时,混凝土及钢筋混凝土墩、台常用的模板可分为固定式、拼装式、整体吊装式、组合定型式四种类型。固定式模板用木材、竹材制作,一般只宜用于中小规模的墩、台。施工前要进行模板用量的计算,加工时要加强下料的管理,合理搭配,避免废料过多,造成材料浪费和资金积压。拼装式模板用钢材或木材加工制作。钢模板采用2.5~4mm厚的薄钢板并以型钢为骨架,可重复使用,装拆方便,节约材料,但加工时需投入较多机械,须做好现场噪声控制,禁止使用铁锤敲打,防止噪声污染环境。拼装式模板用于高墩、台时组装成整体吊装模板,一般为3~5m。以加快施工进度,减轻劳动强度,节省人力和投入。但在吊装前应进行强度验算和加固,以防有吊装时变形,造成材料、设备、人力的浪费,增加施工成本。组合定型式钢模板要进行模板设计,尽量使用规格最大的P3015模板,使模板块数少,拼接少,节省连接和支承配件,减少装拆工作量;同时选择连结点和支撑点位置时,尽量利用材料和地形,以便于安装操作,从而最大限度的节省材料用量、人力资源,降低施工成本。钢模板修理时,禁止用大锤敲打,修理工作应在工具房或封闭的工棚内进行;使用电锯锯模板时,及时在锯片上刷油,且模板、锯片送速不能过快,以确保环境不被噪声污染。模板支设、拆除、搬运时,应轻拿轻放,上下、左右有人传递,不得抛扔,避免材料破坏,造成浪费。模板隔离剂。项目应根据采用模板类型,材料供应来源情况,考虑配制简单、经济适用、取材方便、脱模效果好,又不粘污构件表面,外观光洁,棱角整齐,且对混凝土与钢筋无损害作用的隔离剂,尽可能选用无毒无害的材料,避免对建筑物及环境造成污染。

(2) 钢筋加工和安装参照钢筋工程的环境控制要求执行。

(3) 混凝土浇筑时,应加强对混凝土浇筑所需搅拌机(站)、地泵、汽车泵、混凝土罐车、振捣棒等各种施工机械的维修保养,缩短维修保养周期,尽可能降低施工机械噪声的排放,防止对环境造成噪声污染。混凝土的浇筑尽可能不在夜间施工,以免噪声对居民生活产生影响。尽可能使用环保型振动棒,振动棒使用后,及时清理干净并保养好。振捣混凝土时,禁止振钢筋或钢模板,并做到快插慢拔,并配备相应人员控制电源线及电源开关,防止振捣棒空转,以降低噪声,防止对环境的噪声污染。混凝土泵、混凝土罐车运输混凝土时要平稳运行、协调一致,禁止高速运行,形成噪声,影响环境。搅拌机(站)前台、运输车辆清洗处、混凝土振动棒清洗处、砂石料冲洗处应设立沉淀池,经过沉淀后的污水方可直接向污水管网排放,以避免污染水源;对沉淀池内的泥沙定期清理干净,并妥善处理,防止污染环境。为防止现场搅拌站地面起尘,搅拌站区域内的道路应进行硬化处理。并设立施工道路养护、维修和清扫专职人员,减少扬尘污染,保持道路清洁和运行状态良好。搅拌机尽量设置在封闭房间内,搅拌机设喷淋设施(密闭自动上料系统可不设置喷淋设施)。散装水泥应在密闭的水泥罐中储存,散装水泥在注入水泥罐过程中,根据现场情况制定防尘措施。现场使用袋装水泥时,应设置封闭的水泥仓库。砂、石料堆放场地设置围挡,避免粉尘污染附近空气。对运输材料的车辆严禁超载运输,并对车厢进行适当蒙盖,对意外原因所产生的遗洒及时进行处理。

(4) 用以施工的所有临时性承重结构应进行设计计算,确保施工过程有足够的强度、刚度和稳定性,且变形值应在允许范围内,避免发生安全事故造成各种投入的浪费。大桥、特大桥或重要结构在施工阶段,对结构物的应力、变形值应有针对性的施工监测控制,以保证结构物的强度和稳定。

(5)逐孔施工梁式桥在移动支架上浇筑预应力混凝土连续梁时,支架长度必须满足施工要求,支架应利用专用设备组拼,施工时能确保质量和安全。浇筑分段工作缝,必须设在弯矩零点附近。避免剪力过大造成梁体破坏而浪费资源。箱梁外、内模板在滑动就位时,模板平面尺寸、高程、预拱度的误差必须在容许范围内。混凝土内预应力筋管道、钢筋、预埋件设置应按预应力施工的环境控制规定防范相应的污染源。

(6)满堂支架上现浇梁式桥时,支架的立柱应保持稳定并用撑拉杆固定。为防止质量事故造成返工返修形成新的污染和浪费,验算模板及其支架在自重和风荷载等作用下的抗倾倒的稳定系数不小于1.3,对支架受压构件纵向弯曲系数、刚度进行计算,其变形值不得超过允许范围。支架的弹性、非弹性变形及基础的允许下沉量应满足施工后梁体设计标高的要求。整体浇筑时应采取措施,防止梁体不均匀下沉产生裂缝,若地基下沉可能造成梁体混凝土产生裂缝时应分段浇筑。

(7)墩顶梁段及附近梁段可采用托架或膺架为支架就地浇筑混凝土,托架或膺架要经过设计,计算弹性及非弹性变形,应在确认满足要求方能进行施工,避免返工造成资源浪费。在梁段混凝土浇筑前,对挂篮(托架或膺架)、模板、预应力筋管道、钢筋、预埋件、混凝土材料、配合比、机械设备、混凝土接缝处理情况进行全面检查,尤其是挂篮的千斤顶和油泵,避免漏油。现浇混凝土应计算和控制用量,避免生产过多的混凝土造成浪费、增加能耗并在生产过程中产生污染。桥墩两侧梁段悬臂施工进度应对称、平衡进行,实际不平衡偏差不得超过设计要求值,避免返工造成资源浪费。悬臂浇筑段前端底板和桥面的标高,应根据挂篮前端的垂直变形及预拱度设置,施工过程中要对实际高程进行监测,防止标高偏差造成返工。

(8)当临时支承采用在支座两侧设置硫磺水泥砂浆块,采用高温熔化方法撤除时,必须在支座与垫块之间设置隔热防护措施,以免损坏支座部件,造成支座报废。挂篮在通航河流上空作业时,操作平台下设置安全设施及防止物件坠落的隔离措施,避免施工对河流造成污染。

3.6.5 预应力张拉

预应力张拉过程应参照预应力施工规定的环境控制要求执行,混凝土搅拌及钢筋加工出现的粉尘污染、水污染、光污染、噪声污染、废弃物污染等应混凝土按混凝土、钢筋工程的环境控制要求执行。

3.6.6 桥梁的架设与安装

3.6.6.1 安装准备

在确定架设方法时,应以安全可靠和经济简单为原则结合现场实际情况选择噪声小、能耗低的架设方法。桥梁构件在架设安装前应将其表面清扫干净,以免在安装过程中产生扬尘造成污染。清扫出的废弃物应将其用适当的容器运到现场建筑垃圾存放点后集中处理。避免对现场环境造成污染。

3.6.6.2 桥梁架设

在桥梁架设过程中应由专人对施工设施进行定期和不定期的检查,确保施工安全,以避免发生事故,造成人员伤害和资源浪费。桥梁架设应严禁按确定的施工顺序进行,尽量避免二次搬运造成人力和资源的浪费。

3.6.6.3 安放就位

构件安放就位前,应仔细地进行测量校正。确认安装位置正确后,才可焊接或灌注混凝土,以最后固定构件,避免因位置不准而增加物资和能源消耗。

3.6.6.4 施工过程应对环境控制情况进行检测和监视

现场管理员应每天检查施工作业面的废弃物清理和外运情况,做到工完场清、道路无遗洒、废弃物分类存放。对现场噪声进行检测,按不同施工区域采用对应的国家标准予以控制。工程开工前项目部应针对可能发生的重大环境污染事件编制应急预案,施工过程中每周对应急和突发事件控制情况进行检查,发现问题时应及时采取纠正措施。

3.6.7 桥面铺装及附属工程

3.6.7.1 混凝土桥面铺装时,桥面清扫出的废弃物不得随意处置,应将其用适当的容器运到现场建筑垃圾存放点后集中处理。

3.6.7.2 水泥和沥青混凝土应严格按需要量拌制,过多或过少均将造成资源的浪费;混凝土的养护宜采用覆盖养护或喷洒养护膜的方法,喷洒养护膜的操作人员应佩戴防尘口罩及风镜,以减少养护膜对人体的损害。水泥混凝土的环境过程控制参照水泥混凝土、沥青混凝土路面工程的环境控制要求执行。

3.6.7.3 施工过程中形成的废弃物应及时清除,能回收利用的应尽量利用,不能利用的应将其运至现场存放点统一处理。沥青混凝土铺装时,应对有毒有害废弃物固体废弃物进行分类处理,交有资质的单位进行处置。

3.6.8 桥梁伸缩装置

3.6.8.1 梳形钢板伸缩装置

切缝及清缝工作中,施工人员应佩戴防尘口罩,防止粉尘对人体造成损害。清理出的废弃物不得随意处置,应将其用适当的容器运到现场建筑垃圾存放点后集中处理,避免对现场环境造成污染。焊接固定及混凝土浇筑环境过程控制按相关专业工程要求执行。

3.6.8.2 纯橡胶伸缩装置

(1)清理梁端、顶面凿毛、冲洗等施工准备工作中,施工人员应小心轻扫(洗),并佩戴防尘口罩,防止粉尘。清理出的废弃物不得随意处置,应将其用适当的容器运到现场建筑垃圾存放点后集中处理。冲洗的废水应排入沉淀池并再利用。

(2)端模板立好后应严格检查有无漏浆可能,并及时处理以确保工程质量和避免造成资源浪费。

(3)在对橡胶条胶面涂胶过程中应严禁火源,避免发生火灾造成环境污染。胶水涂刷后要立即对合,应随用能盖,以防有害气体挥发、遗洒。

(4)焊接固定及混凝土浇筑环境因素按相关专业工程要求进行控制。

3.6.8.3 板式橡胶伸缩装置

橡胶条在安装前必须试装,待支承板定位后,螺栓孔均与橡胶条孔对位后方能焊接,以避免产生错位造成资源浪费。施工中应严格控制伸缩装置的标高,使桥面铺装与伸缩装置保持平整,以避免行车时产生噪声污染和安全事故产生新的污染源。

3.6.8.4 模数式伸缩装置

(1) 伸缩装置安装前须对预留槽的宽度、深度以及预埋件进行检查,使之符合安装要求,以防造成质量事故引起返工费料并产生新的污染源。清理槽口应适量洒水防尘,清除施工人员应佩戴防尘口罩。清理出的尘土、污物以及其他废弃物不得随意处置,应将其用适当的容器运到现场建筑垃圾存放点后集中处理。

(2) 伸缩装置运抵施工现场后,其存放地点应尽量接近安装位置,以减少安装时的能源消耗。

3.6.8.5 填充型伸缩装置

填充料在加热过程应严格控制材料的加热温度,以避免产生不必要的能源消耗。加热时,应确认周边10m内无易燃易爆物,以防引起火灾造成损失和大气污染。填充料在浇筑过程中应尽量减少遗洒,如有遗洒则应立即清除并其运至现场"有毒有害废弃物"存放点统一处理。

3.6.9 工程收尾

工程收尾时,工程场面清理及临建拆除应参照相关作业过程要求控制噪声、扬尘、废水、固体废弃物等污染;能复耕的还应征地复耕,并减少复耕过程的扬尘、废水、植被破坏,运输扬尘、遗洒等相关污染。

3.6.10 应急和突发事件控制

3.6.10.1 项目部应根据机械油料、沥青、化学品等易燃、易爆或有毒材料意外遗洒、泄漏、着火,恶劣天气,临时停电,用电设备发生意外事故产生大量废气、废弃物污染大气、土地、地下水等配置相应的应急设施和抢险工具,并保持设施的完好性,同时加强对相关人员进行应急培训,使员工掌握必要的应急知识。

3.6.10.2 施工过程中应加强对应急设备、设施的日常维护与检查,按策划的要求组织演习和培训。

3.6.10.3 当发生油品、化学品、有毒有害物品泄漏、火灾等事故时,应急小组应立即命令一切无关人员紧急撤离现场,对事故现场进行封锁警戒,设立专人看守,事故现场严禁烟火,并及时向当地政府主管部门和上级主管部门报告,接受补救措施和指导。

3.6.10.4 自然环境恶劣、特殊天气或发生意外事故时严禁进行桥梁工程施工。

3.7 检测和监视要求

3.7.1 一般要求

对施工过程所涉及的环境特性分别按混凝土施工、钢筋工程、模板工程等所涉及的环境关键特性检测规定的检测内容、频次进行。

3.7.2 人员及劳保用品监测要求

对钢筋工、起重工、焊工、设备操作工等人员的岗位操作证或培训资料(包括环境措施交底内容)在工程开工前检测1次,发现人员不适应采取措施纠正,避免因人员素质低、发生对环境污染事故。对施工作业人员的防护用品,每次作业前检测1次,发现不足或有问题时应采取措施纠正。

3.7.3 材料监测要求

每周对各种易燃易爆、危险化学品储存条件、安全距离、堆放高度、堆放情况,防火、防潮条件,禁火标识等检查1次,发现异常情况时,采取针对措施纠正,避免发生火灾对环境的污染。

3.7.4 设备、设施监测要求

各种施工设备的保养状况按周期每月检测1次,当发现异常情况时,及时安排保养、检修,降低消耗,防止油遗洒污染土地;对每批作业中的设备噪声排放、热辐射各监测一次,当发现超标时及时更换噪声低的设备或增加隔声或隔热材料厚度或更换其他隔声或隔热材料,减少噪声、热辐射。

每周对材料仓库、搅拌站、预制场、沉淀池、配电室、消防器材、材料仓库及易燃材料现场堆放区是否离热源大于10m等现场环境、安全和应急设施进行检查或检测,发现问题时应采取纠正措施。

3.7.5 过程监测要求

施工时,现场环境管理员每一工作日宜采取目测、检查和检测等方法,对施工过程的环境因素控制情况进行监测。

3.7.5.1 施工噪声高峰期,环境管理员应每天进行监听,并在每周对施工中噪声排放进行一次监测。如有夜间施工,应在夜间增加一次噪声测量。场界内噪声值昼间不大于75dB、夜间不大于55dB。监测应使用鉴定合格的声级计,监测标准按照《建筑施工场界噪声限值》的相关规定执行。如连续3天噪声排放超过国家标准规定,应进行系统检查分析,检修设备或增加隔声屏高度及厚度。

3.7.5.2 施工扬尘集中时,每天由环境管理员对施工扬尘、浮尘进行目测监视1次,宜达到扬尘高度不超过0.5m;当浮尘厚度超过5mm时应进行清理。每班结束或交接班时,对地面浮尘及其他废弃物集中清理一次。

3.7.5.3 每周对废水沉淀池完好性、沉淀容量,废水沉淀时间、废水排放量,沉淀水质和废水利用等等情况进行监测,并做好记录。如在风景区、饮水区施工,应定期外请环保机构对污水进行检测,达标时才能排放。

3.7.5.4 现场环境管理员每天对施工现场人员是否有违章操作、作业面的废弃物清理和外运、道路遗洒、运土车及时冲洗、废弃物分类存放等情况检查1次,做到工完场清。每周对地基进行检测,以免因基底暴露时间过久而风化变质产生废弃物。

3.7.6 应急准备和响应的监测

环境管理员应每周对现场消防器材、抢险工具和防范措施、设施情况等进行检查或测试;在施工过程中对应急培训、演练等进行检查,确保符合要求。在突发事故的应急过程中应对响应措施的效果进行监测。

第 29 章 隧道作业

0 一般规定

在开挖隧道前,应对开挖区进行生态摸底,应对动物巢穴进行转移,严格界定开挖线,禁止任意破坏植被。在开挖隧道过程中应动态控制振动、粉尘、噪声、固废等环境影响。隧道交工前应及时进行周边植被的恢复和再生活动。各项污染物排放场应符合施工所在地政府要求。

1 新奥法施工

1.1 工作流程

技术准备→选备选择→测量准备→洞口施工→开挖→出渣运输→施工支护→衬砌→施工防排水→结构防排水→通风→施工供水→照明→通风防尘。

1.2 环境因素

1.2.1 扬尘污染

产生的部位和工序有:洞口段开挖施工、地表施工的扬尘、钻眼爆破时扬尘、车辆来回往复的扬尘、爆破时产生的扬尘。

1.2.2 噪声及振动污染

产生部位和工序有:车辆往复的噪声排放、爆破钻孔时的噪声排放、通风空压机噪声、爆破产生的噪声、施工支护施工时的噪声、喷射混凝土的噪声及振动。

1.2.3 废液污染

施工废水、生活污水的排放、施工机械漏油对地下水的污染、润滑清洗用油的排放、导管注浆对地下水的污染。

1.2.4 固体废弃物的污染

开挖隧道产生的固体废弃物、生活垃圾排放、机械设备清洁使用的废弃物。

1.2.5 应急和突发事件包括可能发生的油品、炸药、化学品等易燃、易爆及有毒材料的意外遗洒、泄露、着火、临时停电、通风突然停止等事故产生废气、废弃物污染隧道内外的施工环境。

1.3 人员要求

隧道施工人员上岗前,必须要经过环境保护的培训,内容包括:合理的工艺对能源的节约、隧道中有毒气体含量的测试方法、隧道开挖临时支护方法、岩石土土壤类别的识别方法等知识。人员应经过体检合格后方可上岗。

1.4 材料要求

见相关钢筋混凝土章节。

1.5 设备设施要求

施工前应对设备进行一次全面的维修保养,杜绝跑冒滴漏的现象发生,机械设备的下方应设置面积不小于设备投影面积的接油盘,防止漏油污染土壤。

隧道施工应尽量采用使用清洁能源的电力机械,减少燃油机械的使用,当使用燃油机械时,隧道内应有可靠的通风设施。

运输车辆的尾气排必须达标,避免造成隧道内废气的积累,形成环境污染。

1.6 过程控制要求

1.6.1 隧道施工准备阶段

1.6.1.1 技术准备

在隧道的施工之前,施工的技术准备特别重要,它是开工后施工的指导,技术策划越充分,以后的施工就越顺利。在必要时,应进行多方案的环境保护比较,选用技术经济效果较好,环境影响较小的方案,一般来说施工前的技术准备包括以下几方面的内容:

(1) 深入现场调查

主要调查和预测隧道施工可能对地表和地下已设结构物的影响;对交通运输条件和施工运输便道进行方案比选;施工场地布置与洞口相邻工程、弃渣利用、农田水利、征地的关系;建筑物、道路工程、水利工程和电力、电讯线等设施的拆迁情况和数量;调查和测试水源、水质并拟定供水方案、天然筑路和衬砌材料(石料、砂土)的产地、质量、数量的多少和供应方案;可利用的电源、动力、通信、机具车辆维修、物资消防、劳动力、生活供应及医疗卫生条件;当气象、水文资料及居民点的状况;施工中和营运后对自然环境、生活环境的影响及需要采取的措施,尽量把对环境的影响降到最低。

(2) 全面熟悉设计文件

要安排技术人员会同设计单位对现场核对,掌握工程的重点和难点,了解隧道方案的选定及设计经过;重点复查对隧道施工和环境保护影响较大的地形、地貌、工程地质及水文地质条件是否符合实际、保护措施是否适当;核对隧道平面、纵断面设计、了解隧道与所在区段的总平面、纵断面设计的关系;核对洞口位置、式样、衬砌类型是否与洞口周围环境相适应;核对设计文件中确定的施工方法、技术措施与实际条件是否相符合;核对洞对排水系统和设施的布置是否与地形、地貌、水文气象等条件相适应;交接和复查测量控制点、施工的基准点及水准点,并定期进行复核,避免由于测量的误差而导致超开挖,造成资源的浪费和环境的污染。

(3) 编制施工组织设计时应注意的事项

首先根据现场调查和合同设计单位对设计文件的熟悉与了解,选择施工方法。施工方法应根据地质条件结合方法对环境影响的大小、隧道长度、断面、结构类型、工期要求、施工技术力量、安全生产、机械设备、材料、劳动力结合等情况合理确定,并依此编制进度计划。

隧道施工前,应先按照地质测量的结果,策划出隧道路线和开凿方法,设计经济合理的支撑体系,和线路合理的便道方案,尽量减少材料的使用和对农田的占用,减少施工对周边环境的影响。按照施工一般做法,均事先需按照地质图,对岩层变动情形、断层与含水率、砂土地带、便道的位置进行确定。地质报告中应输出最有利及最不利的情况,以备施工时参考。

施工时的隧道测量,与其他测量不同,必须非常准确,因为一般测量于进行时可随时进行校核,而隧道测量则必须在全隧道开通后才可以较核,如发现偏差,已无法进行修正。造成不必要的人力、材料浪费和能源消耗,并且可能造成重大的环境影响。

1.6.1.2 施工设备的选型及准备

不同的设备对环境的影响不同,应按照施工的实际情况选用对环境影响较小的设备,并且要尽量选取能源利用率较高的设备。现将一般在隧道施工中的设备及其特点进行简单介绍:

(1) 一般钻眼机具

隧道工程中常使用的凿岩机有风动凿岩机和液压凿岩机,另有电动凿岩机和内燃凿岩机,但较少采用。其工作原理都是利用镶嵌在钻头体前端的凿刃反复冲击并转动破碎岩石而成孔。有的可通过调节冲击功大小和转动速度以适应不同硬度的石质,达到最佳成孔效果。

1) 钻头和钻杆

钻头直接连接在钻杆前端(整体式)或套装在钻杆前端(组合式),钻杆尾则套装在凿岩机的机头上,钻头前端则镶入硬质高强耐磨合金钢凿刃,避免采用一般的钻头过度磨损而频繁更换钻头,影响施工的工效。

凿刃起着直接破碎岩石的作用,它的形状、结构、材质、加工工艺是否合理都直接影响凿岩效率和本身的磨损。

一字形片状连续刃头的制造和修磨简单,对岩性的适应能力较强,适用于效率较小的风动凿岩机在中硬以下岩石中钻眼,但钻眼速度较慢,能源利用率不高,工效较低。且在节理裂隙发育的岩石中容易卡钻。

十字形片状连续刃钻头和柱齿钻头的制造和修磨较复杂,适用于功率较大和冲击频率较高的重型风动或液压凿岩在各种岩石中钻眼,尤其在高硬度岩石中或节理裂隙发育的岩石中钻眼效果良好,速度也快,工效较高。

钻眼速度受以下几个因素的影响:冲击频率、冲击功、钻头形式、钻孔直径、钻孔深度及岩石质量等。另外钻头与钻杆、钻杆与机关的套装程度和钻杆的质量、粗细则影响冲击功的传递。若套装不紧密、钻杆轴线与机头轴线重合不好或钻杆硬度小,钻杆较粗,都会损耗冲击功而降低钻眼速度,增加人力和资源的消耗。

2) 风动凿岩机

风动凿岩机俗称风钻,它是以压缩空气为驱动力。它内有结构简单,操作方便,使用安全的优点,但压缩空气的供应设备比较复杂,噪声排放大,能耗大且利用率较低,凿岩速度比液压凿岩机低。

3) 液压凿岩机

液压凿岩机是以电力带动高压油泵,通过改变油路,使活塞往复运动,实现冲击。它主要有动力消耗少,能源利用率高;凿岩速度快;液压凿岩机的液压系统配套合理,能自动调节冲击频率、扭矩、转速和推力参数,适应不同的岩石,各主要零部件使用寿命较长;环境影响小,噪声较小等项优点。但由于构造复杂,造价高,附属装置多,多安装在台车上使用。所以在环境要求较高的项目宜采用此设备。

4) 凿岩台车

将多台凿岩机安装在一个专门的移动设备上,实现多机同时作业,集中控制,称为凿岩台车。可以综合几样设备的优点,增加能源利用的效率。按其走行方式分为轨道走行式、轮胎走行式及履带走行式;按其结构形式可分为实腹式和门架式两种。

实腹式凿岩台车通常为轮胎走行,可以安装 1~4 台凿岩机及一支工作平台臂。其立定工作作范围达到宽 10~15m,高 7~12m,分别可适用不同断面的隧道中。但实腹式凿岩台车占用坑道空间较大,需与出渣运输车辆交会避让,占用循环时间,增加避让进出的能源的消耗,尤其是在隧道断面不大时,机械避让占用的非工作时间较长,会造成不必要的能源消耗,故实腹式凿岩台车多应用于断面较大的隧道中。

门架式凿岩台车的腹部可以通行出渣运输车辆,可以大量减少机械避让时间。门架式凿岩台车通常为轨道走行,安装 2~3 台凿岩机。门架式凿岩台车多用于中等断面($20 \sim 80m^2$)的隧道开挖,开挖断面过小或过大则多不采用。

(2) 爆破材料

隧道工程用炸药一般以某种或几种单质炸药为主要成分,另加一些外加剂而成,目前在隧道爆破中使用最广的是硝铵类炸药。硝铵类炸药品种较多,但其主要成分是硝酸铵,占 60% 以上,其次是梯恩梯或硝酸钠(钾),占 10%~15%。

(3) 喷射混凝土机械设备

在新奥法施工中,喷射混凝土机械设备是必不可少的,因为使用混凝土喷射机可按一定的混合程序将掺速凝剂的细石混凝土喷射到岩壁表面上,并迅速固结成一层支护结构,从而对周围岩石起到支护作用。目前施工中常用的有喷射机和机械手。

1.6.1.3 施工测量的准备

施工测量是贯穿于施工全过程的一项重要工作,这项工作的好坏关系到隧道施工的好坏和成败,是隧道施工的关键工序,因为一般隧道从两个点以上施工,只有把测量工作做好才能使隧道准确地贯通,减少返工或者轴线不相交而重复进行开挖和过度开挖,造成能源浪费和固弃增多的风险。它不只是施工前的准备工作,也是施工中的一项特别重要的工作。

1.6.2 施工阶段的环境影响及其防治措施

1.6.2.1 洞口施工

洞口的施工是隧道施工的开始,洞口是隧道的咽喉,洞口段的安全可靠是隧道施工成败的关键。同时洞口地段,一般地质条件较差,且地表水汇集,施工难度大。施工对地表环境影响较大,对地表水的污染较大,因此施工时要结合洞外场地和相邻工程的情况,全面考虑,妥善安排,合理施工,尽量减少对地表环境的影响,也为隧道洞身施工创造条件。

隧道洞口工程主要包括边、仰坡土石方;边、仰坡防护;端墙、翼墙等洞口施工;洞口排水系统;洞口检查设备安装;洞口段洞身衬砌。洞口工程中的洞门施工,可在进洞后施工,并应做好边、仰坡防护,以减少洞口施工对洞身施工的干扰。

在洞口开挖之前对隧道引道内的桥、涵、下挡墙等工程施工,应与弃渣需要相协调,尽早完成。

(1) 在洞口段施工时应注意下列规定和事项：

1) 进洞前应尽早完成洞口排水系统,应先清理洞口上方及侧方有可能滑塌的表土、灌木及山坡危石。平整洞口顶地表,排除积水,整理隧道周围流水沟渠,之后完成洞口边、仰坡顶处的天沟(截水沟),降低开挖中洞口部位发生堵口发生的可能性,避免再次清理洞口造成的能源消耗和固废污染。

2) 按设计要求进行边坡、仰坡放线,自上而下逐段开挖;不得掏底开挖或上下重叠开挖而引起塌方,造成环境事故。

3) 石质地层拉槽爆破后,应及时清除松动石块;土质地层开挖应及时夯实整平边坡。开挖中应随时检查边坡,如有滑动、开裂等现象,应适当放缓坡度,保证边坡稳定和施工安全。

4) 洞口施工宜避开雨期和融雪期。在进洞土石方工程施工时,不得采用深眼大爆破或集中药包爆破,以免影响边坡的稳定,造成山体环境的破坏,引发环境事故。

5) 开挖的土石方不得弃在危害边坡及其他建筑物稳定的地点,可用来铺垫便道或者施工场地的硬化,不得占用基本农田,并不得影响运输安全。

6) 洞口支挡工程应结合土石方开挖一并完成,其基础必须置于牢固的地基上,须将虚渣杂物、泥脂软层和积水清除干净。对于地基强度不够的,可结合具体条件采取扩大基础、桩基、压浆加固地基等措施。

7) 当洞口可能出现地层滑坡、崩塌、偏压时,应制定相应的预防措施,防止发生地表环境的破坏。

8) 洞口段洞口施工时,应根据地质条件,地表沉陷控制以及保证施工安全等因素选择开挖方法和支护方式。洞口段身衬砌应根据工程地质、水文地质及地形条件,至少设置不小于 5m 长的模筑混凝土加强段,以提高工程的整体性。洞门完成后,洞门以上仰坡脚受破坏处,应及时处理。如仰坡地层松软破碎,宜用浆砌片或铺种草皮防护。

洞口段施工中最关键的工序就是进洞开挖。洞口段施工方法取决于许多因素,如施工机具设备情况、工程地质、水文地质和地形条件;洞外相邻建筑物的影响;隧道自身构造特点等。为了防止洞口段坍塌而造成重复开挖,浪费能源的机械损耗,应根据地层情况进行临时加固,下面介绍几种施工方法。

9) 洞口段围岩为Ⅳ类以上,地层条件良好时,一般可采用全断面直接开挖进洞,初始 10~20m 区段的开挖,爆破进尺控制在 2~3m。施工支护,于拱部可施做局部锚杆;墙、拱采用素喷支护,洞口 3~5m 区段可以挂网喷混凝土及设钢拱架予以加强。

10) 洞口段围岩Ⅲ-Ⅳ类,地层条件较好时,宜采用正台阶法进洞(不适于 20m 区段)。爆破进尺控制在 1.5~2.5m。施工支护采用拱、墙系统锚杆和钢筋网喷射混凝土,必要时设钢拱架加强施工支护。

11) 洞口侧面围岩为Ⅱ~Ⅲ类,地层条件较差时,宜采用上半断面长台阶法进洞施工。上半断面先进 50m 左右后,拉中槽落底施工,在保证岩体稳定的条件下,再进行边墙扩大及底部开挖。上部开挖进尺一般控制在 1.5m 以下,并严格控制爆破药量。施工支护采用超前锚杆与系统锚杆相结合,挂网喷射混凝土。拱部安设间距 0.5~1.0m 的钢拱架支护,及早施作混凝土衬砌,确保稳定和安全,降低发生环境事故的风险。

12) 洞口段围岩为Ⅱ类以下，地层条件差时，可采用分部开挖法和其他特殊方法进洞施工。具体方法有：预留核心土环形开挖法；插板法或管棚法；侧壁导坑法；下导坑先进再上挑扩大，由里向外施工法；预切槽法等。开挖进尺控制在1m以下，宜采用人工开挖，避免过度开挖造成能源浪费和废弃物污染环境，必要时才采用弱爆破。开挖前应对围岩进行预加固措施，如采用超前预注浆锚杆或采用管棚注浆法加固岩层后，用钢架紧贴洞口开挖面进行支护，再进行开挖作业。洞身开挖中，支撑应紧跟开挖工序，随挖随支。施工支护采用网喷混凝土，系统锚杆支护；架立钢拱架的间距为0.5m，必要时可在开挖底面施作临时仰拱。开挖完毕后及早施工混凝土内层衬砌。当衬砌采用先拱后墙法施工时，为避免发生坍塌，重复开挖造成能源的浪费和固废的排放，下部断面开挖应符合下列要求：

(a) 拱圈混凝土达到设计强度70%之后，方可进行下部断面开挖，防止坍塌造成重大环境事故；

(b) 可采用扩大拱脚，打设拱脚锚杆，加强纵向连接等措施加固拱脚；

(c) 下部边墙部位开挖后，应及早、及时做好支护，确保上部混凝土拱的稳定。

施工前，在工艺设计中，应对施工的各工序进行必要的力学分析。施工过程中应建立健全量测体系，收集量测数据及时分析，用以指导施工。

(2) 明洞施工

明洞分为独立式明洞和接长式明洞。常因地形、地质条件不同而有许多结构形式，采用最多的是拱式明洞和棚式明洞。明洞大多设置在塌方、落石、泥石流等地质不良或受地形限制、造成环境破坏的可能较大的地段。公路隧道有时需在洞口外设置遮光棚，也是明洞类结构。

明洞施工方法的选择，应根据地形、地质条件、结构形式等因素确定。独立式明洞可采用明挖法或盖挖法施工；接长式明洞可采用开挖与衬砌的施工顺序，分为全部明挖先墙后拱法、上部明挖先拱后墙法及部分明挖墙拱交错法三种。

1) 合部明挖先墙后拱法

该法适用于埋置深度较浅、边仰坡开挖后能暂时稳定或已成路堑中增建明洞地段。

2) 上部明挖先拱后墙法

这种方法适用于明洞位于岩层破碎，路堑边坡较高，全部明挖可能引起坍塌，但拱脚岩层承载力较好，能保证找圈稳定的地段。

3) 墙拱交错法

适用于半路堑，原地面边坡陡峻，由于地形限制不能先做拱圈；或由于外侧地层松软，先做拱圈可能发生较大沉陷，先墙后拱亦有困难时采用。

(3) 浅埋段工程

浅埋段工程也就是履盖层不足毛洞洞跨两倍的隧道或区段，属于浅埋隧道。因其履盖层浅，围岩难以成拱，地表易沉陷，造成地表破坏的环境破坏风险较大。因此施工方法不能与履盖层深的隧道区相同，应采用浅埋段施工方法。

浅埋段施工方法常用的有明挖法、地下连续墙法、盖挖法、浅埋明挖法及盾构法等。明挖法是指挖开地面，由上而下开挖土石方至设计标高后，自基础由下向上顺序施工，完成隧道主体结构，最后回填基坑或恢复地面的施工方法。盖挖法是由地面向下开挖至一定深度后,将顶封闭,其余的逆做。浅埋暗挖法则是在特定条件下,不挖开地面,在地下进行开挖和修筑衬砌法的隧道施工方法。隧道工程采用盾构法在软弱地质条件下进行暗挖施工已很普遍,当然也可适用于浅埋隧道施工。盾构法对环境的影响最小,在可行的条件下优先选用。

在浅埋段工程施工中要注意以下几个方面问题,降低发生地表破坏环境影响的可能性:

1) 根据围岩及周围环境条件,可优先采用单壁导坑法、双侧壁导坑法或留核心土开挖法;围岩完整性较好时,可采用多台阶开挖,除盾构法外,严禁采用全断面开挖,避免坍塌引发严重环境事故。

2) 开挖后应尽快施作锚杆,喷射混凝土,敷设钢筋网或钢支撑。当采用复合衬砌时,应加强初期锚喷支护。

3) 锚喷支护或钢体支撑,应尽量靠近开挖面,其距离应小于 1 倍洞跨。

4) 浅埋段的地质条件很差时,宜采用地表锚杆、管棚、超前小导管,注浆加固围岩等辅助方法施工,避免浅埋段的坍塌引起废弃物的排放。

为控制地表沉降,造成地表环境的重大变化,应在技术上加强,宜在技术方面制定预防措施:

1) 宜采用单臂掘进机或风镐开挖,减少对围岩的扰动和对周围环境的破坏;当采取爆破开挖时,应短进尺,弱爆破。

2) 打设拱脚锚杆,提高拱脚处围岩的承载力。

3) 及时施作仰供或临时仰供。

4) 地质条件差或有涌水时,宜采用地有预注浆结合洞内环形固结注浆,注浆材料不得含有有毒物质,避免对地下水的污染。

5) 加强对地表下沉,拱顶下沉的量测及反馈,以指导施工,量测频率宜为深埋时的两倍。

1.6.2.2 开挖

隧道施工就是要挖去坑道范围内的岩体,并尽量保持坑道围岩的稳定。开挖是隧道正式施工的第一道工序,也是关键工序。在坑道的开控过程中,围岩稳定性,虽然主要由围岩本身的工程地质条件决定的,但无疑开挖对围岩稳定状态有着直接的重要的影响。

隧道的开挖有其基本原则,也就是:在保证围岩稳定或减少对围岩的扰动的前提条件下,选择适当的开挖方法和掘进方式,并尽量提高掘进速度,提高资源的利用效率。

开挖的方式分为人力开挖和机械开挖。人力开挖方式只限于其他开挖方式不宜采用或在围岩不稳定的土质隧道中应用。低等级公路的短隧道可采取人力开挖方式。

隧道开挖作业,应遵守合理确定开挖步骤和循环进尺,保持各开挖工序相互衔接,均衡施工;开挖断面尺寸应符合设计要求;爆破后,对开挖面和未衬砌地段应进行检查,对可能出现的险情,应采取措施及时处理;开挖作业中,不得损坏支护、衬砌的设备,降低发生地表塌陷环境影响的可能性。并应保护好量测用的测点;做好地质构造的核对和素描,地质变化处和重要地段应有照片记载。

(1) 开挖方法

开挖方法的选择,应考虑隧道断面大小和形状、围岩的工程地质条件、支护条件、工期要求、工区长度、机械配备能力、经济性、能源资源利用率等相关因素,选用适当的开挖方法,尤其与支护条件要相适应。

隧道开挖方法实际上是指开挖成形方法。按开挖隧道的横断面来分,开挖方法可分为全断面开挖法、台阶开挖法、分部开挖法。

边墙开挖时,一般采用错开马口跳槽开挖;当围岩状态较好时,可采用对开施工,缩短工期,增加机械设备的利用率和能源的利用率,一般应符合下列要求:

1) 宜采用长短马口结合,减少跳槽次数,首轮马口长度,Ⅳ~Ⅲ围岩不宜大于4m,Ⅱ~Ⅰ类围岩不大于2m。

2) 首轮马口的中心宜选在拱圈接缝处,并应注意岩层倾斜和稳定情况,防止顺层塌滑。

3) 回头马口开挖必须待相邻边墙封口24h后进行;有侧压力时,应在封口3d后进行。

4) 洞口加强段开挖马口,拱臂长度不得超过首轮马口长度,仰拱部位开挖,采取整幅开挖或半幅开挖,应符合下列要求:

挖至设计要求深度,底面平顺、清除杂物;排净积水,做好排水设施;隧道底两隅与侧墙连接处应平顺开挖,避免引起应力集中;当遇变形很大的膨胀性围岩时,底面及两隅应预先打入锚杆或采取其他加固措施后,再行开挖;仰拱部开挖时应采取措施保证洞内临时交通畅通。

(2) 掘进方式的选择及适用范围

掘进方式是指对坑道范围内岩体的破碎挖除方式,是开挖中关键工序方式。常用的掘进方式有钻眼爆破掘进、单臂掘进机掘进、人工掘进三种方式。一般山岭隧道常用的是钻眼爆破掘进。

爆破振动致使围岩产生坍塌,故一般只适用于石质隧道。但随着控制爆破技术的发展,爆破法的应用范围也逐渐加大,如用于软石及硬土的松动爆破。它是一般山岭隧道工程中常用的掘进方式。

单臂掘进机掘进及人工掘进,均是采用机械方式切削破碎岩石并挖除坑道内的岩体。单臂掘进机掘进是采用装在可移动式机械臂上的切削头来破碎岩体的,人工掘进则是采用十字镐、风镐等简易工具来挖除岩体。单臂掘进机掘进和人工掘进对围岩的扰动破坏小,故一般适用于围岩稳定性较差的软岩隧道及土质隧道中。

钻眼爆破需要专用钻眼设备及消耗大量炸药,并只能分段循环掘进。单臂掘进机可连续掘进,但只适用于软岩及土质隧道。人工掘进速度较慢,劳动强度大。

隧道施工中,掘进方式是影响围岩稳定的又一重要因素。因此,在选择确定掘进方式时,应根据坑道范围内被岩体的坚硬程度以及不同的掘进方式对围岩的扰动程度、围岩的稳定性、支护条件、机械设备能力、经济性等相关因素进行综合分析,选用恰当的掘进方式。在采用钻眼爆破方式掘进,则尤其应当实施控制爆破,以减少爆破振动对围岩的扰动破坏和对已做支护的影响,减少对围岩和已做支护的影响,避免引起不必要的材料和物资损失。

(3) 钻眼爆破掘进过程中的环境影响及其防治措施

在石质隧道中,采用最多的是钻眼爆破法,其原理是利用装入钻孔中的炸药爆炸时产生的冲击波及爆炸生成物作功来破碎坑道范围内的岩体。选用此种掘进方式时,应充分考虑爆破后石渣的运出、钻眼工作量的多少、材料消耗的多少、对周围设备破坏、环境保护(尤其是水环境的保护)。具体的爆破不作详细描述。

(4) 单臂掘进机及人工掘进

单臂掘进机的适应能力较强,可以挖掘任意形状和大小隧道。其中铣盘式采矿机装有可以在水平方向和垂直方向旋转操作的切削头。切削头是安装在液压伸缩臂的柱状或圆锥状切削刃,可以挖掘各种土及中硬以下岩石。它随机配备的装渣机,多为蟹爪式扒渣装渣机。单臂铣盘式采矿机多采用履带式走行结构。

挖斗式挖掘机或铲斗式装渣机隧道掘进时,可以将挖掘和装渣同机完成。但其破岩能力有限,一般只适用于硬土以下的土质隧道中,且须配以人工修凿周边,避免机械修边造成过度开挖,既浪费能源又有固体废弃物污染环境。

但不能采用爆破掘进的软弱破碎围岩和土质隧道中,若隧道工程量不大,工期要求不太紧,又无机械或不宜采用机械掘进时,则可以采用人工掘进。人工掘进是采用轻型风镐,甚至十字镐等简易工具挖掘,并采用铁锹、斗箕等装渣。人工掘进时,工人劳动强度大,掘进速度较慢,工效不高。施工中应做好防护措施,并安排专人负责工作面的安全观察。

机械掘进或人工掘进,均应注意掌握好掘进速度,要做到及时支护,不使围岩暴露时间过长。若开挖面不能自稳,则应同时采取相应的辅助稳定措施,避免发生落石伤人和重复清理造成能源浪费。

综前所述,钻爆掘进虽然较经济,但机械投资较大,能源利用效率低;人工掘进对围岩的稳定性不利,发生环境事故的风险较高;机械掘进虽然对围岩的扰动小,速度也快,能源利用率较高,但机械投资较大;人工掘进对围岩扰动小,但掘进速度太慢,工人劳动强度太大。实际工程中,究竟是采用何种掘进方式,应充分考虑被挖掘岩体的坚固性及围岩的稳定性,选择既经济快速又不严重影响围岩稳定的掘进方式,以提高效率降低成本。

(5) 超欠挖控制

在隧道开挖时应严格按照设计要求断面开挖作业,原则上不应该欠挖,避免不必要的能源浪费。当岩层完整岩石抗压强度大于30MPa并确认不影响衬砌稳定和强度时,允许个别岩石欠挖,但其隆起量不大于5cm。拱墙脚以上1m断面严禁欠挖。

(6) 装渣与出渣

出渣在隧道施工中占很重要的位置,出渣运输作业能力在很大程度决定施工进度和出渣过程对环境的影响。

因此,在选择出渣方式时,要综合考虑坑道断面的大小、围岩地质条件、一次开挖量、机械配套能力、经济性及工期要求等相关因素。装渣的机械类型很多,介绍主要几种装渣机械的利弊,供实际施工时选择。

1) 翻斗式装渣机。特点为构造简单,操作方便,对洞内空气无污染。进退间歇装渣,工作效率低,其斗容量小,工作能力较低。主要适用于小断面或规模较小的隧道中。

2) 蟹爪式装渣机。受蟹爪拨渣限制,主要用于块度较小的岩渣及土的装渣作业。

3) 立爪式装渣机。这种装载机多采用轨道走行,也有采用轮胎走行或履带走行的。以采用电力驱动、液压控制的较好。噪声排放较小,优点是对岩渣的块度大小适应性强。

4) 挖斗式装渣机。是近年发展起来的较为先进的隧道装渣机,配备有轨道走行式和履带走行式两套走行机构。适应性较立爪及蟹爪式更强。

5) 铲斗式装渣机。轮胎式铲斗式装渣机转弯半径小,移动灵活;铲取力强,铲斗容量大,工作能力强;可侧卸、前卸,卸渣准确,但燃油废气污染洞内空气,噪声也较大,并且需配备净化器或加强隧道通风,常用于较大断面的隧道装渣作业。

1.6.2.3 隧道内运输的环境影响及其防治措施

隧道内运输可分为有轨式和无轨式两种运输方式。下面主要介绍两种运输方式对环境的影响。有轨运输多采用电瓶车及内燃机车牵引,斗车或梭式矿车运输,它既适应大断面开挖的隧道,也适用于小断面开挖隧道,尤其适用于较长隧道运输,是一种适应较强的和较为经济的运输方式,能源利用率也较高。

无轨运输是采用各种无轨运输车出渣和进料。其特点是机动灵活,不需要铺设轨道,能适用于弃渣场离洞口较远和道路坡度较大的场合。缺点是由于多采用内燃驱动,作业时,在整个洞中排出废气,污染洞口空气,一般适用于大断面开挖和中等长度的隧道中,并应注意加强通风。

运输方式的选择应充分考虑与装渣机的匹配和运输组织,还应考虑与开挖速度及运量的匹配,以尽量缩短运输、作业时间和对能源的消耗。必要时作技术合理性分析,包括隧道内掘进开挖进度与运输方式、手段的接口协调分析,以求方案最佳。

1.6.2.4 施工支护

施工支护是隧道开挖时,对围岩稳定能力不足的地段,加设支护使其稳定的措施,其中,开挖后除围岩能够自稳而无须支护外,为维护围岩的稳定而进行的支护称为初期支护。若围岩完全不能自稳,表现为随挖随塌甚至不挖即塌,则须先支后挖,称为超前支护。必要时还须先进行注浆加固围岩和堵水,然后才开挖,称为地层改良。为了保证在运营期的安全、耐久,减少阻力和美观,设计中一般采用混凝土或钢筋混凝土内层衬砌,称为二次支护。施工中,对环境影响最大的就是初期支护,这里首先介绍初期支护。

(1) 锚喷支护适用范围及方法

1) 锚喷支护是隧道施工中最常见的一种支护方法,主要采用锚杆和喷射混凝土来支护围岩,初期支护完成后,成为永久性承载结构的一部分,它与围岩一起构成了永久的隧道结构承载体系。它的特点有比较灵活、能在短期内起到支护作用、能和岩体协同工作、很好适应形状以及能起到密闭的作用。能节约支护形成强度的时间,增加工效。但它不单独适用于膨胀性岩体、未胶结的松散岩体、严重湿陷性黄土层、大面积淋水地段、能引起严重腐蚀的地段、严寒地区的冻胀岩体。

2) 锚杆的施工

锚杆(索)是用金属或其他高抗拉性能的材料制作的一种杆状构件。使用某些机械装置和粘结介质,通过一定的施工操作,将其安设在地下工程的围岩和其他工程结构体中。介绍主要的几种锚杆在施工过程的环境影响及其防治措施。

普通水泥砂浆锚杆:普通水泥锚杆的施工需要先进行钻孔,钻孔前应按照支护的设计对位置进行标记,以免由于位置的错位而引起锚杆施工不合格而报废,造成资源浪费和建筑垃圾的排放;清孔时就优先选用高压风清孔,因为高压水清孔会造成水资源的浪费并会对地下水造成污染;锚杆施前应该进行材料处理,经调直、除锈和除油的过程,该过程的环境污染防治措施见钢筋章节。注浆时,应用水润滑灌浆及其管路,注浆的压力不宜过大,一般不大于0.4MPa,注浆管应插至距孔底5～10cm处,随水泥砂浆的注入缓慢匀速拔出,随即迅速将杆体插入,锚杆杆体插入孔内长度不得短于设计长度的95%,若孔口无砂浆流出,应将杆体拔出重新注浆。需要特别注意的是,锚杆安设后不得敲击,其端部3日内不得悬挂重物,以免由于砂浆强度不足而造成拔杆,形成不合格品。

早强水泥砂浆锚杆:早强水泥砂浆锚杆的构造、设计和施工与变通水泥砂浆锚杆相同,所不同的是,其采用的是早强型水泥或添加早强剂而做成的,因此它具有早期强度高、承载快、不增加安装困难等优点。尤其是在软弱、破碎、自稳时间短的围岩中显示出其一定的优越性,但要注意的是,由于其早期强度高,在放置30min后,要重新测试坍落度,如小于10mm时,不得注入罐内使用,以免引起堵管等事故,延误注浆时间,浪费资源。

楔缝锚杆:施工前,应先安装好杆体与部体,插入钻孔时楔子不得偏斜和脱落,影响锚杆的承载力,锚头必须楔紧,保证锚固可靠。要注意打紧楔块时不得损坏丝扣、放置24h应再次紧固,并要做到定期检查,如发现有松弛情况,应再行紧固。一般来说,受到岩层运动的影响,此类型锚杆只能用做临时支护。

早强药包锚杆:钻眼、清孔的环境污染防治措施见普通水泥砂浆锚杆的内容,浸泡锚杆的水不得随意排放,必须经过沉淀以后再进行排放;浸好水的锚杆应及时进行施工,当放置时间长于水泥初凝时间时,该锚杆不得使用。

缝管式摩擦锚杆:缝管式摩擦锚杆的施工需要借助凿岩机,使用机械时应注意对噪声污染的防治,使用前应对机械运动部件进行润滑,操作人员要配戴防护用品,邻近居民区时,还应避开休息时间。

胀壳式内锚头预应力锚索:常用于中等以上的围岩的施工中。施工工序紧密简单,安装迅速,是能立即也作用的大型预应力锚杆,可以在较小的施工现场中作业,常用于高边坡、大坝以及大型地下室的支护,抢修加固。但其价格较高,在软弱围岩中不能使用。预应力锚索一般都在场外加工,并要注意在搬运、储存及安装过程中不能有损伤、变形,一旦有此类情况,就应停止使用,以免引起不必要的损失。

(2) 喷射混凝土施工中的环境影响及其防治措施

喷射混凝土是近年发展起来的一种新工艺,其优点是灵活性大,可以根据需要分次追加厚度,可以作为隧道工程类围岩的永久支护和临时支护,也可以与各种类型的锚杆、钢纤维、钢拱架、钢筋网等构成复合式支护。

1) 材料要求:喷射混凝土所用材料主要有水泥、速凝剂、砂、石料、水等,这些材料的质量必须符合相关国家标准,其中速凝剂尽量采用不含挥发性有毒有害物质,如不可避免,则操作人员须配戴个人防护用品,搅拌时应加强场所的通风。

2) 喷射工艺及其特点

干喷和潮喷

干喷有其机械结构较简单,机械清洗和故障处理容易的特点,但其容易产生较大粉尘。回弹量大,加水是由喷嘴处的阀门控制的,水灰比的控制比较难而且与操作人员的熟练程度有关。所以在干喷施工时,除操作人员必须配带防护用品外,必须加强坑道的通风。潮喷是将骨料预加少量水,再加水搅拌,从而降低喷射时的粉尘,减少环境污染,对环境的影响和防治见干喷工艺。

湿喷

湿喷混凝土质量容易控制,喷射过程中的粉尘和回弹量少,是当前正在发展的施工工艺,但对喷射机械要求高,机械清洗和故障处理较麻烦,不适用于喷层较厚的软岩和渗水隧道。

混合喷射

混合喷射工艺使用的主要机械设备与干喷工艺基本相同,但混凝土的质量较干喷混凝土质量好,且粉尘和回弹率有所降低,但使用机械数量较多,工艺较复杂,机械清洗和故障处理很麻烦。因此混合喷射工艺一般只用在喷射混凝土量大和大断面隧道工程中。在混合喷射混凝土的施工中,由于其仍然存在有粉尘,故需采取与干喷同种防治环境污染的方式。

3) 素喷混凝土

素喷混凝土的特点主要有:强度增长快、粘结力强、抗渗性好;施工简易,可将输送、浇筑、捣固几道工序合并;能及早发挥承载作用等。

喷射前的准备工作:喷射前应维护检查机械设备,保证其工作状态良好,不会产生漏油等问题,对环境不会造成重大污染;对开挖断面进行检查,清除松动的危险面,用高压水清洗受喷面,埋设喷层厚度标志。清洗坑面所用的水可用集水坑回收水,减少对水资源的消耗。

喷射施工时要注意施工顺序,应先墙后拱,先下后上,减少混凝土因重力作用而起的滑动或脱落现象发生,避免重复施工造成资源的浪费。

4) 钢纤维喷射混凝土

钢纤维喷射混凝土是在喷射混凝土中加入钢纤维,弥补喷射混凝土的脆性破坏缺陷,改善喷射混凝土的物理力学性能。可用于承受强烈振动、冲击动荷载的结构物,也适用于要求耐磨或不便配置钢筋但又要求有胶高强度和韧性的工程中。

施工时应充分搅拌钢纤维和基料,避免造成拨料盘的堵塞和堵管,并且要在施工翻动转管处胶管,以延长胶管的使用寿命。

5) 钢筋网喷射混凝土

目前我国在各类隧道施工中应用此方法较多,其力学性能和钢纤维混凝土基本相同,主要用于软弱破碎围岩,更多的是与锚杆或者钢拱架构成联合支护。

钢筋网喷射混凝土施工中的环境影响中主要有噪声的排放,所以在施工应注意配戴个人防护。钢筋网片加工过程中需注意的事项见钢筋加工章节。

6) 钢拱架支护

钢拱架有早期支护刚度大、能与其他支护联合使用、技术难度不大、安装架设方便等优点。由于其用钢量较大,成本高,所以在施工中应按实际的需要进行应用。

7) 联合支护

在隧道施工中,为适应地质条件和结构条件的变化,将各种单一支护方法进行恰当组合,共同构成较合理的、有效的和经济的人为支护体系,称为联合支护,能发挥各种单一支护方式的优点,适应隧道施工中变化的地质条件,所以在地质条件复杂的隧道施工中经常采用。其环境影响及其防治措施同前面的单一支护条件下的措施。

8) 开挖面稳定和辅助稳定方法

开挖面稳定和辅助稳定方法的选择应根据围岩地质条件、地下水情况、施工方法、环境要求等具本情况而定,并尽量与常规施工方法相结合,进行充分的技术经济比较,选择对环境影响较小的施工方法。下面介绍几种主要的施工方法的环境影响和工艺特点,供实际施工时选择:

超前锚杆

超前锚杆的整体刚度小,如围岩应力较大时,其后期支护刚度就有些不足。主要适用于应力不大、地下水较少的软弱破碎围岩的隧道工程中。也适宜于中小机械的施工。开挖过程中应密切注意观察锚杆变形及喷射混凝土层的开裂、起鼓情况,掌握围岩动态,及时调整开挖方式及支护方式,如遇地下水时,应进行钻孔排水,超前锚杆施工对周围的环境影响不大,主要是对噪声排放的控制,在实际施工中,如周围存在有居民区时,应避开居民的休息时间进行作业。

管棚

管棚整体刚度较大,对围岩的限制能力强,且能提前承受早期压力。因此适用于围岩压力来得快且大,以及对围岩变形及地表下沉有较严格限制要求的软弱和破碎围岩隧道工程中。管棚的施工由于全部是用外力打入钢管,所以噪声的排放控制非常关键,应采取在管端垫橡胶垫或避开敏感时段进行。

超前小导管注浆

超前小导管注浆的原理是向围岩压注起胶结作用浆液,等浆液硬化后,围岩就形成了一个加固圈,对围岩进行了加固,加固圈不仅能将岩块胶结为整体,而且堵塞了缝隙,阻隔了地下水向坑道渗流的通道,起到了堵水的的作用。因此小导管注浆不仅适用于软弱破碎围岩,也适用于地下水丰富的软弱破碎围岩。

在断层破碎带及砂卵石地层等强渗透性地层,应采用料源广价格便宜的注浆材料。一般对于无水的松散地层,宜优先选用单液水泥浆。断层地带,当裂隙宽度小于1mm时,注浆材料宜优先选用水玻璃类和木胺类浆液;对于不透水的黏土层,则宜用高压劈裂注浆。需注意的是,注浆材料严禁采用剧毒有害的添加剂,以免对地下水造成污染。

超前深孔围幕注浆的特点及其环境污染防治措施

前面所述的小导管注浆,对围岩加固的范围和加固处理有限,作为软弱破碎岩隧道施工的一种辅助措施,它占用的时间和循环次数较多。因此在不便采用其他施工方法(如盾构法)时,深孔注浆加固转岩就可以解决这些问题。注浆后即可形成较大区域的筒状加固区,称为围幕注浆。施工中需要注意的问题就是在混凝土的外加剂不得含有对地下水有剧毒和有害物质,以免对地下水的污染。

一般来说,注浆适用于以下条件:一种是对于破碎岩层,砂卵石层,中、细、粉砂层等有一定渗透性地层,采用中低压力将浆液注到地层中的空穴、裂缝、孔隙里,凝固后将岩土或土颗粒胶结为整体。另一种是对于颗粒更细的黏土质不透水的(浆)地层,采用高压浆液强行挤压孔周,使黏土层劈裂成缝并充塞凝结于其中,从而对黏土层起到了挤压加固和增加高度夹层加固作用,称为"劈裂注浆"。关于挤压加固即压密作用。

1.6.2.5 衬砌

衬砌是为了保证隧道的长期使用,对开挖好的隧道进行衬砌,它包括整合式衬砌、复合式衬砌和锚喷式衬砌。下面介绍三种衬砌方式的适用范围,整体式衬砌主要在传统矿山法施工时运用;复合式衬砌是由初期支护和二次支护组成的。初期支护在前面介绍的锚喷是其代表形式,它是帮助围岩达到施工期间的初步稳定。二次支护则是提供安全储备或承受后期围岩压力。在整个隧道施工的过程中,衬砌对环境的影响不大,所以不作详细描述。只介绍在衬砌施工时需注意的问题:

保证捣固密实,使衬砌具有良好的抗渗防水性能,尤其应处理好施工缝。

整体模筑时,应注意对称灌筑,两侧同时或交替进行,以防止未凝混凝土对拱架模板产生偏压而使衬砌尺寸不合要求。

若因故不能连续灌筑,则应按规定进行接茬处理。衬砌接茬应为半径方向。

边墙基底以上1m范围内的超挖,宜用同级混凝土同时灌筑。其余部分的超、欠应按设计要求及有关规定处理。

衬砌的分段施工缝应与设计沉降缝、伸缩缝及设备洞位置统一考虑,合理确定位置。

当衬砌混凝土灌筑到拱部时,需改为沿隧道纵向进行灌筑,边灌筑边铺封口模板,并进行人工捣固,最后堵头。人工捣固时应注意对噪声的控制。

在干燥无水的地下条件下,则应注意进行洒水养护。

二次支护的拆模时间,应根据混凝土强度增长情况来确定。严禁随意拆模,防止由于混凝土强度达不到而造成二次支护失败,造成材料浪费和资源消耗。

1.6.2.6 防排水

隧道施工中,地下水是影响隧道正常施工的因素之一,地下水不仅会降低围岩的稳定性(尤其是对软弱破碎围岩影响更为严重),使得开挖十分困难,会增加支护的难度和费用,有时甚至采取超前支护或预注浆堵水和加固围岩。此外,若对地下水处理不当,则可能造成更大危害。如地下、地上水位降及水环境改变,将影响农业和生活用水,若被迫停工,会影响工程进展,造成不必要的能源的浪费和人力资源的闲置。

在运营期间,地下水常从混凝土衬砌的施工缝、变形缝(伸缩缝和沉降缝)、裂缝甚至混凝土孔隙等通道,渗漏进隧道中。造成洞内通信、供电、照明等设备处于潮湿环境而发生锈蚀;造成机械设备的损坏,浪费材料,减少设备的使用寿命,使路面积水或结冰,造成打滑,危及行车安全;由于结冰膨胀和侵蚀地下水的作用,不仅使衬砌受到破坏,而且使得以上危害更加严重。

为避免和减少水的危害,一般采用方法主要有"截、堵、排相结合"的综合治理原则,并以模筑混凝土衬砌作为防水(堵水)的基本措施。

选用方法时,应因地制宜,综合考虑,适选择治水方案做到技术可行,费用经济,效果良好,尽量减少对地下水的污染、保护环境。这要根据围岩的工程地质条件,地下水的水量大小及埋藏和补给条件,工程结构设计使用要求,施工技术水平及环境保护要求等情况来选择确定。结合的又一层含义是,施工、维修相结合,但以施工为主,充分结合现场实际,实行点面结合,将大面积渗漏水汇集为局部出水,进行有组织排水。应尽可能在施工中就将水治理好,保护地下水及地表水的自然环境,减少对水环境的破坏并尽量恢复其自然环境。

(1) 施工防排水

隧道两端洞口按设计要求及时做好排水系统,主要是防止地表水渗入地下,流入洞内,影响施工,危及安全。一般要做好以下工作:甚勘探用的坑洼、探坑等应回填黏土,并分层夯实;洞顶上方如有沟谷通过且沟谷底部岩层裂缝较多,地表水渗漏对隧道施工有较大影响时,应及时用浆砌片石铺砌沟底,或用水泥砂浆勾缝、抹面;洞顶附近有井、泵、池沼、水田等时,应妥善处理,不宜将水源截断、堵死;清理洞口附近杂草和树丛,开沟疏导封闭积水洼地,不得积水,洞顶排水沟应与路基边沟顺接组成排水系统,洞外路堑向隧道内为下坡时,路基边沟应做反坡,向路堑外排水,并宜在洞口3~5m位置设横向截水设施,拦截地表水流入洞内,施工废水应通过管道及不透水的沟槽排到隧道范围以外。

洞内排水要根据其坡度是顺坡或反坡采用不同方法。

1) 洞面顺坡排水,其坡度要与线路度一致,其水沟断面应满足排出隧道中渗漏水和施工废水的需要并结合结构排水,设置在隧道两侧或中心,并避免妨碍施工且要经常清理,防止流程确保水路通畅,隧道外应设置施工沉淀池,接照其设计出水量的大小进行设计沉淀池,严禁隧道内的污水直接排入地表,造成地下水的污染。

2) 洞内反坡排水就必须用机械抽水,有两种方式:

分段开挖反坡侧沟

在侧沟每一分段设一集水坑,用抽水机把水排出洞外。

集水坑间距用下式计算:

$$L = h/(I_s + I)$$

式中　L——集水坑间距;

　　　h——水沟最大开挖深度,一般不超过0.7m;

　　　I_s——线路坡度;

　　　I——水沟底坡度,不小于0.3%。

这种排水方式的优点是工作面无积水,抽水机位置固定,不需水管。缺点是用抽水机,要开挖反坡水沟。一般在隧道较短,线路坡度较小时采用。

3) 隔较长距离开挖集水坑

开挖面的积水用小水泵抽到最近的集水坑内,再用主抽水机将水抽出洞外。

这各排水方式的优点是所需抽水机少,但要装水管,抽水机也要随开挖面掘进而拆迁前移。在隧道较长涌水理较大时采用。

应当注意的是,进洞下坡施工的隧道,应配备足够的排水设施(预留备用抽水机)。必要时应在开挖面上钻深眼探水,防止突然遇到地下水囊、暗河等淹没坑道造成事故。

洞内涌水或地下水位较高时,可采用井点降水法和深井降水法处理。

截水沟和汇水洞不但在施工中对降低水位有作用而且可自行永久发挥作用,其他只能解决施工期的降水问题而且要有水泵抽水。

隧道施工有平行导坑或横洞时,应充分利用辅助导坑降低正洞水位,使正洞水位流通过辅助导坑引出洞外。正洞施工由斜井、竖井排水时,应在井底设置集水坑,用抽水机抽出井外。集水坑的位置不得影响井内运输和安全。

严寒地区隧道施工排水时,宜将水沟、水管埋设在冻结线以下或采取防寒保温措施。

(2) 结构防排水施工

洞内永久性防排水结构,其中排水结构一般为暗沟、盲沟和引水管,应根据隧道的渗水部位和开挖情况适当选择,并配合衬砌进行施工。

1) 盲沟

盲沟的作用是在衬砌和围岩之间提供过水通道,并使之汇入泄水孔。它主要用于引导较为集中的局部渗流水。盲沟的材料不得含有能溶于水的有毒材料,避免造成对地下水的污染。

一般使用的是工厂加工的柔性盲沟,它具有现场安装方便、布置灵活、接头不易被混凝土阻塞,过水效果良好,成本也不太高的优点。其构造开工有以下几种:

——弹簧软管盲沟

这种盲沟一般是采用10号铁丝缠成直径 5~10cm 圆柱形弹簧或采用硬质又具有弹性的塑料丝缠成圆形弹簧,或带孔塑料管,以引作为过水通道的骨架,安装时外履塑料薄膜和铁窗纱,从渗流水处开始沿环向铺设并接入泄水孔。

——化学纤维渗滤布盲沟

这种盲沟是以结构疏松的化学纤维作为水的渗流通道,其单面有塑料敷膜,安装时使敷膜朝向混凝土一面,可以阻止水泥浆渗入滤布。这种渗滤布式盲沟重量轻,便于安装和连续加垫焊接,宽度和厚度也可根据渗排水量的大小进行调整,能充分节约盲沟的材料,是一种较理想的渗水盲沟。

使用盲沟排水时应注意安装时,应将盲沟与岩壁尽量密贴固定;喷射混凝土时要注意掌握喷射角度和距离,不要把盲沟冲击或冲掉,并尽可能将其压牢或履盖;对于未及履盖或喷后安设的盲沟,在模筑衬砌混凝土时,应注意不得使水泥砂浆进入盲沟内,以免阻塞渗水孔道;注意一定要将盲沟接入泄水孔,若采用模筑后钻孔泄水,则应详细记录盲沟的位置。

防排水措施,应充分考虑实际的渗漏水情形来选择,不求一次解决,可以分次逐步解决,喷混凝土时要尽量将渗漏范围压缩为局部防水,然后再结合模筑混凝土衬砌施工有组织排水设施,实现彻底治水。

2) 泄水孔

泄水孔是设于衬砌边墙下部的出水孔道,它将盲沟流来的水直接泄入隧道内的纵向排水沟。

排水沟承接泄水孔泄出的水,并将其排出隧道。它的形式由线路坡度、路面形式、水量大小等因素确定的。为了保证水沟的整体性,防止水向下渗流影响地基,造成地基承载力下降,减少其使用寿命,通常与仰拱混凝土或底板混凝土同时模筑。

隧道排水设施配合衬砌要符合以下要求:

侧沟与侧墙应连接牢固,必要时可在墙部加设短钢筋,使墙与沟壁连成一体,隧道内侧沟旁设有集水井时,宜与侧沟、路面同时施工;侧沟进水孔的孔口端应低于该处路面的标高,路面铺筑时不得堵塞孔口;采用先拱后墙法灌筑拱脚混凝土时,应在拱墙连接部预埋水管或预留过水通道,保证拱墙背环向暗沟或盲沟排水流畅;利用中心水沟(或侧沟)排水时,应在墙底预埋沟管,沟通中心水沟(或侧沟)与侧墙背后排水设施,在灌筑侧墙混凝土时,不得堵塞预埋沟管;设在衬砌背后隧道底部的纵横向排水设施,其纵横向坡应平顺并配合其他作业同时施工;当隧道底部岩层松软有裂隙水时,视具体情况加深侧沟或中心水沟的沟底,或增设横向盲沟,铺设渗水滤层及仰拱等。

防水结构主要以喷射混凝土、防水层(塑料防水板)、模筑混凝土、注浆、喷涂材料方法进行。

喷射混凝土防水是当围岩有大面积裂隙渗水时,并且水量和压力都不大时,可用喷射混凝土结合初期支护对渗水面连续喷射堵水,但应注意要加大速凝剂用量,在主裂隙上不喷,并用盲沟把集中于主裂隙的水排出,减少喷射混凝的施工难度,减少混凝土的浪费。

防水层(塑料防水板)堵水是当围岩有大面积裂隙滴水、流水,且水量压力不太大时,可于喷射混凝土等初期支护施工后,二次支护之前,在岩壁大面积铺设防水层。其中用塑料板防水层是近年国际上发展起来的一项防水新技术,它具有优良的防水、耐腐蚀性能,极大提高防水施工的工效,所以在隧道及地下工程中得以广泛的应用。

在防水层施工时,必须满足以下要求:防水层应在初期支护为数变形稳定后,二次衬砌前进行,其铺设前,喷混凝土层表面不得有锚杆头或钢筋断头外露;对不平的部位应进行修凿、喷补,使混凝土表面平顺,减少表面不平对防水层的损伤,节约防水材料;喷层表面漏水时,应及时引排。防水层可在拱部和边墙按环状铺设,并视材质采取相应的接合方法;塑料板用焊接、搭接宽度为10cm,两侧焊缝宽应不小于2.5cm;橡胶防水板粘接时,搭接宽度为10cm。粘缝不大于5cm,防水层接头处应擦净;塑料防水板应与材质相同的焊条焊接;橡胶防水板应用胶粘剂连接,涂刷胶浆应均匀,用量应充足,涂刷时应在下方设置收集盆回收利用,并注意胶粘剂不得遗洒污染土壤;防水层的接头处不得有气泡,皱褶及空隙。接头处应牢固,强度应不小于同质材料;防水层用垫圈和绳扣吊挂在固定点上,其固定点间,拱部应为0.5~0.7m,侧墙为1.0~1.2m,在凹凸处应当增加固定点,点间防水层不得绷紧,以保证浇筑混凝土时板面与喷射混凝土面能密贴;采用无纺布作滤层时,防水板与无纺布密切叠合,整体铺挂。开挖和衬砌作业不得损坏防水层,减少防水材料的损失,当发现层面有损坏时应及时修补。防水层横向一次铺设长度应根据开挖方法和设计断面确定。铺设前,宜先行试铺,并加以调整。防水层在下一阶段施工前的连接部分,应及时保护并不得弄脏和破损。

保证混凝土衬砌的抗渗防水性能,则不需要增加其他防水堵水措施,因此,充分利用混凝土衬砌的防水性能,是经济合算的和最节约材料的防水措施。

一般情况下,通过两种措施来加强混凝土衬砌的防水性能:

防水混凝土的抗渗等级及抗压强度应满足设计要求,在配合比上进行调节。

防水混凝土衬砌施工必须用机械振捣。施工缝、沉降缝及伸缩缝则可以采用中埋式塑料或橡胶止水带,或采用背巾塑料止水带止水。

止水带施工时,不得被钉子、钢筋和石子刺破。如发现有割伤、破裂现象应及时修补。

在固定止水带和浇筑混凝土过程中应防止止水带偏移。加强混凝土振捣,排出止水带底部气泡和空隙,使止水带与混凝土相结合。

如设置止水带后仍有渗漏水时,则需进行堵漏或设置排水暗槽进行处理。

注浆防水就是用水泥浆、水泥砂浆、化学浆注入衬砌之后和围岩中,从而使衬砌与围岩紧密结合,可改善结构受力状况,堵塞裂隙的渗漏和防止水流入隧道,有防水、加固地层双重作用。

隧道注浆防水有两种情况:一种是将浆液压入衬砌与地层间的空隙,经凝结、硬化起到防水和加固作用;另一种是将浆液压入衬砌内充填裂隙和空隙,浆液凝结硬化后起到防水作用。前者用在围岩节理裂隙发育、渗水量大、浆液需要量大的防水地段,常用水泥砂浆注浆材料;后者为压浆辅助的措施。当衬砌背后压注水泥砂浆后衬砌表面仍有渗漏水时,可向衬砌体内注入水泥-水玻璃浆液。它既具有水泥砂浆的优点,又有化学砂浆的优点,如可注性好、凝结时间短、强度高,且较其他化学浆液价格低廉、无毒、不污染水源等。因此水泥-水玻璃浆液是处理衬砌渗漏水较理想的防水材料。只有当水泥-水玻璃浆液不能满足衬砌防水要求时,才选用其他化学浆液。

1.6.2.7 动力风的供给

隧道施工中的机具,常用凿岩机、装渣机、混凝土喷射机、压浆机等设备的动力是由空气压缩机带动的,称为风动设备,因此压缩空气的输送管道的优劣,直接关系到输送过程的风量和风压的损失,也是节约能源、减少消耗的关键。所以这里介绍一下,在管道架设过程中需要注意的几点问题:

管道敷设要求平顺、接头密封、防止漏风,凡有裂纹、创伤、凹陷等现象的钢管不能使用,从材料上首先进行把关。

在洞外地段,风管长度超过 500m、温度变化较大时,宜安装伸缩器;以免由于温度伸缩引起管路的损坏;在靠近空压机 150m 以内,风管的法兰盘接头宜用耐热材料制成垫片,如石棉衬垫等。

压风管道在总输出管道上,必须安装总闸阀以便控制和维修管道;主管上每隔 300~500m 应分装闸阀。

主管长度大于 1000m 时,应在管道最低处设置油水分离器,定期放出管中聚积的油水,以保持管内清洁和干燥,延长管道的使用寿命。分离出的油水应放置专门的容器,定期进行处理,禁止油水不加处理排入土壤。

管道安装前应进行检查,钢管内不得留有残杂物和其他脏物,各种闸阀在安装前应拆开清洗,并进行水压强度试验,合格者方可使用,清洗的废水应进沉淀池中进行沉淀后才允许排入排水管网。

管道在洞内应敷设在电缆、电线的另一侧,并与运输轨道有一定距离,管道高度一般应超运输轨道的轨面,若管径较大则超过轨面,应适当增大距离。如与水沟同侧时不应影响水沟排水。

管道使用时,应有专人负责检查、养护,防止管道的腐蚀破坏而突然造成泄漏的情况,造成突发性环境事故。

1.6.2.8 施工供水

在隧道施工中不论是施工人员生活和施工的防尘、凿岩、混凝土生产、喷射混凝土及混凝土养护都需要大量用水,因此要设置相应的供水设施。施工供水应考虑水质要求、水量大小、水压及供水设施等各方面。在前期的施工组织设计中必须明确隧道废水的再利用措施,在防尘、凿岩等对水质要求不太高的场合,应优先采用废水再利用。

为了减少水资源的浪费,在管道敷设及其使用过程中,需要注意以下几点:

管道敷设要求平顺、短直且弯头少,干路管径尽可能一致,接头严密不漏水,以免由于管道而造成水的压力损失,浪费能源。

管道沿山顺坡敷设悬空跨距大时,根据计算来设立支柱承托,支撑点与水管之间加木垫;严寒地区采用埋置或包扎等防冻措施,以防水管冻裂,损坏水管或者减少其使用的寿命。

水池的输出管设总闸阀。干路管道每隔 300～500m 应安装闸阀一个,以便维修和控制管道。管道闸阀布置还应考虑一旦发生管道故障(如断管)能够暂时由水池或水泵房供水的布置方案。并及时进行应急措施的演习,以测试相应的应急能力。

1.6.2.9 供电及照明过程中需要注意的环境影响

随着隧道施工机械化程度的提高,隧道施工中对电的依赖度越来越高,且负荷相对集中,同时为了保证施工安全,对电的可靠性要求也是越来越高。下面简单介绍隧道施工中供电及照明过程中需要注意的环境影响。

在前期的施工组织设计中,应对隧道施工的用电量进行科学的估算,选择合适的发电机、变压器、各类开关设备和线路导线,可以有效地减少对材料的消耗,节约开支。

选用供电方式时,应尽量采用地方电网供电,只有在地方供电不能满足施工用电需要或距离地方电网太远时,才自设发电站。此外,自发电还可作为备用,当地方电网供电不稳定时采用,在有些重要施工场所还应设置双回路供电网,以保证供电的稳定性。在可能的情况下,优先选用清洁能源的发电站。

施工照明的灯泡应选用低压卤钨灯、高压钠灯、钪钠灯、钪铊铟灯、镝灯等,这些灯能在达到照明亮度的情况下,高效节约电能,且使用寿命长、维修方便。

1.6.2.10 通风与防尘过程

(1) 通风

隧道施工中,由于炸药爆炸、内燃机使用、开挖地层中放出有害气体以及施工呼吸等因素,使洞内空气十分污浊,影响施工人员的身体健康。

通风方式的选择,应根据实际施工情况进行选择,尽量避免造成洞内地段的二次污染,并有有利于快速施工,下面介绍通风方式策划时应注意的问题:

1) 自然通风因素因其影响较多,通风效果不稳定且不易控制,故除短直隧道外,应尽量避免采用。

2) 压入式通风能将新鲜空气直接输送至工作面,有利于工作面施工,但污浊空气将流经整个坑道。若采用大功率、大管径,其适用范围较广。

3) 吸入式通风的风流方向与压入式相反,但其排烟速度慢,且易在工作面形成炮烟停滞区,故一般单独使用。

4) 混合式通风集压入式和吸出式的优点于一身,但管路、风机等设施增多,在管径较小时可采用,若有大管径、大功率风机时,其经济性不如风墙式通风。

  5) 选择通风方式时,一定要选用合适的设备-通风机和风管,同时要解决好风管的连接,尽量减少漏风率。

  6) 搞好施工中的通风管理,对设备要定期检查,及时维修,加强环境监测,使通风效果更加经济合理。

  (2) 防尘

  在隧道施工中,由于钻眼、爆破、装渣、喷混凝土等原因,在洞内浮游着大量的粉尘,对施工人员身体健康危害极大。目前在隧道施工中采取的防尘措施是综合性的,就是湿式凿岩、机械通风、喷雾洒水和个人防护相结合,综合防尘,下面简要介绍几种方式的环境影响特点供施工时进行选择:

  1) 湿式凿岩,就是在钻眼过程中利用高压水湿润粉尘,使其成为岩浆流出炮眼,这就防止了岩粉飞扬。根据现场测定,这种方法可降低粉尘量80%。

  对于缺水、易冻害或岩石不适于湿式钻眼的地区,可采用干式凿岩孔口捕尘,其效果也较好。

  2) 机械通风,施工通风可以稀释隧道内的有害气体浓度,给施工人员提供足够的新鲜空气,同时也是防尘的基本方法。因此,除爆破后需要通风外,还应保持通风的经常性,这对于消除装渣运输中产生的粉尘是十分必要的。

  3) 喷雾洒水,一般是在爆破时实施的,主要是防止爆破产生粉尘过大。喷雾器分为两大类:一种是风水混合喷雾器,另一种是单一水力作用喷雾器。前者主要适用于爆破作业时使用,后者便于安装,使用方便,适用于装渣作业时使用。

  洒水降尘是简单而有效的措施,即使在通风较好的情况下,洒水降尘仍然需要。因为单纯加强通风,还会吹干湿润的粉尘而重新飞扬。对渣堆洒水必须分层洒透,一般每吨岩石洒水的耗水量大致是 10~20L,如果岩石湿度较大,水量可适当减少。

  以上所述工序都是对水质要求不太高,在实际使用时,宜采用隧道外沉淀池中的水,可以大大降低水资源的消耗。

  对于防尘而言,操作人员必须配戴个人防护用品,包括防尘口罩、防噪声耳塞、防护眼镜等。

  隧道、涵洞及地下工程的施工必须开挖集水沟,及时排放,污水应经过沉淀池后才能进入市政污水或者河流。

  爆破前应对爆破时的天气情况进行摸底,避开强风、大雨天气。

  爆破前应对土表进行湿润,并准备洒水设施,实施爆破后立即进行洒水降尘,避免由于扬尘而引起环境污染。

  运送固废的车辆应采取包裹措施,防止扬尘及固废的遗洒,运输含水量大的废料时,还应对车厢进行防渗漏处理。

  地铁采用冷冻法施工时,要严格界定冷冻范围,以减少对周围土壤的影响,冷冻剂的余料应做妥善处理。

  对干燥地表进行挖掘作业时,应先进行湿润,减少灰尘产生,场地有临时堆土时,应在土表植草。

挖掘现场位于限制噪声地段时,应对现场的噪声进行随时监控,对噪声超标的部位进行改造或防护,并分时段施工。

1.7 监测要求

洞内环境应达到以下标准：

氧气含量：按体积计，不得低于20%。

粉尘允许浓度：每立方米空气中含10%以上游离二氧化硅的粉尘为2mg；含10%以下游离二氧化硅的水泥粉尘为4mg；二氧化硅含量在10%以下，不含有毒的矿物性和动植物性的粉尘为10mg。

一氧化碳：不大于30mg/m^3，当作业时间短暂时，一氧化碳浓度可放宽。作业时间1h内为50mg/m^3；在0.5h内为100mg/m^3；在15~25min内为200mg/m^3，在上述条件下反复作业时，两次作业时间间隔必须在2h以上。

二氧化碳：按体积计，不得超过0.5%。

二氧化氮：氧化物换算成二氧化氮应在5mg/m^{3}以下。

瓦斯浓度：按体积计不得大于0.5%，否则必须按煤炭工业部现行的《煤矿安全规则》之规定办理。

洞内工作地点的空气温度，不得超过30℃。

洞内工作地点噪声，不宜大于90dB，场界噪声不得大于75dB。

在实际施工中，应每班对洞内环境的监测，当实际超过标准时，应采取相应措施进行降低。

2 其他施工方法的隧道施工

2.1 盾构隧道施工

盾构法是指用暗挖法掘进并使用装配式被履结构构筑的一种方法，适宜于软土地层中构筑隧道，在城市和水下施工时常用此种方法。

盾构法构筑隧道经常会引起地表的下陷，引起地表环境的变化，严重时还会引发工程事故。下陷量的大小受土质、隧道埋深、洞径及掘进方法的影响，变化范围很大。

目前采取在掘进的同时对开挖工作面前回一定的压力，如泥水加压式、土压式、泥土加压式、有限范围气压式，以这些不同方式对开挖工作面施工一定压力后，则可以使地层更加稳定，减少了地表下陷量。但是，当地质条件非常恶劣时或工程环境的要求较高时，仅靠这些还是不能满足要求的，还要其他辅助方法，近年来采用的化学注浆法和冻结加固法。

2.2 沉管隧道施工

沉管施工法亦称预制管段法或沉放法，先在隧址以外的船台上或临时干坞内制作隧道管段，并将两端用临时手段封闭起来，制作后用拖轮运到隧址指定位置上去。这时已于隧位处预先挖好一个水底基槽，待管段定位就绪后，向管段里灌水压载，使之下沉，然后把沉设的管段在水下连接起来，经履土回填后，便筑成了隧道。

它的优点是施工质量保证，工程占用资源、消耗材料较少，造价低，操作条件好，对地质条件适应性强等优点。

沉管施工法需要对现场进行浚挖,一般来讲,浚挖作业仅暂时影响环境,并且受季节的影响很大,季节影响常常比浚挖的影响大。

为了能预测工程对环境的生态影响,必须详细了解所发生的生态和生物作用。这些情况不仅限于现场,而且还包括受现场活动影响的其他一些地区。所以在浚挖进行前,应对工程进行环境影响的评估,避开水中生物的产卵与繁殖的季节,减少对生态的破坏。

2.3 监测要求

施工过程的监测可执行 1-7 条款的要求。同时应增加对盾构机的噪声,粉尘排放的监测,特别应关注的是盾构机的油耗及电耗的情况,并保存相关的记录。

第30章 临建搭拆及使用

0 一般规定

0.1 基本要求

（1）场地平整前,应对现场进行仔细勘察,如发现有树木、动物巢穴、动物幼体时,可采用整体移位、包履或其他可靠防护措施进行保护。

（2）施工场地临时设施应尽量利用已有的建筑,条件允许时,宿舍和食堂应在场地外利用永久建筑,减少固废的产生和排放。

（3）工地所使用的阀门、电源开关必须采用节能阀或开关,尽量选用节能型灯具和用具。

（4）现场临时设施所使用的材料必须符合当地环保法规要求,应优先使用可再利用的设施。

（5）场地有强振动作业时,在现场作业周围开挖宽为600～800mm的振动隔离槽或者布直径相当的砂桩。

（6）施工场地不应有裸露土体,未硬化的场地应种植被,防止扬尘产生。

（7）施工现场使用带水作业工艺时,应在现场周围每隔5m设置集水井,定期对水质进行化验,当发现水质变污时,应采取措施减少对地下水的污染。

（8）施工现场内的固体废弃物必须分类进行处理,应分为可回收利用废弃物、有毒有害废弃物、可降解废弃物、不可降解废弃物、普通建筑垃圾等类型进行分类处理。

0.2 环境因素和环境影响较大的部位（工序）及其防治措施

临建搭拆及使用中常见的环境因素有施工噪声、污水排放、固体废弃物排放及易燃易爆物资的泄露火灾等。

（1）运送固废的车辆应采取包裹、覆盖措施,防止扬尘及固废的遗洒,运输含水量大的废料时,还应对车厢进行防渗漏处理。

（2）现场的车辆出入口应设置车胎冲洗池,车辆车胎应进行冲洗后才允许出现场,冲洗池规格按800mm×门宽×1500mm进行设置,冲洗后的水需经过沉淀池再循环利用或进入市政污水系统。

（3）现场临时厕所必须设置化粪池,化粪池的规格按厕所蹲坑数量进行设置,一般采用16m³的化粪池为2.5m×4.0m×1.6m,化粪池应定期进行清理,间隔不超过一年,污水经过化粪池后排入市政污水管道。如现场没有污水管道,则排入密闭的集水池,定期进行清理。

（4）施工现场临时食堂必须设置隔油池,隔油池的规格按下一节计算方法进行设置,经过隔油池过滤的污水才允许排入市政污水管网,隔油池应定期进行清理,间隔时间不超过半年。

(5) 施工场地的硬化对照总平面图的永久性硬化场地进行规划,应避开总平面图的中规划为土壤的位置;当场地不允许时,此位置应设置隔离层,不得再采取素土直接夯实或者灰土夯实的方法进行硬化。

0.3 推荐采用的防污染措施

(1) 施工现场的标识(志)应优先采用可再次利用的标志牌。

(2) 现场严禁使用哈龙灭火器,优先采用干粉或二氧化碳灭火器。

(3) 食堂及厕所的排烟、排气口不得直接对着有人居住的建筑物。

(4) 施工现场有锅炉房或发电机房时,应设置远离有人居住的建筑,房内的场地必须要硬化,并且应有降噪措施,但房间不得密封。

(5) 在办公区及生活区使用空调时,应优先选用无氟空调。

(6) 厕所的冲洗水应采用节水器具,不得使用常流水进行清洗。

(7) 现场办公用品应制订节约计划,严格执行,减少纸张和油墨的使用,可能时应采用无纸化办公系统。

(8) 施工现场必须定期进行噪声排量的检测,当发现排量超标时,应对相关部位进行改造或者封闭,或区分时段进行施工。

(9) 现场排放的污水必须定期进行检测,发现超标时,及时对排水源、排水线路进行检查,避免污水的超标排放。

1 现场环境布置要求

项目现场环境的管理包括现场的平面布置、区域功能的划分、固体废弃物的处理、节能降耗的管理、废水的排放及其回收利用、防止扬尘降噪措施、现场绿化美化以及和周围相关方的沟通等环节,项目经理部应根据本企业规章制度和工程所在地主管部门的要求,制定相应的现场管理与环境保护施工方案并实施。

现场布置应尽可能满足以下要求:

(1) 布置应紧凑,充分利用荒地、山地、空地和劣地,尽量少占或不占农田;

(2) 尽量利用施工现场或附近的现有设施(包括要拆迁、但可以暂时利用的建筑物),新开辟地区应尽可能提前修建能利用的永久工程;

(3) 一项设施多次利用,如利用结构施工阶段的钢筋加工车间和模板车间,在装修阶段改为工人宿舍或装饰材料仓库等;

(4) 在同一地域有多个项目应建立固定的基地,以免反复修建现场临时设施;

(5) 必须修建的现场临时设施应充分利用当地材料和旧料,并尽量采用移动式、容易拆装、可以多次重复使用的结构,减少能源消耗和资源的浪费;

(6) 临时设施修建时应尽量靠近已有的交通线路,或即将修建的正式或临时交通线路;

(7) 临时设施的布点应方便施工生产,不得占据拟建的永久工程位置,避开取土、弃土场地,同时还要满足安全消防的要求。

1.1 施工现场的平面布置与划分

施工现场的平面布置图是施工组织设计的重要组成部分,必须科学合理的规划,绘制出施工现场平面布置图,在施工实施阶段按照施工总平面图要求,设置道路、组织排水、搭建临时设施、堆放物料和设置机械设备等,最大程度地减少使用占地和减少扰民的可能性。

1.1.1 施工总平面图编制的依据
(1) 工程所在地区的原始资料,包括建设、勘察、设计单位提供的资料;
(2) 原有和拟建建筑工程的位置和尺寸;
(3) 施工方案、施工进度和资源需要计划;
(4) 全部施工设施建造方案;
(5) 建设单位可提供房屋和其他设施。

1.1.2 施工平面布置原则
(1) 满足施工要求,场内道路畅通,运输方便,各种材料按计划分期分批进场,充分利用场地;
(2) 材料尽量靠近使用地点,减少二次搬运造成能源消耗和材料损坏损失;
(3) 现场布置紧凑,减少施工占地;
(4) 在保证施工顺利进行的条件下,尽可能减少临时设施搭设,尽可能利用施工现场附近的原有建筑物作为施工临时设施;
(5) 临时设施的布置,应便于工人生产和生活,办公用房靠近施工现场,福利设施应在生活区范围之内;
(6) 平面图布置应符合安全、消防、环境保护的要求。

1.1.3 施工总平面图表示的内容
(1) 拟建建筑的位置,平面轮廓;
(2) 施工用机械设备的位置;
(3) 塔式起重机轨道、运输路线及回转半径;
(4) 施工运输道路、临时供水、排水管线、消防设施;
(5) 临时供电线路及变配电设施位置;
(6) 施工临时设施位置;
(7) 物料堆放位置与绿化区域位置;
(8) 围墙与出入口位置。

1.1.4 施工现场功能区域划分要求
施工现场按照功能可划分为施工作业区、辅助作业区、材料堆放区和办公生活区。施工现场的办公生活区应当与作业区分开设置,并保持安全距离。办公生活区应当设置于在建建筑物坠落半径之外,与作业区之间设置防护措施,进行明显的划分隔离,以免人员误入危险区域,减少材料损坏或财产损失。办公生活区如果设置在建建筑物坠落半径之内时,必须采取可靠的安全措施。功能区的规划设置还应考虑交通、水电、消防和卫生、环保等因素。

1.2 各功能区的设置要求
1.2.1 场地
1.2.1.1 场地硬化要求

施工现场的场地应当平整,清除障碍物,无坑洼和凹凸不平,雨期不积水,温暖季节应适当绿化,美化环境。为了避免扬尘,现场道路、材料堆放场、停车场、加工棚、仓库等场地应进行硬化。硬化应根据场地所需承担的负荷来进行设计,施工主要的活动地段包括施工现场主入口道路、钢筋存放场地、大模板存放场地、办公区场地应进行硬化。

1.2.1.2 硬化材料的选择

施工现场主出入口硬化采用100mm厚C20混凝土,其他部位可根据情况采用混凝土、水泥方砖、三合土、砂石等方式进行硬化,也可使用可以重复利用的材料来进行硬化,如道路可用钢板进行铺设,既可用作预埋件的加工,也可当作临时的硬化路面。场地硬化前应将施工现场临时用水、电及消防设施的预埋管线布设完毕,以免重复开挖,造成能源浪费。场地硬化后要有排水坡,做到排水通畅,不积水。施工现场其他部位根据实际情况,将没有进行硬化的部位采取覆盖或植草的形式,做到不露土,达到控制扬尘的效果。

1.2.1.3 场地排水

施工现场应具有良好的排水系统,现场废水不得直接排入市政污水管网和河流;排水的设计有明确的排水以及回收利用的路线,设置排水沟及沉淀池,沉淀池应进行分别设置,分别回收可利用的废水和不可利用废水,如雨水、混凝土养护废水、搅拌站废水、各种冷却水等都是属于可再利用废水;而生活用水、食堂废水、厕所废水等属于不可再利用废水。不可再利用废水经过相应处理后直接排入市政排水管网,可利用废水优先在现场一些对水质要求不高的场合重新使用,例如可作为养护用水、厕所冲洗用水、冷却用水等场合,现将现场沉淀池的计算方法进行说明:

不可利用废水沉淀池:

污水流量 Q_{max}:按最大秒流量计算;

池内废水流速:沉淀池内的废水应≤0.005m³/s;

停留时间 t:含食用油废水 2~10h;

沉淀物清除周期不宜大于6天;

沉淀池有效容积计算:

$$V = Q_{max}60t \quad (m^3)$$

池内沉淀物部分的容积不得小于该池有效容积25%。

在实际施工中,污水最大秒流量按照雨期最大雨水量时的汇水面积进行计算,也可按经验值进行计算,一般情况下可取为0.02~0.06m³/s之间。

现场存放的油料、化学溶剂等应设有专门的库房,地面应进行防渗漏处理,防止油料、溶剂渗入土壤而造成环境污染。

地面应当经常洒水,对粉尘源进行覆盖遮挡。

1.2.2 道路

(1)施工现场的道路应畅通,有循环干道,满足运输、消防要求。

(2)主干道应当硬化平整坚实且有排水措施,次要道路硬化材料可以采用混凝土、预制块或用石屑、焦渣、砂石等压实整平,保证不沉陷,不扬尘,防止泥土带入市政道路。

(3)道路两侧设排水设施,排水坡度宜为1‰~2‰,两侧为明沟排水采用坡度3‰,为主干道宽度不宜小于3.5m,载重汽车转弯半径不宜小于15m,如因条件限制,应当采取其他可行措施。

(4) 施工现场主要道路应尽可能利用永久性道路,或先建好永久性道路的路基,在土建工程结束之前再铺路面,以减少材料的浪费和对土壤的破坏。

(5) 路基:砂质土可采用碾压土路的办法。当土质黏或泥泞、翻浆时,可采用加骨料碾压。骨料应就地取材,如碎砖、炉渣、卵石、碎石及大石块等。

(6) 路面:宜就地取材采用混凝土路面、级配碎石路面、炉渣或矿渣路面、砂石路面等。

(7) 为保证路面不积水,路面应高出自然地面 100~200mm,道路两侧设置排水沟,沟底宽度不小于 400mm。

1.2.3 封闭管理

施工现场的作业条件差,各种环境因素和不安全因素多,在作业过程中既有场区内的施工环境影响,又有对场区外的相关方产生环境影响,因此,施工现场必须实施封闭式管理,将施工现场与外界隔离,防止"扰民"和"民扰"问题,保护环境、美化市容。

1.2.3.1 围挡

(1) 施工现场围挡材料符合有关法规标准要求,并根据地质、气候等条件进行计算和设计,围挡要坚固、稳定、整洁、美观,围挡沿工地周围连续设置,不得留有缺口。

(2) 围挡尽量避免红砖的使用,宜采用钢板等可重复利用的设施;不能使用彩布条、竹笆或安全网等。

(3) 施工现场的围挡,在市区主要路段工地要高于 2.0m;在一般路段工地要高于 1.8m。

(4) 禁止在围挡两侧堆放泥土、砂石等散状材料以及架管、模板等,严禁将围挡做挡土墙使用,以免引起围挡的坍塌,造成材料浪费和环境污染。

(5) 应安排专人对围挡的完好性进行检查和维护,特别是雨后、大风后以及春融季节应重点检查围挡的稳定性,发现问题及时处理。

1.2.3.2 大门

(1) 施工现场在适宜的位置设置大门,并且应考虑消防的需要,在主要道路两端同时设置大门。

(2) 施工现场大门的门柱不得妨碍运输和紧急车辆的进入,避免一旦发生安全或环境事故时,无法及时控制。一般情况下,无门楼式大门的宽度应不低于 6m,有门楼式大门,门宽不应低于 8m,同时,大门应有侧门供现场人员进出。

(3) 在进出口大门内旁应设置门卫室,固定专职保安人员,负责大门的开关、出入车辆和人员的管理、治安保卫等工作,以及对车辆装卸、冲洗、鸣笛等进行提示或检查。制定门卫管理制度及交接班记录制度,张贴或悬挂在门卫室墙上。门卫室要整洁,不得堆放杂物。

(4) 进入施工现场的施工人员应当佩戴工作卡,穿戴工作服或佩戴劳保用品。

1.2.4 临时设施

施工现场的临时设施较多,这里主要指施工期间临时搭建、租赁的各种房屋临时设施。临时设施必须合理选址、正确用材,确保满足使用功能和安全、卫生、环保、消防要求。施工现场搭建的生活设施、办公设施、两层以上及大跨度临时房屋建筑物应当进行结构计算,绘制简单施工图纸,并经企业技术负责人审批方可搭建。临时建筑物设计应符合《建筑结构可靠度设计统一标准》(GB 50068)、《建筑结构荷载规范》(GB 50009)的规定。临时建筑物使用年限定为5年。工地危险品仓库按相关规定设计。临时建筑及设施设计可不考虑地震作用。

在一般情况下,可以按表30-1~表30-5参考选用。

施工现场办公、生活临时设施建设标准　　　　　　　　　　表30-1

序号	用途	内容	达到的标准(m^2/人)
1	办公室	按施工管理人数,办公室内布局应合理,每人配备1个文件柜,技术资料、文件宜归类存放,并保持室内清洁卫生	3~4
2	会议室	25~60m^2	
3	宿舍	按高峰年(季)现场居住施工人平均数,每间居住人员不少于15人,室内高度不低于2.5m,通道宽度不小于0.9m,床铺搭设不得超过2层	2~2.5
4	食堂	按就餐职工人均数设置	0.3~0.8
5	浴室	按高峰年平均施工人数	0.07~0.1
6	厕所	必须设置水冲式厕所或移动式厕所。厕所大小按高峰年平均施工人数	0.02~0.07
7	医务室	按高峰年平均施工人数	0.05~0.07
8	开水房	6~15m^2	
9	工人休息室	按高峰年平均施工人数	0.15

临时搅拌站设置标准　　　　　　　　　　表30-2

混凝土方量	搅拌设备	计量设备	搅拌站占地面积(不含砂石料池)
2000m^3 以内	350L搅拌机	人工上料地磅计量	根据实际情况,不小于60m^2
2000~8000m^3	500L搅拌机	装载机、人工上料,电子计量	不小于100m^2
8000m^3 以上	500L以上	装载机、人工上料,电子计量	不小于100m^2

现场作业房屋、场所面积参考指标　　　　　　　　　　表30-3

序号	名称	单位	面积(m^2)	备注
1	木工作业棚	m^2/人	2	占地为建筑面积的2~3倍
2	电锯房	m^2	80 40	大型圆盘锯 小型圆盘锯
3	钢筋加工棚	m^2/人	3	占地为建筑面积的3~4倍

续表

序号	名称	单位	面积(m²)	备注
4	搅拌棚	m²/台	10~18	占地面积根据砂石堆场储备量(堆置2m高为1.8m²/m³)
5	卷扬机棚	m²/台	6~12	
6	锅炉房	m²/台	5~10	
7	配电房	m²	10~20	
8	金属加工车间	m²	20	
9	水泵房	m²/台	3~8	
10	空压机房(移动式) 空压机房(固定式)	m²/台	18~30 9~15	
11	临时性混凝土预制场	1000m³/年 2000m³/年 3000m³/年	2000m² 3000m² 6000m²	生产屋面板、中小型梁板柱等构件,含蒸汽养护设施
12	五金仓库	m²/万元	按年建安工作量×(0.1~0.2)	
13	工具库房	m²/万元	按高峰日工作人数×(0.1~0.2)	
14	水暖、电气器材仓库	m²	按年平均在建工程面积×(0.004~0.008)	
15	水泥库房	m²/t	按带装水泥最大储备用量的20%~35%	
16	电工房	m²	10	

临时设施尺寸选用标准　　　　表30-4

序号	临时设施名称	跨度或长度(m)	开间或宽度(m)	檐高或高度(m)	说明
1	办公室	4~6	3~4	3	窗户面积为地面的1/8
2	管理人员宿舍	4~6	3~4	3	窗户面积为地面的1/8
3	职工宿舍	6~8	3~8	3	窗户面积为地面的1/8
4	金属加工房	6~8	3~4	3	
5	五金、工具库房	6~8	3~8	3	
6	配电房	4~6	3~4	3	
7	木工、钢筋棚	8~10	4	根据现场实际情况而定	

续表

序号	临时设施名称	跨度或长度(m)	开间或宽度(m)	檐高或高度(m)	说 明
8	砂、石料场	10~12	10~12	1.8	可根据实际情况自行选用尺寸
9	垃圾堆	3	3	0.9	可根据实际情况自行选用尺寸
10	水泥库房	6~8	按所需要面积选定	3	可根据实际情况自行选用尺寸

临时设施固定尺寸标准　　　　　　　　　　　　　　　　表30-5

序号	临时设施名称	跨度或长度(m)	开间或宽度(m)	檐高或高度(m)	说 明
1	蓄水池	3~4	3~4	2~3	
2	发电机房	6~8	3~5	3.6	
3	木门(mm)	1000×2100(单扇)			适用于办公室、会议室、管理人员宿舍
		1200×2100(双扇)			适用于会议室、五金工具库房
		1500×2100(双扇)、1800×2400(双扇带亮)			适用于加工车间、水泥库房、食堂(带纱)等
4	塑钢推拉窗(mm)	900×1500、1200×1500			适用于办公室、会议室、管理人员宿舍
5	钢窗(mm)	900×1500、900×1200			适用于职工宿舍
6	木窗(mm)	1000×1500、900×1200			适用于职工宿舍
		1500×1800(双扇带亮带纱)			适用于食堂

1.3 临时设施的选址

办公生活临时设施的选址首先应考虑与作业区相隔离,保持安全距离,其次考虑位置的周边环境必须具有安全性,例如不得设置在高压线下,也不得设置在沟边、崖边、河流边、强风口处、高墙下以及滑坡、泥石流等地质灾害地带和山洪可能冲击到的区域,避免引起不必要的物资和财产损失,造成资源浪费和环境污染。

安全距离是指:在施工坠落半径和高压线防电距离之外。建筑物高度2~5m,坠落半径为2m;高度30m,坠落半径为5m(如因条件限制,办公和生活区设置在坠落半径区域内,必须有防护措施)。1kV以下裸露输电线,安全距离为4m;330~550kV,安全距离为15m(最外线的投影距离)。

1.4 临时设施的布置原则

(1) 合理布局,协调紧凑,充分利用地形,节约用地,减少能源的输送线路损失;

(2) 尽量利用建设单位在施工现场或附近能提供的现有房屋和设施;

(3) 临时房屋应本着厉行节约、减少浪费的要求充分利用当地材料,尽量采用活动式或容易拆装的房屋;

(4) 临时房屋布置应方便生产和生活,水资源的利用路线应合理,如洗浴的废水可以用于冲洗厕所,考虑洗浴间与厕所相邻等;

(5) 临时房屋的布置应符合安全、消防和环境卫生的要求。

1.5 临时设施的布置方式

(1) 生活性临时房屋布置在工地现场以外,生产性临时设施按照生产的需要在工地选择适当的位置,行政管理的办公室等应靠近工地或是工地现场出入口;

(2) 生活性临时房屋设在工地现场以内时,一般布置在现场的四周或集中于一侧,有效地减少临时设施用地;

(3) 生产性临时房屋,如混凝土搅拌站、钢筋加工厂、木材加工厂等,应全面分析比较确定位置,选择远离居民点的一侧,减少噪声扰民的可能性和污水,废弃物排放处置的方便性。

1.6 临时房屋的结构类型

(1) 活动式临时房屋:如钢骨架活动房屋、彩钢板房;

(2) 固定式临时房屋:主要为砖木结构、砖石结构及砖混结构。

临时房屋应优先选用可以重复利用的钢骨架彩板房,生活办公设施不宜选用菱苦土板房。

1.7 临时设施的搭设与使用管理

1.7.1 施工区域、办公区域和生活区域应有明确划分,设标志牌,明确环境管理负责人。施工现场办公区域和生活区域尽可能进行绿化。办公室、宿舍和更衣室要满足相关要求并保持清洁有序,施工区域内不得晾晒衣物被褥。

1.7.2 建筑物内外的零散碎料和垃圾渣土要及时清理,清理的渣土不得直接从楼层抛下,应装入容器后移到楼下指定的垃圾存放场。楼梯踏步、休息平台、阳台等处不得堆放料具和杂物。使用中的安全网应安排专人定期清理杂物,保持干净整洁,破损的要及时修补或更换。

1.7.3 施工现场暂设用房应整齐、美观,宜采用整体盒子房、复合材料板房类轻质结构等可以重复利用的活动房,暂设用房外立面必须要美观整洁。水泥库内外散落灰必须及时清理,搅拌机四周、搅拌处及现场内无废砂浆和混凝土。

1.7.4 施工现场的材料存放区、大模板存放区等场地必须平整夯实。

1.7.5 施工现场必须设置密闭式垃圾站,垃圾站的大小应与建筑物的规模相适应,大小应至少能够消纳建筑施工高峰期一周的垃圾量且不得少于 $6m^3$。现场至少应有普通建筑垃圾站、可回收利用垃圾站、有毒有害废弃物回收站,分类进行回收。

1.7.6 施工垃圾严禁随意抛洒、遗弃,安排专人定期清理,及时分拣、回收、利用,清运消纳,垃圾清运必须到批准的消纳场地,严禁乱倒乱卸。

1.8 临时设施搭设的要求标准

1.8.1 职工宿舍

(1) 选址要求:

1)宿舍应当选择在通风、干燥的位置,防止雨水、污水流入;

2)不得在尚未竣工建筑物内设置员工集体宿舍;

3)宿舍必须设置可开启式窗户,设置外开门,当房屋宽度超过 6m 时,应设置应急防火门;

4)考虑消除污水排放、垃圾处理等安全及环保的其他要求。

(2)室内要求:

1)宿舍内应保证有必要的生活空间,室内净高不得小于 2.4m,通道宽度不得小于 0.9m,每间宿舍居住人员不得超过 16 人;

2)宿舍内的单人铺不得超过 2 层,严禁使用通铺,床铺应高于地面 0.3m,人均床铺面积不得小于 $1.9m \times 0.9m$,床铺间距不得小于 0.3m;

3)宿舍内应设置生活用品专柜,有条件的宿舍宜设置生活用品储藏室;宿舍内严禁存放施工材料、施工机具和其他杂物。

(3)其他要求:

1)宿舍周围应当搞好环境卫生,应设置垃圾桶、鞋柜或鞋架,生活区内应为作业人员提供晾晒衣物的场地,室外应道路平整,晚间有充足的照明;

2)寒冷地区冬季宿舍应有保暖、防煤气中毒措施;炎热季节应有消暑和防蚊虫叮咬措施;

3)应当制定宿舍管理卫生责任制度或安排专人管理,防止蚊虫滋生。

1.8.2 食堂

(1)选址条件及基本要求

食堂应当选择在通风、干燥的位置,防止雨水、污水流入,应当保持环境卫生,远离厕所、垃圾站、有毒有害场所等污染源的地方,装修材料必须符合环保、消防要求。

(2)内部配置要求

1)食堂应设置独立的制作间、储藏间,配备必要的排风设施和冷藏设施,安装纱门纱窗,室内不得有蚊蝇,门下方应设不低于 0.2m 的铁皮防鼠挡板;

2)食堂的燃气罐应单独设置存放间,存放间应通风良好并严禁存放其他物品;

3)食堂制作间灶台及其周边应贴瓷砖,瓷砖的高度不宜小于 1.5m;地面应做硬化和防滑处理,按规定设置污水排放设施;

4)食堂制作间的刀、盆、案板等炊具必须生熟分开,食品必须有遮盖,遮盖物品应有正反面标识,炊具宜存放在封闭的橱柜内;

5)食堂内应有存放各种佐料和副食的密闭器皿,并应有标识,粮食存放台距墙壁和地面应大于 0.2m;

6)食堂灶火宜采用燃油或者是天然气灶,尽量减少烧柴燃煤,减少对空气的污染,食堂的油烟排放应定期经过黑度监测,如超标排放时,应采取减少燃煤数量或者更换能源使用材料。

(3)其他要求

1)食堂应按卫生防疫部门要求办理相关手续,工作人员应定期体检并拥有健康证明;

2) 食堂外应设置密闭式泔水桶,当天清运,保持清洁;

3) 应当制定张挂食堂卫生责任制,责任落实到人,加强管理;

4) 不得使用石棉制品的建筑材料装修食堂;

5) 食堂操作间和仓库不得兼作宿舍使用。

(4) 其他说明

1) 食堂食用油脂进入排水管后能凝固附于管壁,会缩小或堵塞管道。机械设备的清洗排水、车辆出入的清洗排水中含有汽油和机油,进入排水管后会挥发聚集于检查处,当达到一定浓度后,发生爆炸而破坏排水管道,引起火灾造成环境污染。为此,应对上述两类含油废水进行隔油处理后方可排入排水系统。一般可采用隔油池进行简单处理。

2) 施工现场临时食堂必须按高峰期食堂用餐人数设置相适应的隔油池,800人以下就餐时,按每 $0.9m^3/200$ 人设置,且不小于 $1.2m^3$;超过800人时,应酌情增加,并不小于 $3.6m^3$,避免隔油池太小,油污未经过滤流入市政管网。隔油池的挡板孔应开在下部,避免开孔位置不对,油污未经过滤流入市政管网;隔油池应用240mm砖砌筑抹防水砂浆,避免隔油池渗水污染周围土地和地下水。

3) 隔油池应定期进行清理,间隔时间不超一个月,避免隔油池溢漏,污染周围地下水;清掏的油污应交当地指定单位回收处理,防止乱扔污染地下水。

1.8.3 厕所

(1) 基本条件及要求

1) 厕所大小应根据施工现场作业人员的数量设置,厕所内墙找平粉白,地面硬化,设大便蹲位,小便池。蹲位与现场人员比为1:30左右。蹲位边墙及小便池贴不低于1m高的瓷砖。

2) 施工现场应设置水冲式或移动式厕所,水冲器应设置成加气冲洗等节能器具或者利用洗浴的废水进行冲洗,减少对水资源的浪费,厕所地面应硬化,门窗齐全。蹲坑间设置隔板,隔板高度不宜低于0.9m。

3) 厕所应设专人负责并建立卫生管理制度,定时进行清扫、冲刷、消毒,防止蚊蝇滋生,化粪池应及时清掏。

4) 禁止在施工现场随地大小便,也禁止在未竣工验收的在建工程的厕所大小便,高层建筑施工超过8层以后,每隔四层宜设置临时厕所。

(2) 化粪池设置

1) 厕所排出的污水必须要经过化粪池的处理才允许排入污水管道,化粪池的计算方法如下:

化粪池的计算总有效容积 V:

$$V = V_1 + V_2$$

污水部分的容积:$V_1 = Nqt/24000(m^3)$

式中 N——化粪池实际使用人数,在计算时,一般为施工时期高峰人数的50%;

q——每人每天的生活污水量(L/人×d),与用水量相同,一般采用 20~30L;

t——污水在化粪池中停留的时间。根据污水量的多少采用。一般为 12~24h。

浓缩污泥部分的容积 V_2:

$$V_2 = aNT(1-b)K \times 1.2/1000 \times (1-c)$$

式中 a——每人每天的污泥量(L/人×d),当粪便污水与生活废水合流排出时取 0.7,当粪便污水单独排出时取 0.4;

N——化粪池实际使用人数,同前;

T——污泥清掏周期(d),根据污水温度高低和当地气候条件采用 3 个月~1 年;

b——进入化粪池的新鲜污泥的含水率,按 95%计;

c——化粪池中发酵浓缩后污泥的含水率,按 90%计;

K——污泥发酵后体积缩减数,按 0.8 计;

1.2——清掏污泥后考虑遗留 20%熟泥量的容积系数。

2) 化粪池距离地下取水构筑物不得小于 20m,离建筑物净距不宜小于 5m。当条件受限制时可酌情减少距离,但不得影响环境卫生和建筑物基础。其设置的位置应便于清掏。

1.8.4 防护棚

(1) 施工现场的防护棚较多,如加工厂棚、机械操作棚、通道防护棚等。大型站厂棚可用砖混、砖木结构,应当进行结构计算,保证结构安全。小型防护棚一般用钢管扣件搭设,应当严格执行《建筑施工扣件式钢管脚手架安全技术规范》(JGJ 130—2001)要求。

(2) 防护棚顶应当满足承重、防雨要求,在施工坠落半径之内的棚顶应当具有抗砸能力,可采用多层结构。最上层材料强度应能承受 10kPa 的均布静荷载,也可采用 50mm 厚木板架设或采用两层竹笆,上下竹笆层间距应不小于 600mm,要定期对防护网和竹笆上的垃圾进行清理。

1.8.5 搅拌站

(1) 搅拌站应有后上料场地,综合考虑砂石堆场、水泥库的设置位置,便于材料的运输和装卸。

(2) 搅拌站应尽可能设置在垂直运输机械附近,在塔式起重机吊运半径内,尽可能减少混凝土、砂浆水平运输距离,降低资源的消耗。采用塔式起重机吊运时,应当留有起吊空间,使吊斗能方便地从出料口直接挂钩起吊和放下;采用小车、翻斗车运输时,应当设置在方便运输处。

(3) 搅拌站场地四周应当设置沉淀池、排水沟,避免将未沉淀的污水直接排入城市排水设施和河流。

(4) 搅拌站应当搭设搅拌棚,挂设安全操作规程和相应的警示标志、混凝土配合比牌,采取防止扬尘措施,冬期施工还应考虑保温、供热等。

1.8.6 仓库

(1) 仓库的面积应通过计算确定,根据各个施工阶段需要的先后进行布置;

(2) 水泥仓库应当选择地势较高、排水方便、靠近搅拌机的地方;

(3) 易燃易爆品仓库的布置应当符合防火、防爆安全距离要求;

(4) 仓库内各种工具器件物品应分类集中放置,设置标牌,标明规格型号;

(5) 易燃、易爆和剧毒物品不得与其他物品混放,并建立严格的进出库制度,由专人管理;

(6) 应建立仓库管理制度,落实仓库防潮、防雨、防霉、防风及防冻、防火等责任制,定期对其完好性、安全性进行检查和维护。

1.8.7 淋浴室

施工现场要在职工生活区建淋浴室,淋浴室地面硬化,有排水措施,不积水,淋浴喷头冲洗位置用隔板隔开,有放置衣物的位置,且注意私密性,有条件的尚应安装热水管道。要保证工人夏天能洗自来水,冬天能洗热水澡,淋浴室的污水应作为生活污水尽量回收利用冲洗厕所等,经化粪池简单沉淀后排入市政污水管网。

2 施工现场的卫生与防疫

2.1 卫生保健

(1) 施工现场应设置保健卫生室,配备保健药箱、常用药及绷带、止血带、颈托、担架等急救器材,小型工程可以用办公用房兼做保健卫生室。

(2) 施工现场应当配备兼职或专职急救人员,处理伤员和职工保健,对生活卫生进行监督和定期检查食堂、饮食等卫生情况。

(3) 应根据施工现场多发性高处坠落、触电、物体打击、机械伤害、坍塌事故和火灾等,分别制定应急预案和急救措施,配备急救器材。

(4) 要针对季节性流行病、传染病等利用板报等形式向职工介绍防病的知识和方法,做好对职工卫生防病的宣传教育工作。

(5) 当施工现场作业人员发生法定传染病、食物中毒、急性职业中毒时,必须在2h内向事故发生所在地建设行政主管部门和卫生防疫部门报告,并积极配合调查处理;现场施工人员患有法定的传染病或病源携带者时,应及时进行隔离,并由卫生防疫部门进行处置。

2.2 施工场地的保洁

办公区和生活区应设专职或兼职保洁员,负责卫生清扫和保洁,保洁时应事先进行洒水,减少扬尘的产生,应有灭鼠、蚊、蝇、蟑螂等措施,并应定期投放和喷洒药物。

2.3 食堂卫生

食堂必须有卫生许可证,炊事人员必须持有健康证,上岗应穿戴洁净的工作服、工作帽和口罩,并应保持个人卫生;炊具、餐具和饮水器具必须及时清洗消毒;必须加强食品、原料的进货管理,做好进货登记,严禁购买无照、无证商贩经营的食品和原料,严禁出售变质食品。

3 现场环境美化要求

3.1 施工现场的进口处应有整齐明显的"五牌一图",在办公区、生活区设置"两栏一报"。

3.1.1 五牌:工程概况牌、管理人员名单及监督电话牌、消防保卫牌、安全生产牌、文明施工牌;一图:施工现场总平面图。

3.1.2 各地区也可根据情况再增加其他牌图,如工程效果图、组织机构(项目人员组织)、工作制度、企业简介、安全生产天数、防火须知、CI标牌;五牌具体内容没有作具体规定,可结合本地区、本企业及本工程特点设置。工程概况牌内容一般应写明工程名称、面积、层数、建设单位、设计单位、施工单位、监理单位、开竣工日期、项目经理以及联系电话。

3.1.3 标牌是施工现场重要标志的一项内容,所以要求不但内容应有针对性,同时标牌制作、挂设也应规范整齐、美观、字体工整,标牌的几何尺寸比例一般为3:2,最低尺寸不得小于1.5m×2m。制作标牌材料结实、一致,一般采用可重复利用的不锈钢牌和焊接铁牌,颜色相同,文字整齐、美观、醒目。标牌位置高低一致,排列整齐。

3.1.4 为做好环境保护宣传工作,施工现场在明显处应有必要的环境保护内容的标语。

3.1.5 施工现场应该设置"两栏一报",即读报栏、宣传栏和黑板报,丰富学习内容,表扬好人好事。

3.1.6 警示标牌布置与悬挂

施工现场应当根据工程特点及施上的不同阶段,有针对性地设置、悬挂安全、环境标志。

3.1.6.1 环境保护提示及安全标志的定义

(1) 环境保护提示、安全警示标志是指提醒人们注意的各种标牌、文字、符号以及灯光等。环境保护提示和安全警示标志应当明显,便于作业人员识别。如果是灯光标志,要求明亮显眼;如果是文字图形标志,则要求明确易懂。

(2) 根据《安全色》GB 2893—82 规定,安全色是表达安全信息含义的颜色,安全色分为红、黄、蓝、绿四种颜色,分别表示禁止、警告、指令和提示。

(3) 根据《安全标志》CB 2894—96 规定,安全标志是用于表达特定信息的标志,由图形符号、安全色、几何图形(边框)或文字组成。安全标志分禁止标志、警告标志、指令标志和提示标志。安全警示标志的图形、尺寸、颜色、文字说明和制作材料等,均应符合国家标准规定。

3.1.6.2 环境警示及安全标志平面布置图

(1) 施工单位应当根据工程项目的规模、施工现场的环境、工程结构形式以及设备、机具的位置等情况,确定危险部位、垃圾分类回收站位置,有针对性地设置指示标志。施工现场应绘制环境保护标志和安全标志布置总平面图,根据施工不同阶段的施工特点,组织人员有针对性的进行设置、悬挂或增减。

(2) 标志设置与悬挂在各类材料加工场地、垃圾存放场地、易产生噪声、耗水量大的部位。

(3) 根据国家有关规定,施工现场入口处、施工起重机械、临时用电设施、脚手架、出入通道口、楼梯口、电梯井门、孔洞口、桥梁口、隧道口、基坑边沿、爆破物及有害危险气体和液体存放处等属于危险部位,应当设置明显的安全警示标志,安全警示标志的类型、数量应当根据危险部位的性质不同,设置不同的安全警示标志。如:在爆破物及有害危险气体和液体存放处设置禁止烟火、禁止吸烟等禁止标志;在施工机具旁设置当心触电、当心伤手等警告标志;在施工现场入口处设置必须戴安全帽等指令标志;在通道口处设置安全通道等指示标志;在施工现场的沟、坎、深基坑等处,夜间要设红灯示警。

4 材料的堆放

4.1 一般要求

(1) 建筑材料的堆放应当根据用量大小、使用时间长短、供应与运输情况确定,用量大、使用时间长、供应运输方便的,应当分期分批进场,以减少堆场和仓库面积。

(2) 施工现场各种工具、构件、材料的堆放必须按照总平面图规定的位置放置,位置应选择适当,便于运输和装卸,应减少二次搬运,减少能源的消耗。

(3) 材料堆放场地应当地势较高、坚实、平坦、回填土应分层夯实,要有排水措施,防止储存不当而引起材料的损耗,并符合安全、防火的要求。

(4) 应当按照品种、规格堆放,并设明显标牌,标明名称、规格和产地等,各种材料物品必须堆放整齐。

(5) 存放定型钢材、管材应整齐、稳固,做到一头齐,一条线。砖应成丁成行,高度不得超过1.5m,砌块材料码放高度不得超过1.8m。砂石等散料要成堆,不得混杂。

4.2 主要材料半成品的堆放

(1) 大型工具,应当一头见齐。

(2) 钢筋应当堆放整齐,用方木垫起,不宜放在潮湿和暴露在外受雨水冲淋。

(3) 砖应成丁堆码成方垛,不准超高并距沟槽坑边不小于0.5m,防止坍塌。

(4) 砂应堆成方,石子应当按不同粒径规格分别堆放成方。

(5) 各种模板应当按规格分类堆放整齐,地面应平整坚实,叠放高度一般不宜超高1.6m;大模板存放应放在经专门设计的存架上,应当采用两块大模板面对面存放,当存放在施工楼层上时,应当满足自稳角度并有可靠的防倾倒措施。

(6) 混凝土构件堆放场地应坚实、平整,按规格、型号堆放,垫木位置要正确,多层构件的垫木要上下对齐,垛位不准超高;混凝土墙板宜设插放架,插放架要焊接或绑扎牢固,防止倒塌。

4.3 场地清理

作业区及建筑物楼层内要做到工完场地清,拆模时应当随拆随清理运走,不能马上运走的应堆放整齐。

各楼层清理的垃圾不得长期堆放在楼层内,应当及时运走,施工现场的垃圾也应分类集中堆放。

5 社区服务与环境保护

5.1 社区服务

施工现场应当建立不扰民措施,有责任人管理和检查,应当与周围社区定期联系,听取意见,对合理意见及时采纳处理。当进行夜间的施工时,还应对周边居民进行公示沟通。

5.2 防治大气污染

(1) 施工现场主要道路、料场、生活办公区域必须进行硬化处理,土方应集中堆放。裸露的场地和集中堆放的土方应采取覆盖、固化或绿化等措施。

(2) 使用密目式安全网对在建建筑物、构筑物进行封闭,防止施工过程扬尘。

(3) 拆除旧有建筑物时,应采用隔离、洒水等措施防止扬尘,并应在规定期限内将废弃物清理完毕。

(4) 不得在施工现场熔融沥青,严禁在施工现场焚烧含有有毒、有害化学成分的装饰废料、油毡、油漆、垃圾等各类废弃物。

(5) 施工现场应根据风力和大气湿度等具体情况进行土方回填、转运作业,一般来说,当土壤的含水率超过10%时发生扬尘的可能性较低,在实际施工应进行含水率的测试,科学合理地选择施工的时机。

(6) 水泥和其他易飞扬的细颗粒建筑材料应密闭存放,不能密闭时可用彩条布进行覆盖,砂石等散料应采取覆盖措施。

(7) 施工现场混凝土搅拌场所应采取封闭、降尘措施。

(8) 城区、旅游景点、疗养区、重点文物保护地及人口密集区的施工现场应使用清洁能源。

(9) 施工现场的机械设备、车辆的尾气排放应符合国家环保排放标准要求。

(10) 遇有四级风以上天气不得进行土方回填、转运以及其他可能产生扬尘污染的施工。

(11) 建筑物内的施工垃圾清运必须采用封闭式专用垃圾道或封闭式容器吊运,严禁凌空抛洒。施工现场应设密闭式垃圾站,施工垃圾、生活垃圾分类存放。施工垃圾清运时应提前适量洒水,并按规定及时清运消纳。

(12) 从事土方、渣土和施工垃圾的运输,必须使用密闭式运输车辆。施工现场出入口处设置冲洗车辆的设施,出场时必须将车辆清理干净,不得将泥砂带出现场。

(13) 市政道路施工铣刨作业时,应采用冲洗等措施,控制扬尘污染。灰土和无机料拌和,应采用预拌进场,碾压过程中要洒水降尘。

(14) 现场存放土方应覆盖密目网,为了减少现场堆放的回填土过干产生粉尘,现场应派专人定时洒水,土的含水率应控制在15%~25%,同时还应注意确保回填土的含水率,以保证回填土的密实度。

5.3 防治水污染

(1) 施工现场应设置排水沟及沉淀池,现场废水不得直接排入市政污水管网和河流。

(2) 现场存放的油料、化学溶剂等应设有专门的库房,地面应进行防渗漏处理。

(3) 施工现场设置的食堂,用餐人数在100人以上的,应设置简易有效的隔油池,加强管理,专人负责定期掏油,防止污染。

(4) 厕所的化粪池必须进行抗渗处理,防止渗入地下,污染地下水。

(5) 食堂、盥洗室、淋浴间的下水管线应设置隔离网,并应与市政污水管线连接,保证排水通畅。

(6) 搅拌机前台、混凝土输送泵及运输车辆清洗处应当设置沉淀池,废水不得直接排入市政污水管网,经二次沉淀后循环使用或用于洒水降尘。

5.4 防治施工噪声污染

(1) 施工现场应按照现行国家标准《建筑施工场界噪声限值》(GB 12523)及《建筑施

工场界噪声测量方法》(GB 12524)制定降噪措施,并应对施工现场的噪声值进行监测和记录。

(2) 施工现场的电锯、电刨、搅拌机、固定式混凝土输送泵、大型空气压缩机等强噪声设备应搭设封闭式机棚,并尽可能设置在远离居民区的一侧,以减少噪声污染,并定期进行监测,发现超标时应在棚内设隔声帘或者软质材料,减少噪声的污染。

(3) 对因生产工艺要求或其他特殊需要,确需在22时至次日6时期间进行强噪声施工的,施工前建设单位和施工单位应到有关部门提出申请,经批准后方可进行夜间施工,并公告附近居民。

(4) 夜间运输材料的车辆进入施工现场,严禁鸣笛,装卸材料应做到轻拿轻放。

(5) 对产生噪声和振动的施工机械、机具的使用,应当采取消声、吸声、隔声等有效控制和降低噪声。

(6) 进行夜间施工作业的,应采取措施,最大限度减少施工噪声,可采用隔声布、低噪声振捣棒等方法。

(7) 对施工机具设备进行良好维护,从声源上降低噪声。施工过程中设专人定期对搅拌机进行检查、维护、保养,如发现有松动、磨损,及时紧固或更换,以降低噪声同时保证施工过程中处于良好的运行状态。

5.5 防治施工照明污染

(1) 夜间施工严格按照建设行政主管部门和有关部门的规定执行,对施工照明器具的种类、灯光亮度就以严格控制,特别是在城市市区居民居住区内,减少施工照明对城市居民的危害。

(2) 夜间施工使用的照明灯要采取遮光措施,限制夜间照明光线溢出施工场地以外范围,不对周围住户造成影响。

(3) 施工现场大型照明灯安装要有俯射角度,要设置挡光板控制照明光的照射角度,应无直射光线射入非施工区。

5.6 防治施工固体废弃物污染

施工车辆运输砂石、土方、渣土和建筑垃圾应采取密封、覆盖措施,避免泄露、遗洒,并按指定地点倾卸,防止固体废物污染环境。

6 现场防火措施

(1) 企业各级及项目部应制定消防管理制度,确定专人负责管理,开展消防安全活动和消防安全知识宣传教育。施工现场应有消防设施、醒目的消防安全标语、标志牌,明确用火作业区。用火作业区与在建工程、生活区的距离、材料堆场和仓库与在建工程或其他区域之间的距离、临时宿舍距易燃易爆物品仓库和高压架空电线的水平距离、乙炔发生器与一切明火或氧气瓶之间的距离,均应符合消防安全规范的规定。

(2) 采购与易燃易爆物品有关的装饰材料必须符合设计要求,有合格证。严禁宿舍内有明火,严禁烧电炉,严禁乱挂、乱接、乱绑电线和电器开关。施工现场有可能产生火源的工种,完成一道工序后必须认真清理现场,杜绝火源。寒冷季节防寒取暖的煤火炉,做到人离火灭,并有专人负责。严禁在生活区、生产区、楼地面乱生火堆。严禁竹、木制品仓库使用碘钨灯和超过60W以上的白炽灯。

（3）宿舍、木工加工棚、厨房、仓库、配电室等易燃易爆场所应分别配备二台以上挂式灭火器，按规定定期更换灭火剂，同时配备消防砂和消防水池。多层、高层建筑装饰作业点配备二台以上灭火器。

（4）消防供水设备设置专用消防水箱和消防水泵，消防水箱必须装满水，在工程施工有基坑降水时，消防水利用基坑降水以节约生产用水水源。消防供水设备的电源为专用线路，有总配电箱直接接入消防控制箱。消防配电箱设在易操作的部位，消防配电系统应每周进行检查。高层建筑施工时消防水泵应选用扬程大于50m，消防水箱一般为砖砌，也可采用铁板制作尺寸为（2000mm×2500mm×2000mm）。高层建筑施工消防水箱可以作为楼层内临时供水水箱使用。消防管道埋设深度为0.8m，易受冻部位要做好保温处理。

（5）库房、模板加工厂、易燃材料堆放场地、办公区等均应设置消防器材架。消防器材架五五配置，即五个灭火器、五个消防桶、五把消防锹、五把斧头、五个灭火栓。灭火器每年进行年检，库房及施工使用明火的场所必须配备灭火器。在施工现场需用明火的，应履行审批制度或向当地公安消防机构申报审批，手续齐全，项目应指派动火监护人。

（6）现场人员应受到使用灭火器材、疏散、逃生、救护等消防基础知识及技能的培训、演练，了解报警、抢险、救护常识。

7 监测要求

7.1 施工时，应由环境管理员每天进行巡视，杜绝垃圾乱扔、不遵守环境管理规程现象的发生。

7.2 现场应有专人的噪声每天进行监听、每日用噪声仪监测一次，施工期间至少一次由环保部门监测一次，确保噪声的达标排放。

7.3 项目部环境管理员应每天对沉淀池、隔油池、垃圾回收过的情况如发现已满时，及时通知相关单位进行处理。

7.4 项目部安全员每周对现场的消防设施进行一次检查，如发现灭火器压力，清防水压力不足时，及时采取相应的措施。

7.5 仓库保管员应每天对仓库的保存环境进行监测，包括温度、湿度等，避免储存环境挡而引起材料的损坏。

第31章 节能降耗

0 一般规定

总体要求

(1) 建筑工程策划和施工必须遵守《中华人民共和国节约能源法》、《民用建筑节能设计标准》、《民用建筑节能管理规定》、《公共建筑节能设计标准》、《公共建筑节能评审标准》、《环境管理体系要求》等法律法规及其他要求，推进建筑节能降耗，提高能源和资源利用率，保护环境。

(2) 在确定企业和项目部年度目标时应包括节能降耗目标，在工作安排、工作总结和检查时应有节能降耗方面的内容，以保证节能降耗目标的实现。

(3) 应进行节能降耗的整体策划，在编制施工组织设计或专项方案中，应有节能降耗的专项措施，专项措施内容应满足法律法规要求和建筑节能降耗的要求，节能降耗专项措施应包括：节能降耗对象、节能降耗目标(定额)、节能降耗施工方法和途径、节能降耗所需资源、节能降耗效果评估等。

(4) 采取节能降耗基本知识培训、"四新"宣传、典型案例教育等形式，强化各级领导和员工的建筑节能降耗意识；在工程施工过程中严格执行三级交底制度，交底内容应包括节能降耗的主要方法和措施，并在施工过程中严格按交底内容组织实施。

(5) 施工过程应按设计要求采用节能型的建筑结构、材料、器具和产品，提高保温隔热性能，减少采暖、制冷、照明的消耗，开发并利用太阳能、地热等可再生能源和新能源，积极推广使用节能新技术、新工艺、新设备和新材料，限制和淘汰能耗高的老旧技术、工艺、设备和材料，提供功能型，智能型、节能型、环保型的绿色建筑，使之既满足建筑物风格和使用功能，又具有良好的使用寿命，同时，便于今后的建筑物维护管理，达到降低建筑物投入使用后的维护管理费用和使用费用的目的。

(6) 定期对在施项目的节能降耗成果进行评价评估，评估内容包括：节约效益、综合效益、社会效益、环保效应及安全效应等多方面。

(7) 对于检查测量中发现的问题或不足，应分析原因并制定专项措施予以纠正，防止再次发生，同时应制定预防措施，消除类似问题的发生。

1 施工工艺节能降耗的策划

1.1 工程开工前，应按设计要求对本项目节能降耗的重点和难点进行评审，必要时应就节能降耗内容与业主、设计、监理等相关方进行协商和沟通，并在达成共识后进行项目的施工工艺节能降耗策划。策划时应综合考虑详图深化(尤其是钢结构、建筑装饰工程等)，材料设备标准、档次、质量的确定和选型，主要施工流程和主要施工方法等需要控制等关键环节，并保证所策划的工艺措施不增加新的能源资源消耗或伴生其他环境问题。

1.2 进行施工工艺节能策划时应优化网络计划,采取合理流水段施工,实施技术创新,配置充分、适宜的资源,加强现场协调,强化分包控制,加快施工进度,以促进节能降耗的目标实现。

1.3 对施工工艺进行节能策划时,应在保证舒适、健康、环保的前提下,选择适宜的外墙、内墙现浇或粘贴的保温方法,提高建筑围护结构的保温、隔热和通风性能,保证外墙、屋顶、门窗等的热工性能(包括平均传热系数、热惰性指标及气密性要求),满足最新颁布的节能标准并达到设计要求,从而降低能耗,节约资源。

1.4 在进行建筑空调、采暖工艺策划时,确定的施工方法必须满足《民用建筑节能设计标准》(JGJ 26—95)、《采暖居住建筑节能检验标准》(JGJ 13—2001)、《室内空气质量标准》(GB/T 18883—2002)的要求,住宅型建筑全年耗热指标(Q_H)不得高于 0.13GJ/m²,建筑物全年耗冷指标(Q_C)不得高于 0.06GJ/m²,有毒有害气体的排放控制在《室内空气质量标准》(GB/T 18883—2002)限制范围内,以提高系统的可靠性和科技含量,降低系统能耗和运行成本。

1.5 在进行围护结构热工性能工序策划时,重点应合理选用铝木复合型材、木及铝合金窗断热型材制造保温和密封性能良好的建筑门窗,寒冷地区采用双层窗,必要时采用中空玻璃或在中空玻璃间层内充惰性气体;对透明围护结构部分,应采用可调节外遮阳、内遮阳、双层幕墙空气间层中的遮阳设施,提高其保温隔热性能。

1.6 策划应考虑室内自然采光和噪声、隔声等使用要求,采光应满足《建筑采光设计标准》(GB/T 5033—2001),室内日照满足《城市居住区规划设计规范》(GB/T 50180—93),充分利用天然光源,降低人工照明能耗;室内噪声、隔声性能应满足《民用建筑隔声设计规范》(GB/T 118—88)。

1.7 施工工艺策划时应考虑水资源处理的合理化与资源化,制定先进、高效的水处理工艺,配置中水使用、废水处理和回收利用等设施,确保水资源的节约利用。

1.8 施工工艺策划时应考虑"四新"的运用,大力推广建筑节能降耗技术,积极开展地热、水热、风能、太阳能等自然能源综合利用的技术攻关,努力降低能源消耗,节约不可再生资源。

2 材料管理中的节能降耗要求

2.1 材料管理总体要求

(1) 临建设施利用场地原有建筑,或使用便于拆卸、可重复利用的材料。

(2) 对场地建设现状进行调查,对现有建筑、设施再利用的可能性和经济性进行分析,合理利用拟建道路和建筑物,减少资源能源消耗,提高资源再利用率,节约材料与资源。

(3) 施工期间充分利用场地及周围现有给水、排水、供暖、供电、燃气、电信等市政管线工程。

(4) 为保证清净的空气,无粉尘、无煤烟、无有害气体、无刺激性气味和废气污染,应使用环保的材料、能源、设备与产品。

2.2 材料的采购

(1) 根据施工组织设计或施工方案对材料工艺、性能要求,采取货比三家、招投标、第二方审核等方法,从合格供应商中选择适宜的供应商采购满足工艺和性能要求的材料,以保证所购材料质优、价廉、环保,避免采购材料不合格或不适宜造成浪费或污染。

(2) 应根据施工进度、材料周转时间、库存情况等制定采购计划,并合理确定采购数量,避免材料采购过多产生积压或浪费,过少又影响施工生产。

(3) 建筑工程使用的材料应尽可能就地取材,减少材料运输造成的能源消耗和环境影响。

计算本地化材料比例,择其大者实施:

本地化材料比

$$a = \frac{\text{生产于距离施工现场 500km 之内的施工材料用量(t)}}{\text{施工材料总用量(t)}} \times 100\%$$

2.3 材料的选择

(1) 在技术经济合理条件下,应选用满足设计要求和节能降耗的建筑材料,禁止使用《淘汰落后生产能力、工艺和产品目录》所限制或淘汰使用的材料与产品(如严格限制 $6cm^3$ 以上的大便器、甲醇超标的涂料等),降低能源资源的消耗和对环境的污染。

(2) 选择装饰装修材料必须满足相应产品国家质量标准,材料中有害物质的要求必须满足《室内装饰装修材料有害物质限量》(GB/T 18580～18588—2001)和《建筑材料放射性核素限量》(GB 6566—2001)。

(3) 大力推广使用节能型或环保型建材产品(如节水阀门、节能灯具,符合环保要求的涂料、木制品等),合理使用清洁能源(如用液化气替代劣质煤等),禁止使用大量以不可再生资源为原料生产的建筑材产品(如消耗土地或耕地的实心黏土砖等),或对环境污染产生严重影响的能源(如低质煤等)。

(4) 坚持能源、资源的回收利用与审慎利用相结合的原则,一方面对废弃后可以再生利用的材料、能源和资源,应考虑其再生利用。另一方面,对废弃处理后难以再利用和降解的物资、材料审慎利用,以防产生新的环境影响。

2.4 材料的储存

(1) 所有进库材料应按验收规定进行外观、质量、性能、规格、型号等检查或复验,并严格进行计量、检查,避免因各种缺陷造成浪费,或出现数量不准、钢筋直径误差等问题,影响节能与降耗。

(2) 应根据材料的物理性能、化学特性、物体形状、外形尺寸等,选择适宜的储存方法,如防雨、防潮、防晒、防霉、防火、防撞击等措施,确保其满足质量、安全和环境要求。

(3) 对易丢失、损坏、受潮、变形、变质、怕压等有特殊要求的材料应符合产品说明书中的包装和储存规定,如采取室内上架、用原包装箱、专用工具箱、适宜的温湿度环境或室外加防潮垫板,进行载盖,采取排水措施,不怕晒或不易受潮可在室外储存,避免因储存方法不当造成水泥结块、油漆变质等,造成资源浪费。

(4) 易燃、易爆、危险化学品仓库应满足防火、防爆、防泄漏要求,并配置应急物资或设施,仓库应保持符合法规要求的安全距离,避免因储存方法不当或应急措施不全发生火灾、爆炸和泄漏事故,造成资源浪费和环境污染。

(5) 各种材料应分类堆放和标识,并根据材料的物理、化学特性保持堆放的安全距离和适宜高度,避免混放或堆放高度不当等造成损坏、变形、变质、错用而浪费材料或引发安全、环境事故。

2.5 材料的发放

(1) 所有材料应执行限额领料制度,按领料单控制发放,避免发料无控制或控制不严,产生超料发放形成浪费或可能产生丢失、盗窃等现象。

(2) 材料发放应对有保质要求的材料(如水泥、外加剂、油漆、涂料、耐火材料、保温材料等)做到先进先出,避免材料过期失效或增加检测费用,造成浪费和消耗。

(3) 对雷管、炸药等易燃、易爆、危险化学品应按当地公安部门或企业要求,严格控制发放范围和数量,并对使用数量及使用人员进行严格确认和登记,避免发放、使用环节失控造成安全和环境事故。

2.6 材料的使用

(1) 作业现场应根据材料性能、施工进度选用适宜的临时堆放场地,避免或减少二次搬运造成资源浪费或增加运输损坏的可能性。

(2) 各种钢筋、电线、电缆、管道、电配管等材料的下料长度,都应进行现场实测实量后准确下料,下料后应进行有效复核,避免长料短下造成余料增加,或下料尺寸不足造成浪费。

(3) 各种板材、装饰材料等应通过电脑排版后下料,尽量减少装饰材料的切割量和板材的边角余料。

(4) 易挥发的油漆、油料和易产生扬尘的粉状材料等,在未使用部分和使用后应进行封闭、覆盖,避免遗洒造成材料损失、浪费,甚至产生扬尘和有害气体污染大气。

(5) 短钢筋等可利用的边角余料应进行有效回收,并根据现场需要和可能尽量有效利用,减少余料量。

(6) 严格控制临时设施用料,尽量利用旧料、现场拆迁回收的材料。

(7) 使用的模板、脚手架、安全网等周转材料要选择耐用,维护、拆卸方便,回收方便的材料。

(8) 周转材料维护良好,延长自有周转材料使用寿命,对租赁的周转材料依据施工周期,精确计算使用天数,不需用时及时退回租赁单位。

3 设备机具管理节能降耗的要求

3.1 设备选择

(1) 应根据施工方案和工艺要求选择能耗低、噪声低、效率高的施工设备和工艺设备,以确保所选择的设备满足施工生产和工艺要求,提高施工效率和降低能耗。

(2) 禁止或限制使用国家明令淘汰的工艺落后、能耗高、效率低、噪声高、尾气排放不能达标,以及其他对环境产生不良影响的施工设备。

3.2 设备的安装与拆卸

(1) 大型、特种设备的安装、拆卸应编制方案经批准后实施,方案内容应全面、具体,考虑设备的安全、环保和节能要求,防止因无方案或方案不全、不严格按方案安拆导致设备故障、报废等造成相关损失。

(2) 现场安装过程应严格按方案进行安装、调试、检测、验收,确保其使用性能和安全性能满足要求,防止造成不能正常运行或能耗高、发生设备事故造成相关损失。

(3) 电梯、塔吊等特种设备的安装、拆卸应由具有相应资质的单位进行,并经劳动部门验收合格才准使用,避免因不具有相关安拆资质、未验收就使用、验收手续不全就使用等造成不能正常运行或能耗高、发生设备事故造成相关损失。

(4) 现场设备完成后应按拆卸方案进行拆除,避免违章操作造成设备事故,形成损失和浪费。

3.3 设备管理与维护

(1) 设备作业过程应严格执行操作规程,六级以上大风或其他恶劣天气应禁止吊装等设备作业;塔吊、起重设备等未运行时应按规定做好安全防护,避免防范不到位造成设备事故,产生损失或形成浪费。

(2) 积极推行设备节能装置或环保设备,使用优质燃料,减少作业中油料等能源消耗;可能时,工程设备应配备节电器、节能配件。

(3) 坚持作业设备日保养制、定期例保制、交接班制等,按期进行设备大中修,以保证设备完好和性能满足施工需要,防止设备密封不良产生漏油或设备不正常造成油料消耗高,浪费资源。

(4) 施工项目每周对施工设备进行单项检查一次,每月进行综合检查一次,发现隐患应及时排除,保证不带病作业、不超负荷运行、不违章操作,以保证安全运行,减少能源消耗,防范其他安全、环境事故的发生。

4 人员能力要求

4.1 管理人员的技证要求

项目经理、质检员、安全员、材料员、环保员、技术员、预算员等项目主要管理人员经参加岗位培训并取得上岗证书,避免能力不够或管理工作失误出现相应的事故或问题,造成材料、能源和资源的不必要浪费或损失。

4.2 特种作业人员的持证要求

电工、焊工、架工、起重工、驾驶人员、爆破工、注胶工、油漆工等特种作业人员必须按当地政府规定进行体检、培训,取得安全培训合格证和/或本工种专业上岗证;中小型设备操作人员应经企业培训合格后持证上岗。上述人员应按相关要求在规定的期限内复审换证,避免因操作人员资格或能力不足造成质量、安全、环境事故,产生损失或形成浪费。

4.3 人员培训

(1) 项目开工前,应结合工程的难易程度和技术复杂性,结合成本核算的需要,对全员进行节能降耗和安全、环境知识和技能的培训,提高其节能降耗意识和操作技能,避免违章操作或节能意识差、节能措施不到位增加能耗。

(2) 在上岗前、转岗时或使用新设备、新材料、新工艺或新技术时,应对相关操作人员进行针对性培训并经考核合格,使其掌握新岗位和新设备、新材料、新工艺、新技术的节能降耗要求和其他要求,防止其不会操作或操作不当,造成质量、安全和环境事故,产生损失或形成浪费。

5 临时设施管理的节能降耗要求

5.1 编制临时用水、用电方案

应根据工程特征、规模由专业技术人员编制施工组织设计,施工组织设计中应按照节能降耗、保证正常使用的原则编制临时用水、用电方案,具体体现施工用电、用水、热源、煤炭、油料等节能措施,并绘制临时用水、用电平面布置图,计算工地用水、用电、用热、煤炭、燃料等资源需用总量,筹划供水、供热、供电等节能降耗的基础设施,避免临时用水、用电方案考虑不周影响节能降耗效果。

5.2 施工现场用水量计算

5.2.1 现场施工用水量可按下式计算:

$$q_1 = K_1 \sum \frac{Q_1 \times N_1}{T_1 \times t} \times \frac{K_2}{8 \times 3600}$$

式中 q_1——施工用水量(L/s);
K_1——未预计的施工用水系数(1.05~1.15);
Q_1——年(季)度工程量(以实物计量单位表示);
N_1——施工用水定额;
T_1——年(季)度有效作业日(d);
t——每天工作班数(班);
K_2——用水平均衡系数。

5.2.2 现场搅拌站及混凝土养护用水量计算

(1) 现场搅拌站用水量计算:

如现场搅拌站每小时出混凝土 50m³,每立方混凝土需用水 500L,则搅拌站用水量为:

$$q_1 = 500 \times 50/(3600 \times 2) = 14$$

(2) 混凝土养护用水量计算:

混凝土养护按 14 天计算,取单层计算混凝土养护用水量,每层混凝土养护用水量按 200L 计算,则混凝土养护用水量为:

$$q_1 = k_1 \sum QLN_1/TLt \times K \times 2 \div 8 \times 3600$$
$$= 1.15 \times (2000 \times 200 \div 14 \times 1.5) \times 1.5 \div 8 \times 3600$$
$$= 1.7 L/S$$

式中 q_1——施工用水量;
k_1——未预计的施工用水损耗(1.05~1.15)。

5.2.3 施工机械用水量可按下式计算:

$$q_2 = K_1 \sum Q_2 N_2 \frac{K_3}{8 \times 3600}$$

式中 q_2——机械用水量(L/s);
K_1——未预计施工用水系数(1.05~1.15);

Q_2——同一种机械台数(台);

N_2——施工机械台班用水定额;

K_3——施工机械用水不均衡系数。

5.2.4 施工现场生活用水量可按下式计算:

$$q_3 = \frac{P_1 \times N_3 \times K_4}{t \times 8 \times 3600}$$

式中 q_3——施工现场生活用水量(L/s);

P_1——施工现场高峰昼夜人数(人);

N_3——施工现场生活用水定额(一般为 20~60L/人·班,主要需视当地气候而定);

K_4——施工现场用水不均衡系数;

t——每天工作班数(班)。

5.2.5 生活区生活用水量可按下式计算:

$$q_4 = \frac{P_2 \times N_4 \times K_5}{24 \times 3600}$$

式中 q_4——生活区生活用水(L/s);

P_2——生活区居民人数(人);

N_4——生活区昼夜全部生活用水定额,每一居民每昼夜为 100~120L,随地区和有无室内卫生设备而变化;

K_5——生活区用水平均衡系数。

5.2.6 消防用水量(q_5),见表 31-1。

消防用水量配置表 表 31-1

序号	用 水 名 称	火灾同时发生次数	单位	用水量
1	居民区消防用水 5000 人以内 10000 人以内 25000 人以内	一次 二次 二次	L/s L/s L/s	10 10~15 15~20
2	施工现场消防用水 施工现场在 25ha 内 每增加 25ha	一次 一次	L/s L/s	10~15 5

5.2.7 总用水量(Q)计算:

(1) 当$(q_1 + q_2 + q_3 + q_4) \leq q_5$时,则 $Q = q_5 + \frac{1}{2}(q_1 + q_2 + q_3 + q_4)$;

(2) 当$(q_1 + q_2 + q_3 + q_4) > q_5$时,则 $Q = q_1 + q_2 + q_3 + q_4$;

(3) 当工地面积小于 5ha 而且$(q_1 + q_2 + q_3 + q_4) < q_5$时,则 $Q = q_5$,最后计算出的总用量,还应增加 10%,以补偿不可避免的水管漏水损失。

5.2.8 管径的选择

(1) 计算法

$$d = \sqrt{(4Q)/(\pi \times v \times 1000)}$$

式中 d——配水管直径(mm);
　　　Q——耗水量(L/s);
　　　v——管网中水流速度(m/s)。

临时水管经济流速参见表31-2。

临时水管经济流速参考表　　　　表31-2

管　径	流　速(m/s)	
	正常时间	消防时间
$D<0.1m$	0.5~1.2	—
$D=0.1~0.3m$	1.5~2.5	2.5~3.0
$D>0.3m$	1.0~1.6	2.5~3.0

5.3 施工现场用热量计算

建筑工地施工供热主要有:临时建筑物内部采暖,如办公室、宿舍、食堂等;施工供热,如施工用水、砂、石加热和暖棚法施工等;附属企业供热,如钢筋混凝土构件的蒸汽养护等。

5.3.1 确供热数量

建筑物内部采暖耗热量的计算

$$Q = \sum FK(t_n - t_v)a$$

式中 F——围护结构的表面积(m^2);
　　　K——围护结构的传热系数(W/($m^2 \cdot K$));
　　　t_n——室内计算温度(℃);
　　　t_v——室外计算温度(℃);
　　　a——考虑到缝隙和门窗等透风处而采用的系数;
　　　Q——建筑物内部采暖所需热量(J/h)。

注:本式中"K"和"℃"可换用。按本式计算结果Q的单位为"W",再按1W=3600J/h换算即可。围护结构的传热系数可按下式计算:

$$K = \frac{1}{R_n + \sum R + R_v}$$

式中 R_n、R_v——分别为围护结构的内、外表面的热阻($m^2 \cdot k/W$);
　　　$\sum R$——多层围护结构各层材料的热阻($m^2 \cdot k/W$)之和。

$$R = \frac{\delta}{\lambda}$$

式中 R——围护结构各层材料热阻($m^2 \cdot k/W$);
　　　δ——围护结构个层材料的厚度(m);
　　　λ——围护结构各层材料的导热系数(W/(m·K))。

5.3.2 选择热源

供热热源选择必须考虑的因素：

设备使用期限；

设备费用；

管理费用(燃料费、设备管理人员的数目及工资、管道长度及敷设方案等)；

已有设备情况。

5.3.3 临时供热热源的几种方案：

(1) 利用现有的热电站、热力管网；

(2) 利用新设计的锅炉房；

(3) 设立临时性的锅炉房或个别分散设备(如锅炉、火炉、供热机组、旧蒸汽机车、涡轮机等)。

5.3.4 蒸气用量计算和锅炉的选择

蒸汽用量计算公式：

$$W = \frac{Q}{I \cdot H}$$

式中　W——蒸汽用量(kg/h)；

　　　Q——计算所需总热量(kJ/kg)；

　　　H——有效利用系数，一般为 0.4~0.5。

蒸汽压力的选定，如表 31-3。

蒸汽压力选定表　　　　　　　　　　　　　表 31-3

供热距离(m)	小于 300	300~1000	1000~2000	2000 以上
蒸汽压力(计算大气压)	0.3~0.5	2.0	3.0	4.0 以上

5.3.5 确定供热系统

蒸汽管道管径计算公式

$$d = \sqrt{\frac{4Q\mu}{3600\pi \cdot c}}$$

式中　d——蒸汽管内径(m)；

　　　Q——蒸汽流量(kg/h)；

　　　μ——蒸汽的比容(m³/kg)；

　　　c——蒸汽的速度(m/s)，见表 31-4。

蒸汽允许速度表　　　　　　　　　　　　　表 31-4

蒸汽的种类	管道的种类	允许速度(m/s)
过热蒸汽	主　管	40~60
过热蒸汽	支　管	35~40
饱和蒸汽	主　管	30~40
饱和蒸汽	支　管	20~30
废　气	—	80~100

根据计算的管径选用管材。

5.4 施工现场用电量计算

建筑工地临时供电包括动力用电与照明用电两种，在计算用电量时，从下列各点考虑：

(1) 全工地所使用的机械动力设备，其他电气工具及照明用电的数量；
(2) 施工总进度计划中施工高峰阶段同时用电的机械设备最高数量；
(3) 各种机械设备在工作中需用的情况；
(4) 其他应考虑情况。

总用电量可按以下公式计算：

$$P = 1.05 \sim 1.10 \left(K_1 \frac{\sum P_1}{\cos\phi} + K_2 \sum P_2 + K_3 \sum P_3 + K_4 \sum P_4 \right)$$

式中　　P——供电设备总需要容量(kVA)；

P_1——电动机额定功率(kW)；

P_2——电焊机额定容量(kVA)；

P_3——室内照明容量(kW)；

P_4——室外照明容量(kW)；

$\cos\phi$——电动机的平均功率因数(在施工现场最高为 0.75～0.78，一般为 0.65～0.75)；

K_1、K_2、K_3、K_4——需要系数，参见表 31-5。

需要系数(K 值)　　表 31-5

用电名称	数量	需要系数		备注
		K	数值	
电动机	3～10 台 11～30 台 30 台以上	K_1	0.7 0.6 0.5	如施工中需要电热时，应将其用电量计算进去。为使计算结果接近实际，式中各项动力和照明用电，应根据不同工作性质分类计算
加工厂动力设备			0.5	
电焊机	3～10 台 10 台以上	K_2	0.6 0.5	
室内照明		K_3	0.8	
室外照明		K_4	1.0	

5.5 供水、供热管网和供电设置

(1) 供水、供热管网和供电线路布置的原则是在保证不间断供水、供热、供电的情况下，管道或线路铺设越短越好并考虑防冻、保温、节约和安全，同时还应考虑在施工期间具有移动的可能性。

(2) 临时用电设备容量应选择适宜的供电设备，做到三级配电、二级控制和一机一闸

一漏电保护,满足《施工现场临时用电安全技术规范》(JGJ 46—88)要求,避免变压器负荷选择过大造成浪费,过小又不能满足施工生产,或保护不到位造成短路引发火灾,浪费资源和造成损失。

5.6 水、电节能

5.6.1 总体要求

(1) 开工前应绘制《能源计量网络图》,建立能源消耗台账,制定节能控制措施,并根据能源计量网络图按生产、生活、分包等方面分别独立设立经校准的水、电、汽计量或检测器具,改变按直接费分摊计算水电费的传统管理方法,从而使节能降耗责任更加落实到位。

(2) 应根据工程项目的规模、工期、地理位置、气温环境编制施工用水、用电、用汽、用热、煤炭、燃油需用计划,并按月对各承包单位实际用量进行考核,对施工实际用水用电量与按定额计算用水用电量进行比较、评价,采取改进措施提高节水节电率。

(3) 对深基坑降水、管道试压用水、经沉淀池沉淀的水和自然雨水等,应考虑回收和再利用的设施和系统,进行二次使用或用于养护、降尘、绿化、洗车等用水,以降低水资源消耗,提高水资源利用效率。

(4) 现场供水、供电系统应保持正常完好,所用管件、线路应符合产品质量要求;施工中应安排专人对供水、供电系统及其配套设施进行检查、维修,避免产生跑、冒、滴、漏或出现安全隐患而引发安全和环境事故。

5.6.2 用水节能

5.6.2.1 生产用水节能

(1) 搅拌站、现场车辆冲洗处必需设置相应规模的排水设施和废水沉淀池,将洗车、刷罐用水回收沉淀后二次利用于搅拌混凝土,或用于搅拌站现场道路的降尘洒水等。

(2) 制定用水计划时应根据混凝土配合比计算每立方米用水量,按照实际混凝土搅拌量每月对超节情况进行核算、评价,促进用水节约。

(3) 混凝土养护期内,设专人负责对混凝土表面覆盖木刨削、草袋、草帘或其他保湿材料,按湿度蒸发量和季节温度适当洒水保湿,洒水应尽量使用回收水。

(4) 施工现场临时道路、固废垃圾清运前、需进行墙体湿润时,应采用回收水洒水降尘、润湿和降温,以减少水资源消耗。

(5) 基坑施工时,降水井抽出的水应予以再次利用,如用于降尘、降温、车辆冲洗、厕所冲洗、混凝土养护等。如不能利用时,施工降水就近利用或排入地表水系,对场地内及周围的地下水及自然水体的水质水量进行保护,减少施工活动负面影响。

(6) 阀门试压应安装回收装置,回收用水并用于下次试压;管道试压用水应尽量考虑直接接入下段管道试压用;排水管道灌水试验应从上游开始,并逐段放入下段灌水试验,以减少水资源消耗。

5.6.2.2 消防用水

(1) 根据消防区域和用水量进行消防水池设计,设置地下或半地下消防水池;保证消火栓、水池壁施工质量合格和日常蓄水,不能有渗漏。

(2) 消防设施要定期检查,不得当作它用,以确保其应急功能。寒冷地区露出地面的管道及消火栓应有保温措施,以防冬期冻坏管道造成失水,或紧急状态时不能顺利开启,延误救急造成相关损失。

5.6.2.3 生活区、办公区用水

(1) 施工现场尽可能循环利用水资源,生活、办公区应根据人员生活规模修建中水回收蓄水池,以储存回收食堂洗菜、办公废水、冲刷地板用水、洗浴用水等,经沉淀池后二次利用于冲洗车辆、厕所或用于绿化。

(2) 卫生间要选用节能型洁具,严禁使用国家明令淘汰的种类和其他附件;管通、阀门等座定期检查,以防其损坏使水资源浪费。

(3) 加强用水设备的检查、修护,以防跑水、漏水。

(4) 提倡收集并合理利用自然雨水,雨水经雨落管进入初期弃流装置后,用于冲洗车辆、厕所或用于绿化等。

5.6.3 用电节能

(1) 制定施工现场用电管理制度,采用节能型灯具和光控开关设置,加强节电教育,控制长明灯现象。

(2) 现场用电设施在不用时应及时断电,工程设备应避免无功空转。

(3) 尽量采用自然能源,如提倡照明采用自然光源,洗浴用水使用太阳能等。

(4) 施工中应安排专人对供电系统及其配套设施进行检查、维修,保持正常完好,避免产生短路引发火灾或其他安全、环境事故造成损失。

5.6.4 油、燃料节能

(1) 定期进行施工实际耗油量与按定额计算耗油量的比较、分析、评价,以便采取措施提高节油率。

(2) 汽油、柴油、机油、润滑油等燃油的使用应根据定额制定消耗指标,并尽可能使用节能装置并使用优质燃料,以减少油料消耗和废气排放。

(3) 加强对用油车辆、设备的维护和保养,以免造成耗油、漏油;对修理替换下来的废机油要综合利用,以降低油耗。

(4) 施工现场尽量使用清洁能源和可再生能源,降低煤和木质燃料的利用。

(5) 定期对锅炉及其配套设施进行检查、维护,保证其正常运行状态,防止热能跑、冒、滴、漏或结垢后增加耗煤;加强对锅炉各种工况运行控制,做到煤能充分发挥和用煤少、出汽多;司炉工应对仍可燃用的炉渣进行回收,并再次燃用。

6 施工过程中的节能降耗要求

6.1 总体要求

6.1.1 开工前,应根据施工组织设计对作业活动涉及节能降耗影响较大的关键工序、特殊工序、重点部位、重要材料和能耗等编制作业指导书,对节能降耗措施、节能降耗方法进行详细规定。编制的作业指导书应注意不能因采取节能降耗措施或运用节能降耗方法,而产生对工程质量、安全和环境的不利影响。项目生产经理、总工程师应组织对施工管理人员、操作人员进行节能降耗交底,交底内容包括能源类别、节能降耗措施、节能降耗技术与方法、环境因素和节能降耗成效分析评价等。

6.1.2 施工过程应严格遵循国家和地方法规,在满足质量、安全和环境等技术工艺要求的基础上,采取节能措施,提高施工过程中能源的利用效率,降低材料和资源消耗。

6.1.3 在满足现场施工工艺、降低成本的前提下,合理利用先进、高效的设备与产品,改进施工工艺,比较实际施工材料消耗量与计算材料消耗量,提高材料节约率和能源利用率,降低能源消耗。

6.1.4 根据施工项目实际合理安排工期与进度,协调好总分包关系,力争做到"空间连续、平面占满",通过加快施工进度和严密控制分包促进节能降耗。

6.2 对分包方的节能降耗管理

(1) 总承包单位应按管理程序,采用招投标办法选择信誉好,质量、安全、环境管理有保证能力和优良业绩的分包方;对常年合作,从未发生质量、安全、环境事故事件,未给总包企业造成不良影响和经济损失的分包方,可作为长期合作伙伴,以便理解和配合企业实现节能降耗目标。

(2) 企业应对合作、联合经营的项目进行总体风险评估,确保在可接受的风险范围内选择合作经营方或联合施工方,并责成其接受企业的总体管理和节能降耗要求,避免选择不当给企业带来质量、安全和环境风险。

(3) 企业应与所选择的分包方、合作方、联营方签订总分包合同或联营协议,在合同和协议中明确双方的节能降耗责任与义务,并在施工过程中按照合同和协议对其实施情况进行控制、监督、检查,化解经营风险,降低能源消耗和施工成本。

(4) 总包企业应按总分包合同或联营协议为分包或联营单位提供节能降耗的管理制度、基础设施和工作条件,在施工过程中收集分包或联营单位节能降耗的有关数据,并在计量分析后对节能降耗实施效果进行评价,发现问题应及时采取纠正措施,提高节能降耗成效。

6.3 施工中材料的管理

6.3.1 购入的主材、辅材应符合设计要求,并根据现行国家绿色建材标准:
(1) 达到《民用建筑工程室内环境污染控制规范》GB 50325—2001 要求;
(2) 达到《室内装饰装修材料有害物质限量》GB 18580—18588—2001 要求;
(3) 尽量选择经过法定检测单位认证的绿色材料。

6.3.2 混凝土外加剂选择应符合以下标准和规程的要求:
(1)《混凝土外加剂应用规程》应符合当地技术要求;
(2)《混凝土外加剂中释放氨的限量》GB 18588—2001;
(3) 每方混凝土总碱含量应符合当地《混凝土工程碱骨料反应技术管理规定》。

6.3.3 材料节约与节能降耗

(1) 施工过程应对施工材料进行科学管理,严格按材料管理办法进行限额领料,随时掌握施工用料信息,每月对材料使用情况进行分析考核和检查监督,促进材料的合理使用和节约使用。

(2) 加强施工过程材料可利用率,减少材料运输过程的损耗率,并每日清理回收废料、余料,尽可能回收、利用施工过程中产生的建筑废弃物。

(3) 提倡使用以再生骨料制作的混凝土砌块、水泥制品和配制再生混凝土,提倡利用以工业废弃物为原料制作的水泥、混凝土、墙体材料、保温材料等建筑材料;在可能和允许的条件下,应考虑以再生材料替代不可再生材料。

6.4 施工废弃物管理

6.4.1 制定施工场地废弃物管理计划,对现场堆料场进行统一规划,对可回收利用的施工废弃物,将其直接再应用于施工过程中,或通过再生利用厂家进行加工处理后再利用。

6.4.2 施工废弃物回收比例评价计算公式:

回收比例 $\beta =$(施工废弃物实际回收量(t)/可回收利用的施工废弃物总量(t))×100%

6.5 施工过程中"四新"运用的要求

6.5.1 排风余热回收

在排风出口安装热交换器,排风和新风分别通过各自的通道进行间接接触换热;目前可以采用显热回收型和全热回收型两种热回收设备,利用排风余热来预热新风(或者利用余冷来预冷新风),从而达到回收排风余热的目的。

6.5.2 水蓄冷技术

推广运用通过峰谷电价差来降低空调、电采暖电费支出的蓄能技术,鼓励在低谷电的时间段用电,利用广泛存在的大厦消防水箱,蓄存低谷电价时段制取的冷量,用于白天高峰电价时使用,降低高峰电价,提高冷机效率和出力能力。

6.5.3 冷冻/冷却水泵变频节能技术

在空调系统设计过程中,应根据系统的最大负荷来选择泵型,并充分考虑建筑负荷状况、管网状况、室外气象参数等多种变化的因素,对水泵采用变频处理,调节水泵转速,使水泵的流量与实际负荷相适应,达到降低泵耗、提高空调品质。

6.5.4 免费冷却热回收系统技术

推广目前建筑节能领域具有领先水平的过渡季节免费冷却系统(FREE-Cooling),利用过渡季节较低的室外气温,通过特殊的换热机组,以极低的代价供应空调,大幅提高整个系统的用能效率。

6.5.5 智能照明管理技术

推广智能照明管理系统,对不同时间、不同环境的光照度进行精确设置和合理管理,大量节省电费,有效延长照明灯具使用寿命,减少灯管更换频率,降低照明系统的运行维护费用,实现良好的节能效果。

6.5.6 电力品质管理技术

采用半导体滤波、电压自动调节以及瞬流控制等技术,提高设备效率,达到节电目的。

6.5.7 直燃机/锅炉烟气余热回收技术

推广运用烟气余热回收系统,通过运行系统对锅炉排烟压力的监测、烟气余热回收前后温度监测、引风机变频控制、故障报警等自控功能,提高热效率,降低污染物排放,同时减少整个系统的占地面积。

6.5.8 变风量节能监控

在负荷变化较大的建筑物、多区域控制的建筑物和公用回风通道的建筑物中,应推广变风量系统(Variable Air Volume System,VAV系统),使用变频技术,减少风机的功耗,以较少的能耗来满足室内空气环境的要求,减少风机的运行维护费用。

6.5.9　燃气供热能源管理技术

推广运用包括负荷预测、流体输配系统模拟、管网平衡与调节、远程通讯在内的燃气供热能源管理技术,设置灵活多样的采暖模式,从而达到按需供热,分户计算,计量收费,实现综合系统的高效节能。

6.6　可再生能源的利用要求

优先使用各种无污染的可再生能源,如太阳能、地热能、风能、生物质能等各种再生能源,减少常规能源的消耗,降低环境的污染。

6.6.1　太阳能利用技术:太阳能发电、太阳能供暖/空调、太阳能光利用、太阳能供生活热水。

6.6.2　地热利用技术(必须100%回灌):地热发电+梯级利用、地热梯级利用技术(地热直接供暖—热泵供暖联合利用)、地热供暖技术。

6.6.3　风能利用技术:风能发电。

6.6.4　生物质能利用技术:生物质能发电、生物质能转换热利用。

6.6.5　直接利用地下水降温,或利用地下风道进行夏季降温和冬季新风预热。

6.6.6　废热热回收技术,包括利用热泵进行污水、废水热回收以及各种中低级热源的热回收。

6.6.7　其他可再生能源利用技术:地源热泵技术、污水热泵技术等。

6.7　施工过程中的节能降耗

6.7.1　减少施工过程资源浪费

(1) 对混凝土、砂浆、绝热材料、筑炉喷涂材料、管道水泥接口材料等的拌制,应按照实际需用量和规定的配合比随拌随用,用多少拌多少,特别最后1~2罐应根据现场测算最低需要量来确定拌合量,避免拌制过多造成未使用已初凝而浪费。

(2) 应严格按操作规程控制抹灰、油漆、防水涂料、绝热面层、耐火涂料、筑炉喷涂材料等施工厚度,避免厚度过小造成返工或过大加大消耗。

(3) 施工中用料较多的钢材、铜材、铝材等矿物性资源均属不可再生主要材料,使用数量应认真计划,优化下料,剩余材料应回收综合利用。

(4) 混凝土养护覆盖材料应采用可降解类材料,如锯末、刨花、草帘等;采用不可降解类材料时,应在用后及时回收再利用。

6.7.2　减少施工过程返工造成的材料浪费

(1) 作业过程应严格按施工方案和作业指导书、技术交底等进行施工,保证施工质量、安全,避免因作业过程控制不当造成局部工序返工,形成资源、能源和材料浪费。

(2) 作业过程应加强对供水、供热系统的检查、维护,及时消除系统存在的各种隐患,避免因此发生管道爆裂、冻裂跑水等浪费资源。

(3) 作业过程应加强对供电线路、配电系统的检查、维护,及时消除系统存在的各种隐患,防止用电量过载,避免发生短路、起火等安全事故,直接或间接造成相应损失。

7 节能降耗监测要求

7.1 日常检查与监测

施工项目应配置环境管理或专业人员,根据节能计划和能源、材料实际耗量建立台账,并由其进行日常巡视,检查和监测节能降耗实施情况,收集和分析能源、材料的消耗数据,寻求提高能源、材料有效节约和利用的新途径。

7.2 控制参数

节能降耗计划编制时应有充分依据,并体现持续提高节能降耗成效的要求:

(1) 施工用水实际耗量不应大于计划耗用量,控制在计划耗用量的90%~95%为宜。

(2) 施工用电实际耗量不应大于计划耗用量,控制在计划耗用量的90%~95%为宜。

(3) 车辆用燃油耗用量不超过设计用量的5%,应使用环保汽油,硫含量不大于0.08%;铅含量不大于0.005g/L;苯含量不大于2.5%;烯烃含量不大于35%。

其他设备用油量参照本标准。

(4) 施工材料节约率控制在工程直接费的1%~2%。

7.3 紧急情况下的监测

应针对突然停电、停水及材料消耗的突然上升及时进行监测,并保存相应的记录。

附录1 环境法规目录

一、中华人民共和国宪法

1. 中华人民共和国宪法

二、环境保护法律

1. 中华人民共和国环境保护法
2. 中华人民共和国海洋环境保护法
3. 全国人民代表大会常务委员会关于修改《中华人民共和国水污染防治法》的决定
4. 中华人民共和国水污染防治法
5. 全国人民代表大会常务委员会关于修改《中华人民共和国大气污染防治法》的决定
6. 中华人民共和国大气污染防治法
7. 中华人民共和国固体废物污染环境防治法
8. 中华人民共和国环境噪声污染防治法

三、环境保护行政法规、法规性文件

1. 中华人民共和国水污染防治法实施细则
2. 中华人民共和国大气污染防治法实施细则
3. 中华人民共和国防治陆源污染物污染损害海洋环境管理条例
4. 中华人民共和国防治海岸工程建设项目污染损害海洋环境管理条例
5. 中华人民共和国海洋石油勘探开发环境保护管理条例
6. 中华人民共和国防止船舶污染海域管理条例
7. 中华人民共和国海洋倾废管理条例
8. 防止拆船污染环境管理条例
9. 征收排污费暂行办法
10. 污染源治理专项基金有偿使用暂行办法
11. 关于调整超标污水和统一超标噪声排污费征收标准的通知(国务院批准,国家环保局等部门发布)
12. 关于开展征收工业燃煤二氧化硫排污费试点工作的通知(国务院批准,国家环保局等部门发布)
13. 国务院关于二氧化硫排污收费扩大试点工作有关问题的批复
14. 国务院关于同意征收煤炭城市建设附加费的批复
15. 对外经济开放地区环境管理暂行规定

16. 放射性同位素与射线装置放射防护条例
17. 中华人民共和国自然保护区条例
18. 淮河流域水污染防治暂行条例
19. 国务院关于结合技术改造防治工业污染的几项规定
20. 国务院关于加强乡镇、街道企业环境管理的规定
21. 国务院关于在国民经济调整时期加强环境保护工作的决定
22. 国务院关于环境保护工作的决定
23. 国务院关于进一步加强环境保护工作的决定
24. 国务院关于开展加强环境保护执法检查严厉打击违法活动的通知
25. 国务院办公厅关于坚决控制境外废物向我国转移的紧急通知(根据国务院决定,国务院办公厅发布)
26. 国务院关于环境保护若干问题的决定
27. 国家环保局关于贯彻《国务院关于环境保护若干问题的决定》有关问题的通知(经国务院同意,国家环保局发布)
28. 国务院办公厅关于中国环境管理体系认证指导委员会有关问题的复函(经国务院同意,国务院办公厅函复)

四、中国人民解放军环境法规和规章

1. 中国人民解放军环境保护条例
2. 关于进一步加强军队环境保护工作的通知
3. 军队企业环境保护管理办法
4. 军队环境噪声污染防治规定
5. 军队企业负责人环保责任制办法
6. 军队监侧系统承担军队单位污染源监测任务的实施办法(试行)

五、环境保护部门规章、规范性文件

1. 中华人民共和国水污染防治法实施细则(第一号局令)
2. 国家环境保护局法规性文件管理办法(第二号局令)
3. 放射环境管理办法(第三号局令)
4. 环境保护信访管理办法(第四号局令)
5. 中华人民共和国大气污染防治法实施细则(第五号局令)
6. 国家环境保护局环境保护科学技术进步奖励办法(第六号局令)
7. 国家环境保护局环境保护科学技术研究成果管理办法(第七号局令)
8. 环境保护行政处罚办法(第八号局令)
9. 环境监理执法标志管理办法(第九号局令)
10. 排放污染物申报登记管理规定(第十号局令)
11. 防治尾矿污染环境管理规定(第十一号局令)
12. 国家环境保护最佳实用技术推广管理办法(第十二号局令)

13. 环境保护档案管理办法(第十三号局令)
14. 建设项目环境保护设施竣工验收管理规定(第十四号局令)
15. 环境工程设计证书管理办法(第十五号局令)
16. 环境监理人员行为规范(第十六号局令)
17. 环境统计管理暂行办法(第十七号局令)
18. 电磁辐射环境保护管理办法(第十八号局令)
19. 环境信访办法(第十九号局令)
20. 建设项目环境保护管理办法
21. 关于增设"排污费"收支预算科目的通知
22. 征收超标准排污费财务管理和会计核算办法
23. 关于环境保护资金渠道的规定的通知
24. 关于加强环境保护补助资金管理的若干规定
25. 国家计委、财政部关于征收污水排污费的通知
26. 国家物价局、财政部关于发布环保系统行政事业性收费项目及标准的通知
27. 全国环境监测管理条例
28. 中华人民共和国环境保护标准管理办法
29. 国家环境保护局关于加强地方环境标准备案管理工作的通知
30. 国家技术监督局关于国家环境保护标准发布问题的复函
31. 关于实施国家大气环境标准的通知
32. 关于实施《污水综合排放标准》国家标准的通知
33. 环境监理工作暂行办法
34. 人事部关于同意国家环境保护系统环境监理人员依照国家公务员制度进行管理的批复
35. 国家环保局关于环境监理机构能否实施行政处罚问题的通知
36. 化学品首次进口及有毒化学品进出口环境管理规定
37. 化学品进出口环境管理登记收费标准
38. 废物进口环境保护管理暂行规充
39. 环境标志产品认证管理办法(试行)
40. 关于在我国开展环境标志工作的通知
41. 关于发布我国环境标志图形的通知
42. 有机(天然)食品标志管理章程(试行)
43. 环境保护产品认定管理暂行办法
44. 报告环境污染与破坏事故的暂行办法
45. 水污染物排放许可证管理暂行办法
46. 饮用水水源保护区污染防治管理规定
47. 污水处理设施环境保护监督管理办法
48. 汽车排气污染监督管理办法
49. 城市放射性废物管理办法

50. 环境保护计划管理办法
51. 关于加强饮食娱乐服务企业环境管理的通知
52. 关于进一步加强乡镇企业土法炼硫磺污染防治工作的通知
53. 关于加强乡镇企业环境保护工作的规定
54. 关于加强乡镇企业污染防治和保证贷款安全的通知
55. 关于"九五"期间加强污染控制工作的若干意见
56. 关于监督检查《国务院关于环境保护若干问题的决定》贯彻执行情况的通知

六、环境保护法律解释

1. 全国人民代表大会常务委员会关于加强法律解释工作的决议
2. 国务院办公厅关于行政法规解释权限和程序问题的通知
3. 全国人大常委会法制工作委员会关于正确理解和执行《环境保护法》第四十一条第二款的答复
4. 全国人大常委会法制工作委员会关于地方性法规对法律中没有规定的行政处罚行为,可否作出补充规定问题的答复
5. 全国人大常委会法制工作委员会关于地方性法规对法律规定的执法主体可否作出调整问题的答复
6. 全国人大常委会法制工作委员会关于行政机关是否可以自行决定委托问题的答复
7. 全国人大常委会法制工作委员会关于如何掌握地方性法规清理标准问题的答复
8. 全国人大常委会法制工作委员会关于规章如何确定罚款幅度问题的答复
9. 全国人大常委会法制工作委员会关于如何理解"有行政处罚权的行政机关"问题的答复
10. 全国人大常委会法制工作委员会关于排污费的种类及其适用条件的答复
11. 最高人民法院关于审理非法进口废物刑事案件适用法律若干问题的解释
12. 国务院办公厅关于如何理解《中华人民共和国水污染防治法实施细则》第三十五条第二款的复函
13. 国务院办公厅关于对外经济开放地区限期治理环境污染决定权限问题的复函
14. 关于超标排污费收入使用问题解释的复函
15. 国家计委、财政部关于对煤矿矿井水和采用直流方式的电厂冷却水收取污水排污费有关问题的通知
16. 关于对火力电站征收排污费有关问题的复函
17. 关于环境污染罚款是否适用《关于罚没财物管理办法》的复函
18. 关于明确计划单列城市建设项目环境保护管理权限的复函
19. 对新疆自治区环保局《关于补偿性罚款管理使用问题请示》的复函
20. 关于《地面水环境质量标准》(GB 3838—88)若干问题的说明
21. 关于转发最高人民法院、中国人民银行法(行)发(1989)2号文的通知
22. 关于县级环境保护部门罚款权限问题的复函

23. 关于如何掌握防治污染的设施验收标准问题的批复
24. 关于地、市级环境保护部门确认环境污染与破坏事故权限的批复
25. 关于如何理解《水污染防治法》第十五条有关规定的复函
26. 对《关于在环境行政执法中遇到的几个问题的请示》的复函
27. 关于罚款和征收排污费能否同时执行问题的复函
28. 关于对部属企业下属单位实行限期治理批准权限的复函
29. 关于环境执法若干问题的复函
30. 关于环保部门能否就污染赔偿处理决定申请人民法院强制执行问题的复函
31. 关于执行《大气污染防治法》罚款标准及《建设项目环境保护管理办法》效力问题的复函
32. 关于环保部门申请人民法院强制执行问题的复函
33. 关于pH值超标收费问题的复函
34. 关于确定环境污染损害赔偿责任问题的复函
35. 关于如何理解环境保护部门的范围问题的复函
36. 关于《环境保护法》第三十六条规定有关问题的复函
37. 关于环境行政执法若干问题的复函
38. 关于《铁路边界噪声限值及其测量办法》有关问题的复函
39. 关于排污许可证核发权限问题的复函
40. 关于水域功能区划审批权限的复函
41. 关于协调解决吉林省环保局征收电厂冷却水排污费有关问题的复函
42. 关于对自备供热发电厂烟尘排放计征排污费有关问题的复函
43. 关于工业炉窑征收超标排污费适用标准问题的复函
44. 关于超标水量费征收有关问题的复函
45. 关于海南省农垦系统自行征收排污费问题的复函
46. 关于建设项目环境管理有关问题的复函
47. 关于环监收函[1993]070号文代表国家环保局意见的复函 附:关于建设项目新、扩、改性质问题的复函
48. 对湖北省环保局《关于环境行政执法若干问题的请示》的复函
49. 关于《中华人民共和国环境噪声污染防治条例》第二十二条适用问题的复函
50. 关于排污费使用有关问题的复函
51. 关于污染源治理专项基金贷款对象问题的复函
52. 关于征收火力发电厂排污费有关问题的复函
53. 关于征收电厂污水排污费问题的复函
54. 关于西藏羊八井地热试验电厂地热发电废水征收排污费有关问题的复函
55. 关于转达国务院法制局有关环境保护地方性立法问题意见的复函
56. 关于废渣收费有关问题的复函
57. 关于环境污染纠纷技术仲裁问题的复函
58. 关于征收社会生活噪声超标排污费问题的复函

59. 关于征收污水排污费有关问题的复函
60. 关于如何认定建设项目违反"三同时"制度问题的复函
61. 关于撤销下级环保部门排污收费资格有关问题的复函
62. 关于振动标准适用等问题的复函
63. 关于擅自闲置污染防治设施的认定和处罚问题的复函
64. 关于《建设项目环境保护管理办法》适用范围问题的复函
65. 关于征收排污费滞纳金问题的复函
66. 关于环境行政复议管辖权问题的复函
67. 关于向海域排放污水法律适用问题的复函
68. 关于行政机关、军队单位应按国家规定缴纳排污费问题的复函
69. 关于征收水利工程损失补偿费的法律依据问题的复函
70. 关于执行排污费新标准中有关问题的批复
71. 关于违反环境影响评价制度法律责任问题的批复
72. 关于防治锅炉污染技术政策问题的批复
73. 关于如何确定《中华民共和国环境噪声污染防治条例》规定的罚款数额问题的复函
74. 关于城市市、区环保部门征收排污费管理权限划分问题的复函
75. 关于执行《大气污染防治法实施细则》有关问题的复函
76. 关于解释《淮河流域水污染防治暂行条例》有关条款的复函
77. 关于小型燃煤锅炉建设项目环境管理问题的复函
78. 关于《中华人民共和国大气污染防治法》有关问题的复函
79. 关于《中华人民共和国环境保护法》第三十六条适用问题的复函
80. 关于对经限期治理逾期未完成治理任务的单位进行处罚问题的复函
81. 关于超标噪声排污费征收标准问题的批复
82. 关于《中华人民共和国水污染防治法》及其修改决定有关问题的复函
83. 关于对生产"对氯苯酚"和"2,6-二氯苯酚"产品的乡镇企业适用环保法规问题的批复
84. 关于省、市、县三级环保部门排污申报登记受理权问题的解释
85. 关于采取强制措施收回逾期未还污染源治理贷款本息有关问题的批复
86. 关于渔业水域污染事故调查处理授权问题的复函
87. 关于处理水污染事故适用法律问题的批复
88. 关于建设项目违反环境保护"三同时"制度处罚问题的批复
89. 关于《地面水环境质量标准》及有关专业水质标准适用范围说明的通知
90. 关于工业生产活动产生的粉煤灰和炉渣类别归属问题的复函
91. 关于海岸工程建设中疏浚施工环境管理问题的复函
92. 关于排污单位违反环保部门排污申报登记年审要求适用法律问题的复函
93. 地质矿产部关于矿渣是否属于矿产资源的复函
94. 关于执行《污水综合排放标准》有关问题的复函

95. 关于执行锅炉、燃煤电厂污染物排放及测试方法标准有关问题的通知
96. 关于征收超标噪声排污费工业企业厂界划分问题的复函
97. 关于加倍征排污费起算日期问题的复函
98. 关于排污收费监侧依据问题的复函
99. 关于提高征收标准百分之五有关政策问题的复函
100. 关于污水超标排污费和排污费暂不重复征收问题的复函
101. 关于排污费征收有关问题的复函
102. 关于排污收费有关问题的复函
103. 关于燃煤电厂征收排污费请示的复函
104. 关于跨地域排污单位排污费征收权属问题的复函
105. 关于对重庆市环保局重环发(1994)55号文的复函
106. 对天津市有关排污收费请示的复函
107. 关于适用限期治理法律规定问题的复函
108. 关于建筑施工噪声超标排污费征收对象问题的复函
109. 关于环境噪声监测问题的复函
110. 关于对排污费"提高征收标准百分之五"解释的复函
111. 关于排污费征收、解缴中应否缴纳营业税问题的通知
112. 关于排污收费监测数据有效性问题的复函
113. 关于飞艇噪声污染适用法律问题的复函
114. 关于燃油锅炉大气污染物排放执行标准的通知
115. 关于对新设饮食娱乐服务企业按建设项目环保法规管理的复函
116. 关于对储煤场粉尘排污收费问题请示的复函
117. 对重庆市环保局"关于执行加倍征收排污费有关问题的请示"的复函
118. 关于一氧化碳排放标准的复函

七、资源法律、法规

1. 中华人民共和国森林法
2. 中华人民共和国森林法实施细则
3. 中华人民共和国草原法
4. 中华人民共和国渔业法
5. 中华人民共和国渔业法实施细则
6. 中华人民共和国矿产资源法
7. 中华人民共和国矿产资源法实施细则
8. 中华人民共和国土地管理法
9. 中华人民共和国土地管理法实施条例
10. 中华人民共和国水法
11. 中华人民共和国水土保持法
12. 中华人民共和国水土保持法实施条例

13. 中华人民共和国野生动物保护法
14. 中华人民共和国陆生野生动物保护实施条例
15. 中华人民共和国水生野生动物保护实施条例
16. 中华人民共和国野生植物保护条例
17. 中华人民共和国煤炭法

八、相关法律、法规

1. 中华人民共和国城市规划法
2. 中华人民共和国乡镇企业法
3. 中华人民共和国农业法
4. 中华人民共和国对外贸易法
5. 中华人民共和国公路法
6. 中华人民共和国标准化法
7. 中华人民共和国标准化法实施条例
8. 中华人民共和国文物保护法
9. 中华人民共和国全民所有制工业企业法
10. 中华人民共和国中外合资经营企业法实施条例
11. 中华人民共和国公司登记管理条例
12. 中华人民共和国河道管理条例
13. 风景名胜区管理暂行条例
14. 森林和野生动物类型自然保护区管理办法
15. 节约能源管理暂行条例
16. 土地复垦规定
17. 中华人民共和国民用核设施安全监督管理条例
18. 核电厂核事故应急管理条例
19. 化学危险物品安全管理条例
20. 农药管理条例
21. 农药登记规定
22. 农药安全使用规定
23. 城市市容和环境卫生管理条例
24. 国务院批转国家经贸委等部门"关于进一步开展资源综合利用意见"的通知
25. 国家经委关于开展资源综合利用若干问题的暂行规定

九、有关程序和实体法律、法规

1. 中华人民共和国行政处罚法
2. 国务院关于贯彻实施《中华人民共和国行政处罚法》的通知
3. 国家环保局关于贯彻实施《中华人民共和国行政处罚法》的通知
4. 中华人民共和国行政诉讼法

5. 最高人民法院《关于贯彻执行(中华人民共和国行政诉讼法)若干问题的意见》(试行)
6. 行政复议条例(修订)
7. 中华人民共和国国家赔偿法
8. 行政法规制定程序暂行条例
9. 法规规章备案规定
10. 中华人民共和国刑法
11. 中华人民共和国治安管理处罚条例
12. 中华人民共和国民法通则
13. 中华人民共和国民事诉讼法
14. 最高人民法院关于适用《中华人民共和国民事诉讼法》若干问题的意见

十、常用环境标准

1. 地面水环境质量标准(GB 3838—88)
2. 污水综合排放标准(GB 8978—1996)
3. 环境空气质量标准(GB 3095—1996)
4. 大气污染物综合排放标准(GB 16297—1996)
5. 城市区域环境噪声标准(GB 3096—93)
6. 工业企业厂界噪声标准(GB 12348—90)
7. 建筑施工场界噪声限值(GB 12523—90)
8. 建筑施工场界噪声测量方法(GB 12524—90)

附录2 环境保护标准目录

一、国家标准

序号	标准编号	标准名称	发布日期	实施日期
1	GB 1495—79	机动车辆允许噪声标准	1979-02-23	1979-02-23
2	GB 3552—82	船舶污染物排放标准	1983-04-09	1983-10-01
3	GB 3839—83	制订地方水污染物排放标准的技术原则和方法	1983-09-14	1984-04-01
4	GB 3847—83	汽车柴油机全负荷烟度测量方法	1983-09-14	1984-04-01
5	GB 4274—84	TNT工业水污染物排放标准	1984-05-18	1985-03-01
6	GB 4275—84	黑索金工业水污染物排放标准	1984-05-18	1985-03-01
7	GB 4276—84	火炸药工业硫酸浓缩污染物排放标准	1984-05-18	1985-03-01
8	GB 4277—84	雷汞工业污染物排放标准	1984-05-18	1985-03-01
9	GB 4278—84	二硝基重氮酚工业水污染物排放标准	1984-05-18	1985-03-01
10	GB 4279—84	叠氮化铅、三硝基间苯二酚铅、共晶工业水污染物排放标准	1984-05-18	1985-03-01
11	GB 4284—84	农用污泥中污染物控制标准	1984-05-18	1985-03-01
12	GB 4286—84	船舶工业污染物排放标准	1984-05-18	1985-03-01
13	GB 4914—85	海洋石油开发工业含油污水排放标准	1985-01-18	1985-08-01
14	GB 4918—85	工业废水 总硝基化合物的测定 分光光度法	1985-01-18	1985-08-01
15	GB 4919—85	工业废水 总硝基化合物的测定 气相色谱法	1985-01-18	1985-08-01
16	GB 4920—85	硫酸浓缩尾气 硫酸雾的测定 铬酸钡比色法	1985-01-18	1985-08-01
17	GB 4921—85	工业废气 耗氧值和氧化氮的测定 重铬酸钾氧化、萘乙二胺色法	1985-01-18	1985-08-01
18	GB 5087—85	有色金属工业固体废物腐蚀性试验方法标准	1985-04-25	1985-10-01
19	GB 6249—86	核电厂环境辐射防护规定	1986-04-23	1986-12-01
20	GB 6763—86	建筑材料用工业废渣放射性物质限制标准	1986-09-04	1987-03-01
21	GB 6764—86	水中锶-90放射化学分析方法 发烟硝酸沉淀法	1986-09-04	1987-03-01
22	GB 6765—86	水中锶-90放射化学分析 离子交换法	1986-09-04	1987-03-01

续表

序号	标准编号	标准名称	发布日期	实施日期
23	GB 6766—86	水中锶-90 放射化学分析方法 二-(2-乙基已基)磷酸萃取色法	1986-09-04	1987-03-01
24	GB 6767—86	水中铯-137 放射化学分析方法	1986-09-04	1987-03-01
25	GB 6768—86	水中微量铀分析方法	1986-09-04	1987-03-01
26	GB 6816—86	水质 词汇 第一部分和第二部分	1986-10-10	1987-03-01
27	GB 6919—86	空气质量 词汇	1986-10-10	1987-03-01
28	GB 6920—86	水质 pH值的测定 玻璃电极法	1986-10-10	1987-03-01
29	GB 6921—86	大气飘尘浓度测定方法	1986-10-10	1987-03-01
30	GB 7023—86	放射性废物固化长期浸出试验	1986-12-03	1987-04-01
31	GB 7466—87	水质 总铬的测定	1987-03-14	1987-08-01
32	GB 7467—87	水质 六价铬的测定 二苯碳酰二肼分光光度法	1987-03-14	1987-08-01
33	GB 7468—87	水质 总汞的测定 冷原子吸收分光光度法	1987-03-14	1987-08-01
34	GB 4769—87	水质 总汞的测定 高锰酸钾-过硫酸钾消解法 双硫腙分光光度法	1987-03-14	1987-08-01
35	GB 7470—87	水质 铅的测定 双硫腙分光光度法	1987-03-14	1987-08-01
36	GB 7471—87	水质 镉的测定 双硫腙分光光度法	1987-03-14	1987-08-01
37	GB 7472—87	水质 锌的测定 双硫腙分光光度法	1987-03-14	1987-08-01
38	GB 7473—87	水质 铜的测定 2,9 二甲基-1,1-菲萝啉分光光度法	1987-03-14	1987-08-01
39	GB 7474—87	水质 铜的测定 二乙基二硫代氨基甲酸钠分光光度法	1987-03-14	1987-08-01
40	GB 7475—87	水质 铜、锌、铅、镉的测定 原子吸收分光光度法	1987-03-14	1987-08-01
41	GB 7476—87	水质 钙的测定 EDTA 滴定法	1987-03-14	1987-08-01
42	GB 7477—87	水质 钙和镁总量的测定 EDTA 滴定法	1987-03-14	1987-08-01
43	GB 7478—87	水质 铵的测定 蒸馏和滴定法	1987-03-14	1987-08-01
44	GB 7479—87	水质 铵的测定 纳氏试剂比色法	1987-03-14	1987-08-01
45	GB 7480—87	水质 硝酸盐氮的测定 酚二磺酸分光光度法	1987-03-14	1987-08-01
46	GB 7481—87	水质 铵的测定 水杨酸分光光度法	1987-03-14	1987-08-01
47	GB 7482—87	水质 氟化物的测定 茜素磺酸锆目视比色法	1987-03-14	1987-08-01
48	GB 7483—87	水质 氟化物的测定 氟试剂分光光度法	1987-03-14	1987-08-01

续表

序号	标准编号	标准名称	发布日期	实施日期
49	GB 7484—87	水质 氟化物的测定 离子选择电极法	1987-03-14	1987-08-01
50	GB 7485—87	水质 总砷的测定 二乙基二硫代氨基甲酸银分光光度法	1987-03-14	1987-08-01
51	GB 7486—87	水质 氰化物的测定 第一部分 总氰化物的测定	1987-03-14	1987-08-01
52	GB 7487—87	水质 氰化物的测定 第二部分 氰化物的测定	1987-03-14	1987-08-01
53	GB 7488—87	水质 五日生化需氧量(BOD5)的测定 稀释与接种法	1987-03-14	1987-08-01
54	GB 7489—87	水质 溶解氧的测定 碘量法	1987-03-14	1987-08-01
55	GB 7490—87	水质 挥发酚的测定 蒸馏后4-氨基安替比林分光光度法	1987-03-14	1987-08-01
56	GB 7491—87	水质 挥发酚的测定 蒸馏后溴化容量法	1987-03-14	1987-08-01
57	GB 7492—87	水质 六六六、滴滴涕的测定 气相色谱法	1987-03-14	1987-08-01
58	GB 7493—87	水质 亚硝酸盐氮的测定 分光光度法	1987-03-14	1987-08-01
59	GB 7494—87	水质 阴离子表面活性剂的测定 亚甲蓝分光光度法	1987-03-14	1987-08-01
60	GB 8172—87	城镇垃圾农用控制标准	1987-10-05	1988-02-01
61	GB 8173—87	农用粉煤灰中污染物控制标准	1987-10-05	1988-02-01
62	GBZ 50001—87	水质 COD标准样品	1987-10-05	1988-02-01
63	GBZ 50002—87	水质 BOD标准样品	1987-10-05	1988-02-01
64	GBZ 50003—87	水质 酚标准样品	1987-10-05	1988-02-01
65	GBZ 50004—87	水质 砷标准样品	1987-10-05	1988-02-01
66	GBZ 50005—87	水质 氨氮标准样品	1987-10-05	1988-02-01
67	GBZ 50006—87	水质 亚硝酸盐氮标准样品	1987-10-05	1988-02-01
68	GBZ 50007—87	水质 硬度标准样品	1987-10-05	1988-02-01
69	GBZ 50008—87	水质 硝酸盐氮标准样品	1987-10-05	1988-02-01
70	GBZ 50009—87	水质 铜、铅、锌、镉、镍、铬混合标准样品	1987-10-05	1988-02-01
71	GBZ 500010—87	水质 氟、氯、硫酸根混合标准样品	1987-10-05	1988-02-01
72	GBZ 500011—87	土壤 E-1标准样品	1987-10-24	1987-10-24
73	GBZ 500012—87	土壤 E-2标准样品	1987-10-24	1987-10-24

续表

序号	标准编号	标准名称	发布日期	实施日期
74	GB Z500013—87	土壤 E-3 标准样品	1987-10-24	1987-10-24
75	GB Z500014—87	土壤 E-4 标准样品	1987-10-24	1987-10-24
76	GB 8702—88	电磁辐射防护规定	1988-03-11	1988-06-01
77	GB 8703—88	辐射防护规定	1988-03-11	1988-06-01
78	GB 8969—88	空气质量 氮氧化物的测定 盐酸萘乙二胺比色法	1988-03-26	1998-08-01
79	GB 8970—88	空气质量 二氧化硫的测定 四氯汞盐-盐酸副玫瑰苯胺比色法	1988-03-26	1998-08-01
80	GB 8971—88	空气质量 飘尘中苯并(a)芘的测定 乙酰化滤纸层析荧光分光光度法	1988-03-26	1998-08-01
81	GB 8972—88	水质 五氯酚的测定 气相色谱法	1988-03-26	1998-08-01
82	GB 3838—88	地面水环境质量标准	1988-04-05	1998-06-01
83	GB 9132—88	低水平放射性固体废物的浅地层处置规定	1988-04-20	1988-09-01
84	GB 9134—88	轻水堆核电厂放射性固体废物处理系统技术规定	1988-04-20	1988-09-01
85	GB 9135—88	轻水堆核电厂放射性废液处理系统技术规定	1988-04-20	1988-09-01
86	GB 9136—88	轻水堆核电厂放射性废气处理系统技术规定	1988-04-20	1988-09-01
87	GB 9137—88	保护农作物的大气污染物最高允许浓度	1988-05-25	1988-10-01
88	GB 9660—88	机场周围飞机噪声环境标准	1988-08-11	1988-11-01
89	GB 9661—88	机场周围飞机噪声测量方法	1988-08-11	1988-11-01
90	GB 9801—88	空气质量 一氧化碳的测定 非分散红外法	1988-08-15	1988-12-01
91	GB 9803—88	水质 五氯酚的测定 藏红T分光光度法	1988-08-15	1988-12-01
92	GBZ 10001—88	水质 阴离子洗涤剂样品	1988-08-15	1988-12-01
93	GB 10070—88	城市区域环境振动标准	1988-12-10	1989-07-01
94	GB 10071—88	城市区域环境振动测量方法	1988-12-10	1989-07-01
95	GBZ 50015—88	空气质量 氮氧化物标准样品	1989-02-22	1989-02-22
96	GB 11214—89	水中镭-226 的分析测定	1989-03-16	1990-01-01
97	GB 11215—89	核辐射环境质量评价的一般规定	1989-03-16	1990-01-01
98	GB 11216—89	核设施流出物和环境放射性监测质量保证计划的一般要求	1989-03-16	1990-01-01
99	GB 11217—89	核设施流出物监测的一般规定	1989-03-16	1990-01-01

续表

序号	标准编号	标准名称	发布日期	实施日期
100	GB 11218—89	水中镭的α放射性核素的测定	1989-03-16	1990-01-01
101	GB 11219.1—89	土壤中钚的测定 萃取色层法	1989-03-16	1990-01-01
102	GB 11219.2—89	土壤中钚的测定 离子交换法	1989-03-16	1990-01-01
103	GB 11220.1—89	土壤中铀的测定 CL-5209萃淋树脂分离2-(5-溴-2-吡啶偶氮)-5-二乙氨基苯酚分光光度法	1989-03-16	1990-01-01
104	GB 11220.2—89	土壤中铀的测定 三烷基氧膦萃取-固体荧光法	1989-03-16	1990-01-01
105	GB 11221—89	生物样品灰中铯-137的放射化学分析	1989-03-16	1990-01-01
106	GB 11222.1—89	生物样品灰中锶-90的放射化学分析方法 二-(2-乙基己基)磷酸酯萃取色层法	1989-03-16	1990-01-01
107	GB 11222.2—89	生物样品灰中锶-90的放射化学分析方法 离子交换法	1989-03-16	1990-01-01
108	GB 11223.1—89	生物样品灰中铀的测定 固体荧光法	1989-03-16	1990-01-01
109	GB 11223.2—89	生物样品灰中铀的测定 激光液体荧光法	1989-03-16	1990-01-01
110	GB 11224—89	水中钍的分析方法	1989-03-16	1990-01-01
111	GB 11225—89	水中钚的分析方法	1989-03-16	1990-01-01
112	GB 11338—89	水中钾-40的分析方法	1989-03-16	1990-01-01
113	GB 11340—89	汽车曲轴箱排放物测量方法及限值*	1989-06-15	1990-01-01
114	GB 11607—89	渔业水质标准	1989-08-20	1990-03-01
115	GB 11642—89	轻型汽车排气污染物测试标准	1989-08-17	1990-04-10
116	GB 4285—89	农药安全使用标准	1989-09-06	1990-02-01
117	GB 11889—89	水质 苯胺类的测定 N-(1-萘基)乙二胺偶氮分光光度法	1989-12-25	1990-07-01
118	GB 11890—89	水质 苯系物的测定 气相色谱法	1989-12-25	1990-07-01
119	GB 11891—89	水质 凯氏氮的测定	1989-12-25	1990-07-01
120	GB 11892—89	水质 高锰酸盐指数的测定	1989-12-25	1990-07-01
121	GB 11893—89	水质 总磷的测定 钼酸铵分光光度法	1989-12-25	1990-07-01
122	GB 11894—89	水质 总氮的测定 碱性过硫酸钾消解分光光度法	1989-12-25	1990-07-01

续表

序号	标准编号	标 准 名 称	发布日期	实施日期
123	GB 11895—89	水质 苯并(a)芘的测定 乙酰化滤纸层析荧光分光光度法	1989－12－25	1990－07－01
124	GB 11896—89	水质 氯化物的测定 硝酸银滴定法	1989－12－25	1990－07－01
125	GB 11897—89	水质 游离氯和总氯的测定 N,N－二乙基－1,4－苯二胺滴定法	1989－12－25	1990－07－01
126	GB 11898—89	水质 游离氯和总氯的测定 N,N－二乙基－1,4－苯二胺分光光度法	1989－12－25	1990－07－01
127	GB 11899—89	水质 硫酸盐的测定 重量法	1989－12－25	1990－07－01
128	GB 11900—89	水质 痕量砷的测定 硼氢化钾－硝酸银分光光度法	1989－12－25	1990－07－01
129	GB 11901—89	水质 悬浮物的测定 重量法	1989－12－25	1990－07－01
130	GB 11902—89	水质 硒的测定 二氨基萘荧光法	1989－12－25	1990－07－01
131	GB 11903—89	水质 色度的测定	1989－12－25	1990－07－01
132	GB 11904—89	水质 钾和钠的测定 火焰原子吸收分光光度法	1989－12－25	1990－07－01
133	GB 11905—89	水质 钙和镁的测定 原子吸收分光光度法	1989－12－25	1990－07－01
134	GB 11906—89	水质 锰的测定 高碘酸钾分光光度法	1989－12－25	1990－07－01
135	GB 11907—89	水质 银的测定 火焰原子吸收分光光度法	1989－12－25	1990－07－01
136	GB 11908—89	水质 银的测定 镉试剂 2B 分光光度法	1989－12－25	1990－07－01
137	GB 11909—89	水质 银的测定 3,5Br2－PADAP 分光光度法	1989－12－25	1990－07－01
138	GB 11910—89	水质 镍的测定 丁二酮肟分光光度法	1989－12－25	1990－07－01
139	GB 11911—89	水质 铁、锰的测定 火焰原子吸收分光光度法	1989－12－25	1990－07－01
140	GB 11912—89	水质 镍的测定 火焰原子吸收分光光度法	1989－12－25	1990－07－01
141	GB 11913—89	水质 溶解氧的测定 电化学探头法	1989－12－25	1990－07－01
142	GB 11914—89	水质 化学需氧量的测定 重铬酸盐法	1989－12－25	1990－07－01
143	GB 11915—89	水质 词汇 第三部分～第七部分	1989－12－25	1990－07－01
144	GB Z50016—90	水质 汞标准样品	1990－04－11	1990－07－01
145	GB Z50017—90	水质 pH 标准样品	1990－04－11	1990－04－11
146	GB Z50018—90	水质 总氰化物标准样品	1990－04－11	1990－04－11
147	GB Z50019—90	水质 铁、锰混合标准样品	1990－04－11	1990－04－11
148	GB Z50020—90	水质 钾、钠、钙、镁混合标准样品	1990－04－11	1990－04－11

续表

序号	标准编号	标准名称	发布日期	实施日期
149	GB 12348—90	工业企业厂界噪声标准	1990-05-01	1990-11-01
150	GB 12349—90	工业企业厂界噪声测量方法	1990-05-01	1990-11-01
151	GB 12375—90	水中氚的分析方法	1990-06-09	1990-12-01
152	GB 12376—90	水中钋-210的分析方法	1990-06-09	1990-12-01
153	GB 12377—90	空气中微量铀的分析方法 激光荧光法	1990-06-09	1990-12-01
154	GB 12378—90	空气中微量铀的分析方法 T.B.P萃取荧光法	1990-06-09	1990-12-01
155	GB 12379—90	环境核辐射监测规定	1990-06-09	1990-12-01
156	GB 12523—90	建筑施工场界噪声标准	1990-10-16	1991-03-01
157	GB 12524—90	建筑施工场界噪声测量方法	1990-10-16	1991-03-01
158	GB 12525—90	铁路边界噪声限值及其测量方法	1990-11-09	1991-03-01
159	GB 12997—91	水质 采样方案设计	1991-01-25	1992-03-01
160	GB 12998—91	水质 采样技术指导	1991-01-25	1992-03-01
161	GB 12999—91	水质 采样样品保存	1991-01-25	1992-03-01
162	GB 12941—91	景观娱乐用水水质标准	1991-06-16	1992-02-01
163	GB 13015—91	含多氯联苯废物污染控制标准	1991-06-27	1993-03-01
164	GBZ 50021—91	BF-1黄土尘	1991-07-12	1992-12-07
165	GBZ 50022—91	BF-2模拟大气尘	1991-07-12	1992-12-07
166	GBZ 50023—91	FA-1煤飞灰	1991-07-12	1992-12-07
167	GBZ 50024—91	FA-2煤飞灰	1991-07-12	1992-12-07
168	GB 13268—91	大气试验粉尘标准样品 黄土尘	1991-08-10	1992-08-01
169	GB 13269—91	大气试验粉尘标准样品 煤飞灰	1991-08-10	1992-08-01
170	GB 13270—91	大气试验粉尘标准样品 模拟大气尘	1991-08-10	1992-08-01
171	GB 13192—91	水质 有机磷农药的测定	1991-08-31	1992-04-01
172	GB 13193—91	水质 总有机碳的测定	1991-08-31	1992-06-01
173	GB 13194—91	水质 硝基苯、硝基甲苯、硝基氯苯、二硝基甲苯的测定	1991-08-31	1992-06-01
174	GB 13195—91	水质 水温的测定	1991-08-31	1992-06-01
175	GB 13196—91	水质 硫酸盐的测定	1991-08-31	1992-06-01

续表

序号	标准编号	标准名称	发布日期	实施日期
176	GB 13197—91	水质 甲醛的测定	1991-08-31	1992-06-01
177	GB 13198—91	水质 六种特定多环芳烃的测定	1991-08-31	1992-06-01
178	GB 13199—91	水质 阴离子洗涤剂的测定	1991-08-31	1992-06-01
179	GB 13200—91	水质 浊度的测定	1991-08-31	1992-06-01
180	GB/T 3840—91	制定地方大气污染物排放标准的技术原则和方法	1991-08-31	1992-06-01
181	GB/T 12990—91	水质 微型生物P.F.U测定方法	1991-09-08	1992-04-01
182	GB/T 13266—91	水质 物质对蚤类(大型蚤)急性毒性测定方法	1991-09-14	1992-01-08
183	GB/T 13267—91	水质 物质对淡水鱼(斑马鱼)急性毒性测定方法	1991-09-14	1992-01-08
184	GB 5468—91	锅炉烟尘测试方法标准	1991-09-14	1992-01-08
185	GB 13271—91	锅炉大气污染物排放标准	1991-09-14	1992-01-08
186	GB/T 13272—91	水质 碘-131测定方法	1991-10-31	1992-01-08
187	GB/T 13273—91	动物甲状腺和植物碘-131测定方法	1991-10-31	1992-01-08
188	GB 5084—92	农田灌溉水质标准	1992-04-01	1992-10-01
189	GB 4287—92	纺织染整工业水污染物排放标准	1992-05-07	1992-07-01
190	GB 3544—92	造纸工业水污染物排放标准	1992-05-07	1992-07-01
191	GB 13456—92	钢铁工业水污染物排放标准	1992-05-07	1992-07-01
192	GB 13257—92	肉类加工工业水污染物排放标准	1992-05-07	1992-07-01
193	GB 13258—92	合成氨工业水污染物排放标准	1992-05-07	1992-07-01
194	GB 13580.1—92	大气降水采样分析方法 总则	1992-08-25	1993-03-01
195	GB 13580.2—92	大气降水样品的采集与保存	1992-08-25	1993-03-01
196	GB 13580.3—92	大气降水电导率的测定方法	1992-08-25	1993-03-01
197	GB 13580.4—92	大气降水 pH值的测定 电极法	1992-08-25	1993-03-01
198	GB 13580.5—92	大气降水中氟、氯、亚硝酸盐、硝酸盐、硫酸盐的测定 离子色谱法	1992-08-25	1993-03-01
199	GB 13580.6—92	大气降水中硫酸盐测定	1992-08-25	1993-03-01
200	GB 13580.7—92	大气降水中亚硝酸盐测定 N-(1-萘基)-乙二胺光度法	1992-08-25	1993-03-01
201	GB 13580.8—92	大气降水中硝酸盐测定	1992-08-25	1993-03-01

续表

序号	标准编号	标准名称	发布日期	实施日期
202	GB 13580.9—92	大气降水中氯化物的测定 硫氰酸汞高铁光度法	1992-08-25	1993-03-01
203	GB 13580.10—92	大气降水氟化物的测定 新氟试剂光度法	1992-08-25	1993-03-01
204	GB 13580.11—92	大气降水中铵盐的测定	1992-08-25	1993-03-01
205	GB 13580.12—92	大气降水的钠、钾的测定 原子吸收分光光度法	1992-08-25	1993-03-01
206	GB 13580.13—92	大气降水钙、镁的测定 原子吸收分光光度法	1992-08-25	1993-03-01
207	GB/T 13896—92	水质 铅的测定 示波极谱法	1992-12-02	1993-01-01
208	GB/T 13897—92	水质 硫氰酸盐的测定 异烟酸-吡唑啉酮分光光度法	1992-12-02	1993-09-01
209	GB/T 13898—92	水质 铁(ⅡⅢ)氰络合物的测定 原子吸收分光光度法	1992-12-02	1993-09-01
210	GB/T 13899—92	水质 铁(ⅡⅢ)氰络合物的测定 三氯化铁分光光度法	1992-12-02	1993-09-01
211	GB/T 13900—92	水质 黑索金的测定 分光光度法	1992-12-02	1993-09-01
212	GB/T 13901—92	水质 二硝甲苯的测定 示波极谱法	1992-12-02	1993-09-01
213	GB/T 13902—92	水质 硝化甘油的测定 示波极谱法	1992-12-02	1993-09-01
214	GB/T 13903—92	水质 梯恩梯的测定 分光光度法	1992-12-02	1993-09-01
215	GB/T 13904—92	水质 梯恩梯、黑索金、地恩梯的测定 气相色谱法	1992-12-02	1993-09-01
216	GB/T 13905—92	水质 梯恩梯的测定 亚硫酸氢钠分光光度法	1992-12-02	1993-09-01
217	GB/T 13906—92	空气质量 氮氧化物的测定	1992-12-02	1993-09-01
218	GB/T 14204—93	水质 烷基汞的测定 气相色谱法	1993-02-23	1993-12-01
219	GB 14374—93	航天推进剂水污染物排放标准	1993-05-22	1993-12-01
220	GB/T 14375—93	水质 一甲基肼的测定 对二甲氨基苯甲醛分光光度法	1993-05-22	1993-12-01
221	GB/T 14376—93	水质 偏二甲基肼的测定 氨基亚铁氰化钠分光光度法	1993-05-22	1993-12-01
222	GB/T 14377—93	水质 三乙胺的测定 溴酚蓝分光光度法	1993-05-22	1993-12-01
223	GB/T 14378—93	水质 二乙烯三胺的测定 水杨醛分光光度法	1993-05-22	1993-12-01
224	GB 14470.1—93	兵器工业水污染物排放标准 火炸药	1993-06-26	1994-01-01
225	GB 14470.2—93	兵器工业水污染物排放标准 火工品	1993-06-26	1994-01-01

续表

序号	标准编号	标准名称	发布日期	实施日期
226	GB 14470.3—93	兵器工业水污染物排放标准 弹药装药	1993-06-26	1994-01-01
227	GB/T 14554—93	自然保护区类型与级别划分原则	1993-07-19	1994-01-01
228	GB 14554—93	恶臭污染物排放标准	1993-08-06	1994-01-15
229	GB/T 14550—93	土壤质量 六六六和滴滴涕的测定 气相色谱法	1993-08-06	1994-01-15
230	GB/T 14551—93	生物质量 六六六和滴滴涕的测定 气相色谱法	1993-08-06	1994-01-15
231	GB/T 14552—93	水和土壤质量 有机磷农药的测定 气相色谱法	1993-08-06	1994-01-15
232	GB/T 14553—93	粮食和果蔬质量 有机磷农药的测定 气相色谱法	1993-08-06	1994-01-15
233	GB/T 14581—93	水质 湖泊和水库采样技术指导	1993-08-30	1994-04-01
234	GB/T 14582—93	环境空气中氡的标准测量方法	1993-08-30	1994-04-01
235	GB/T 14583—93	环境地表 γ 辐射剂量率测定规范	1993-08-30	1994-04-01
236	GB/T 14584—93	空气中碘-131的取样与测定	1993-08-30	1994-04-01
237	GB 14585—93	铀、钍矿冶放射性废物安全管理技术规定	1993-08-30	1994-04-01
238	GB 14586—93	铀矿冶设施退役环境管理技术规定	1993-08-30	1994-04-01
239	GB 14587—93	轻水堆核电厂放射性废水排放系统技术规定	1993-08-30	1994-04-01
240	GB 14588—93	反应堆退役环境管理技术规定	1993-08-30	1994-04-01
241	GB 14589—93	核电厂低、中水平放射性固体废物暂时储存技术规定	1993-08-30	1994-04-01
242	GB 3096—93	城市区域环境噪声标准	1993-09-07	1994-03-01
243	GB/T 5466—93	摩托车排气污染物的测定 怠速法	1993-09-07	1994-03-01
244	GB 14621—93	摩托车排气污染物排放标准	1993-09-07	1994-03-01
245	GB/T 14622—93	摩托车排气污染物的测定 工况法	1993-09-07	1994-03-01
246	GB/T 14623—93	城市区域环境噪声测量方法	1993-09-07	1994-03-01
247	GB/T 14668—93	空气质量 氨的测定 纳氏试剂比色法	1993-10-27	1994-05-01
248	GB/T 14669—93	空气质量 氨的测定 离子选择电极法	1993-10-27	1994-05-01
249	GB/T 14670—93	空气质量 苯乙烯的测定 气相色谱法	1993-10-27	1994-05-01
250	GB/T 14671—93	水质 钡的测定 电位滴定法	1993-10-27	1994-05-01
251	GB/T 14672—93	水质 吡啶的测定 气相色谱法	1993-10-27	1994-05-01

续表

序号	标准编号	标准名称	发布日期	实施日期
252	GB/T 14673—93	水质 钒的测定 石墨炉原子吸收分光光度法	1993-10-27	1994-05-01
253	GB/T 14674—93	牛奶中碘-131的分析方法	1993-10-27	1994-05-01
254	GB/T 14675—93	空气质量 恶臭的测定 三点比较式臭袋法	1993-10-27	1994-03-15
255	GB/T 14676—93	空气质量 三甲胺的测定 气相色谱法	1993-10-27	1994-03-15
256	GB/T 14677—93	空气质量 甲苯二甲苯苯乙烯的测定 气相色谱法	1993-10-27	1994-03-15
257	GB/T 14678—93	空气质量 硫化氢 甲硫醇 甲硫醚 二甲二硫的测定 气相色谱法	1993-10-27	1994-03-15
258	GB/T 14679—93	空气质量 氨的测定 次氯酸钠-水杨酸分光光度法	1993-10-27	1994-03-15
259	GB/T 14680—93	空气质量 二硫化碳的测定 二乙胺分光光度法	1993-10-27	1994-03-15
260	GB/T 3845—93	汽油车排气污染物的测量 怠速法	1993-12-10	1994-05-01
261	GB/T 3846—93	柴油车自由加速烟度的测量 滤纸烟度法	1993-12-10	1994-05-01
262	GB 14761.1—93	轻型汽车排气污染物排放标准	1993-12-10	1994-05-01
263	GB 14761.2—93	车用汽油机排气污染物排放标准	1993-12-10	1994-05-01
264	GB 14761.3—93	汽油车燃油蒸发污染物排放标准	1993-12-10	1994-05-01
265	GB 14761.4—93	汽油车曲轴箱污染物排放标准	1993-12-10	1994-05-01
266	GB 14761.5—93	汽油车怠速污染物排放标准	1993-12-10	1994-05-01
267	GB 14761.6—93	柴油车自由加速烟度排放标准	1993-12-10	1994-05-01
268	GB 14761.7—93	汽车柴油机全负荷烟度排放标准	1993-12-10	1994-05-01
269	GB/T 14762—93	车用汽油机排气污染物试验方法	1993-12-10	1994-05-01
270	GB/T 14763—93	汽油车燃油蒸发污染物的测量 收集法	1993-12-10	1994-05-01
271	GB/T 15190—94	城市区域环境噪声适用区划分技术规范	1994-08-29	1994-10-01
272	GB/T 15262—94	空气质量 二氧化硫的测定 甲醛吸收副玫瑰苯胺分光光度法	1994-10-26	1995-06-01
273	GB/T 15263—94	空气质量 总烃的测定 气相色谱法	1994-10-26	1995-06-01
274	GB/T 15264—94	空气质量 铅的测定 火焰的原子吸收分光光度法	1994-10-26	1995-06-01
275	GB/T 15265—94	空气质量 降尘的测定 重量法	1994-10-26	1995-06-01
276	GB/T 15432—1995	环境空气 总悬浮颗粒物的测定 重量法	1995-03-25	1995-08-01

续表

序号	标准编号	标准名称	发布日期	实施日期
277	GB/T 15433—1995	环境空气 氟化物的测定 石灰滤纸氟离子选择电极法	1995-03-25	1995-08-01
278	GB/T 15434—1995	环境空气 氟化物质量浓度的测定 滤膜氟离子选择电极法	1995-03-25	1995-08-01
279	GB/T 15435—1995	环境空气 二氧化氮的测定 改进的Saltzman法	1995-03-25	1995-08-01
280	GB/T 15436—1995	环境空气 氮氧化物的测定 Saltzman法	1995-03-25	1995-08-01
281	GB/T 15437—1995	环境空气 臭氧的测定 靛蓝二磺酸钠分光光度法	1995-03-25	1995-08-01
282	GB/T 15438—1995	环境空气 臭氧的测定 紫外光度法	1995-03-25	1995-08-01
283	GB/T 15439—1995	环境空气 苯并[a]芘测定 高效液相色谱法	1995-03-25	1995-08-01
284	GB/T 15440—1995	环境中有机污染物 遗传毒性检测的样品前处理规范	1995-03-25	1995-08-01
285	GB/T 15441—1995	水质 急性毒性的测定 发光细菌法	1995-03-25	1995-08-01
286	GB/T 15501—1995	空气质量 硝基苯类(一硝基和二硝基化合物)的测定 锌还原-盐酸萘乙二胺分光光度法	1995-03-25	1995-08-01
287	GB/T 15502—1995	空气质量 苯胺类的测定 盐酸乙二胺分光光度法	1995-03-25	1995-08-01
288	GB/T 15503—1995	水质 钡的测定 钽试剂(BPHA)萃取分光光度法	1995-03-25	1995-08-01
289	GB/T 15504—1995	水质 二硫化碳的测定 二乙胺醋酸铜分光光度法	1995-03-25	1995-08-01
290	GB/T 15505—1995	水质 硒的测定 石墨炉原子吸收分光光度法	1995-03-25	1995-08-01
291	GB/T 15506—1995	水质 钡的测定 原子吸收分光光度法	1995-03-25	1995-08-01
292	GB/T 15507—1995	水质 肼的测定 对二甲氨基苯甲醛分光光度法	1995-03-25	1995-08-01
293	GB/T 15516—1995	空气质量 甲醛的测定 乙酰丙酮分光光度法	1995-03-25	1995-08-01
294	GB/T 1555.1—1995	固体废物 总汞的测定 冷原子吸收分光光度法	1995-03-28	1996-01-01
295	GB/T 1555.2—1995	固体废物 镉、铜、铅、锌的测定 原子吸收分光光度法	1995-03-28	1996-01-01
296	GB/T 1555.3—1995	固体废物 砷的测定 二乙基硫代氨基甲酸银分光光度法	1995-03-28	1996-01-01
297	GB/T 1555.4—1995	固体废物 六价铬的测定 二苯碳酰二肼分光光度法	1995-03-28	1996-01-01

续表

序号	标准编号	标准名称	发布日期	实施日期
298	GB/T 1555.5—1995	固体废物 总铬的测定 二苯碳酰二肼分光光度法	1995-03-28	1996-01-01
299	GB/T 1555.6—1995	固体废物 总铬的测定 直接吸入火焰原子吸收法	1995-03-28	1996-01-01
300	GB/T 1555.7—1995	固体废物 六价铬的测定 硫酸亚铁铵容量法	1995-03-28	1996-01-01
301	GB/T 1555.8—1995	固体废物 总铬的测定 硫酸亚铁铵容量法	1995-03-28	1996-01-01
302	GB/T 1555.9—1995	固体废物 镍的测定 火焰原子吸收分光光度法	1995-03-28	1996-01-01
303	GB/T 1555.10—1995	固体废物 镍的测定 丁二酮肟分光光度法	1995-03-28	1996-01-01
304	GB/T 1555.11—1995	固体废物 氟化物的测定 离子选择电极法	1995-03-28	1996-01-01
305	GB/T 1555.12—1995	固体废物 腐蚀性测定 玻璃电极法	1995-03-28	1996-01-01
306	GB 15580—1995	磷肥工业水污染物排放标准	1995-06-12	1996-07-01
307	GB 15581—1995	烧碱、聚氯乙烯工业水污染物排放标准	1995-06-12	1996-07-01
308	GB 15618—1995	土壤环境质量标准	1995-07-13	1996-03-01
309	GB 15562.1—1995	环境保护图形标志 排放口(源)	1995-11-20	1996-07-01
310	GB 15562.2—1995	环境保护图形标志 固体废物储存(处置)场	1995-11-20	1996-07-01
311	GB 9133—1995	放射性废物的分类	1995-12-21	1996-08-01
312	GB/T 15950—1995	低、中水平放射性废物近地表处置场环境辐射监测的一般要求	1995-12-21	1996-08-01
313	GB/T 15959—1995	水质 可吸附有机卤素(AOX)的测定 微库伦法则	1995-12-21	1996-08-01
314	GB 3095—1996	环境空气质量标准	1996-01-18	1996-10-01
315	GB/T 16156—1996	生物 尿中1-羟基芘的测定 高效液相色谱法	1996-03-06	1996-10-01
316	GB/T 16157—1996	固定污染排放气中颗粒物测定与气态污染物采样方法	1996-03-06	1996-03-06
317	GB 16169—1996	摩托车和轻便摩托车噪声限值	1996-03-07	1997-01-01
318	GB 16170—1996	汽车定置噪声值	1996-03-07	1997-01-01
319	GB/T 4569—1996	摩托车和轻便摩托车噪声测量方法	1996-03-07	1997-01-01
320	GB 13223—1996	火电厂大气污染物排放标准	1996-03-07	1997-01-01
321	GB 4915—1996	水泥厂大气污染物排放标准	1996-03-07	1997-01-01
322	GB 9078—1996	工业炉窑大气污染物排放标准	1996-03-07	1997-01-01

续表

序号	标准编号	标准名称	发布日期	实施日期
323	GB 16171—1996	炼焦炉大气污染物排放标准	1996-03-07	1997-01-01
324	GB 16297—1996	大气污染物综合排放标准	1996-04-12	1997-01-01
325	GB 16487.1—1996	进口废物环境保护控制标准 废骨料(试行)	1996-07-29	1996-08-01
326	GB 16487.2—1996	进口废物环境保护控制标准 冶炼渣(试行)	1996-07-29	1996-08-01
327	GB 16487.3—1996	进口废物环境保护控制标准 木、木制品(试行)	1996-07-29	1996-08-01
328	GB 16487.4—1996	进口废物环境保护控制标准 废纸或纸板(试行)	1996-07-29	1996-08-01
329	GB 16487.5—1996	进口废物环境保护控制标准 纺织品废物(试行)	1996-07-29	1996-08-01
330	GB 16487.6—1996	进口废物环境保护控制标准 废钢铁(试行)	1996-07-29	1996-08-01
331	GB 16487.7—1996	进口废物环境保护控制标准 废有色金属(试行)	1996-07-29	1996-08-01
332	GB 16487.8—1996	进口废物环境保护控制标准 废电机(试行)	1996-07-29	1996-08-01
333	GB 16487.9—1996	进口废物环境保护控制标准 废电线电缆(试行)	1996-07-29	1996-08-01
334	GB 16487.10—1996	进口废物环境保护控制标准 废五金电器(试行)	1996-07-29	1996-08-01
335	GB 16487.11—1996	进口废物环境保护控制标准 供拆卸的船舶及其他浮动结构体(试行)	1996-07-29	1996-08-01
336	GB 5085.1—1996	危险废物鉴别标准 腐蚀性鉴别	1996-07-29	1996-08-01
337	GB 5085.2—1996	危险废物鉴别标准 急性毒性初筛	1996-07-29	1996-08-01
338	GB 5085.3—1996	危险废物鉴别标准 浸出毒性鉴别	1996-07-29	1996-08-01
339	GB/T 16488—1996	水质 石油类和动植物油的测定 红外光度法	1996-08-01	1997-01-01
340	GB/T 16489—1996	水质 硫化物的测定 亚甲基蓝分光光度法	1996-08-01	1997-01-01
341	GB 8978—1996	污水综合排放标准	1996-10-04	1998-01-01
342	GB 9804—1996	烟度卡标准	1996-10-04	1997-01-01
343	GB 16487.12—1996	进口废物环境保护控制标准 废塑料	1996-12-01	1996-12-01
344	GB/T 16705—1996	环境污染类别代码	1996-12-20	1997-07-01
345	GB/T 16706—1996	环境污染源类别代码	1996-12-20	1997-07-01
346	GB 16889—1997	生活垃圾填埋污染控制标准	1997-07-02	1998-01-01

953

续表

序号	标准编号	标准名称	发布日期	实施日期
347	GB 3097—1997	海水水质标准	1997-12-03	1998-07-01
348	GB/T 17130—1997	挥发性卤代烃的测定 顶空气相色谱法	1997-12-08	1998-05-01
349	GB/T 17131—1997	水质 1,2-二氯苯、1,4-二氯苯、1,2,4三氯苯的测定 气相色谱法	1997-12-08	1998-05-01
350	GB/T 17132—1997	环境 甲基汞的测定 气相色谱法	1997-12-08	1998-05-01
351	GB/T 17133—1997	水质 硫化物的测定 直接显色分光光度法	1997-12-08	1998-05-01
352	GB/T 17134—1997	土壤质量 总砷的测定 二乙基二硫代氨基甲酸银分光光度法	1997-12-08	1998-05-01
353	GB/T 17135—1997	土壤质量 总砷的测定 硼氢化钾-硝酸银分光光度法	1997-12-08	1998-05-01
354	GB/T 17136—1997	土壤质量 总汞的测定 冷原子吸收分光光度法	1997-12-08	1998-05-01
355	GB/T 17137—1997	土壤质量 总铬的测定 火焰原子吸收分光光度法	1997-12-08	1998-05-01
356	GB/T17138—1997	土壤质量 铜、锌的测定 火焰原子吸收分光光度法	1997-12-08	1998-05-01
357	GB/T 17139—1997	土壤质量 镍的测定 火焰原子吸收分光光度法	1997-12-08	1998-05-01
358	GB/T 17140—1997	土壤质量 铅、镉的测定 KI-MIBK萃取火焰原子吸收分光光度法	1997-12-08	1998-05-01
359	GB/T 17141—1997	土壤质量 铅、镉的测定 火焰原子吸收分光光度法	1997-12-08	1998-05-01
360	GB 5086.1—1997	固体废物 浸出毒性浸出方法 翻转法	1997-12-22	1998-07-08
361	GB 5086.2—1997	固体废物 浸出毒性浸出方法 水平振荡法	1997-12-22	1998-07-08

* 该标准中"限值"部分已由 GB 14761.4-93 替代

二、行业标准

序号	标准编号	标准名称	发布日期	实施日期
1	HJ/T1—92	气体参数测量和采样的固定位装置	1992-08-25	1993-01-01
2	HJ/T 2.1—93	环境影响评价技术导则 总纲	1993-09-18	1994-04-01
3	HJ/T 2.2—93	环境影响评价技术导则 大气环境	1993-09-18	1994-04-01
4	HJ/T 2.3—93	环境影响评价技术导则 地面水环境	1993-09-18	1994-04-01
5	HJ/T 3—93	汽油机动车怠速排气监测仪技术条件	1993-06-30	1993-12-01

续表

序号	标准编号	标准名称	发布日期	实施日期
6	HJ/T 4—93	柴油车滤纸烟度计技术条件	1993-06-30	1993-12-01
7	HJ/T 5.1—93	核设施环境保护管理导则 研究堆环境影响报告书格式与内容	1993-09-18	1994-04-01
8	HJ/T 5.2—93	核设施环境保护管理导则 放射性固体废物浅地层处置环境影响报告书格式与内容	1993-09-18	1994-04-01
9	HJ/T 6—94	山岳风景资源开发环境影响评价指标体系	1994-04-21	1994-10-01
10	HJ/T 7—94	中国档案分类法 环境保护档案分类表	1994-07-28	1995-01-01
11	HJ/T 8.1—94	环境保护档案管理规范 科学研究	1994-07-28	1995-01-01
12	HJ/T 8.2—94	环境保护档案管理规范 环境监测	1994-07-28	1995-01-01
13	HJ/T 8.3—94	环境保护档案管理规范 建设项目环境保护管理	1994-07-28	1995-01-01
14	HJ/T 8.4—94	环境保护档案管理规范 污染源	1994-07-28	1995-01-01
15	HJ/T 8.5—95	环境保护档案管理规范 环境保护仪器设备	1994-07-28	1995-01-01
16	HJ/T 9—94	环境保护档案著录细则	1995-05-28	1996-01-01
17	HJ/T 10.1—1995	辐射环境保护管理导则 核技术应用项目环境影响报告书(表)的内容和格式	1995-09-04	1996-03-01
18	HJ/T 2.4—1995	环境影响评价技术导则 声环境	1995-11-28	1996-07-01
19	HJ/T 11—1996	环境保护设备分类与命名	1996-03-31	1996-07-01
20	HJ/T 12—1996	环境保护仪器分类与命名	1996-03-31	1996-07-01
21	HJ/T 13—1996	火电厂建设项目环境影响报告书编制与规范	1996-04-02	1996-06-01
22	HJ/T 10.2—1996	辐射环境保护管理导则 电磁辐射监测仪器和方法	1996-05-10	1996-05-10
23	HJ/T 10.3—1996	辐射环境保护管理导则 电磁环评方法与标准	1996-05-10	1996-05-10
24	HJ/T 14—1996	环境空气质量功能区划分原则与技术方法	1996-07-22	1996-10-01
25	HJ/T 15—1996	超声波明渠污水流量计	1996-07-22	1996-07-22
26	HJ/T 16—1996	通风消声器	1996-07-22	1996-07-22
27	HJ/T 17—1996	隔声窗	1996-07-22	1996-07-22
28	HJ/T 18—1996	小型焚烧炉	1996-07-22	1996-07-22
29	HJ/T 19—1997	环境影响评价技术导则 非污染生态影响	1997-11-18	1997-06-01

附录3　国家环境保护行业标准范围目录

(1) 污染源调查技术规范
(2) 排放污染物申报登记技术规范
(3) 大气、水污染物排放总量控制技术规定
(4) 噪声、振动、电磁辐射污染控制技术规定
(5) 潜在有毒化学品环境影响评价技术准则与登记技术规范
(6) 固体废弃物管理技术要求
(7) 放射性环境污染管理技术要求
(8) 海洋的岸边工程与陆源污染控制技术规定
(9) 城市环境质量综合考核指标
(10) 企业环境保护等级指标
(11) 环境影响评价与"三同时"验收技术规定
(12) 农药环境安全评价技术规范
(13) 环境监测技术规范
(14) 自然保护区、区域生态环境管理技术要求
(15) 生物多样性评价标准
(16) 环保最佳实用技术评价规范
(17) 环境区划的技术原则与方法
(18) 环境规划技术方法
(19) 环境保护的技术术语、符号(代码)
(20) 环境信息分类与编码(代码)
(21) 环保专用采样器
(22) 环境工程与生态工程等级标准

后 记

本规程在编写过程中,得到了总公司及各局的下列领导和专家的指导,他们在百忙之中对有关章节进行了审阅并提出了宝贵意见:

刘 巍　胡 勤　高凌云　姜 华　杜受光　芦德春　左旭平　朱亚城　蒲 怡
蔡 甫　贺国利　徐士林　邢 栓　王 飞　杨曰胜　姚晓东

在此,谨向他们表示衷心的感谢。